2020年度国家社会科学基金重大项目

"内蒙古和林格尔土城子遗址及周边墓葬考古资料整理与研究"

阶段性成果

（项目号20&ZD254）

内蒙古和林格尔土城子(一)

——城址发掘报告

内蒙古师范大学
内蒙古自治区文物考古研究院
内蒙古博物院　　　　　　　编著
盛乐博物馆
和林格尔县文物保护管理所

陈永志　主编

科学出版社
北京

内 容 简 介

本书系统介绍了内蒙古中南部地区和林格尔土城子古城遗址的发掘成果，报道了1997年、1999~2001年四次对古城和城外遗址的考古调查、勘探、发掘的全部资料。该城址可分为西城、南城、中城、北城四大部分，西城系春秋战国时期；南城为汉至代魏时期；中城始建于魏晋，隋唐、辽金元时期沿用；北城属于隋唐时期。通过系列考古发掘，出土了大量春秋、战国、秦、两汉、代魏、隋唐至辽金元时期的遗物，为进一步研究内蒙古中南部地区古代社会历史以及中原与北方民族之间的经济和文化交流等提供了重要的实物资料。

本书适合于考古学、历史学、民族学等学者及相关专业高校师生阅读与参考。

图书在版编目（CIP）数据

内蒙古和林格尔土城子. 一，城址发掘报告 / 内蒙古师范大学等编著；陈永志主编. —北京：科学出版社，2022.11
ISBN 978-7-03-073397-9

Ⅰ.①内… Ⅱ.①内… ②陈… Ⅲ.①古城遗址（考古）–发掘报告–和林格尔县 Ⅳ.①K878.35

中国版本图书馆CIP数据核字（2022）第188571号

责任编辑：郝莎莎 / 责任校对：王晓茜

责任印制：肖 兴 / 封面设计：张 放

科学出版社 出版
北京东黄城根北街16号
邮政编码：100717
http://www.sciencep.com

北京汇瑞嘉合文化发展有限公司 印刷
科学出版社发行 各地新华书店经销
*
2022年11月第 一 版　开本：889×1194　1/16
2022年11月第一次印刷　印张：51　插页：25
字数：1 200 000
定价：568.00元
（如有印装质量问题，我社负责调换）

"内蒙古和林格尔土城子遗址及周边
墓葬考古资料整理与研究"

国家社科基金重大项目学术委员会

（以姓氏笔画为序）

石金鸣　朱　泓　沈睿文　陈永志　陈星灿　陈洪海　李延祥
李艳洁　宋国栋　杭　侃　咏　梅　顾玉才　钱国祥　曹建恩
董新林　霍　巍　薄音湖

《内蒙古和林格尔土城子》编撰委员会

（以姓氏笔画为序）

包桂红　乔金贵　朱家龙　伊特歌乐　齐溶青　李　强　李辰元
李宝平　李春雷　李荣辉　张　欣　张全超　郑淑敏　胡春佰
赵强胜　董利军　萨仁毕力格　程鹏飞　霍志国

主　编

陈永志

副主编

李艳洁　包桂红　赵强胜

资料整理与撰稿

李　强　乔金贵　李　宁　史静慧　冯吉祥　李　威　马　婧
李春雷　张　欣　李永洁　董晨阳　李荣辉　齐溶青　霍志国
朱家龙　郝晓菲　杨虎霞　伊特歌乐　叶　楠　贾晓磊

文物摄影

刘小放　陈永志　刘　刚　朱家龙

前 言

和林格尔土城子古城遗址位于内蒙古自治区呼和浩特市和林格尔县盛乐经济园区，现为全国重点文物保护单位。土城子古城遗址是"十二五"至"十四五"期间国家重点列定的150处大遗址之一，也是黄河几字弯北岸最大的古代城市遗址。推进黄河文化遗产的系统保护，深入挖掘黄河文化蕴涵的时代价值，这是贯彻落实习近平总书记关于保护传承弘扬黄河文化重要论述精神的总体要求，也是新时代赋予我们文化遗产保护工作者的重要使命。和林格尔土城子古城，遗址保存完好，文化内涵深厚，出土文物丰富，历史演进脉络完整，是中原王朝边疆治理体系形成建构的重要实物例证，也是农耕文化与游牧文化交往、交流、交融的重要实物载体。系统梳理和林格尔土城子古城遗址考古发掘资料，实施黄河文化遗产系统性保护，加强科学系统的解读与阐释，彰显黄河文化时代价值，铸牢中华民族共同体意识，推出一批标志性研究成果，这就是我们编纂这部《内蒙古和林格尔土城子（一）——城址发掘报告》的重要意义所在。

和林格尔土城子古城遗址地理坐标为东经111°48′45″，北纬40°27′30″。古城遗址平面呈不规则长方形，东西宽1450米，南北长2290米，分为西城、南城、中城、北城四部分，城垣残高0.5~10米。其中西城残存东城垣，长310米，为春秋战国时期建筑；南城东西550米，南北650米，为汉至代魏时期文化遗存；中城东西约500米，南北790米，主要为魏晋时期文化遗存，隋唐、辽金元时期沿用；北城东西1450米，南北1760米，主要为隋唐时期文化遗存。

1997~2001年，为配合盛乐经济园区建设，内蒙古文物考古部门连续多年对古城遗址进行考古调查、勘探和发掘工作。在城址内发掘了3642平方米，发现大型建筑台基、房址、水井、窖藏和瓮棺葬等重要遗迹。同时在古城外围发掘了大量墓葬，含春秋、战国、秦汉、魏晋、隋唐、辽金不同历史时期。在这些墓葬当中，出土了陶器、瓷器、铜钱、带钩等大量随葬品。通过考古发掘发现，和林格尔土城子古城遗址包含春秋、战国、秦汉、魏晋、隋唐、辽金元等多个历史时期的文化遗存。古城自春秋时期始建，战国、秦汉时期城市规模扩大，是定襄郡郡址所在，魏晋时期是北魏建立的第一座都城，隋唐时期是单于大都护府所在地，辽金元时期沿用。辽政权在呼和浩特平原的大黑河北面兴筑了西三州，即丰州（今呼和浩特市东郊五路村北）、云内州（托克托县古城乡南园子村北）、东胜州（托克托县托克托城大皇城），原来土城子古城所在地的振武城改设振武县，归属丰州管辖，到金、元时期，仍称为振武镇或振武城。辽金元时期的城镇主要沿用的是现今土城子古城的中城，临近宝贝河一带，地表分布有辽金元时期的遗迹和遗物，也是古城内文化堆积层最厚的地方，建筑遗迹层层叠压，都是此时大规模建设所为。经考古发掘确认，这些遗迹主要有庙址、窖穴及其他建筑基址。辽金元时期的墓葬发现得较少，主要分布在古城外北部和东部区域，其中部分辽墓绘有精美壁画。

《内蒙古和林格尔土城子》系列发掘报告是2020年度国家社会科学基金重大项目"内蒙古

和林格尔土城子遗址及周边墓葬考古资料整理与研究"的主要成果（项目号20&ZD254）。该系列报告收录了1997年、1999~2007年内蒙古自治区文物考古研究所联合内蒙古师范大学以及和林格尔县文物保护管理所对和林格尔土城子古城及城外三个区域墓地进行考古勘探和抢救性发掘的主要资料，为了更系统地呈现这批资料，我们将报告分为如下几部：（一）城址发掘报告；（二）春秋、战国至秦代墓葬发掘报告；（三）汉、魏墓葬发掘报告；（四）唐代墓葬发掘报告；（五）辽、金、清代墓葬发掘报告。本书即为第一部，对和林格尔土城子古城和城外遗址的考古调查、勘探、发掘资料进行全面报道，这也是"内蒙古和林格尔土城子遗址及周边墓葬考古资料整理与研究"国家社科基金重大项目的阶段性成果之一。

考古发掘报告是田野工作的核心成果，《内蒙古和林格尔土城子（一）——城址发掘报告》承载了内蒙古文物考古工作者二十余载的辛勤和汗水，我们力求通过这一学术成果的付梓，呈现出系统、客观、翔实、准确的发掘资料，以期有效支撑和林格尔土城子大遗址保护和国家考古遗址公园的创建，为推动黄河文化的传承和弘扬做出自己应有的贡献。

目 录

前言

第一章 总论 …………………………………………………………………………（1）

第一节 和林格尔土城子古城遗址的所处自然环境与历史沿革 ………………………（1）

第二节 和林格尔土城子古城遗址的考古调查、勘探与发掘工作概况 ………………（4）

第三节 本报告编写体例的说明 …………………………………………………………（7）

第二章 和林格尔土城子古城遗址及城外遗迹的考古发掘 ……………………（10）

第一节 和林格尔土城子古城概况 ………………………………………………………（10）

第二节 西城 ………………………………………………………………………………（10）

一、城垣与护城壕 ……………………………………………………………………（10）

二、城内文化层 ………………………………………………………………………（12）

三、城址发掘 …………………………………………………………………………（12）

四、小结 ………………………………………………………………………………（17）

第三节 南城 ………………………………………………………………………………（19）

一、城垣与城壕 ………………………………………………………………………（19）

二、城门及瓮城 ………………………………………………………………………（20）

三、城内文化层与遗迹 ………………………………………………………………（20）

四、城址发掘 …………………………………………………………………………（21）

五、陶文、陶符 ………………………………………………………………………（126）

六、出土遗物的初步研究 ……………………………………………………………（128）

七、小结 ………………………………………………………………………………（151）

第四节 中城 ………………………………………………………………………………（150）

一、城垣与护城壕 ……………………………………………………………………（152）

二、城门 ………………………………………………………………………………（152）

三、城内文化层与遗迹 ………………………………………………………………（152）

四、城址发掘 …………………………………………………………………………（153）

五、ⅢY1发掘 …………………………………………………………………………（372）

六、陶文、陶符与墨书题款 …………………………………………………………（375）
　　七、采集器物 …………………………………………………………………………（380）
　　八、出土器物的初步研究 ……………………………………………………………（380）
　　九、小结 ………………………………………………………………………………（447）
第五节　北城 ………………………………………………………………………………（448）
　　一、城垣、城壕与角楼 ………………………………………………………………（449）
　　二、城门及瓮城 ………………………………………………………………………（449）
　　三、城内文化层与遗迹 ………………………………………………………………（450）
　　四、城址发掘 …………………………………………………………………………（451）
　　五、采集器物 …………………………………………………………………………（669）
　　六、出土器物的初步研究 ……………………………………………………………（671）
　　七、小结 ………………………………………………………………………………（737）
第六节　上土城子村遗址 …………………………………………………………………（737）
　　一、地层堆积 …………………………………………………………………………（737）
　　二、遗迹 ………………………………………………………………………………（739）
　　三、出土器物的初步研究 ……………………………………………………………（743）
　　四、小结 ………………………………………………………………………………（745）

第三章　和林格尔土城子古城遗址的分期 …………………………………………（746）
第一节　西城 ………………………………………………………………………………（746）
第二节　南城 ………………………………………………………………………………（746）
第三节　中城 ………………………………………………………………………………（751）
第四节　北城 ………………………………………………………………………………（753）

第四章　和林格尔土城子古城遗址的年代与性质 …………………………………（768）
第一节　西城的年代与性质 ………………………………………………………………（768）
第二节　南城的年代与性质 ………………………………………………………………（769）
第三节　中城的年代与性质 ………………………………………………………………（770）
第四节　北城的年代与性质 ………………………………………………………………（773）

后记 ………………………………………………………………………………………（778）

插图目录

图一	和林格尔土城子古城地理位置示意图	（1）
图二	和林格尔土城子古城总平面示意图	（3）
图三	和林格尔土城子古城总平面图	（5）
图四	和林格尔土城子古城发掘区划分示意图	（11）
图五	和林格尔土城子古城西城平面图	（12）
图六	XII TG1 东壁剖面图	（13）
图七	XII TG1 ③层出土器物	（14）
图八	XII H1 平、剖面图	（15）
图九	XII H2 平、剖面图	（15）
图一〇	XII H2 出土器物	（15）
图一一	XII TG2 西壁剖面图	（16）
图一二	XII H3 平、剖面图	（17）
图一三	XII H4 平、剖面图	（18）
图一四	XII H5 平、剖面图	（18）
图一五	XII H6 平、剖面图	（18）
图一六	和林格尔土城子古城南城平面示意图	（19）
图一七	X TG1 西壁剖面图	（21）
图一八	VII TG1 东壁剖面图	（22）
图一九	VII TG1 内侧地层出土器物	（24）
图二〇	VII TG1 内侧地层出土瓦当（VII TG1N ④：3）	（25）
图二一	VII TG1 外侧地层出土器物	（25）
图二二	VII TG1 夯层内出土器物	（26）
图二三	VII H1 平、剖面图	（27）
图二四	VII H2 平、剖面图	（27）
图二五	VII H2 出土器物	（28）
图二六	VII H3 平、剖面图	（28）
图二七	VII H3 出土器物	（29）
图二八	VII H4 平、剖面图	（30）
图二九	VII H4 出土器物	（30）
图三〇	XI TG3 南壁剖面图	（31）

图三一	ⅪTG3 夯层内出土器物	（33）
图三二	第Ⅳ发掘区布方示意图	（34）
图三三	Ⅳa区总平面图	（插页）
图三四	ⅣT2、ⅣT4、ⅣT17、ⅣT18、ⅣT21北壁剖面图	（45）
图三五	ⅣT22、ⅣT21、ⅣT25东壁剖面图	（45）
图三六	Ⅳa区②层出土器物	（46）
图三七	Ⅳa区②层出土瓦当（ⅣT24②：1）	（47）
图三八	Ⅳa区②层出土器物	（48）
图三九	Ⅳa区③层出土器物	（50）
图四〇	Ⅳa区④层出土器物	（51）
图四一	ⅣH1平、剖面图	（52）
图四二	ⅣH1出土器物	（52）
图四三	ⅣH2平、剖面图	（52）
图四四	ⅣH2出土陶钵	（53）
图四五	ⅣH3平、剖面图	（53）
图四六	ⅣH3出土器物	（54）
图四七	ⅣH4平、剖面图	（55）
图四八	ⅣH4出土器物	（55）
图四九	ⅣH6平、剖面图	（55）
图五〇	ⅣH6出土器物	（55）
图五一	ⅣH7平、剖面图	（56）
图五二	ⅣH8平、剖面图	（56）
图五三	ⅣH8出土器物	（56）
图五四	ⅣH9平、剖面图	（57）
图五五	ⅣH10平、剖面图	（57）
图五六	ⅣH10出土器物	（58）
图五七	ⅣH43平、剖面图	（59）
图五八	ⅣH45平、剖面图	（59）
图五九	ⅣH45出土陶钵（ⅣH45：1）	（60）
图六〇	ⅣH48平、剖面图	（60）
图六一	ⅣH48出土器物	（60）
图六二	ⅣH55平、剖面图	（61）
图六三	ⅣH55出土器物	（61）
图六四	ⅣH59平、剖面图	（62）
图六五	ⅣH59出土器物	（62）

图六六	Ⅳ H61 平、剖面图	（63）
图六七	Ⅳ H61 出土陶器座（Ⅳ H61：1）	（63）
图六八	Ⅳ H62 平、剖面图	（64）
图六九	Ⅳ H62 出土陶器盖（Ⅳ H62：1）	（64）
图七〇	Ⅳ H63 平、剖面图	（64）
图七一	Ⅳ H63 出土器物	（64）
图七二	Ⅳ H66 平、剖面图	（65）
图七三	Ⅳ H67 平、剖面图	（65）
图七四	Ⅳ H67 出土陶钵（Ⅳ H67：3）	（65）
图七五	Ⅳ H68 平、剖面图	（66）
图七六	Ⅳ H69 平、剖面图	（66）
图七七	Ⅳ H69 出土器物	（66）
图七八	Ⅳ H72 平、剖面图	（67）
图七九	Ⅳ H72 出土陶瓶（H72：1）	（68）
图八〇	Ⅳ H73 平、剖面图	（68）
图八一	Ⅳ G1 平、剖面图	（69）
图八二	Ⅳ G1 出土器物	（70）
图八三	Ⅳ G1 出土器物	（71）
图八四	Ⅳ G3 平、剖面图	（72）
图八五	Ⅳ G3 出土器物	（73）
图八六	Ⅳ J1 平、剖面图	（74）
图八七	Ⅳ J1 出土陶盆（Ⅳ J1：1）	（74）
图八八	Ⅳ J2 平、剖面图	（74）
图八九	Ⅳ J2 出土器物	（75）
图九〇	Ⅳ M1 平、剖面图	（75）
图九一	Ⅳ M2 平、剖面图	（76）
图九二	Ⅳ M3 平、剖面图	（76）
图九三	Ⅳ M4 平、剖面图	（76）
图九四	Ⅳ M5 平、剖面图	（77）
图九五	Ⅳ M6 平、剖面图	（77）
图九六	Ⅳ M7 平、剖面图	（78）
图九七	Ⅳ W1 平、剖面图	（78）
图九八	Ⅳ W1 出土陶釜（Ⅳ W1：1）	（78）
图九九	Ⅳ W2 平、剖面图	（78）
图一〇〇	Ⅳ W2 出土陶釜（Ⅳ W2：1）	（79）

图一〇一	ⅣW3 平、剖面图	（79）
图一〇二	ⅣW3 出土陶釜（ⅣW3：1）	（80）
图一〇三	ⅣW4 平、剖面图	（80）
图一〇四	ⅣW4 出土陶釜（ⅣW4：1）	（80）
图一〇五	ⅣW5 平、剖面图	（80）
图一〇六	ⅣW5 出土陶釜	（81）
图一〇七	ⅣW6 平、剖面图	（81）
图一〇八	ⅣW6 出土陶釜（ⅣW6：1）	（81）
图一〇九	ⅣW7 平、剖面图	（82）
图一一〇	ⅣW7 出土陶釜（ⅣW7：1）	（82）
图一一一	ⅣW8 平、剖面图	（82）
图一一二	ⅣW8 出土陶釜	（83）
图一一三	ⅣW9 平、剖面图	（83）
图一一四	ⅣW9 出土陶釜（ⅣW9：1）	（83）
图一一五	ⅣW10 平、剖面图	（84）
图一一六	ⅣW10 出土陶釜（ⅣW10：1）	（84）
图一一七	ⅣW11 平、剖面图	（84）
图一一八	ⅣW11 出土陶釜（ⅣW11：1）	（84）
图一一九	ⅣW12 平、剖面图	（85）
图一二〇	ⅣW12 出土陶釜（ⅣW12：1）	（85）
图一二一	ⅣW13 平、剖面图	（86）
图一二二	ⅣW13 出土陶釜（ⅣW13：1）	（86）
图一二三	ⅣW14 平、剖面图	（86）
图一二四	ⅣW14 出土陶釜（ⅣW14：1）	（86）
图一二五	ⅣW15 平、剖面图	（87）
图一二六	ⅣW15 出土陶釜（ⅣW15：1）	（87）
图一二七	ⅣW16 平、剖面图	（87）
图一二八	ⅣW16 出土陶釜（ⅣW16：1）	（87）
图一二九	ⅣW17 平、剖面图	（88）
图一三〇	ⅣW17 出土陶釜	（88）
图一三一	ⅣW18 平、剖面图	（89）
图一三二	ⅣW18 出土陶釜（ⅣW18：1）	（89）
图一三三	ⅣW19 平、剖面图	（90）
图一三四	ⅣW19 出土陶釜（ⅣW19：1）	（90）
图一三五	ⅣW20 平、剖面图	（90）

图一三六	Ⅳ W20 出土陶釜（Ⅳ W20∶1）	（90）
图一三七	Ⅳ W21 平、剖面图	（91）
图一三八	Ⅳ W21 出土陶釜（Ⅳ W21∶1）	（91）
图一三九	Ⅳ W22 平、剖面图	（92）
图一四〇	Ⅳ W22 出土陶釜（Ⅳ W22∶1）	（92）
图一四一	Ⅳ W23 平、剖面图	（92）
图一四二	Ⅳ W23 出土陶釜（Ⅳ W23∶1）	（92）
图一四三	Ⅳ W24 平、剖面图	（93）
图一四四	Ⅳ W24 出土器物	（93）
图一四五	Ⅳ W25 平、剖面图	（94）
图一四六	Ⅳ W25 出土陶罐（Ⅳ W25∶1）	（94）
图一四七	Ⅳ W26 平、剖面图	（94）
图一四八	Ⅳ W26 出土陶釜	（95）
图一四九	Ⅳ W27 平、剖面图	（95）
图一五〇	Ⅳ W27 出土陶釜（Ⅳ W27∶1）	（95）
图一五一	Ⅳ W28 平、剖面图	（96）
图一五二	Ⅳ W28 出土陶釜（Ⅳ W28∶1）	（96）
图一五三	Ⅳ W29 平、剖面图	（97）
图一五四	Ⅳ W29 出土陶釜（Ⅳ W29∶1）	（97）
图一五五	Ⅳ W30 平、剖面图	（97）
图一五六	Ⅳ W30 出土陶釜（Ⅳ W30∶1）	（97）
图一五七	Ⅳ W31 平、剖面图	（98）
图一五八	Ⅳ W31 出土陶釜（Ⅳ W31∶1）	（98）
图一五九	Ⅳ W32 平、剖面图	（98）
图一六〇	Ⅳ W32 出土陶釜（Ⅳ W32∶1）	（98）
图一六一	Ⅳ W33 平、剖面图	（99）
图一六二	Ⅳ W33 出土陶釜（Ⅳ W33∶1）	（99）
图一六三	Ⅳ W34 平、剖面图	（99）
图一六四	Ⅳ W34 出土陶釜（Ⅳ W34∶1）	（99）
图一六五	Ⅳ W35 平、剖面图	（100）
图一六六	Ⅳ W35 出土陶釜（Ⅳ W35∶1）	（100）
图一六七	Ⅳ b 区总平面图	（100）
图一六八	Ⅳ T9、Ⅳ T10、Ⅳ T13、Ⅳ T14 北壁剖面图	（101）
图一六九	Ⅳ b 区②层出土器物	（102）
图一七〇	Ⅳ H23 平、剖面图	（103）

图一七一	Ⅳ H23 出土器物	（104）
图一七二	Ⅳ H24 平、剖面图	（104）
图一七三	Ⅳ H24 出土器物	（104）
图一七四	Ⅳ H27 平、剖面图	（105）
图一七五	Ⅳ H27 出土器物	（105）
图一七六	Ⅳ H28 平、剖面图	（106）
图一七七	Ⅳ H28 出土器物	（107）
图一七八	Ⅳ H30 平、剖面图	（108）
图一七九	Ⅳ H30 出土器物	（108）
图一八〇	Ⅳ H31 平、剖面图	（109）
图一八一	Ⅳ H31 出土器物	（109）
图一八二	Ⅳ H32 平、剖面图	（110）
图一八三	Ⅳ H32 出土器物	（111）
图一八四	Ⅳ H33 平、剖面图	（112）
图一八五	Ⅳ H33 出土器物	（113）
图一八六	Ⅳ H37 平、剖面图	（114）
图一八七	Ⅳ H38 平、剖面图	（114）
图一八八	Ⅳ H39 平、剖面图	（114）
图一八九	Ⅳ H40 平、剖面图	（114）
图一九〇	Ⅳ c 区总平面图	（115）
图一九一	Ⅳ T7、Ⅳ T8 北壁剖面图	（116）
图一九二	Ⅳ c 区②层出土器物	（117）
图一九三	Ⅳ c 区②层出土器物	（118）
图一九四	Ⅳ c 区②层出土瓦当	（119）
图一九五	Ⅳ c 区③层出土器物	（120）
图一九六	Ⅳ H11 平、剖面图	（121）
图一九七	Ⅳ H11 出土陶钵（Ⅳ H11：1）	（121）
图一九八	Ⅳ H12 平、剖面图	（121）
图一九九	Ⅳ H12 出土陶碗（Ⅳ H12：1）	（121）
图二〇〇	Ⅳ H13 平、剖面图	（122）
图二〇一	Ⅳ H14 平、剖面图	（123）
图二〇二	Ⅳ H15 平、剖面图	（123）
图二〇三	Ⅳ H15 出土陶甑（Ⅳ H15：1）	（124）
图二〇四	Ⅳ H18 平、剖面图	（124）
图二〇五	Ⅳ H18 出土器物	（124）

图二〇六	Ⅳ H19 平、剖面图	（125）
图二〇七	Ⅳ H20 平、剖面图	（125）
图二〇八	Ⅳ G2 平、剖面图	（125）
图二〇九	Ⅳ G2 出土陶壶（Ⅳ G2：1）	（126）
图二一〇	Ⅳ区出土陶文、陶符	（127）
图二一一	Ⅳ区第一阶段文化遗存器物	（130）
图二一二	Ⅳ区第二阶段文化遗存器物	（133）
图二一三	Ⅳ区第二阶段文化遗存器物	（136）
图二一四	Ⅳ区第二阶段文化遗存器物	（139）
图二一五	Ⅳ区第二阶段文化遗存器物	（141）
图二一六	Ⅳ区第二阶段文化遗存器物	（143）
图二一七	Ⅳ区第二阶段文化遗存器物	（145）
图二一八	Ⅳ区第三阶段文化遗存陶器纹饰拓片	（148）
图二一九	Ⅳ区第三阶段文化遗存器物	（149）
图二二〇	和林格尔土城子古城中城及发掘区平面示意图	（151）
图二二一	Ⅴ TG1 西壁剖面图	（154）
图二二二	Ⅴ TG1 内侧地层出土器物	（155）
图二二三	Ⅴ TG1 外侧地层出土器物	（157）
图二二四	Ⅴ区 TG1 外侧出土瓦当（Ⅴ TG1W②：1）	（158）
图二二五	Ⅴ TG1 夯层内出土器物	（159）
图二二六	ⅤH1 平、剖面图	（160）
图二二七	Ⅴ H1 出土器物	（160）
图二二八	Ⅴ H2 平、剖面图	（161）
图二二九	Ⅴ H2 出土陶钵（Ⅴ H2：5）	（162）
图二三〇	Ⅴ H3 平、剖面示意图	（162）
图二三一	Ⅵ TG1 东壁剖面图	（163）
图二三二	Ⅵ TG1 外侧地层出土筒瓦	（164）
图二三三	Ⅵ H1 平、剖面图	（165）
图二三四	Ⅵ H2 平、剖面图	（166）
图二三五	Ⅵ H2 出土陶罐（Ⅵ H2：1）	（166）
图二三六	Ⅺ TG1 北壁剖面图	（167）
图二三七	Ⅺ H1 平、剖面图	（168）
图二三八	Ⅺ TG2 北壁剖面图	（169）
图二三九	Ⅺ TG2 内侧地层出土三彩罐（Ⅺ TG2N③：1）	（169）
图二四〇	Ⅺ H2 平、剖面图	（171）

图二四一	ⅪH2 出土器物	（172）
图二四二	ⅪH2 出土器物纹饰拓片	（173）
图二四三	第Ⅲ发掘区布方示意图	（174）
图二四四	Ⅲa区 T1～T3 总平面图	（188）
图二四五	Ⅲa区 T4 总平面图	（189）
图二四六	Ⅲ T1 东壁剖面图	（191）
图二四七	Ⅲa区②层出土器物	（192）
图二四八	Ⅲa区②层出土器物	（194）
图二四九	Ⅲa区②层出土瓦当	（195）
图二五〇	Ⅲa区②层出土瓦当	（196）
图二五一	Ⅲa区②层出土石碑拓片	（197）
图二五二	Ⅲa区③层出土器物	（199）
图二五三	Ⅲa区③层出土瓦当	（201）
图二五四	Ⅲa区③层出土器物	（202）
图二五五	Ⅲa区④层出土器物	（205）
图二五六	Ⅲa区④层出土瓦当（ⅢT3④：3）	（206）
图二五七	Ⅲa区⑤层出土器物	（207）
图二五八	Ⅲa区⑤层出土瓦当	（208）
图二五九	Ⅲ区建筑台基平面图	（210）
图二六〇	Ⅲ F1 平、剖面图	（212）
图二六一	Ⅲ F1 出土器物	（213）
图二六二	Ⅲ F1 出土器物	（214）
图二六三	Ⅲ F1 出土器物	（215）
图二六四	Ⅲ F1 出土瓦当	（216）
图二六五	Ⅲ F1 出土瓦当	（218）
图二六六	Ⅲ F2 平面图	（220）
图二六七	Ⅲ F2 出土器物	（221）
图二六八	Ⅲ F3 平、剖面图	（223）
图二六九	Ⅲ F3 出土器物	（224）
图二七〇	Ⅲ F3 出土瓦当（ⅢF3：5）	（225）
图二七一	Ⅲ H2 平、剖面图	（226）
图二七二	Ⅲ H2 出土瓦当（ⅢH2：3）	（226）
图二七三	Ⅲ H2 出土器物	（227）
图二七四	Ⅲ H3 平、剖面图	（228）
图二七五	Ⅲ H3 出土器物	（228）

图二七六	Ⅲ H3 出土瓦当（Ⅲ H3：2）	（229）
图二七七	Ⅲ H5 平、剖面图	（229）
图二七八	Ⅲ H5 出土器物	（230）
图二七九	Ⅲ H5 出土瓦当	（231）
图二八〇	Ⅲ H9 平、剖面图	（231）
图二八一	Ⅲ H9 出土瓦当（Ⅲ H9：1）	（232）
图二八二	Ⅲ H9 出土筒瓦（Ⅲ H9：2）	（232）
图二八三	Ⅲ H10 平、剖面图	（232）
图二八四	Ⅲ H13 平、剖面图	（233）
图二八五	Ⅲ H13 出土器物	（233）
图二八六	Ⅲ H14 平、剖面图	（234）
图二八七	Ⅲ H14 出土陶壶残件	（234）
图二八八	Ⅲ H15 平、剖面图	（235）
图二八九	Ⅲ H15 出土陶丸（Ⅲ H15：1）	（235）
图二九〇	Ⅲ H20 平、剖面图	（235）
图二九一	Ⅲ H20 出土陶罐（Ⅲ H20：1）	（235）
图二九二	Ⅲ H21 平、剖面图	（236）
图二九三	Ⅲ H21 出土器物	（236）
图二九四	Ⅲ H22 平、剖面图	（237）
图二九五	Ⅲ H22 出土器物	（238）
图二九六	Ⅲ H23 平、剖面图	（238）
图二九七	Ⅲ H23 出土瓦当	（239）
图二九八	Ⅲ H23 出土器物	（240）
图二九九	Ⅲ H24 平、剖面图	（241）
图三〇〇	Ⅲ H26 平、剖面图	（242）
图三〇一	Ⅲ H29 平、剖面图	（242）
图三〇二	Ⅲ G1 平、剖面示意图	（243）
图三〇三	Ⅲ G1 出土器物	（243）
图三〇四	Ⅲ b 区总平面图	（244）
图三〇五	Ⅲ T8 西壁剖面图	（245）
图三〇六	Ⅲ b 区①层出土器物	（246）
图三〇七	Ⅲ b 区②层出土器物	（247）
图三〇八	Ⅲ b 区③层出土器物	（249）
图三〇九	Ⅲ b 区④层出土器物	（250）
图三一〇	Ⅲ H40 平、剖面图	（251）

图三一一	ⅢH40 出土瓷罐（ⅢH40∶1）	（251）
图三一二	ⅢH41 平、剖面图	（252）
图三一三	ⅢH41 出土器物	（252）
图三一四	ⅢH42 平、剖面图	（253）
图三一五	ⅢH42 出土三彩器足（ⅢH42∶1）	（253）
图三一六	ⅢH43 平、剖面图	（254）
图三一七	ⅢH43 出土器物	（255）
图三一八	ⅢH43 出土器物	（256）
图三一九	ⅢH43 出土瓦当	（257）
图三二〇	ⅢH44 平、剖面图	（258）
图三二一	ⅢH44 出土陶壶	（258）
图三二二	ⅢH45 平、剖面图	（259）
图三二三	ⅢH45 出土陶纺轮（ⅢH45∶2）	（259）
图三二四	ⅢH46 平、剖面图	（260）
图三二五	ⅢH46 出土器物	（261）
图三二六	ⅢH49 平、剖面图	（262）
图三二七	ⅢH50 平、剖面图	（262）
图三二八	ⅢH50 出土陶壶	（263）
图三二九	ⅢH51 平、剖面图	（263）
图三三〇	ⅢH51 出土器物	（264）
图三三一	ⅢG2 平、剖面图	（264）
图三三二	ⅢG3 平、剖面图	（265）
图三三三	ⅢG3 出土瓦当（ⅢG3∶3）	（265）
图三三四	ⅢG3 出土瓷玩	（266）
图三三五	ⅢJ1 平、剖面图	（266）
图三三六	ⅢJ1 出土器物	（267）
图三三七	Ⅲc 区总平面图	（267）
图三三八	ⅢT9、ⅢT10 南壁剖面图	（268）
图三三九	Ⅲc 区②层出土器物	（269）
图三四〇	ⅢH54 平、剖面图	（269）
图三四一	ⅢH54 出土瓦当（ⅢH54∶1）	（270）
图三四二	ⅢG4 平、剖面图	（271）
图三四三	ⅢG4 出土器物	（272）
图三四四	ⅢG4 出土瓦当	（272）
图三四五	Ⅲd 区总平面图	（273）

图三四六	ⅢT16东壁剖面图	（274）
图三四七	Ⅲd区②层出土器物	（276）
图三四八	Ⅲd区②层出土瓦当	（277）
图三四九	Ⅲd区③层出土器物	（278）
图三五〇	Ⅲd区④层出土器物	（279）
图三五一	ⅢH58平、剖面图	（279）
图三五二	ⅢH58出土器物	（280）
图三五三	ⅢH59平、剖面图	（281）
图三五四	ⅢH59出土陶罐（ⅢH59：11）	（281）
图三五五	ⅢH60平、剖面图	（281）
图三五六	ⅢH60出土器物	（282）
图三五七	ⅢH61平、剖面图	（283）
图三五八	ⅢH61出土器物	（284）
图三五九	ⅢH61出土器物	（285）
图三六〇	ⅢH61出土器物	（289）
图三六一	ⅢH61出土器物	（291）
图三六二	ⅢH62平、剖面图	（292）
图三六三	ⅢH62出土陶饼（ⅢH62：1）	（292）
图三六四	ⅢH63平、剖面图	（293）
图三六五	ⅢH63出土器物	（294）
图三六六	ⅢH63出土瓷器	（295）
图三六七	ⅢH65平、剖面图	（297）
图三六八	ⅢH66平、剖面图	（297）
图三六九	ⅢH66出土陶器座（ⅢH66：1）	（297）
图三七〇	ⅢH67平、剖面图	（298）
图三七一	ⅢH67出土器物	（298）
图三七二	ⅢH67出土瓦当（ⅢH67：1）	（299）
图三七三	ⅢH68平、剖面图	（299）
图三七四	ⅢH68出土器物	（300）
图三七五	ⅢH69平、剖面图	（301）
图三七六	ⅢH69出土器物	（302）
图三七七	ⅢH69出土瓦当（ⅢH69：2）	（302）
图三七八	ⅢH71平、剖面图	（303）
图三七九	ⅢH71出土器物	（303）
图三八〇	ⅢH74平、剖面图	（304）

图三八一	Ⅲ H74 出土器物	（304）
图三八二	Ⅲ H75 平、剖面图	（305）
图三八三	Ⅲ H75 出土陶豆（Ⅲ H75：2）	（305）
图三八四	Ⅲ H76 平、剖面图	（306）
图三八五	Ⅲ H77 平、剖面图	（306）
图三八六	Ⅲ H79 平、剖面图	（307）
图三八七	Ⅲ H82 平、剖面图	（307）
图三八八	Ⅲ H82 出土器物	（307）
图三八九	Ⅲ H107 平、剖面图	（308）
图三九〇	Ⅲ H108 平、剖面图	（308）
图三九一	Ⅲ H108 出土陶钵（Ⅲ H108：1）	（308）
图三九二	Ⅲ H110 平、剖面图	（309）
图三九三	Ⅲ H110 出土器物	（309）
图三九四	Ⅲ G5 平、剖面图	（310）
图三九五	Ⅲ J2 平、剖面图	（311）
图三九六	Ⅲ J2 出土器物	（311）
图三九七	Ⅲ J3 平、剖面图	（312）
图三九八	Ⅲ J3 出土器物	（312）
图三九九	Ⅲ J4 平、剖面图	（313）
图四〇〇	Ⅲ J4 出土器物	（314）
图四〇一	Ⅲ J5 平、剖面图	（314）
图四〇二	Ⅲ J5 出土器物	（315）
图四〇三	Ⅲ e 区总平面图	（316）
图四〇四	Ⅲ T20 北壁剖面图	（318）
图四〇五	Ⅲ e 区②层出土器物	（319）
图四〇六	Ⅲ e 区②层出土钱币	（320）
图四〇七	Ⅲ e 区③层出土器物	（321）
图四〇八	Ⅲ e 区③层出土瓦当	（322）
图四〇九	Ⅲ e 区④层出土器物	（323）
图四一〇	Ⅲ H31 平、剖面图	（325）
图四一一	Ⅲ H33 平、剖面图	（325）
图四一二	Ⅲ H33 出土器物	（326）
图四一三	Ⅲ H33 出土建筑构件	（327）
图四一四	Ⅲ H33 出土瓦当	（329）
图四一五	Ⅲ H33 出土瓦当	（330）

图四一六	Ⅲ H33 出土瓦当	（331）
图四一七	Ⅲ H33 出土瓦当	（332）
图四一八	Ⅲ H36 平、剖面图	（333）
图四一九	Ⅲ H36 出土铁斧（Ⅲ H36：2）	（333）
图四二〇	Ⅲ H83 平、剖面图	（334）
图四二一	Ⅲ H87 平、剖面图	（334）
图四二二	Ⅲ H87 出土陶纺轮（Ⅲ H87：1）	（334）
图四二三	Ⅲ H89 平、剖面图	（335）
图四二四	Ⅲ H90 平、剖面图	（336）
图四二五	Ⅲ H90 出土陶罐（Ⅲ H90：2）	（336）
图四二六	Ⅲ H91 平、剖面图	（336）
图四二七	Ⅲ H91 出土陶豆（Ⅲ H91：1）	（337）
图四二八	Ⅲ H92 平、剖面图	（337）
图四二九	Ⅲ H92 出土器物	（338）
图四三〇	Ⅲ H95 平、剖面图	（339）
图四三一	Ⅲ H95 出土器物	（339）
图四三二	Ⅲ H98 平、剖面图	（339）
图四三三	Ⅲ H98 出土陶饼（Ⅲ H98：7）	（340）
图四三四	Ⅲ H99 平、剖面图	（340）
图四三五	Ⅲ H99 出土铜镞（Ⅲ H99：6）	（340）
图四三六	Ⅲ H101 平、剖面图	（340）
图四三七	Ⅲ H101 出土铁刀（Ⅲ H101：1）	（341）
图四三八	Ⅲ H105 平、剖面图	（341）
图四三九	Ⅲ H105 出土器物	（342）
图四四〇	Ⅲ H105 出土器物	（344）
图四四一	Ⅲ H106 平、剖面图	（345）
图四四二	Ⅲ H106 出土器物	（346）
图四四三	Ⅲ H111 平、剖面图	（346）
图四四四	Ⅲ H111 出土陶模具（Ⅲ H111：1）	（346）
图四四五	Ⅲ H112 平、剖面图	（347）
图四四六	Ⅲ H114 平、剖面图	（348）
图四四七	Ⅲ H115 平、剖面图	（349）
图四四八	Ⅲ H115 出土器物	（349）
图四四九	Ⅲ H116 平、剖面图	（350）
图四五〇	Ⅲ H116 出土器物	（351）

图四五一	ⅢH116出土瓦当（ⅢH116：3）	（351）
图四五二	ⅢH117平、剖面图	（352）
图四五三	ⅢH117出土陶盆（ⅢH117：1）	（352）
图四五四	ⅢH118平、剖面图	（353）
图四五五	ⅢH118出土器物	（353）
图四五六	ⅢH119平、剖面图	（354）
图四五七	ⅢH119出土器物	（355）
图四五八	ⅢH119出土瓦当（ⅢH119：7）	（355）
图四五九	ⅢH121平、剖面图	（356）
图四六〇	ⅢH121出土器物	（356）
图四六一	ⅢH122平、剖面图	（357）
图四六二	ⅢH122出土器物	（357）
图四六三	ⅢH126平、剖面图	（358）
图四六四	ⅢH126出土器物	（359）
图四六五	ⅢJ7平、剖面图	（360）
图四六六	ⅢJ9平、剖面图	（360）
图四六七	ⅢJ9出土陶盘（ⅢJ9：4）	（360）
图四六八	Ⅲf区总平面图	（361）
图四六九	ⅢT23西壁剖面图	（362）
图四七〇	Ⅲf区②层出土器物	（363）
图四七一	Ⅲf区③层出土器物	（364）
图四七二	ⅢH127平、剖面图	（365）
图四七三	ⅢH127出土器物	（366）
图四七四	ⅢH128平、剖面图	（366）
图四七五	ⅢH128出土器物	（366）
图四七六	ⅢH129平、剖面图	（367）
图四七七	ⅢH129出土板瓦（ⅢH129：1）	（368）
图四七八	ⅢH131平、剖面图	（368）
图四七九	ⅢH131出土陶盆	（368）
图四八〇	ⅢH131出土瓦当（ⅢH131：1）	（368）
图四八一	ⅢH132平、剖面图	（369）
图四八二	ⅢH132出土瓦当（ⅢH132：1）	（369）
图四八三	ⅢH135平、剖面图	（370）
图四八四	ⅢH135出土筒形铁器（ⅢH135：2）	（370）
图四八五	ⅢH136平、剖面图	（370）

图四八六	Ⅲ H136 出土骨锥（Ⅲ H136：1）	（370）
图四八七	Ⅲ H137 平、剖面图	（371）
图四八八	Ⅲ H138 平、剖面图	（371）
图四八九	Ⅲ H138 出土器物	（372）
图四九〇	Ⅲ G6 平、剖面图	（372）
图四九一	Ⅲ G6 出土器物	（373）
图四九二	Ⅲ J8 平、剖面图	（373）
图四九三	Ⅲ Y1 平、剖面图	（374）
图四九四	Ⅲ Y1 出土长砖（Ⅲ Y1：1）	（374）
图四九五	Ⅲ区出土器物陶文、陶符	（375）
图四九六	Ⅲ区出土瓷器墨书	（379）
图四九七	Ⅲ区采集器物	（381）
图四九八	Ⅲ区第一阶段文化遗存器物	（385）
图四九九	Ⅲ区第一阶段文化遗存建筑构件	（387）
图五〇〇	Ⅲ区第一阶段文化遗存瓦当	（389）
图五〇一	Ⅲ区第二阶段文化遗存器物	（392）
图五〇二	Ⅲ区第二阶段文化遗存器物	（395）
图五〇三	Ⅲ区第二阶段文化遗存器物	（398）
图五〇四	Ⅲ区第二阶段文化遗存器物	（399）
图五〇五	Ⅲ区第三阶段文化遗存陶器纹饰拓片	（401）
图五〇六	Ⅲ区第三阶段文化遗存器物	（402）
图五〇七	Ⅲ区第三阶段文化遗存器物	（404）
图五〇八	Ⅲ区第三阶段文化遗存器物	（407）
图五〇九	Ⅲ区第四阶段文化遗存器物	（410）
图五一〇	Ⅲ区第四阶段文化遗存器物	（412）
图五一一	Ⅲ区第四阶段文化遗存建筑构件	（414）
图五一二	Ⅲ区第四阶段文化遗存瓦当	（415）
图五一三	Ⅲ区第四阶段文化遗存器物	（416）
图五一四	Ⅲ区第四阶段文化遗存器物	（418）
图五一五	Ⅲ区第五阶段文化遗存器物	（420）
图五一六	Ⅲ区第五阶段文化遗存建筑构件	（422）
图五一七	Ⅲ区第六阶段文化遗存器物	（424）
图五一八	Ⅲ区第七阶段文化遗存器物	（427）
图五一九	Ⅲ区第七阶段文化遗存器物	（429）
图五二〇	Ⅲ区第七阶段文化遗存器物	（432）

图五二一	Ⅲ区第七阶段文化遗存建筑构件	（434）
图五二二	Ⅲ区第七阶段文化遗存器物	（435）
图五二三	Ⅲ区第七阶段文化遗存器物	（437）
图五二四	Ⅲ区第七阶段文化遗存器物	（440）
图五二五	Ⅲ区第七阶段文化遗存器物	（444）
图五二六	Ⅲ区第七阶段文化遗存器物	（447）
图五二七	和林格尔土城子古城北城平面图	（448）
图五二八	Ⅷ TG1 西壁剖面	（452）
图五二九	Ⅷ TG1 地层出土器物	（453）
图五三〇	Ⅷ TG1 夯层内出土器物	（455）
图五三一	Ⅷ H1 平、剖面图	（456）
图五三二	Ⅷ H1 出土器物	（456）
图五三三	Ⅷ H2 平、剖面图	（457）
图五三四	Ⅷ H2 出土器物	（458）
图五三五	Ⅷ H3 平、剖面图	（458）
图五三六	Ⅷ H3 出土器物	（459）
图五三七	Ⅷ H4 平、剖面图	（459）
图五三八	Ⅷ H4 出土器物	（460）
图五三九	Ⅷ H5 平、剖面图	（460）
图五四〇	Ⅷ H5 出土陶器	（461）
图五四一	第Ⅰ、Ⅱ发掘区布方示意图	（462）
图五四二	Ⅰa区总平面图	（470）
图五四三	ⅠT3、ⅠT4 南壁剖面图	（471）
图五四四	Ⅰ H1 平、剖面图	（471）
图五四五	Ⅰ H1 出土器物	（472）
图五四六	Ⅰ H2 平、剖面图	（473）
图五四七	Ⅰ H2 出土器物	（473）
图五四八	Ⅰ H3 平、剖面图	（474）
图五四九	Ⅰ H3 出土器物	（475）
图五五〇	Ⅰ H5 平、剖面图	（476）
图五五一	Ⅰb区总平面图	（477）
图五五二	ⅠT7 南壁剖面图	（478）
图五五三	Ⅰb区地层出土器物	（479）
图五五四	Ⅰb区②层出土瓦当	（480）
图五五五	Ⅰ H6 平、剖面图	（481）

图五五六	ⅠH6出土瓷碗（ⅠH6：1）	（482）
图五五七	ⅠH7平、剖面图	（482）
图五五八	Ⅱa区总平面图	（486）
图五五九	ⅡT3、ⅡT4东壁剖面图	（487）
图五六〇	Ⅱa区②层出土器物	（489）
图五六一	Ⅱa区②层出土器物	（491）
图五六二	Ⅱa区②层出土瓦当	（492）
图五六三	Ⅱa区②层出土器物	（493）
图五六四	Ⅱa区③层出土器物	（496）
图五六五	Ⅱa区③层出土器物	（498）
图五六六	Ⅱa区④层出土器物	（502）
图五六七	Ⅱa区④层出土器物	（504）
图五六八	Ⅱa区④层出土钱币	（506）
图五六九	ⅡH6平、剖面图	（507）
图五七〇	ⅡH6出土器物	（507）
图五七一	ⅡH7平、剖面图	（508）
图五七二	ⅡH7出土器物	（509）
图五七三	ⅡH8平、剖面图	（511）
图五七四	ⅡH8出土器物	（512）
图五七五	ⅡH11平、剖面图	（513）
图五七六	ⅡH20平、剖面图	（513）
图五七七	ⅡH20出土陶罐（ⅡH20：1）	（513）
图五七八	ⅡH21平、剖面图	（513）
图五七九	ⅡH25平、剖面图	（514）
图五八〇	ⅡH26平、剖面图	（515）
图五八一	ⅡH26出土陶器	（516）
图五八二	ⅡH27平、剖面图	（517）
图五八三	ⅡH27出土陶盆（ⅡH27：1）	（517）
图五八四	ⅡH35平、剖面图	（518）
图五八五	ⅡH35出土器物	（518）
图五八六	ⅡH37平、剖面图	（519）
图五八七	ⅡH37出土陶罐（ⅡH37：1）	（519）
图五八八	ⅡH43平、剖面图	（520）
图五八九	ⅡH43出土陶瓮（ⅡH43：2）	（521）
图五九〇	ⅡH64平、剖面图	（522）

图五九一	ⅡH64 出土陶玩（ⅡH64：1）	（522）
图五九二	ⅡJ1 平、剖面图	（523）
图五九三	ⅡJ1 出土器物	（524）
图五九四	ⅡJ7 平、剖面图	（525）
图五九五	ⅡJ7 出土骨钗（ⅡJ7：1）	（525）
图五九六	ⅡJ8 平、剖面图	（526）
图五九七	ⅡJ8 出土器物	（527）
图五九八	ⅡJ9 平、剖面图	（528）
图五九九	ⅡJ9 出土器物	（529）
图六〇〇	ⅡJ9 出土钱币	（530）
图六〇一	ⅡJC1 平、剖面图	（531）
图六〇二	ⅡJC1 出土铜饰件（ⅡJC1：1）	（531）
图六〇三	ⅡJC1 出土钱币	（534）
图六〇四	ⅡJC2 平、剖面图	（536）
图六〇五	ⅡJC2 出土钱币	（538）
图六〇六	ⅡJC3 平、剖面图	（540）
图六〇七	ⅡJC3 出土钱币	（542）
图六〇八	Ⅱb 区总平面图	（543）
图六〇九	ⅡT9、ⅡT10 东壁剖面图	（544）
图六一〇	Ⅱb 区②层出土器物	（546）
图六一一	Ⅱb 区②层出土器物	（547）
图六一二	Ⅱb 区③层出土器物	（548）
图六一三	Ⅱb 区④层出土器物	（550）
图六一四	Ⅱb 区④层出土器物	（551）
图六一五	ⅡH42 平、剖面图	（553）
图六一六	ⅡH42 出土器物	（555）
图六一七	ⅡH44 平、剖面图	（556）
图六一八	ⅡH46 平、剖面图	（556）
图六一九	ⅡH46 出土陶豆（ⅡH46：1）	（556）
图六二〇	ⅡH48 平、剖面图	（557）
图六二一	ⅡH49 平、剖面图	（558）
图六二二	ⅡH51 平、剖面图	（558）
图六二三	ⅡH51 出土陶执壶（ⅡH51：1）	（558）
图六二四	ⅡH53 平、剖面图	（559）
图六二五	ⅡH54 平、剖面图	（560）

图六二六	ⅡH77 平、剖面图	（560）
图六二七	ⅡH77 出土瓷碗（ⅡH77：1）	（560）
图六二八	Ⅱc区总平面图	（插页）
图六二九	ⅡT23、ⅡT21、ⅡT19、ⅡT15、ⅡT13、ⅡT7、ⅡT5 北壁剖面图	（插页）
图六三〇	Ⅱc区②层出土器物	（564）
图六三一	Ⅱc区②层出土陶盆	（565）
图六三二	Ⅱc区②层出土板瓦	（566）
图六三三	Ⅱc区②层出土器物	（567）
图六三四	Ⅱc区②层出土瓷碗	（569）
图六三五	Ⅱc区②层出土器物	（573）
图六三六	Ⅱc区③层出土器物	（576）
图六三七	Ⅱc区③层出土瓦当（ⅡT24③：1）	（577）
图六三八	Ⅱc区④层出土器物	（578）
图六三九	ⅡF1 平、剖面图	（插页）
图六四〇	ⅡF1 出土器物	（583）
图六四一	ⅡF1 出土陶盆	（584）
图六四二	ⅡF1 出土器物	（586）
图六四三	ⅡF1 出土瓦当（ⅡF1：241）	（587）
图六四四	ⅡF1 出土器物	（588）
图六四五	ⅡF1 出土瓷碗	（589）
图六四六	ⅡF1 出土器物	（591）
图六四七	ⅡF1 出土瓷碗	（593）
图六四八	ⅡF1 出土器物	（594）
图六四九	ⅡF1 出土器物	（598）
图六五〇	ⅡF1 出土器物	（600）
图六五一	ⅡH1 平、剖面图	（601）
图六五二	ⅡH1 出土器物	（603）
图六五三	ⅡH2 平、剖面图	（604）
图六五四	ⅡH2 出土器物	（605）
图六五五	ⅡH3（H5）平、剖面图	（606）
图六五六	ⅡH3（H5）出土器物	（607）
图六五七	ⅡH4 平、剖面图	（608）
图六五八	ⅡH4 出土器物	（609）
图六五九	ⅡH4 出土祭骨（ⅡH4：8）	（610）
图六六〇	ⅡH12 平、剖面图	（611）

图六六一	ⅡH13 平、剖面图	（611）
图六六二	ⅡH13 出土器物	（612）
图六六三	ⅡH14 平、剖面图	（613）
图六六四	ⅡH14 出土器物	（614）
图六六五	ⅡH16 平、剖面图	（614）
图六六六	ⅡH17 平、剖面图	（614）
图六六七	ⅡH17 出土瓦当（ⅡH17：1）	（615）
图六六八	ⅡH19 平、剖面图	（615）
图六六九	ⅡH19 出土陶盆（ⅡH19：1）	（616）
图六七〇	ⅡH22 平、剖面图	（616）
图六七一	ⅡH22 出土陶盆（ⅡH22：1）	（616）
图六七二	ⅡH23 平、剖面图	（617）
图六七三	ⅡH23 出土器物	（617）
图六七四	ⅡH24 平、剖面图	（618）
图六七五	ⅡH24 出土瓷研磨盘（ⅡH24：1）	（618）
图六七六	ⅡH28 平、剖面图	（619）
图六七七	ⅡH28 出土器物	（619）
图六七八	ⅡH29 平、剖面图	（620）
图六七九	ⅡH29 出土器物	（621）
图六八〇	ⅡH32 平、剖面图	（621）
图六八一	ⅡH32 出土铜器盖（ⅡH32：4）	（622）
图六八二	ⅡH36 平、剖面图	（622）
图六八三	ⅡH38 平、剖面图	（623）
图六八四	ⅡH38 出土陶盆（ⅡH38：1）	（623）
图六八五	ⅡH39 平、剖面图	（624）
图六八六	ⅡH39 出土器物	（624）
图六八七	ⅡH41 平、剖面图	（625）
图六八八	ⅡH41 出土陶盆（ⅡH41：1）	（625）
图六八九	ⅡH57 平、剖面图	（626）
图六九〇	ⅡH57 出土陶罐（ⅡH57：1）	（626）
图六九一	ⅡH58 平、剖面图	（627）
图六九二	ⅡH58 出土器物	（627）
图六九三	ⅡH59 平、剖面图	（628）
图六九四	ⅡH59 出土瓷碗（ⅡH59：1）	（628）
图六九五	ⅡH60 平、剖面图	（629）

图六九六	ⅡH60 出土器物	（629）
图六九七	ⅡH61 平、剖面图	（630）
图六九八	ⅡH61 出土器物	（631）
图六九九	ⅡH63 平、剖面图	（631）
图七〇〇	ⅡH63 出土瓷碗（ⅡH63∶1）	（632）
图七〇一	ⅡH65 平、剖面图	（632）
图七〇二	ⅡH66 平、剖面图	（632）
图七〇三	ⅡH66 出土陶盆	（633）
图七〇四	ⅡH67 平、剖面图	（634）
图七〇五	ⅡH67 出土器物	（635）
图七〇六	ⅡH69 平、剖面图	（637）
图七〇七	ⅡH69 出土板瓦（ⅡH69∶1）	（637）
图七〇八	ⅡH70 平、剖面图	（638）
图七〇九	ⅡH75 平、剖面图	（638）
图七一〇	ⅡH75 出土陶盆（ⅡH75∶1）	（638）
图七一一	ⅡJ2 平、剖面图	（639）
图七一二	ⅡJ2 出土器物	（640）
图七一三	ⅡJ2 出土器物	（641）
图七一四	ⅡJ3 平、剖面图	（642）
图七一五	ⅡJ3 出土器物	（643）
图七一六	ⅡJ3 出土器物	（644）
图七一七	ⅡJ4 平、剖面图	（645）
图七一八	ⅡJ4 出土器物	（646）
图七一九	ⅡJ5 平、剖面图	（647）
图七二〇	ⅡJ5 出土器物	（649）
图七二一	ⅡJ6 平、剖面图	（650）
图七二二	ⅡJ6 出土器物	（651）
图七二三	ⅡJ10 平、剖面图	（652）
图七二四	ⅡJ10 出土器物	（653）
图七二五	ⅡJ11 平、剖面图	（654）
图七二六	ⅡJ11 出土器物	（655）
图七二七	ⅡJ12 平、剖面图	（656）
图七二八	ⅡJ12 出土瓷钵（ⅡJ12∶1）	（656）
图七二九	ⅡJ13 平、剖面图	（657）
图七三〇	ⅡJ13 出土器物	（658）

图七三一	ⅡJ14平、剖面图	（660）
图七三二	ⅡJ14出土器物	（661）
图七三三	ⅡJ15平、剖面图	（662）
图七三四	ⅡJ15出土器物	（663）
图七三五	ⅡJ16平、剖面图	（664）
图七三六	ⅡJ16出土器物	（664）
图七三七	J18平、剖面图	（665）
图七三八	J18出土铁锛（ⅡJ18∶1）	（666）
图七三九	ⅡG1平、剖面图	（667）
图七四〇	ⅡG1出土器物	（668）
图七四一	Ⅱ区采集器物	（670）
图七四二	Ⅱ区采集器物	（671）
图七四三	Ⅰ、Ⅱ区第一阶段文化遗存器物	（673）
图七四四	Ⅰ、Ⅱ区第二阶段文化遗存陶罐	（676）
图七四五	Ⅰ、Ⅱ区第二阶段文化遗存器物	（678）
图七四六	Ⅰ、Ⅱ区第二阶段文化遗存器物	（679）
图七四七	Ⅰ、Ⅱ区第二阶段文化遗存器物	（682）
图七四八	Ⅰ、Ⅱ区第二阶段文化遗存陶盆	（683）
图七四九	Ⅰ、Ⅱ区第二阶段文化遗存陶盆	（686）
图七五〇	Ⅰ、Ⅱ区第二阶段文化遗存器物	（689）
图七五一	Ⅰ、Ⅱ区第二阶段文化遗存器物	（692）
图七五二	Ⅰ、Ⅱ区第二阶段文化遗存器物	（694）
图七五三	Ⅰ、Ⅱ区第二阶段文化遗存建筑构件	（697）
图七五四	Ⅰ、Ⅱ区第二阶段文化遗存建筑构件	（698）
图七五五	Ⅰ、Ⅱ区第二阶段文化遗存器物	（700）
图七五六	Ⅰ、Ⅱ区第二阶段文化遗存器物	（703）
图七五七	Ⅰ、Ⅱ区第二阶段文化遗存器物	（705）
图七五八	Ⅰ、Ⅱ区第二阶段文化遗存器物	（707）
图七五九	Ⅰ、Ⅱ区第二阶段文化遗存器物	（711）
图七六〇	Ⅰ、Ⅱ区第二阶段文化遗存器物	（713）
图七六一	Ⅰ、Ⅱ区第二阶段文化遗存瓷器	（716）
图七六二	Ⅰ、Ⅱ区第二阶段文化遗存器物	（719）
图七六三	Ⅰ、Ⅱ区第二阶段文化遗存器物	（721）
图七六四	Ⅰ、Ⅱ区第二阶段文化遗存器物	（723）
图七六五	Ⅰ、Ⅱ区第二阶段文化遗存器物	（724）

图七六六	Ⅰ、Ⅱ区第二阶段文化遗存器物	（726）
图七六七	Ⅰ、Ⅱ区第二阶段文化遗存器物	（728）
图七六八	Ⅰ、Ⅱ区第二阶段文化遗存器物	（729）
图七六九	Ⅰ、Ⅱ区第二阶段文化遗存器物	（731）
图七七〇	Ⅱ区出土钱币	（733）
图七七一	Ⅱ区出土钱币	（735）
图七七二	第Ⅸ发掘区总平面图	（738）
图七七三	ⅨT1、ⅨT3西壁剖面图	（739）
图七七四	ⅨH1平、剖面图	（739）
图七七五	ⅨH1出土器物	（740）
图七七六	ⅨH2平、剖面图	（741）
图七七七	ⅨH2出土器物	（741）
图七七八	ⅨH3平、剖面图	（742）
图七七九	ⅨH3出土器物	（742）
图七八〇	ⅨH4平、剖面图	（743）
图七八一	Ⅸ区出土器物	（744）

插表目录

表一	第Ⅳ发掘区灰坑统计表	（34）
表二	第Ⅳ发掘区墓葬统计表	（39）
表三	第Ⅳ发掘区瓮棺葬统计表	（40）
表四	Ⅳa区地层、遗迹与遗物对照表	（42）
表五	Ⅳb区地层、遗迹与遗物对照表	（100）
表六	Ⅳc区地层、遗迹与遗物对照表	（115）
表七	南城各发掘区地层堆积对应表	（128）
表八	第Ⅲ发掘区灰坑统计表	（175）
表九	第Ⅲ发掘区水井统计表	（186）
表一〇	第Ⅲ发掘区壕沟统计表	（187）
表一一	Ⅲa区地层、遗迹与遗物对照表	（190）
表一二	Ⅲb区地层、遗迹与遗物对照表	（245）
表一三	Ⅲc区地层、遗迹与遗物对照表	（268）
表一四	Ⅲd区地层、遗迹与遗物对照表	（273）
表一五	ⅢH61出土瓷器统计表	（286）
表一六	Ⅲe区地层、遗迹与遗物对照表	（317）
表一七	Ⅲf区地层、遗迹与遗物对照表	（361）
表一八	第Ⅲ发掘区出土墨书统计表	（376）
表一九	中城各发掘区地层堆积对应表	（382）
表二〇	第Ⅲ发掘区地层与遗迹分期对照表	（383）
表二一	第Ⅰ、Ⅱ发掘区灰坑统计表	（463）
表二二	Ⅰa区地层、遗迹与遗物对照表	（469）
表二三	Ⅰb区地层、遗迹与遗物对照表	（477）
表二四	第Ⅱ发掘区水井统计表	（483）
表二五	Ⅱa区地层、遗迹与遗物对照表	（487）
表二六	Ⅱa区②层出土钱币统计表	（494）
表二七	Ⅱa区③层出土钱币统计表	（499）
表二八	Ⅱa区④层出土钱币统计表	（505）
表二九	ⅡJC1出土钱币统计表	（532）
表三〇	ⅡJC2出土钱币统计表	（537）

表三一	ⅡJC3出土钱币统计表	（540）
表三二	Ⅱb区地层、遗迹与遗物对照表	（544）
表三三	Ⅱb区③层出土钱币统计表	（548）
表三四	Ⅱb区④层出土钱币统计表	（552）
表三五	Ⅱc区地层、遗迹与遗物对照表	（561）
表三六	Ⅱc区②层出土钱币统计表	（574）
表三七	Ⅱc区③层出土钱币统计表	（577）
表三八	Ⅱc区④层出土钱币统计表	（579）
表三九	ⅡF1出土钱币统计表	（601）
表四〇	北城各发掘区地层堆积对应表	（672）
表四一	第Ⅰ、Ⅱ发掘区地层与遗迹分期对照表	（672）
表四二	第Ⅸ发掘区地层、遗迹与遗物对照表	（738）
表四三	第Ⅳ发掘区第一阶段文化遗存器物分期表	（747）
表四四	第Ⅳ发掘区第二阶段文化遗存器物分期表	（748）
表四五	第Ⅳ发掘区第二阶段文化遗存器物分期表	（749）
表四六	第Ⅳ发掘区第三阶段文化遗存器物分期表	（750）
表四七	第Ⅲ发掘区第三阶段文化遗存器物分期表	（752）
表四八	第Ⅰ、Ⅱ发掘区第二阶段文化遗存器物分期表	（755）
表四九	第Ⅰ、Ⅱ发掘区第二阶段文化遗存器物分期表	（757）
表五〇	第Ⅰ、Ⅱ发掘区第二阶段文化遗存器物分期表	（759）
表五一	第Ⅰ、Ⅱ发掘区第二阶段文化遗存邢窑瓷器分期表	（761）
表五二	第Ⅰ、Ⅱ发掘区第二阶段文化遗存北方窑系瓷器（青瓷）分期表	（762）
表五三	第Ⅰ、Ⅱ发掘区第二阶段文化遗存北方窑系瓷器（白瓷）分期表	（763）
表五四	第Ⅰ、Ⅱ发掘区第二阶段文化遗存北方窑系瓷器（黑瓷）分期表	（765）
表五五	第Ⅰ、Ⅱ发掘区第二阶段文化遗存北方窑系三彩器分期表	（767）

图版目录

图版一　和林格尔土城子古城全景

图版二　和林格尔土城子古城城垣及城门与古城遗址一角

图版三　北城Ⅱc区发掘探方与发掘现场

图版四　南城Ⅳb区发掘探方与Ⅳa区2001年发掘探方

图版五　南城南垣断面与南城西垣断面

图版六　南城将台遗迹与ⅣH4

图版七　ⅣW19与ⅣW27

图版八　中城东垣马面与中部地层堆积情况

图版九　ⅥTG1发掘情况与ⅥTG1东壁剖面

图版一〇　ⅪTG2北壁剖面与中城建筑台基

图版一一　ⅢF1局部与ⅢF1出土器物情况

图版一二　ⅢF3灶坑内出土器物情况与ⅢH5

图版一三　ⅢH9与ⅢY1

图版一四　北城东垣断面与北城西垣断面

图版一五　北城北垣与北城东门及瓮城

图版一六　北城南门与北城西门及瓮城

图版一七　北城北门及瓮城与北城建筑基址

图版一八　ⅡJ1与ⅡJ7

图版一九　ⅡF1与ⅡF1出土器物情况

图版二〇　ⅡH58与ⅡJ3

图版二一　南城第一阶段遗存出土器物

图版二二　南城第二阶段遗存出土器物

图版二三　南城第二阶段遗存出土器物

图版二四　南城第三阶段遗存出土器物

图版二五　南城第三阶段遗存出土器物

图版二六　中城第一阶段遗存出土器物

图版二七　中城第一阶段遗存出土器物

图版二八　中城第三阶段遗存出土器物

图版二九　中城第四阶段遗存出土器物

图版三〇　中城第五阶段遗存出土器物

图版三一　中城第六阶段遗存出土器物
图版三二　中城第七阶段遗存出土器物
图版三三　中城第七阶段遗存出土器物
图版三四　中城第七阶段遗存出土器物
图版三五　北城第二阶段遗存出土器物
图版三六　北城第二阶段遗存出土器物
图版三七　北城第二阶段遗存出土器物
图版三八　北城第二阶段遗存出土器物
图版三九　北城第二阶段遗存出土器物
图版四〇　北城第二阶段遗存出土器物
图版四一　北城第二阶段遗存出土器物
图版四二　北城第二阶段遗存出土器物
图版四三　北城第二阶段遗存出土器物
图版四四　北城第二阶段遗存出土器物

第一章　总　论

第一节　和林格尔土城子古城遗址的所处自然环境与历史沿革

和林格尔土城子古城遗址位于内蒙古呼和浩特市和林格尔县上土城村北1千米处，北距呼和浩特市约38千米，南距和林格尔县城关镇约11千米，地理坐标为东经111°48′45″，北纬40°27′30″（图一）。

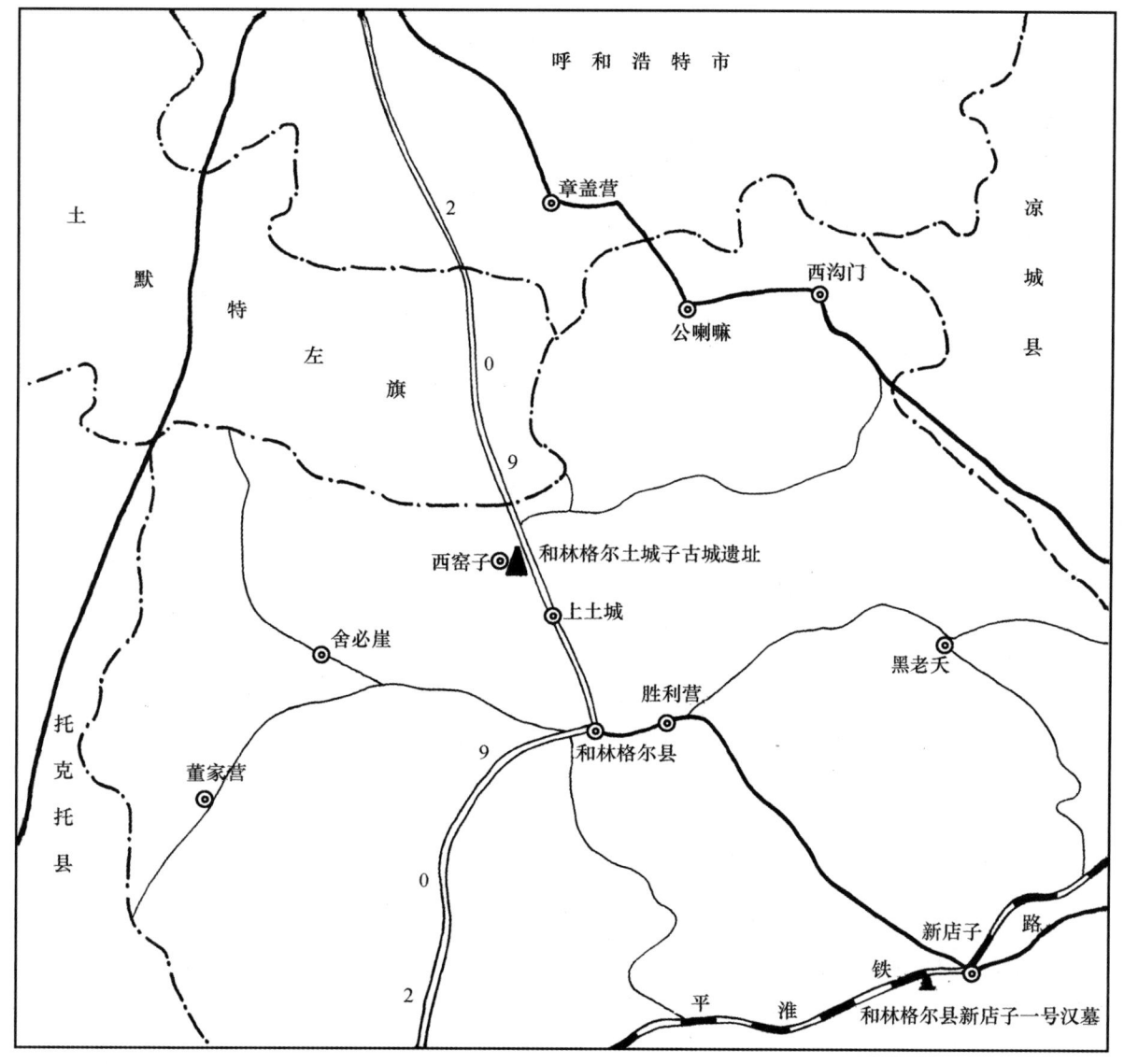

图一　和林格尔土城子古城地理位置示意图

古城遗址坐落在土默特川平原与南部蛮罕山区的交界地带。北部、西部为广阔无垠的土默特川平原，东部和东南部为山峦起伏、沟壑连绵的丘陵山区，南部为狭长的宝贝河（古金河）河床走廊，西南部为丘陵平原。什拉乌素河（古白渠水）从古城遗址的北部由东向西流与大黑河（古芒干水）同入黄河，209国道从古城遗址的东侧南北通过，宝贝河沿古城遗址的东南由南向西北流，然后折西入大黑河，归汇黄河。特殊的地理位置构成特殊的自然条件，从古至今这里适合人类生存，北傍大青山，南濒黄河水道，同时也是南北通衢，兵家必争之地。

据史料记载，和林格尔土城子地区早在两周至春秋时期为猃狁、北狄（犬戎）居住的"襄"地；战国时期是林胡、楼烦活动的地区。公元前302年，赵武灵王变俗，穿胡服，习骑射，进行军事改革，北破林胡、楼烦，筑长城，置云中（今托克托县古城村古城）、雁门、代郡。和林格尔土城子地区属赵国云中郡辖地，后仍归秦云中郡管辖。

西汉初期，高祖六年（公元前201年），分云中、雁门，置定襄郡，郡治成乐（今和林格尔土城子古城南城），辖十二县。其中，成乐县、武进县、武城县在和林格尔县境内。东汉时期缩减郡县，少帝元年（公元189年）郡治徙善无（今山西省右玉县附近）。三国时鲜卑拓跋部据阴山南北。魏甘露三年（公元258年），拓跋力微始居盛乐（即成乐）。晋元康五年（公元295年），国分三部，这里属拓跋猗卢统领。1960年凉城县东十号乡小坝滩出土西晋时期的鲜卑"官印"[1]应为这一史实的佐证。

晋建兴三年（公元315年），猗卢自称代王，以盛乐为北都（今和林格尔土城子古城中城）。东晋太元十一年（公元386年），道武帝拓跋珪收集拓跋旧部，乘机东山再起，在牛川（今呼和浩特市南）大会诸部，即代王位，建元"登国"，不久迁都盛乐（今和林格尔土城子古城中城），改称魏王。北魏始皇三年，东晋隆安二年（公元398年），迁都平城（今山西省大同东）。故都置云中郡，至拓跋焘时，改郡为云中镇，又立朔州与镇并治。永熙元年（公元532年）改朔州为云州，领云中、盛乐二郡。北齐隶紫河镇属地。

隋开皇四年（公元584年），土城子古城地区为突厥沙钵略可汗所据，拥有河东各地。隋开皇十九年（公元599年）筑大利城，以居启民可汗。隋开皇二十年（公元600年）自榆林关徙云州，总管府治之，大业初府废，改州为定襄郡，立大利县为郡治。隋末郡县并废。

唐贞观四年（公元630年）平突厥，分其部：左置定襄都督府，右置云中都督府，在土城子古城地区置云州及定襄县。唐贞观十四年（公元640年）徙置北恒州（即今山西大同），其年复立突厥阿史那思摩为可汗，建牙帐于故城。麟德元年（公元664年）改云中都护府为单于大都护府，即土城子古城的北城。天宝四年（公元745年）置金河县于府内，属关内道。乾元元年（公元758年）置振武军节度使，领都护府及麟、胜二州（麟州位于其西南部，胜州在今托克托县境内）。时为北方政治、经济、军事、文化的中心。

辽改金河为振武县，隶丰州（即今呼和浩特市白塔古城），县治所即在土城子古城。金改振武县为振武镇，元时隶大同路，明属玉林卫地。清代在土城子地区设置驿站（二十家子），后改为协理通判厅，清光绪年间改为抚民理事厅，民国时期改厅为县（即和林格尔县署）。1949年成立和林格尔县人民政府管辖此地至今。

古城平面呈不规则多边形，东西宽1450米，南北长2290米，城垣以北垣、东垣的北半部保存最好，残存高5~10米，南垣中部被河水冲毁，东、北、西三面近中部设有城门，外置瓮城。从古城现存地表城垣的轮廓来看，可分南区、中区、北区三大部分（图二；图版一、图版二）。南区系战国至魏晋时期的文化遗存；中区系魏晋时期，内含战国至唐、辽金元时期的文化遗存；北区系唐代文化遗存。另外，在中区西部靠宝贝河附近地下还覆盖着另一座城址，地表不显，属于春秋战国时期的文化遗存。

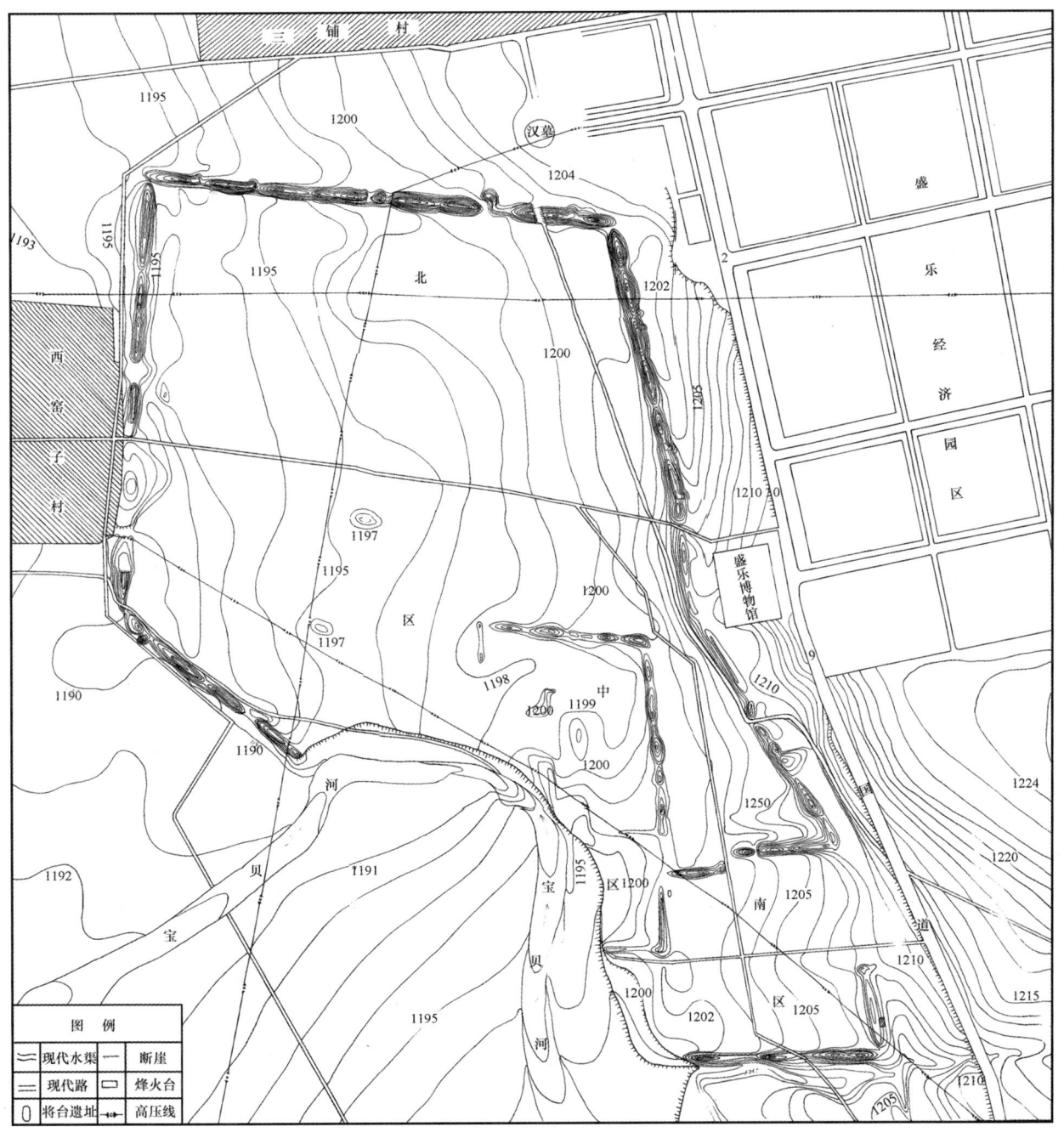

图二　和林格尔土城子古城总平面示意图

和林格尔土城子古城几经沧桑，历经春秋、战国、秦汉、魏晋、隋唐、辽金元数代，距今数千年之久。至今保存较好，现为内蒙古自治区重点文物保护单位，2001年晋升为全国重点文物保护单位。

第二节　和林格尔土城子古城遗址的考古调查、勘探与发掘工作概况

从20世纪三四十年代开始，一些国内外专家、学者曾对和林格尔土城子古城进行了多次的考古调查、勘探与发掘。1943年春天，日本侵略者曾在古城遗址的中区进行了大规模盗掘[2]；1960年4~5月，内蒙古文物工作队（内蒙古文物考古研究所前身）为配合农田基本建设对古城遗址及城北的墓葬进行了抢救性的发掘[3]；1974年8月初，乌盟文化局举办文物干部培训班的16名学员，由陆思贤、李希昂带队在古城遗址进行考古调查实习[4]；1978年秋冬之际，内蒙古文物工作队李逸友，乌盟文物站杜承武、张玄梦等与和林格尔县文化馆周志平在古城遗址进行考古调查[5]；1986年10月，北京大学考古系主任宿白先生前往古城遗址参观视察[6]；1996年5~6月，内蒙古文物考古研究所、呼和浩特市博物馆、和林格尔县文物保护管理所联合对古城遗址及周围的墓葬进行了再次调查、勘探与发掘[7]，获得了重要的实物资料。

1997~2001年为配合国家重点工程达丰（达拉特旗—丰镇）超高压输电，209国道扩建以及盛乐经济园区的建设工程，内蒙古文物考古研究所、呼和浩特市文物管理处、和林格尔县文物保护管理所联合对古城遗址及周边的墓葬进行了抢救性的发掘。为了进一步了解古城遗址的平面布局、地层堆积状况和文化内涵，解决古城的分期、年代及遗存的文化性质等问题对古城遗址进行了4次考古发掘，获得了重要的收获。为了叙述方便，按发掘的前后顺序对发掘区进行分区编号，先后共分为12个发掘区（即第Ⅰ发掘区~第Ⅻ发掘区）。第Ⅰ发掘区和第Ⅱ发掘区位于古城遗址的北区（即北城），以去西窑子村的道路为界，路北为第Ⅰ发掘区，路南为第Ⅱ发掘区；第Ⅲ发掘区为古城遗址的中区（即中城）；第Ⅳ发掘区为古城遗址的南区（即南城）；解剖中城北垣为第Ⅴ发掘区；解剖中城南垣为第Ⅵ发掘区；解剖南城南垣西段为第Ⅶ发掘区；解剖北城南垣东段为第Ⅷ发掘区；南城南部遗址（城外遗址，即土城遗址）为第Ⅸ发掘区；解剖南城北垣为第Ⅹ发掘区；解剖中城东垣及南城西垣为第Ⅺ发掘区；解剖中城中南部（即西城北垣）为第Ⅻ发掘区（图三）。

1960年勘探面积约6万平方米，发掘面积共500平方米，同时解剖城垣4处。发现的遗迹有灰坑、道路、居住遗迹、窑址、墓葬等。参加发掘的工作人员有李逸友、郑隆、张郁、斯琴、荣淑贤、倪桂珍、潘行荣、靳守义等；发掘资料的整理工作由张郁、陆思贤负责完成。曾发表了《和林格尔县土城子古城试掘记要》[8]《内蒙古和林格尔县土城子古城发掘报告》[9]等简报与报告。

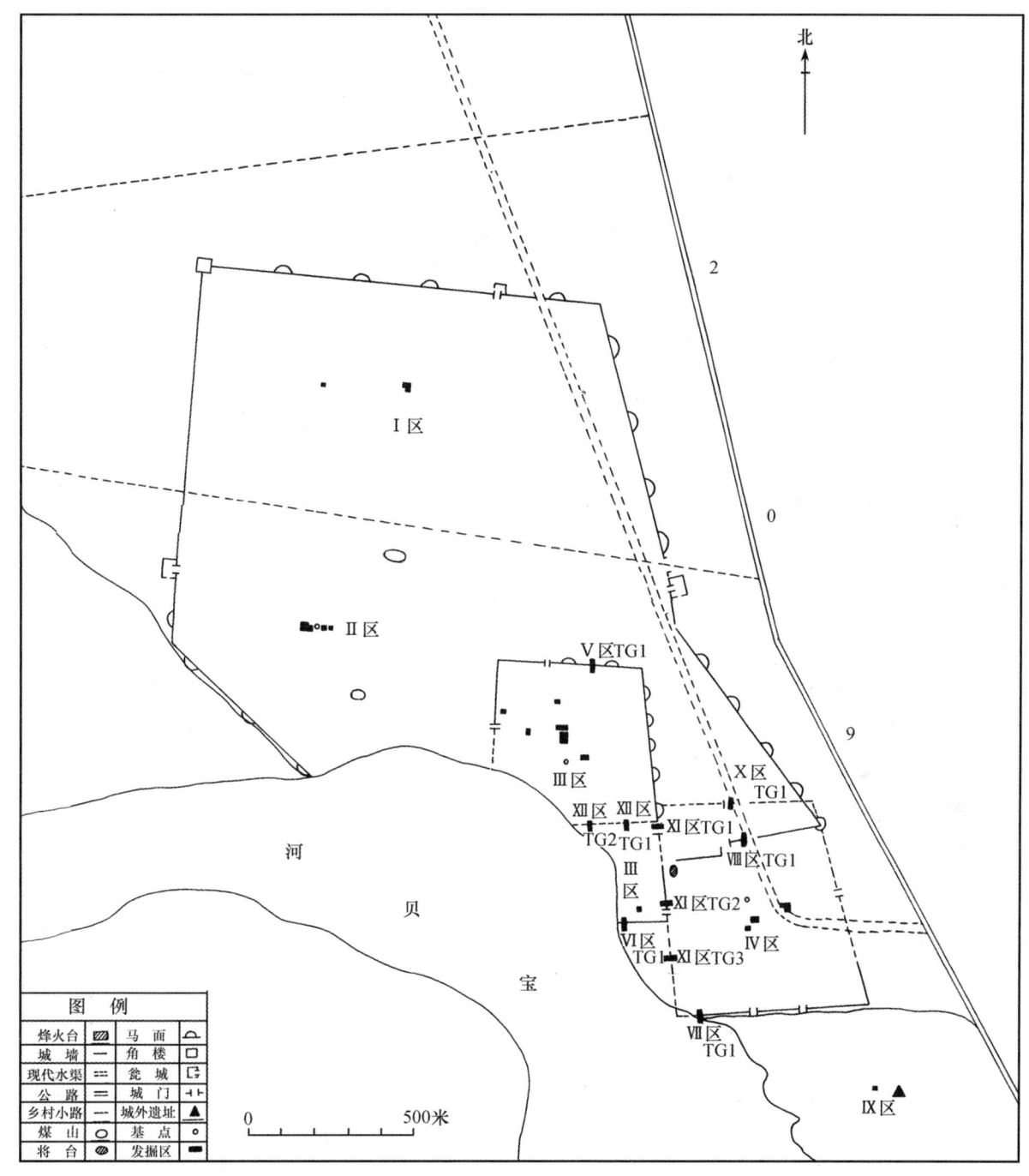

图三　和林格尔土城子古城总平面图

1996年5月，内蒙古文物考古研究所、呼和浩特市博物馆、和林格尔县文物保护管理所联合对古城周围墓葬进行了抢救性的考古发掘，共清理战国、汉代以及唐代墓葬8座，出土了一批陶器、铜器、铁器等遗物。

1997年的发掘工作从7月15日开始，至11月15日结束。为配合国家重点工程达丰（达拉特旗—丰镇）超高压输电工程建设，内蒙古文物考古研究所组织专业力量在线路通过的地段进行了重点调查和勘探，先后勘探面积约6万平方米，同时在线路通过的重点地段（第Ⅰ发掘区，即北城北部）进行考古发掘，发掘分两个发掘小区，第一发掘小区发掘5米×5米的探方4个，第二发掘小区发掘10米×10米的探方3个，发掘面积共400平方米，发现的遗迹有灰坑、道路等。参加发掘的工作人员有陈永志、盖志庸、孙危、赵建、穆格墩、刘刚、韩利君、霍强盛、乔金贵、李宝忠等。

1999年的发掘工作从10月1日开始，至12月4日结束。为了进一步了解北城的布局情况、地层堆积状况和文化内涵等问题，首先对古城遗址进行了较为细致的调查与勘探，重点勘探了东西城门、瓮城、街道、建筑台基等，勘探面积约3万平方米，同时在第Ⅱ发掘区（即北城南部）进行考古发掘，发掘以城内配电房的地线为基点（编号为99Ⅱ0点）进行统一布方，探方编号按发掘的前后次序进行编排。发掘分三个发掘小区，以99Ⅱ0点为基点，发掘5米×5米的探方28个，其中第一发掘小区发掘5米×5米的探方5个，第二发掘小区发掘5米×5米的探方4个，第三发掘小区发掘5米×5米的探方19个（图版三），发掘面积共700平方米，发现的遗迹有房址、灰坑、水井、窖藏、壕沟等。参加发掘的工作人员有陈永志、赵建、刘刚、朱家龙、张爱兵、乔金贵、李宝忠、任喜贵、夏月胜、张福宝、王祥、贾换英等。

2000年的发掘工作从9月5日开始，至11月25日结束。在第Ⅲ、Ⅳ发掘区进行发掘。第Ⅲ发掘区（即中城）的发掘以城内中北部的电杆为基点（编号为2000Ⅲ0点），发掘10米×10米的探方4个，发掘面积400平方米，发现的遗迹有房址、灰坑、水井、壕沟等。第Ⅳ发掘区（即南城）的发掘以城内近中部的电杆为基点（编号为2000Ⅳ0点）进行统一布方，探方编号按发掘的前后次序进行编排。发掘分三个发掘小区，发掘5米×5米的探方共20个，其中第一、二发掘小区发掘5米×5米的探方8个（图版四，1），第三发掘小区发掘5米×5米的探方4个，发掘面积共500平方米，发现的遗迹有灰坑、壕沟、墓葬、瓮棺葬等。参加发掘的工作人员有陈永志、赵建、刘刚、朱家龙、张爱兵、乔金贵、任喜贵、夏月胜等。

2001年的发掘工作从7月1日开始，至11月15日结束。在第Ⅲ～第Ⅻ发掘区进行考古调查、勘探与发掘。首先对中城、南城进行了全面的调查与勘探，勘探面积约8万平方米，发现了中城的东门、西门和北门，南城的东门、南门、西门、北门和西瓮城等重要遗迹。之后在上述各个发掘区进行考古发掘。第Ⅲ发掘区的发掘仍以2000Ⅲ0点为基点进行统一布方，探方编号按发掘的前后次序进行编排。发掘分五个发掘小区，发掘5米×5米的探方20个，每个发掘小区发掘5米×5米的探方4个，包括扩方发掘面积共1032平方米，发现的遗迹有建筑台基、房址、庙址、灰坑、壕沟、水井等。第Ⅳ发掘区的发掘是在2000年第一发掘小区的东侧（接ⅣT18、ⅣT20）发掘5米×5米的探方6个（图版四，2），发掘面积共150平方米，发现的遗迹有灰坑、壕沟、水井、墓葬、瓮棺葬等。第Ⅴ发掘区发掘2米×28米的探沟1条，发掘面积56平方米，发现的遗迹有城垣、灰坑、壕沟等。第Ⅵ发掘区发掘2米×23.5米的探沟1条，发掘面积47平方米，发现的遗迹有城垣、灰坑、壕沟等。第Ⅶ发掘区发掘2米×23.5米的探沟1条，发掘面积47平方米，发现的遗迹有城垣、灰坑等。第Ⅷ发掘区发掘2米×24.5米的探沟1条，发掘面积49平方米，发现的遗迹有城垣、灰坑等。第Ⅸ发掘区发掘5米×5米的探方4个，发掘面积共100平方米，发现的遗迹有灰坑。第Ⅹ发掘区发掘2米×19米的探沟1条，发掘面积38平方米，发现的遗迹有城垣、灰坑等。第Ⅺ发掘区发掘2米×18米的探沟1条，2米×17.5米的探沟1条，1米×22.5米的探沟1条，发掘面积共93.5平方米，发现的遗迹有城垣、城壕、灰坑等。第Ⅻ发掘区发掘1.5米×10米的探沟2条，发掘面积共30平方米，发现的遗迹有城垣、城壕、灰坑等。参加发掘的工作人员有陈永志、李强、赵建、刘刚、张爱兵、张补才、乔金贵、夏月胜、王祥、杨立新等。

城址包括城外遗址共发掘12个地点，发掘面积共计3642.5平方米，勘探面积约17万平方米。

为了确保工作进度，在田野工作完成之后，对发掘资料进行室内整理。室内整理分两部分进行，一部分为发掘资料整理（包括图、文字资料、表格等），另一部分是对出土器物进行清洗、粘对与修复。

1997年发掘资料的整理是1999年4月6日开始，5月13日结束。由乔金贵负责校核各探方平、剖面图，单个遗迹的平、剖面图，绘制遗迹统计表等。出土器物清洗、粘对与修复由乔金贵、张福宝负责完成。

1999年发掘资料的整理是1999年12月12日开始，2000年4月20日结束。由乔金贵负责校核各探方平、剖面图，单个遗迹的平、剖面图，绘制遗迹统计表等。出土器物清洗、粘对与修复由朱家龙、乔金贵、李宝忠、任喜贵、夏月胜、张福宝等负责完成。

2000年发掘资料的整理是2000年12月8日开始，2001年4月16日结束。由乔金贵负责校核各探方平、剖面图，单个遗迹的平、剖面图，绘制遗迹统计表等。出土器物清洗、粘对与修复由朱家龙、乔金贵、李宝忠、任喜贵、夏月胜、张福宝、王祥等负责完成。

2001年发掘资料的整理是2001年12月28日开始，2002年4月20日结束。由李强负责校核各探方平、剖面图，单个遗迹的平、剖面图，绘制遗迹统计表等。清洗、粘对与修复工作先后由朱家龙、乔金贵、李宝忠、任喜贵、夏月胜、张福宝、王祥、杨立新等负责完成。

在资料整理过程中，对初步研究成果进行了公布，曾发表了《和林格尔县土城子古城出土的战国、汉代瓦当》[10]《和林格尔县土城子古城考古发掘主要收获》[11]《活泼有趣的北魏"孩童摔跤游戏瓦当"》[12]等。

和林格尔土城子古城从1960年至今，多次进行了考古发掘，出土大量春秋战国、两汉、代魏、隋唐至辽金元时期的遗物，为研究内蒙古中南部地区古代的社会历史以及北方民族与中原各民族之间的经济和文化交流等提供了重要的实物资料。

第三节　本报告编写体例的说明

本报告是一部集和林格尔土城子古城遗址勘探、发掘资料于一体的田野考古发掘报告。书中系统而翔实地报道了1997~2001年4次对和林格尔土城子古城和城外遗址的调查、勘探、发掘的全部资料。同时还收录了以往与和林格尔土城子古城相关的发掘报告和研究性的文章等。

在对古城遗址发掘前，发掘领队按照田野考古操作规程首先对发掘区、探方、地层堆积、遗迹、遗物的编号进行了详细的规范，按发掘的前后顺序对发掘区、探方、遗迹、遗物等进行统一编排。发掘区的编号按罗马数字Ⅰ、Ⅱ、Ⅲ、Ⅳ、Ⅴ等前面加上"第"后面加上"区"表示，如第Ⅳ区；探方的编号按英文字母T后面加上阿拉伯数字1、2、3、4等表示，如T3；第几区在前面加上罗马数字，如ⅢT3；探沟的编号按英文字母TG后面加上阿拉伯数字1、2、3、4等表示，其编法与探方类同，如ⅤTG3；地层堆积按阿拉伯数字1、2、3、4、5等前面加上"第"后面加上"层"表示，如第3层，如有亚层的话，可在数字后加上英文小写字母a、b、c等表示，如第3b层；遗迹的编号房址按英文字母F、灰坑按英文字母H、水井按英文字母J、窖藏按英文字母JC、壕沟按英文字母G、墓葬按英文字母M、瓮棺葬按英文字母W后面加阿拉伯数字1、2、3、4、5等表示，如F4、H2、J3、JC2、W1等；出土器物的编号按遗迹的序号后面加上比号，比号后面加上阿拉伯数字1、2、3、4、5等表示，采集器物用英文字母C表示，如T3②：3、F4：2、W1：5、C：4等；另外，同一类器物数量较多，编号时统一编为一号，在叙述时再用亚号分开，如F4：2-1，F4：2-2等。此外出土器物在描述时，首先说明同类器物总的数量、标本号、质地、形制、纹饰、尺寸、附图等，具有代表性的器物还要附图版说明，如ⅣG1出土陶盆2件。描述范例如下："标本ⅣG1：3，泥质灰陶。直口微敛，宽平沿略外斜，方唇，直腹，下腹弧收，近底部壁略向内凹，平底。上腹饰绳纹，下腹素面刮光，留有刮痕，内壁饰研光暗纹。口径34.6、底径14、高18.7厘米（图××，1；图版××，2）"；"标本ⅣG1：10，口、腹残片，泥质灰陶。敛口，宽平沿，方唇，弧腹。饰弦纹与绳纹。口径44、残高9.2厘米（图××，2）"。全文器物皆按此形式描述。

本报告编写体例是根据古城遗址文化堆积的早晚进行设定，而每座城址又是按照从解剖城垣到城内发掘的顺序进行编排，城内发掘又分若干个小区，其编号用英文小写字母a、b、c、d、e等表示，如Ⅲd区发掘、Ⅳc区发掘等；在地层堆积方面，每个小区选定典型剖面对地层堆积进行逐层剖析，在遗迹方面，对有出土器物的遗迹逐一介绍，对无出土器物的遗迹选定典型的进行介绍。其原则首先是对地层堆积与出土器物、遗迹与出土器物进行描述，而后是对出土器物进行分型定式研究（解剖城垣出土器物未分型定式）。最后对每座城址作出分期、年代与性质的初步判定。

本报告共分四章。第一章：总论，共分三节。第一节：和林格尔土城子古城遗址的所处自然环境与历史沿革；第二节：和林格尔土城子古城遗址的考古调查、勘探与发掘工作概况；第三节：本报告编写体例的说明。第二章：和林格尔土城子古城遗址及城外遗迹的考古发掘，共分六节。第一节：和林格尔土城子古城概况；第二节：西城；第三节：南城；第四节：中城；第五节：北城；第六节：上土城子村遗址。第三章：和林格尔土城子古城遗址的分期，共分四节。第一节：西城；第二节：南城；第三节：中城；第四节：北城。第四章：和林格尔土城子古城遗址的年代与性质，共分四节。第一节：西城的年代与性质；第二节：南城的年代与性质；第三节：中城的年代与性质；第四节：北城的年代与性质。

注　释

［1］　李逸友：《凉城县发现西晋时期的鲜卑文物》，《内蒙古日报》1962年9月22日。
［2］　和林格尔县文物保护管理所：《和林格尔县文物志》第六章"文物工作大事记"，241页，1987年。
［3］　张郁：《和林格尔县土城子古城试掘记要》，《文物》1961年第9期；内蒙古文物考古研究所：《内蒙古和林格尔县土城子古城发掘报告》，《考古学集刊》（第6集），中国社会科学出版社，1989年。
［4］　和林格尔县文物保护管理所：《和林格尔县文物志》第六章"文物工作大事记"，242页，1987年。
［5］　同注［4］。
［6］　和林格尔县文物保护管理所：《和林格尔县文物志》第六章"文物工作大事记"，244页，1987年。
［7］　魏坚：《土城子墓葬》，《内蒙古中南部汉代墓葬》，中国大百科全书出版社，1998年。
［8］　张郁：《和林格尔县土城子古城试掘记要》，《文物》1961年第9期。
［9］　内蒙古文物考古研究所：《内蒙古和林格尔县土城子古城发掘报告》，《考古学集刊》（第6集），中国社会科学出版社，1989年。
［10］　李强：《和林格尔县土城子古城出土的战国、汉代瓦当》，《内蒙古出土瓦当》，文物出版社，2003年。
［11］　内蒙古文物考古研究所：《和林格尔县土城子古城考古发掘主要收获》，《内蒙古文物考古》2006年第1期。
［12］　王大方、刘刚：《活泼有趣的北魏"孩童摔跤游戏瓦当"》，《内蒙古文物考古》2006年第1期。

第二章　和林格尔土城子古城遗址及城外遗迹的考古发掘

第一节　和林格尔土城子古城概况

通过对和林格尔土城子古城遗址的调查、勘探和发掘，对古城遗址的分布范围、布局、文化层堆积、文化内涵、时代以及城垣、城门的结构、构筑方法等问题有了初步的了解和认识。

古城平面呈不规则多边形，东西宽1450米，南北长2290米，城垣以北垣、东垣的北半部保存最好，残存高5~10米，南垣中部被河水冲毁；东、北、西三面近中部设有城门，外设有瓮城，南垣设有东西两门，在北城的西北角筑有角楼，在北城的东垣、北垣、西垣以及中城的北垣、东垣的北半部筑有马面等防御设施。古城遗址由西城、南城、中城、北城和城外的上土城子村遗址五部分组成（图四）。西城系春秋战国城址，南城系汉代城址，中城系魏晋城址，北城系唐代城址，城外的上土城子村遗址系春秋战国至汉代遗址。

第二节　西　　城

西城位于土城子古城中城的南部，是在解剖中城的南垣、东垣时发现，西半部被宝贝河水（古金河）冲毁。古城呈方形，东垣保存完整，南北长310米，方向355°（图五）。

一、城垣与护城壕

1. 城垣

城垣以东垣南半部和南垣的东半部保存最好，残存高1~1.5米，西垣被河水冲毁，北部城垣被湮埋于地下。

东垣　略呈西北—东南走向，与南垣、北垣的夹角均为90°。长310米，南半部保存较好，残存高1.5米左右，北半部在搞农田基本建设时已辟为平地，与地表相平。

南垣　略呈东北—西南走向，西端被河水冲毁，与东垣的夹角约为90°。残长156米，残存高1~1.3米。

西垣　被河水冲毁，地表不显。

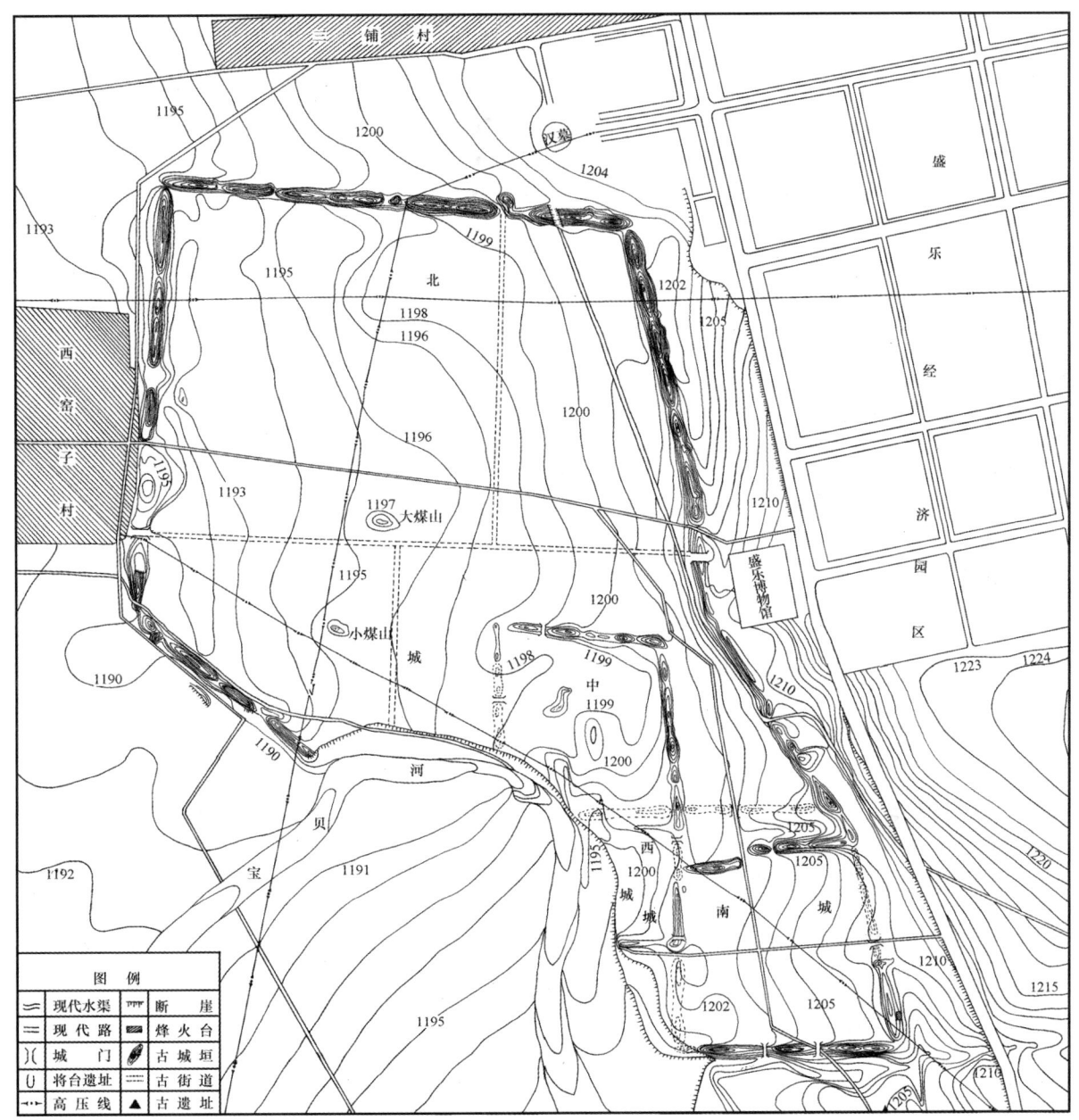

图四　和林格尔土城子古城发掘区划分示意图

北垣　被湮埋于地下，略呈东北—西南走向，西端被河水冲毁，与东垣的夹角为90°。残长240米，该段城垣被晚期堆积覆盖，与地表相平，在地表上没有任何迹象可寻（图五）。

2. 护城壕

护城壕系筑城时取土形成的壕沟，位于城垣的两侧，现被晚期堆积覆盖在地表上，难以辨认。

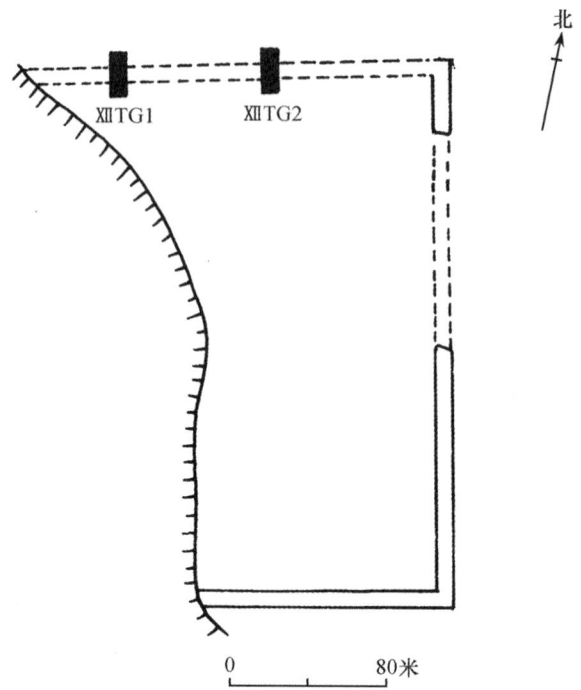

图五　和林格尔土城子古城西城平面图

二、城内文化层

城内地层堆积在搞农田建设时多遭破坏，晚期堆积荡然无存。堆积层北部较厚，可分4层；南部略薄，3层下即为生土层。

第1层：耕土层。

第2层：唐代文化层。

第3层：汉魏文化层。

第4层：战国文化层。

三、城址发掘

西城是在解剖中城的南垣、东垣时发现，为了进一步了解古城遗址的分布范围，在中城的中部偏南发掘南北向1.5米×10米的探沟2条，城内发掘5米×5米的探方4个，发掘面积共130平方米。探沟编号为ⅫTG1、ⅫTG2，探方编号为ⅢT21～ⅢT24。

（一）北垣东段城垣解剖

北垣东段城垣解剖（即第Ⅻ发掘区TG1）位于中城的中南部近东垣处，东距东垣约70米。发掘1.5米×10米的探沟1条，发掘面积为15平方米。

1. 地层堆积与出土遗物

（1）地层堆积

第XII发掘区TG1的地层堆积根据土质、土色与其包含物的不同，可分为3层。现以XIITG1东壁剖面为例介绍如下（图六）。

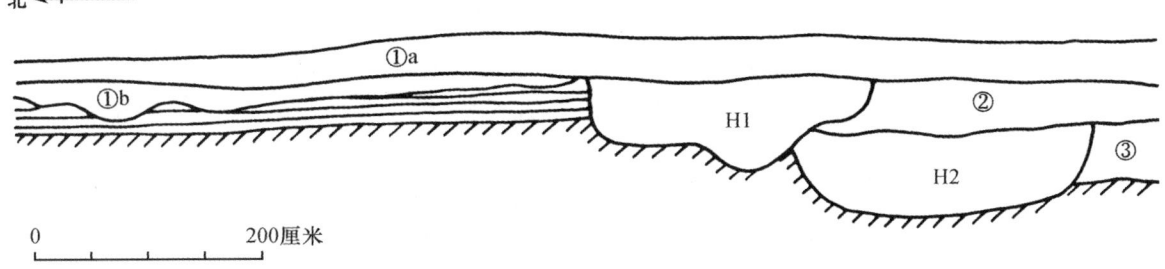

图六　XIITG1东壁剖面图

第1层：可分两个亚层。

第1a层：为淤积层。黄红色土，土质较硬，无遗物。厚20~40厘米。XIIH1开口于该层下。

第1b层：为原表土层。黄灰色砂土，土质较松软，内含遗物较少。厚10~35厘米。第一期城垣开口于该层下。

第2层：元代文化层。黄褐色花土，土质较松软，内含遗物较少，分布于XIITG1南半部。厚30~50厘米。XIIH2开口于该层下。

第3层：战国文化层。灰花土，土质较松软，内含遗物较少，出土少量的筒瓦、板瓦残片。分布于XIITG1南部。厚约60厘米。

（2）出土遗物

筒瓦　1件。标本XIITG1③：1，残片，灰色。泥片贴塑而成，瓦背饰弦断绳纹，内壁留有泥片贴塑的痕迹（图七，3）。

板瓦　1件。标本XIITG1③：3，残片，灰褐色。模制，瓦背饰交错绳纹，内壁为模印绳纹（图七，1、2）。

2. 遗迹

在第XII发掘区TG1内清理发掘的遗迹有城垣、灰坑等。

（1）城垣

城垣　位于XIITG1的中北部，开口于第1b层下，被XIIH1打破，建在黑垆土上。截面呈梯形（只清理一部分），清理宽500、残高15~40厘米。用褐色土夯筑而成，夹有黄色斑点，土质较纯，质地坚硬。夯层厚6~8、夯窝直径8厘米左右（图六）。

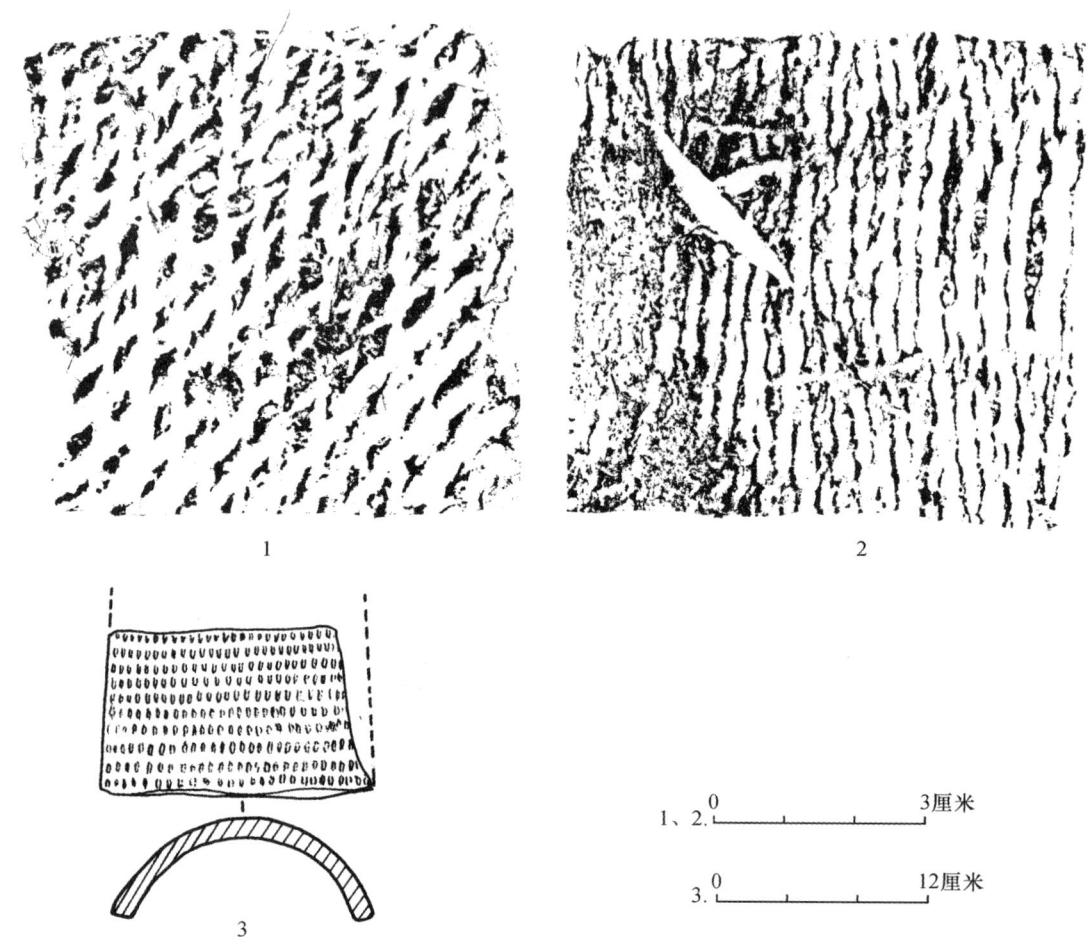

图七 ⅫTG1③层出土器物
1、2.板瓦拓片（ⅫTG1③：3外、ⅫTG1③：3内） 3.筒瓦（ⅫTG1③：1）

（2）灰坑

2个。有圆形和不规则形两种。

ⅫH1 位于ⅫTG1的中南部，开口于第1a层下，打破第一期城垣、ⅫH2及生土层。平面呈不规则形（只清理一部分），坑壁不甚规整，坑底不平。清理长255、清理宽150、深40~85厘米。坑内填灰花土，土质较松软，夹杂草木灰、木炭粒和红烧土块，含有较多的瓦片和少量的动物骨骼。出土物有筒瓦和板瓦等（图八）。

ⅫH2 位于ⅫTG1的南部，开口于第2层下，被ⅫH1打破，打破第3层及生土层。平面呈圆形（只清理一部分），斜弧壁，圜底。清理长270、清理宽70、深85厘米。坑内填黄花土，土质较松软，夹有黑色斑点，含有较多的陶瓦片和少量的动物骨骼。出土物有盆、钵、筒瓦和板瓦等（图九）。

钵 1件。标本ⅫH2：1，泥质灰陶。敛口，圆唇，折腹，平底。素面，表面有烟炱。口径14、底径8、高6厘米（图一〇，2）。

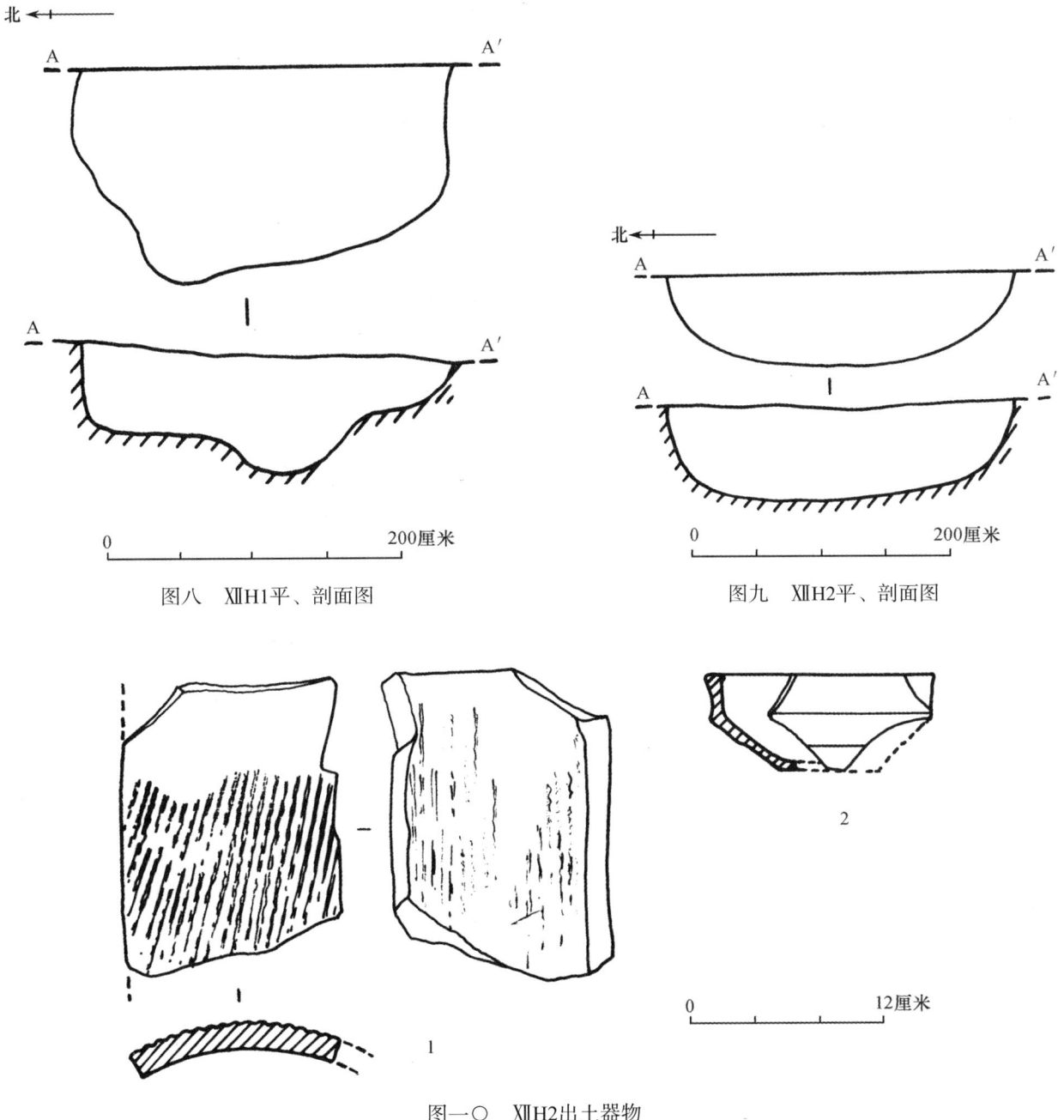

图八 ⅫH1平、剖面图
图九 ⅫH2平、剖面图

图一〇 ⅫH2出土器物
1.筒瓦（ⅫH2：3） 2.陶钵（ⅫH2：1）

筒瓦 1件。标本ⅫH2：3，残片，红褐色。泥片贴塑而成，瓦背饰粗绳纹，内壁为模印纹，留有泥片贴塑的痕迹（图一〇，1）。

（二）北垣中西部城垣解剖

北垣中西部城垣解剖（即第Ⅻ发掘区TG2）位于中城近中部，东距东垣188米，西距断崖50

米。发掘1.5米×10米的探沟1条,发掘面积为15平方米。

1. 地层堆积情况

地层堆积分城垣内侧和城垣外侧两部分,现以ⅫTG2西壁剖面为例介绍如下(图一一)。

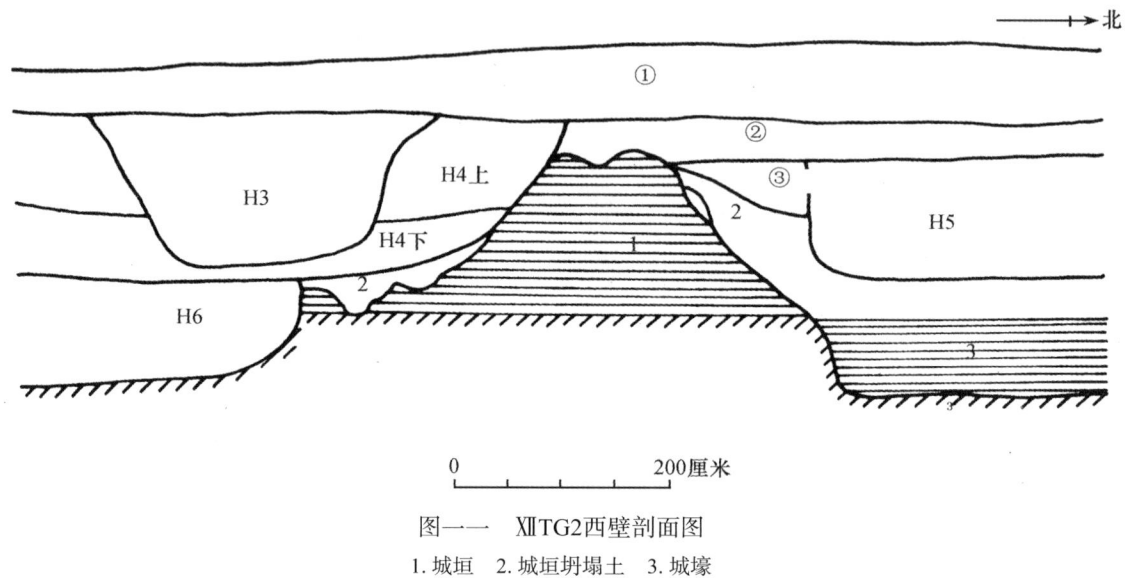

图一一 ⅫTG2西壁剖面图
1.城垣 2.城垣坍塌土 3.城壕

(1)城垣内侧地层堆积

城垣内侧的地层堆积仅存表土层。

第1层:表土层,为风积黄砂土,土质疏松,内含遗物较少。厚40~70厘米。ⅫH3、ⅫH4开口于该层下。

(2)城垣外侧地层堆积

城垣外侧的地层堆积可分3层。

第1层:表土层,为风积黄砂土。土质疏松,内含遗物较少。厚70厘米左右。

第2层:元代文化层。浅灰色花土,土质较松软,内含遗物较少。厚30~40厘米。ⅫH5开口于该层下。

第3层:元代文化层。灰花土,土质较松软,含有零散的陶片。厚10~50厘米。

2. 遗迹

在第Ⅻ发掘区TG2内清理发掘的遗迹有城垣、城壕、灰坑等。

(1)城垣

城垣 位于ⅫTG2的中部,开口于第2层下,被ⅫH4打破,建在黑垆土上。截面呈梯形,底残宽460、顶残宽100、残高150米。用黑褐色土夯筑而成,夹有黄色斑点,土质较纯,质地坚硬。夯层厚6~8、夯窝直径8厘米左右(图一一)。

（2）城壕

城壕系筑城时取土形成的壕沟。位于城垣的北侧，开口于第3层下。上部被城垣坍塌堆积覆盖，挖在黑垆土内，南部紧城垣。略呈口大底小（只清理一部分），斜直壁，平底。口清理宽265、底清理宽240、深90厘米。其内用黄花土夯筑而成，夹有褐色斑点，土质略硬。夯层厚8厘米左右，夯窝直径8~10厘米（图一一）。

（3）灰坑

4个。均为圆形。

ⅫH3　位于ⅫTG2的南部，开口于第1层下，打破ⅫH4。平面呈圆形（只清理一部分），斜壁不甚规整，近平底。清理长320、清理宽80、深140厘米。坑内填黄灰色砂土，土质疏松，内含遗物较少（图一二）。

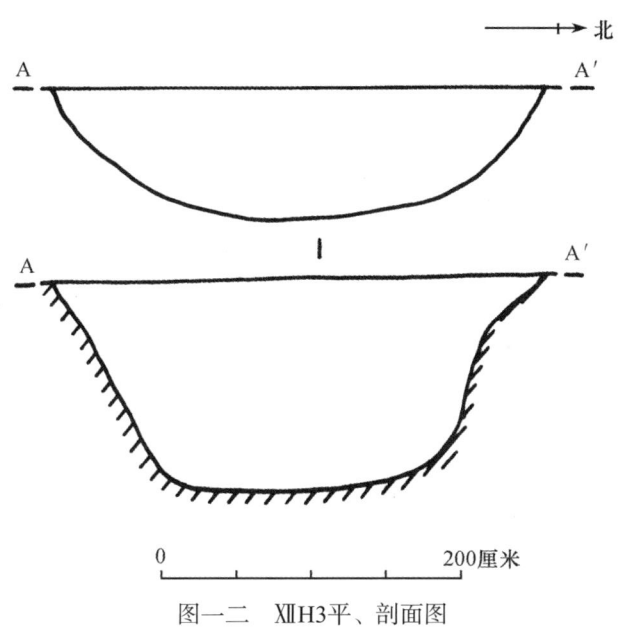

图一二　ⅫH3平、剖面图

ⅫH4　位于ⅫTG2的南部，开口于第1层下，被ⅫH3打破，打破ⅫH6及第一期城垣。平面呈圆形（只清理一部分），斜弧壁，近平底。清理长510、清理宽150、深160厘米。坑内填土可分二层，上层为灰花土，土质较松软，内含遗物较少；下层为淤积层，土质较硬，无遗物（图一三）。

ⅫH5　位于ⅫTG2的北部，开口于第2层下，打破第3层。平面呈圆形（只清理一部分），直壁，平底。清理长275、清理宽105、深115厘米。坑内填灰褐色花土，土质较松软，夹有木炭粒、红烧土块，含有少量的陶瓷片和动物骨骼等（图一四）。

ⅫH6　位于ⅫTG2的南部，开口于ⅫH4下，打破第一期城垣及生土层。平面呈圆形（只清理一部分），斜弧壁，平底。清理长260、清理宽150、深100厘米。坑内填灰褐色花土，土质较硬，内含遗物较少，出土少量的陶瓦片和动物骨骼等（图一五）。

（三）城内发掘

城内发掘详见第Ⅲ发掘区T21~T24的发掘情况。

四、小　　结

西城是在解剖中城的南垣、东垣时发现，规模较小，以其东垣保存完整。东垣长310米，南垣残长156米，北垣残长240米。经解剖得知，城垣建在生黑垆土上，用褐色土夯筑而成，土质较纯，质地坚硬，内无遗物，夯层厚6~8厘米，被晚期城垣所叠压。另外，城内地层堆积在搞农田建设时多遭破坏，早期堆积保存较少。堆积层北半部较厚，可分4层；南部较薄，可分

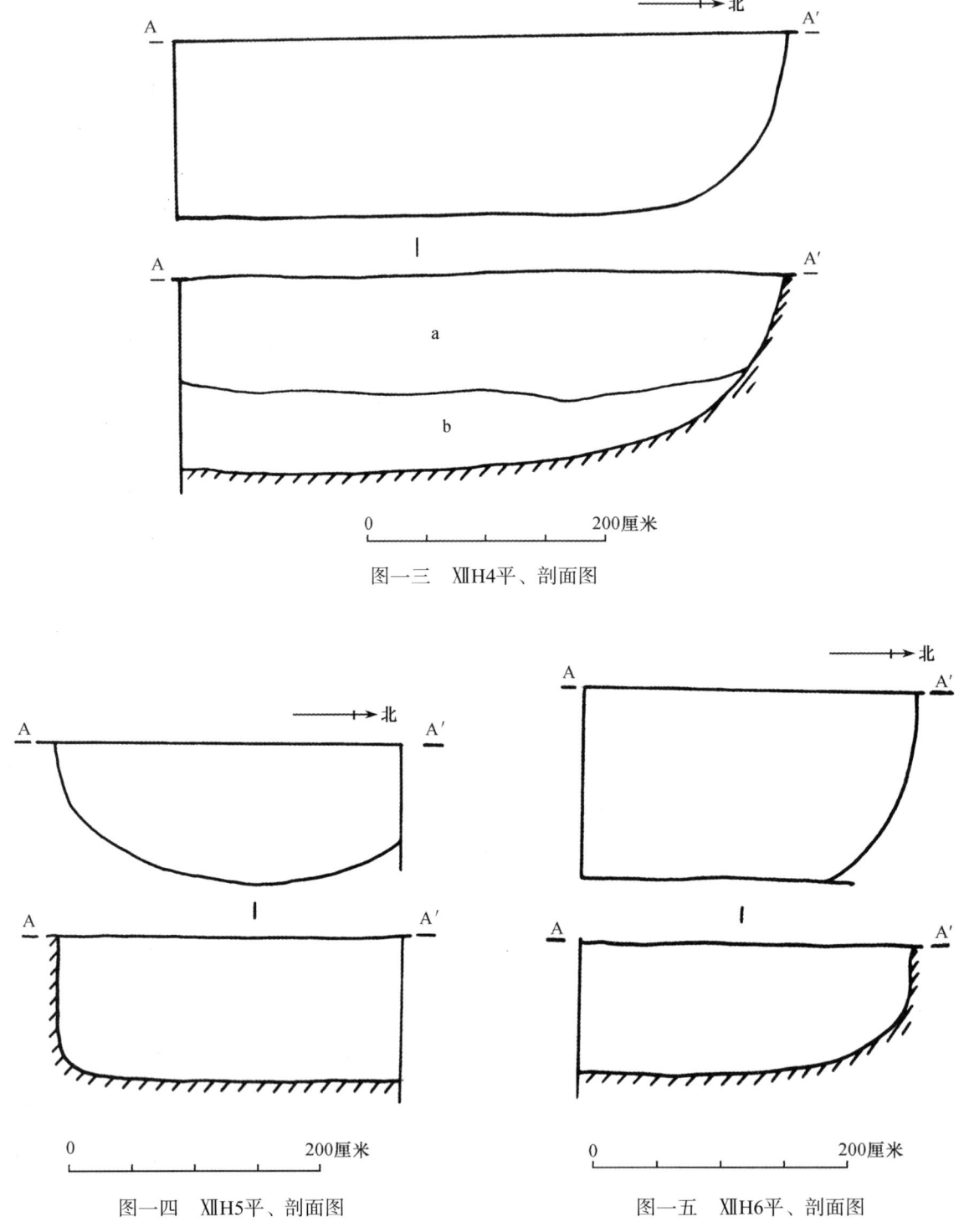

图一三 ⅫH4平、剖面图

图一四 ⅫH5平、剖面图

图一五 ⅫH6平、剖面图

3层。城内出土遗物部分器形特征、纹饰具有春秋战国至秦代器物的特点，亦有部分器物属于晚期的代魏、隋唐时期。根据西城城垣解剖及出土遗物判断，西城属于春秋战国时期的建筑遗存。

第三节 南　　城

南城位于西城的东南部，是西城废弃以后，利用其东垣作为其西垣的北半部向东南重新修筑的一座城址，西南隅被宝贝河水（古金河）毁掉一部分，北部被北城叠压。平面呈梯形，南北长640米，东西宽550米，面积约35万平方米，方向345°（图一六）。

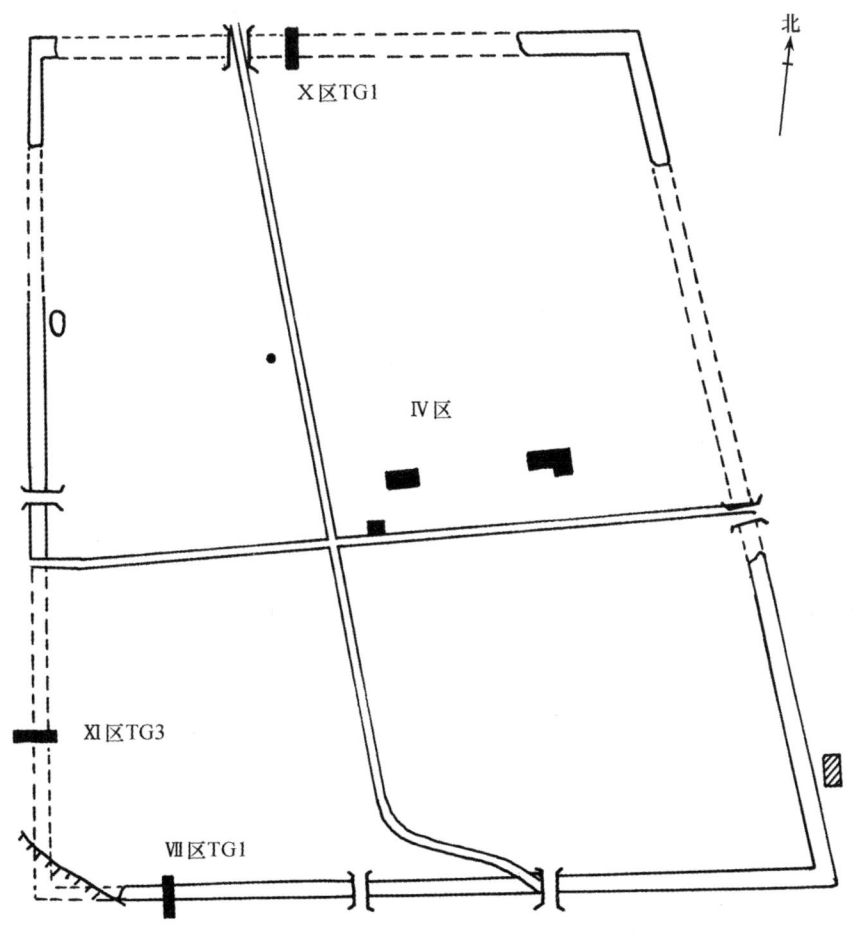

图一六　和林格尔土城子古城南城平面示意图

一、城垣与城壕

1. 城垣

城垣以南垣和东垣南半部保存最好，残存高2～7米。西垣的南半部、北垣和东垣的北半部在搞农田基本建设时已辟为平地，在地表留有较高的土垄或灰土带。在东垣的东南隅建有明代的烽燧遗迹一处，至今保存尚好。

东垣　呈西北—东南走向，长650米，与南垣的夹角为80°，与北垣的夹角为100°。北半部被辟为平地，与地表相平，南半部残高2.5~4.6米。从断面看，用灰褐色土夯筑而成，土质坚硬，夹有战国时期的陶瓦片和动物骨骼等。夯层厚8~12厘米。

南垣　呈东北—西南走向，西端被河水冲毁一部分，残长550米，残存高2~7米。从断面看，用灰褐色土夯筑而成，夹有黄色斑点，土质坚硬。夯层厚10~11厘米。垣体有穿棍、夹绳和夹板痕迹，在夯层内夹有战国时期的陶片、瓦片和动物骨骼等。参见南垣西段城垣南侧断面（图版五，1）。

西垣　略呈西北—东南走向，西南隅被河水冲毁，残长620米，与北垣的夹角为90°。南部半已辟为平地，北半部残高1.5~2米。参见西垣南段城垣西南侧断面（图版五，2）。

北垣　呈东北—西南走向，长470米，与西垣的夹角为90°，与东垣的夹角为100°。在搞农田基本建设时已辟为平地，西半部与地表相平，东半部在地表留有较高的土垄或灰土带。

2. 城壕

东、北、西三面难以辨认，南部城壕以南垣外侧的低洼地为护城壕，低于地表1.5~2米，宽4.5~7米。

二、城门及瓮城

经勘探和发掘得知城垣的东、北、西三面近中部各设一门，西门外置瓮城，南垣置东西二门。

东门：经勘探得知，位于东垣中部，与西门正对，与城内现地表东西向的小路重叠，宽约18米。

南门：分东西两门，也就是城垣中部的两个豁口，间隔120米左右。东门位于南垣中部偏东，宽约18米，经勘探得知，从现地表向下60厘米为路土。西门位于南垣中部偏西，宽约26米。

西门：位于西垣中部（第一期城垣近东南拐角处），与东门正对，宽约8.5米。外置瓮城，呈长方形，只残存南墙（利用西城南垣）和部分西墙，南北长度不详、东西宽17米。西墙宽8、残长8.5米。

北门：经勘探得知，位于北垣中部偏西，与城内现地表南北向的小路重叠，宽约18米。

三、城内文化层与遗迹

1. 城内文化层

城内地层堆积根据土质、土色与其包含物的不同，堆积层可分4层；西部半部较厚，东半部较薄，第3层下即为生土层。

第1层：耕土层。
第2层：汉魏文化层。
第3层：汉代文化层。
第4层：战国文化层。

2. 城内遗迹

城内西北部有一高台建筑基址（俗称将台），呈椭圆形台状，南北长18、东西宽14、高3米。土筑夯打而成，夯层厚8~12、夯窝直径8~10厘米（图版六，1）。

四、城址发掘

城址共发掘4个地点：一是解剖北垣中段发掘南北向2米×19米的探沟1条；二是解剖南垣西段发掘南北向2米×23.5米的探沟1条；三是解剖西垣南段发掘东西向1米×22.5米的探沟1条；四是对城内发掘5米×5米的探方26个；发掘面积共757.5平方米。探沟编号为ⅩTG1、ⅦTG1、ⅪTG3（图三），探方编号为ⅣT1~ⅣT26。

（一）北垣中段城垣解剖

北垣中段城垣解剖（即第Ⅹ发掘区TG1）位于南城北垣中段偏西，发掘2米×19米的探沟1条，发掘面积为38平方米。

1. 地层堆积

地层堆积分城垣内侧和城垣外侧两部分，现以ⅩTG1西壁剖面为例介绍如下（图一七）。

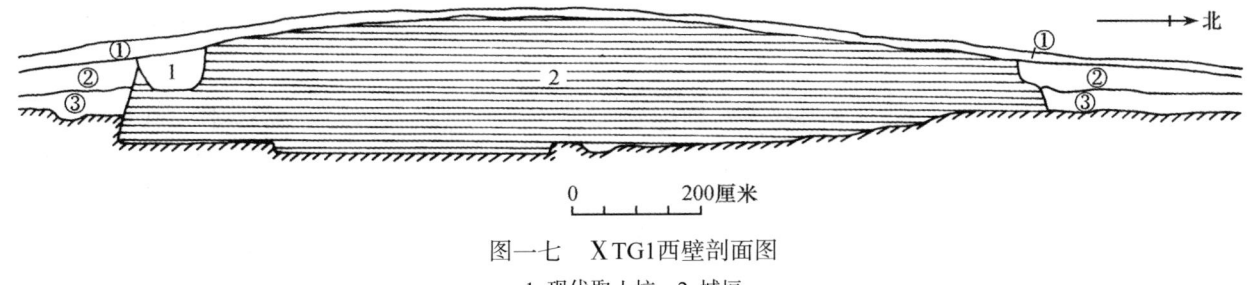

图一七　ⅩTG1西壁剖面图
1. 现代取土坑　2. 城垣

（1）城垣内侧地层堆积

城垣内侧的地层堆积根据土质、土色与其包含物的不同，可分3层。

第1层：耕土层。黄色淤土，土质较硬，无遗物。厚15~30厘米。

第2层：汉魏文化层。灰褐色花土，土质较松软，含有零散的陶片和瓦片等。厚40~50厘米。

第3层：汉代文化层。黄灰色土，土质较硬，出土少量的陶片。厚20~50厘米。

（2）城垣外侧地层堆积

城垣外侧的地层堆积根据土质、土色与其包含物的不同，可分3层。

第1层：耕土层。黄色淤土，土质较硬，无遗物。厚15厘米左右。

第2层：唐代文化层。灰黄花土，土质较松软，出土少量的陶片。厚25~45厘米。

第3层：唐代文化层。黄花土，土质较硬，出土少量的陶片和瓦片。厚30厘米左右。

2. 遗迹

在第Ⅹ发掘区TG1内清理发掘的遗迹有城垣、现代坑等。

南城北部城垣中段城垣经解剖得知，开口于第1层下，被现代坑打破，建在生土上。截面呈梯形，底宽14.5、顶宽13.75、残高2.1米。用灰褐色黏土夯而成，土质坚硬。夯层厚8~12、夯窝直径8~10厘米。在夯层内出土战国时期的碎陶片、瓦片和动物骨骼等。

（二）南垣西段城垣解剖

南垣西段城垣解剖（即第Ⅶ发掘区TG1）位于南城南垣西端近断崖处，发掘2米×23.5米的探沟1条，发掘面积为47平方米。

1. 地层堆积

地层堆积分城垣内侧和城垣外侧两部分，现以ⅦTG1东壁剖面为例介绍如下（图一八）。

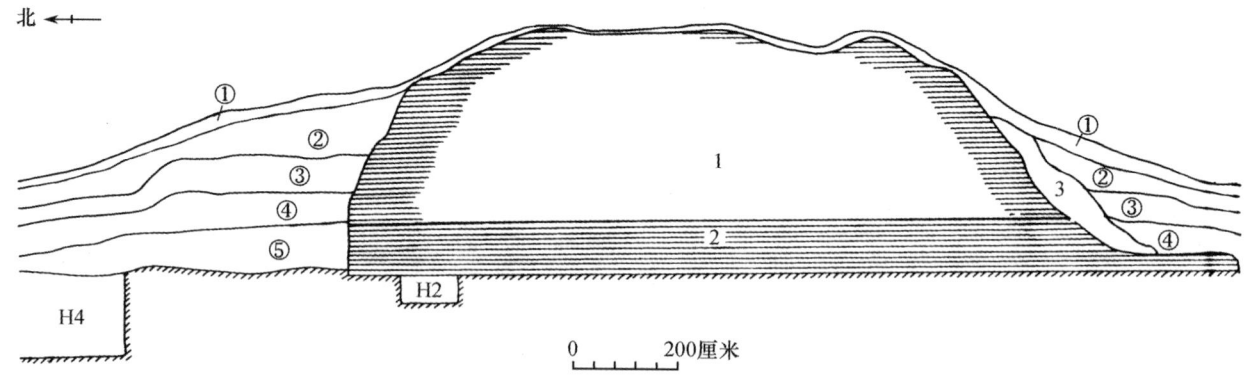

图一八　ⅦTG1东壁剖面图
1. 城垣　2. 垣基　3. 城垣坍塌土

（1）城垣内侧地层堆积与出土遗物

1）地层堆积

城垣内侧的地层堆积根据土质、土色与其包含物的不同，可分5层。

第1层：风积层。黄灰色砂土，土质较松软，无遗物。厚15~30厘米。

第2层：汉魏文化层。灰褐色花土，土质较松软，内含有少量的陶片。厚30～110厘米。

第3层：汉代文化层。灰黄色土，土质较硬，出土大量的陶片和瓦片等。厚30～80厘米。出土陶片以泥质灰陶主，且有少量的夹砂灰陶，纹饰有素面抹光、绳纹和弦断绳纹；出土物有陶瓮、盆、罐、钵、豆、板瓦、筒瓦等。

第4层：汉代文化层。灰花土，土质较硬，夹杂红烧土块、草木灰、木炭粒和动物骨骼等，含有少量的陶片。厚35～80厘米。出土陶片以泥质灰陶为主；纹饰有素面抹光、绳纹和弦断绳纹；出土物有陶罐、盆、板瓦、筒瓦等。

第5层：战国文化层。黄花土，土质较硬，出土少量的陶片。厚30～90厘米。ⅦH3、ⅦH4开口于该层下。

2）出土器物

有陶罐、壶、盆、瓮、豆、瓦当等。

罐　1件。标本ⅦTG1N②：2，泥质灰陶。侈口，圆唇，弧肩，圆腹，底残。腹饰暗弦纹，下腹有刀削痕迹。口径18.8、残高28.4厘米（图一九，5）。

壶　1件。标本ⅦTG1N④：1，泥质灰陶。敞口，圆唇，束颈，以下残。素面抹光。口径12、残高7厘米（图一九，6）。

盆　3件。标本ⅦTG1N②：1，泥质灰陶。直口微敛，圆唇，深弧腹，底平。腹饰弦断绳纹，下腹有刀削痕迹。口径56、底径20、高32.4厘米（图一九，1）。标本ⅦTG1N②：11，泥质灰陶，直口略外敞，圆唇，深弧腹，底残。上腹饰弦纹，腹饰绳纹，下腹有刀削痕迹。口径32、残高20厘米（图一九，2）。标本ⅦTG1N④：5，泥质灰陶，微敛口，卷沿，弧腹，以下残。饰绳纹。口径36、残高9厘米（图一九，7）。

瓮　1件。标本ⅦTG1N②：9，口、肩残片，泥质灰陶，模制。侈口，方唇，广肩。饰细绳纹，肩部被抹。口径31、残高10厘米（图一九，8）。

豆　2件。标本ⅦTG1N④：4，泥质灰陶。敞口，圆唇，浅盘，平底，高柄残。素面抹光。口径12、残高4.4厘米（图一九，3）。标本ⅦTG1N⑤：3，泥质灰陶。口径11.4、残高5.2厘米（图一九，4）。

瓦当　1件。标本ⅦTG1N④：3，残半，泥质灰陶。当面以单环线分内外区，内区饰乳突与环绕弦纹，乳突中心有孔，外区饰"෬"形云纹与羊角形云纹组成的复合纹饰，中间夹饰花蒂状勾曲云纹。直径13.4、边轮宽0.7～1.1、当厚1.3厘米（图二〇）。

（2）城垣外侧地层堆积与出土遗物

1）地层堆积

城垣外侧的地层堆积根据土质、土色与其包含物的不同，可分4层。

第1层：风积层。黄灰色砂土，土质疏松，无遗物。厚20～60厘米。

第2层：汉魏文化层。灰褐色土，土质较硬，含有零散的陶片。厚30～50厘米。

第3层：汉代文化层。灰黄花土，土质较硬，出土少量的陶片和瓦片。厚35～70厘米。

第4层：汉代文化层。黄花土，土质较硬，出土少量的陶片和瓦片。厚40～70厘米。

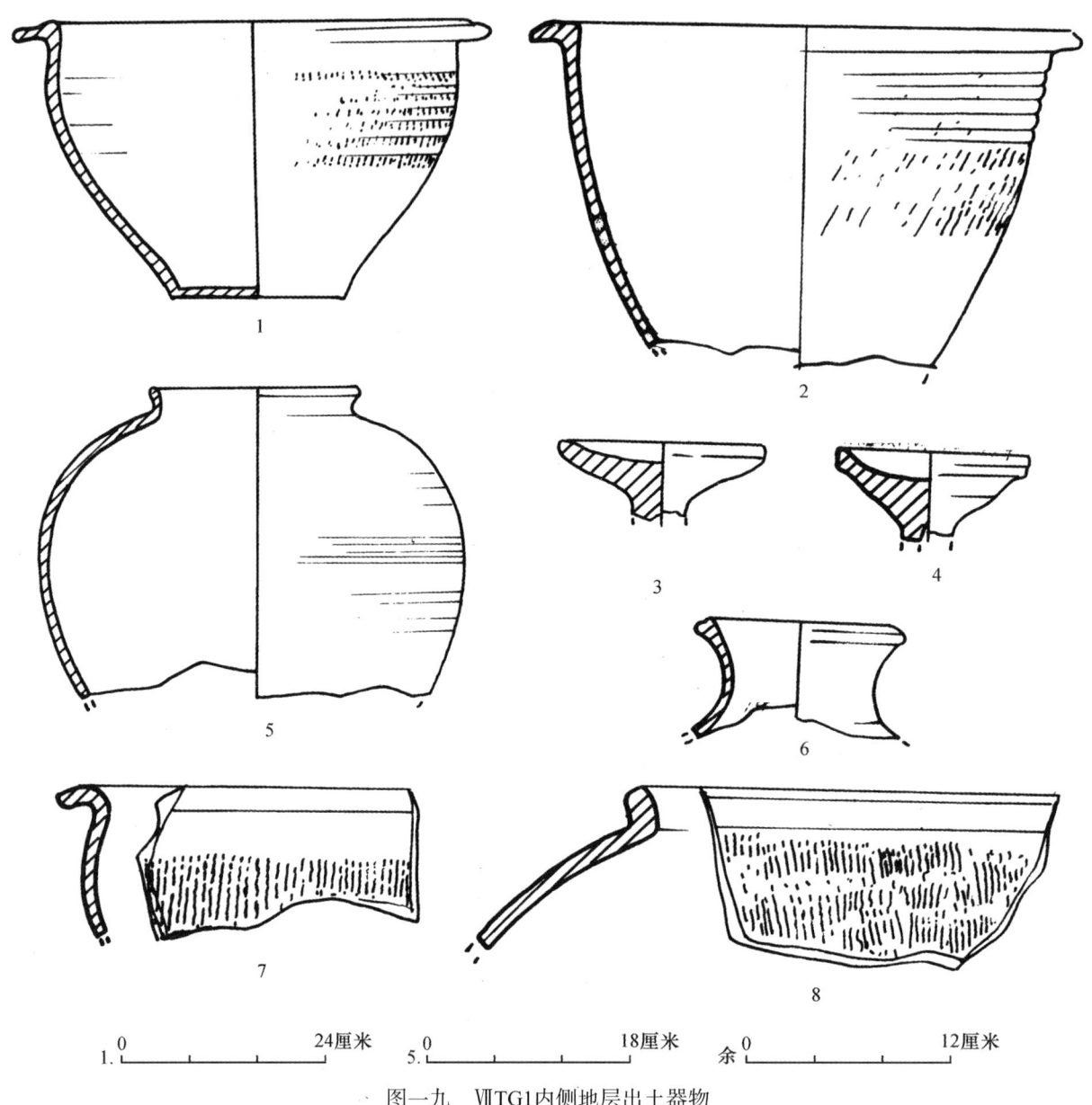

图一九　ⅦTG1内侧地层出土器物

1、2、7. 陶盆（ⅦTG1N②：1、ⅦTG1N②：11、ⅦTG1N④：5）　3、4. 陶豆（ⅦTG1N④：4、ⅦTG1N⑤：3）
5. 陶罐（ⅦTG1N②：2）　6. 陶壶（ⅦTG1N④：1）　8. 陶瓮（ⅦTG1N②：9）

2）出土器物

有陶罐、钵、豆等。

罐　1件。标本ⅦTG1W②：3，口、颈残片，泥质灰陶。侈口，尖唇，束颈，饰细绳纹，颈部被抹，若隐若现。口径12、残高6厘米（图二一，1）。

钵　1件。标本ⅦTG1W②：2，口、腹残片，泥质灰陶，烧制变形。直口，圆唇，弧腹，素面抹光。口径14.4、残高4.6厘米（图二一，2）。

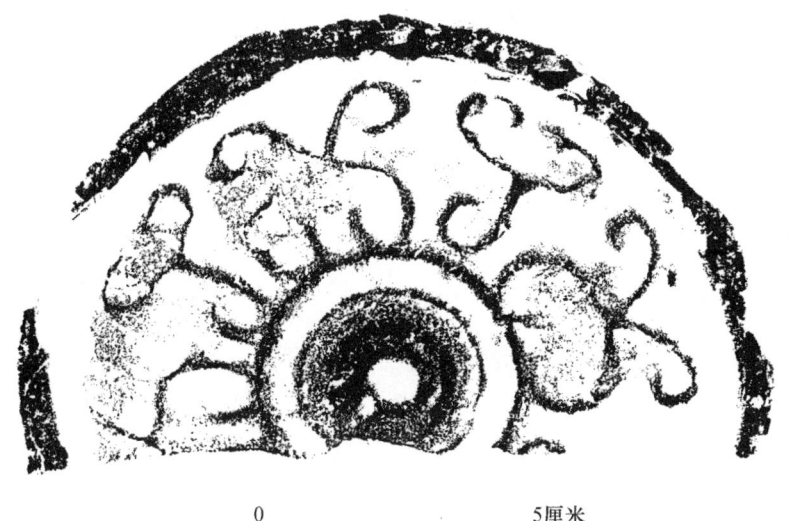

图二〇　ⅦTG1内侧地层出土瓦当（ⅦTG1N④：3）

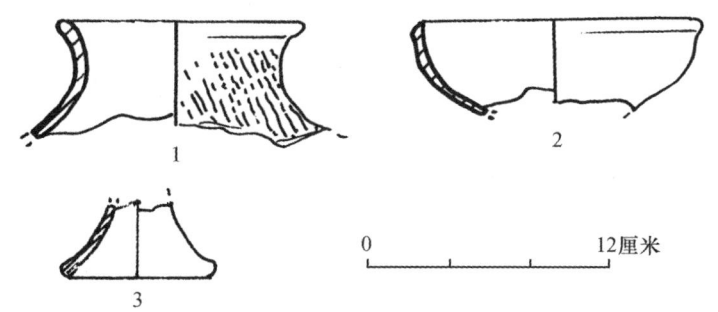

图二一　ⅦTG1外侧地层出土器物
1. 陶罐（ⅦTG1W②：3）　2. 陶钵（ⅦTG1W②：2）　3. 陶豆（ⅦTG1W②：1）

豆　1件。标本ⅦTG1W②：1，泥质灰陶。喇叭形底座，底座周缘向内收缩。素面抹光，底径8、残高4厘米（图二一，3）。

2. 遗迹

在第Ⅶ发掘区TG1内清理的遗迹有城垣、灰坑等。

（1）城垣

1）城垣结构

南城南垣西段城垣经解剖得知，由垣基和垣体两部分组成。垣基开口于第4层下，打破第5层，挖在生土内。底宽17、深0.35～1.1米。用黄黏土夯筑而成，土质坚硬。夯层厚8～15、夯窝直径6～8、深6厘米。垣体截面呈梯形，底宽14、顶宽7、残高4.8厘米。用灰褐色土夯筑而成，土质坚硬，夹有黄色斑点。夯层厚10～11、夯窝直径6～8、深6厘米。垣体的穿棍、夹绳和夹板痕迹保留明显，从穿棍痕迹可以测量出木棍的直径为15厘米，左右两孔相距70厘米左右，上下两行的棍眼呈交错排列，间距60厘米；夹绳的痕迹每段长260厘米左右，直径4厘米左右。在夯层内出土战国时期的碎陶片和动物骨骼。ⅧH1、ⅧH2于城垣底部开口。

2）出土器物

有陶釜、罐、壶、盆、钵、豆、瓦当等。

釜　1件。标本ⅦTG1夯层内：28，口、腹残片，泥质灰陶。侈口，方唇，弧肩。饰弦断绳纹，肩部被抹。口径20、残高11.2厘米（图二二，6）。

罐　1件。标本ⅦTG1夯层内：12，口、腹残片，泥质灰褐陶。侈口，圆唇，腹弧鼓。饰细绳纹，被抹。肩部有戳印一处，字迹不清。口径17、残高6.4厘米（图二二，4）。

壶　1件。标本ⅦTG1夯层内：20，泥质灰陶。敞口，厚圆唇，细颈。饰细绳纹，被抹。口径12、残高6厘米（图二二，5）。

盆　2件。标本ⅦTG1夯层内：27，泥质灰陶。敞口，窄沿，方唇，弧腹。素面抹光。口径16、残高6厘米（图二二，8）。标本ⅦTG1夯层内：6，口、腹残片，泥质灰陶。敞口，宽平

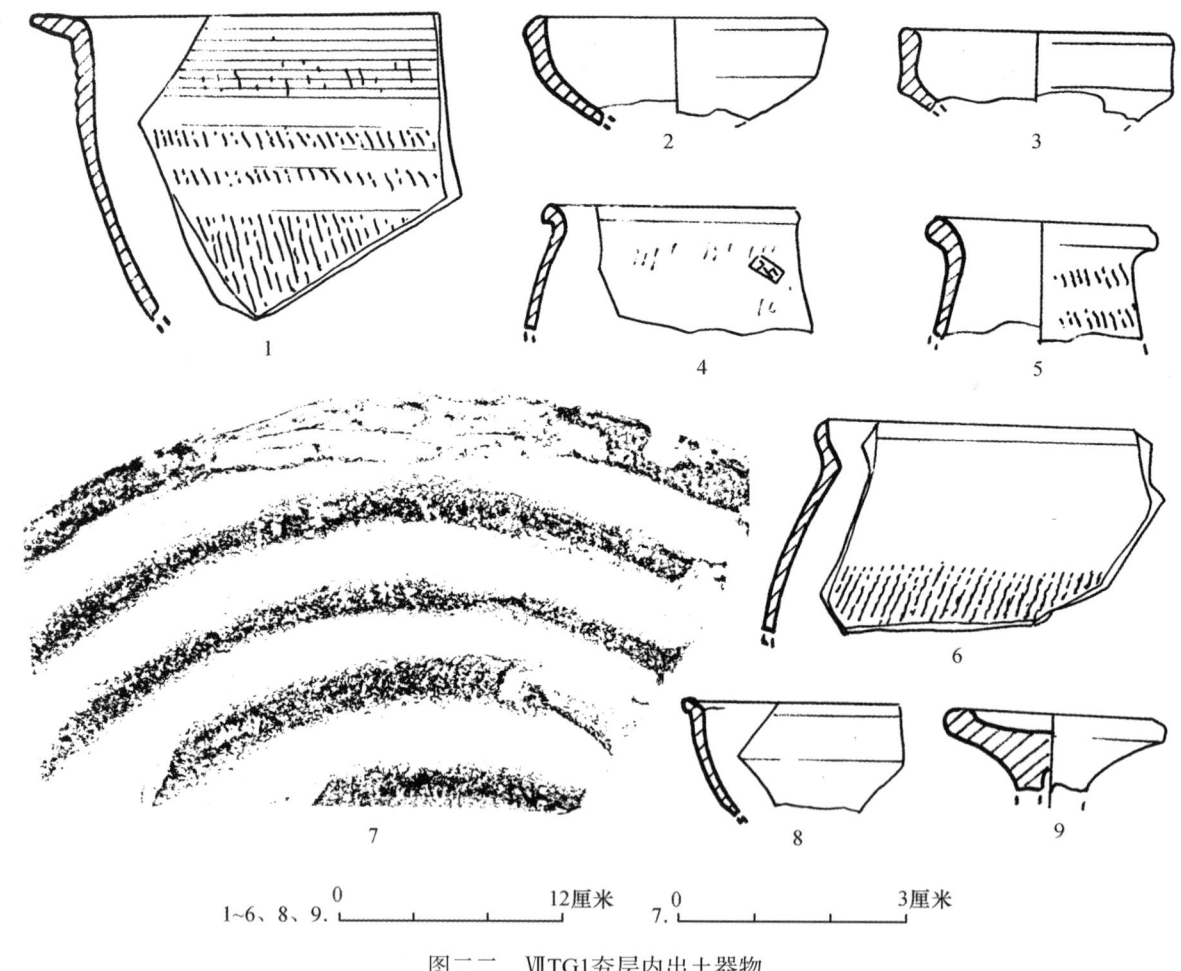

图二二　ⅦTG1夯层内出土器物

1、8.陶盆（ⅦTG1夯层内：6、ⅦTG1夯层内：27）　2、3.陶钵（ⅦTG1夯层内：11、ⅦTG1夯层内：16）
4.陶罐（ⅦTG1夯层内：12）　5.陶壶（ⅦTG1夯层内：20）　6.陶釜（ⅦTG1夯层内：28）
7.瓦当拓片（ⅦTG1夯层内：17）　9.陶豆（ⅦTG1夯层内：3）

沿，圆唇，斜弧腹。饰弦纹和弦断绳纹。口径33、残高16厘米（图二二，1）。

钵　2件。标本ⅦTG1夯层内：11，泥质灰陶。敛口，圆唇，折腹，素面抹光。口径16、残高5.2厘米（图二二，2）。标本ⅦTG1夯层内：16，泥质灰陶。敛口，圆唇，折腹较甚。素面抹光。口径14、残高4.6厘米（图二二，3）。

豆　1件。标本ⅦTG1夯层内：3，泥质灰陶。敞口，方唇，浅盘，平底，以下残。素面抹光。口径11.6、残高4厘米（图二二，9）。

瓦当　1件。弦纹。标本ⅦTG1夯层内：17，残，灰色。当面以凸弦纹组成同心圆环带纹。当厚0.9、边轮厚2.6厘米（图二二，7）。

（2）灰坑

4个。有圆形和长方形两种。

ⅦH1　位于第Ⅶ发掘区TG1的中南部，开口于城垣底部，打破生土层。平面呈长方形（只清理一部分），直壁，平底。清理长110、宽130、深100厘米。坑内填灰化土，土质较松软，含有大量的草木灰与木炭粒，出土少量的陶片等（图二三）。

ⅦH2　位于第Ⅶ发掘区TG1的北部，于城垣底部开口，打破生土层。平面呈长方形（只清理一部分），直壁，平底。清理长120、宽110、深50厘米。坑内填灰黄色花土，土质较硬，内含遗物较少，出土少量的陶片等（图二四）。

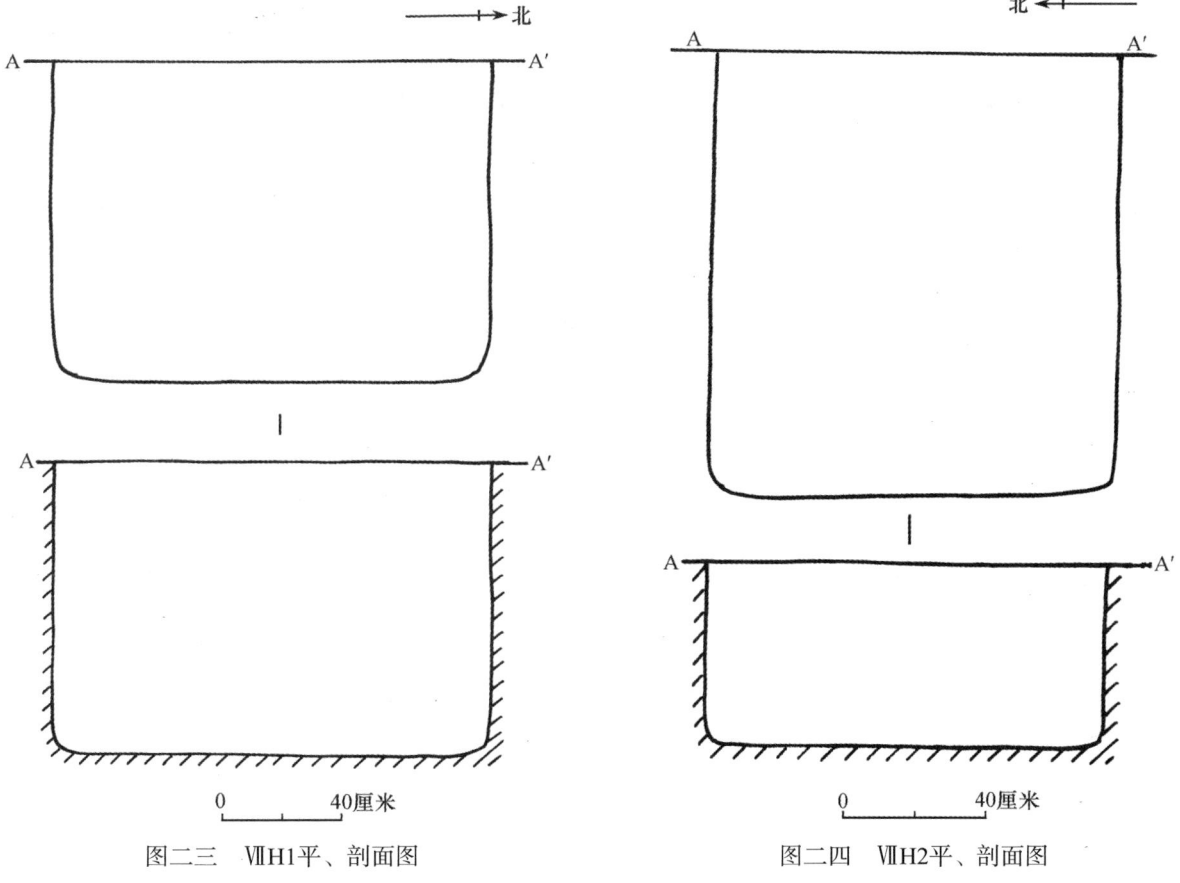

图二三　ⅦH1平、剖面图　　　　图二四　ⅦH2平、剖面图

出土器物有釜、壶等。

釜　1件。标本ⅦH2∶1，泥质灰陶，模制。侈口，尖唇，弧鼓腹，以下残。上腹饰弦断绳纹，肩部被抹，下腹饰粗绳纹。口径20、残高15.2厘米（图二五，1）。

壶　1件。标本ⅦH2∶4，口、肩残片，泥质灰褐陶，模制。侈口，圆唇，细颈。饰弦断绳纹。口径12、残高9.2厘米（图二五，2）。

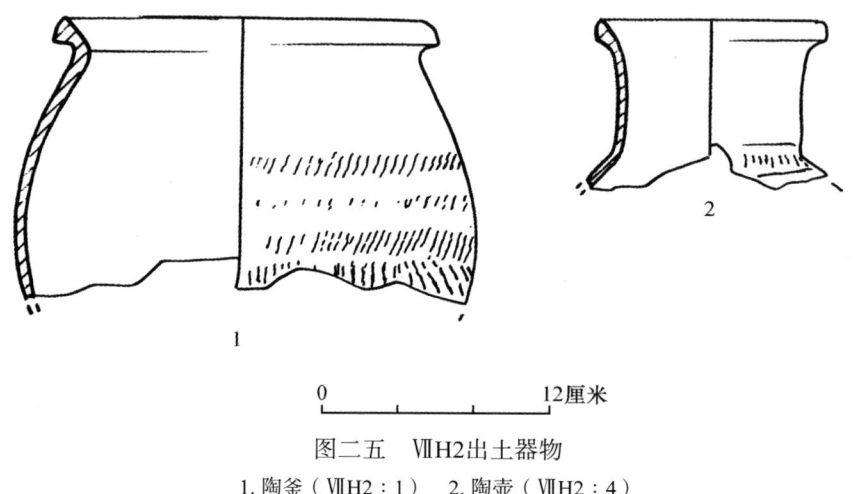

图二五　ⅦH2出土器物
1. 陶釜（ⅦH2∶1）　2. 陶壶（ⅦH2∶4）

ⅦH3　位于第Ⅶ发掘区TG1的北部，开口于城垣内侧的第5层下，打破生土层。平面呈长方形（只清理一部分），直壁，平底。清理长100、宽175、深60厘米。坑内填灰褐色花土，土质较硬，内含遗物较少，出土少量的陶片、瓦片等（图二六）。

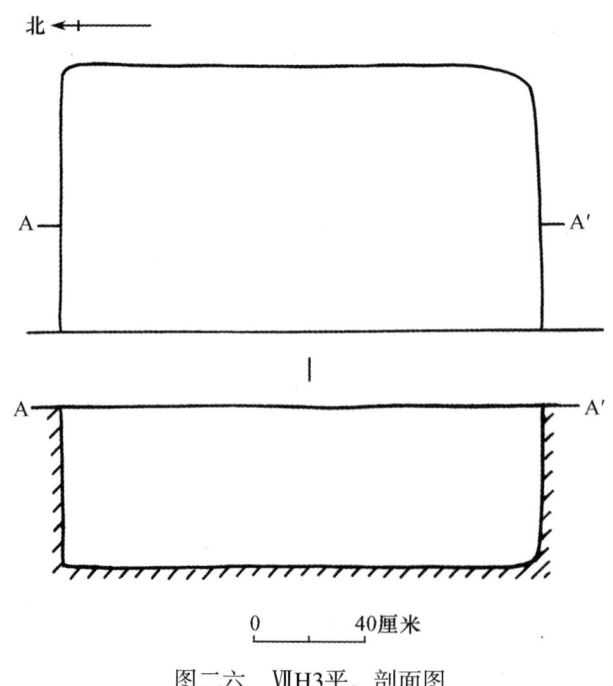

图二六　ⅦH3平、剖面图

出土器物有陶釜、盆、瓮、豆等。

釜　1件。标本ⅦH3：1，口、腹残片，夹砂灰陶。侈口，方唇，束颈，弧肩。饰纵向粗绳纹。口径26、残高10.4厘米（图二七，4）。

盆　3件。标本ⅦH3：4，口、腹残片，泥质灰陶。侈口，折沿，方唇，弧腹。饰弦断绳纹，口外被抹。口径32、残高12厘米（图二七，8）。标本ⅦH3：6，口、腹残片，泥质灰陶。侈口，宽平沿，方唇，唇面有凹槽一周，弧鼓腹。外壁饰弦断绳纹，口部被抹；内壁饰暗弦纹。口径42、残高11厘米（图二七，7）。标本ⅦH3：3，口、腹残片，泥质灰陶。直口略外敞，尖圆唇，深腹。素面抹光。口径24、残高10.4厘米（图二七，3）。

瓮　1件。标本ⅦH3：7，口、腹残片，泥质灰陶。直口，方唇，溜肩。饰弦断绳纹，颈部被抹。口径29、残高8.8厘米（图二七，5）。

豆　3件。标本ⅦH3：10，泥质灰陶。敞口，圆唇，深弧腹，圜底，高柄，柄下部中空，喇叭形底座。素面抹光。口径13.6、底径8.8、高12.4厘米（图二七，2）。标本ⅦH3：9，泥

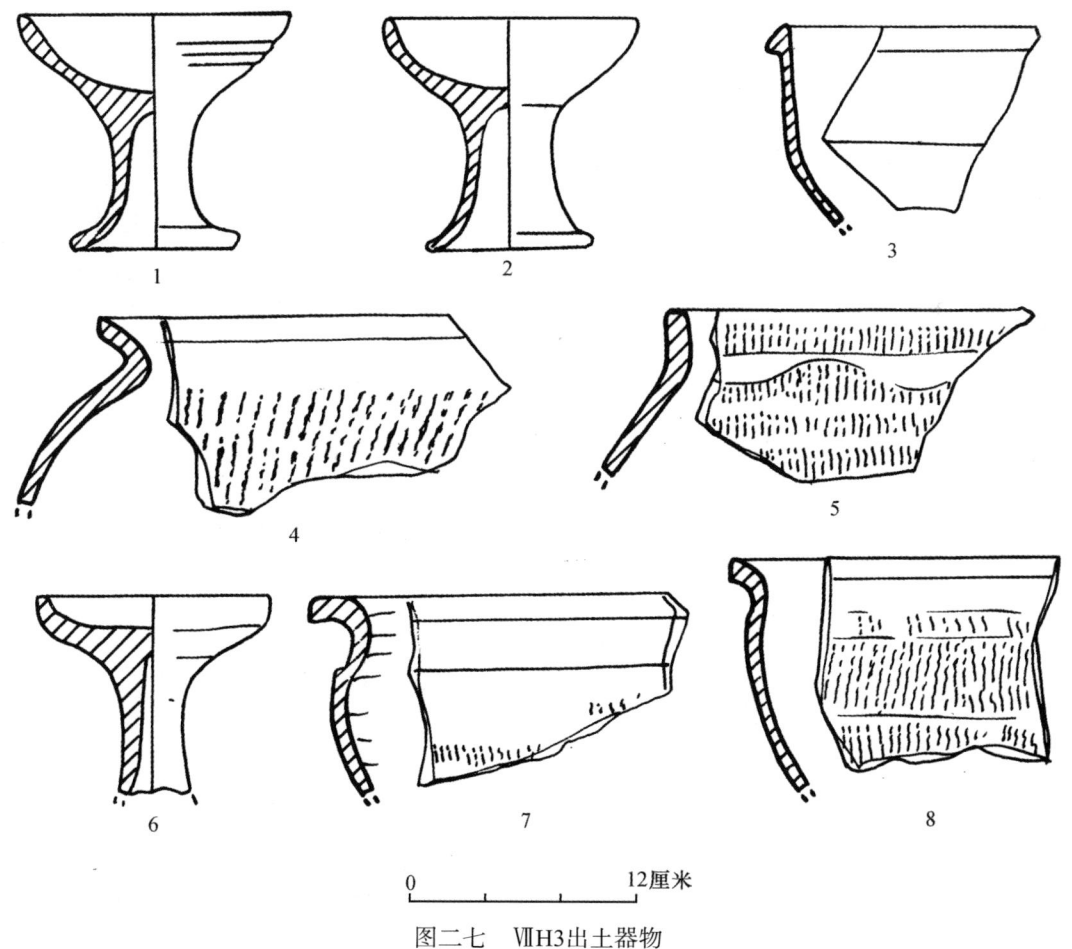

图二七　ⅦH3出土器物
1、2、6. 陶豆（ⅦH3：9、ⅦH3：10、ⅦH3：8）　3、7、8. 陶盆（ⅦH3：3、ⅦH3：6、ⅦH3：4）
4. 陶釜（ⅦH3：1）　5. 陶瓮（ⅦH3：7）

质灰陶。敞口，尖圆唇，深弧腹，圜底高柄，柄下部中空，喇叭形底座，底座周缘向内收缩。素面抹光，腹饰凹弦纹两周。口径14、底径8.8、高12.8厘米（图二七，1）。标本ⅦH3：8，泥质灰陶。敞口，圆唇，浅盘，平底，高柄，柄下部中空，底座残。素面抹光。口径12.4、残高10.6厘米（图二七，6）。

ⅦH4　位于第Ⅶ发掘区TG1的北部，开口于城垣内侧的第5层下，打破生土层。平面呈圆形（只清理一部分），坑壁较直留有加工痕迹，平底。清理长100、宽200、深160厘米。坑内填灰绿色花土，土质较松软，含有大量的草木灰、木炭粒和红烧土块，出土少量的陶片等（图二八）。

出土器物有陶盆、钵、豆等。

盆　1件。标本ⅦH4：2，口、腹残片，泥质灰陶。直口微敛，方唇，弧腹。内外壁饰暗弦纹。口径20、残高7.4厘米（图二九，3）。

钵　1件。标本ⅦH4：5，泥质灰陶。直口略外敞，厚圆唇，折腹，下腹弧收，平底。素面抹光，近底部留有轮修之迹。口径20.6、底径8、高10.4厘米（图二九，2）。

豆　1件。标本ⅦH4：4，泥质灰褐陶。敞口，圆唇，浅盘，平底，高柄，柄下部中空，喇叭形底座，底座周缘向内收缩。素面抹光。口径11.2、底径8、高10.4厘米（图二九，1）。

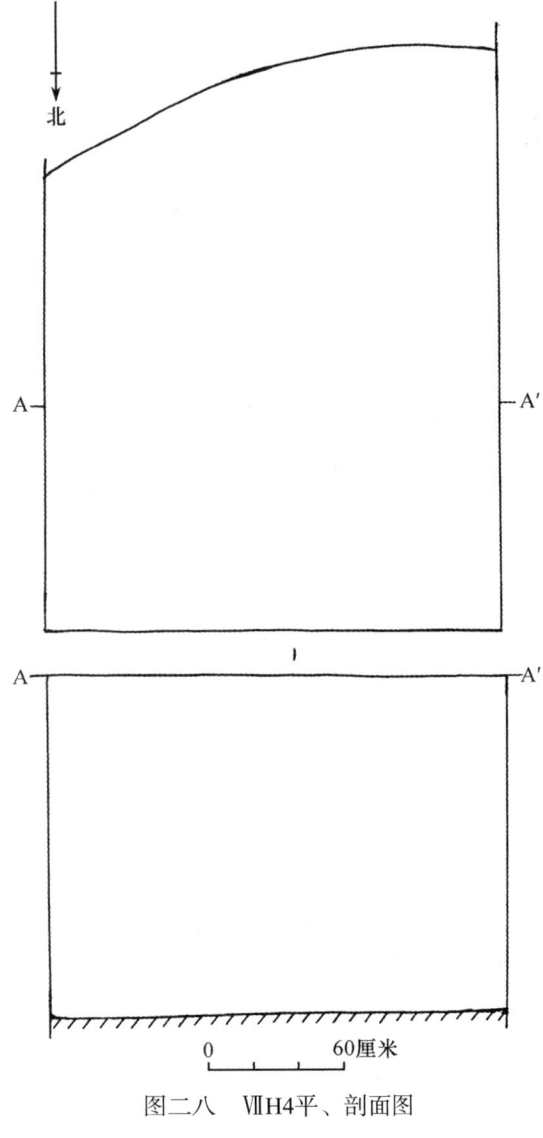

图二八　ⅦH4平、剖面图

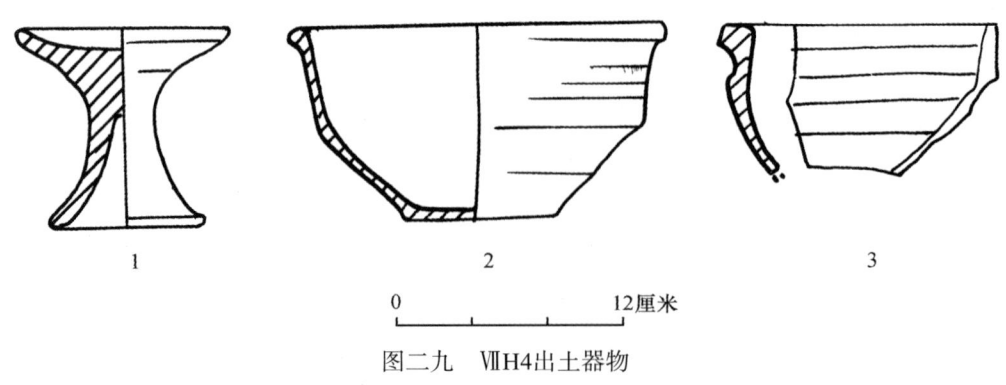

图二九　ⅦH4出土器物
1. 陶豆（ⅦH4：4）　2. 陶钵（ⅦH4：5）　3. 陶盆（ⅦH4：2）

（三）西垣南段城垣解剖

西垣南段城垣解剖（即第XI发掘区TG3）位于南城西垣中段的南部，南距断崖约100米，发掘1米×22.5米的探沟1条，发掘面积为22.5平方米。

1. 地层堆积情况

地层堆积情况分城垣内侧和城垣外侧两部分，现以XI TG3南壁剖面为例介绍如下（图三〇）。

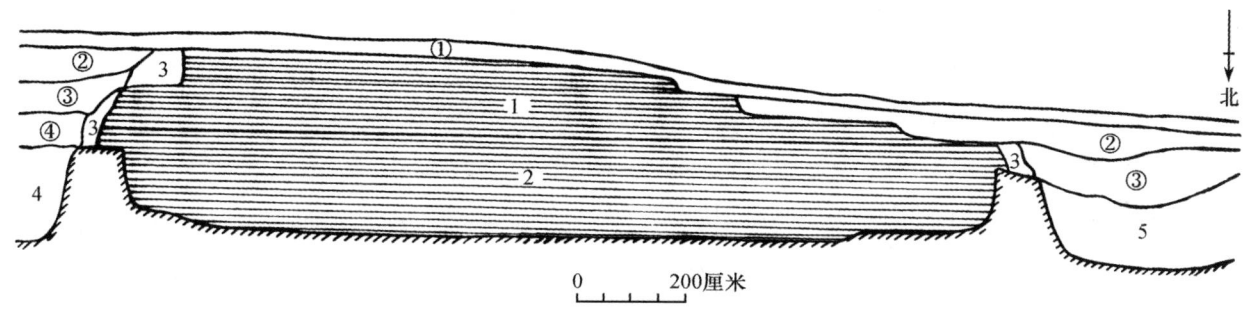

图三〇　XI TG3南壁剖面图
1. 城垣　2. 垣基　3. 城垣塌土　4、5. 城壕

（1）城垣内侧地层堆积

城垣内侧的地层堆积根据土质、土色与其包含物的不同，可分4层。

第1层：耕土层。黄色淤土，土质较硬，无遗物。厚25~30厘米。

第2层：汉魏文化层。灰褐色花土，土质较松软，含有零散的陶片和瓦片等。厚约65厘米。

第3层：汉代文化层。黄灰色土，土质较硬，出土少量的陶片。厚约55厘米。

第4层：汉代文化层。灰褐色花土，土质较硬，内含遗物较少。厚约70厘米。城垣内侧壕沟开口于该层下。

（2）城垣外侧地层堆积

城垣外侧的地层堆积根据土质、土色与其包含物的不同，可分3层。

第1层：耕土层。黄灰色砂土，土质较松软，无遗物。厚15~25厘米。

第2层：扰土层。黄褐花土，土质较松软，内含遗物较少。厚20~65厘米。

第3层：汉代文化层。灰花土，土质疏松，夹杂少量的陶瓦片和动物骨骼，出土少量的陶片。厚40~100厘米。城垣外侧壕沟开口于该层下。

2. 遗迹

在第XI发掘区TG3内清理的遗迹有城垣和城壕等。

（1）城垣

1）城垣结构

南城西垣南段城垣经解剖得知，由垣基和垣体两部分组成。垣基截面呈槽形，略呈口大底小，挖在黑垆土内。口宽16、底宽15.5、深1.2~1.5米。用灰褐色土夯筑而成，土质坚硬。夯层厚8~12、夯窝直径6~10厘米。垣体底宽16.8、顶宽9、残高0.5~1.8米。用灰褐色土夯筑而成，土质坚硬，夹有黄色斑点。夯层、夯窝结构与垣基相同。在夯层内出土战国时期的陶瓦片和动物骨骼等。

2）出土器物

有陶釜、罐、盆、筒瓦等。

釜　1件。标本ⅪTG3夯层内：2，口、肩残片，泥质灰黑陶。侈口，圆唇，弧肩以下残。饰纵向绳纹，印痕较深。口径24、残高12厘米（图三一，1）。

罐　1件。标本ⅪTG3夯层内：1，口、肩残片，泥质灰褐陶。侈口，矮直领，广肩以下残。饰纵向绳素面磨光。口径30、残高5.6厘米（图三一，2）。

盆　1件。标本ⅪTG3夯层内：3，口、腹残片，泥质灰陶。敛口，折沿略外卷，弧腹以下残。饰绳纹。口径48、残高8厘米（图三一，3）。

筒瓦　2件。标本ⅪTG3夯层内：13，灰色。半圆形，瓦背饰绳纹，被抹，若隐若现，内壁饰网格纹。直径13、残长17.4、厚0.8厘米（图三一，4）。标本ⅪTG3夯层内：12，灰色，残片。瓦背饰绳纹，被抹，若隐若现，内壁饰网格纹（图三一，5、6）。

（2）城垣内侧城壕

城垣内侧城壕位于垣基东侧，与垣基仅1米之隔，开口于第4层下。呈槽形（只清理一部分），口略大于底，壁斜直，底近平。口清理宽125、底清理宽60、深240厘米。其内堆积分2层。上层为灰褐色花土，土质较硬，呈块状，夹杂少量的陶瓦片和动物骨骼；下层为黄灰色花土，土质较松软，夹杂木炭粒、砂粒、石块、陶瓦片和动物骨骼等。

（3）城垣外侧城壕

城垣外侧城壕位于垣基西侧，与垣基仅1米之隔，开口于第3层下。呈槽形（只清理一部分），口略大于底，壁斜直，底近平。口清理宽410、底清理宽320、深225厘米。其内堆积黄灰色花土，土质较松软，夹杂木炭粒、石块、少量的陶瓦片和动物骨骼等。

（四）城内发掘

城内发掘（即第Ⅳ发掘区）分三个发掘小区（即a区~c区），各区的探方编号按发掘的先后次序统一编排。2000年10~11月在古城遗址的中部和中东部进行考古发掘，以2000Ⅳ0为基点，发掘5米×5米的探方20个。其中a区8个探方，编号ⅣT1~ⅣT4、ⅣT17~ⅣT20；b区8个探方，编号ⅣT9~ⅣT16；c区4个探方，编号ⅣT5~ⅣT8。发掘面积共500平方米。为进一步了解古城遗址的文化内涵及地层堆积情况等问题，2001年9~11月在a区的东部进行了考古发掘，发

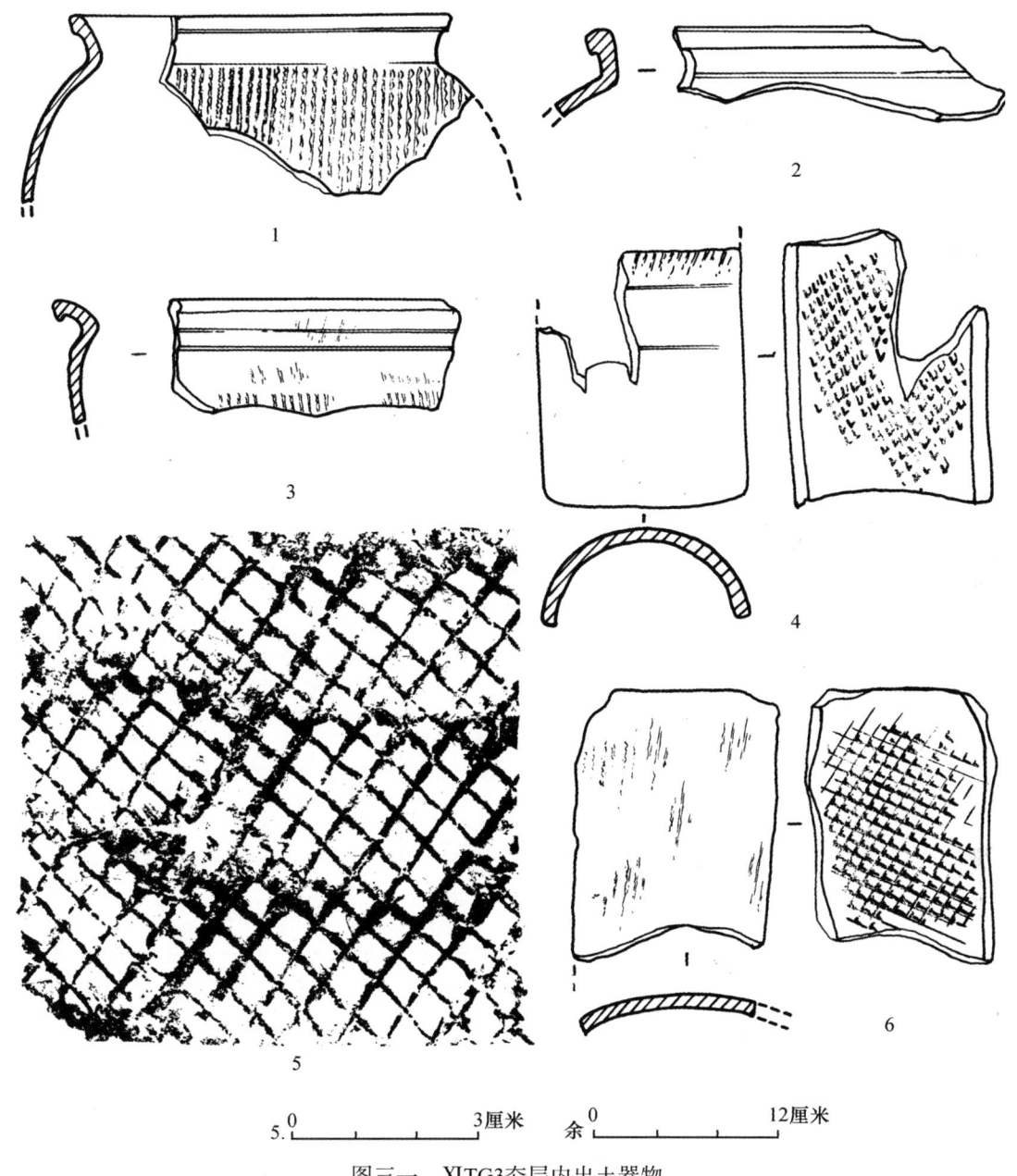

图三一　ⅪTG3夯层内出土器物
1. 陶釜（ⅪTG3夯层内：2）　2. 陶罐（ⅪTG3夯层内：1）　3. 陶盆（ⅪTG3夯层内：3）
4、6. 筒瓦（ⅪTG3夯层内：13、ⅪTG3夯层内：12）　5. 筒瓦拓片（ⅪTG3夯层内：12）

掘5米×5米的探方6个，编号ⅣT21～ⅣT26。发掘面积150平方米。前后两次共发掘5米×5米的探方26个，发掘面积约650平方米（图三二）。清理发掘不同时期的灰坑72个（表一），壕沟3条，水井2眼，墓葬7座（表二），瓮棺葬35座（表三）。下面将各个小区的地层堆积、遗迹与出土遗物分述如下。

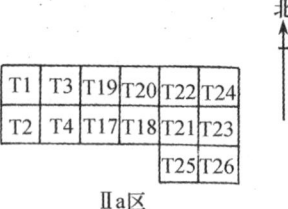

图三二 第Ⅳ发掘区布方示意图

表一 第Ⅳ发掘区灰坑统计表

编号	位置	开口层位及打破关系	形状	尺寸（厘米）长×宽-深	出土器物	分期	备注
ⅣH1	T2西北部	②层下，G1→H1，H1→生土层	近圆形，直壁，平底	直径260~275、深140	B型陶壶、石塞	Ⅱ	
ⅣH2	T3西北部	②层下，H2→生土层	圆形，直壁，平底	直径140、深50	AⅠ式陶钵	Ⅱ	只清理一部分
ⅣH3	T3东北部	②层下，H3→H9，H3→生土层	长方形，直壁，平底	190×90-55	CⅠ式陶盆、AⅡ式陶钵、BⅠ式陶钵2、A型陶饼	Ⅱ	
ⅣH4	T4东北部	③层下，H4→生土层	圆形，直壁，平底	直径110、深70	CⅠ式陶钵、DⅠ式陶钵	Ⅰ	内置人骨一具
ⅣH5	T1西北部	②层下，H5→生土层	圆形，直壁，平底	深80	陶片	Ⅱ	只清理一部分
ⅣH6	T2西南部	①层下，H6→③层	圆形，直壁，平底	深40	CⅡ式陶盆、AⅢ式陶匣钵、Ⅳ式陶碗	Ⅲ	只清理一部分
ⅣH7	T4南中部	③层下，H7→生土层	圆形，直壁，平底	直径145、深40	陶片	Ⅰ	

续表

编号	位置	开口层位及打破关系	形状	尺寸（厘米）长×宽-深	出土器物	分期	备注
ⅣH8	T4西北部	③层下，H8→生土层	椭圆形，直壁，平底	155×130-80	Ⅰ式陶壶、BⅠ式陶盆	Ⅰ	
ⅣH9	T3东南部	③层下，H3→H9，H9→生土层	长方形，直壁，平底	190×130-47	陶片	Ⅰ	
ⅣH10	T2东南部	③层下，H10→生土层	平行四边形，直壁，平底	160×140-120	CⅠ式陶釜、E型陶釜、Ⅱ式陶壶、BⅠ式陶豆、Ⅰ式陶碗	Ⅰ	
ⅣH11	T5西北部	②层下，H11→生土层	圆形，直壁，平底	深160	AⅡ式陶钵	Ⅱ	只清理一部分
ⅣH12	T8西南部	②层下，H12→H15，H12→生土层	长方形，直壁，平底	270×120-170	Ⅱ式陶碗	Ⅱ	
ⅣH13	T7中部	③层下，H13→生土层	长方形，斜直壁，平底	340×248-100	陶片	Ⅰ	
ⅣH14	T6东北部	②层下，H14→生土层	长方形，带台阶，平底	台阶长42、宽35、高60，穴坑?×85-160	陶片	Ⅱ	窖穴只清理一部分
ⅣH15	T8西南部	②层下，H15←H12，H15→生土层	长方形，直壁，平底	?×150-150	A型陶甗	Ⅱ	只清理一部分
ⅣH16	T7中南部	②层下，H16→生土层	长方形，直壁，圜底	?×?-60	陶片、瓦片	Ⅱ	只清理一部分
ⅣH17	T7南部	②层下，H17→生土层	长方形，直壁，平底	256×?-100	陶片、瓦片	Ⅱ	只清理一部分
ⅣH18	T8南中部	②层下，H18→生土层	长方形，直壁，平底	?×140-110	FⅠ式陶钵、B型陶甗	Ⅱ	只清理一部分
ⅣH19	T6西北部	②层下，H19→生土层	椭圆形，斜弧壁，平底	160×80-70	陶片、瓦片	Ⅱ	
ⅣH20	T7西北部	②层下，H20→H21，H20→生土层	不规则形，斜弧壁，圜底	250×?-120	陶片、瓦片	Ⅱ	只清理一部分
ⅣH21	T5西南部	②层下，H21←H20，H21→生土层	椭圆形，斜壁，圜底	260×?-90	陶片	Ⅱ	只清理一部分
ⅣH22	T9西南部	①层下，H22→生土层	圆形，直壁，平底	直径160、深130	陶片	Ⅲ	
ⅣH23	T12东北部	①层下，H23→生土层	长方形，斜弧壁，圜底	台阶100×120-35，穴坑170×120-120	AⅣ式陶钵、A型陶豆	Ⅲ	窖穴

续表

编号	位置	开口层位及打破关系	形状	尺寸（厘米）长×宽-深	出土器物	分期	备注
ⅣH24	T10中南部	②层下，H24→H29，H24→生土层	圆形，直壁，平底	直径155、深70	CⅡ式陶盆、BⅡ式陶钵、CⅠ式陶匜钵、Ⅱ式陶碗、小陶杯、陶砚	Ⅱ	
ⅣH25	T9东北部	①层下，H25→生土层	圆形，直壁，平底	直径176、深105	陶、瓦片	Ⅲ	
ⅣH26	T9西北部	①层下，H26→生土层	长方形，斜壁，平底	?×140-150	陶片、瓦片	Ⅲ	只清理一部分
ⅣH27	T9西南部、T10东南部	①层下，H27→H29，H27→生土层	椭圆形，斜直壁，平底	340×260-95	AⅢ式陶匜钵、B型陶饼	Ⅲ	
ⅣH28	T11中部	①层下，H27→③层	圆形，直壁，平底	直径245、深60	AⅡ式陶壶、B型陶壶、FⅡ式陶钵、筒瓦2	代魏	
ⅣH29	T10西南部	②层下，H24→H29H27	椭圆形，直壁，平底	190×160-120	陶片、瓦片	Ⅱ	
ⅣH30	T10北部	①层下，H30→H58，H30→生土层	不规则形，斜弧壁，圜底	340×?-150	A型陶罐、A型陶盆、陶拍	代魏	只清理一部分
ⅣH31	T14西北部	①层下，H31→生土层	不规则形，斜壁，斜底	255×?-(75~110)	B型陶鼎足、AⅢ式陶盆、CⅢ式陶盆、BⅢ陶钵2、AⅢ式陶匜钵、BⅡ式陶匜钵、BⅢ式陶豆、CⅢ式陶豆、	Ⅲ	只清理一部分
ⅣH32	T13西中部	①层下，H32→H58，H32→生土层	圆形，斜直壁，平底	直径210、深150	CⅢ式陶盆、DⅢ式陶钵、FⅡ式陶钵、A型陶器座、B型陶器座、A型陶拍、B型陶饼	Ⅲ	
ⅣH33	T13东南部	②层下，H33→生土层	圆形，直壁，平底	直径220、深140	B型陶釜、CⅠ式陶釜、G型陶釜、BⅢ式陶盆2、B型陶钵、EⅡ式陶钵、CⅡ式陶豆、B型陶盘	Ⅱ	
ⅣH34	T13东北部	①层下，H34→H58，H34→生土层	圆形，直壁，平底	直径150、深85	陶片、瓦片	Ⅲ	

续表

编号	位置	开口层位及打破关系	形状	尺寸（厘米）长×宽-深	出土器物	分期	备注
ⅣH35	T16中部	②层下，H35→H38，H35→生土层	圆形，直壁，平底	直径120、深160	陶片	Ⅱ	
ⅣH36	T15北中部	②层下，H36→H37，H36→生土层	椭圆形，直壁，平底	140×125-65	陶片	Ⅱ	
ⅣH37	T15东北部	②层下，H37←H36，H37→生土层	椭圆形，直壁，平底	300×260-165	陶片	Ⅱ	
ⅣH38	T16西南部	③层下，H38←H35，H38→生土层	椭圆形，直壁，平底	260×210-100	陶片	Ⅰ	
ⅣH39	T15西北部	②层下，H39→生土层	长方形，直壁，平底	190×100-40	陶片	Ⅱ	
ⅣH40	T14西南角	①层下，H40→生土层	不规则形，直壁，平底	230×（85~110）-125	陶片	Ⅲ	
ⅣH41	T20东部	②层下，H41→生土层	长方形，直壁，平底	?×?-140	陶片	Ⅱ	只清理一部分
ⅣH42	T20西部	②层下，H42→生土层	长方形，直壁，平底	?×?-180	陶片	Ⅱ	只清理一部分
ⅣH43	T18东北部	②层下，H43→生土层	不规则形，斜弧壁，平底	?×?-140	陶片	Ⅱ	只清理一部分
ⅣH44	T18西中部	②层下，H44→H46→生土层	长方形，直壁，平底	?×90-140	陶片	Ⅱ	只清理一部分
ⅣH45	T18西南部	②层下，H45→生土层	直壁，平底	?×?-120	AⅠ式陶钵	Ⅱ	只清理一部分
ⅣH46	T18西北部	②层下，H46←H44，H46→生土层	直壁，平底	?×?-124	陶片	Ⅱ	只清理一部分
ⅣH47	T17东北部	②层下，H47→生土层	圆形，直壁，平底	直径200、深124	陶片	Ⅱ	
ⅣH48	T17西中部	①层下，H48→H53，H48→生土层	长方形，直壁，平底	150×125-134	BⅣ式陶盆、EⅢ式陶钵、C型陶拍	Ⅲ	
ⅣH49	T19东南部	①层下，H49→生土层	直壁，平底	?×150-104	陶片	Ⅲ	只清理一部分

续表

编号	位置	开口层位及打破关系	形状	尺寸（厘米）长×宽-深	出土器物	分期	备注
ⅣH50	T14东南部	①层下，H50→生土层	圆形，直壁，平底	直径200、深130	陶片	Ⅲ	
ⅣH51	T19西南部	②层下，H51→生土层	长方形，直壁，平底	250×110-80	陶片	Ⅱ	
ⅣH53	T17西北部	①层下，H53←H48，H53→生土层	长方形，直壁，平底	150×130-180	陶片	Ⅲ	
ⅣH54	T18东南部	②层下，H54→生土层	长方形，直壁，平底	?×?-140	陶片	Ⅱ	只清理一部分
ⅣH55	T19东北部	③层下，H55→生土层	长方形，直壁，平底	?×?-46	BⅠ式陶壶、CⅠ式陶盆、陶轮	Ⅰ	只清理一部分
ⅣH56	T14东北部	②层下，H56→生土层	圆形，直壁，平底	深90	陶片	Ⅱ	只清理一部分
ⅣH57	T13西南部	②层下，H57→生土层	圆形，直壁，平底	直径220、深150	陶片	Ⅱ	
ⅣH58	T10东北部、T13西北部	②层下，H30，H58←H34H58→生土层	长方形，直壁，平底	420×?-150	陶片	Ⅱ	只清理一部分
ⅣH59	T21南中部	①层下，H59→生土层	长方形，斜直壁，平底	150×100-170	AⅠ式陶壶、Ⅱ式陶瓶、C型陶罐、陶瓮、陶钵	代魏	
ⅣH60	T22中北部	②层下，H60→生土层	圆形，直壁，平底	直径150、深60	陶片	Ⅱ	
ⅣH61	T21西南部	①层下，H61→生土层	圆形，袋状，平底	口径166、底径170、深105	B型陶器座	Ⅲ	
ⅣH62	T24南中部	①层下，H62→G3，H62→生土层	椭圆形，斜直壁，平底	150×140-115	陶器盖	Ⅲ	
ⅣH63	T23东南部	①层下，H63→生土层	圆形，直壁，平底	深85	AⅡ式陶壶、陶盆	代魏	只清理一部分
ⅣH64	T21东北部	②层下，H64→生土层	圆形，直壁，平底	直径150、深80	陶片、瓦片	Ⅱ	
ⅣH65	T24东北部	②层下，H65←G3，H65→生土层	圆形，直壁，平底	直径125、深120	陶片	Ⅱ	

续表

编号	位置	开口层位及打破关系	形状	尺寸（厘米）长×宽-深	出土器物	分期	备注
ⅣH66	T24东南部	②层下，H66←G3，H66→生土层	椭圆形，斜壁，圜底	220×130-110	陶片、瓦片	Ⅱ	
ⅣH67	T22东北部	①层下，H67→生土层	长方形，直壁，平底	150×75-135	AⅣ式陶钵	Ⅲ	坑壁有铲类加工痕迹
ⅣH68	T25东南部	①层下，H68→H72，H68→③层	圆形，直壁，平底	直径115、深40	陶片	代魏	坑壁有铲类加工痕迹
ⅣH69	T25西中部	②层下，H69→生土层	圆形，直壁，平底	直径120、深70	FⅠ式陶釜、BⅡ式陶壶、AⅡ式陶钵2、BⅢ式陶钵	Ⅱ	坑壁有铲类加工痕迹
ⅣH70	T25西南部	②层下，H70→生土层	圆形，直壁，平底	直径110、深60	陶片、瓦片	Ⅱ	
ⅣH71	T25中部	②层下，H71→生土层	圆形，直壁，平底	直径115、深60	陶片、瓦片	Ⅱ	
ⅣH72	T25东南部	①层下，H72←H68，H72→H73，H72→生土层	长方形，直壁，平底	?×90-90	Ⅰ式陶瓶	代魏	只清理一部分
ⅣH73	T26西南部、T25东南部	②层下，H73←H72，H73→生土层	方形，直壁，平底	170×170-60	陶片	Ⅱ	坑壁有铲类加工痕迹

注：表内出土器物未标数量的均为1件

表二 第Ⅳ发掘区墓葬统计表

编号	位置	开口层位及打破关系	形状	尺寸（厘米）长×宽-深	方向	人数	葬式	头向	面向	葬具	性别	分期	备注
ⅣM1	T3东北部	①层下，M1→②层	长方形竖穴土坑	180×60-20	270°	1	仰身直肢	西	上	无	?	Ⅲ	
ⅣM2	T3东北部	②层下，M2→生土层	长方形竖穴土坑	200×64-18	357°	1	仰身直肢	北	西	无	男	Ⅱ	成年
ⅣM3	T22中部	③层下，W18→M3，M3→生土层	长方形竖穴土坑	100×40-30	110°	1	仰身直肢	东	上	无	?	战国	小孩
ⅣM4	T21北中部	③层下，W20→M4，M4→生土层	长方形竖穴土坑	70×40-30	6°	1	仰身屈肢	北	?	无	?	战国	小孩

续表

编号	位置	开口层位及打破关系	形状	尺寸（厘米）长×宽-深	方向	人数	葬式	头向	面向	葬具	性别	分期	备注
ⅣM5	T22东南部	③层下，W29→M5，M5→生土层	长方形竖穴土坑	50×30-30	0°	1	仰身直肢	西	?	无	?	战国	小孩
ⅣM6	T26西南部	③层下，G3→M6→M7，M6→生土层	长方形竖穴土坑	?×45-40	0°	1	仰身直肢	北	上	无	男	Ⅰ	成年
ⅣM7	T26西南部	③层下，M6→M7，M7→生土层	长方形竖穴土坑	160×70-50	180°	1	侧身屈肢	北	西	无	女	战国	

表三　第Ⅳ发掘区瓮棺葬统计表

编号	位置	开口层位及打破关系	形状	尺寸（厘米）长×宽-深	葬具	方向	分期	备注
ⅣW1	T4西南部	③层下，W1→④层	长方形竖穴土坑	100×50-30	BⅡ式陶釜	0°	Ⅰ	
ⅣW2	T4西北部	②层下，W2→③层	长方形竖穴土坑	80×60-20	AⅡ式陶釜	13°	Ⅱ	
ⅣW3	T4中西部	③层下，W3→④层	长方形竖穴土坑	95×55-25	A型陶釜	0°	战国	
ⅣW4	T4东南部	③层下，W4→④层	长方形竖穴土坑	100×55-30	AⅠ式陶釜	10°	Ⅰ	
ⅣW5	T4东北部	③层下，W4→④层	长方形竖穴土坑	85×60-20	D型陶釜	15°	战国	
ⅣW6	T3西南部	②层下，W6→③层	长方形竖穴土坑	95×60-20	AⅡ式陶釜	10°	Ⅱ	
ⅣW7	T18中东部	②层下，W7→③层	长方形竖穴土坑	95×45-30	A型陶釜	0°	Ⅱ	
ⅣW8	T19东南部	②层下，W8→③层	长方形竖穴土坑	85×50-20	AⅡ式陶釜、BⅢ式陶釜	0°	Ⅱ	
ⅣW9	T20西南部	②层下，W9→③层	长方形竖穴土坑	70×40-30	AⅡ式陶釜	355°	Ⅱ	
ⅣW10	T20南中部	②层下，W10→③层	长方形竖穴土坑	90×50-30	AⅡ式陶釜	10°	Ⅱ	
ⅣW11	T20西南部	②层下，W11→③层	长方形竖穴土坑	80×45-30	AⅡ式陶釜	0°	Ⅱ	
ⅣW12	T20西北部	②层下，W12→③层	长方形竖穴土坑	85×50-30	AⅡ式陶釜	15°	Ⅱ	
ⅣW13	T20北中部	②层下，W13→③层	长方形竖穴土坑	90×50-20	AⅡ式陶釜	10°	Ⅱ	

续表

编号	位置	开口层位及打破关系	形状	尺寸（厘米）长×宽-深	葬具	方向	分期	备注
ⅣW14	T18西南部	②层下，W14→③层	长方形竖穴土坑	90×45-25	AⅡ式陶釜	20°	Ⅱ	
ⅣW15	T17中南部	②层下，W15→生土层	长方形竖穴土坑	70×40-30	AⅡ式陶釜	0°	Ⅱ	
ⅣW16	T17东南部	②层下，W16→③层	长方形竖穴土坑	80×45-30	AⅡ式陶釜	0°	Ⅱ	
ⅣW17	T23东中部	③层下，G3→W17，W17→生土层	长方形竖穴土坑	150×50-40	BⅡ式陶釜2	0°	Ⅰ	
ⅣW18	T22中部	③层下，W18→M3，W18→生土层	长方形竖穴土坑	100×60-30	AⅠ式陶釜	25°	Ⅰ	
ⅣW19	T22西中部	③层下，W19→生土层	长方形竖穴土坑	90×50-30	AⅠ式陶釜	5°	Ⅰ	
ⅣW20	T21北中部	③层下，W20→M4，W20→生土层	长方形竖穴土坑	100×60-30	AⅠ式陶釜	10°	Ⅰ	
ⅣW21	T21中部	③层下，W21→生土层	长方形竖穴土坑	90×50-40	AⅠ式陶釜	0°	Ⅰ	
ⅣW22	T21中西部	③层下，W22→生土层	长方形竖穴土坑	75×40-30	AⅠ式陶釜	345°	Ⅰ	
ⅣW23	T22西南部	③层下，W23→生土层	长方形竖穴土坑	85×40-30	AⅠ式陶釜	15°	Ⅰ	
ⅣW24	T21西北部	③层下，W24→W26，W24→生土层	长方形竖穴土坑	95×60-35	AⅠ式陶釜	350°	Ⅰ	
ⅣW25	T21东中部	③层下，W25→生土层	长方形竖穴土坑	70×40-30	A型陶罐	7°	Ⅰ	
ⅣW26	T21西北部	③层下，W24→W26，W26→生土层	长方形竖穴土坑	90×50-20	BⅡ式陶釜2	0°	Ⅰ	
ⅣW27	T22东南部	③层下，W27→生土层	长方形竖穴土坑	75×35-30	AⅠ式陶釜	0°	Ⅰ	
ⅣW28	T22东南部	③层下，J1→W28，W28→生土层	长方形竖穴土坑	50×30-20	AⅠ式陶釜	15°	Ⅰ	
ⅣW29	T24西南部	③层下，W29→M5，W29→生土层	长方形竖穴土坑	135×60-40	BⅠ式陶釜	0°	Ⅰ	
ⅣW30	T21东南部	③层下，W30→生土层	长方形竖穴土坑	75×30-30	AⅠ式陶釜	0°	Ⅰ	
ⅣW31	T21西北部	③层下，W31→生土层	长方形竖穴土坑	65×25-20	AⅠ式陶釜	0°	Ⅰ	

续表

编号	位置	开口层位及打破关系	形状	尺寸（厘米）长×宽-深	葬具	方向	分期	备注
ⅣW32	T25北中部	③层下，W32→生土层	长方形竖穴土坑	95×45-30	AⅠ式陶釜	25°	Ⅰ	
ⅣW33	T25西北部	③层下，W33→生土层	长方形竖穴土坑	80×35-30	AⅠ式陶釜	0°	Ⅰ	
ⅣW34	T25东中部	③层下，W34→生土层	长方形竖穴土坑	90×40-30	C型陶釜	0°	Ⅰ	
ⅣW35	T25西南部	③层下，W35→生土层	长方形竖穴土坑	70×30-20	AⅠ式陶釜	0°	Ⅰ	

注：表内出土器物未标数量的均为1件

1. Ⅳa区发掘

Ⅳa区（即第Ⅳ发掘区T1~T4、T17~T26）位于南城的中东部，西南距b区约75米。两次发掘5米×5米的探方14个，发掘面积为350平方米，共清理发掘灰坑38个，壕沟2条，水井2眼，墓葬7座，瓮棺葬35座（图三三）；出土物有陶器、铁器、石器、骨器等（表四）。

表四　Ⅳa区地层、遗迹与遗物对照表

层位＼探方	面积（平方米）	①层 遗迹	①层 遗物	②层 遗迹	②层 遗物	③层 遗迹	③层 遗物
ⅣT1	5×5	G1	陶鬲、陶釜、陶盆、陶钵、陶豆	H5			
ⅣT2	5×5	H6、G1	陶盆、陶钵	H1	陶罐、石器	H10	陶釜、陶罐、陶盆、陶钵、陶豆
ⅣT3	5×5	M1		H2、H3、M2、W6	陶釜、陶钵、陶豆、陶纺轮	H9	
ⅣT4	5×5			W2	陶釜、骨带钩	H4、H7、H8、W1、W3、W4、W5	陶釜、陶罐、陶盆、陶钵
ⅣT17	5×5	H48、H53	陶盆、陶拍	H47、W15、W16	陶釜		
ⅣT18	5×5			H43、H44、H45、H46、H54、W7、W14	陶釜、陶钵、石磨		

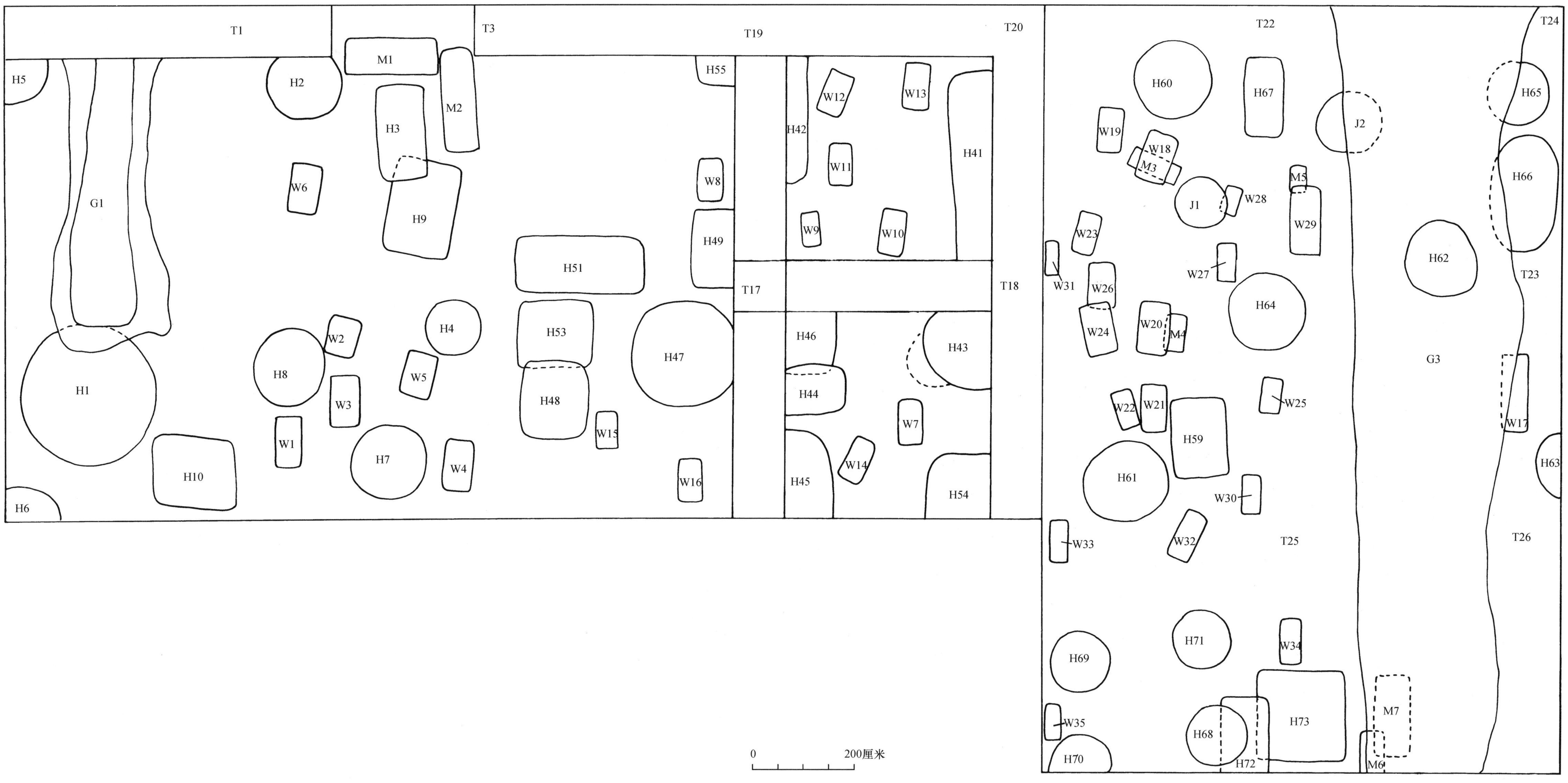

图三三 Ⅳa区总平面图

续表

层位 探方	面积 （平方米）	①层 遗迹	①层 遗物	②层 遗迹	②层 遗物	③层 遗迹	③层 遗物
ⅣT19	5×5	H49		H51、W8	陶釜	H55	陶壶、陶钵、陶轮
ⅣT20	5×5			H41、H42、W9、W10、W11、W12、W13	陶釜	W20	陶釜
ⅣT21	5×5	H59、H61	陶釜、陶罐、陶盆、陶瓮、陶盏	H64		M4、W21、W22、W24、W25、W26、W27、W30、W31	陶釜、陶罐
ⅣT22	5×5	H67	陶釜、陶盆、陶盏、陶模具、陶板瓦	H60、J1	陶盆	M3、M5、W18、W19、W23、W28、W29	陶釜
ⅣT23	5×5	H63、G3	陶釜、陶罐、陶盆、筒瓦		铁镞	W17	陶釜
ⅣT24	5×5	H62、G3、J2	陶釜、陶罐、陶盆、陶瓮	H65、H66	铁带饰		
ⅣT25	5×5	H68、H72	陶罐、陶盆、陶钵、筒瓦、板瓦	H69、H70、H71、H73	陶釜、陶壶、陶盆、陶钵、铁马镫	W32、W33、W34、W35	陶釜
ⅣT26	5×5	G3	陶罐、陶壶、陶盆、陶钵、陶豆、陶瓮、板瓦	H73		M6、M7	

（1）地层堆积与出土遗物

1）地层堆积

该发掘区的地层堆积根据土质、土色与其包含物的不同，堆积层可分4层；西部半部较厚，东半部较薄，第3层下即为生土层。现以ⅣT2、ⅣT4、ⅣT17、ⅣT18、ⅣT21的北壁剖面（图三四）和ⅣT22、ⅣT21、ⅣT25的东壁剖面为例介绍如下（图三五）。

第1层：耕土层，灰黄色花土，土质较松软，含有少量的砂粒，出土少量的陶器残片和碎瓦片等。厚15～25厘米，ⅣH53、ⅣH67、ⅣH72、ⅣG1等遗迹开口于此层下。

第2层：灰褐色花土，土质较硬，含有大量的草木灰、红烧土块及小石块等，分布于整个发掘区内，深15～25、厚20～50厘米，出土物有陶釜、罐、盆、钵、豆等。ⅣH43、ⅣH46、

ⅣH47、ⅣH64等遗迹开口于此层下。

第3层：黄褐色花土，土质较硬，结合紧密，含有大量的砂粒、小石块、灰褐色土块。分布于整个发掘区，深40～70厘米，厚25～45厘米。出土物有陶罐、盆、钵、豆，陶拍等。ⅣH4、ⅣW20、ⅣW24、ⅣW30等遗迹开口于此层下。

第4层：黄花土，土质细腻、较硬，含有少量的砂粒、料姜石块等。分布于发掘区的西半部，深70～90厘米，厚15～40厘米，出土物有陶鼎、釜、盆、豆，陶拍等。

第4层下为生土层。

2）出土器物

① 第2层内出土器物

有陶器、铜器、铁器、石器、骨器等。

陶器　有釜、罐、盆、钵、碗、豆、瓦当等。

釜　4件。标本ⅣT20②：1，口、腹残片，泥质灰陶，模制。侈口，方唇，鼓腹，肩饰纵向绳纹，腹饰弦端绳纹，下腹饰粗绳纹，内壁留有模制痕迹。口径24、残高21厘米（图三六，7）。标本ⅣT26②：1，口、肩残片，泥质灰陶。肩以下为夹砂灰陶，轮模合制。侈口，尖圆唇，弧腹。口外素面抹光，腹饰弦断绳纹，被抹，印痕较浅，下腹饰绳纹。口径24、残高20厘米（图三六，2）。标本ⅣT26②：2，口径26、残高11.8厘米（图三六，13）。标本ⅣT26②：7，口、腹残片，泥质灰陶。敛口，尖圆唇，弧肩，鼓腹。肩饰绳纹，下腹饰粗绳纹。口径14.4、残高11.6厘米（图三六，10）。

罐　3件。标本ⅣT22②：11，口、肩残片，泥质灰褐陶。微敛口，折唇，广肩。素面抹光，肩部有划文"\"一处。口径25、残高6.4厘米（图三六，18）。标本ⅣT25②：7，口、腹残片，泥质灰陶。侈口，方唇，鼓肩。素面抹光后饰研光暗纹。口径12、残6.2厘米（图三六，15）。标本ⅣT1②：3，口、腹残片，泥质灰褐陶，手制。敞口，尖圆唇，束颈，溜肩。饰压印纹，肩部划纹"\"一处，内壁口部与器身结合处留有手捏痕迹。口径13.6、残高11.6厘米（图三六，9）。

盆　5件。标本ⅣT17②：2，泥质灰陶。直口微敛，宽平沿，方唇，斜弧腹，下腹斜收，平底。上腹饰弦纹，腹饰绳纹，下腹素面刮光，留有刮痕。口径45.8、底径18.2、高25.2厘米（图三六，5）。标本ⅣT17②：1，泥质灰陶。直口微敛，宽折沿，方唇，弧腹，平底。上腹饰弦纹数周，腹饰绳纹，下腹素面刮光，留有刮痕。口径37、底径18、高19.5厘米（图三六，4）。标本ⅣT19②：3，泥质灰陶。敞口，方唇，斜壁，平底。通体饰绳纹，近底部素面刮光。口径18、底径10、高8.6厘米（图三六，21）。标本ⅣT22②：10，口、腹残片，泥质灰陶，模制。敞口，宽平沿，内、外缘凸起，斜弧腹。外壁素面抹光，内壁饰压印纹。口径56、残高20厘米（图三六，1）。标本ⅣT22②：2，口、腹残片，泥质灰褐陶，手制。敞口，宽平沿，内、外缘凸起，斜腹。素面抹光。口径69、残高8.4厘米（图三六，14）。

钵　8件。标本ⅣT21②：1，泥质灰陶。敞口，方唇，折腹，折角起棱，下腹急收，近底部壁内向内凹较甚，平底。上腹素面抹光，下腹近底部留有旋削痕迹。口径19.3、底径

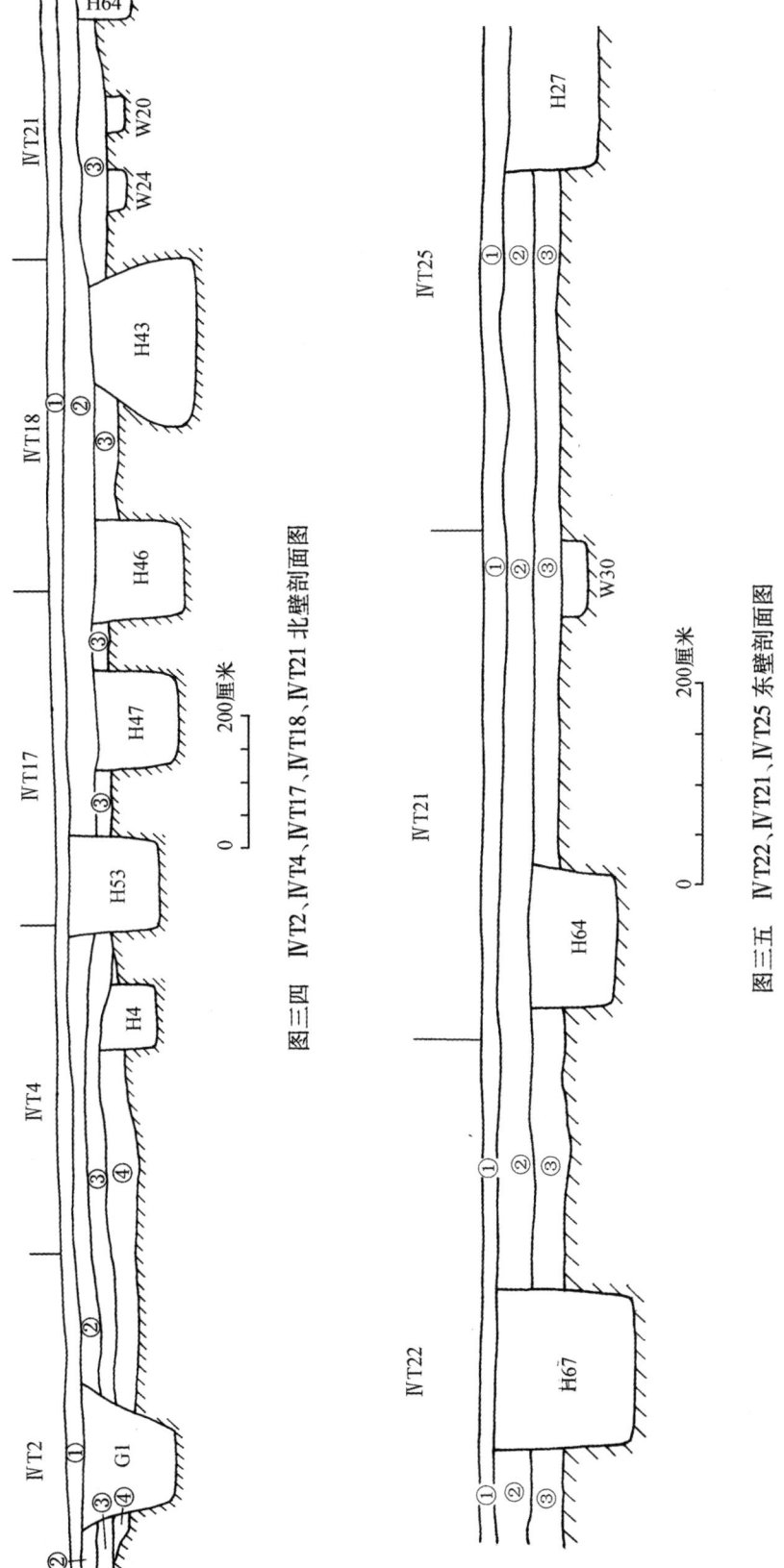

图三四　ⅣT2、ⅣT4、ⅣT17、ⅣT18、ⅣT21 北壁剖面图

图三五　ⅣT22、ⅣT21、ⅣT25 东壁剖面图

图三六　Ⅳa区②层出土器物

1、4、5、14、21. 陶盆（ⅣT22②：10、ⅣT17②：1、ⅣT17②：2、ⅣT22②：2、ⅣT19②：3）　2、7、10、13. 陶釜（ⅣT26②：1、ⅣT20②：1、ⅣT26②：7、ⅣT26②：2）　3、6、11、16、17、20、22、23. 陶钵（ⅣT3②：4、ⅣT2②：1、ⅣT21②：1、ⅣT3②：5、ⅣT25②：12、ⅣT1②：2、ⅣT19②：1、ⅣT3②：3）　8、12. 陶豆（ⅣT25②：9、ⅣT3②：2）　9、15、18. 陶罐（ⅣT1②：3、ⅣT25②：7、ⅣT22②：11）　19. 陶碗（ⅣT1②：1）

7.3、高10厘米（图三六，11）。标本ⅣT19②：1，泥质灰陶。口径14.5、底径6.5、高6.5厘米（图三六，22）。标本ⅣT3②：5，口、腹残片，泥质红褐陶。敞口，弧腹，下腹弧收，素面抹光。口径14.4、残高5.8厘米（图三六，16）。标本ⅣT2②：1，泥质灰陶。敞口，方唇，折腹，上腹斜直，下腹内凹较甚。平底。器表素面抹光。口径20、底径9.3、高9.3厘米

（图三六，6）。标本ⅣT1②：2，泥质灰陶。敞口，方唇，折腹，折角起棱，下腹急收，近底部壁向内凹，小平底。通体素面抹光。口径20、底径7.6、高10.3厘米（图三六，20）。标本ⅣT25②：12，口、腹残片，泥质灰陶。直口微敛，窄平沿，方唇，弧壁。外壁素面抹光，上腹有"×"划纹一处，内壁饰矸光暗纹。口径20、残高6.4厘米（图三六，17）。标本ⅣT3②：4，口、腹残片，泥质灰陶。敛口，圆唇，折腹，下腹弧收，口外与腹部各饰凹弦纹一周。口径20、残高6.8厘米（图三六，3）。标本ⅣT3②：3，泥质灰陶。敛口，尖圆唇，曲腹，平底。通体素面抹光。口径14.8、底径6.5、高6.5厘米（图三六，23）。

碗　1件。标本ⅣT1②：1，泥质灰陶。敞口，圆唇折腹较甚，下腹斜收，小平底。通底素面抹光。口径14.8、底径7、高6厘米（图三六，19）。

豆　1件。标本ⅣT3②：2，泥质灰陶。敞口，尖圆唇，深腹，矮柄，柄下部中空，喇叭形底座。上腹饰弦纹两周，以下素面磨光。口径14.2、底径7.3、高8厘米（图三六，12）。

豆柄　1件。标本ⅣT25②：9，泥质灰褐陶。高柄，中空，喇叭形底座，素面抹光，座壁饰凹弦两周。底径5.2、残高8厘米（图三六，8）。

瓦当　1件。文字瓦当。标本ⅣT24②：1，灰色。"千""秋"两字皆残。以单线为界格，边轮宽1.1、当厚1厘米（图三七）。

铁镞　1件。标本ⅣT23②：5，横截面呈三角形，铁铤。前锋较锐，边锋较直。镞身长1.8、铤长4.2厘米（图三八，2）。

铁带饰　1件。标本ⅣT24②：3，呈椭圆形，上部钻孔模铸出双马图案。双首相对，中间被带环所隔。长7.4、宽5.4、厚0.5厘米（图三八，6）。

铁马镫　2件。标本ⅣT25②：1，方形柱状提梁与镫面铸为一体，鼻弯曲成弧边三角形，镫面呈弧边长方形，背面正中起一道凸棱

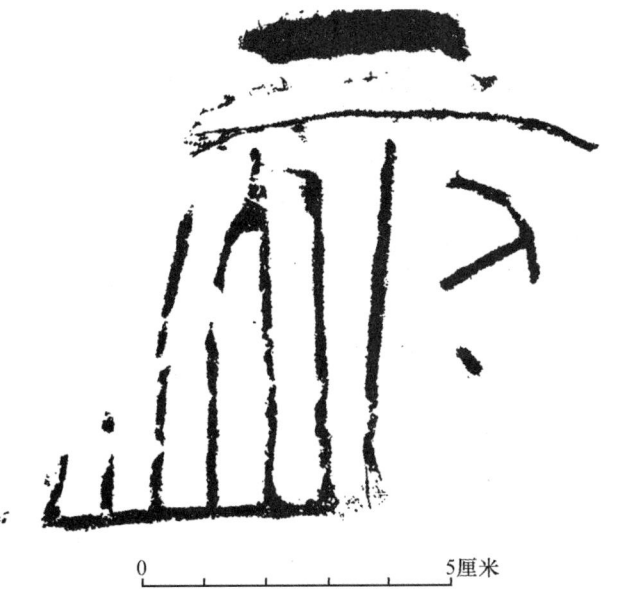

图三七　Ⅳa区②层出土瓦当（ⅣT24②：1）

与梁衔接。高16、镫面宽3.2厘米（图三八，1）。标本ⅣT25②：2，镫面残。方形柱状提梁与镫面铸为一体，上端铸扁方形鼻，鼻铸有长方形穿孔，镫面呈弧边长方形，背面正中起一道凸棱与梁衔接。鼻穿长2.6、宽0.8、高19厘米，镫面残宽2.7厘米（图三八，4）。

石磨　1件。标本ⅣT18②：1，砂岩琢制而成。平面呈椭圆形，上部弧凸，磨眼位于中部，略呈上大下小，平面呈椭圆形，摩擦面较平，阴刻十字形的凹槽为磨齿。磨眼直径上部7~8、下部3.2~4.8厘米，磨体直径25.4~29、厚4.6厘米（图三八，3）。

骨带钩　1件。标本ⅣT4②：1，动物肢骨磨制。钩体呈琵琶形，横断面为长方形。钩首呈蛇形，阴线刻出眼、鼻、嘴、耳等；钩面阴刻蕉叶纹、弦纹、变形鸟纹组成的复合图案。长

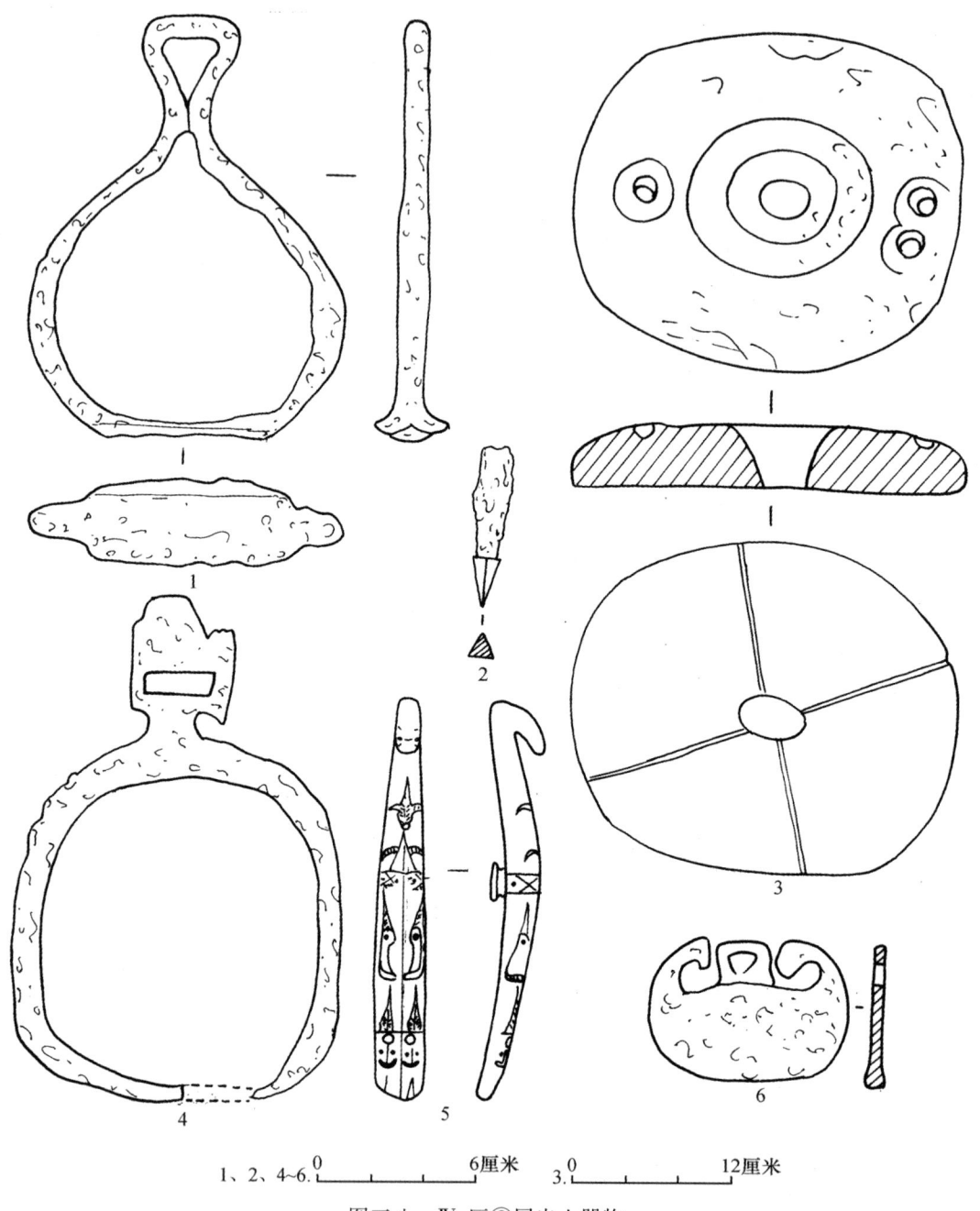

图三八 Ⅳa区②层出土器物

1、4. 铁马镫（ⅣT25②：1、ⅣT25②：2） 2. 铁镞（ⅣT23②：5） 3. 石磨（ⅣT18②：1）
5. 骨带钩（ⅣT4②：1） 6. 铁带饰（ⅣT24②：3）

7.6、宽1.75、体厚1.1、颈厚0.9厘米（图三八，5）。

② 第3层内出土器物

有陶罐、盆、钵、匣钵、豆、拍等。

罐 1件。标本ⅣT19③：2，口、腹残片，泥质灰褐陶。侈口，叠唇，折肩。肩部素面磨光，肩、腹交界处饰凹弦纹一周，腹饰弦断绳纹。口径34、残高17.6厘米（图三九，1）。

盆　1件。标本ⅣT24③：2，口、腹残片，泥质灰褐陶，模制。直口，宽平沿，方唇，壁较直。饰细绳（线）纹，印痕较浅，局部被抹。口径40、残高8厘米（图三九，3）。

钵　4件。标本ⅣT19③：1，泥质灰陶。敞口略外侈，方唇，折腹，折角起棱，下腹急收，近底部壁略向内凹，平底。通体素面抹光。口径14.6、底径6.7、高6.7厘米（图三九，10）。标本ⅣT3③：2，泥质灰陶。直口，圆唇，折腹，上腹较直，下腹内凹，平底。通体素面磨光。口径14.5、底径7.3、高6.3厘米（图三九，7）。标本ⅣT23③：6，口、腹残片，泥质灰陶。直口，方唇，弧壁，素面抹光。口径22.4、残高8厘米（图三九，6）。标本ⅣT23③：7、口径18.4、残高7.2厘米（图三九，11）。

匜钵　1件。标本ⅣT3③：1，泥质灰陶。直口，方唇，直壁，平底。上腹素面抹光，下腹素面刮光，留有刮痕。口径18.2、底径18.2、高10厘米（图三九，9）。

豆　3件。标本ⅣT3③：3，泥质灰陶。敞口，尖圆唇，深腹，高柄，柄下部中空，喇叭形底座。器表素面抹光，内壁饰暗弦纹。口径14、底径8、高12厘米（图三九，8）。标本ⅣT23③：1，泥质灰陶。敞口，尖唇，浅盘，折腹，高柄，柄下部中空，喇叭形底座。通体素面抹光。口径11、底径7.8、高10厘米（图三九，5）。标本ⅣT23③：2，口径11.2、底径7.5、高10厘米（图三九，2）。

拍　1件。标本ⅣT24③：7，残，夹砂灰陶。拍呈圆饼状，拍面半弧，拍背光面，拍壁有凹槽一周，上接空心柄。拍直径11.2、残高6.8厘米（图三九，4）。

③ 第4层内出土器物

有陶鼎、釜、盆、豆、拍等。

鼎足　1件。标本ⅣT4④：5，夹砂红褐陶，模制。为柱状蹄足，素面。高12.2米（图四〇，8）。

釜　2件。标本ⅣT4④：2，夹砂红褐陶。侈口，折沿，耸肩，鼓腹，尖底较钝。肩饰弦断粗绳纹，以下饰粗绳纹，印痕较深，向左下方斜。口径27.3、高33.5厘米（图四〇，6）。标本ⅣT19④：1，口、肩残片，泥质灰陶。敛口，尖圆唇，溜肩，素面抹光。口径20、残高9厘米（图四〇，3）。

盆　2件。标本ⅣT4④：3，泥质灰褐陶，模制，烧造火候较高。敛口，宽折沿，圆唇，弧腹，下腹弧收，平底略向内凹。饰交错中绳纹，印痕较深。口径37.6、底径13.6、高22.4厘米（图四〇，2）。标本ⅣT2④：1，泥质灰陶。微敛口，窄平沿，尖圆唇，垂腹，平底。肩部素面磨光，腹饰弦断绳纹，下腹素面刮光，留有刮痕。口径25.8、底径12.8、高15.5厘米（图四〇，1）。

豆　2件。标本ⅣT4④：1，泥质灰陶。敞口，方唇，折腹较深，折角起棱，高柄，柄下部中空，喇叭形底座。通体素面抹光。口径14、底径8.2、高11.5厘米（图四〇，4）。标本ⅣT3④：1，泥质灰陶，烧制变形。敞口，方唇，浅盘。折腹，高柄，柄下部中空，喇叭形底座，器表素面抹光，内壁饰暗弦纹，底部划压光暗纹"×"一处。口径11.6、底径8.8、残高

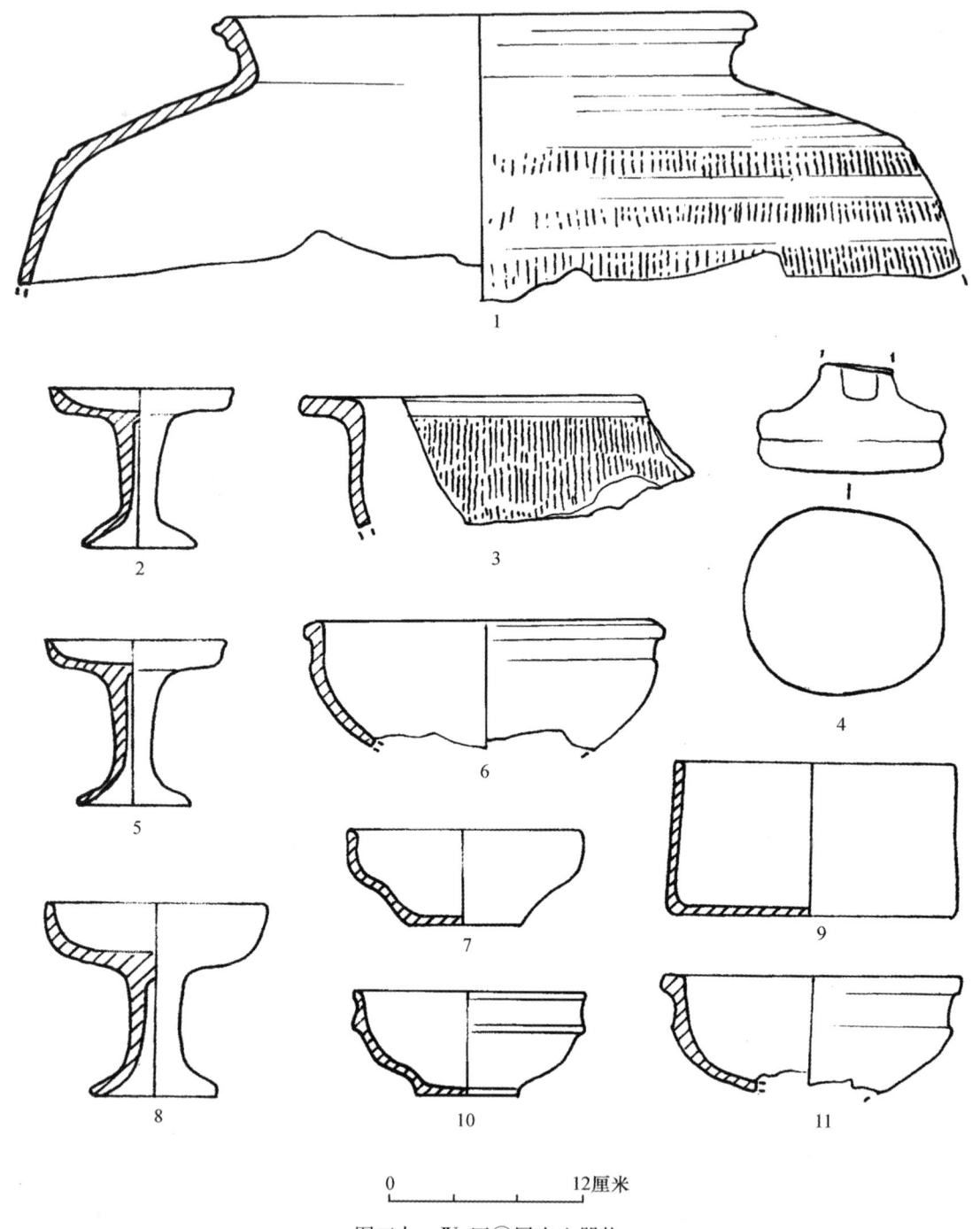

图三九　Ⅳa区③层出土器物

1.陶罐（ⅣT19③:2）　2、5、8.陶豆（ⅣT23③:2、ⅣT23③:1、ⅣT3③:3）　3.陶盆（ⅣT24③:2）
4.陶拍（ⅣT24③:7）　6、7、10、11.陶钵（ⅣT23③:6、ⅣT3③:2、ⅣT19③:1、ⅣT23③:7）　9.匣钵（ⅣT3③:1）

13.4厘米（图四〇,7）。

拍　1件。标本ⅣT4④:4，拍柄，夹砂灰褐陶。柱状，剖面呈梯形，顶端弧凸，素面抹光，烧制火候较高。高10厘米（图四〇,5）。

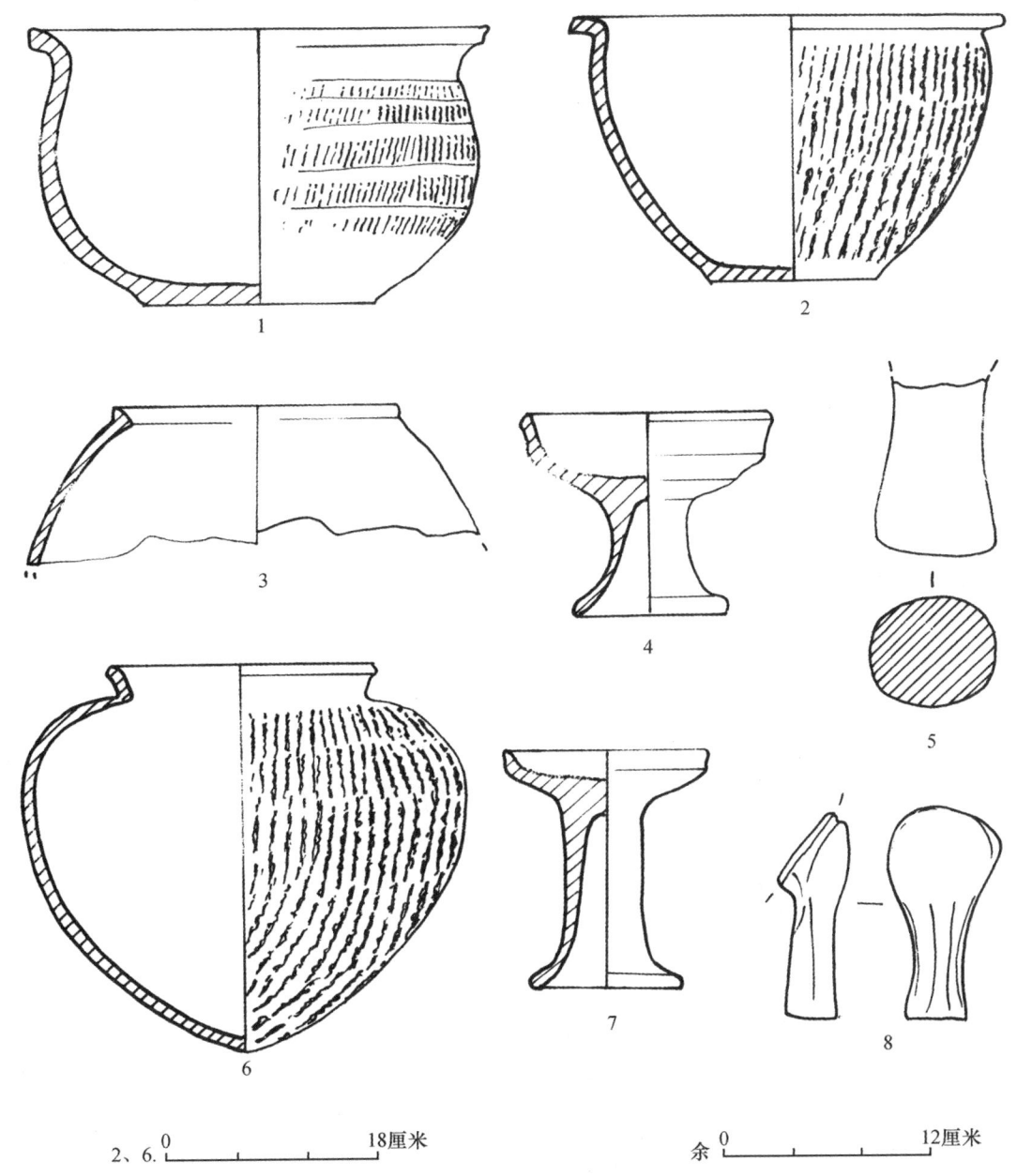

图四〇　Ⅳa区④层出土器物
1、2.陶盆（ⅣT2④：1、ⅣT4④：3）　3、6.陶釜（ⅣT19④：1、ⅣT4④：2）　4、7.陶豆（ⅣT4④：1、ⅣT3④：1）
5.陶拍（ⅣT4④：4）　8.陶鼎足（ⅣT4④：5）

（2）遗迹

有灰坑、壕沟、水井、墓葬、瓮棺葬等。

1）灰坑

38个。有圆形、椭圆形、长方形和不规则形；坑壁有直壁、斜直壁和弧壁三类；坑底有平底和圜底之分。

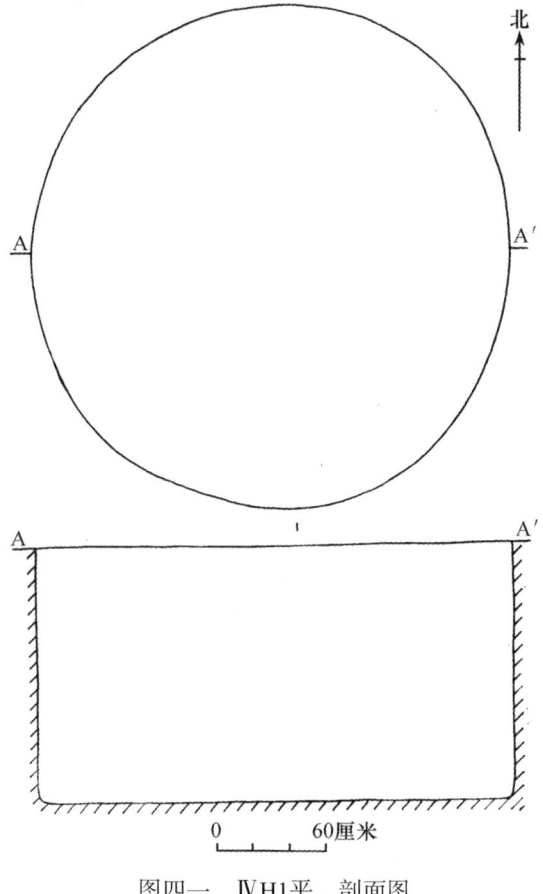

图四一　ⅣH1平、剖面图

ⅣH1　位于ⅣT2的西北部，开口于第2层下，距地表深45厘米，被ⅣG1打破，打破第3层及生土层。平面近圆形，直壁不甚规整，平底。直径260～275、深140厘米。坑内填灰褐色土，土质较硬，夹有黑色斑点和红烧土块，出土少量的陶片和动物骨骼等（图四一）。

出土器物有陶壶、石塞等。

陶壶　1件。标本ⅣH1：1，泥质灰褐陶。敞口，展沿，方唇，束颈，鼓腹，平底。颈部素面抹光，以下饰弦断绳纹，下腹素面刮光，留有刮削痕迹。口径12、底径10、高28.2厘米（图四二，1）。

石塞　1件。标本ⅣH1：2，石灰岩，磨制。呈六棱形柱状，截面直径0.8、长4.8厘米（图四二，2）。

ⅣH2　位于ⅣT3的西北部，开口于第2层下，距地表深50厘米，打破第3层及生土层。平面呈圆形（只清理一部分），直壁，平底。直径140、深50厘米。坑内填灰褐色土，土质较硬，含有少量的陶器残片、瓦片、动物骨骼等（图四三）。

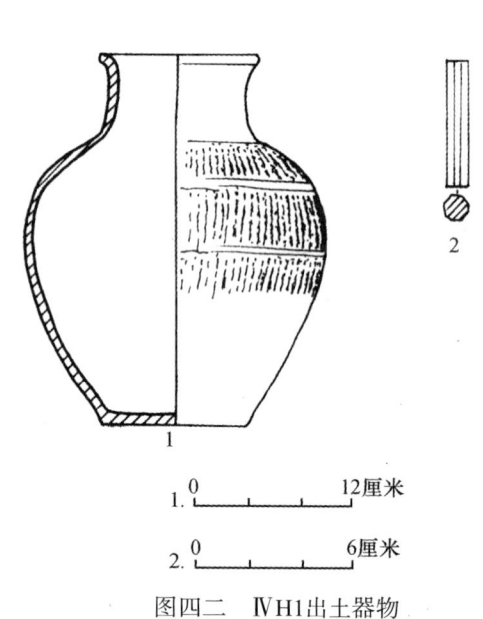

图四二　ⅣH1出土器物
1.陶壶（ⅣH1：1）　2.石塞（ⅣH1：2）

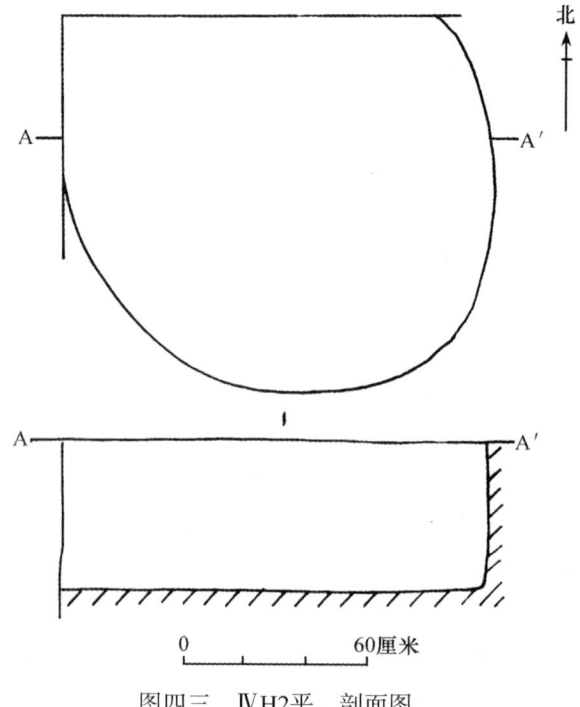

图四三　ⅣH2平、剖面图

陶钵　1件。标本ⅣH2：1，泥质灰陶。直口略外侈，方唇，折腹，折角起棱，下腹急收，近底部壁略向内凹，平底。通体素面抹光。口径18、底径7.8、高8.7厘米（图四四）。

ⅣH3　位于ⅣT3的东北部，开口于第2层下，距地表深45厘米，打破ⅣH9、第3层及生土层。平面呈长方形，直壁，平底。口长190、宽90、深55厘米。坑内填灰黄色砂土，土质较松软，含有草木灰、砂粒、动物骨骼。出土少量的陶片等（图四五）。

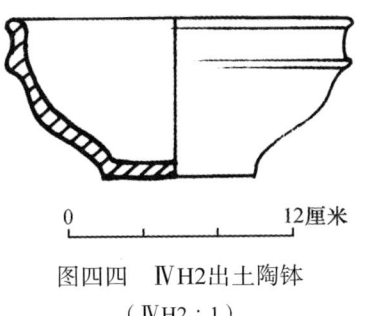

图四四　ⅣH2出土陶钵（ⅣH2：1）

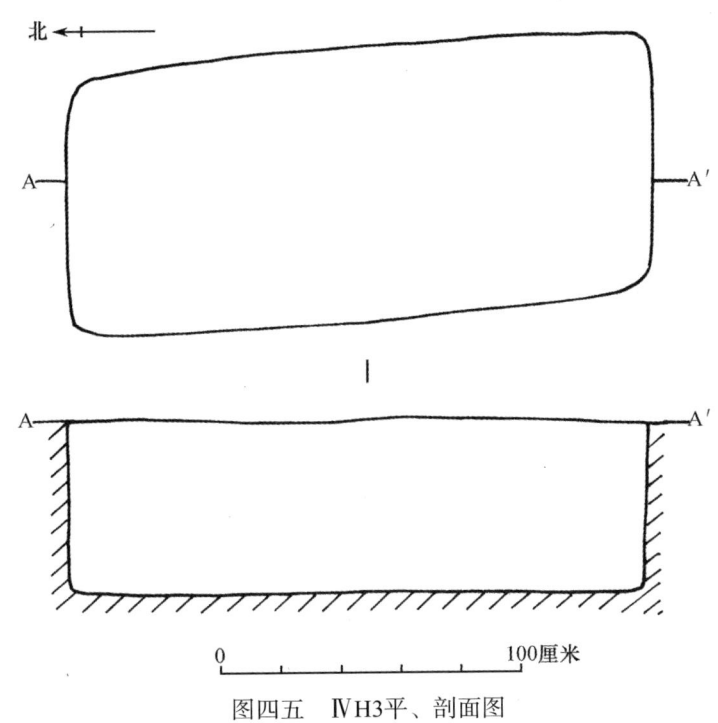

图四五　ⅣH3平、剖面图

出土器物有陶盆、陶钵、陶饼等。

盆　1件。标本ⅣH3：1，泥质灰陶。直口，窄平沿，方唇，斜弧腹，平底。通体素面抹光。口径16、底径7.2、高6.4厘米（图四六，2）。

钵　3件。标本ⅣH3：2，泥质灰陶。敞口，厚圆唇，折腹，折角起棱，下腹急收，近底部壁略向内凹，平底。通体素面抹光。口径19、底径8、高8.4厘米（图四六，1）。标本ⅣH3：4，口、腹残片，泥质灰褐陶。敞口，圆唇，深腹，素面抹光。口径13.6、残高4.8厘米（图四六，3）。标本ⅣH3：3，口径15、底径5.8、高6.1厘米（图四六，4）。

陶饼　1件。标本ⅣH3：6，泥质灰陶片打制而成，略经磨制。平面呈圆形，中部钻双孔，对钻。孔径0.35、直径2.5、厚0.6厘米（图四六，5）。

ⅣH4　位于ⅣT4的东北部，开口于第3层下，距地表深70厘米，打破第4层及生土层。平面呈圆形，坑口略大于坑底，直壁，平底。口径110、深70厘米。坑底置一人骨，呈弯曲状，下肢

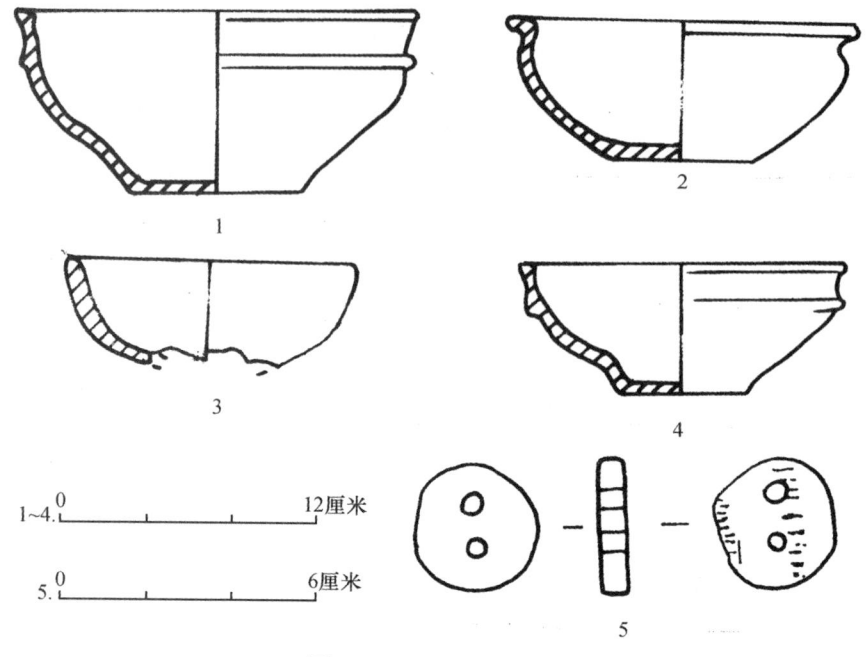

图四六　ⅣH3出土器物

1、3、4. 陶钵（ⅣH3：2、ⅣH3：4、ⅣH3：3）　2. 陶盆（ⅣH3：1）　5. 陶饼（ⅣH3：6）

骨紧立于东南壁。其内堆积灰花土，土质较松软，含有砂粒、草木灰等，出土少量的陶器残片和动物骨骼等（图四七；图版六，2）。

钵　2件。标本ⅣH4：1，泥质灰陶。敞口，圆唇，弧腹，平底。通体素面抹光。口径13.8、底径6、高7.5厘米（图四八，1）。标本ⅣH4：2，泥质灰陶。敞口，方唇，弧腹，平底。腹饰凸棱一周，通体素面抹光。口径12.7、底径5.5、高5.3厘米（图四八，2）。

ⅣH6　位于ⅣT2的西南部，开口于第1层下，距地表深20厘米，打破第2层及第3层。平面呈圆形（只清理一部分），直壁，平底。清理长106、清理宽65、深40厘米。

坑内填灰花土，土质较松软，夹有大量的草木灰，含有少量的陶片、瓦片和动物骨骼等（图四九）。

出土器物有陶盆、匣钵、碗等。

盆　1件。标本ⅣH6：3，泥质灰陶。直口，窄平沿，圆唇，腹微鼓，下腹急收，近底部壁略向内凹，平底。通体素面抹光。口径15.5、底径6.2、高6.7厘米（图五〇，3）。

匣钵　1件。标本ⅣH6：1，泥质灰陶。直口略外侈，方唇，直壁，平底。通体素面抹光。口径18.2、底径18、高9.2厘米（图五〇，2）。

碗　1件。标本ⅣH6：2，泥质灰陶。敞口，圆唇，折腹，下腹近底部壁向内凹较甚，平底。通底素面抹光。口径14.2、底径6.3、高6.2厘米（图五〇，1）。

ⅣH7　位于ⅣT4的南中部，开口于第3层下，距地表深75厘米，打破第4层及生土层。平面呈圆形，直壁，平底。口径145、深40厘米。其内堆积为黄花土，土质较松软，含有少量的砂粒、红烧土块，出土少量的陶片等（图五一）。

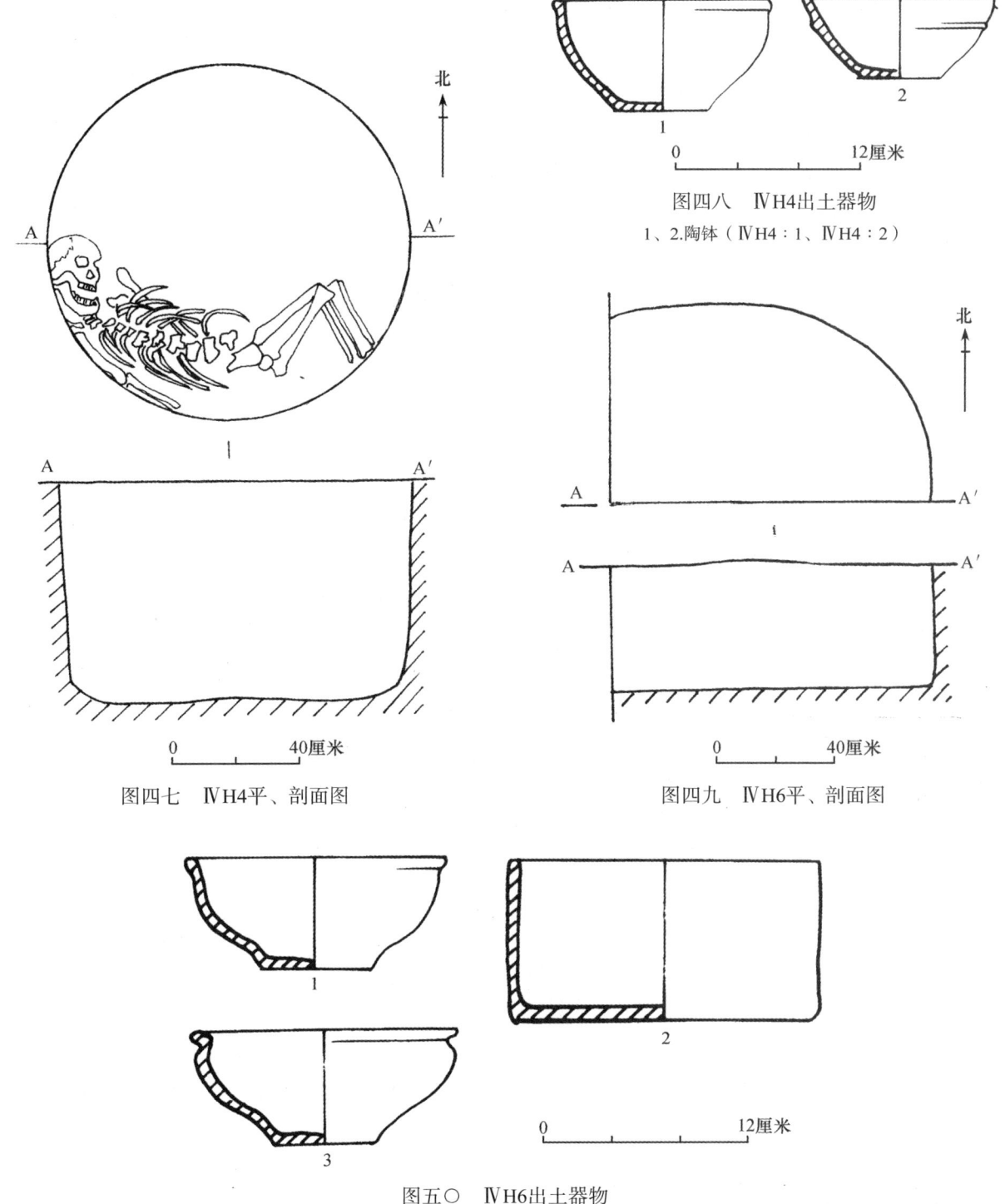

图四八　ⅣH4出土器物
1、2.陶钵（ⅣH4：1、ⅣH4：2）

图四七　ⅣH4平、剖面图

图四九　ⅣH6平、剖面图

图五〇　ⅣH6出土器物
1.陶碗（ⅣH6：2）　2.陶匜钵（ⅣH6：1）　3.陶盆（ⅣH6：3）

ⅣH8　位于ⅣT4的西北部，开口于第3层下，距地表深70厘米，打破第4层和生土层，平面呈椭圆形，直壁，平底。坑口长径155、短径130、深80厘米。其内堆积灰花土，土质较硬，含有较多的草木灰、红烧土块，出土少量的陶器残片、瓦片等（图五二）。

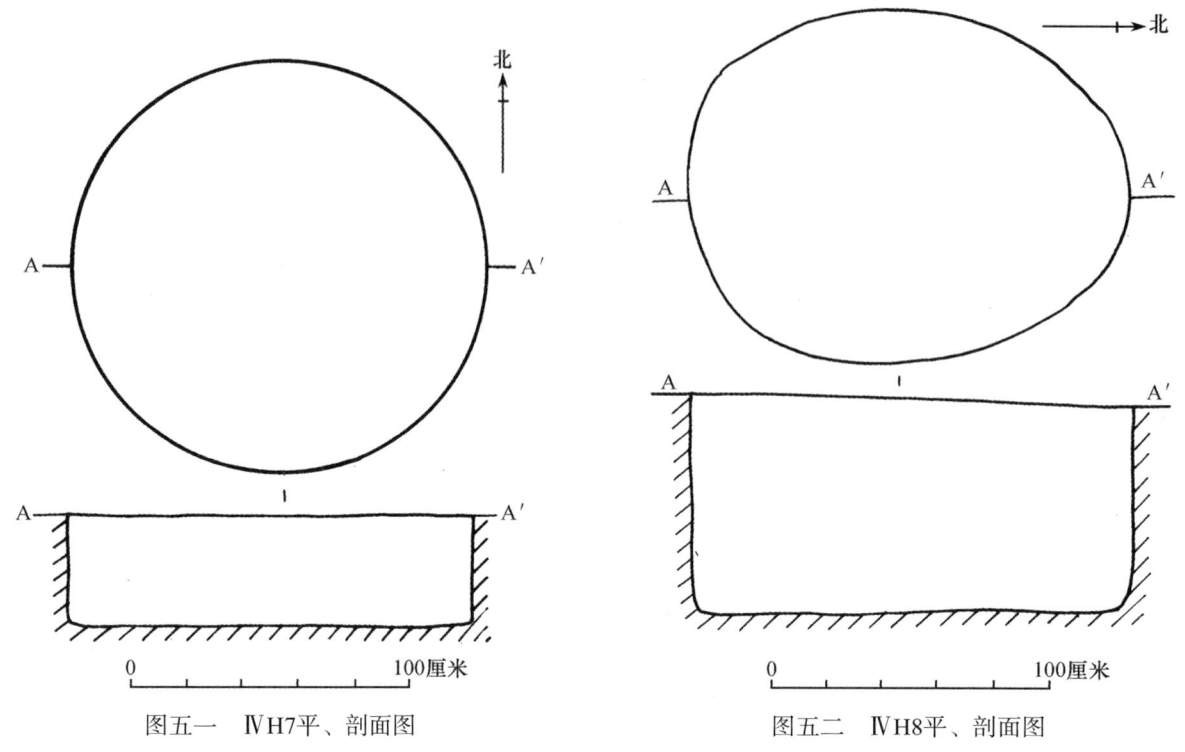

图五一 ⅣH7平、剖面图　　　　图五二 ⅣH8平、剖面图

出土器物有陶壶、盆等。

壶　1件。标本ⅣH8：3，口、腹残片，泥质灰褐陶。敞口，窄沿略外斜，沿面有凹槽一周，方唇，唇面有凹槽一周，束颈，饰细绳纹被抹。口径14.4、残高6厘米（图五三，2）。

盆　1件。标本ⅣH8：1，泥质灰陶。敞口，宽折沿，方唇，斜弧腹，平底。肩饰楔点纹两周，腹饰绳纹，下腹素面刮光。口径30、底径10.5、高18.7厘米（图五三，1）。

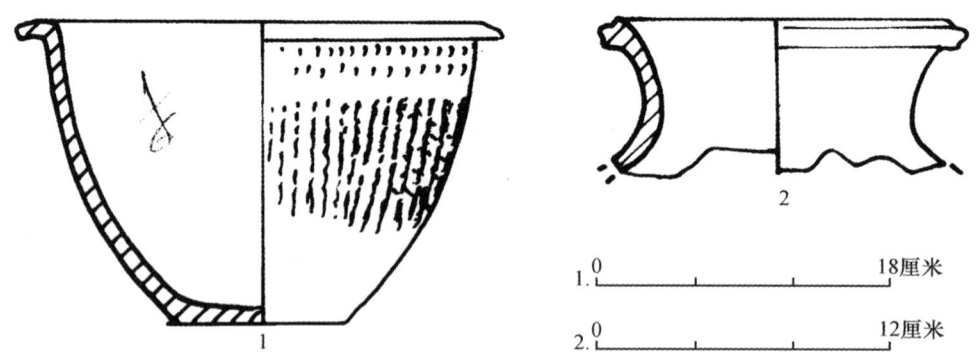

图五三　ⅣH8出土器物
1.陶盆（ⅣH8：1）　2.陶壶（ⅣH8：3）

ⅣH9　位于ⅣT3的东南部，开口于第3层下，距地表深70厘米，被ⅣH3打破，打破生土层。平面呈长方形，直壁，平底。长190、宽130、深47厘米。其内堆积黄褐色花土，土质较硬，含有少量的陶片和动物骨骼等（图五四）。

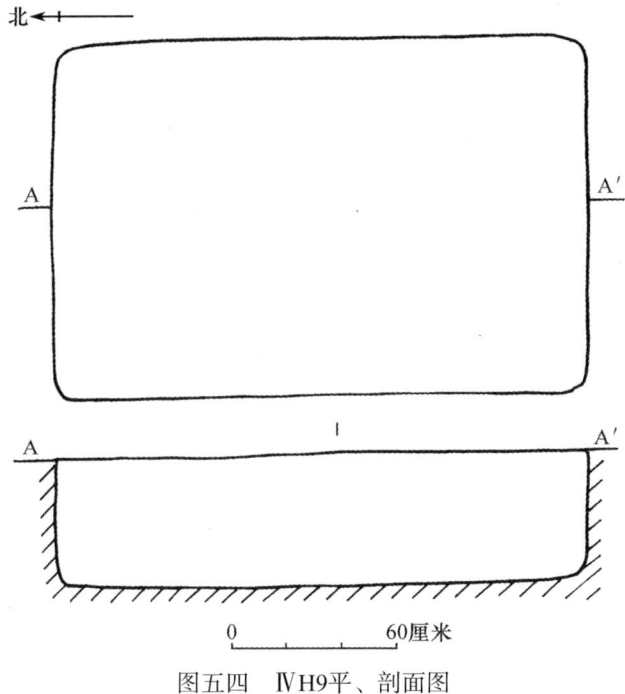

图五四　ⅣH9平、剖面图

ⅣH10　位于ⅣT2的东南部，开口于第3层下，距地表深70厘米，打破生土层。平面呈平行四边形，直壁，平底。坑口长160、宽140、深120厘米。其内堆积黄花土，土质较硬，夹有红泥块，出土少量的陶片和动物骨骼等（图五五）。

出土器物有陶釜、壶、豆、碗等。

釜　2件。标本ⅣH10：5，口、腹残片，夹砂灰褐陶，手制。侈口，方唇，鼓腹。饰粗绳纹，斜饰向右下方斜，印痕较深。口径24.8、残高10厘米（图五六，5）。标本ⅣH10：4，口、腹残片，夹砂灰褐陶。侈口，尖唇。饰粗绳纹。口径29.4、残高8.4厘米（图五六，4）。

壶　1件。标本ⅣH10：3，口、颈残片，泥质灰褐陶。敞口，方唇。素面抹光。口径12.8、残高6厘米（图五六，3）。

豆　1件。标本ⅣH10：2，泥质灰陶。敞口，方唇，深腹，高柄，柄下不中空，喇叭形底座。通体素面抹光。口径14.5、底径9.8、高12.2厘米（图五六，2）。

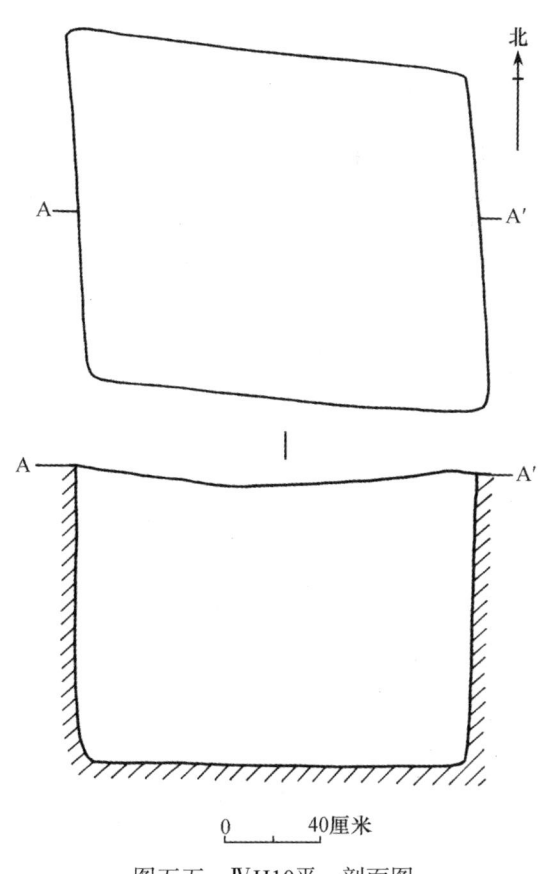

图五五　ⅣH10平、剖面图

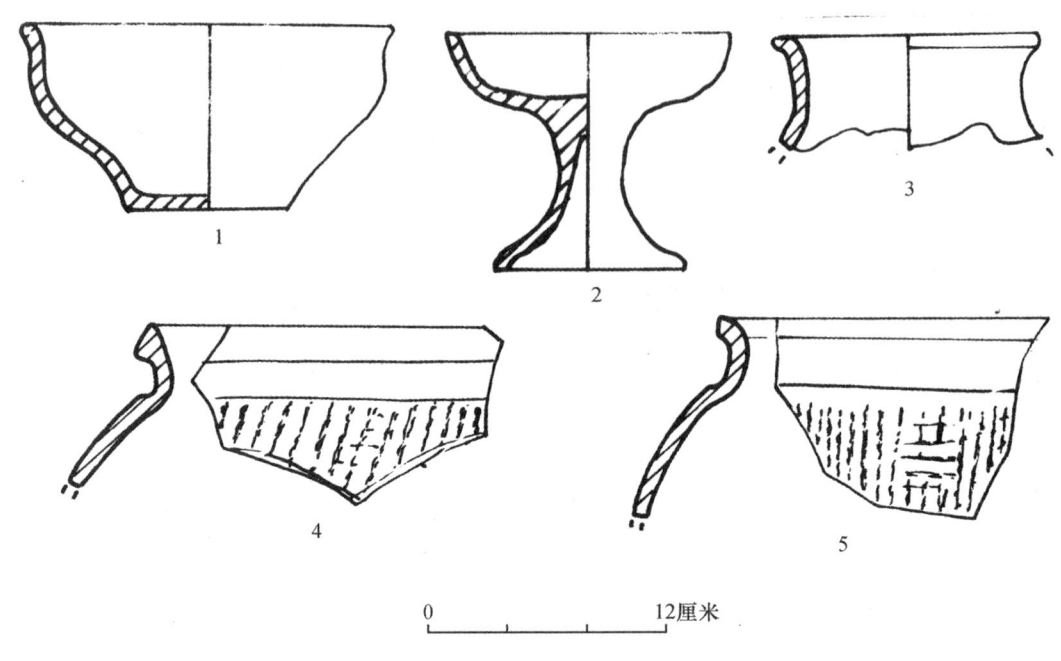

图五六　ⅣH10出土器物

1. 陶碗（ⅣH10∶1）　2. 陶豆（ⅣH10∶2）　3. 陶壶（ⅣH10∶3）　4、5. 陶釜（ⅣH10∶4、ⅣH10∶5）

碗　1件。标本ⅣH10∶1，泥质灰陶。直口略外侈，圆唇，折腹，下腹近底部内凹，平底。通体素面磨光。口径18.5、底径8.5、高9.3厘米（图五六，1）。

ⅣH43　位于ⅣT18的东北部，开口于第2层下，距地表深60厘米，打破第3层及生土层。平面呈不规则形（只清理一部分），坑底局部大于坑口，斜弧壁，平底。坑口清理长150、清理宽125、深140厘米。坑内填灰花土，土质较松软，含有木炭粒、红烧土块、陶器残片和动物骨骼等（图五七）。

ⅣH45　位于ⅣT18的西南部，于第2层下开口，距地表深75厘米，打破第3层及生土层。因只清理一部分平面形状不清，直壁，平底。清理长175、清理宽90、深120厘米。坑内黄灰色花土，土质较松软，含有木炭粒、红烧土块，出土陶钵、少量的陶片和动物骨骼等（图五八）。

钵　1件。标本ⅣH45∶1，泥质灰陶。直口略外侈，方唇，折腹，折角起棱，下腹急收，近底部壁略向内凹，平底。通体素面抹光。口径14、底径6.5、高6.3厘米（图五九）。

ⅣH48　位于ⅣT17的西中部，开口于第1层下，距地表深20厘米，打破ⅣH53及生土层。平面长方形，略呈口大底小，斜直壁，平底。长150、宽125、深134厘米。坑内填灰花土，土质较松软，夹杂草木灰、木炭粒和红烧土块，含有少量的陶片和动物骨骼等（图六〇）。

出土器物有陶盆、钵、拍等。

盆　1件。标本ⅣH48∶1，泥质灰陶。敞口，折沿，尖唇，弧腹，下腹弧收，平底。上腹饰弦断绳纹，下腹素面刮光，留有刮痕。口径44.6、底径17.8、高23.8厘米（图六一，1）。

钵　1件。标本ⅣH48∶2，泥质灰陶。敞口，折唇，深腹，平底内凹。素面抹光。口径23.2、底径9.7、高10.6厘米（图六一，3）。

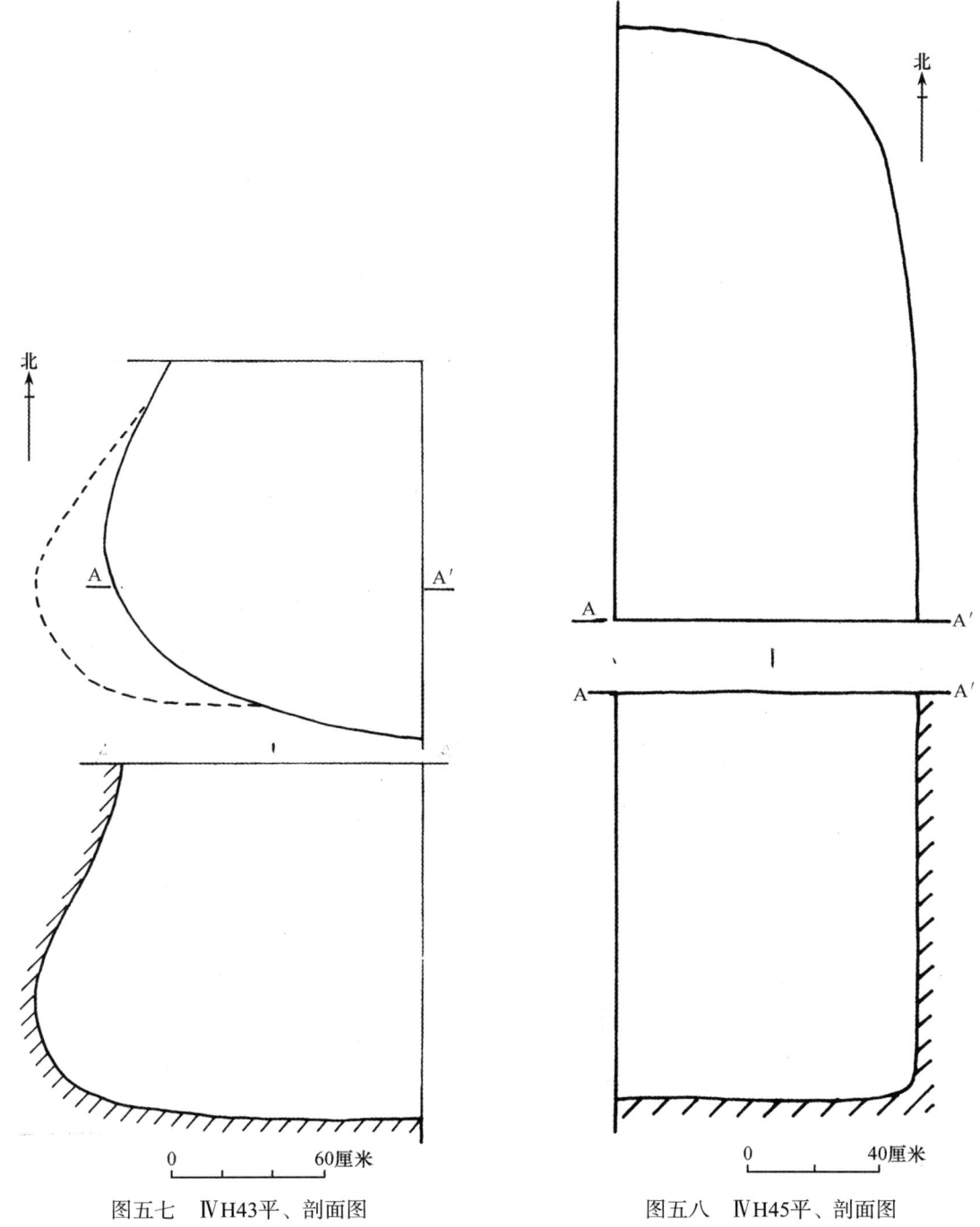

图五七　ⅣH43平、剖面图

图五八　ⅣH45平、剖面图

陶拍　1件。标本ⅣH48：3，拍柄，夹砂灰陶。柱状，剖面呈梯形，顶端弧凸，饰粗绳纹，印痕较浅，烧制火候较高。高11.2厘米（图六一，2）。

ⅣH55　位于ⅣT19的东北部，开口于第3层下，距地表深115厘米，打破生土层。平面呈长方形（只清理一部分），直壁，平底。清理长75、清理宽60、深46厘米。其内堆积黄灰色花土，土质较硬，夹有红泥块，出土少量的陶片和动物骨骼等（图六二）。

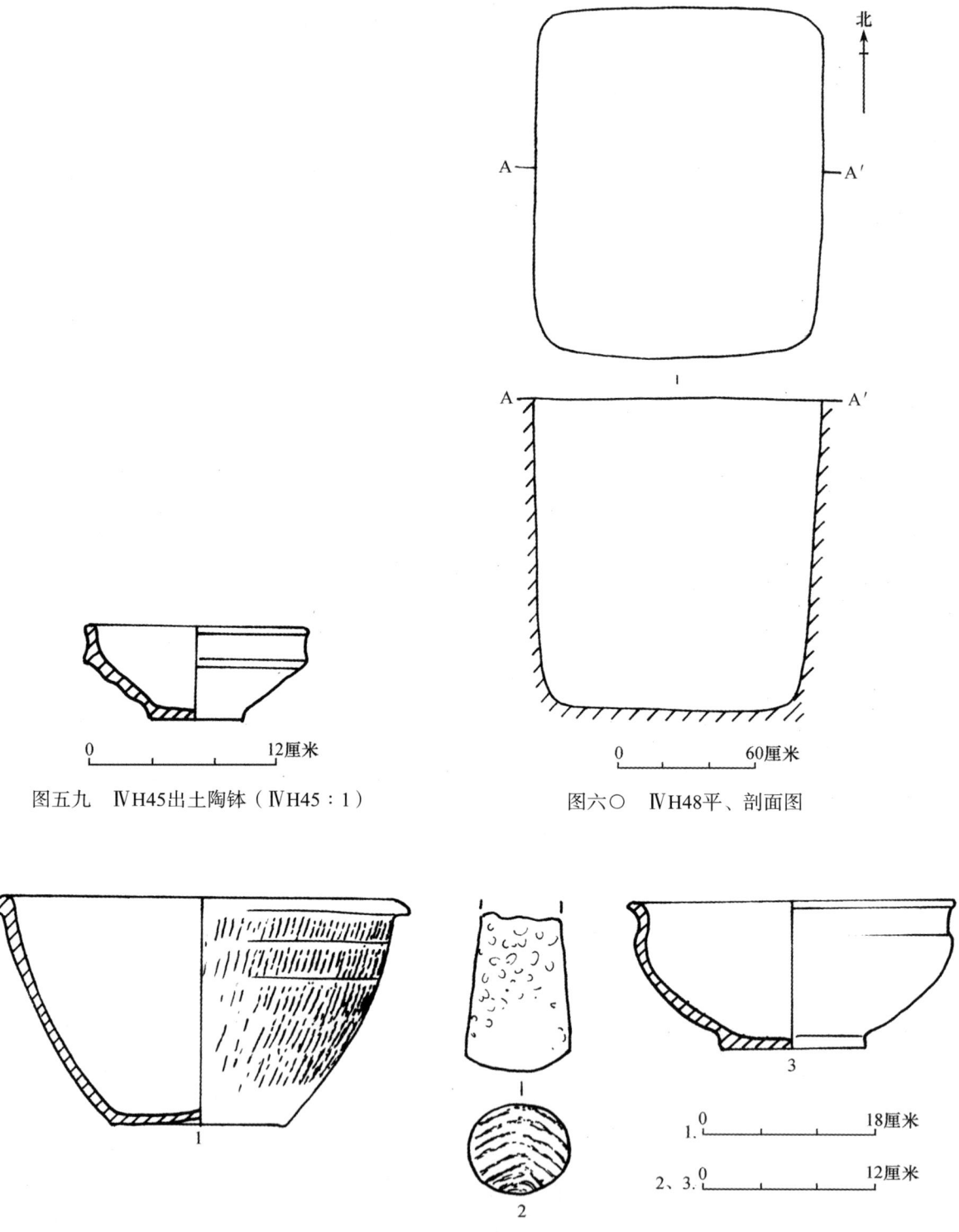

图五九　ⅣH45出土陶钵（ⅣH45：1）

图六〇　ⅣH48平、剖面图

图六一　ⅣH48出土器物
1. 陶盆（ⅣH48：1）　2. 陶拍（ⅣH48：3）　3. 陶钵（ⅣH48：2）

出土器物有陶壶、陶盆、陶轮等。

壶　1件。标本ⅣH55：1，口残，泥质灰褐陶。细颈，圆腹，平底。颈部素面抹光，腹饰弦断绳纹，下腹留有刀削痕迹。底径10.8、残高26.4厘米（图六三，1）。

盆　1件。标本ⅣH55：2，口、腹残片，泥质灰褐陶。直口微敛，尖圆唇，曲腹。上腹素面抹光，下腹留有刀削痕。口径24、残高10厘米（图六三，3）。

陶轮　1件。标本ⅣH55：3，稍残，泥质灰陶，模制。呈覆斗式，柄部中空，一侧较粗一侧较细，素面抹光，缘边留有磨痕，在细柄一侧的肩部对称刻有"十"和"丨"符号。轮径11.4厘米（图六三，2）。

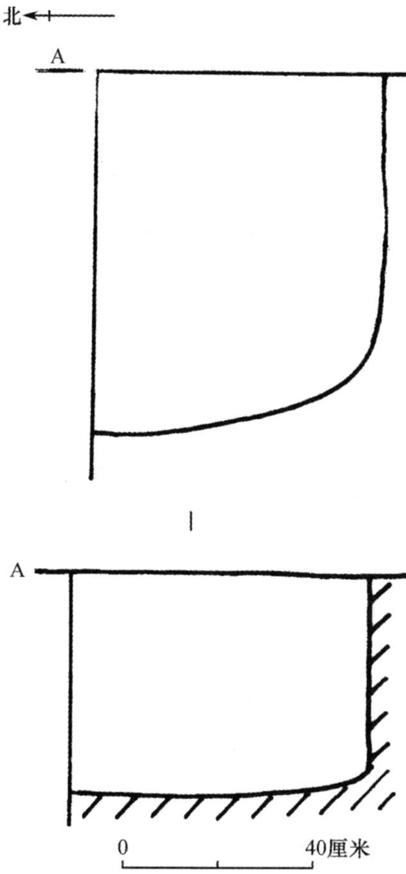

ⅣH59　位于ⅣT21的南中部，开口于第1层下，距地表深20厘米，打破第2层及生土层。平面呈长方形，坑口略大于坑底，斜直壁，留有加工痕迹，平底。坑口长150、宽100、深170厘米。坑内填灰褐色花土，土质较松软，含有少量的草木灰、木炭粒、红烧土块，出土较多的陶片、瓦片及动物骨骼等（图六四）。

出土器物有陶壶、瓶、罐、瓮、钵等。

壶　1件。标本ⅣH59：2，细泥灰褐陶，模制。浅盘口，方唇，束颈，圆肩，鼓腹，下腹近底部壁略向内凹，平底。肩饰弦纹三周，以下素面抹光。口径13、底径13、高30.4厘米（图六五，5）。

图六二　ⅣH55平、剖面图

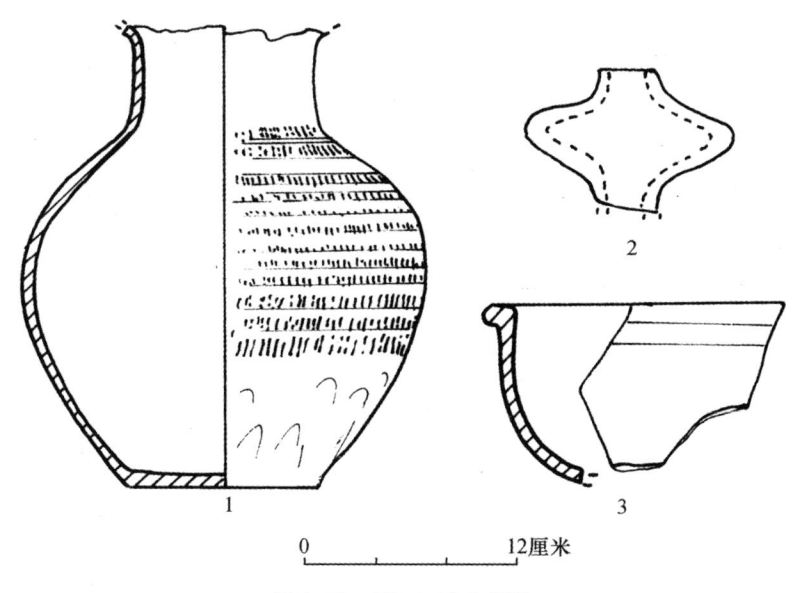

图六三　ⅣH55出土器物
1.陶壶（ⅣH55：1）　2.陶轮（ⅣH55：3）　3.陶盆（ⅣH55：2）

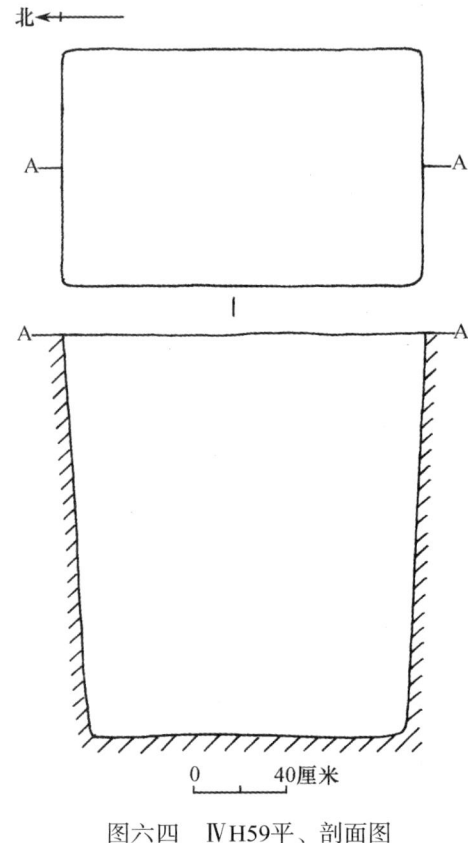

图六四　ⅣH59平、剖面图

瓶　1件。标本ⅣH59：3，细泥灰陶，手制。浅盘口，尖圆唇，细颈，溜肩，弧腹，平底。肩、上腹各饰压印纹一周，以下素面砑光，器表留有纵向的砑光暗纹，内壁口部与器身结合处留有手捏痕迹。口径16、底径14、高53厘米（图六五，1）。

罐　1件。标本ⅣH59：4，口、肩残片，泥质灰陶，模制。浅盘口，尖圆唇。颈部素面抹光，肩部饰几何纹，内壁口部与器身结合处留有手捏痕迹。口径22、残高9.6厘米（图六五，4）。

瓮　1件。标本ⅣH59：8，口、腹残片，泥质灰陶，模制。侈口，厚圆唇，广肩。素面抹光。口径26、残高16.4厘米（图六五，2）。

钵　1件。标本ⅣH59：1，敞口，方唇，折腹，下腹内凹较甚，平底。通体素面磨光。口径8.2、底径4.5、高3.5厘米（图六五，3）。

ⅣH61　位于ⅣT21的西南部，开口于第1层下，距地表深20厘米，打破第2层及生土层。平面呈圆形，坑口略小于坑底，斜直壁，留有加工痕迹，平底。口径166、底

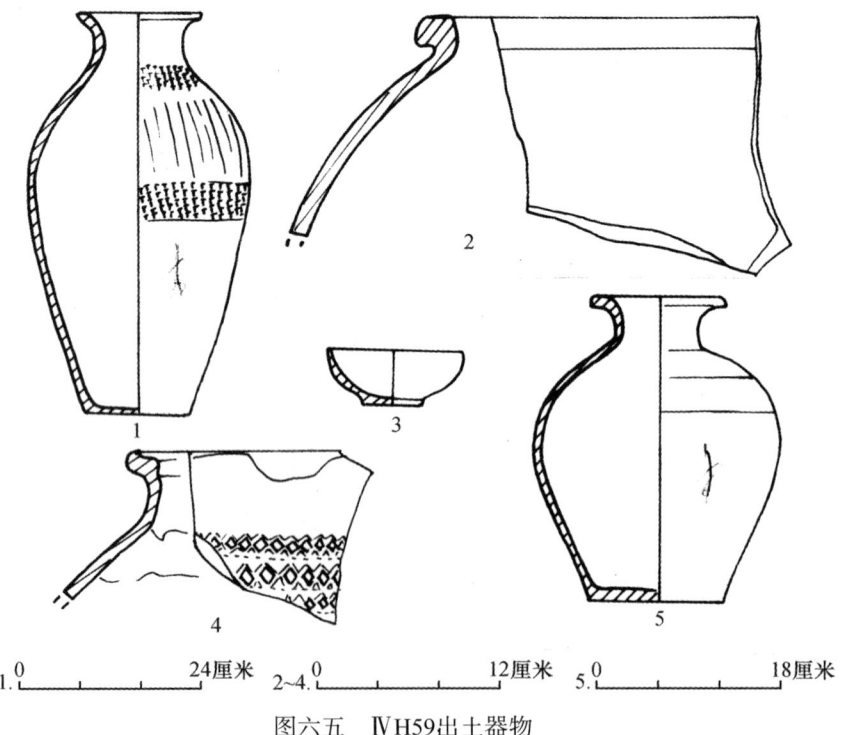

图六五　ⅣH59出土器物

1. 陶瓶（ⅣH59：3）　2. 陶瓮（ⅣH59：8）　3. 陶钵（ⅣH59：1）　4. 陶罐（ⅣH59：4）　5. 陶壶（ⅣH59：2）

径170、深105厘米。坑内填黄褐色花土，土质较硬，含有少量的陶片、瓦片和动物骨骼等，出土器物有陶器座（图六六）。

器座　1件。标本ⅣH61∶1，泥质灰陶。敛口，方唇，平底，剖面呈"凸"字形。通体素面抹光。口径21、底径29.5、高5.5厘米（图六七）。

ⅣH62　位于ⅣT24的南中部，开口于第1层下，距地表深25厘米，打破ⅣG3及生土层。平面呈椭圆形，坑口略大于坑底，斜直壁，平底。长径150、短径140、深115厘米。坑内填灰黑色花土，土质较松软，含有大量的草木灰、木炭粒和红烧土块，出土少量的陶瓦片等（图六八）。

器盖　1件。标本ⅣH62∶1，泥质灰陶。斜折沿，盖面弧凸，顶部饰乳突的盖纽，中部钻孔。孔径1、口径17.8、高9.2厘米（图六九）。

ⅣH63　位于ⅣT23的东南部，开口于第1层下，距地表深20厘米，打破第2层及生土层。平面呈圆形（只清理一部分），斜壁，留有加工痕迹，较整齐，平底。坑口直径清理长130、深85厘米。坑内填灰褐色花土，土质较软，夹有大量草木灰，出土少量的陶片和动物骨骼等（图七〇）。

出土器物有陶壶、盆等。

壶　1件。标本ⅣH63∶5，底部残片，泥质灰陶，手制。下腹斜收，平底。素面抹光，内底留有泥条盘筑痕迹。底径11.4、残高11.2厘米（图七一，1）。

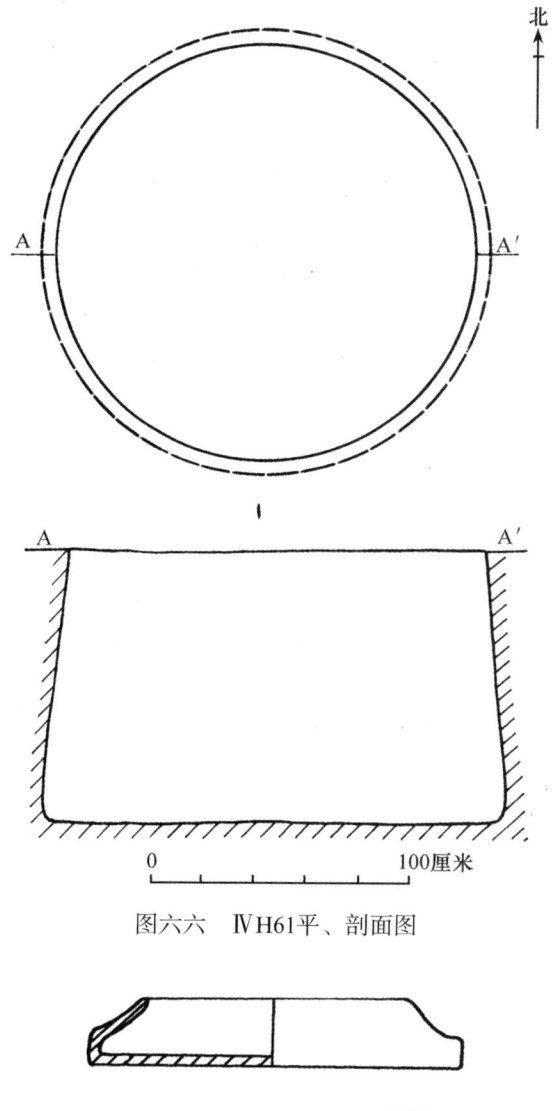

图六六　ⅣH61平、剖面图

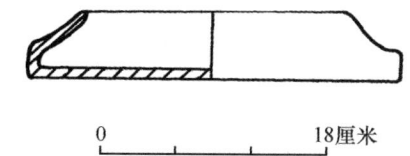

图六七　ⅣH61出土陶器座（ⅣH61∶1）

盆　1件。标本ⅣH63∶7，口、腹残片，泥质灰陶。敞口，方唇，曲腹。素面抹光。口径23、残高5.2厘米（图七一，2）。

ⅣH66　位于ⅣT24的东南部，开口于第2层下，距地表深65厘米，被ⅣG3打破，打破第3层及生土层。平面呈椭圆形，斜壁不甚规整，圜底。坑口长径220、短径130、深110厘米。坑内填灰褐色花土，土质较硬，夹有大量的黑色斑点，含有少量的陶器残片、瓦片和动物骨骼等（图七二）。

ⅣH67　位于ⅣT22的东北部，开口于第1层下，距地表深15厘米，打破第2层及生土层。平面呈长方形，直壁，平底。长150、宽75、深135厘米。坑内填灰褐色花土，土质较松软，含有大量的草木灰、木炭粒、砖块、石块。出土陶钵、少量的陶片等（图七三）。

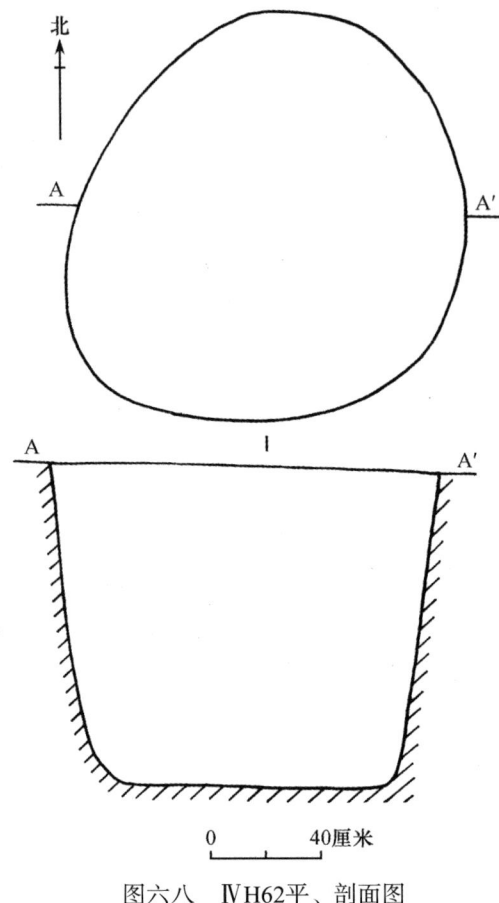

图六八　ⅣH62平、剖面图

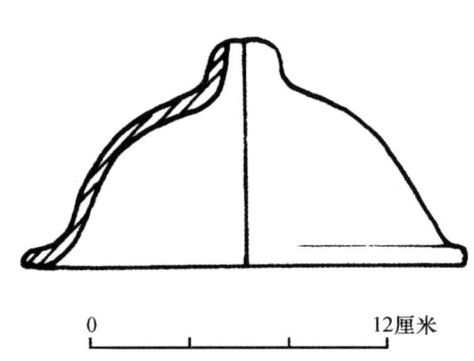

图六九　ⅣH62出土陶器盖（ⅣH62：1）

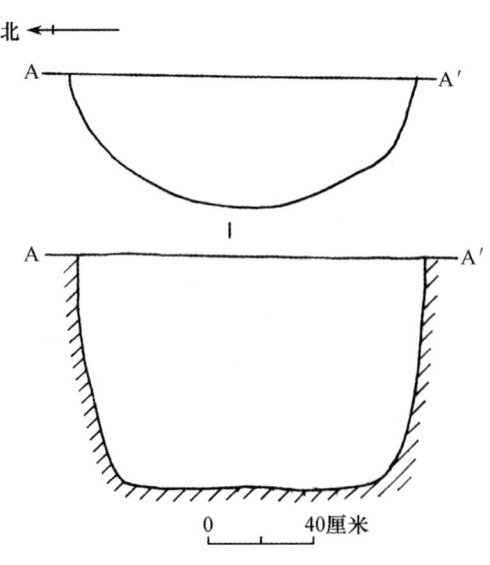

图七〇　ⅣH63平、剖面图

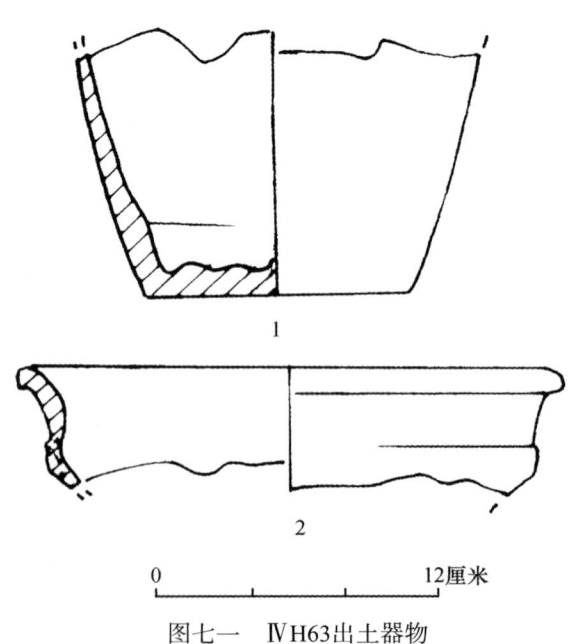

图七一　ⅣH63出土器物
1. 陶壶（ⅣH63：5）　2. 陶盆（ⅣH63：7）

钵　1件。标本ⅣH67∶3，泥质灰陶。敞口，方唇，折腹，折角起棱，下腹急收，近底部壁向内凹，平底。通体素面抹光。口径12.5、底径5.4、高5.4厘米（图七四）。

ⅣH68　位于ⅣT25的东南部，开口于第1层下，距地表深20厘米，打破H72、第2层及第3层。平面呈圆形，直壁较整齐，留有加工痕迹，平底。坑口直径115、深40厘米，坑内填黄褐色花土，土质较硬，内含遗物较少（图七五）。

ⅣH69　位于ⅣT25的西中部，开口于第2层下，距地表深50厘米，打破第3层及生土层。平面呈圆形，直壁，留有加工痕迹，平底。口径120、深70厘米。坑内填黄褐色花土，土质较硬，含有大量的陶器残片和动物骨骼等（图七六）。

出土器物有陶釜、壶、钵等。

釜　1件。标本ⅣH69∶3，口、腹残片，上腹为泥质灰陶，下腹为夹砂灰陶，轮模合制。侈口，尖圆唇，鼓腹。上腹素面抹光，下腹饰纹。口径19、残高17.4厘米（图七七，1）。

壶　1件。标本ⅣH69∶11，口部残片，泥质灰陶。敞口，圆唇，细颈，素面抹光。口径12、残高4厘米（图七七，3）。

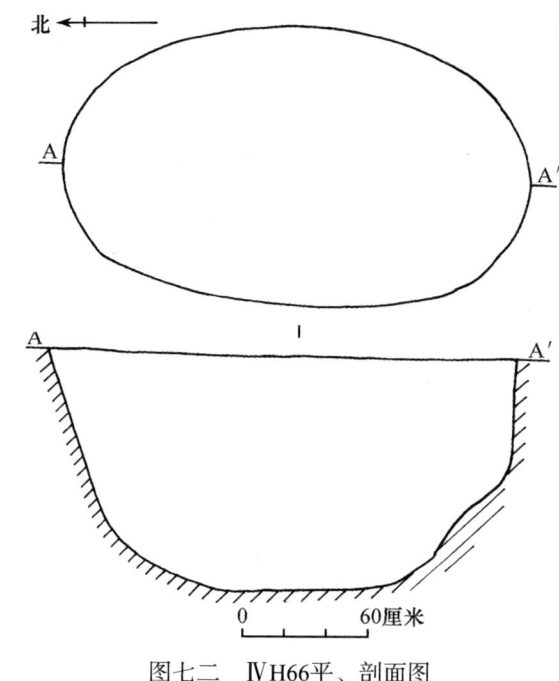

图七二　ⅣH66平、剖面图

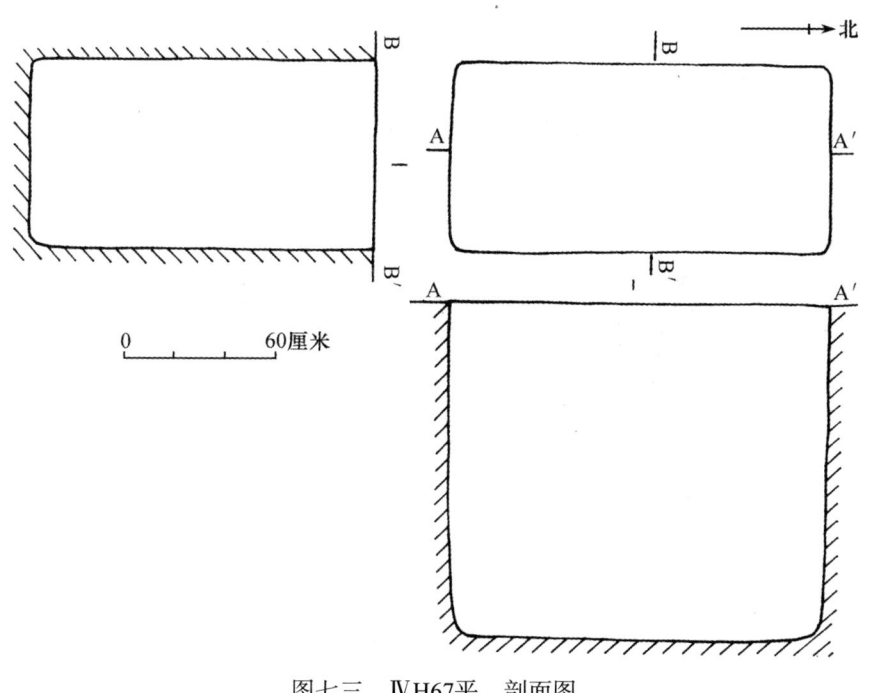

图七三　ⅣH67平、剖面图

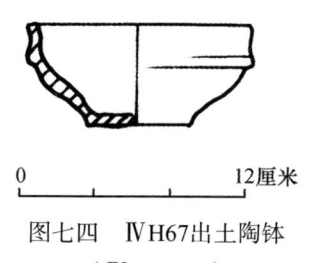

图七四　ⅣH67出土陶钵（ⅣH67∶3）

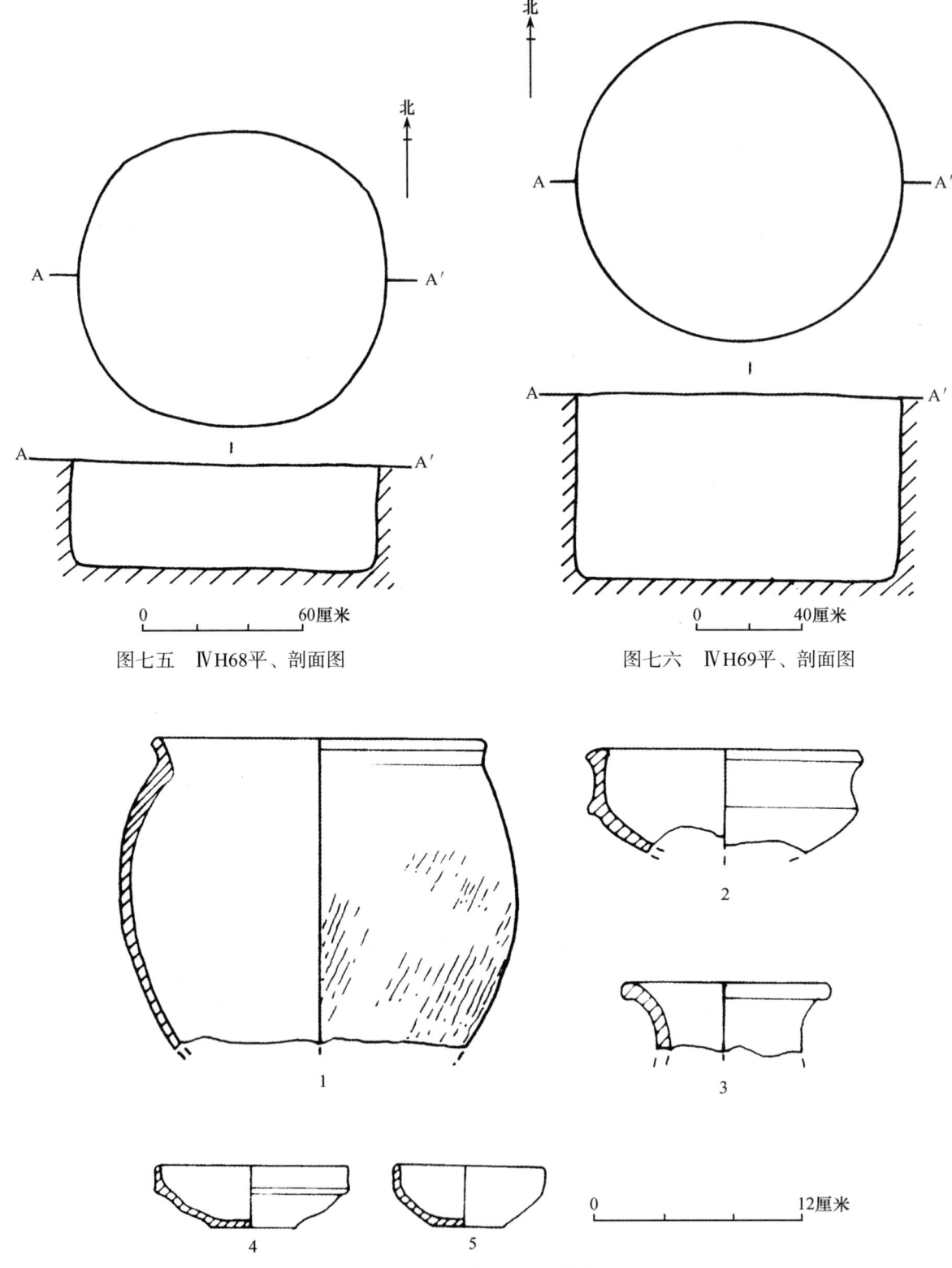

图七五　ⅣH68平、剖面图

图七六　ⅣH69平、剖面图

图七七　ⅣH69出土器物

1. 陶釜（ⅣH69∶3）　2、4、5. 陶钵（ⅣH69∶9、ⅣH69∶2、ⅣH69∶1）　3. 陶壶（ⅣH69∶11）

钵　3件。标本ⅣH69：1，泥质灰陶。敛口，尖圆唇，折腹，折角起棱，下腹近底部壁内凹，平底。通体素面抹光。口径10.9、底径5、高3.8厘米（图七七，5）。标本ⅣH69：9，口、腹残片，泥质灰陶。直口微敛，厚圆唇，折腹，下腹弧收。素面抹光。口径16、残高6厘米（图七七，2）。标本ⅣH69：2，泥质灰陶。直口，圆唇，折腹，平底。通体素面抹光。口径8.5、底径4.3、高3.8厘米（图七七，4）。

ⅣH72　位于ⅣT25的东南部，开口于第1层下，距地表深20厘米，被ⅣH68打破，打破H73及生土层。平面呈长方形（只清理一部分），直壁，留有加工痕迹，较为整齐，平底。清理长150、宽90、深90厘米。坑内填灰褐色花土，土质较硬，含有大量的木炭粒、草木灰及动物骨骼，出土陶瓶、少量的陶片等（图七八）。

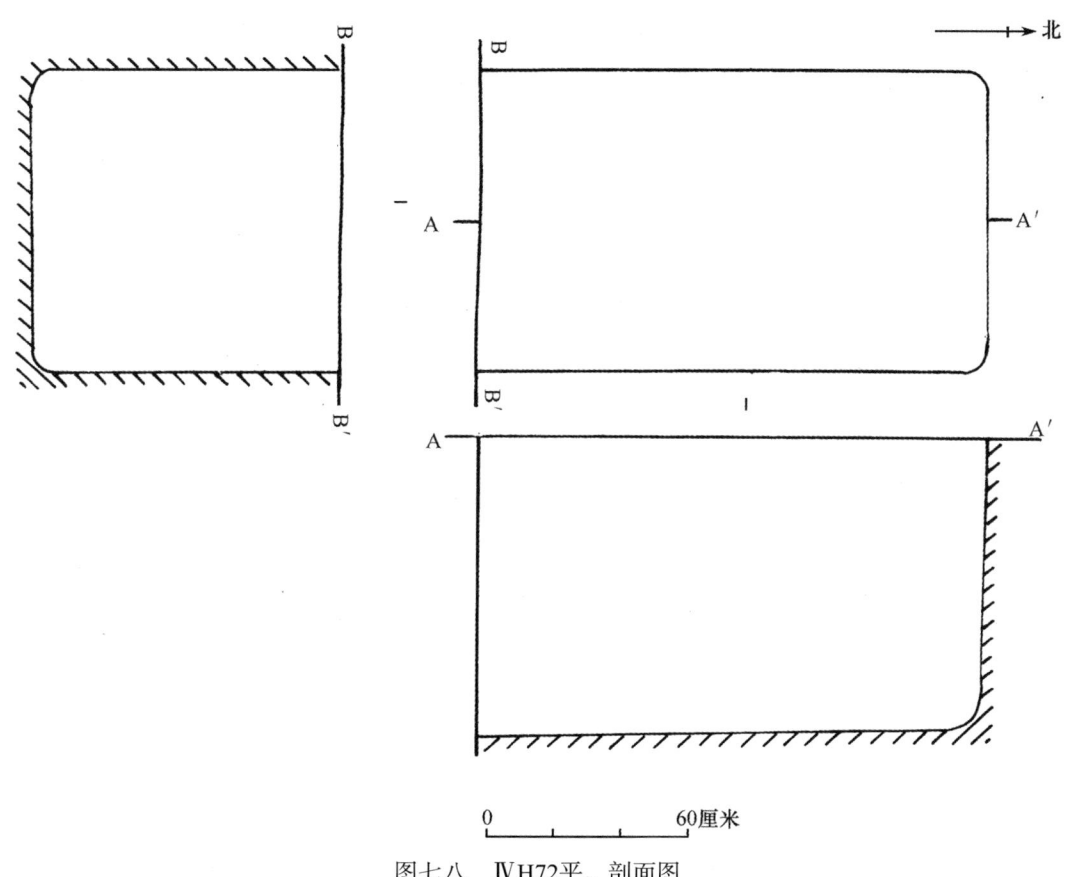

图七八　ⅣH72平、剖面图

瓶　1件。标本ⅣH72：1，细泥灰陶，手制。浅盘口，尖圆唇，细颈，溜肩，腹弧鼓，平底。肩饰压印纹两周，通体素面研光，器表留有纵向研光暗纹若隐若现，内壁口部与器身结合处留有手捏痕迹。口径13.5、底径10.6、高47厘米（图七九）。

ⅣH73　位于ⅣT25东南部、ⅣT26西南部，开口于第2层下，距地表深65厘米，被ⅣH72打破，打破第3层及生土层。平面呈方形，直壁，留有铲类加工的痕迹，平底。坑口边长170、深60厘米。坑内填灰褐色花土，土质较松软，含有木炭粒、草泥块、砂粒，出土少量的陶片和动

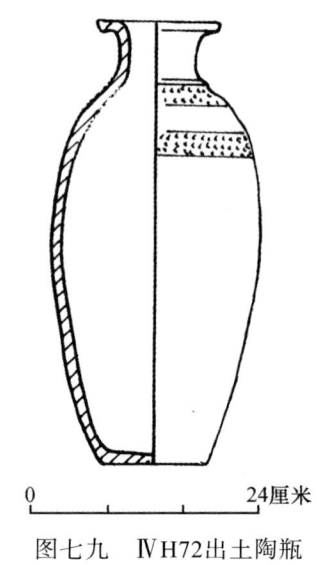

图七九　ⅣH72出土陶瓶（H72∶1）

物骨骸等（图八〇）。

2）壕沟

2条。为不规则长条形，沟口大于沟底，沟壁亦不甚规整。

ⅣG1　位于ⅣT1的中部，开口于第1层下，距地表深20厘米，打破第2层、ⅣH1及生土层。平面呈不规则长条形（只清理一部分），南北向，沟口大于沟底，斜弧壁，平底。沟口清理长570、口宽140～230、底宽75～130、深130厘米。沟内填灰黑色花土，土质较硬，含有大量的草木灰、木炭粒、红烧土块，出土较多的陶片和动物骨骸等（图八一）。

出土器物有陶鬲、釜、盆、钵、豆、瓮，石器等。

陶鬲足　1件。标本ⅣG1∶26，夹砂灰陶。矮足，器表饰绳纹。残高6.4厘米（图八二，9）。

陶釜　3件。标本ⅣG1∶14，口、腹残片，泥质红陶，模制。侈口，方唇，矮领，饰纵向绳纹。口径30、残高8厘米（图八二，5）。标本ⅣG1∶20，口、腹残片，泥质灰陶，模制。口径28.4、残高8.2厘米（图八二，1）。标本ⅣG1∶19，口、腹残

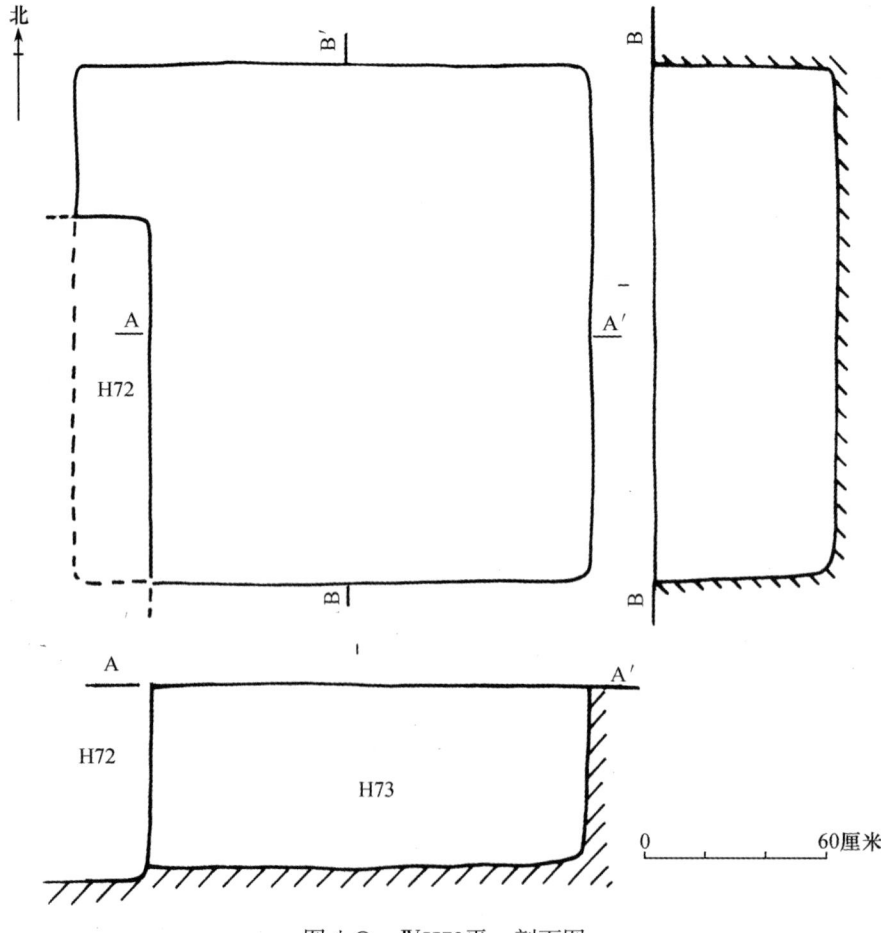

图八〇　ⅣH73平、剖面图

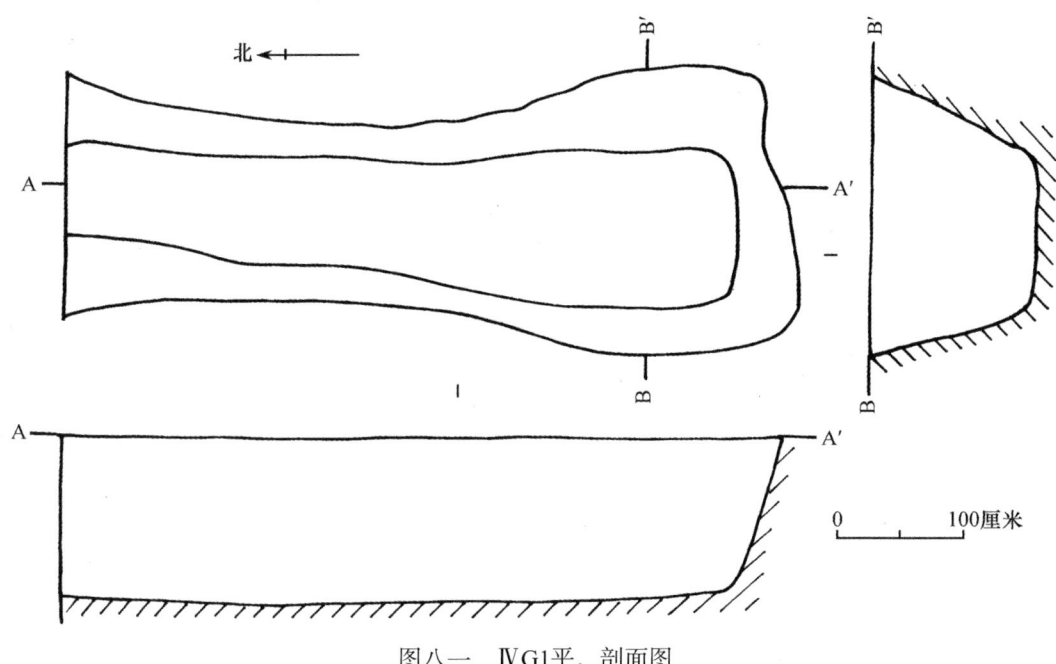

图八一　ⅣG1平、剖面图

片，泥质红陶，模制。侈口，方唇，矮领，饰纵向绳纹。口径26、残高6厘米（图八二，3）。

陶盆　6件。标本ⅣG1∶3，泥质灰陶。直口微敛，宽平沿略外斜，方唇，直腹，下腹弧收，近底部壁略向内凹，平底。上腹饰绳纹，下腹素面刮光，留有刮痕，内壁饰研光暗纹。口径34.6、底径14、高18.7厘米（图八三，1）。标本ⅣG1∶10，口、腹残片，泥质灰陶。敛口，宽平沿，沿面弧凸，方唇，弧腹。饰弦纹与绳纹。口径44、残高9.2厘米（图八二，7）。标本ⅣG1∶9，口径46、残高7.6厘米（图八二，2）。标本ⅣG1∶2，泥质灰陶。敛口，宽折沿，方唇，弧腹，下腹弧收，平底。上腹饰弦纹，腹饰绳纹，下腹素面刮光，留有刮痕。口径49、底径16.6、高26.8厘米（图八三，5）。标本ⅣG1∶4，口径20.5、底径8.2、高10厘米（图八三，2）。标本ⅣG1∶23，口、腹残片，泥质灰褐陶。敛口，方唇，唇面有凹槽一周，弧腹。口外饰纵向绳纹，局部被抹，下腹留有刀削痕。口径18、残高10.8厘米（图八二，8）。

陶钵　6件。标本ⅣG1∶24，口、腹残片，泥质灰陶。直口，微敛，圆唇，弧腹，上腹饰凹弦纹三周。下腹素面抹光。口径14.4、残高4.8厘米（图八三，3）。标本ⅣG1∶6，泥质灰陶。直口微敛，方唇，折腹，下腹内凹，平底。通体素面抹光。口径14.6、底径6.5、高6.8厘米（图八三，8）。标本ⅣG1∶1，泥质灰陶。敞口，厚圆唇，弧腹，平底。通体素面磨光。口径14.3、底径7、高6.8厘米（图八三，7）。标本ⅣG1∶25，口、腹残片，泥质灰陶。直口，窄平沿，方唇，深腹。上腹饰凹弦纹一周。口径20、残高8.8厘米（图八三，11）。标本ⅣG1∶7，泥质灰陶。直口，平底，方唇，腹微鼓，下腹急收，近底部壁内凹，平底。通体素面磨光。口径13.8、底径5.5、高6厘米（图八三，4）。标本ⅣG1∶5，泥质灰陶。直口，窄平沿，方唇，腹微鼓，下腹急收，近底部壁内凹，平底略内凹，刻划"∨"一处。通体素面抹光。口径19.5、底径7、高9.7厘米（图八三，9）。

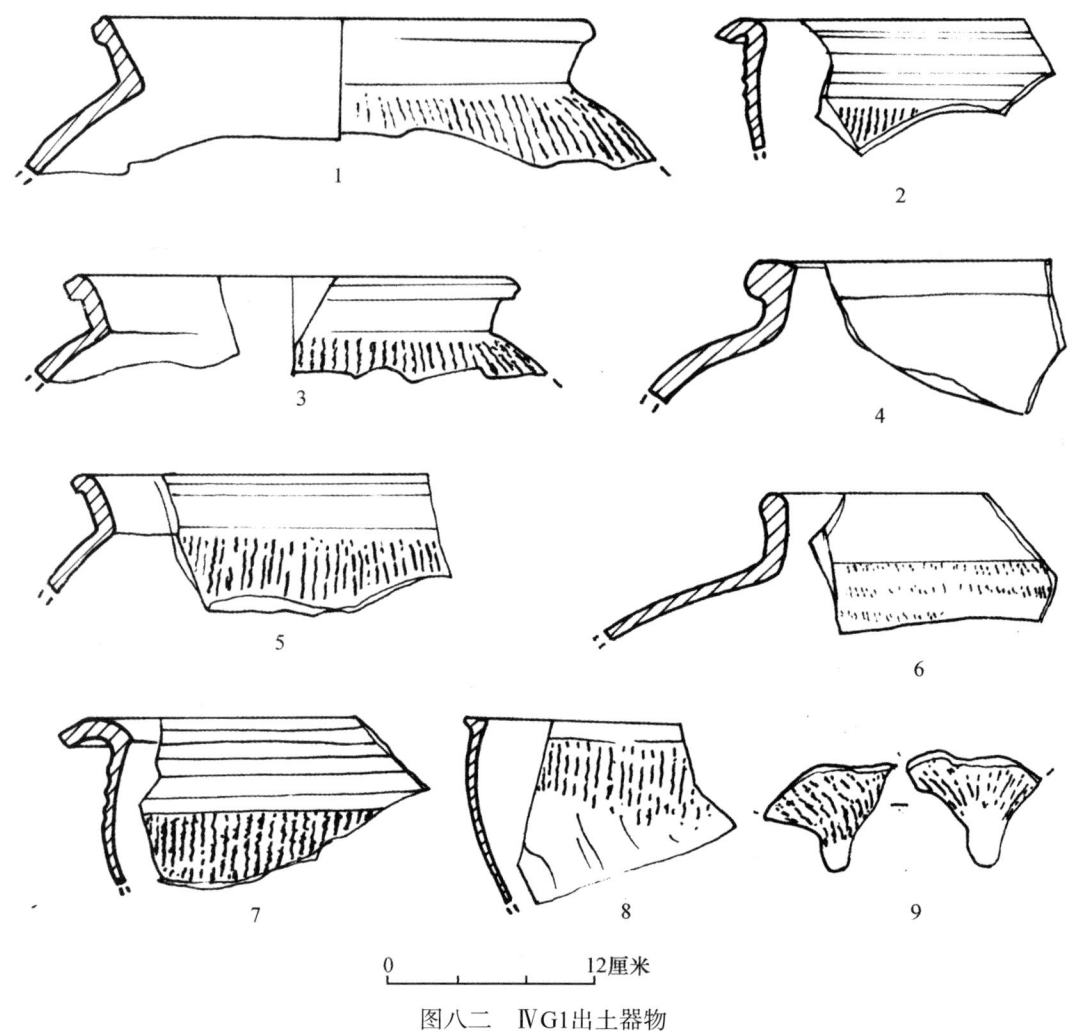

图八二　ⅣG1出土器物

1、3、5.陶釜（ⅣG1：20、ⅣG1：19、ⅣG1：14）　2、7、8.陶盆（ⅣG1：9、ⅣG1：10、ⅣG1：23）
4、6.陶瓮（ⅣG1：21、ⅣG1：22）　9.陶鬲足（ⅣG1：26）

陶豆　1件。标本ⅣG1：8，泥质灰陶。敞口，尖唇，折腹，高柄，柄下部中空，喇叭形底座。器表素面抹光，内壁饰暗弦纹，底部刻划"✕"纹。口径13.8、底径7.8、高11.9厘米（图八三，10）。

陶瓮　2件。标本ⅣG1：22，口、肩残片，泥质灰陶。直口，微敛，方唇，内缘留有刀削痕迹，直领，广肩。饰细绳（线）纹，印痕较浅，局部被抹，形体厚重。口径22.8、残高8.2厘米（图八二，6）。标本ⅣG1：21，口、肩残片，泥质灰陶。敛口，厚圆唇，广肩。素面抹光，形体厚重。口径24、残高8.4厘米（图八二，4）。

石器　1件。标本ⅣG1：27，稍残。沉积岩。呈长方形，背面隆起，中部和一侧面有凹槽，长10.8、宽5、厚3.2厘米（图八三，6）。

ⅣG3　位于ⅣT23、ⅣT24、ⅣT26的中部，开口于第1层下，距地表深20厘米，打破ⅣJ2、ⅣH65、ⅣH66、ⅣW17、ⅣM6、ⅣM7、第2层及生土层。平面呈不规则长条形（只清理一部

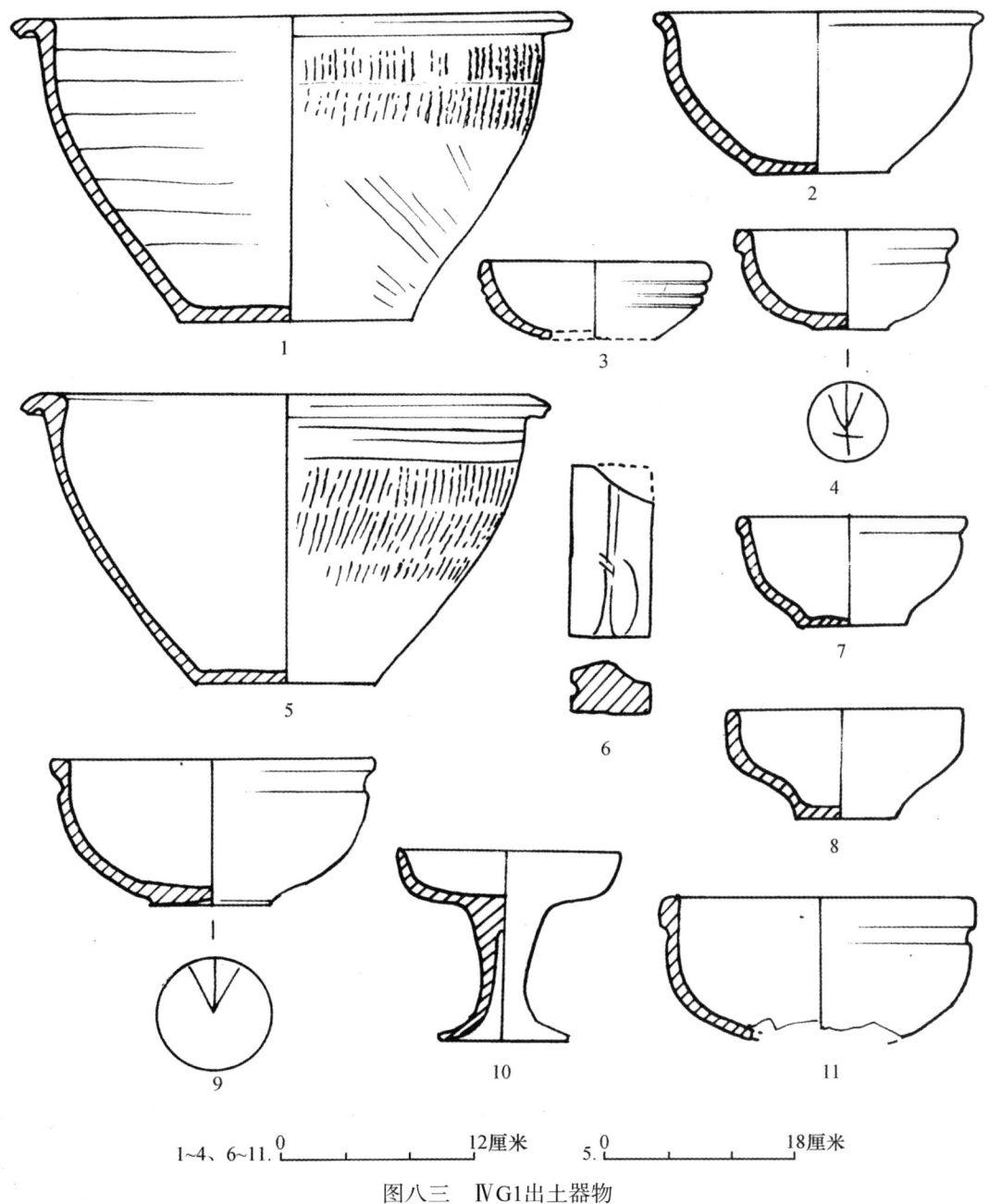

图八三　ⅣG1出土器物

1、2、5.陶盆（ⅣG1：3、ⅣG1：4、ⅣG1：2）　3、4、7~9、11.陶钵（ⅣG1：24、ⅣG1：7、ⅣG1：1、ⅣG1：6、ⅣG1：5、ⅣG1：25）　6.石器（ⅣG1：27）　10.陶豆（ⅣG1：8）

分），南北向，沟口大于沟底，斜弧壁，圜底。清理长1500、宽220~400、深130~150厘米。沟内填黄灰色花土，土质较松软，含有大量的砂粒、草木灰、木炭粒、红烧土块，出土较多的陶片和动物骨骼等（图八四）。

出土器物有陶釜、壶、盆、瓮、豆等。

釜　1件。标本ⅣG3：13，口、腹残片，肩部为泥质灰陶，肩以下为夹砂灰陶。轮模合制。侈口，尖圆唇，鼓腹。肩部素面磨光，上腹饰弦断绳纹，被抹，下腹饰交错叉绳纹。口径22、残高18厘米（图八五，1）。

壶 1件。标本ⅣG3：10，口、颈残片，口、肩部，为泥质灰陶。敞口，圆唇，细颈，素面抹光。口径12、残高6.2厘米（图八五，4）。

盆 1件。标本ⅣG3：1，口、腹残片，泥质灰陶。微敛口，宽沿外斜，方唇，弧壁。饰弦纹与弦断绳纹。口径26.4、残高8.4厘米（图八五，2）。

瓮 1件。标本ⅣG3：34，口、肩残片，泥质灰陶，模制。侈口，方唇，广肩。饰细绳纹，被抹平，形体厚重。口径30、残高9.8厘米（图八五，6）。

豆 2件。标本ⅣG3：17，泥质灰陶。敞口，圆唇，浅盘，折腹，底座残。外表素面抹光，内壁饰环形暗弦纹，底部刻划"×"。口径16、残高5.2厘米（图八五，7）。标本ⅣG3：16，泥质灰陶。敞口，圆唇，浅盘，折腹，高柄，底座残。素面抹光。口径11.6、残高8厘米（图八五，3）。

豆柄 1件。标本ⅣG3：15，泥质灰陶。高柄，中空，喇叭形底座。素面抹光。底径5.6、残高8厘米（图八五，5）。

3）水井

2眼。为圆形筒状，有脚窝。

ⅣJ1 位于ⅣT22的南中部，开口于第2层下，距地表深45厘米，打破第3层、ⅣW28及生土层。平面呈圆形，壁斜直，未清理到底。直径100、清理深680厘米。从井口向下630厘米处为水涮层，井壁逐渐扩大。从井口向下70厘米处发现有脚窝，共发现3个，间距90厘米，脚窝宽15~20、高10、深15厘米。井内填黄灰色花土，土质较松软，含有黑泥块、草木灰、木炭粒、小石块，出土陶盆、少量的陶片和动物骨骼等（图八六）。

盆 1件。标本ⅣJ1：1，口、腹残片，泥质褐陶，模制。微敛口，宽平沿，方唇，弧壁。外壁饰弦断细绳纹，内壁饰麻点纹，局部被抹。口径40、残高10厘米（图八七）。

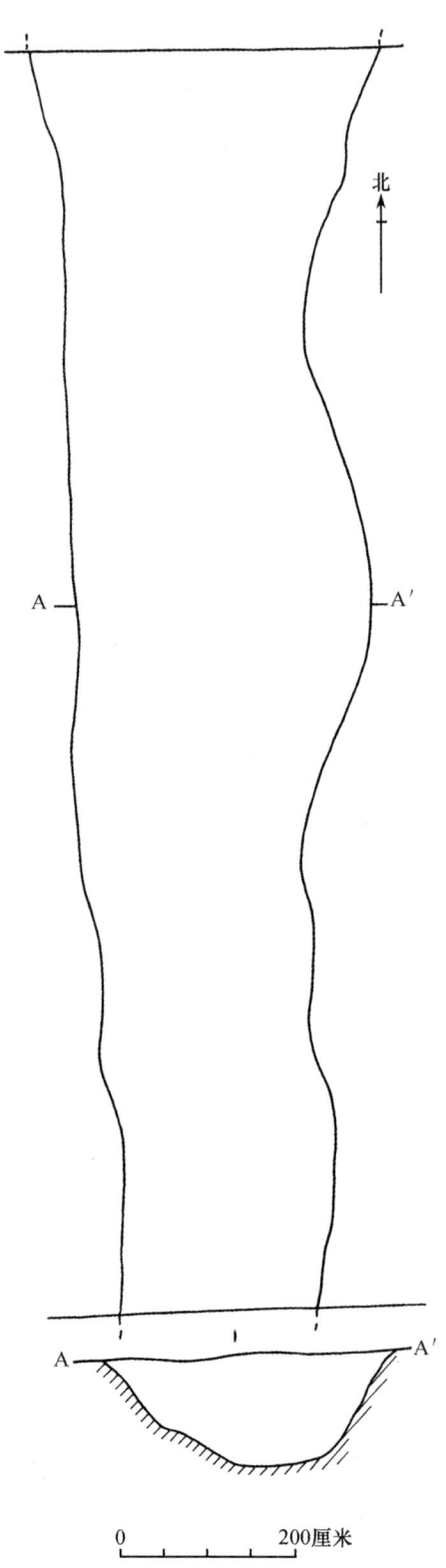

图八四 ⅣG3平、剖面图

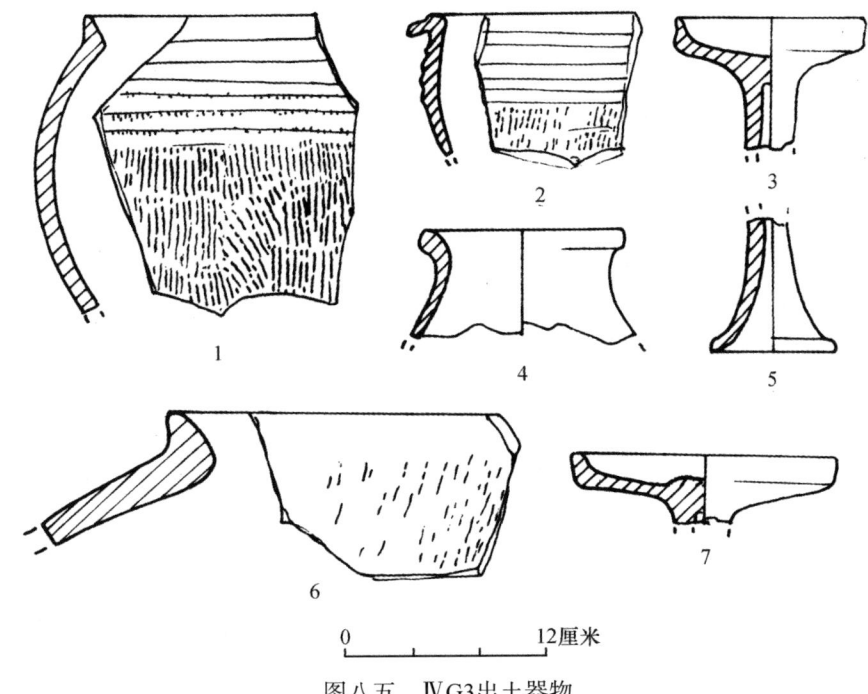

图八五　ⅣG3出土器物
1. 陶釜（ⅣG3：13）　2. 陶盆（ⅣG3：1）　3、7. 陶豆（ⅣG3：16、ⅣG3：17）
4. 陶壶（ⅣG3：10）　5. 陶豆柄（ⅣG3：15）　6. 陶瓮（ⅣG3：34）

ⅣJ2　位于ⅣT24的西中部，开口于第1层下，距地表深20厘米，被ⅣG3打破，打破第2层及生土层。平面呈圆形，井口略大于井底，斜直壁，未清理到底。直径130、清理深700厘米。从井口向下80厘米处设有脚窝，在井壁两侧交错分布，间距50厘米左右，脚窝宽20、高15、深15厘米。从井口向下200厘米以下井壁已塌陷。井内填黄灰色花土，土质较松软，含有大量的草木灰、木炭粒、石块，出土少量的陶片和动物骨骼等（图八八）。

出土器物有陶釜、罐等。

釜　1件。标本ⅣJ2：6，口、肩残片，泥质灰陶，模制。侈口，折唇，束颈，鼓腹。饰纵向绳纹。口径24、残高8.8厘米（图八九，3）。

罐　3件。标本ⅣJ2：5，口、肩残片，泥质灰陶。直口微敛，叠唇，折肩。素面抹光。口径25、残高5.6厘米（图八九，2）。标本ⅣJ2：4，口、肩残片，泥质灰褐陶。直口，厚圆唇，广肩。素面磨光，肩部刻划"∧"。口径24、残高6厘米（图八九，4）。标本ⅣJ2：2，口、肩残片，泥质灰褐陶，模制。直口略外侈，方唇，直领，广肩。饰抹断绳纹，内壁饰坑点纹，局部被抹。肩部刻划"吾三月六日之光"七字。口径28、残高14.2厘米（图八九，1）。

4）墓葬

7座。均为竖穴土坑墓，墓坑较浅，单人墓，无葬具和随葬遗物，葬式有仰身直肢、仰身屈肢、侧身屈肢。

ⅣM1　位于ⅣT3的东北部，开口于第1层下，距地表深20厘米，打破第2层。竖穴土坑墓，

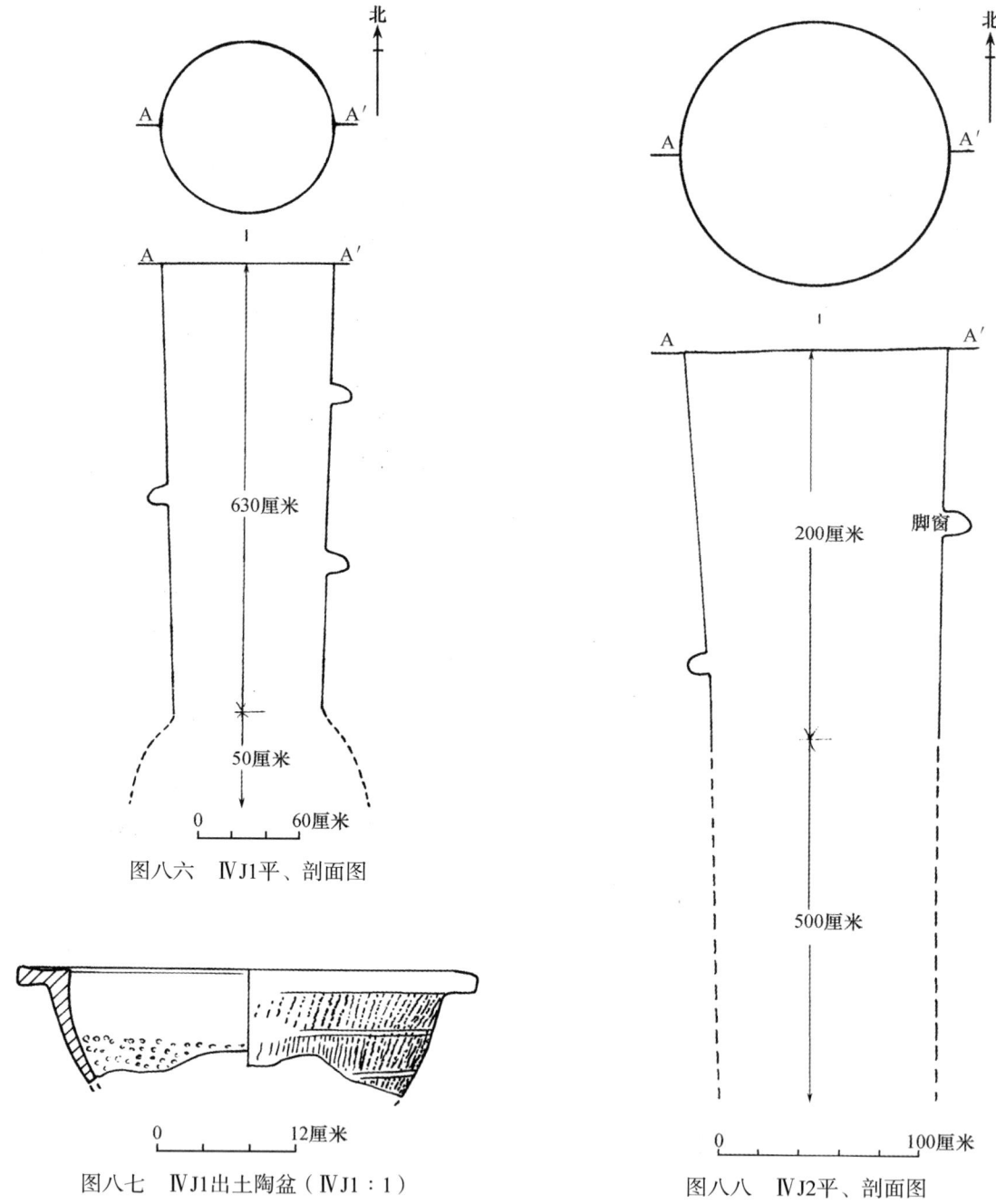

图八六　ⅣJ1平、剖面图

图八七　ⅣJ1出土陶盆（ⅣJ1∶1）

图八八　ⅣJ2平、剖面图

方向270°。平面呈长方形，直壁，平底。墓口长180、宽60、深20厘米。无葬具，单人，仰身直肢葬，头向西，面向上，尸骨保存较差。内填灰褐色土，土质较硬，无遗物（图九〇）。

ⅣM2　位于ⅣT3的东北部，开口于第2层下，距地表深50厘米，打破第3层及生土层。竖穴土坑墓，方向357°。平面呈长方形，直壁，平底。墓口长200、宽64、深18厘米。无葬具，单人，仰身直肢葬，头向北，面向西，为一成年男性，尸骨保存较好。内填灰褐色花土，土质较硬。无遗物（图九一）。

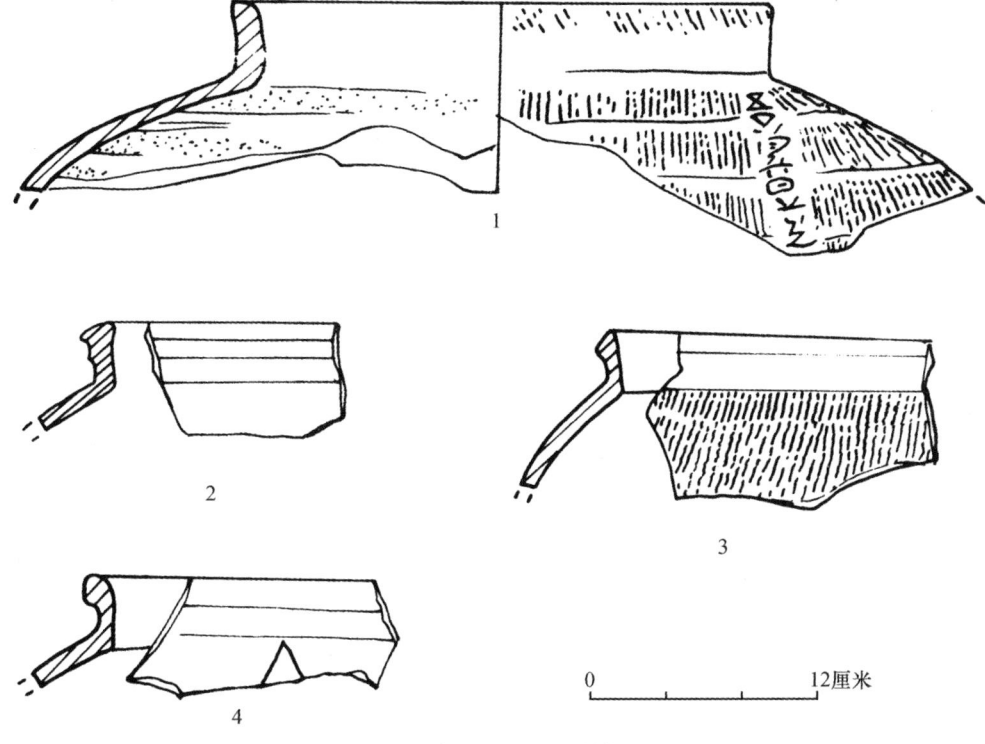

图八九　ⅣJ2出土器物
1、2、4.陶罐（ⅣJ2∶2、ⅣJ2∶5、ⅣJ2∶4）　3.陶釜（ⅣJ2∶6）

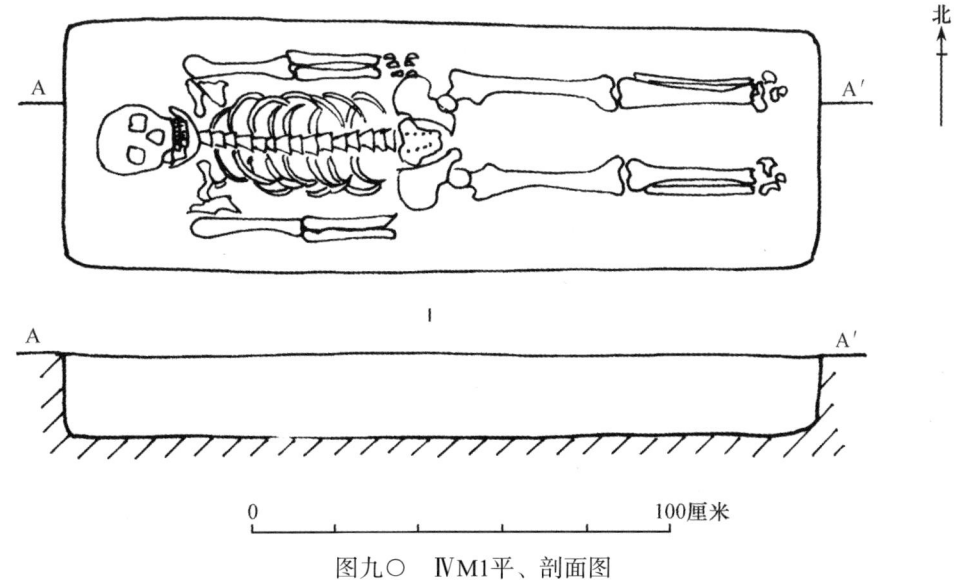

图九〇　ⅣM1平、剖面图

ⅣM3　位于ⅣT22的中部，开口于第3层下，距地表深90厘米，被ⅣW18打破，打破生土层。竖穴土坑墓，方向110°。平面呈长方形，直壁，平底。墓口长100、宽40、深30厘米。无葬具，单人，仰身直肢葬，头向东南，面向上，为一小孩，尸骨保存较差。内填黑花土，土质较松软，含有少量的陶器残片等（图九二）。

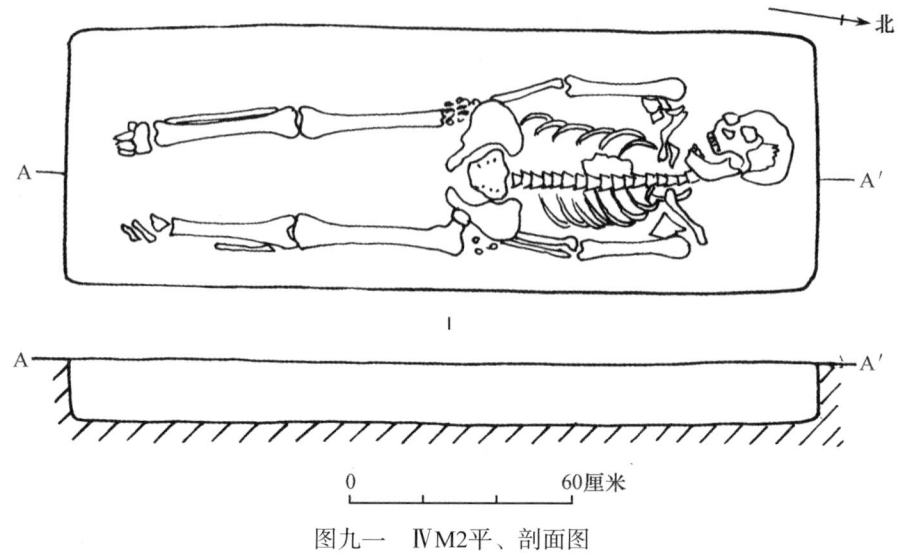

图九一　ⅣM2平、剖面图

ⅣM4　位于ⅣT21北中部，开口于第3层下，距地表深90厘米，被ⅣW20打破，打破生土层。竖穴土坑墓，方向6°。平面呈长方形，直壁，平底。墓口长70、宽40、深30厘米。无葬具，单人，仰身屈肢葬，头向北，已压碎，为一小孩，尸骨保存较差。内填土为黑花土，土质较松软，含有少量的陶器残片等（图九三）。

ⅣM5　位于ⅣT22的东南部，开口于第3层下，距地表深90厘米，被ⅣW29打破，打破生土层。竖穴土坑墓，方向0°。平面呈长方形，直壁，平底。墓口长50、宽30、深30厘米。无葬具，单人，仰身直肢葬，头向西，已压碎，为一小孩，尸骨已朽。内填黑花土，土质较松软，含有少量的陶器残片等（图九四）。

ⅣM6　位于ⅣT26的西南部，开口于第3层下，距地表深85厘米，被ⅣG3打破，打破ⅣM7及生土层。竖穴土坑墓，方向0°。平面呈长方形（南半部未清理），直壁，平底。清理长

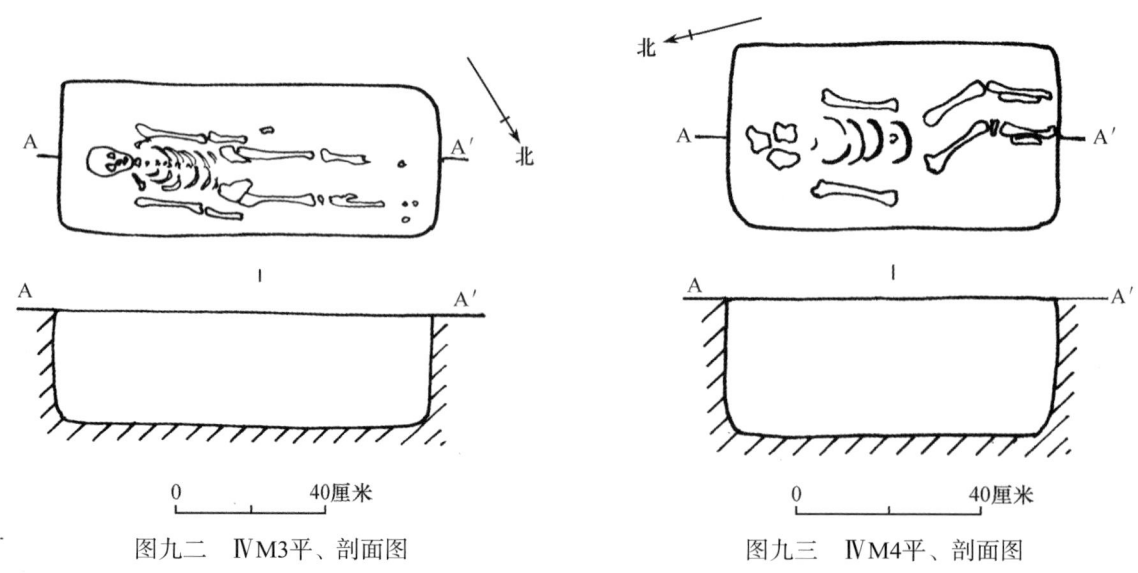

图九二　ⅣM3平、剖面图　　　　　　图九三　ⅣM4平、剖面图

80、宽45、深40厘米。无葬具，单人，仰身直肢葬，头向北，面向上，为一成年男性，尸骨保存较好。内填无花土，土质较松软，含有少量的砂粒和陶器残片等（图九五）。

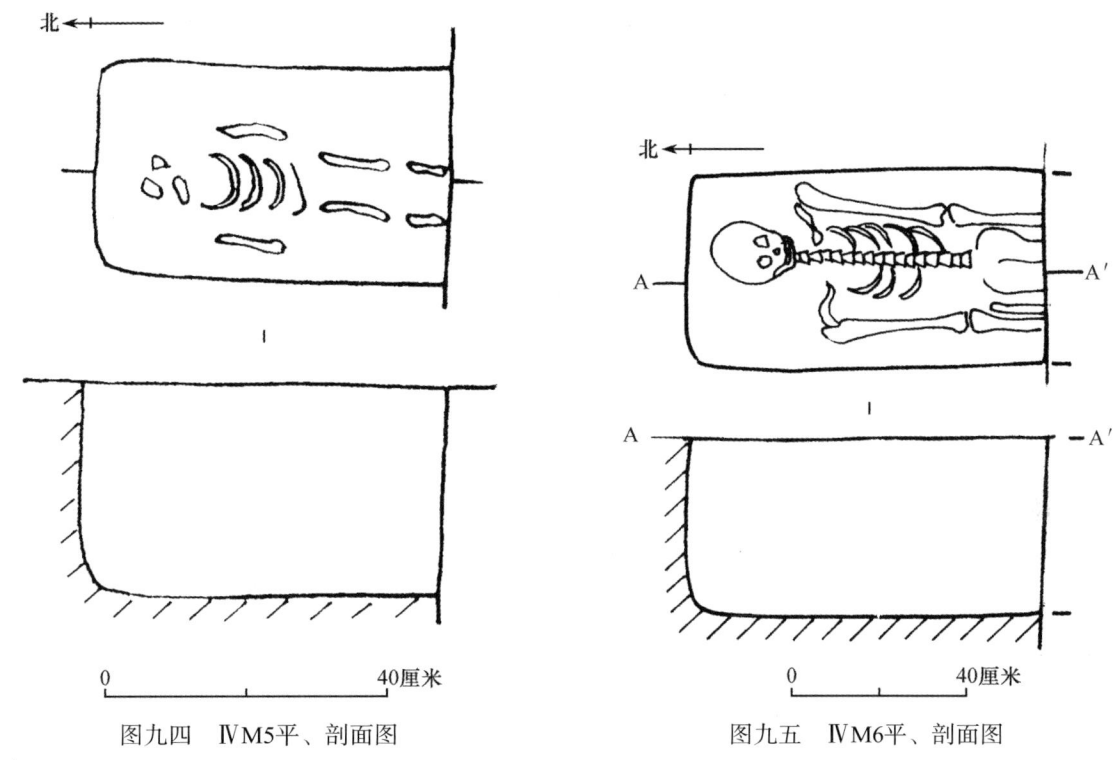

图九四　ⅣM5平、剖面图　　　　　　　图九五　ⅣM6平、剖面图

ⅣM7　位于ⅣT26的西南部，开口于第3层下，距地表深85厘米，被ⅣM6打破，打破生土层。竖穴土坑墓，方向180°。平面呈长方形，直壁，平底。墓口长160、宽70、深50厘米。无葬具，单人，侧身屈肢葬，头向北，面向东，尸骨已扰，为一未成年女性。内填五花土，土质较硬，含有少量的陶器残片等（图九六）。

5）瓮棺葬

35座。均为长方形竖穴土坑，穴坑较浅，葬具为陶釜或陶罐不等。

ⅣW1　位于ⅣT4的西南部，开口于第3层下，距地表深50厘米，打破第4层。竖穴土坑，方向0°。平面呈长方形，直壁，平底。口长100、宽50、深30厘米。葬具为一陶釜，内置小孩，尸骨已朽。内填灰褐色土，土质较松软，内含遗物较少（图九七）。

釜　1件。标本ⅣW1：1，上半部为泥质灰陶，模制。侈口，圆唇，束颈，鼓腹，以下残。饰粗绳纹。口径26.6、残高18厘米（图九八）。

ⅣW2　位于ⅣT4的西北部，开口于第2层下，距地表深50厘米，打破第3层。竖穴土坑，方向13°。平面呈长方形，直壁，平底。口长80、宽60、深20厘米。葬具为一陶釜，内置小孩，尸骨已朽。内填灰褐色土，土质较松软，含有少量的陶器残片等（图九九）。

陶釜　1件。标本ⅣW2：1，上半部为泥质灰陶，下半部为夹砂褐陶，模制。侈口，折唇，

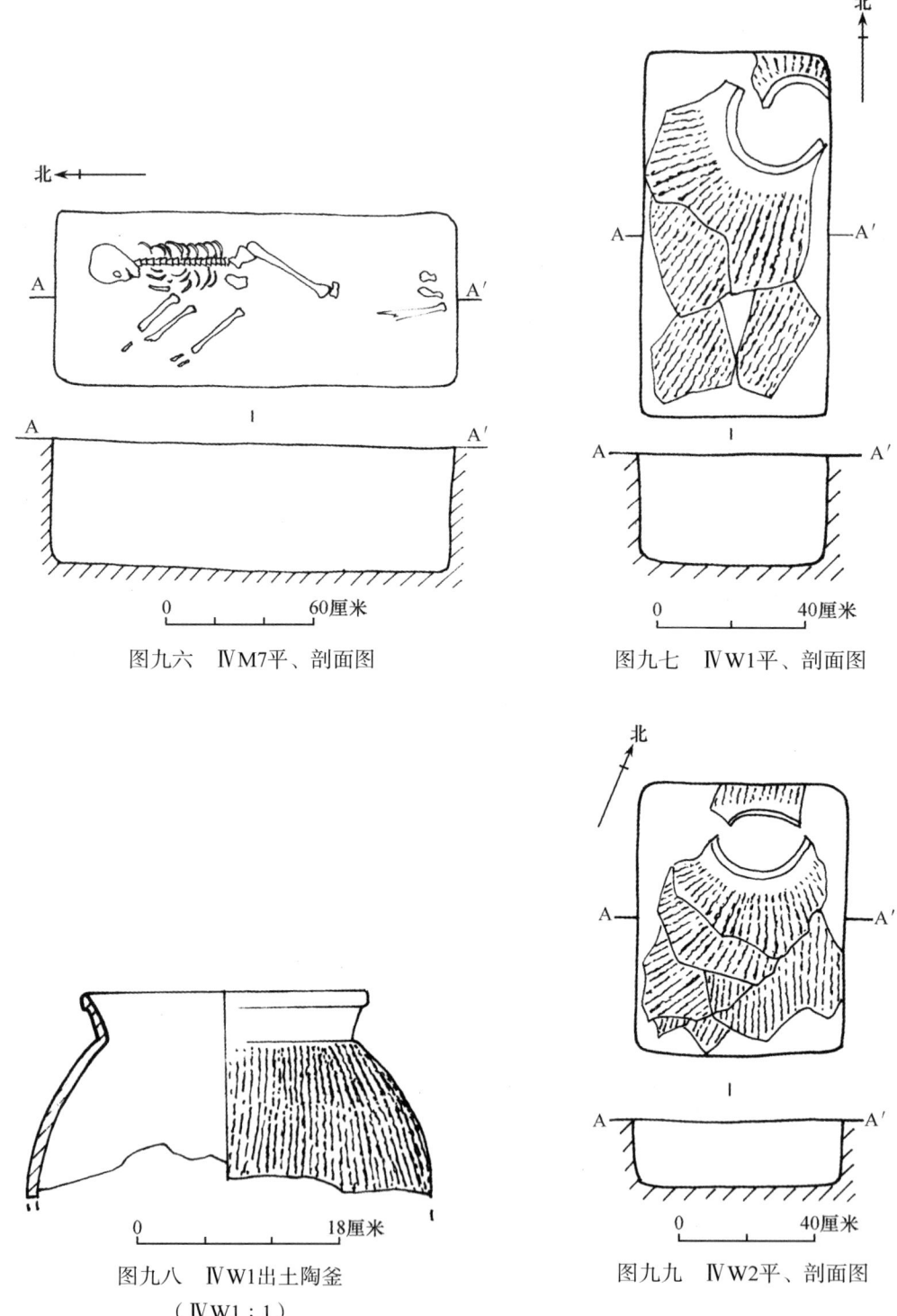

图九六　ⅣM7平、剖面图

图九七　ⅣW1平、剖面图

图九八　ⅣW1出土陶釜
（ⅣW1:1）

图九九　ⅣW2平、剖面图

束颈，弧鼓腹，尖底。上腹饰弦断绳纹，下腹饰粗绳纹，印痕较浅。口径23、高38厘米（图一〇〇）。

ⅣW3　位于ⅣT4的中西部，开口于第3层下，距地表深70厘米，打破第4层。竖穴土坑，方向0°。平面呈长方形，直壁，平底。口长95、宽55、深25厘米。葬具为一陶釜，内置小孩，尸骨已朽。内填灰褐色花土，土质较松软，含有少量的砂粒、红泥块，出土物有陶釜（图一〇一）。

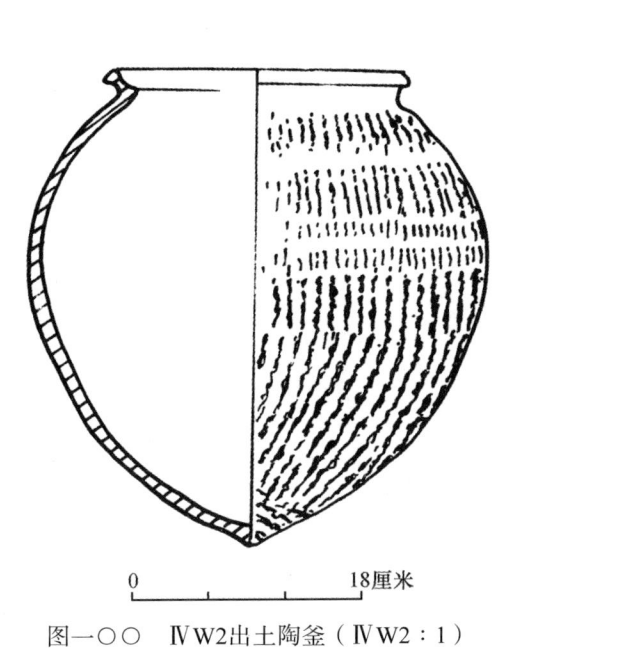

图一〇〇　ⅣW2出土陶釜（ⅣW2∶1）

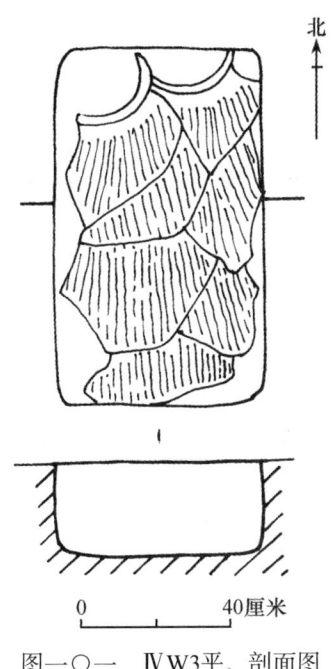

图一〇一　ⅣW3平、剖面图

釜　1件。标本ⅣW3∶1，上半部为泥质灰陶，下半部为夹砂灰褐陶，羼和云母粉。侈口，折唇，束颈，弧肩，鼓腹，尖底略钝。肩饰中绳纹，腹饰弦断绳纹，下腹饰粗绳纹，印痕较深。口径24、高29厘米（图一〇二）。

ⅣW4　位于ⅣT4的东南部，开口于第3层下，距地表深70厘米，打破第4层。竖穴土坑，方向10°。平面呈长方形，直壁，平底。口长100、宽55、深30厘米。葬具为一陶釜，内置小孩，尸骨已朽。内填灰褐色土，土质较松软，含有少量的砂粒和陶片等（图一〇三）。

釜　1件。标本ⅣW4∶1，上半部为泥质灰陶，下半部为夹砂褐陶，模制。侈口，圆唇，束颈，鼓腹，以下残。上腹饰弦断绳纹，下腹饰粗绳纹。内壁留有模制痕迹。口径26、残高22.2厘米（图一〇四）。

ⅣW5　位于ⅣT4的东北部，开口于第3层下，距地表深95厘米，打破第4层。竖穴土坑，方向15°。平面呈长方形，直壁，平底。口长85、宽60、深20厘米。葬具为2件陶釜，内置小孩，尸骨已朽。内填灰色花土，土质较硬，含有少量的陶片及瓦片等（图一〇五）。

釜　2件。标本ⅣW5∶2，上半部为泥质灰陶，下半部为夹砂褐陶，模制。侈口，折唇，束颈，鼓腹，以下残。上腹饰弦断绳纹，下腹饰粗绳纹。口径26.6、残高23.2厘米（图一〇六，2）。标本ⅣW5∶1，夹砂褐陶。侈口，宽平沿略外卷，方唇，鼓腹，尖底略钝。通体饰粗绳纹，印痕较深，向左下方斜。口径30、高41厘米（图一〇六，1）。

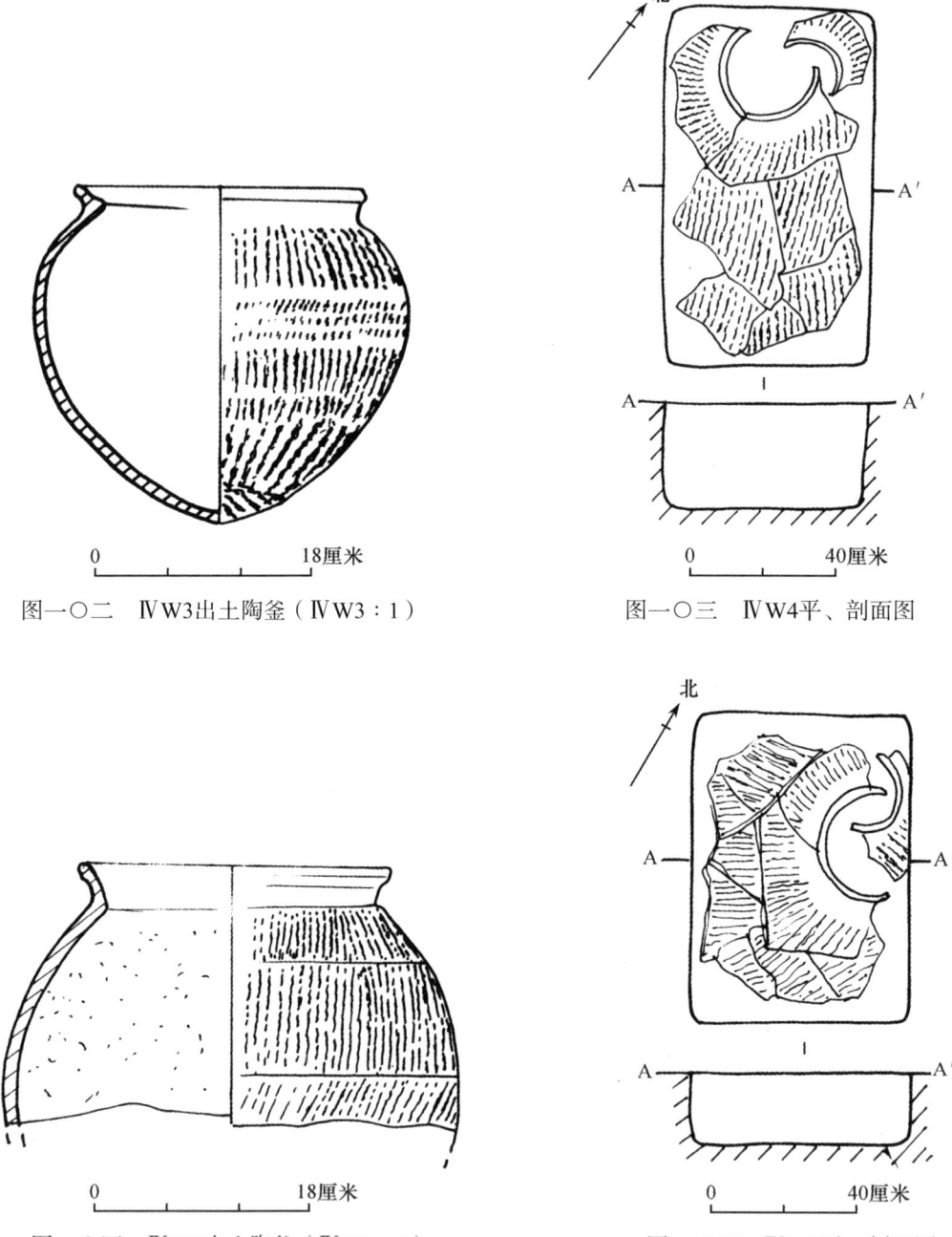

图一〇二　ⅣW3出土陶釜（ⅣW3:1）

图一〇三　ⅣW4平、剖面图

图一〇四　ⅣW4出土陶釜（ⅣW4:1）

图一〇五　ⅣW5平、剖面图

ⅣW6　位于ⅣT3的西南部，开口于第2层下，距地表深50厘米，打破第3层。竖穴土坑，方向10°。平面呈长方形，直壁，平底。口长95、宽60、深20厘米。葬具为一陶釜，内置小孩，尸骨已朽。内填灰褐色花土，土质较松软，含有少量的陶器残片等（图一〇七）。

釜　1件。标本ⅣW6:1，上半部为泥质灰陶，下半部为夹砂灰褐陶，模制。侈口，折唇，束颈，弧鼓腹，尖底。肩饰绳纹，上腹饰弦断绳纹，下腹饰粗绳纹，印痕较浅。口径21.8、高31厘米（图一〇八）。

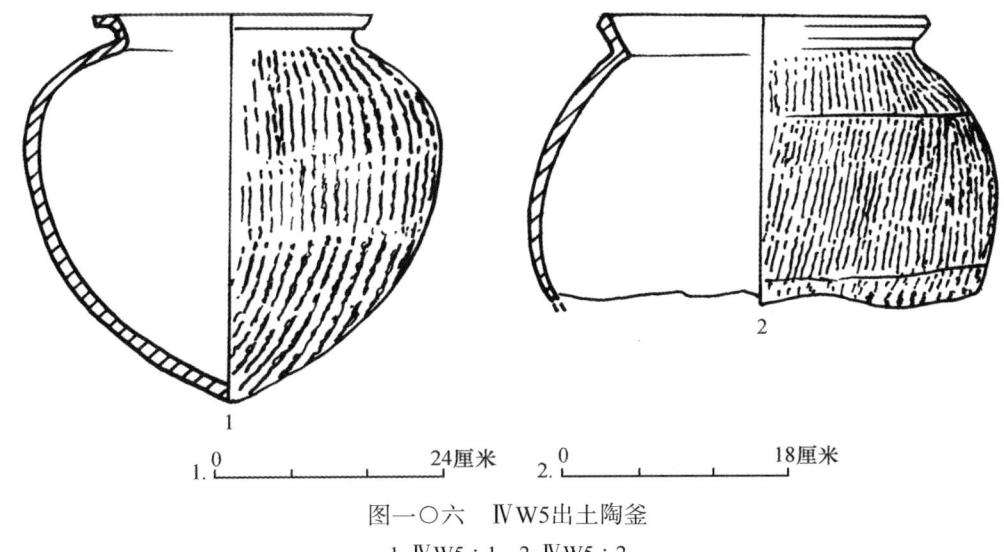

图一〇六　ⅣW5出土陶釜
1. ⅣW5∶1　2. ⅣW5∶2

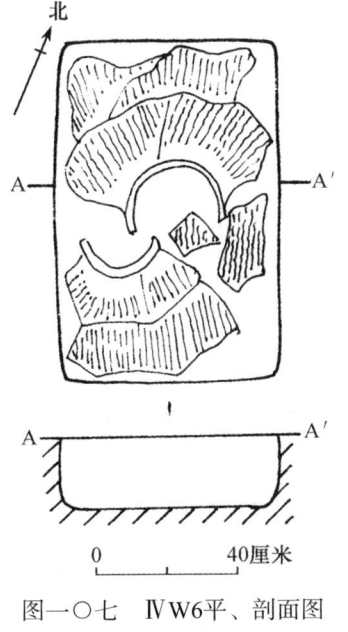

图一〇七　ⅣW6平、剖面图

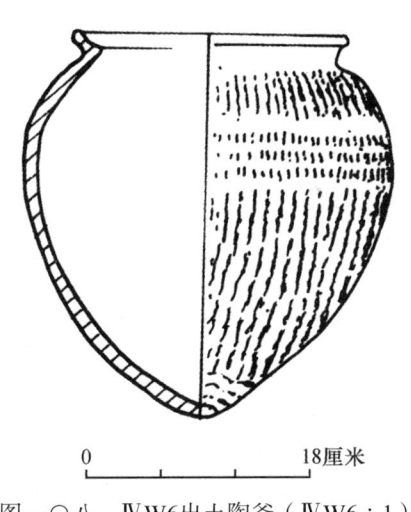

图一〇八　ⅣW6出土陶釜（ⅣW6∶1）

ⅣW7　位于ⅣT18的中东部，开口于第2层下，距地表深50厘米，打破第3层。竖穴土坑，方向0°。平面呈长方形，直壁，平底。口长95、宽45、深30厘米。葬具为一陶釜，内置小孩，尸骨已朽。内填灰褐色花土，土质较松软，内含遗物较少（图一〇九）。

釜　1件。标本ⅣW7∶1，上半部为泥质灰陶，下半部为夹砂褐陶，模制。侈口，折唇，束颈，弧鼓腹，尖底略钝。肩饰绳纹，腹饰弦断绳纹，下腹饰粗绳纹，印痕较浅。口径24、高38厘米（图一一〇）。

ⅣW8　位于ⅣT19的东南部，开口于第2层下，距地表深55厘米，打破于第3层。竖穴土坑，方向0°。平面呈长方形，直壁，平底。口长85、宽50、深20厘米。葬具为2件陶釜，内置

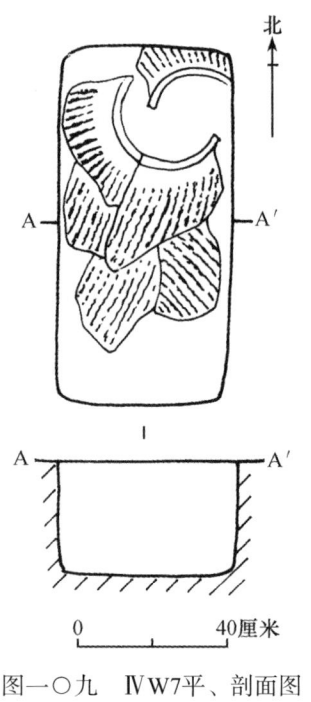

图一〇九　ⅣW7平、剖面图

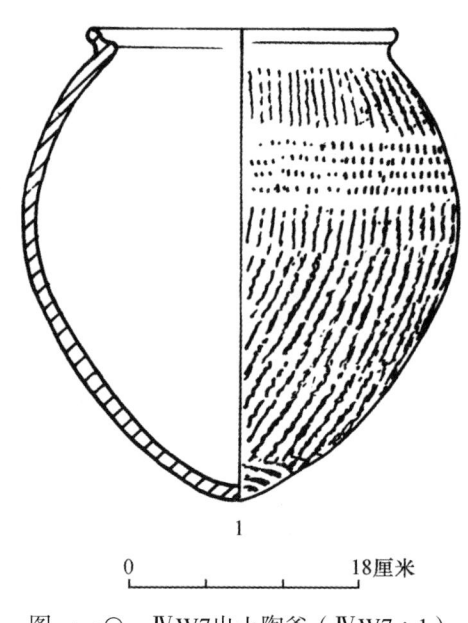

图一一〇　ⅣW7出土陶釜（ⅣW7∶1）

小孩，尸骨已朽。内填黑花土，土质较松软，无遗物（图一一一）。

釜　2件。标本ⅣW8∶2，上半部为泥质灰陶，下半部为夹砂褐陶，模制。侈口，折唇，束颈，弧鼓腹，尖底略钝。上腹饰弦断绳纹，下腹饰粗绳纹，印痕较浅。口径25、高39厘米（图一一二，1）。标本ⅣW8∶1，上半部为泥质灰陶，下半部为夹砂褐陶，模制。侈口，折唇，束颈，圆腹，尖底略钝。肩部素面抹光，腹饰弦断绳纹，下腹饰粗绳纹，印痕较浅，器表留有烟炱。口径25.5、高36.5厘米（图一一二，2）。

ⅣW9　位于ⅣT20的西南部，开口于第2层下，距地表深50厘米，打破第3层。竖穴土坑，方向355°。平面呈长方形，直壁，平底。口长

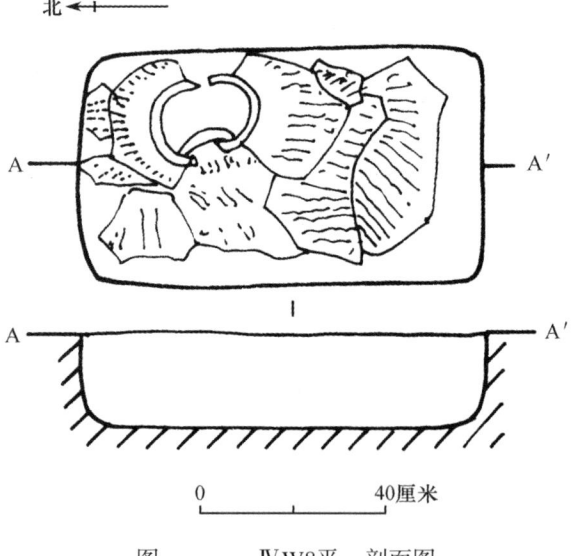

图一一一　ⅣW8平、剖面图

70、宽40、深30厘米。葬具为一陶釜，内置小孩，尸骨已朽。内填灰褐色花土，土质较松软，内含遗物较少（图一一三）。

釜　1件。标本ⅣW9∶1，上半部为泥质灰陶，下半部为夹砂灰褐陶，模制。侈口，折唇，束颈，鼓腹，尖底。肩饰绳纹，腹饰弦断绳纹，下腹饰粗绳纹，印痕较浅。口径23.3、高38厘米（图一一四）。

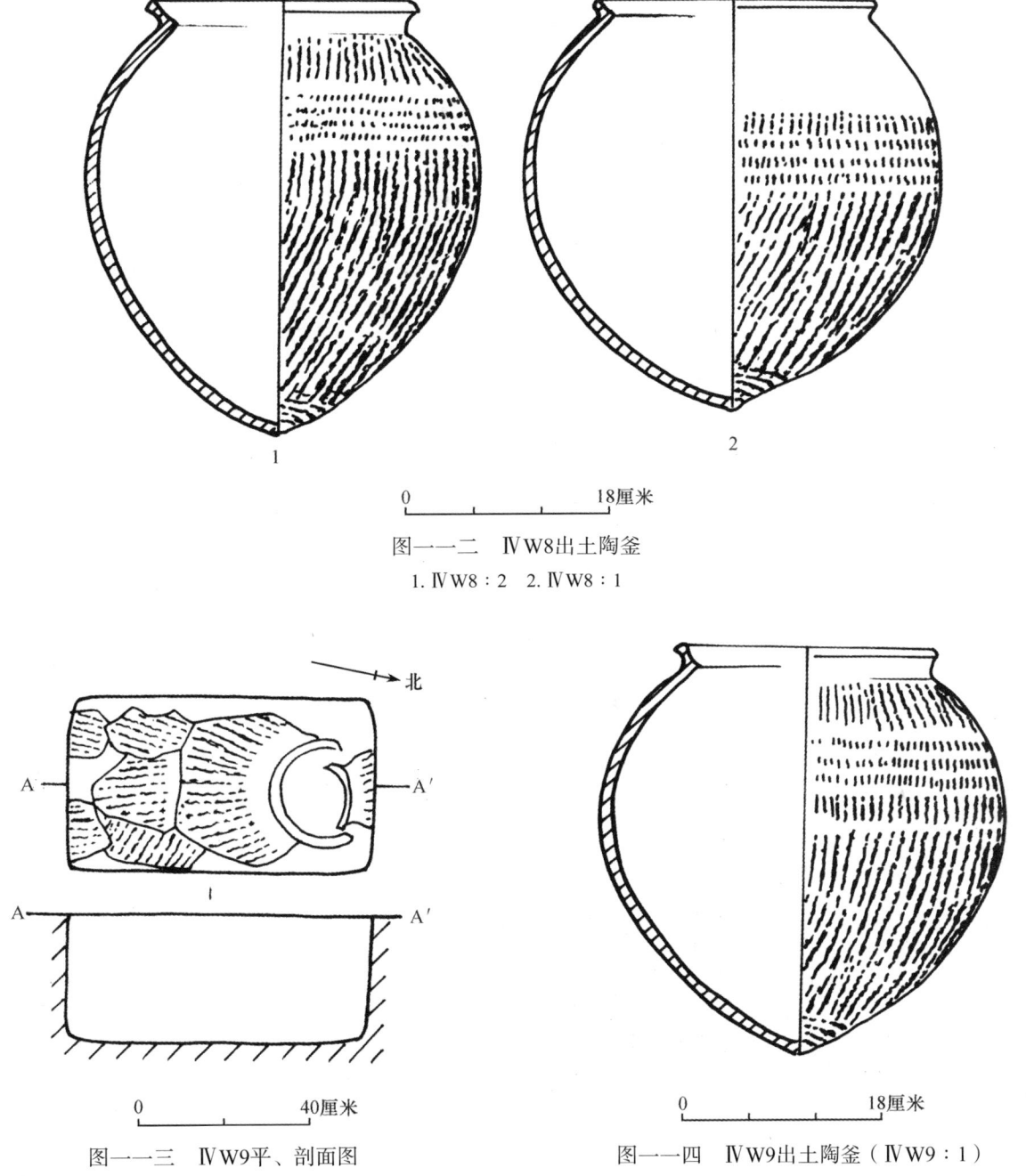

图一一二 ⅣW8出土陶釜
1. ⅣW8:2 2. ⅣW8:1

图一一三 ⅣW9平、剖面图

图一一四 ⅣW9出土陶釜（ⅣW9:1）

ⅣW10 位于ⅣT20的南中部，开口于第2层下，距地表深55厘米，打破第3层。竖穴土坑，方向10°。平面呈长方形，直壁，平底。口长90、宽50、深30厘米。葬具为一陶釜，内置小孩，尸骨已朽。内填灰褐色花土，土质较松软，内含遗物较少（图一一五）。

釜 1件。标本ⅣW10:1，上半部为泥质灰陶，下半部为夹砂褐陶，模制。侈口，折唇，束颈，弧鼓腹，尖底。肩饰绳纹，上腹饰弦断绳纹，下腹饰粗绳纹，印痕较浅，器表留有烟炱。口径24.5、高37厘米（图一一六）。

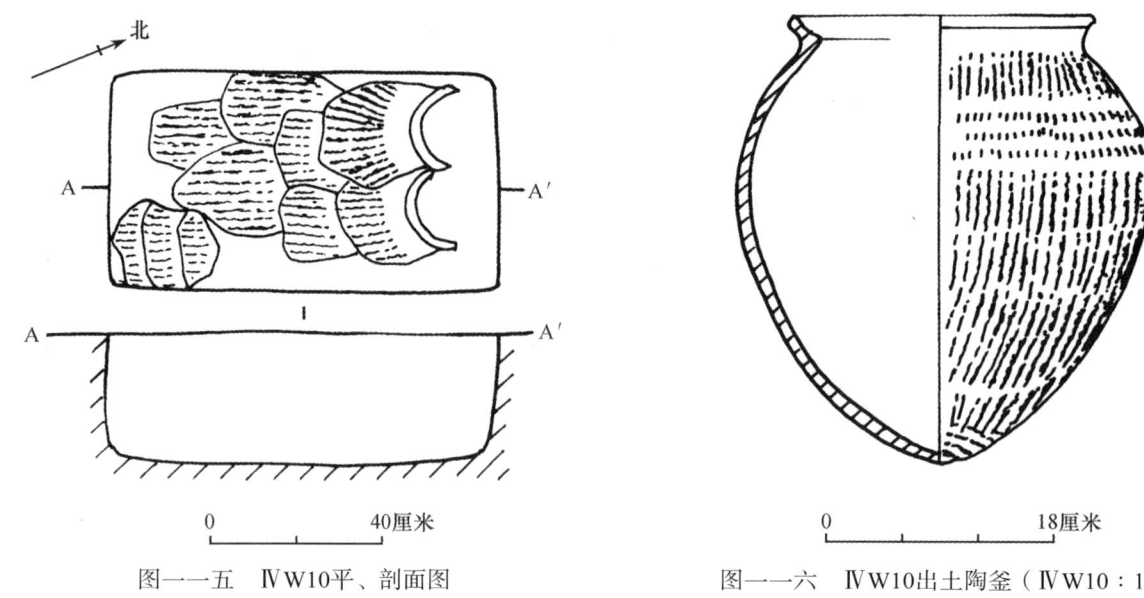

图一一五　ⅣW10平、剖面图

图一一六　ⅣW10出土陶釜（ⅣW10∶1）

ⅣW11　位于ⅣT20的西南部，开口于第2层下，距地表深60厘米，打破第3层。竖穴土坑，方向0°。平面呈长方形，直壁，平底。长80、宽45、深30厘米。葬具为一陶釜，内置小孩，尸骨已朽。内填灰褐色花土，土质较松软，内含遗物较少（图一一七）。

釜　1件。标本ⅣW11∶1，上半部为泥质灰陶，下半部为夹砂灰褐陶，模制。侈口，折唇，束颈，弧鼓腹，尖底。肩饰绳纹，腹饰弦断绳纹，下腹饰粗绳纹，印痕较浅，器表留有烟炱。口径24、高39厘米（图一一八）。

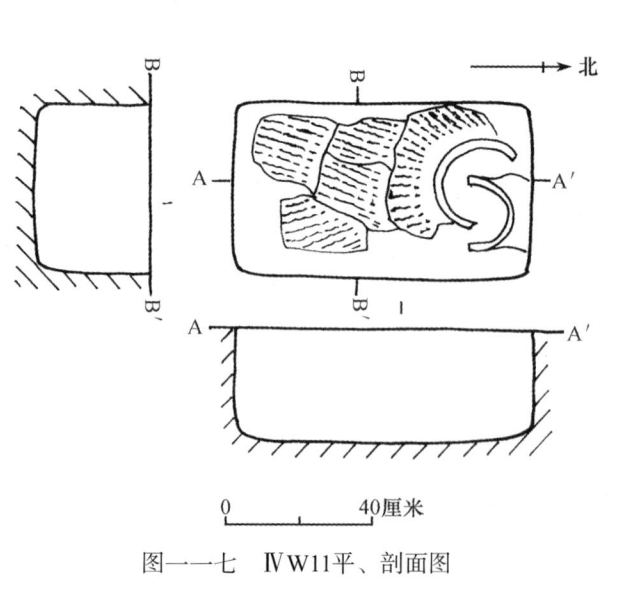

图一一七　ⅣW11平、剖面图

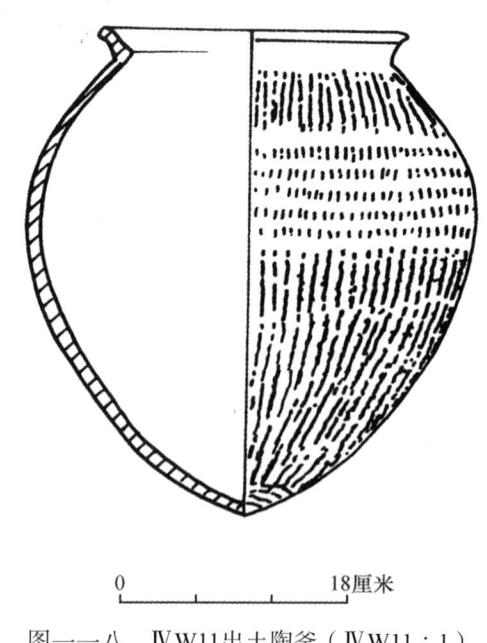

图一一八　ⅣW11出土陶釜（ⅣW11∶1）

ⅣW12　位于ⅣT20的西北部，开口于第2层下，距地表深60厘米，打破第3层。竖穴土坑，方向15°。平面呈长方形，直壁，平底。口长85、宽50、深30厘米。葬具为一陶釜，内置小孩，尸骨已朽。内填灰褐色花土，土质较松软，内含遗物较少（图一一九）。

釜　1件。标本ⅣW12∶1，上半部为泥质灰陶，下半部为夹砂褐陶，模制。侈口，折唇，束颈，鼓腹，尖底。肩饰绳纹，腹饰弦断绳纹，下腹饰粗绳纹，印痕较浅。口径23、高36.5厘米（图一二〇）。

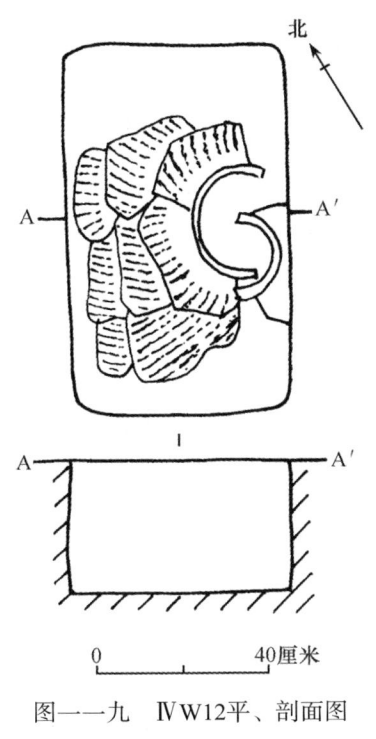
图一一九　ⅣW12平、剖面图

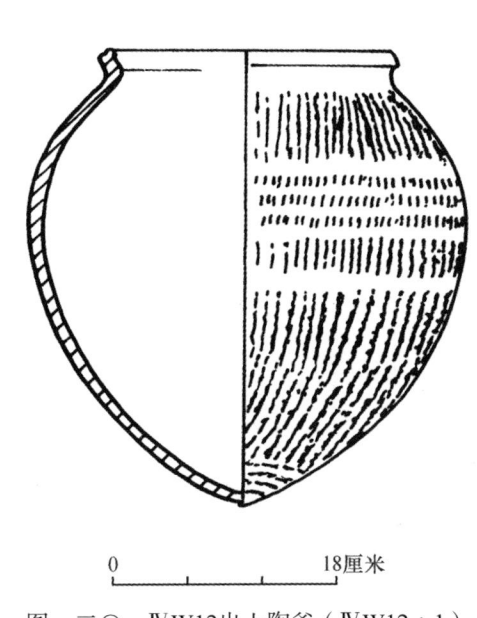
图一二〇　ⅣW12出土陶釜（ⅣW12∶1）

ⅣW13　位于ⅣT20的北中部，开口于第2层下，距地表深50厘米，打破第3层。竖穴土坑，方向10°。平面呈长方形，直壁，平底。口长90、宽50、深20厘米。葬具为一陶釜，内置小孩，尸骨已朽。内填灰褐色花土，土质较松软，内含遗物较少（图一二一）。

釜　1件。标本ⅣW13∶1，上半部为泥质灰陶，下半部为夹砂褐陶，模制。侈口，折唇，束颈，弧鼓腹，尖底。肩饰绳纹，上腹饰弦断绳纹，下腹饰粗绳纹，印痕较浅。口径23、高37厘米（图一二二）。

ⅣW14　位于ⅣT18的西南部，开口于第2层下，距地表深55厘米，打破第3层。竖穴土坑，方向20°。平面呈长方形，直壁，平底。口长90、宽45、深25厘米。葬具为一陶釜，内置小孩，尸骨已朽。其内填灰褐色花土，土质较松软，内含遗物较少（图一二三）。

釜　1件。标本ⅣW14∶1，上半部为泥质灰陶，下半部为夹砂褐陶，模制。侈口，折唇，束颈，鼓腹，尖底。肩饰绳纹，腹饰弦断绳纹，下腹饰粗绳纹，印痕较浅，器底留有烟炱。口径22、高31.5厘米（图一二四）。

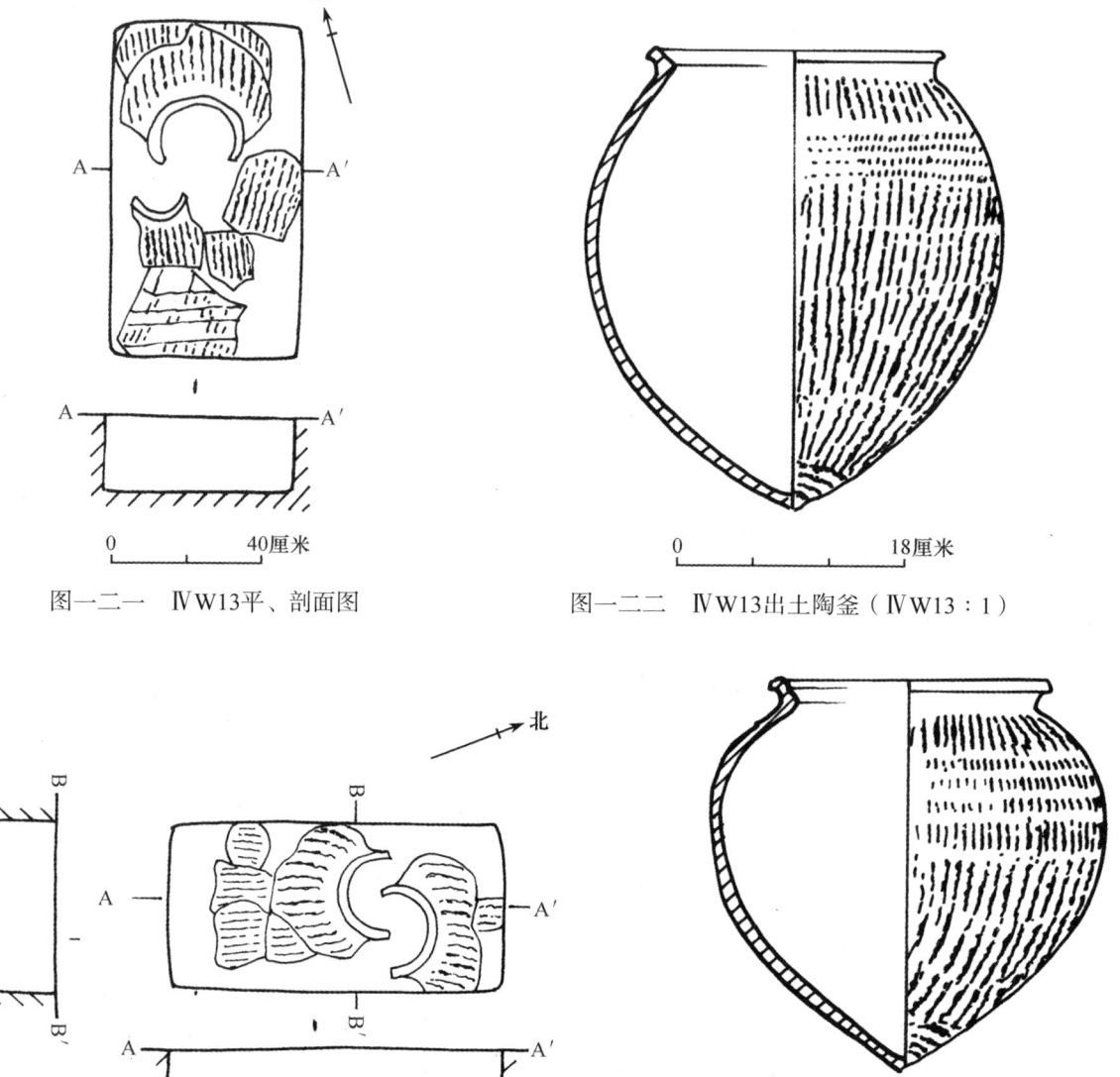

图一二一　ⅣW13平、剖面图

图一二二　ⅣW13出土陶釜（ⅣW13：1）

图一二三　ⅣW14平、剖面图

图一二四　ⅣW14出土陶釜（ⅣW14：1）

ⅣW15　位于ⅣT17的中南部，开口于第2层下，距地表深50厘米，打破第3层及生土层。竖穴土坑，方向0°。平面呈长方形，直壁，平底。口长70、宽40、深30厘米。葬具为一陶釜，内置小孩，尸骨已朽。内填黑花土，土质较松软，含有少量的陶器碎片等（图一二五）。

釜　1件。标本ⅣW15：1，上半部为泥质灰陶，下半部为夹砂褐陶，模制。侈口，折唇，束颈，弧鼓腹，尖底。肩、腹饰绳纹，上腹饰弦断绳纹，下腹饰粗绳纹，印痕较浅。口径23、高33.5厘米（图一二六）。

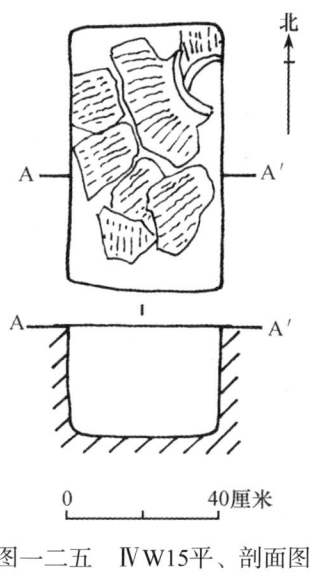

图一二五　ⅣW15平、剖面图

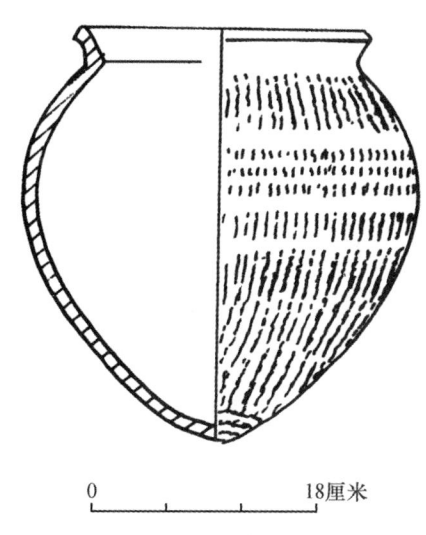

图一二六　ⅣW15出土陶釜（ⅣW15∶1）

ⅣW16　位于ⅣT17的东南部，开口于第2层下，距地表深55厘米，打破第3层。竖穴土坑，方向0°。平面呈长方形，直壁，平底。口长80、宽45、深30厘米。葬具为一陶釜，内置小孩，尸骨已朽。内填灰褐色花土，土质较硬，内含遗物较少（图一二七）。

釜　1件。标本ⅣW16∶1，上半部为泥质灰陶，下半部为夹砂褐陶，模制。侈口，圆唇，束颈，弧鼓腹，尖底。肩、腹饰绳纹，上腹饰弦断绳纹，下腹饰粗绳纹，印痕较浅，器底留有烟炱。口径22.5、高36.5厘米（图一二八）。

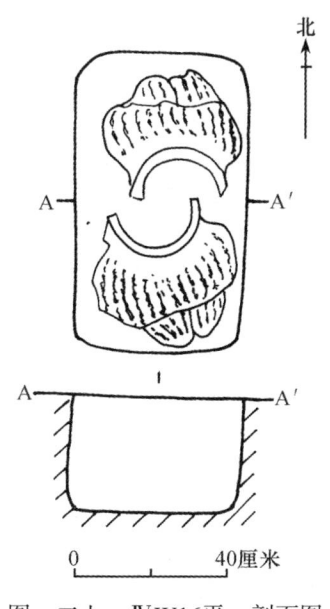

图一二七　ⅣW16平、剖面图

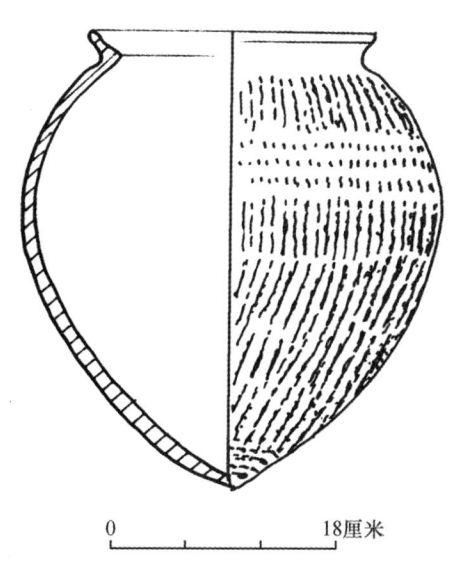

图一二八　ⅣW16出土陶釜（ⅣW16∶1）

ⅣW17　位于ⅣT23的东中部，开口于第3层下，距地表深90厘米，被ⅣG3打破，打破生土层。竖穴土坑，方向0°。平面呈长方形，直壁，平底。口长150、宽50、深40厘米。葬具为2件陶釜，内置小孩，尸骨已朽。内填黑花土，土质较松软，内含遗物较少（图一二九）。

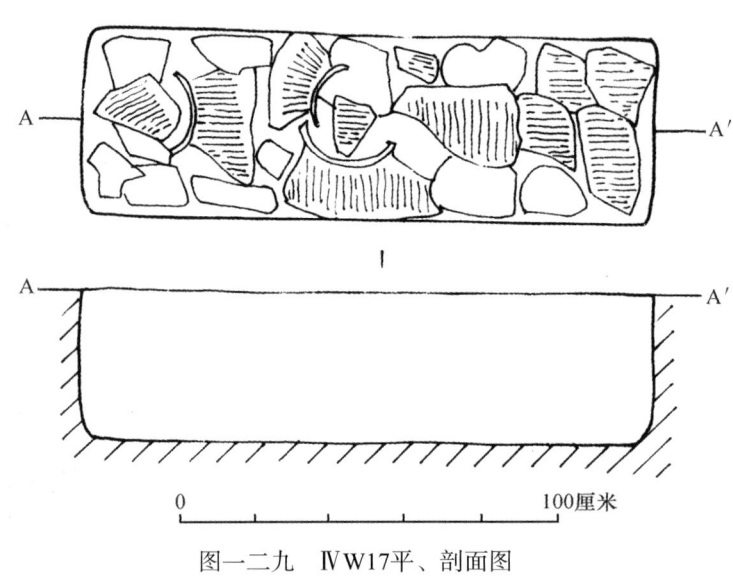

图一二九　ⅣW17平、剖面图

釜　2件。标本ⅣW17∶1，口、腹残片，上半部为泥质灰陶，下半部为夹砂褐陶，模制。侈口，圆唇，束颈，鼓腹，以下残。上腹饰弦断绳纹，下腹饰粗绳纹。口径24.6、残高22.8厘米（图一三〇，1）。标本ⅣW17∶2，口径24、残高24.4厘米（图一三〇，2）。

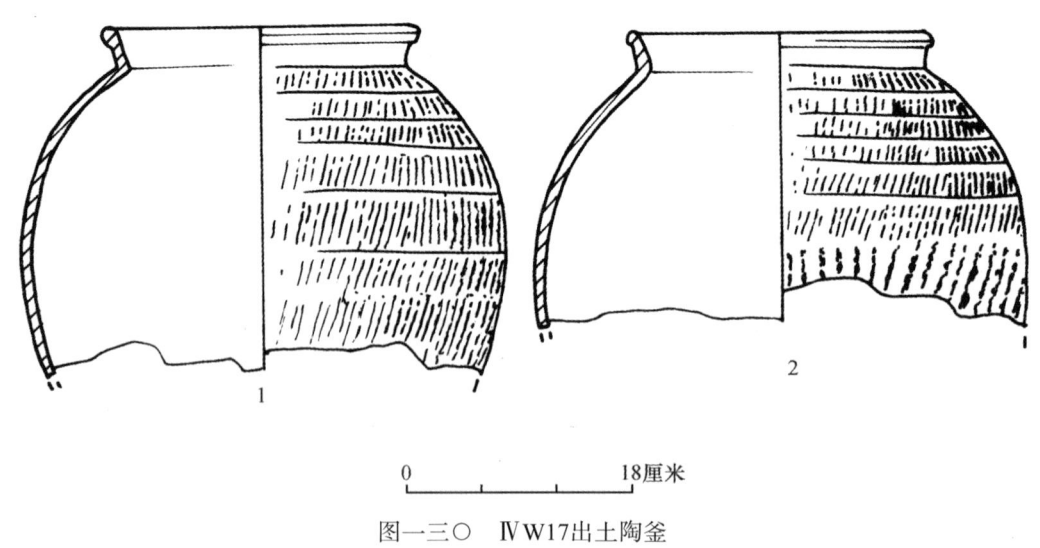

图一三〇　ⅣW17出土陶釜
1. ⅣW17∶1　2. ⅣW17∶2

ⅣW18 位于ⅣT22的中部，开口于第3层下，距地表深80厘米，打破M3及生土层。竖穴土坑，方向25°。平面呈长方形，直壁，平底。口长100、宽60、深30厘米。葬具为一陶釜，内置小孩，尸骨已朽。内填黑花土，土质较松软，内含遗物较少（图一三一）。

釜 1件。标本ⅣW18：1，上半部为泥质灰陶，下半部为夹砂褐陶，模制。侈口，折唇，束颈，鼓腹，尖底略钝。肩饰绳纹，腹饰弦断绳纹，下腹饰粗绳纹，印痕较浅，器底有烟炱。口径21.5、高32厘米（图一三二）。

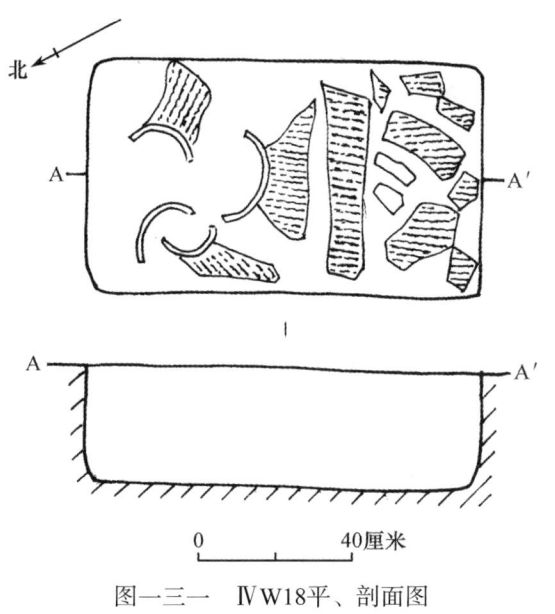

图一三一 ⅣW18平、剖面图

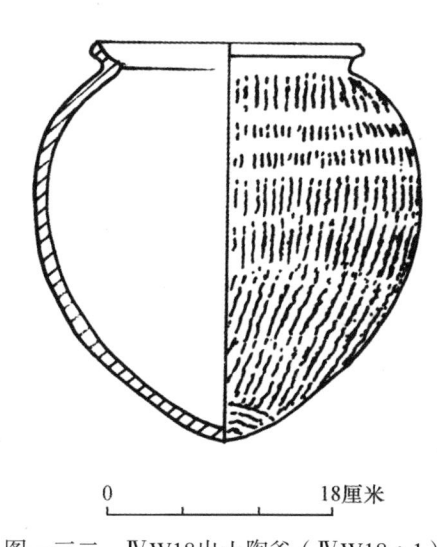

图一三二 ⅣW18出土陶釜（ⅣW18：1）

ⅣW19 位于ⅣT22的西中部，开口于第3层下，距地表深85厘米，打破生土层。竖穴土坑，方向5°。平面呈长方形，直壁，平底。口长90、宽50、深30厘米。葬具为一陶釜，内置小孩，尸骨已朽。内填灰花土，土质较松软，含有少量的陶片及瓦片等（图一三三；图版七，1）。

釜 1件。标本ⅣW19：1，上半部为泥质灰陶，下半部为夹砂褐陶，模制。侈口，折唇，束颈，腹弧鼓，尖底。上腹饰弦断绳纹，下腹饰粗绳纹，印痕较浅，器底留有烟炱。口径27.6、高厘41米（图一三四）。

ⅣW20 位于ⅣT21的北中部，开口于第3层下，距地表深90厘米，打破M4及生土层。竖穴土坑，方向10°。平面呈长方形，直壁，平底。长100、宽60、深30厘米。葬具为一陶釜，内置小孩，尸骨已朽。内填灰花土，土质较硬，含有少量的陶片及瓦片等（图一三五）。

釜 1件。标本ⅣW20：1，上半部为泥质灰陶，下半部为夹砂褐陶，模制。侈口，折唇，束颈，鼓腹，尖底略钝。腹饰弦断绳纹，下腹饰粗绳纹，印痕较浅，向左下方斜。口径22.5、高33.5厘米（图一三六）。

ⅣW21 位于ⅣT21的中部，开口于第3层下，距地表深90厘米，打破生土层。竖穴土坑，方向0°。平面呈长方形，直壁，平底。口长90、宽50、深40厘米。葬具为一陶釜，已压碎，

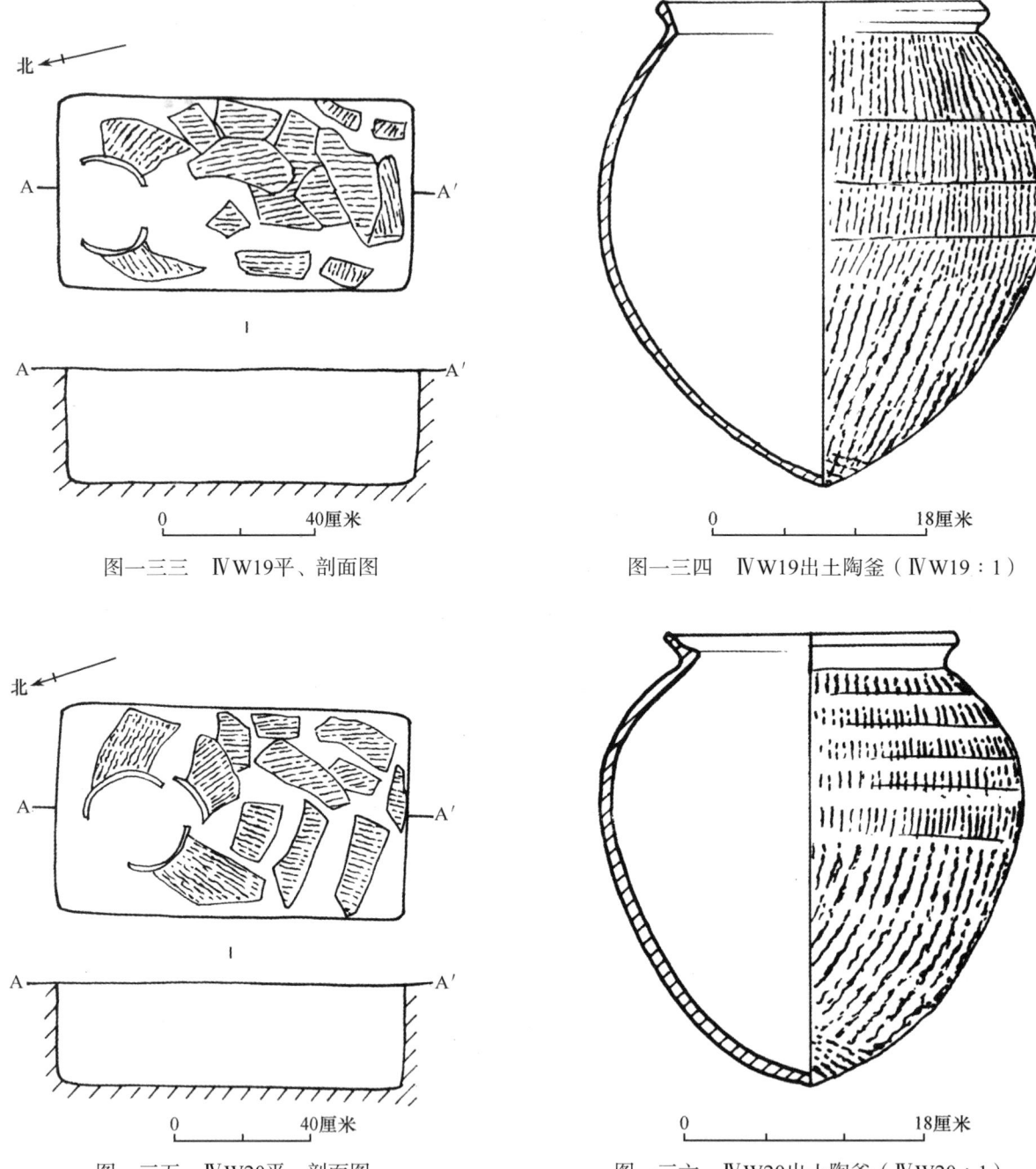

图一三三　ⅣW19平、剖面图

图一三四　ⅣW19出土陶釜（ⅣW19∶1）

图一三五　ⅣW20平、剖面图

图一三六　ⅣW20出土陶釜（ⅣW20∶1）

内置一婴儿，尸骨已朽。其内填黑花土，土质较松软，内含物较少（图一三七）。

釜　1件。标本ⅣW21∶1，上半部为泥质灰陶，下半部为夹砂褐陶，模制。侈口，折唇，束颈，弧腹，尖底。肩饰绳纹，上腹饰弦断绳纹，下腹饰粗绳纹，印痕较浅。口径27.5、高40.5厘米（图一三八）。

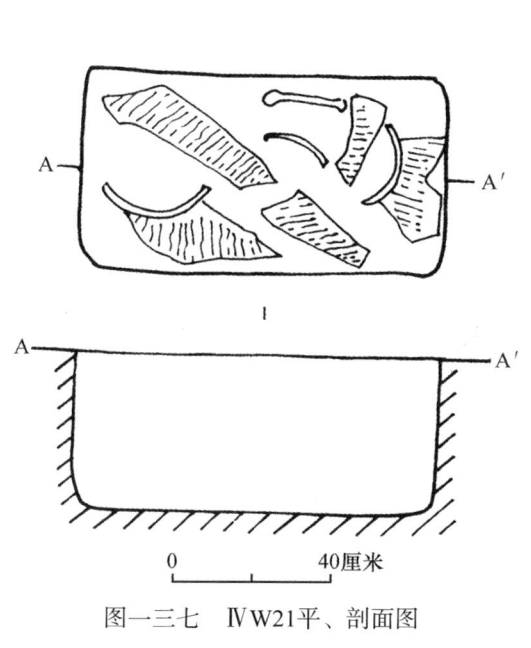

图一三七　ⅣW21平、剖面图

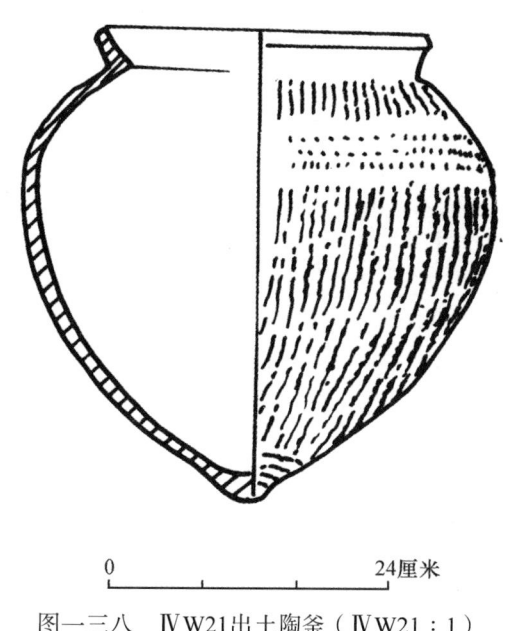

图一三八　ⅣW21出土陶釜（ⅣW21∶1）

ⅣW22　位于ⅣT21的中西部，开口于第3层下，距地表深90厘米，打破生土层。竖穴土坑，方向345°。平面呈长方形，直壁，平底。口长75、宽40、深30厘米。葬具为一陶釜，内置小孩，尸骨已朽。内填灰花土，土质较松软，含有少量的陶片等（图一三九）。

釜　1件。标本ⅣW22∶1，上半部为泥质灰陶，下半部为夹砂褐陶，模制。侈口，折唇，束颈，弧腹，尖底。肩饰绳纹，上腹饰弦断绳纹，下腹饰粗绳纹，印痕较浅。口径25.8、高40.2厘米（图一四〇）。

ⅣW23　位于ⅣT22的西南部，开口于第3层下，距地表深85厘米，打破生土层。竖穴土坑，方向15°。平面呈长方形，直壁，平底。口长85、宽40、深30厘米。葬具为一陶釜，内置小孩，尸骨已朽。其内填灰花土，土质较硬，含有少量的陶片等（图一四一）。

釜　1件。标本ⅣW23∶1，上半部为泥质灰陶，下半部为夹砂褐陶，模制。侈口，折唇，束颈，弧鼓腹，尖底略钝。肩饰绳纹，上腹饰弦断绳纹，下腹饰粗绳纹，印痕较浅，器底有烟炱。口径23.8、高39.6厘米（图一四二）。

ⅣW24　位于ⅣT21的西北部，开口于第3层下，距地表深95厘米，打破W26及生土层。竖穴土坑，方向350°。平面呈长方形，直壁，平底。口长95、宽60、深35厘米。葬具为一陶釜，内置小孩，尸骨已朽。其内填灰花土，土质较松软，含有少量的陶片等（图一四三）。

釜　1件。标本ⅣW24∶1，上半部为泥质灰陶，下半部为夹砂褐陶，模制。侈口，折唇，束颈，弧鼓腹，尖底。上腹饰弦断绳纹，下腹饰粗绳纹，印痕较深。口径26.6、高41厘米（图一四四，1）。

盘　1件。标本ⅣW24∶01，泥质褐陶。子母口，尖唇，弧腹，平底。通体素面抹光。口径32.2、底径27.5、高6.6厘米（图一四四，2）。

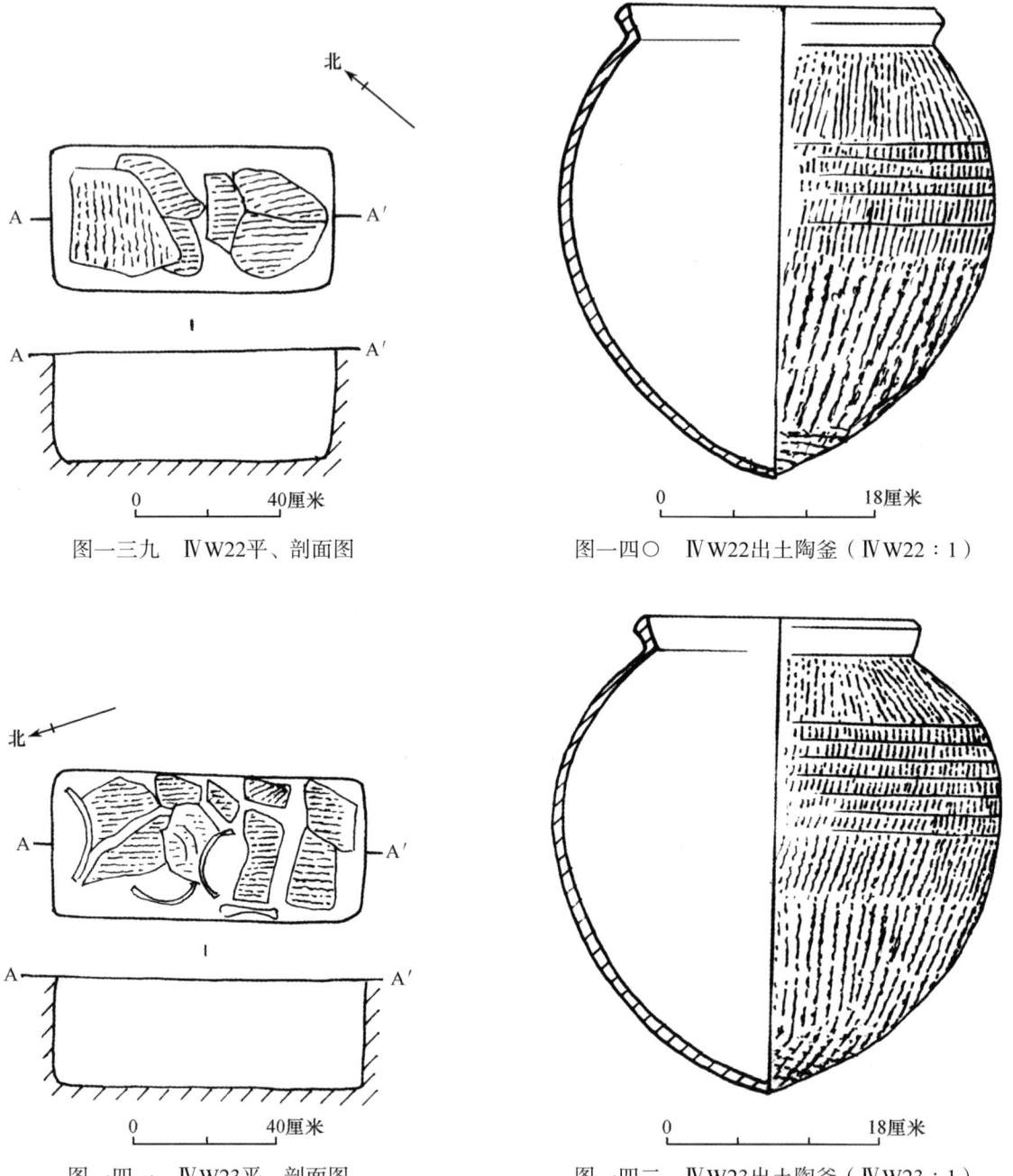

图一三九　ⅣW22平、剖面图

图一四〇　ⅣW22出土陶釜（ⅣW22：1）

图一四一　ⅣW23平、剖面图

图一四二　ⅣW23出土陶釜（ⅣW23：1）

ⅣW25　位于ⅣT21的东中部，开口于第3层下，距地表深85厘米，打破生土层。竖穴土坑，方向7°。平面呈长方形，直壁，平底。口长70、宽40、深30厘米。葬具为一陶釜，内置小孩，尸骨已朽。其内填黑花土，土质较松软，无遗物（图一四五）。

罐　1件。标本ⅣW25：1，泥质灰褐陶。侈口，尖唇，鼓腹，平底，肩部素面磨光，以下饰中绳纹，印痕较深，向左下方斜，近底部为素面刮光，留有刮痕。口径23.5、底径18.5、高36.5厘米（图一四六）。

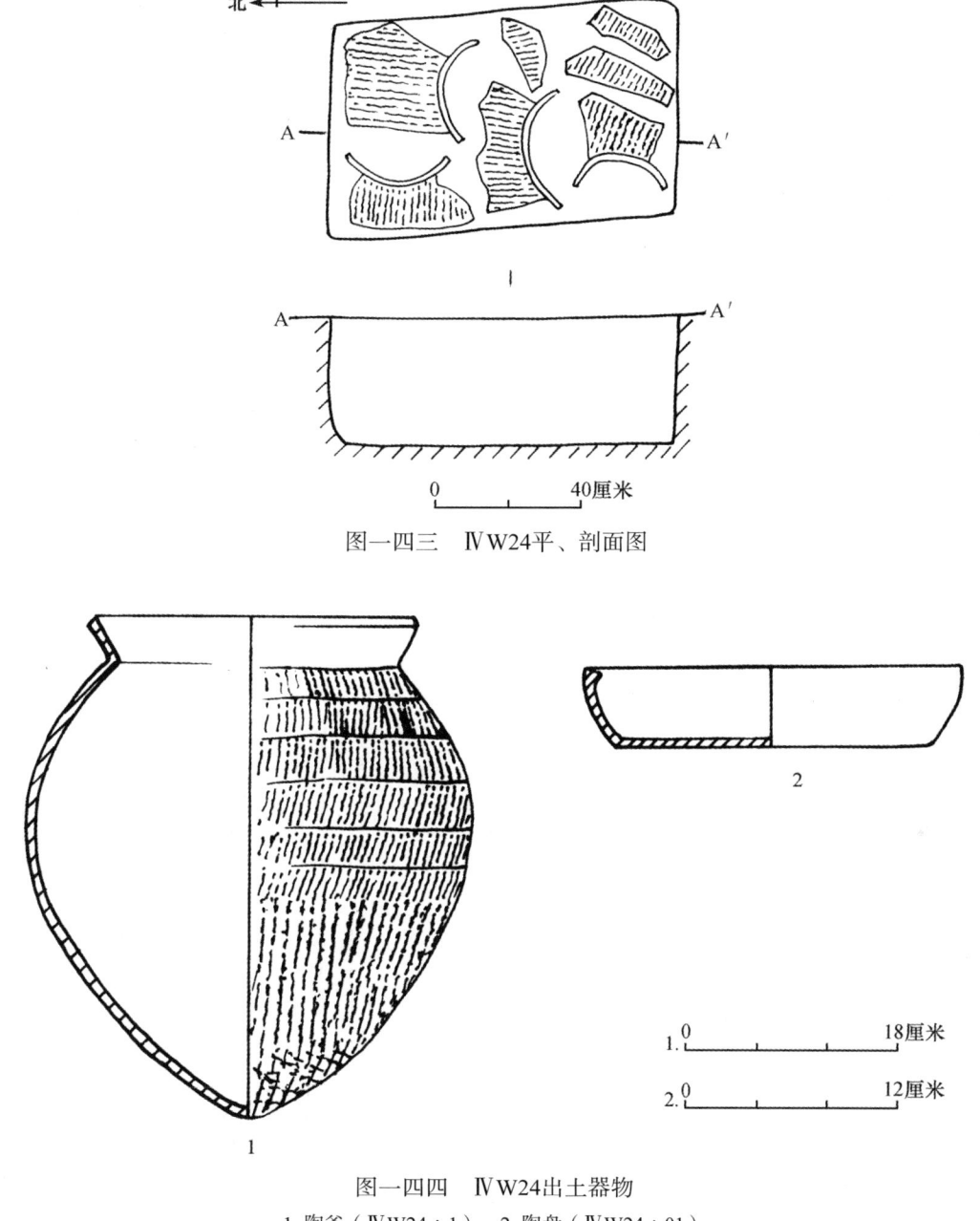

图一四三　ⅣW24平、剖面图

图一四四　ⅣW24出土器物
1. 陶釜（ⅣW24∶1）　2. 陶盘（ⅣW24∶01）

ⅣW26　位于ⅣT21的西北部，开口于第3层下，距地表深90厘米，被ⅣW24打破，打破生土。竖穴土坑，方向0°。平面呈长方形，直壁，平底。口长90、宽50、深20厘米。葬具为一陶釜，内置小孩，尸骨已朽。其内填土为黑花土，土质较松软，内含物较少（图一四七）。

釜　2件。标本ⅣW26∶1，上半部为泥质灰陶，下半部为夹砂褐陶，模制。侈口，圆唇，束颈，圆腹，尖底略钝。肩饰绳纹，腹饰弦断绳纹，下腹饰粗绳纹，印痕较浅，向左下方斜。口径24.8、高47厘米（图一四八，1）。标本ⅣW26∶2，上半部为泥质灰陶，下半部为夹砂褐

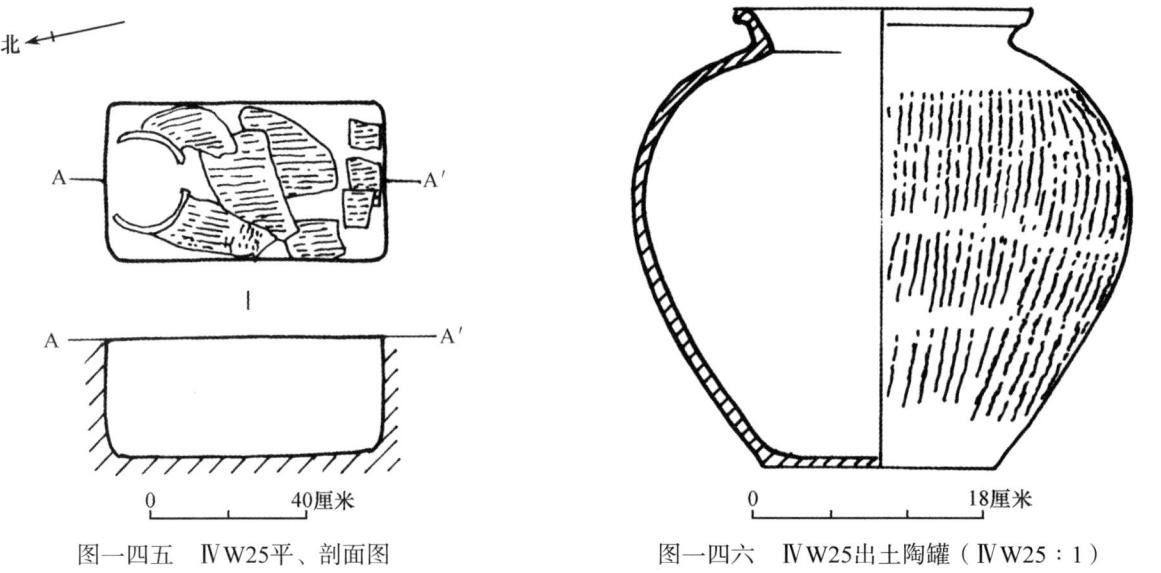

图一四五　ⅣW25平、剖面图　　　　图一四六　ⅣW25出土陶罐（ⅣW25：1）

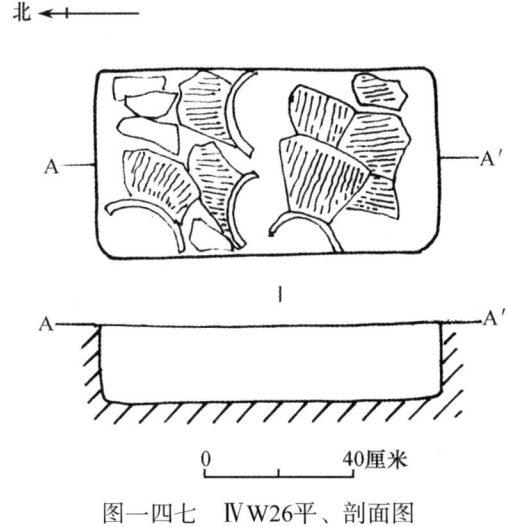

图一四七　ⅣW26平、剖面图

陶，模制。侈口，圆唇，束颈，鼓腹，以下残。口径27.6、残高28.4厘米（图一四八，2）。

ⅣW27　位于ⅣT22的东南部，开口于第3层下，距地表深90厘米，打破生土层。竖穴土坑，方向0°。平面呈长方形，直壁，平底。口长75、宽35、深30厘米。葬具为一陶釜，内置小孩，尸骨已朽。其内填灰花土，土质较松软，内含物较少（图一四九；图版七，2）。

釜　1件。标本ⅣW27：1，上半部为泥质灰陶，下半部为夹砂褐陶，模制。侈口，折唇，束颈，鼓腹，尖底略钝。肩饰绳纹，腹饰弦断绳纹，下腹饰粗绳纹，印痕较浅，器底有烟炱。口径25.2、高37.2厘米（图一五○）。

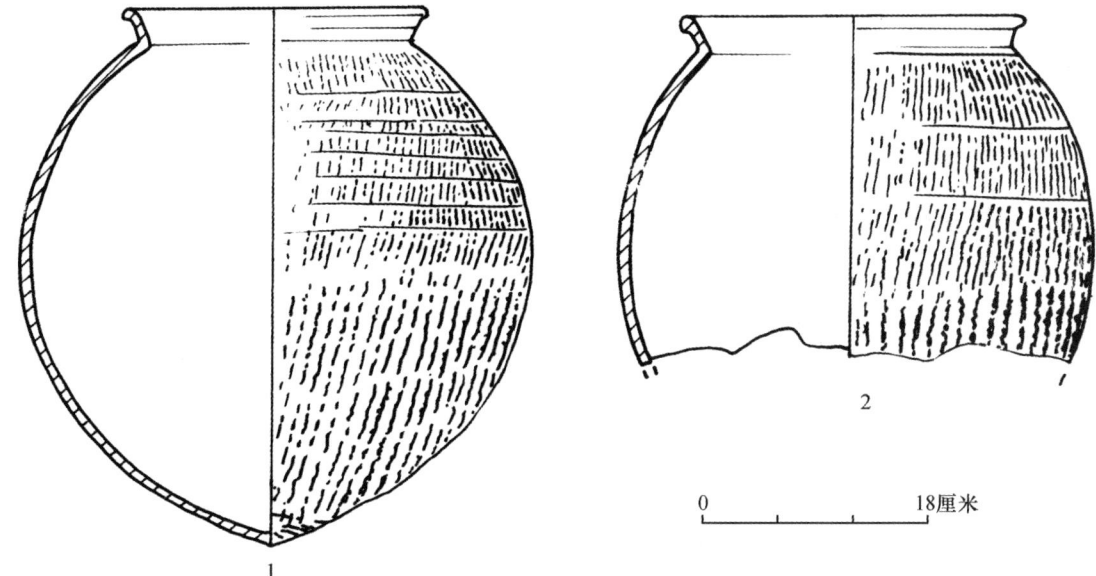

图一四八　ⅣW26出土陶釜
1. ⅣW26：1　2. ⅣW26：2

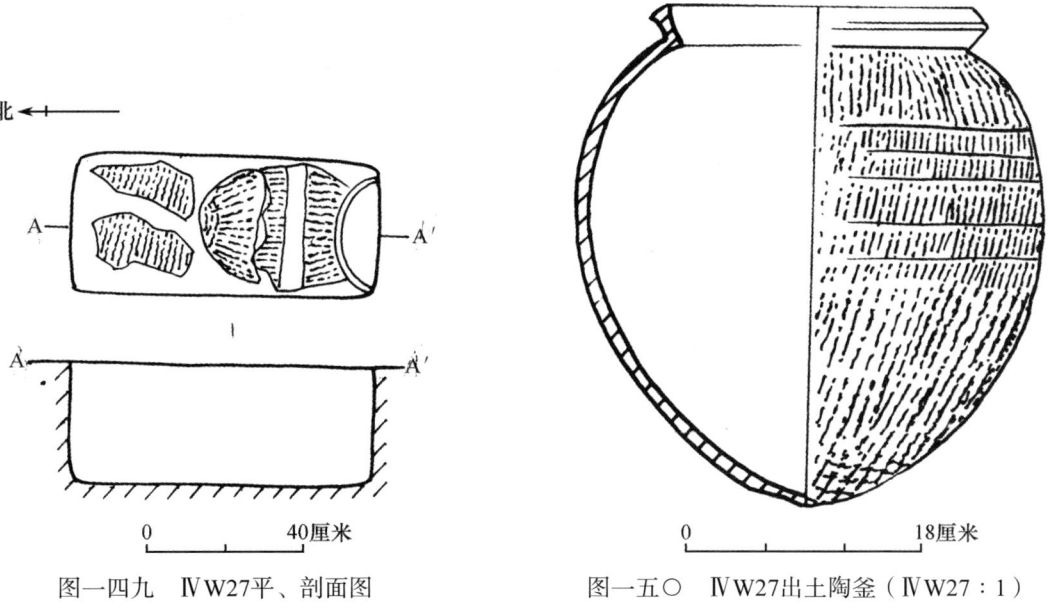

图一四九　ⅣW27平、剖面图　　　图一五〇　ⅣW27出土陶釜（ⅣW27：1）

ⅣW28　位于ⅣT22的东南部，开口于第3层下，距地表深90厘米，被J1打破，打破生土层。竖穴土坑，方向15°。平面呈长方形，直壁，平底。口长50、宽30、深20厘米。葬具为一陶釜，内置小孩，尸骨已朽。其内填灰花土，土质较松软，内含遗物较少（图一五一）。

釜　1件。标本ⅣW28：1，上半部为泥质灰陶，模制。侈口，折唇，束颈，鼓腹，以下残。肩饰细绳纹，腹饰弦断绳纹。内壁留有模制痕迹。口径24、残高13厘米（图一五二）。

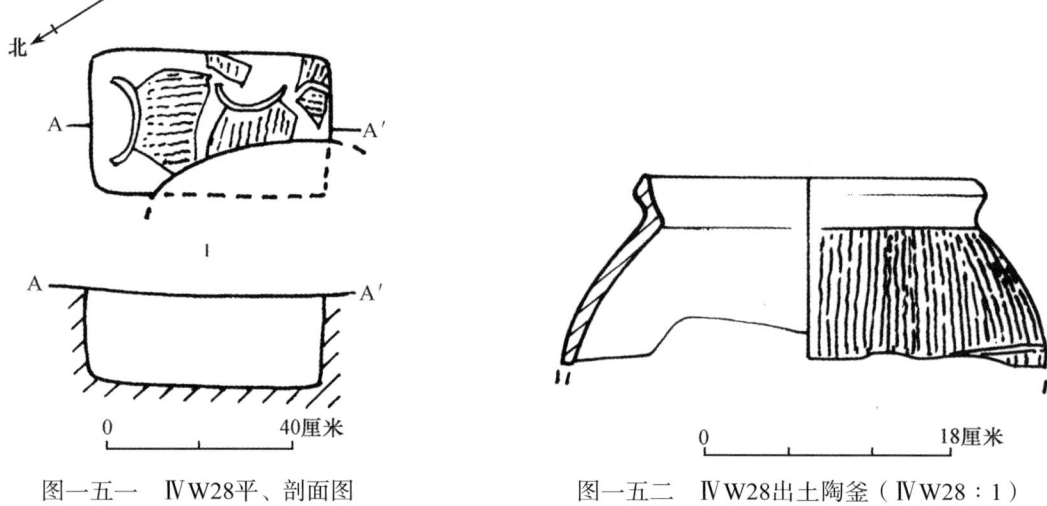

图一五一　ⅣW28平、剖面图　　　　图一五二　ⅣW28出土陶釜（ⅣW28∶1）

ⅣW29　位于ⅣT24的亚南部，位于ⅣT24的西南部，于第3层下开口，距地表深85厘米，打破M5及生土层。竖穴土坑，方向0°。平面呈长方形，直壁，平底。口长135、宽60、深40厘米。葬具为一陶釜，内置小孩，尸骨已朽。其内填灰花土，土质较松软，含有少量的陶片等（图一五三）。

釜　1件。标本ⅣW29∶1，上半部为泥质灰陶，下半部为夹砂褐陶，模制。侈口，折唇，束颈，圆腹，尖底略钝。肩饰绳纹，腹饰弦断绳纹，下腹饰粗绳纹，印痕较浅。器底有烟炱，内壁留有模制痕迹。口径26.6、高40厘米（图一五四）。

ⅣW30　位于ⅣT21的东南部，开口于第3层下，距地表深90厘米，打破生土层。竖穴土坑，方向0°。平面呈长方形，直壁，平底。口长75、宽30、深30厘米。葬具为一陶釜，内置小孩，尸骨已朽。其内填黑花土，土质较硬，无遗物（图一五五）。

釜　1件。标本ⅣW30∶1，上半部为泥质灰陶，下半部为夹砂灰褐陶，模制。侈口，折唇，束颈，腹弧鼓，尖底略钝。肩饰绳纹，腹饰弦断绳纹，下腹饰粗绳纹，印痕较浅，向左下方斜。内壁留有模制痕迹。口径27、高43厘米（图一五六）。

ⅣW31　位于ⅣT21的西北部，ⅣT22的西南部，开口于第3层下，距地表深85厘米，打破生土层。竖穴土坑，方向0°。平面呈长方形，直壁，平底。口长65、宽25、深20厘米。葬具为一陶釜，内置小孩，尸骨已朽。其内填黑花土，土质较松软，无遗物（图一五七）。

釜　1件。标本ⅣW31∶1，上半部为泥质灰陶，下半部为夹砂褐陶，模制。侈口，折唇，束颈，弧腹，尖底。肩、中腹饰绳纹，上腹饰弦断绳纹，下腹饰粗绳纹，印痕较深，向左下方斜。内壁留有模制痕迹。口径24、高37厘米（图一五八）。

ⅣW32　位于ⅣT25的北中部，开口于第3层下，距地表深90厘米，打破生土层。竖穴土坑，方向25°。平面呈长方形，直壁，平底。口长95、宽45、深30厘米。葬具为一陶釜，内置小孩，尸骨已朽。其内填灰花土，土质较松软，含有少量的陶片等（图一五九）。

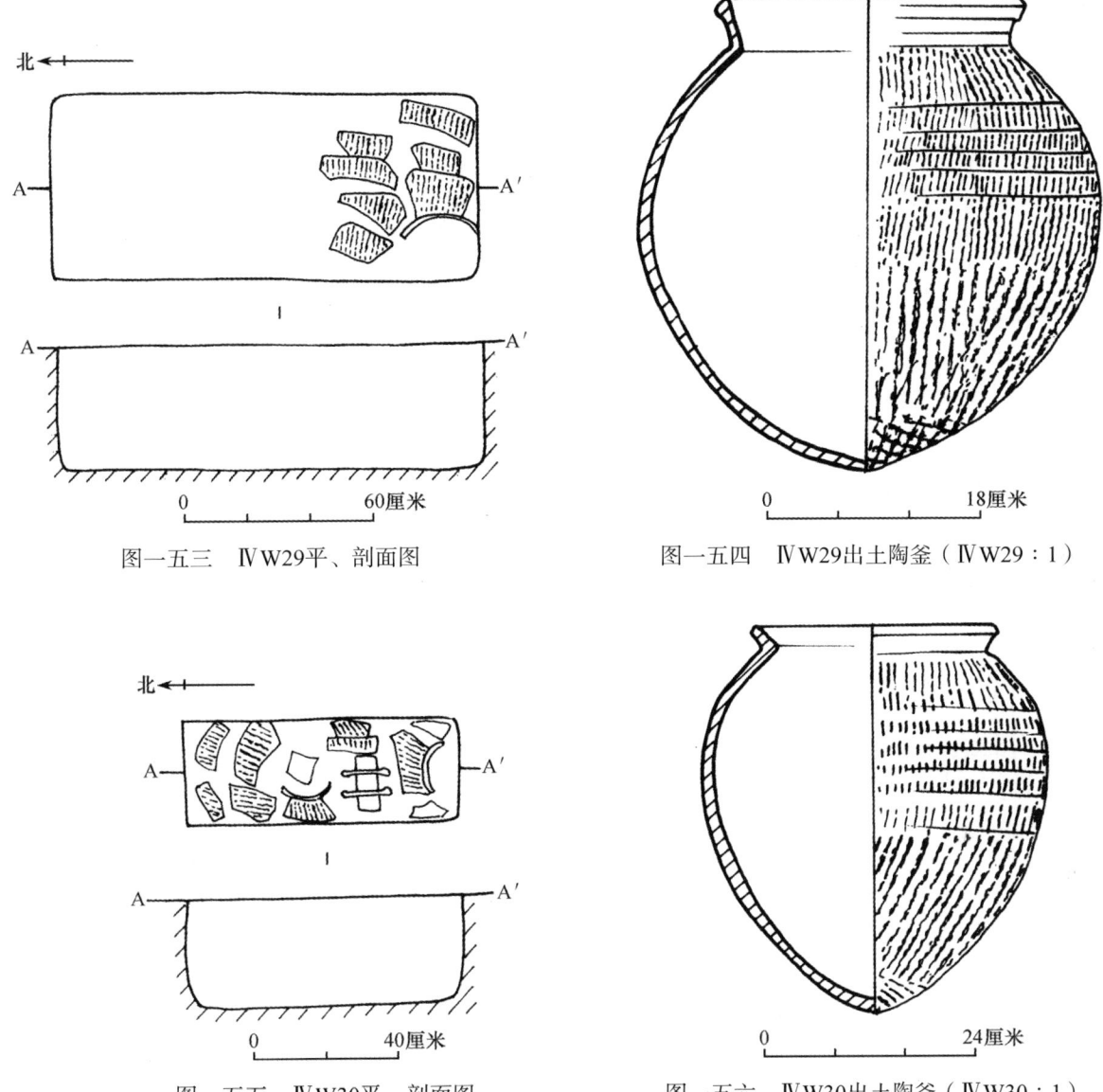

图一五三　ⅣW29平、剖面图

图一五四　ⅣW29出土陶釜（ⅣW29：1）

图一五五　ⅣW30平、剖面图

图一五六　ⅣW30出土陶釜（ⅣW30：1）

釜　1件。标本ⅣW32：1，上半部为泥质灰陶，下半部为夹砂褐陶，模制。侈口，折唇，束颈，鼓腹，尖底略钝。肩、中腹饰绳纹，上腹饰弦断绳纹，下腹饰粗绳纹，印痕较深，向左下方斜。内壁留有模制痕迹。口径26.5、高36.5厘米（图一六○；图版二二，1）。

ⅣW33　位于ⅣT25的西北部，开口于第3层下，距地表深90厘米，打破生土层。竖穴土坑，方向0°。平面呈长方形，直壁，平底。口长80、宽35、深30厘米。葬具为一陶釜，内置小孩，尸骨已朽。其内填黑花土，土质较松软，内含遗物较少（图一六一）。

釜　1件。标本ⅣW33：1，上半部为泥质灰陶，下半部为夹砂褐陶，模制。侈口，方唇，弧肩，鼓腹，以下残。上腹饰弦断绳纹，下腹饰粗绳纹，印痕较浅。器表有烟炱，内壁留有模制痕迹。口径25.6、残高23.2厘米（图一六二）。

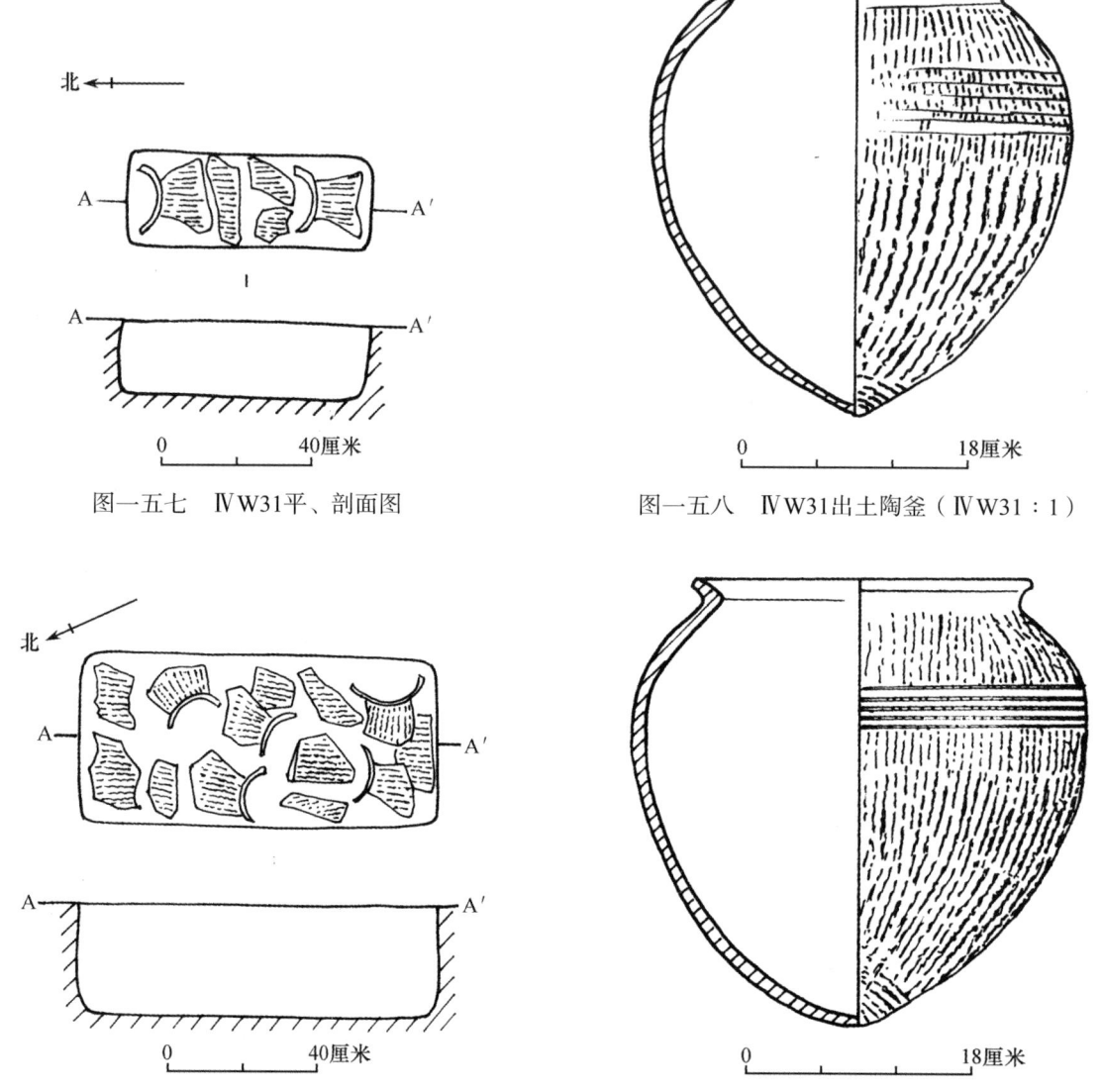

图一五七　ⅣW31平、剖面图

图一五八　ⅣW31出土陶釜（ⅣW31：1）

图一五九　ⅣW32平、剖面图

图一六〇　ⅣW32出土陶釜（ⅣW32：1）

ⅣW34　位于ⅣT25的东中部，开口于第3层下，距地表深90厘米，打破生土层。竖穴土坑，方向0°。平面呈长方形，直壁，平底。口长90、宽40、深30厘米。葬具为一陶釜，内置小孩，尸骨已朽。其内填黑花土，土质较松软，无遗物（图一六三）。

釜　1件。标本ⅣW34：1，上半部为泥质灰陶，下半部为夹砂褐陶，模制。侈口，方唇，束颈，弧肩，瘦腹，以下残。肩饰弦断绳纹，腹饰绳纹，下腹饰粗绳纹。器表有烟炱，内壁留有模制痕迹。口径27.2、残高29.5厘米（图一六四）。

ⅣW35　位于ⅣT25的西南部，开口于第3层下，距地表深85厘米，打破生土层。竖穴土坑，方向0°。平面呈长方形，直壁，平底。口长70、宽30、深20厘米。葬具为一陶釜，内置

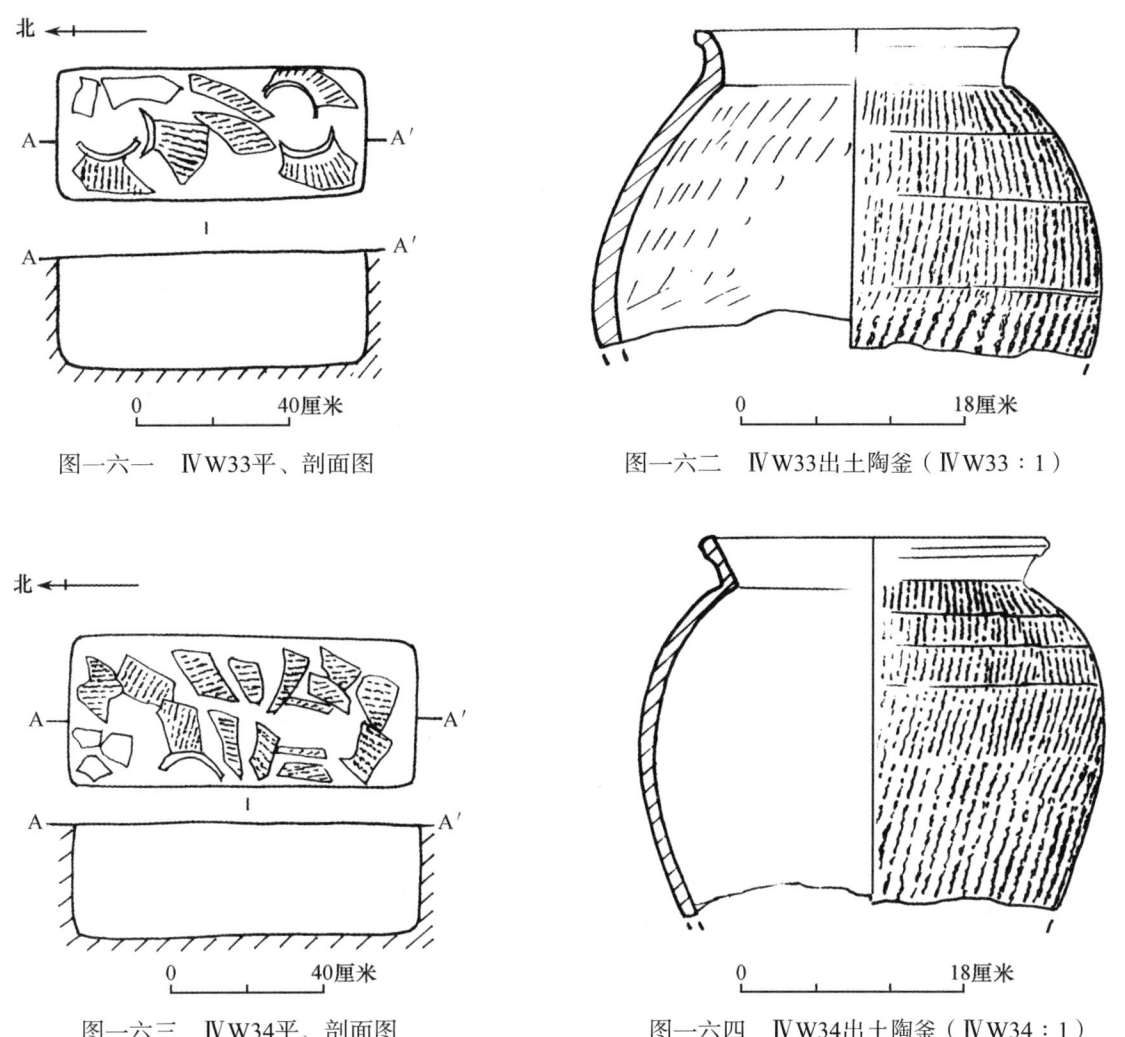

图一六一　ⅣW33平、剖面图
图一六二　ⅣW33出土陶釜（ⅣW33：1）
图一六三　ⅣW34平、剖面图
图一六四　ⅣW34出土陶釜（ⅣW34：1）

小孩，尸骨已朽。其内填黑花土，土质较松软，无遗物（图一六五）。

釜　1件。标本ⅣW35：1，上半部为泥质灰陶，下半部为夹砂褐陶，模制。侈口，折唇，束颈，鼓腹，以下残。肩饰绳纹，腹饰弦断绳纹，下腹饰粗绳纹。器表有烟炱，内壁留有模制痕迹。口径25.2、残高30厘米（图一六六）。

2. Ⅳb区发掘

Ⅳb区（即第Ⅳ发掘区T9～T16）位于南城的中部，东北距a区约75米。发掘5米×5米的探方8个，发掘面积为200平方米（图一六七）。共清理发掘灰坑23个，出土物器类仅陶器一种（表五）。

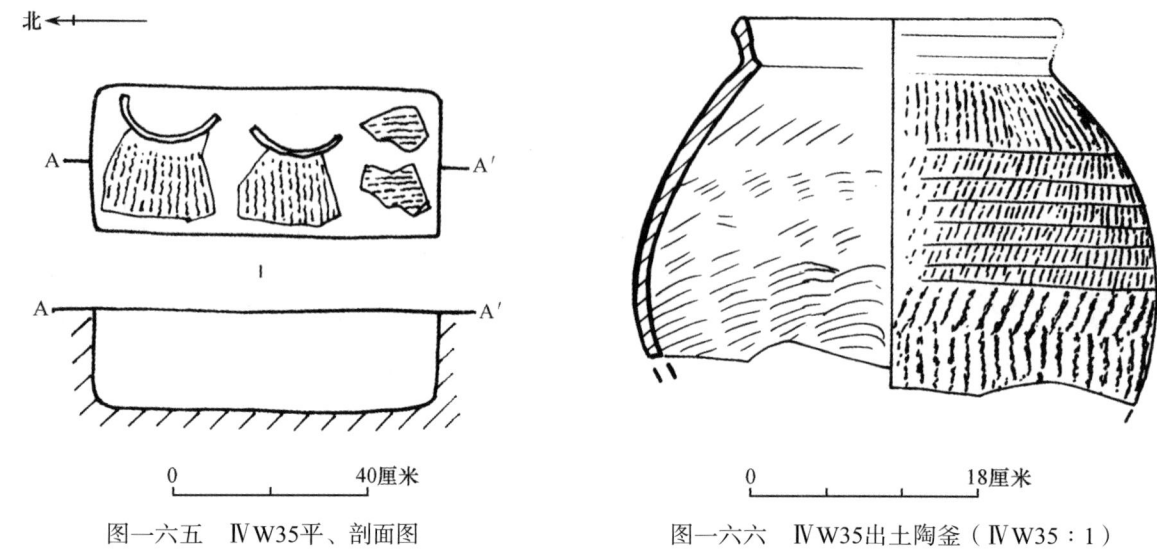

图一六五　ⅣW35平、剖面图

图一六六　ⅣW35出土陶釜（ⅣW35∶1）

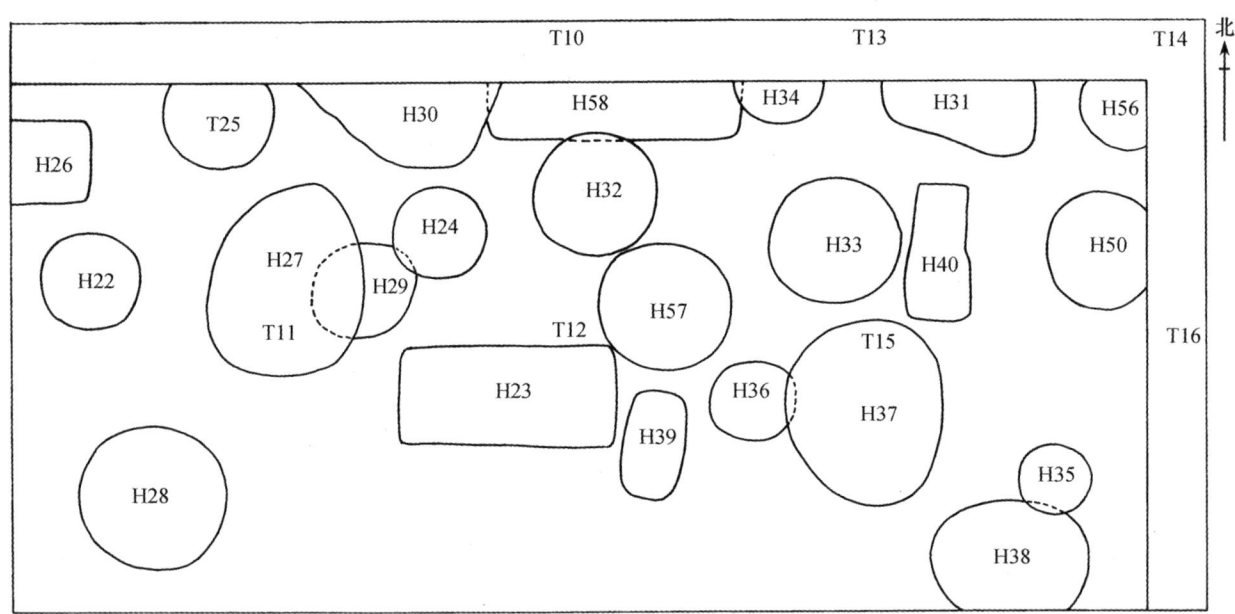

图一六七　Ⅳb区总平面图

表五　Ⅳb区地层、遗迹与遗物对照表

层位 探方	面积 （平方米）	①层		②层		③层	
		遗迹	遗物	遗迹	遗物	遗迹	遗物
ⅣT9	5×5	H22、H25、H26、H27	陶钵、瓦片				
ⅣT10	5×5	H30	陶罐、陶盆、陶钵、陶拍	H24、H29、H58	陶盆、陶钵		
ⅣT11	5×5	H28	陶壶、陶盆、陶钵、筒瓦				

续表

层位探方	面积（平方米）	①层		②层		③层	
		遗迹	遗物	遗迹	遗物	遗迹	遗物
ⅣT12	5×5	H23	陶豆				
ⅣT13	5×5	H32、H34	陶盆、陶钵、陶器座、陶拍、陶饼	H33、H57、H58	陶釜、陶罐、陶盆、陶钵、陶豆		
ⅣT14	5×5	H31、H40、H50	陶鼎、陶盆、陶钵、陶豆	H56	陶盆、陶钵		
ⅣT15	5×5			H36、H37、H39	陶片、瓦片		
ⅣT16	5×5			H35	陶片	H38	陶片

（1）地层堆积与出土遗物

1）地层堆积

该发掘区的地层堆积根据土质、土色与其包含物的不同，堆积层可分为3层。现以ⅣT9、ⅣT10、ⅣT13、ⅣT14的北壁剖面为例介绍如下（图一六八）。

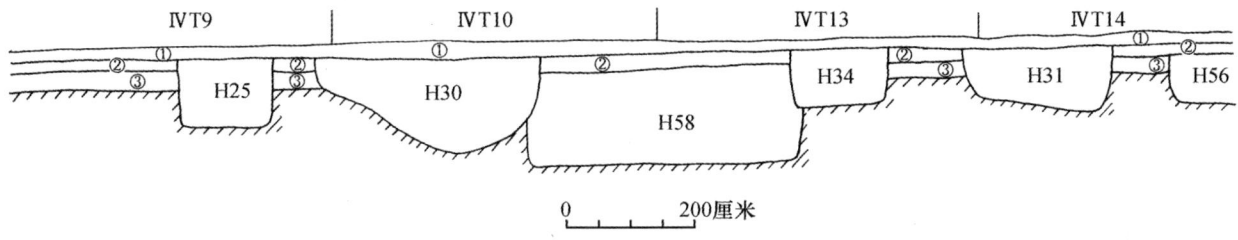

图一六八　ⅣT9、ⅣT10、ⅣT13、ⅣT14北壁剖面图

第1层：耕土层，灰黄色砂土，土质较松软，含有少量的砂粒，出土少量的陶片、瓦片等。厚15～20厘米。ⅣH25、ⅣH30、ⅣH31、ⅣH34等遗迹开口于此层下。

第2层：灰褐色花土，土质较硬，含有少量的草木灰、红烧土块等。分布于整个发掘区，深15～20厘米，厚20～30厘米。出土物有陶釜、罐、盆、钵、豆等。ⅣH56、ⅣH58等遗迹开口于此层下。

第3层：黄褐色花土，土质较硬，结合较紧密，含有较多的砂粒等，分布于整个发掘区，深35～50厘米，厚25～40厘米。出土物有陶釜、盆、豆等。

第3层下为生土层。

2）出土遗物

有陶壶、盆、钵、匜钵、豆等。

壶　1件。标本ⅣT13②:5，口、肩残片，泥质灰陶。敞口，圆唇，高领，弧肩。颈部素面抹光，肩饰弦断纹。口径11.6、残高11厘米（图一六九，6）。

盆　2件。标本ⅣT14②:1，泥质灰陶。敛口，宽折沿，方唇，弧腹，平底。上腹饰弦断绳纹，下腹素面刮光。口径46.5、底径20、高25.6厘米（图一六九，1）。标本ⅣT16②:1，

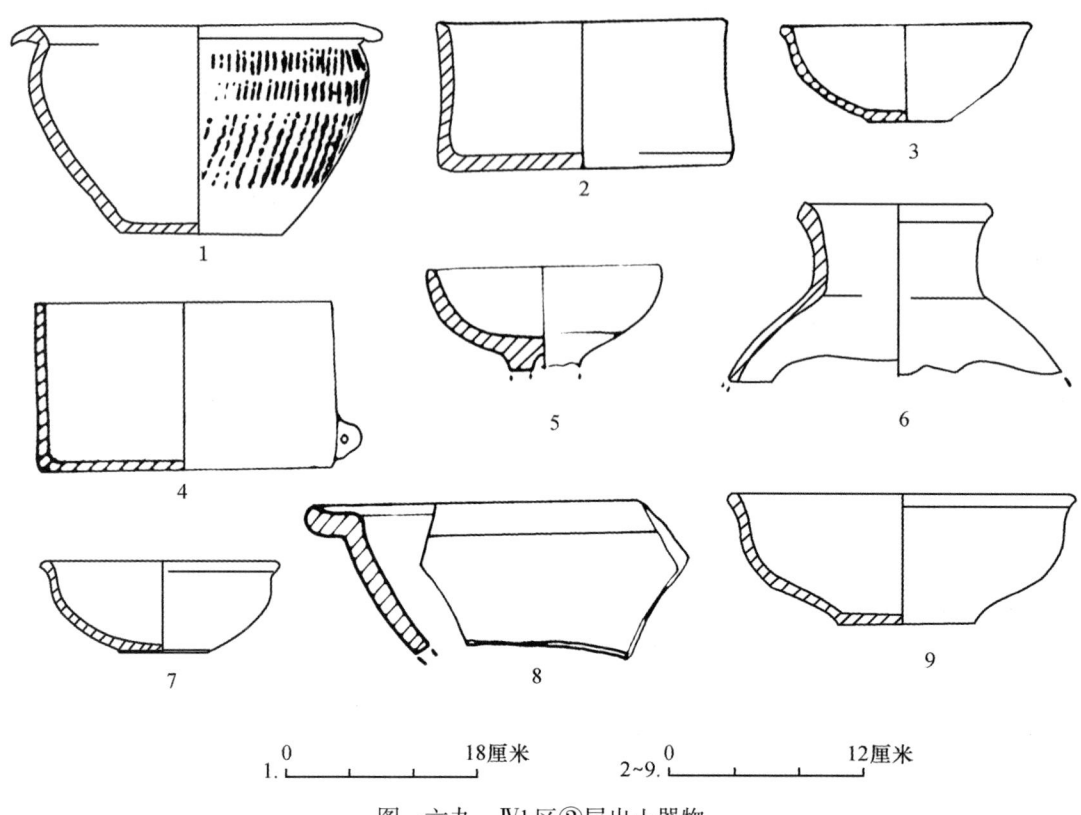

图一六九　Ⅳb区②层出土器物
1、8. 陶盆（ⅣT14②：1、ⅣT16②：1）　2、4. 匜钵（ⅣT10②：3、ⅣT13②：2）　3、7、9. 陶钵（ⅣT10②：2、ⅣT10②：1、ⅣT9②：2）　5. 陶豆（ⅣT13②：3）　6. 陶壶（ⅣT13②：5）

口、腹残片，泥质灰褐陶，手制。敞口，宽平沿，外缘有凸棱一周，斜腹。素面抹光。口径67、残高9.6厘米（图一六九，8）。

钵　3件。标本ⅣT9②：2，泥质灰陶。敞口，圆唇，弧腹，平底内凹。素面抹光。口径20.8、底径8.4、高8厘米（图一六九，9；图版二三，3）。标本ⅣT10②：1，泥质灰陶。敞口，圆唇，弧壁，平底。通体素面磨光。口径14.2、底径5.7、高5.6厘米（图一六九，7）。标本ⅣT10②：2，口径15.2、底径5.5、高6厘米（图一六九，3）。

匜钵　2件。标本ⅣT13②：2，泥质灰陶。直口，方唇，直壁，平底。在近底部附一桥形小耳。通体素面抹光。口径18.3、底径18.5、高10.4厘米（图一六九，4）。标本ⅣT10②：3，泥质灰陶。直口略外侈，方唇，直壁呈亚腰形，平底。通体素面抹光。口径17.6、底径18.4、高9.2厘米（图一六九，2）。

豆　1件。标本ⅣT13②：3，口、腹残片，泥质灰褐陶。敞口，圆唇，深腹。外壁素面抹光，内壁饰暗弦纹。口径13.2、残高6.4厘米（图一六九，5）。

（2）遗迹

灰坑　共23个。有圆形、椭圆形、长方形和不规则形几种；坑壁有直壁、斜直壁和弧壁三类；坑底有平底和圜底之分。

ⅣH23　位于ⅣT12的东北部，开口于第1层下，距地表深20厘米，打破第2层及生土层。平面呈长方形，由台阶和穴坑两部分组成，斜弧壁，圜底。台阶呈长方形，长100、宽120、高40厘米；穴坑长170、宽120、深120厘米。坑内填灰花土，土质较松软，含有少量的陶片和动物骨骼等（图一七〇）。

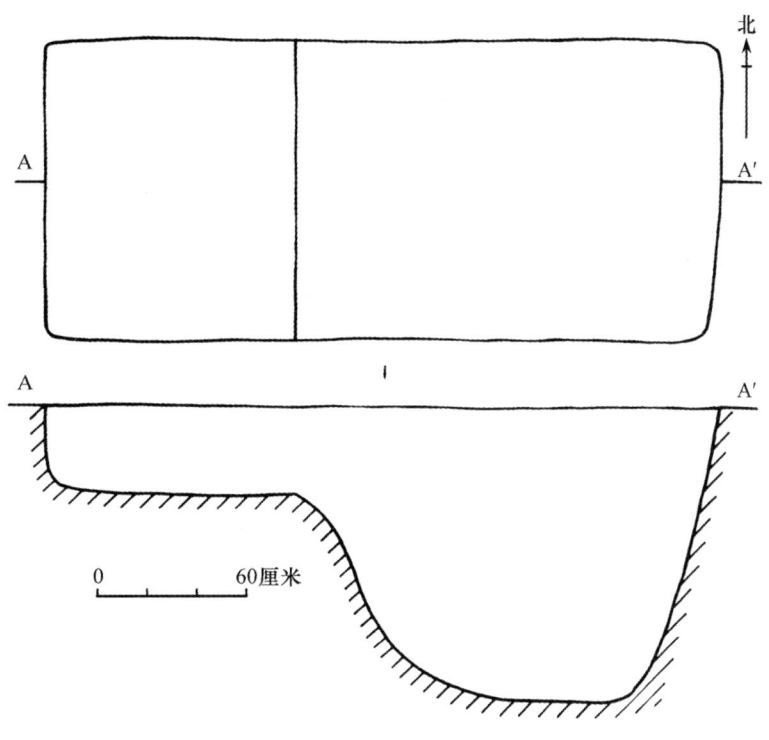

图一七〇　ⅣH23平、剖面图

出土器物有陶钵、豆等。

钵　1件。标本ⅣH23∶2，泥质灰陶。敞口，方唇，折腹，折角起棱，下腹急收，近底部壁向内凹，平底。通体素面抹光。口径14.8、底径4.5、高5.5厘米（图一七一，2）。

豆　1件。标本ⅣH23∶1，豆盘，泥质灰陶。敞口，尖圆唇，折腹较深，折角起棱。通体素面抹光。口径14.4、残高5.6厘米（图一七一，1）。

ⅣH24　位于ⅣT10的中南部，开口于第2层下，距地表深50厘米，打破ⅣH29及生土层。平面呈圆形，直壁，平底。口径155、深70厘米。坑内填灰花土，土质较松软，含有少量的砂粒、红泥块，出土较多的陶片和动物骨骼等（图一七二）。

出土器物有陶盆、钵、匜钵、碗、杯、砚等。

盆　1件。标本ⅣH24∶4，口、腹残片，泥质灰褐陶。敞口，窄平沿、方唇，弧壁。上腹饰弦纹被抹，腹饰弦断绳纹，下腹留有刀削痕。口径26、残高10厘米（图一七三，5）。

钵　1件。标本ⅣH24∶2，泥质灰陶。直口微敛，尖唇，折腹，平底。口径10.7、底径5、高3.6厘米（图一七三，2）。

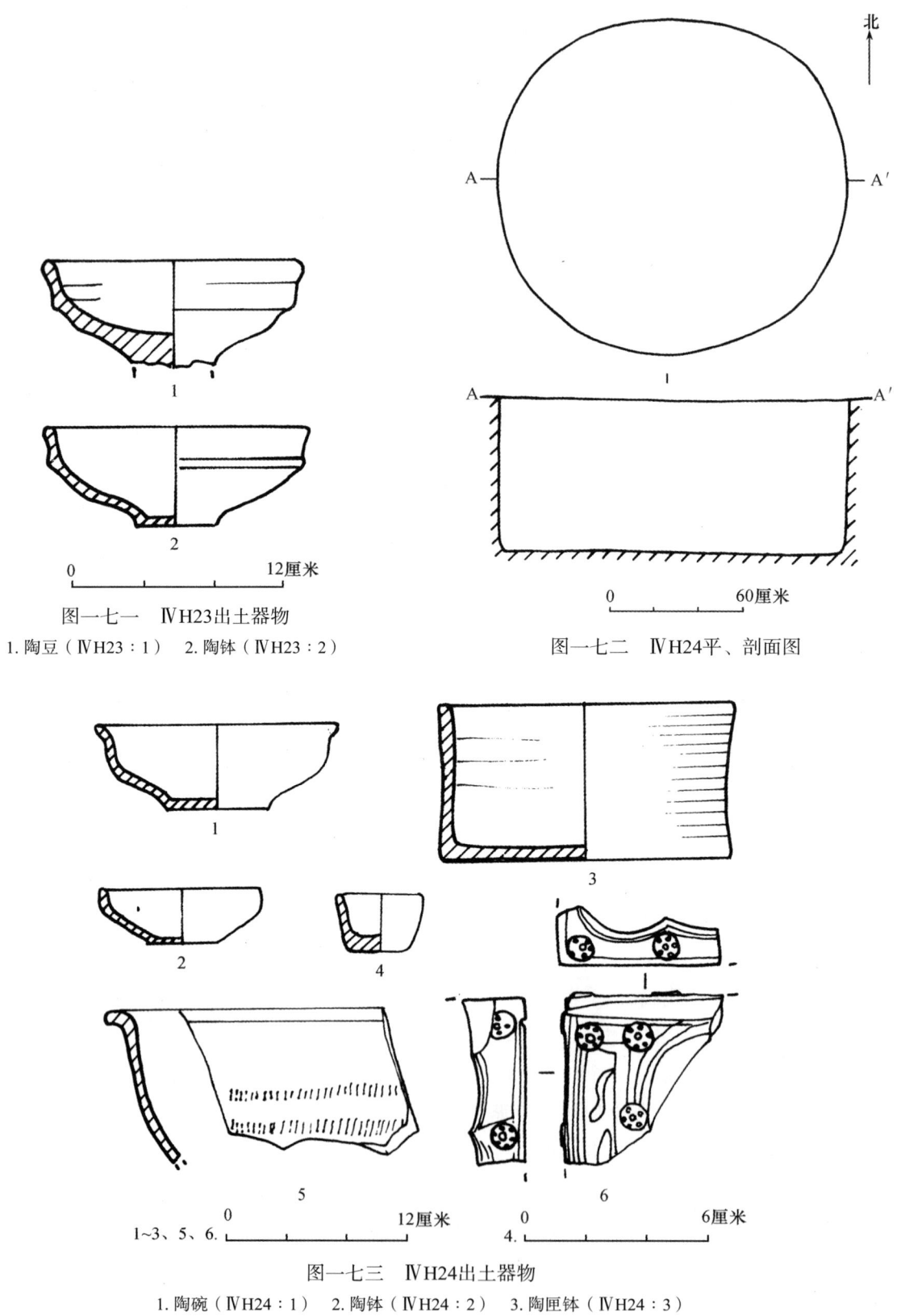

图一七一　ⅣH23出土器物
1. 陶豆（ⅣH23：1）　2. 陶钵（ⅣH23：2）

图一七二　ⅣH24平、剖面图

图一七三　ⅣH24出土器物
1. 陶碗（ⅣH24：1）　2. 陶钵（ⅣH24：2）　3. 陶匣钵（ⅣH24：3）
4. 陶杯（ⅣH24：6）　5. 陶盆（ⅣH24：4）　6. 陶砚（ⅣH24：5）

匣钵　1件。标本ⅣH24∶3，泥质灰陶。直口略外侈，方唇，壁呈亚腰形，平底。器表素面抹光，留有抹痕，内壁饰暗弦纹。口径19.4、底径19.2、高10.5厘米（图一七三，3）。

碗　1件。标本ⅣH24∶1，泥质灰陶。敞口外侈，圆唇，折腹，下腹近底部壁向内凹较甚，平底。通体素面抹光。口径16、底径6.7、高5.7厘米（图一七三，1）。

杯　1件。标本ⅣH24∶6，泥质灰褐陶，手制。敞口，尖圆唇，斜腹，平底。通体素面抹光。口径2.9、底径2、高1.8厘米（图一七三，4）。

砚　1件。标本ⅣH24∶5，残，细泥灰陶，模制。呈长方形。残长10、残宽9.6、残高3.6厘米（图一七三，6）。

ⅣH27　位于ⅣT9的西南部、ⅣT10的东南部，开口于第1层下，距地表深20厘米，打破ⅣH29及生土层。平面呈椭圆形，坑口略大于坑底，斜直壁，平底。坑口长径340、短径260、深95厘米。坑内填灰花土，土质较松软，含有少量的草木灰、红烧土块和砂粒，出土物较少（图一七四）。

出土器物有陶匣钵、陶饼等。

匣钵　1件。标本ⅣH27∶1，泥质灰陶。直口微敛，方唇，直壁，平底。通体素面抹光。口径20.5、底径19、高10厘米（图一七五，1）。

陶饼　1件。标本ⅣH27∶2，泥质灰陶片打制而成。平面呈圆形，一侧带字，一侧素面，直径4.8、厚1.2厘米（图一七五，2）。

ⅣH28　位于ⅣT11的中部，开口于第1层下，距地表深20厘米，打破第2层及第3层。平面呈圆形，直壁，平底。直径245、深

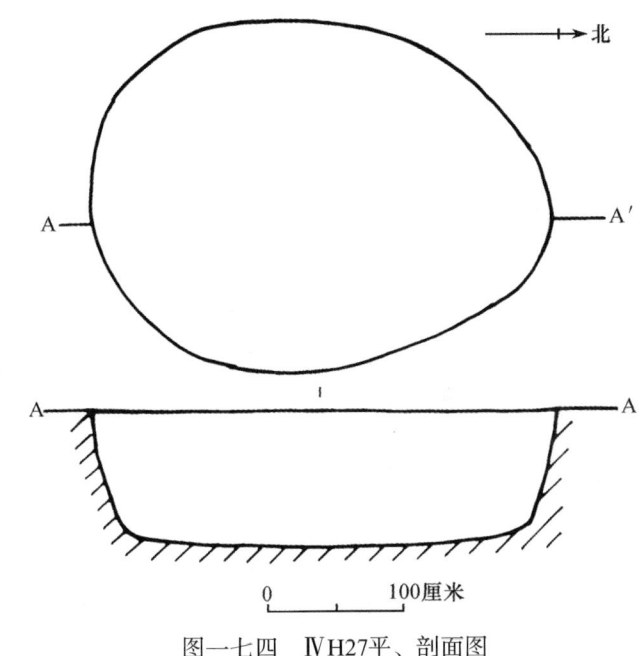

图一七四　ⅣH27平、剖面图

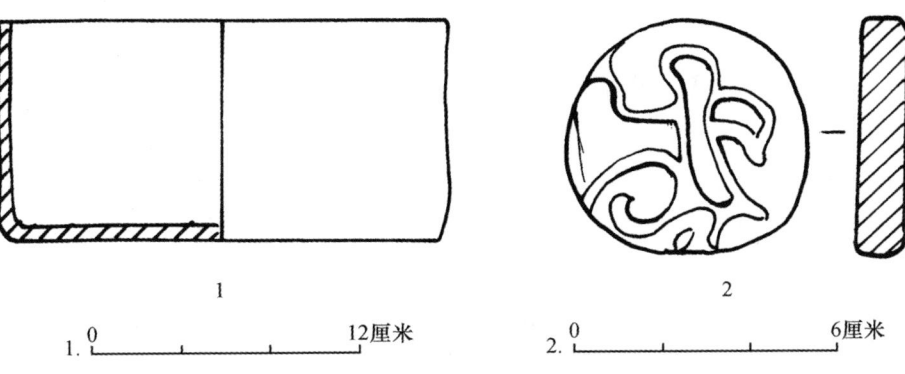

图一七五　ⅣH27出土器物
1.陶匣钵（ⅣH27∶1）　2.陶饼（ⅣH27∶2）

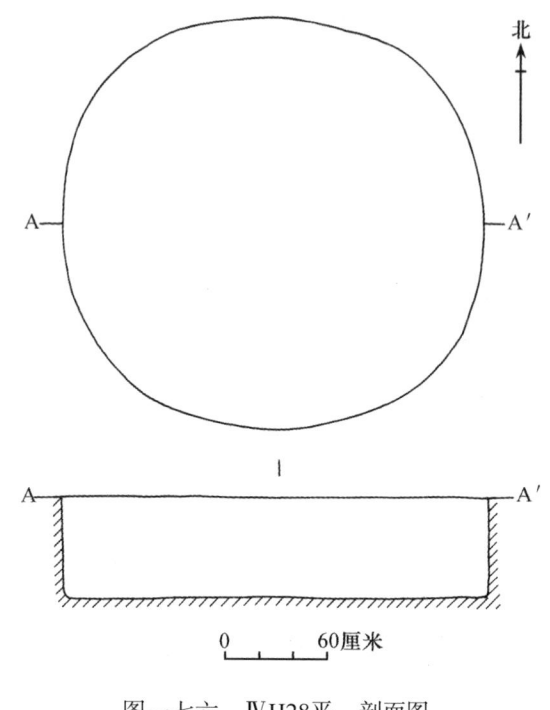

图一七六 ⅣH28平、剖面图

60厘米。坑内填灰花土，土质较松软，夹杂草木灰和红烧土块，含有较多陶片和动物骨骼等（图一七六）。

出土器物有陶壶、陶钵、筒瓦等。

壶 2件。标本ⅣH28：5，口部残，泥质灰陶，模制。鼓肩，平底。肩部素面磨光，以下素面抹光。底径10.8、残高21.2厘米（图一七七，3）。标本ⅣH28：6，残片，细泥黑陶，轮制。弧肩，鼓腹，肩饰暗网格纹，腹饰暗弦纹，不甚规整，较为随意。腹径14.4、残高9.6厘米（图一七七，4）。

钵 1件。标本ⅣH28：1，口、腹残片，泥质灰陶。微敛口，方唇，折腹，下腹弧收，上腹素面抹光，下腹留有刮痕。口径32、残高10厘米（图一七七，5）。

筒瓦 2件。标本ⅣH28：3，稍残，泥质灰陶。方头，半圆形，子母口，咬合面较短。瓦背饰弦断绳纹，内壁饰布纹。直径16.4、残长40、厚1.6厘米（图一七七，1）。标本ⅣH28：4，残，泥质灰陶。方头，半圆形，子母口，咬合面较短。瓦背饰纵向绳纹，内壁饰布纹。残长16、厚1.6厘米（图一七七，2）。

ⅣH30 位于ⅣT10的北部，开口于第1层下，距地表深20厘米，打破ⅣH58及生土层。平面呈不规则形（只清理一部分），斜弧壁，圜底。坑口长340、清理宽145、深150厘米。坑内填灰花土，土质较松软，含有草木灰、砂粒、木炭粒等，出土较多的陶片等（图一七八）。

出土器物有罐、盆、钵、陶拍等。

罐 1件。标本ⅣH30：3，泥质黑陶，手制。宽平沿略内斜，沿面上有凹槽两周，方唇，唇面凹槽一周，矮领，束颈，鼓腹，平底。通体素面抹光，肩部有三处划痕，较为随意，整体器型厚重，不甚规整，内壁留有泥条盘筑之迹。口径18、底径18.6、高39.6厘米（图一七九，1）。

盆 1件。标本ⅣH30：2，泥质灰陶，模制。敞口，宽平沿，沿面外缘有凹槽一周，内缘起凸棱，尖圆唇，斜腹，平底。外壁素面抹光，内壁及口部留有轮制时的弦痕。口径36.8、底径16.5、高17.6厘米（图一七九，2）。

钵 1件。标本ⅣH30：1，泥质灰陶。敞口外侈，尖圆唇，弧壁，平底。通体素面抹光。口径13.8、底径5.5、高5厘米（图一七九，3）。

陶拍 1件。标本ⅣH30：4，泥质灰褐陶。平面呈圆角长方形，拍面微弧，拍背弧凸。长9.6、宽7、厚3.2厘米（图一七九，4）。

ⅣH31 位于ⅣT14西北部，开口于第1层下，距地表深20厘米，打破第2层及生土层。平面

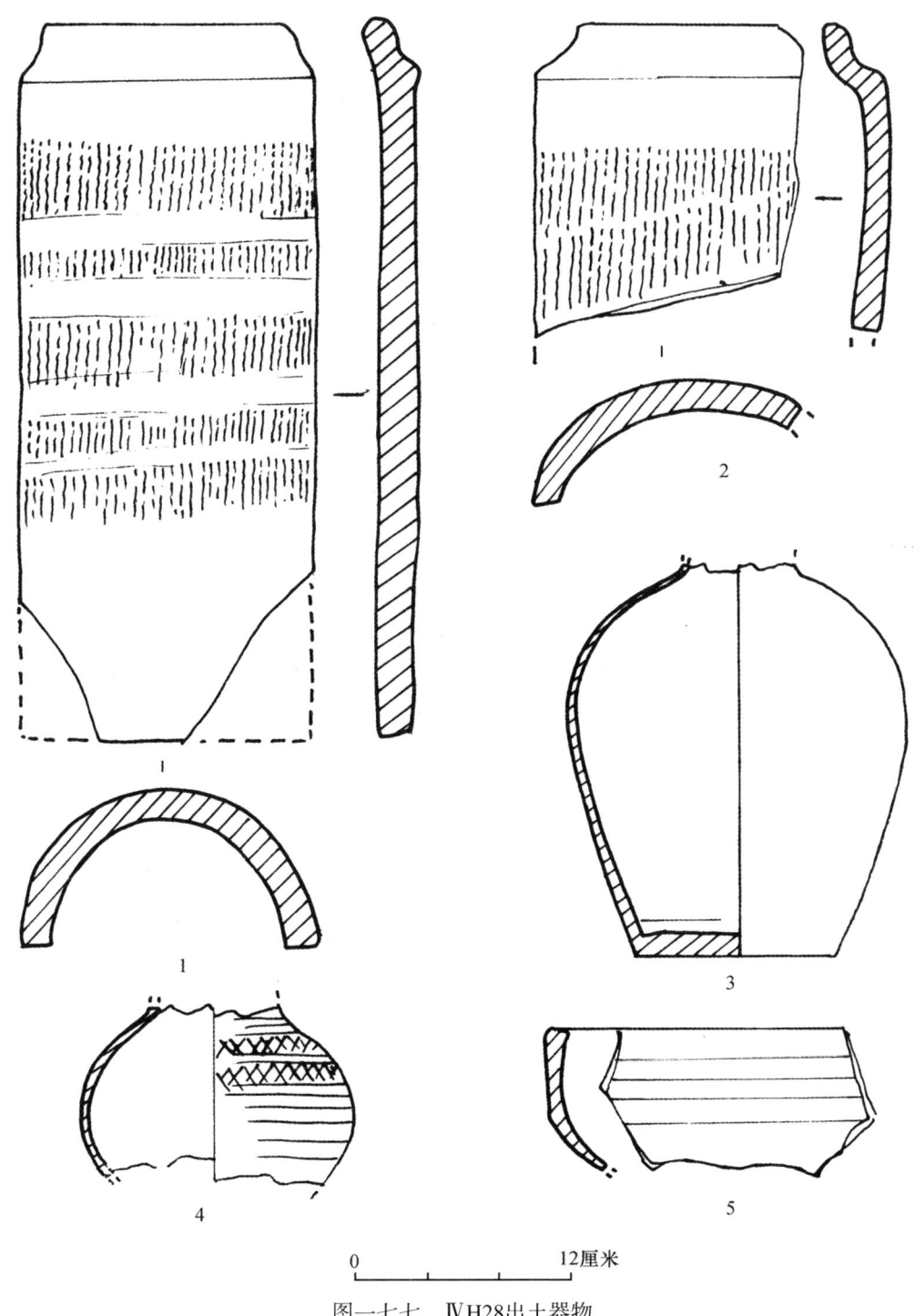

图一七七　ⅣH28出土器物

1、2.筒瓦（ⅣH28：3、ⅣH28：4）　3、4.陶壶（ⅣH28：5、ⅣH28：6）　5.陶钵（ⅣH28：1）

呈不规则形（只清理一部分），斜壁，斜底。坑口长225、清理宽80～130、深75～110厘米。坑内填灰绿色土，土质较松软，含有较多的陶片等（图一八〇）。

出土器物有陶鼎、盆、钵、匣钵、豆等。

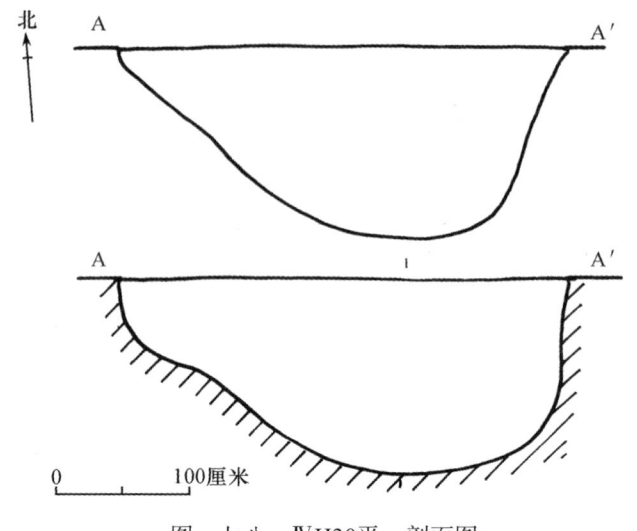

图一七八　ⅣH30平、剖面图

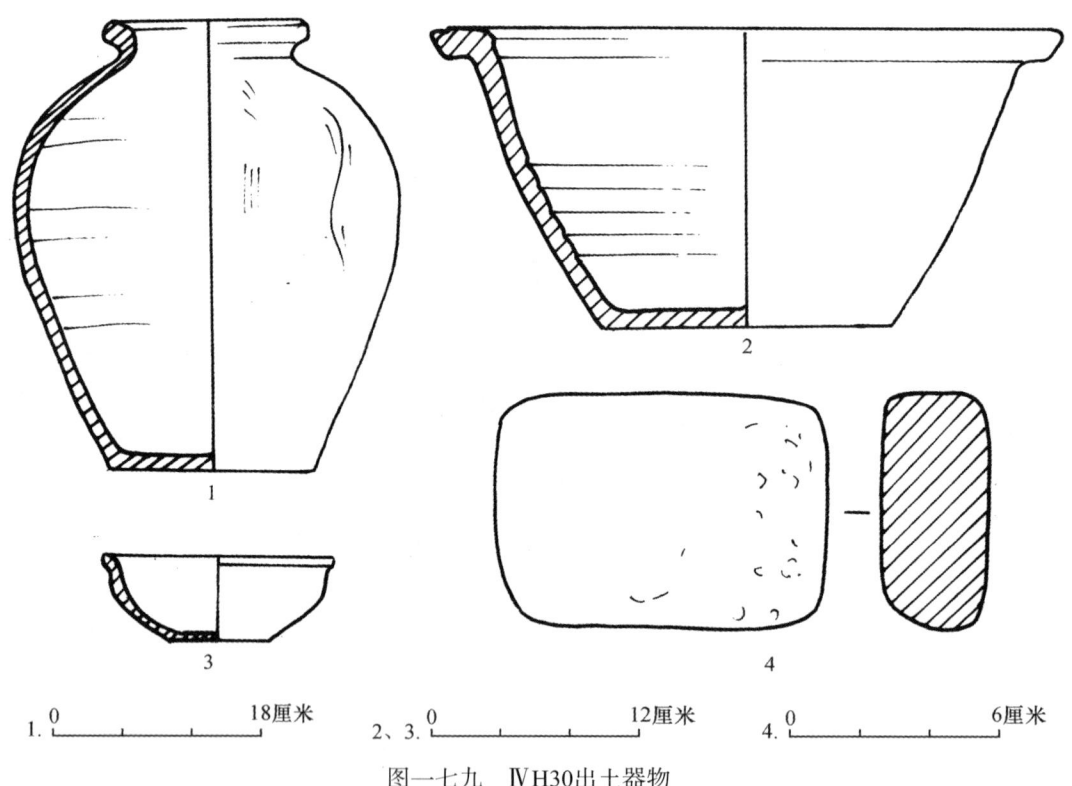

图一七九　ⅣH30出土器物
1. 陶罐（ⅣH30∶3）　2. 陶盆（ⅣH30∶2）　3. 陶钵（ⅣH30∶1）　4. 陶拍（ⅣH30∶4）

鼎足　1件。标本ⅣH31∶9，夹砂灰陶。为柱状蹄足，素面抹光。高16厘米（图一八一，9）。

盆　2件。标本ⅣH31∶8，直口，宽平沿，方唇，直腹，下腹斜收，平底。肩饰弦纹数周，上腹饰弦断绳纹，下腹素面刮光。口径29.5、底径12.7、高17.5厘米（图一八一，4）。标

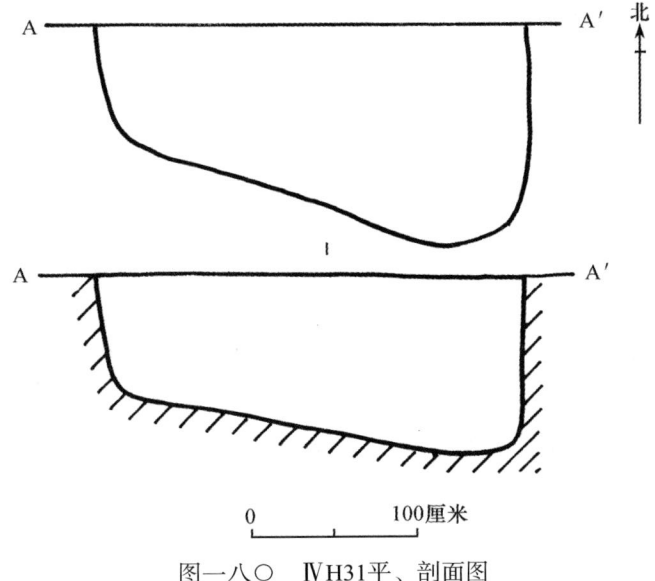

图一八〇　ⅣH31平、剖面图

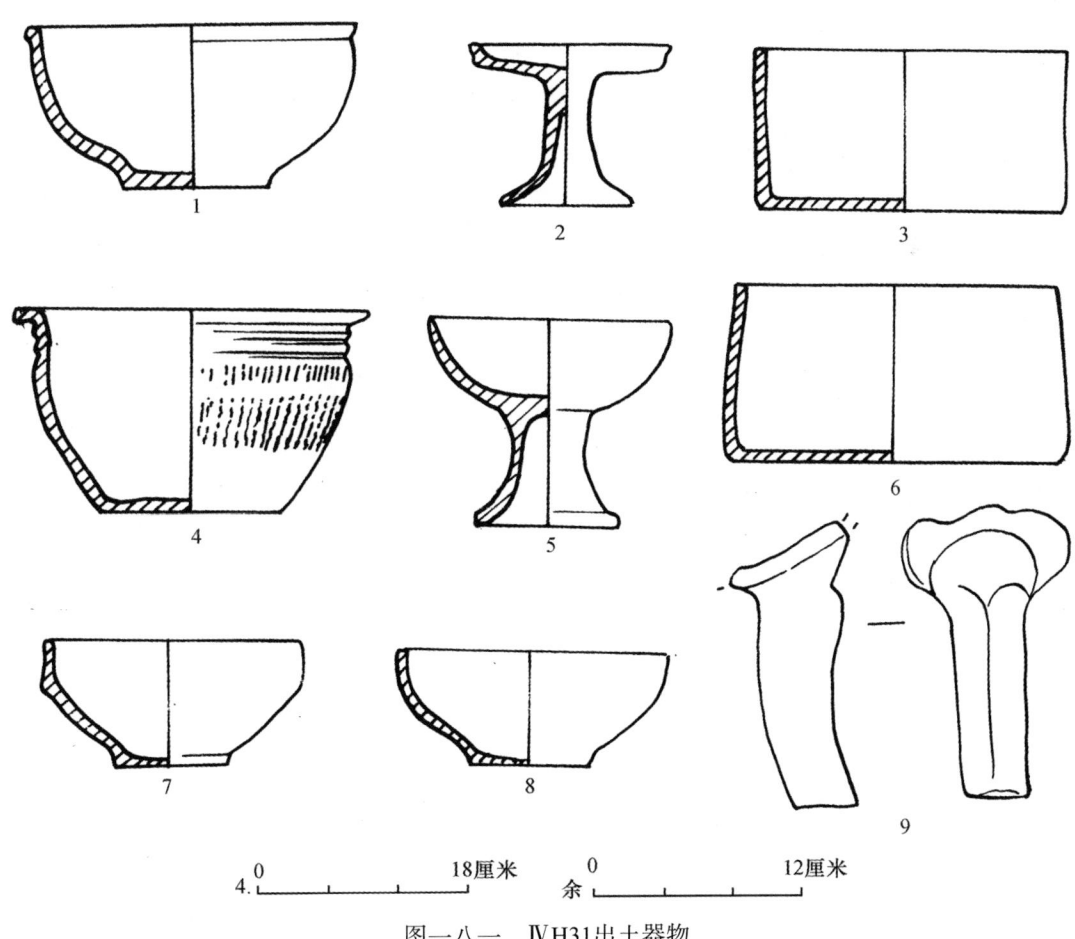

图一八一　ⅣH31出土器物

1、4. 陶盆（ⅣH31:7、ⅣH31:8）　2、5. 陶豆（ⅣH31:1、ⅣH31:2）　3、6. 陶匣钵（ⅣH31:5、ⅣH31:3）
7、8. 陶钵（ⅣH31:4、ⅣH31:6）　9. 陶鼎足（ⅣH31:9）

本ⅣH31：7，泥质灰陶。直口，平沿，圆唇，斜弧腹，下腹急收，近底部壁向内凹，平底。通体素面抹光。口径18.7、底径8.4、高9.5厘米（图一八一，1）。

钵　2件。标本ⅣH31：6，泥质灰陶。敞口，方唇，深腹，下腹壁内凹，平底。通体素面抹光。口径15、底径7、高6.6厘米（图一八一，8）。标本ⅣH31：4，口径14.5、底径6.7、高7.5厘米（图一八一，7）。

匜钵　2件。标本ⅣH31：5，泥质灰陶。直口略外侈，方唇，直壁，平底。通体素面抹光。口径18、底径17.8、高9.3厘米（图一八一，3）。标本ⅣH31：3，泥质灰陶。敛口，方唇，斜直壁，平底。通体素面抹光。口径19.2、底径18.6、高10厘米（图一八一，6）。

豆　2件。标本ⅣH31：2，泥质灰陶。敞口，尖唇，折腹，高柄，柄下部中空，喇叭形底座。器表素面抹光，内壁饰暗弦纹，底部刻划"×"纹。口径14、底径8.2、高11.6厘米（图一八一，5）。标本ⅣH31：1，泥质灰陶。敞口，圆唇，浅盘，折腹，高直柄，柄下部中空，喇叭形底座。通体素面抹光。口径11、底径7.8、高9.4厘米（图一八一，2）。

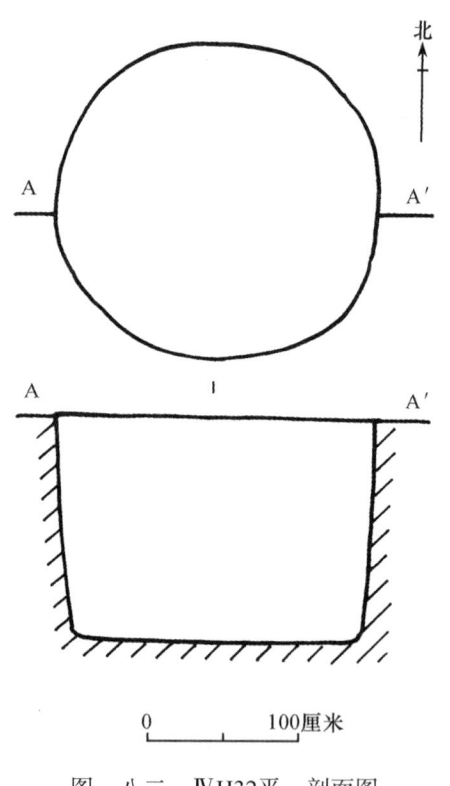

图一八二　ⅣH32平、剖面图

ⅣH32　位于ⅣT13的西中部，开口于第1层下，距地表深20厘米，打破第2层、ⅣH58及生土层。平面呈圆形，坑口略大于坑底，斜直壁，平底。坑口直径210、深150厘米，坑内填灰花土，土质较松软，含有草木灰、红烧土块，出土较多的陶片等（图一八二）。

出土器物有盆、钵、器座、陶拍、陶饼等。

盆　1件。标本ⅣH32：1，泥质灰陶。敞口，窄平沿，圆唇，上腹较直，下腹近底部壁向内凹，平底。素面抹光。口径11.7、底径6、高3.6厘米（图一八三，5）。

钵　2件。标本ⅣH32：3，泥质灰陶。敞口，方唇，折腹，折角起棱，下腹急收，近底部壁向内凹，小平底。上腹素面抹光，下腹近底部有旋削痕迹。口径25.3、底径7.7、高11厘米（图一八三，1）。标本ⅣH32：2，泥质灰陶。敞口，圆唇，深腹，下腹近底部壁向内凹，平底。上腹饰凸弦纹三周，下腹素面抹光。口径22.2、底径8.7、高11厘米（图一八三，6）。

器座　2件。标本ⅣH32：4，泥质灰陶。直口，方唇，平底，平面呈"凸"字形，通体素面抹光。口径79.9、底径23.8、高5.7厘米（图一八三，4）。标本ⅣH32：5，泥质灰陶。敛口，方唇，平底，平面呈"凸"字形，通体素面抹光。口径20、底径27、高5.8厘米（图一八三，2）。

陶拍　1件。标本ⅣH32：8，泥质灰陶。呈长方形，拍面饰网纹，拍的一侧钻孔，呈椭圆形。直径2.5~3.6厘米，拍长13.5、宽9.6、厚1.6~6厘米（图一八三，7；图版二三，4）。

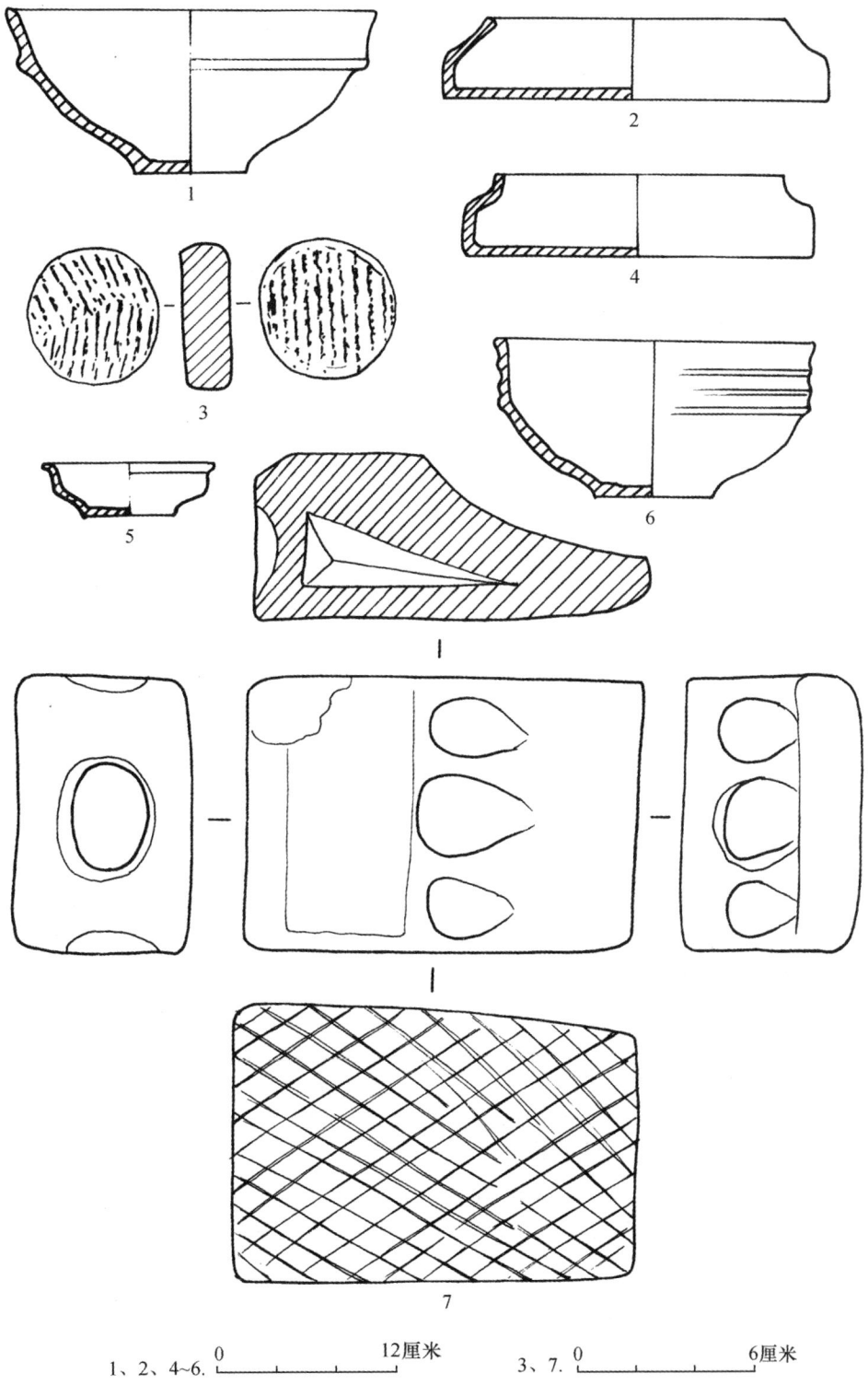

图一八三 ⅣH32出土器物

1、6. 陶钵（ⅣH32：3、ⅣH32：2） 2、4. 陶器座（ⅣH32：5、ⅣH32：4） 3. 陶饼（ⅣH32：6）
5. 陶盆（ⅣH32：1） 7. 陶拍（ⅣH32：8）

陶饼　1件。标本ⅣH32：6，泥质灰陶片磨制而成。平面呈圆形，两侧面饰绳纹，一侧被抹。直径4.8、厚1.6厘米（图一八三，3）。

ⅣH33　位于ⅣT13的东南部，开口于第2层下，距地表深50厘米，打破第3层及生土层。平面呈圆形，坑口略大于坑底，直壁，平底。口径220、深140厘米。坑内填黄褐色花土，土质较松软，含有少量的砂粒、红泥块，出土较多的陶片和少量的动物骨骼等。出土物可辨器型有釜、盆、钵、豆等（图一八四）。

出土器物有陶釜、盆、钵、豆、盘等。

釜　3件。标本ⅣH33：8，口、腹残片，夹砂灰黑陶，模制。侈口，方唇，高领，弧肩。饰粗绳纹。口径28.4、残高12厘米（图一八五，1）。标本ⅣH33：9，口、腹残片，夹砂灰褐陶，手制。侈口，方唇，束颈，鼓腹。饰粗绳纹，斜饰，向右下方斜，印痕较深，器表留有烟炱。口径26、残高16厘米（图一八五，3）。标本ⅣH33：7，口、腹残片，夹砂黑陶，模制。高领较直，直口略外侈，圆唇，弧腹。素面抹光。器表留有烟炱痕。口径16、残高12.8厘米（图一八五，8）。

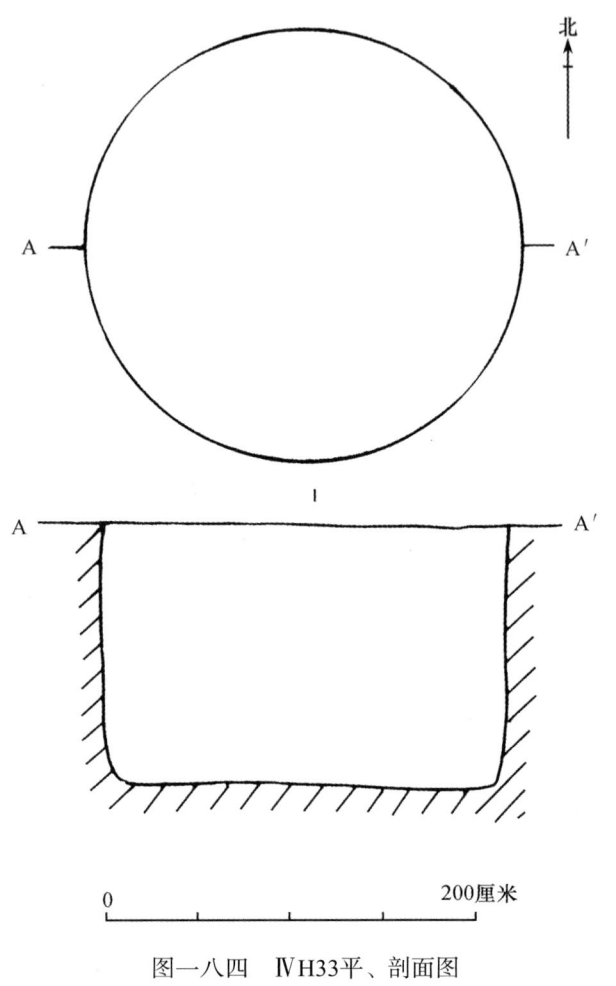

图一八四　ⅣH33平、剖面图

盆　2件。标本ⅣH33：4，口、腹残片，泥质灰陶。直口微敛，宽平沿，沿弧凸，方唇，唇面有凹槽一周，弧腹。上腹饰弦纹，腹绳纹。口径38、残高12.4厘米（图一八五，6）。标本ⅣH33：5，泥质灰褐陶，直口微敛，宽平沿，沿面弧凸，方唇，唇缘有凹槽一周，弧壁。上腹饰弦纹，腹饰弦断绳纹。内壁素面抹光后饰砑光暗纹。口径35、残高12.8厘米（图一八五，4）。

钵　2件。标本ⅣH33：3，泥质灰陶。直口，厚圆唇，弧腹，上腹斜直，下腹近底部壁内凹，平底内凹。器表素面抹光，内壁饰砑光暗纹。口径15、底径7、高7.2厘米（图一八五，5）。标本ⅣH33：6，口、腹残片，泥质灰陶。敛口，窄平沿，方唇，曲腹。素面抹光。口径24、残高8厘米（图一八五，2）。

豆　1件。标本ⅣH33：1，泥质红褐陶。敞口，尖圆唇，浅盘，折腹，高直柄，柄下部中空，喇叭形底座。通体素面抹光。口径12.5、底径7.3、高11.5厘米（图一八五，9）。

盘　1件。标本ⅣH33：2，泥质灰褐陶，敛口，方唇，弧腹，平底，下附三梯形矮足。通

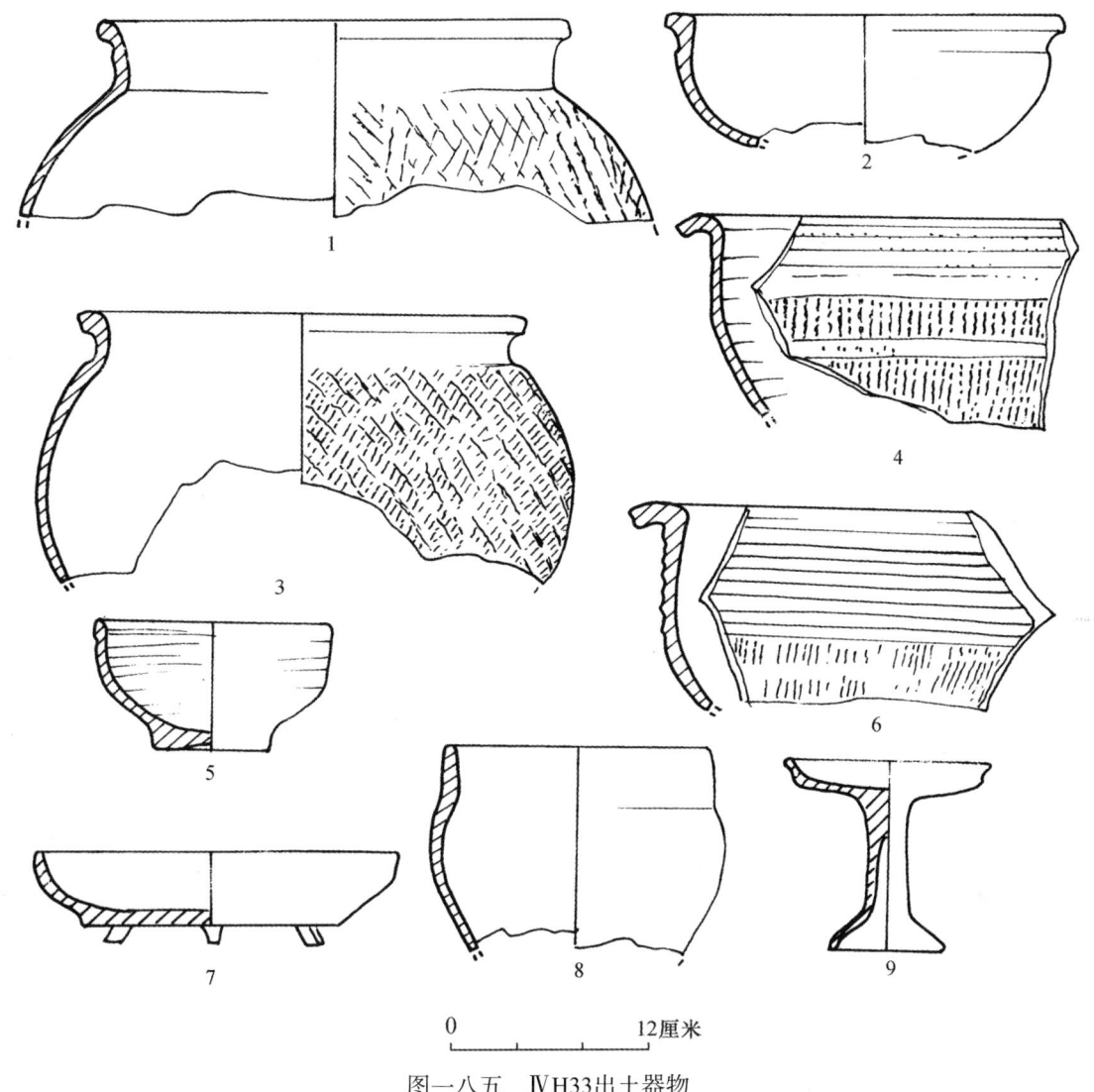

图一八五　ⅣH33出土器物

1、3、8.陶釜（ⅣH33：8、ⅣH33：9、ⅣH33：7）　2、5.钵（ⅣH33：6、ⅣH33：3）

4、6.陶盆（ⅣH33：5、ⅣH33：4）　7.陶盘（ⅣH33：2）　9.陶豆（ⅣH33：1）

体素面磨光。口径22.3、底径15.8、足高1.2、通高5.6厘米（图一八五，7）。

ⅣH37　位于ⅣT15的东北部，开口于第2层下，距地表深50厘米，被ⅣH36打破，打破第3层及生土层。平面呈椭圆形，直壁，平底。坑口长径300、短径260、深165厘米。坑内填灰花土，土质较松软，含有少量的陶片等（图一八六）。

ⅣH38　位于ⅣT16的西南部，开口于第3层下，距地表深70厘米，被ⅣH35打破，打破生土层。平面呈椭圆形，直壁，平底。坑口长径260、短径210、深100厘米。其内堆积为灰花土，土质较松软，含有少量的陶片等（图一八七）。

ⅣH39　位于ⅣT15的西北部，开口于第3层下，距地表深50厘米，打破生土层。平面呈弧角长方形，直壁，平底。坑口长190、宽100、深40厘米。坑内填灰花土，土质较松软，含有少量的陶器残片等（图一八八）。

ⅣH40　位于ⅣT14的西南部，开口于第1层下，距地表深20厘米，打破第2层及生土层。平面呈不规则形，直壁，平底。坑口长230、宽85～110、深125厘米。坑内填黄花土，土质较硬，含有少量的陶器碎片等（图一八九）。

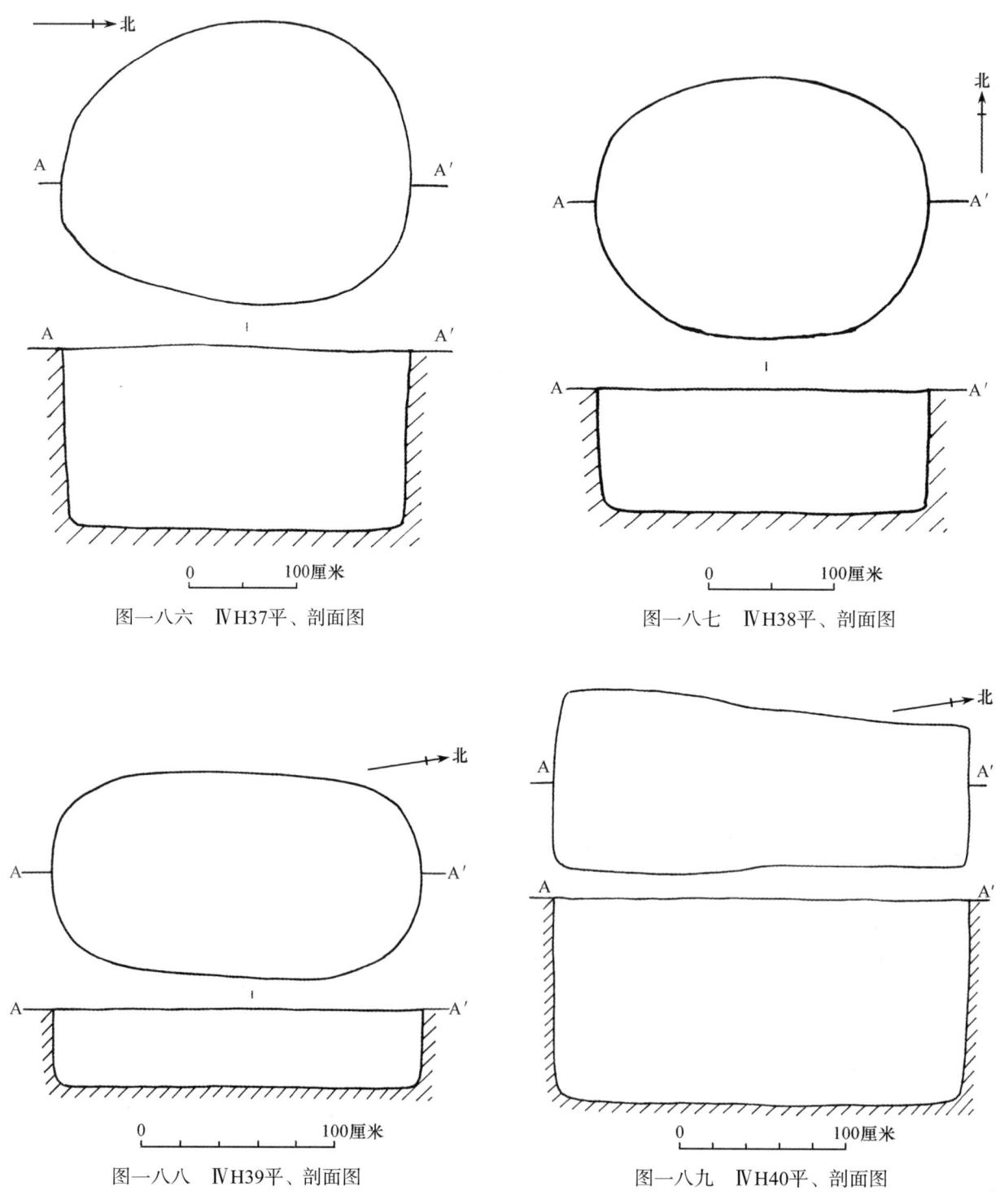

图一八六　ⅣH37平、剖面图

图一八七　ⅣH38平、剖面图

图一八八　ⅣH39平、剖面图

图一八九　ⅣH40平、剖面图

3. Ⅳc区发掘

Ⅳc区（即第Ⅳ发掘区T5～T8）位于南城的中部，北距b区约25米。发掘5米×5米的探方4个，发掘面积为100平方米（图一九〇）。共清理发掘灰坑11个，壕沟1条。出土物器类有陶器、铁器等（表六）。

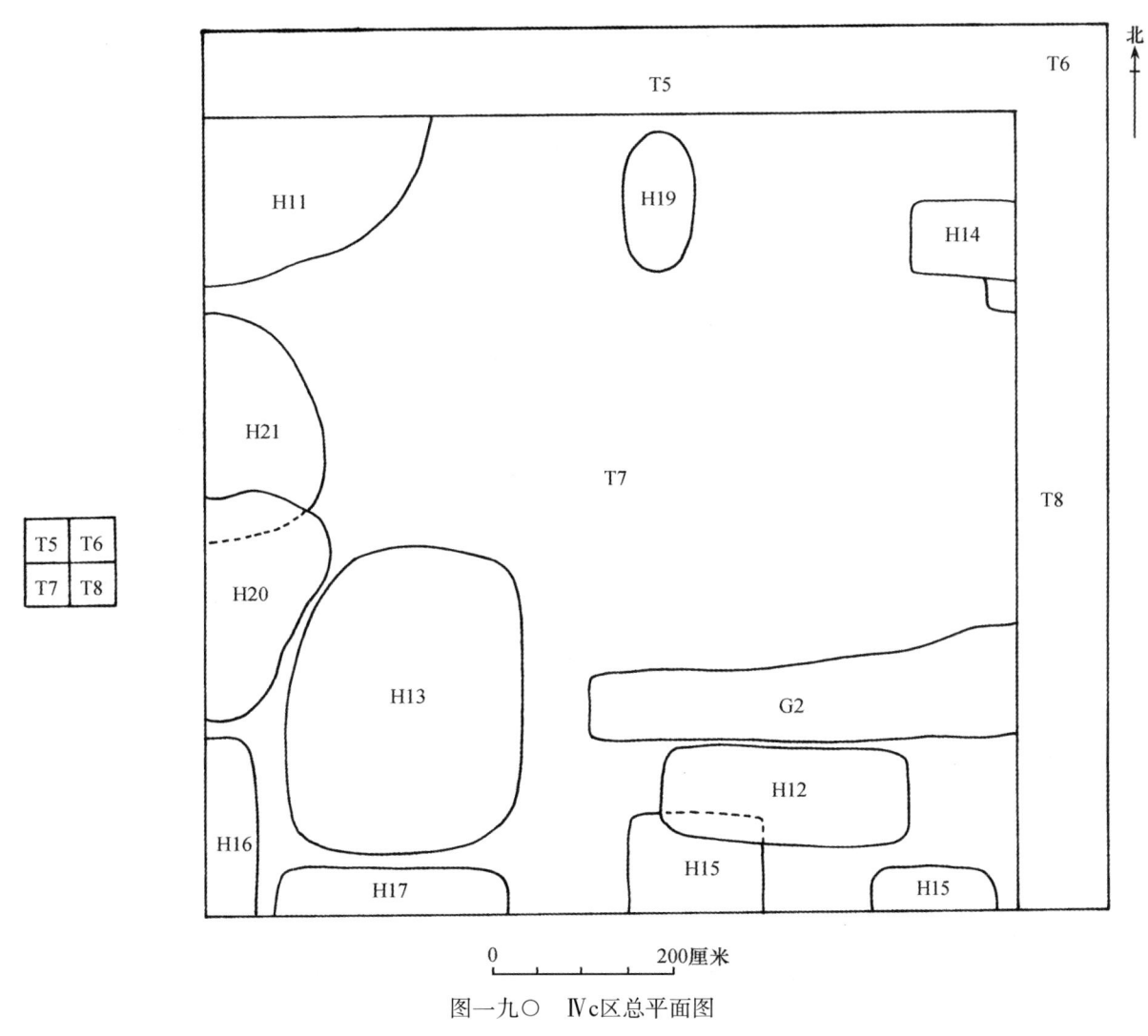

图一九〇　Ⅳc区总平面图

表六　Ⅳc区地层、遗迹与遗物对照表

探方 \ 层位	面积（平方米）	①层		②层		③层	
		遗迹	遗物	遗迹	遗物	遗迹	遗物
ⅣT5	5×5			H11、H21	陶钵		
ⅣT6	5×5			H14、H19	陶片		
ⅣT7	5×5			H16、H17、H20	陶片、瓦片	H13	陶片
ⅣT8	5×5			H12、H15、H18、G2	陶罐、陶钵、陶甑		

（1）地层堆积与出土遗物

1）地层堆积

该发掘区的地层堆积根据土质、土色与其包含物的不同，堆积层可分3层，西半部较厚，东半部较薄。现以ⅣT7、ⅣT8的北壁剖面为例介绍如下（图一九一）。

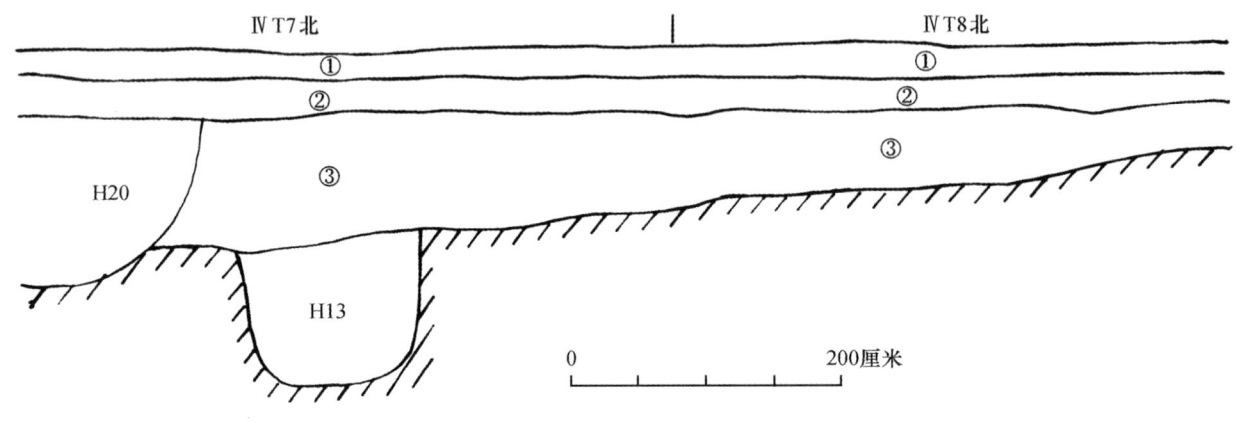

图一九一　ⅣT7、ⅣT8北壁剖面图

第1层：耕土层，灰黄色花土，土质较松软，夹有少量的砂粒，含有零散的陶器残片和碎瓦片等。厚20~25厘米。

第2层：灰褐色花土，土质较硬，含有大量的草木灰、红烧土块及小石块等，分布于整个发掘区内。深20~25厘米，厚20~30厘米。出土物有陶釜、盆、钵等。ⅣH20等遗迹开口于此层下。

第3层：黄褐色花土，土质较硬，结合紧密，含有砂粒、石块、红烧土块。分布于整个发掘区。深40~50厘米，厚30~100厘米。出土物有陶釜、盆、钵、罐等。ⅣH13等遗迹开口于此层下。

第3层下为生土层。

2）出土遗物

① 第2层内出土遗物

有陶釜、盆、钵、匣钵、碗、纺轮、支钉、板瓦、瓦当，铁锛等。

釜　3件。标本ⅣT6②：4，上半部为泥质灰陶，下半部为夹砂灰陶。侈口较甚，折唇，弧腹，尖底较锐。肩饰弦纹，上腹饰弦断绳纹，下腹饰粗绳纹，印痕较浅。口径21.8、高24.2厘米（图一九二，5）。标本ⅣT8②：1，口径22.3、高32厘米（图一九二，9）。标本ⅣT6②：8，口、腹残片，泥质灰陶。侈口，圆唇，弧肩，鼓腹。上腹素面抹光，下腹饰绳纹。口径22.8、残高20厘米（图一九二，1）。

盆　2件。标本ⅣT5②：2，泥质灰陶。直口微敛，宽折沿，方唇，弧腹，下腹弧收，近底部壁略向内凹，平底。肩饰弦纹数周，腹饰弦断绳纹，下腹素面刮光。口径25.8、底径12.5、高14.5厘米（图一九二，3）。标本ⅣT6②：5，口、腹残片，泥质灰陶。微敛口，窄平沿，圆

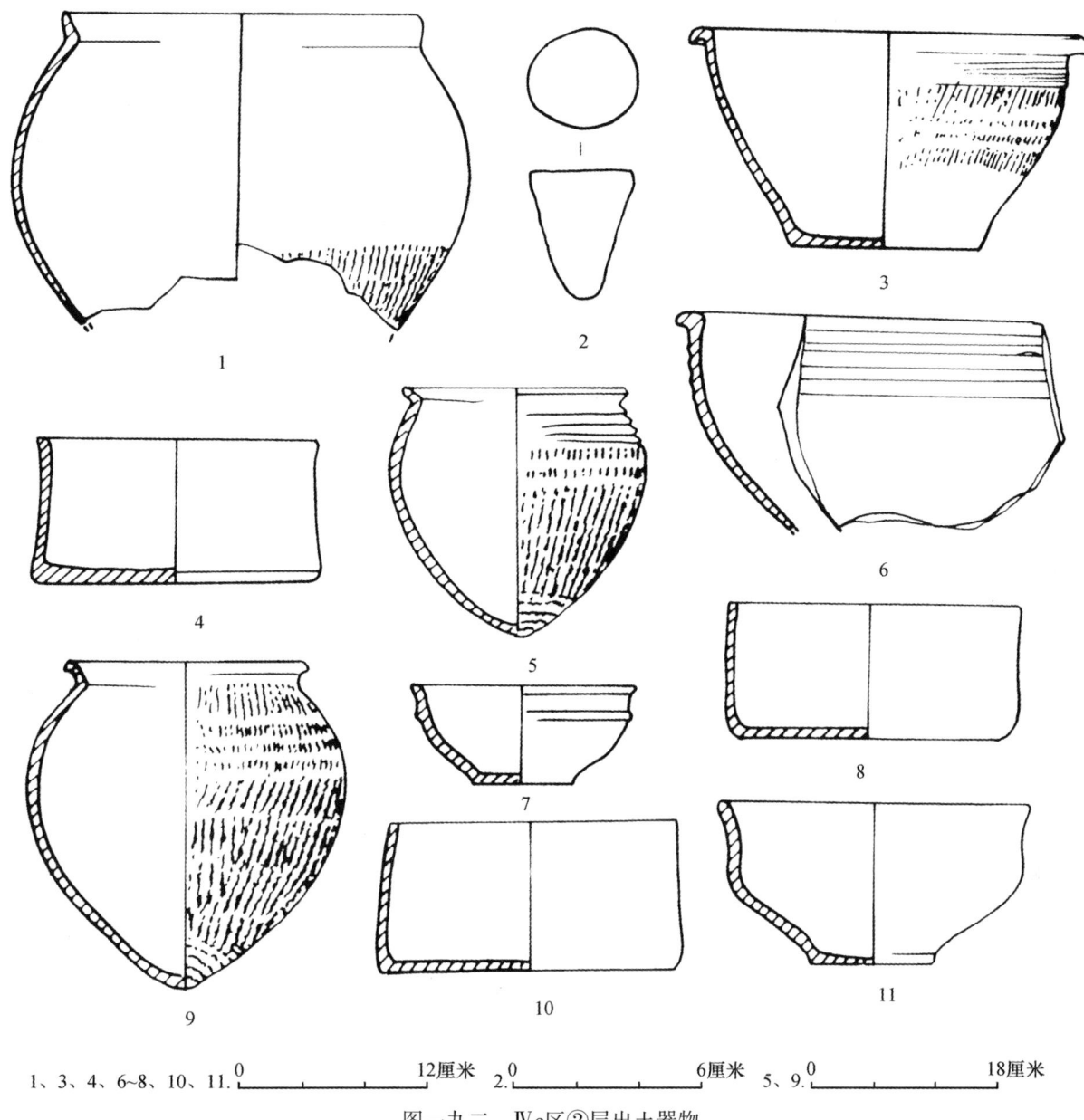

图一九二　ⅣC区②层出土器物

1、5、9. 陶釜（ⅣT6②：8、ⅣT6②：4、ⅣT8②：1）　2. 陶支钉（ⅣT8②：7）　3、6. 陶盆（ⅣT5②：2、ⅣT6②：5）
4、8、10. 陶匣钵（ⅣT10②：3、ⅣT5②：1、ⅣT8②：5）　7. 陶钵（ⅣT6②：11）　11. 陶碗（ⅣT8②：2）

唇，弧壁。上腹是弦纹，腹留有刀削痕。口径28.6、残高14厘米（图一九二，6）。

钵　1件。标本ⅣT6②：11，泥质灰陶。直口略外侈，方唇，折腹，折角起棱，下腹急收，近底部壁内向内凹较甚，平底。上腹素面抹光，下腹近底部留有旋削痕迹。口径14、底径6.4、高6.6厘米（图一九二，7）。

匣钵　3件。标本ⅣT5②：1，泥质灰陶。直口，方唇，直壁，平底。在近底部附一桥形小耳。通体素面抹光。口径18.8、底径18.5、高9.3厘米（图一九二，8）。标本ⅣT8②：5，泥质灰陶。敛口，方唇，斜直壁，平底。通体素面抹光。口径18.3、底径18.8、高9.7厘米（图一九二，10）。标本ⅣT10②：3，泥质灰陶。直口略外侈，方唇，壁略呈亚腰形，平底。通体素面抹光。口径17.6、底径18.4、高9.2厘米（图一九二，4）。

碗　1件。标本ⅣT8②：2，泥质灰陶。敞口，圆唇，折腹较甚，下腹斜收，小平底。通底素面抹光。口径20.2、底径8、高10.6厘米（图一九二，11）。

纺轮　1件。标本ⅣT10②：4，泥质灰陶。呈圆柱状，顶端弧凸，饰弦纹，中部钻孔。底径5.3、孔径1.2、厚1.6厘米（图一九三，6）。

支钉　1件。标本ⅣT8②：7，泥质红陶。呈圆锥状，素面抹光。底径3.2、高4.1厘米（图

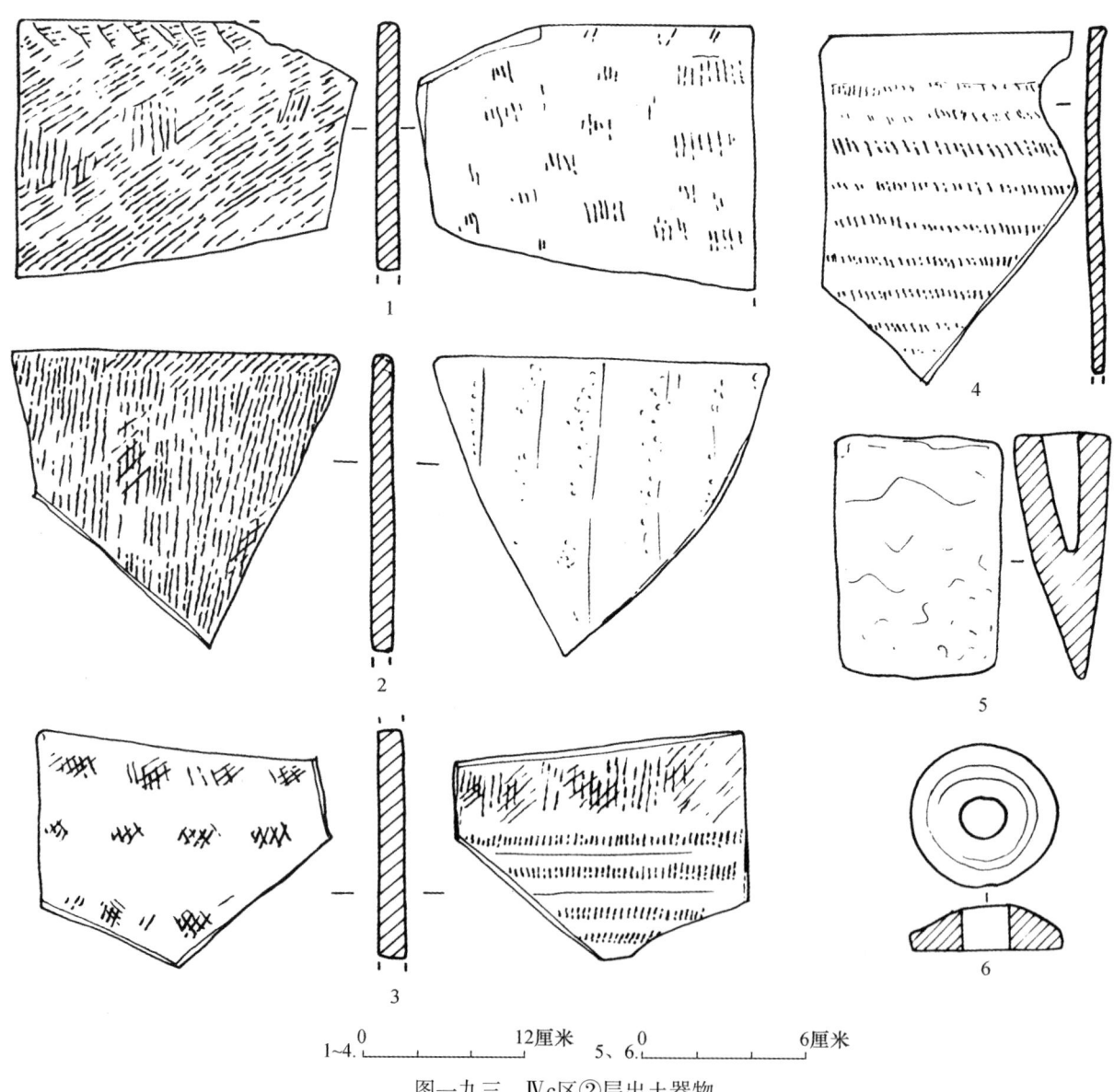

图一九三　Ⅳc区②层出土器物

1～4.板瓦（ⅣT5②：3、ⅣT5②：4、ⅣT5②：6、ⅣT5②：5）　5.铁锛（ⅣT8②：6）　6.陶纺轮（ⅣT10②：4）

一九二，2）。

板瓦　4件。标本ⅣT5②：3，泥质灰陶，模制。瓦背饰斜纵叠压的中绳纹，内壁饰分布不均的坑点纹，沿边饰手指压印纹。残长17.6、宽23.2、厚1～1.3厘米（图一九三，1）。标本ⅣT5②：4，泥质灰陶，模制。瓦背饰纵向中绳纹，内壁饰坑点纹。残长22、宽23、厚0.8～1.2厘米（图一九三，2）。标本ⅣT5②：5，泥质灰陶，模制。瓦背饰弦断绳纹，内壁饰坑点纹，局部被抹。残长23、宽18、厚0.7～1厘米（图一九三，4）。标本ⅣT5②：6，泥质红陶。残长17、宽21、厚1厘米（图一九三，3）。

瓦当　2件。

云纹瓦当　标本ⅣT6②：1，残，灰色。当面以单环线将当面分为内外区，内区饰"〜"形云纹组成的"人"字形云纹；外区以正反羊角形为界，分为四格，格面饰"〜"纹。边轮宽1、当厚0.9厘米（图一九四，2）。

文字瓦当　标本ⅣT6②：2，灰色，残存"万"字。以双"十"字线为界格，边轮宽1、当厚0.8厘米（图一九四，1）。

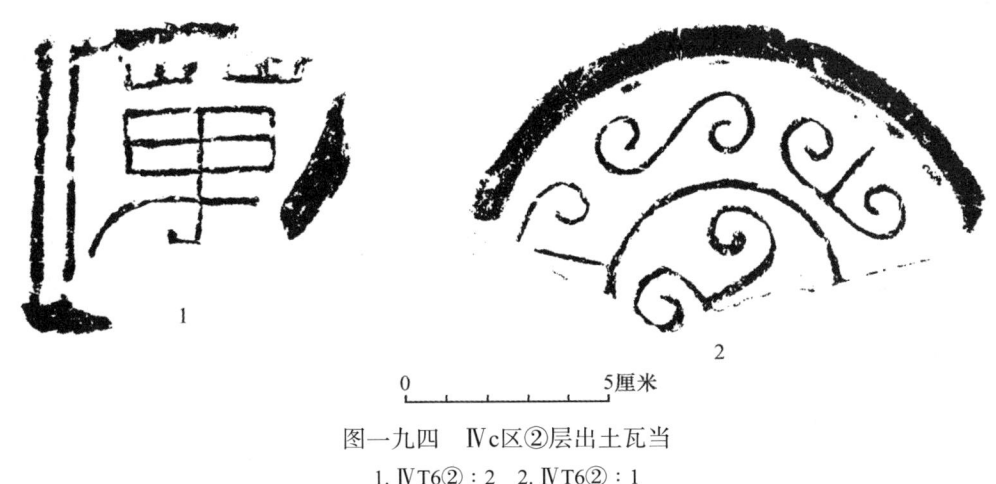

图一九四　Ⅳc区②层出土瓦当
1. ⅣT6②：2　2. ⅣT6②：1

铁锛　1件。标本ⅣT8②：6，残。窄长方体，弧刃略窄，上部中空成銎，銎上部残，体残长9、宽5.8厘米，刃宽5.6厘米，銎径长4.2、宽1.2、深4.3厘米（图一九三，5）。

②第3层内出土遗物

有陶钵、板瓦等。

钵　2件。标本ⅣT6③：1，泥质灰陶。直口略外侈，方唇，折腹，折角起棱，下腹急收，近底部壁略向内凹，平底。通体素面抹光。口径15、底径6.4、高6.3厘米（图一九五，1）。标本ⅣT7③：2，泥质灰陶。直口，圆唇，折腹，上腹较直，下腹内凹，平底。通体素面磨光。口径15.5、底径5.7、高6.4厘米（图一九五，2）。

板瓦　1件。标本ⅣT7③：3，泥质灰陶，模制。瓦背饰凸弦纹和弦断绳纹，内壁饰坑点纹，被抹。残长24.6、宽21、厚0.9厘米（图一九五，3）。

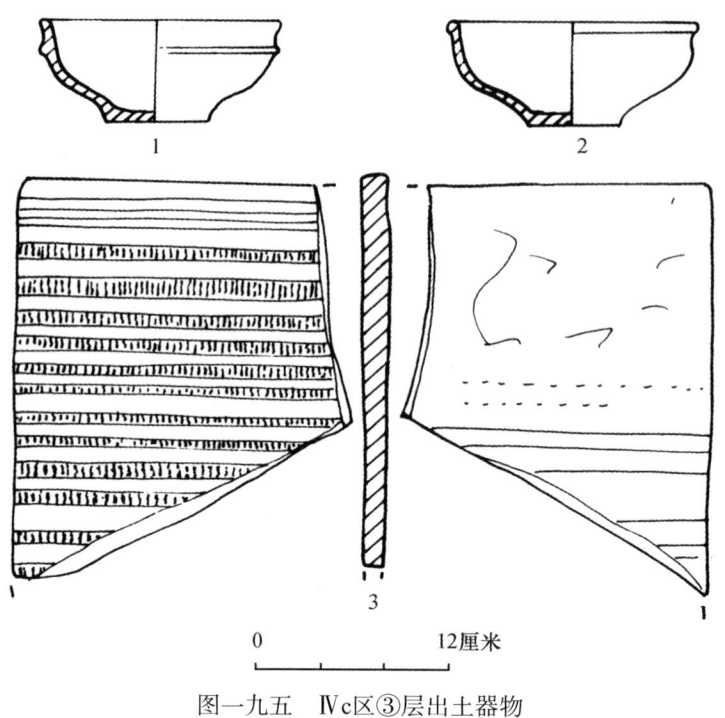

图一九五　Ⅳc区③层出土器物
1、2.陶钵（ⅣT6③:1、ⅣT7③:2）　3.板瓦（ⅣT7③:3）

（2）遗迹

有灰坑、壕沟等。

1）灰坑

11个。有圆形、椭圆形、长方形和不规则形，坑壁有直壁、斜直壁和弧壁三类；坑底有平底和圜底之分。

ⅣH11　位于ⅣT5的西北部，开口于第2层下，距地表深55厘米，打破第3层及生土层。平面呈圆形（只清理一部分），直壁，平底。清理长250、清理宽190、深160厘米。坑内填灰褐色土，土质较硬，出土陶钵、少量的陶片和动物骨骼等（图一九六）。

钵　1件。标本ⅣH11:1，泥质灰陶。直口略外侈，厚圆唇，折腹，折角起棱，下腹急收，近底部壁向内凹平底。通体素面抹光。口径15、底径6.6、高6.5厘米（图一九七）。

ⅣH12　位于ⅣT8的西南部，开口于第2层下，距地表深55厘米，打破ⅣH15、第3层及生土层。平面呈长方形，直壁，平底。口长270、宽120、深170厘米。坑内填灰黄色土，土质较松软，含有大量的草木灰、红烧土块，出土陶碗、少量的陶片等（图一九八）。

碗　1件。标本ⅣH12:1，泥质灰陶。敞口，圆唇，折腹，下腹近底部壁向内凹较甚，平底。通体素面抹光。口径14、底径6.5、高5.5厘米（图一九九）。

ⅣH13　位于ⅣT7的中部，开口于第3层下，距地表深70～160厘米，打破生土层。平面近长方形，坑口略大于坑，斜直壁，平底。坑口长340、宽248、深100厘米。其内堆积灰褐色花土，土质较硬，含有少量的草木灰、砂粒。出土少量的陶片和动物骨骼等（图二〇〇）。

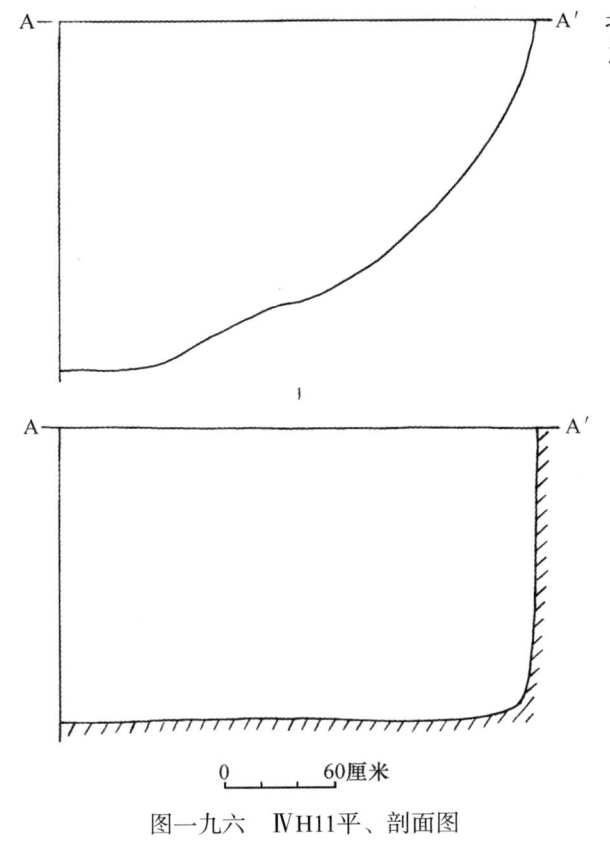

图一九六　ⅣH11平、剖面图

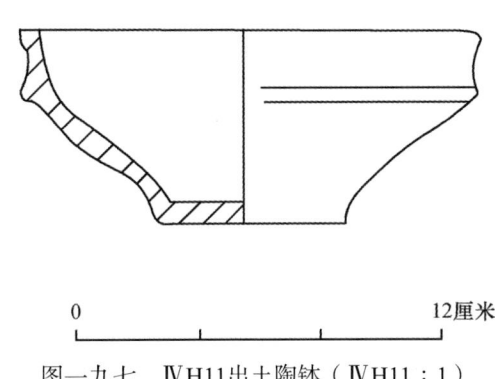

图一九七　ⅣH11出土陶钵（ⅣH11∶1）

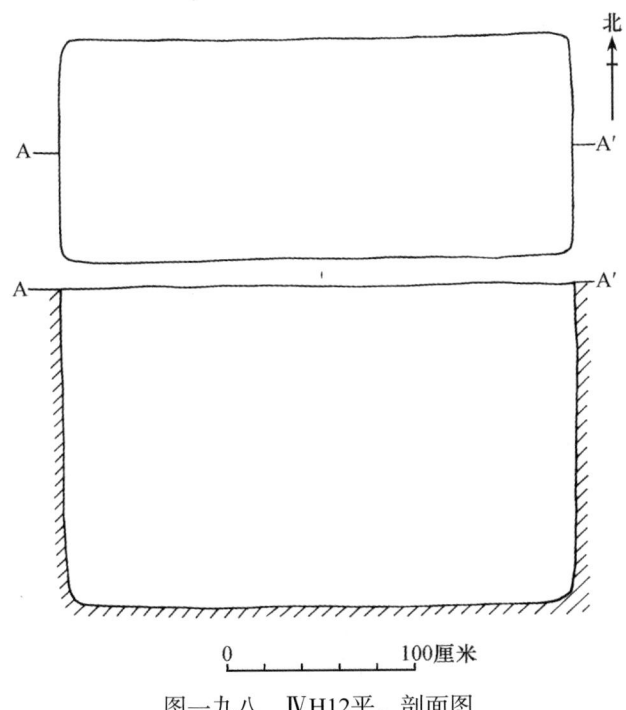

图一九八　ⅣH12平、剖面图

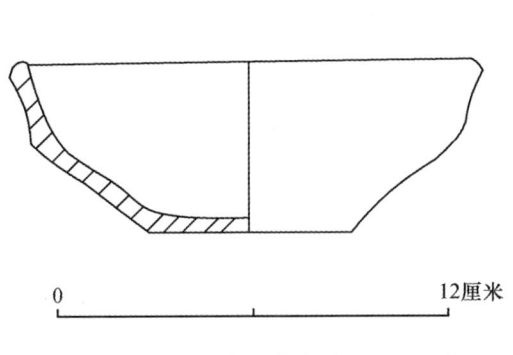

图一九九　ⅣH12出土陶碗（ⅣH12∶1）

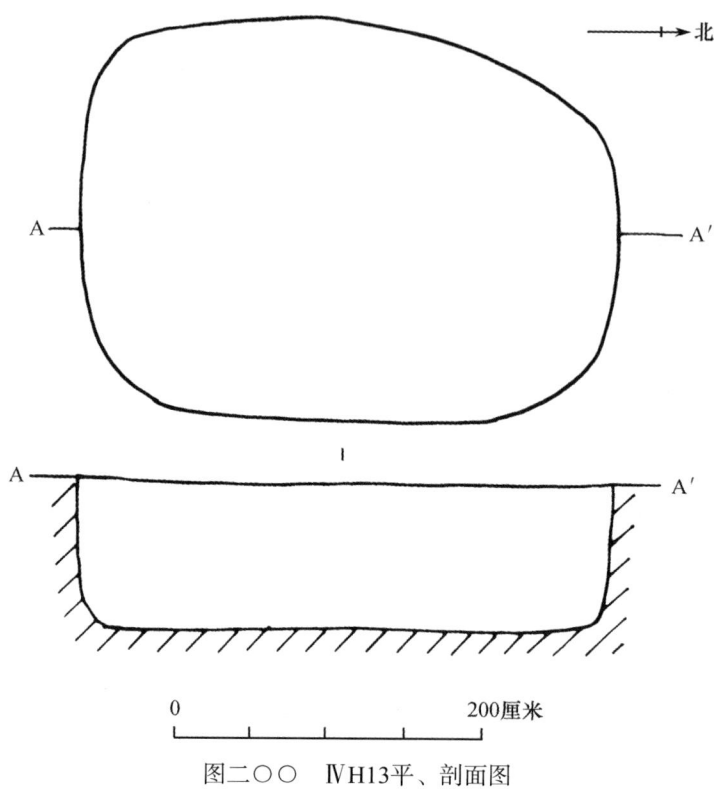

图二〇〇 ⅣH13平、剖面图

ⅣH14　位于ⅣT6东北部，开口于第2层下，距地表深50厘米，打破第3层及生土层。平面呈长方形（只清理一部分），直壁，平底。由台阶和竖穴坑组成。台阶呈长方形，清理长42、宽35、高60厘米；穴坑清理长120、宽85、深160厘米。坑内填灰褐色花土，土质较松软，含有草木灰、黑泥块、砂粒，出土少量的陶器残片等（图二〇一）。

ⅣH15　位于ⅣT8的西南部，开口于第2层下，距地表深50厘米，被ⅣH12打破，打破第3层及生土层。平面呈长方形（只清理一部分），直壁，平底。清理长115、宽150、深150厘米。坑内填灰花土，土质较硬，含有少量的陶器残片和动物骨骼等（图二〇二）。

甑　1件。标本ⅣH15：1，泥质灰陶，模制，烧制火候较高。直口，宽平沿略外斜，圆唇，弧腹，下腹斜收，平底钻孔。上腹饰弦纹，腹饰弦断绳纹，下腹饰绳纹，近底部素面刮光，留有刮痕。口径36.4、底径16.4、高21.4厘米（图二〇三）。

ⅣH18　位于ⅣT8的南中部，开口于第2层下，距地表深50厘米，打破第3层及生土层。平面呈长方形（只清理一部分），直壁，平底。清理长50、宽140、深110厘米。坑内填灰褐色花土，土质较硬，含有少量的陶器残片和动物骨骼等（图二〇四）。

出土遗物有陶钵、甑等。

钵　1件。标本ⅣH18：1，泥质灰陶。直口略外侈，方唇，深腹，下腹近底部壁内凹，平底。上腹饰凸弦纹两周，以下素面抹光。口径19.2、底径7.5、高9.6厘米（图二〇五，2）。

甑　1件。标本ⅣH18：2，泥质灰陶。直口微敛，宽折沿，方唇，斜弧腹，下腹斜收，平

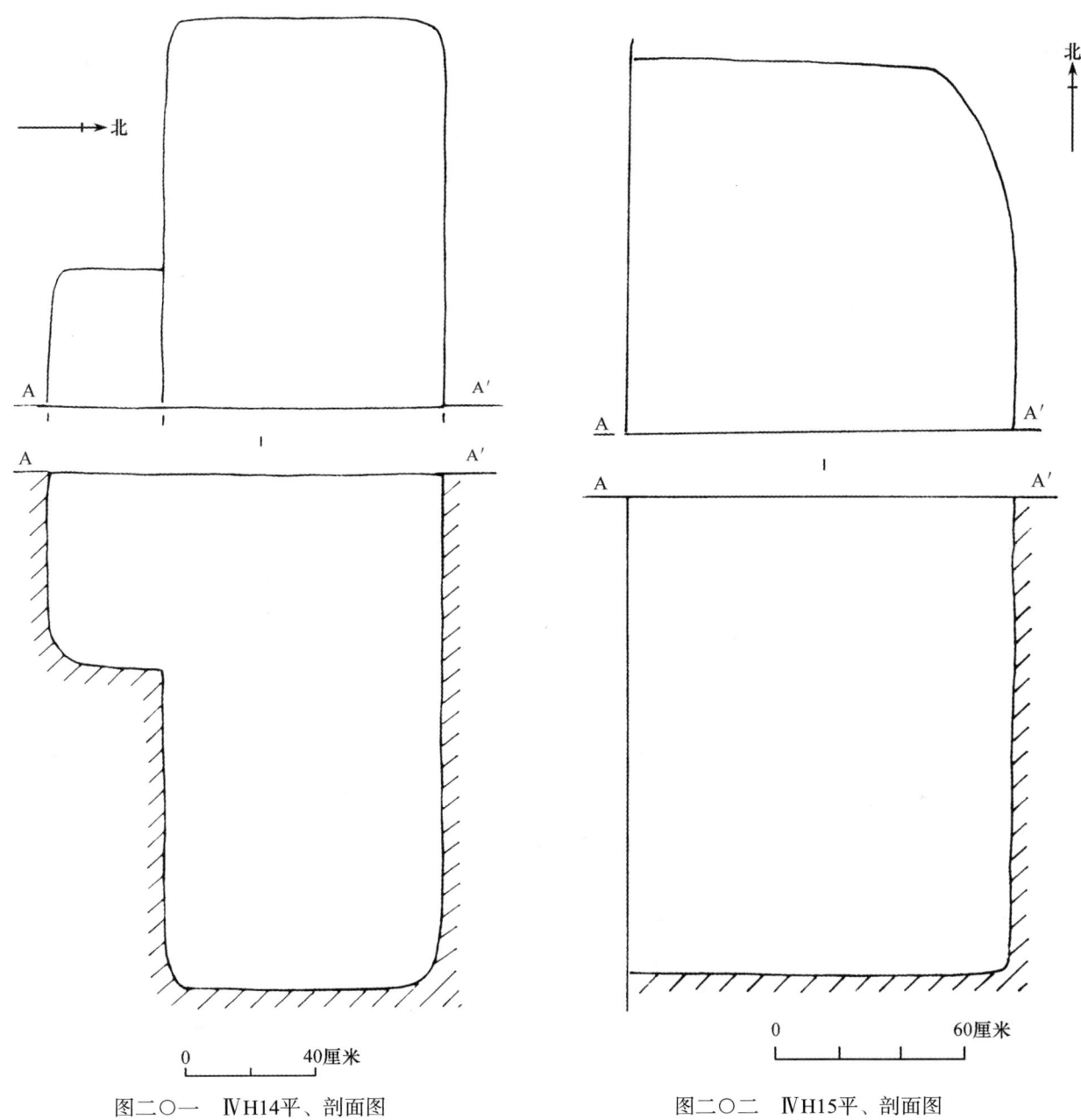

图二〇一　ⅣH14平、剖面图

图二〇二　ⅣH15平、剖面图

底钻孔。上腹饰弦纹数周，腹饰弦断绳纹，下腹素面刮光，有刮痕。口径53、底径21、高29.5厘米（图二〇五，1）。

ⅣH19　位于ⅣT6的西北部，开口于第2层下，距地表深50厘米，打破第3层及生土层。平面呈椭圆形，斜弧壁，平底。长径160、短径80、深78厘米。坑内填灰褐色花土，土质较松软，含有少量的陶器残片和动物骨骼等（图二〇六）。

ⅣH20　位于ⅣT7的西北部，开口于第2层下，距地表深50厘米，打破ⅣH21、第3层及生土层。平面呈不规则形（只清理一部分），斜弧壁，圜底。坑口长250、清理宽50~140、深120

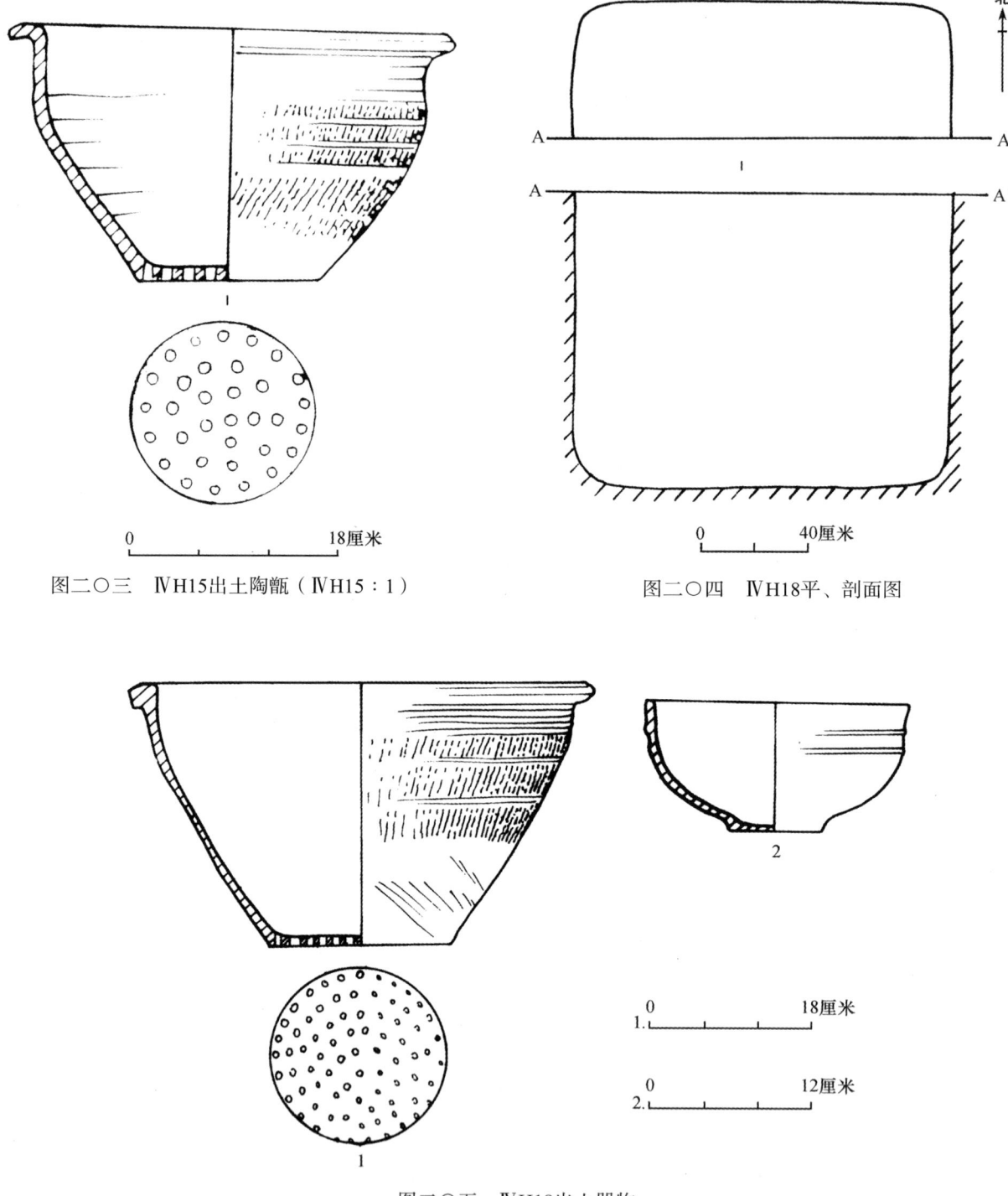

图二〇三　ⅣH15出土陶甑（ⅣH15∶1）

图二〇四　ⅣH18平、剖面图

图二〇五　ⅣH18出土器物
1. 陶甑（ⅣH18∶2）　2. 陶钵（ⅣH18∶1）

厘米。坑内填灰黄色花土，土质较松软，含有少量的草木灰、砂粒，出土少量的陶器残片和动物骨骼等（图二〇七）。

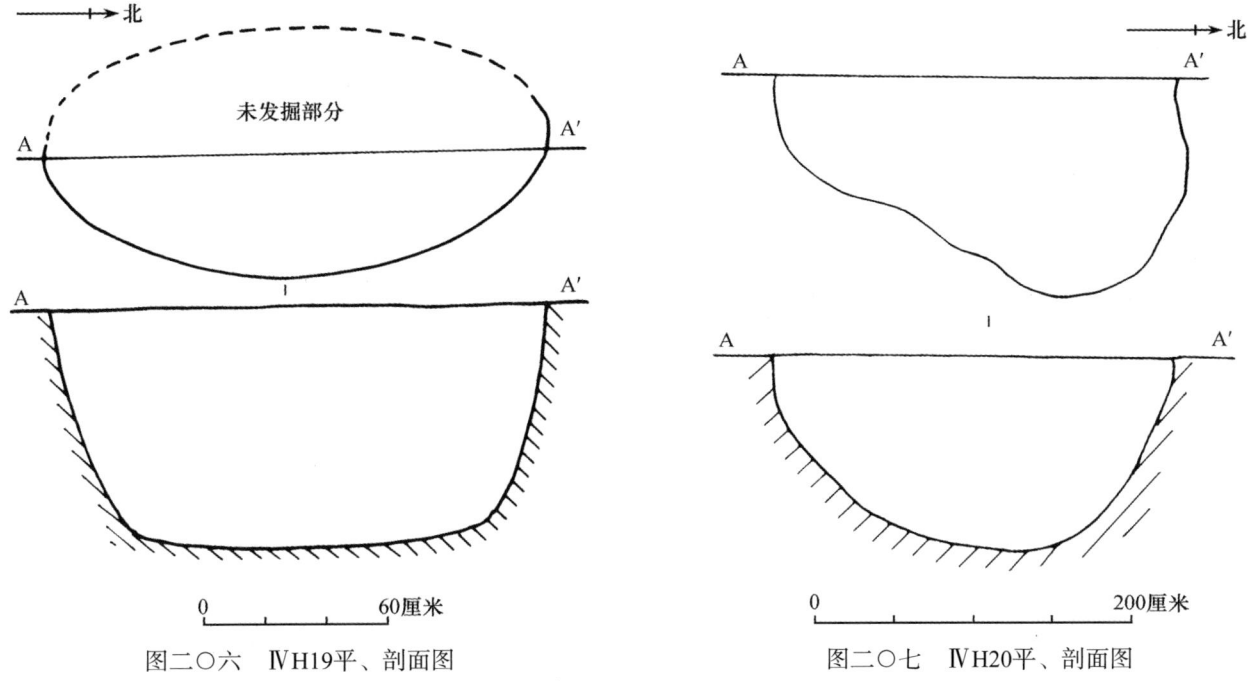

图二〇六　ⅣH19平、剖面图

图二〇七　ⅣH20平、剖面图

2）壕沟

1条。为不规则形，沟口大于沟底，沟壁亦不甚规整。

ⅣG2　位于ⅣT8的中部，开口于第2层下，距地表深50厘米，打破第3层及生土层。平面呈不规则形（只清理一部分），东西向，上宽下窄，沟壁不甚规整，沟底不平。上口清理长475、宽63～105、深70～110厘米。沟内填灰花土，土质较硬，出土陶壶、少量的陶片和动物骨骼等（图二〇八）。

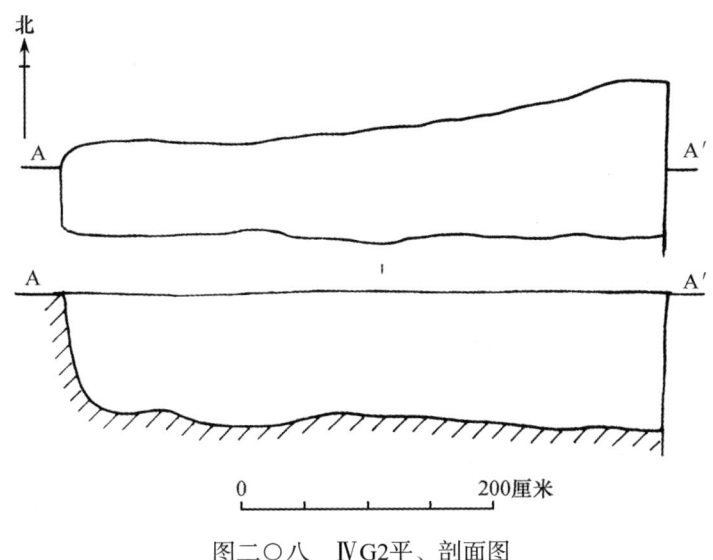

图二〇八　ⅣG2平、剖面图

壶　1件。标本ⅣG2:1，口、颈残片，泥质灰陶。敞口，尖圆唇，束颈。素面抹光。口径12、残高5.6厘米（图二〇九）。

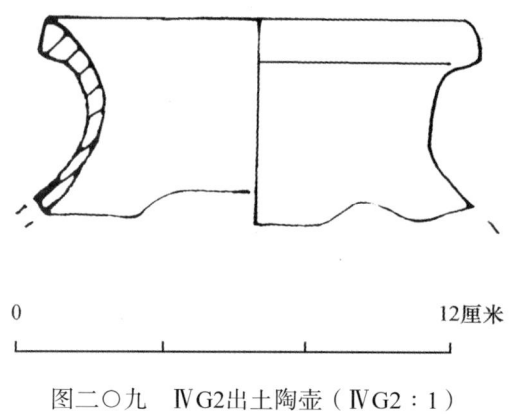

图二〇九　ⅣG2出土陶壶（ⅣG2:1）

五、陶文、陶符

南城（第Ⅳ发掘区）经过发掘出土陶器中发现有少量的陶文和陶符。以陶符居多，有刻划和砑光两种，一般刻划于器物的肩部和底部；陶文刻划于器物的肩部，皆为阴刻，近隶书字体。

1. 陶文

1件。标本ⅣJ2:2，罐肩部刻划"吾三月六日之光"七字（图二一〇，1）。

2. 陶符

12件。可分八型。

A型　4件。标本ⅣT25②:12，钵上腹刻划"✕"（图二一〇，8）。标本ⅣG3:17，豆内底刻划"✕"（图二一〇，6）。标本ⅣH31:2，豆内底刻划"✕"（图二一〇，7）。

B型　1件。标本ⅣJ2:4，罐肩部刻划"∧"（图二一〇，9）。

C型　2件。标本ⅣT22②:11，罐肩部刻划"\"（图二一〇，3）。标本ⅣT1②:3，罐肩部划纹"\"（图二一〇，5）。

D型　1件。标本ⅣH55:3，轮两侧对称刻划"十"和"｜"（图二一〇，11）。

E型　1件。标本ⅣG1:5，盆底部刻划"朩"（图二一〇，4）。

F型　1件。标本ⅣG1:7，盆底部刻划"木"（图二一〇，10）。

G型　1件。标本ⅣT2②:1，钵内壁近底部刻划"⁂"（图二一〇，12）。

H型　1件。标本ⅣT9②:2，钵底部刻划"凸"（图二一〇，2）。

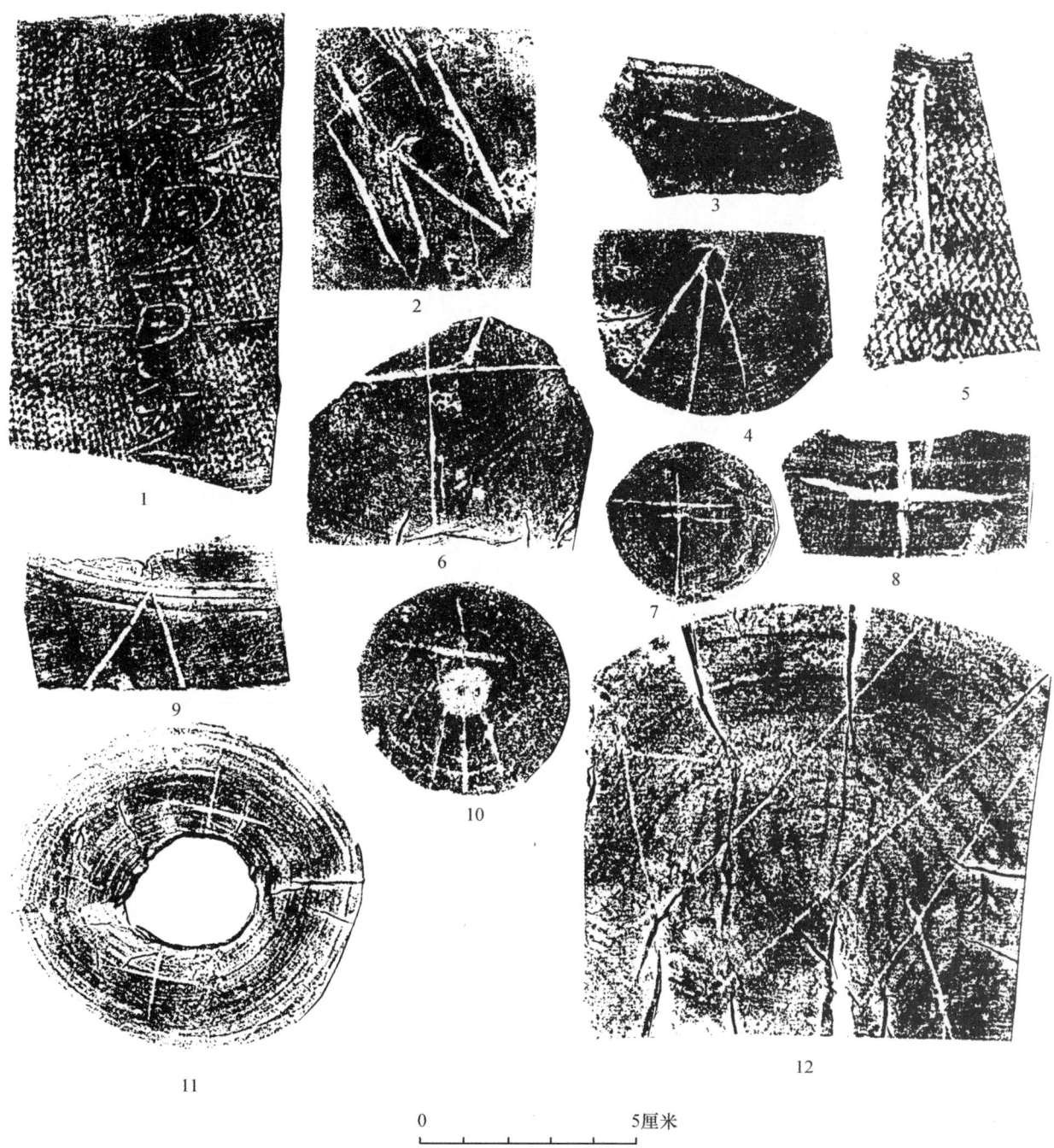

图二一〇 Ⅳ区出土陶文、陶符
1. 陶文（ⅣJ2：2） 2. H型陶符（ⅣT9②：2） 3、5. C型陶符（ⅣT22②：11、ⅣT1②：3） 4. E型陶符（ⅣG1：5）
6~8. A型陶符（ⅣG3：17、ⅣH31：2、ⅣT25②：12） 9. B型陶符（ⅣJ2：4） 10. F型陶符（ⅣG1：7）
11. D型陶符（ⅣH55：3） 12. G型陶符（ⅣT2②：1）

六、出土遗物的初步研究

上述各个发掘区的地层堆积情况表明，第Ⅶ发掘区TG1城垣内侧的地层堆积可分5层。第1层为风积层，第2层为汉魏文化层，第3层、第4层为汉代文化层，第5层为战国文化层。第Ⅹ发掘区TG1城垣内侧地层堆积可分3层。第1层为耕土层，第2层为汉魏文化层，第3层为汉代文化层。第Ⅺ发掘区TG3城垣内侧的地层堆积可分3层。第1层为耕土层，第2层为汉魏文化层，第3层为汉代文化层。城内（第Ⅳ发掘区）发掘分三个小区，a区的地层堆积可分4层，b区、c区的地层堆积相同，可分3层。根据土质、土色与其包含物分析，城内三个发掘小区的地层堆积基本上一一对应。第1层为耕土层，第2层为汉魏文化层，第3层为汉代文化层，第4层为战国文化层。

综上所述，第Ⅹ发掘区TG1、第Ⅺ发掘区TG3城垣内侧的地层堆积与第Ⅳ发掘区的地层堆积一一对应，而第Ⅶ发掘区TG1的第5层堆积与第Ⅳ发掘区的第4层堆积大体相当，第Ⅶ发掘区TG1的第3层、第4层堆积与第Ⅳ发掘区的第3层堆积大体相当，第2层与第Ⅳ发掘区的第2层堆积相同（表七）。

表七　南城各发掘区地层堆积对应表

发掘区	地层对应				
ⅦTG1N	①	②	③	④	⑤
ⅩTG1N	①	②	③		
ⅪTG3N	①	②	③		
Ⅳa区	①	②	③	④	
Ⅳb区	①	②	③		
Ⅳc区	①	②	③		

综合表七，根据地层与地层，地层与遗迹的叠压打破关系以及出土遗物的型式等特点，将南城发掘所见的文化遗存大体分为三个阶段。

（一）第一阶段的文化遗存

该类遗存的地层堆积以第Ⅳ发掘区a区第4层、第Ⅶ发掘区TG1内侧的第5层为代表；遗迹有灰坑、墓葬和瓮棺葬等。以灰坑和墓葬居多，瓮棺葬次之。灰坑共发现4个，ⅦH1～ⅦH4；墓葬4座，ⅣM3～ⅣM5、ⅣM7；瓮棺葬2座，ⅣW3、ⅣW5。该类遗存出土遗物较少，有部分遗物分布于晚期遗存内与晚期遗物相伴出土。器类有陶器、骨器等。

1. 陶器

有鬲、鼎、釜、壶、罐、盆、钵、豆、瓦当等。

鬲　1件。足。标本ⅣG1：26，夹砂灰陶。矮足，器表饰绳纹。高6.4厘米（图二一一，22）。

鼎　2件。足。可分二型。

A型　1件。标本ⅣT4④：5，夹砂红褐陶，模制。为柱状蹄足，素面。高12.2厘米（图二一一，21）。

B型　1件。标本ⅣH31：9，夹砂灰陶。为柱状蹄足，素面。高16厘米（图二一一，7）。

釜　11件。可分六型。

A型　2件。标本ⅣT4④：2，夹砂红褐陶。侈口，折沿，耸肩，鼓腹，尖底较钝。肩饰弦断粗绳纹，以下饰粗绳纹，印痕较深，向左下方斜。口径27.3、高33.5厘米（图二一一，6；图版二一，1）。

B型　1件。标本ⅣH33：8，口、腹残片，夹砂灰黑陶。侈口，方唇，高领，弧肩。饰粗绳纹。口径28.4、残高12厘米（图二一一，2）。

C型　5件。可分二式。

Ⅰ式：2件。标本ⅣH10：5，口、腹残片，夹砂灰褐陶。侈口，方唇，鼓腹。饰粗绳纹，斜饰向右下方斜，印痕较深。口径24.8、残高10厘米（图二一一，16）。

Ⅱ式：3件。标本ⅣG1：14，口、腹残片，泥质红陶。侈口，方唇，矮领，饰纵向绳纹。口径30、残高8厘米（图二一一，20）。

D型　1件。标本ⅣW5：1，夹砂褐陶。侈口，宽平沿略外卷，方唇，鼓腹，尖底略钝。通体饰粗绳纹，印痕较深，向左下方斜。口径30、高41厘米（图二一一，3）。

E型　1件。标本ⅣH10：4，口、腹残片，夹砂灰褐陶。侈口，尖唇。饰粗绳纹。口径29.4、残高8.4厘米（图二一一，4）。

F型　1件。标本ⅣT19④：1，泥质灰陶。敛口，尖圆唇，肩以下残，素面抹光。口径20、残高9厘米（图二一一，18）。

壶　2件。可分二式。

Ⅰ式：1件。标本ⅣH8：3，口、腹残片，泥质灰褐陶。敞口，窄沿略外斜，沿面有凹槽一周，方唇，唇面有凹槽一周，束颈，饰细绳纹被抹。口径14.4、残高6厘米（图二一一，19）。

Ⅱ式：1件。标本ⅣH10：3，口、颈残片，泥质灰褐陶。敞口，方唇。素面抹光。口径12.8、残高6厘米（图二一一，9）。

罐　4件。可分二式。

Ⅰ式：2件。标本ⅣT19③：2，口、腹残片，泥质灰褐陶。侈口，叠唇，折肩。肩部素面磨光，肩、腹交界处饰凹弦纹一周，腹饰弦断绳纹。口径34、残高17.6厘米（图二一一，1）。

Ⅱ式：2件。标本ⅣT22②：11，口、肩残片，泥质灰褐陶。微敛口，折沿，广肩。素面抹

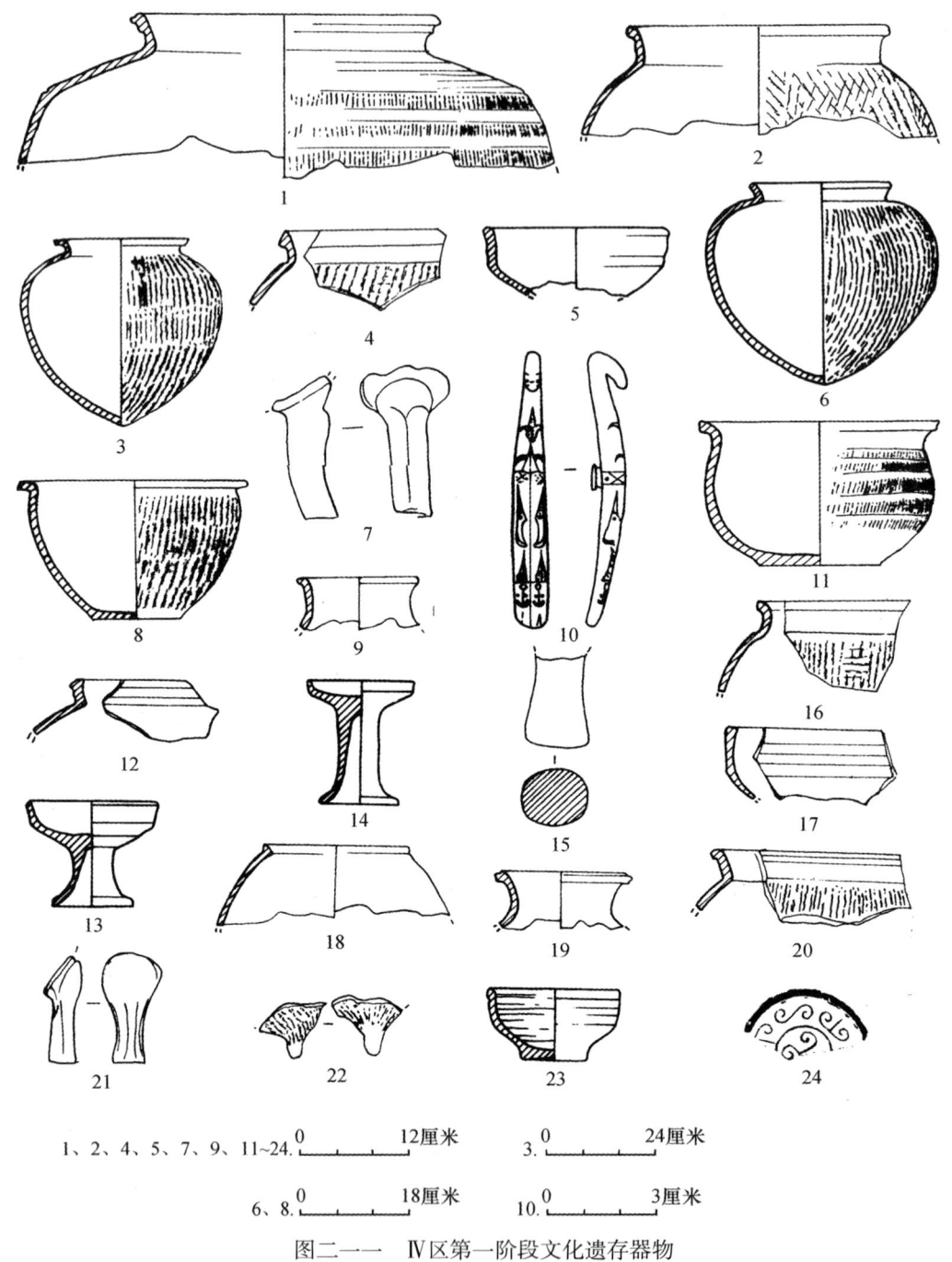

图二一一 Ⅳ区第一阶段文化遗存器物

1. Ⅰ式陶罐（ⅣT19③：2） 2. B型陶釜（ⅣH33：8） 3. D型陶釜（ⅣW5：1） 4. E型陶釜（ⅣH10：4）
5. BⅠ式陶钵（ⅣT3②：4） 6. A型陶釜（ⅣT4④：2） 7. B型陶鼎足（ⅣH31：9） 8. A型陶盆（ⅣT4④：3）
9. Ⅱ式陶壶（ⅣH10：3） 10. 骨带钩（ⅣT4②：1） 11. B型陶盆（ⅣT2④：1） 12. Ⅱ式陶罐（ⅣT22②：11）
13. A型陶豆（ⅣT4④：1） 14. B型陶豆（ⅣT3④：1） 15. 陶拍（ⅣT4④：4） 16. CⅠ式陶釜（ⅣH10：5）
17. BⅡ式陶钵（ⅣH28：1） 18. F型陶釜（ⅣT19④：1） 19. Ⅰ式陶壶（ⅣH8：3） 20. CⅡ式陶釜（ⅣG1：14）
21. A型陶鼎足（ⅣT4④：5） 22. 陶鬲足（ⅣG1：26） 23. A型陶钵（ⅣH33：3） 24. 云纹瓦当（ⅣT6②：1）

光，肩部刻划"\"一处。口径25、残高6.4厘米（图二一一，12）。

盆　3件。可分二型。

A型　1件。标本ⅣT4④：3，泥质灰褐陶。敛口，宽折沿，圆唇，弧腹，下腹弧收，平底略向内凹。饰交错中绳纹，印痕较深。口径37.6、底径13.6、高22.4厘米（图二一一，8）。

B型　2件。标本ⅣT2④：1，泥质灰陶。微敛口，窄平沿，尖圆唇，垂腹，平底。肩部磨光，腹饰弦断绳纹，下腹素面刮光，留有刮痕。口径25.8、底径12.8、高15.5厘米（图二一一，11）。

钵　7件。可分二型。

A型　5件。标本ⅣH33：3，泥质灰陶。直口，厚圆唇，弧腹，上腹斜直，下腹近底部壁内凹，平底内凹。器表素面抹光，内壁饰暗弦纹。口径15、底径7、高7.2厘米（图二一一，23）。

B型　2件。可分二式。

Ⅰ式：1件。标本ⅣT3②：4，口、腹残片，泥质灰陶。敛口，圆唇，折腹，下腹弧收，口外与腹部各饰凹弦纹一周。口径20、残高6.8厘米（图二一一，5）。

Ⅱ式：1件。标本ⅣH28：1，口、腹残片，泥质灰陶。微敛口，方唇，折腹，下腹弧收，上腹素面抹光，下腹留有刮痕。口径32、残高10厘米（图二一一，17）。

豆　2件。可分二型。

A型　1件。标本ⅣT4④：1，泥质灰陶。敞口，方唇，折腹较深，折角起棱，高柄，柄下部中空，喇叭形底座。通体素面抹光。口径14、底径8.2、高11.5厘米（图二一一，13）。

B型　1件。标本ⅣT3④：1，泥质灰陶，烧制变形。敞口，方唇，浅盘。折腹，高柄，柄下部中空，喇叭形底座，器表素面抹光，内壁饰暗弦纹，底部有暗"×"一处。口径11.6、底径8.8、残高13.4厘米（图二一一，14）。

陶拍　1件。标本ⅣT4④：4，拍柄，夹砂灰褐陶。柱状，剖面呈梯形，顶端弧凸，素面抹光，烧制火候较高。高10厘米（图二一一，15）。

瓦当　1件。云纹瓦当。标本ⅣT6②：1，残，灰色。以单环线将当面分为内外区，内区饰"S"形云纹组成的"人"字形云纹；外区以正反羊角形为界，分为四格，格面饰羊角形云纹及"⌒"形云纹。边轮宽1、当厚0.9厘米（图二一一，24）。

2. 骨器

带钩　1件。标本ⅣT4②：1，动物肢骨磨制。钩体呈琵琶形，横断面为长方形。钩首呈蛇形，阴线刻出眼、鼻、嘴、耳等；钩面阴刻蕉叶纹、弦纹、变形鸟纹组成的复合图案。长7.6、宽1.75、体厚1.1、颈厚0.9厘米（图二一一，10；图版二一，2）。

（二）第二阶段的文化遗存

该类遗存的地层堆积以第Ⅳ发掘区a区、b区、c区的第2层和第3层、第Ⅶ发掘区TG1城垣内侧的第2~4层、第Ⅹ发掘区TG1城垣内侧的第2层和第3层、第Ⅺ发掘区TG3城垣内侧的第2层和第3层为代表；遗迹有灰坑、水井、壕沟、墓葬、瓮棺葬等。以灰坑居多，瓮棺葬次之，水井、壕沟和墓葬再次。灰坑共发现66个。坑口有圆形、椭圆形、长方形和不规则形等。以圆形居多，占35.7%，长方形次之，占28.6%，椭圆形和不规则形占17.8%；坑壁分为直壁、斜直壁和弧壁三类；坑底有平底和圜底之分。坑口直径多在110~260厘米，大者不超过340厘米。深度多为40~80厘米，个别在100厘米左右，形制规整的应为当时的窖穴。瓮棺葬33座，分布于发掘区的北部（即a区）。均为竖穴土坑，坑口皆呈长方形，直壁，平底；坑口一般长50~100、宽30~60、深20~40厘米；最大者长度不超过150厘米。葬具为陶釜或陶罐。墓葬3座，均为竖穴土坑墓，墓口皆呈长方形，直壁、平底；墓口一般长50~160、宽30~70、深30~50厘米；葬式为仰身直肢；皆无葬具与随葬遗物。第二阶段的文化遗存出土遗物较为丰富，亦有部分伴出于晚期遗迹内，共发现各类遗物160余件。大体可分为陶器、铜器、铁器、石器等。以陶器居多，铜器、铁器和石器较少。陶器分生活用具和建筑两大类。日常生活用具完整和可复原者140余件。陶系按陶质分为泥质和夹砂两大类，以泥质陶为大宗，陶土多经淘洗；夹砂陶均夹细砂，有部分羼和云母粉和蚌粉；有的器物泥质陶和夹砂陶共存。如器壁较薄的尖底釜往往是腹部以上为泥质陶，其下受火部位则为夹砂；陶色有灰陶、灰褐陶、红陶和红褐陶之分；以灰陶居多，灰褐陶次之，红陶和红褐陶较少。纹饰有素面抹光、素面磨光、粗绳纹、细绳纹、弦断绳纹、弦纹、网格纹、坑点纹、暗弦纹等；以素面抹光居多，均施加于盆、钵、碗、豆的表面，抹痕清晰可辨。粗绳纹施加于釜的底部，弦断绳纹施加于盆的上腹和壶的表面。制法有轮制和模制两种，形体较小的器物为手制。一般的烧制火候较高，色泽较纯，磕之清脆。

1. 陶器

有釜、壶、罐、瓮、盆、甑、钵、匜钵、碗、豆、盘、器座、器盖、陶拍、纺轮、陶饼、支钉、建筑构件等。

釜　55件。是主要的炊煮器。陶质有夹砂和泥质两种，有部分夹砂陶羼和蚌粉和云粉，大部分上半部分为泥质陶，下半部分为夹砂陶。陶色为灰陶居多，灰褐陶次之，红褐陶和褐陶再次。多数底部留有烟炱。大部分上腹饰弦断纹，下腹饰粗绳纹，少部分通体饰粗绳纹，皆为模制，烧制火候较高，磕之清脆，基本形态为侈口、尖底。可分七型。

A型　39件。可分三式。

Ⅰ式：19件。标本ⅣW31：1，上半部为泥质灰陶，下半部为夹砂褐陶。侈口，折唇，束颈，弧腹，尖底。肩、中腹饰绳纹，上腹饰弦断绳纹，下腹饰粗绳纹，印痕较深，向左下方斜。内壁留有模制痕迹。口径24、高37厘米（图二一二，6）。

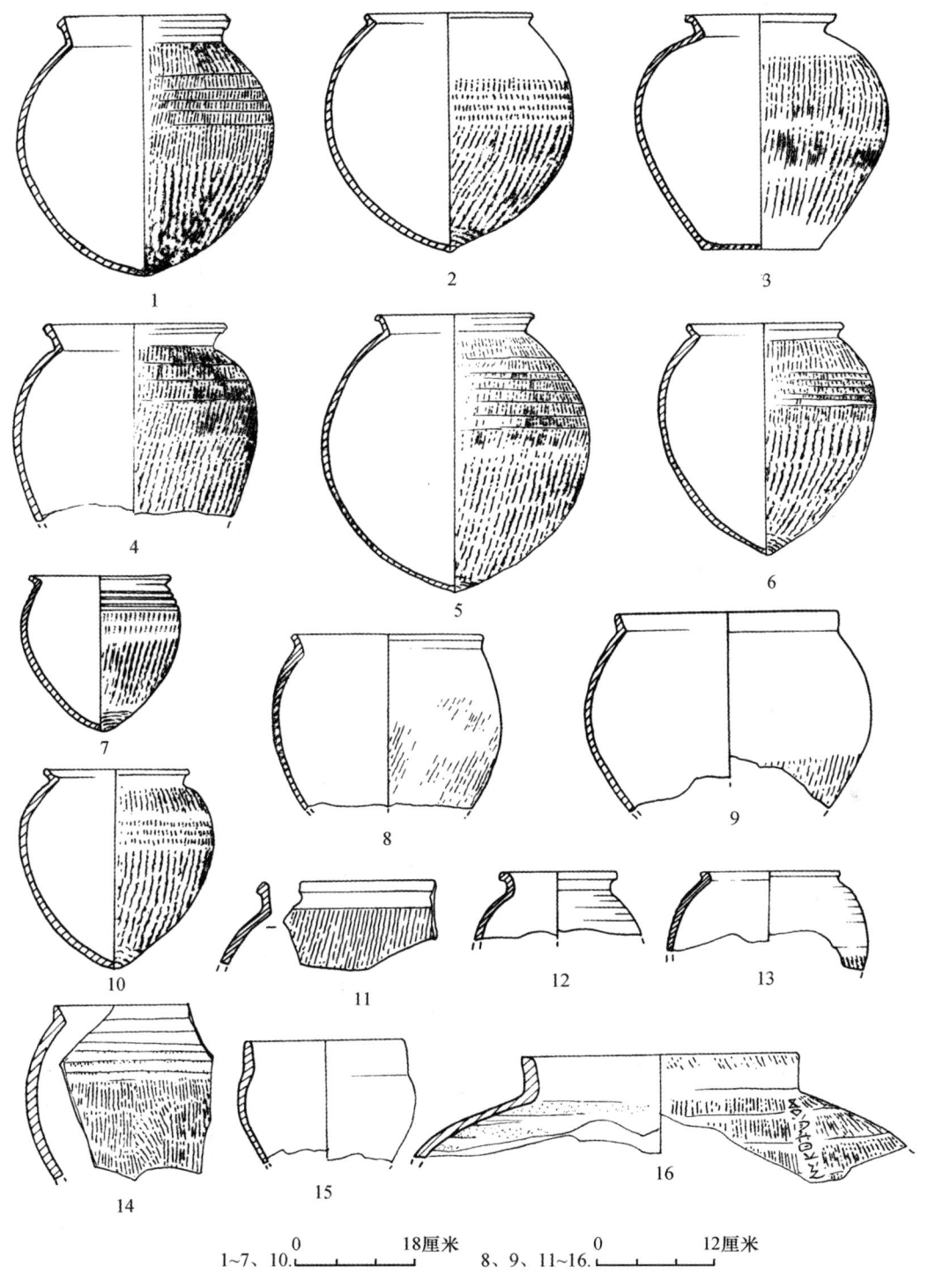

图二一二 Ⅳ区第二阶段文化遗存器物

1. BⅠ式陶釜（ⅣW29：1） 2. BⅢ式陶釜（ⅣW8：1） 3. A型陶罐（ⅣW25：1） 4. C型陶釜（ⅣW34：1）
5. BⅡ式陶釜（ⅣW26：1） 6. AⅠ式陶釜（ⅣW31：1） 7. AⅢ式陶釜（ⅣT6②：4） 8. EⅠ式陶釜（ⅣH69：3）
9. EⅡ式陶釜（ⅣT6②：8） 10. AⅡ式陶釜（ⅣW6：1） 11. D型陶釜（ⅣJ2：6） 12. B型陶罐（ⅣT25②：7）
13. F型陶釜（ⅣT26②：7） 14. EⅢ式陶釜（ⅣG3：13） 15. G型陶釜（ⅣH33：7） 16. C型陶罐（ⅣJ2：2）

Ⅱ式：13件。标本ⅣW6：1，上半部为泥质灰陶，下半部为夹砂灰褐陶。侈口，折唇，束颈，弧鼓腹，尖底。肩饰绳纹，上腹饰弦断绳纹，下腹饰粗绳纹，印痕较浅。口径21.8、高31厘米（图二一二，10）。

Ⅲ式：7件。标本ⅣT6②：4，上半部为泥质灰陶，下半部为夹砂灰陶。侈口较甚，折唇，弧腹，尖底较锐。肩饰弦纹，腹饰弦断绳纹，下腹饰粗绳纹，印痕较浅。口径21.8、高24.2厘米（图二一二，7）。

B型　6件。可分三式。

Ⅰ式：1件。标本ⅣW29：1，上半部为泥质灰陶，下半部为夹砂褐陶。侈口，折唇，束颈，圆腹，尖底略钝。肩饰绳纹，腹饰弦断绳纹，下腹饰粗绳纹，印痕较浅。器底有烟炱，内壁留有模制痕迹。口径26.6、高40厘米（图二一二，1）。

Ⅱ式：4件。标本ⅣW26：1，上半部为泥质灰陶，下半部为夹砂褐陶。侈口，圆唇，束颈，圆腹，尖底略钝。肩饰绳纹，腹饰弦断绳纹，下腹饰粗绳纹，印痕较浅，向左下方斜。口径24.8、高47厘米（图二一二，5）。

Ⅲ式：1件。标本ⅣW8：1，上半部为泥质灰陶，下半部为夹砂褐陶。侈口，折唇，束颈，圆腹，尖底略钝。肩部素面抹光，腹饰弦断绳纹，下腹饰粗绳纹，印痕较浅，器表留有烟炱。径25.5、高36.5厘米（图二一二，2）。

C型　1件。标本ⅣW34：1，上半部为泥质灰陶，下半部为夹砂褐陶。侈口，方唇，束颈，弧肩，瘦腹，以下残。肩饰弦断绳纹，腹饰绳纹，下腹饰粗绳纹。器表有烟炱，内壁留有模制痕迹。口径27.2、残高29.5厘米（图二一二，4）。

D型　1件。标本ⅣJ2：6，口、肩残片，泥质灰陶，模制。侈口，折唇，束颈，鼓腹。饰纵向绳纹。口径24、残高8.8厘米（图二一二，11）。

E型　6件。可分三式。

Ⅰ式：1件。标本ⅣH69：3，口、腹残片，上腹为泥质灰陶，下腹夹砂灰陶。侈口，尖圆唇，鼓腹。上腹素面抹光，下腹饰纹。口径19、残高17.4厘米（图二一二，8）。

Ⅱ式：4件。标本ⅣT6②：8，口、腹残片，泥质灰陶。侈口，圆唇，弧肩，鼓腹。上腹素面抹光，下腹饰绳纹。口径22.8、残高20厘米（图二一二，9）。

Ⅲ式：1件。标本ⅣG3：13，口、腹残片，口、肩部为泥质灰陶，肩以下为夹砂灰陶。侈口，尖圆唇，鼓腹。肩部素面磨光，上腹饰弦断绳纹，被抹，下腹饰交错绳纹。口径22、残高18厘米（图二一二，14）。

F型　1件。标本ⅣT26②：7，口、腹残片，泥质灰陶。敛口，尖圆唇，圆肩，鼓腹。肩饰绳纹，下腹饰粗绳纹。口径14.4、残高11.6厘米（图二一二，13）。

G型　1件。ⅣH33：7，口、腹残片，夹砂黑陶，模制。高领较直，直口略外侈，圆唇，弧腹。素面抹光。器表留有烟炱痕。口径16、残高12.8厘米（图二一二，15）。

壶　6件。可分二型。

A型　3件。可分三式。

Ⅰ式：1件。标本ⅣH55：1，口残，泥质灰褐陶。细颈，圆腹，平底。颈部素面抹光，上腹饰弦断绳纹，下腹留有刀削痕迹。底径10.8、残高26.4厘米（图二一三，2）。

Ⅱ式：1件。标本ⅣT13②：5，口、肩残片，泥质灰陶。敞口，圆唇，高领，弧肩。颈部素面抹光，肩饰弦断纹。口径11.6、残高11厘米（图二一三，12）。

Ⅲ式：1件。标本ⅣG3：10，口、颈残片，为泥质灰陶。敞口，圆唇，细颈，素面抹光。口径12、残高6.2厘米（图二一三，15）。

B型　3件。可分二式。

Ⅰ式：2件。标本ⅣH69：11，口部残片，泥质灰陶。敞口，圆唇，细颈，素面抹光。口径12、残高4厘米（图二一三，13）。

Ⅱ式：1件。标本ⅣH1：1，泥质灰褐陶。敞口，展沿，方唇，束颈，鼓腹，平底。颈部素面抹光，以下饰弦断绳纹，下腹素面刮光，留有刮削痕迹。口径12、底径10、高28.2厘米（图二一三，1）。

罐　3件。可分三型。

A型　1件。标本ⅣW25：1，泥质灰褐陶。侈口，尖唇，鼓腹，平底，肩部素面磨光，以下饰中绳纹，印痕较深，向左下方斜，近底部为素面刮光，留有刮痕。口径23.5、底径18.5、高36.5厘米（图二一二，3；图版二二，2）。

B型　1件。标本ⅣT25②：7，口、腹残片，泥质灰陶。侈口，方唇，鼓肩。素面抹光后饰暗弦纹。口径12、残6.2厘米（图二一二，12）。

C型　1件。标本ⅣJ2：2，口、肩残片，泥质灰褐陶。直口略外侈，方唇，直领，广肩。饰抹断绳纹，内壁饰坑点纹，局部被抹。肩部刻划"吾三月六日之光"七字。口径28、残高14.2厘米（图二一二，16）。

瓮　3件。可分三型。

A型　1件。标本ⅣG1：22，口、肩残片，泥质灰陶。直口，微敛，方唇，内缘留有刀削痕迹，直领，广肩。饰细绳（线）纹，印痕较浅，局部被抹，形体厚重。口径22.8、残高8.2厘米（图二一三，18）。

B型　1件。标本ⅣG3：34，口、肩残片，泥质灰陶，模制。侈口，方唇，广肩。饰细绳纹，被抹平，形体厚重。口径30、残高9.8厘米（图二一三，9）。

C型　1件。标本ⅣG1：21，口、肩残片，泥质灰陶。敛口，厚圆唇，广肩。素面抹光，形体厚重。口径24、残高8.4厘米（图二一三，14）。

盆　25件。可分五型。

A型　2件。宽平沿，弧腹。可分二式。

Ⅰ式：1件。标本ⅣT24③：2，泥质灰褐陶。宽平沿，直口，方唇，弧腹，以下残。饰细绳纹，印痕较浅，局部被抹。口径40、残高8厘米（图二一三，7）。

Ⅱ式：1件。标本ⅣJ1：1，口、腹残片，泥质褐陶。宽平沿，微敛口，方唇，弧腹，以下残。外壁饰弦断细绳纹，内壁饰麻点纹，局部被抹平。口径40、残高10厘米（图

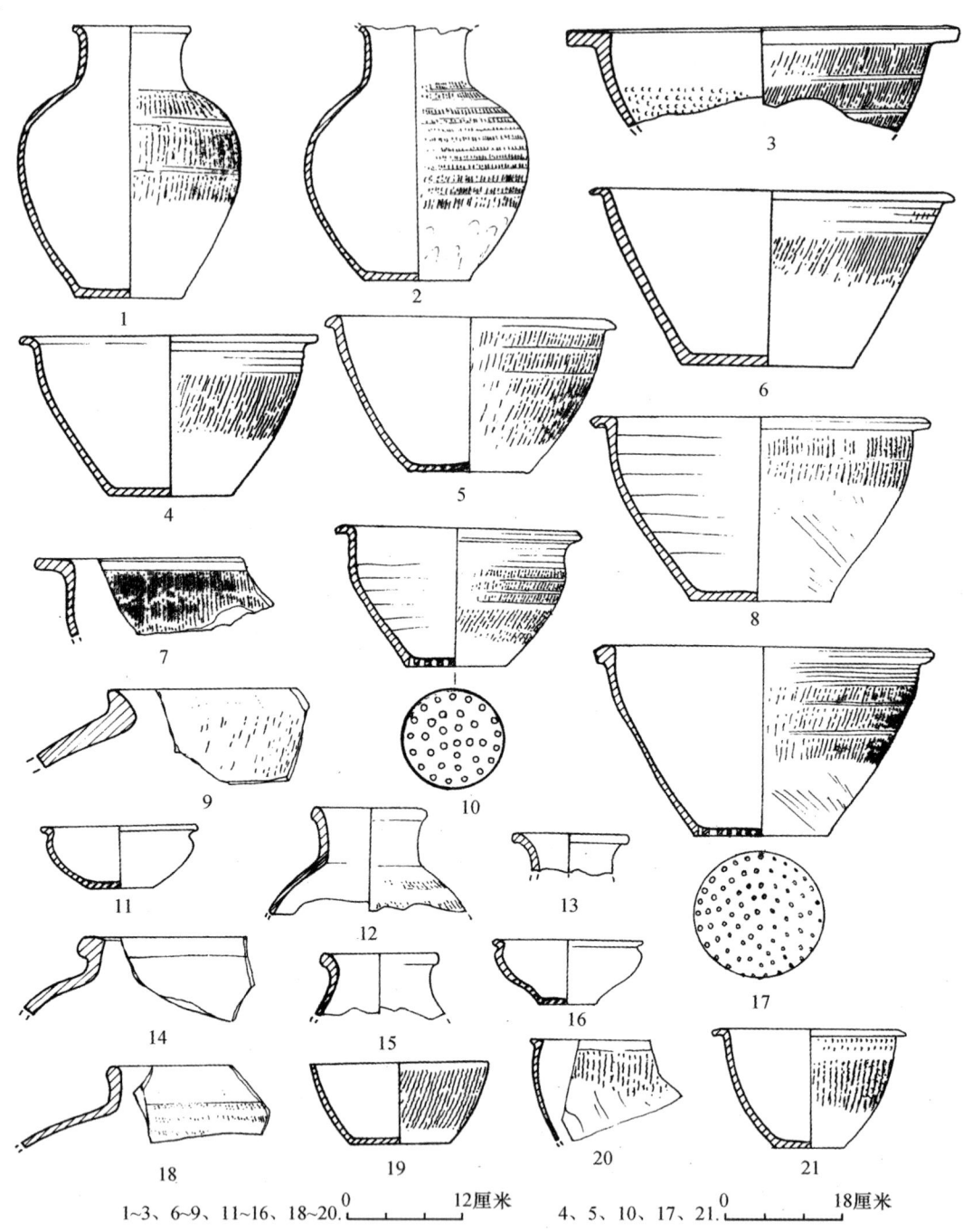

图二一三　Ⅳ区第二阶段文化遗存器物

1. BⅡ式陶壶（ⅣH1：1）　2. AⅠ式陶壶（ⅣH55：1）　3. AⅡ式陶盆（ⅣJ1：1）　4. BaⅠ式陶盆（ⅣT17②：2）
5. BaⅢ式陶盆（ⅣH48：1）　6. BbⅡ式陶盆（ⅣT17②：1）　7. AⅠ式陶盆（ⅣT24③：2）　8. BaⅡ式陶盆（ⅣG1：3）
9. B型陶瓮（ⅣG3：34）　10. A型陶甑（ⅣH15：1）　11. CⅠ式陶盆（ⅣH3：1）　12. AⅡ式陶壶（ⅣT13②：5）
13. BⅠ式陶壶（ⅣH69：11）　14. C型陶瓮（ⅣG1：21）　15. AⅢ式陶壶（ⅣG3：10）　16. CⅡ式陶盆（ⅣH6：3）
17. B型陶甑（ⅣH18：2）　18. A型陶瓮（ⅣG1：22）　19. D型陶盆（ⅣT19②：3）　20. E型陶盆（ⅣG1：23）
21. BbⅠ式陶盆（ⅣH8：1）

二一三，3）。

B型　16件。深腹。可分二亚型。

Ba型　4件。宽平沿，深弧腹。可分二式。

Ⅰ式：1件。标本ⅣT17②：2，泥质灰陶。直口微敛，宽平沿，方唇，深弧腹，下腹斜收，平底。上腹饰弦纹，腹饰绳纹，下腹素面刮光，留有刮痕。口径45.8、底径18.2、高25.2厘米（图二一三，4）。

Ⅱ式：3件。标本ⅣG1：3，泥质灰陶。直口微敛，宽平沿略外斜，方唇，弧腹，下腹弧收，近底部壁略向内凹，平底。上腹饰绳纹，下腹素面刮光，留有刮痕，内壁饰砑光暗纹。口径34.6、底径14、高18.7厘米（图二一三，8）。

Bb型　12件。宽折沿，可分三式。

Ⅰ式：3件。标本ⅣH8：1，泥质灰陶。敞口，宽折沿，方唇，斜腹微弧，平底。肩饰楔点纹两周，腹饰绳纹，下腹素面刮光。口径30、底径10.5、高18.7厘米（图二一三，21）。

Ⅱ式：7件。标本ⅣT17②：1，泥质灰陶。直口微敛，宽折沿，方唇，斜弧腹，平底。上腹饰弦纹数周，腹饰绳纹，下腹素面刮光，留有刮痕。口径37、底径18、高19.5厘米（图二一三，6）。

Ⅲ式：2件。标本ⅣH48：1，泥质灰陶。敞口，折沿，尖唇，斜腹，下腹弧收，平底。上腹饰弦断绳纹，下腹素面刮光，留有刮痕。口径44.6、底径17.8、高23.8厘米（图二一三，5）。

C型　5件。小盆。可分二式。

Ⅰ式：2件。标本ⅣH3：1，泥质灰陶。直口，窄平沿，方唇，斜弧腹，平底。通体素面抹光。口径16、底径7.2、高6.4厘米（图二一三，11）。

Ⅱ式：3件。标本ⅣH6：3，泥质灰陶。直口，窄平沿，圆唇，腹微曲，下腹急收，近底部壁略向内凹，平底。通体素面磨光。口径15.5、底径6.2、高6.7厘米（图二一三，16）。

D型：1件。标本ⅣT19②：3，泥质灰陶。敞口，方唇，斜腹，平底。通体饰绳纹，近底部素面刮光。口径18、底径10、高8.6厘米（图二一三，19）。

E型：1件。标本ⅣG1：23，口、腹残片，泥质灰褐陶。敛口，方唇，唇面有凹槽一周，弧壁。口外饰纵向绳纹，局部被抹，下腹留有刀削痕。口径18、残高10.8厘米（图二一三，20）。

甑　2件。可分二型。

A型　1件。标本ⅣH15：1，泥质灰陶。直口，宽平沿，圆唇，弧腹，下腹斜收，平底钻孔。上腹饰弦纹，腹饰弦断绳纹，下腹饰绳纹，近底部素面刮光，留有刮痕。口径36.4、底径16.4、高21.4厘米（图二一三，10）。

B型　1件。标本ⅣH18：2，泥质灰陶。直口微敛，宽折沿，方唇，斜弧腹，下腹斜收，平底钻孔。上腹饰弦纹数周，腹饰弦断绳纹，下腹素面刮光，有刮痕。口径53、底径21、高29.5厘米（图二一三，17）。

钵　48件。可分七型。

A型　20件。折腹。可分四式。

Ⅰ式：4件。标本ⅣT19③：1，泥质灰陶。口略外侈，方唇，折腹，折角起棱，下腹急收，近底部壁略向内凹，平底。通体素面抹光。口径14.6、底径6.7、高6.7厘米（图二一四，19）。

Ⅱ式：7件。标本ⅣH3：2，泥质灰陶。敞口，厚圆唇，折腹，折角起棱，下腹急收，近底部壁略向内凹，平底。通体素面抹光。口径19、底径8、高8.4厘米（图二一四，8）。

Ⅲ式：7件。标本ⅣT21②：1，泥质灰陶。敞口，方唇，折腹，折角起棱，下腹急收，近底部壁向凹较甚，平底。上腹素面抹光，下腹近底部留有旋削痕迹。口径19.3、底径7.3、高10厘米（图二一四，10）。

Ⅳ式：2件。标本ⅣH67：3，泥质灰陶。敞口，方唇，折腹，折角起棱，下腹急收，近底部壁向内凹，平底。通体素面抹光。口径12.5、底径5.4、高5.4厘米（图二一四，21）。

B型　11件。敞口，折腹，可分三式。

Ⅰ式：2件。标本ⅣT3③：2，泥质灰陶。直口，圆唇，折腹，上腹较直，下腹内凹，平底。通体素面磨光。口径14.5、底径7.3、高6.3厘米（图二一四，18）。

Ⅱ式：3件。标本ⅣH24：2，泥质灰陶。微敛口，尖唇，折腹，平底。口径10.7、底径5、高3.6厘米（图二一四，22）。

Ⅲ式：6件。标本ⅣT2②：1，泥质灰陶。敞口，方唇，折腹，上腹斜直，下腹内凹较甚。平底。器表素面抹光，内壁近底部刻划"？"。口径20、底径9.3、高9.3厘米（图二一四，6）。

C型　5件。可分三式。

Ⅰ式：1件。标本ⅣH4：1，泥质灰陶。敞口，圆唇，弧腹，平底。通体素面抹光。口径13.8、底径6、高7.5厘米（图二一四，14）。

Ⅱ式：1件。标本ⅣG1：1，泥质灰陶。敞口，厚圆唇，弧腹，平底。通体素面抹光。口径14.3、底径7、高6.8厘米（图二一四，15）。

Ⅲ式：3件。标本ⅣT9②：2，泥质灰陶。敞口，圆唇，弧腹，平底内凹。素面抹光。口径20.8、底径8.4、高8厘米（图二一四，12；图版二三，1）。

D型　3件。可分三式。

Ⅰ式：1件。标本ⅣH4：2，泥质灰陶。敞口，方唇，弧腹，平底。腹饰凸棱一周，通体素面抹光。口径12.7、底径5.5、高5.3厘米（图二一四，20）。

Ⅱ式：1件。标本ⅣT1②：2，泥质灰陶。敞口，方唇，折腹，折角起棱，下腹急收，近底部壁向内凹，小平底。通体素面抹光。口径20、底径7.6、高10.3厘米（图二一四，9）。

Ⅲ式：1件。标本ⅣH32：3，泥质灰陶。敞口，方唇，折腹，折角起棱，下腹急收，近底部壁向内凹，小平底。上腹素面抹光，下腹近底部有旋削痕迹。口径25.3、底径7.7、高11厘米（图二一四，1）。

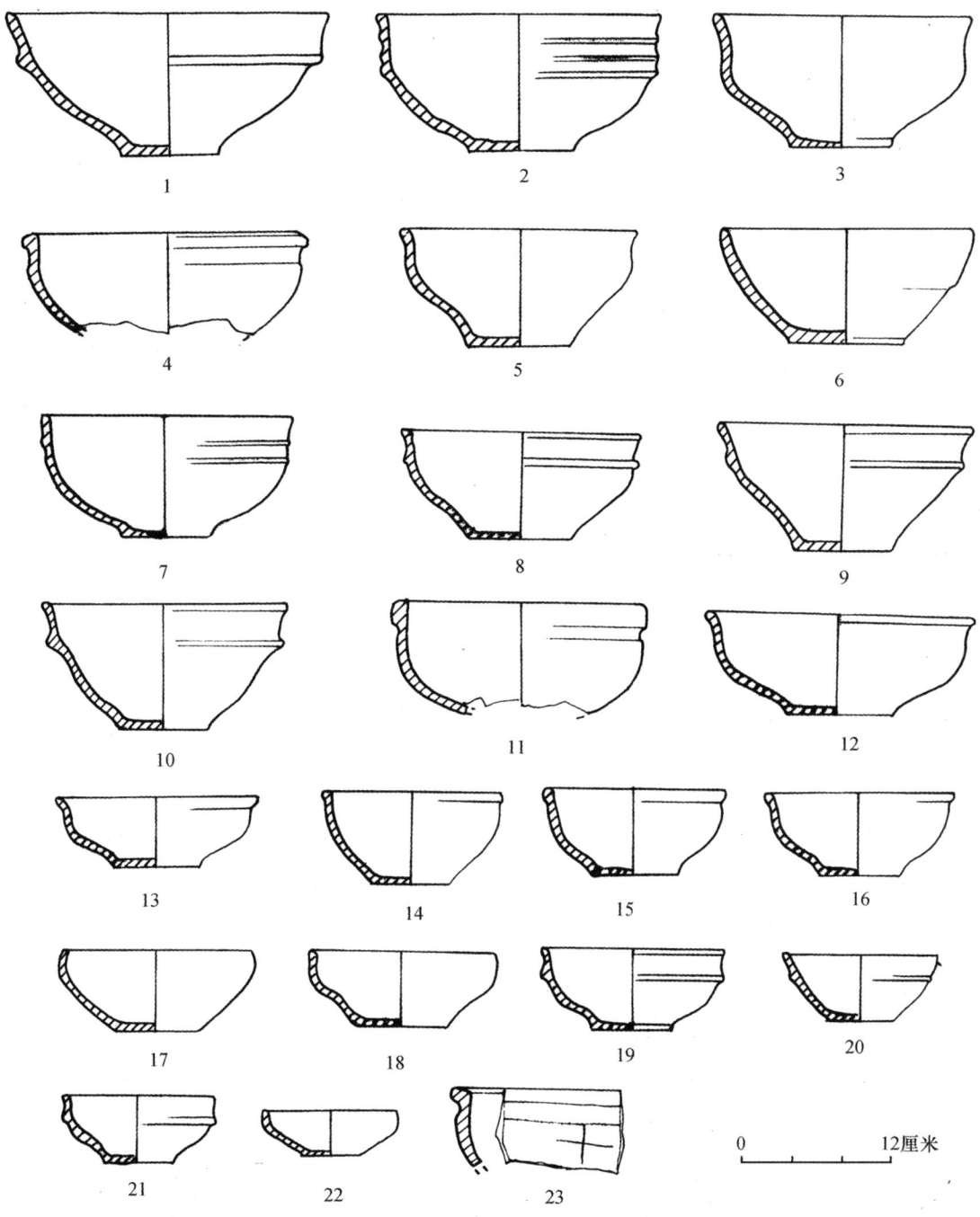

图二一四　Ⅳ区第二阶段文化遗存器物

1. DⅢ式陶钵（ⅣH32∶3）　2. FⅡ式陶钵（ⅣH32∶2）　3. Ⅲ式陶碗（ⅣT8②∶2）　4. EⅠ式陶钵（ⅣT23③∶6）
5. Ⅰ式陶碗（ⅣH10∶1）　6. BⅢ式陶钵（ⅣT2②∶1）　7. FⅠ式陶钵（ⅣT18∶1）　8. AⅡ式陶钵（ⅣH3∶2）
9. DⅡ式陶钵（ⅣT1②∶2）　10. AⅢ式陶钵（ⅣT21②∶1）　11. EⅢ式陶钵（ⅣG1∶25）　12. CⅢ式陶钵（ⅣT9②∶2）
13. Ⅱ式陶碗（ⅣH24∶1）　14. CⅠ式陶钵（ⅣH4∶1）　15. CⅡ式陶钵（ⅣG1∶1）　16. Ⅳ式陶碗（ⅣH6∶2）
17. G型陶钵（ⅣT3②∶3）　18. BⅠ式陶钵（ⅣT3③∶2）　19. AⅠ式陶钵（ⅣT19③∶1）　20. DⅠ式陶钵（ⅣH4∶2）
21. AⅣ式陶钵（ⅣH67∶3）　22. BⅡ式陶钵（ⅣH24∶2）　23. EⅡ式陶钵（ⅣT25②∶12）

E型 6件。可分三式。

Ⅰ式：2件。标本ⅣT23③：6，口、腹残片，泥质灰陶。直口，方唇，弧壁，素面抹光。口径22.4、残高8厘米（图二一四，4）。

Ⅱ式：2件。标本ⅣT25②：12，口、腹残片，泥质灰陶。微敛口，窄平沿，方唇，弧壁。外壁素面抹光，上腹刻划"×"，内壁饰暗弦纹。口径20、残高6.4厘米（图二一四，23）。

Ⅲ式：2件。标本ⅣG1：25，口、腹残片，泥质灰陶。直口，窄平沿，方唇，深腹。上腹饰凹弦纹一周。口径20、残高8.8厘米（图二一四，11）。

F型 2件。可分二式。

Ⅰ式：1件。标本ⅣH18：1，泥质灰陶。口略外侈，方唇，深腹，下腹近底部壁内凹，平底。上腹饰凸弦纹两周，以下素面抹光。口径19.2、底径7.5、高9.6厘米（图二一四，7）。

Ⅱ式：1件。标本ⅣH32：2，泥质灰陶。敞口，圆唇，深腹，下腹近底部壁向内凹，平底。上腹饰凸弦纹三周，下腹素面抹光。口径22.2、底径8.7、高11厘米（图二一四，2）。

G型 1件。标本ⅣT3②：3，泥质灰陶。敛口，尖圆唇，曲腹，平底。通体素面抹光。口径14.8、底径6.5、高6.5厘米（图二一四，17）。

匣钵 10件。可分三型。

A型 6件。可分三式。

Ⅰ式：1件。标本ⅣT3③：1，泥质灰陶。直口，方唇，直壁，平底。上腹素面抹光，下腹素面刮光，留有刮痕。口径18.2、底径18.2、高10厘米（图二一五，3）。

Ⅱ式：2件。标本ⅣT13②：2，泥质灰陶。直口，方唇，直壁，平底。在近底部附一桥形小耳。通体素面抹光。口径18.3、底径18.5、高10.4厘米（图二一五，4）。

Ⅲ式：3件。标本ⅣH31：5，泥质灰陶。直口略外侈，方唇，直壁，平底。通体素面抹光。口径18、底径17.8、高9.3厘米（图二一五，1）。

B型 2件。可分二式。

Ⅰ式：1件。标本ⅣT8②：5，泥质灰陶。敛口，方唇，斜直壁，平底。通体素面抹光。口径18.3、底径18.8、高9.7厘米（图二一五，2）。

Ⅱ式：1件。标本ⅣH31：3，泥质灰陶。敛口，方唇，斜直壁，平底。通体素面抹光。口径19.2、底径18.6、高10厘米（图二一五，7）。

C型 2件。可分二式。

Ⅰ式：1件。标本ⅣH24：3，泥质灰陶。口略外侈，方唇，壁呈亚腰形，平底。器表素面抹光，留有抹痕，内壁饰暗弦纹。口径19.4、底径19.2、高10.5厘米（图二一五，6）。

Ⅱ式：1件。标本ⅣT10②：3，泥质灰陶。口略外侈，方唇，直壁呈亚腰形，平底。通体素面抹光。口径17.6、底径18.4、高9.2厘米（图二一五，5）。

碗 8件。可分四式。

Ⅰ式：1件。标本ⅣH10：1，泥质灰陶。直口略外侈，圆唇，折腹，下腹近底部内凹，平底。通体素面磨光。口径18.5、底径8.5、高9.3厘米（图二一四，5）。

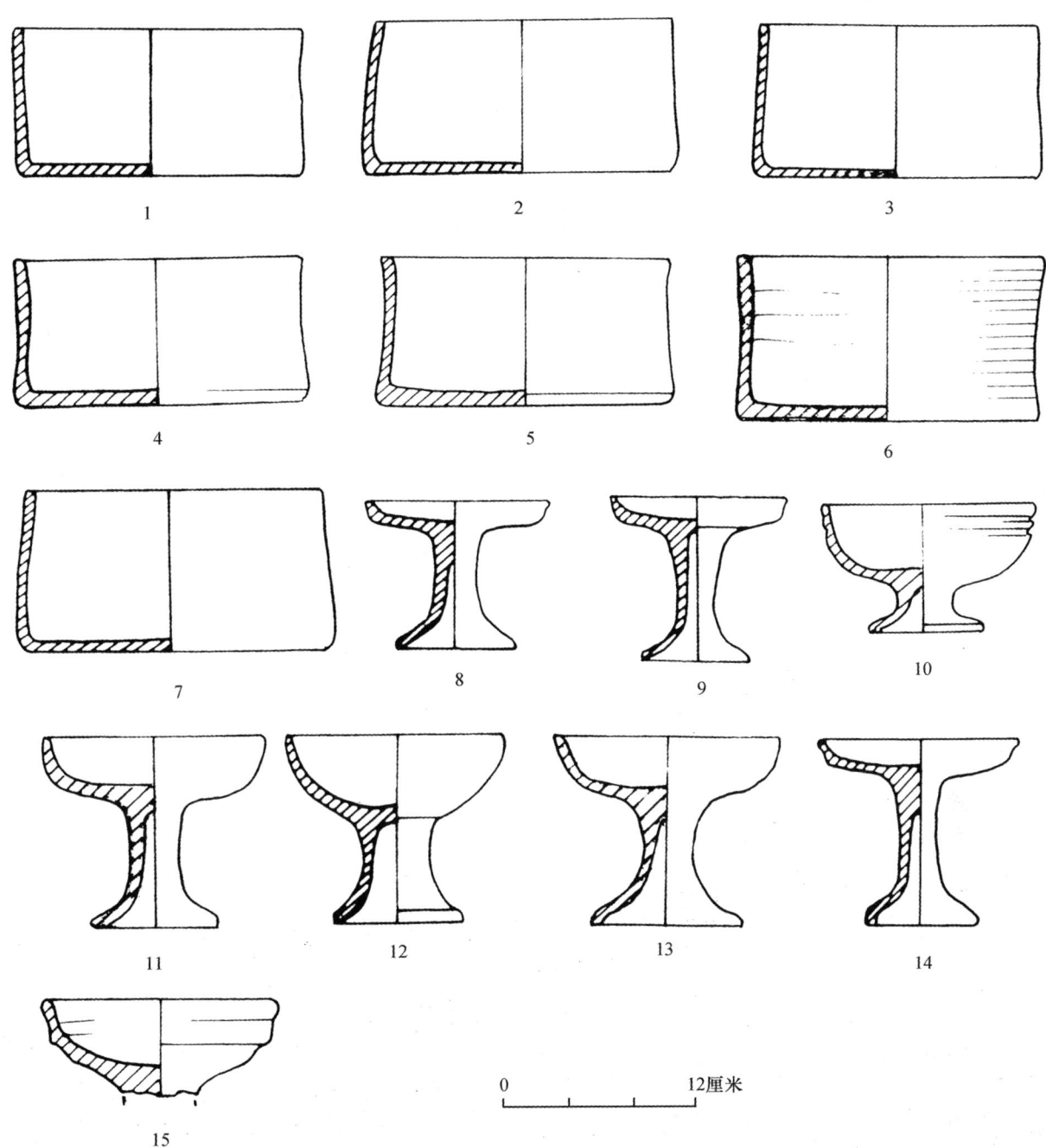

图二一五 Ⅳ区第二阶段文化遗存器物

1. AⅢ式陶匣钵（ⅣH31∶5） 2. BⅠ式陶匣钵（ⅣT8②∶5） 3. AⅠ式陶匣钵（ⅣT3③∶1） 4. AⅡ式陶匣钵（ⅣT13②∶2）
5. CⅡ式陶匣钵（ⅣT10②∶3） 6. CⅠ式陶匣钵（ⅣH24∶3） 7. BⅡ式陶匣钵（ⅣH31∶3） 8. CⅢ式陶豆（ⅣH31∶1）
9. CⅠ式陶豆（ⅣT23③∶1） 10. D型陶豆（ⅣT3②∶2） 11. BⅡ式陶豆（ⅣT3③∶3） 12. BⅢ式陶豆（ⅣH31∶2）
13. BⅠ式陶豆（ⅣH10∶2） 14. CⅡ式陶豆（ⅣH33∶1） 15. A型陶豆（ⅣH23∶1）

Ⅱ式：2件。标本ⅣH24：1，泥质灰陶。敞口外侈，圆唇，折腹，下腹近底部壁向内凹较甚，平底。通体素面抹光。口径16、底径6.7、高5.7厘米（图二一四，13）。

Ⅲ式：4件。标本ⅣT8②：2，泥质灰陶。敞口，圆唇，折腹较甚，下腹斜收，小平底。通底素面抹光。口径20.2、底径8、高10.6厘米（图二一四，3）。

Ⅳ式：1件。标本ⅣH6：2，泥质灰陶。敞口，圆唇，折腹，下腹近底部壁向内凹较甚，平底。通底素面抹光。口径14.2、底径6.3、高6.2厘米（图二一四，16）。

豆　16件。可分四型。

A型　1件。标本ⅣH23：1，豆盘，泥质灰陶。敞口，尖圆唇，折腹较深，折角起棱。通体素面抹光。口径14.4、残高5.6厘米（图二一五，15）。

B型　5件。可分三式。

Ⅰ式：1件。标本ⅣH10：2，泥质灰陶。敞口，方唇，深腹，高柄，柄下部中空，喇叭形底座。通体素面抹光。口径14.5、底径9.8、高12.2厘米（图二一五，13）。

Ⅱ式：2件。标本ⅣT3③：3，泥质灰陶。敞口，尖圆唇，深腹，高柄，柄下部中空，喇叭形底座。器表素面抹光，内壁饰暗弦纹。口径14、底径8、高12厘米（图二一五，11）。

Ⅲ式：2件。标本ⅣH31：2，泥质灰陶。敞口，尖唇，折腹，高柄，柄下部中空，喇叭形底座。器表素面抹光，内壁饰暗弦纹，底部刻划"×"纹。口径14、底径8.2、高11.6厘米（图二一五，12）。

C型　9件。可分三式。

Ⅰ式：6件。标本ⅣT23③：1，泥质灰陶。敞口，尖唇，浅盘，折腹，高柄，柄下部中空，喇叭形底座。通体素面抹光。口径11、底径7.8、高10厘米（图二一五，9）。

Ⅱ式：2件。标本ⅣH33：1，泥质红褐陶。敞口，尖圆唇，浅盘，折腹，高直柄，柄下部中空，喇叭形底座。通体素面抹光。口径12.5、底径7.3、高11.5厘米（图二一五，14）。

Ⅲ式：1件。标本ⅣH31：1，泥质灰陶。敞口，圆唇，浅盘，折腹，高直柄，柄下部中空，喇叭形底座。通体素面抹光。口径11、底径7.8、高9.4厘米（图二一五，8）。

D型　1件。标本ⅣT3②：2，泥质灰陶。敞口，尖圆唇，深腹，矮柄，柄下部中空，喇叭形底座。上腹饰弦纹两周，以下素面磨光。口径14.2、底径7.3、高8厘米（图二一五，10）。

豆柄　2件。可分二式。

Ⅰ式：1件。标本ⅣT25②：9，泥质灰褐陶。高柄，中空，喇叭形底座，素面抹光，座壁饰凹弦两周。底径5.2、残高8厘米（图二一六，15）。

Ⅱ式：1件。标本ⅣG3：15，泥质灰陶。高柄，中空，喇叭形底座。素面抹光。底径5.6、残高8厘米（图二一六，2）。

盘　2件。可分二型。

A型　1件。标本ⅣW24：01，泥质褐陶。子母口，尖唇，弧腹，平底。通体素面抹光。口径32.2、底径27.5、高6.6厘米（图二一六，5）。

B型　1件。标本ⅣH33：2，泥质灰褐陶。敛口，方唇，弧腹，平底，下附三梯形矮足。通

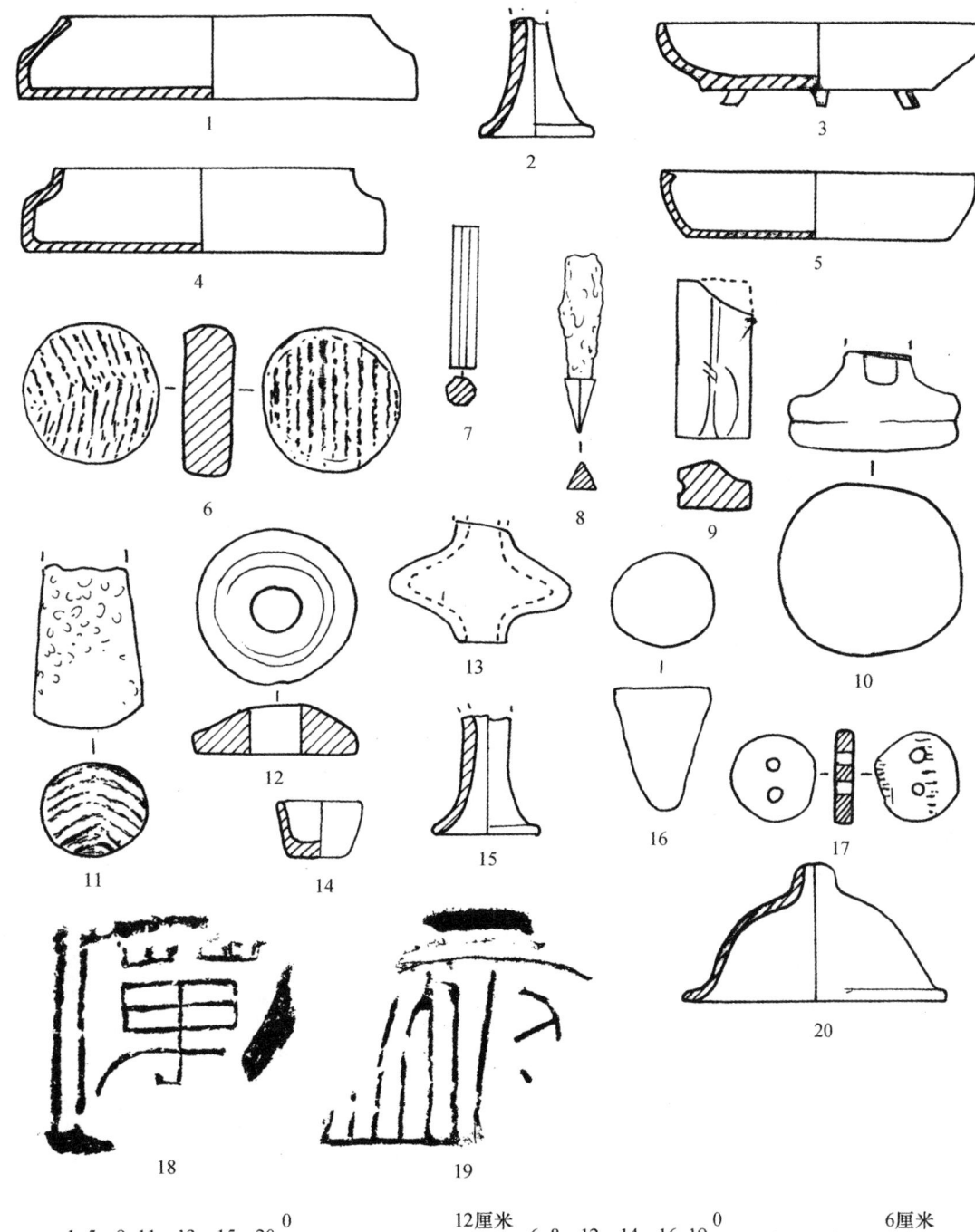

图二一六　Ⅳ区第二阶段文化遗存器物

1. B型陶器座（ⅣH32：5）　2. Ⅱ式陶豆柄（ⅣG3：15）　3. B型陶盘（ⅣH33：2）　4. A型陶器座（ⅣH32：4）
5. A型陶盘（ⅣW24：01）　6. B型陶饼（ⅣH32：6）　7. 石塞（ⅣH1：2）　8. 铜镞（ⅣT23②：5）　9. 石器（ⅣG1：27）
10. B型陶拍（ⅣT24③：7）　11. C型陶拍（ⅣH48：3）　12. 陶纺轮（ⅣT10②：4）　13. 陶轮（ⅣH55：3）
14. 陶杯（ⅣH24：6）　15. Ⅰ式陶豆柄（ⅣT25②：9）　16. 陶支钉（ⅣT8②：7）　17. A型陶饼（ⅣH3：6）
18. A型文字瓦当（ⅣT6②：2）　19. B型文字瓦当（ⅣT24②：1）　20. 陶器盖（ⅣH62：1）

体素面磨光，口径22.3、底径15.8、足高1.2、通高5.6厘米（图二一六，3）。

器座 3件。可分二型。

A型 1件。标本ⅣH32：4，泥质灰陶。直口，方唇，平底，平面呈"凸"字形，通体素面抹光。口径79.9、底径23.8、高5.7厘米（图二一六，4）。

B型 2件。标本ⅣH32：5，泥质灰陶。敛口，方唇，平底，平面呈"凸"字形，通体素面抹光。口径20、底径27、高5.8厘米（图二一六，1）。

器盖 1件。标本ⅣH62：1，泥质灰陶。斜折沿，盖面弧凸，顶部饰乳突盖纽，中部钻孔，孔径1、口径17.8、高9.2厘米（图二一六，20）。

杯 1件。标本ⅣH24：6，泥质灰褐陶，手制。敞口，尖圆唇，斜腹，平底。通体素面抹光。口径2.9、底径2、高1.8厘米（图二一六，14）。

陶拍 3件。可分三型。

A型 1件。标本ⅣH32：8，泥质灰陶。呈长方形，拍面饰网纹，拍的一侧钻孔，呈椭圆形，直径2.5～3.6厘米，拍长13.5、宽9.6、厚1.6～6厘米（图二一七，10；图版二三，2）。

B型 1件。标本ⅣT24③：7，残，夹砂灰陶。拍呈圆饼状，拍面半弧，拍背光面，拍壁有凹槽一周，上接空心柄，拍直径11.2、残高6.8厘米（图二一六，10）。

C型 1件。标本ⅣH48：3，拍柄，夹砂灰陶。柱状，剖面呈梯形，顶端弧凸，饰粗绳纹，印痕较浅，烧制火候较高。高11.2厘米（图二一六，11）。

纺轮 1件。标本ⅣT10②：4，泥质灰陶。呈圆柱状，顶端弧凸，饰弦纹，中部钻孔。底径5.3、孔径1.2、厚1.6厘米（图二一六，12）。

陶饼 3件。可分二型。

A型 1件。标本ⅣH3：6，泥质灰陶片打制而成，略经磨制。平面呈圆形，中部钻双孔，对钻，孔径0.35、直径2.5、厚0.6厘米（图二一六，17）。

B型 2件。标本ⅣH32：6，泥质灰陶片磨制而成。平面呈圆形，两侧面饰绳纹，一侧被抹，直径4.8、厚1.6厘米（图二一六，6）。

陶轮 1件。标本ⅣH55：3，稍残，泥质灰陶，模制。呈覆斗式，柄部中空，一侧较粗一侧较细，素面抹光，缘边留有磨痕，在细柄一侧的肩部对称刻有"十"和"|"符号。直径11.4厘米（图二一六，13）。

支钉 1件。标本ⅣT8②：7，泥质红陶。呈圆锥状，素面抹光。底径3.2、高4.1厘米（图二一六，16）。

建筑构件有筒瓦、板瓦、瓦当等。

筒瓦 2件。标本ⅣH28：3，稍残，泥质灰陶。方头，半圆形，子母口，咬合面较短。瓦背饰弦断绳纹，内壁饰布纹。直径16.4、残长40、厚1.6厘米（图二一七，6）。标本ⅣH28：4，残，泥质灰陶。方头，半圆形，子母口，咬合面较短。瓦背饰纵向绳纹，内壁饰布纹。残长16、厚1.6厘米（图二一七，9）。

板瓦 6件。均残，分泥质灰陶和泥质红陶两种；平面呈长方形，横截面略弧；瓦背多饰绳

图二一七　Ⅳ区第二阶段文化遗存器物

1. D型板瓦（ⅣT7③：3）　2. A型板瓦（ⅣT5②：3）　3. 铁锛（ⅣT8②：6）　4. B型板瓦（ⅣT5②：4）
5. 石磨（ⅣT18②：1）　6、9. 筒瓦（ⅣH28：3、ⅣH28：4）　7、8. C型板瓦（ⅣT5②：5、ⅣT5②：6）
10. A型陶拍（ⅣH32：8）

纹或弦断绳纹，粗细斜纵不一，内壁饰坑点纹和素面两种，皆为模制，可分四型。

A型　1件。标本ⅣT5②：3，泥质灰陶，模制。瓦背饰斜纵叠压的中绳纹，内壁饰分布不均的坑点纹，沿边饰手指压印纹。残长17.6、宽23.2、厚1~1.3厘米（图二一七，2）。

B型　1件。标本ⅣT5②：4，泥质灰陶，模制。瓦背饰纵向中绳纹，内壁饰坑点纹。残长22、宽23、厚0.8~1.2厘米（图二一七，4）。

C型　3件。标本ⅣT5②：5，泥质灰陶，模制。瓦背饰弦断绳纹，内壁饰坑点纹，局部被抹。残长23、宽18、厚0.7~1厘米（图二一七，7）。标本ⅣT5②：6，泥质红陶。残长17、宽21、厚1厘米（图二一七，8）。

D型　1件。标本ⅣT7③：3，泥质灰陶，模制。瓦背饰凸弦纹和弦断绳纹，内壁饰坑点纹，被抹。残长24.6、宽21、厚0.9厘米（图二一七，1）。

瓦当　2件。皆为文字瓦当，可分二型。

A型　1件。标本ⅣT6②：2，灰色，残存"万"字。以双"十"字线为界格。边轮宽1、当厚0.8厘米（图二一六，18）。

B型　1件。标本ⅣT24②：1，灰色，"千""秋"两字皆残。以单线为界格。边轮宽1.1、当厚1厘米（图二一六，19）。

2. 铜器

铜镞　1件。标本ⅣT23②：5，横截面三角形，铁铤。前锋较锐，边锋较直。镞身长1.8、铤长4.2厘米（图二一六，8；图版二二，3左）。

3. 铁器

铁锛　1件。标本ⅣT8②：6，残。窄长方体，弧刃略窄，上部中空成銎，銎上部残，体残长9、宽5.8、刃宽5.6、銎径长4.2、宽1.2、深4.3厘米（图二一七，3；图版二二，3右）。

4. 石器

有石磨、石塞、石器等。

石磨　1件。标本ⅣT18②：1，砂岩琢制而成。平面呈椭圆形，上部弧凸，磨眼位于中部，略呈上大下小，平面呈椭圆形；摩擦面较平，阴刻十字形的凹槽为磨齿。磨眼直径上部7~8、下部3.2~4.8厘米，磨体直径25.4~29、厚4.6厘米（图二一七，5）。

石塞　1件。标本ⅣH1：2，石灰岩，磨制。呈六棱形柱状。截面直径0.8、长4.8厘米（图二一六，7）。

石器　1件。标本ⅣG1：27，稍残。呈长方形，背面隆起，中部和一侧面有凹槽。长10.8、宽5、厚3.2厘米（图二一六，9）。

（三）第三阶段的文化遗存

该类遗存未发现地层堆积；遗迹以Ⅳa区、Ⅳb区第1层下开口的部分遗存为代表。仅见灰坑（窖穴）一种，坑口平面有圆形、长方形和不规则形几种；坑壁分直壁和斜壁；皆平底，形体较小。遗迹单位有ⅣH28、ⅣH30、ⅣH59、ⅣH63、ⅣH68、ⅣH72。该类遗存的遗物亦发现甚少，器类有陶器、铁器。陶器的陶质分泥质陶和细泥陶两种，细泥陶的陶土多经淘洗；陶色有灰陶、灰褐陶和黑陶三种；纹饰有素面抹光、素面磨光、压印纹、几何纹、网格纹、重菱纹、划纹、砑光网格纹、暗弦纹、砑光暗纵向条纹等（图二一八）；制法分手制、模制和轮制几种；手制者形体较厚重，部分器物内壁留有泥条盘筑痕迹和手捏之迹；烧制火候较高，色泽较纯。

1. 陶器

有壶、瓶、罐、盆、瓮、陶拍等。

壶　4件。可分二型。

A型　3件。可分二式。

Ⅰ式：1件。标本ⅣH59：2，细泥灰褐陶。浅盘口，方唇，束颈，圆肩，鼓腹，下腹近底部壁略向内凹，平底。肩饰弦纹三周，以下素面抹光。口径13、底径13、高30.4厘米（图二一九，14；图版二五，2）。

Ⅱ式：2件。标本ⅣH28：5，口部残，泥质灰陶，模制。鼓肩，平底。肩部素面磨光，以下素面抹光。底径10.8，残高21.2厘米（图二一九，11）。

B型　1件。标本ⅣH28：6，残片，细泥黑陶。弧肩，鼓腹，肩部饰压光网格暗纹，腹饰暗弦纹，不甚规整，较为随意。腹径14.4、残高9.6厘米（图二一九，9）。

瓶　2件。可分二式。

Ⅰ式：1件。标本ⅣH72：1，细泥灰陶。浅盘口，尖圆唇，细颈，溜肩，腹弧鼓，平底。肩饰压印纹两周，通体素面压光，器表留有纵向砑光暗纹若隐若现，内壁口部与器身结合处留有手捏痕迹。口径13.5、底径10.6、高47厘米（图二一九，4；图版二四，2）。

Ⅱ式：1件。标本ⅣH59：3，细泥灰陶。浅盘口，尖圆唇，细颈，溜肩，弧腹，平底。肩、上腹各饰压印纹一周，以下素面砑光，器表留有纵向的砑光暗纹，内壁口部与器身结合处留有手捏痕迹。口径16、底径14、高53厘米（图二一九，5；图版二四，1）。

罐　3件，可分三型。

A型　1件。标本ⅣH30：3，泥质黑陶。宽平沿略内斜，沿面上有凹槽两周，方唇，矮领，束颈，鼓腹，平底。通体素面抹光，肩部有三处划痕，较为随意，型体厚重，不甚规整，内壁留有泥条盘筑之迹。口径18、底径18.6、高39.6厘米（图二一九，7；图版二五，1）。

B型　1件。标本ⅣT1②：3，口、腹残片，泥质灰褐陶。敞口，尖圆唇，束颈，溜肩。饰

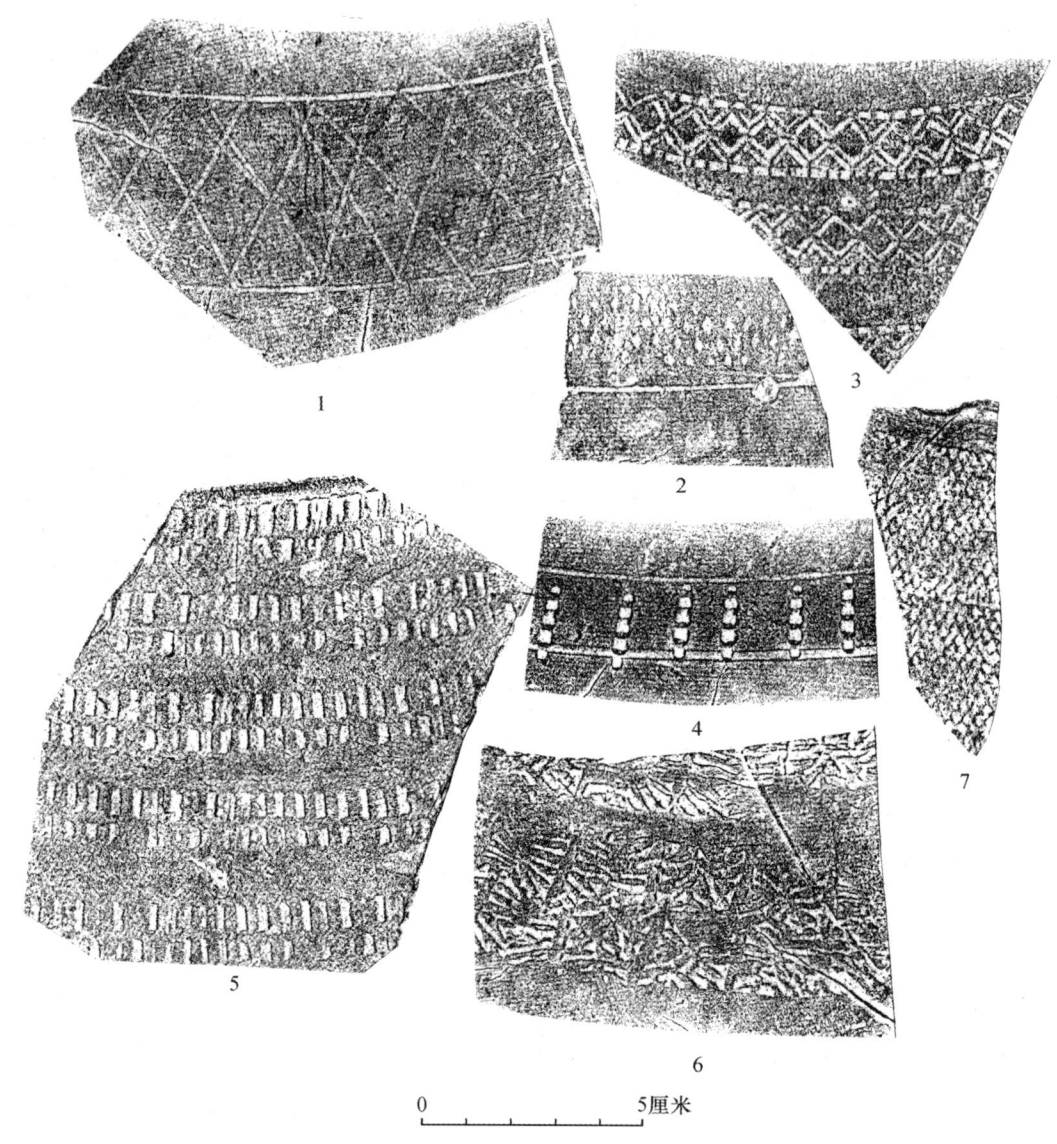

图二一八　Ⅳ区第三阶段文化遗存陶器纹饰拓片
1. ⅣT8②：13　2. ⅣH59：7　3. ⅣH59②：4　4. ⅣH59：5　5. ⅣT8②：6　6. ⅣT8②：12　7. ⅣT1②：3

压印纹；肩部刻划"﹨"一处，内壁口部与器身结合处留有手捏痕迹。口径13.6、残高11.6厘米（图二一九，12）。

C型　1件。标本ⅣH59：4，口、肩残片，泥质灰陶。浅盘口，尖圆唇。颈部素面抹光，肩部饰几何纹，内壁口部与器身结合处留有手捏痕迹。口径22、残高9.6厘米（图二一九，8）。

盆　5件。可分三型。

A型　1件。深腹。标本ⅣH30：2，泥质灰陶。敞口，宽平沿，沿面外缘有凹槽一周，内缘起凸棱，尖圆唇，斜腹，平底。外壁素面抹光，内壁及口部留有轮制时的弦痕。口径36.8、底径16.5、高17.6厘米（图二一九，15；图版二四，3）。

B型　3件。弧腹。标本ⅣT22②：10，口、腹残片，泥质灰陶。敞口，宽平沿，内、外缘

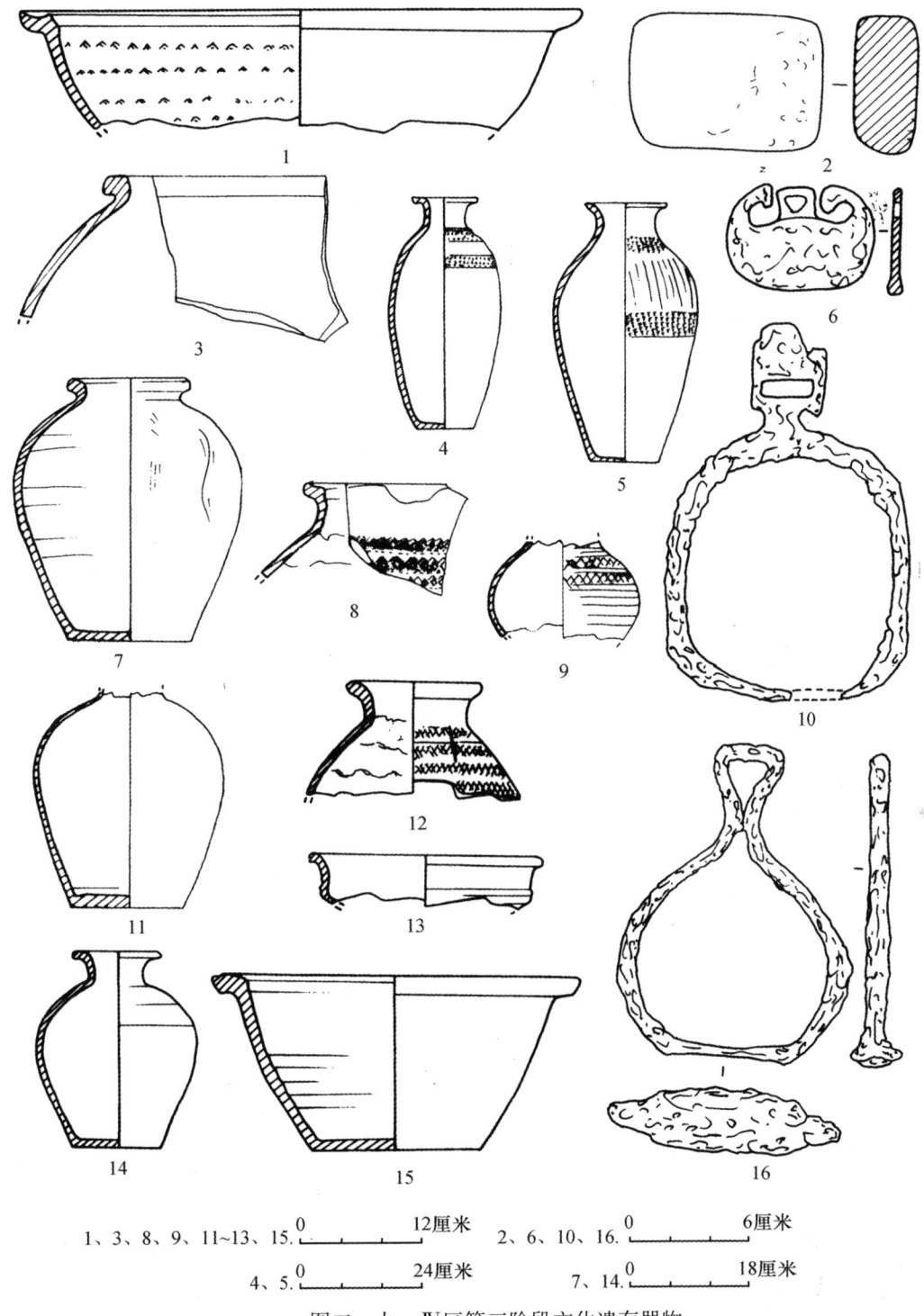

图二一九　Ⅳ区第三阶段文化遗存器物
1. B型陶盆（ⅣT22②:10）　2. 陶拍（ⅣH30:4）　3. 陶瓮（ⅣH59:8）　4. Ⅰ式陶瓶（ⅣH72:1）
5. Ⅱ式陶瓶（ⅣH59:3）　6. 铁带饰（ⅣT24②:3）　7. A型陶罐（ⅣH30:3）　8. C型陶罐（ⅣH59:4）
9. B型陶壶（ⅣH28:6）　10. B型铁马镫（ⅣT25②:2）　11. AⅡ式陶壶（ⅣH28:5）　12. B型陶罐（ⅣT1②:3）
13. C型陶盆（ⅣH63:7）　14. AⅠ式陶壶（ⅣH59:2）　15. A型陶盆（ⅣH30:2）　16. A型铁马镫（ⅣT25②:1）

凸起，浅弧腹。外壁素面抹光，内壁饰压印纹。口径56、残高20厘米（图二一九，1）。

C型　1件。曲腹。标本ⅣH63：7，口、腹残片，泥质灰陶。敞口，方唇，曲腹。素面抹光。口径23、残高5.2厘米（图二一九，13）。

瓮　1件。标本ⅣH59：8，口、腹残片，泥质灰陶。侈口，厚圆唇，广肩。素面抹光。口径26、残高16.4厘米（图二一九，3）。

陶拍　1件。标本ⅣH30：4，泥质灰褐陶。平面呈圆角长方形，拍面微弧，拍背弧凸。长9.6、宽7、厚3.2厘米（图二一九，2）。

2. 铁器

有带饰和马镫等。

带饰　1件。标本ⅣT24②：3，呈椭圆形，上部钻孔，模铸出双马图案。马首相对，中间被带环所隔。长7.4、宽5.4、厚0.5厘米（图二一九，6；图版二五，3右）。

马镫　2件。可分二型。

A型　1件。标本ⅣT25②：1，方形柱状提梁与镫面铸为一体，鼻弯曲成弧边三角形，镫面呈弧边长方形，背面正中起一道凸棱与梁衔接。高16、镫面宽3.2厘米（图二一九，16；图版二五，3左）。

B型　1件。标本ⅣT25②：2，镫面残。方形柱状提梁与镫面铸为一体，上端铸扁方形鼻，鼻铸有长方形穿孔，镫面呈弧边长方形，背面正中起一道凸棱与梁衔接。鼻穿长2.6、宽0.8、高19、镫面残宽2.7厘米（图二一九，10）。

七、小　结

通过考古调查、勘探与发掘得知，南城是利用西城的东垣作为其西垣的北半部向东南重新修筑的一座城址，平面呈梯形，由城垣、城门及瓮城组成。城垣以南垣和东垣南半部保存最好，残存高2~7米。西垣的南半部、北垣和东垣的北半部在搞农田基本建设时已辟为平地。城门东、北、西三面近中部各设一门，西门外置瓮城，南垣置东西二门。经解剖得知，古城的城垣有的地方打破战国地层建在生土上，在夯层内出土战国陶片。城内近西北部有一高台建筑基址（俗称将台遗迹），呈椭圆形台状，土筑夯打而成。城内地层堆积西部半部较厚可分4层，东半部较薄可分3层。城内出土春秋、战国、两汉以及代魏时期的遗物。根据城垣的解剖和城内地层的情况，再根据城内出土遗物判断，南城的建筑年代范围应在战国至代魏时期。

第四节 中 城

中城位于和林格尔土城子古城的东南部，是利用废弃西城的南垣和南城西垣的北半部（原西城的东垣）向西北重新扩建的一座城址，西南隅被宝贝河水（古金河）毁掉一部分。平面呈梯形，南北长800米，东西宽约500米，面积约40万平方米；方向355°（图二二〇；图版八）。

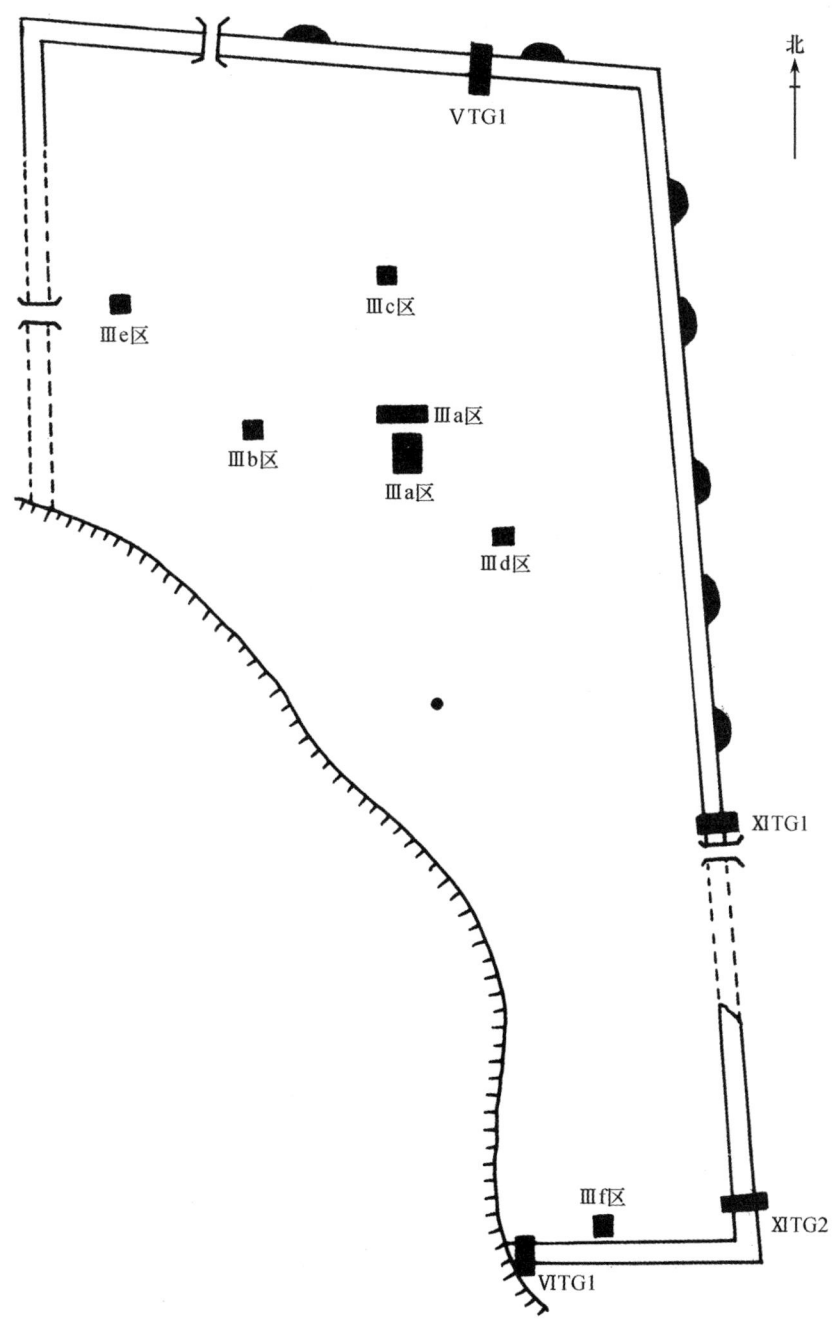

图二二〇　和林格尔土城子古城中城及发掘区平面示意图

一、城垣与护城壕

1. 城垣

城垣以北垣和东垣保存最好，残存高1.2~8米，南垣西端和西垣南端被河水冲毁。在垣体外侧设有马面。

东垣　略呈西北—东南走向，从北到南渐低，长790米，与北垣的夹角为100°，与南垣的夹角为90°，残存高1.5~8米。在其外侧筑有马面，现存5个，呈半圆形，大小不等，高出垣体0.5~1米。

南垣　略呈东北—西南走向，西端被河水冲毁一部分，残长156米，与东垣的夹角约为90°。残存高1~1.3米。该段城垣是利用西城的南垣，在其上拓宽、增补修缮后沿用。

西垣　略呈东北—西南走向，南半部被河水冲毁，北中部已辟为平地，与地表相平。残长350米，与北垣的夹角为87°，残存高1.2~3.5米。

北垣　略呈西北—东南走向，从西到东渐高，长420米，与东垣的夹角为100°，残高2~7.2米。在其外侧筑有马面，现存2个，形状不清。

2. 护城壕

护城壕系筑城时取土形成的壕沟，位于城垣的两侧，现被晚期堆积覆盖，难以辨认。

二、城　门

经勘探得知，城垣东、北、西三面各设一门，均湮埋于地下；南垣因遭破坏门向不详。

东门：经勘探得知，位于东垣中部偏南，也就是城内现在东西向的小路略偏南，宽约20米。

西门：经勘探得知，位于西垣中部偏北，与城内建筑台基的北侧相对，宽约20米。

北门：经勘探得知，位于北垣中部略偏西，也就是城垣西部的豁口，宽约18米。

南门：因遭破坏迹象不清。

三、城内文化层与遗迹

1. 城内文化层

城内地层堆积在搞农田建设时多遭破坏，堆积层较为复杂，最深处可达10余米，文化内涵亦不相同。大体分为北部、中部、西部、南部四部分。

（1）北部

北部文化层较薄，堆积层可分2层。

第1层：耕土层。

第2层：元代文化层。

（2）中部

中部文化层较厚，最深处可达10余米，堆积层可分为5层。

第1层：耕土层。

第2层：元代文化层。

第3层：元代文化层。

第4层：元代文化层。

第5层：唐代文化层。

（3）西部

西北部文化层在搞农田建设时多遭破坏，晚期堆积荡然无存。堆积层可分为4层。

第1层：耕土层。

第2层：元代文化层。

第3层：唐代文化层。

第4层：汉魏文化层。

（4）南部

南部文化层较薄，堆积层可分3层。

第1层：耕土层。

第2层：唐代文化层。

第3层：汉魏文化层。

2. 遗迹

城内中北部可见高台建筑基址。

四、城址发掘

中城共发掘五个地点：一是解剖北垣中段发掘南北向2米×28米的探沟1条；二是解剖南垣中段发掘南北向2米×23.5米的探沟1条；三是解剖东垣中段发掘东西向2米×18米的探沟1条；四是解剖东垣南段发掘东西向2米×17.5米的探沟1条；五是对城内发掘10米×10米的探方4个，5米×5米的探方20个；发掘面积（包括扩方）共1606平方米。探沟编号依次为ⅤTG1、ⅥTG1、ⅪTG1、ⅪTG2，探方编号为ⅢT1~ⅢT24（图二二〇）。

（一）北垣中段偏东城垣解剖

北垣中段偏东城垣解剖（即第Ⅴ发掘区TG1）位于中城北垣中段偏东，发掘2米×28米的探沟1条，发掘面积为56平方米。

1. 地层堆积

地层堆积分城垣内侧和城垣外侧两部分，现以ⅤTG1西壁剖面为例介绍如下（图二二一）。

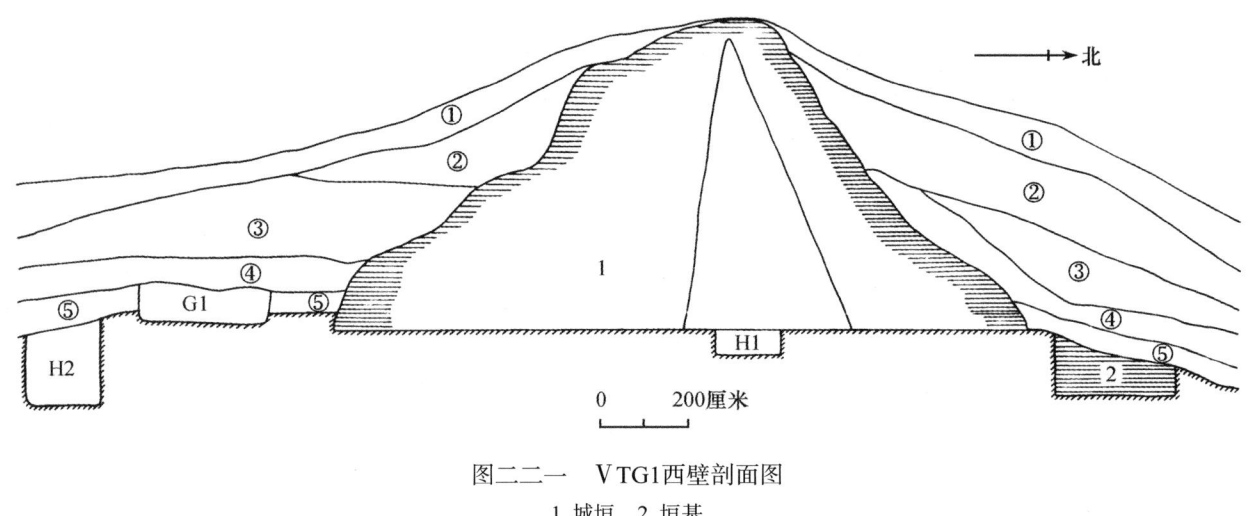

图二二一　ⅤTG1西壁剖面图
1. 城垣　2. 垣基

（1）垣内侧地层堆积与出土遗物

1）地层堆积

城垣内侧的地层堆积根据土质、土色与其包含物的不同，可分5层。

第1层：风积层，黄灰色砂土，土质较松软，无遗物，从北向南渐厚。厚30～125厘米。

第2层：城垣倒塌与自然堆积层，软硬不一，分布于垣体附近。厚50～150厘米。

第3层：元代文化层。灰褐色土，土质较硬，出土少量的陶瓷片。厚70～200厘米。

第4层：唐代文化层。灰花土，土质较硬，出土陶片较多。厚50～80厘米。出土陶片主要有泥质灰陶，纹饰以素面抹光为主；可辨器型有陶瓮、罐、盆、板瓦、筒瓦等。ⅤG1开口于该层下。

第5层：汉代文化层。黄花土，土质较硬，出土较多的陶片。厚40～80厘米。出土陶片有泥质灰陶和夹砂灰陶，以泥质灰陶居多，夹砂灰陶较少；可辨器型有陶罐、盘、瓮及板瓦残片等。ⅤH2于该层下开口。

2）出土遗物

有陶壶、盆、碗，板瓦，石磨等。

壶　1件。标本ⅤTG1N⑤：1，泥质灰陶。侈口，方唇，弧腹，以下残。素面抹光。口径

12、残高7.6厘米（图二二二，7）。

盆 4件。标本ⅤTG1N②：6，泥质灰陶。敛口，圆唇，鼓腹，平底略内凹。素面抹光。口径22.2、底径15.2、高12.4厘米（图二二二，4）。标本ⅤTG1N⑤：3，泥质灰褐陶。敞口，方唇，深弧腹，以下残。饰弦纹和弦断绳纹。口径36、残高10.4厘米（图二二二，11）。标本ⅤTG1N⑤：5，泥质灰陶。微敛口，方唇，垂腹，以下残。饰弦纹和弦断绳纹。残口径46、

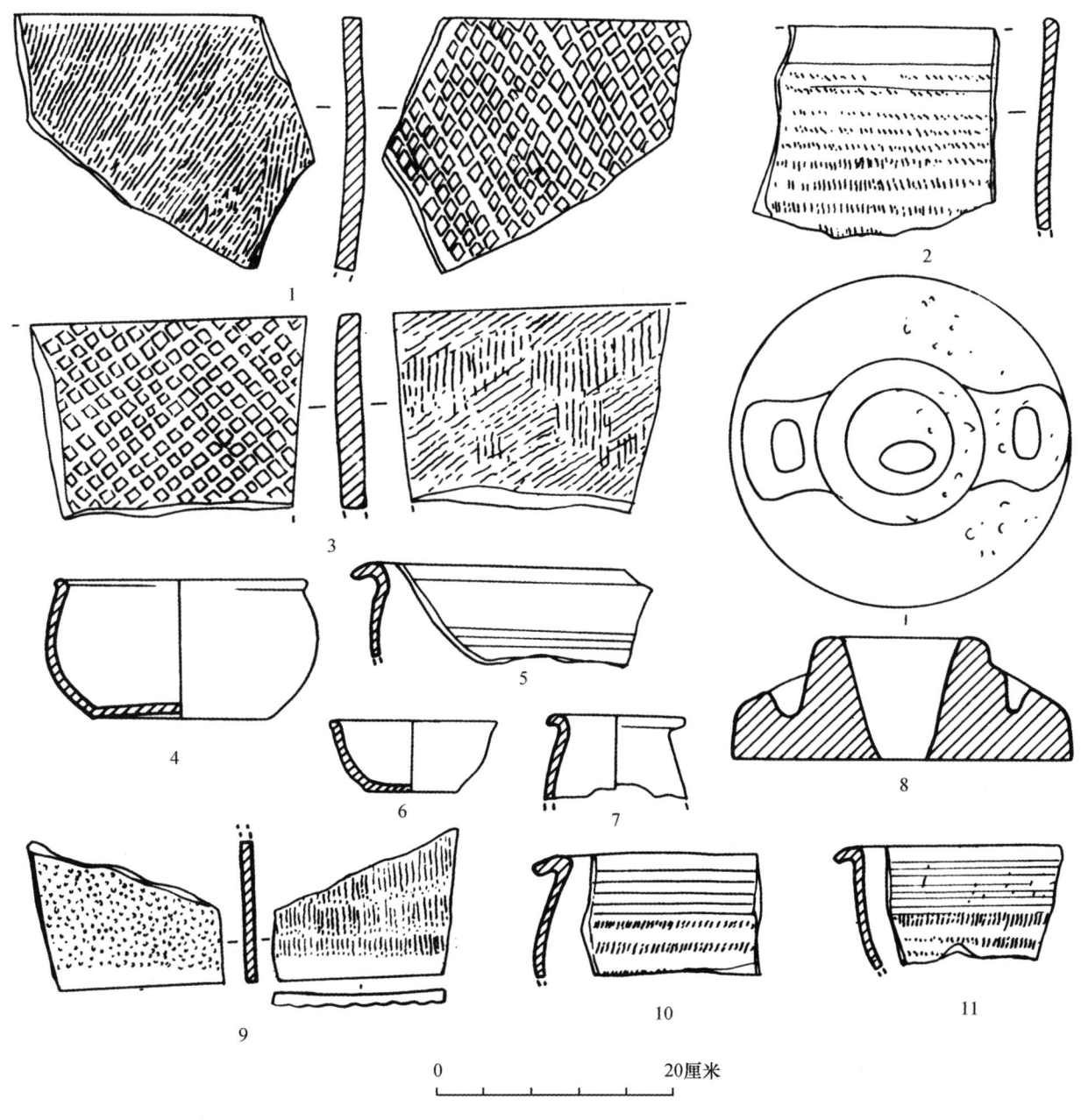

图二二二　ⅤTG1内侧地层出土器物
1～3、9.板瓦（ⅤTG1N⑤：9、ⅤTG1N⑤：11、ⅤTG1N⑤：10、ⅤTG1N⑤：6）
4、5、10、11.陶盆（ⅤTG1N②：6、ⅤTG1N⑤：4、ⅤTG1N⑤：5、ⅤTG1N⑤：3）
6.陶碗（ⅤTG1N④：1）　7.陶壶（ⅤTG1N⑤：1）　8.石磨（ⅤTG1N③：1）

残高10.8厘米（图二二二，10）。标本ⅤTG1N⑤：4，泥质灰陶。微敛口，卷沿，弧腹，以下残。饰弦纹。残口径42、残高8厘米（图二二二，5）。

碗　1件。标本ⅤTG1N④：1，泥质灰陶。敞口，方唇，弧腹，平底。素面抹光。口径14.4、底径8、高6.4厘米（图二二二，6）。

板瓦　4件。标本ⅤTG1N⑤：6，残，泥质灰陶，模制。方头，饰手指压印纹，呈波浪状。瓦背饰纵向绳纹，内壁饰坑点纹。残长13.6、宽15.2、厚1厘米（图二二二，9）。标本ⅤTG1N⑤：9，残，泥质灰陶，模制。方头，饰手指压印纹，呈波浪状。瓦背饰斜向绳纹，内壁饰菱形纹。残长22.8、宽25.2、厚1.2厘米（图二二二，1）。标本ⅤTG1N⑤：10，残，泥质灰陶，模制。方头，瓦背饰斜纵交错绳纹，内壁饰方格纹。残长17.4、宽24、厚2厘米（图二二二，3）。标本ⅤTG1N⑤：11，残，泥质灰陶，模制。方头，瓦背饰弦断绳纹。残长17.4、宽24、厚2厘米（图二二二，2）。

石磨　1件。标本ⅤTG1N③：1，砂岩琢制而成。平面呈圆形，上部弧凸，左右两侧有椭圆形浅坑，平顶，圆形磨眼位于中部，略呈上大下小，磨擦面较平。磨眼直径上部直径10.4、下部直径2.8～4.6厘米，磨体直径30、厚15厘米（图二二二，8）。

（2）城垣外侧地层堆积与出土遗物

1）地层堆积

城垣外侧的地层堆积根据土质、土色与其包含物的不同，可分5层。

第1层：风积层，黄灰色砂土，土质较松软，含有零散的陶片及瓷片，从南向北渐厚。厚50～110厘米。

第2层：耕土层。灰黄花土，土质较松软，出土少量的陶瓷片。厚100～170厘米。

第3层：唐代文化层。灰褐色土，土质较松软，出土少量的陶瓷片。厚80～130厘米。

第4层：唐代文化层。黄花土，土质较硬，出土较多的陶瓷片。厚60～100厘米。

第5层：唐代文化层。灰花土，土质较硬，出土较多的陶片。厚30～50厘米。出土物可辨器型有陶罐、盆、碗、盘等。ⅤH3开口于该层下。

2）出土遗物

有陶釜、盆、盒、模具、筒瓦、滴水、瓦当等。

釜　1件。标本ⅤTG1W⑤：10，夹砂灰褐陶。侈口，圆唇，弧肩，以下残。饰粗绳纹。残口径28、残高6厘米（图二二三，5）。

盆　4件。标本ⅤTG1W③：5，泥质灰陶。微敛口，圆唇，斜弧腹，以下残。外壁素面抹光，内壁饰暗弦纹。口径30、残高10.6厘米（图二二三，3）。标本ⅤTG1W④：8，泥质灰褐陶。敞口，方唇，斜弧腹，以下残。外壁素面抹光，内壁饰压印纹。口径32、残高10厘米（图二二三，2）。标本ⅤTG1W④：4，泥质灰陶。直口，圆唇，斜弧腹，以下残。上腹饰弦纹，腹饰绳纹。残口径38、残高9厘米（图二二三，9）。标本ⅤTG1W⑤：2，泥质灰褐陶。微敛口，宽平沿略外折，圆唇，弧腹，以下残。饰绳纹。残口径37.6、残高7.8厘米（图二二三，7）。

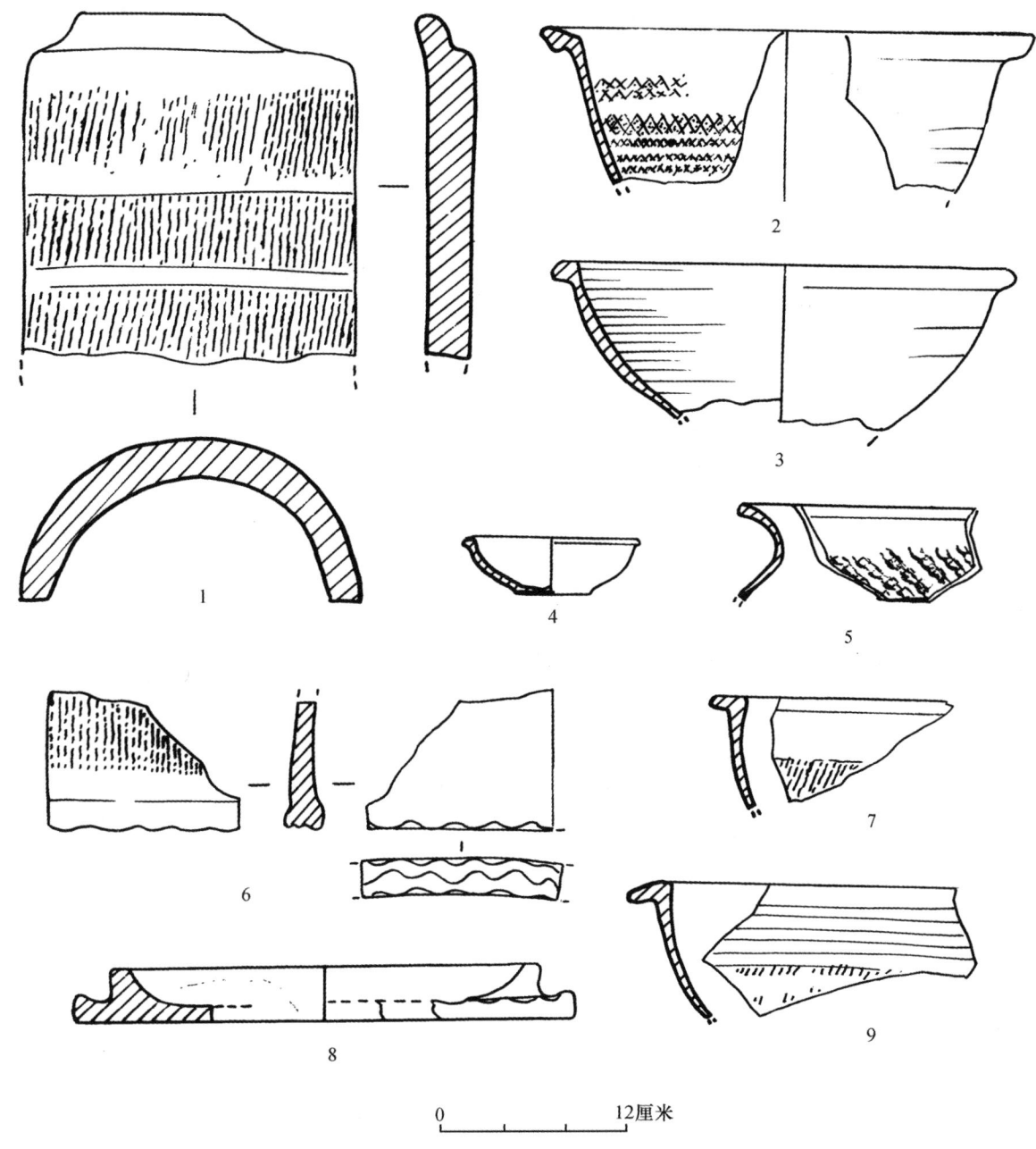

图二二三　ⅤTG1外侧地层出土器物

1.筒瓦（ⅤTG1W②:5）　2、3、7、9.（ⅤTG1W④:8、ⅤTG1W③:5、ⅤTG1W⑤:2、ⅤTG1W④:4）
4.陶盒（ⅤTG1W④:13）　5.陶釜（ⅤTG1W⑤:10）　6.滴水（ⅤTG1W④:2）　8.陶模具（ⅤTG1W②:3）

盒　1件。标本ⅤTG1W④:13，泥质灰褐陶。微敛口，唇面饰锯齿纹，弧腹，平底。素面抹光。口径11.4、底径4.4、高3.6厘米（图二二三，4）。

模具　1件。标本ⅤTG1W②:3，泥质灰褐陶。圆形，平底。外缘饰手指压印纹。直径32、高3.6厘米（图二二三，8）。

筒瓦　1件。标本ⅤTG1W②：5，残半，方头，半圆形，子母口，咬合面较短。瓦背饰弦断绳纹，内壁饰布纹。直径22、残长22.4、厚2.6厘米（图二二三，1）。

滴水　1件。标本ⅤTG1W④：2，残，细泥黑陶。头部下侧饰手指压成的波浪纹，上侧及中部饰凸棱纹间夹波浪纹。外壁素面磨光，内壁饰布纹。残长9、残宽12、厚1.2厘米（图二二三，6）。

瓦当　1件。标本ⅤTG1W②：1，残，泥质灰陶。当面以单环线划分为内外区。内区当心饰乳突，外环饰五个横"〜"形云纹；外区以羊角形云纹为界格，每个格内夹饰横"〜"形云纹。直径13、边轮宽0.8、当厚1.1厘米（图二二四）。

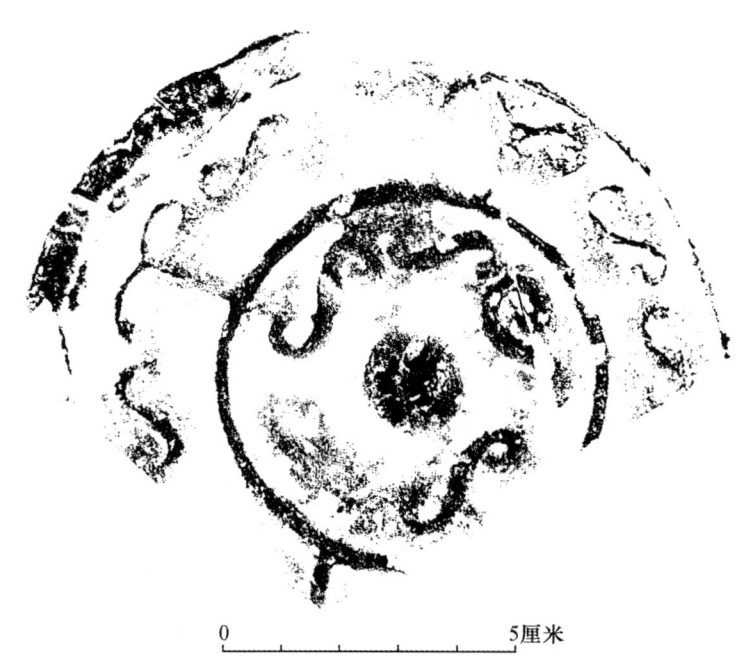

图二二四　Ⅴ区TG1外侧出土瓦当（ⅤTG1W②：1）

2. 遗迹

在第Ⅴ发掘区TG1内清理的遗迹有城垣、灰坑和壕沟等。

（1）城垣

1）城垣结构

中城北垣中段城垣经解剖得知，开口于城垣内侧的第4层下，打破城垣内侧的第5层堆积，建在生土之上。截面呈梯形。底宽16、顶宽3.5、残高7.2米。用两侧夹板土筑夯打而成，两侧用黄褐色土筑就，土质坚硬。夯层厚10～12、夯窝直径6～8厘米。中心用灰褐色土筑就，土质略硬，截面呈高三角形。底宽3.6、高6.8米。在城垣的外侧有一夯土地基建在生土内，呈东西走向，与垣体相隔0.6米。宽2.7、深0.75～1.45米。根据其平面布局和建筑结构分析，该地基应为城垣底部的加固设施。在夯层内出土战国和汉代陶片。ⅤH1开口于城垣底部。

2）出土遗物

有陶釜、壶、盆等。

釜　1件。标本ⅤTG1夯层内：5，夹砂灰陶。敛口，圆肩，以下残。饰粗绳纹。口径14.6、残高7厘米（图二二五，3）。

壶　1件。标本ⅤTG1夯层内：22，口、颈残片，泥质灰陶。侈口，尖圆唇，细颈。素面抹光。口径12、残高4厘米（图二二五，4）。

盆　3件。标本ⅤTG1夯层内：3，口、腹残片，泥质灰陶。微敛口，宽平沿，方唇，深腹。饰弦纹。口径42、残高6.8厘米（图二二五，1）。标本ⅤTG1夯层内：4，口、腹残片，泥质灰陶。敛口，宽折沿，方唇，唇面有凹槽一周，弧腹。饰弦纹与弦断绳纹。口径33.6、残高10.4厘米（图二二五，2）。标本ⅤTG1夯层内：11，口、腹残片，泥质灰陶。敛口，方唇，弧腹。素面抹光。口径18、残高8.2厘米（图二二五，5）。

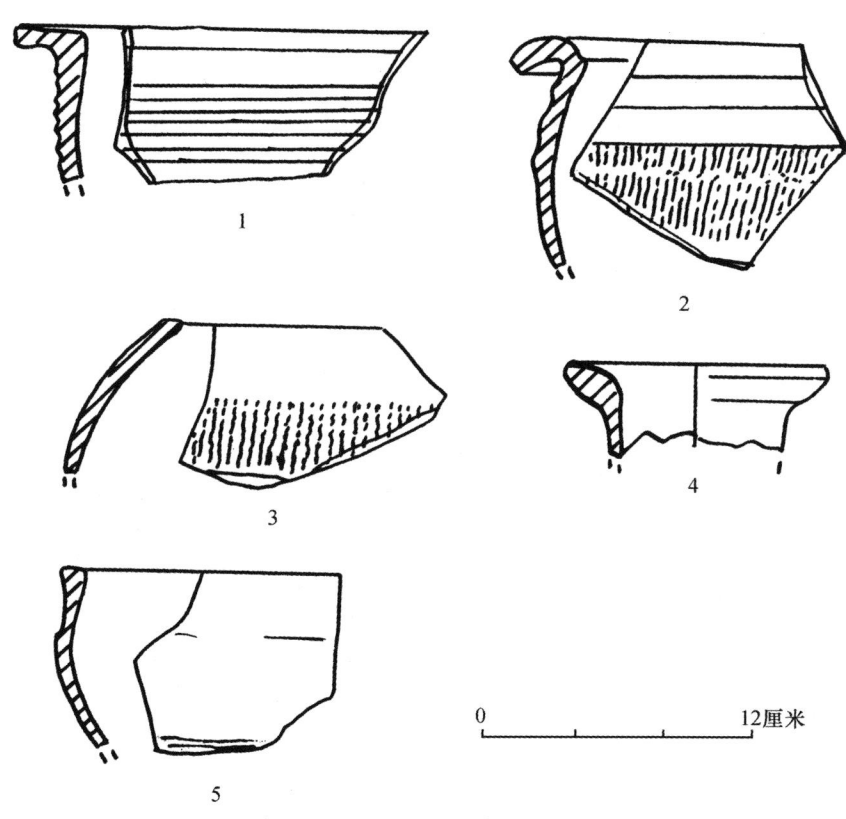

图二二五　ⅤTG1夯层内出土器物
1、2、5. 陶盆（ⅤTG1夯层内：3、ⅤTG1夯层内：4、ⅤTG1夯层内：11）
3. 陶釜（ⅤTG1夯层内：5）　4. 陶壶（ⅤTG1夯层内：22）

（2）灰坑

3个。均为圆形。

ⅤH1　位于第Ⅴ发掘区的中部偏北，开口于城垣底部，打破生土层。平面呈圆形（只清理一半），直壁，平底。直径150、深60厘米。坑内堆积为灰土，土质较松软，夹杂草木灰和木炭粒，含有少量的陶片等（图二二六）。

出土器物有陶罐、盆等。

罐　1件。标本ⅤH1：1，口、腹残片，夹蚌红褐陶，手制。侈口，圆唇，矮领，弧腹，素面抹光。残口径8.7、残高9.6厘米（图二二七，3）。

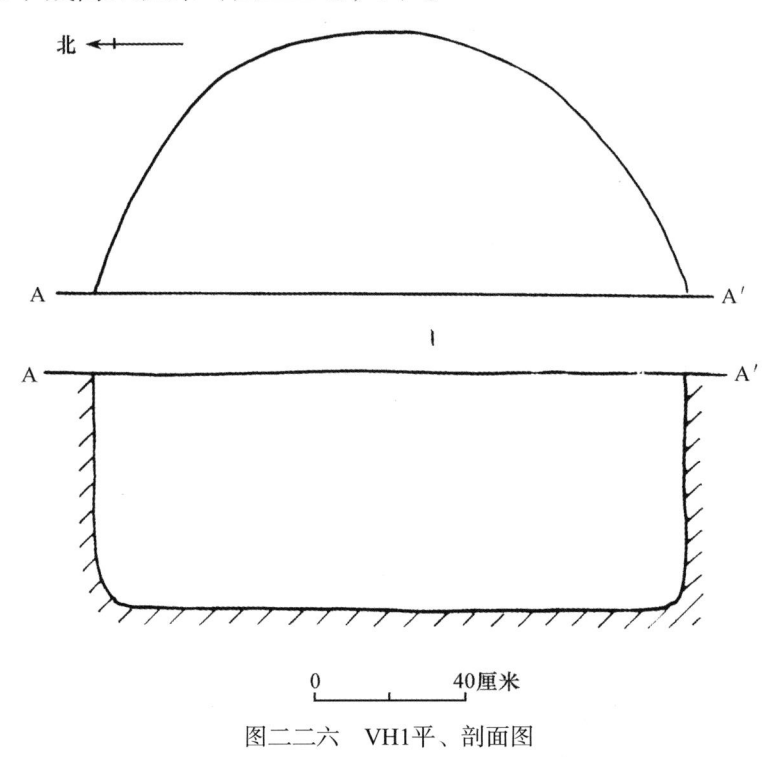

图二二六　ⅤH1平、剖面图

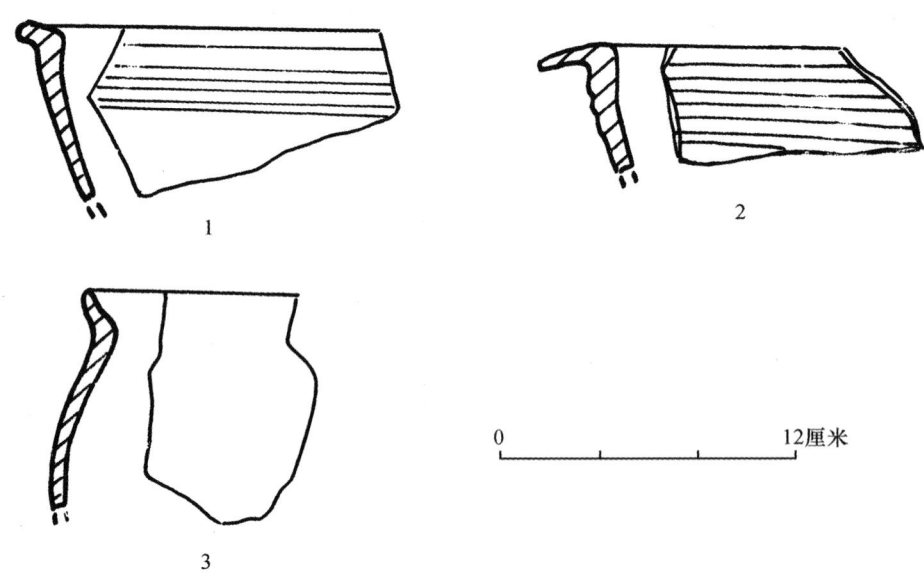

图二二七　ⅤH1出土器物
1、2.陶盆（ⅤH1：2、ⅤH1：3）　3.陶罐（ⅤH1：1）

盆　2件。标本ⅤH1∶3，口、腹残片，泥质红褐陶。敞口，宽平沿略外折，尖圆唇，斜弧腹。饰弦纹。口径13、残高5.2厘米（图二二七，2）。标本ⅤH1∶2，口、腹残片，泥质灰陶。微敛口，方唇，斜弧腹。上腹饰弦纹，下腹有刀削痕。口径14.5、残高7厘米（图二二七，1）。

ⅤH2　位于第Ⅴ发掘区TG1的西南部，开口于城垣内侧的第5层下，打破生土层。平面呈圆形（只清理一半），直壁、平底。直径140、深165~200厘米。坑内堆积为灰花土，土质较松软，内羼杂质较多，含有少量的陶片等（图二二八）。

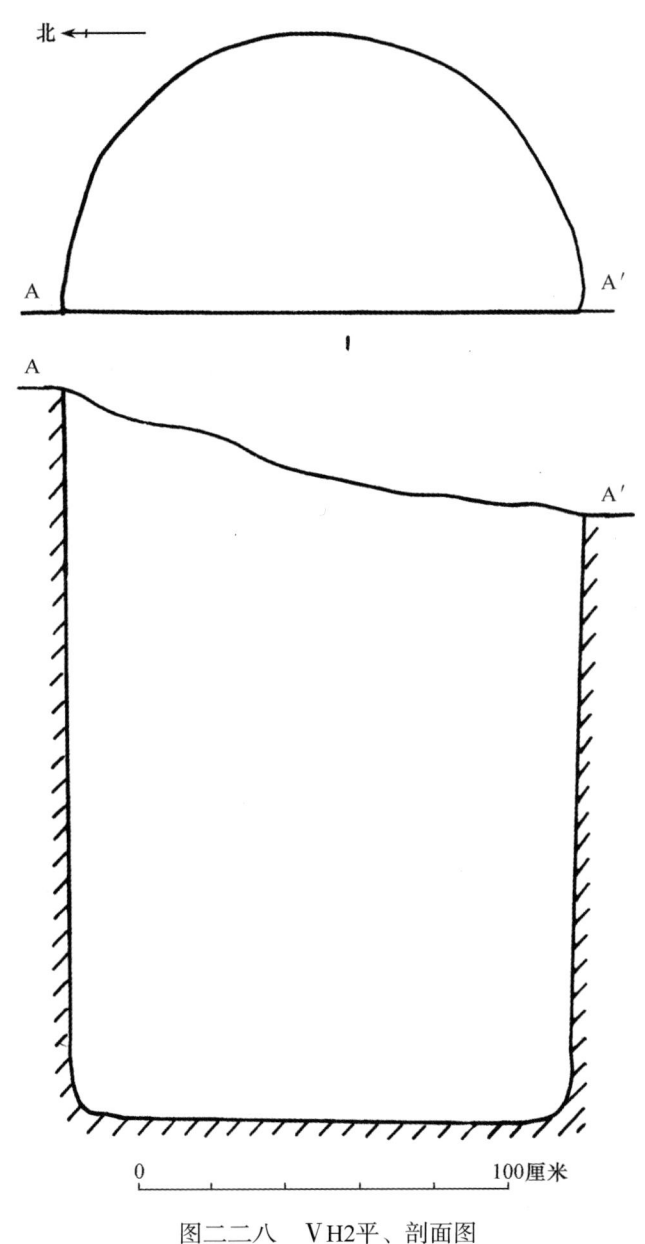

图二二八　ⅤH2平、剖面图

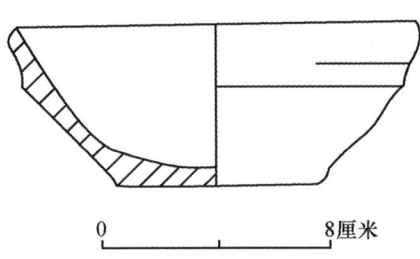

图二二九　ⅤH2出土陶钵（ⅤH2∶5）

钵　1件。标本ⅤH2∶5，泥质灰陶。敞口，圆唇，斜弧腹，平底略内凹。素面抹光。口径14.3、底径7、高5.6厘米（图二二九）。

ⅤH3　位于第Ⅴ发掘区TG1的东北部，开口于城垣外侧的第5层下，打破夯土地基及生土层。平面呈圆形（只清理一部分），坑口小于坑底，斜直壁，平底。口直径140、底径180、深165～185厘米。坑内堆积为黄花土，土质较松软，含有少量的陶片等（图二三〇）。

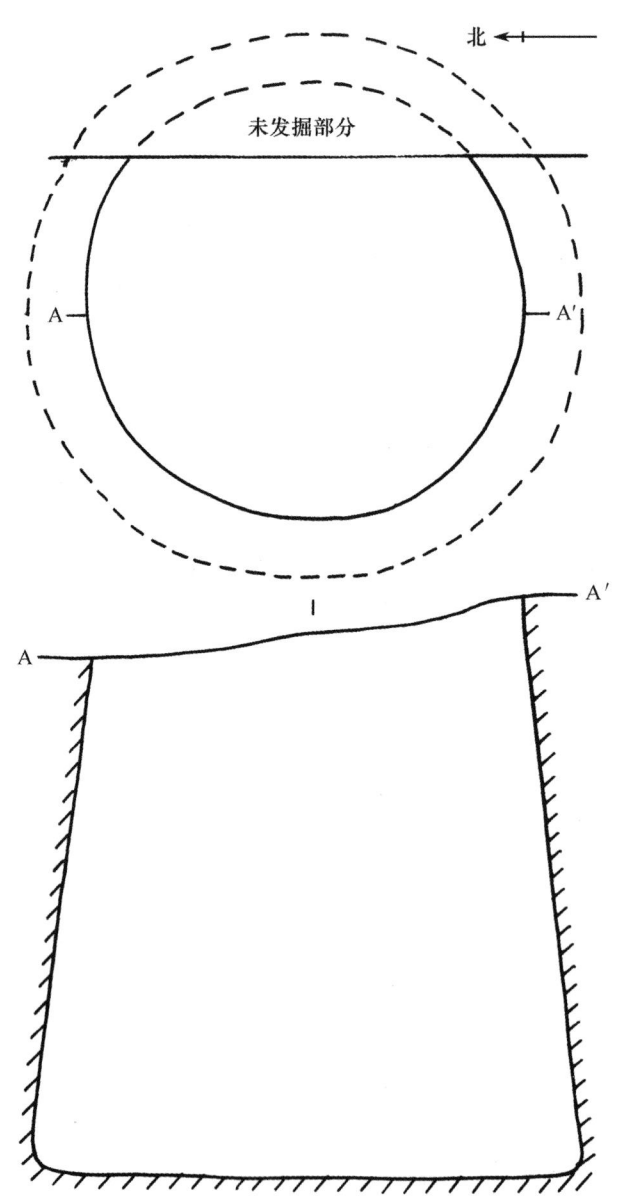

图二三〇　ⅤH3平、剖面示意图

（3）壕沟

位于第Ⅴ发掘区TG1的南部，开口于城垣内侧的第4层下，打破第5层及生土层。平面呈长条形（只清理一部分），沟壁较直，平底。宽约300、深80厘米。内填灰花土，土质较松软，出土较多的陶片等。

（二）南垣中段城垣解剖

南垣中段城垣解剖（即第Ⅵ发掘区TG1）位于中城南垣中段近断崖处，发掘2米×23.5米的探沟1条，发掘面积为47平方米。

1. 地层堆积

地层堆积分城垣内侧和城垣外侧两部分，现以ⅥTG1东壁剖面为例介绍如下（图二三一；图版九）。

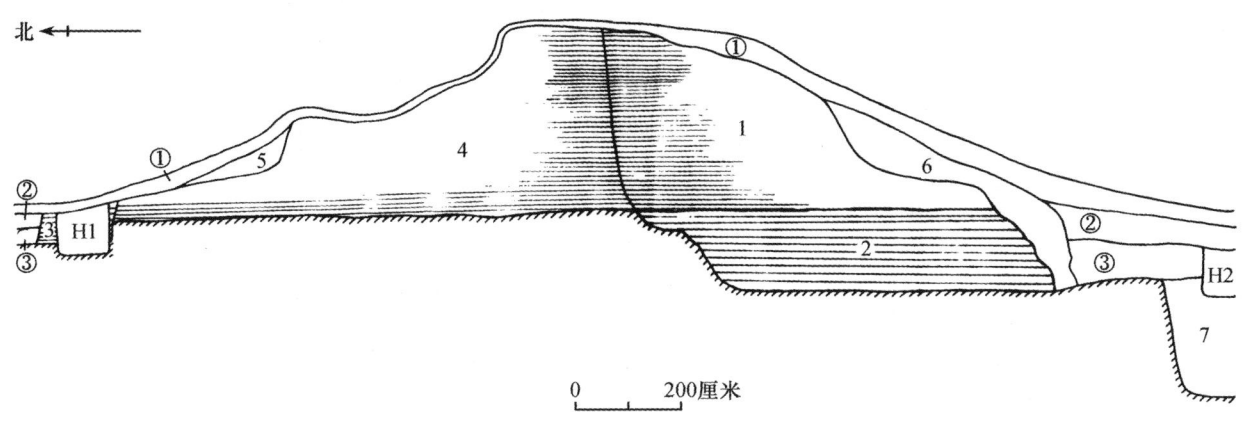

图二三一　ⅥTG1东壁剖面图
1. 第三期城垣　2. 第三期城垣垣基　3. 第三期城垣　4. 第一期城垣　5、6. 城垣塌土　7. 第三期城壕

（1）城垣内侧地层堆积

城垣内侧的地层堆积根据土质、土色与其包含物的不同，可分3层。

第1层：表土层，黄灰色砂土，质地疏松，羼有砂粒，含有较多的碎陶片。厚约20厘米。ⅥH1开口于该层下。

第2层：元代文化层。呈灰褐色土，质地较硬，出土少量的陶片和瓷片。厚约30厘米。

第3层：唐代文化层。灰花色土，土质较硬，出土少量的陶片、瓦片和动物骨骼等。厚约35厘米。

（2）城垣外侧地层堆积与出土遗物

1）地层堆积

城垣外侧的地层堆积根据土质、土色与其包含物的不同，可分3层。

第1层：表土层，黄灰色砂土，土质较松软，含有较多的陶瓷器残片。厚20～50厘米。

第2层：唐代文化层。呈黄花土，土质较硬，出土大量的陶器残片和瓦片等。厚45～70厘米。ⅥH2开口于该层下。

第3层：唐代文化层。黄褐色土，土质较硬，出土少量的陶瓦片和动物骨骼等。厚60～90厘米。城垣外侧壕沟开口于该层下。

2）出土遗物

筒瓦　3件。标本ⅥTG1W②：4，残，泥质灰陶。圆头，半圆形，子母口，咬合面较短。瓦背饰弦断绳纹，内壁饰布纹。残长18、厚1.4厘米（图二三二，3）。标本ⅥTG1W③：2，残，泥质灰陶。方头，半圆形，子母口，咬合面较短。瓦背饰弦断绳纹，内壁饰布纹。直径14.8、残长16.5、厚2厘米（图二三二，1）。标本ⅥTG1W③：6，残，泥质灰陶。半圆形，瓦背饰弦断绳纹，内壁饰布纹。残长20、厚1.2厘米（图二三二，2）。

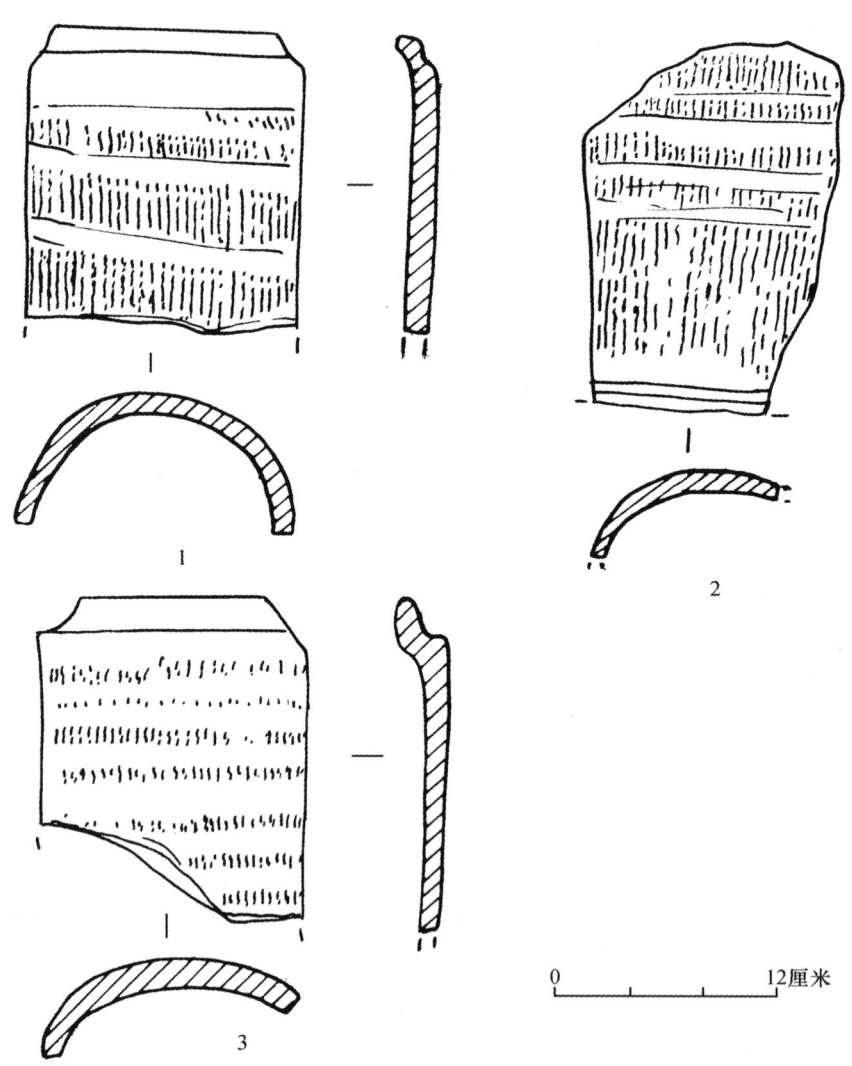

图二三二　ⅥTG1外侧地层出土筒瓦
1. ⅥTG1W③：2　2. ⅥTG1W③：6　3. ⅥTG1W②：4

2. 遗迹

在第Ⅵ发掘区TG1内清理的遗迹有第一期城垣、第二期城垣、第三期城垣、第三期城壕、灰坑等（图二三一）。

（1）第一期城垣

位于ⅥTG1的中北部，北部紧靠第三期城垣，南部紧靠第四期城垣，建在黑垆土上。底宽1000、顶宽200、残高50～355厘米。用灰黑色土夯筑而成，夹有黄色斑点，土质较纯，质地坚硬。夯层薄厚不均，最薄6、最厚12、一般的厚8～10、夯窝直径6～8厘米。

（2）第二期城垣

位于ⅥTG1的北部，南部紧靠第一期城垣，被ⅥH1打破，建在生土上。底宽150、顶宽140、残高60～80厘米。用黄灰色土夯筑而成，夹有褐色斑点，土质较硬，夯层厚8～10、夯窝直径8～10厘米。在夯层内夹有少量的战国—汉代遗物。

（3）第三期城垣

位于ⅥTG1的中南部，北部紧靠第一期城垣，由垣基和垣体两部组成。垣基底宽640、顶宽700、深160厘米。夯层略厚，最薄12、最厚20、一般的厚15厘米左右，夯窝直径6～10厘米。垣体底宽700、顶宽110、残高50～350厘米。夯层薄厚不均，最薄8、最厚12、一般的厚9～10厘米，夯窝直径6～10厘米。在夯层内夹有少量的战国—汉代遗物。

（4）第三期城壕

位于ⅥTG1的南部，北距唐代垣基210厘米，开口于城垣外侧的第3层下，被ⅥH2打破，挖在生土内。截面呈槽形（只清理一部分），斜直壁，近平底。沟口清理宽140、沟底清理宽100、深235厘米。沟内堆积为灰花土，土质较松软，夹杂草木灰、木炭粒、石块，出土少量的陶瓷片和动物骨骼等。

（5）灰坑

2个。均为圆形。

ⅥH1　位于第Ⅵ发掘区TG1的东北部，开口于城垣内侧的第1层下，打破第2层及生土层。平面呈圆形（只清理一部分），直壁，平底。清理最大径100、深80～100厘米。坑内堆积为灰花土，土质较松软，内羼较多杂质，出土少量的陶瓷片等（图二三三）。

ⅥH2　位于第Ⅵ发掘区TG1的东南部，开口于城垣外侧的第2层下，打破第3层及第四期城壕。平面呈圆角长方形（只清理一部分），直壁，平

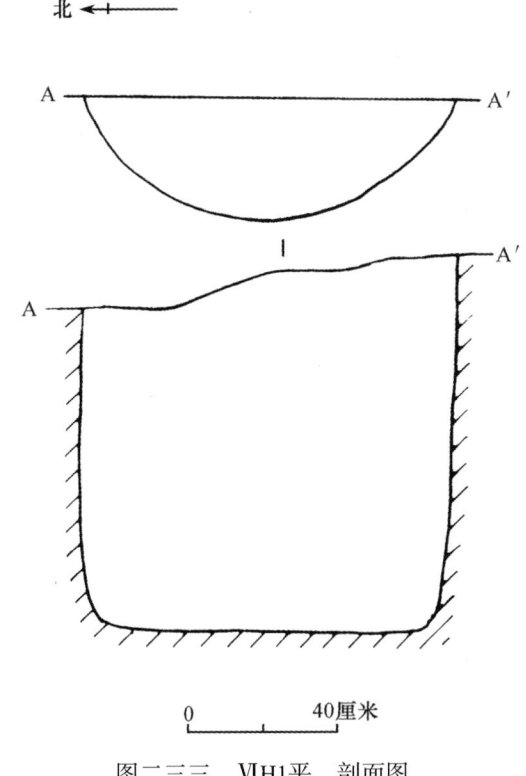

图二三三　ⅥH1平、剖面图

底。清理长90、宽60、深100厘米。坑内堆积为灰花土，土质较硬，出土少量的陶瓦片等（图二三四）。

罐　1件。标本ⅥH2∶1，泥质灰陶。直口略外敞，方唇，直领，颈部对称地钻两孔作为穿耳，圆腹，平底。素面抹光。口径5、底径4.4、高8厘米（图二三五）。

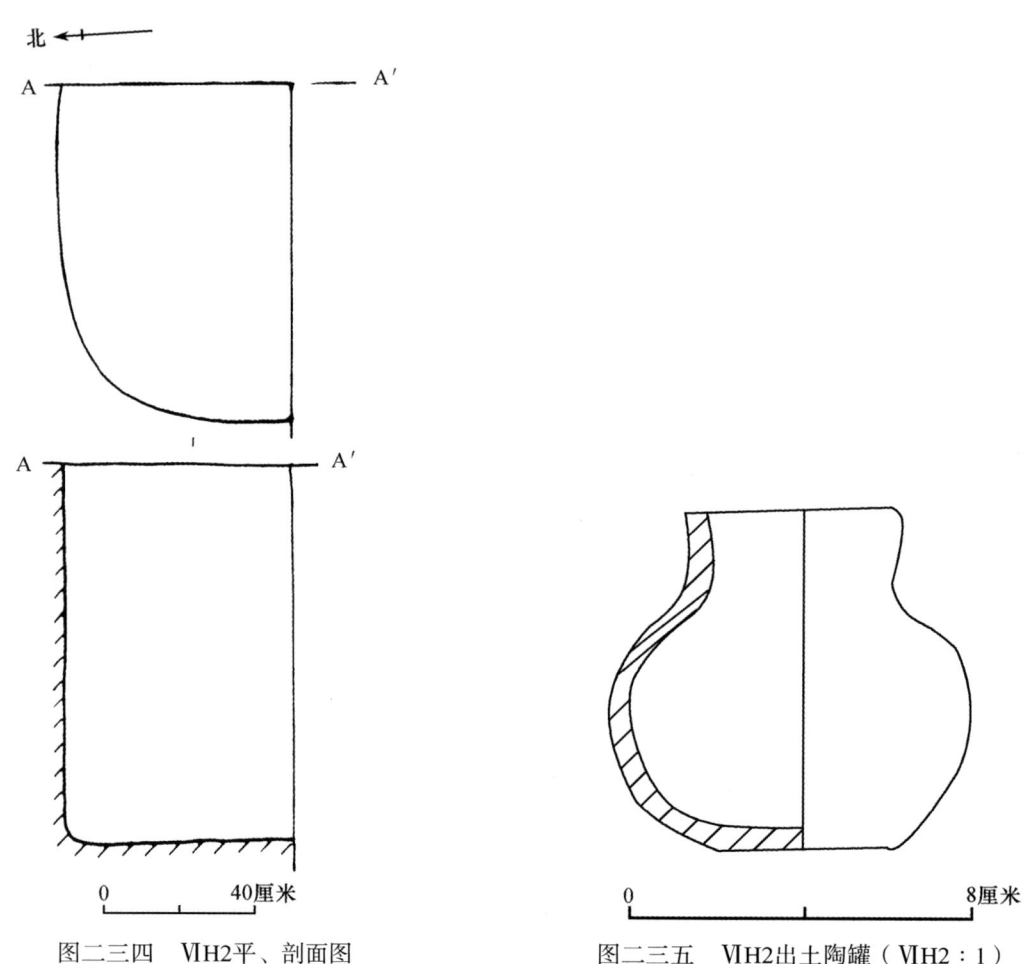

图二三四　ⅥH2平、剖面图

图二三五　ⅥH2出土陶罐（ⅥH2∶1）

（三）东垣中段城垣解剖

东垣中段城垣解剖（即第Ⅺ发掘区TG1）位于中城东垣中段偏南，发掘2米×18米的探沟1条，发掘面积为36平方米。

1. 地层堆积

地层堆积分城垣内侧和城垣外侧两部分，现以ⅪTG1北壁剖面为例介绍如下（图二三六）。

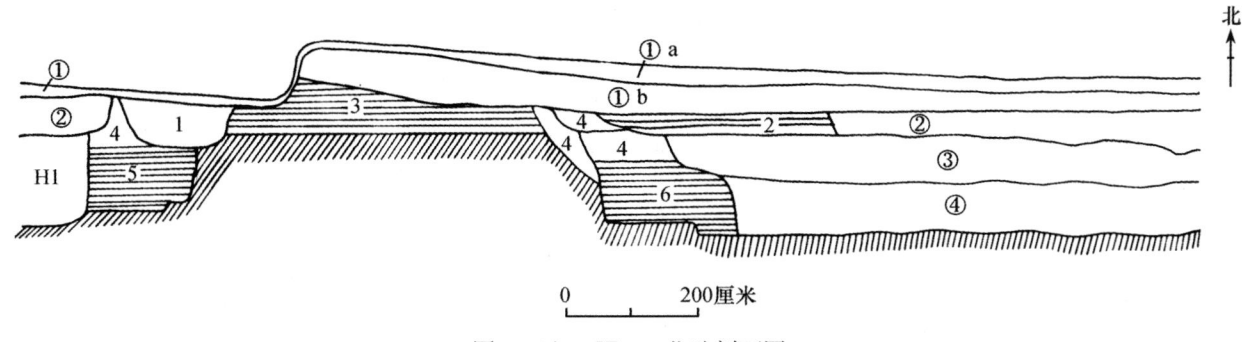

图二三六　XITG1北壁剖面图
1.现代水渠　2.第二期城垣　3.第一期城垣　4.城垣塌土　5、6.第一期城壕

（1）城垣内侧地层堆积

城垣内侧的地层堆积根据土质、土色与其包含物的不同，可分2层。

第1层：表土层，黄灰色砂土，质地疏松，羼有砂粒。厚10～20厘米。

第2层：元代文化层。灰褐色土，质地较硬，出土少量的陶片和瓷片。厚约60厘米。XIH1开口于该层下。

（2）垣外侧地层堆积

城垣外侧的地层堆积根据土质、土色与其包含物的不同，可分4层。

第1层：根据土质土色的变化可分为2个亚层。

第1a层：风积层，黄灰色砂土，土质疏松，无遗物。厚10～30厘米。

第1b层：灰色砂土，土质较松软，含有零散的陶瓷片。厚30～70厘米。

第2层：唐代文化层。灰花土，土质较松软，出土少量的陶瓷片和瓦片等。厚35～65厘米。

第3层：汉代文化层。黄灰色土，土质较硬，出土少量的陶片、瓦片和动物骨骼等。厚40～80厘米。

第4层：战国文化层。黄花土，土质较硬，出土少量的陶片。厚70～90厘米。

2. 遗迹

在第XI发掘区TG1内清理的遗迹有第一期城垣、第一期城壕、第二期城垣、灰坑等（图二三六）。

（1）第一期城垣

位于XITG1的中西部，开口于表土层下，被现代水渠打破，建在黑垆土上。垣体截面呈梯形，两侧有坍塌痕迹，底宽500、顶宽360、残高45～90厘米。用黑灰色土夯筑而成，夹有黄色斑点，土质较纯，质地坚硬。夯层薄厚不均。最薄6、最厚12、一般的厚为8～10、夯窝直径6～8厘米。

（2）第一期城壕

位于第一期城垣的两侧，分内外两侧。

1）内侧城壕

位于城垣的西侧，开口于第2层下，被现代水渠、XIH1打破，上部被城垣坍塌堆积覆盖，挖在生土内，东部紧靠城垣。城壕略呈口大底小，斜直壁，近平底。口残宽165、底残宽120、深120厘米。其内用黄色黏土夯筑而成，土质较硬，夯层薄厚不均，夹有褐色斑点。夯层厚8~13、夯窝直径8~10厘米。在夯层内出土少量的战国遗物。

2）外侧城壕

位于城垣的东侧，被第四期城垣所叠压，西部紧靠城垣的坍塌堆积，上部被城垣坍塌堆积覆盖，西部建在生土内，东部被晚期地层打破。城壕略呈口大底小，斜直壁，平底有一台阶呈阶梯。口宽150、底宽205、深100~120厘米。其内用黄色黏土夯筑而成，土质较硬，夯层薄厚不均，夹有褐色斑点。夯层厚8~12、夯窝直径8~12厘米。

（3）第二期城垣

位于XITG1的中东部，开口于表土层下，建在早期城垣的坍塌堆积上，残高30厘米。用灰花土夯筑而成，土质坚硬，夯层薄厚不均，夹有黄色斑点。夯层厚8~12、夯窝直径8~10厘米。在夯层内夹杂早期陶片和动物骨骼等。

（4）灰坑

XIH1　位于第XI发掘区TG1的西北部，开口于城垣内侧的第2层下，打破垣体及生土层。平面呈圆形（只清理一部分），坑壁较直，平底。清理最大直径130、深140厘米。坑内堆积为灰花土，土质较松软，内羼较多杂质，出土少量的陶瓷片等（图二三七）。

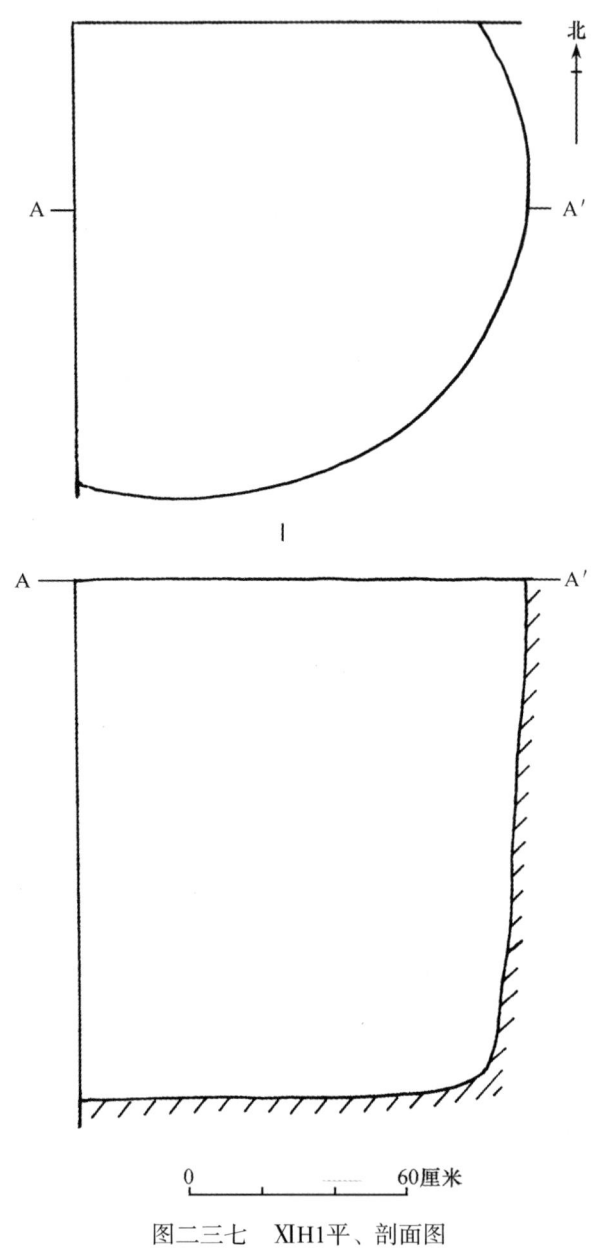

图二三七　XIH1平、剖面图

（四）东垣南段城垣解剖

东垣南段城垣解剖（即第XI发掘区TG2）位于中城东垣南段近拐角处，发掘2米×17.5米的探沟1条，发掘面积为35平方米。

1. 地层堆积情况

地层堆积分城垣内侧和城垣外侧两部分，现以ⅪTG2北壁剖面为例介绍如下（图二三八；图版一〇，1）。

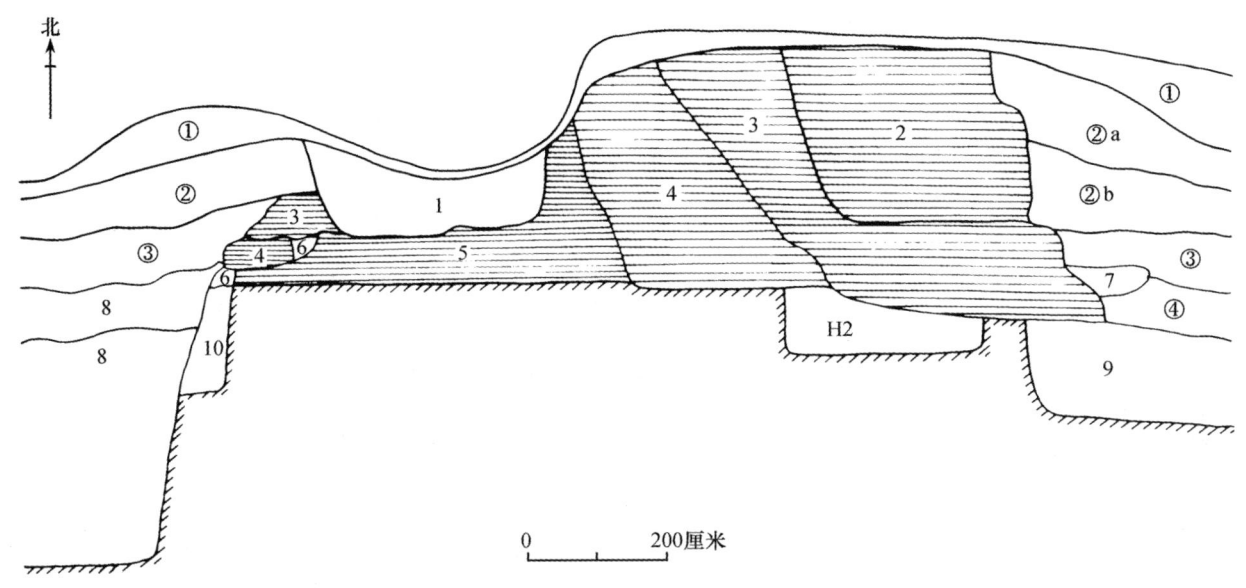

图二三八　ⅪTG2北壁剖面图
1. 现代水渠　2. 第四期城垣　3. 第三期城垣　4. 第二期城垣　5. 第一期城垣　6、7. 城垣塌土　8. 第三期城壕
9. 第二期城壕　10. 第一期城壕

（1）城垣内侧地层堆积与出土器物

1）地层堆积

城垣内侧的地层堆积根据土质、土色与其包含物的不同，可分3层。

第1层：表土层，黄灰色土，土质较松软，内含遗物较少。厚10~75厘米。现代水渠开口于该层下。

第2层：辽金元文化层。黄褐色土，质地较松软，内含少量的陶片和瓷片。厚60~100厘米。

第3层：唐代文化层。黄灰色花土，土质较松软，出土少量的陶瓦片和动物骨骼等。厚70~90厘米。第三期城壕开口于该层下。

2）出土遗物

三彩罐　1件。标本ⅪTG2N③:1，侈口，圆唇，束颈，鼓腹，以下残。施黄、绿、白三彩。口径13.8、残高12厘米（图二三九）。

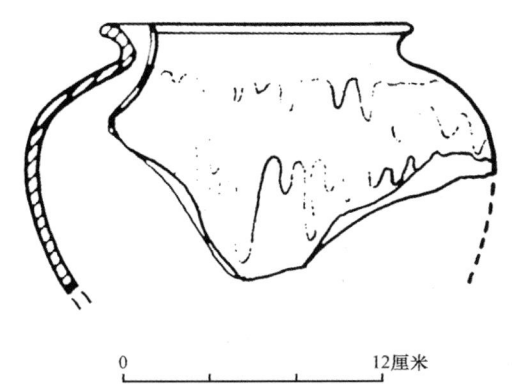

图二三九　ⅪTG2内侧地层出土三彩罐（ⅪTG2N③:1）

（2）城垣外侧地层堆积

城垣外侧的地层堆积根据土质、土色与其包含物的不同，可分4层。

第1层：表土层，为风积黄砂土，土质疏松，无遗物。厚15~110厘米。

第2层：根据土质土色的变化可分为2个亚层。

第2a层：风积层，黄灰色砂土，土质疏松，无遗物。厚50~125厘米。

第2b层：亦为风积层，黄褐色砂土，土质较松软，内含遗物较少。厚70~120厘米。

第3层：唐代文化层。黄灰色砂土，土质较松软，含有零散的陶片。厚50~80厘米。

第4层：魏晋文化层。灰褐色花土，土质较硬，呈层状结构，夹杂石块和少量的陶瓦片等。厚35~70厘米。第二期城壕开口于该层下。

2. 遗迹

在第Ⅺ发掘区TG2内清理的遗迹有第一期城垣、第一期城壕、第二期城垣、第二期城壕、第三期城垣、第三期城壕、第四期城垣、灰坑等（图二三八）。

（1）第一期城垣

位于ⅪTG2的中西部，开口于表土层下，被现代水渠打破，东部被第二期城垣叠压，西部被第三期城垣和第二期城垣叠压，建在黑垆土上。截面呈梯形。底残宽520、残高25~240厘米。用灰黑色土夯筑而成，夹有黄色斑点，土质较纯，质地坚硬。夯层薄厚不均。最薄6、最厚12、一般的厚为8~10、夯窝直径6~8厘米。

（2）第一期城壕

位于第一期城垣的西侧，压在第二期城垣之下，被第三期城壕打破，挖在生土内，东部紧靠城垣。略呈口大底小，沟壁斜直，近平底。口残宽40、底残宽65、深160厘米。内填黄花土，土质较硬，夹有砂粒和黑色斑点。

（3）第二期城垣

位于第一期城垣的两侧。内侧城垣压在第一期城垣之上，其上被第三期城垣压着。截面近长方形。宽100厘米左右，残高50厘米。夯层厚10~12、夯窝直径8~10厘米。外侧城垣西部压着第一期城垣，东部被第三期城垣压着。截面近高梯形。底宽290、顶宽150、残高330厘米。夯层、夯窝结构与内侧城垣相同。在夯层内出土战国时期的碎陶片和动物骨骼等。ⅪH2开口于城垣底部。

（4）第二期城壕

位于ⅪTG2东部，开口于城垣外侧的第4层下，被第三期城垣打破，挖在生土内。截面呈槽形（只清理一部分），斜直壁，近平底。沟口清理宽300、沟底清理宽265、深125~140厘米。沟内堆积为灰花土，土质较硬，夹杂木炭粒、石块，出土少量的陶片和动物骨骼等。

（5）第三期城垣

位于第一期城垣与第二期城垣的两侧。内侧城垣位于ⅪTG2西部，开口于城垣内侧的第2层下，被现代水渠打破，其下压着第二期城垣与第一期城垣。截面近梯形。底宽150、顶宽55、残高55~60厘米。用黄褐色土夯筑而成，土质较硬。夯层厚10~12、夯窝直径8~10厘米。外侧城垣位于ⅪTG2中东部，开口于表土层下，东部被第四期城垣压着，西部紧靠第二期城垣，其下压着第二期城壕。截面呈不规则形。底宽400、顶宽180、残高140~360厘米。用黄褐色土夯筑而成，土质较硬。夯层、夯窝结构与内侧城垣相同。在夯层内出土战国—汉代陶瓦片和动物骨骼等。

（6）第三期城壕

位于ⅪTG2的西部，开口于城垣内侧的第3层下，打破第一期城壕，挖在生土内。呈槽形（只清理一部分），斜直壁，平底。沟口清理宽290、沟底清理宽190、深410~420厘米。沟内堆积分2层，上层为灰花土，土质较松软，夹杂红烧土块、石块，出土少量的陶瓦片和动物骨骼；下层为黄花土，土质较硬，夹杂木炭粒、砂粒、石块，出土少量的陶片和动物骨骼等。

（7）第四期城垣

位于ⅪTG2的东部，开口于表土层下，建在第三期城垣上。截面近四边形，底宽270、顶宽300、残高255厘米。用灰花土夯筑而成，含有较多的杂质，土质坚硬。夯层薄厚不均。厚8~14、夯窝直径8~10厘米。在夯层内出土战国—汉代陶瓦片和动物骨骼等。

（8）灰坑

ⅪH2　位于第Ⅺ发掘区TG2的东北部，开口于第三期城垣和第二期城垣的底部，打破生土层。平面呈圆形（只清理一部分），直壁，平底。清理最大直径290、深50~100厘米。坑内堆积为灰花土，夹杂红烧土、木炭粒，土质较硬，内含遗物较多，出土大量的陶瓦片和少量的动物骨骼等。出土物有罐、釜、盆、钵、豆、筒瓦，动物骨有牛、羊、猪、狗等（图二四〇）。

单耳罐　1件。标本ⅪH2：1，口、腹残片，夹砂红褐陶。侈口，尖圆唇，鼓腹以下残，口、肩附贴桥形耳。素面，表面有烟炱（图二四一，3）。

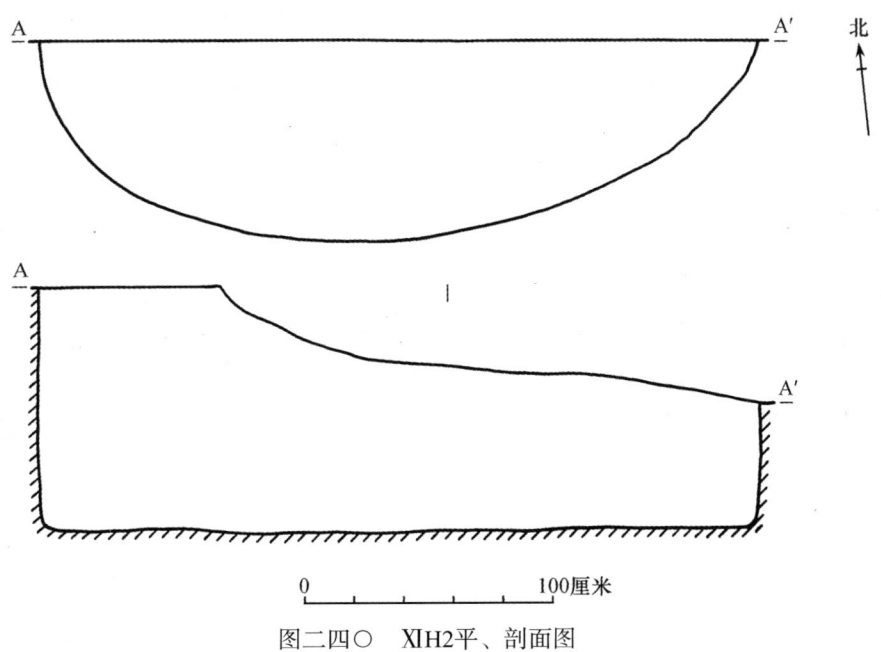

图二四〇　ⅪH2平、剖面图

罐　2件。标本ⅪH2：9，口、腹残片，泥质灰黑陶。侈口，方唇，鼓腹以下残。饰弦断绳纹。口径14.4、残高9.6厘米（图二四一，8）。标本ⅪH2：10，口、颈残片，泥质灰陶。侈口，尖圆唇，高领以下残。素面抹光。口径14.2、残高6厘米（图二四一，12）。

釜　3件。标本ⅪH2：2，口、腹残片，夹砂灰陶。侈口较甚，方唇，口沿外缘有凹槽一周，鼓腹以下残。饰粗绳纹（图二四一，7；图二四二，2）。标本ⅪH2：3，口、腹残片，

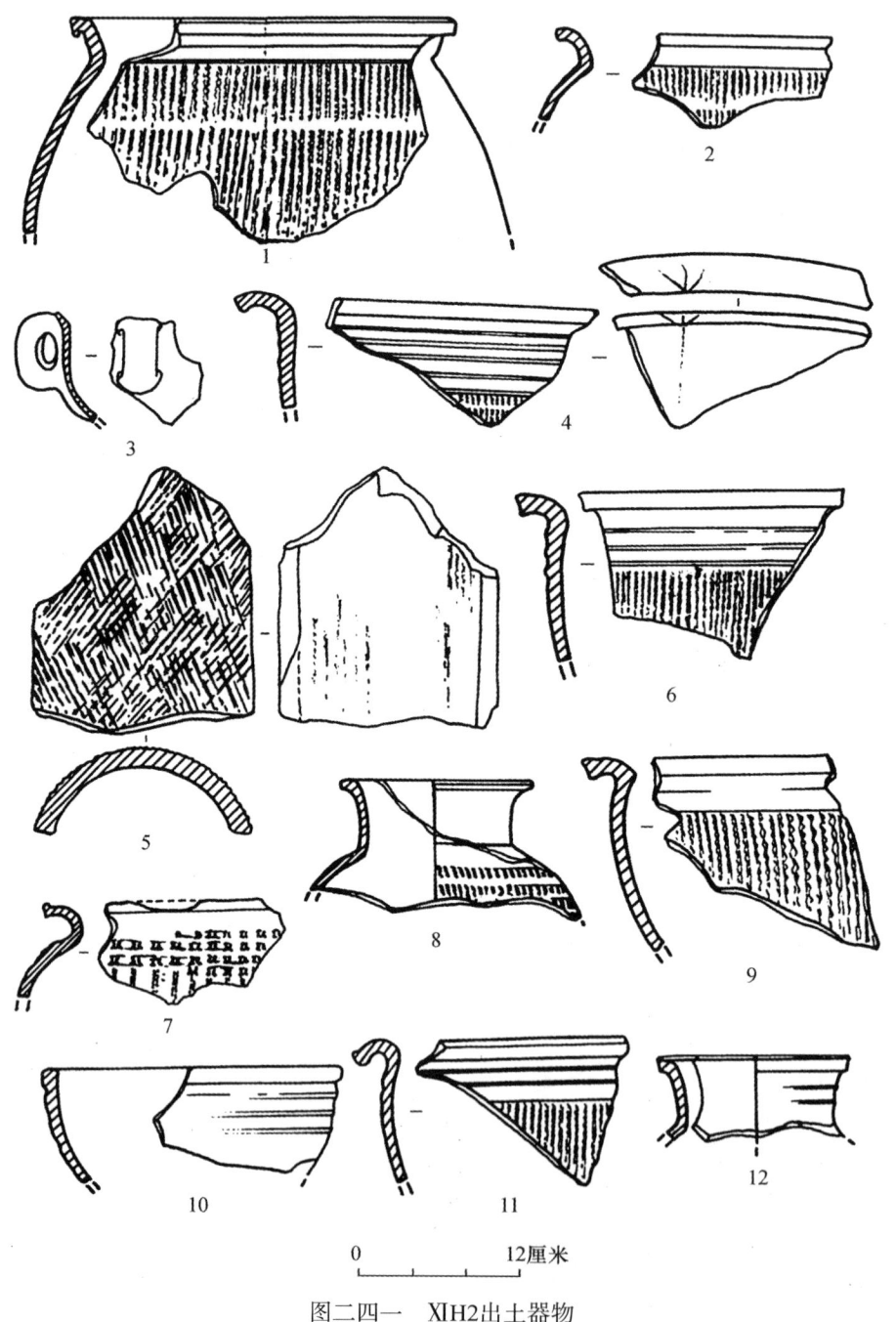

图二四一　ⅪH2出土器物
1、2、7.陶釜（ⅪH2：3、ⅪH2：4、ⅪH2：2）　3.陶单耳罐（ⅪH2：1）　4、6、9、11.陶盆（ⅪH2：7、ⅪH2：6、ⅪH2：5、ⅪH2：8）　5.筒瓦（ⅪH2：12）　8、12.陶罐（ⅪH2：9、ⅪH2：10）　10.陶钵（ⅪH2：11）

泥质灰陶。侈口，方唇，矮直领，弧鼓腹以下残。饰纵绳纹。口径28.4、残高15.5厘米（图二四一，1）。标本ⅪH2∶4，口径22、残高6.8厘米（图二四一，2）。

盆 4件。标本ⅪH2∶8，口、腹残片，泥质灰褐陶。卷沿，微敛口，方唇，弧腹以下残。饰绳纹（图二四一，11）。标本ⅪH2∶5，口、腹残片，泥质灰陶。宽折沿，敛口，方唇，弧腹以下残。饰绳纹（图二四一，9）。标本ⅪH2∶6，口、腹残片，泥质灰陶。宽折沿，微敛口，方唇，唇面内凹，弧腹以下残。饰弦纹与绳纹（图二四一，6）。标本ⅪH2∶7，口、腹残片，泥质灰陶。宽折沿，直口，方唇，弧腹以下残。饰弦纹与弦断绳纹（图二四一，4）。

钵 1件。标本ⅪH2∶11，口、腹残片，泥质灰陶。直口略外敞，圆唇，弧腹以下残。上腹饰弦纹，下腹素面。口径22.4、残高8厘米（图二四一，10）。

筒瓦 1件。标本ⅪH2∶12，灰色。半圆形，瓦背饰交错绳纹，内壁为模印绳纹，印痕较浅，若隐若现。直径16、残长10厘米（图二四一，5；图二四二，1）。

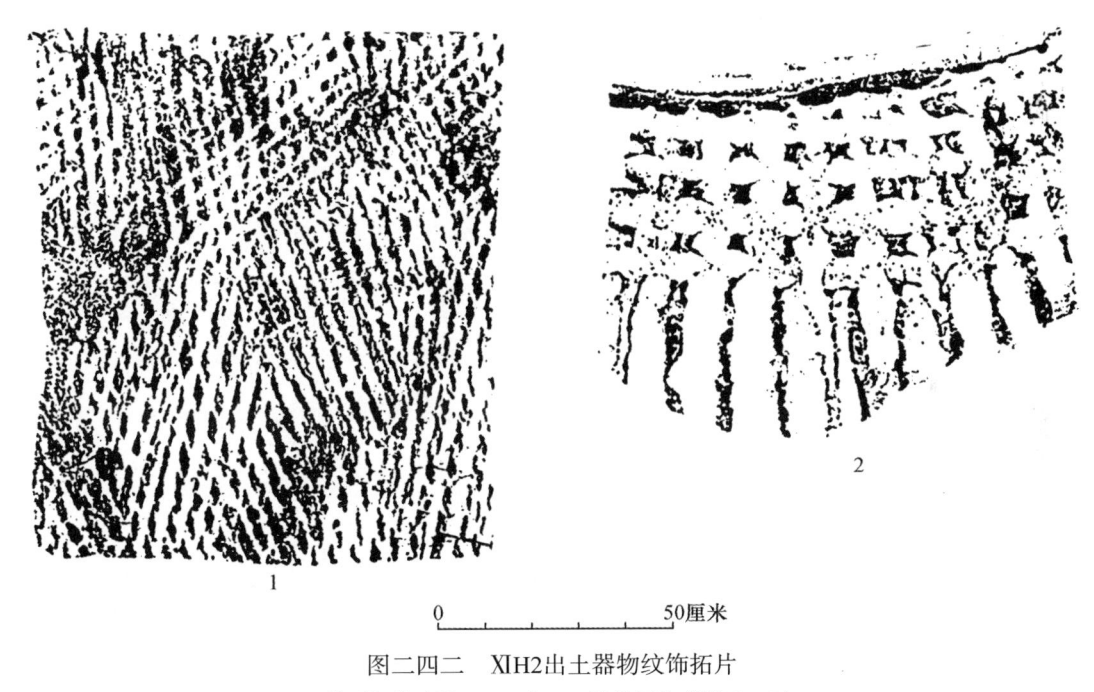

图二四二　ⅪH2出土器物纹饰拓片
1.筒瓦拓片（ⅪH2∶12）　2.陶釜拓片（ⅪH2∶2）

（五）城 内 发 掘

城内发掘（即第Ⅲ发掘区）分六个发掘小区（即a区~f区），为了叙述方便，各区的探方编号按发掘的先后次序统一编排（图二二〇）。2000年9~12月，在古城遗址的中北部（即a区）进行了考古发掘，以2000Ⅲ0为基点，发掘10米×10米的探方4个，探方编号ⅢT1~ⅢT4；发掘面积共400平方米。2001年7~11月，为了进一步了解古城遗址的文化内涵及地层堆积情况等问题，在城内不同部位（即b区~f区）进行了考古发掘。仍以2000Ⅲ0为基点，发掘5米×5米的探方20个，每个小区4个，探方编号b区ⅢT5~ⅢT8；c区ⅢT9~ⅢT12；dⅢT13~ⅢT16；e

区ⅢT17~ⅢT20；f区ⅢT21~ⅢT24（图二四三）。发掘面积（包括扩方）共1032平方米；前后两次发掘面积共计1432平方米。为了保存遗迹，有部分探方未挖到生土层。两次共清理发掘建筑台基1处，房址3座，灰坑139个（表八），水井9眼（表九），壕沟6条（表一〇），瓦窑1座。下面将各个小区的地层堆积、遗迹与出土遗物分述如下。

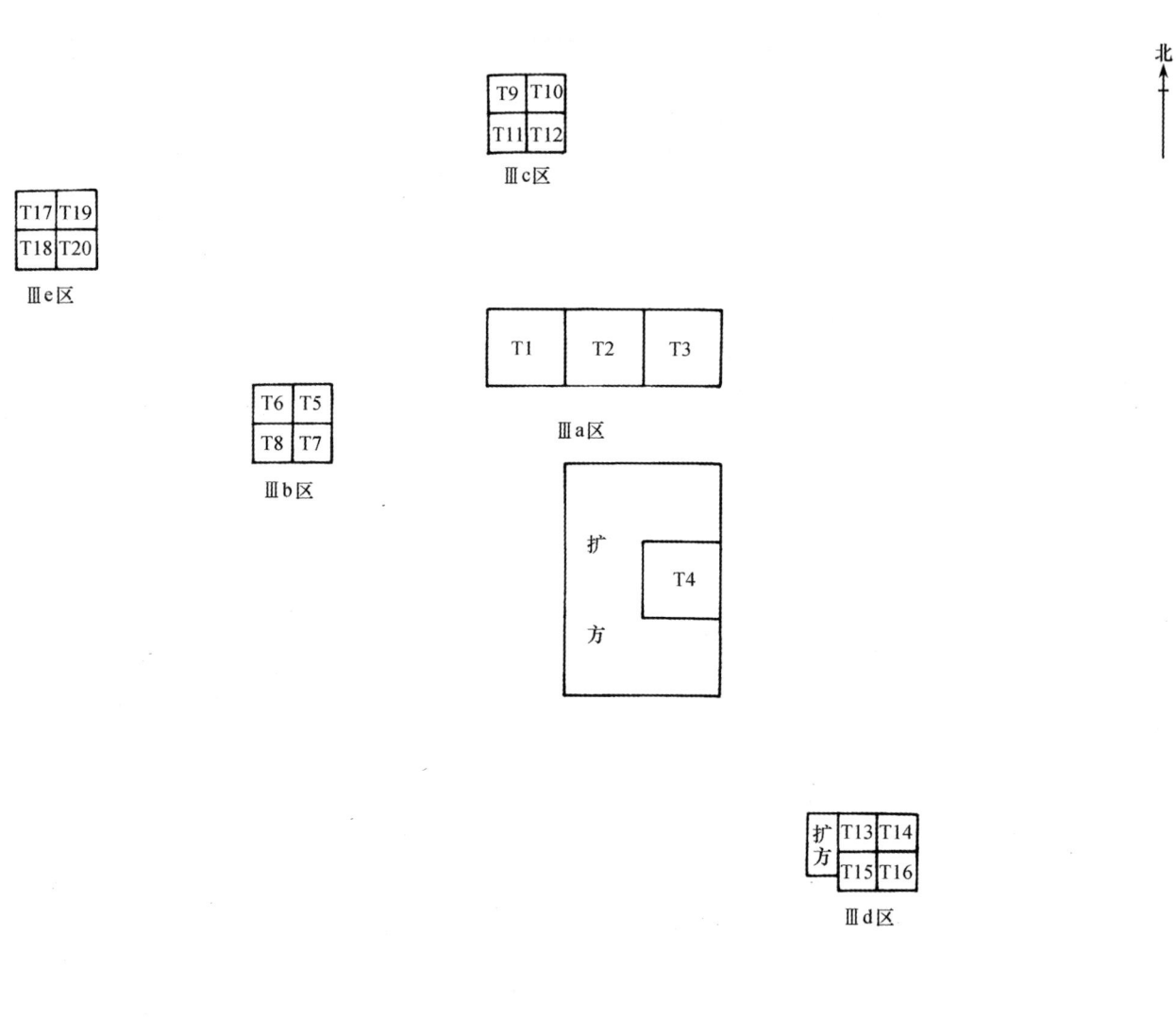

图二四三　第Ⅲ发掘区布方示意图

表八 第Ⅲ发掘区灰坑统计表

编号	位置	开口层位及打破关系	形状	尺寸（厘米）长×宽-深	出土器物	时代	备注
ⅢH1	T2东北部	①层下，H1→③层	圆形，斜壁，平底	口径132、深150	陶瓷片	元	
ⅢH2	T4西北部	①层下，H2→台基	梯形，斜壁，底不平	160×(110~140)-70	C型兽面纹瓦当、石器座、石碑	元	坑壁有挖掘之迹
ⅢH3	T4中北部	①层下，H3→台基	长方形，直壁，底不平	166×80-(70~100)	佛像、A型兽面纹瓦当、石碑	元	坑壁有挖掘之迹
ⅢH4	T1西南部	③层下，H4→④层	圆形，斜壁，平底	直径125、深70	陶瓷片	元	只清理一部分
ⅢH5	T2中部	④层下，H5→生土层	圆形，直壁，平底	直径200、深155	A型陶盏、莲花纹瓦当、B型莲籽纹瓦当、B型瓷碗、DⅠ式瓷碗、DⅡ式瓷碗、GⅠ式瓷碗、DbⅡ式瓷盘、瓷枕、石斧、石臼、骨带饰、骨锯	元	窖穴，谷物朽壳、麦类炭化物
ⅢH6	T1东北部	④层下，H6→H15，H6→生土层	圆形，直壁，平底	直径170、深60	陶瓷片	元	窖穴
ⅢH7	T1东北部	④层下，H7←G1，H7→生土层	圆形，直壁，平底	直径110、深60	陶瓷片、建筑构件	元	窖穴
ⅢH8	T1东中部	④层下，H8←G1，H8→生土层	圆形，直壁，平底	直径100、深100	陶瓷片	元	窖穴
ⅢH9	T3东南部	④层下，H9→生土层	圆形，直壁，平底有台阶	直径260、深200；台阶：高60、宽40	AbⅠ式莲瓣纹瓦当、B型筒瓦、铁釜	元	窖穴
ⅢH10	T3西南部	④层下，H10→生土层	圆形，斜直壁平底	口径180、底径220、深140	陶片	元	窖穴
ⅢH11	T2东南部	④层下，H11→生土层	圆形，直壁，平底	直径120、深70	陶瓷片	元	窖穴，坑底有谷物朽壳
ⅢH12	T2西南部	④层下，H12→生土层	圆形，斜直壁，平底	口径160、底径188、深150	陶瓷片	元	窖穴，坑底有谷物朽壳
ⅢH13	T2北部	④层下层，H13←G1，H13→生土层	圆形，直壁，平底	直径160、深130	DbⅠ式瓷盘、E型瓷盘、石璧	元	窖穴，坑内有谷物朽壳
ⅢH14	T1中部	⑤层下，H14→生土层	长方形，斜壁，圜底	190×160-90	陶壶2	唐	
ⅢH15	T1中东部	⑤层下，H15→生土层	长方形，直壁，平底	120×80-60	陶丸	唐	
ⅢH16	T1东南部	⑤层下，H19→H16，H16→生土层	长方形，直壁，平底	?×215-(100~125)	陶瓦片	唐	只清理一部分

续表

编号	位置	开口层位及打破关系	形状	尺寸（厘米）长×宽-深	出土器物	时代	备注
ⅢH17	T2东南部	④层下，H17→H18，H17→H26，H17→生土层	圆形，直壁，平底	直径165、深70	陶瓦片	元	窖穴
ⅢH18	T2中偏东	④层下，H18←H17，H18→H29，H18→生土层	圆形，直壁，平底	直径165、深65	陶瓦片	元	窖穴
ⅢH19	T1东南部	⑤层下，H19→H16，H19→生土层	不规则形，斜壁，底不平	?×?-（50~80）	陶瓦片	唐	只清理一部分
ⅢH20	T3西北部	④层下，H20→生土层	圆形，斜直壁，平底	口径210、底径260、深124	C型陶罐	元	窖穴
ⅢH21	T1西中部	⑤层下，H21→生土层	长方形，直壁，平底	156×90-70	A型滴水、AⅠ式莲蕾纹瓦当、钱币	唐	
ⅢH22	T3中北部	④层下，H22→生土层	长方形，直壁，平底	250×135-120	A型陶壶、A型筒瓦	元	
ⅢH23	T3西南部	④层下，H23→生土层	椭圆形，斜直壁，平底	口径150~250、底径175~300、深240	莲花纹瓦当2、AbⅡ式莲瓣纹瓦当3、AⅠ式莲蕾纹瓦当2、B型莲蕾纹瓦当、A型铁斧	元	只清理一部分，窖穴
ⅢH24	T3南中部	⑤层下，H24→生土层	圆形，直壁，平底	直径280、深190	陶片、瓦片	唐	只清理一部分，窖穴
ⅢH25	T1西北部	④层下，H25→生土层	斜直壁，平底	深125	陶瓷片	元	只清理一部分，窖穴
ⅢH26	T2东南部	④层下，H11→H26，H17→H26，H26→生土层	长方形，直壁，平底	310×160-115	陶瓦片	元	窖穴，坑壁有挖掘之迹
ⅢH27	T2南中部	④层下，H27→H28，H27→生土层	圆形，直壁，平底	直径228、深140	陶瓷片	元	窖穴
ⅢH28	T2东南部	④层下，H27→H28，H28→生土层	坑壁不规则，坑底不平	深105	陶瓷片	元	只清理一部分
ⅢH29	T2中东部	④层下，H18→H29，H29→生土层	不规则形，直壁，平底	296×(180~210)-155	陶瓦片	元	

续表

编号	位置	开口层位及打破关系	形状	尺寸（厘米）长×宽-深	出土器物	时代	备注
ⅢH30	T1东北部	④层下，H30→生土层	直壁，平底	深100	陶瓦片	元	只清理一部分
ⅢH31	T18西南部	④层下，H31→H114，H31→生土层	圆形，斜直壁，平底	直径140、深60	陶片、铁甲片	战国	
ⅢH32	T17东北部	③层下，H91→H32，H32→H116，H32→④层	椭圆形，斜壁，平底	200×？-50	陶瓦片、铁器	唐	只清理一部分
ⅢH33	T20东南部	④层下，H33←H99，H33←H101，H33→生土层	圆形，斜直壁，平底	口径180、底径220、深280	陶釜2、C型陶罐、Aa型陶盆、Ab型陶盆、B型陶盆、A型陶钵2、AⅠ式陶瓮、AⅡ式陶瓮、筒瓦5、A型板瓦、弦纹瓦当、璜纹瓦当、葵纹瓦当、树纹瓦当13、云纹瓦当33、云鹿纹瓦当3	战国	
ⅢH34	T20西北部	②层下，H34←H90，H34→H36，H34→③层	长方形，直壁，平底	？×？-(30~60)	陶瓦片	元	只清理一部分
ⅢH35	T20西南部	②层下，H35→④层	长方形，斜壁，坑底不平	？×(100-90)	陶瓦片	元	只清理一部分
ⅢH36	T20西北部	②层下，H36←H34，H36←H84，H36←H90，H36→H117，H36→④层	圆形，斜弧壁，圜底	深135	B型铁斧	元	只清理一部分
ⅢH38	T16东南部	①层下，H38→H39，H38→G5，H38→③层	斜壁，圜底	深65	陶瓷片	元	只清理一部分
ⅢH39	T16东北部	①层下，H39←H38，H39→③层	椭圆形，直壁，平底	？×150-90	陶瓷片	元	只清理一部分
ⅢH40	T5西北部	②层下，H40→③层	圆形，直壁，平底	直径120、深36	双耳瓷罐	元	只清理一部分
ⅢH41	T5西南部	②层下，H41→H43，H41→G3，H41→④层	圆形，直壁，平底	直径180、深90	F型陶罐、Da型陶盆、EaⅢ式瓷碗	元	只清理一部分
ⅢH42	T5东北部	①层下，H42→G3	圆形，直壁，平底	直径120、深90	三彩器足	元	

续表

编号	位置	开口层位及打破关系	形状	尺寸（厘米）长×宽-深	出土器物	时代	备注
ⅢH43	T5北部、T6东北部	③层下，H43←H41，H43←G3，H43→H49，H43→生土层	不规则形，直壁，坑底不平	清理长710、清理宽420、深150~200	B型陶罐、C型陶罐、陶围棋盘、模具2、A型筒瓦3、莲花纹瓦当5、莲花纹砖、B型磨石、石球	唐	只清理一部分
ⅢH44	T8西北部	③层下，H44→G3，H44→生土层	长方形，斜壁，圜底	?×120-60	A型陶壶2	唐	只清理一部分
ⅢH45	T7东南部	③层下，H45→生土层	长方形，直壁，平底	?×50-115	A型陶饼	唐	只清理一部分
ⅢH46	T8西南部	③层下，H46←H47，H46←G3，H46→H50，H46→生土层	长方形，斜弧壁，圜底	?×110-85	陶双耳罐、陶三足盘、A型筒瓦2、B型筒瓦、板瓦2、B型滴水、鸱吻、A型磨石、角器	唐	只清理一部分，窖穴
ⅢH47	T8南中部	②层下，H47→H46，H47→生土层	圆形，直壁，平底	深124	陶瓷片	元	只清理一部分，窖穴
ⅢH48	T7西南部、T8东南部	③层下，H50/G2⊢H48，H48→生土层	长方形，斜直壁，底不平	?×320-185	陶瓦片	唐	只清理一部分，窖穴
ⅢH49	T6中部	④层下，H49←H43，H49→生土层	长方形，直壁，平底	220×80-60	陶瓦片	汉	
ⅢH50	T8中部	③层下，H46/G2/G3⊢H50，H50→生土层	圆形，直壁，平底	直径420、深195	B型陶壶、D型陶壶	唐	窖穴
ⅢH51	T8中部	②层下，H51←H44，H51→G3，H51→生土层	长方形，直壁，平底	140×92-200	A型磨石、管形骨器	元	窖穴
ⅢH52	T10东南部	①层下，H52→生土层	长方形，直壁，平底	175×104-81	陶瓷片	元	
ⅢH53	T12东南部	②层下，H53→生土层	长方形，直壁，平底	?×210-72	陶瓦片	元	只清理一部分
ⅢH54	T10西南部	①层下，H54→生土层	椭圆形，斜弧壁，圜底	465×300-130	莲花纹瓦当	元	
ⅢH55	T4北中部	①层下，F2→H55，H55→台基	长方形，直壁，平底	220×150-95	陶瓦片	元	

续表

编号	位置	开口层位及打破关系	形状	尺寸（厘米）长×宽-深	出土器物	时代	备注
ⅢH56	T4西北部	①层下，H56→台基	梯形，直壁，平底	136×（108~124）-100	陶瓷片	元	
ⅢH57	T4扩方南部	①层下，H57→F2，H57→台基	长方形，直壁，平底	255×170-150	陶瓷片、建筑构件	元	
ⅢH58	T13南部	③层下，H58→H80，H58→H81，H58→J5，H58→④层	不规则形，斜壁，圜底	400×235-50	CⅠ式瓷碗2、CⅡ式瓷碗、FⅠ式瓷碗、BⅢ式瓷盘、钱币	元	
ⅢH59	T14东北部	①层下，H59→③层	椭圆形，直壁，平底	190×140-65	C型陶罐	元	
ⅢH60	T13中东部	①层下，H60→②层	不规则形，斜壁，圜底	150×140-40	陶盏、BⅡ式瓷碗、CⅠ式瓷碗、CⅡ式瓷碗2	元	
ⅢH61	T13西南部	②层下，H61→H79，H61→H107，H61→H120，H61→生土层	不规则形，斜壁，圜底	深110~250	AⅡ式陶罐2、C型陶盆、Ha型陶盆、Hb型陶盆、陶器盖、B型陶盏、A型陶范、陶丸、A型长条砖、B型沟纹砖、AⅠ式瓷碗、AⅡ式瓷碗2、B型瓷碗、C型瓷碗、E型瓷碗、AⅡ式瓷碗、AⅢ式瓷碗4、BⅡ式瓷碗13、CⅠ式瓷碗、CⅡ式瓷碗4、FⅢ式瓷碗、AⅡ式瓷盘、D型瓷盘、AbⅡ式瓷盘16、AbⅢ式瓷盘2、CⅠ式瓷盘、CⅢ式瓷盘2、DbⅡ式瓷盘、瓷钵、A型铜簪、B型铜簪、钱币3	元	只清理一部分
ⅢH62	T16西中部	②层下，H62←G5，H62→H65，H62→H68，H62→④层	圆形，直壁，平底	直径240、深45~70	A型陶饼	元	
ⅢH63	T15西南部	②层下，H63→H74，H63→H75，H63→③层	不规则形，斜弧壁，圜底	?×190-68	B型陶罐、D型陶罐、C型陶盆、E型陶盆、F型陶盆、AⅠ式瓷碗3、AⅡ式瓷碗5、BⅠ式瓷碗3、BⅡ式瓷碗、EaⅠ式瓷碗、AaⅠ式瓷盘2、AaⅡ式瓷盘、AbⅡ式瓷盘2、C型瓷盘、D型瓷盘、AⅡ式瓷盏、瓷玩	元	只清理一部分

续表

编号	位置	开口层位及打破关系	形状	尺寸（厘米）长×宽-深	出土器物	时代	备注
ⅢH64	T16中南部	②层下，H64→G5，H64→③层	长方形，直壁，平底	?×165-50	陶瓷片	元	只清理一部分
ⅢH65	T16西北部	③层下，H65←H62，H65→H66，H65→生土层	不规则形，斜壁，近平底	280×（95~110）-55	陶瓷片	唐	
ⅢH66	T16东北部	③层下，H66←H65，H66→生土层	椭圆形，斜壁，斜底	300×140-65	陶器座	唐	
ⅢH67	T16东南部	③层下，H67←G5，H67→H69，H67→H70，H67→生土层	不规则形，斜壁，圜底	?×65-60	单耳陶罐、E型陶盆、AⅠ式陶钵、A型莲籽纹瓦当	唐	只清理一部分
ⅢH68	T16西南部	③层下，H68←G5，H68←H62，H68→生土层	圆形，直壁，平底	直径185、深110	陶盒、A型陶壶、AⅡ式陶罐、A型陶甑2、B型陶甑、B型陶匜钵	汉	坑壁加工整齐，窖穴
ⅢH69	T16东南部	③层下，H69←H67，H69→H70，H69→生土层	圆形，直壁，平底	直径120、深250	C型陶釜、陶盆、B型陶甑、B型陶饼2、C型树纹瓦当	汉	窖穴
ⅢH70	T16东南部	③层下，H70←H67，H70←H69，H70→生土层	圆形，直壁，平底	直径215、深90	陶瓦片	汉	窖穴
ⅢH71	T15西北部	②层下，H71→H107，H71→生土层	椭圆形，斜弧壁，平底	270×160-82	A型陶罐、B型陶罐、小陶罐、B型陶饼、瓷罐	元	
ⅢH72	T15东南部	③层下，H72→H74，H72→生土层	椭圆形，斜壁，圜底	180×164-74	陶瓦片	唐	
ⅢH73	T14东南部	②层下，H73→④层	不规则形，直壁，圜底	125×90-50	陶瓷片	元	
ⅢH74	T15南部	③层下，H74←H72，H74→H75，H74→生土层	不规则形，斜壁，平底	?×200-（80~100）	A型陶盆、D型陶饼	唐	只清理一部分
ⅢH75	T15西南部	③层下，H75←H74，H75→生土层	不规则形，斜壁，平底	?×175-（50~150）	BⅠ式陶豆	唐	只清理一部分
ⅢH76	T13中东部	③层下，H76→H78，H76→H80，H76→H81，H76→生土层	圆形，斜直壁，平底	口径150、底径180、深250	陶瓷片	唐	坑壁加工整齐，窖穴

续表

编号	位置	开口层位及打破关系	形状	尺寸（厘米）长×宽-深	出土器物	时代	备注
ⅢH77	T14西南部	④层下，H77→生土层	不规则形，斜弧壁，圜底	325×220-100	陶瓦片	汉	
ⅢH78	T13东北角	③层下，H78←H76，H78→H82，H78→J4，H78→生土层	圆形，斜壁，平底	直径315、深120～170	陶瓷片	唐	只清理一部分
ⅢH79	T13中西部	③层下，H79→J4，H79→生土层	不规则形，斜壁，圜底	290×180-140	陶瓷片	唐	
ⅢH80	T13东南部	③层下，H80←H58，H80←H76，H80→H81，H80→H82，H80→J5，H80→生土层	长方形，斜壁，平底	250×（120～135）-150	陶瓷片	唐	
ⅢH81	T13中南部	③层下，H81←H58，H81←H76，H81←H80，H81→生土层	长方形，直壁，平底	270×110-110	陶瓷片	唐	
ⅢH82	T13中西部	③层下，H82←H78，H82←H80，H82→J4，H82→生土层	圆形，斜弧壁，圜底	直径200、深100	A型陶釜、F型陶盆、C型陶甑	唐	
ⅢH83	T20东北部	①层下，H83→H84，H83→③层	长方形，斜壁，圜底	?×150-148	钱币、铁甲片	元	只清理一部分
ⅢH84	T20东北部	②层下，H84←H83，H84→④层	长方形，斜壁，平底	?×?-91	陶瓷片	元	只清理一部分
ⅢH85	T18西南部	②层下，H85→H88，H85→④层	圆形，斜壁，圜底	深100	陶瓷片	元	只清理一部分
ⅢH86	T18北部	②层下，H86→H102，H86→H111，H86→④层	斜壁，圜底	深63	陶瓷片	元	只清理一部分
ⅢH87	T18中南部	③层下，H87→H113，H87→H115，H87→生土层	不规则形，斜壁，圜底	?×180-100	B型陶纺轮	唐	只清理一部分

续表

编号	位置	开口层位及打破关系	形状	尺寸（厘米）长×宽-深	出土器物	时代	备注
ⅢH88	T18西南部	④层下，H88→生土层	圆形，斜壁，圜底	深45	碎陶瓦片	汉	只清理一部分
ⅢH89	T17东南部，T19西南部	①层下，H89←H96，H89→③层	不规则形，斜壁，圜底	345×220-75	陶瓷片	元	
ⅢH90	T20西北部	②层下，H90→H34，H89→H36，H90→生土层	圆形，直壁，平底	直径90、深160	AⅠ式陶罐	元	窖穴
ⅢH91	T17东北部T19西北部	②层下，H91→H92，H91→③层	不规则形，斜壁，圜底	600×？-75	BⅠ式陶豆	元	只清理一部分
ⅢH92	T17中北部	②层下，H92←H91，H92→③层	不规则形，斜壁，平底	180×154-60	C型陶壶、BbⅡ式陶盆2、C型陶纺轮、A型陶饼	元	
ⅢH93	T20西南部	②层下，H93→④层	长方形，直壁，平底	？×100-68	陶瓷片	元	只清理一部分
ⅢH94	T19西北部	②层下，H94→③层	近长方形，斜壁，平底	130×120-40	陶瓷片、动物骨骼	元	
ⅢH95	T19东北部	②层下，H95→H122，H95→生土层	直壁，平底	深180	C型陶盆、陶三足盘	元	只清理一部分
ⅢH96	T17东南部T19西南部	①层下，H96→H89，H96→③层	不规则形，斜壁，圜底	170×？-48	陶瓷片、动物骨骼	元	只清理一部分
ⅢH97	T19东南部	②层下，H97→H106，H97→生土层	不规则形，斜壁，圜底	？×？-80	陶瓷片、动物骨骼	元	只清理一部分
ⅢH98	T20东南部	②层下，H98→H100，H99，H101	圆形，直壁，平底	深38	B型陶饼	元	只清理一部分
ⅢH99	T20东南部	②层下，H99←H98，H99→H100，H99→H121	圆形，斜直壁，尖底	深131	B型铜镞	元	只清理一部分

续表

编号	位置	开口层位及打破关系	形状	尺寸（厘米）长×宽-深	出土器物	时代	备注
ⅢH100	T20东南部	②层下，H100←H98，H100←H99，H100→H121，H100→④层	长方形，直壁，平底	?×?-80	陶瓷片	元	只清理一部分
ⅢH101	T20东南部	②层下，H101←H98，H101→③层	圆形，直壁，平底	直径116~120、深60	铁刀	元	
ⅢH102	T18东北部	②层下，H102←H86，H102→H105，H102→H111，H102→④层	椭圆形，直壁，平底	205×150-210	陶瓷片	元	窖穴
ⅢH103	T17西南部	③层下，H103→H116，H103→生土层	不规则形，斜壁，底较平	?×150-110	陶瓷片	唐	窖穴
ⅢH104	T17西北部	②层下，H104→生土层	斜壁，平底	深100	陶瓷片	元	只清理一部分
ⅢH105	T17中南部	③层下，H105←H102，H105→H116，H105→生土层	长方形，直壁，平底	200×110-220	陶釜、D型陶釜、CⅡ式陶壶、C型陶盆、CⅠ式陶盆、EⅡ式陶盆、AⅡ式陶豆、D型陶瓮2、A型陶器盖、A型陶纺轮、B型陶纺轮2、A型筒瓦、B型筒瓦、铜帽状器、铁锄2、铁铲、铁马镫、铁镢、石带饰、石狮、骨刀柄	代魏	
ⅢH106	T19东南部	打破关系②层下，H106←H97，H106→生土层	长方形，斜壁，平底	?×130-190	C型陶钵、铁车䡇2	元	只清理一部分
ⅢH107	T15西北部	③层下，H107←H71，H107←H110，H107→J3，H107→生土层	椭圆形，斜直壁，平底	175×150-240	陶片	汉	坑壁加工整齐，窖穴
ⅢH108	T13扩方西南部	③层下，H108→生土层	直壁，平底	深90~100	AⅠ式钵	唐	只清理一部分
ⅢH109	T13扩方东南部	③层下，H109→110，H109→J3，H109→生土层	长方形，直壁，平底	?×130-60	陶瓦片	汉	只清理一部分

续表

编号	位置	开口层位及打破关系	形状	尺寸（厘米）长×宽-深	出土器物	时代	备注
ⅢH110	T13扩方南部	③层下，H110←H109，H110→H107，H110→J3，H110→生土层	长方形，直壁，平底	300×？-（70~110）	B型陶壶、BⅠ式陶壶、C型陶壶、B型陶罐、BⅡ式陶钵	汉	只清理一部分
ⅢH111	T18北部	③层下，H111←H86，H111←H102，H111→H115，H111→生土层	长方形，直壁，平底	？×？-98	陶模具	汉	只清理一部分
ⅢH112	T17西北部	④层下，H112→H116，H112→生土层	不规则形，斜弧壁，圜底	？×120-50	铁甲片若干	汉	只清理一部分
ⅢH113	T18东南部	④层下，H113←H87，H113→生土层	圆形，直壁，平底	深92	陶瓦片	汉	只清理一部分
ⅢH114	T18西南部	④层下，H114←H31，H114→生土层	圆形，弧壁，圜底	直径180、深62	陶片	战国	只清理一半，窖穴
ⅢH115	T18东北部	④层下，H115←H86，H115←H87，H115←H102，H115←H111，H115←J6，H115→生土层	不规则形，斜壁，圜底	？×200-350	A型陶罐、AⅡ式陶豆、A型陶豆柄	汉	只清理一部分
ⅢH116	T17中部	④层下，H116←H103，H116←H105，H116←H112，H116→生土层	不规则形，直壁，平底	？×370-150	Ab型陶盆、A型陶甑、B型陶瓮、B型陶纺轮、F型云纹瓦当、筒瓦	汉	只清理一部分
ⅢH117	T20西北部	③层下，H117←H36，H117←H90，H117→生土层	椭圆形，斜直壁，平底	口径180~200、底径220~240、深70	BbⅠ式陶盆	唐	
ⅢH118	T20东北部	④层下，H118→生土层	圆形，直壁，平底	深85	E型陶盆、B型陶饼	汉	只清理一部分
ⅢH119	T19中部	③层下，H119→H126，H119→生土层	长方形，直壁，平底	120×110-320	CⅡ式陶盆、AⅠ式陶盆2、AⅡ式陶盆、C型陶盆、AⅡ式陶钵、陶注壶、B型陶瓮、陶丸、F型云纹瓦当、AⅡ式莲蕾纹瓦当、钱币2	唐	窖穴

续表

编号	位置	开口层位及打破关系	形状	尺寸（厘米）长×宽-深	出土器物	时代	备注
ⅢH120	T13西南部扩方	③层下，H120←H61，H120→生土层	不规则形，斜壁，圜底	?×300-130	陶瓷片、动物骨骼	唐	只清理一部分
ⅢH121	T20东南部	④层下，H121←H99，H121←H100，H121→H124，H121→生土层	斜壁，平底	?×80-130	BⅠ式陶壶、B型陶钵、BⅡ式陶钵	汉	只清理一部分
ⅢH122	T19北中部	③层下，H122←H95，H122→H123，H122→H126，H122→生土层	斜弧壁，近平底	?×?-102	陶三足盘、A型陶豆柄、钱币	唐	只清理一部分
ⅢH123	T19西北部	③层下，H123←H122，H123→H125，H123→生土层	斜直壁，平底	?×?-95	陶瓷片	唐	只清理一部分
ⅢH125	T19西中部	④层下，H125←H123，H125→生土层	长方形，直壁，平底	180×?-60	陶罐、陶钵	汉	只清理一部分
ⅢH126	T19中部西	④层下，H126←H119，H126←H122，H126→生土层	圆形，直壁，平底	直径170、深380	Aa型陶盆、Ab型陶盆、C型陶盆、F型陶盆、AⅢ式陶钵、C型陶钵2、AⅠ式陶豆2、B型陶豆柄、AⅠ式陶瓮、B型陶瓮、C型陶纺轮、铁削	汉	窖穴
ⅢH127	T24东北部	①层下，H127→生土层	圆形，直壁，圜底	直径150、深100	DⅠ式陶盆、B型陶饼、铁器	元	
ⅢH128	T24西南部	②层下，H128→生土层	长方形，直壁，平底	?×?-240	D型瓷碗、瓷盏	唐	只清理一部分
ⅢH129	T24东南部	②层下，H129→H139，H129→生土层	长方形，直壁，平底	?×100-207	陶瓦片	唐	只清理一部分
ⅢH130	T23西南部	①层下，H130→H131，H130→生土层	圆形，直壁，平底	深124	陶瓦片	元	只清理一部分
ⅢH131	T23南部	①层下，H131←H130，H131←H132，H131→H133，H131→生土层	圆形，斜壁，圜底	深85	Aa型陶盆、BⅡ式陶盆、F型陶盆、G型陶盆、弦纹瓦当	元	只清理一部分
ⅢH132	T23东南部	②层下，H132←H131，H132→H138，H132→生土层	圆形，直壁，平底	直径182、深80	网格纹瓦当	唐	

续表

编号	位置	开口层位及打破关系	形状	尺寸（厘米）长×宽-深	出土器物	时代	备注
ⅢH133	T23西南部	②层下，H133←H131，H133→H141，H133→生土层	长方形，直壁，平底	150×？-190	陶瓷片	唐	只清理一部分
ⅢH134	T24东南部	①层下，H134→生土层	长方形，直壁，平底	清长100、清宽55、深150	陶瓷片	元	只清理一部分
ⅢH135	T23西北部	③层下，H135→H138，H135→H140，H135→生土层	不规则形，斜弧壁，圜底	清长200、清宽160、深110	筒形铁器	汉	只清理一部分
ⅢH136	T22东南部	①层下，H136→生土层	圆形，直壁，平底	直径160、深160	骨锥	元	只清理一部分，窖穴
ⅢH137	T22北中部	③层下，H137→生土层	圆形，斜弧壁，圜底	深125	陶瓦片	汉	只清理一部分
ⅢH138	T23北中部	③层下，H138←H132，H138←H135，H138→生土层	椭圆形，直壁，平底	？×？-48	A型铁锛、A型板瓦	汉	只清理一部分
ⅢH139	T24南中部	③层下，H139←H129，H139→生土层	圆形，直壁，平底	深80	陶瓦片	汉	只清理一部分
ⅢH140	T23西中部	③层下，H140←H135，H140→生土层	圆形，斜直壁，平底	深155	陶片	汉	只清理一部分，窖穴
ⅢH141	T23西南部	③层下，H141←H130，H141←H133，H141→生土层	长方形，直壁，平底	？×？-105	陶瓦片	汉	只清理一部分

注：表内出土器物未标数量的均为1件

表九 第Ⅲ发掘区水井统计表

编号	位置	开口层位及打破关系	形状	尺寸（厘米）长×宽-深	水位高	出土遗物	时代	备注
ⅢJ1	T8西南部	③层下，J1→生土层	长方形，直壁，平底	120×90-310	？	B型陶釜、D型陶钵、A型陶饼、陶拍柄	唐	
ⅢJ2	T14中部	④层下，J2→生土层	椭圆形，直壁，圜底	口径100~110、底径140、深870	270	AⅠ式陶钵、陶纺轮、钱币	汉	井壁设有脚窝

续表

编号	位置	开口层位及打破关系	形状	尺寸（厘米）长×宽-深	尺寸（厘米）水位高	出土遗物	时代	备注
ⅢJ3	T15西北部	③层下，J3←H107，J3←H109，J3←H110，J3→生土层	圆形，斜直壁，圜底	口径110、残深290	?	A型陶壶、D型陶壶、BⅠ式陶钵、AⅠ式陶豆、C型陶饼2	汉	
ⅢJ4	T13西北部	③层下，J4←H78，J4←H79，J4←H82，J4→生土层	圆形，斜直壁	口径105、清理深750	?	BⅠ式陶壶、BⅡ式陶壶2、A型陶罐4、Aa型陶盆、B型陶盆、AⅡ式陶钵5、筒瓦、铁铲、钱币	汉	井壁设有脚窝
ⅢJ5	T13南部 T15西北部	③层下，H58→J5，H80→J5，J5→生土层	圆形，斜直壁	口径100、清理深600	?	B型陶釜、F型陶盆、G型陶盆、A型陶甑、A型陶匜钵、AⅡ式陶豆、筒瓦	汉	井壁设有脚窝
ⅢJ6	T18中东部	③层下，J6←H115，J6→生土层	圆形，直壁	口径90、清理深370	?	陶瓷片	唐	
ⅢJ7	T20东北部	③层下，J7→生土层	圆形，直壁，平底	口径78、深375	181	陶瓷片	唐	
ⅢJ8	T24西南部	③层下，J8→生土层	椭圆形，直壁	长径90、短径74、清理深400	?	陶片	汉	
ⅢJ9	T19中东部	③层下，J9→生土层	椭圆形，直壁	长径108、短径80、清理深660	?	陶盘	汉	井壁留有脚窝

注：表内出土器物未标数量的均为1件

表一〇　第Ⅲ发掘区壕沟统计表

编号	位置	开口层位及打破关系	形状	尺寸（厘米）长×宽-深	出土器物	时代	备注
ⅢG1	T1~T3北部	④层下，G1→H7，G1→H8，G1→H13，G1→生土层	不规则长条形，斜壁，底不平	清理长2900、宽100~285、深135~190	C型陶壶2、B型鸱吻2、瓷器盖、石砚、石饼	元	东西向
ⅢG2	T7、T8南部	③层下，G2→H48，G2→H50，G2→生土层	长条形，斜壁，底不平	清理长700、口宽100~120、底宽70~90、深70~100	砖瓦碎块、陶瓷片、动物骨骼	唐	东西向

续表

编号	位置	开口层位及打破关系	形状	尺寸（厘米）长×宽-深	出土器物	时代	备注
ⅢG3	T5、T6南部T7、T8北部	③层下，G3←H44，G3→H43，G3→H50，G3→生土层	不规则长条形，斜壁，底不平	清理长900、口宽300～375、深125～155	AⅡ式莲蕾纹瓦当、A型瓷犬	唐	东西向
ⅢG4	T9、T11西部	②层下，G4→生土层	不规则形，斜壁，底不平	清理长900、清理宽300～600、深60～160	B型陶壶、C型陶罐、陶佛像、莲花纹瓦当、B型莲籽纹瓦当、鸱吻、C型铜镞、铁斧、钱币	元	南北向
ⅢG5	T16南部	②层下，G5←H38，G5←H64，G5→H67，G5→H68，G5→③层	不规则形，斜壁，底不平	清理长570、宽200～230、深65	陶瓷片	元	东西向
ⅢG6	T21、T22中部	②层下，G6→生土层	不规则长条形，斜壁，底不平	清理长900、口宽200～250、底宽170～200、深25～85	铁铲、铁甲片5	唐	东西向

注：表内出土器物未标数量的均为1件

1. Ⅲa区发掘

Ⅲa区（即第Ⅲ发掘区T1～T4）位于中城图的中北部，发掘10米×10米的探方4个，包括扩方发掘面积为900平方米（图二四四、图二四五）。共清理发掘建筑台基1处，房址3座，灰坑（窖穴）33个，壕沟1条；出土物器类有陶器、瓷器、铜器、铁器、石器、骨器、石刻、钱币等（表一一）。

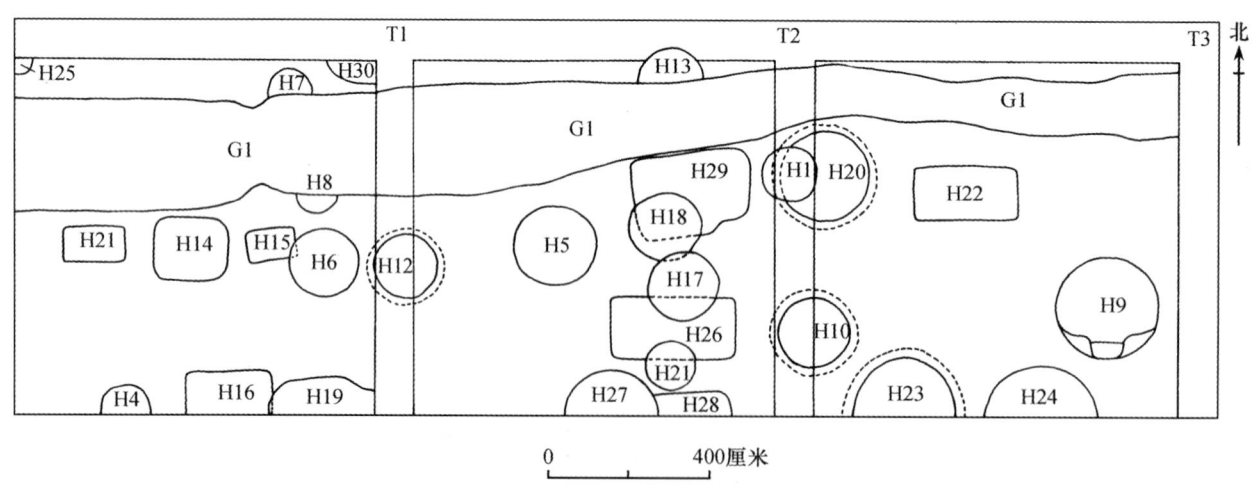

图二四四　Ⅲa区T1～T3总平面图

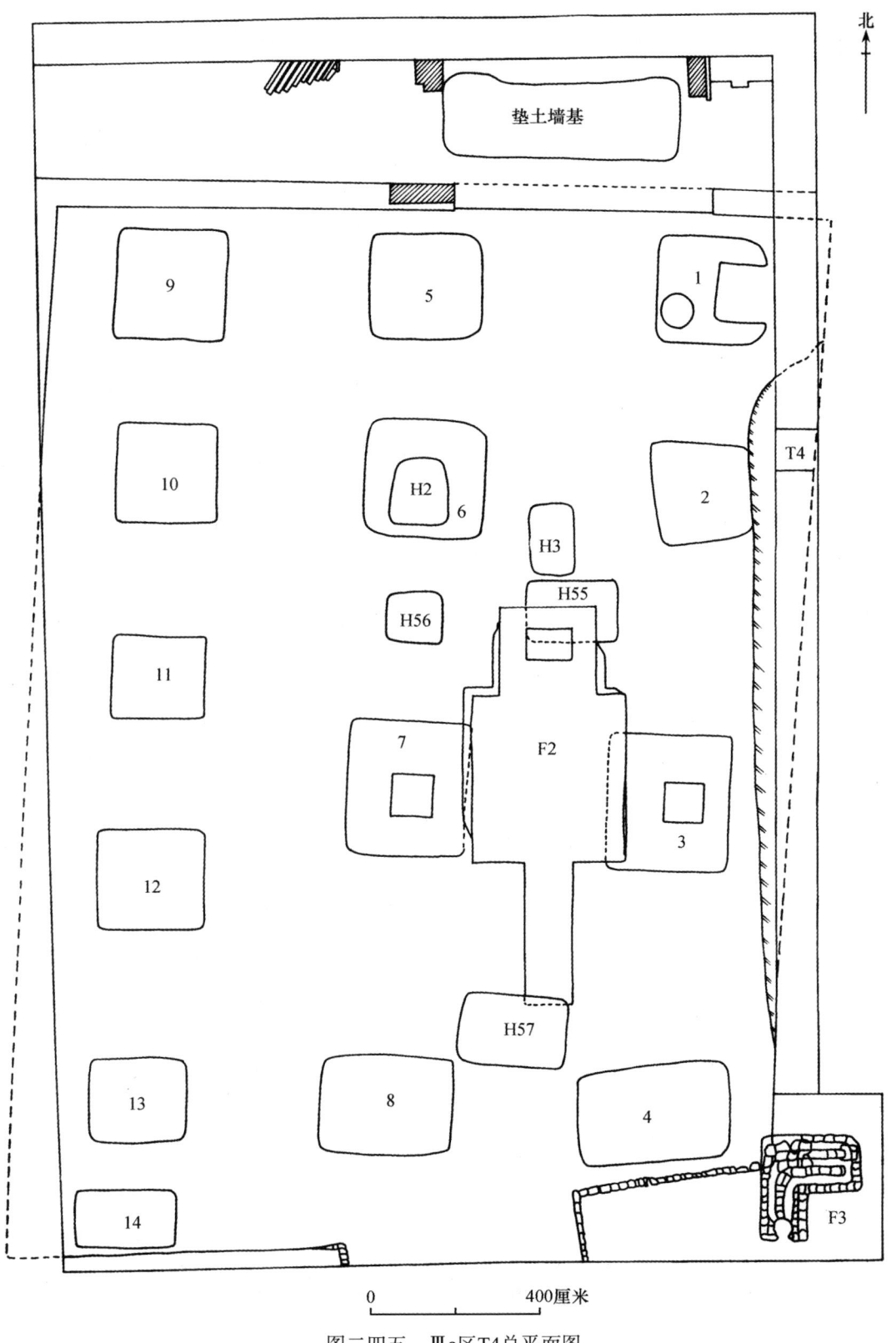

图二四五　Ⅲa区T4总平面图

表一一 Ⅲa区地层、遗迹与遗物对照表

层位 探方	面积（平方米）	①层 遗迹	①层 遗物	②层 遗迹	②层 遗物	③层 遗迹	③层 遗物	④层 遗迹	④层 遗物	⑤层 遗迹	⑤层 遗物
ⅢT1	10×10	F1	铜净瓶、铁镰刀、铁刀、铁剪、铁钉、角锥、陶纺轮、瓷瓶、瓷盘、瓷盆、瓷碗、瓦当、筒瓦、板瓦、滴水、砖			H4	陶片	H6、H7、H8、H25、H30、G1	石砚、石饼、陶罐、瓷器盖	H14、H15、H16、H19、H21	钱币、陶丸、陶壶、瓦当、板瓦
ⅢT2	10×10	F1、H1	陶片					H5、H11、H12、H13、H17、H18、H26、H27、H28、H29、G1	石斧、石球、骨器、骨锯、瓷碗、瓦当		
ⅢT3	10×10							H9、H10、H20、H22、H23、G1	铁斧、石器、陶壶、瓦当、筒瓦	H24	陶片
ⅢT4	6个10×10	建筑台基，F2、F3、H2、H3、H55、H56、H57	铁镰刀、石碑、陶塑、陶碗、瓷罐、瓦当、滴水、佛像饰件								

（1）地层堆积与出土遗物

1）地层堆积

该发掘区的地层堆积保存较好，根据土质、土色与其包含物的不同，堆积层可分为五层。现以ⅢT1东壁剖面为例介绍如下（图二四六）。

第1层：耕土层，黄灰色砂土，土质疏松，夹杂砖瓦碎块，含有零散的陶瓷片等。厚25～50厘米。ⅢF1等遗迹开口于该层下。

第2层：灰黄色花土，土质较软，呈颗粒状，夹杂有少量的砖瓦碎块、红烧土块、草木灰、木炭粒。含有少量的陶瓷片、建筑构件和动物骨骼。分布于整个探方内。深25～50、厚80～100厘米。出土物可辨器型有石器、磨石、钱币、陶盆、无名陶器、瓷碗，部分碗底圈足内有墨书；建筑构件有瓦当、长方形青砖；动物骨骼有猪、羊、牛等骨骼。

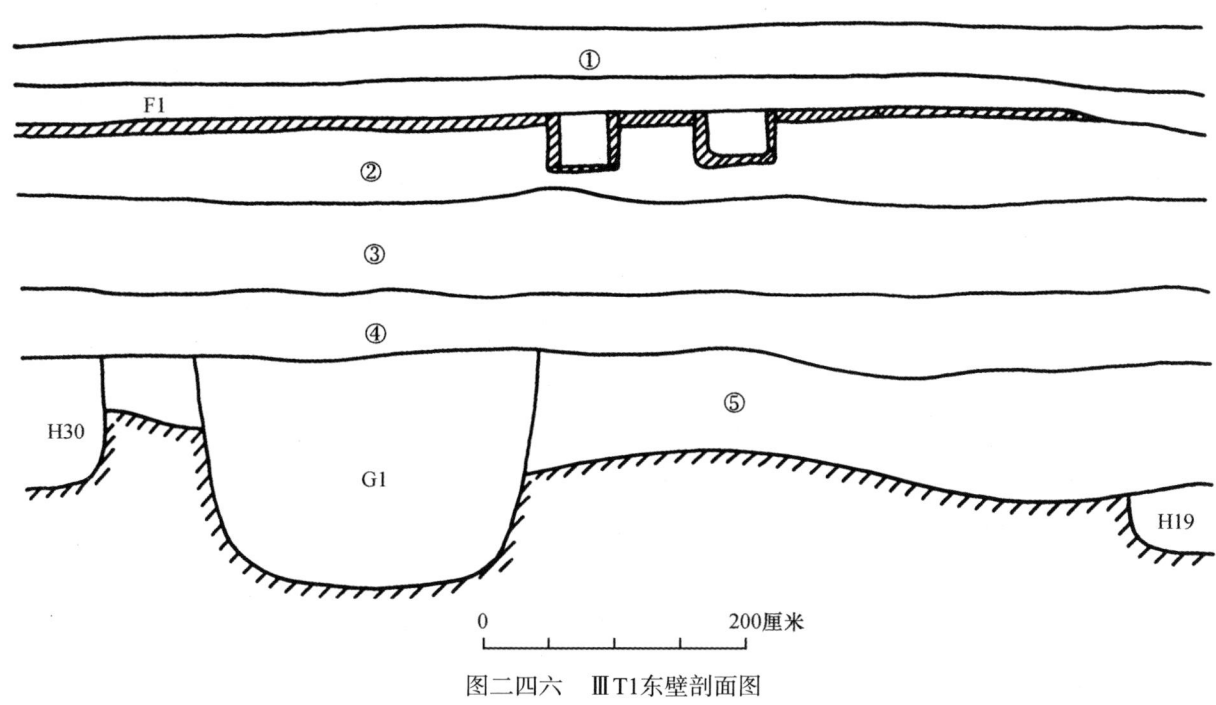

图二四六　ⅢT1东壁剖面图

第3层：灰花土，土质较松软，夹有大量的草木灰，含有少量的陶片、瓷片、建筑构件和动物骨骼。分布于整个探方内。深110～130、厚65～80厘米。出土物可辨器形有钱币、纺轮、陶盆、陶瓮、陶盏、瓷碗、瓷盏，瓷碗底部圈足内墨书"常住""常"等；建筑构件有瓦当；动物骨骼有猪、牛等。

第4层：黄花土，土质较硬，结合紧密。夹有草木灰、木炭粒和砂粒，含有少量的陶瓷片和建筑构件。此层堆积分布于整个探方内。深175～200、厚45～65厘米。出土物可辨器型有陶罐、陶瓮、瓷碗、瓷盏；建筑构件有砖、筒瓦和板瓦等。ⅢH30、ⅢG1等遗迹开口于该层下。

第5层：灰褐色花土，土质较硬，呈层状结构，含有少量的陶瓷片和建筑构件。分布于整个探方内，南部较厚，北部较薄。深230～260、厚45～100厘米。出土物可辨器型有陶盆、陶罐、陶壶、陶豆、陶碗、瓷碗、瓷注等，建筑构件有瓦当、筒瓦、板瓦和滴水等。ⅢH19等遗迹开口于该层下。

第5层下为生土。

2）出土遗物

① 第2层内出土遗物

有陶器、瓷器、石器、钱币等。

陶器　有盆、豆、盏、陶范、建筑构件等。

盆　2件。标本ⅢT1②：3，泥质灰陶。敛口，折沿，方唇，斜弧腹，平底。素面抹光。口径36、底径19.5、高10厘米（图二四七，13）。标本ⅢT4②：1，泥质灰陶。敞口，窄平沿，方唇，斜弧腹，平底。器表素面抹光，底部留有旋削痕迹。口径36.3、底径18、高10厘米（图

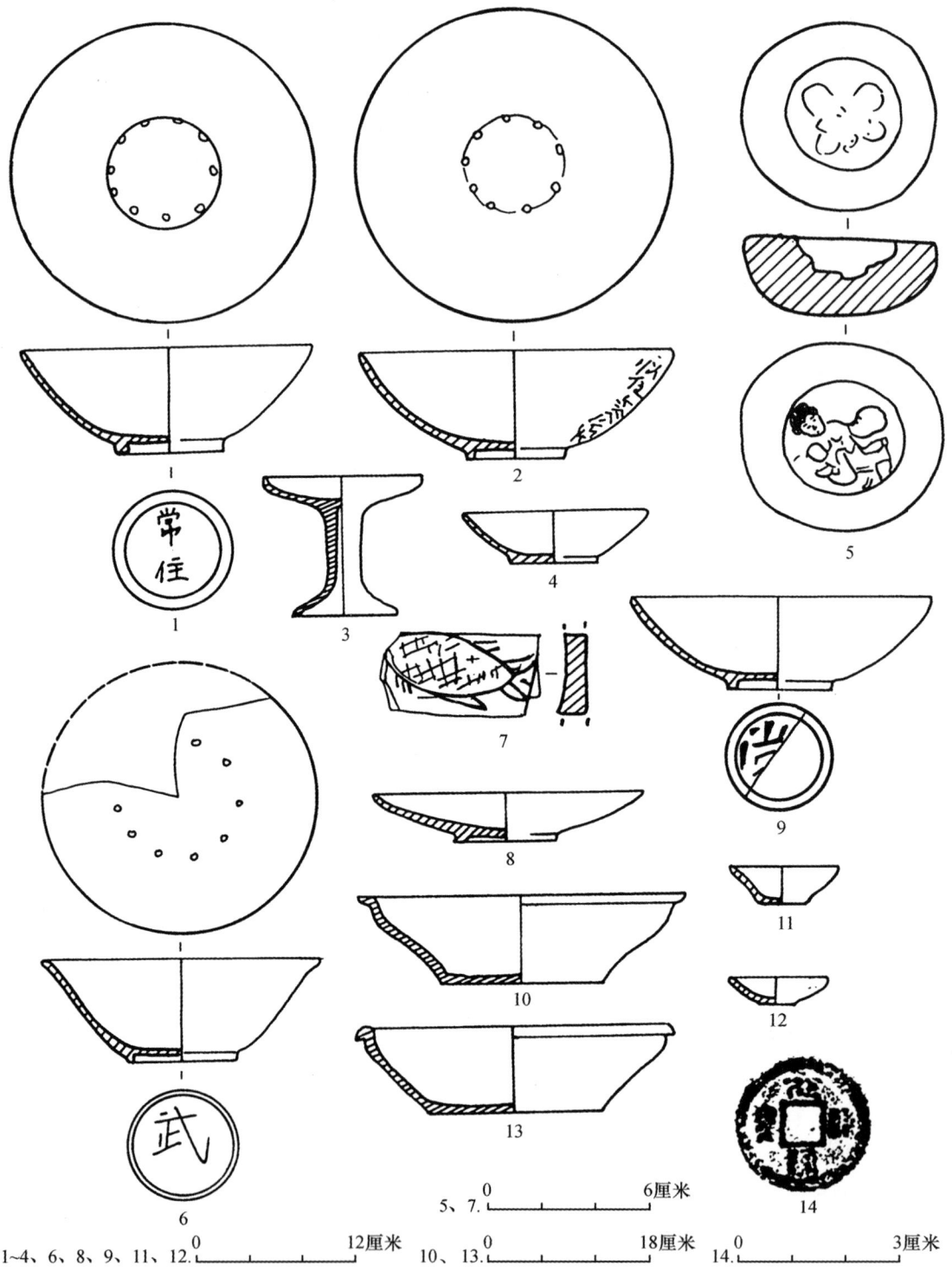

图二四七 Ⅲa区②层出土器物

1、2、4、6、9.瓷碗（ⅢT2②：3、ⅢT1②：6、ⅢT4②：2、ⅢT2②：5、ⅢT1②：7） 3.陶豆（ⅢT4②：4）
5.陶范（ⅢT1②：10） 7.陶片（ⅢT2②：1） 8.瓷盘（ⅢT2②：2） 10、13.陶盆（ⅢT4②：1、ⅢT1②：3）
11、12.陶盏（ⅢT2②：6、ⅢT2②：4） 14.钱币（ⅢT1②：12）

二四七,10)。

豆　1件。标本ⅢT4②：4,泥质灰陶。敞口,圆唇,浅盘,高柄,柄下部中空,喇叭形底座。器表素面抹光,内壁饰暗弦纹。口径11.7、底径7.8、高10.6厘米(图二四七,3)。

盏　2件。标本ⅢT2②：6,泥质红褐陶。敞口,圆唇,斜腹,平底,有旋削痕迹。素面抹光。口径8.3、底径3.8、高3厘米(图二四七,11)。标本ⅢT2②：4,泥质灰褐陶。敞口,圆唇,弧腹,平底。素面抹光。口径7.4、底径2.4、高2.3厘米(图二四七,12)。

陶范　1件。标本ⅢT1②：10,泥质红褐陶。近圆形,背部弧凸,模内为男女玩耍婴儿吃乳状。直径7、厚3厘米(图二四七,5)。

鱼纹陶片　1件。标本ⅢT2②：1,泥质灰陶。陶器底部模印鱼纹。残长5.6、宽3厘米(图二四七,7)。

建筑构件有砖、瓦当、鸱吻等。

砖　1件。标本ⅢT1②：9,灰色,素面。长55.4、宽26.8、厚6.8厘米(图二四八,1)。

兽面纹瓦当　6件。标本ⅢT1②：2,残,红褐色胎较粗,表面涂白衣后施绿釉。兽面外缘以刀切割成多边状,边轮较宽,当面凸起,圆球眼,粗眉上翘,蒜头鼻,鼻孔较大,长条形嘴,露獠牙,颌下两撇胡须向外翻卷呈"八"字形。直径16、边轮宽3、当厚1.6厘米(图二四九,1)。标本ⅢT4②：7,泥质灰褐陶,背接筒瓦。当面微凸,双目圆而大,有眼皮,粗眉外端向上翘,双耳竖起,额头上发毛呈火焰状,蒜头鼻,长条形嘴,牙齿清晰可见,有对称的鬃毛和鬃毛,颌下有胡须向两侧翻卷呈"八"字形。直径13、当厚1.3厘米(图二五〇,1)。标本ⅢT4②：6,稍残,泥质灰褐陶。当面纹饰同上。直径13、当厚1.3厘米(图二五〇,2)。标本ⅢT4②：8,稍残,泥质灰陶。当面扁平,双目圆而大,有眼圈,浓眉外端向上弯,双耳竖起,蒜头鼻,鼻孔较大,长条形嘴,上下牙齿清晰可见,有獠牙,口角上有胡须,颌下有胡须呈"八"字形,外缘饰一周联珠纹。直径18、边轮宽3.4、当厚1.3厘米(图二四九,2)。标本ⅢT4②：9,泥质灰陶。当面内凹,面态呈欢喜状,双目较小,眉毛粗重下弯,眉下眼眶呈钩状,三角形鼻,舟形嘴,嘴内露舌,颌下垂须,两鬓饰"S"形勾连鬃毛,外缘饰一周联珠纹。直径11.5、当厚1.3厘米(图二五〇,3)。标本ⅢT4②：10,稍残,泥质灰陶,背接筒瓦。当面纹饰同上。直径12、当厚1.4厘米(图二五〇,4)。

鸱吻　3件。龙头。标本ⅢT2②：8,土灰色。饰龙鳞纹。长24、宽24、高10.8厘米(图二四八,2)。标本ⅢT4②：18,青灰色。龙下颌,饰"八"字胡须略向上翘。残长17.4、宽24.8、厚13厘米(图二四八,3)。标本ⅢT1②：14,脊饰件,灰色,模制。残长27.6厘米(图二四八,4)。

瓷器　有碗、盘等。

碗　5件。标本ⅢT1②：6,敞口,圆唇,斜弧腹,圈足。灰白胎较细,内壁施满釉,釉色泛青,外壁上腹施釉;露胎处有旋削痕,内底有9个椭圆形支钉疤痕,外壁墨书五字,不识。口径23.4、底径8、高7.2厘米(图二四七,2)。标本ⅢT2②：3,敞口,圆唇,斜弧腹,圈足。白灰胎较细,先涂白色化妆土,施白釉,釉色泛青;内壁施满釉,外壁施半釉,有蜡

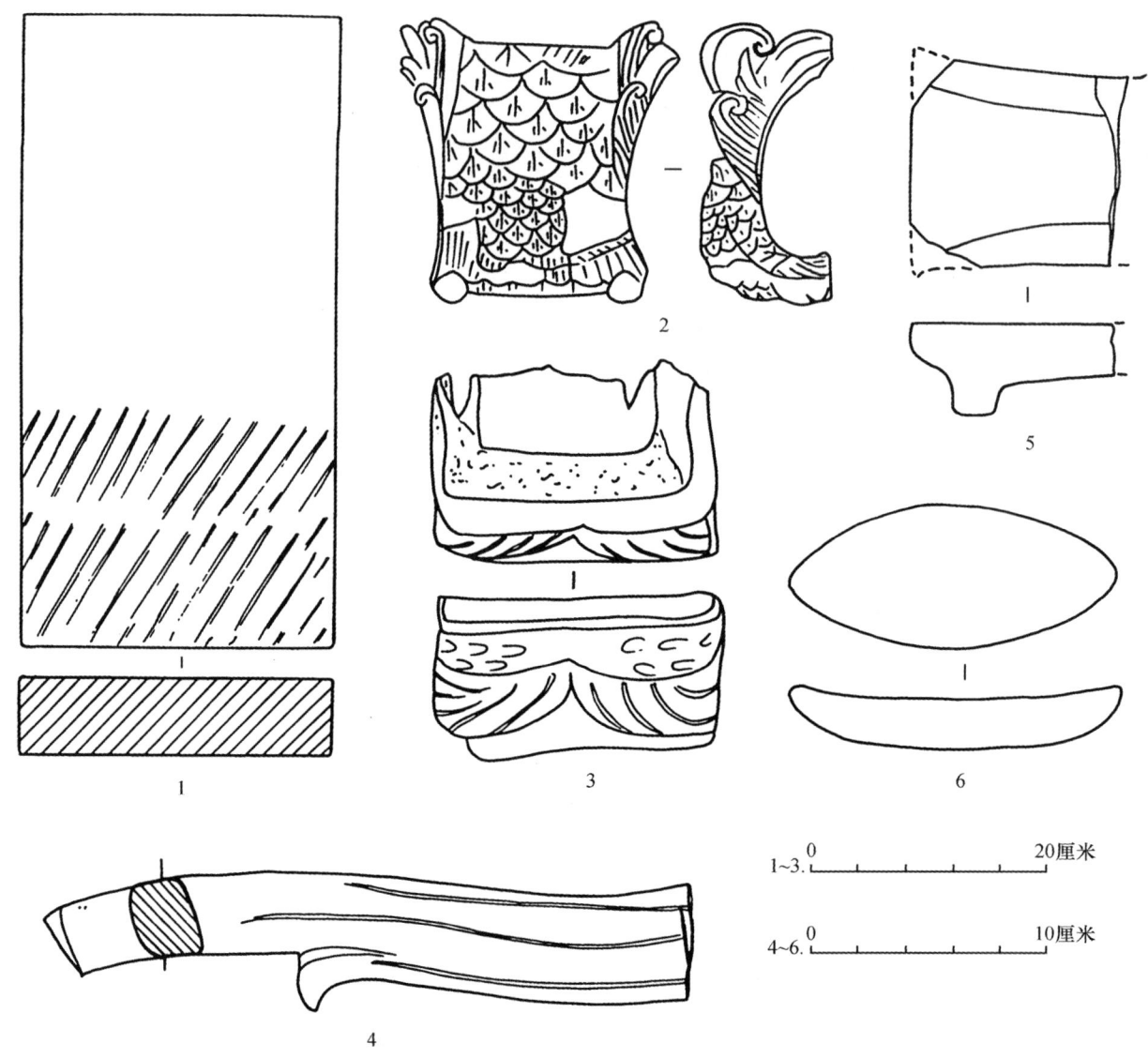

图二四八　Ⅲa区②层出土器物
1.砖（ⅢT1②∶9）　2~4.鸱吻（ⅢT2②∶8、ⅢT4②∶18、ⅢT1②∶14）　5.石砚（ⅢT1②∶8）
6.磨石（ⅢT1②∶1）

泪痕；内底有10个支钉疤痕，圈足内墨书"常住"二字。口径21.8、底径8、高7.8厘米（图二四七，1）。标本ⅢT1②∶7，形制胎釉同上。口径22、底径8、高6.4厘米（图二四七，9）。标本ⅢT4②∶2，敞口，尖圆唇，斜弧腹，饼足略外撇。胎质灰白细腻，内壁施白釉，釉色泛青，外壁施黑釉，足底露胎。口径13.7、底径6.3、高3.4厘米（图二四七，4）。标本ⅢT2②∶5，敞口，圆唇，斜弧腹，下腹折收，有旋削痕，圈足。灰白胎较细，先涂白色化妆土，施白釉，釉色泛青，内壁施满釉，外壁施釉不及底；内底有支钉疤痕，足面有窑粘，圈足内墨书"武"字。口径20.8、底径8.5、高7.7厘米（图二四七，6）。

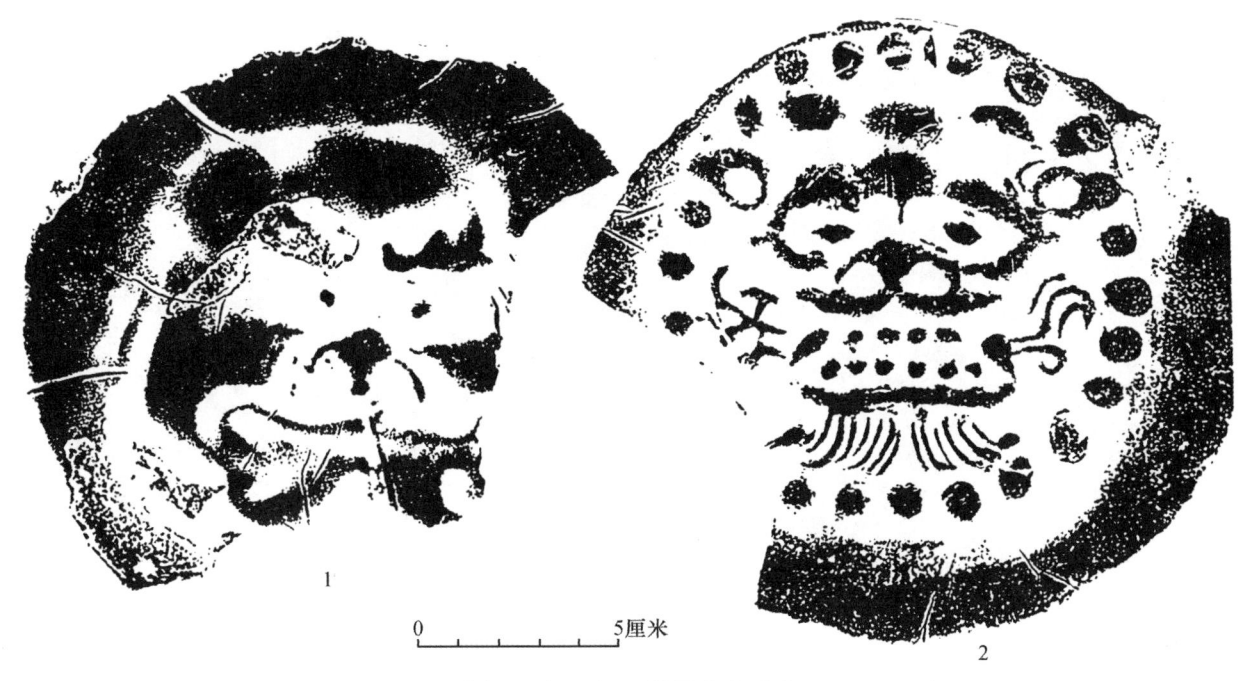

图二四九　Ⅲa区②层出土瓦当
1. ⅢT1②：2　2. ⅢT4②：8

盘　1件。标本ⅢT2②：2，内折沿较窄，圆唇，腹略深，圈足。白灰胎较细，先涂白色化妆土，施白釉，釉色泛黄，内壁施满釉，外壁施釉不及底，内底有支钉疤痕。口径20.3、底径7.9、高3.8厘米（图二四七，8）。

石器　有石砚、磨石、石碑等。

石砚　1件。标本ⅢT1②：8，残半。箕形，底部有两矮足。足高1.2、残长9、宽9、通高4厘米（图二四八，5）。

磨石　1件。标本ⅢT1②：1，平面梭形，弧背，摩擦面内凹。长14、宽6.4、厚2.2厘米（图二四八，6）。

石碑　4件。标本ⅢT4②：12，碑体残块，青石制成。阴刻文字，竖读。现存刻文7行23字。第1行1字，"……□……"；第2行2字，"……彩女……"；第3行4字，"……人俱一时……"；第4行4字，"……佛三迎却……"；第5行5字，"……□教利喜王……"；第6行5字，"……及其夫人解……"；第7行2字，"……散佛……"。残长16、残宽12、厚16厘米（图二五一，1）。标本ⅢT4②：13，碑体残块，青石制成。阴刻文字，竖读，分上下两排。上排现存3行5字：第1行2字，"……□□"；第2行2字，"……□□？"；第3行1字，"……□成"。下排现存4行，每行5字：第1行"诸佛方便力"，第2行"息□故□二"，第3行"为佛一切智"，第4行现存2字"□□□佛去"。残长13、残宽8、厚11厘米（图二五一，3）。标本ⅢT4②：16，碑体残块，青石制成。阴刻文字，竖读，分上下两排。上排现存2行2字：第1行1字，"……□"；第2行1字，"……缘"。下排现存5行21字，每行5字：第1行，"诸

图二五〇　Ⅲa区②层出土瓦当
1. ⅢT4②：7　2. ⅢT4②：6　3. ⅢT4②：9　4. ⅢT4②：10

佛转法轮"；第2行，"广开甘露门"；第3行，"受彼众人请"；第4行，"无明至老死"；第5行，"……□……"。残长18、残宽11、厚6厘米（图二五一，2）。标本ⅢT4②：14，碑体残块，青石制成。阴刻文字，竖读，为阴阳碑。一面刻文分上下两排。上排现存2行4字：第1行2字，"……□栽"；第2行2字，"……益公"。下排现存5行12字：第1行2字，"君子……"；第2行2字，"户口……"；第3行3字，"人民□……"；第4行3字，"□动

图二五一　Ⅲa区②层出土石碑拓片
1. ⅢT4②:12　2. ⅢT4②:16　3. ⅢT4②:13　4. ⅢT4②:14正面　5. ⅢT4②:14背面

□……"；第5行2字，"□□……"。另一面刻文分为"……胥义……□……咸？进□……苏世……□□……"。残长15、残宽11、厚14厘米（图二五一，4、5）。

钱币　有五铢、元祐通宝和天圣元宝等。

五铢　1枚。钱文篆书，横读。标本ⅢT4②：20，直径2.55、穿宽1.1厘米。

元祐通宝　1枚。钱文篆书，旋读。标本ⅢT1②：12，直径2.5、穿宽0.7厘米（图二四七，14）。

天圣元宝　1枚。钱文真书，旋读。标本ⅢT2②：7，直径2.5、穿宽0.6厘米。

② 第3层内出土遗物

有陶器、瓷器、石器、钱币等。

陶器　有盆、瓮、钵、盏、纺轮、陶饼、建筑构件等。

盆　3件。标本ⅢT1③：26，泥质灰陶。微敛口，折沿，斜弧腹，平底，底部留有旋削痕迹。器表素面抹光，内壁饰暗弦纹。口径39.5、底径23、高11.2厘米（图二五二，7）。标本ⅢT1③：28，细泥黑陶。敞口，宽平沿略外斜，外缘有凸棱一周，方唇，浅腹，平底略内凹。上腹素面抹光，下腹及内壁饰暗弦纹。口径42、底径20.4、高9.4厘米（图二五二，8）。标本ⅢT1③：35，泥质灰陶。敞口，圆唇，弧腹，平底略外撇。素面磨光。口径19.3、底径6.5、高8厘米（图二五二，2）。

瓮　1件。标本ⅢT2③：15，泥质灰褐陶。侈口，厚圆唇，鼓腹，平底。肩饰泥条附加堆纹二周，间夹压印纹一周。口径59、底径56、高88厘米（图二五二，1）。

钵　6件。标本ⅢT2③：7，泥质红褐陶。敞口，方唇，斜弧腹，下腹急收，平底，留有旋削痕迹，内底有饼状盏台。素面抹光。口径13.6、底径5.5、高3.9厘米（图二五二，15）。标本ⅢT2③：8，泥质黑陶。敞口，方唇，折腹，下腹急收，平底，留有旋削痕迹。素面抹光。口径13.2、底径4、高3.9厘米（图二五二，5）。标本ⅢT2③：4，泥质灰陶。敞口，方唇，折腹，下腹急收，平底略内凹。素面抹光。口径13.8、底径5、高3.9厘米（图二五二，4）。标本ⅢT2③：16，口径13.3、底径4.5、高4厘米（图二五二，3）。标本ⅢT2③：11，泥质黑陶。直口微敛，方唇，折腹，下腹急收，平底略内凹，底部有旋削痕迹，内底有盏台。素面抹光。口径13.6、底径5.5、高3.6厘米（图二五二，16）。标本ⅢT1③：19，口径13.3、底径5.4、高3.3厘米（图二五二，17）。

盏　5件。标本ⅢT1③：29，泥质灰陶。敞口，圆唇，斜弧腹，平底，有旋削痕迹。器表素面抹光，内壁有旋削痕。口径8.3、底径3、高2.7厘米（图二五二，9）。标本ⅢT1③：22，口径7.4、底径3.2、高2.4厘米（图二五二，12）。标本ⅢT1③：15，泥质灰褐陶。敞口，圆唇，弧腹，平底，有旋削痕迹。素面抹光。口径8.2、底径3.5、高2.3厘米（图二五二，10）。标本ⅢT1③：30，口径8.3、底径4、高2.7厘米（图二五二，13）。标本ⅢT3③：3，口径7.4、底径4.8、高2.8厘米（图二五二，11）。

纺轮　2件。标本ⅢT1③：21，砖块磨制而成。呈圆柱状，上端弧凸，中心钻孔。孔径1、直径5.3、高2.6厘米（图二五二，6）。标本ⅢT2③：10，泥质灰陶片磨制而成。平面呈圆形，

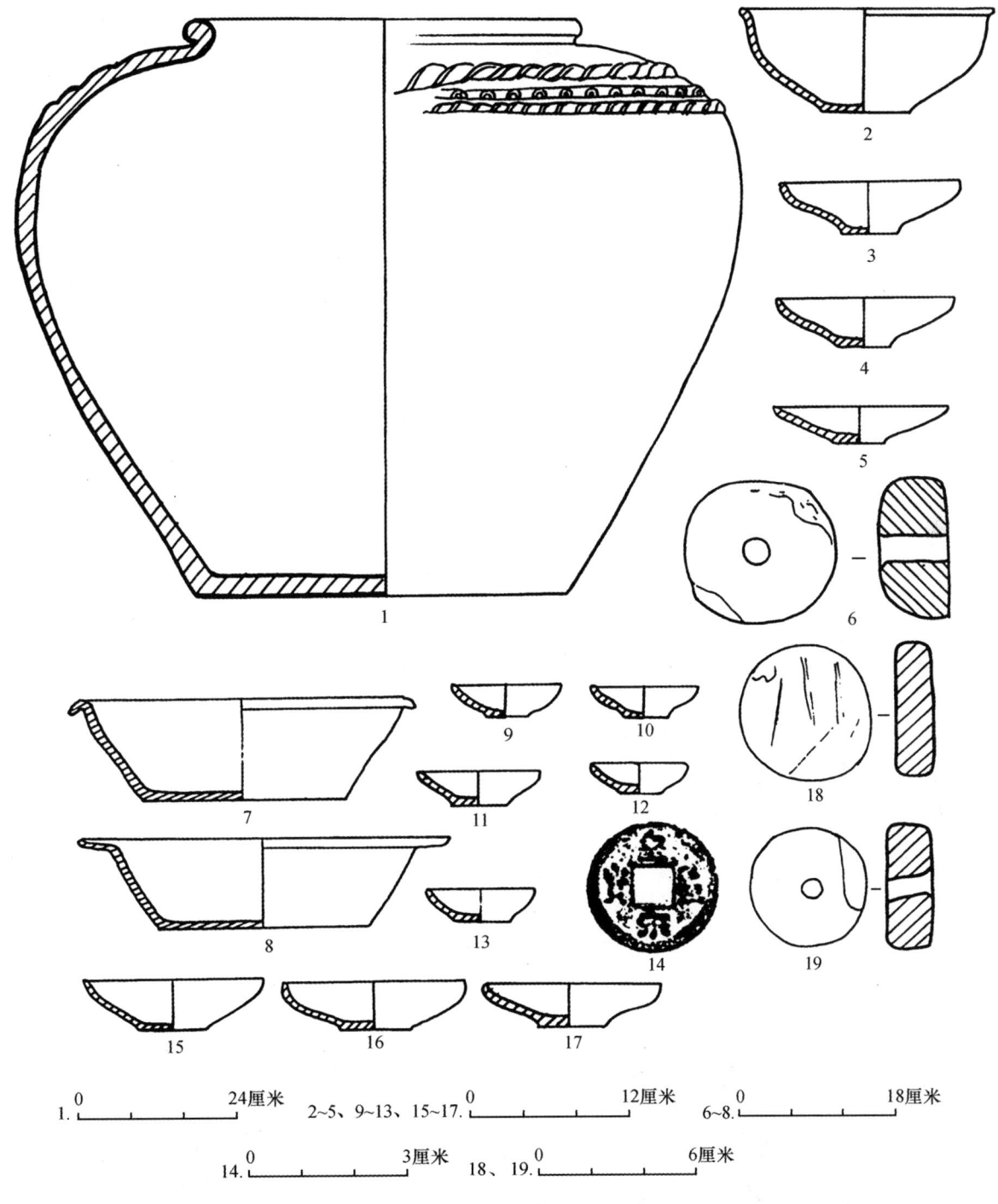

图二五二　Ⅲa区③层出土器物

1. 陶瓮（ⅢT2③：15）　2、7、8.陶盆（ⅢT1③：35、ⅢT1③：26、ⅢT1③：28）　3~5、15~17.陶钵（ⅢT2③：16、ⅢT2③：4、ⅢT2③：8、ⅢT2③：7、ⅢT2③：11、ⅢT2③：19）　6、19.陶纺轮（ⅢT1③：21、ⅢT2③：10）　9~13.陶盏（ⅢT1③：29、ⅢT1③：15、ⅢT3③：3、ⅢT1③：22、ⅢT1③：30）　14.皇宋通宝（ⅢT1③：33）　18.陶饼（ⅢT1③：32）

中心钻孔。孔径0.8、直径4.4、厚1.6厘米（图二五二，19）。

陶饼　1件。标本ⅢT1③：32，泥质灰陶片磨制而成。平面呈圆形。直径5、厚1.4厘米（图二五二，18）。

建筑构件仅瓦当一种。

兽面纹瓦当　2件。标本ⅢT2③：5，稍残，红褐色胎较粗，表面涂白衣。兽面外缘以刀切割成多边状，边轮较宽，当面凸起，圆球眼，粗眉上翘，蒜头鼻，鼻孔较大，长条形嘴，露獠牙，颔下两撇胡须向外翻卷呈"八"字形。直径16、边轮宽3.1、当厚1.3厘米（图二五三，1）。标本ⅢT1③：16，残，泥质灰陶。边轮较宽，当面凸起，杏眼，浓眉外翘，三角形鼻，口角上有"八"字胡须，有獠牙，外缘饰一周联珠纹。直径16、边轮宽4、当厚1.5厘米（图二五三，2）。

瓷器　有碗、盘、盏、釉陶器等。

碗　13件。标本ⅢT1③：25，敞口，圆唇，斜弧腹，圈足。白胎较细，先涂白色化妆土，施白釉，内壁施满釉，外壁施釉不及底，釉色光润；内底有11个支钉疤痕，口外饰凹弦纹一周。口径23、底径8.1、高8.5厘米（图二五四，21）。标本ⅢT1③：4，敞口，圆唇，斜弧腹，圈足。白胎较细，内壁先涂白色化妆土，施满釉，釉色光润；外壁上腹施釉，以下露胎；内底有支钉疤痕。口径22、底径8.2、高8厘米（图二五四，5）。标本ⅢT1③：11，敞口，圆唇，斜腹，圈足。白胎较细，先涂白色化妆土，施白釉，内壁施满釉，外壁施釉不及底，釉色光润；露胎处有旋削痕，内底有11个较大的支钉疤痕，足面有支钉疤痕，内墨书"常住"二字。口径22.4、底径7.2、高8厘米（图二五四，2）。标本ⅢT1③：6，敞口，圆唇，斜弧腹，圈足。白胎较细，先涂白色化妆土，施白釉，釉色光润；内壁施满釉，外壁施釉不及底，有蜡泪痕；内底有椭圆形支钉疤痕，圈足内墨书"常"字。口径22、底径8、高7厘米（图二五四，15）。标本ⅢT1③：13，敞口，圆唇，斜弧腹，圈足。白胎较细，先涂白色化妆土，施白釉，釉色光润；内壁施满釉，外壁施釉不及底，内底有椭圆形支钉疤痕，口外饰凹弦纹一周。口径20.8、底径8、高7.2厘米（图二五四，23）。标本ⅢT3③：2，敞口，圆唇，唇缘加厚，斜腹较浅，圈足，内有旋削痕，脐底。淡黄色粗胎，先涂白色化妆土，施白釉，釉色泛黄；内壁施满釉，外壁施釉不及底，局部有蜡泪痕；内底有4个支钉疤痕。口径20、底径8、高6.5厘米（图二五四，20）。标本ⅢT1③：18，敞口，尖圆唇，斜弧腹，圈足。白胎较细，施白釉，釉色泛黄，近底部露胎，足面有窑粘。内壁从底部向碗口伸出若干条凸棱，把整个碗分成若干瓣，每瓣内印一组缠枝牡丹花纹，其中一瓣内印"屏"字，底部有支钉疤痕。口径22、底径8、高7.4厘米（图二五四，7）。标本ⅢT1③：7，敞口，斜折沿，圆唇，斜腹，圈足。白胎较细，内壁先涂白色化妆土，施白釉，釉色泛黄，施满釉；外壁施釉不及底，有蜡泪痕；内底有支钉疤痕。口径21、底径8、高7.6厘米（图二五四，12）。标本ⅢT2③：9，敞口，斜折沿，圆唇，斜腹，圈足。淡黄色粗胎，先涂白色化妆土，施白釉，釉色泛黄；内壁施满釉，外壁施釉不及底，釉面有鬃眼，有蜡泪痕；内底有支钉疤痕。口径22、底径8.2、高7.4厘米（图二五四，11）。标本ⅢT1③：31，敞口，斜折沿，圆唇，斜弧腹，圈足。白胎较细，内壁先涂白色化妆

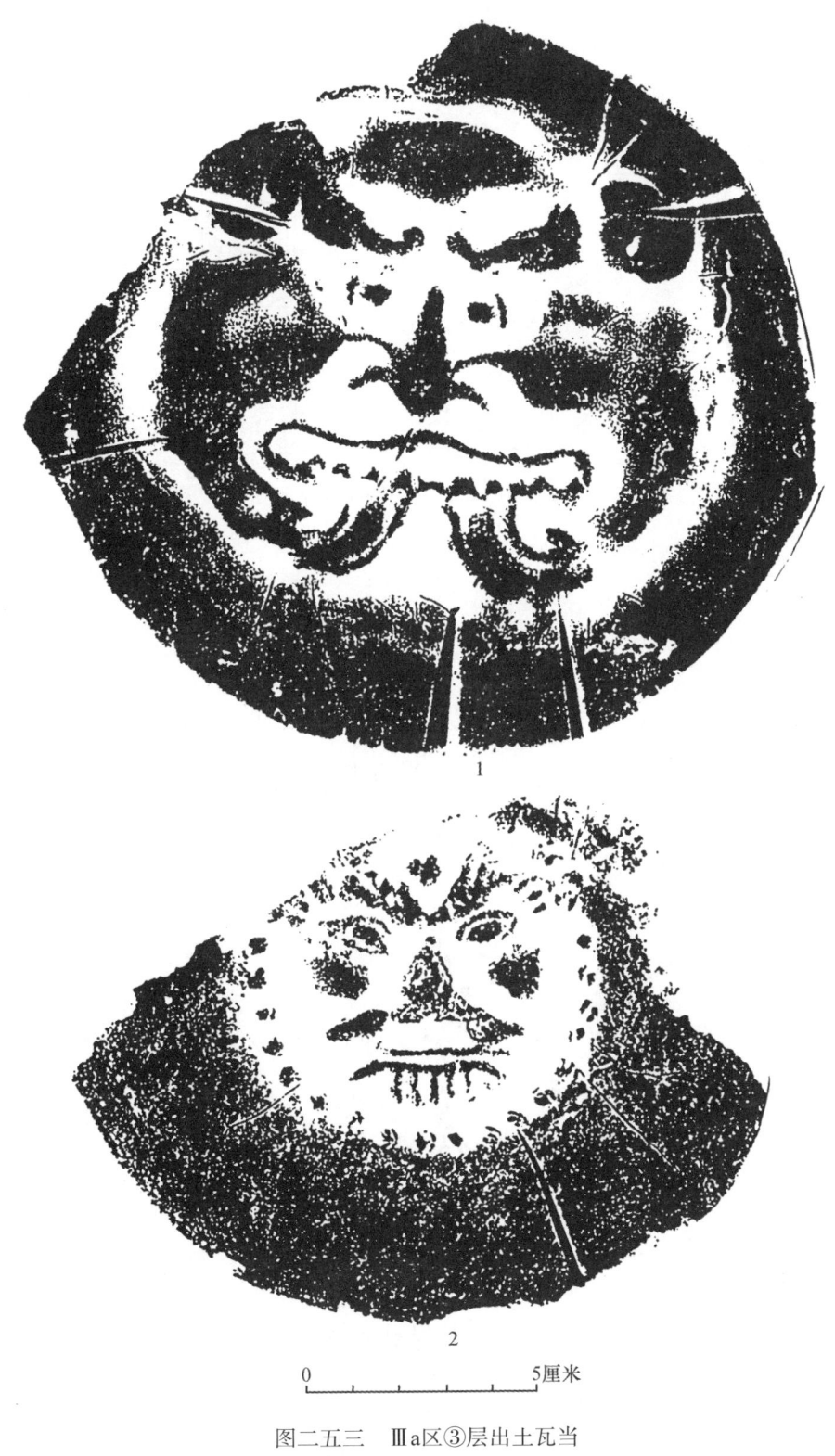

图二五三　Ⅲa区③层出土瓦当
1. ⅢT2③:5　2. ⅢT1③:16

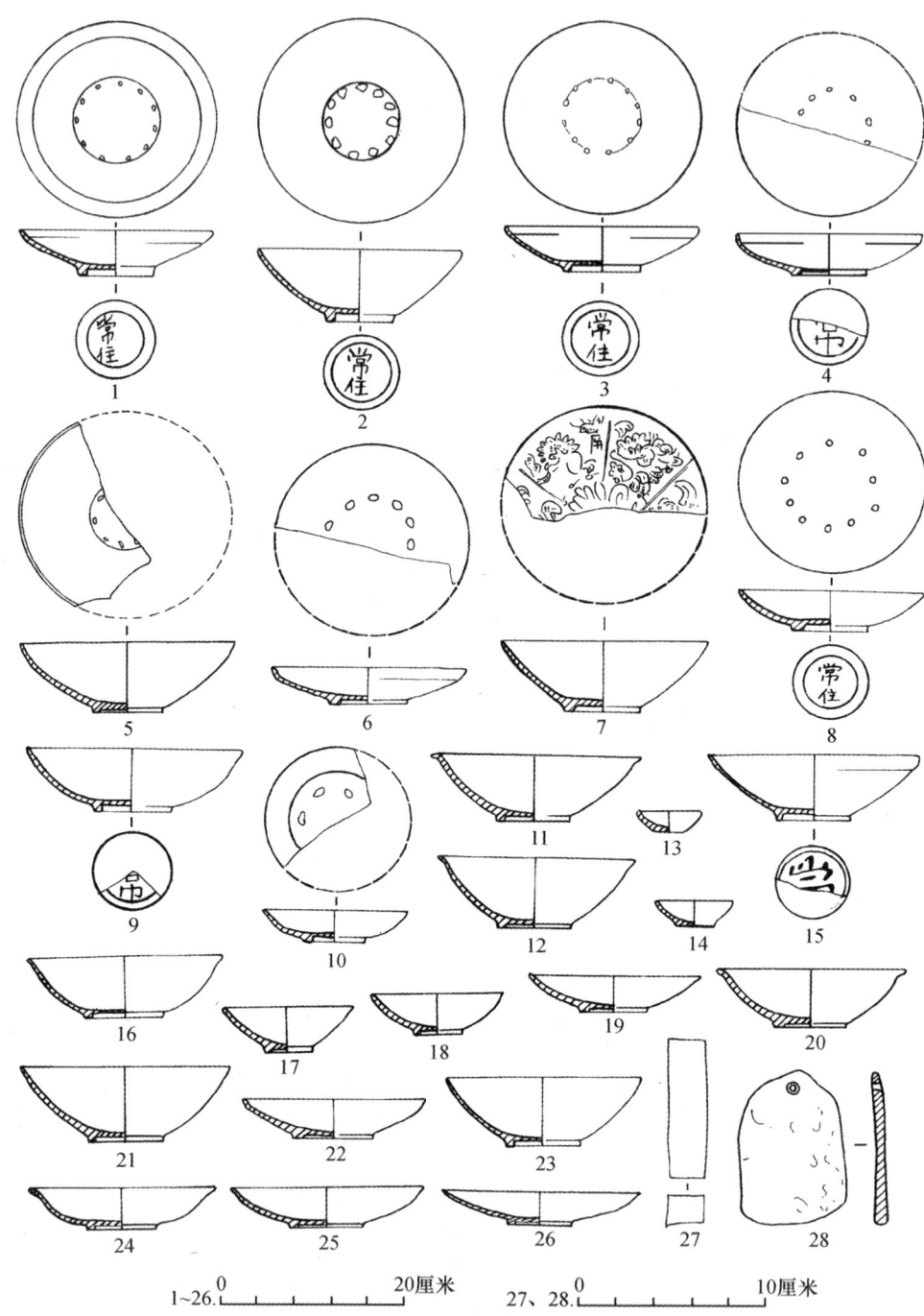

图二五四　Ⅲa区③层出土器物

1、3、4、6、8、10、19、22、24~26.瓷盘（ⅢT1③：5、ⅢT1③：24、ⅢT1③：9、ⅢT2③：1、ⅢT1③：10、ⅢT1③：40、ⅢT3③：4、ⅢT2③：13、ⅢT1③：1、ⅢT1③：12、ⅢT1③：8）　13、14.瓷盏（ⅢT2③：2、ⅢT1③：20）　2、5、7、9、11、12、15~18、20、21、23.瓷碗（ⅢT1③：11、ⅢT1③：4、ⅢT1③：18、ⅢT1③：31、ⅢT2③：9、ⅢT1③：7、ⅢT1③：6、ⅢT1③：3、ⅢT1③：17、ⅢT3③：1、ⅢT3③：2、ⅢT1③：25、ⅢT1③：13）　27.釉陶器（ⅢT2③：3）　28.磨石（ⅢT1③：27）

土，施白釉，釉色泛青，内壁施满釉，外壁施釉不及底；内底有支钉疤痕，圈足内墨书"常"字。口径21.1、底径8.6、高6.8厘米（图二五四，9）。标本ⅢT1③：3，敞口，斜折沿，圆唇，斜弧腹，圈足。白胎较细，内壁先涂白色化妆土，施白釉，釉色泛黄，内壁施满釉，外壁施半釉；内底有支钉疤痕，足面有窑粘。口径20.8、底径8、高6.8厘米（图二五四，16）。标本ⅢT1③：17，敞口，圆唇，唇缘加厚，斜弧腹，圈足。灰胎较细，先涂白色化妆土，施白釉，釉色泛青，内、外壁施满釉，有蜡泪痕，足面露胎，内底有支钉疤痕。口径14.1、底径5.5、高4.8厘米（图二五四，17）。标本ⅢT3③：1，敞口，圆唇，斜弧腹，矮圈足。灰白胎较细，施白釉，釉色泛黄，内壁施满釉，外壁施釉不及底，有蜡泪痕。口径14.5、底径5.5、高4.5厘米（图二五四，18）。

盘　11件。标本ⅢT1③：8，沿微侈，芒口，尖圆唇，浅腹，矮圈足。白胎细腻，器壁较薄。乳白釉，釉色光润（定窑系产品）。口径21.5、底径7、高3.8厘米（图二五四，26）。标本ⅢT1③：24，内折沿较窄，圆唇，腹较深，圈足。白胎较细，施白釉，釉色光润，内壁施满釉，外壁施釉不及底，内底有12个支钉疤痕，足面有窑粘，足内墨书"常住"二字。口径20.8、底径8、高4.8厘米（图二五四，3）。标本ⅢT1③：9，形制、胎质和施釉同上，内底有支钉疤痕，有凹弦纹一周，有窑粘，圈足内墨书"常"字。口径20、底径8、高4.4厘米（图二五四，4）。标本ⅢT1③：12，形制、胎质和施釉同上，内底有支钉疤痕，足面有窑粘。口径21、底径8、高4.7厘米（图二五四，25）。标本ⅢT2③：13，形制、胎质和施釉同上，有蜡泪痕，内底有支钉疤痕。口径20.5、底径9、高4.4厘米（图二五四，22）。标本ⅢT1③：5，敞口，圆唇，弧腹略深，圈足，脐底。白胎略细，内壁先涂白色化妆土，施白釉，釉色泛青，外壁施半釉。内壁饰凹弦纹一周，内底有11个支钉疤痕；足面有窑粘，圈足内墨书"常住"二字。口径21.2、底径8、高4.8厘米（图二五四，1）。标本ⅢT1③：10，敞口，圆唇，弧腹略深，圈足，脐底。白胎略细，内壁先涂白色化妆土，施白釉，釉色泛青，外壁施半釉。内壁饰凹弦纹一周，内底有10个支钉疤痕；足面有窑粘，圈足内墨书"常住"二字。口径20、底径7.8、高5厘米（图二五四，8）。标本ⅢT1③：1，敞口，微侈沿，圆唇，曲腹下折，圈足。青灰胎细腻，施青釉，釉面光润，有冰裂纹。内底有支钉疤痕，足面有窑粘。口径20.5、底径7.8、高4.6厘米（图二五四，24）。标本ⅢT2③：1，形制、胎质和施釉同上。口径20.6、底径8.8、高4厘米（图二五四，6）。标本ⅢT1③：40，敞口，圆唇，下腹折收，圈足。灰白胎较细，施青釉，有蜡泪痕，内底有支钉疤痕。口径15.8、底径6.4、高3.2厘米（图二五四，10）。标本ⅢT3③：4，敞口，圆唇，唇缘加厚，斜弧腹，圈足，内有旋削痕。白灰色粗胎，先涂白色化妆土，施白釉，釉色泛黄；内壁施满釉，外壁施半釉。内底有5个支钉疤痕，圈足内墨书"王"字。口径18.3、底径7.5、高4.2厘米（图二五四，19）。

盏　2件。标本ⅢT2③：2，敛口，折唇，斜腹，平底，有旋削痕。灰白色粗胎，内壁施黑釉，釉色光润，有窑粘，外壁露胎。口径6、底径3.5、高2.5厘米（图二五四，13）。标本ⅢT1③：20，敞口，圆唇，斜腹，假圈足，平底，底部有旋削痕。灰褐色粗胎，内壁施黑釉，外壁露胎。口径8.5、底径4、高2.8厘米（图二五四，14）。

釉陶器　1件。标本ⅢT2③：3，呈窄长方体，红褐色胎，施绿釉，局部露胎。体长7.6、宽2、厚1.6厘米（图二五四，27）。

石器　有磨石。

磨石　1件。标本ⅢT1③：27，平面近长方形，顶端弧凸，中心钻孔，磨擦面略凹。孔径0.4、长8.4、宽5.6、厚0.6厘米（图二五四，28）。

钱币

皇宋通宝　1枚。钱文真书，对读。标本ⅢT1③：33，小字。直径2.5、穿宽0.7厘米（图二五二，14）。

铜钱　字迹不清，1枚。标本ⅢT1③：34。

③第4层内出土遗物

有陶器、瓷器、铁器等。

陶器　有纺轮、砚、建筑构件等。

纺轮　1件。标本ⅢT1④：4，泥质灰陶片磨制而成。平面呈圆形，中心钻孔。孔径0.4、直径3.8、厚0.6厘米（图二五五，5）。

砚　1件。标本ⅢT1④：7，残，澄泥黑陶，陶质细腻坚致。平面长方形，砚背有戳记，残长7、宽6、厚3.4厘米（图二五五，4）。

建筑构件　有瓦当。

瓦当　1件。莲瓣纹。标本ⅢT3④：3，灰色，当面突起，边轮扁平。以单环线将当面划分为内外区，内区饰八颗小乳钉为花蕊；外区饰枣形莲瓣纹十枚，莲瓣间以"T"字形莲叶相隔。直径14.5、边轮宽2、当厚1.5厘米（图二五六）。

瓷器　有瓜棱罐、碗、盏等。

瓜棱罐　1件。标本ⅢT1④：6，口、腹残片。直口略外侈，圆唇，鼓腹瓜棱。白胎细腻，器壁较薄。施白釉，釉色光润（定窑系产品）。口径8、残高6.4厘米（图二五五，2）。

碗　1件。标本ⅢT1④：3，敞口，圆唇，斜弧腹，圈足。白胎较细，先涂白色化妆土，内壁施满釉，外壁上腹施釉，以下露胎，釉色光润；内底有11个支钉疤痕。口径22.4、底径8.2、高8.4厘米（图二五五，1）。

盏　1件。标本ⅢT1④：1，敞口，圆唇，弧腹，平底，下腹及底部可见旋削痕。灰褐色粗胎，内壁施黑釉，釉色光润，有蜡泪痕和窑粘；外壁露胎。口径8.3、底径4.5、高3厘米（图二五五，6）。

铁器　有铁锛。

铁锛　1件。标本ⅢT3④：1，窄长方体，弧刃微宽，上部中空成銎，銎口平整，呈长方形。体长9.4、刃宽6.4、銎径长4.4、宽1.4、深3.6厘米（图二五五，3）。

④第5层内出土遗物

有陶器、瓷器、铁器、石器等。

陶器　有盆、碗、建筑构件等。

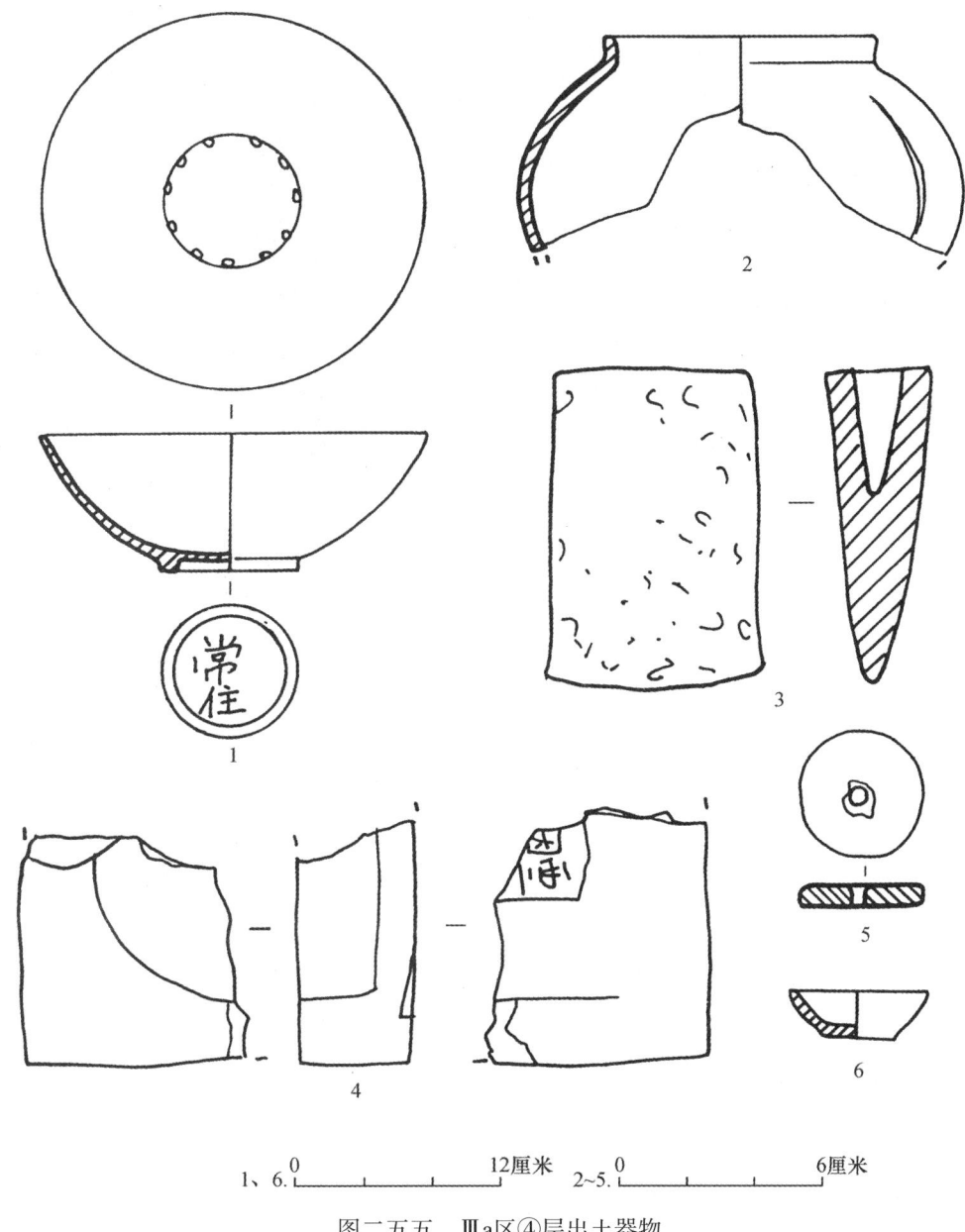

图二五五　Ⅲa区④层出土器物
1. 瓷碗（ⅢT1④：3）　2. 瓷瓜棱罐（ⅢT1④：6）　3. 铁锛（ⅢT3④：1）　4. 陶砚（ⅢT1④：7）
5. 陶纺轮（ⅢT1④：4）　6. 瓷盏（ⅢT1④：1）

盆　1件。标本ⅢT2⑤：6，泥质灰陶。敞口，窄平沿略外斜，沿面有凹槽一周，圆唇，斜腹，平底。素面抹光。口径26、底径12.2、高8.6厘米（图二五七，2）。

碗　1件。标本ⅢT1⑤：1，泥质灰陶。敞口，圆唇，深弧腹。饼足略外撇。器表素面磨光，底部留有旋削痕迹。口径16、底径8、高8厘米（图二五七，9）。

器底　1件。标本ⅢT1⑤：6，泥质灰陶。平底内凹，饰篦点纹。底径16、残高6厘米（图二五七，6）。

图二五六　Ⅲa区④层出土瓦当（ⅢT3④：3）

建筑构件有滴水、瓦当、带字瓦等。

滴水　1件。标本ⅢT1⑤：2，残，细泥黑陶。头部下侧用手指压成波浪纹，上侧及中部饰凸棱纹间夹锯齿纹。内、外壁素面磨光。残长15.6、残宽11.6、厚1.8厘米（图二五七，7）。

瓦当　3件。莲瓣纹。标本ⅢT2⑤：4，细泥黑陶，边轮磨光。当面突起，边轮扁平。以单环线将当面划分为内外区，内区饰乳凸纹；外区饰枣核状花瓣纹十枚，花瓣间以"T"字形莲叶相隔。直径15.5、边轮宽2.2、当厚1.6厘米（图二五八，1）。标本ⅢT1⑤：3，泥质灰陶。当面突起，边轮扁平。以单环线将当面划分为内外区，内区饰乳凸纹；外区饰枣核状花瓣纹十枚，花瓣略长，花瓣间以"T"字形莲叶相隔，"T"字连于当心环线上。直径15.2、边轮宽1.8、当厚1.6厘米（图二五八，2）。标本ⅢT1⑤：4，细泥黑陶，边轮磨光。直径15.5、边轮宽2.2、当厚2厘米（图二五八，3）。

带字瓦　1件。标本ⅢT2⑤：7，残，泥质灰陶。瓦背素面抹光，内壁饰布纹，器表阴刻"王孝"二字。残长14、宽11、厚1.4厘米（图二五七，4）。

瓷器　有碗、盘等。

碗　1件。标本ⅢT2⑤：1，敞口，圆唇，弧腹，圈足。胎质细腻，施白釉，釉色泛青；内、外壁施满釉，足壁露胎。口径13、底径5.2、高4.6厘米（图二五七，8）。

盘　1件。标本ⅢT2⑤：5，敞口，圆唇，唇缘加厚，下腹折收，圈足。白胎略粗，先涂白色化妆土，施白釉，釉色泛黄；内壁施满釉，外壁施釉不及底，有蜡泪痕，内底有支钉疤痕。口径18.3、底径7.2、高4.8厘米（图二五七，5）。

铁器　有铁钩。

铁钩　1件。标本ⅢT2⑤：2，一端鼻弯曲成方形，穿近长方形，一端作半圆形弯钩，钩体横截呈长方形，体长7.6、穿长0.7、宽0.5厘米（图二五七，3）。

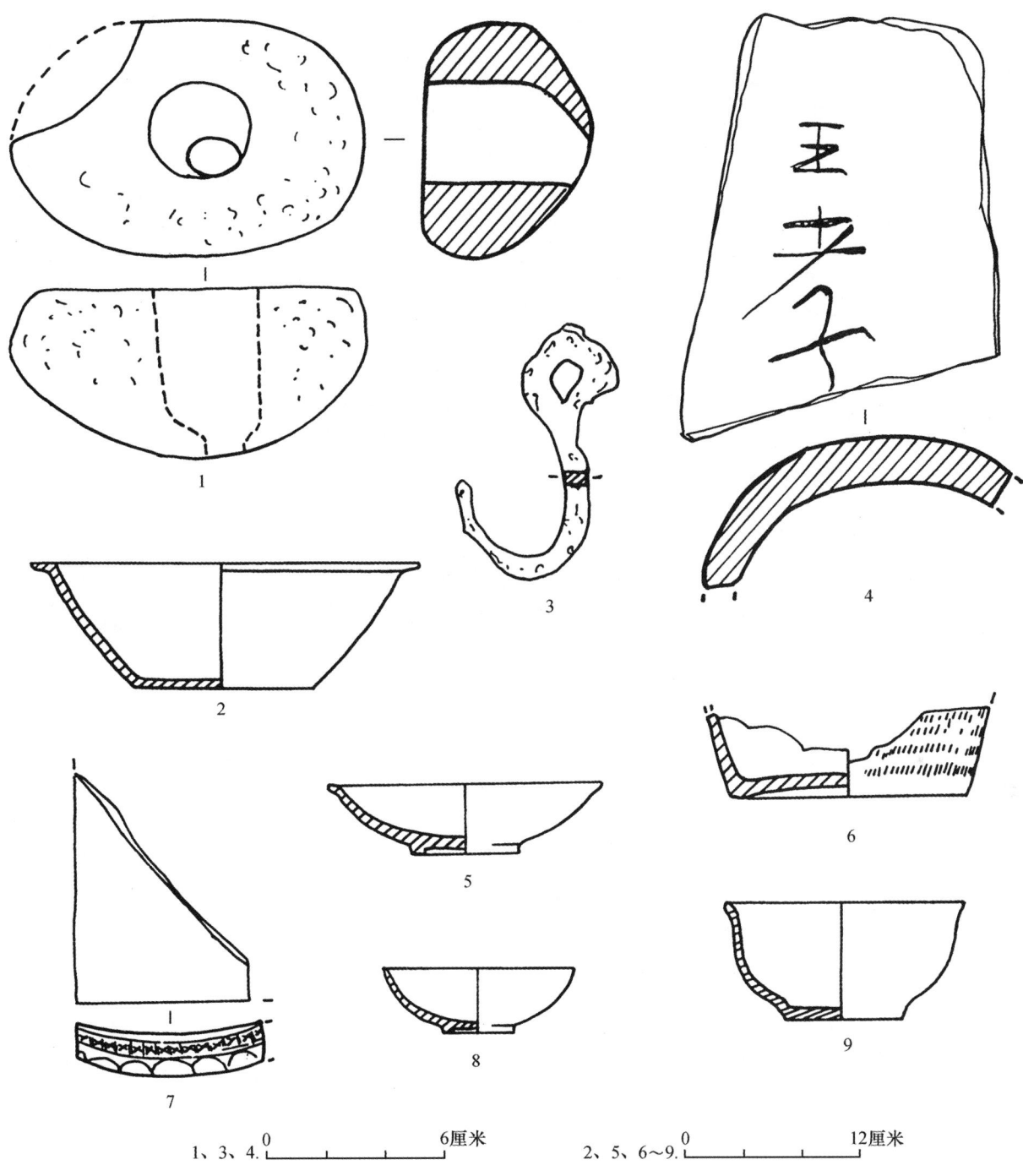

图二五七　Ⅲa区⑤层出土器物
1.石杵（ⅢT2⑤：8）　2.陶盆（ⅢT2⑤：6）　3.铁钩（ⅢT2⑤：2）　4.带字瓦（ⅢT2⑤：7）　5.瓷盘（ⅢT2⑤：5）
6.陶器底（ⅢT1⑤：6）　7.滴水（ⅢT1⑤：2）　8.瓷碗（ⅢT2⑤：1）　9.陶碗（ⅢT1⑤：1）

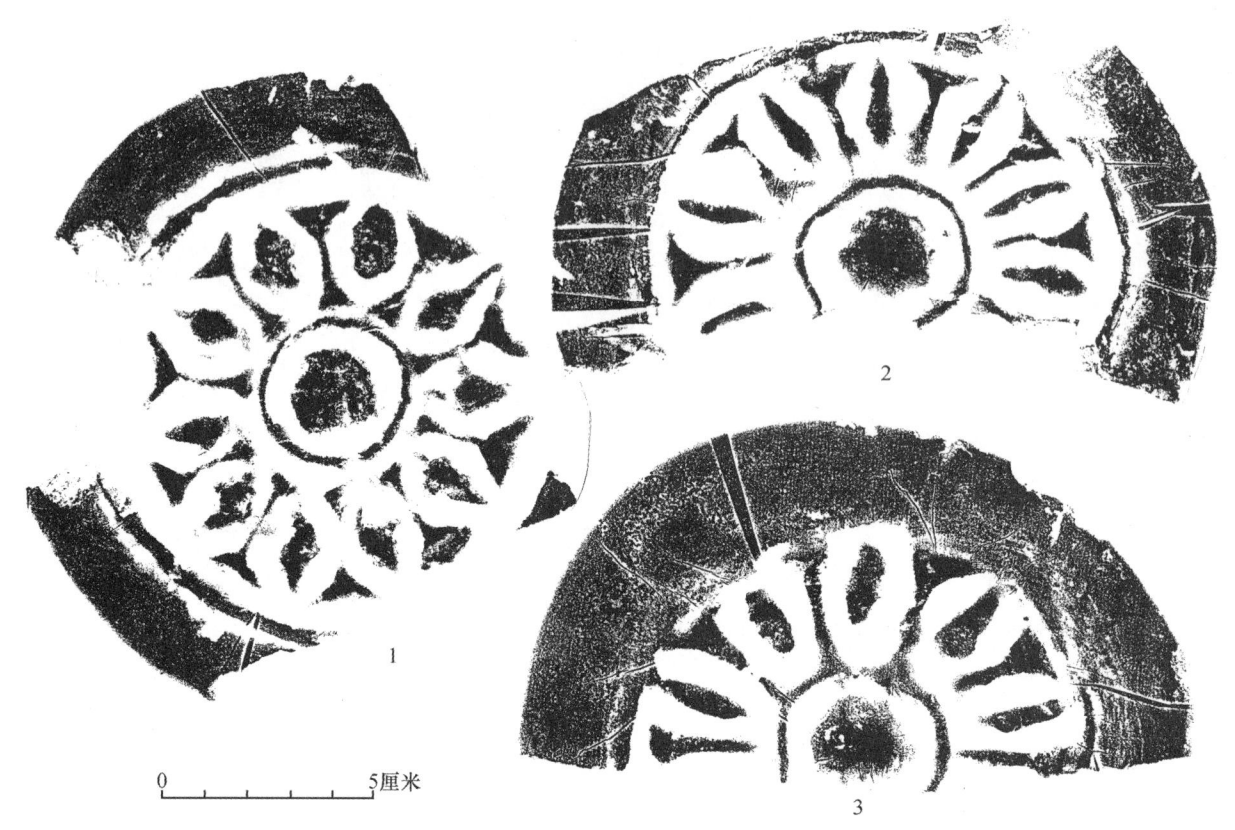

图二五八　Ⅲa区⑤层出土瓦当
1. ⅢT2⑤：4　2. ⅢT1⑤：3　3. ⅢT1⑤：4

石器　有石杵。

石杵　1件。标本ⅢT2⑤：8，稍残，砂岩磨制。上部平面呈椭圆形，中心钻孔，杵头弧凸。孔径3.4、深5.4、长径12、短径8.2、厚5.8厘米（图二五七，1）。

（2）遗迹

有建筑台基、房址、灰坑、壕沟等。

1）建筑台基

位于第Ⅲ发掘区的中北部，分布在ⅢT4及其扩方内。开口于第1层下，距地表30～70厘米，被ⅢH2、ⅢH3、ⅢH55、ⅢH56、ⅢH57及ⅢF3打破，ⅢF2（庙址）建在其上，西部被搞农田基本建设破坏掉一部分，为了保存遗迹，未挖到生土，方向180°。平面呈"凸"字形，由走道、台基两部分组成。走道位于台基前端（只清理一部分），呈斜坡状，北部较高，南部较低。清理长50～170、高50～80厘米，东西两侧壁用石块和砖块包砌，与前壁相接。台基平面呈长方形，南北两侧保存较好，东侧已坍塌，南北长24.6、东西宽18.4、高0.8～1.5米。台基以北边保存最好，外侧用砖墙包着，砖墙宽60厘米，用长41.5、宽20.5、厚7厘米的青砖交错平砌，白灰坐浆，红泥填缝，因遭破坏，只存局部；南边用石块和碎砖垒砌，东半部保存较好，西半部因破坏荡然无存；东西两侧迹象不清。整个台基土筑夯打而成，为黄黏土和灰花土，质地坚硬，夯层厚16～20、夯窝直径8～10厘米，平面交错排列。在其上筑有柱础的础基，共发现14个（编号为ZC1～ZC14），其中在ZC3、ZC7上各置一块柱础石，呈方形，边长100厘米。大体分为长方形和方形两种，可分为三排（由东向西或由西向东均可）。皆土筑夯打而成，夯土较纯，质地坚硬，从断面上看，夯层厚10～12、夯窝直径8～10厘米。下面由东向西、由北向南分述如下：

ZC1　位于建筑台基东北部，平面呈"凹"字形，长、宽均为260厘米，其西南角有一圆形浅坑，直径80、深25厘米。

ZC2　位于ZC1南侧，平面呈梯形，东边宽200厘米，西边宽250厘米，东西长235厘米。

ZC3　位于ZC2南4.5米，平面呈圆角长方形，南北长330、东西宽300厘米。其上置一块边长95、厚约50厘米的柱础石。

ZC4　位于台基东南部，平面呈长方形，东西长370、南北宽230厘米。

ZC5　位于台基的北中部，东西两侧与ZC1、ZC9对称，平面近方形，边长260厘米。

ZC6　位于ZC5南侧，东西两侧与ZC2、ZC10对称，平面呈圆角方形，边长285厘米。

ZC7　位于ZC6南4.3米，东侧与ZC3对称，平面呈圆角方形，南北长320、东西宽300厘米。其上置一柱础石，平面呈方形，边长100、厚约50厘米，上面筑有圆形柱台，直径60、高8厘米。在台面阴刻"大"字。

ZC8　位于台基南中部，东西两侧与ZC4、ZC13对称，平面呈圆角长方形，东西长215、南北宽240厘米。

ZC9　位于台基西北部，平面呈圆角方形，边长265厘米。

ZC10　位于ZC9南侧，平面呈圆角方形，边长240厘米。

ZC11　位于台基西中部，平面呈长方形，东西长220、南北宽200厘米。

ZC12　位于ZC11南侧，平面近圆角方形，东西长250、南北宽240厘米。

ZC13　位于台基西南部，平面呈圆角长方形，东西长230、南北宽200厘米。

ZC14　位于台基西南边缘，平面呈圆角长方形，东西长235、南北宽140厘米。其上堆积灰花土，土质较松散，夹有大量的建筑构件、佛像残件，含有少量的陶片、瓷片等（图二五九；图版一〇，2）。

2）房址

ⅢF1　位于发掘区的中北部，分布在ⅢT1、ⅢT2两个探方内。开口于第1层下，距地表20～30厘米，建在第2层堆积之上。总体平面呈长方形，长11.2、宽8.2米。面积约92平方米。墙壁残存高15～30厘米，墙壁用土坯垒砌而成，厚55～65厘米，内侧抹草拌泥后，其上抹白面，厚0.2～0.3厘米，在白灰上绘有图案，底部用红色，上部用黑色绘制，因脱落只存局部；房前廊檐宽150厘米，地面用青砖交错平铺，因遭破坏，只存局部；廊檐前端的垫土硬面略呈斜坡状，厚8～12厘米，方向180°。

该房址为一进两开三居室结构，可分为东、中、西三室。东室进深7.2米，宽3.2米，因遭破坏只存墙壁、前半部分的土炕，土炕位于房内前部和东部，平面呈"L"形，前宽110、

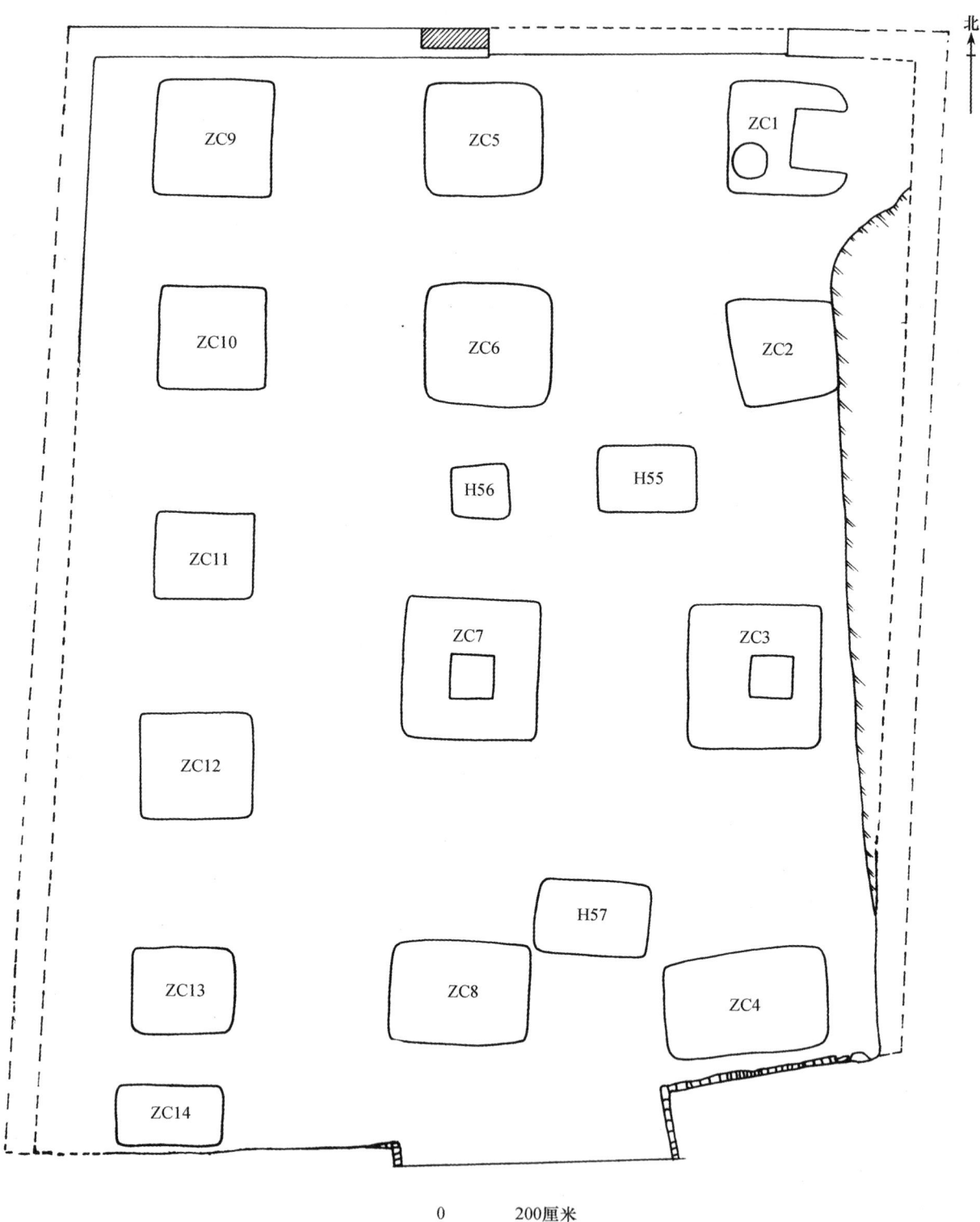

图二五九　Ⅲ区建筑台基平面图

东宽120厘米，因遭破坏，北半部残，炕洞呈"L"形四火道，用土坯建成局部夹有砖块，宽10~20、深8~15厘米，因遭破坏，烟洞不清；灶台位于前炕和东炕的拐角处，呈长方形，用土坯筑就，长85、宽60、高15厘米；其上设一长方形灶坑，长40、宽20、深15厘米。与中室相接的隔墙宽20、残高15厘米，用土坯砌筑，只存前半部分；在墙上设一烟道，与中室的地灶连接。中室宽345厘米，前壁残，在西壁近门道锄设两个地灶，编号Z1~Z3。Z1位于前端，呈长方形，周壁用砖立砌成，底部铺石板，长60、宽50、深35厘米；烟道位于西间的隔墙上，与西间的灶相连接。Z2位于Z1北侧，筑法与Z1相同，长45、宽35、深40厘米。Z3位于中室东南部，筑法与Z1相同，长65、宽50、深28厘米，烟道与东室的炕洞连接。西室宽290厘米，可分为两隔间，居室进深585厘米，室内设有前炕和西炕，前炕宽180、高20厘米，三烟道，呈"L"形，用土坯筑就，宽10~20、深18~20厘米，灶台位于炕的东北角，因破坏只存部分，在灶台的北端设一浅坑，近椭圆形，南北115、东西宽65、深25厘米，在坑边置一方砖和长砖的走道。西炕宽140、南北长260、高30厘米，由土台和炕洞组成，炕洞为四烟道"川"字形，宽10~20、深15~20厘米；灶坑位于炕的西北部，圆形，直径45、深15厘米，灶台前端为工作间，呈椭圆形。东西长115、南北宽60、深20厘米。烟道位于西墙前端，也就是前炕与西炕的交界处，方形，边长20、深30厘米。与后室的隔墙宽25、残存高30厘米，用土坯筑就。后室进深270厘米。房内堆积为灰花土，土质较松软，夹杂大量的白灰渣、砖瓦残块、小石块、木炭粒等杂物等，含有少量的陶片、瓷片及大量的建筑构件。出土物可辨器型有铜器盖、铁刀、铁镰刀、铁剪、铁钉、石纺轮、陶瓶、瓷碗、瓷盏、瓷盆等；建筑构件有瓦当、滴水、筒瓦、板瓦、方砖、长砖和脊饰件残块（图二六〇；图版一一）。

出土器物有陶器、瓷器、铜器、铁器等。

陶器 有瓶、炉、纺轮、建筑构件等。

瓶 1件。标本ⅢF1：8，细泥黑陶。花式口，细颈，鼓肩，瘦腹，花式形底座，平底，底部留有旋削痕迹。颈、肩交界处饰凸弦纹一周，通体素面磨光。口径9.1、底径10、通高24.4厘米（图二六一，10；图版三三，3）。

炉 1件。标本ⅢF1：21，细泥灰黑陶。盖面呈形，中心有一圆形凹坑，剖面呈亚腰形，火门近椭圆形，平底略内凹，底部留有旋削痕迹。盖面素面磨光，以下素面抹光。火门宽8、高6.4、直径23、底径15、高10.6厘米（图二六一，1）。

纺轮 1件。标本ⅢF1：70，泥质灰陶，模制。呈圆锥状，上端较平，中心钻孔，饰纵向沟纹。孔径1、底径4.8、高2.8厘米（图二六一，12）。

建筑构件有长条砖、方砖、筒瓦、板瓦、滴水、瓦当、鸱吻等。

长条砖 1件。标本ⅢF1：76，灰色，一侧素面，一侧印"五"字。残半。残长24、宽18.8、厚7.2厘米（图二六二，4）。

方砖 1件。标本ⅢF1：20，灰色。一侧素面，一侧为沟纹。边长34、厚5厘米（图二六二，1）。

筒瓦 9件。标本ⅢF1：29，泥质灰陶。带瓦当，横截面呈半圆形，子母口，圆头，咬

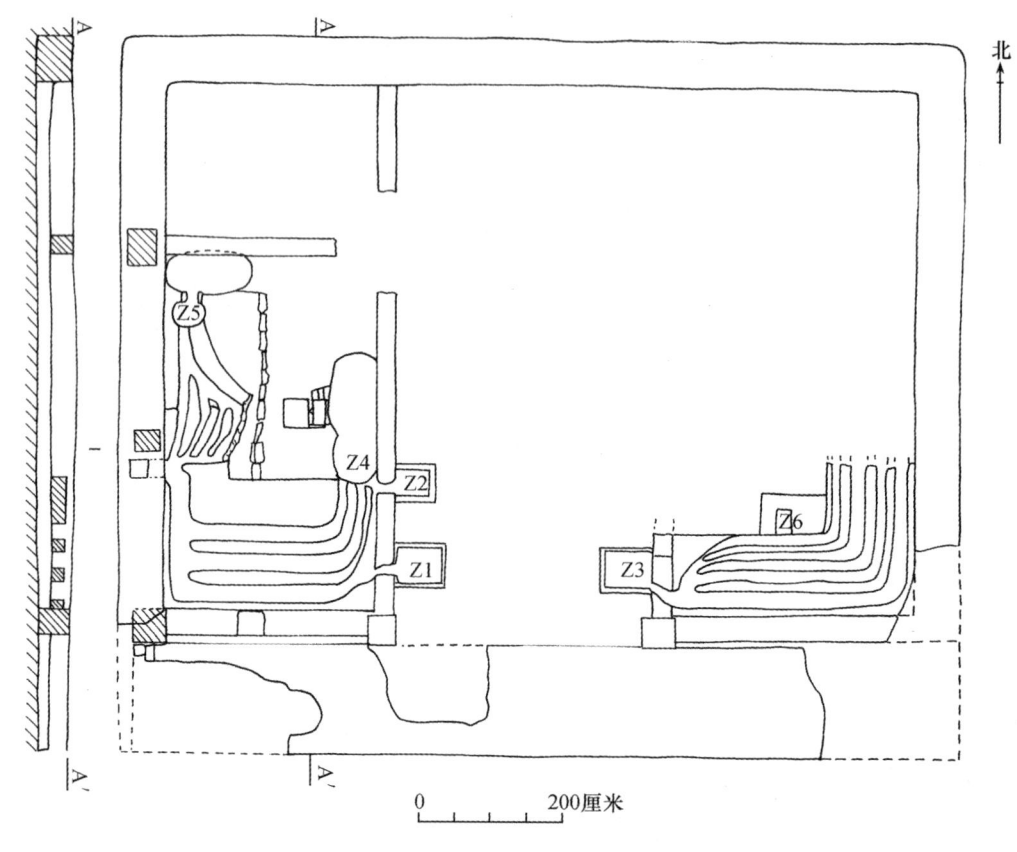

图二六〇　ⅢF1平、剖面图

合面较短。瓦背素面抹光，内壁饰布纹，两侧有刀削痕。直径17.2、长37.4、厚3.2厘米（图二六三，1）。标本ⅢF1：30，残，泥质红陶，外表涂白衣，带瓦当。直径17、残长19.2、厚3.2厘米（图二六三，8）。标本ⅢF1：44、标本ⅢF1：45形制相同，灰色。横截面呈半圆形，子母口，圆头，咬合面较短。瓦背素面抹光，内壁饰布纹，两侧有打琢疤痕。标本ⅢF1：44，直径16.4、长36.6、厚2.8厘米（图二六三，3）。标本ⅢF1：45，直径16.8、长36.6、厚2.4厘米（图二六三，6）。

板瓦　5件。形制相同，灰色。平面呈梯形，瓦背素面抹光，内壁饰布纹。标本ⅢF1：34，长37.6、顶宽21、底宽25.2、厚2.4厘米（图二六三，2）。标本ⅢF1：35，长36、顶宽20、底宽22.4、厚2厘米（图二六三，5）。

滴水　7件。标本ⅢF1：54，残，泥质灰陶。下侧作波浪纹，内施锯齿纹（图二六二，8）。标本ⅢF1：36，泥质灰陶。下侧作波浪纹，内施两排凸弦纹间夹压印纹（图二六三，7）。标本ⅢF1：53（图二六三，9）。形制相同，灰色。下侧作波浪纹，内施两排压印纹，呈"人"字形排列。标本ⅢF1：57（图二六三，4）。

莲籽纹瓦当　1件。标本ⅢF1：63，残半，泥质灰陶。以单环线将当面划分为内外区。内区当心饰犄角式莲籽纹；外区饰一排莲蕾纹，凸棱纹与边缘相间隔。边轮宽2.2、当厚1.4厘米

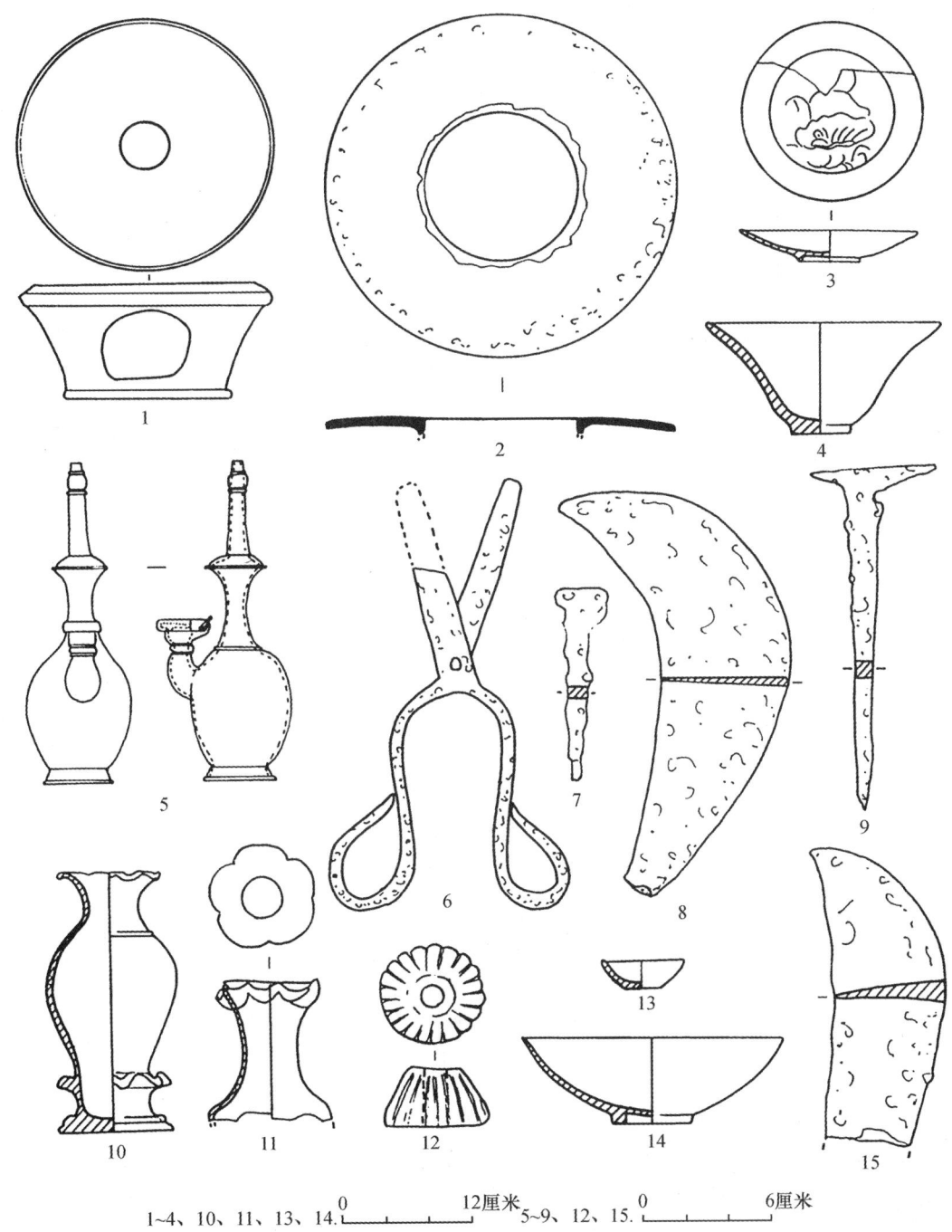

图二六一　ⅢF1出土器物

1. 陶炉（ⅢF1:21）　2. 铜器盖（ⅢF1:83）　3. 瓷盘（ⅢF1:4）　4. 油滴碗（ⅢF1:69）　5. 铜净瓶（ⅢF1:82）
6. 铁剪（ⅢF1:73）　7、9. 铁钉（ⅢF1:75-2、ⅢF1:75-1）　8、15. 铁镰刀（ⅢF1:71、ⅢF1:72）　10. 陶瓶（ⅢF1:8）
11. 瓷瓶（ⅢF1:5）　12. 陶纺轮（ⅢF1:70）　13. 瓷盏（ⅢF1:67）　14. 瓷碗（ⅢF1:68）

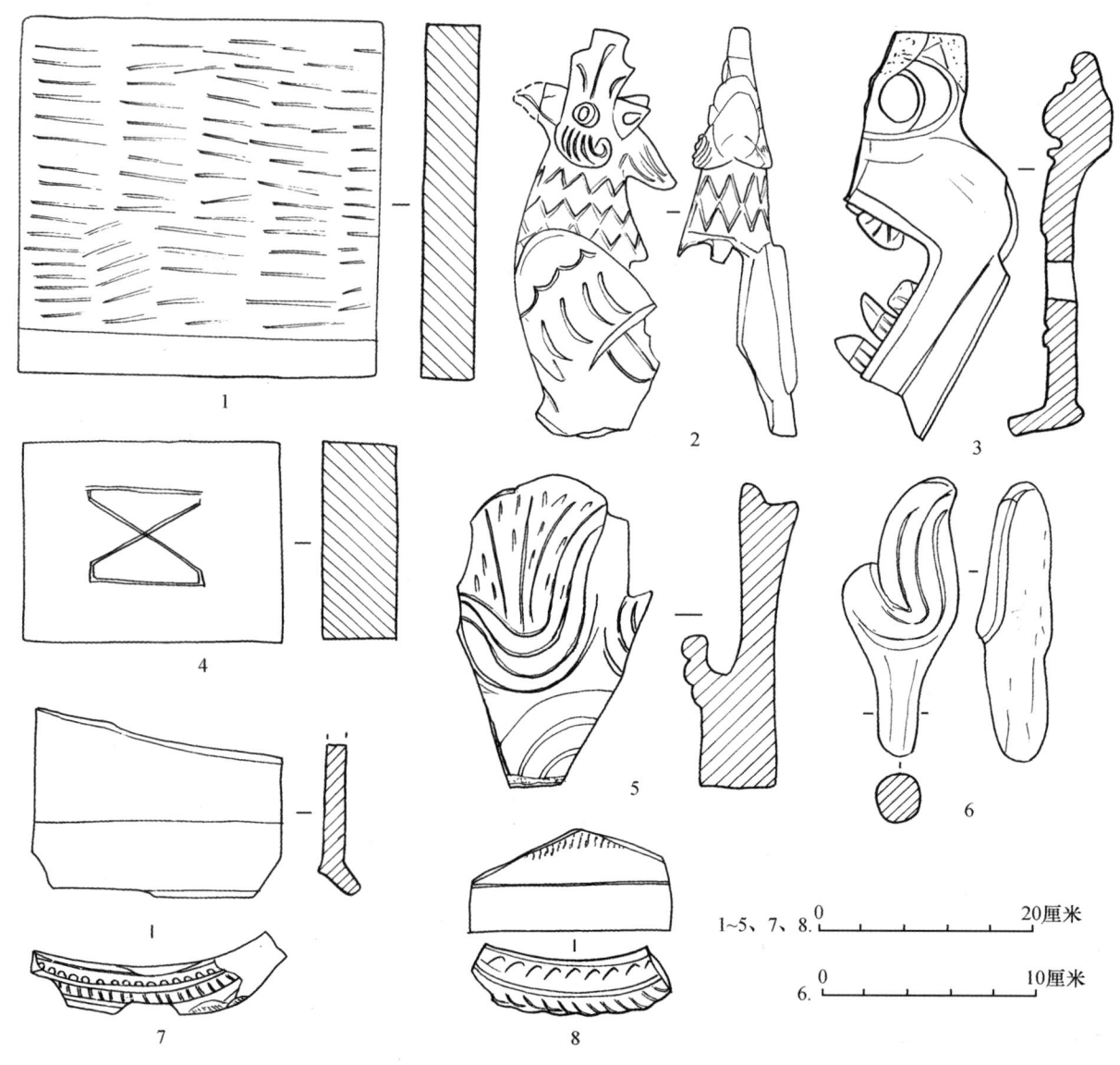

图二六二　ⅢF1出土器物
1、4. 砖（ⅢF1：20、ⅢF1：76）　2、3、5、6. 鸱吻（ⅢF1：16、ⅢF1：47、ⅢF1：80、ⅢF1：7）
7、8. 滴水（ⅢF1：56、ⅢF1：54）

（图二六四，5）。

兽面纹瓦当　16件。标本ⅢF1：2，泥质灰陶。当面扁平，兽头额骨微凸，颧骨较高，吊角形双耳，圆眼，粗眉，蒜头鼻，鼻孔较大，嘴呈元宝形，口露獠牙及小牙，颌须外卷呈"八"字形，鬃毛与鬓毛短而直额部印一阳文"王"字。直径16.5、边轮宽2～2.5、当厚1厘米（图二六五，2）。标本ⅢF1：19，泥质灰陶，背接筒瓦。兽面外缘以刀切割成多边状，边轮较宽，当面凸起，圆球眼，粗眉上翘，蒜头鼻，鼻孔较大，长条形嘴，露獠牙，颌下两撇胡须外翻卷呈"八"字形。直径17、边轮宽3.5～4、当厚1.3厘米（图二六五，6）。标本ⅢF1：11，

图二六三　ⅢF1出土器物
1、3、6、8.筒瓦（ⅢF1：29、ⅢF1：44、ⅢF1：45、ⅢF1：30）　2、5.板瓦（ⅢF1：34、ⅢF1：35）
4、7、9.滴水（ⅢF1：57、ⅢF1：36、ⅢF1：53）

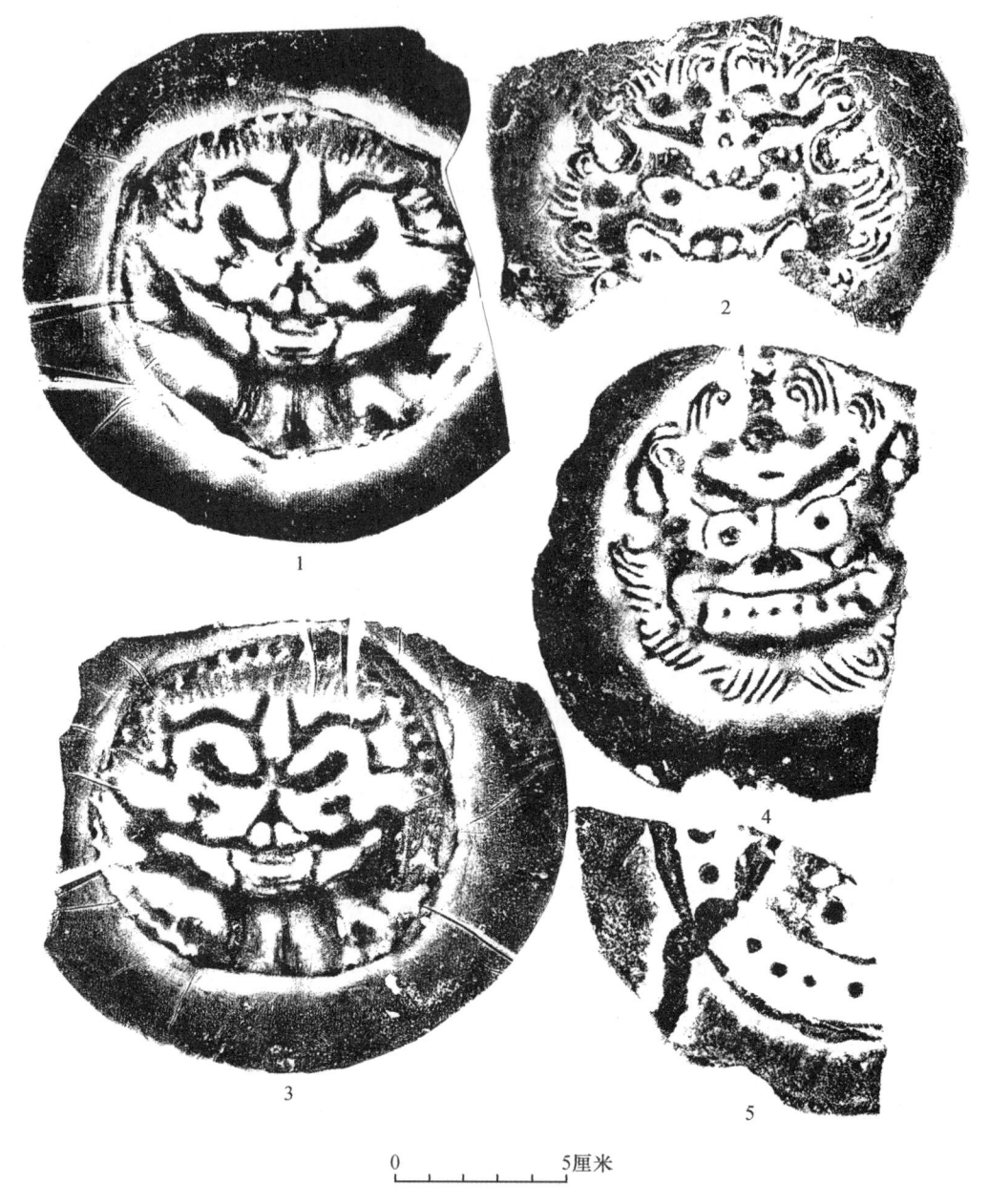

图二六四　ⅢF1出土瓦当
1. ⅢF1:23　2. ⅢF1:17　3. ⅢF1:24　4. ⅢF1:42　5. ⅢF1:63

稍残，泥质灰褐陶。当面微凸，双目大而圆，粗眉上挑，弯耳，三角形鼻，长条形嘴，内露獠牙。外缘饰联珠纹和凸棱纹。直径16、边轮宽1.1~1.9、当厚1厘米（图二六五，4）。标本ⅢF1:22，泥质灰褐陶，背接筒瓦。兽面外缘以刀切割成多边状，边轮较宽，当面凸起，圆眼，弧形眉毛，有吊角小耳，蒜头鼻，鼻孔较大，舟形嘴，内露牙齿，颌下两撇胡须外卷呈"八"字形。直径16、边轮宽3、当厚1.4厘米（图二六五，1）。标本ⅢF1:24，稍残，泥质灰陶。当面微凸，双目圆而小，粗眉内侧向上翘，弯耳，额头上发毛呈火焰状，蒜头形鼻，有鼻孔，舟形嘴，露舌，颌下胡须细密向外卷，外缘饰一周联珠纹。直径17、边轮宽3、当厚1.2厘米（图二六四，3）。标本ⅢF1：23，稍残，泥质灰陶。当面纹饰同ⅢF1：24。直径16、边轮宽2.5、当厚1.2厘米（图二六四，1）。标本ⅢF1：14，形制同ⅢF1：23。直径16、边轮宽3～3.5、当厚1.1厘米（图二六五，5）。标本ⅢF1：15，泥质灰陶。当面微凸，圆眼，呈豆状，眉毛横置，两侧有卷曲状鬓毛，上为吊角形双耳，额头上印一阳文"王"字，蒜头形鼻，有鼻孔，舟形嘴，内露獠牙，口角上有胡须，颌下胡须向外撇，外缘饰一周联珠纹。直径16、当厚1.2厘米（图二六五，3）。标本ⅢF1：42，泥质灰陶。当面扁平，以单线勾勒眼框，圆眼，粗眉上挑，嘴略呈长方形，兽面环饰鬓毛，鬓毛稀疏，参差不齐。直径15、边轮宽3、当厚1.4厘米（图二六四，4）。标本ⅢF1：17，残，泥质灰陶。当面凸起，双目圆而大，粗眉向上翘，双耳竖起，额骨凸起，蒜头鼻，兽面环饰卷曲的鬓毛、鬓毛。直径14、当厚1.2厘米（图二六四，2）。

鸱吻　4件。标本ⅢF1：47，龙头，青灰色。张嘴，外露虎牙。残长37厘米（图二六二，3）。标本ⅢF1：80，龙耳构件。青灰色。残长30、宽18、厚6.6厘米（图二六二，5）。标本ⅢF1：16，凤鸟纹脊饰件。黑色。残高38厘米（图二六二，2）。标本ⅢF1：7，饰件。灰色，模制。长13.2厘米（图二六二，6）。

瓷器　有瓶、碗、盘、盏等。

瓶　1件。标本ⅢF1：5，花式口，细长颈，弧肩，以下残。灰褐色胎，颗粒较粗，夹细砂，施黑釉。口径10、残高12.4厘米（图二六一，11）。

碗　1件。标本ⅢF1：68，敞口，圆唇，斜弧腹，圈足，挖掘过肩。白灰胎较细，先涂白色化妆土，施白釉，釉色泛青，内、外壁施满釉，足壁露胎，内底有12个较大的支钉疤痕。口径24.6、底径7.5、高10厘米（图二六一，14）。

油滴碗　1件。标本ⅢF1：69，喇叭口，圆唇，下腹折收，假圈足。灰胎较粗，施黑釉，釉面有坑点纹，散布有"油滴"斑迹；外壁施釉不及底，有蜡泪痕，露胎处涂黑色陶衣。口径21.8、底径5.8、高10.4厘米（图二六一，4）。

盘　1件。标本ⅢF1：4，侈沿，芒口，尖圆唇，浅腹，矮圈足。白胎细腻，器壁较薄。乳白釉，釉色光润，有蜡泪痕。内壁饰一周弦纹，刻牡丹纹图案，圈足内饰弦纹二周（定窑系产品）。口径16.8、底径5.6、高2.9厘米（图二六一，3）。

盏　1件。标本ⅢF1：67，敞口，圆唇，斜弧腹，平底。灰白色粗胎，内壁施黑釉，外壁露胎。口径7.5、底径3.4、高2.5厘米（图二六一，13）。

铜器　有净瓶、器盖。

净瓶　标本ⅢF1：82。小口，细长颈，颈中部有覆钵式相轮，弧肩，鼓腹，喇叭形器座外撇。器肩一侧铸弯流，流上有扣形盖，以铁轴衔接。颈上部饰两周凸弦纹，肩、流部各饰一周凸弦纹。口径1、腹径4.6、底径3.4、通高15厘米（图二六一，5）。

器盖　1件。标本ⅢF1：83，浇铸。玉璧状，外径32、内径14、厚0.8厘米（图二六一，2）。

图二六五　ⅢF1出土瓦当
1. ⅢF1:22　2. ⅢF1:2　3. ⅢF1:15　4. ⅢF1:11　5. ⅢF1:14　6. ⅢF1:19

铁器　有剪刀、镰刀、铁钉等。

剪刀　1件。标本ⅢF1∶73，一刃残半。两股呈交叉形，柄剖面呈圆形。通长20.4、刃长9厘米（图二六一，6）。

镰刀　2件。标本ⅢF1∶72，呈月形，弧背较厚，到刃部递减，凹刃，锋利。残长13.6、宽5厘米（图二六一，15）。标本ⅢF1∶71，弧刃，锋利。残长19、宽6.4厘米（图二六一，8）。

铁钉　22件。标本ⅢF1∶75-1，钉头较长，呈"一"字形，钉身截面呈四边形，近尖部作尖圆状。长16.2厘米（图二六一，9）。标本ⅢF1∶75-2，钉头较短，呈方形，钉身截面呈四边形，近尖部作尖圆状。长9厘米（图二六一，7）。

ⅢF2　位于ⅢT4及其扩方内。开口于第1层下，距地表深70厘米，被ⅢH57打破，打破ⅢH55，建在1号台基上。总体平面呈"凸"字形，由门道、前、后室组成，墙壁用土坯垒砌，因遭破坏只存局部，残存高10、宽50厘米，方向180°。

门道位于前室南侧，平面呈长条形，长340、宽115厘米，两侧墙壁荡然无存，只存白灰地面，在地面上墨绘10朵莲花，分东西两排，每排5朵，两两相对称，直径25厘米。前室平面近方形，东西长370、南北宽400厘米，白灰地面上墨绘16朵莲花，南北、东西皆4排，每排4朵，直径70厘米；在其近后壁墨绘2朵莲花，形体较小，直径25厘米，均以房址的纵轴线为对称。后室进深215、间宽230厘米，地面白灰面已剥落，在房内中线偏后，设一长方形建筑，东西长110、南北宽75厘米，因坍塌与地面相平。根据房址的建筑结构、平面布局以及出土物分析，该房址应为当时的庙址，后室的长方形建筑应为当时的佛台遗迹。房内堆积为黑色花土，土质较松软，夹有大量的白灰渣、木炭粒、建筑废弃物等（图二六六）。

佛像　1件。标本ⅢF2∶11，模制。头部残，残高5厘米（图二六七，9）。

发饰　1件。模制。标本ⅢF2∶6，长5、宽4厘米（图二六七，7）。

冠饰　3件。形制相同，皆为模制。标本ⅢF2∶8，高8.5厘米（图二六七，1）。标本ⅢF2∶9，高6.4厘米（图二六七，3）。标本ⅢF2∶7，残高6.5厘米（图二六七，2）。

扣饰　4件。皆为模制。标本ⅢF2∶14，中心乳突，外饰莲花纹。直径5.4、厚1.7厘米（图二六七，5）。标本ⅢF2∶15，中心乳突，外饰勾云纹。直径3.5、厚2.6厘米（图二六七，12）。标本ⅢF2∶16，中心乳突扁平，外饰联珠纹。直径3.5、厚1.2厘米（图二六七，8）。标本ⅢF2∶17，稍残，中心乳突扁平，外饰联珠纹。直径3.8、厚1.7厘米（图二六七，10）。

衣饰　2件。皆为模制。标本ⅢF2∶10，残。平面呈菱形，中心乳突扁平，与联珠纹组成花蕊，外饰花草纹。边长6.6、厚2厘米（图二六七，14）。标本ⅢF2∶12，残。平面呈菱形，中心乳突扁平，与联珠纹组成花蕊，外饰花草纹。边残长4.2、厚1.8厘米（图二六七，15）。

佛手　1件。标本ⅢF2∶5，残。残长6.6、宽3.5、厚2.8厘米（图二六七，6）。

手指　2件。标本ⅢF2∶4，残。残长8.6厘米（图二六七，4）。标本ⅢF2∶3，残。残长7.6厘米（图二六七，11）。

屋饰　1件。标本ⅢF2∶2，残，夹砂红褐陶。绘制彩绘图案。残长11、宽10.4、厚5.6厘米（图二六七，16）。

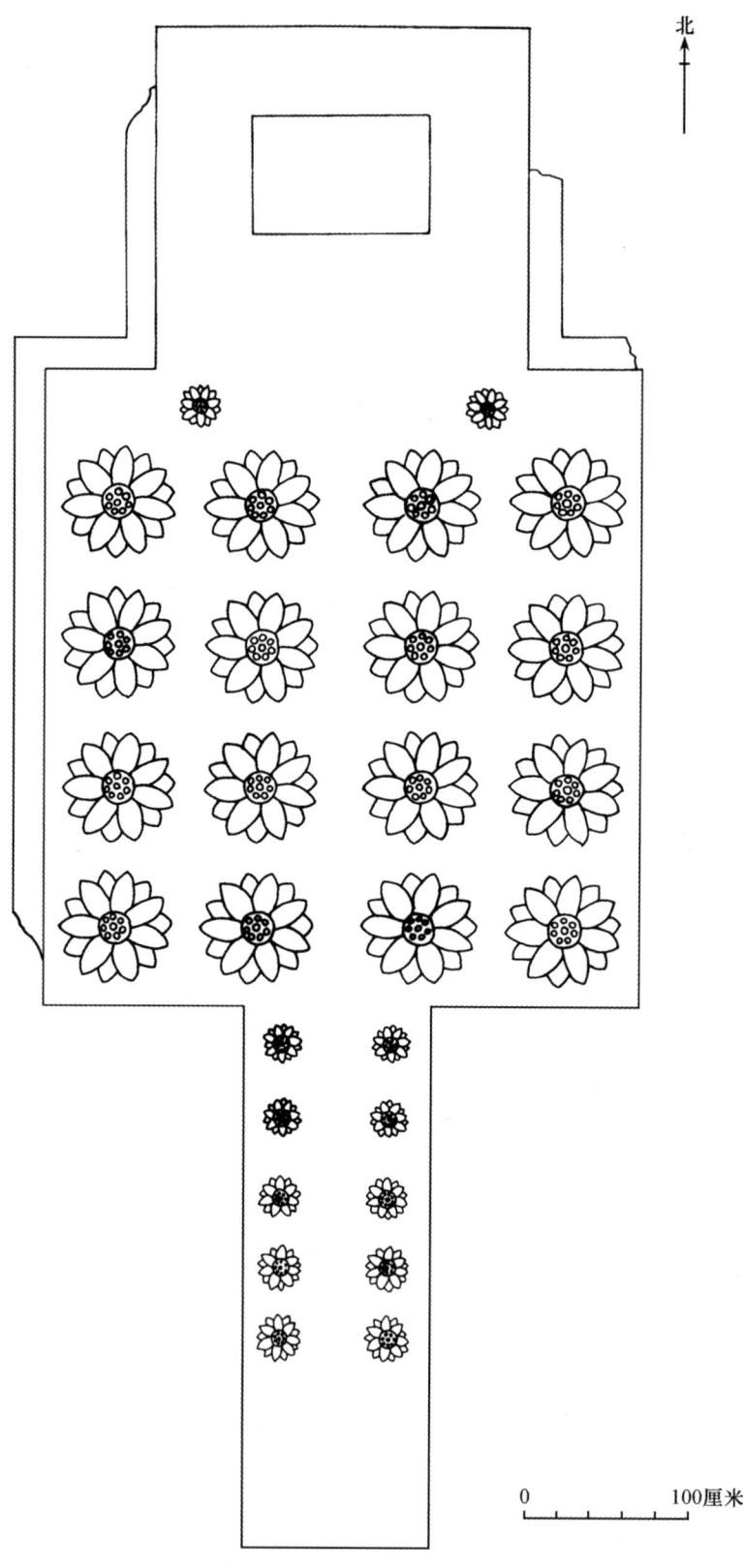

图二六六　ⅢF2平面图

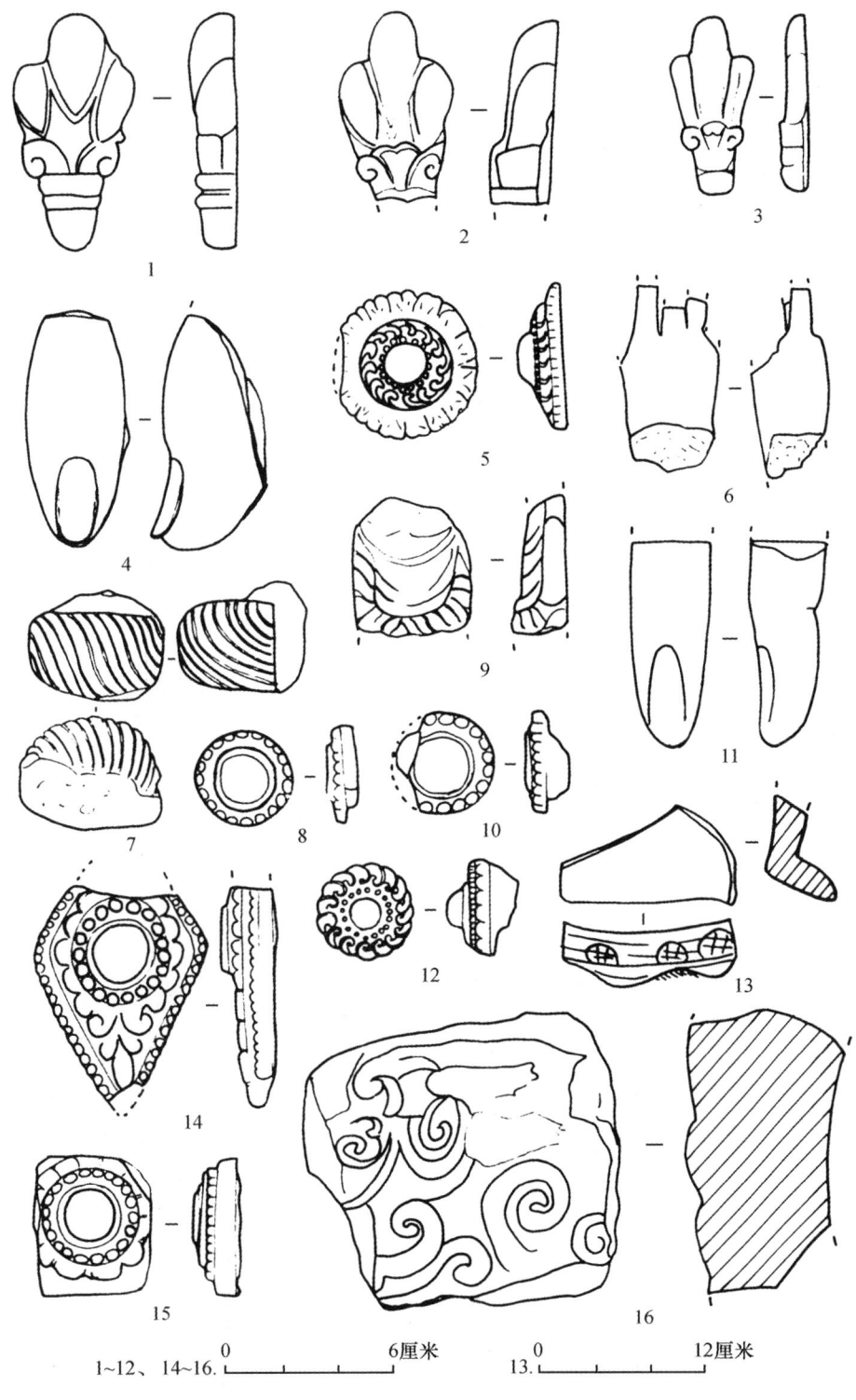

图二六七　ⅢF2出土器物

1~3.冠饰（ⅢF2：8、ⅢF2：7、ⅢF2：9）　4、11.手指（ⅢF2：4、ⅢF2：3）
5、8、10、12.扣饰（ⅢF2：14、ⅢF2：16、ⅢF2：17、ⅢF2：15）　6.佛手（ⅢF2：5）　7.发饰（ⅢF2：6）
9.佛像（ⅢF2：11）　13.滴水（ⅢF2：1）　14、15.衣饰（ⅢF2：10、ⅢF2：12）　16.屋饰（ⅢF2：2）

滴水 1件。标本ⅢF2：1，残，泥质灰陶。下侧作波浪纹，内施凸弦纹间夹几何纹（图二六七，13）。

ⅢF3 位于ⅢT4及其扩方内。开口于第1层下，距地表深20厘米，打破建筑台基及生土层，方向180°。因遭破坏，只存灶台和火炕，炕长250、宽120、高30厘米，用石块与砖块筑就。炕洞平面呈"L"形。三烟道，用石块、砖块筑就，宽20~30、深30厘米，顶部用石板（砂岩）封盖，因遭破坏，只存局部；烟道位于炕的东北部，呈方形，边长30、深35厘米；灶台位于炕的西南部，呈长方形，长100、宽80、高30厘米，用石块筑就，前端已坍塌。灶坑位于炕的前端，呈圆形，直径40、深30厘米，在灶坑后壁，留有2个火眼与炕洞相接，在坑底部置一瓷罐，上置陶碗。房内堆积灰褐色花土，土质较松散，内含遗物较少（图二六八；图版一二，1）。

出土遗物 有陶器、瓷器、铁器、石器等。

陶器 有碗、纺轮、瓦当等。

碗 1件。标本ⅢF3：1，泥质灰陶，轮制，烧制火候较高。直口略外侈，圆唇，弧壁，饼足。通体素面抹光，上腹抹痕清晰可辨，足壁饰弦纹一周。口径14、底径5.8、高6厘米（图二六九，3）。

纺轮 1件。标本ⅢF3：15，残半。用釉陶器底磨制而成，圆形，中心钻孔，单钻。孔径0.6~0.65、直径7、厚0.6~1厘米（图二六九，5）。

瓦当 1件。莲籽纹。标本ⅢF3：5，残半，泥质灰陶。以单环线将当面划分为内外区。内区当心饰犄角式莲籽纹；外区饰一排莲蕾纹，凸棱纹与边缘相间隔。边轮宽2.2、当厚1.4厘米（图二七〇）。

瓷器 有双系罐

双系罐 2件。标本ⅢF3：2，直口略外侈，折唇，矮领，鼓腹，下腹弧收，圈足略外撇，挖掘过肩，足内可见旋削痕，肩部附贴对称双系。淡黄色粗胎，内壁施满釉，外壁先涂白色化妆土，施白釉，釉色泛黄，有蜡泪痕，下腹露胎。双系涂褐彩，肩、腹各饰褐色弦纹两周，皆为釉下彩。口径12、底径8、高11.6厘米（图二六九，4）。标本ⅢF3：4，口略外侈，折唇，矮领，圆腹，下腹弧收，圈足略外撇，足内可见旋削痕，肩部附贴对称双系。淡黄色粗胎，内壁施满釉，外壁先涂白色化妆土，施白釉，釉色泛黄，有蜡泪痕，下腹露胎。双系涂褐彩，肩、腹部饰褐色弦纹两周，皆为釉下彩，器表有烟炱。口径12.3、底径9、高14厘米（图二六九，1）。

铁器 仅有镰刀。

镰刀 1件。标本ⅢF3：3，呈月形，弧背较厚，到刃部递减，直刃略凹，锋利，右端与圆形銎体衔接。长20、宽6、銎长5、銎外径2.6、銎内径2.2厘米（图二六九，2）。

石器 仅有石碑。

石碑 1件。标本ⅢF3：16，碑体残块，青石制成。阴刻文字，竖读。现存刻文8行28字。第1行2字，"……□夫"；第2行3字，"……菩萨是"；第3行4字，"……□属故于"；第4

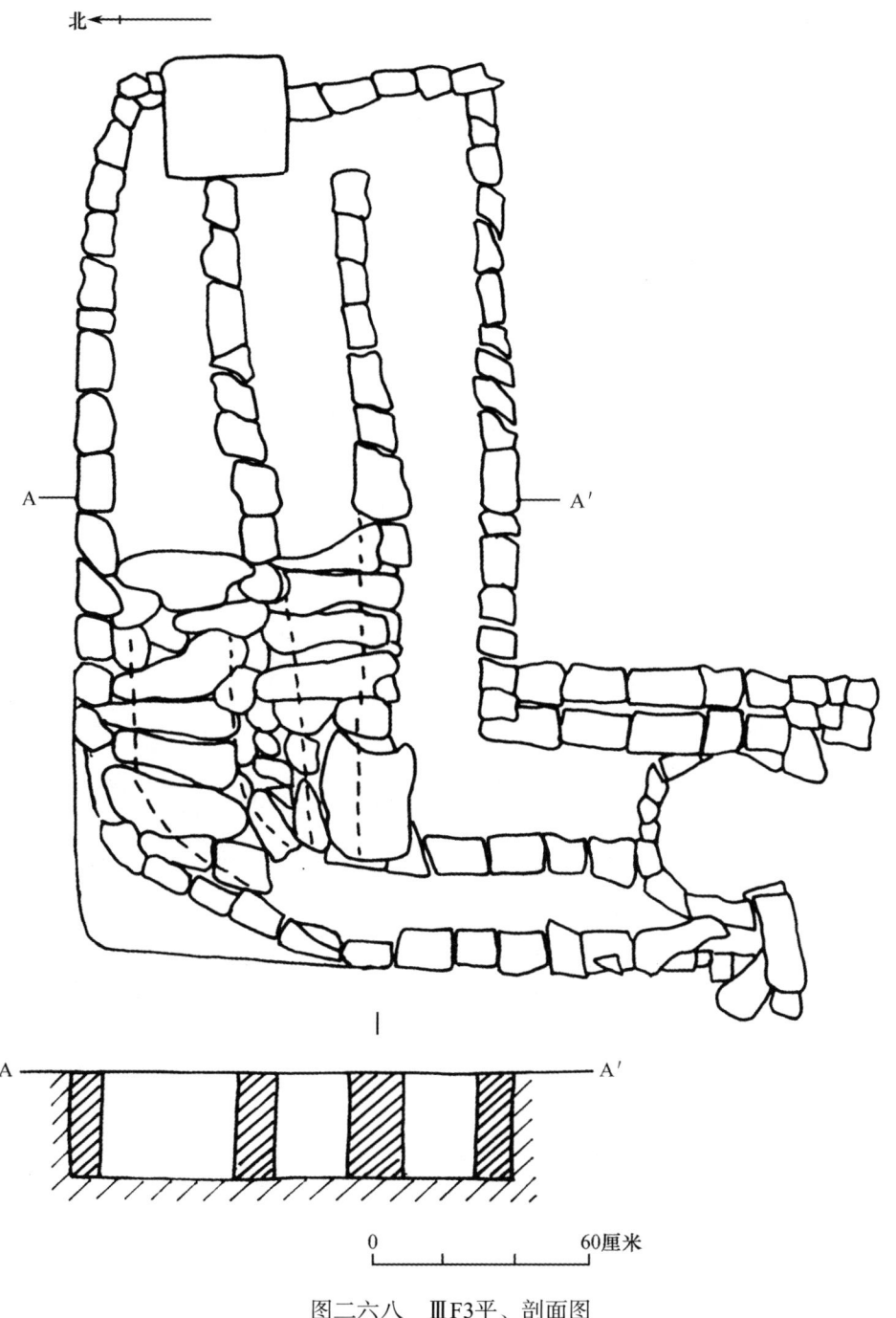

图二六八 ⅢF3平、剖面图

行4字,"……□菩萨乐";第5行4字"……□菩萨成";第6行4字,"……无量百千";第7行5字,"……□本□□不";第8行2字,"……□有……"。残长17、残宽12、厚11厘米(图二六九,6)。

3)灰坑

ⅢH2 位于ⅢT4的西北部,开口于第1层下,距地表深65厘米,打破1号台基。平面呈梯

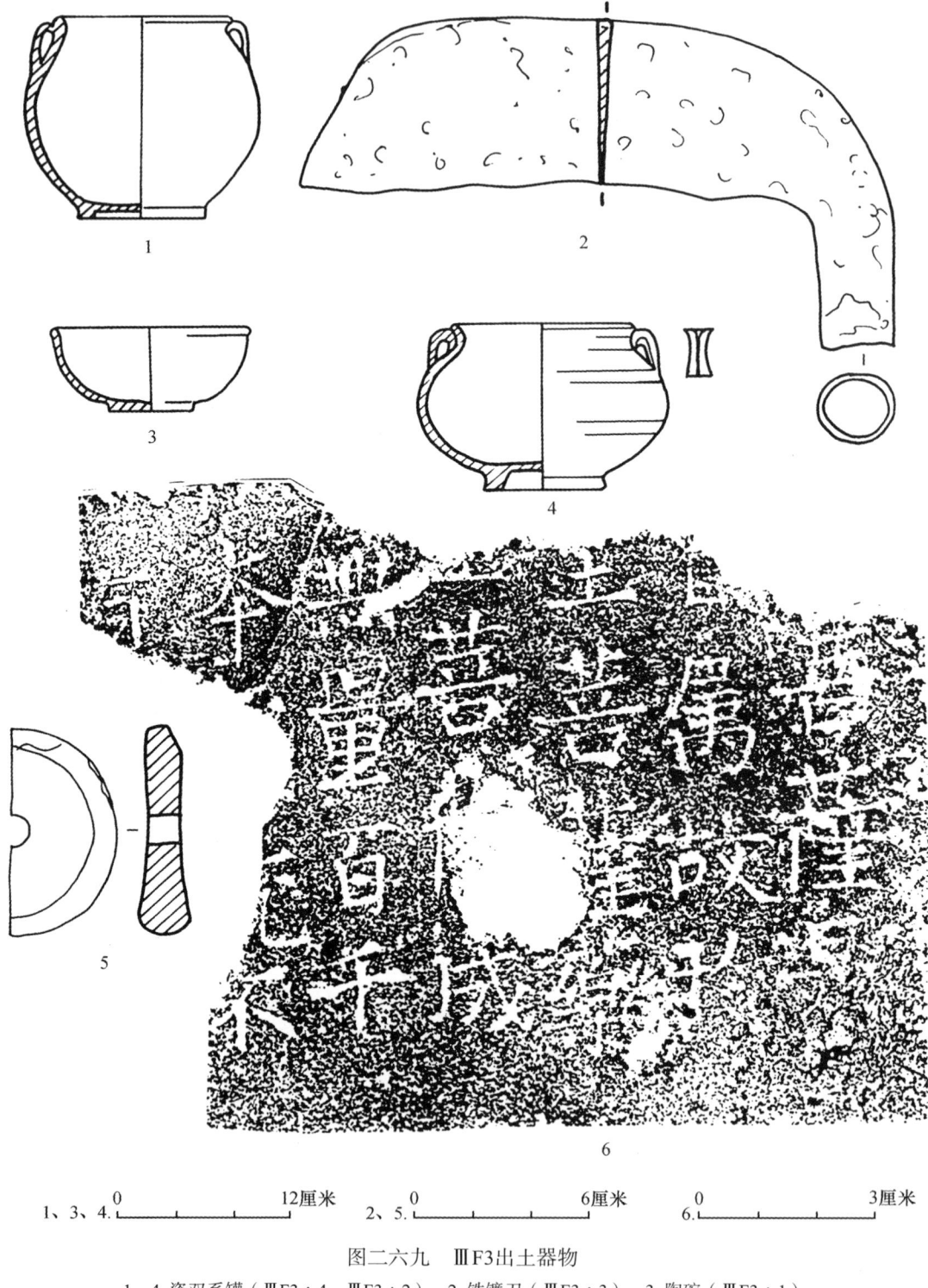

图二六九　ⅢF3出土器物
1、4. 瓷双系罐（ⅢF3：4、ⅢF3：2）　2. 铁镰刀（ⅢF3：3）　3. 陶碗（ⅢF3：1）
5. 陶纺轮（ⅢF3：15）　6. 石碑拓片（ⅢF3：16）

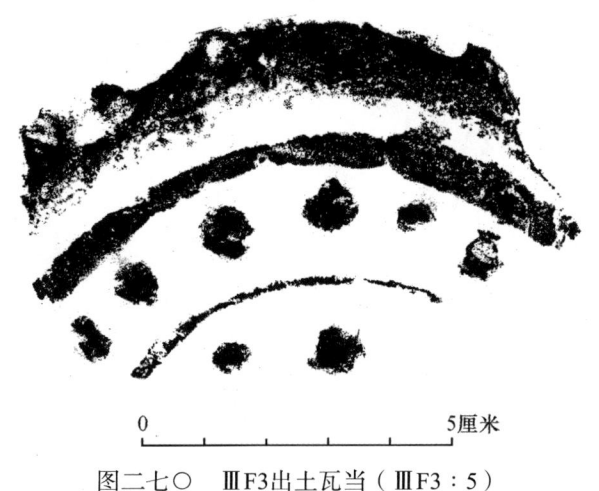

图二七〇　ⅢF3出土瓦当（ⅢF3：5）

形，坑口略大于坑底，斜壁不甚规整，留有铁锹挖掘痕迹，坑底凹凸不平。坑口长160、北端宽110、南端宽140、深70厘米。坑内填灰色花土，土质较疏松，夹有大量的白灰渣、木炭粒，含有少量的建筑构件、佛像残件、石器座、石碑等（图二七一）。

瓦当　1件。兽面纹。标本ⅢH2：3，泥质灰陶，稍残。当面微凸，双目圆而大，有眼皮，粗眉外端上翘，双耳竖起，额头上呈火焰状，鼻呈蒜头形，口呈长条形，两断略上翘，牙齿清晰可见，有对称的鬃毛和鬣毛，颌下胡须向两边翻卷呈"八"字形。直径13、当厚1.3厘米（图二七二）。

石器座　1件。标本ⅢH2：2，残半，砂岩雕刻而成。呈长方体，正面雕刻杂耍图案，两侧面雕刻凤鸟纹图案。长17.4、残宽11.4、高14.8厘米（图二七三，1）。

石碑　1件。标本ⅢH2：1，碑体残块，青石制成。阴刻文字，竖读。现存刻文6行28字。第1行3字，"……□□□……"；第2行4字，"……烧香缯□……"；第3行5字，"……敬是人一□……"；第4行5字，"……□供养而□……"；第5行5字"……□成就阿耨……"；第6行6字，"……□生愿生此门……"。残长12.5、残宽9、厚7厘米（图二七三，2）。

ⅢH3　位于ⅢT4的中北部，开口于第1层下，距地表深70厘米，打破1号台基。平面呈长方形，直壁不甚规整，坑底凹凸不平。长166、宽80、深70~100厘米。坑内填灰褐色花土，土质较疏松，夹有大量的白灰渣、木炭粒，含有少量的建筑构件、佛像残件、石刻残块等（图二七四）。

陶佛像　1件。标本ⅢH3：3，泥质灰陶，模制，残存头部。残高5.5厘米（图二七五，1）。

瓦当　1件。兽面纹。标本ⅢH3：2，泥质灰陶，稍残。当面扁平略内凹，小眼浓眉弯翘，舟形口，内露线形舌头，口角有胡须上翘，脸颊外侧以竖向勾连的"⌒"纹表示鬣毛，颌下胡须向外翻卷，外缘饰联珠纹一周。当背附接筒瓦，呈半圆形，外壁素面，内壁布纹。直径11、当厚1.5厘米（图二七六）。

石碑　1件。标本ⅢH3：1，碑体残块，青石制成。阴刻文字，竖读。现存刻文8行37字。第1行2字，"……□□……"；第2行3字，"……围绕□……"；第3行6字，"……□坦

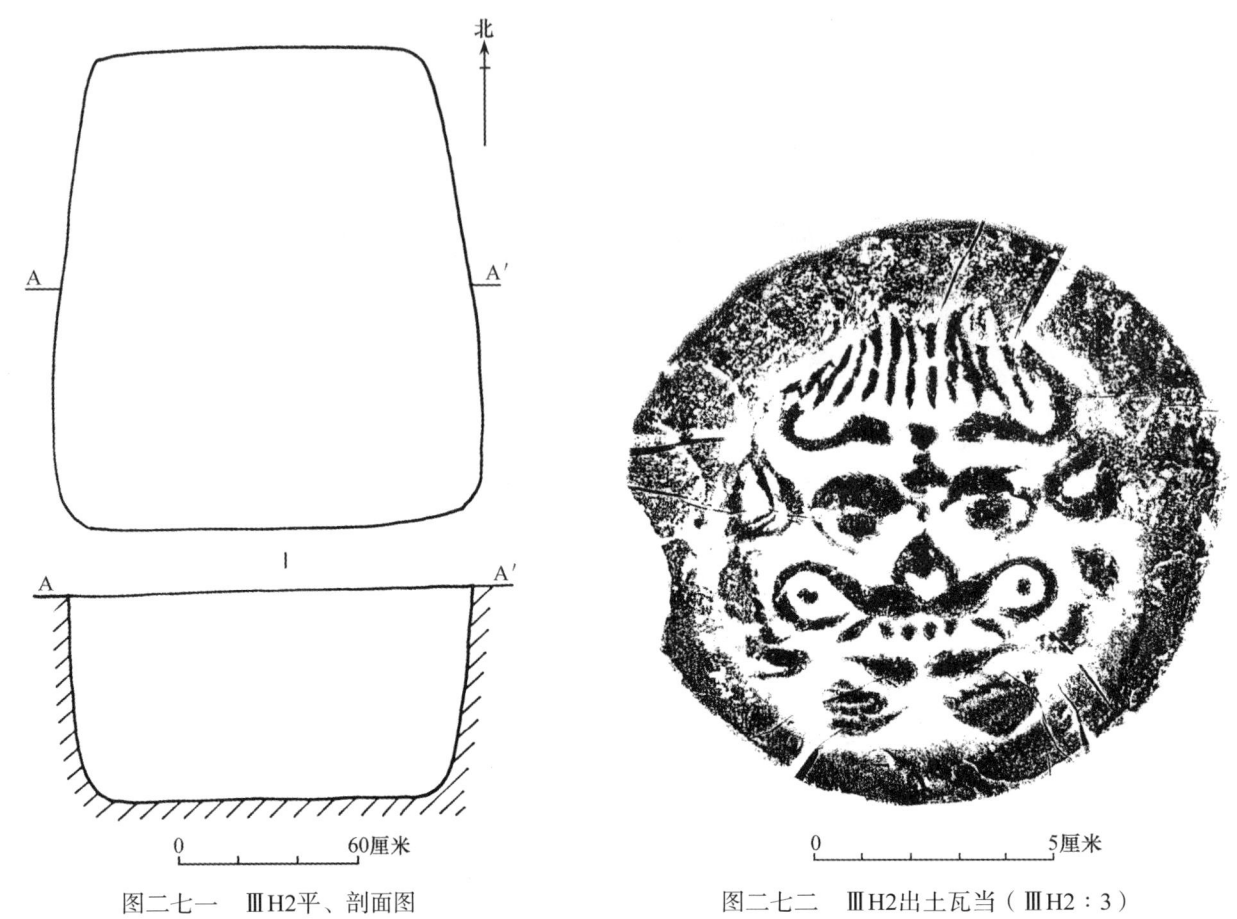

图二七一　ⅢH2平、剖面图　　　　图二七二　ⅢH2出土瓦当（ⅢH2：3）

然平正□……"；第4行6字，"……□行列诸台楼……"；第5行6字，"……萨众咸□？其中……"；第6行6字，"……□是为□？信□……"；第7行5字，"……□经而不□……"；第8行3字，"……□相□……"。残长17、残宽14、厚9厘米（图二七五，2）。

ⅢH5　位于ⅢT2的中部，东邻ⅢH17、ⅢH18，西邻ⅢH12，开口于第4层下，距地表深245厘米，打破第5层及生土层。平面呈圆形，直壁，平底。直径200、深155厘米。坑内堆积分两部分，坑口、周壁及底部为麦秸的炭化物，夹有较多的炭化小麦，皆为黑色，土质松散，厚20～50厘米，中部为谷物朽壳，呈黄灰色，质地疏松，含有少量的陶瓷片和动物骨骼等，出土器物器类有陶器、瓷器、骨器、石器；动物骨骼有狗、猪、牛等骨骼（图二七七；图版一二，2）。

出土器物有陶器、瓷器、石器、骨器等。

陶器　有盏、瓦当等。

盏　1件。标本ⅢH5：6，泥质灰褐陶。敞口，圆唇，弧腹。饼足外撇较甚。素面抹光。口径8、底径5.5、高2.8厘米（图二七八，7）。

瓦当　2件。标本ⅢH5：5，莲花纹。残，细泥黑陶。当面突起，边轮扁平磨光。当心饰乳突，与一周联珠纹组成花蕊，外饰六瓣宝装莲花与边轮间以单环弦纹、单环联珠纹为间隔。当

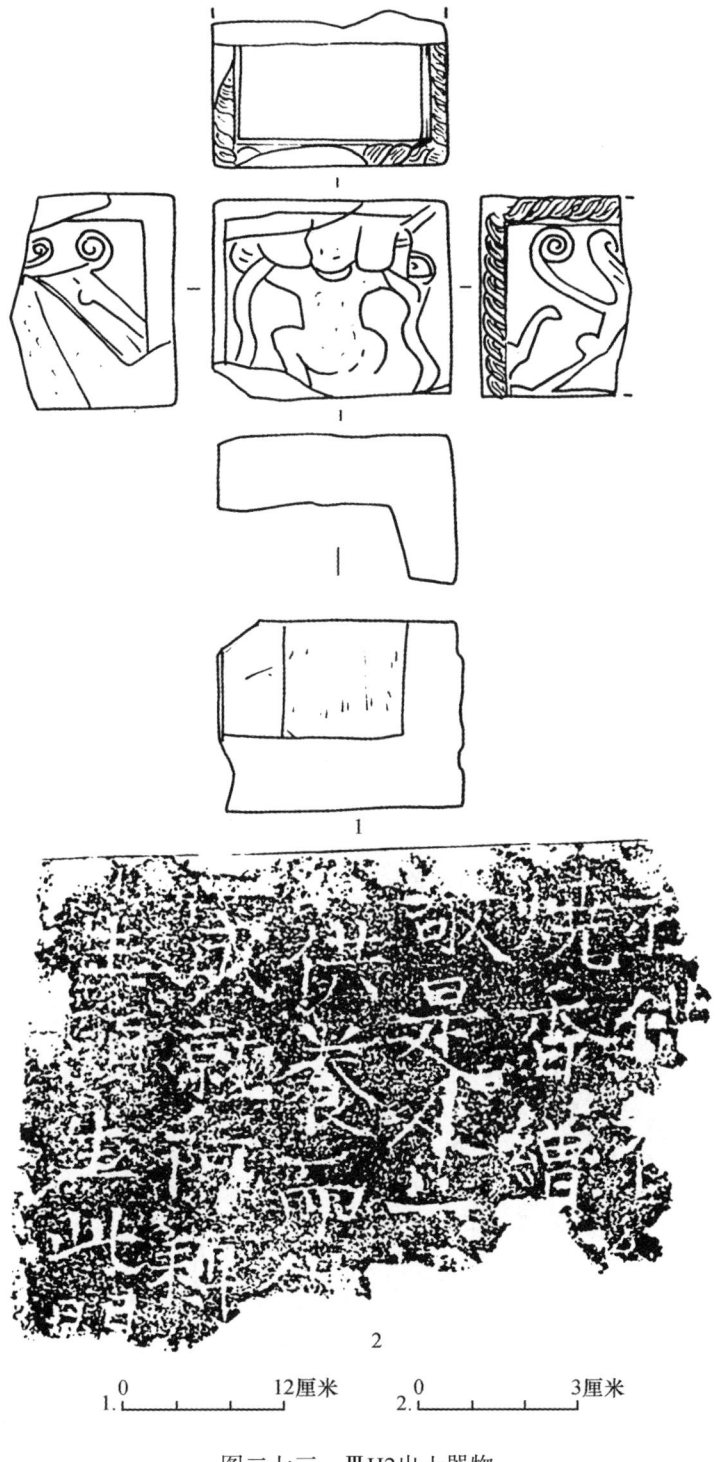

图二七三　ⅢH2出土器物
1. 石器座（ⅢH2：2）　2. 石碑（ⅢH2：1）

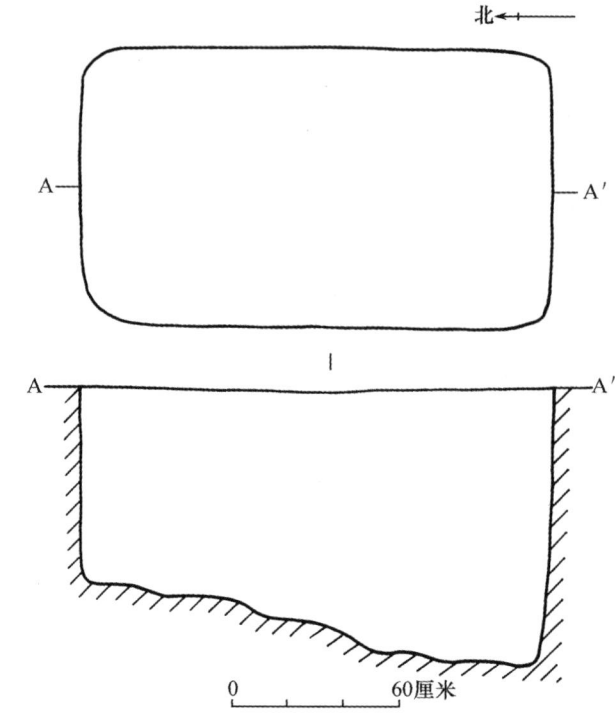

图二七四　ⅢH3平、剖面图

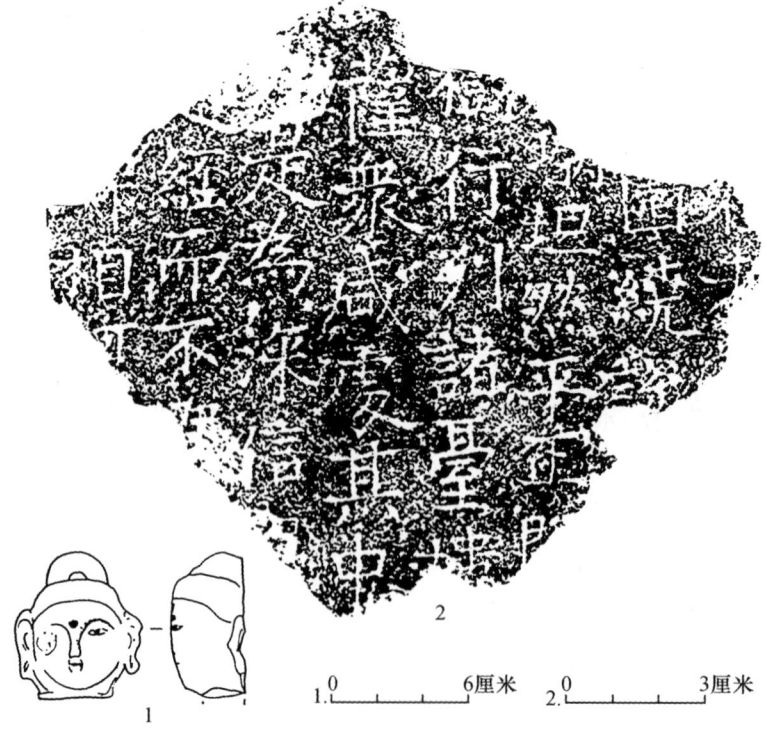

图二七五　ⅢH3出土器物
1. 陶佛像（ⅢH3∶3）　2. 石碑（ⅢH3∶1）

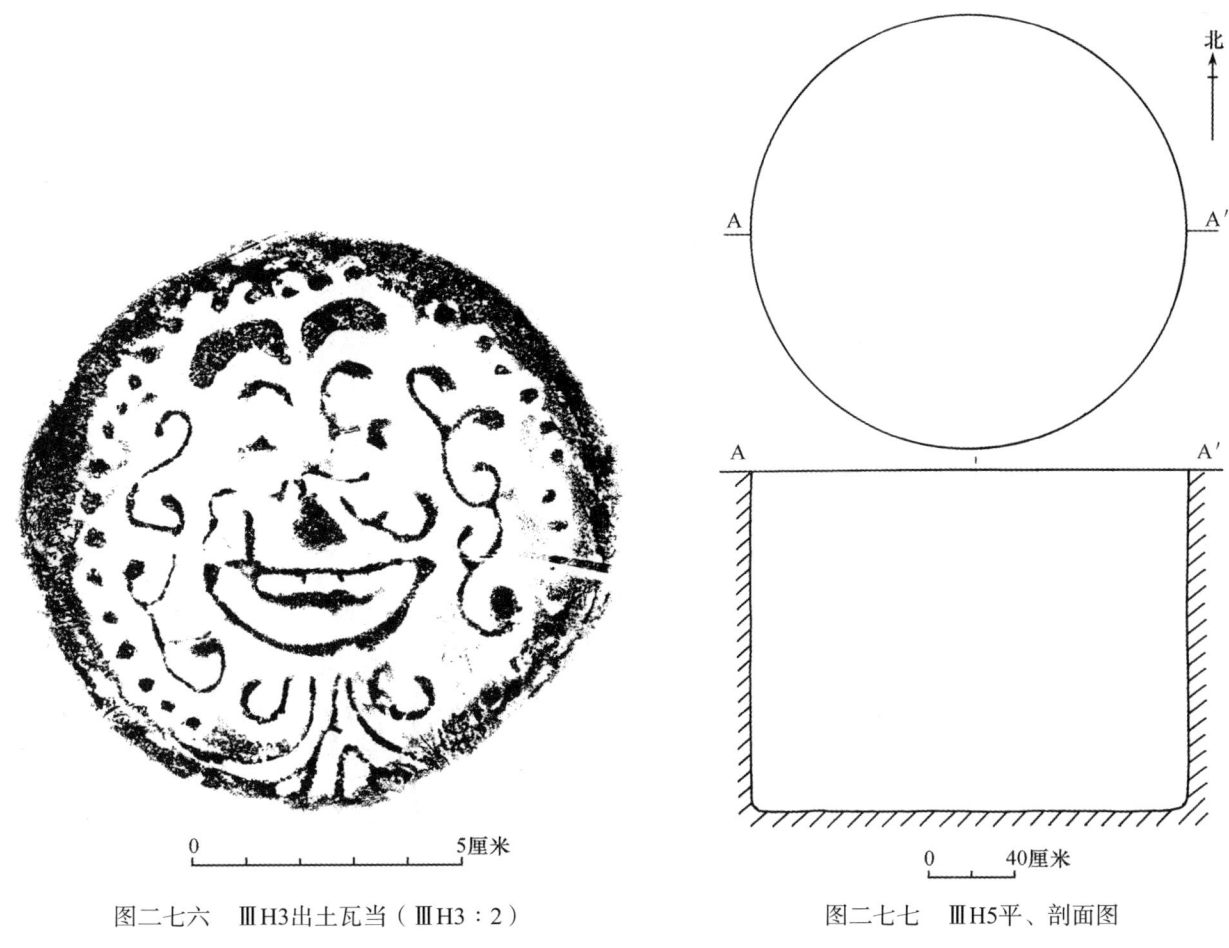

图二七六　ⅢH3出土瓦当（ⅢH3：2）　　　　图二七七　ⅢH5平、剖面图

厚1.6厘米（图二七九，1）。标本ⅢH5：4，莲籽纹。残半，泥质灰陶。以单环线将当面划分为内外区。内区当心饰犄角式莲籽纹；外区饰一排莲蕾纹，凸棱纹与边缘相间隔。残径15、边轮宽1.5、当厚1.9厘米（图二七九，2）。

瓷器　有碗、盘、枕等。

碗　4件。标本ⅢH5：9，敞口，圆唇，斜弧腹，矮圈足。灰白色胎，先涂白色化妆土，施白釉，釉色泛黄；内壁施满釉，外壁施釉不及底，有蜡泪痕，内底残存2个支钉疤痕，局部有窑粘。口径11、底径4.4、高3.2厘米（图二七八，6）。标本ⅢH5：11，敞口，圆唇，唇缘加厚，斜腹，圈足略外撇，内有旋削痕，脐底。淡黄色粗胎，先涂白色化妆土，施白釉，釉色泛黄；内壁施满釉，外壁施釉不及底，有蜡泪痕；内底有4个椭圆形支钉疤痕，局部有窑粘。口径20.9、底径7.8、高7.3厘米（图二七八，1）。标本ⅢH5：8，敞口，圆唇，唇缘加厚，斜腹较浅，圈足略外撇，内有旋削痕，脐底。淡黄色粗胎，先涂白色化妆土，施白釉，釉色泛黄；内壁施满釉，外壁施釉不及底，内底有支钉疤痕。口径19.5、底径7.6、高6.2厘米（图二七八，2）。标本ⅢH5：7，敞口，圆唇，斜弧腹，有旋削痕，圈足略外撇，脐底。灰白胎较细，施黑釉，内壁施满釉，外壁施釉不及底，内底有涩圈。口径15.5、底径5.7、高6厘米（图二七八，3）。

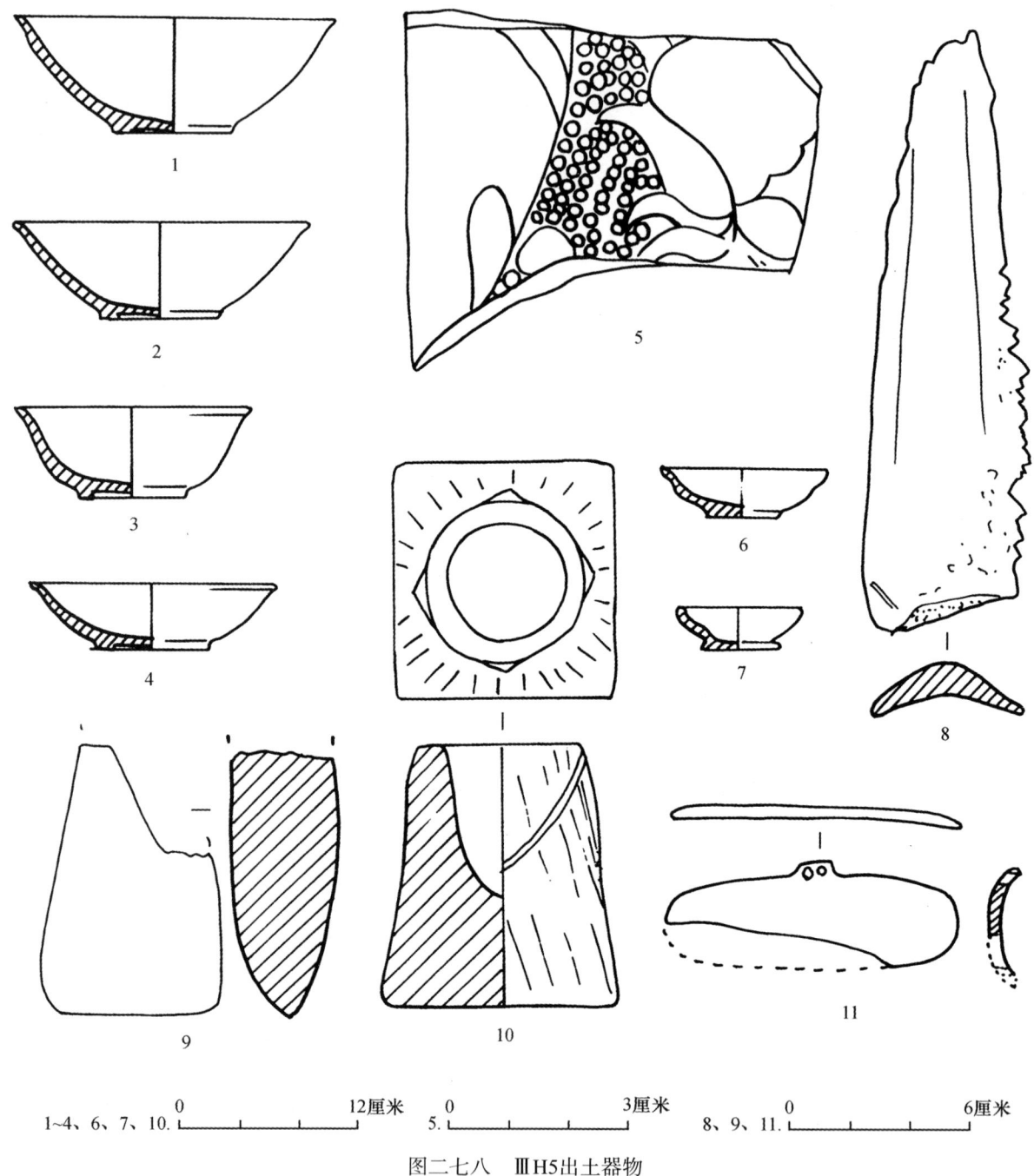

图二七八　ⅢH5出土器物

1~3、6. 瓷碗（ⅢH5：11、ⅢH5：8、ⅢH5：7、ⅢH5：9）　4. 瓷盘（ⅢH5：3）　5. 瓷枕（ⅢH5：12）　7. 陶盏（ⅢH5：6）
8. 骨锯（ⅢH5：2）　9. 石斧（ⅢH5：13）　10. 石臼（ⅢH5：10）　11. 骨带饰（ⅢH5：1）

盘　1件。标本ⅢH5：3，敞口，圆唇，唇缘加厚，斜弧腹，圈足，下腹及圈足内有旋削痕。白灰色粗胎，先涂白色化妆土，施白釉，釉色泛黄；内壁施满釉，外壁施半釉，有蜡泪痕，内底有支钉疤痕。口径16.5、底径7.5、高4.6厘米（图二七八，4）。

枕　1件。标本ⅢH5：12，灰白胎较细，施白釉，釉色泛灰。枕壁饰珍珠纹图案。残长6.7

厘米（图二七八，5）。

石器　有石斧、石臼等。

石斧　1件。标本ⅢH5：13，残半，通体磨光。器身平面呈梯形，顶部略窄，以下渐宽，横截面呈椭圆形，直刃，较锋利。残长8.8、刃宽6厘米（图二七八，9）。

石臼　1件。砂岩琢制。臼体平面呈方形，剖面呈梯形；臼窝平面呈圆形，斜弧壁，圜底。标本ⅢH5：10，残。臼体顶部呈圆形，直径10.6厘米、底部呈长方形，长15.6、宽14.4、高17.2厘米；臼窝直径8.4、深10厘米（图二七八，10）。

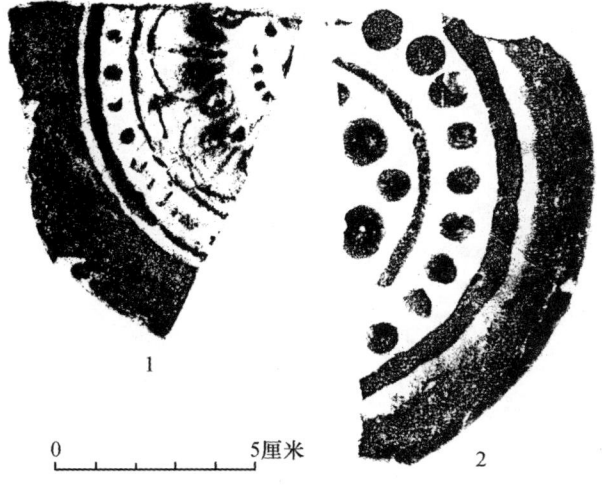

图二七九　ⅢH5出土瓦当
1. ⅢH5：5　2. ⅢH5：4

骨器　有带饰、骨锯等。

带饰　1件。标本ⅢH5：1，动物骨加工而成。平面呈弧顶长方形，一侧边中部与长方形鼻衔接，鼻中部钻孔。孔径0.3、长9.6、宽2.8、厚0.4厘米（图二七八，11）。

骨锯　1件。标本ⅢH5：2，动物肩胛骨加工而成。长20、宽5厘米（图二七八，8）。

ⅢH9　位于ⅢT3的东南部，西邻ⅢH10，开口于第4层下，距地表深240厘米，打破第5层及生土层。平面呈圆形，直壁，有一级台阶，从坑口向下140厘米，宽40、距坑底60厘米。坑口直径260、深200厘米；坑底平面呈"凸"字形，东西长260、南北宽200，凸出部分为20厘米。坑内填灰黑色花土，土质较疏松，夹杂有大量的陶片、建筑构件和动物骨骼等（图二八〇；图版一三，1）。

瓦当　1件。莲瓣纹。标本ⅢH9：1，泥质灰陶。当面突起，边轮扁平。以单环线将当面划分为内外区，内区饰乳凸纹；外区饰枣核妆花瓣纹十枚，花瓣略长，花瓣间以"T"字形莲叶相隔，"T"字连于当心环线上。直径15.5、边轮宽2、当厚1.4厘米（图二八一）。

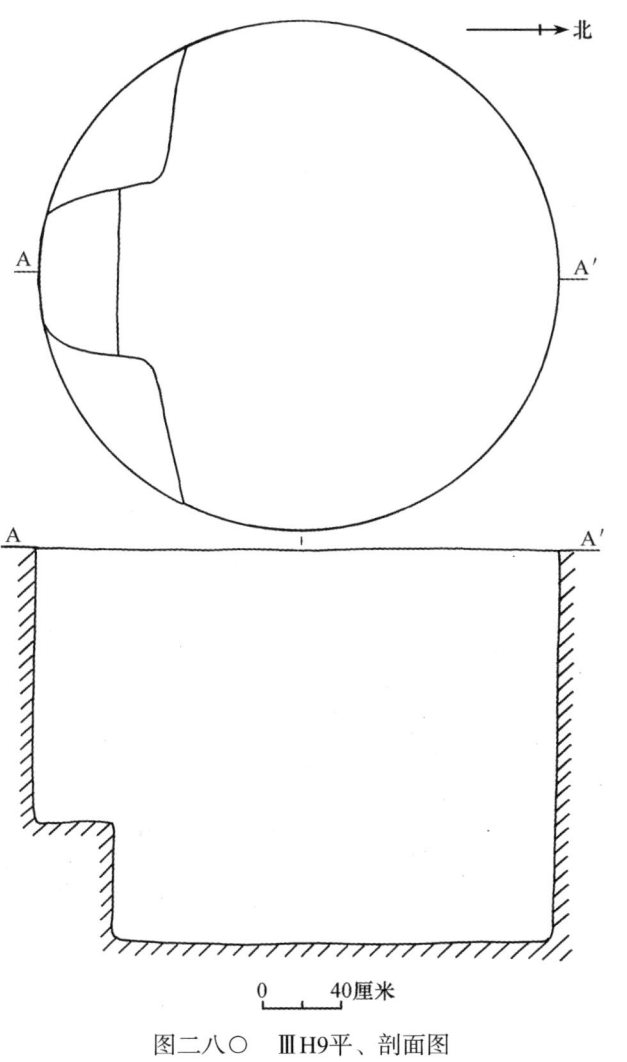

图二八〇　ⅢH9平、剖面图

图二八一　ⅢH9出土瓦当（ⅢH9∶1）

筒瓦　1件。标本ⅢH9∶2，残，细泥黑陶。横截面呈半圆形，子母口，方头，咬合面略短，与筒壁尖角呈锐角。外壁素面磨光，内壁饰布纹。直径17.8、残长21.8、厚2厘米（图二八二）。

ⅢH10　位于ⅢT3的西南部，东邻ⅢH9、ⅢH23，北邻ⅢH20，开口于第4层下，距地表深230厘米，打破第5层及生土层。平面呈圆形，坑口小于坑底，斜直壁，留有加工痕迹，平底。口径180、底径220、深140厘米。坑内填灰褐色花土，土质较疏松，夹杂有木炭粒、灰渣，含有少量的陶片和动物骨骼等（图二八三）。

ⅢH13　位于ⅢT2的北部，开口于第4层下，距地表深240厘米，被G1打破，打破第5层及生土层。平面呈圆形，直壁，平底。直径160、深130厘米。坑内上部为灰花土，土质较疏松，夹杂有木炭粒、灰渣，含有少量的陶瓷片和动物骨骼；下半部为谷物的朽壳和麦类的炭化物，质地松散。出土物器类有瓷器和石器等（图二八四）。

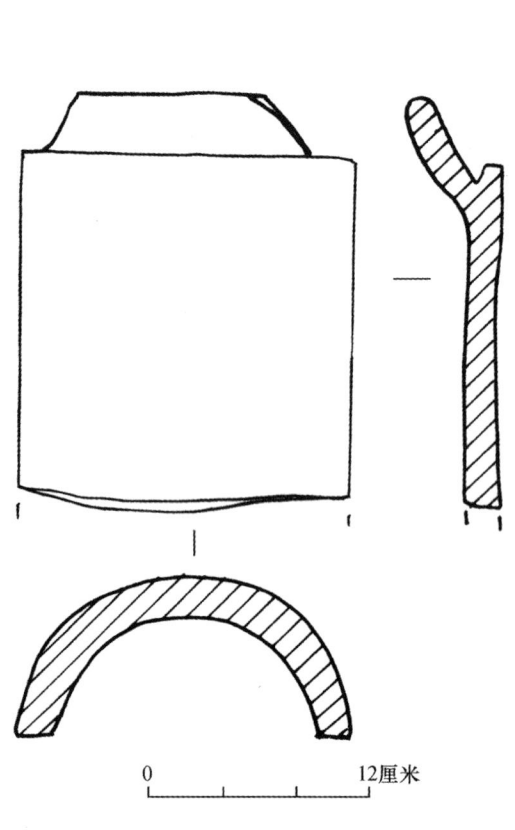

图二八二　ⅢH9出土筒瓦（ⅢH9∶2）

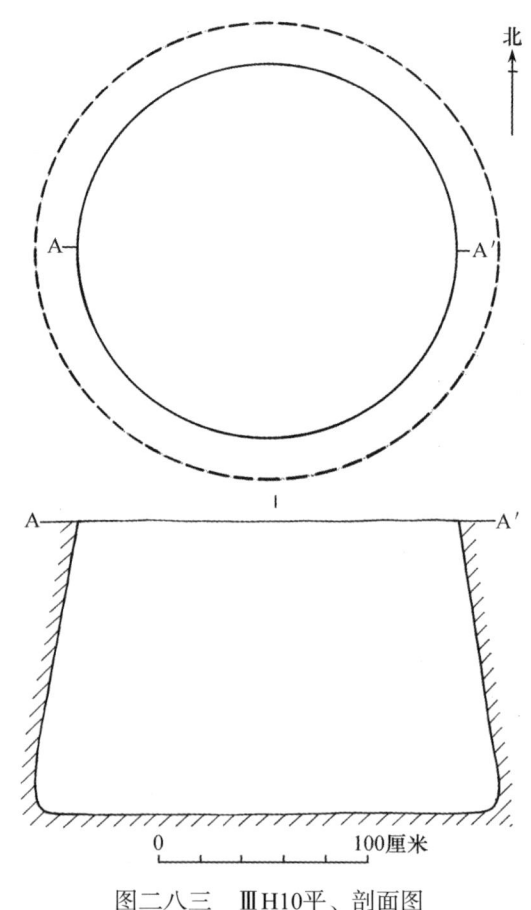

图二八三　ⅢH10平、剖面图

瓷盘　2件。标本ⅢH13∶2，敞口，圆唇，唇缘加厚，斜弧腹，圈足，内有旋削痕。白灰色粗胎，先涂白色化妆土，施白釉，釉色泛黄；内壁施满釉，外壁施半釉。内底有5个支钉疤痕，圈足内墨书"王"字。口径19.4、底径7.8、高4.8厘米（图二八五，2）。标本ⅢH13∶3，敞口，尖圆唇，斜弧腹较深，圈足，脐底。白灰胎较细，先涂白色化妆土，施白釉，釉色泛黄；内、外壁施满釉，有蜡泪痕。足壁露胎，器内印荷花图案，内底有支钉疤痕。口径19.4、底径8.3、高4.1厘米（图二八五，1）。

石璧　1件。标本ⅢH13∶1，残半，磨制。呈圆形扁平体，中心钻孔，对钻。孔径1.3、直径4、厚0.6厘米（图二八五，3）。

ⅢH14　位于ⅢT1内近中部，开口于第5层下，距地表深305厘米，打破生土层。平面呈长方形，斜壁不甚规整，圜底。长190、宽

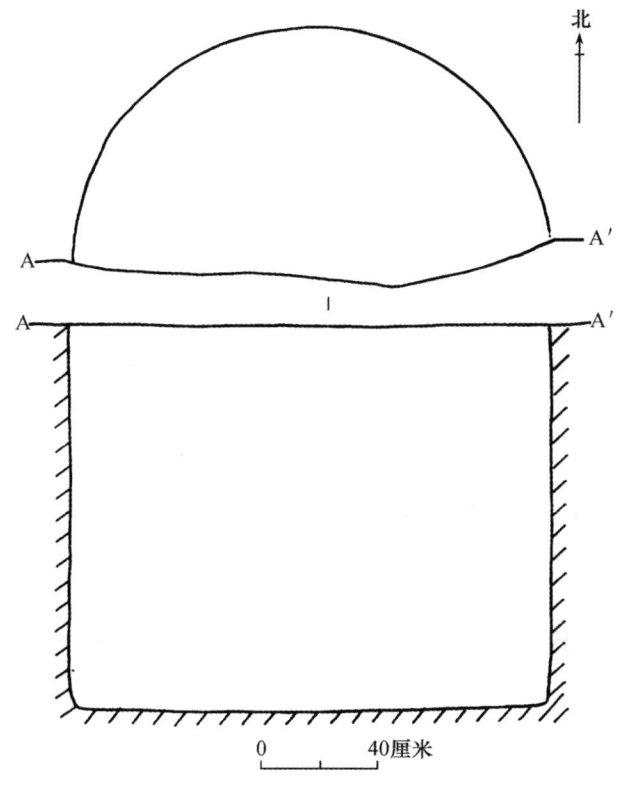

图二八四　ⅢH13平、剖面图

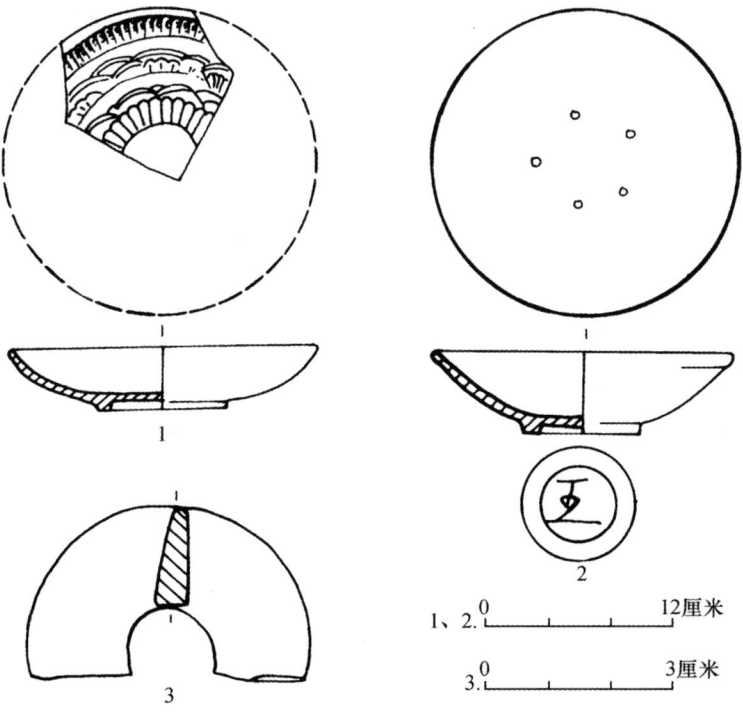

图二八五　ⅢH13出土器物

1、2. 瓷盘（ⅢH13∶3、ⅢH13∶2）　3. 石璧（ⅢH13∶1）

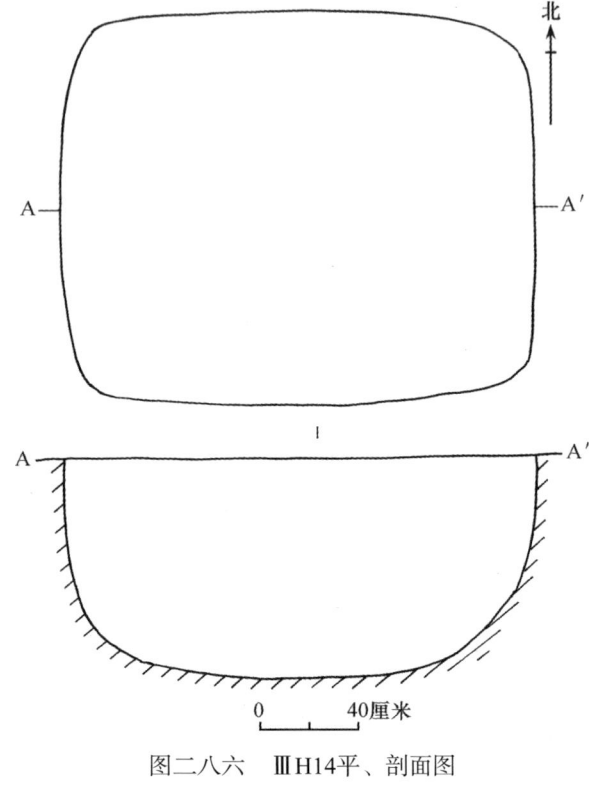

图二八六　ⅢH14平、剖面图

160、深90厘米。坑内堆积为灰黑色土，土质疏松，夹杂少量的草木灰、木炭粒，出土少量的陶片和动物骨骼等（图二八六）。

壶　2件。标本ⅢH14∶1，口、颈残片，泥质黑陶。敞口，外折沿，圆唇，束颈。素面抹光。口径18、残高8.4厘米（图二八七，2）。标本ⅢH14∶2，口径16.4、残高8厘米（图二八七，1）。

ⅢH15　位于ⅢT1的中东部，开口于第5层下，距地表深310厘米，打破生土层。平面呈长方形，直壁，平底。长120、宽80、深60厘米。坑内堆积为黑色花土，土质较松软，出土少量的陶片和动物骨骼（图二八八）。

陶丸　1件。标本ⅢH15∶1，泥质灰陶。形体呈球形。直径2.2厘米（图二八九）。

ⅢH20　位于ⅢT3的西北部，开口于第4层下，距地表深230厘米，打破第5层及生土层。平面呈圆形，坑底略大于坑口，斜直壁，平底。口径210、底径260、深124厘米。坑内填灰褐土，土质较疏松，夹杂有木炭粒、灰渣，含有少量的陶片和动物骨骼等（图二九○）。

罐　1件。标本ⅢH20∶1，颈、肩残片，泥质灰陶羼和云母碎片，手制。束颈，溜肩。颈部素面抹光，颈肩交界处饰叶脉纹，内壁留有手捏痕迹。颈径11、残高9厘米（图二九一）。

ⅢH21　位于ⅢT1的西中部，开口于第5层下，距地表深310厘米，打破生土层。平面呈长方形，坑口略大于坑底，直壁不甚规整，平底。长156、宽90、深70厘米。坑内填黄色花土，土质较松软，含有少量的陶片和建筑构件，以建筑构件为主，有筒瓦、板瓦、滴水和瓦当，同时出土钱币1枚等（图二九二）。

瓦当　1件。莲蕾纹。标本ⅢH21∶1，泥质灰陶。以单环线将当面划分为内外区。内区以乳钉纹组成花蕊；外区饰八朵宝式莲蕾纹，间以"T"字纹相隔，且与内环线相连，外饰一周联珠纹。直径16.5、边轮宽2.2、当厚1.6厘米（图二九三，1）。

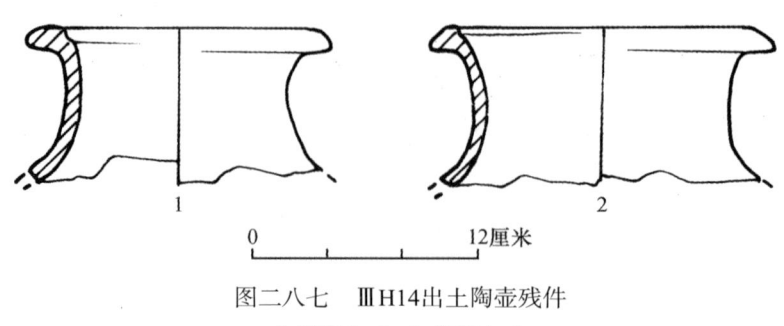

图二八七　ⅢH14出土陶壶残件
1. ⅢH14∶2　2. ⅢH14∶1

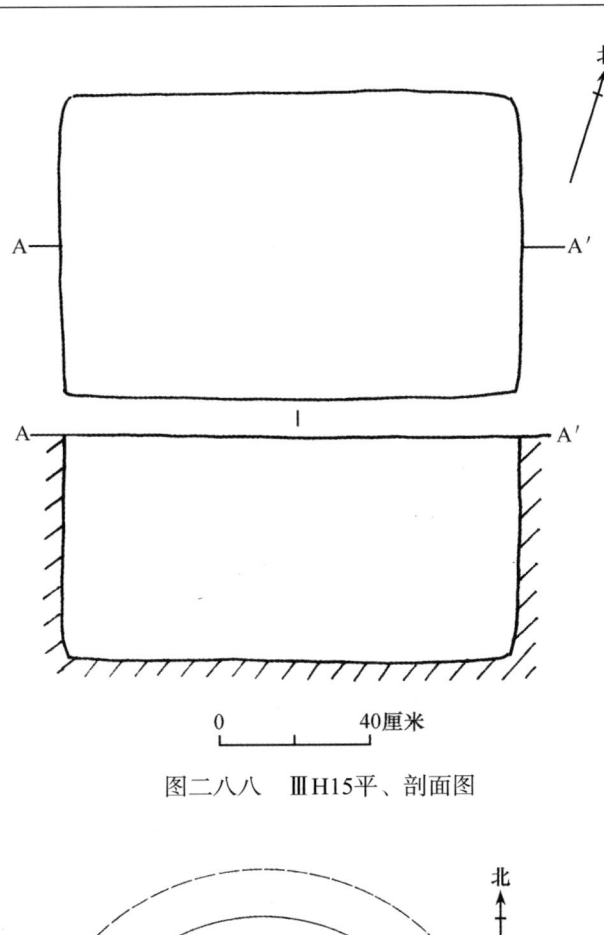

图二八八　ⅢH15平、剖面图

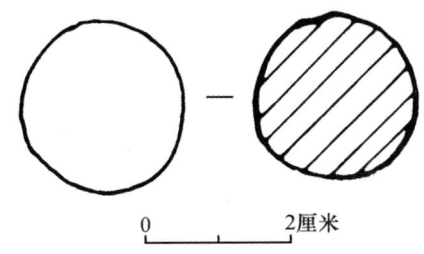

图二八九　ⅢH15出土陶丸（ⅢH15∶1）

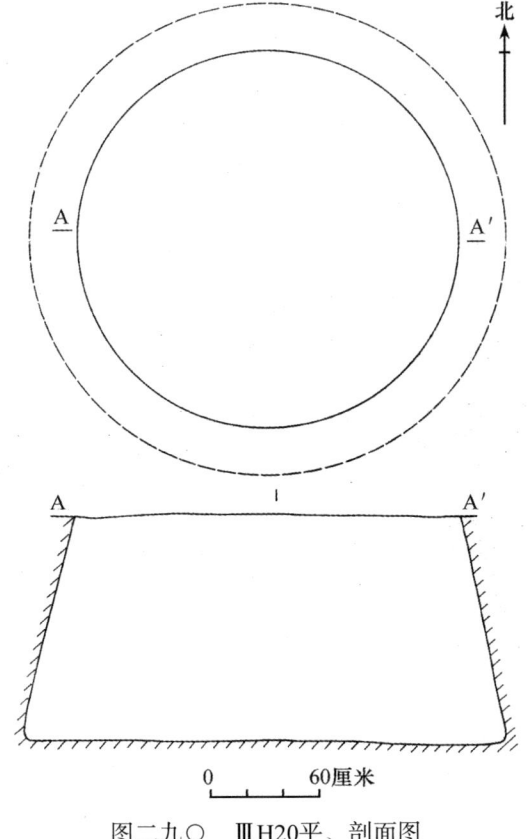

图二九〇　ⅢH20平、剖面图

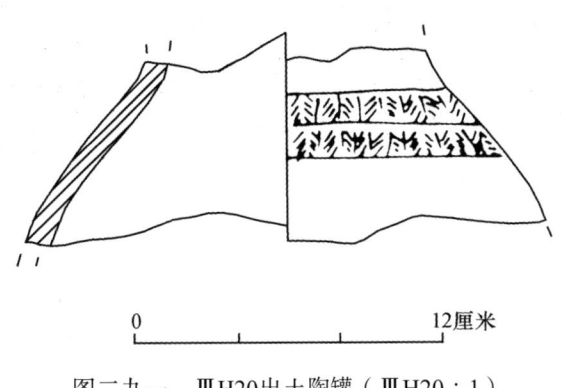

图二九一　ⅢH20出土陶罐（ⅢH20∶1）

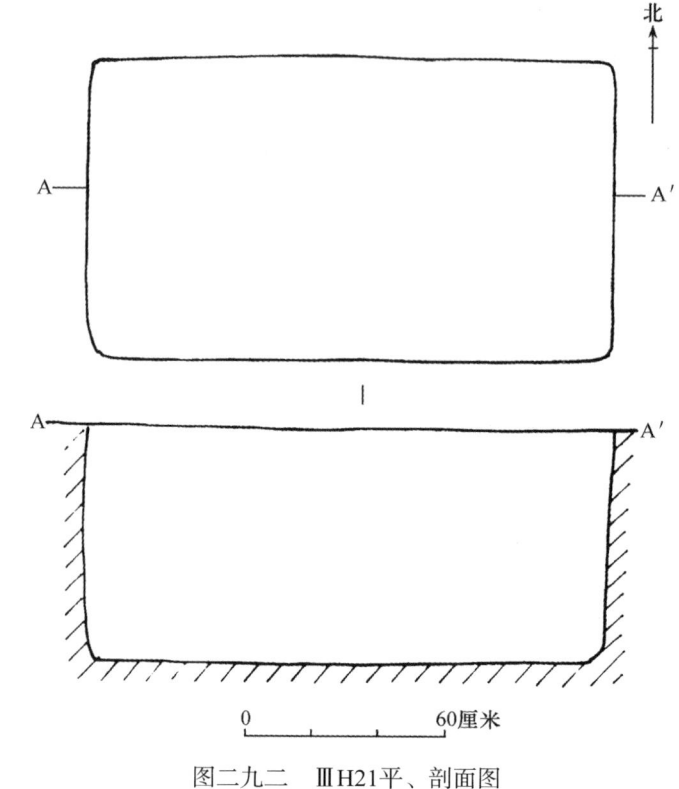

图二九二　ⅢH21平、剖面图

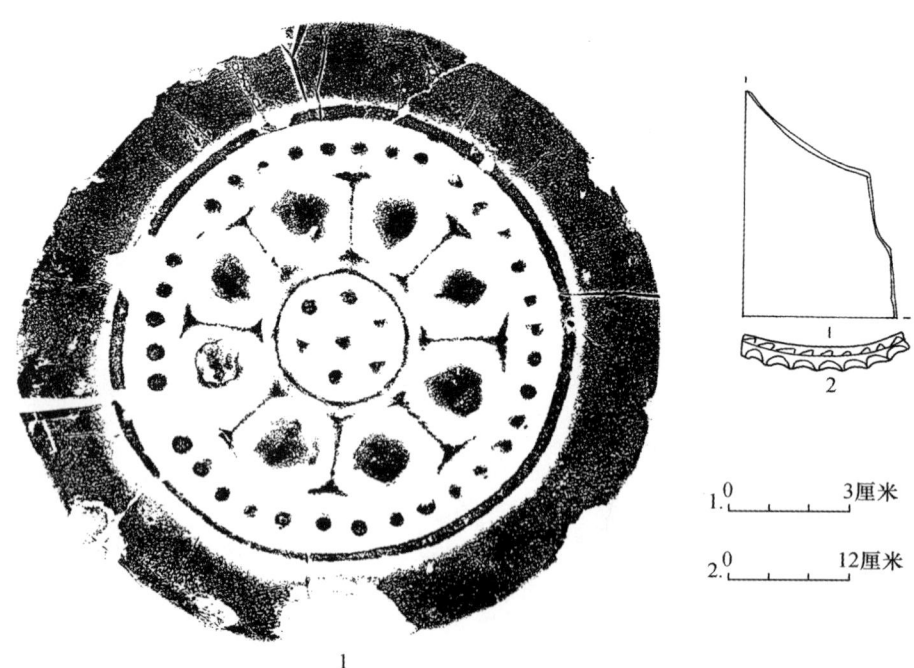

图二九三　ⅢH21出土器物
1. 瓦当（ⅢH21∶1）　2. 滴水（ⅢH21∶3）

滴水　1件。标本ⅢH21：3，残，细泥黑陶。头部下侧饰手指压成的波浪纹，上侧及中部饰凸棱纹间夹波浪纹。内、外壁素面磨光。残长25.6、残宽16、厚1.8厘米（图二九三，2）。

钱币　1枚。开元通宝，钱文八分书体，对读。标本ⅢH21：2，直径2.5、穿宽0.6厘米。

ⅢH22　位于ⅢT3的中北部，西邻ⅢH20，开口于第4层下，距地表深230厘米，打破第5层及生土层。平面呈长方形，直壁，平底。长250、宽135、深120厘米。坑内填灰褐色花土，土质较疏松，含有少量的陶片、砖瓦碎块、石块和动物骨骼等（图二九四）。

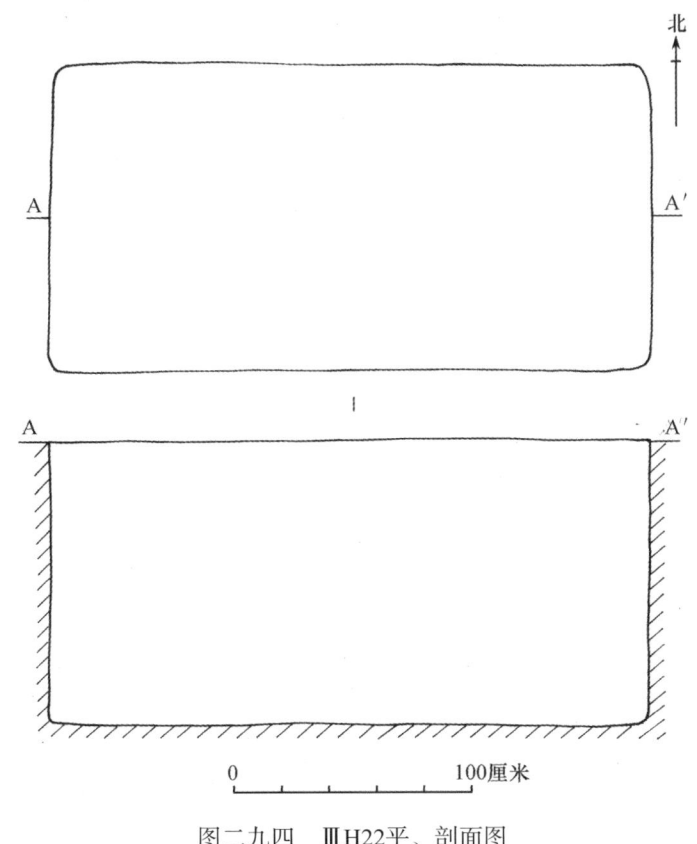

图二九四　ⅢH22平、剖面图

陶壶　1件。标本ⅢH22：2，口、颈残片，泥质黑陶。敞口，展沿，方唇，束颈。素面抹光。口径17.6、残高8.6厘米（图二九五，1）。

筒瓦　1件。标本ⅢH22：1，残，细泥黑陶。横截面呈半圆形，子母口，方头，咬合面较长，与筒壁尖角呈锐角。外壁素面磨光，内壁饰布纹。残长28.8、厚2.4厘米（图二九五，2）。

ⅢH23　位于ⅢT3的西南部，北邻ⅢH10，开口于第4层下，距地表深230厘米，打破第5层及生土层。平面呈椭圆形（只清理一部分），坑口小于坑底，斜直壁，平底。坑口清理长150～250、底径175～300、深240厘米。坑内填灰黄色花土，土质较疏松，含有大量的陶片和动物骨骼等（图二九六）。

莲花纹瓦当　2件。标本ⅢH23：6，残半，泥质黑陶。当面突起，边轮扁平。当心饰乳

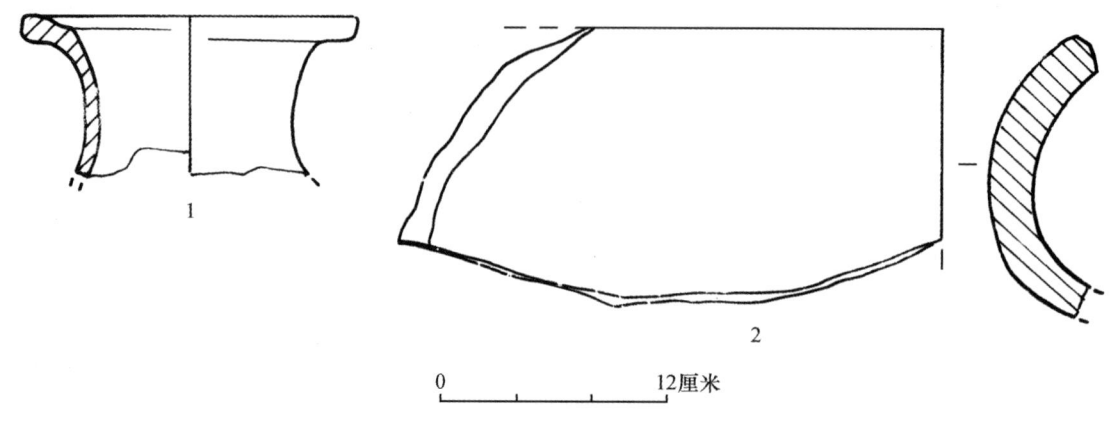

图二九五　ⅢH22出土器物
1. 陶壶（ⅢH22：2）　2. 筒瓦（ⅢH22：1）

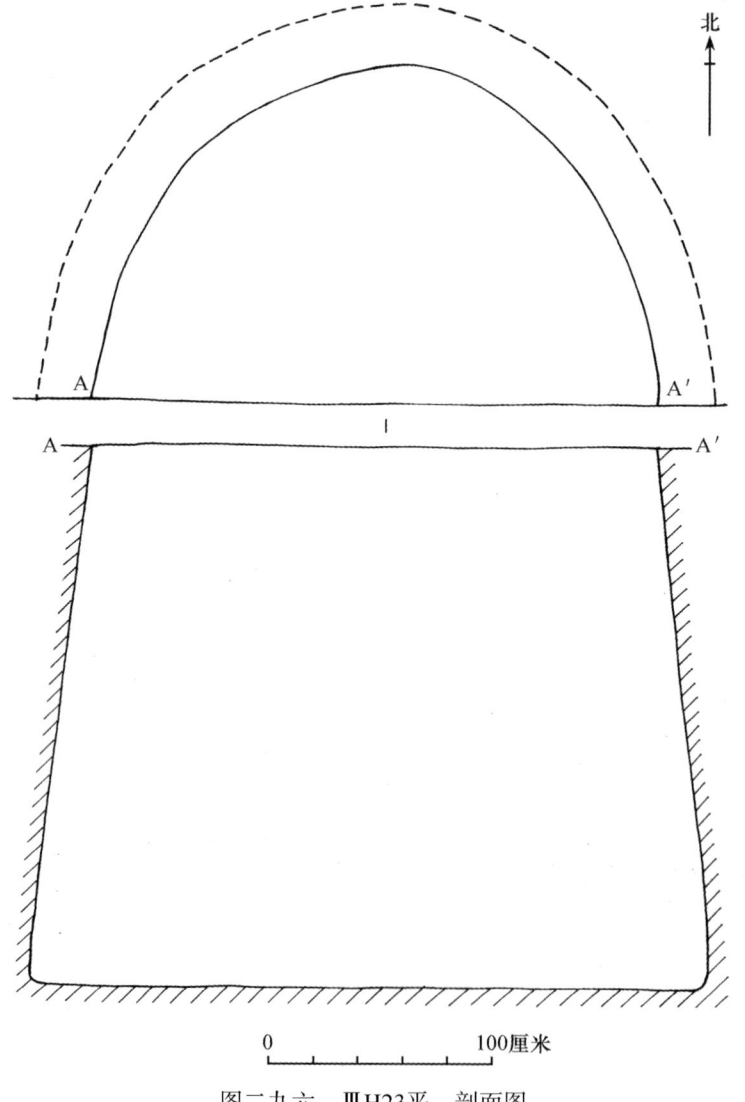

图二九六　ⅢH23平、剖面图

突，与一周联珠纹组成花蕊，外饰六瓣宝装莲花，莲花与边轮间以单环弦纹、单环联珠纹为间隔。直径16.5、边轮宽2、当厚1.6厘米（图二九七，1）。标本ⅢH23：4，残。当厚1.6厘米（图二九七，3）。

莲瓣纹瓦当　2件。标本ⅢH23：1，残半，细泥黑陶，边轮磨光。当面突起，边轮扁平。以单环线将当面划分为内外区，内区饰乳凸纹；外区饰枣核状花瓣纹，花瓣细长呈线形，花瓣间以"T"字形莲叶相隔，"T"字连于当心环线上。直径15、边轮宽2.1、当厚1.7厘米（图二九八，4）。标本ⅢH23：5，残。当厚1.6厘米（图二九七，4）。

莲蕾纹瓦当　3件。标本ⅢH23：2，残，泥质灰陶。以单环线将当面划分为内外区。内区以乳钉纹组成花蕊；外区饰八朵宝式莲蕾纹，间以"T"字纹相隔，且与内环线相连，外饰一周联珠纹。直径16.5、边轮宽2.2、当厚1.1厘米（图二九八，3）。标本ⅢH23：7，残。当厚1.4厘米（图二九七，2）。标本ⅢH23：3，稍残，泥质灰陶。当心以乳钉纹组成花蕊，外饰八朵莲蕾纹，间以"T"字纹相隔，外饰一周联珠纹。直径16.5、边轮宽2.1、当厚2厘米（图二九八，1）。

铁斧　1件。标本ⅢH23：9，呈窄长方体，弧顶略宽，直刃略宽，稍残，侧面中部偏上中

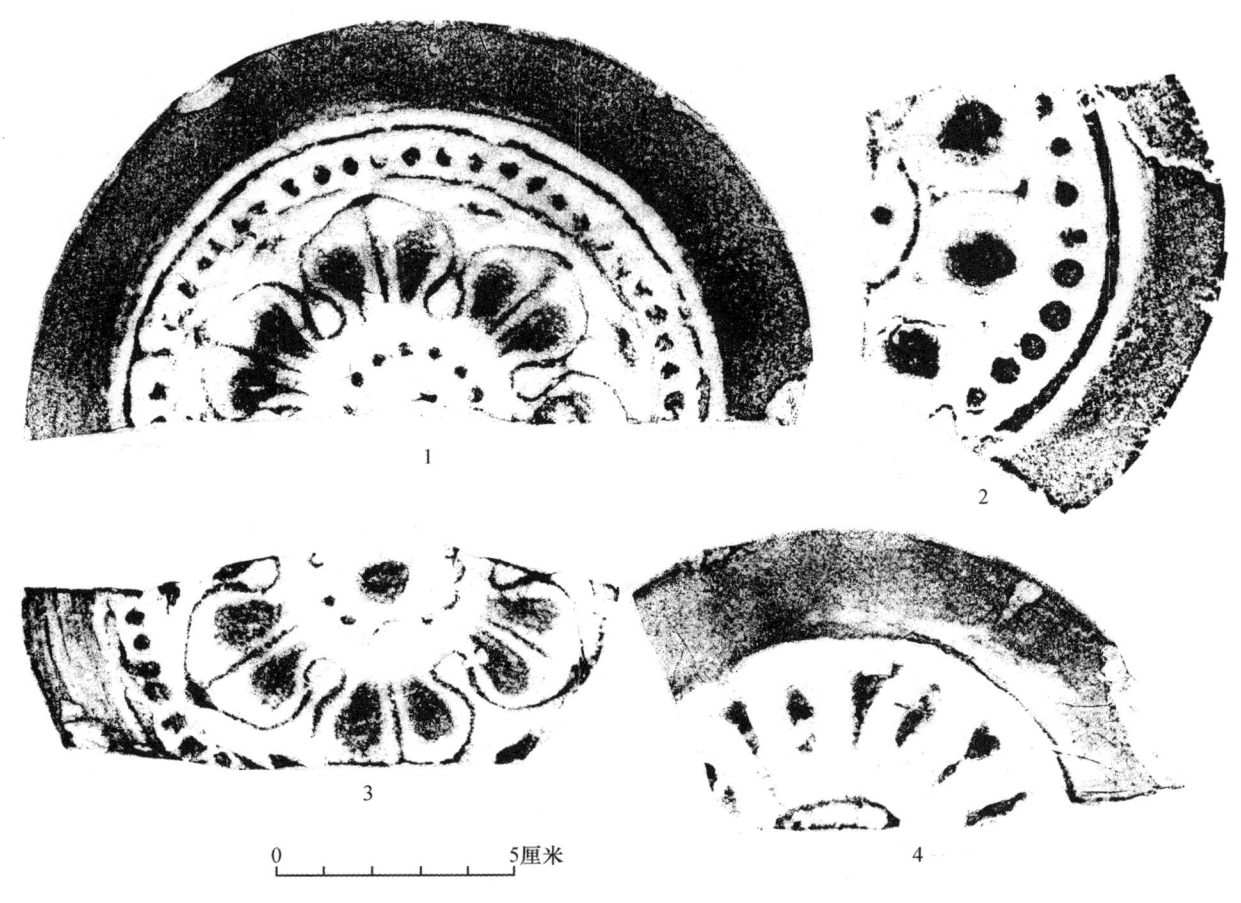

图二九七　ⅢH23出土瓦当
1、3.莲花纹瓦当（ⅢH23：6、ⅢH23：4）　2.莲蕾纹瓦当（ⅢH23：7）　4.莲瓣纹瓦当（ⅢH23：5）

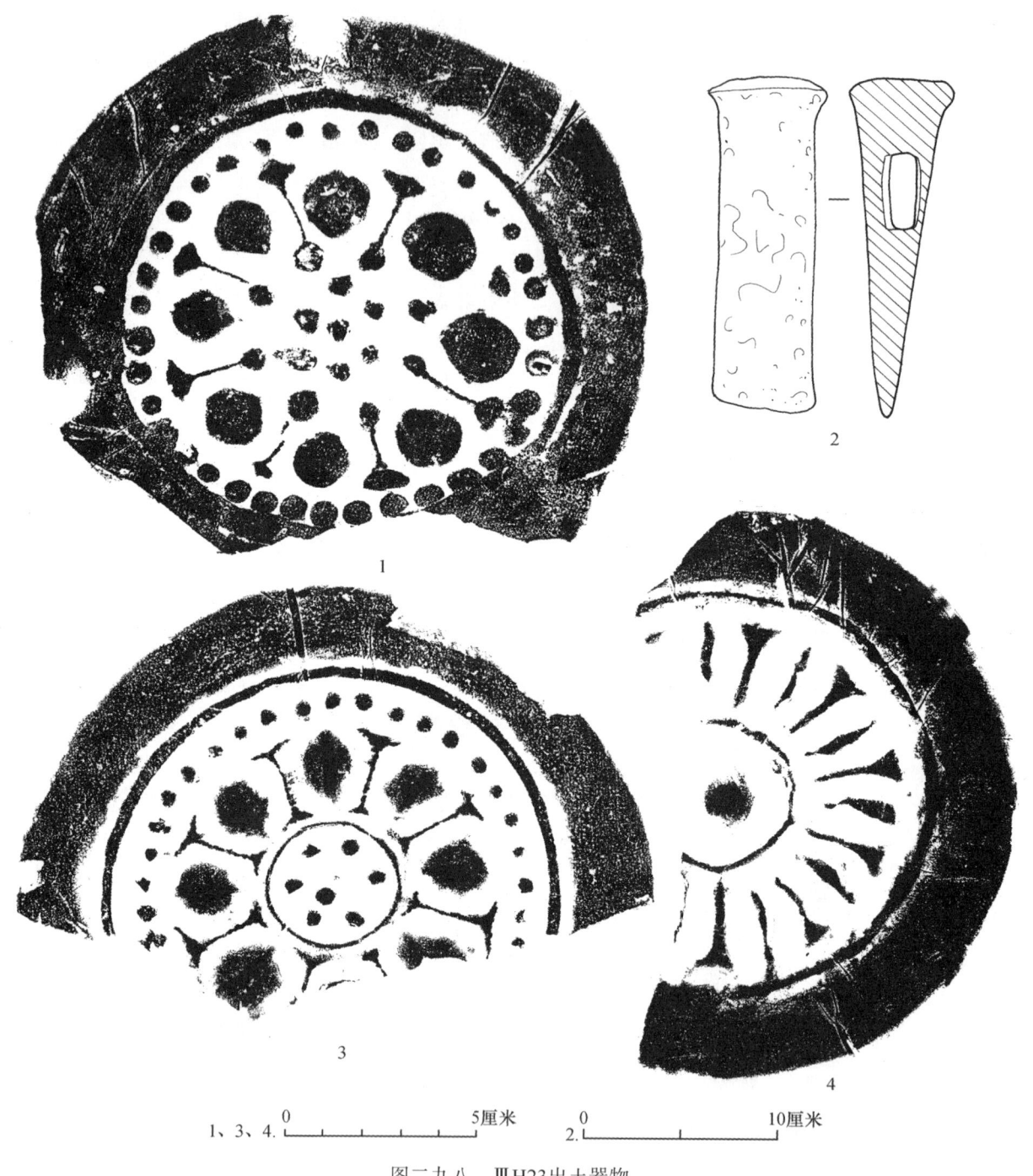

图二九八　ⅢH23出土器物
1、3、4.瓦当（ⅢH23：3、ⅢH23：2、ⅢH23：1）　2.铁斧（ⅢH23：9）

空成銎，銎口平整，呈长方形，体长18.2、刃宽5.6、銎径长3.7、宽1.6厘米（图二九八，2）。

ⅢH24　位于ⅢT3的南中部，开口于第5层下，距地表深310厘米，打破生土层。平面呈圆形（只清理一半）。坑口略大于坑底，直壁，平底。清理最大径280、宽128、深190厘米。坑内填灰黑花土，土质疏松，含有较多的瓦片和少量的陶片等（图二九九）。

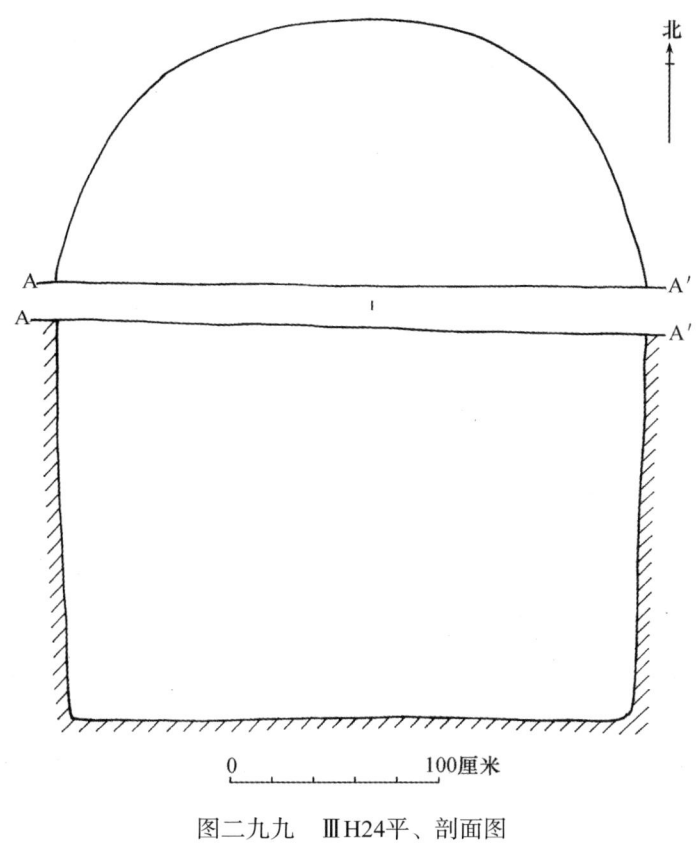

图二九九　ⅢH24平、剖面图

ⅢH26　位于ⅢT2的东南部，东邻ⅢH10，开口于第4层下，距地表深230厘米，被ⅢH11、ⅢH17打破，打破第5层及生土层。平面呈长方形，直壁，留有挖掘痕迹，平底。长310、宽160、深115厘米。坑内填灰褐色花土，土质较疏松，含有少量的陶瓦片和动物骨骼等（图三〇〇）。

ⅢH29　位于ⅢT2的中东部，西邻ⅢH5、南邻ⅢH17、东邻ⅢH20，开口于第4层下，距地表深230厘米，被H18打破，打破第5层及生土层。平面呈不规则形，坑壁较直，留有挖掘痕迹，坑底较平。长290、宽180～210、深155厘米。坑内填黄灰色花土，土质较软，夹有少量的草木灰、木炭粒，含有少量的陶瓦片等（图三〇一）。

4）壕沟

ⅢG1　位于ⅢT1～ⅢT3的北部，开口于第4层下，距地表深240～270厘米，打破ⅢH7、ⅢH8、ⅢH13、第5层及生土层。平面呈不规则长条形（只清理一部分），东西向，两端向外延伸，略呈口大底小，斜壁不规整，沟底凹凸不平。清理宽29米，长100～285、深135～190厘米。沟内填灰色花土，土质较疏松，夹有黄色斑点，含有少量的陶瓷片和动物骨骼等（图三〇二）。

出土器物有陶壶、鸱吻、瓷器盖、石砚、石饼等。

壶　2件。标本ⅢG1∶7，口、颈残片，泥质黑陶。敞口，平沿，束颈。素面抹光，沿外饰

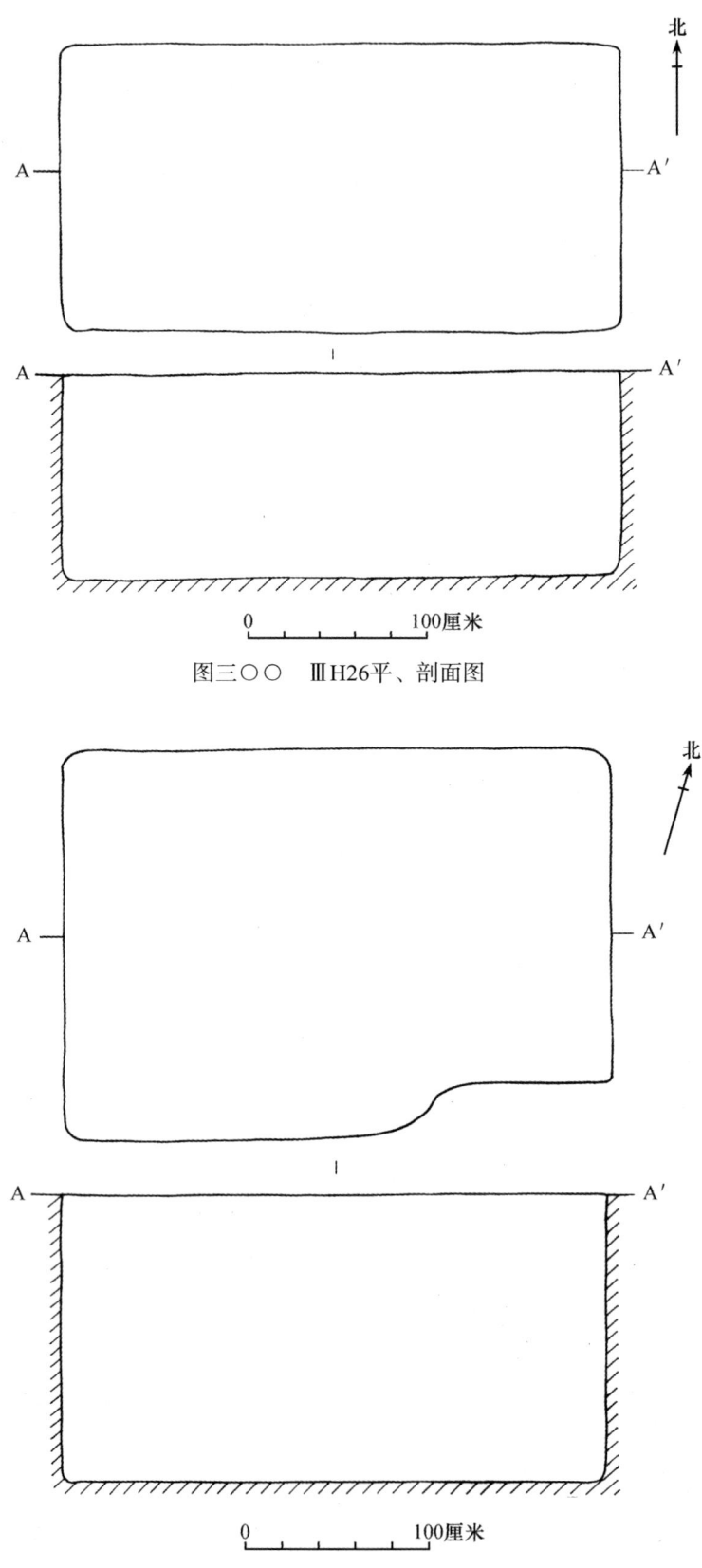

图三〇〇　ⅢH26平、剖面图

图三〇一　ⅢH29平、剖面图

凸弦纹二周。口径12、残高7.6厘米（图三〇三，4）。标本ⅢG1：6，口、颈残片，细泥黑陶。敞口，平沿略内斜，方唇，细颈。素面抹光，饰凸弦纹一周。口径12、残高5.8厘米（图三〇三，6）。

鸱吻　2件。标本ⅢG1：2，黑色。凤鸟纹脊饰件。残长12、宽12、厚3.6厘米（图三〇三，

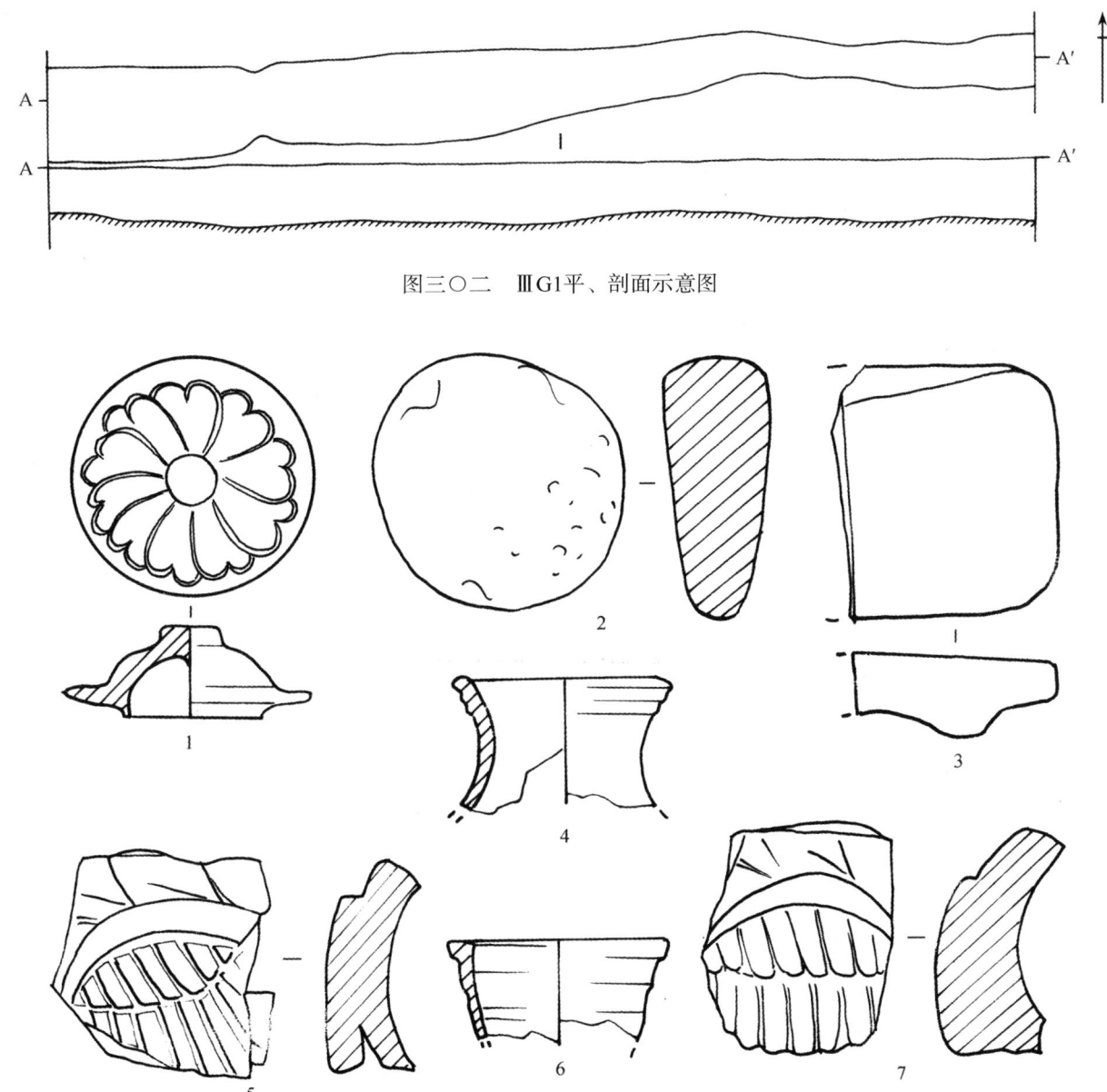

图三〇二　ⅢG1平、剖面示意图

图三〇三　ⅢG1出土器物
1.瓷器盖（ⅢG1：1）　2.石饼（ⅢG1：4）　3.石砚（ⅢG1：5）
4、6.陶壶（ⅢG1：7、ⅢG1：6）　5、7.鸱吻（ⅢG1：2、ⅢG1：3）

5）。标本ⅢG1∶3，黑色。凤鸟纹脊饰件。残长12.8、宽10、厚4.4厘米（图三〇三，7）。

器盖　1件。标本ⅢG1∶1，子母口，平沿略上翘，圆唇，盖面微弧。灰白胎，施白釉，釉色泛黄，饰酱黄色彩，团花纹。口径3.8、高2.6厘米（图三〇三，1）。

石砚　1件。标本ⅢG1∶5，残半。箕形，底部有两乳状矮足。残长6、宽7、高2.4厘米（图三〇三，3）。

石饼　1件。标本ⅢG1∶4，砂岩磨制。平面呈圆形，直径7、厚3厘米（图三〇三，2）。

2. Ⅲb区发掘

Ⅲb区（即第Ⅲ发掘区T5～T8）位于中城的西北部，东距a区80米。发掘5米×5米的探方4个，发掘面积为100平方米（图三〇四）。共清理发掘灰坑（窖穴）12个，壕沟2条，水井1眼；出土物器类有陶器、瓷器、石器、骨器等（表一二）。

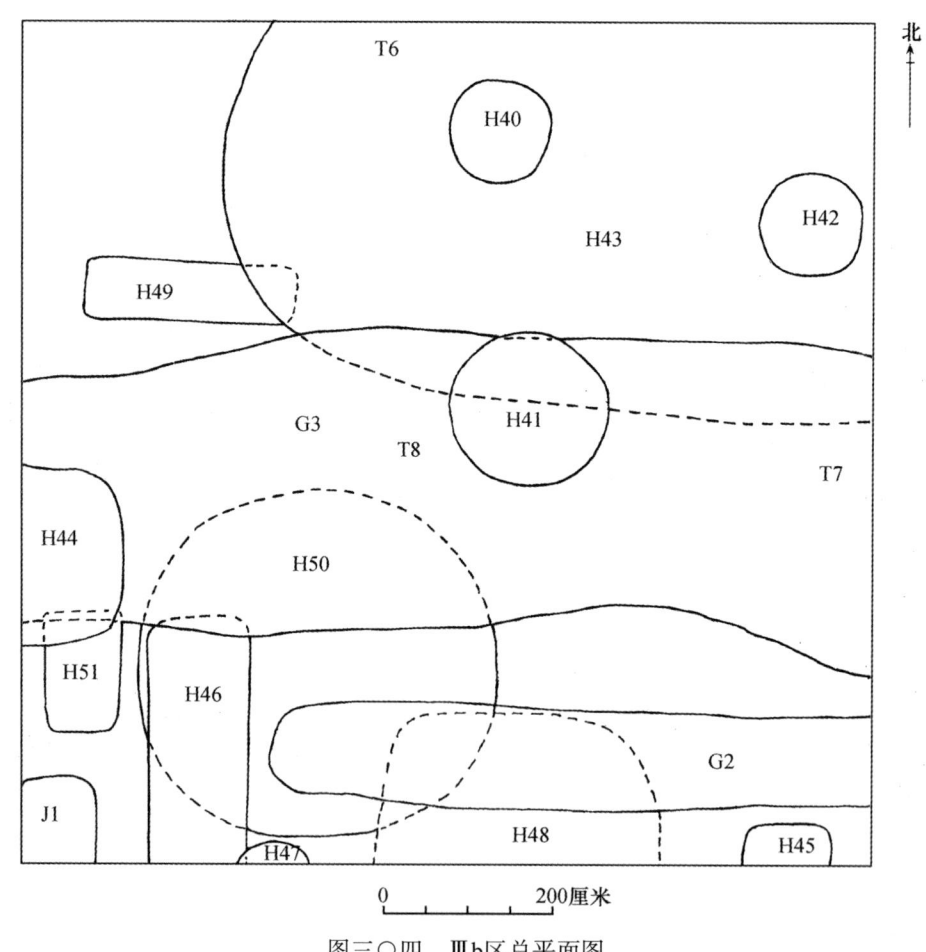

图三〇四　Ⅲb区总平面图

表一二　Ⅲb区地层、遗迹与遗物对照表

层位探方	面积（平方米）	①层 遗迹	①层 遗物	②层 遗迹	②层 遗物	③层 遗迹	③层 遗物	④层 遗迹	④层 遗物
ⅢT5	5×5	H42	陶瓷片	H40、H41	陶罐、陶盆、瓷罐、瓷碗	H43、G3	磨石、石球、陶罐、陶盆、瓦当、筒瓦、板瓦、莲花纹砖		
ⅢT6	5×5					G3	陶罐、陶盆、瓷玩、瓦当	H49	模具
ⅢT7	5×5					H45、H48、G2	陶饼、陶罐、陶盆、陶纺轮		
ⅢT8	5×5			H47、H51	陶罐、瓷狮、骨器、磨石	H44、H46、H50、G2、J1	陶罐、陶盆、陶钵、陶壶、三足盘、陶饼、筒瓦、板瓦、磨石		

（1）地层堆积与出土遗物

1）地层堆积

该发掘区地层堆积在搞农田建设时多遭破坏，晚期堆积荡然无存。根据土质、土色与其包含物的不同，堆积层可分为4层。现以ⅢT8西壁剖面为例介绍如下（图三〇五）。

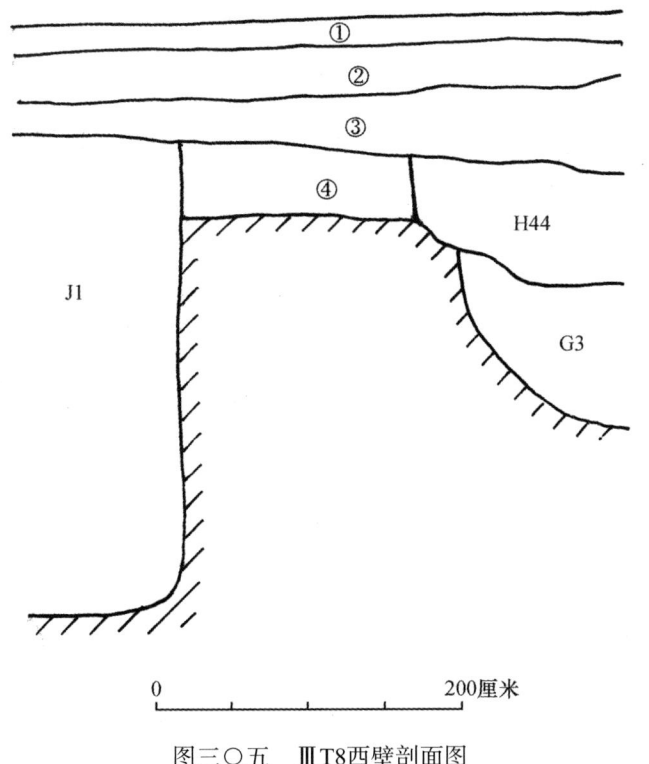

图三〇五　ⅢT8西壁剖面图

第1层：耕土层，黄灰色砂土，土质疏松，含有零散的陶瓷片和瓦片等。厚15~20厘米。

第2层：灰褐色花土，土质较松软，含有陶瓦片和动物骨骼。分布于整个探方内。深15~20、厚15~20厘米。出土物可辨器型有陶盆、陶罐、瓷碗；动物骨骼有羊、牛等骨骼。

第3层：灰黄色花土，土质较硬，夹有草木灰、木炭粒，含有少量的陶瓷片和动物骨骼。分布于整个探方内。深35~50、厚25~65厘米。出土物可辨器型有陶盆、陶罐、瓷碗；动物骨骼有猪、牛等骨骼。ⅢH44、ⅢJ1、ⅢG3等遗迹开口于该层下。

第4层：黄花土，土质较硬，且细腻，夹有红烧土块、木炭粒，含有少量的陶片。此层堆积分布于整个探方内。深70~80、厚45~55厘米。出土物可辨器型有陶罐、陶钵等。

第4层下为生土。

2）出土遗物

①第1层内出土遗物

有瓷玩、石杵等。

瓷玩　1件。犬。标本ⅢT6①：1，腿残，呈站立状，大耳向前。灰白胎较细，施白釉，釉色泛灰。长3.8、残高3.6厘米（图三〇六，2）。

石杵　1件。标本ⅢT8①：1，残半，砂岩磨制。呈圆柱状，杵头弧凸，横截面呈圆形。残长10.3厘米（图三〇六，1）。

②第2层内出土遗物

有陶器、瓷器、石器、钱币等。

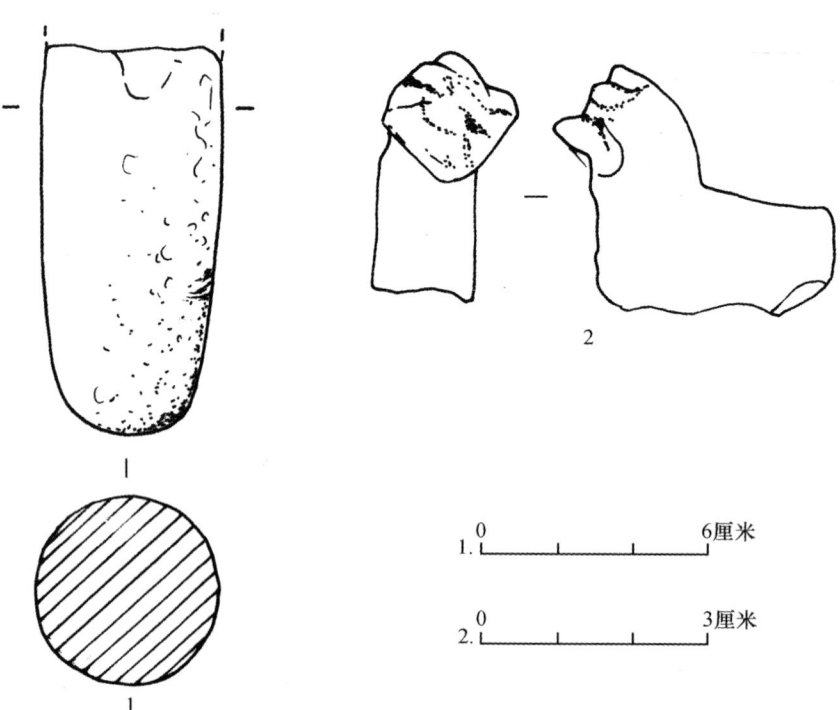

图三〇六　Ⅲb区①层出土器物
1. 石杵（ⅢT8①：1）　2. 瓷玩（ⅢT6①：1）

陶器　有壶、罐、盆等。

壶　2件。标本ⅢT8②：15，口、肩残片，泥质黑陶。重唇口，弧肩。颈部素面抹光，肩饰弦纹。口径14.4、残高8.8厘米（图三〇七，10）。标本ⅢT8②：28，口、颈残片，泥质灰陶。重唇口，细颈。器表素面抹光，内壁口、颈结合处留有手捏痕迹。口径16、残高5.2厘米（图三〇七，6）。

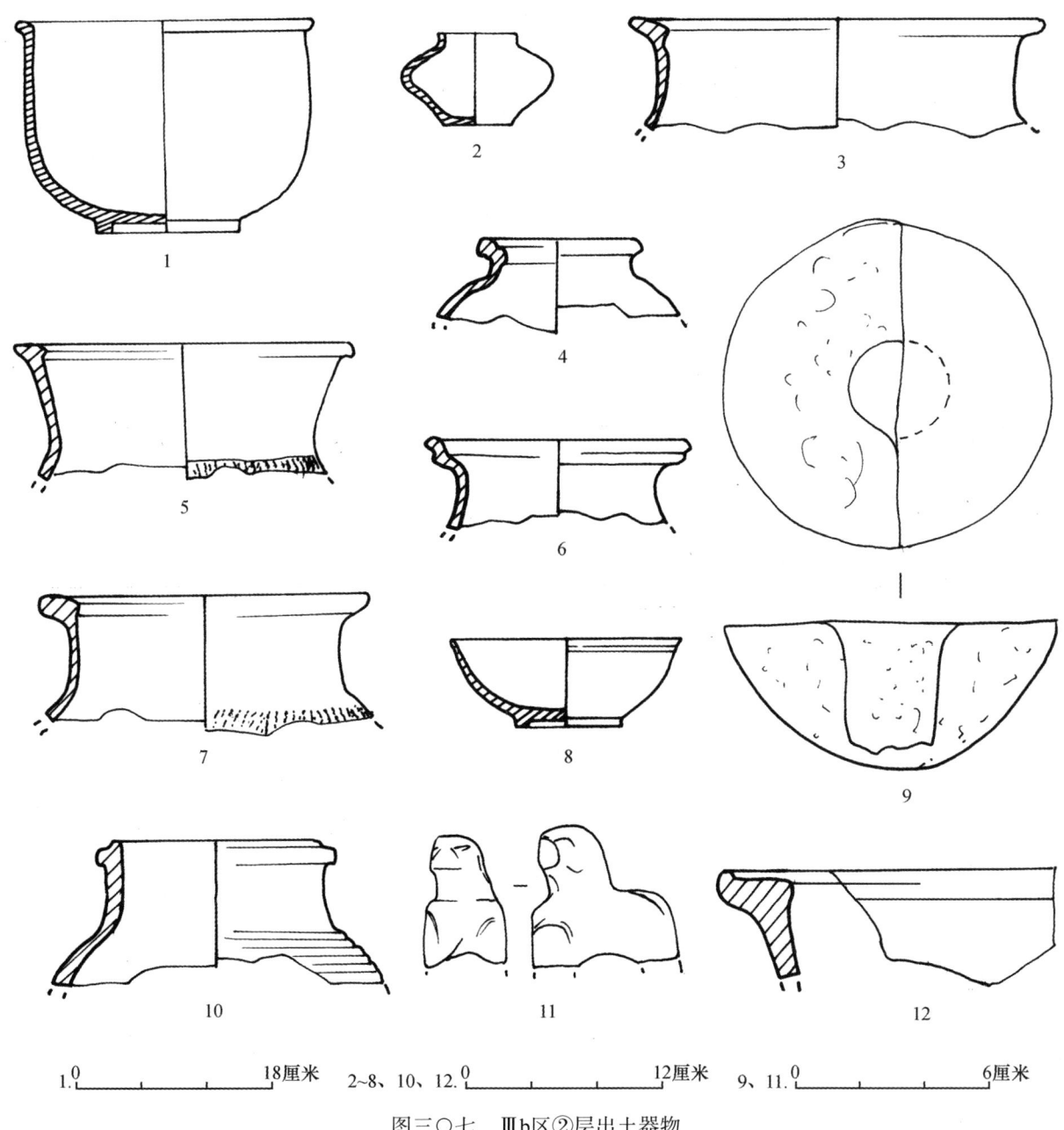

图三〇七　Ⅲb区②层出土器物
1.瓷盆（ⅢT5②：1）　2～5、7.陶罐（ⅢT5②：2、ⅢT8②：29、ⅢT8②：22、ⅢT8②：23、ⅢT7②：8）
6、10.陶壶（ⅢT8②：28、ⅢT8②：15）　8.瓷碗（ⅢT8②：2）　9.石杵（ⅢT8②：1）　11.瓷玩（ⅢT6②：1）
12.陶盆（ⅢT8②：35）

罐　5件。形制相同，皆口、肩残片，泥质灰陶。敞口，内折沿，圆唇，粗颈。颈部素面抹光，肩饰篦点纹。标本ⅢT8②：23，口径20、残高8.2厘米（图三〇七，5）。标本ⅢT8②：29，口径26、残高6.8厘米（图三〇七，3）。标本ⅢT7②：8，口径21、残高8.4厘米（图三〇七，7）。标本ⅢT8②：22，口、肩残片，泥质灰黑陶。小口，矮领，丰肩。素面抹光。口径12、残高4.8厘米（图三〇七，4）。标本ⅢT5②：2，细泥黑陶。直口，圆唇，丰肩，鼓腹，平底略内凹，底部留有旋削痕迹。上腹素面磨光，下腹素面抹光。口径4.8、底径4.2、高5.8厘米（图三〇七，2）。

盆　1件。标本ⅢT8②：35，口、腹残片，泥质红陶。敞口，宽平沿，外缘凸起，有凸棱一周，斜弧腹。素面抹光。口径49、残高7厘米（图三〇七，12）。

瓷器　有碗、盆、瓷玩等。

碗　1件。标本ⅢT8②：2，敞口，圆唇，斜弧腹，圈足。白灰胎较粗，先涂白色化妆土，施白釉，内、外壁施满釉，足壁露胎，内底有支钉疤痕，口外饰凹弦纹一周。口径14、底径6.4、高5.4厘米（图三〇七，8）。

盆　1件。标本ⅢT5②：1，直口微敛，窄沿，深腹，下腹可见旋削痕，圈足略外撇。红褐色粗胎，夹细砂，施白釉，上腹釉色泛青，下腹呈酱黄色，有蜡泪痕；内底有支钉疤痕。口径26.7、底径13.3、高20厘米（图三〇七，1）。

瓷玩　1件。犬。标本ⅢT6②：1，腿残，呈站立状。青灰胎较细，施青釉，釉色泛灰。长3、残高4.4厘米（图三〇七，11）。

石杵　1件。标本ⅢT8②：1，残半，砂岩磨制。上部平面呈圆形，中心钻孔，杵头弧凸。孔径3、深2.8、直径10、厚4.4厘米（图三〇七，9）。

半两　1枚。其形制为方孔圆形，钱面方穿的两侧有"半两"二字，篆书。标本ⅢT7②：12，直径2.4、穿宽0.7厘米。

③第3层内出土遗物

有陶器、瓷器等。

陶器　有盆、陶饼等。

盆　4件。标本ⅢT8③：2，泥质灰陶。敛口，窄平沿，方唇，斜弧腹，平底略内凹。器表素面抹光，底部留有旋削痕迹。口径53.3、底径24、高17.4厘米（图三〇八，6）。标本ⅢT7③：11，口、腹残片，泥质褐陶。卷沿，圆唇，弧腹，素面抹光。口径32、残高7.2厘米（图三〇八，7）。标本ⅢT7③：3，口、腹残片，泥质灰褐陶。敞口，宽平沿，外缘凸起，有凸棱一周，内缘有凹槽一周，斜弧腹。素面抹光。口径48、残高10.4厘米（图三〇八，1）。标本ⅢT7③：2，口径48、残高8厘米（图三〇八，2）。

陶饼　1件。标本ⅢT7③：21，泥质灰陶片打制而成。平面呈圆形，一侧面饰压印纹。直径6.4、厚1厘米（图三〇八，8）。

器底　1件。标本ⅢT7③：22，泥质灰陶。平底内凹，饰篦点纹。底径15、残高4.8厘米（图三〇八，4）。

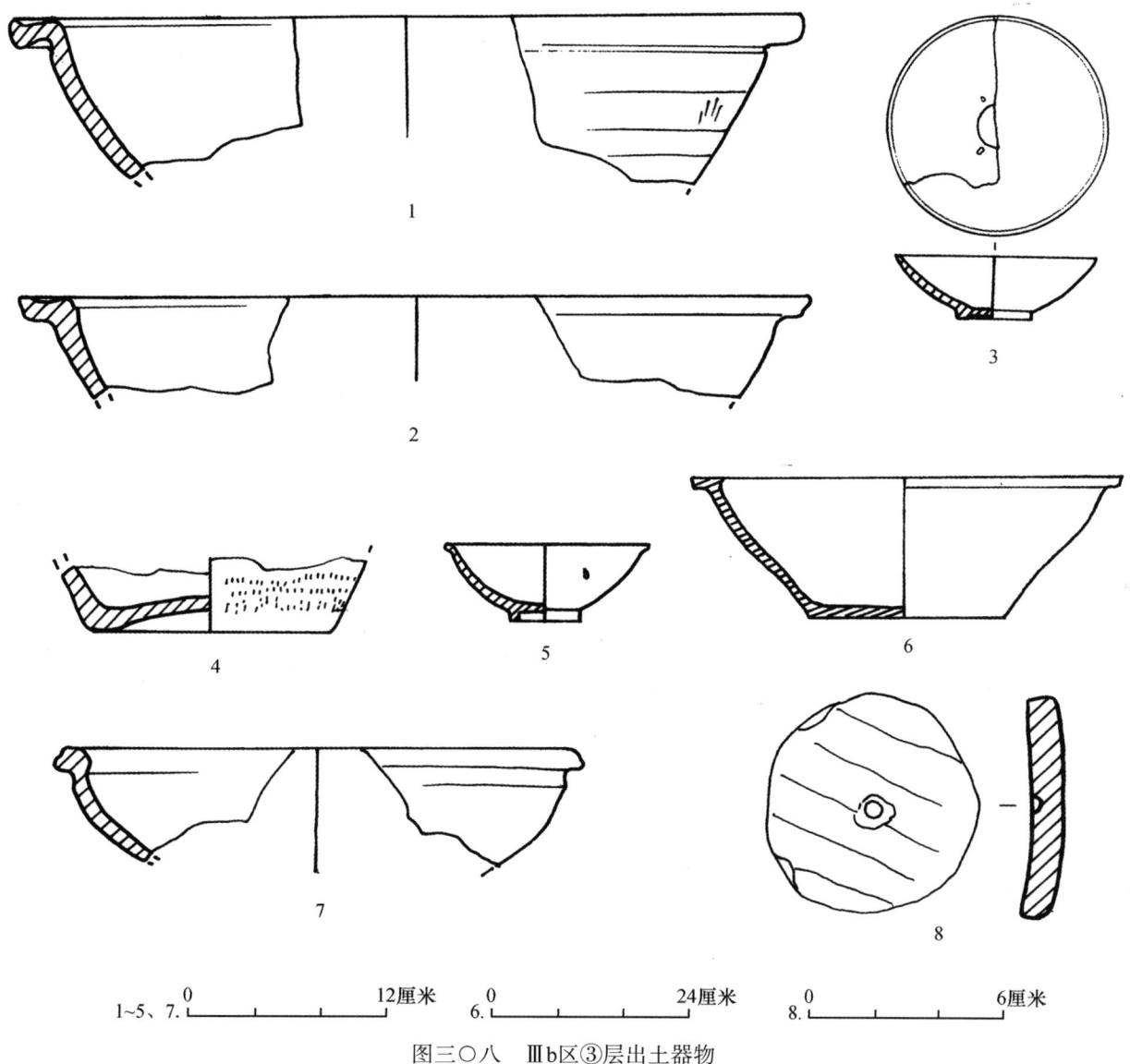

图三〇八　Ⅲb区③层出土器物

1、2、6、7.陶盆（ⅢT7③:3、ⅢT7③:2、ⅢT8③:2、ⅢT7③:11）　3、5.瓷碗（ⅢT8③:1、ⅢT6③:1）
4.陶器底（ⅢT7③:22）　8.陶饼（ⅢT7③:21）

瓷器　有碗。

碗　2件。标本ⅢT8③:1，敞口，圆唇，斜腹，矮圈足。灰白胎，细腻，先涂白色化妆土，施白釉，釉色泛黄；内壁施满釉，外壁施釉不及底，釉层有冰裂纹，内底有3个支钉疤痕。口径12、底径4.2、高3.7厘米（图三〇八，3）。标本ⅢT6③:1，敞口，圆唇，唇缘加厚，斜弧腹，圈足，脐底。灰白胎较粗，先涂白色化妆土，施白釉，釉色泛黄，内壁施满釉，外壁施釉不及底，内底有支钉疤痕。口径12.2、底径4.3、高5厘米（图三〇八，5）。

④第4层内出土遗物

有陶器、石器等。

陶器　有盆、筒瓦等。

盆　1件。标本ⅢT5④：3，口、腹残片，泥质灰陶，手制。敞口，宽平沿，外缘凸起，有凸棱一周，内缘有凹槽一周，斜直壁。素面抹光。口径48.8、残高9厘米（图三〇九，1）。

筒瓦　2件。横截面呈半圆形，子母口，方头，咬合面略短，与筒壁尖角呈锐角。标本ⅢT5④：7，残，细泥黑陶。外壁素面磨光，内壁饰布纹。直径16、残长20、厚1.8厘米（图三〇九，2）。标本ⅢT5④：8，残，细泥灰陶。外壁素面抹光，内壁饰布纹。直径15.8、残长32、厚1.6厘米（图三〇九，4）。

石器　有斧。

斧　1件。标本ⅢT5④：1，通体磨光。器身扁平呈梯形，顶部略窄，以下渐宽，横截面呈长方形，中部偏上钻孔，对钻，直刃微弧，较锋利，留有打琢疤痕。孔径0.8、长10、刃宽7厘米（图三〇九，3）。

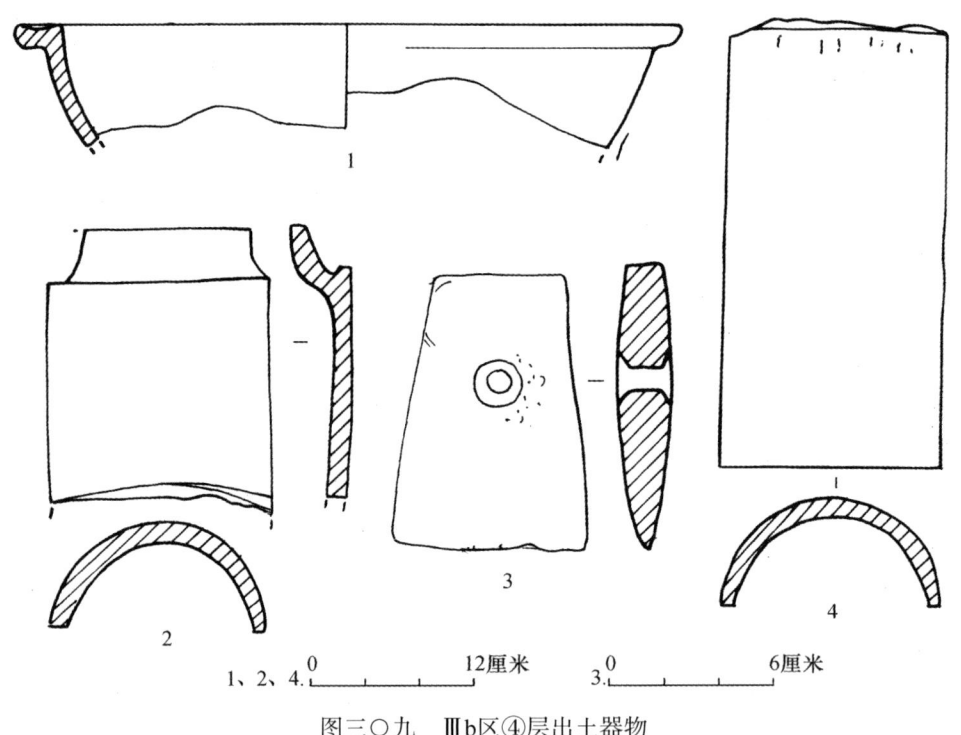

图三〇九　Ⅲb区④层出土器物
1.陶盆（ⅢT5④：3）　2、4.筒瓦（ⅢT5④：7、ⅢT5④：8）　3.石斧（ⅢT5④：1）

（2）遗迹

有灰坑、壕沟、水井等。

1）灰坑

ⅢH40　位于ⅢT5的西北部，开口于第2层下，距地表深60厘米，打破第3层。平面呈圆形（只清理一部分），直壁，平底。直径120、深36厘米。坑内填灰花土，土质较松软，夹杂砖瓦碎块、红烧土块，含有少量的陶瓷片和动物骨骼等（图三一〇）。

罐　1件。标本ⅢH40：1，直口略外侈，方唇，弧腹，圈足略外撇，下腹可见旋削痕，肩部附贴对称双耳。灰白色粗胎，施白釉，釉色泛青，有蜡泪痕，器表有窑渣。口径5.7、底径4.2、高9.8厘米（图三一一）。

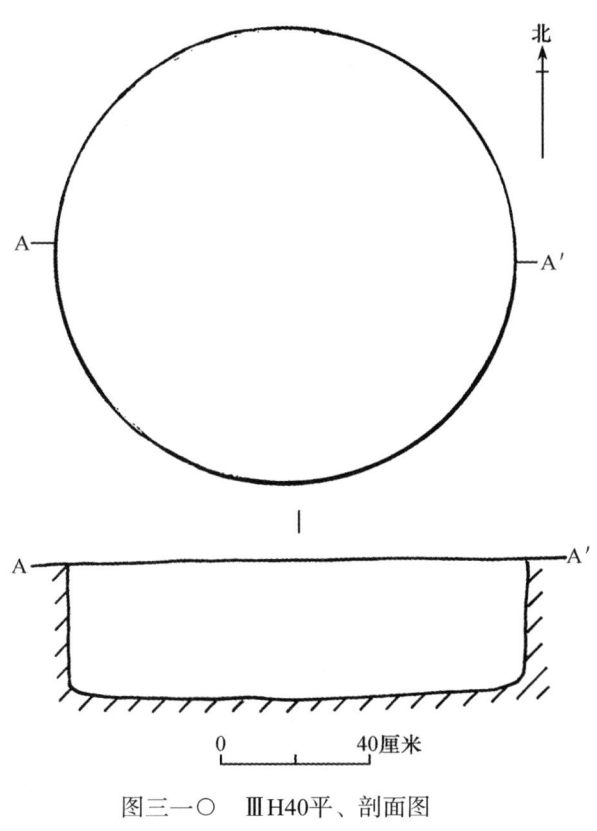

图三一〇　ⅢH40平、剖面图

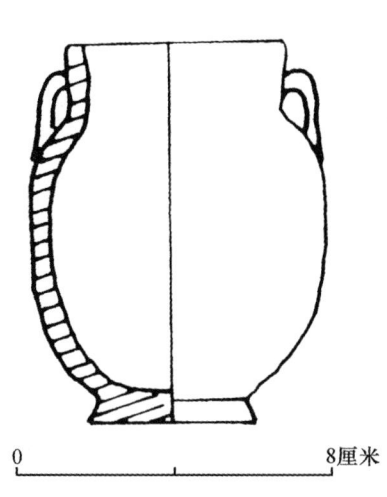

图三一一　ⅢH40出土瓷罐（ⅢH40：1）

ⅢH41　位于ⅢT5的西南部，开口于第2层下，距地表深45～55厘米，打破ⅢG3。平面呈圆形（只清理一部分），直壁不甚规整，坑底不平。直径180、深90厘米。坑内填灰色花土，土质较硬，含有大量的草木灰、砖瓦碎块、草拌泥块，出土少量的陶瓷片和动物骨骼等（图三一二）。

出土器物有陶罐、陶盆、瓷碗等。

陶罐　1件。标本ⅢH41：3，口、肩残片，细泥黑陶。小口，平沿，矮领，溜肩。饰不规则三角形矸光暗纹。口径10.4、残高4.6厘米（图三一三，2）。

陶盆　1件。标本ⅢH41：4，口、腹残片，泥质灰褐陶。卷沿，圆唇，曲腹，素面抹光。口径28、残高6厘米（图三一三，3）。

瓷碗　1件。标本ⅢH41：1，敞口，斜折沿，圆唇，斜腹，圈足。白灰色粗胎，先涂白色化妆土，施白釉，釉色泛灰；内壁施满釉，外壁施釉不及底，有蜡泪痕；内底有支钉疤痕，露胎处有烟炱。口径18、底径7.5、高6.2厘米（图三一三，1）。

ⅢH42　位于ⅢT5的东北部，开口于第1层下，距地表深25厘米，打破第2层及ⅢG3。平面

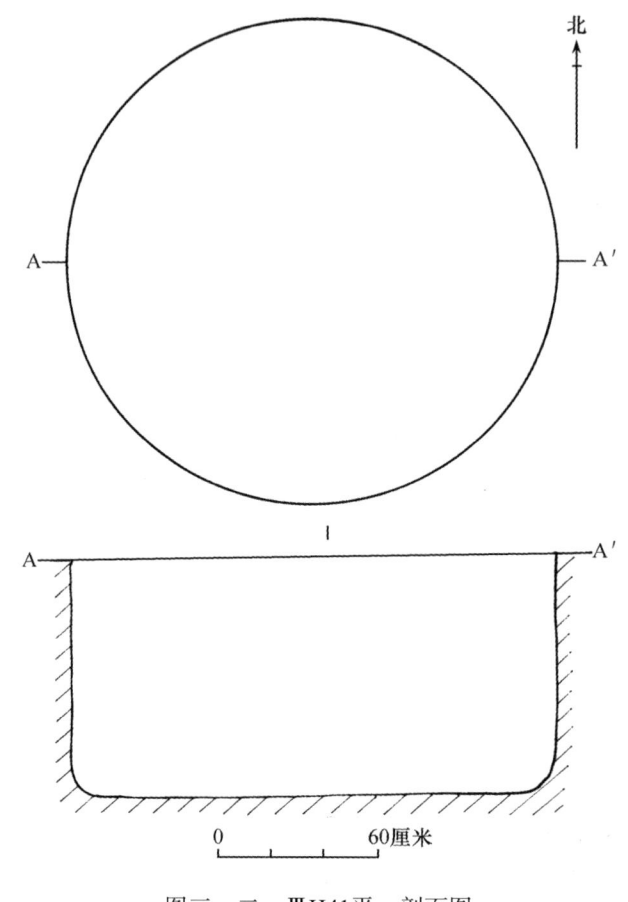

图三一二　ⅢH41平、剖面图

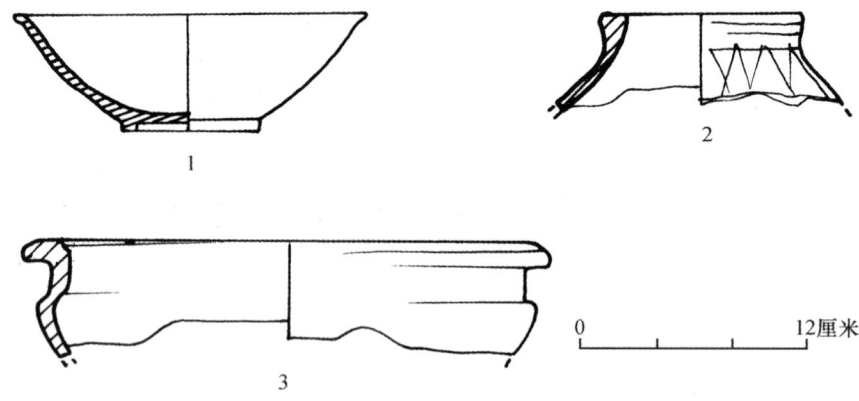

图三一三　ⅢH41出土器物
1. 瓷碗（ⅢH41：1）　2. 陶罐（ⅢH41：3）　3. 陶盆（ⅢH41：4）

呈圆形，直壁不规整，平底。直径120、深90厘米。坑内填灰褐色土，土质较松软，出土少量的陶瓷片和动物骨骼等（图三一四）。

三彩器足　1件。标本ⅢH42：1，蹄足。灰白胎，施三彩釉。高5.6厘米（图三一五）。

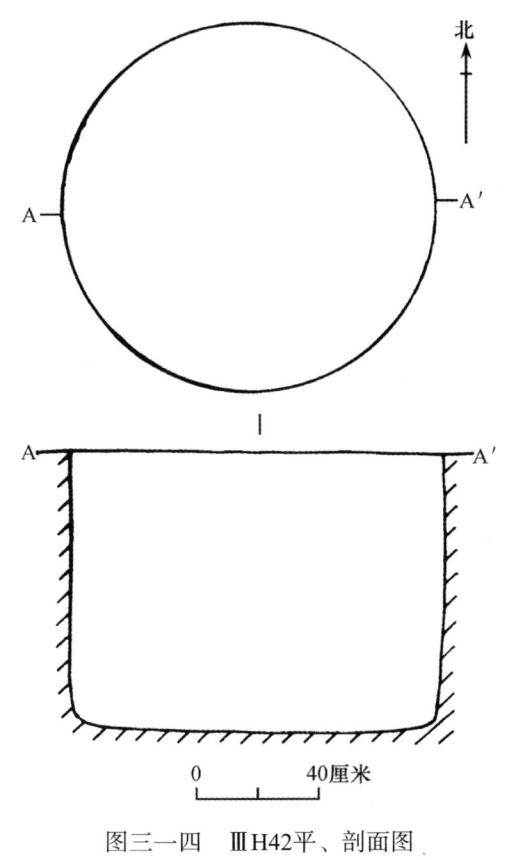

图三一四　ⅢH42平、剖面图

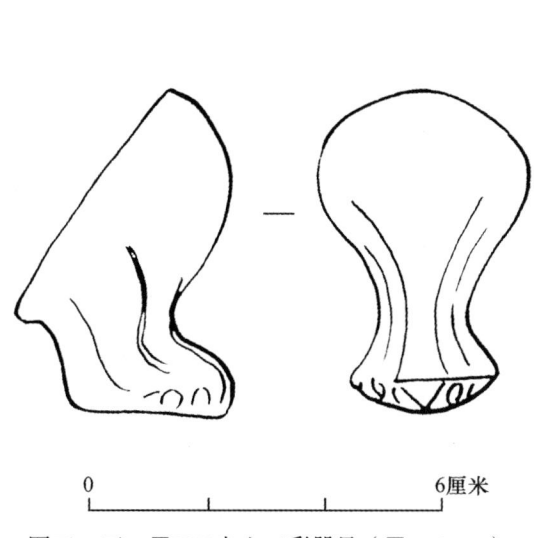

图三一五　ⅢH42出土三彩器足（ⅢH42∶1）

ⅢH43　位于ⅢT5内和ⅢT6的东半部，开口于第3层下，距地表深100厘米，被ⅢG3打破，打破ⅢH49、第4层及生土层。平面呈不规则形（只清理一部分），直壁不规整，坑底凹凸不平。清理长710、清理宽420、深150～200厘米。坑内填灰色花土，土质较硬，含有大量的砖瓦碎块、草木灰、木炭粒和草拌泥块，出土少量的陶片和动物骨骼等（图三一六）。

出土器物有陶器、石器等。

陶器　有罐、围棋盘、模具、筒瓦、瓦当、莲花纹砖等。

罐　2件。标本ⅢH43∶34，口、腹残片，夹砂红褐陶，手制。侈口，圆唇，鼓腹。肩、腹饰叶脉纹，内壁留有手捏痕迹。口径24.2、残高18.2厘米（图三一七，1）。标本ⅢH43∶10，颈、肩残片，泥质灰褐陶，手制。束颈，溜肩。颈部素面抹光，颈肩交界处饰叶脉纹，内壁留有手捏痕迹。颈径9.6、残高8厘米（图三一七，3）。

围棋盘　1件。标本ⅢH43∶26，残半。用方砖制成，砖面经打磨光滑后其上阴刻网状线条，较为随意。长38、残宽26、厚7.6厘米（图三一七，7）。

模具　2件。用长条形砖改制而成，皆残。标本ⅢH43∶16，残长20、宽16.5、厚8厘米（图三一七，6）。标本ⅢH43∶30，残长18、宽16.5、厚8厘米（图三一七，5）。

筒瓦　3件。标本ⅢH43∶38，残，细泥黑陶。半圆形，方头，子母口，咬合面较长，与筒壁夹角呈锐角，外壁素面磨光，内壁饰布纹。直径16.8、残长29.2、厚1.4～1.7厘米（图

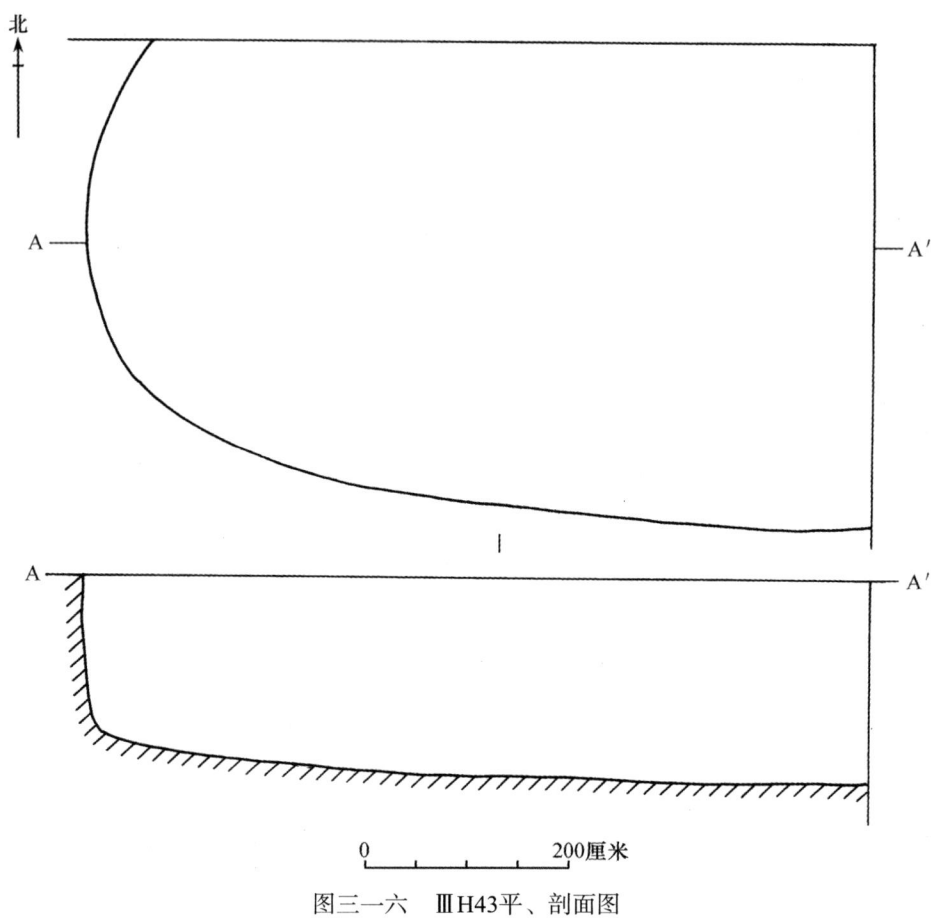

图三一六 ⅢH43平、剖面图

三一八,2)。标本ⅢH43:12,残,细泥黑陶。直径16.4、残长20、厚1.8厘米(图三一八,3)。标本ⅢH43:13,残,泥质灰陶。外壁素面抹光,内壁饰布纹。直径16.6、残长34、厚2.4厘米(图三一八,1)。

莲花纹瓦当 5件。标本ⅢH43:6,残。细泥黑陶,当面突起,边轮扁平磨光。当心饰乳突,与一周联珠纹组成花蕊,外饰六瓣宝装莲花,莲花与边轮间以单环弦纹、单环联珠纹为间隔。直径15.6、边轮宽1.6、当厚2.2厘米(图三一九,5)。标本ⅢH43:7,残。泥质灰陶。直径15.6、边轮宽2.1、当厚1.6厘米(图三一九,3)。标本ⅢH43:3,当厚1.6厘米(图三一九,4)。标本ⅢH43:4,当厚1.6厘米(图三一九,2)。标本ⅢH43:8,当厚1.6厘米(图三一九,1)。

莲花纹砖出土数量较多,形制相同,皆为模制。砖面突起,砖心饰乳突,与一周联珠纹组成花蕊,外饰六瓣宝装莲花,莲花与边轮间以单环弦纹、单环联珠纹、单环弦纹为间隔;内框以花草纹为间隔;边框以两周单环弦纹间夹联珠纹为间隔。标本ⅢH43:20,稍残。平面呈方形,边长34、厚8厘米(图三一八,4)。标本ⅢH43:23,稍残。平面呈方形,边残长28~30、厚8厘米(图三一八,6)。标本ⅢH43:19,残半。平面呈方形,边残长18~32、厚6厘米(图三一八,5)。

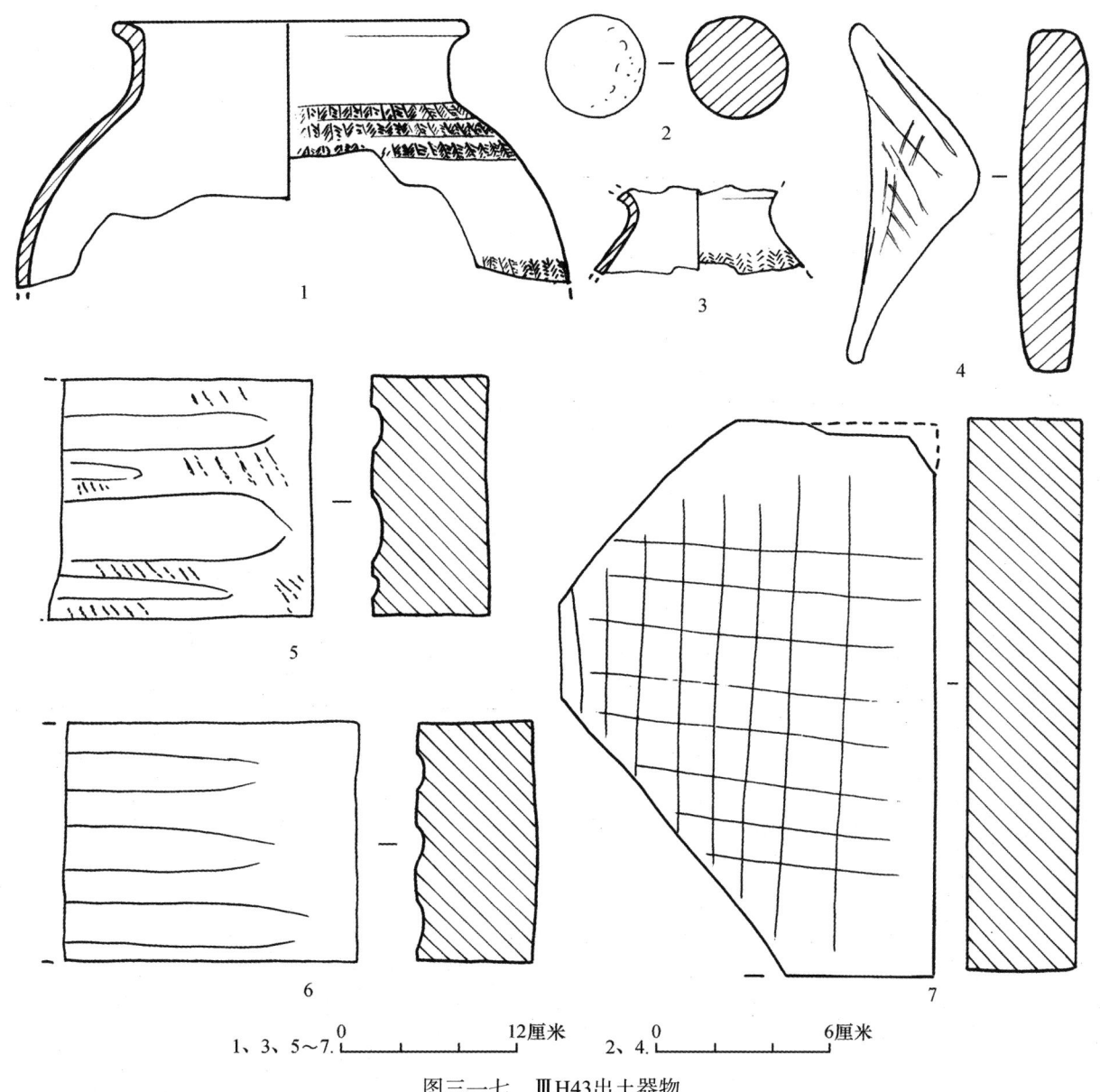

图三一七　ⅢH43出土器物
1、3. 陶罐（ⅢH43：34、ⅢH43：10）　2. 石球（ⅢH43：2）　4. 磨石（ⅢH43：1）
5、6. 模具（ⅢH43：30、ⅢH43：16）　7. 陶围棋盘（ⅢH43：26）

石器有磨石、石球等。

磨石　1件。标本ⅢH43：1，器身平面近凹底三角形，磨擦面内凹。底长11.8、高3.6、厚2.2厘米（图三一七，4）。

石球　1件。标本ⅢH43：2，砂岩磨制而成。形体呈球形。直径3.4厘米（图三一七，2）。

ⅢH44　位于ⅢT8的西北部，开口于第3层下，距地表深110厘米，打破ⅢG3及生土层。平面呈长方形（只清理一部分），斜壁不甚规整，圜底。清理长140、宽120、深60厘米。坑内填灰褐色花土，土质较硬，含有少量的陶片和动物骨骼等（图三二○）。

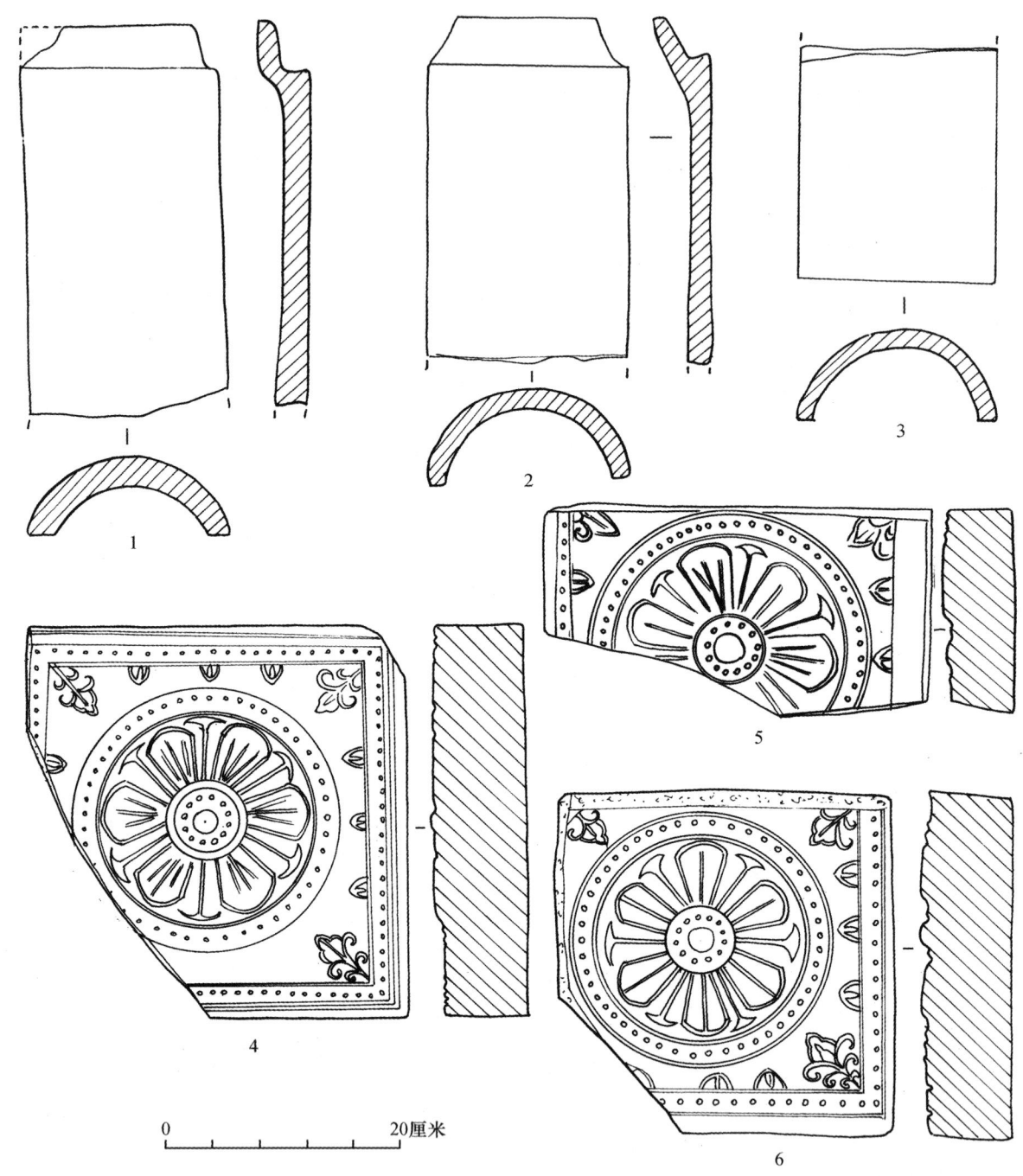

图三一八　ⅢH43出土器物

1~3.筒瓦（ⅢH43：13、ⅢH43：38、ⅢH43：12）　4~6.莲花纹砖（ⅢH43：20、ⅢH43：19、ⅢH43：23）

壶　2件。标本ⅢH44：2，口、肩残片，泥质灰陶。敞口，内折沿，圆唇，束颈。颈部素面抹光，肩饰箆点纹。口径16、残高9厘米（图三二一，1）。标本ⅢH44：1，口径16、残高6.4厘米（图三二一，2）。

ⅢH45　位于ⅢT7的东南部，开口于第3层下，距地表深125厘米，打破第4层及生土层。平

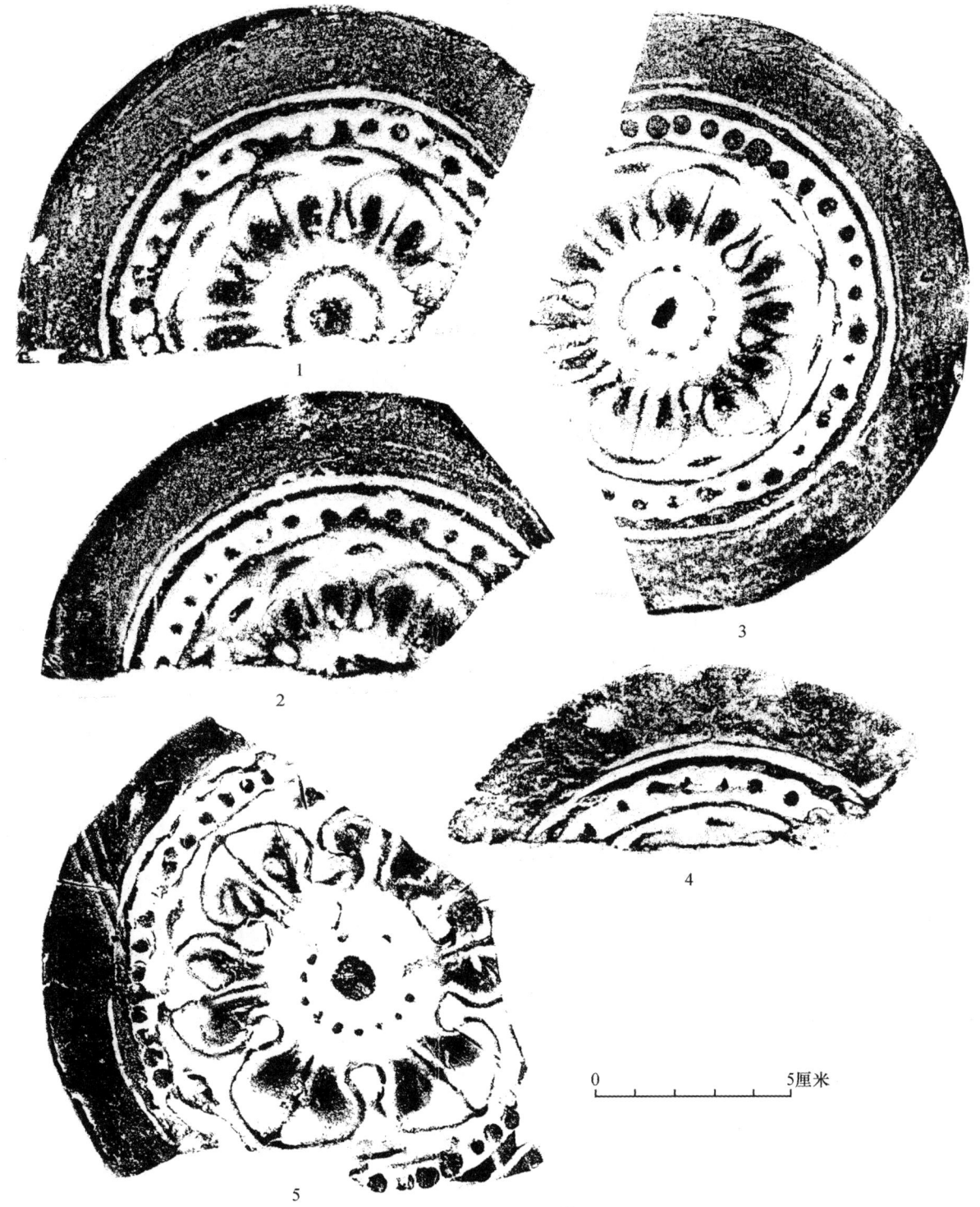

图三一九 ⅢH43出土瓦当
1. ⅢH43:8 2. ⅢH43:4 3. ⅢH43:7 4. ⅢH43:3 5. ⅢH43:6

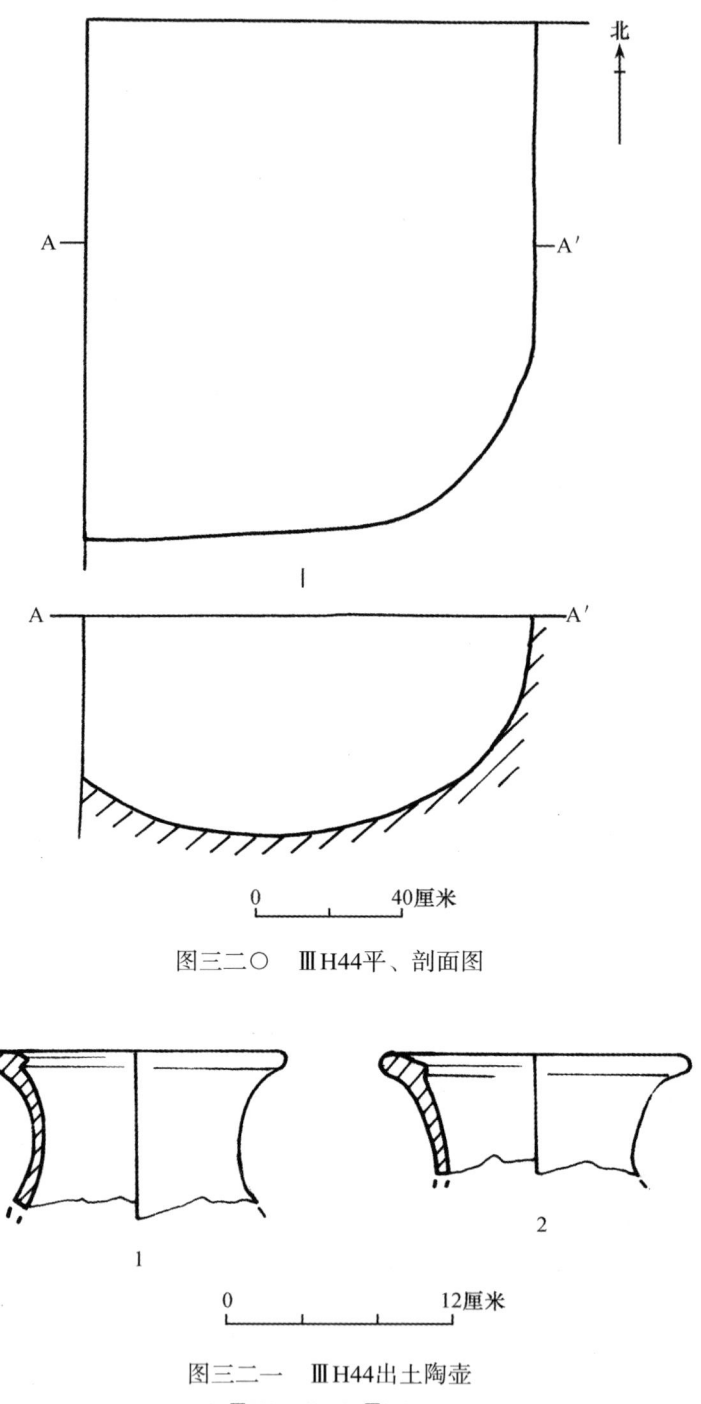

图三二〇　ⅢH44平、剖面图

图三二一　ⅢH44出土陶壶
1. ⅢH44：2　2. ⅢH44：1

面呈长方形（只清理一部分），直壁，平底。清理长50、宽100、深115厘米。坑内填灰花土，土质较松软，含有大量的草木灰及木炭粒，出土少量的陶片和动物骨骼等（图三二二）。

陶纺轮　1件。标本ⅢH45：2，泥质红褐陶，模制。呈圆锥状，上端较平，中心钻孔，饰纵向沟纹。孔径0.4、底径2、高2厘米（图三二三）。

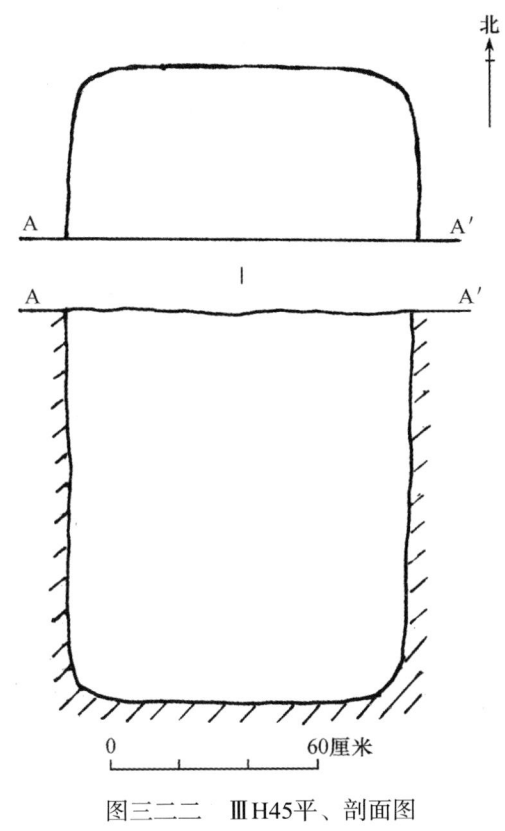

图三二二　ⅢH45平、剖面图

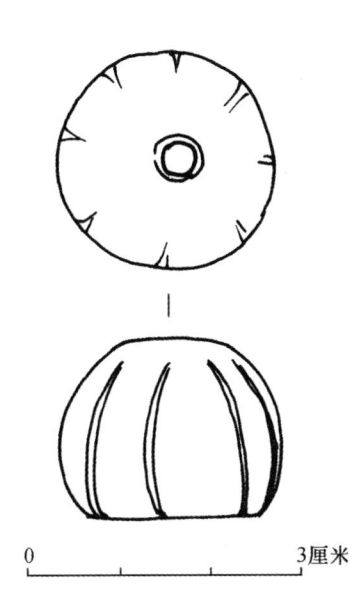

图三二三　ⅢH45出土陶纺轮（ⅢH45∶2）

ⅢH46　位于ⅢT8的中南部，开口于第3层下，距地表深70厘米，被ⅢH47、ⅢG3打破，打破ⅢH50、第4层及生土层。平面呈长方形（只清理一部分），斜弧壁，不甚规整，近圜底。清理长350、宽110、深85厘米。坑内填黄灰色花土，土质较松软，含有少量的陶瓦片和动物骨骼等（图三二四）。

出土器物有陶罐、陶盘、筒瓦、板瓦、滴水、鸱吻、磨石、角器等。

陶罐　1件。标本ⅢH46∶20，口、腹残片，泥质灰陶。侈口，圆唇，矮领、束颈，广肩，附桥形器耳。素面抹光。口径18、残高9.4厘米（图三二五，4）。

陶盘　1件。标本ⅢH46∶3，泥质灰陶。敞口，圆唇，浅腹，平底，下接三矮蹄足。素面抹光。口径24、足高2.4、通高5.2厘米（图三二五，8）。

筒瓦　3件。形制相同，横截面呈半圆形，子母口，方头，咬合面较短。瓦背素面抹光，内壁饰布纹。标本ⅢH46∶4，泥质灰陶。直径13.6、长29.2、厚2.4厘米（图三二五，7）。标本ⅢH46∶13，直径12.8、长28.8、厚1.6厘米（图三二五，6）。标本ⅢH46∶12，泥质灰陶。横截面呈半圆形，子母口，方头，咬合面较长。瓦背素面抹光，内壁饰布纹。直径15.6、长30、厚2厘米（图三二五，5）。

板瓦　2件，形制相同，平面呈梯形。瓦背素面抹光，内壁饰布纹。标本ⅢH46∶11，泥质灰陶。长33.8、上宽20.2、下宽22.6、厚2.4厘米（图三二五，1）。标本ⅢH46∶15，长33.2、上

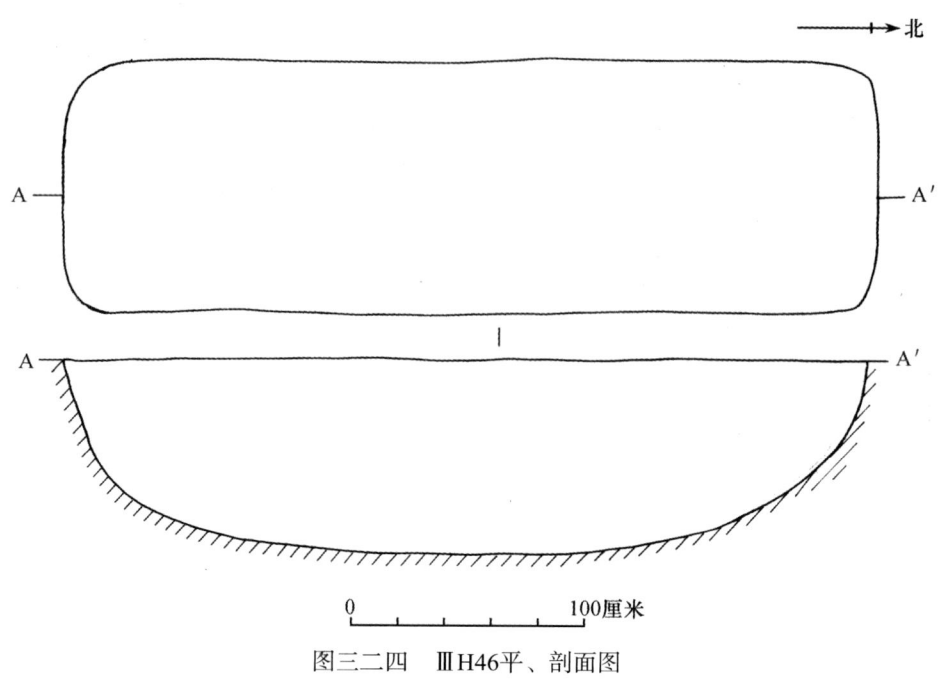

图三二四　ⅢH46平、剖面图

宽20、下宽21.4、厚2厘米（图三二五，2）。

滴水　1件。标本ⅢH46：10，残，泥质灰陶。下侧作波浪纹，内施凸弦纹间夹压印纹（图三二五，9）。

鸱吻　1件　标本ⅢH46：14，青灰色。龙身，饰龙鳞纹。残长23、宽20.8、厚2.2厘米（图三二五，3）。

磨石　1件。标本ⅢH46：2，残半。呈窄长方体，顶端弧凸，略厚，中心钻孔，两侧钻孔与顶端孔衔接，便于携带。孔径0.6、残长7.4、宽2.8、厚1.4厘米（图三二五，10）。

角器　1件。标本ⅢH46：1，鹿角略经加工而成（图三二五，11）。

ⅢH49　位于ⅢT6的中西部，于第4层下开口，距地表深200厘米，被ⅢH43打破，打破生土层。平面呈长方形，略呈口大坑小，斜直壁，平底。坑口残长170～220、宽80、深60厘米。坑内填灰褐色花土，土质较松软，夹有草木灰、块状木炭，含有少量的陶片等（图三二六）。

ⅢH50　位于ⅢT7的西中部，ⅢT8的中东部，开口于第3层下，距地表深105厘米，被ⅢG2、ⅢG3打破，打破ⅢH48及生土层。平面呈圆形。直壁，平底。直径420、深195厘米。坑内填黄花土，土质较硬，含有少量的陶片、动物骨骼等（图三二七）。

壶　2件。标本ⅢH50：3，口、颈残片，泥质黑陶。小口略外侈，斜折沿，圆唇，细颈。素面抹光。口径12、残高10厘米（图三二八，1）。标本ⅢH50：2，口、腹残片，泥质灰褐陶。浅盘口，圆唇，矮领，束颈。素面抹光。口径16、残高4.8厘米（图三二八，2）。

ⅢH51　位于ⅢT8的中部，开口于第2层下，距地表深60厘米，被H44打破，打破ⅢG3及生土层。平面呈长方形，直壁，平底。长140、宽92、深200厘米。坑内填灰褐色花土，土质较松软，含有大量的草木灰、木炭粒、砖瓦碎块，出土少量的陶片和动物骨骼等（图三二九）。

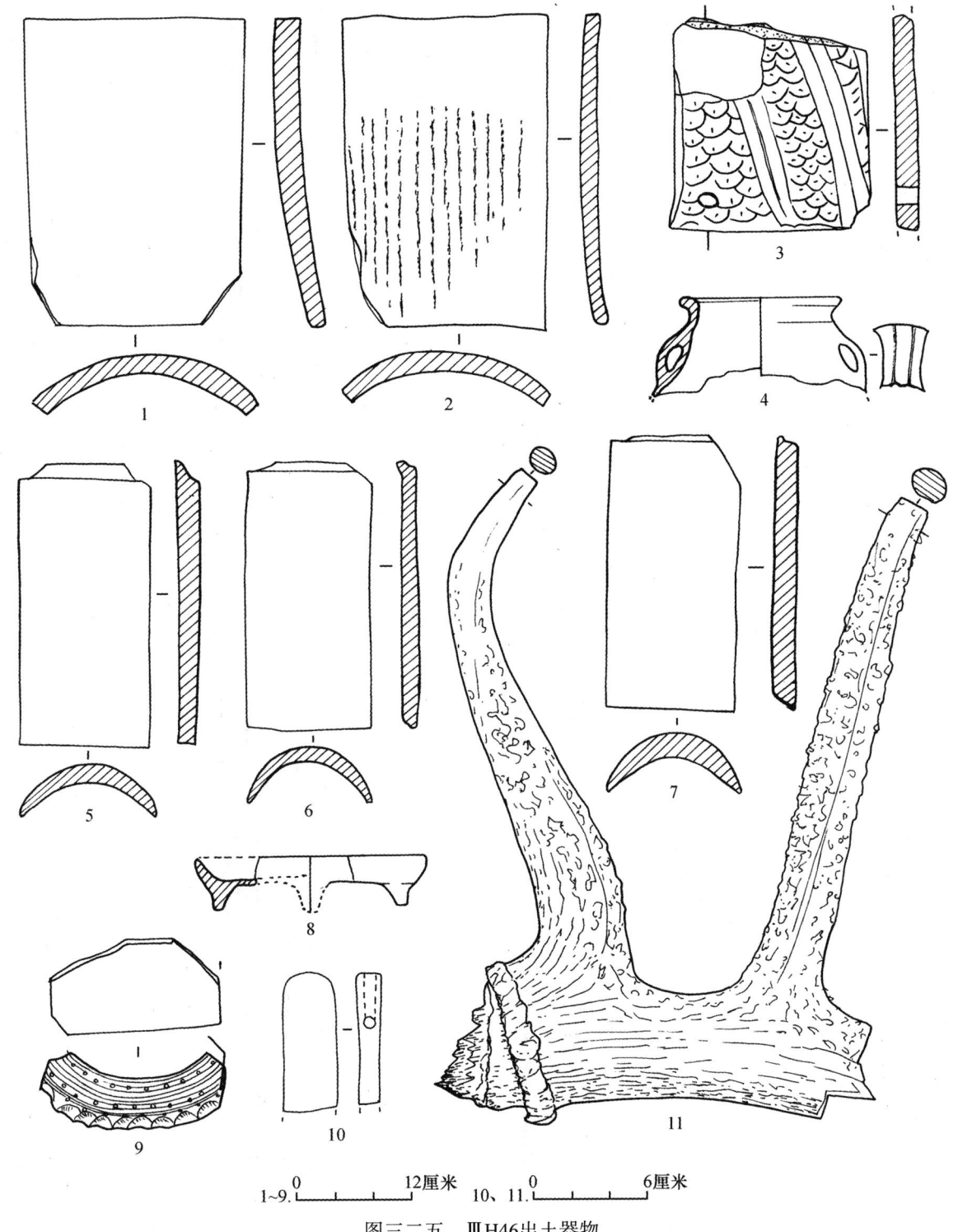

图三二五　ⅢH46出土器物

1、2. 板瓦（ⅢH46∶11、ⅢH46∶15）　3. 鸱吻（ⅢH46∶14）　4. 陶罐（ⅢH46∶20）　5～7. 筒瓦（ⅢH46∶12、ⅢH46∶13、ⅢH46∶4）　8. 陶盘（ⅢH46∶3）　9. 滴水（ⅢH46∶10）　10. 磨石（ⅢH46∶2）　11. 角器（ⅢH46∶1）

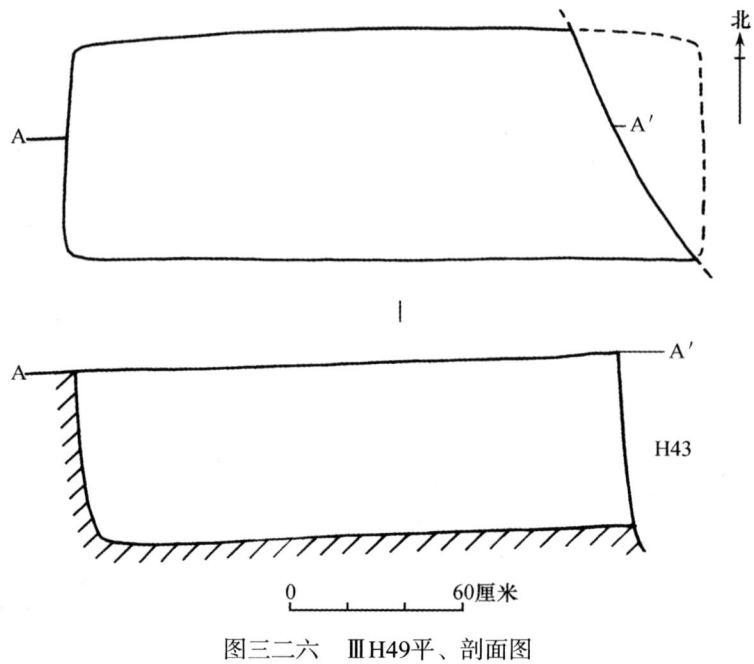

图三二六　ⅢH49平、剖面图

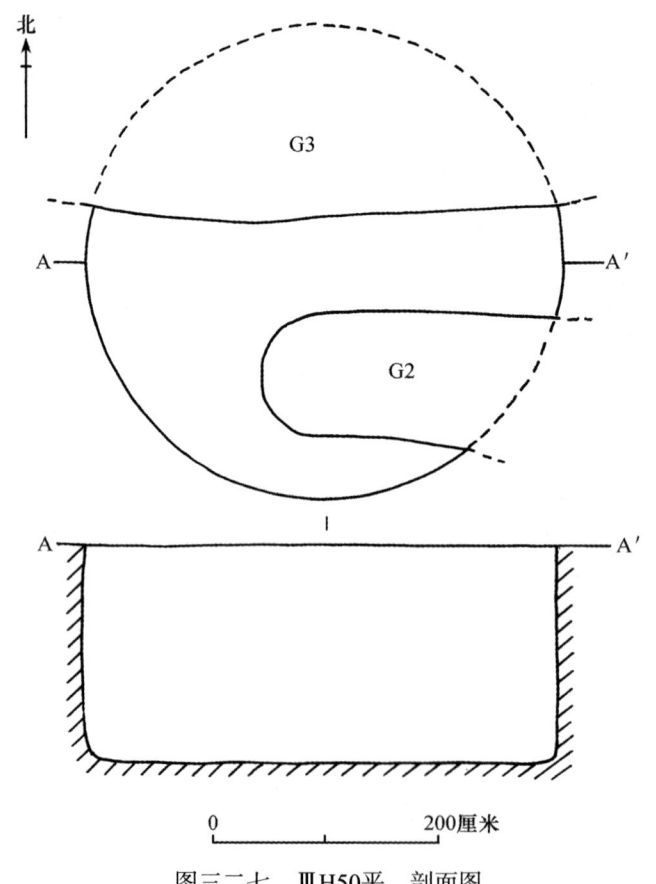

图三二七　ⅢH50平、剖面图

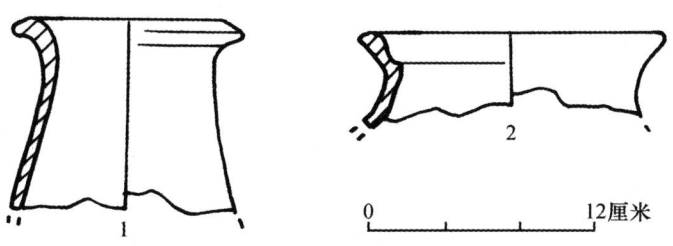

图三二八　ⅢH50出土陶壶
1. ⅢH50：3　2. ⅢH50：2

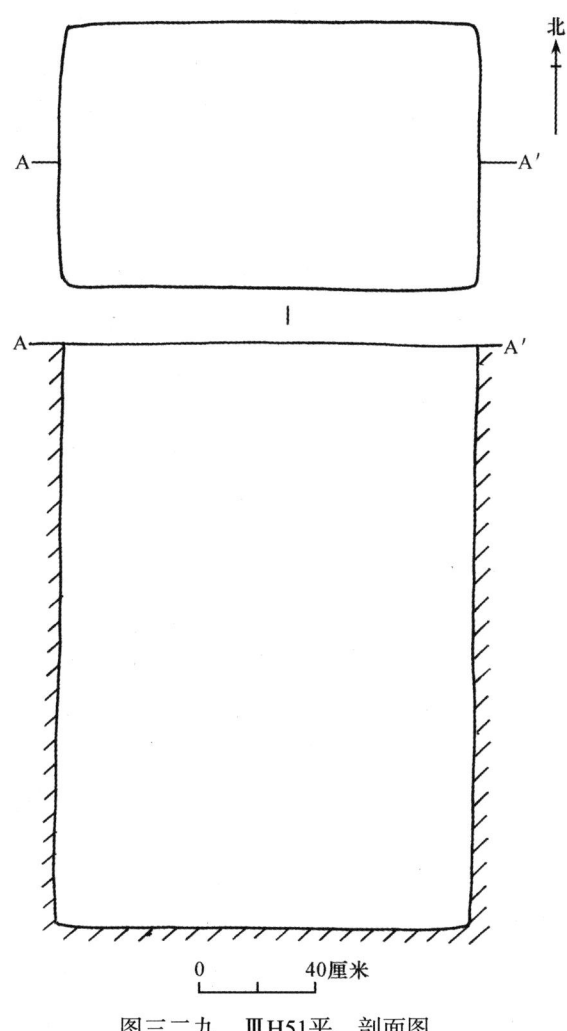

图三二九　ⅢH51平、剖面图

磨石　1件。标本ⅢH51：2，平面呈圆形，磨擦面较平滑。直径7.8、厚1.5厘米（图三三〇，1）。

管形骨器　1件。标本ⅢH51：1，动物角磨制。呈螺旋状圆柱体。直径4、内径3.6、高7厘米（图三三〇，2）。

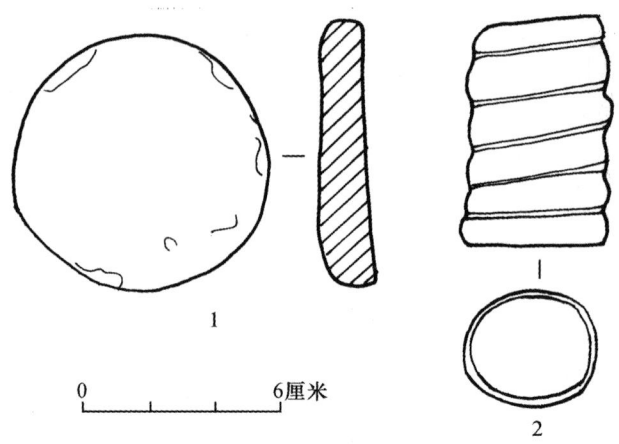

图三三〇　ⅢH51出土器物
1.磨石（ⅢH51：2）　2.管形骨器（ⅢH51：1）

2）壕沟

ⅢG2　位于ⅢT7的南部，ⅢT8的东南部，开口于第3层下，距地表深100厘米，打破ⅢH48、ⅢH50、第4层及生土层。平面呈不规则长条形（只清理一部分），东西向，从T8内开始由西向东延伸，呈上宽下窄，沟壁不甚规整，沟底不平。清理长700、口宽100～120、底宽70～90、深70～100厘米。沟内填黄灰色花土，土质较松散，含有少量的砖瓦碎块、陶瓷片和动物骨骼等（图三三一）。

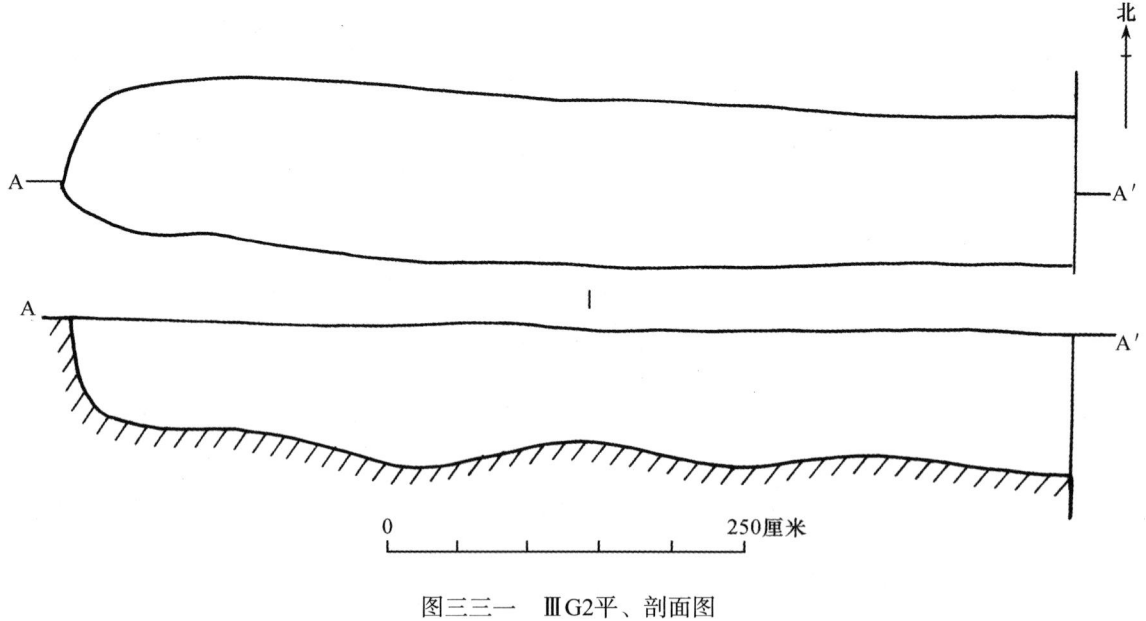

图三三一　ⅢG2平、剖面图

ⅢG3　位于ⅢT5、ⅢT6的南部、ⅢT7、ⅢT8的北部，开口于第3层下，距地表深100厘米，被ⅢH44打破，打破ⅢH43、ⅢH50及生土层。平面呈不规则长条形（只清理一部分），东西向，从T8内开始由西向东延伸，呈上宽下窄，沟壁不甚规整，沟底不平。清理长900、口宽300～375、深125～155厘米。内填黄灰色花土，土质较松散，含有少量的砖瓦碎块、陶瓷片和动物骨骸等（图三三二）。

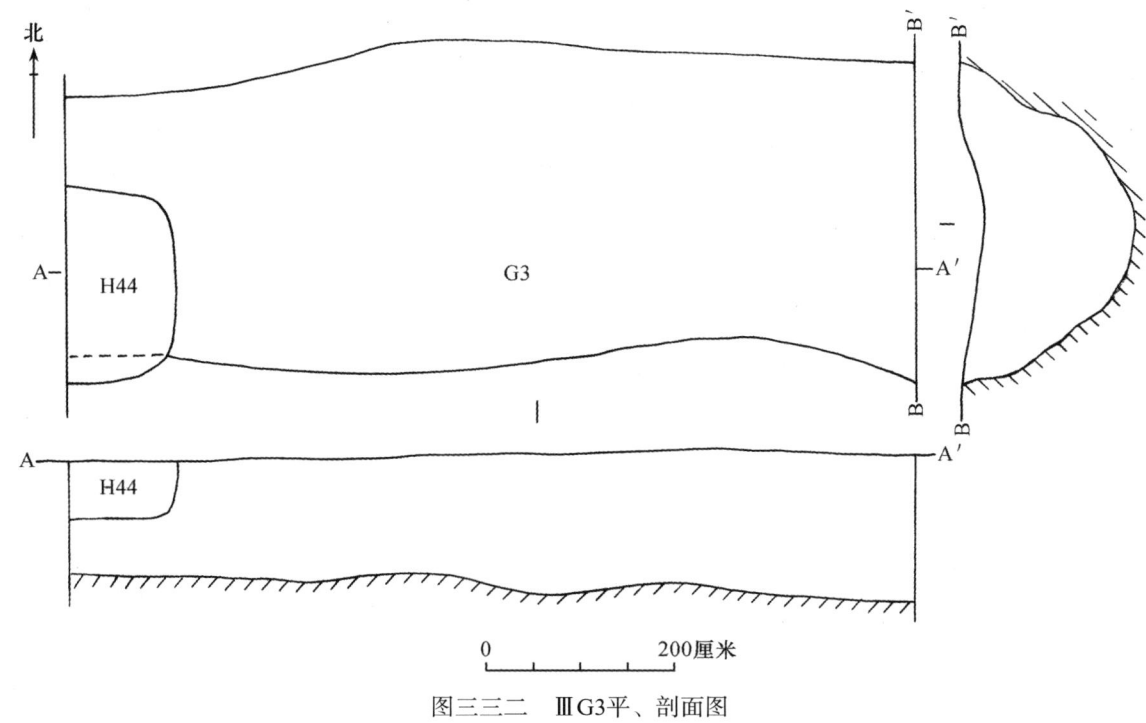

图三三二　ⅢG3平、剖面图

莲蕾纹瓦当　1件。标本ⅢG3∶3，残，泥质灰陶。以单环线将当面划分为内外区。内区以乳钉纹组成花蕊；外区饰八朵椭圆形莲蕾纹，间以"T"字纹相隔，且与内环线相连，外饰一周联珠纹。直径14、边轮宽2、当厚1.4厘米（图三三三）。

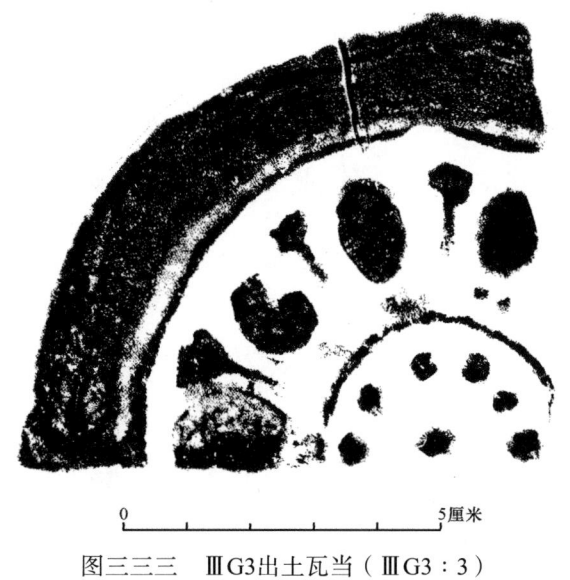

图三三三　ⅢG3出土瓦当（ⅢG3∶3）

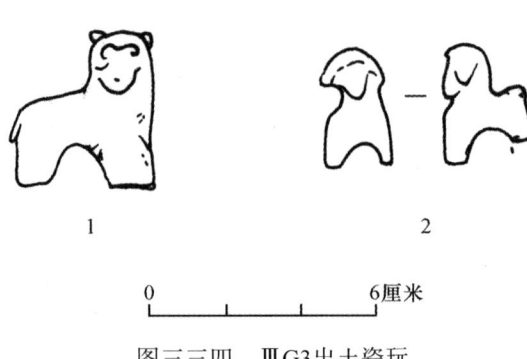

图三三四　ⅢG3出土瓷玩
1. ⅢG3∶1　2. ⅢG3∶2

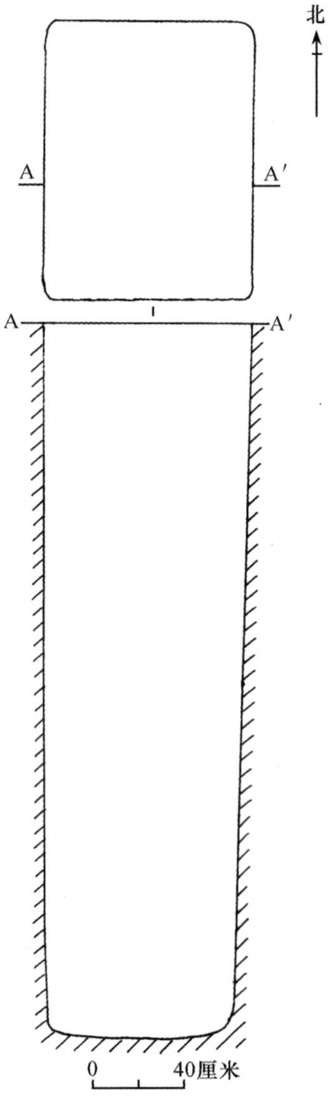

瓷玩　2件。犬。标本ⅢG3∶1，一腿残，呈站立状，小耳竖立。灰白胎较细，施酱釉，釉色斑驳。长3.6、高4.2厘米（图三三四，1）。标本ⅢG3∶2，后腿残，呈站立状，大耳向下。白胎较细，施白釉。长2.4、高3.2厘米（图三三四，2）。

3）水井

ⅢJ1　位于ⅢT8的西南部，开口于第3层下，距地表深75厘米，打破第4层及生土层。平面呈长方形（只清理一部分），井口略大于井底，直壁留有挖掘痕迹，平底。清理长120、宽90、深310厘米。未发现水淘层痕迹。井内填灰褐色花土，土质较疏松，夹杂大量的砖瓦碎块、红烧土块和草泥块，含有少量的陶片和动物骨骼等（图三三五）。

出土器物有陶釜、陶钵、陶拍、陶饼等。

釜　1件。标本ⅢJ1∶5，口、肩残片，泥质红陶。模制。侈口，方唇，唇面有凹槽一周，广肩，饰纵向弦断中绳纹。口径30、残高8.8厘米（图三三六，1）。

钵　1件。标本ⅢJ1∶11，泥质灰陶。敞口，圆唇，深腹。素面抹光，腹饰凹弦纹一周。口径13、残高5厘米（图三三六，3）。

陶拍　1件。柄。标本ⅢJ1∶1，泥质灰陶，圆形柱状，顶端中心钻半孔。器表上端有弦痕，下端有刀削痕。孔径0.8、直径4.6、残高5厘米（图三三六，4）。

陶饼　1件。标本ⅢJ1∶17，泥质灰陶片打制而成，近圆形，直径5.7、厚0.6厘米（图三三六，2）。

3. Ⅲc区发掘

Ⅲc区（即第Ⅲ发掘区T9～ⅢT12）位于中城的中北部，南距a区70米。发掘5×5米的探方4个，发掘面积为100平方米（图三三七）。共清理发掘灰坑（窖穴）3个，壕沟1条；出土器物有陶器、石器、骨器、建筑构件等（表一三）。

图三三五　ⅢJ1平、剖面图

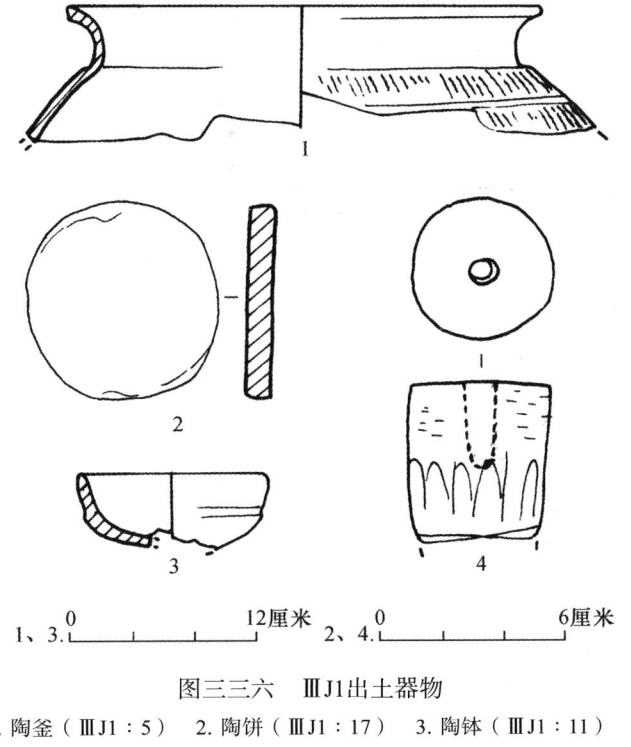

图三三六　ⅢJ1出土器物

1. 陶釜（ⅢJ1：5）　2. 陶饼（ⅢJ1：17）　3. 陶钵（ⅢJ1：11）
4. 陶拍（ⅢJ1：1）

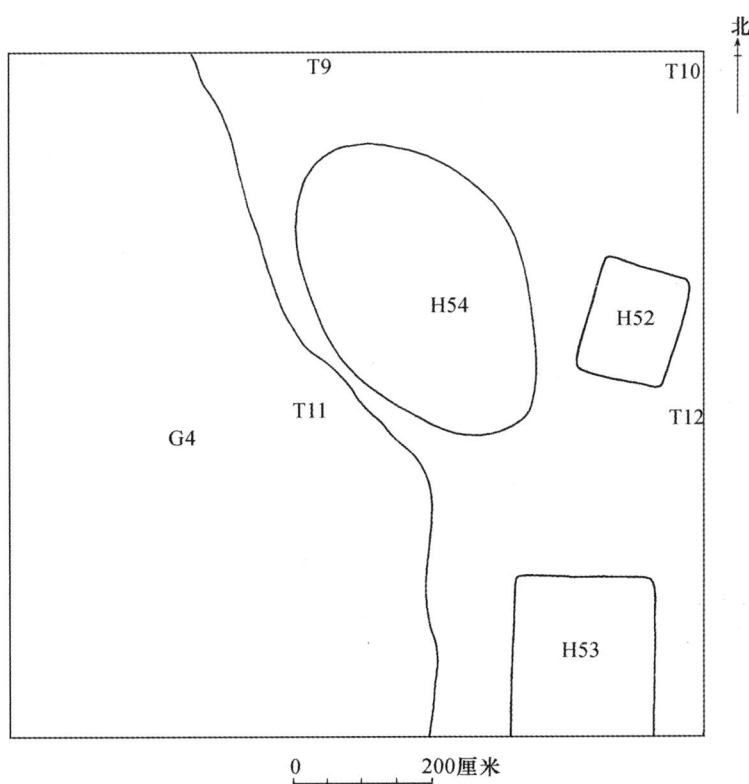

图三三七　Ⅲc区总平面图

表一三　Ⅲc区地层、遗迹与遗物对照表

探方 \ 层位	面积（平方米）	①层		②层	
		遗迹	遗物	遗迹	遗物
ⅢT9	5×5			G4	陶罐、陶盆
ⅢT10	5×5	H52、H54	陶罐、陶盆、瓦当		
ⅢT11	5×5			G4	
ⅢT12	5×5			H53	陶片

（1）地层堆积与出土遗物

1）地层堆积

该发掘区地层堆积较薄，根据土质土色与其包含物的不同，堆积层可分为2层。现以ⅢT9、ⅢT10的南壁剖面为例介绍如下（图三三八）。

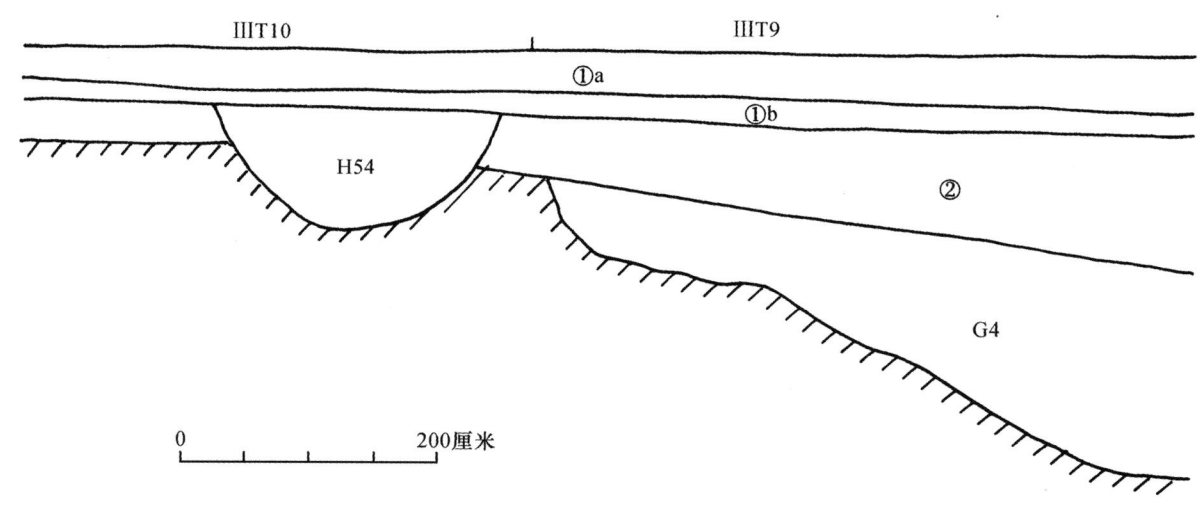

图三三八　ⅢT9、ⅢT10南壁剖面图

第1层：耕土层，可分2层。

第1a层：为淤积层，红泥土，土质较硬，呈块状，无遗物。厚25～45厘米。

第1b层：黄灰色砂土，土质疏松，夹杂砖瓦碎块，含有零散的陶片等。厚15～20厘米。ⅢH54等遗迹开口于该层下。

第2层：灰褐色花土，土质较硬，内夹杂有料姜石，含有少量的陶片、建筑构件和动物骨骼。深40～65、厚30～100厘米。ⅢG4等遗迹开口于该层下。

第2层下为生土。

2）出土遗物

有陶器、钱币等。

陶器　1件。标本ⅢT10②：2，泥质灰陶。呈窄长方体，两端中部钻孔。体长9.4、宽3.6、厚1.8、孔径0.6厘米（图三三九，1）。

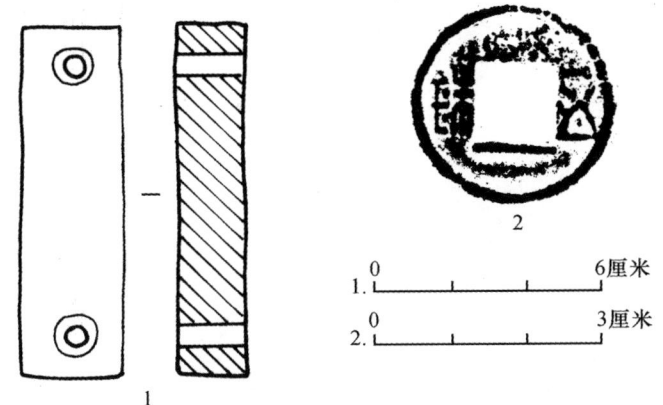

图三三九　Ⅲc区②层出土器物
1.陶器（ⅢT10②：2）　2.钱币（ⅢT10②：1）

钱币　1枚。五铢，钱文篆书，横读。标本ⅢT10②：1，直径2.65、穿宽1厘米（图三三九，2）。

（2）遗迹

1）灰坑

ⅢH54　位于ⅢT10的西南部，开口于第1层下，距地表深50厘米，打破第2层及生土层。平面呈椭圆形，斜弧壁，圜底，长径465、短径300、深130厘米。坑内填浅灰色花土，土质较硬，含有少量的砖瓦碎块，出土少量的陶瓷片和动物骨骼等（图三四〇）。

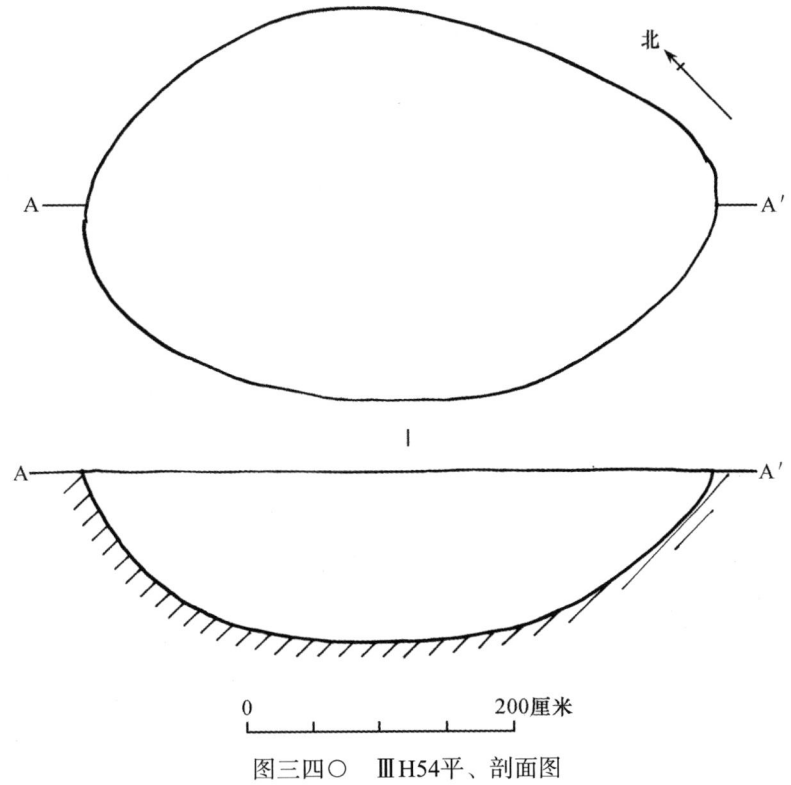

图三四〇　ⅢH54平、剖面图

瓦当　1件。莲花纹。标本ⅢH54：1，残，细泥黑陶，当面突起，边轮扁平磨光。当心饰乳突，与一周联珠纹组成花蕊，外饰六瓣宝装莲花，莲花与边轮间以单环弦纹、单环联珠纹为间隔。当厚1.6厘米（图三四一）。

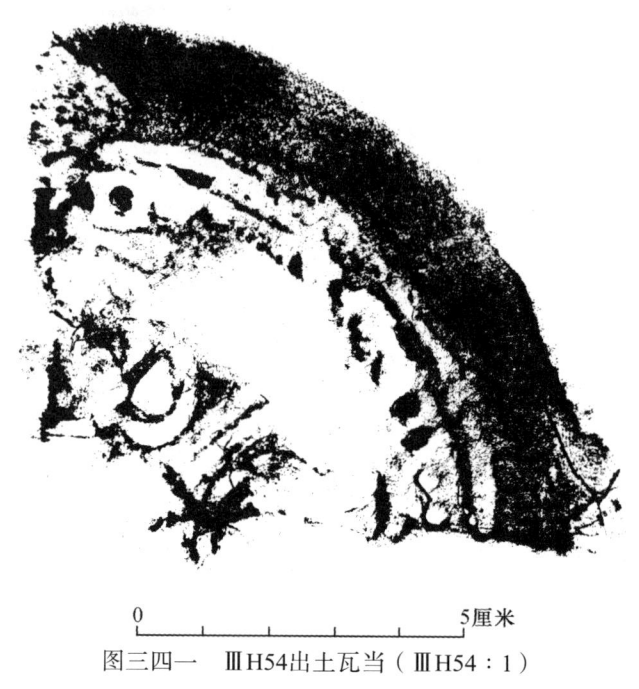

图三四一　ⅢH54出土瓦当（ⅢH54：1）

2）壕沟

ⅢG4　位于ⅢT9、ⅢT11两个探方内，开口于第2层下，距地表深100～168厘米，打破生土层。平面呈不规则形（只清理一部分），南北走向，斜壁不甚规整，沟底不平。清理长900、清理宽300～600、深60～160厘米。沟内填浅灰色花土，土质较硬，含有少量的砖瓦碎块，出土少量的陶瓷片和动物骨骼等（图三四二）。

出土器物有陶壶、陶罐、陶佛像、瓦当、鸱吻、铜镞、铁斧、钱币等。

陶壶　1件。标本ⅢG4：5，口、颈残片，细泥灰陶。敞口，平沿略内斜，圆唇，细颈。素面抹光，饰凸弦纹一周。口径16、残高4.6厘米（图三四三，2）。

陶罐　1件。标本ⅢG4：6，口、颈残片，泥质灰陶。敞口，内折沿，圆唇，粗颈。素面抹光，饰凸弦纹二周。口径22、残高8.6厘米（图三四三，1）。

陶佛像　1件。标本ⅢG4：4，泥质灰陶，模制，残存头部。残高6厘米（图三四三，6）。

瓦当　2件。标本ⅢG4：8，莲花纹。残。细泥黑陶，当面突起，边轮扁平磨光。当心饰乳突，与一周联珠纹组成花蕊，外饰六瓣宝装莲花，莲花与边轮间以单环弦纹、单环联珠纹为间隔。边轮宽2、当厚1.6厘米（图三四四，2）。标本ⅢG4：3，莲籽纹。残半，泥质灰陶。以单环线将当面划分为内外区。内区当心饰犄角式莲籽纹；外区饰一排莲蕾纹，凸棱纹与边缘相间

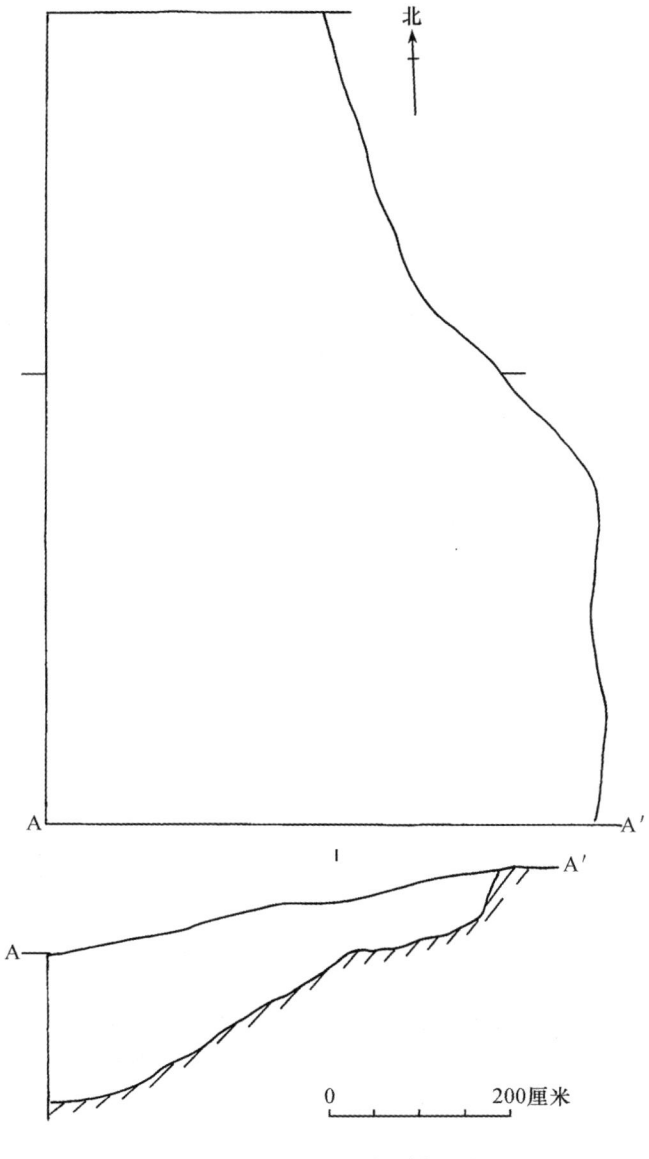

图三四二 ⅢG4平、剖面图

隔。边轮宽2.1、当厚1.4厘米（图三四四，1）。

鸱吻　标本ⅢG4：9，灰色。凤鸟纹脊饰件。残高18厘米（图三四三，3）。

铜镞　1件。标本ⅢG4：2，横截面三角形，镞身瘦长，前锋较锐，边锋较直。镞身长3.7厘米（图三四三，4）。

铁斧　1件。标本ⅢG4：7，呈窄长方体，直刃微弧，略宽，较锋利，侧面中部偏上中空成銎，銎口平整，呈长方形。体长9.5、刃宽6.4、銎径长3、宽1厘米（图三四三，5）。

钱币　1枚。标本ⅢG4：1，景德元宝，钱文真书，旋读。直径2.5、穿宽0.5厘米。

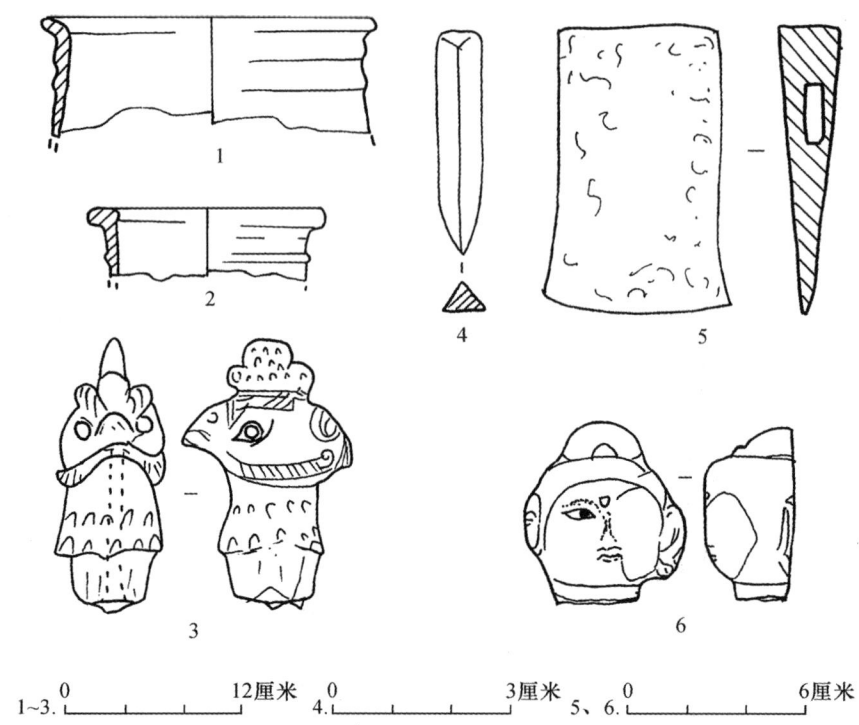

图三四三　ⅢG4出土器物
1. 陶罐（ⅢG4：6）　2. 陶壶（ⅢG4：5）　3. 鸱吻（ⅢG4：9）　4. 铜镞（ⅢG4：2）
5. 铁斧（ⅢG4：7）　6. 陶佛像（ⅢG4：4）

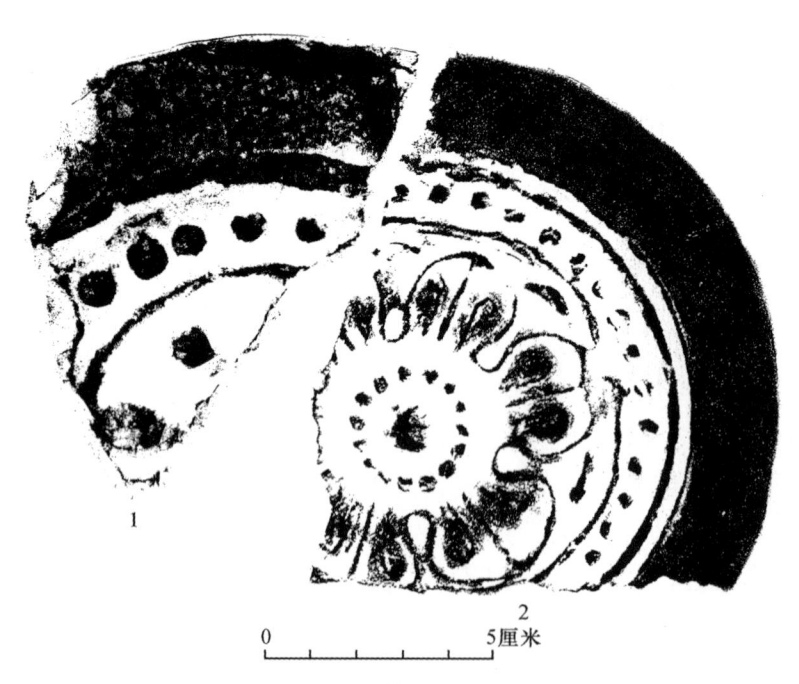

图三四四　ⅢG4出土瓦当
1. ⅢG4：3　2. ⅢG4：8

4. Ⅲd区发掘

Ⅲd区（即第Ⅲ发掘区T13～T16）位于中城的中部，西北距a区约65米。发掘5米×5米的探方4个，发掘面积（包括扩方）共计132平方米（图三四五）。共清理发掘灰坑（窖穴）32个，壕沟1条，水井4眼；出土物器类有陶器、瓷器、铜器、铁器、石器等（表一四）。

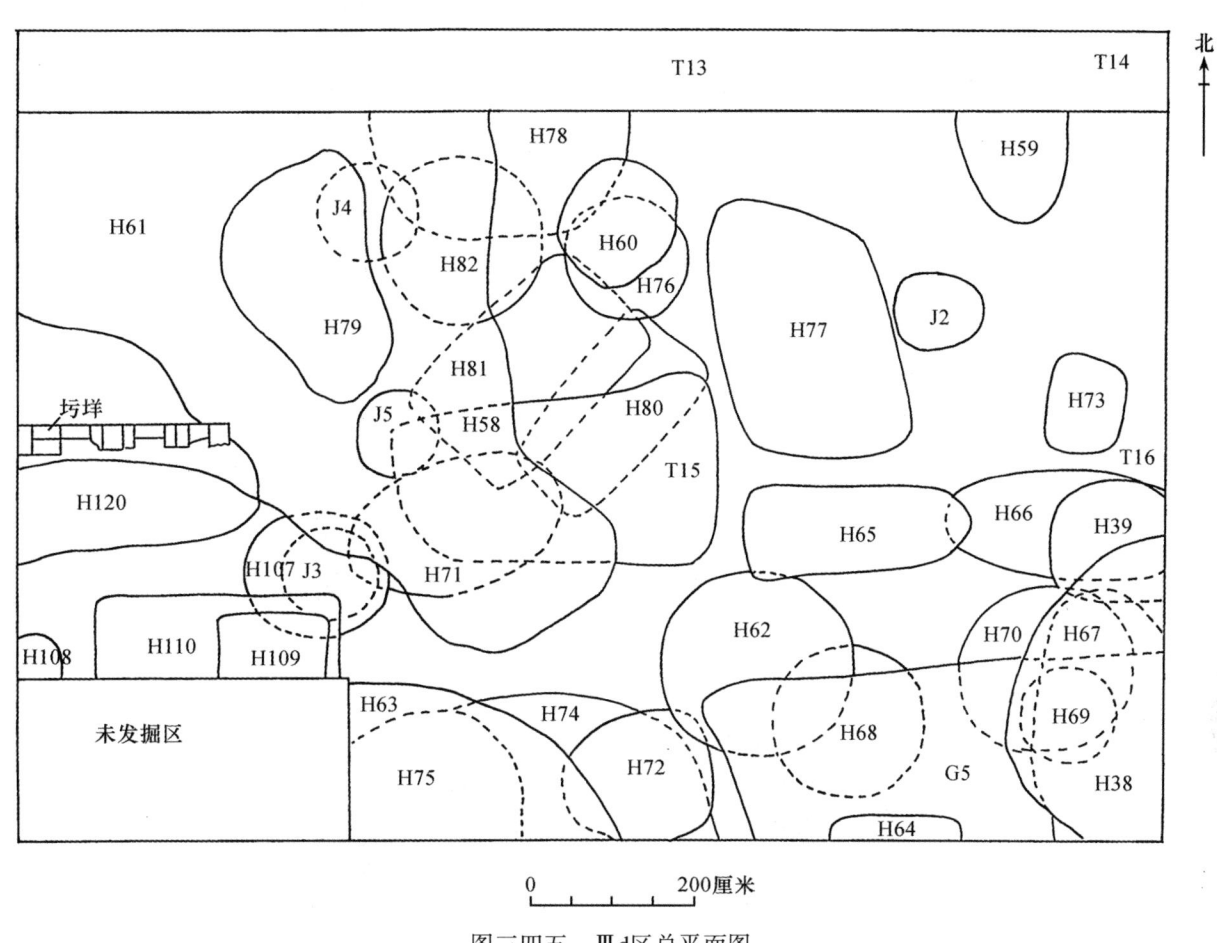

图三四五　Ⅲd区总平面图

表一四　Ⅲd区地层、遗迹与遗物对照表

层位 探方	面积 （平方米）	①层		②层		③层		④层	
		遗迹	遗物	遗迹	遗物	遗迹	遗物	遗迹	遗物
ⅢT13	（5×5）+ （4×8）	H60	陶盏、 瓷碗、 瓷盘	H61	钱币、铜簪、 陶丸、陶饼、 陶罐、陶盆、 陶盏、器盖、 瓷碗、瓷盘、 长砖	H58、H76、 H78、H79、 H80、H81、 H82、H107、 H108、H109、 H110、H120、 J3、J4、J5	铜钱、铁铲、石 球、陶饼、陶罐、 陶釜、陶盆、陶 钵、陶甑、陶壶、 陶豆、瓷碗、瓷 盘、筒瓦		

续表

层位\探方	面积（平方米）	①层 遗迹	①层 遗物	②层 遗迹	②层 遗物	③层 遗迹	③层 遗物	④层 遗迹	④层 遗物
ⅢT14	5×5	H59	陶瓷片	H73	陶瓷片			H77、J2	钱币、纺轮、陶钵、陶盏
ⅢT15	5×5			H63	陶罐、陶盆、陶钵、瓷碗、瓷盘、瓷盏、瓷玩	H71、H72、H74、H75	陶饼、陶罐、陶釜、陶盆、陶甑、陶钵、陶壶、陶豆、瓷碗、瓷盘、瓷罐、滴水		
ⅢT16	5×5	H38、H39		H62、H64、G5		H65、H66、H67、H68、H69、H70	陶饼、陶模具、陶罐、陶釜、陶盆、陶甑、陶钵、陶壶、瓦当、板瓦		

（1）地层堆积与出土遗物

1）地层堆积

该发掘区地层堆积在搞农田建设时多遭破坏，晚期堆积荡然无存。根据土质、土色与其包含物的不同，堆积层可分为4层。现以ⅢT16东壁剖面为例介绍如下（图三四六）。

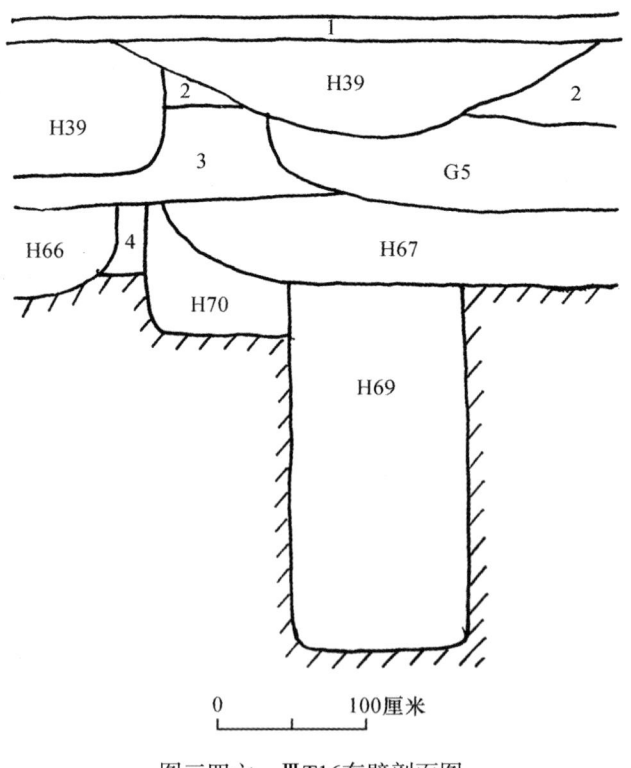

图三四六　ⅢT16东壁剖面图

第1层：耕土层，黄灰色砂土，土质疏松，含有零散的砖瓦碎块、陶瓷片等。厚15～20厘米。ⅢH38、ⅢH39等遗迹开口于该层下。

第2层：灰褐色花土，土质较松软，夹杂有草木灰、木炭粒、红烧土块和砖瓦碎块，含有少量的陶片和动物骨骼。分布于整个探方内。深15～20、厚40～55厘米。出土物可辨器型有石杵、陶盆、陶罐、陶盏、瓷碗；动物骨骼有猪、狗、羊、牛等骨骼。ⅢG5等遗迹开口于该层下。

第3层：黄褐色花土，土质较硬，夹有少量的木炭粒、砖瓦碎块，含有少量的陶瓷片和动物骨骼。分布于整个探方内，深55～70、厚60厘米。出土物可辨器型有铁器、陶盆、陶钵、陶盏、瓷碗等；ⅢH66、ⅢH67、ⅢH69、ⅢH70等遗迹开口于该层下。

第4层：黄花土，土质细腻较硬，夹有红泥土块，含有少量的陶片。此层堆积分布于探方的西南部，深120～140，厚25～50厘米。

第4层下为生土。

2）出土遗物

①第2层内出土遗物

有陶罐、陶盆、陶盘、陶砚、瓦当、瓷碗、铜带钩、石臼、钱币等。

陶罐　1件。标本ⅢT15②：16，口、肩残片，细泥灰褐陶。侈口，窄沿，方唇，矮领，丰肩。颈部素面抹光，肩部饰研光暗条纹。口径15.8、残高6厘米（图三四七，6）。

陶盆　1件。标本ⅢT13②：2，泥质灰陶。敛口，折沿，沿面隆起，内缘有凹槽一周，方唇，斜弧腹，平底。素面抹光。口径41、底径18、高13.9厘米（图三四七，1）。

陶盘　1件。标本ⅢT13②：5，细泥黑陶。敞口，尖圆唇，浅腹，平底。素面磨光。口径32、底径30、高2.8厘米（图三四七，4）。

陶砚　1件。标本ⅢT13②：4，残，细泥灰陶，模制。箕形，砚边饰云纹间夹鱼纹，底部有乳状矮足。残长13.5、高3.6厘米（图三四七，7）。

莲籽纹瓦当　1件。标本ⅢT15②：6，残半，泥质灰陶。以单环线将当面划分为内外区。内区当心饰八棱形乳突；外区饰两排莲蕾纹。边轮宽1.7、当厚1.6厘米（图三四八，1）。

文字瓦当　1件。标本ⅢT16②：1，残，泥质灰陶。边轮宽1.1、当厚1.4厘米（图三四八，2）。

瓷碗　1件。标本ⅢT15②：1，敞口，圆唇，斜弧腹，下腹折收，有旋削痕，圈足。白胎较细，先涂白色化妆土，施白釉，釉色泛青，内壁施满釉，外壁施釉不及底，有蜡泪痕；内底有支钉疤痕，有窑粘，圈足内墨书"铁"字。口径19.7、底径8.5、高7.2厘米（图三四七，5）。

铜带钩　1件。标本ⅢT14②：19，钩残。呈琵琶状，圆扣位于钩体末端。残长6.8厘米（图三四七，2）。

石臼　1件。标本ⅢT16②：2，残。砂岩琢制。臼体平面呈方形，剖面呈梯形；臼窝平面呈圆形，斜弧壁，圜底。臼体顶边长10、底部边长15.2、高8.8厘米；臼窝直径7、深6.8厘米（图三四七，3）。

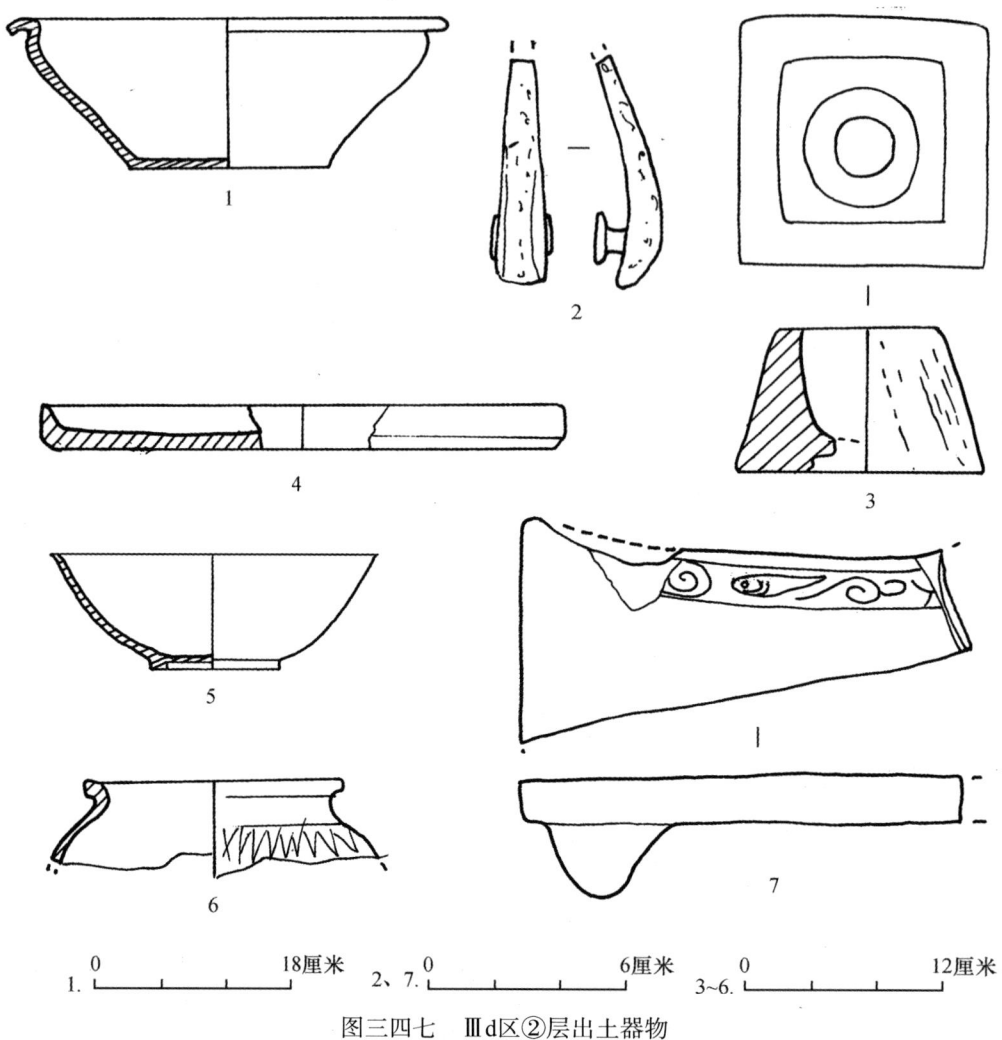

图三四七 Ⅲd区②层出土器物
1.陶盆（ⅢT13②：2） 2.铜带钩（ⅢT14②：19） 3.石臼（ⅢT16②：2） 4.陶盘（ⅢT13②：5）
5.瓷碗（ⅢT15②：1） 6.陶罐（ⅢT15②：16） 7.陶砚（ⅢT13②：4）

钱币 1枚。嘉佑通宝，钱文真书，对读。标本ⅢT15②：2，直径2.55、穿宽0.75厘米。

②第3层内出土遗物

有陶器、瓷器、铜器、铁器等。

陶器 有罐、匣钵、豆等。

罐 1件。标本ⅢT15③：7，口、肩残片，泥质灰陶。窄平沿，直领，弧肩。素面抹光。口径16、残高6厘米（图三四九，2）。

匣钵 1件。标本ⅢT13③：2，泥质灰陶。直口，方唇，深腹，直壁，平底。饰暗弦纹。口径19.2、底径18.7、高9.6厘米（图三四九，1）。

豆 1件。标本ⅢT15③：10，泥质灰陶。敞口，圆唇，深腹，圜底。器表素面抹光，内壁饰暗弦纹。口径16.4、残高6厘米（图三四九，3）。

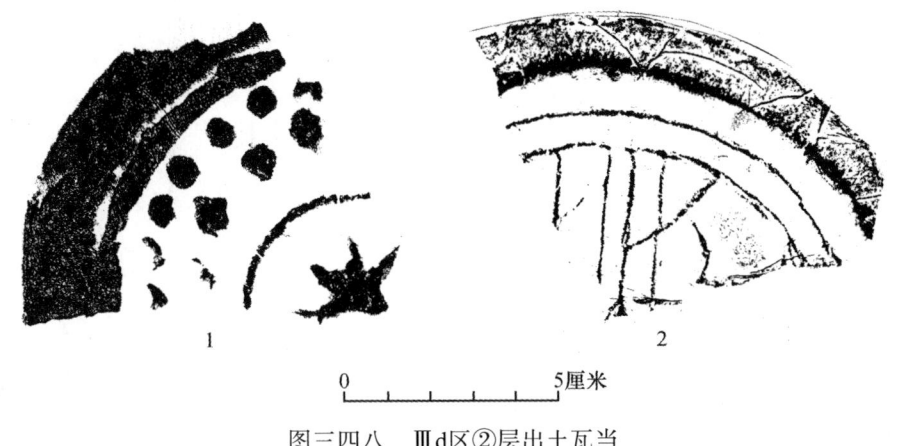

图三四八　Ⅲd区②层出土瓦当
1. ⅢT15②：6　2. ⅢT16②：1

瓷器　有碗、枕等。

碗　2件。标本ⅢT13③：1，敞口，圆唇，斜腹，矮圈足。灰白色粗胎，先涂白色化妆土，施白釉，釉色泛黄；内壁施满釉，外壁施半釉，局部有蜡泪痕，内底有3个支钉疤痕，局部有窑粘。口径10.6、底径3.4、高3.4厘米（图三四九，4）。标本ⅢT15③：2，敞口，圆唇，斜弧腹，矮圈足。灰白色胎，先涂白色化妆土，施白釉，釉色泛黄；内壁施满釉，外壁施釉不及底，局部有蜡泪痕，内底残存2个支钉疤痕，局部有窑粘。口径11、底径4.8、高3.5厘米（图三四九，5）。

枕　1件。残片。标本ⅢT15③：3，灰白胎较细，施酱黄釉，釉色光润。枕壁饰刻划纹图案。残高4.2厘米（图三四九，7）。

铜器　有铜簪。

铜簪　1件。标本ⅢT13③：17，端部残，扁平体。一面作弯曲状，簪身由上至下渐细，尖部圆钝。残长16.4厘米（图三四九，8）。

铁器　有铁镢。

铁镢　1件。标本ⅢT16③：1，銎残。呈窄长方体，弧刃略宽。体长18、刃宽8厘米（图三四九，6）。

③第4层内出土遗物

有陶饼、瓷盘等。

陶饼　1件。标本ⅢT14④：1，泥质灰陶器底磨制。平面呈圆形，一侧中心内凹，有刻划"✕"符号。直径6.6、厚0.8厘米（图三五〇，1）。

瓷盘　1件。标本ⅢT15④：1，内折沿较窄，圆唇，浅腹，矮圈足。白胎较细，施白釉，釉色光润，内壁施满釉，外壁施半釉，内底有支钉疤痕。口径16、底径6.7、高3厘米（图三五〇，2）。

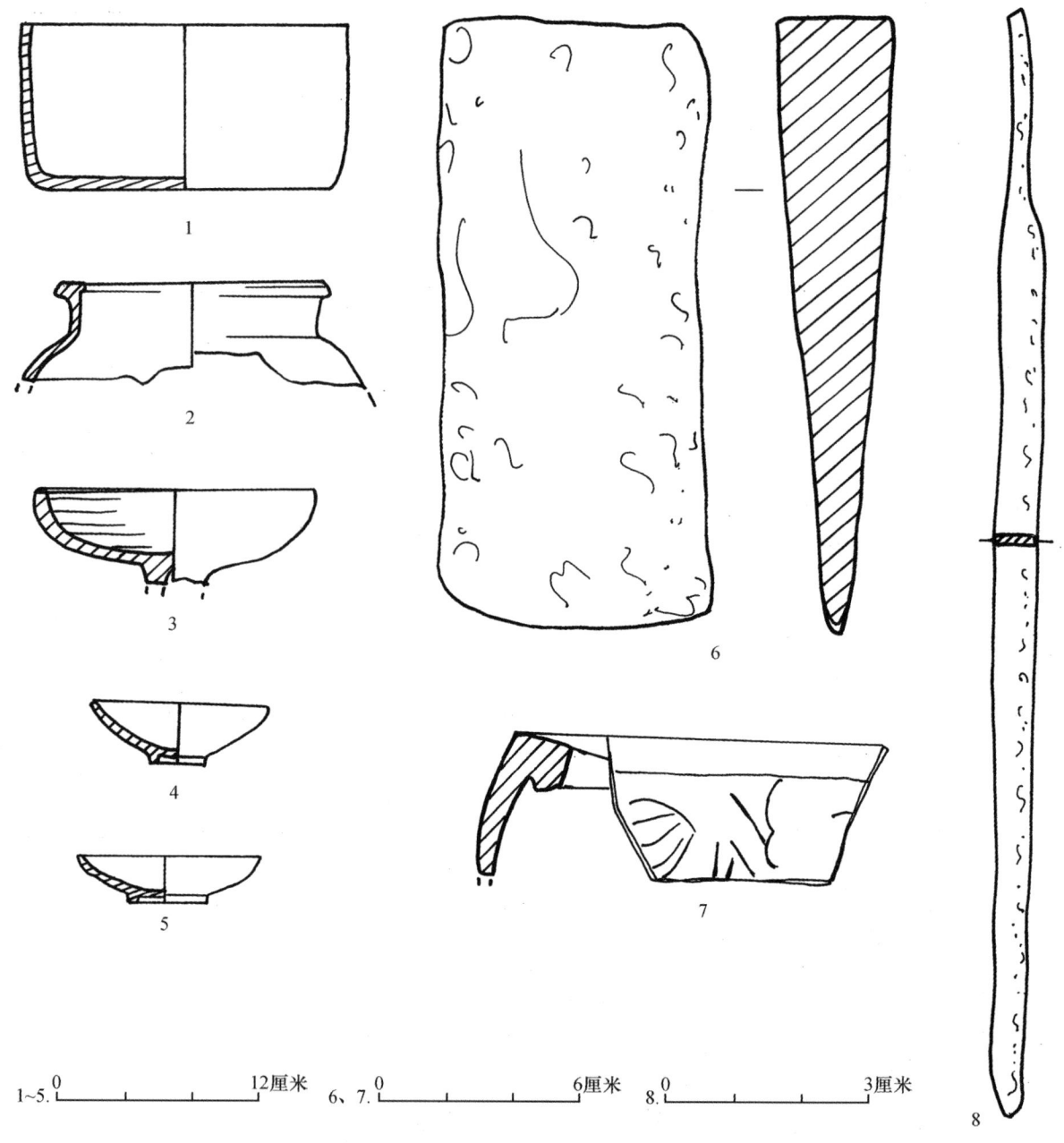

图三四九　Ⅲd区③层出土器物

1. 匣钵（ⅢT13③：2）　2. 陶罐（ⅢT15③：7）　3. 陶豆（ⅢT15③：10）　4、5. 瓷碗（ⅢT13③：1、ⅢT15③：2）
6. 铁锸（ⅢT16③：1）　7. 瓷枕（ⅢT15③：3）　8. 铜簪（ⅢT13③：17）

（2）遗迹

1）灰坑

ⅢH58　位于ⅢT13的南部，开口于第3层下，距地表深125～175厘米，打破ⅢH80、ⅢH81、ⅢJ5及第4层。平面呈不规则形（只清理一部分），坑壁不甚规整，坑底凹凸不平，清理长380、宽175、深50厘米。坑内填灰褐色花土，土质较疏松，夹有大量的草木灰、木炭粒、

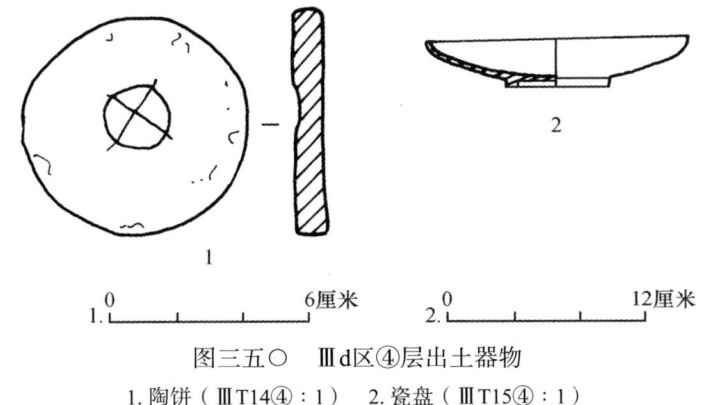

图三五〇　Ⅲd区④层出土器物
1. 陶饼（ⅢT14④∶1）　2. 瓷盘（ⅢT15④∶1）

炭渣、红烧土块，出土少量的陶瓷片和动物骨骼等（图三五一）。

出土器物有瓷器、钱币等。

瓷器　有碗、盘等。

碗　4件。标本ⅢH58∶5，敞口，圆唇，斜弧腹，有旋削痕，圈足，挖掘过肩。白灰胎较细，先涂白色化妆土，施白釉，釉色泛黄，内壁施满釉；外壁施釉不及底，有蜡泪痕；内底有涩圈，涩圈内墨书"寺"字，圈足内墨书"鐵"字。口径21.2、底径7.4、高6.8厘米（图三五二，1）。标本ⅢH58∶4，内底有涩圈，涩圈内墨书"寺"字，圈足内墨书"鐵"字。口径20.8、底径7、高7.9厘米（图三五二，2）。标本ⅢH58∶3，敞口，圆唇，弧腹，有旋削痕，圈足，挖掘过肩。白灰胎较细，内壁先涂白色化妆土，施白釉，釉色泛黄，施满釉；外壁施釉

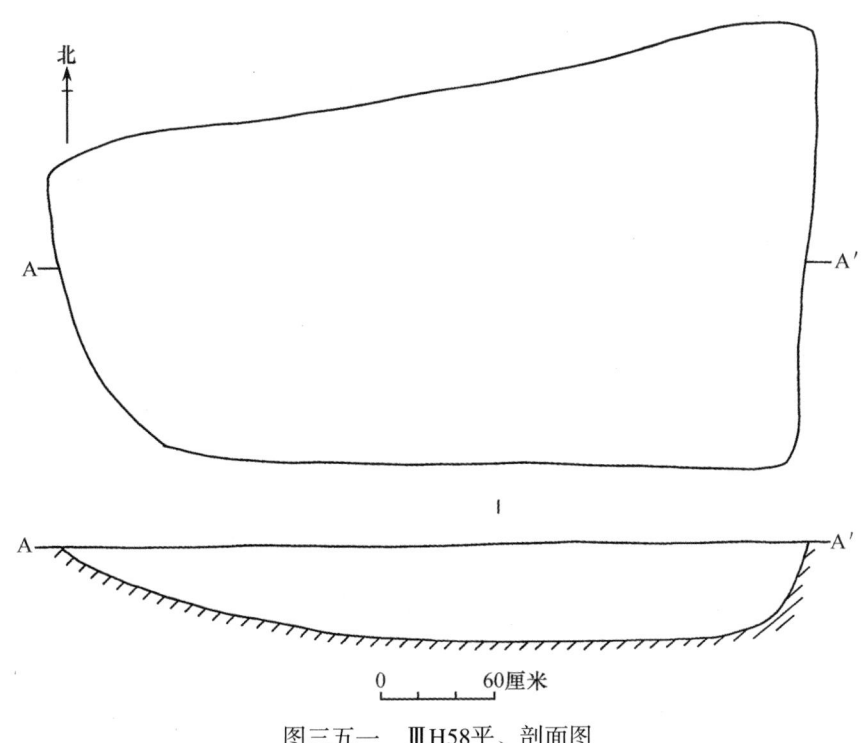

图三五一　ⅢH58平、剖面图

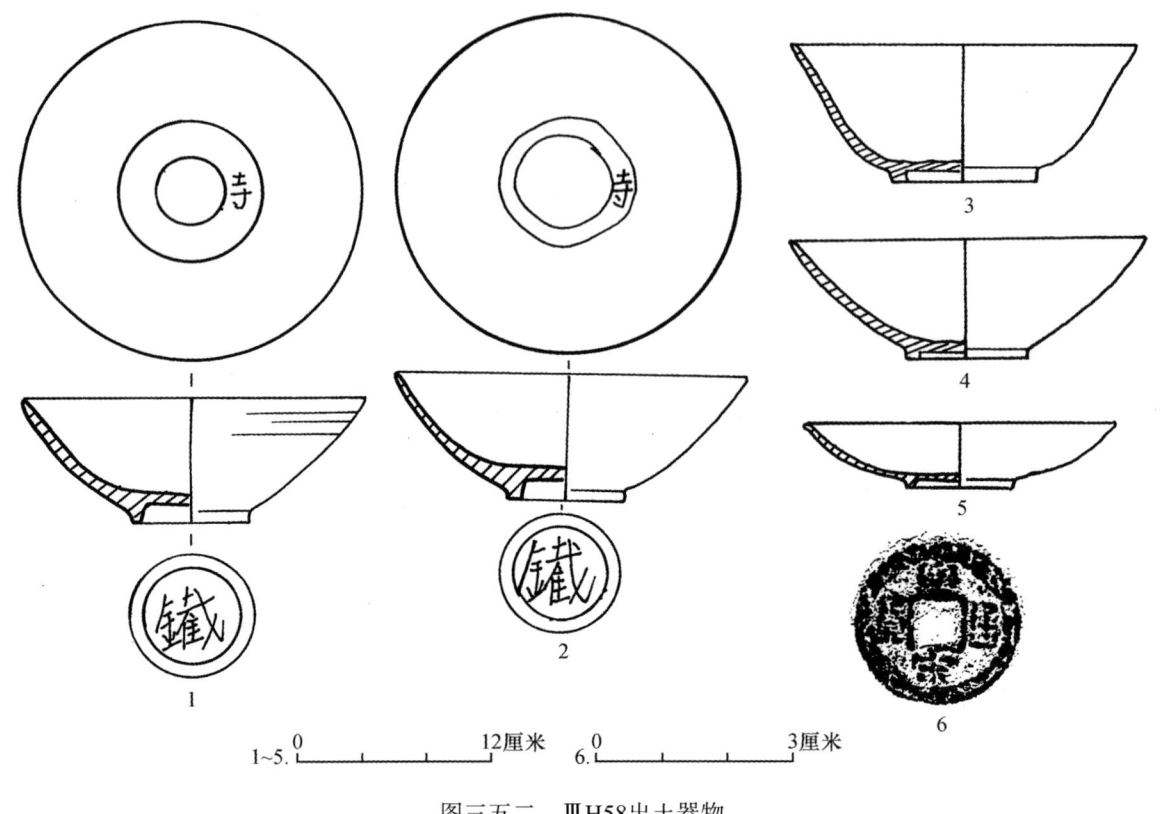

图三五二　ⅢH58出土器物
1~4. 瓷碗（ⅢH58：5、ⅢH58：4、ⅢH58：8、ⅢH58：3）　5. 瓷盘（ⅢH58：16）　6. 皇宋通宝（ⅢH58：1）

不及底，有蜡泪痕；内底有涩圈，圈足内墨书"鐵"字。口径21.5、底径7.3、高7.3厘米（图三五二，4）。标本ⅢH58：8，敞口，圆唇，斜腹，下腹折收，有旋削痕，圈足。白胎较细，先涂白色化妆土，施白釉，釉色泛青，内壁施满釉，外壁施釉不及底；内底有支钉疤痕，足面有窑粘，圈足内墨书"鐵"字。口径20.8、底径8.8、高8.5厘米（图三五二，3）。

盘　1件。标本ⅢH58：16，敞口，尖圆唇，弧腹，圈足，足内可见旋削痕，脐底。白黄胎较粗，内壁施满釉，外壁施半釉，有蜡泪痕；底内有涩圈。口径18.2、底径5.8、高4.1厘米（图三五二，5）。

皇宋通宝　1枚。钱文真书，对读。标本ⅢH58：1，直径2.5、穿宽0.7厘米（图三五二，6）。

ⅢH59　位于ⅢT14的东北部，开口于第1层下，距地表深20厘米，打破第3层。平面呈椭圆形，直壁不甚规整，平底。长径190、短径140、深65厘米。内填灰色花土，土质较疏松，含有大量的草木灰和少量的木炭粒，出土少量的陶片和动物骨骼等（图三五三）。

陶罐　1件。标本ⅢH59：11，口、肩残片，夹砂灰陶。侈口，窄沿，方唇，矮领，束颈，弧肩。颈部素面抹光，肩饰绳纹，内壁颈、肩结合处留有手捏之迹。口径16、残高5.2厘米（图三五四）。

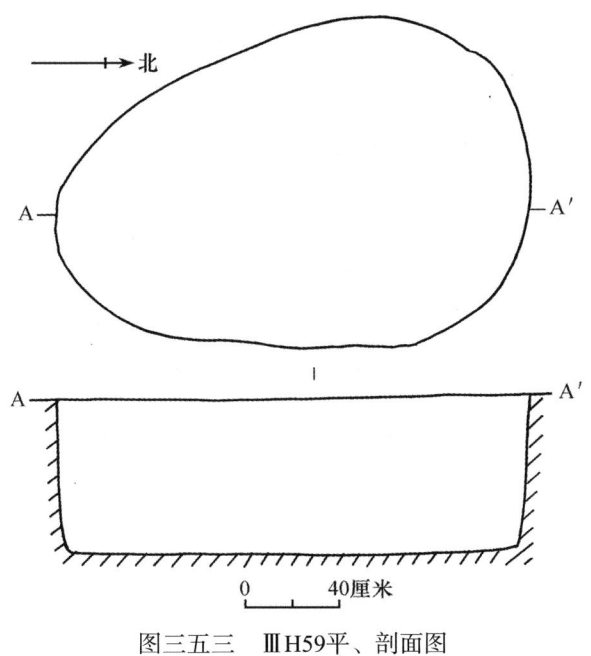

图三五三　ⅢH59平、剖面图

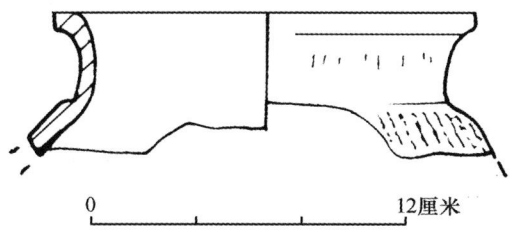

图三五四　ⅢH59出土陶罐（ⅢH59∶11）

ⅢH60　位于ⅢT13的中东部，开口于第1层下，距地表深20厘米，打破第2层。平面呈不规则形，斜壁不甚规整，圜底。长150、宽140、深40厘米。坑内填灰褐色花土，土质较疏松，含有大量的草木灰和少量的木炭粒，出土较多的陶瓷片和动物骨骼等（图三五五）。

出土器物有陶盏、瓷碗等。

陶盏　1件。标本ⅢH60∶6，泥质灰褐陶。敞口，圆唇，弧腹，平底。素面抹光。口径8、底径2.8、高2.5厘米（图三五六，2）。

瓷碗　4件。标本ⅢH60∶1，敞口，圆唇，斜腹，圈足。白胎较细，先涂白色化妆土，施白釉，釉色泛黄；内壁施满釉，外壁施釉不及底，有蜡泪痕；内底有支钉疤痕，圈足内墨书"鐵"字。口径21.4、底径7.2、高7.3厘米（图三五六，5）。标本

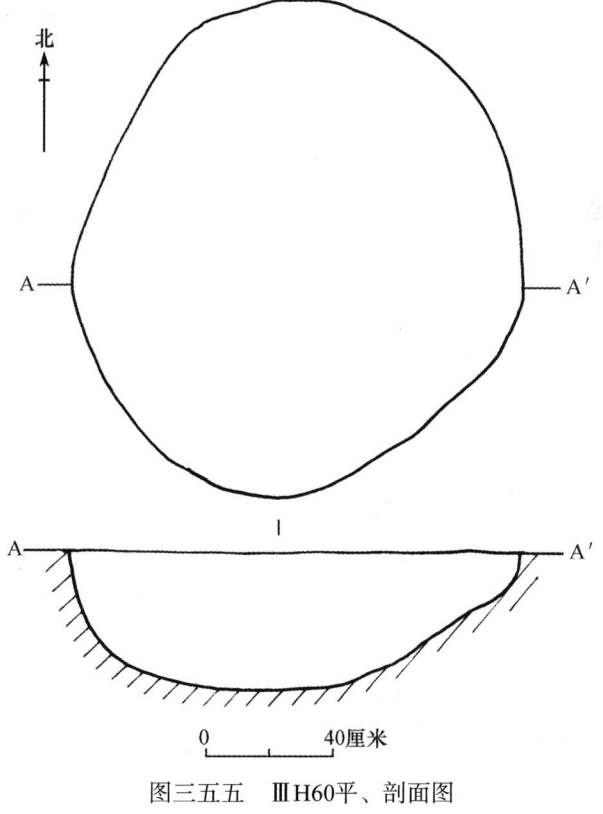

图三五五　ⅢH60平、剖面图

ⅢH60∶5，敞口，圆唇，斜弧腹，露胎处有旋削痕，圈足，挖掘过肩。白灰胎较细，内壁先涂白色化妆土，施白釉，釉色泛黄，施满釉；外壁施釉不及底，有蜡泪痕；内底有涩圈，涩圈

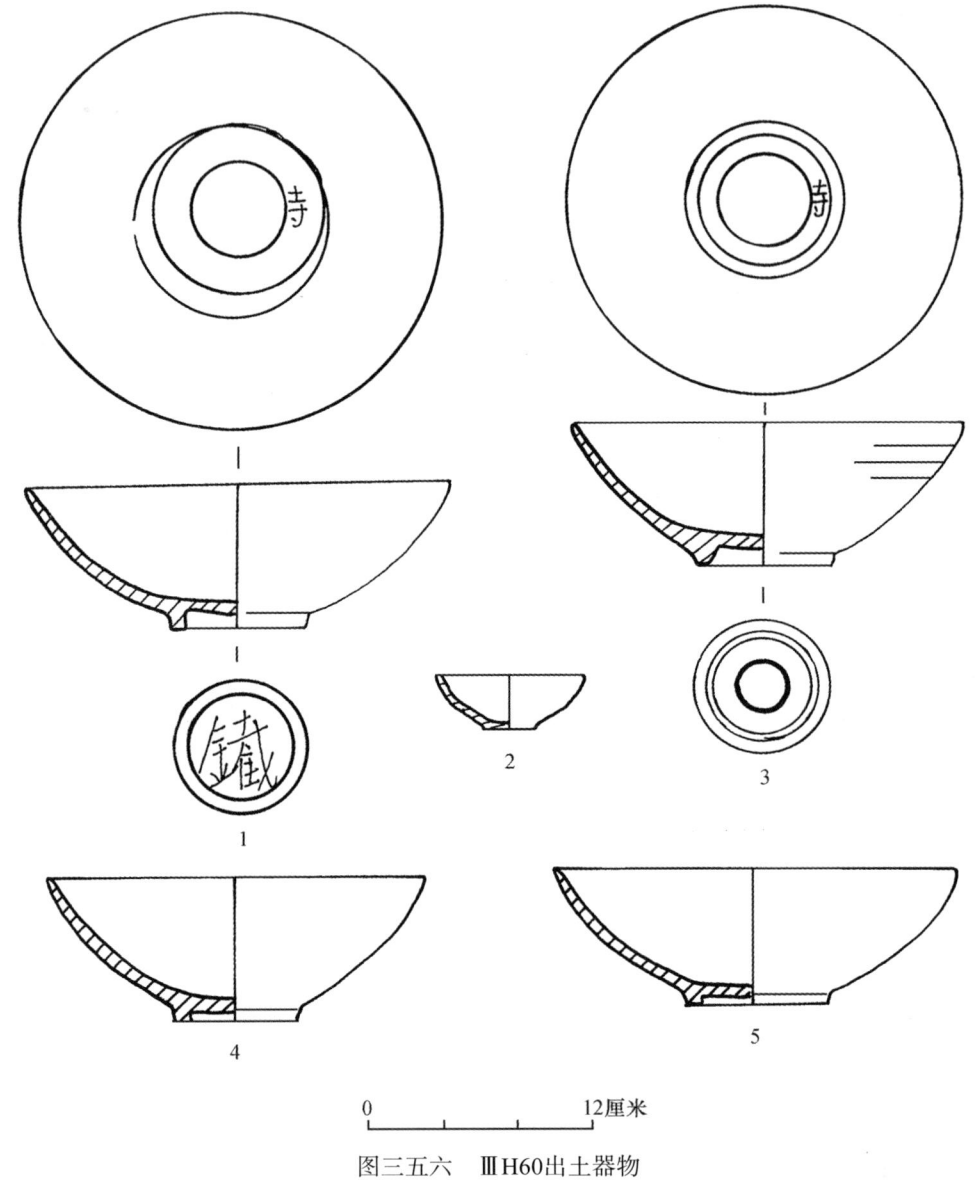

图三五六　ⅢH60出土器物
1、3~5.瓷碗（ⅢH60：3、ⅢH60：8、ⅢH60：5、ⅢH60：1）　2.陶盏（ⅢH60：6）

内墨书"寺"字，圈足内墨书"鐡"字。口径20.7、底径7、高7.6厘米（图三五六，4）。标本ⅢH60：3，敞口，圆唇，斜弧腹，露胎处有旋削痕，圈足，挖掘过肩，脐底。白灰胎较细，内壁先涂白色化妆土，施白釉，釉色泛黄，施满釉；外壁施釉不及底，有蜡泪痕；内底有涩圈，涩圈内墨书"寺"字，圈足内墨书"鐡"字。口径21.8、底径7、高7.4厘米（图三五六，1）。标本ⅢH60：8，敞口，圆唇，斜弧腹，露胎处有旋削痕，圈足，挖掘过肩。白灰胎较细，内壁先涂白色化妆土，施白釉，釉色泛黄，施满釉；外壁施釉不及底，有蜡泪痕；内底有涩圈，涩圈内墨书"寺"字。口径22、底径7.4、高7.4厘米（图三五六，3）。

ⅢH61　位于ⅢT15的西北部、ⅢT13的西部以及ⅢT13扩方的西北部，开口于第2层下，距地表深35～50厘米，打破ⅢH79、ⅢH107、ⅢH120及生土层。平面呈不规则形（只清理一部分），坑壁不甚规整，坑底凹凸不平。清理长580～720、清理宽22～720、深110～250厘米。坑内填灰褐色花土，土质较疏松，夹有大量的草木灰、木炭粒、灰渣、红烧土块、土坯、砖瓦碎块，出土较多的陶瓷片和动物骨骼（图三五七）。

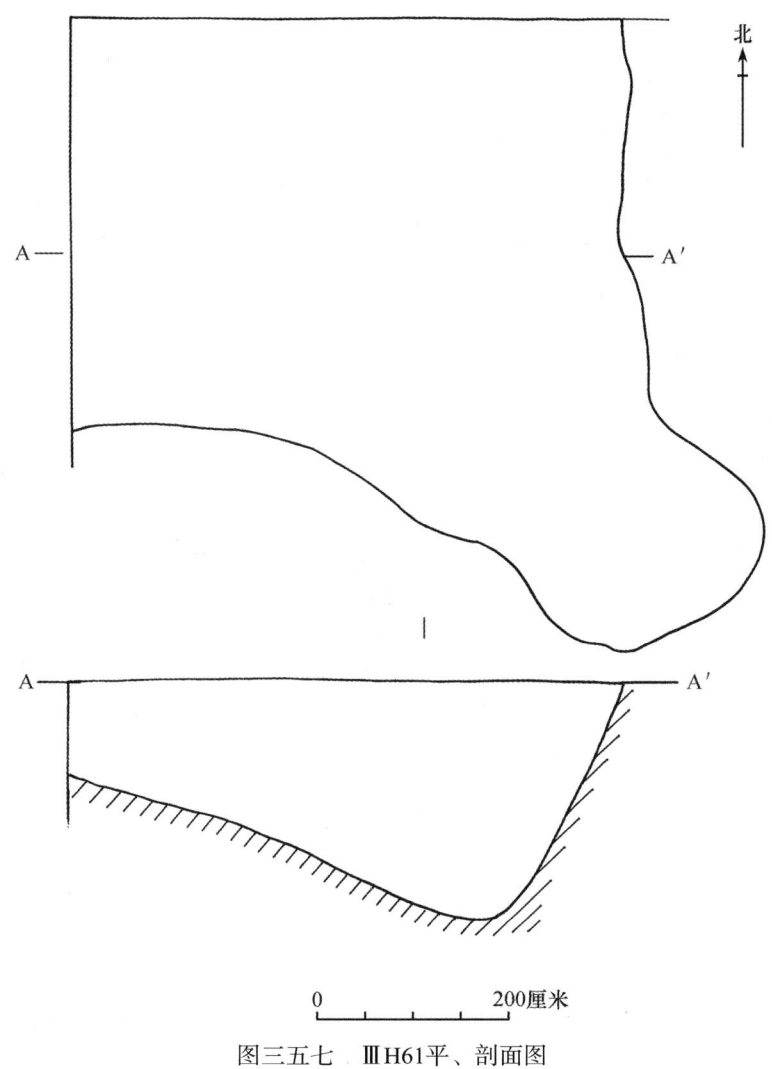

图三五七　ⅢH61平、剖面图

出土器物有陶器、瓷器、铜器、钱币等。

陶器　有罐、盆、盏、陶范、陶丸、长条砖、沟纹砖等。

罐　2件。标本ⅢH61：14，细泥黑陶。侈口，厚圆唇，矮领，弧肩，鼓腹，腹大径居中，平底略外撇，底部留有旋削痕迹。上腹素面磨光，下腹素面抹光。口径19.3、底径12.5、高16.8厘米（图三五八，4）。标本ⅢH61：74，泥质灰陶。侈口，卷沿，矮领，弧肩，鼓腹，腹大径居中，平底略外撇，底部留有旋削痕迹。通体素面抹光。口径16、底径11、高15.3厘米（图三五八，5）。

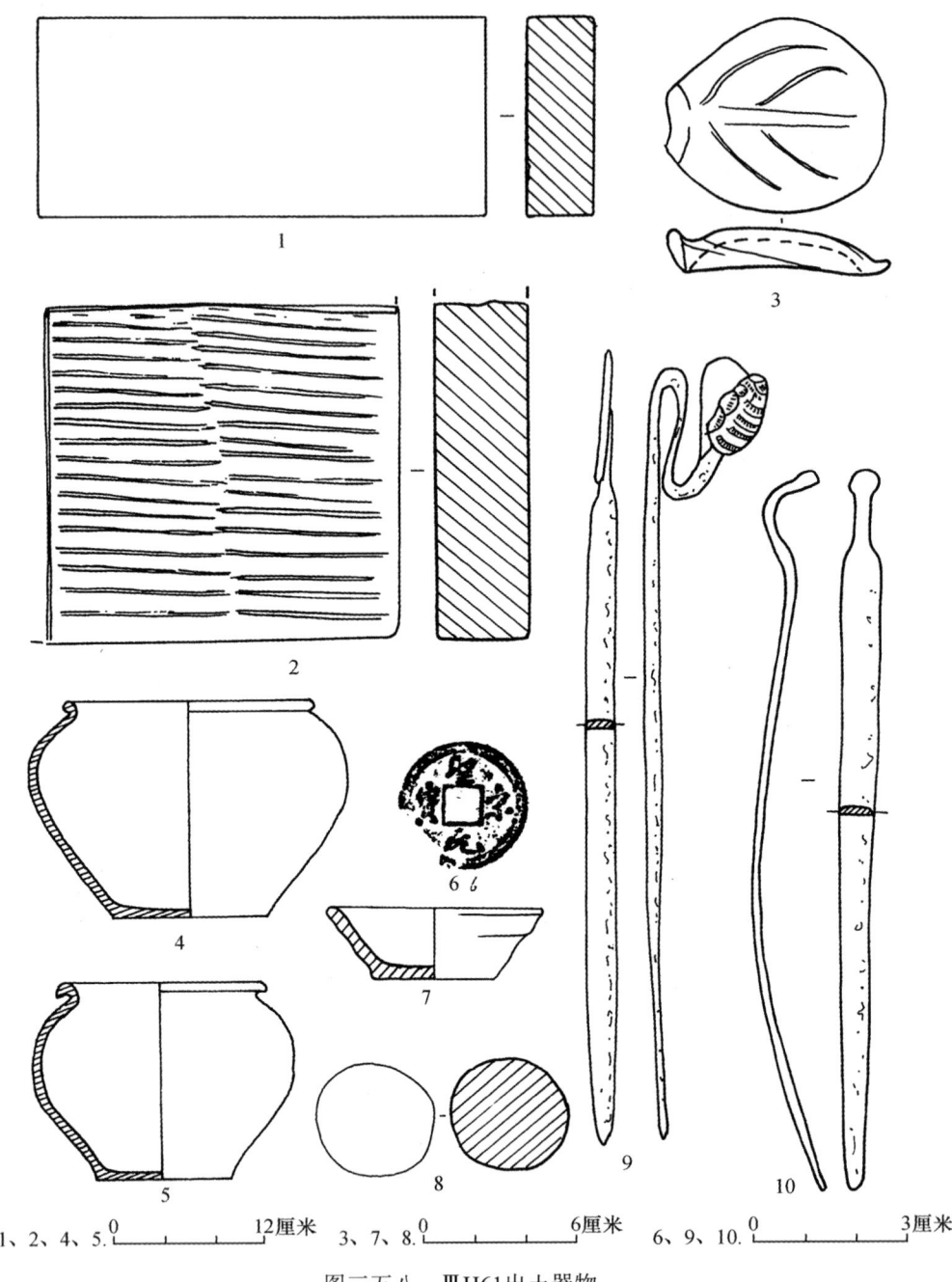

图三五八　ⅢH61出土器物
1、2. 砖（ⅢH61：99、ⅢH61：87）　3. 陶范（ⅢH61：80）　4、5. 陶罐（ⅢH61：14、ⅢH61：74）
6. 圣宋元宝（ⅢH61：13）　7. 陶盏（ⅢH61：27）　8. 陶丸（ⅢH61：88）　9、10. 铜簪（ⅢH61：52、ⅢH61：33）

盆　4件。标本ⅢH61：42，细泥黑陶。敞口，宽折沿，沿面有凹槽一周，方唇，斜弧腹，平底略内凹，底部留有旋削痕迹。器表素面抹光，内壁饰暗弦纹。口径46.7、底径22.5、高10.7厘米（图三五九，4）。标本ⅢH61：62，泥质灰陶。敞口，折沿，方唇，深腹，平底。外壁素面抹光，内壁素面磨光。口径82、底径38.4、高33厘米（图三五九，2）。标本ⅢH61：82，

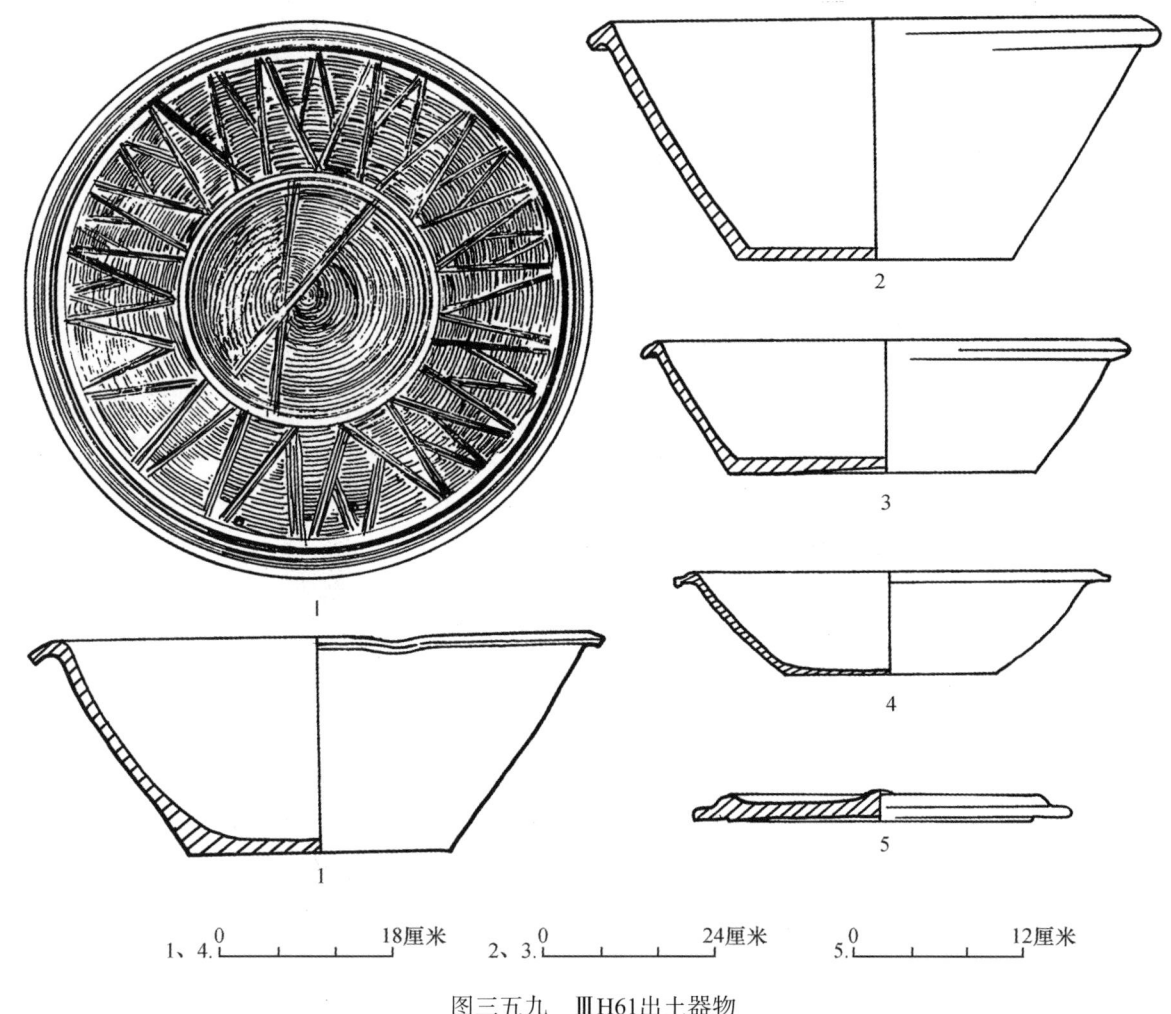

图三五九　ⅢH61出土器物
1~4. 陶盆（ⅢH61：86、ⅢH61：62、ⅢH61：82、ⅢH61：42）　5. 陶器盖（ⅢH61：64）

泥质灰陶。敞口，折沿，方唇，浅腹，平底。外壁素面抹光，内壁素面磨光。口径68、底径43.2、高18厘米（图三五九，3）。标本ⅢH61：86，泥质灰褐陶。敞口，宽折沿，沿面有凹槽三周，方唇，斜弧腹，平底。器表素面抹光，内壁饰凹弦纹地后饰三角纹。口径59、底径27、高23厘米（图三五九，1）。

盏　1件。标本ⅢH61：27，泥质灰褐陶。敞口，圆唇，斜腹，平底。素面抹光。口径8.8、底径4.8、高2.8厘米（图三五八，7）。

器盖　1件。标本ⅢH61：64，泥质黑陶。圆形饼状，器表素面磨光，内壁素面抹光。直径26.4、厚3.3厘米（图三五九，5）。

陶范　1件。标本ⅢH61：80，泥质灰褐陶。龟背形，长8.4、宽7.6、厚0.6厘米（图三五八，3）。

陶丸　1件。标本ⅢH61：88，砖块磨制而成。形体呈球形。直径4.6厘米（图三五八，8）。

长条砖　1件。标本ⅢH61：99，灰色，素面。长34.8、宽15.6、厚5.2厘米（图三五八，1）。

沟纹砖　1件。标本ⅢH61：87，灰色，一侧素面，一侧为沟纹。残半。残长27.2、宽26、厚7.2厘米（图三五八，2）。

瓷器　有碗、盘、钵等（表一五）。

表一五　ⅢH61出土瓷器统计表　　　　　　　　　　　　　　　　（单位：厘米）

名称	分型	编号	器物特征	尺寸（厘米）			备注
				口径	底径	高	
碗	A型	ⅢH61：17	白胎细腻，下腹折收	19.7	8.3	8.6	金代
		ⅢH61：40	白胎较细，下腹折收	16.2	7.4	6.6	金代
		ⅢH61：43	白胎较细，下腹折收	15.9	7.5	6.5	金代
	B型	ⅢH61：71	白胎细腻，有蜡泪痕、窑粘	20	7.5	7	金代
	C型	ⅢH61：39	白胎细腻，印缠枝牡丹花	19.8	8.4	7	金代
	E型	ⅢH61：51	芒口，矮圈足，薄胎，印花	20.8	6.4	6	金代
盘	A型	ⅢH61：69	芒口，矮圈足，薄胎	21.8	6.8	4.3	金代
	D型	ⅢH61：95	白灰胎较细，内底饰弦纹一周，印缠枝牡丹纹图案	?	6.2	3.6	金代
钵		ⅢH61：44	白胎细腻，有蜡泪痕	22	16.4	9	金代、圈足内墨书字体不识碗
碗	A型	ⅢH61：2	白灰胎较细，有蜡泪痕，足面有窑粘	23.2	8	8.2	圈足内墨书"鐵"
		ⅢH61：7	白灰胎较细，足面有窑粘	22.3	8	8	圈足内墨书"鐵"
		ⅢH61：10	白灰胎较细，足面有窑粘	22	8	8.3	圈足内墨书"鐵"
		ⅢH61：11	白灰胎较细，脐底，有蜡泪痕	23	8.2	7.6	圈足内墨书"鐵"
		ⅢH61：15	白灰胎略粗，脐底，有蜡泪痕	23.3	8.5	8	圈足内墨书"鐵"
		ⅢH61：16	白灰胎较细，挖掘过肩	22.1	7.6	7.7	
		ⅢH61：18	白灰胎略粗	23	7.7	8	
		ⅢH61：21	白灰胎较细，有蜡泪痕	21.8	7.8	8.5	
		ⅢH61：22	白灰胎较细，足内有旋削痕	22	7.5	7.7	
		ⅢH61：30	白灰胎较细，有蜡泪痕	23	8.2	9.1	
		ⅢH61：50	灰胎较细，有蜡泪痕，足面有窑粘	22.2	8	8.3	
		ⅢH61：54	白灰胎较细	23.4	7.3	8.6	圈足内墨书"鐵"
		ⅢH61：55	白灰胎较细	22.6	8.4	8.7	
		ⅢH61：57	白灰胎略粗	23.1	7.3	8.3	
		ⅢH61：58	白灰胎较细，有蜡泪痕	23.5	8	8.2	
		ⅢH61：63	白灰胎较细，足面有窑粘	22.4	8.2	8.4	圈足内墨书"鐵"
	B型	ⅢH61：4	白灰胎较细，足面有窑粘	21.3	6.9	7.3	
		ⅢH61：5	白胎较细，脐底	21.4	7.5	7.3	

续表

名称	分型	编号	器物特征	尺寸（厘米）			备注
				口径	底径	高	
碗	B型	ⅢH61：6	白灰胎较细，有蜡泪痕	20.5	7	7.5	
		ⅢH61：8	白胎较细，脐底	21.3	7.4	7.3	圈足内墨书"鐵"
		ⅢH61：12	白灰胎较细，足面有窑粘	21.3	7.6	7.2	圈足内墨书"鐵"
		ⅢH61：31	白灰胎较细	21	8.1	7.5	
		ⅢH61：45	白灰胎较细，足面有窑粘	21.6	8.2	7.8	
		ⅢH61：56	白灰胎略粗，足内有旋削痕	22	8	7.5	
		ⅢH61：59	白灰胎略粗，足面有窑粘	21.8	7.4	7	
		ⅢH61：60	白灰胎较细，足面有窑粘	21.8	8	8	圈足内墨书"鐵"
		ⅢH61：61	白灰胎较细，有蜡泪痕	22	7	7.6	
		ⅢH61：66	白灰胎较细，足面有窑粘	22	8	7.6	
		ⅢH61：48	白灰胎较细，有蜡泪痕	10.6	4.4	3.8	烧制变形
	C型	ⅢH61：3	白灰胎较细，挖掘过肩，脐底，内底有涩圈	21.8	7	7.4	
		ⅢH61：20	白灰胎较细，挖掘过肩，内底有涩圈	21.8	7.7	7.7	
		ⅢH61：46	白灰胎略粗，有蜡泪痕，内底有涩圈	21	6.9	6.8	
		ⅢH61：49	白灰胎较细，挖掘过肩，内底有涩圈	22.2	7.2	7.8	
		ⅢH61：67	白灰胎略粗，内底有涩圈	19.6	6.8	6.3	
	F型	ⅢH61：23	酱黄胎，下腹折收	21.8	8.6	8.3	
盘	A型	ⅢH61：1	折沿，白灰胎略粗	20.3	8.2	4.7	
		ⅢH61：9	白胎较细，足面有窑粘	20	8.1	5.2	圈足内墨书"鐵"
		ⅢH61：19	白胎较细，有蜡泪痕	19.5	8.3	4.4	
		ⅢH61：24	白灰胎较细，有蜡泪痕	19.5	8.3	4.3	
		ⅢH61：25	折沿，白灰胎略粗，有蜡泪痕，足面有窑粘	19.5	7.8	4.4	圈足内墨书"鐵"
		ⅢH61：28	白胎较细，足面有窑粘	20.4	8	4.3	
		ⅢH61：29	白胎较细，有蜡泪痕	20.5	8	4.6	
		ⅢH61：35	白灰胎较细	20	8	4.2	
		ⅢH61：36	白灰胎较细，脐底，足面有窑粘	20	9.5	4	圈足内墨书"鐵"
		ⅢH61：37	白胎较细，有蜡泪痕，足面有窑粘	19.8	8.3	4.8	
		ⅢH61：47	白灰胎略粗，足面有窑粘	20.4	8.3	4.4	
		ⅢH61：53	白灰胎略粗，有蜡泪痕，足面有窑粘	21.2	8.8	4.4	圈足内墨书"鐵"
		ⅢH61：70	白灰胎略粗，有蜡泪痕，脐底	20.8	8.7	4.8	圈足内墨书"鐵"
		ⅢH61：72	白灰胎较细，有蜡泪痕	20	8.6	5	
		ⅢH61：73	白灰胎较细，足面有窑粘	26.6	8.2	4.2	
		ⅢH61：85	白灰胎较细，足面有窑粘	?	?	?	圈足内墨书"鐵"

续表

名称	分型	编号	器物特征	尺寸（厘米）			备注
				口径	底径	高	
盘	A型	ⅢH61：38	折沿，灰白胎较细	20	7.5	4	
		ⅢH61：41	折沿，灰白胎较细	20.8	8.2	4	
	C型	ⅢH61：26	下腹折收，白胎较细	20	8.4	4.6	
		ⅢH61：81	下腹折收，青灰胎较细，足壁有窑粘，内底有涩圈	18.3	6.3	3.7	
		ⅢH61：68	下腹折收，灰白胎，内底有涩圈	18.3	6	4	
	D型	ⅢH61：65	白灰色粗胎，有蜡泪痕	17.7	8.3	4.5	

碗　33件。标本ⅢH61：17，敞口，尖圆唇，斜直腹，下腹折收，圈足。白胎细腻，施白釉，釉色光润，外壁施釉不及底。器表口外饰凹弦纹二周，内底有支钉疤痕。口径19.7、底径8.3、高8.6厘米（图三六〇，5）。标本ⅢH61：40，敞口略，尖圆唇，斜弧腹，下腹折收，圈足。白胎较细，施白釉，釉色泛青，有蜡泪痕。足面有窑粘，内底有支钉疤痕。口径16.2、底径7.4、高6.6厘米（图三六〇，15）。标本ⅢH61：43，形制胎釉同上，口径16、底径7.5、高6.5厘米（图三六〇，14）。标本ⅢH61：71，敞口，圆唇，斜弧腹，圈足内侧起棱。白胎细腻，施白釉，釉色光润，有蜡泪痕，足壁露胎，足面有窑粘，内底有支钉疤痕。口径20、底径7.5、高7厘米（图三六〇，6）。标本ⅢH61：39，敞口略外撇，尖圆唇，斜弧腹，下腹折收，圈足内侧起棱。白胎细腻，施白釉，足面露胎，有窑粘。内壁从底部向碗口伸出若干条凸棱，把整个碗分成若干瓣，每瓣内印一组缠枝牡丹纹，底部有支钉疤痕。口径19.8、底径8.4、高7厘米（图三六一，1）。标本ⅢH61：51，侈沿，芒口，尖圆唇，斜弧腹，矮圈足。白胎细腻，器壁较薄。乳白色釉，釉色光润。器内壁刻荷花萱草纹图案，底饰弦纹一周；外壁腹部饰凹弦纹数周（定窑系产品）。口径20.8、底径6.4、高6厘米（图三六一，2）。标本ⅢH61：16，敞口，圆唇，斜腹，圈足，挖掘过肩。白胎较细，先涂白色化妆土，施白釉，内壁施满釉，外壁施半釉，釉色光润；内底有11个支钉疤痕。口径22.1、底径7.6、高7.7厘米（图三六〇，13）。标本ⅢH61：2，敞口，圆唇，斜腹，圈足。白灰胎较细，先涂白色化妆土，施白釉，釉色泛青，内壁施满釉，外壁施半釉，有蜡泪痕；露胎处有旋削痕，内底有11个较大的支钉疤痕，足面有窑粘，内墨书"鐵"字。口径23.2、底径8、高8.2厘米（图三六〇，10）。标本ⅢH61：63，敞口，圆唇，斜腹，圈足。白灰胎较细，先涂白色化妆土，施白釉，釉色泛青，内壁施满釉，外壁施半釉；露胎处有旋削痕，内底有10个较大的支钉疤痕，足面有窑粘，内墨书"鐵"字。口径22.4、底径8.2、高8.4厘米（图三六〇，22）。标本ⅢH61：54，敞口，圆唇，斜腹，圈足。白灰胎较细，先涂白色化妆土，施白釉，釉色泛青，内壁施满釉，外壁施半釉；内底有较大的支钉疤痕，圈足内墨书"鐵"字。口径23.4、底径7.3、高8.6厘米（图三六〇，8）。标本ⅢH61：55，口径22.6、底径8.4、高8.7厘米（图三六〇，9）。标本ⅢH61：8，敞口，圆唇，斜腹，下腹有旋削痕，圈足，脐底。白胎较细，先涂白色化妆土，施白釉，釉

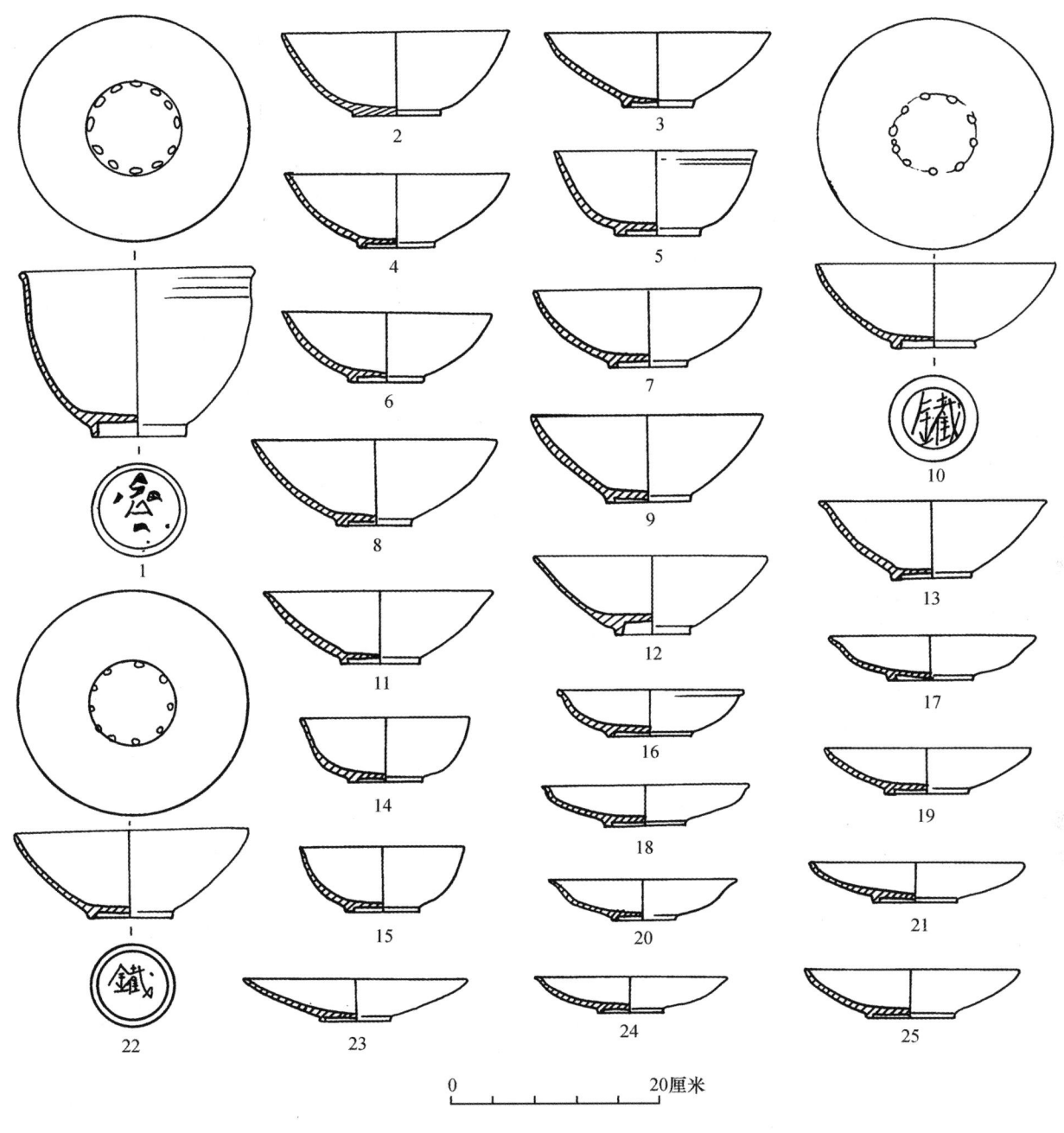

图三六〇　ⅢH61出土器物

1. 瓷钵（ⅢH61∶44）　2～15、22. 瓷碗（ⅢH61∶23、ⅢH61∶3、ⅢH61∶8、ⅢH61∶17、ⅢH61∶71、ⅢH61∶20、ⅢH61∶54、ⅢH61∶55、ⅢH61∶2、ⅢH61∶5、ⅢH61∶49、ⅢH61∶16、ⅢH61∶43、ⅢH61∶40、ⅢH61∶63）
16～21、23～25. 瓷盘（ⅢH61∶65、ⅢH61∶26、ⅢH61∶38、ⅢH61∶1、ⅢH61∶68、ⅢH61∶41、ⅢH61∶69、ⅢH61∶81、ⅢH61∶70）

色泛黄；内壁施满釉，外壁施釉不及底；内底有10个支钉疤痕，圈足内墨书"鐵"字。口径21.3、底径7.4、高7.3厘米（图三六〇，4）。标本ⅢH61∶5，白胎较细，脐底。口径21.4、底径7.5、高7.3厘米（图三六〇，11）。标本ⅢH61∶3，敞口，圆唇，斜弧腹，有旋削痕，圈足，挖掘过肩，脐底。白灰胎较细，内壁先涂白色化妆土，施白釉，釉色泛黄，施满釉；外壁施釉不及底，有蜡泪痕；内底有涩圈。口径21.8、底径7、高7.4厘米（图三六〇，3）。标本ⅢH61：20，敞口，圆唇，弧腹，有旋削痕，圈足，挖掘过肩。白灰胎较细，内壁先涂白色化妆土，施白釉，釉色泛黄，施满釉；外壁施釉不及底，有蜡泪痕；内底有涩圈，圈足内墨书"鐵"字。口径21.8、底径7.7、高7.7厘米（图三六〇，7）。标本ⅢH61：49，敞口，圆唇，弧腹，有旋削痕，圈足，挖掘过肩。白灰胎较细，内壁先涂白色化妆土，施白釉，釉色泛黄，施满釉；外壁施釉不及底，有蜡泪痕；内底有涩圈，圈足内墨书"鐵"字。口径22.2、底径7.2、高7.8厘米（图三六〇，12）。标本ⅢH61：23，敞口，尖圆唇，斜弧腹，下腹折收，有旋削痕，圈足底内有凹弦纹一周。酱黄胎较细，先涂白色化妆土，施酱黄釉，釉色斑驳，内壁施满釉，外壁施釉不及底，有蜡泪痕；内底有支钉疤痕和划痕。口径21.8、底径8.6、高8.3厘米（图三六〇，2）。标本ⅢH61：96，内底印缠枝牡丹纹图案，底部有支钉疤痕。底径7.4、残高2.6厘米（图三六一，3）。标本ⅢH61：97，底径5.2、残高3厘米（图三六一，6）。

  盘　25件。标本ⅢH61：69，侈沿，芒口，尖圆唇，浅腹，矮圈足。白胎细腻，器壁较薄。乳白釉，釉色光润（定窑系产品）。口径21.8、底径6.8、高4.3厘米（图三六〇，23）。标本ⅢH61：95，底部残片。弧腹较深，圈足。白灰胎较细，施白釉，釉色泛青，近底部露胎，足面有窑粘。内底饰弦纹一周，印缠枝牡丹纹图案，底部有支钉疤痕。底径6.2、残高3.6厘米（图三六一，4）。标本ⅢH61：1，内折沿较窄，圆唇，深腹，圈足。白灰胎略粗，先涂白色化妆土，施白釉，釉色泛黄，内壁施满釉，外壁施半釉，内底有较大的支钉疤痕。圈足内墨书"鐵"字。口径20.6、底径8.8、高4厘米（图三六〇，19）。标本ⅢH61：53，形制、胎质和施釉同上，有蜡泪痕，足面有窑粘，足内墨书"鐵"字。口径21.2、底径8.8、高4.4厘米（图三六一，7）。标本ⅢH61：70，形制、胎质和施釉同上，有蜡泪痕，圈足，脐底，内有墨书"鐵"字。口径20.8、底径8.7、高4.7厘米（图三六〇，25）。标本ⅢH61：25，形制、胎质和施釉同上，内、外壁施满釉，有蜡泪痕；内底有较大的支钉疤痕，足壁露胎，足面有窑粘，足内墨书"鐵"字。口径19.5、底径7.8、高4.4厘米（图三六一，5）。标本ⅢH61：38，内折沿较窄，圆唇，浅腹，圈足。白灰胎较细，先涂白色化妆土，施白釉，釉色泛黄，内壁施满釉，外壁施釉不及底，内底有支钉疤痕。口径20、底径7.5、高4厘米（图三六〇，18）。标本ⅢH61：41，形制、胎质和施釉同上。口径20.8、底径8.2、高4厘米（图三六〇，21）。标本ⅢH61：26，敞口，圆唇，斜腹下折，圈足。白胎质细，白釉。内壁施满釉，外壁施釉不及底。内底有支钉疤痕。口径20、底径8.4、高4.6厘米（图三六〇，17）。标本ⅢH61：81，敞口，微侈沿，圆唇，曲腹下折，圈足。青灰胎较细，青釉，釉色泛灰。内底有涩圈，足壁有窑粘。口径18.3、底径6.3、高3.7厘米（图三六〇，24）。标本ⅢH61：68，形制、胎质和施釉同上。口径18.3、底径6、高4厘米（图三六〇，20）。标本ⅢH61：65，敞口，圆唇，唇缘加厚，斜弧腹，圈足，下腹及圈足内有旋削痕。白灰色粗胎，先涂白色化妆土，施白釉，釉色泛黄；内壁施满釉，外壁施半釉，有蜡泪痕，内底有支钉疤痕。口径17.7、底径8.3、高4.5厘米（图三六〇，16）。

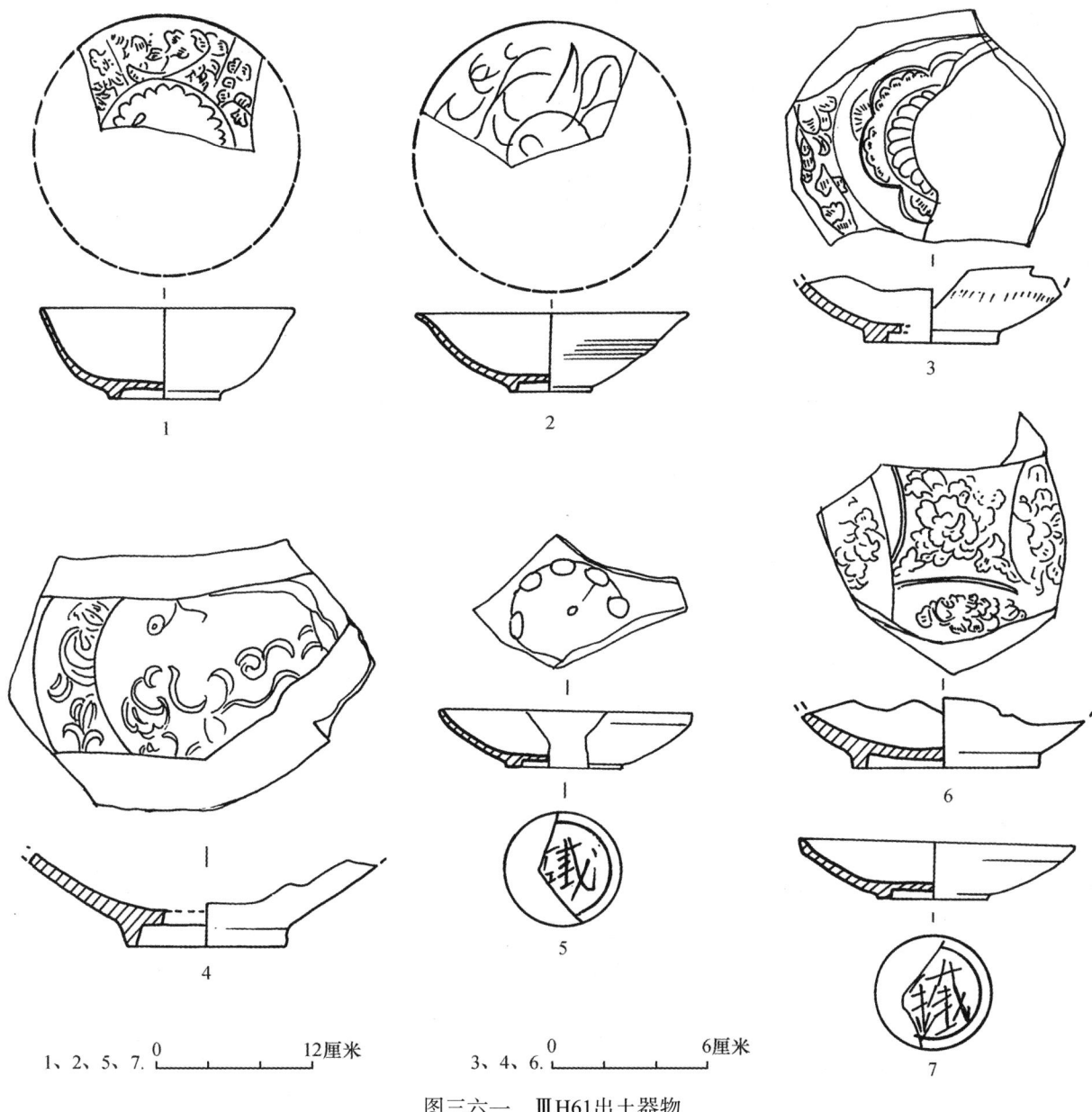

图三六一　ⅢH61出土器物
1~3、6.瓷碗（ⅢH61：39、ⅢH61：51、ⅢH61：96、ⅢH61：97）　4、5、7.盘（ⅢH61：95、ⅢH61：25、ⅢH61：53）

钵　1件。标本ⅢH61：44，直口略外侈，圆唇，深腹，下腹急收，圈足。白胎细腻，施白釉，釉色光润，近底部露胎。内底有12个支钉疤痕，器表口外饰弦纹二周，圈足内有墨书。口径22、底径9、高16.4厘米（图三六〇，1）。

铜器　有铜簪。

铜簪　2件。标本ⅢH61：52，扁平体。一面作弯曲状，端部作一蛇首；簪身由上至下渐细，尖部圆钝。长15.5厘米（图三五八，9）。标本ⅢH61：33，扁平体。一面作弧形，端部作一小匙，呈圆形；簪身由上至下渐细，尖部圆钝。长14厘米（图三五八，10）。

钱币　有开元通宝、圣宋元宝、崇宁重宝等。

开元通宝　1枚。钱文八分书体，对读。标本ⅢH61：34，直径2.4、穿宽0.65厘米。

圣宋元宝　1枚。钱文真书，旋读。标本ⅢH61：13，直径2.5、穿宽0.7厘米（图三五八，6）。

崇宁重宝　1枚。钱文隶书，对读。标本ⅢH61：32，直径3.5、穿宽0.6厘米。

ⅢH62　位于ⅢT15的西中部，开口于第2层下，距地表深70厘米，被ⅢG5打破，打破ⅢH65、ⅢH68及第4层。平面呈圆形，直壁，平底。直径240、深40～75厘米。坑内填灰褐色花土，土质较软，夹杂红烧土块、石块和草木灰，含有少量的陶瓷片和动物骨骼等（图三六二）。

陶饼　1件。标本ⅢH62：1，泥质灰陶片，磨制而成。平面呈圆形。直径3、厚1厘米（图三六三）。

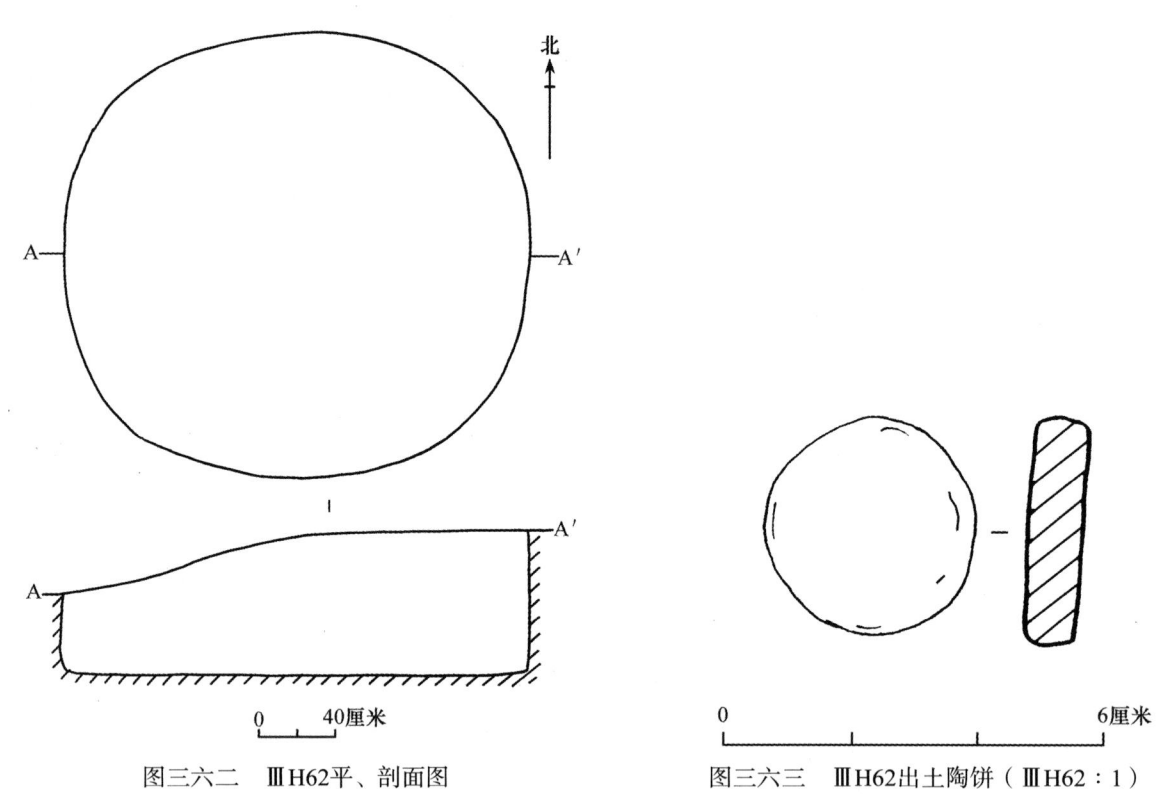

图三六二　ⅢH62平、剖面图

图三六三　ⅢH62出土陶饼（ⅢH62：1）

ⅢH63　位于ⅢT15的西南部，开口于第2层下，距地表深60厘米，打破ⅢH74、ⅢH75及第3层。平面呈不规则形（只清理一部分），斜弧壁，圜底。清理长径330、宽190、深68厘米。坑内填灰褐色花土，土质较软，夹杂砂粒、石块、草木灰，含有大量的陶瓷片和少量动物骨骼等（图三六四）。

出土器物有陶器、瓷器等。

陶器　有罐、盆等。

罐 2件。标本ⅢH63：36，口、腹残片，细泥黑陶。敛口，厚圆唇，鼓腹。上腹素面磨光，下腹素面抹光。口径11、残高6.4厘米（图三六五，6）。标本ⅢH63：33，口、腹残片，细泥黑陶。口略外侈，方唇，唇面有凹槽一周，矮领，溜肩。饰纵向砑光暗纹。口径10、残高8厘米（图三六五，3）。

盆 3件。标本ⅢH63：27，细泥灰褐陶。微敛口，宽折沿，方唇，浅腹，平底。器表素面抹光，内壁饰暗弦纹。口径56、底径37、高9.6厘米（图三六五，5）。标本ⅢH63：31，口、腹残片，泥质灰陶。敞口，宽平沿略内折，方唇，唇面有凹槽一周，斜弧腹。器表素面抹光，内壁饰暗弦纹。口径49.6、残高9.4厘米（图三六五，8）。标本ⅢH63：24，口、腹残片，细泥黑陶。敛口，宽折沿，尖圆唇，弧腹。素面磨光。口径26.4、残高6.8厘米（图三六五，10）。

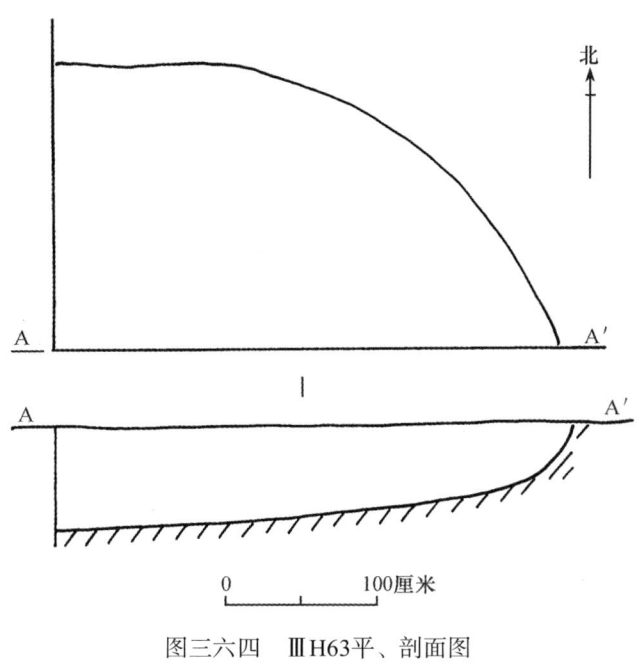

图三六四 ⅢH63平、剖面图

瓷器 有碗、盘、瓷玩等。

碗 13件。标本ⅢH63：19，敞口，圆唇，斜弧腹较深，圈足。白胎较细，内壁先涂白色化妆土，内壁施满釉，外壁上腹施釉，以下露胎，釉色光润；内底有支钉疤痕，圈足内墨书"鐵"字。口径22、底径8.2、高8厘米（图三六五，1）。标本ⅢH63：13，形制、胎、釉同上。圈足内墨书"鐵"字。口径22、底径8.4、高8.4厘米（图三六六，15）。标本ⅢH63：15，形制、胎、釉同上。圈足内墨书"鐵"字。口径22.5、底径8.6、高8.3厘米（图三六六，10）。标本ⅢH63：1，敞口，圆唇，斜腹较浅，圈足，挖掘过肩。白胎较细，先涂白色化妆土，施白釉，内壁施满釉，外壁施半釉，釉色光润；内底有11个支钉疤痕。口径21.4、底径8、高7厘米（图三六六，11）。标本ⅢH63：10，形制、胎、釉同上。口径22.5、底径7.6、高7厘米（图三六六，6）。标本ⅢH63：23，形制、胎、釉同上。口径21、底径7.6、高6.5厘米（图三六六，9）。标本ⅢH63：26，形制、胎、釉同上。口径21.7、底径7.5、高7.4厘米（图三六六，2）。标本ⅢH63：11，敞口，圆唇，斜腹较浅，圈足，挖掘过肩。白胎较细，先涂白色化妆土，施白釉，内壁施满釉，外壁施半釉，釉色光润；内底有支钉疤痕。圈足内墨书"鐵"字。口径21.4、底径7.8、高7.8厘米（图三六六，1）。标本ⅢH63：2，敞口，圆唇，斜弧腹，圈足。白胎较细，先涂白色化妆土，施白釉，内壁施满釉，外壁施半釉，釉色光润；内底有支钉疤痕。口径21.8、底径7.7、高8.2厘米（图三六六，5）。标本ⅢH63：6，形制、胎、釉同上。口径20.8、底径7.5、高7.5厘米（图三六六，7）。标本ⅢH63：4，形制、胎、釉同上。口径20.6、底径7.3、高7.7厘米（图三六六，8）。标本ⅢH63：20，敞口，圆唇，斜弧腹略

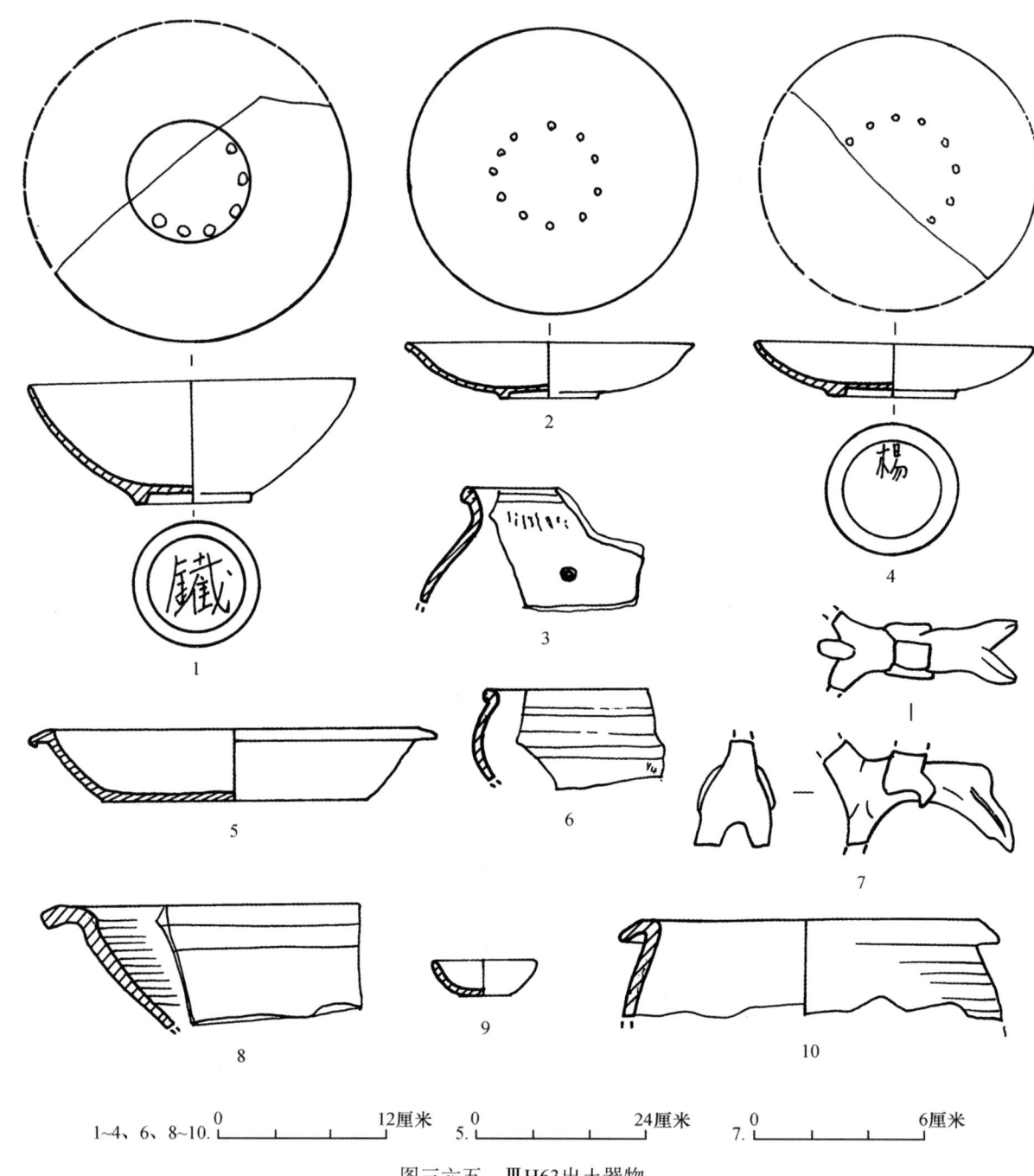

图三六五　ⅢH63出土器物
1. 瓷碗（ⅢH63：19）　2、4. 瓷盘（ⅢH63：25、ⅢH63：18）　3、6. 陶罐（ⅢH63：33、ⅢH63：36）
5、8、10. 陶盆（ⅢH63：27、ⅢH63：31、ⅢH63：24）　7. 瓷玩（ⅢH63：17）　9. 瓷盏（ⅢH63：9）

浅，圈足。白胎较细，内壁先涂白色化妆土，施满釉，釉色光润；外壁上腹施釉，以下露胎；内底有支钉疤痕。口径21.8、底径6.8、高7.3厘米（图三六六，4）。标本ⅢH63：12，敞口，斜折沿，圆唇，斜腹，有旋削痕，圈足。白胎较细，先涂白色化妆土，施白釉，釉色泛黄，内壁施满釉，外壁施釉不及底，有蜡泪痕；内底有支钉疤痕。口径21.5、底径8.5、高7.5厘米（图

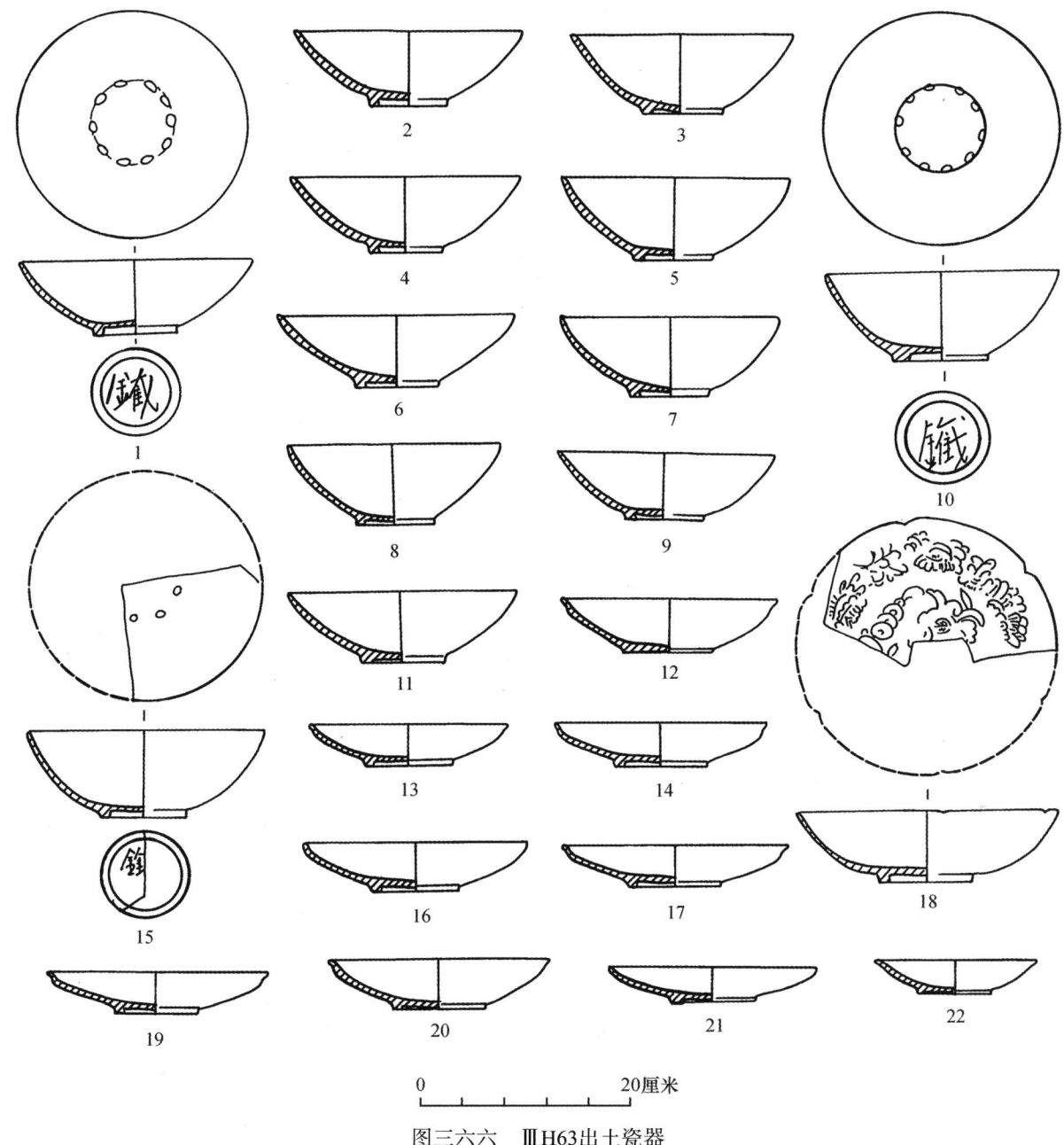

图三六六　ⅢH63出土瓷器

1~11、15. 碗（ⅢH63：11、ⅢH63：26、ⅢH63：12、ⅢH63：20、ⅢH63：2、ⅢH63：10、ⅢH63：6、ⅢH63：4、ⅢH63：23、ⅢH63：15、ⅢH63：1、ⅢH63：13）　12~14、16~22. 盘（ⅢH63：16、ⅢH63：21、ⅢH63：24、ⅢH63：3、ⅢH63：7、ⅢH63：39、ⅢH63：8、ⅢH63：14、ⅢH63：5、ⅢH63：22）

三六六，3）。

盘　12件。标本ⅢH63：18，敞口，圆唇，浅腹，矮圈足。白胎较细，施白釉，釉色光润，内壁施满釉，外壁施半釉，内底有支钉疤痕。足面有窑粘，足内墨书"杨"字。口径19、底径8.5、高3.3厘米（图三六五，4）。标本ⅢH63：5，形制、胎、釉同上。口径20、底径8.2、高3.2厘米（图三六六，21）。标本ⅢH63∶3，敞口，圆唇，深腹，矮圈足。白胎较细，施白釉，釉色光润，内壁施满釉，外壁施半釉，内底有支钉疤痕。口径21.5、底径8.5、高4.9厘米（图三六六，16）。标本ⅢH63∶16，内折沿，圆唇，腹较深，圈足。白灰胎略粗，先涂白色化妆土，施白釉，釉色泛黄，内壁施满釉，外壁施半釉，内底有较大的支钉疤痕。口径20.4、底径9、高5.1厘米（图三六六，12）。标本ⅢH63∶14，形制、胎、釉同上。口径21.2、底径9.2、高5厘米（图三六六，20）。标本ⅢH63∶25，内折沿较窄，圆唇，弧腹较浅，圈足，挖掘过肩。灰白胎较细，施白釉，釉色光润，内壁施满釉，外壁施釉不及底，有蜡泪痕。内底有11个支钉疤痕，足面有窑粘。口径20.2、底径7.2、高4厘米（图三六五，2）。标本ⅢH63∶21，形制、胎、釉同上。口径19、底径8.2、高4.2厘米（图三六六，13）。标本ⅢH63∶24，形制、胎、釉同上。口径20、底径8.6、高4.5厘米（图三六六，14）。标本ⅢH63∶8，内折沿，圆唇，腹略深，圈足。白灰胎较细，内壁先涂白色化妆土，施白釉，外壁施釉不及底，内底有支钉疤痕。口径21、底径8.5、高4厘米（图三六六，19）。标本ⅢH63∶7，形制、胎、釉同上。口径21.6、底径9、高4.2厘米（图三六六，17）。标本ⅢH63∶22，敞口，尖圆唇，斜弧腹，圈足。白胎细腻，施白釉，有蜡泪痕；近底部露胎，内底有支钉疤痕。口径15.8、底径6.8、高3.3厘米（图三六六，22）。标本ⅢH63∶39，葵口六出，圆唇，弧腹较深，圈足。白灰胎较细，施白釉，釉色泛青，近底部露胎，足面有窑粘。内底饰弦纹一周，印缠枝牡丹纹图案，底部有支钉疤痕。口径25.6、底径9、高7厘米（图三六六，18）。

盏　1件。标本ⅢH63∶9，敛口，折唇，斜腹，平底，底部有旋削痕。灰白色粗胎，内壁施黑釉，釉色光润，有窑粘，外壁露胎。口径7.4、底径4、高2.7厘米（图三六五，9）。

瓷玩　1件。马。标本ⅢH63∶17，呈站立状，长尾贴于左后腿，背上倒骑一人，马头与人的上半部残。灰白胎较细，施酱釉。残长6.6、残高3.7厘米（图三六五，7）。

ⅢH65　位于ⅢT16的西北部，开口于第3层下，距地表深140厘米，被ⅢH62打破，打破ⅢH66、第4层及生土层。平面呈不规则形，斜壁不规整，近平底。坑口长280、宽95～110、深55厘米。坑内填黄灰色花土，土质较硬，含有少量的陶瓷片等（图三六七）。

ⅢH66　位于ⅢT16的东北部，开口于第3层下，距地表深145厘米，被ⅢH65打破，打破第4层及生土层。平面呈椭圆形，斜壁，坑底不平。长径300、短径140、深17～65厘米。坑内填土可分2层，上层为灰褐色花土，土质较松软，夹有大量的草木灰、木炭粒，含有少量的陶片，厚40厘米左右；下层为黄灰色花土，土质较松软，含有少量的陶片、建筑构件和动物骨骼等，厚20厘米左右；出土物可辨器型有陶釜、豆、罐、器座；建筑构件有筒瓦和板瓦两种；动物骨骼有猪、牛、羊、狗等骨骼（图三六八）。

器座　1件。标本ⅢH66∶1，泥质灰陶。敛口，方唇，折腹，折角起棱，平底。素面抹光。口径18.4、底径23.2、高5厘米（图三六九）。

ⅢH67　位于ⅢT16的东南部，开口于第3层下，距地表深135厘米，被ⅢG5打破，打破ⅢH69、ⅢH70、第4层及生土层。平面呈不规则形，斜壁，圜底。清理长305、宽65、深60厘米。坑内填黄褐色土，土质较硬，含有少量的陶片和动物骨骼等（图三七〇）。

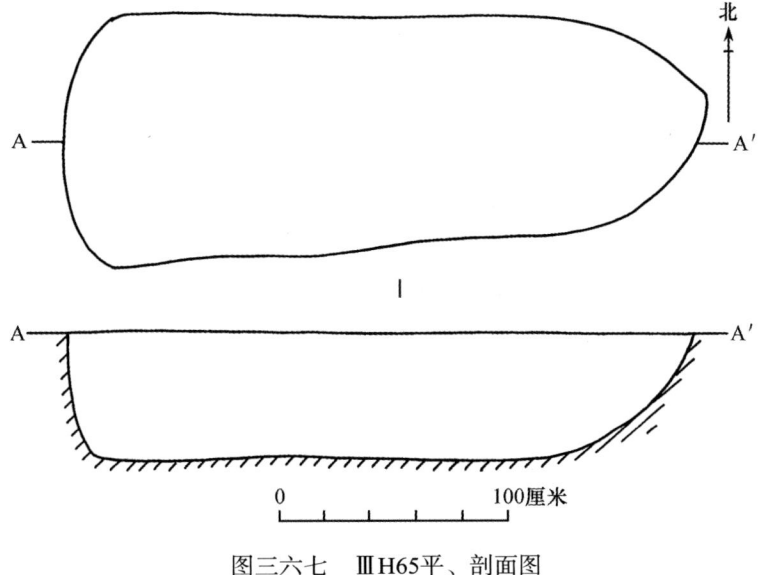

图三六七　ⅢH65平、剖面图

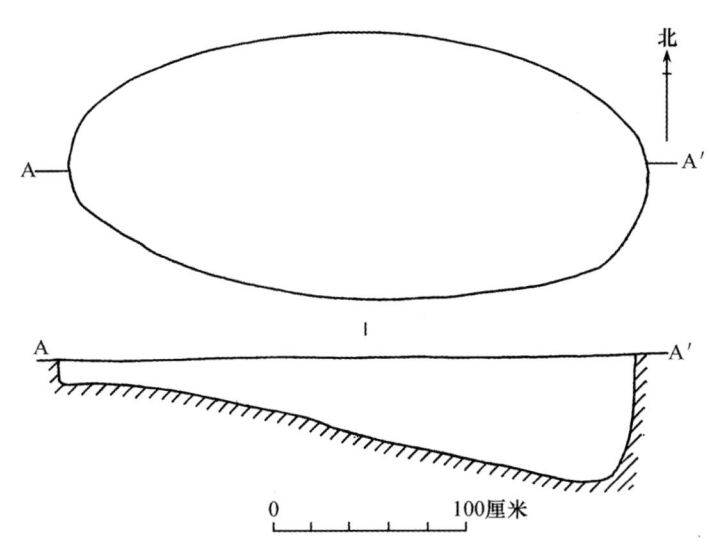

图三六八　ⅢH66平、剖面图

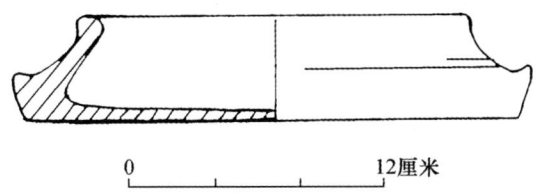

图三六九　ⅢH66出土陶器座（ⅢH66∶1）

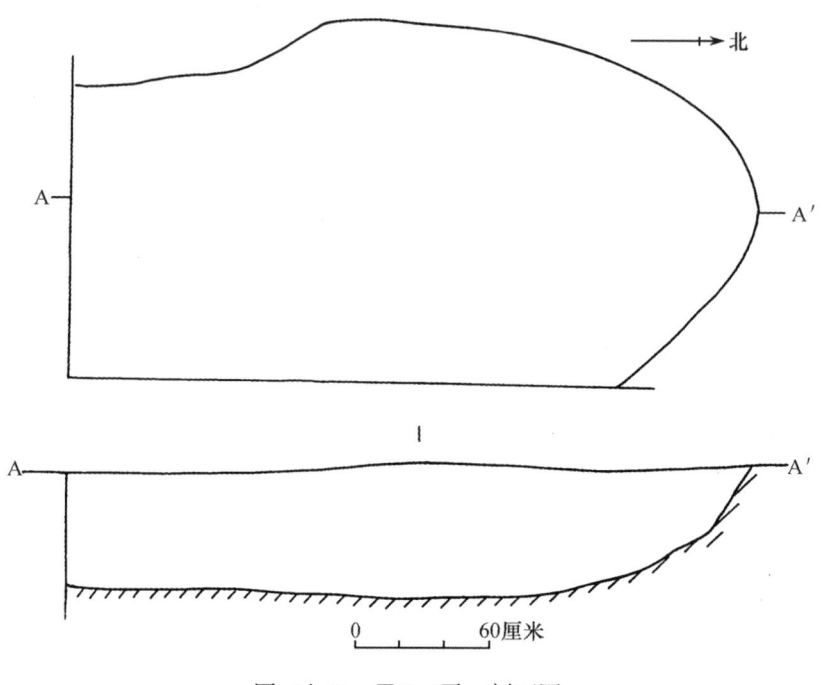

图三七〇　ⅢH67平、剖面图

出土遗物有陶罐、盆、钵，瓦当等。

罐　1件。标本ⅢH67：4，口、腹残片，夹砂灰陶，手制。侈口，圆唇，鼓腹。口、肩一侧附贴桥形器耳。素面抹光。口径14、残高7.2厘米（图三七一，2）。

盆　1件。标本ⅢH67：5，口、腹残片，泥质夹蚌红褐陶。敞口，卷沿，沿面有凹槽一周，厚圆唇，深弧腹。饰泥条附加堆纹两周，间夹凸棱压印纹一周。口径14.8、残高12.4厘米（图三七一，1）。

钵　1件。标本ⅢH67：2，泥质灰陶。敞口，厚圆唇，折腹，平底。上腹素面抹光，下腹近底部留有刀削痕迹。口径9.8、底径7、高4厘米（图三七一，3）。

瓦当　1件。莲籽纹。标本ⅢH67：1，残半，泥质灰陶。以单环线将当面划分为内外区。内区当心饰八棱形乳突，外区饰两排莲蕾纹。边轮宽2、当厚1.9～2.5厘米（图三七二）。

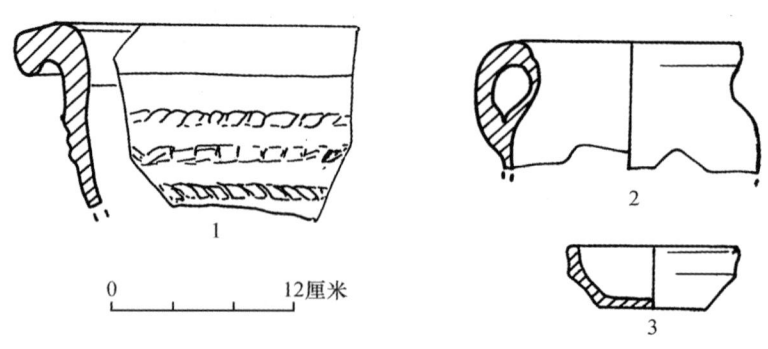

图三七一　ⅢH67出土器物

1.陶盆（ⅢH67：5）　2.陶罐（ⅢH67：4）　3.陶钵（ⅢH67：2）

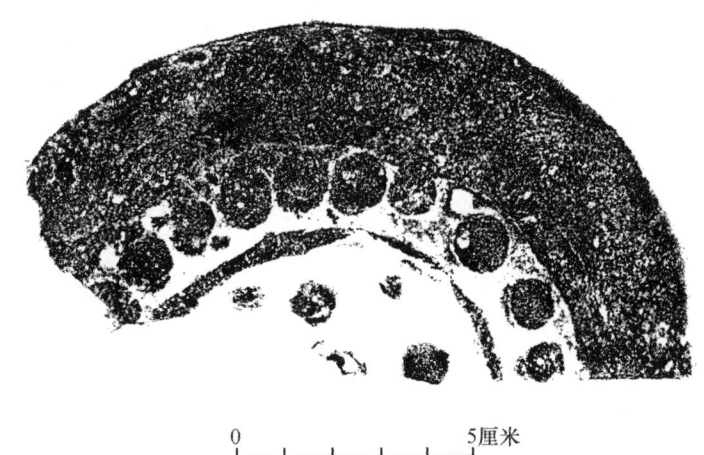

图三七二　ⅢH67出土瓦当（ⅢH67：1）

ⅢH68　位于ⅢT16的西南部，开口于第3层下，距地表深140厘米，被ⅢG5、ⅢH62打破，打破生土层。平面呈圆形，直壁，平底。直径185、深110厘米。坑内填灰褐色土，土质较硬，含有大量的草木灰及木炭粒，出土少量的陶片和动物骨骼等（图三七三）。

出土遗物有陶壶、罐、甑、匣钵、盒等。

壶　1件。标本ⅢH68：8，口、颈残片，泥质灰陶。盘口，尖圆唇，细颈，素面抹光。口径11.2、残高8厘米（图三七四，4）。

罐　1件。标本ⅢH68：1，泥质灰陶。直口略外侈，圆唇，矮领，弧腹，平底。上腹素面磨光，下腹刮光，留有刮痕。口径14、底径12、高15.6厘米（图三七四，5）。

甑　3件。标本ⅢH68：3，泥质灰陶。敞口，宽平沿略外折，方唇，斜腹，平底钻孔。上腹饰弦纹，腹饰弦断绳纹，下腹留有刀削痕迹，内壁饰暗弦纹。口径43.2、底径17.6、高25.6厘米（图三七四，1）。标本ⅢH68：4，泥质灰陶。敞口，宽平沿略外折，圆唇，斜腹，平底，钻孔。上腹饰弦断绳纹，下腹绳纹被刮，留有刮痕，内壁饰暗弦纹。口径29.6、底径14、高17.2厘米（图三七四，3）。标本ⅢH68：15，底部，泥质灰陶。平底，钻孔，壁近底部钻孔。底径20、残高5.4厘米（图三七四，7）。

匣钵　1件。标本ⅢH68：5，泥质灰

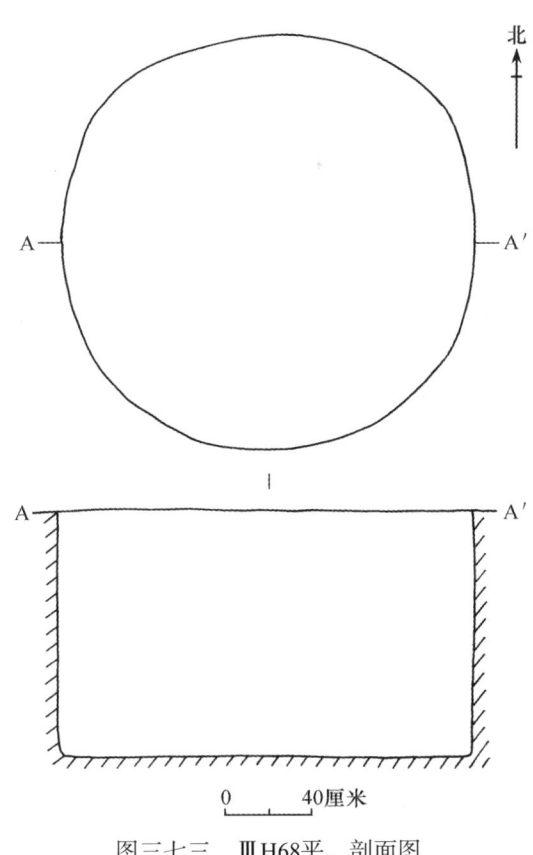

图三七三　ⅢH68平、剖面图

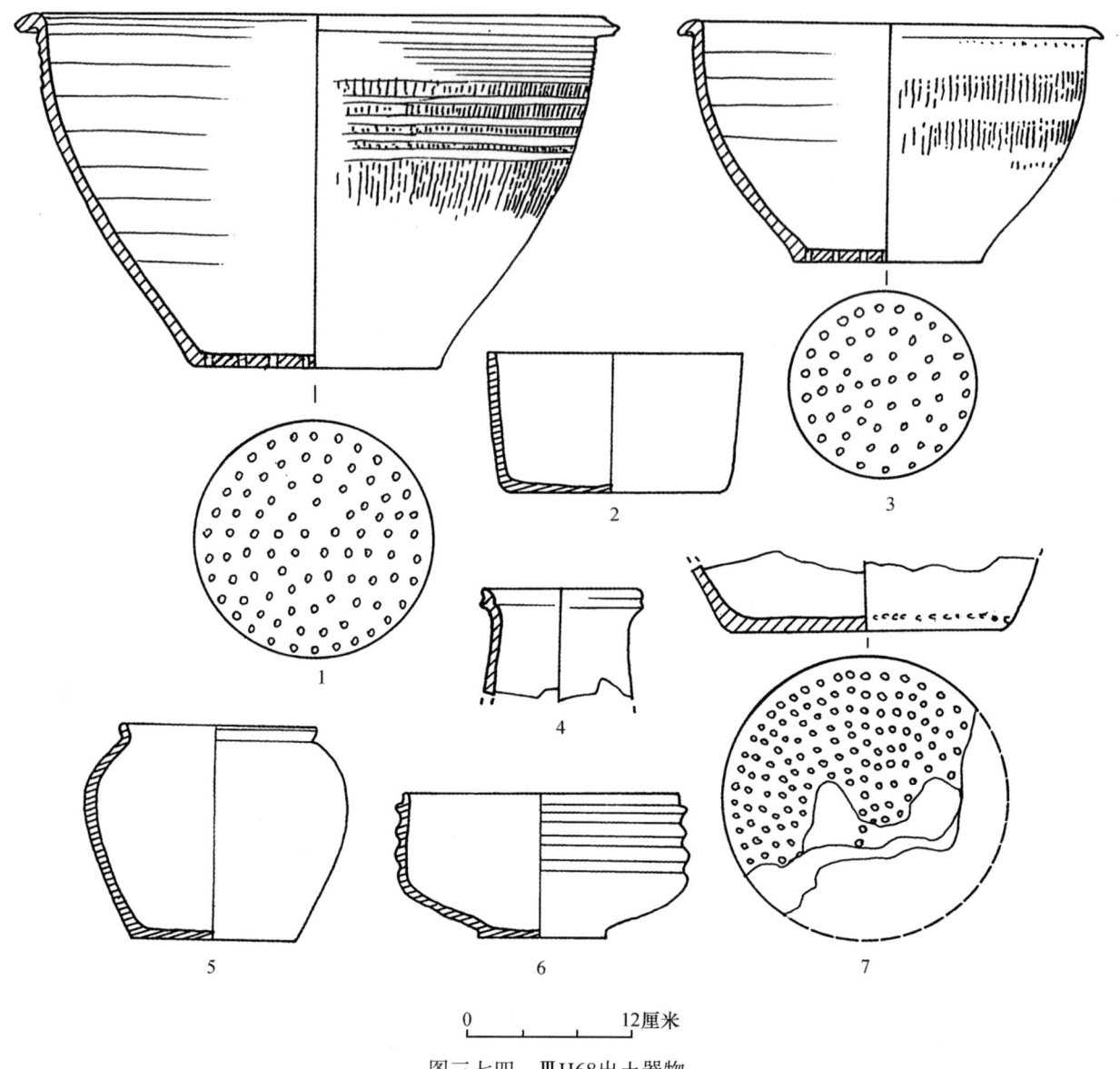

图三七四　ⅢH68出土器物
1、3、7.陶甑（ⅢH68：3、ⅢH68：4、ⅢH68：15）　2.陶匜钵（ⅢH68：5）　4.陶壶（ⅢH68：8）
5.陶罐（ⅢH68：1）　6.陶盒（ⅢH68：2）

陶。直口，方唇，深腹，直壁，平底。饰暗弦纹。口径18.9、底径18.5、高10.3厘米（图三七四，2）。

盒　1件。标本ⅢH68：2，细泥黑陶。子母口，方唇，深折腹，饼足。上腹饰凹弦纹三周，下腹饰暗弦纹。口径19.7、底径9.3、高10.4厘米（图三七四，6）。

ⅢH69　位于ⅢT16的东南部，开口于第3层下，距地表深175厘米，被ⅢH67打破，打破ⅢH70及生土层。平面呈圆形，直壁，平底。直径120、深250厘米。坑内填灰黑色花土，上半部土质较松软，近底部略硬，夹有草木灰、木炭粒、石块等。含有大量的陶片、瓦片和动物骨骼等（图三七五）。

出土遗物有陶釜、盆、甑、钵，陶饼，瓦当等。

釜 1件。标本ⅢH69：20，口、腹残片，泥质灰陶，烧制变形。敞口，尖圆唇，弧肩。素面抹光。口径18、残高8.6厘米（图三七六，2）。

盆 1件。标本ⅢH69：17，口、腹残片，泥质灰陶。敞口，宽平沿略外折，方唇，弧腹。饰泥条附加堆纹两周。口径25、残高13.6厘米（图三七六，1）。

甑 1件。标本ⅢH69：21，底片，泥质灰陶。平底，钻孔。底径20、残高4.6厘米（图三七六，3）。

钵 1件。标本ⅢH69：1，泥质灰陶。敞口，圆唇，折腹，下腹弧收，平底略内凹。素面抹光。口径11、底径4、残高3.5厘米（图三七六，4）。

陶饼 2件。标本ⅢH69：9，泥质灰陶片磨制，近圆形。直径3.3、厚1厘米（图三七一，6）。标本ⅢH69：10，直径3.6、厚0.9厘米（图三七六，5）。

树纹瓦当 1件。标本ⅢH69：2，残，泥质灰陶。树木鸟纹瓦当，树枝向上呈伞形，树枝左上角饰鸟纹，模糊不清，下方亦饰鸟纹，呈展翅翱翔状。直径13、边轮宽0.9、当厚1.2厘米（图三七七）。

ⅢH71 位于ⅢT15的西北部，开口于第2层下，距地表深60厘米，打破第3层、ⅢH107及生土层。平面呈椭圆形，斜弧壁，近平底。坑口长径270、短径160、深30~82厘米。坑内填黄灰色花土，土质较硬，夹杂有砂粒、石块和草木灰，含有少量的陶瓷片和动物骨骼等（图三七八）。

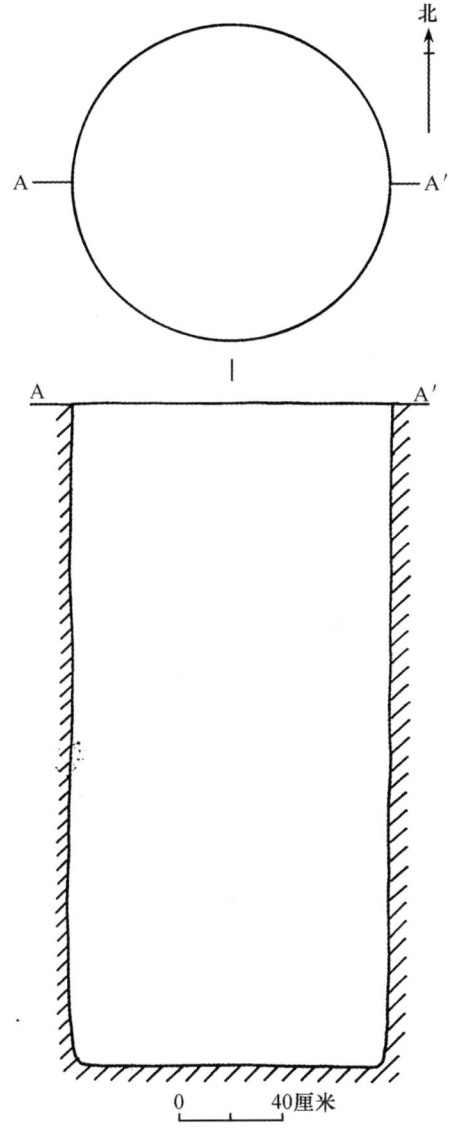

图三七五　ⅢH69平、剖面图

出土器物有陶罐、陶饼、瓷罐等。

陶罐 4件。标本ⅢH71：32，口、肩残片，泥质灰陶。直口，方唇，高领，广肩，素面磨光。口径26、残高7.6厘米（图三七九，4）。标本ⅢH71：28，口、腹残片，泥质灰陶。侈口，方唇，直领，折肩，肩部素面磨光，腹饰凹弦纹。口径20、残高12厘米（图三七九，1）。标本ⅢH71：30，口、腹残片，泥质灰陶。直口略外侈，圆唇，矮领，鼓肩。素面磨光。口径12、残高5厘米（图三七九，2）。标本ⅢH71：1，泥质灰陶，模制。直口略外敞，方唇，唇面上附贴提梁（已残），直领，垂腹，圜底。饰指甲纹。口径5、高6.2厘米（图三七九，5）。

陶饼 1件。标本ⅢH71：9，泥质灰陶片磨制而成。平面呈圆形，一侧饰绳纹，一侧饰坑点纹。直径5、厚1.2厘米（图三七九，6）。

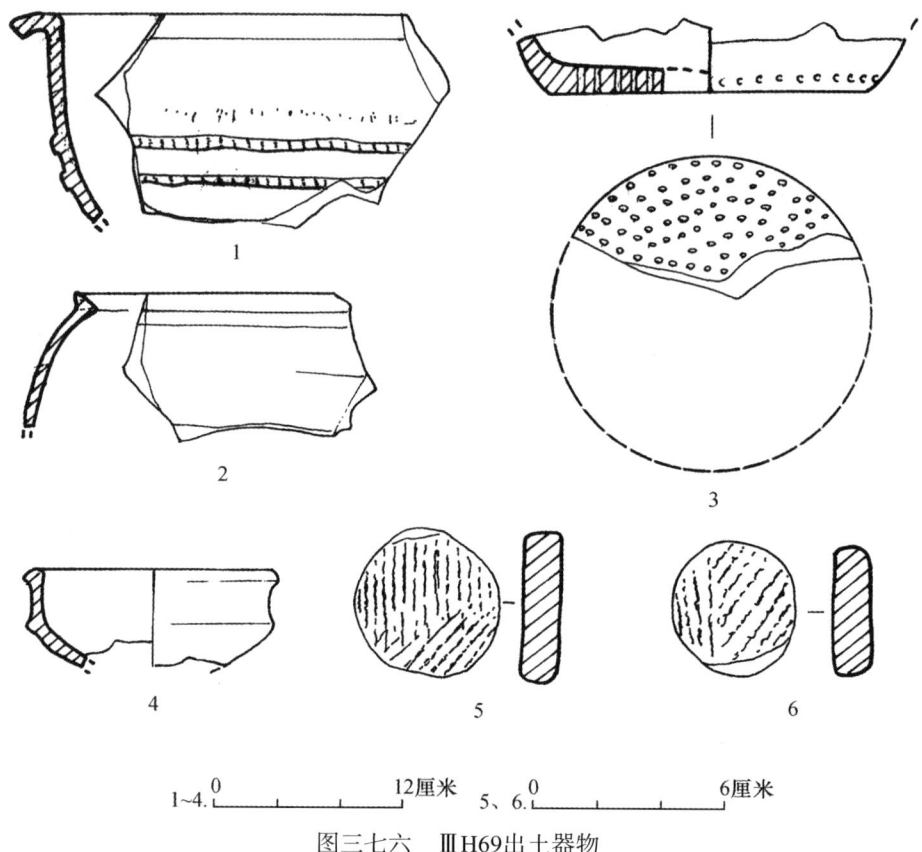

图三七六　ⅢH69出土器物
1.陶盆（ⅢH69：17）　2.陶釜（ⅢH69：20）　3.陶甑（ⅢH69：21）　4.陶钵（ⅢH69：1）
5、6.陶饼（ⅢH69：10、ⅢH69：9）

图三七七　ⅢH69出土瓦当（ⅢH69：2）

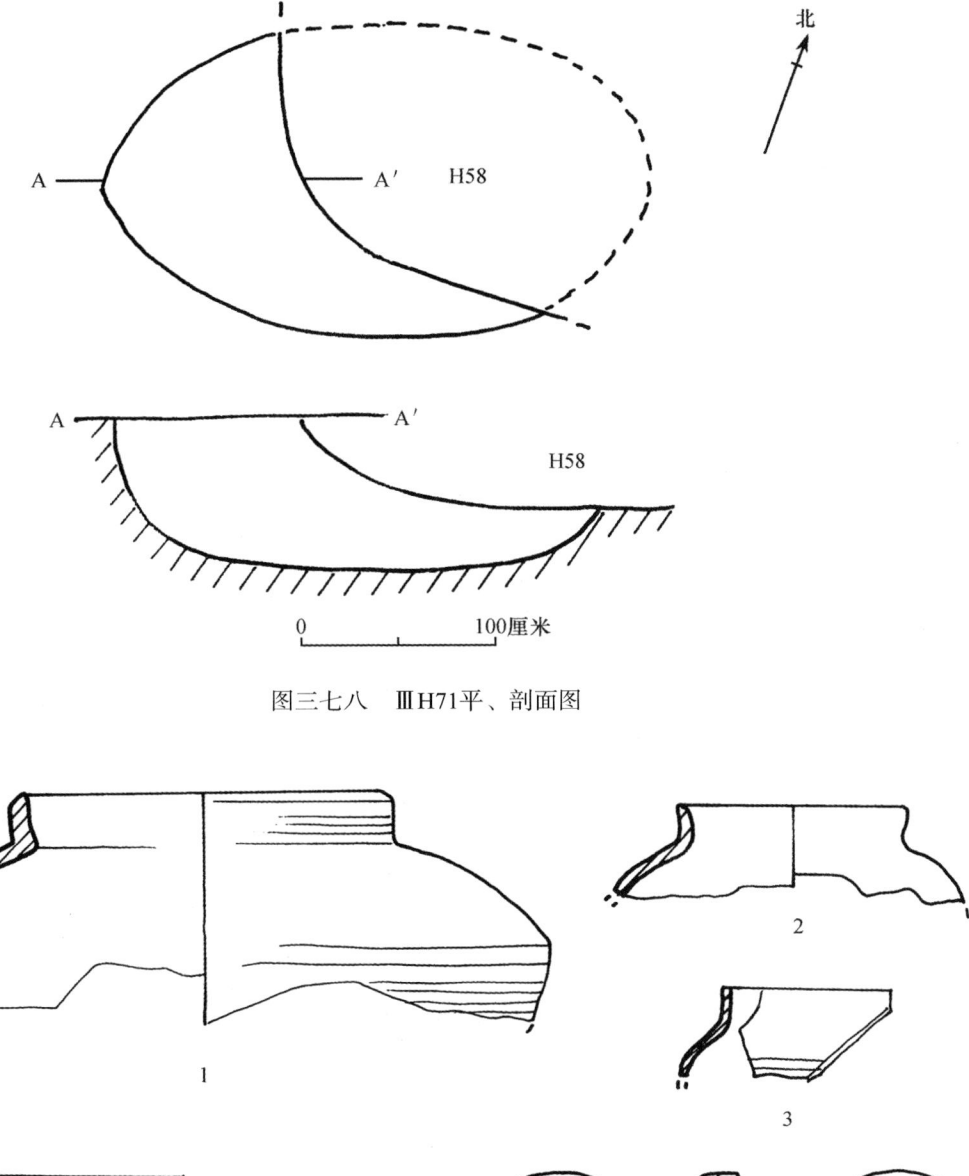

图三七八　ⅢH71平、剖面图

图三七九　ⅢH71出土器物
1、2、4、5.陶罐（ⅢH71：28、ⅢH71：30、ⅢH71：32、ⅢH71：1）　3.瓷罐（ⅢH71：34）　6.陶饼（ⅢH71：9）

瓷罐　1件。标本ⅢH71：34，口、腹残片。直口，圆唇，直领，溜肩。白灰色粗胎，施白釉，釉色泛黄，内壁口部施釉，以下露胎，釉层有冰裂纹。口径9、残高5.1厘米（图三七九，3）。

ⅢH74　位于ⅢT15的南部，开口于第3层下，距地表深135～175厘米，被ⅢH72打破，打破ⅢH75及生土层。平面呈不规则形（只清理一部分），斜壁不甚规整，坑底高低不平。清理长400、宽200、深80～100厘米。坑内填黄灰色土，土质较硬，含有草木灰、木炭粒、石块，出土少量的陶片和动物骨骼等（图三八〇）。

陶盆　1件。标本ⅢH74：2，细泥黑陶。敞口，宽平沿略内斜，外缘突起有凸棱一周，方唇，唇边对称饰三对手指压印纹，斜弧腹，平底略内凹。上腹素面抹光，下腹及内壁饰暗弦纹。口径39、底径20.4、高9.4厘米（图三八一，1）。

陶饼　1件。标本ⅢH74：1，平面呈圆形，一侧素面抹光，一侧饰压印纹。直径9、厚1.4厘米（图三八一，2）。

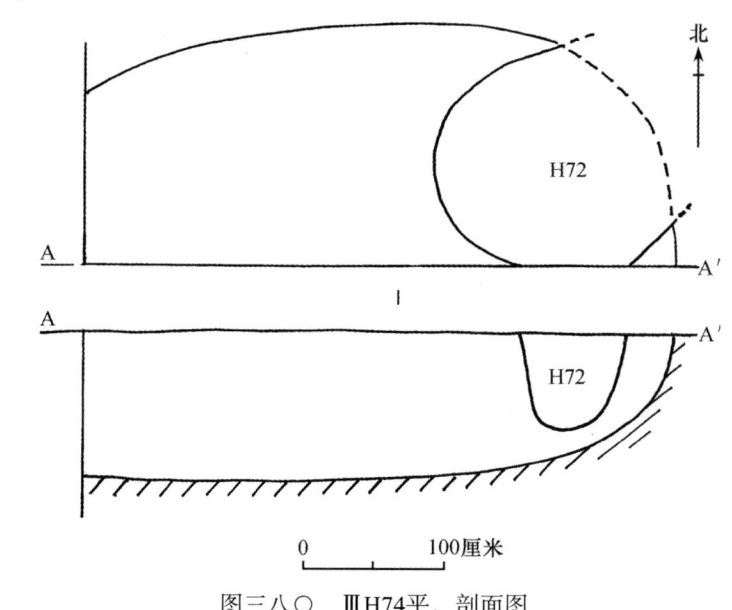

图三八〇　ⅢH74平、剖面图

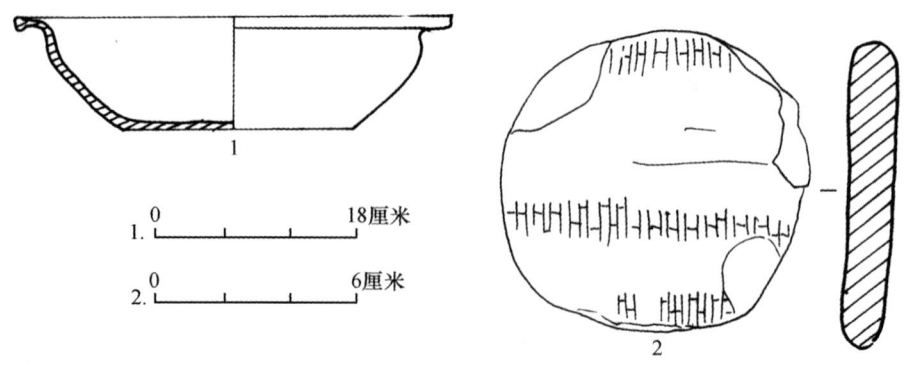

图三八一　ⅢH74出土器物
1. 陶盆（ⅢH74：2）　2. 陶饼（ⅢH74：1）

ⅢH75　位于ⅢT15的西南部，开口于第3层下，距地表深255厘米，被ⅢH74打破，打破生土层。平面呈不规则形（只清理一部分），直壁，平底。清理长210、宽175、深50～150厘米。坑内填黄灰色土，土质较松软，含有少量的陶片和动物骨骼（图三八二）。

陶豆　1件。标本ⅢH75：2，泥质灰陶。敞口，厚圆唇，浅盘，平底，高柄，柄下部中空，底座残，素面抹光。口径12.8、残高12厘米（图三八三）。

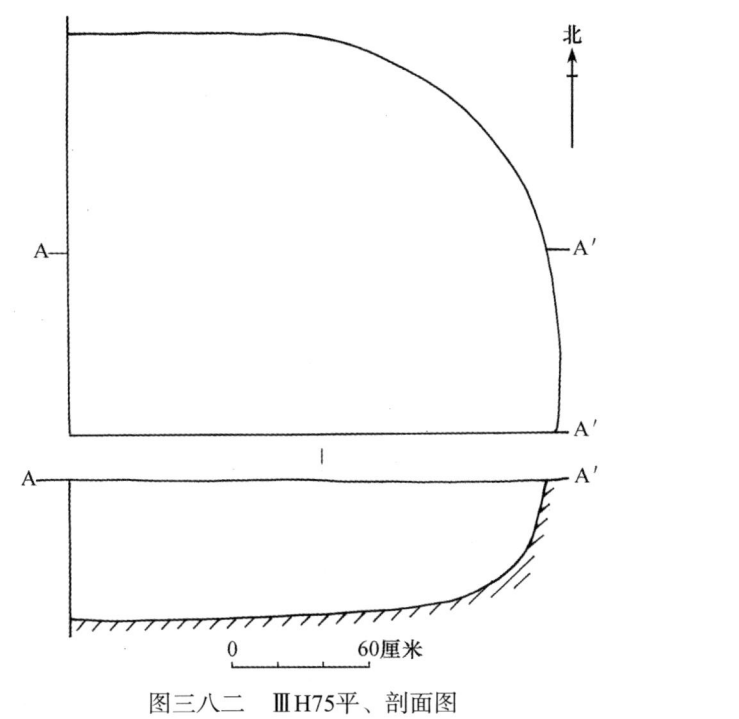

图三八二　ⅢH75平、剖面图

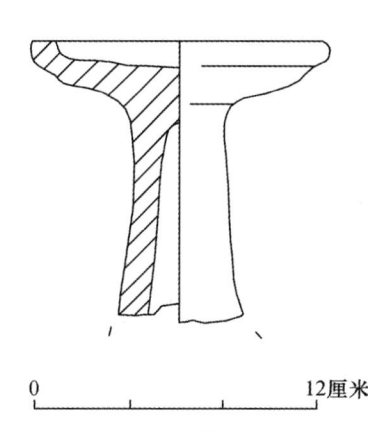

图三八三　ⅢH75出土陶豆（ⅢH75：2）

ⅢH76　位于ⅢT13的中东部，开口于第3层下，距地表深120厘米，打破ⅢH78、ⅢH80、ⅢH81、第4层及生土层。平面呈圆形，坑口小于坑底，斜直壁留有加工痕迹，平底。口径150、底径180、深250厘米。坑内填灰褐色花土，土质较硬，夹杂有红泥块、木炭粒，含有少量的陶瓷片等（图三八四）。

ⅢH77　位于ⅢT14的西南部，开口于第4层下，距地表深140厘米。打破生土层。平面呈近长方形，斜弧壁，圜底。坑口长325、宽220、深100厘米。坑内填灰黄色花土，土质较硬，夹有少量的陶片和动物骨骼等（图三八五）。

ⅢH79　位于ⅢT13的西部及其扩方内，开口于第3层下，距地表深180厘米，打破ⅢG5、第4层及生土层。平面呈不规则形，斜壁不规整，近圜底，高低不平。坑口长290、宽180、深140厘米。坑内填灰褐色花土，土质较硬，含有少量的陶瓷片和动物骨骼等（图三八六）。

ⅢH82　位于ⅢT13的中西部，开口于第3层下，距地表深185厘米，被ⅢH78、ⅢH80打破，打破ⅢJ4、第4层及生土层。平面呈圆形，斜弧壁不甚规整，圜底。直径200、深100厘米。坑内填灰褐色花土，土质较松软，含有少量的陶瓷片等（图三八七）。

釜　1件。标本ⅢH82：6，口、腹残片，泥质灰陶。侈口，尖圆唇，矮领，弧肩。饰弦断

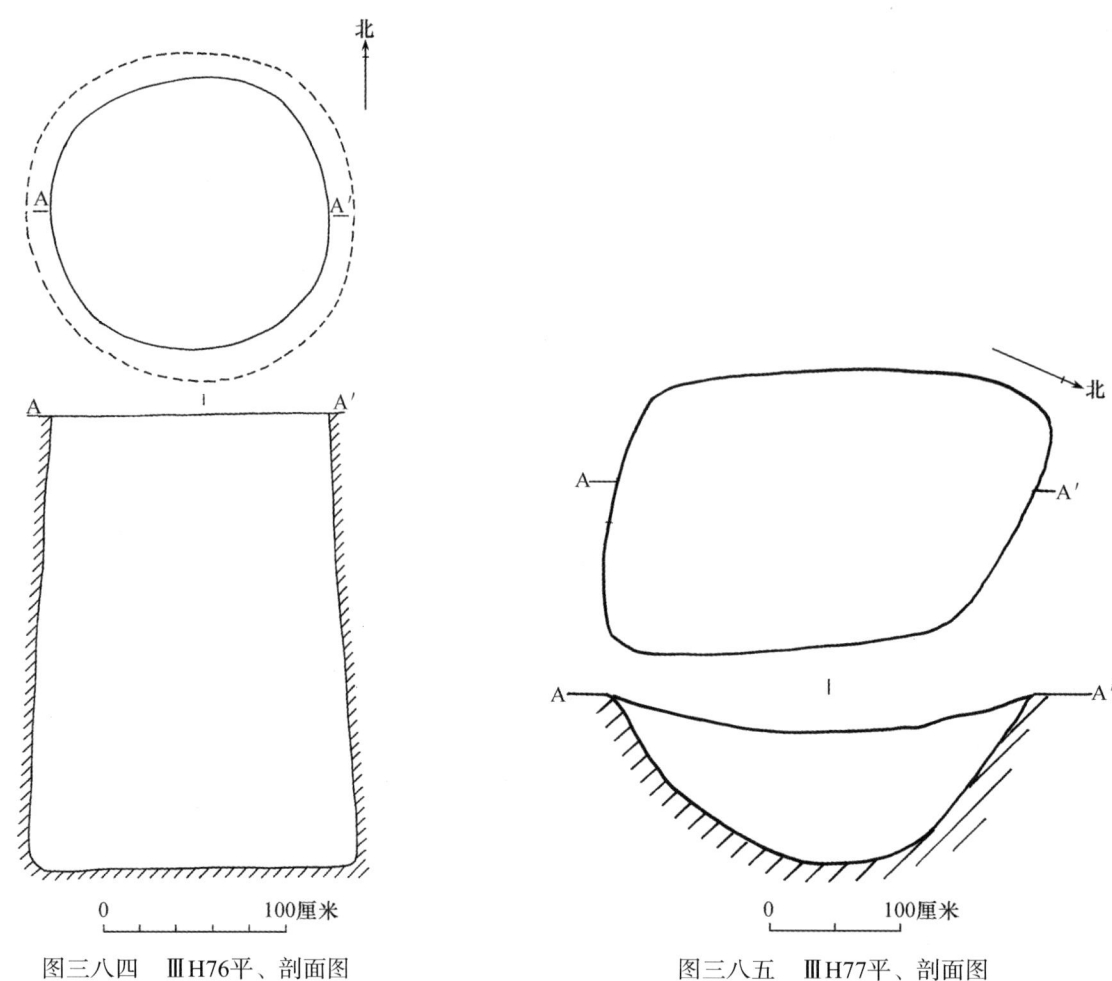

图三八四　ⅢH76平、剖面图　　　　图三八五　ⅢH77平、剖面图

绳纹，肩部被抹。口径18、残高9.4厘米（图三八八，3）。

钵　1件。标本ⅢH82：1，泥质灰褐陶。敞口，窄平沿，方唇，弧腹，隐圈足。器表素面抹光，内壁饰暗弦纹。口径20、底径8.7、高8.7厘米（图三八八，1）。

甑　1件。标本ⅢH82：9，泥质灰陶，模制。平底，钻孔。底径18.4、残高5.4厘米（图三八八，2）。

ⅢH107　位于ⅢT15的西北部，开口于第3层下，距地表深170厘米，被ⅢH71、ⅢH110打破，打破ⅢJ3及生土层。平面呈椭圆形，坑口略大于坑底，斜直壁留有加工痕迹，平底。坑口长径175、短径150、深240厘米。坑内填灰褐色花土，土质较松软，夹有大量的草木灰、木炭粒等，含有少量的陶片等（图三八九）。

ⅢH108　位于ⅢT13扩方的西南部，开口于第3层下，距地表深110厘米，打破生土层。平面呈长方形（只清理一部分），直壁，平底。清理长50、清理宽50、深90～100厘米。坑内填灰褐色土，土质较松软，夹有少量的草木灰和木炭粒，出土少量的陶片等（图三九〇）。

陶钵　1件。标本ⅢH108：1，泥质灰陶。敞口，厚圆唇，折腹，平底。上腹素面抹光，

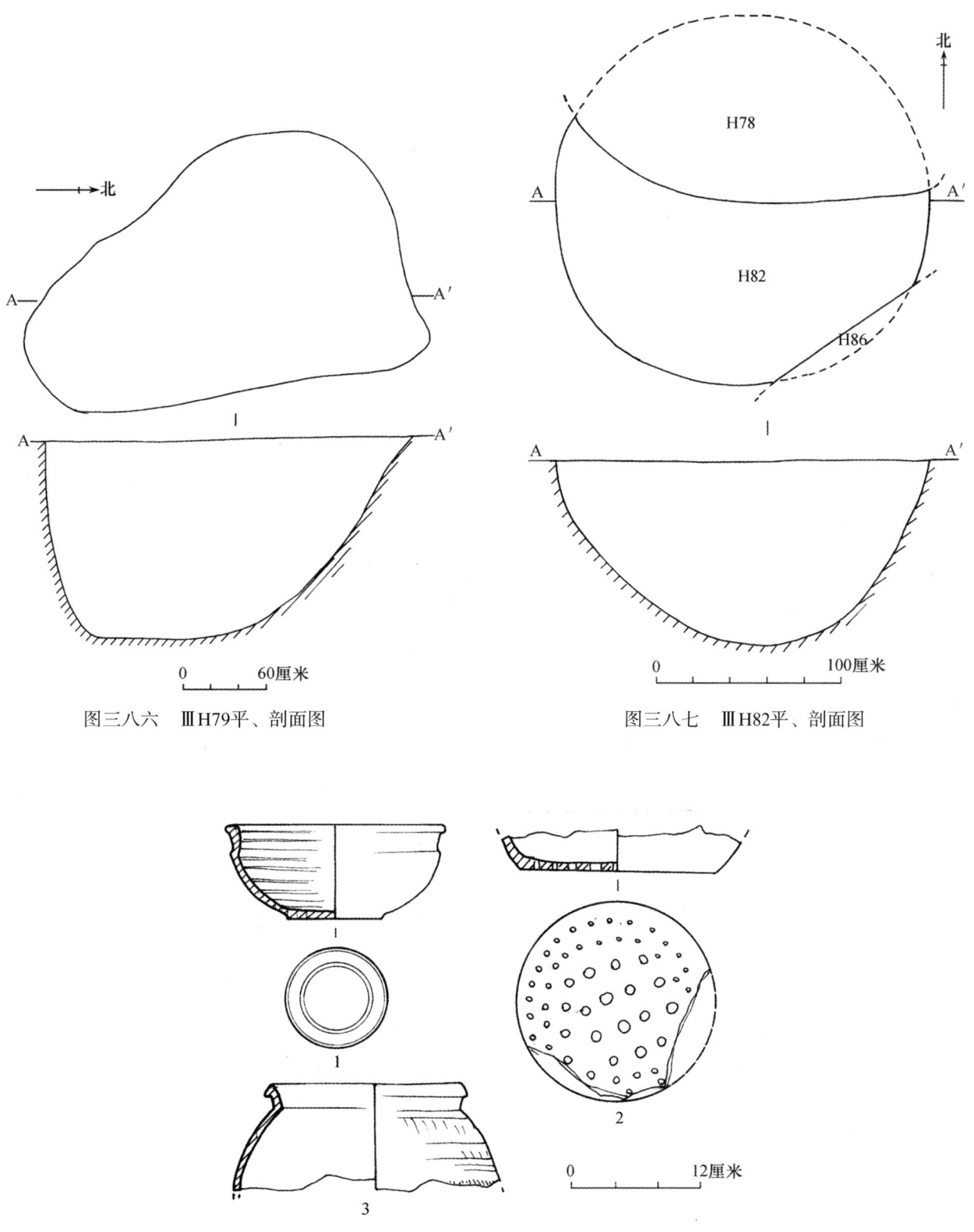

图三八六　ⅢH79平、剖面图

图三八七　ⅢH82平、剖面图

图三八八　ⅢH82出土器物
1. 陶钵（ⅢH82∶1）　2. 陶甑（ⅢH82∶9）　3. 陶釜（ⅢH82∶6）

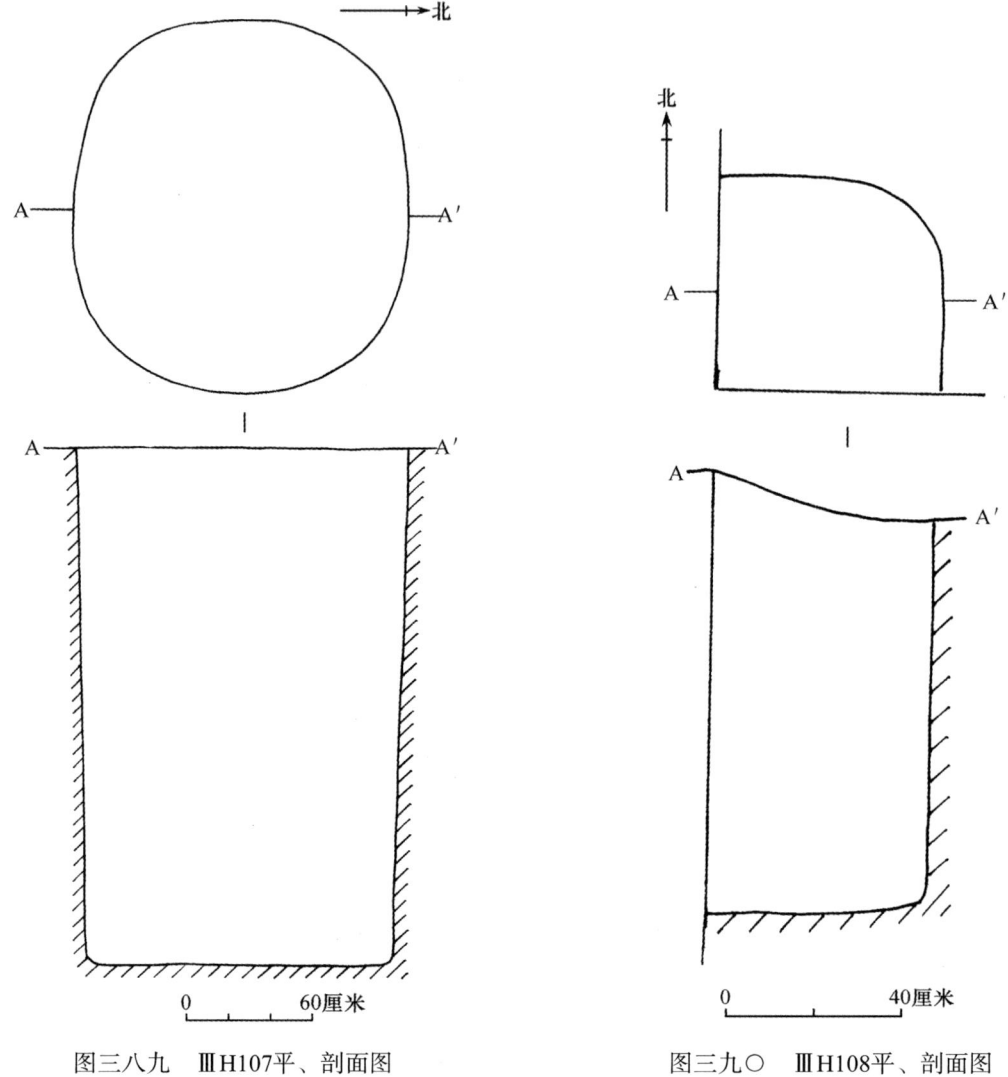

图三八九　ⅢH107平、剖面图　　　　图三九〇　ⅢH108平、剖面图

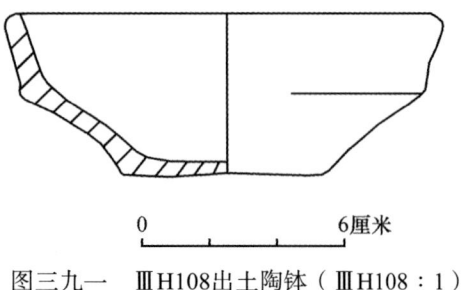

图三九一　ⅢH108出土陶钵（ⅢH108∶1）

下腹近底部留有刀削痕迹。口径13、底径6.5、高5厘米（图三九一）。

ⅢH110　位于ⅢT13扩方的南部，开口于第3层下，距地表深120~165厘米，被ⅢH109打破，打破ⅢH107、ⅢJ3及生土层。平面呈长方形（只清理一部分），直壁，平底。长300、清理宽100、深70~110厘米。坑内填灰褐色土，土质较松软，含有大量的草木灰和木炭粒，出土较多的陶片等（图三九二）。

出土遗物有陶壶、罐、钵等。

壶　3件。标本ⅢH110∶33，口、颈残片，泥质黑陶。小口略外侈，斜折沿，圆唇，细颈。素面抹光。口径12、残高5.6厘米（图三九三，7）。标本ⅢH110∶32，泥质灰陶。敞口，

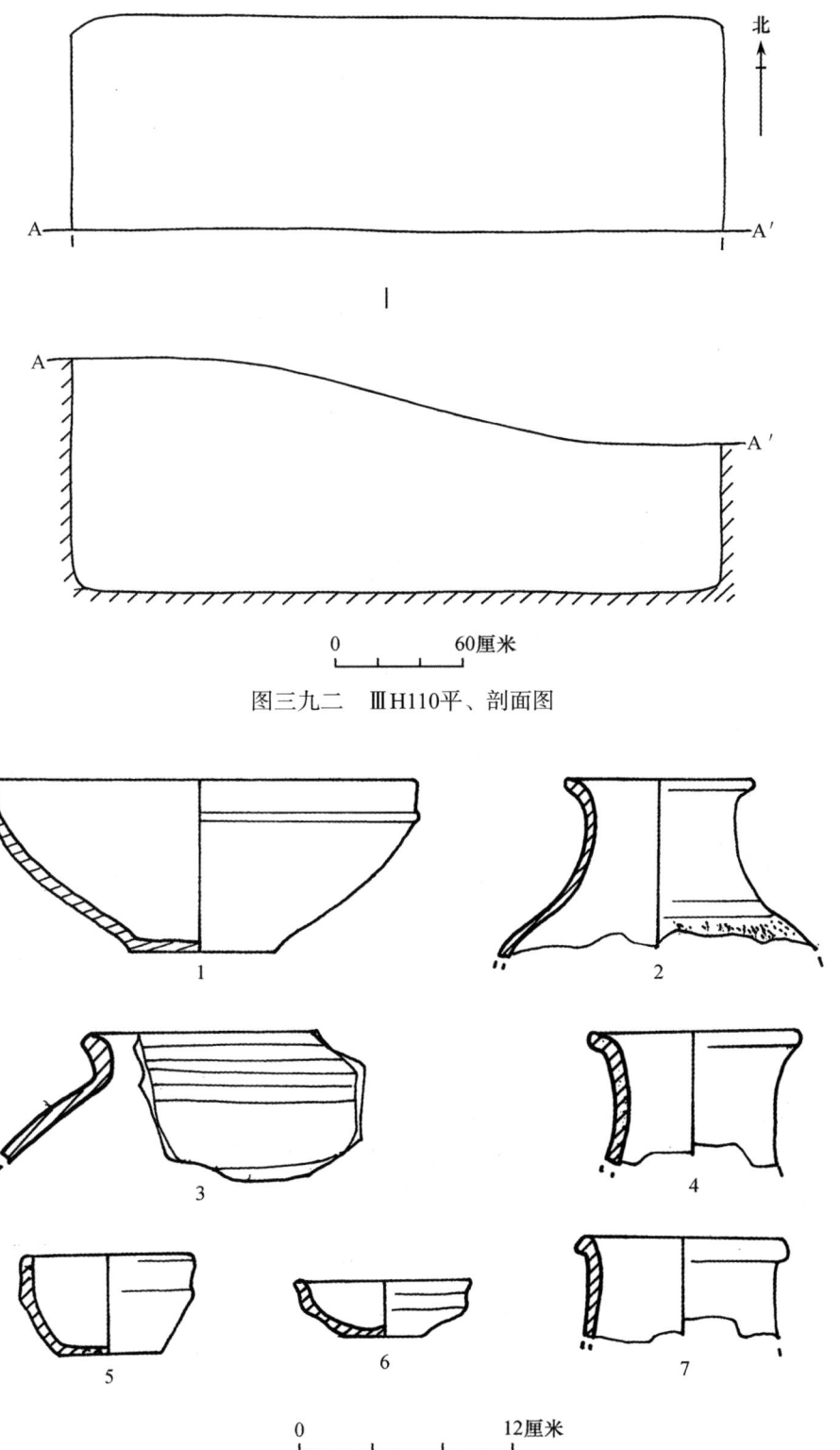

图三九二　ⅢH110平、剖面图

图三九三　ⅢH110出土器物

1、5、6.陶钵（ⅢH110：2、ⅢH110：1、ⅢH110：3）　2、4、7.陶壶（ⅢH110：31、ⅢH110：32、ⅢH110：33）
3.陶罐（ⅢH110：36）

圆唇，束颈，弧肩，鼓腹。颈部素面抹光，腹饰弦断绳纹，下腹绳纹被刮，留有刮痕。口径12、残高7.6厘米（图三九三，4）。标本ⅢH110：31，口、肩残片，泥质灰陶。敞口，圆唇，束颈，溜肩。颈部素面抹光，肩饰弦断绳纹。口径10.4、残高10厘米（图三九三，2）。

罐　1件。标本ⅢH110：36，口、腹残片，泥质灰陶。侈口，方唇，折肩。肩部素面磨光，腹饰凹弦纹。口径22、残高8.2厘米（图三九三，3）。

钵　3件。标本ⅢH110：3，泥质灰陶。敞口，尖唇，折腹，平底内凹。素面抹光。口径9.8、底径4.6、高3.2厘米（图三九三，6）。标本ⅢH110：1，口径11.8、底径5.5、高5.3厘米（图三九三，5）。标本ⅢH110：2，泥质灰陶。直口，圆唇，折腹，下腹弧收，平底。上腹素面抹光，下腹近底部有刀削痕迹，内壁饰暗弦纹。口径24、底径8、高9.7厘米（图三九三，1）。

2）壕沟

ⅢG5　位于ⅢT16的南部，开口于第2层下，距地表深60～70厘米，被ⅢH38、ⅢH64打破，打破ⅢH67、ⅢH68及第3层。平面呈不规则长条形（只清理一部分），东西向，东端向外延伸，沟底不平，清理长570、宽200～230、深65厘米。沟内堆积可分为2层。上层黄灰色花土，土质疏松，厚20～30厘米；下层为灰褐色花土，土质较硬，含有少量的陶瓷片和动物骨骼等（图三九四）。

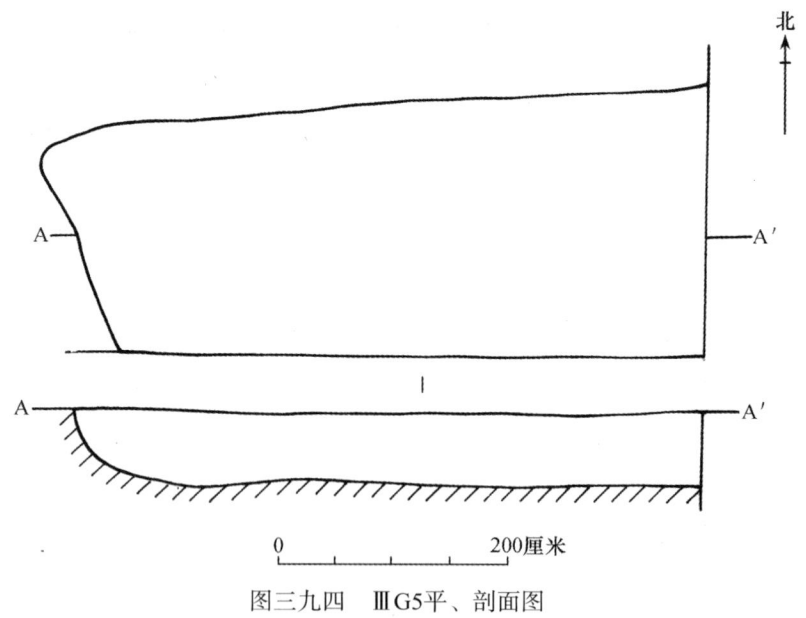

图三九四　ⅢG5平、剖面图

3）水井

ⅢJ2　位于ⅢT14的中部，开口于第4层下，距地表深150厘米。打破生土层。平面呈椭圆形，井口长径110厘米，短径100厘米，总深870厘米，水位高270厘米；井底最大径140厘米；水位线以上为直壁，其上发现9对脚窝，间隔40厘米，交错分布；脚窝宽15～20、高10、深10厘米左右；水位线以下井壁呈弧形，圜底置于砂层内。井口周围留有踩塌硬面，高低不平，厚

10~15厘米。井内填土可分为3层：第1层为灰褐色花土，土质较硬，夹有砂土、草木灰、木炭粒，含有少量的陶片和动物骨骸。出土物可辨器型有盆、罐、钵、豆、甑、钱币等；第2层为黑花土，土质较硬，含有少量的陶片和动物骨骸等；第3层为黄灰花土，土质较松软，夹有大量的砂粒，含有少量的陶片和动物骨骸（图三九五）。

钵　1件。标本ⅢJ2∶1，泥质灰褐陶。直口微敛，圆唇，折腹，下腹弧收，平底。素面抹光。口径13.2、底径5.7、高5.2厘米（图三九六，2）。

纺轮　1件。标本ⅢJ2∶3，残半。泥质灰陶，模制。呈圆柱状，上端弧凸，饰凹弦纹，中心钻孔。孔径1、直径6、高1.8厘米（图三九六，1）。

钱币　1枚。标本ⅢJ2∶2，半两，其形制为方孔圆形，钱面方穿的两侧有"半两"二字，篆书。直径2.4、穿宽1厘米。

ⅢJ3　位于ⅢT15的西北部，开口于第3层下，距地表深410厘米。被ⅢH71、ⅢH107、ⅢH109、ⅢH110打破，打破生土层。平面呈圆形，略呈口大底小，斜直壁，圜底。井口直径110、残深290厘米。未发现水涮层。内填黑色花土，土质较松软，夹有大量的草木灰、木炭粒、石块及砂粒，含有少量的陶片和动物骨骸等（图三九七）。

出土遗物有陶壶、钵、豆、陶饼等。

壶　2件。标本ⅢJ3∶11，口、颈残片，泥质灰陶。敞口，方唇，唇面饰凹槽一周，细颈。素面抹光。口径12、残高8.1厘米（图三九八，1）。标本ⅢJ3∶10，口、颈残片，泥质灰陶。敞口，厚圆唇，束颈。素面抹光。口径13、残高5.4厘米（图三九八，3）。

钵　1件。标本ⅢJ3∶1，泥质灰陶。直口，折唇，折腹，下腹弧收，平底略内凹。素面抹光。口径13、底径5.5、高6.3厘米（图三九八，2）。

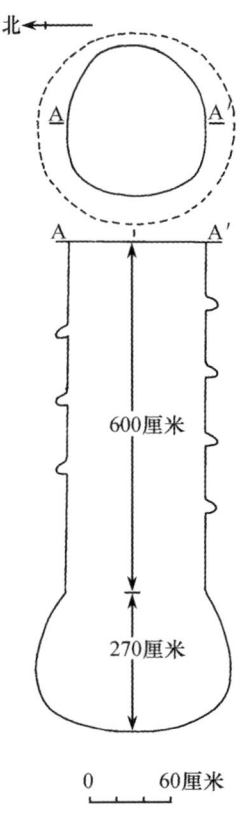

图三九五　ⅢJ2平、剖面图

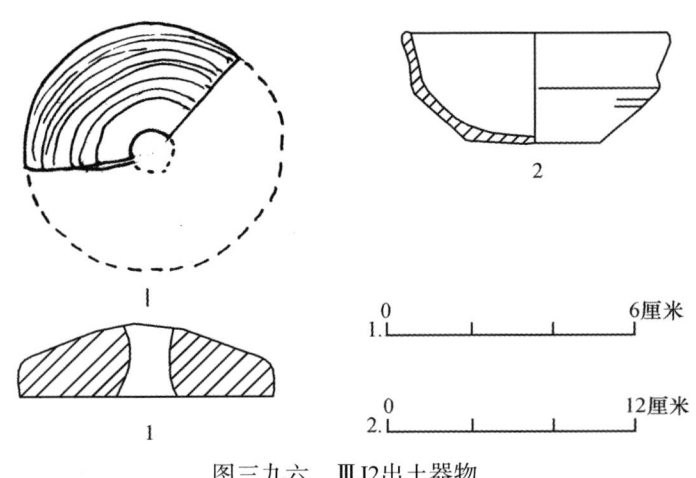

图三九六　ⅢJ2出土器物
1.陶纺轮（ⅢJ2∶3）　2.陶钵（ⅢJ2∶1）

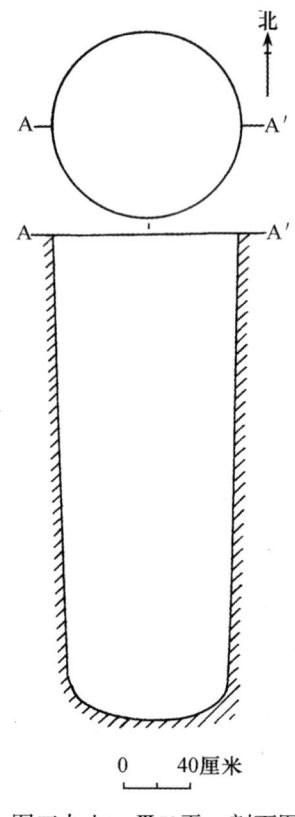

图三九七　ⅢJ3平、剖面图

豆　1件。标本ⅢJ3:16，泥质灰陶。敞口，尖圆唇，浅盘，折腹，高柄，柄下部中空，喇叭形底座。通体素面抹光。口径11、底径7.7、高12.4厘米（图三九八，4）。

陶饼　2件。皆泥质灰陶片打制或磨制而成，近圆形。标本ⅢJ3:14，磨制。直径5.7～6.1、厚0.9～1.1厘米（图三九八，5）。标本ⅢJ3:15，打制。直径4.5、厚0.9厘米（图三九八，6）。

ⅢJ4　位于ⅢT13的西北部，开口于第3层下，距地表深180厘米。被ⅢH78、ⅢH79、ⅢH82打破，打破生土层。平面呈圆形。井口直径105、清理深750厘米。以下塌陷为水淘层，井壁斜直，从井上向下50厘米，残存脚窝3个，两窝相距90厘米，呈交错分布；脚窝宽15～18、高10、深15厘米左右。内填灰黑色花土，土质较松软，夹有大量的草木灰、灰渣、木炭粒、石块，含有大量的陶片等（图三九九）。

出土遗物有陶壶、罐、盆、钵，筒瓦，铁铲，钱币等。

陶壶　3件。标本ⅢJ4:4，泥质灰陶。敞口，圆唇，束颈，弧肩，鼓腹。颈部素面抹光，腹饰弦断绳纹，下腹绳纹被刮，留有刮痕。口径11.7、底径9、高30厘米（图四〇〇，3）。标本ⅢJ4:22，口、腹残片，泥质灰陶。敞口，厚圆唇，粗颈，鼓肩，圆腹。颈部素

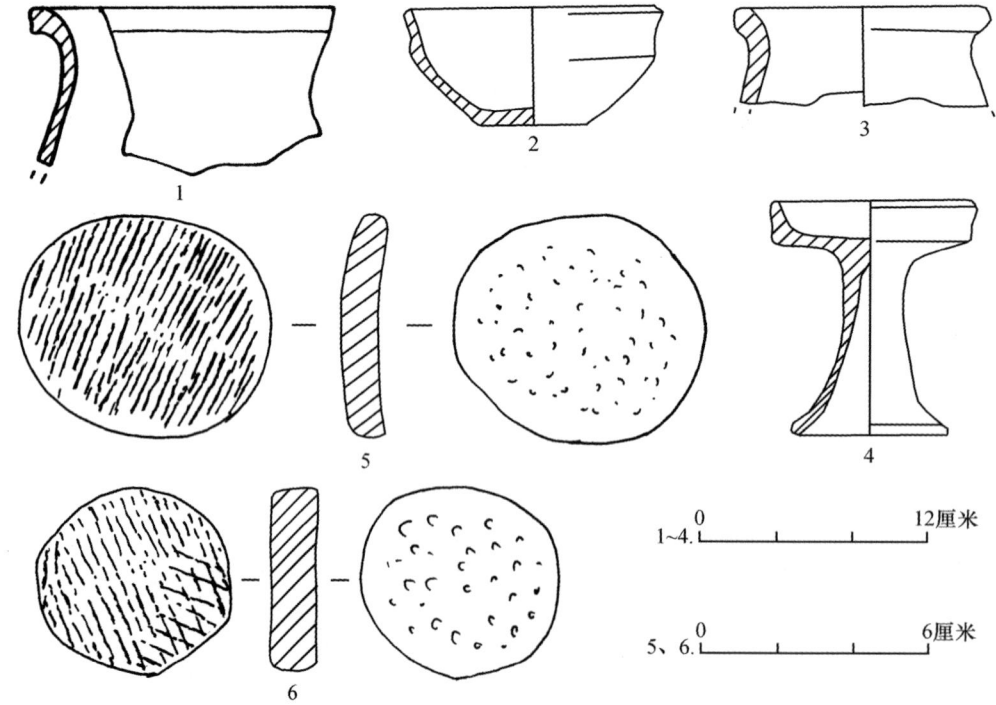

图三九八　ⅢJ3出土器物

1、3.陶壶（ⅢJ3:11、ⅢJ3:10）　2.陶钵（ⅢJ3:1）　4.陶豆（ⅢJ3:16）　5、6.陶饼（ⅢJ3:14、ⅢJ3:15）

面抹光，肩、腹饰弦断绳纹。口径11.2、残高16.2厘米（图四〇〇，2）。标本ⅢJ4：21，口径12.4、残高9.6厘米（图四〇〇，6）。

陶罐　4件。标本ⅢJ4：9，细泥灰陶。侈口，折唇，鼓腹，平底。肩部素面磨光，上腹饰压印纹一周，腹饰弦断绳纹，下腹饰绳纹，近底部素面抹光。口径27.6、底径26.4、高50.2厘米（图四〇〇，1）。标本ⅢJ4：18，口、肩残片，细泥灰陶，模制。直口，尖圆唇，高领较直，广肩。素面抹光，肩部刻画陶文（陶文长4.8、宽3.8厘米）。口径30.4、残高10.4厘米（图四〇〇，9）。标本ⅢJ4：19，口、肩残片，细泥灰陶，模制。直口，尖圆唇，高领较直，广肩。饰暗弦纹。口径23.6、残高10厘米（图四〇〇，4）。标本ⅢJ4：23，细泥灰褐陶。口径20.4、残高7.6厘米（图四〇〇，11）。

陶盆　2件。标本ⅢJ4：3，口、腹残片，泥质灰褐陶。直口，宽平沿略外折，方唇，唇面有凹槽一周，垂腹较直。上腹饰弦纹，腹饰弦断绳纹，下腹近底部留有刀削痕迹，腹部戳印"左馆"二字；内壁饰暗弦纹。口径36、残高14.2厘米（图四〇〇，5）。标本ⅢJ4：12，口、腹残片，泥质灰陶。直口微敛，宽平沿略外折，方唇，弧腹。饰弦纹和弦断绳纹。口径39、残高11.6厘米（图四〇〇，10）。

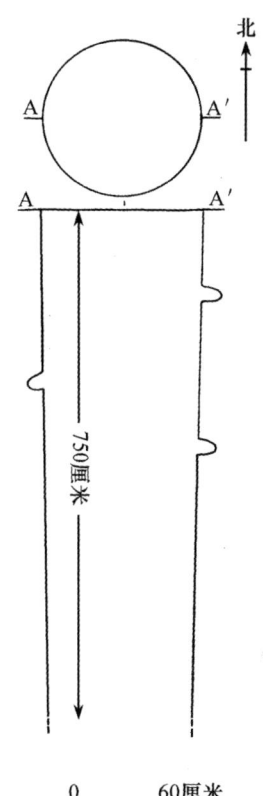

图三九九　ⅢJ4平、剖面图

陶钵　5件。形制相同，皆为泥质灰陶。敞口，厚圆唇，折腹，下腹斜收，饼足外撇。器表素面抹光，底部有旋削痕。标本ⅢJ4：1，口径13.5、底径5.8、高6.3厘米（图四〇〇，12）。标本ⅢJ4：2，口径12.5、底径5.8、高5.8厘米（图四〇〇，13）。标本ⅢJ4：5，内壁底部刻划字。口径14.8、底径5.8、高6.4厘米（图四〇〇，15）。标本ⅢJ4：6，口径14.2、底径5.8、高6.5厘米（图四〇〇，8）。标本ⅢJ4：7，平底略内凹。口径16.4、底径7.1、高7.4厘米（图四〇〇，7）。

筒瓦　1件。标本ⅢJ4：10，稍残，泥质灰陶。横截面呈半圆形，子母口，圆头。瓦背饰纵向绳纹、弦纹，尾端被抹，内壁饰布纹。直径15.2、残长40.8、厚1.6厘米（图四〇〇，16）。

铁铲　1件。标本ⅢJ4：28，稍残。平面呈梯形，直背略厚，向刃部递减，直刃略凹，较锋利。体长14、背宽11.2、刃宽13.2厘米（图四〇〇，14）。

钱币　1枚。标本ⅢJ4：11，半两，其形制为方孔圆形，钱面方穿的两侧有"半两"二字，篆书。直径2.4、穿宽0.9厘米。

ⅢJ5　位于ⅢT13的南部，开口于第3层下，距地表深170厘米。被ⅢH58、ⅢH81打破，打破生土层。平面呈圆形，井口直径100、清理深600厘米。以下塌陷为水涮层，井壁斜直，残存脚窝3个，从井上向下30厘米，两窝相距70厘米，呈交错分布；脚窝宽15～18、高10、深10厘米左右。内填灰黑色土，土质较松软，夹有大量的草木灰、灰渣、木炭粒、石块，含有少量的陶片和动物骨骼等（图四〇一）。

出土遗物有陶釜、盆、甑、匣钵、豆、筒瓦等。

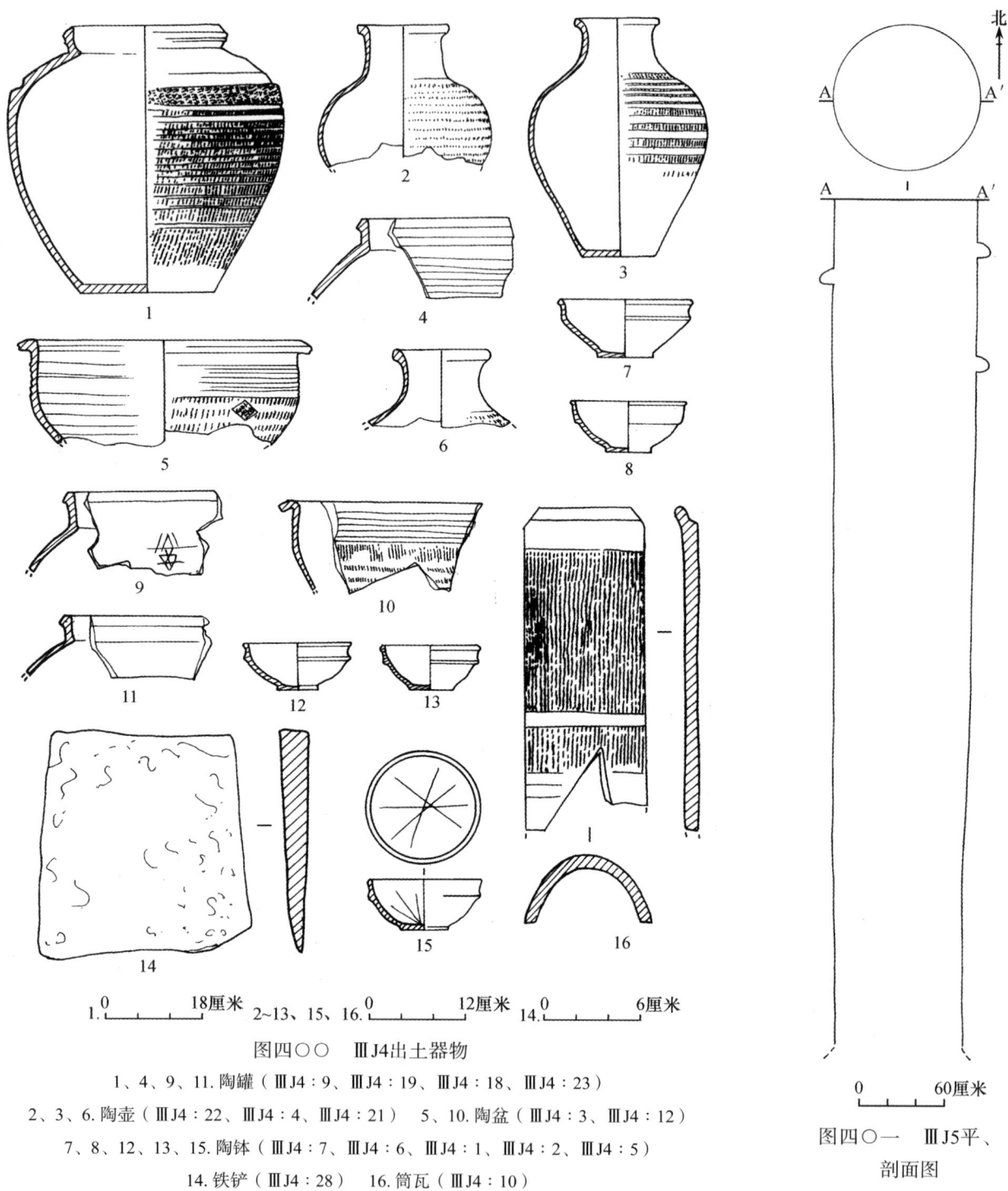

图四〇〇　ⅢJ4出土器物

1、4、9、11.陶罐（ⅢJ4：9、ⅢJ4：19、ⅢJ4：18、ⅢJ4：23）
2、3、6.陶壶（ⅢJ4：22、ⅢJ4：4、ⅢJ4：21）　5、10.陶盆（ⅢJ4：3、ⅢJ4：12）
7、8、12、13、15.陶钵（ⅢJ4：7、ⅢJ4：6、ⅢJ4：1、ⅢJ4：2、ⅢJ4：5）
14.铁铲（ⅢJ4：28）　16.筒瓦（ⅢJ4：10）

图四〇一　ⅢJ5平、剖面图

釜　1件。标本ⅢJ5：4，口、腹残片，夹砂灰陶。侈口，圆唇，高领，鼓肩。饰弦断粗绳纹。口径19.2、残高12.4厘米（图四〇二，1）。

盆　2件。标本ⅢJ5：10，泥质灰褐陶。敞口，窄平沿，方唇，弧腹，以下残。器表素面抹

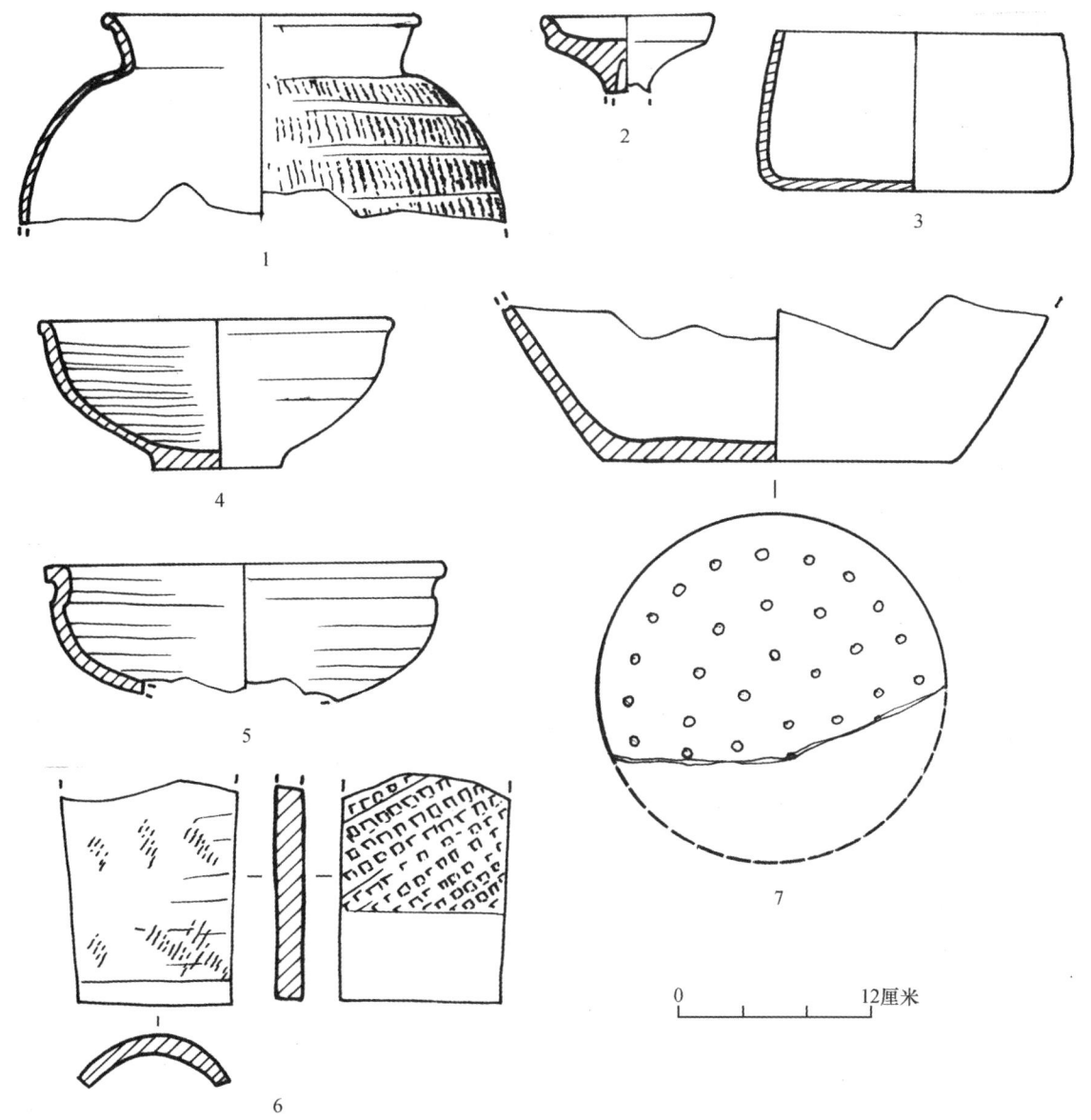

图四〇二　ⅢJ5出土器物
1.陶釜（ⅢJ5：4）　2.陶豆（ⅢJ5：17）　3.陶匣钵（ⅢJ5：1）　4、5.陶盆（ⅢJ5：2、ⅢJ5：10）
6.筒瓦（ⅢJ5：19）　7.陶甑（ⅢJ5：16）

光，内壁饰暗弦纹。口径24、残高8厘米（图四〇二，5）。标本ⅢJ5：2，泥质灰黑陶。敞口，厚圆唇，折腹。下腹弧收，饼足略外撇。器表素面抹光，内壁饰暗弦纹，底部刻划字。口径21、底径8.5、高9.1厘米（图四〇二，4）。

甑　1件。标本ⅢJ5：16，底部残片。底径21、残高9.6厘米（图四〇二，7）。

匣钵　1件。标本ⅢJ5：1，泥质灰陶。敛口，方唇，深腹，斜直壁，平底。素面抹光。口径18、底径18.5、高9.8厘米（图四〇二，3）。

豆　1件。标本ⅢJ5：17，泥质灰陶。敞口，方唇，浅盘，平底，折腹。素面抹光，内壁底交界处饰凹槽一周。口径10.6、残高4.8厘米（图四〇二，2）。

筒瓦 1件。标本ⅢJ5：19，残半，泥质灰陶。横截面呈半圆形，瓦背饰斜向绳纹，被抹，内壁饰网格纹。残长13.6、厚1.6厘米（图四〇二，6）。

5. Ⅲe发掘区

Ⅲe区（即第Ⅲ发掘区T17～T20）位于中城的西北部，东南距a区约180米。发掘5米×5米的探方4个，发掘面积为100平方米（图四〇三）。共清理发掘灰坑（窖穴）44个，水井3眼；出土物器类有陶器、瓷器、铜器、铁器、石器等（表一六）。

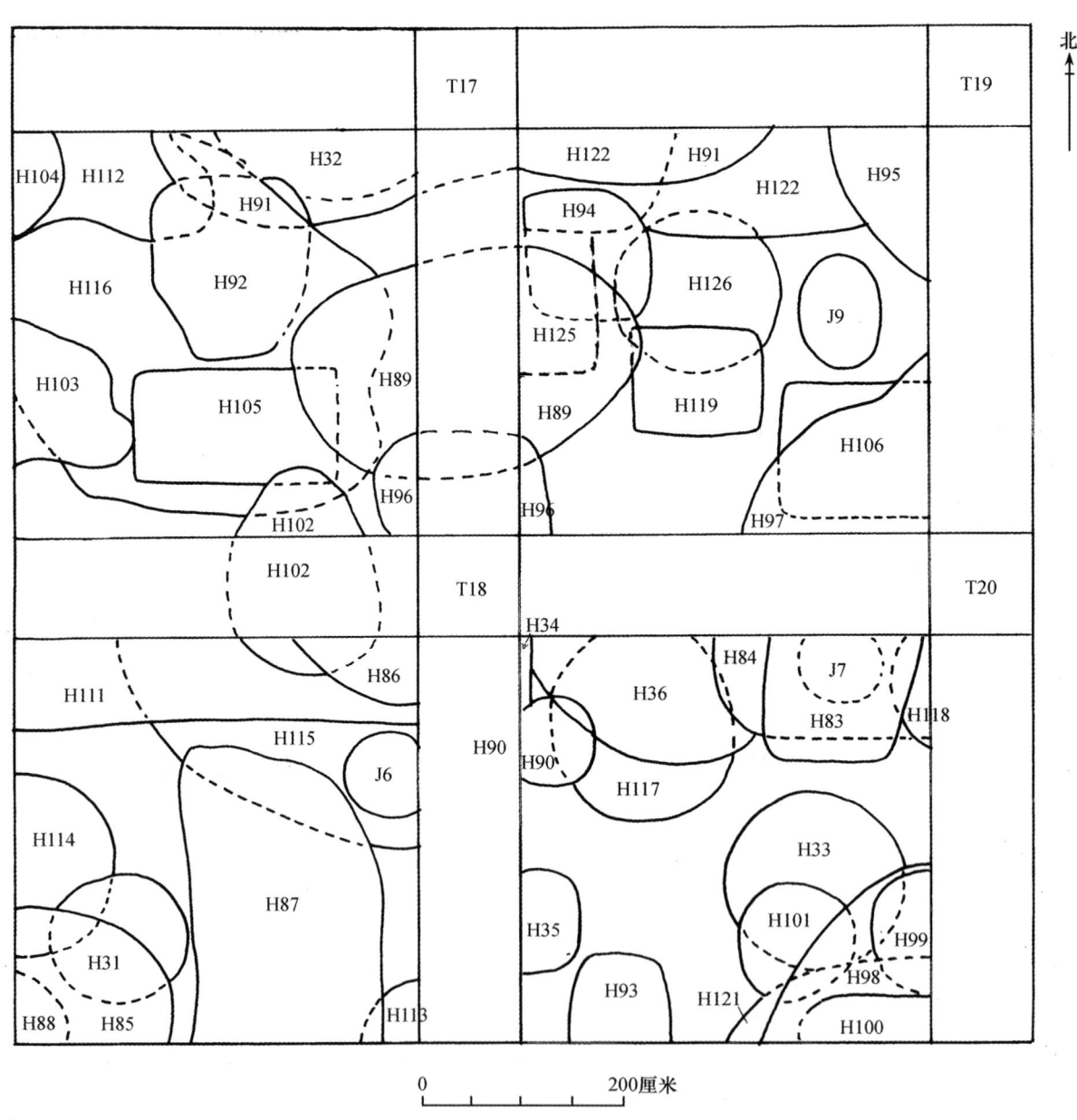

图四〇三　Ⅲe区总平面图

表一六　Ⅲe区地层、遗迹与遗物对照表

层位探方	面积（平方米）	①层 遗迹	①层 遗物	②层 遗迹	②层 遗物	③层 遗迹	③层 遗物	④层 遗迹	④层 遗物
ⅢT17	5×5	H89、H96	陶瓷片	H91、H92、H104	纺轮、陶饼、陶罐、陶盆、陶瓮、瓷碗、瓷壶	H32、H103、H105	铜饰件、铁铲、铁马镫、铁车軎、骨柄、陶纺轮、陶釜、陶罐、陶盆、陶瓮、陶钵、陶豆、瓦当、筒瓦、	H112、H116	纺轮、陶釜、陶罐、陶盆、陶瓮、陶钵、陶甑、陶豆、瓦当、筒瓦
ⅢT18	5×5			H85、H86、H102	陶瓷片	H87、H111、J6	纺轮、陶盆、陶豆、瓦当	H31、H88、H113、H114、H115	陶釜、陶罐、陶瓮、陶盆、陶钵、陶豆、瓦当、筒瓦、板瓦
ⅢT19	5×5			H94、H95、H97、H106	陶罐、陶盆、三足盘、铁车軎	H119、H122、H123、J9	钱币、陶砚、陶罐、陶釜、陶盆、陶钵、陶豆、陶瓮、三足盘、瓦当	H125、H126	铁器、纺轮、陶罐、陶釜、陶甑、陶钵、陶瓮、陶豆、板瓦
ⅢT20	5×5	H83	钱币、陶罐、陶盆、瓷碗、铁甲片	H34、H35、H36、H84、H90、H93、H98、H99、H100、H101	铜镞、铁刀、铁锛、陶饼、陶罐、陶盆、陶钵、瓷碗、板瓦、瓦当	H117、J7	陶罐、陶盆	H33、H118、H121	陶饼、陶罐、陶釜、陶甑、陶盆、陶钵、陶瓮、瓦当、筒瓦、板瓦

（1）地层堆积与出土遗物

1）地层堆积

该发掘区地层堆积在搞农田建设时多遭破坏，晚期堆积荡然无存。根据土质土色与其包含物的不同，堆积层可分为4层。现以ⅢT20北壁剖面为例介绍如下（图四〇四）。

第1层：耕土层。黄灰色砂土，土质疏松，含有零散的砖瓦碎块，厚15～20厘米。ⅢH83等遗迹开口于该层下。

第2层：黑褐色花土，土质较硬，含有少量的陶片、瓷片和建筑构件。分布于整个探方内。深15～20、厚45～60厘米。出土物可辨器型有陶盆、陶罐、陶甑、瓷碗、瓷罐、铁刀、铁犁铧、钱币等。ⅢH34、ⅢH36、ⅢH84等遗迹开口于该层下。

第3层：黄灰色花土，土质较硬，结合紧密，含有零散的陶片、瓷片和建筑构件。分布于整个探方内。深60～80、厚35～85厘米。出土物可辨器型有陶盆、陶罐等；建筑构件有瓦当等。ⅢH117、ⅢJ7等遗迹开口于该层下。

第4层：黄花土，土质较松软，含有少量的陶片、瓦片和动物骨骼。此层堆积分布于探方的

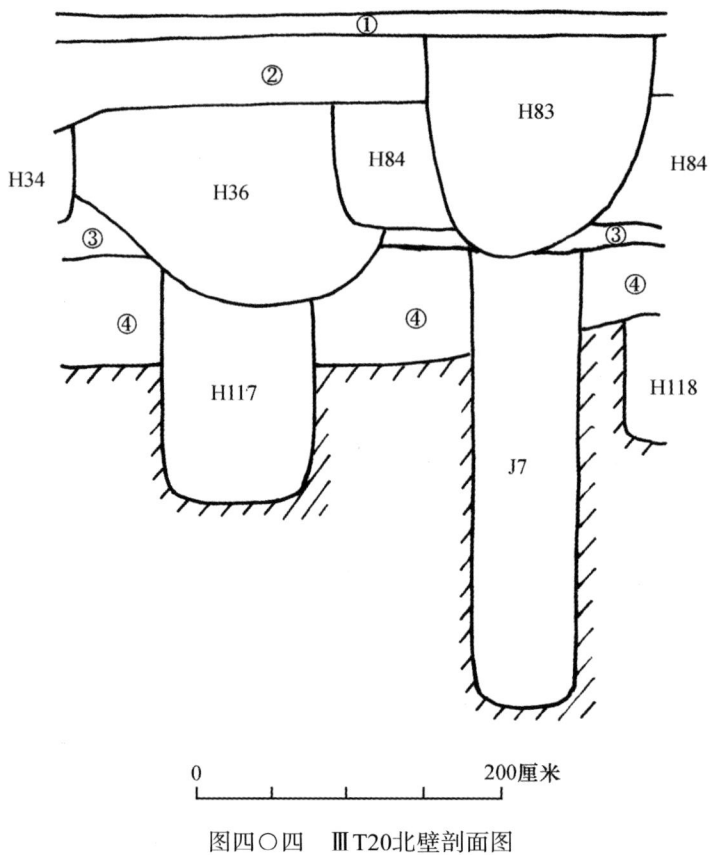

图四〇四　ⅢT20北壁剖面图

南半部。深160、厚40~80厘米。出土物可辨器型有陶釜、陶盆、钱币等。ⅢH118等遗迹开口于该层下。

第4层下为生土。

2）出土遗物

①第2层内出土遗物

有陶器、铁器、钱币等。

陶器　有壶、盆、瓮、纺轮等。

壶　2件。标本ⅢT20②：19，口残，细泥灰陶，模制。丰肩，弧腹，平底。器表素面抹光，内壁留有模制痕迹。底径12.8、残高22厘米（图四〇五，6）。标本ⅢT17②：5，泥质灰陶。侈口，内折沿，圆唇，束颈，弧肩，以下残。肩饰篦点纹。口径12、残高8厘米（图四〇五，3）。

盆　2件。标本ⅢT18②：2，口、腹残片，泥质灰褐陶。敛口，宽平沿，内外缘凸起，各有凸棱一周，方唇，唇缘加厚，弧腹。器表素面抹光，内壁饰水波纹，局部被抹。口径42、残高9厘米（图四〇五，1）。标本ⅢT17②：3，泥质灰陶。微敛口，窄平沿，圆唇，弧腹，平底略内凹。素面抹光。口径37.8、底径22、高13.8厘米（图四〇五，5）。

瓮　4件。标本ⅢT18②：9，口、肩残片，泥质灰陶。侈口，折唇，广肩。饰细绳纹，

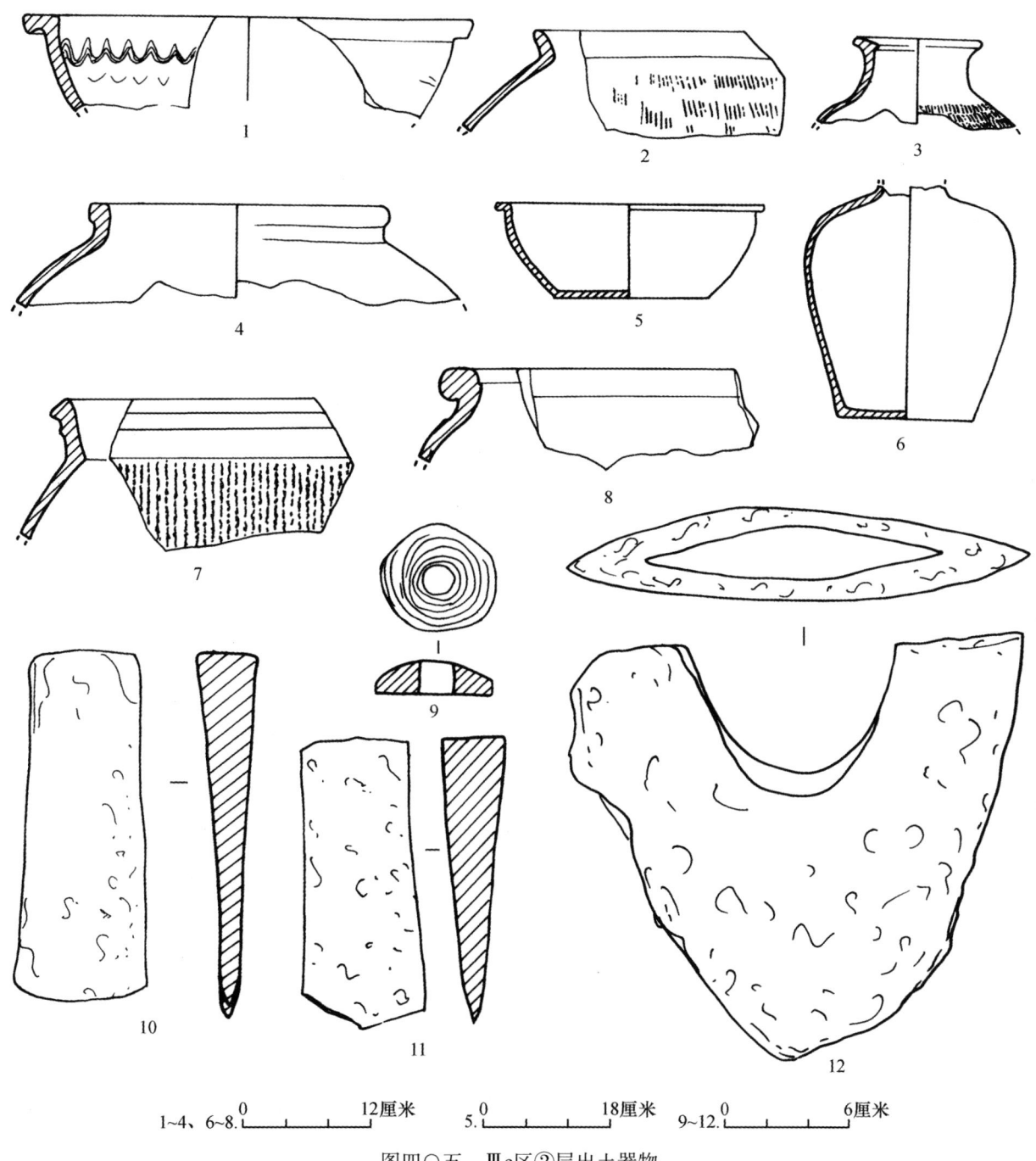

图四〇五　Ⅲe区②层出土器物

1、5.陶盆（ⅢT18②：2、ⅢT17②：3）　2、4、7、8.陶瓮（ⅢT18②：9、ⅢT18②：8、ⅢT19②：11、ⅢT17②：6）
3、6.陶壶（ⅢT17②：5、ⅢT20②：19）　9.陶纺轮（ⅢT19②：2）　10、11.铁锸（ⅢT19②：1、ⅢT18②：1）
12.铁犁铧（ⅢT20②：4）

局部被抹。口径30、残高10厘米（图四〇五，2）。标本ⅢT19②：11，口、肩残片，泥质灰陶。侈口，折唇，颈部饰凸棱一周，广肩。饰纵向粗绳纹，印痕较深。口径42、残高14.4厘米（图四〇五，7）。标本ⅢT18②：8，口、肩残片，泥质灰陶，模制。直口，圆唇，广肩。器表素面磨光，内壁饰压印纹，印痕较浅。口径28、残高9.6厘米（图四〇五，4）。标本ⅢT17②：6，口、肩残片，泥质灰陶，模制。敛口，厚圆唇，广肩。器表素面抹光，内壁饰方格纹，局部被抹。口径48、残高9厘米（图四〇五，8）。

纺轮　1件。标本ⅢT19②：2，稍残。泥质灰陶，模制。呈圆柱状，上端弧凸，饰凹弦纹，中心钻孔。孔径1.6、直径5.4、高1.6厘米（图四〇五，9）。

铁器　有铁锸、犁铧等。

锸　2件。标本ⅢT18②：1，銎残。呈窄长方体，弧刃稍残。体长14、刃宽5.6厘米（图四〇五，11）。标本ⅢT19②：1，銎残。呈窄长方体，弧刃微宽。体长16.6、刃宽6.4厘米（图四〇五，10）。

犁铧　1件。标本ⅢT20②：4，平面呈双翼形，尖部弧凸，边锋微弧，底部中空成銎，銎口下凹，近半月形，平面呈菱形。体长20、底宽21、銎径长14、宽2.6、深10厘米（图四〇五，12）。

钱币　有半两、开元通宝、治平元宝、熙宁重宝、熙宁元宝和字迹不清等。

半两　1枚。标本ⅢT19②：3，其形制为方孔圆形，钱面方穿的两侧有"半两"二字，篆书。直径2.5、穿宽0.7厘米。

开元通宝　5枚。钱文八分书体，对读。标本ⅢT20②：1～ⅢT20②：5，直径2.55、穿宽0.65厘米。

治平元宝　1枚。标本ⅢT17②：5，钱文真书，旋读。直径2.4、穿宽0.5厘米（图四〇六，2）。

熙宁重宝　1枚。标本ⅢT17②：4，钱文篆书，旋读。直径2.85、穿宽0.6厘米（图四〇六，1）。

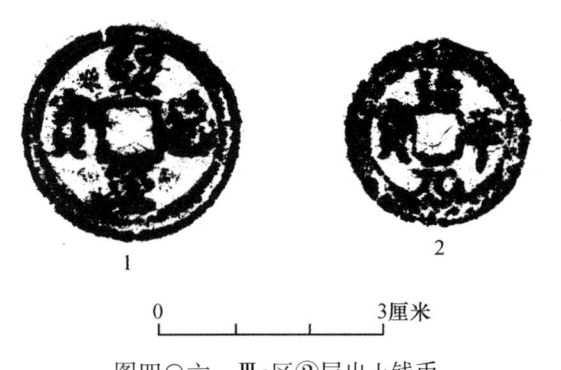

图四〇六　Ⅲe区②层出土钱币
1.熙宁重宝（ⅢT17②：4）　2.治平元宝（ⅢT17②：5）

熙宁元宝　1枚。标本ⅢT17②：1，钱文真书，旋读。直径2.45、穿宽0.65厘米。

字迹不清　1枚。标本HTⅢT17②：2。

②第3层内出土遗物

有陶壶、盆、瓮、器盖、盏，瓦当，钱币等。

陶壶　2件。标本ⅢT17③：5，口、肩残片，泥质灰陶。敞口，内折沿，沿面有凹槽一周，圆唇，束颈。颈部素面抹光，肩饰篦点纹。口径12、残高8厘米（图四〇七，4）。标本ⅢT20③：4，口、腹残片，细泥灰陶，手制。敞口，圆唇，直领略外撇，弧肩。颈、肩交界处饰压印纹，肩饰钱纹，腹饰纵向暗弦纹，内壁留有手捏痕迹。口径8、残高11.6厘米（图四〇七，6）。

陶盆　3件。标本ⅢT18③：13，口、腹残片，泥质灰陶，手制。敞口，宽平沿，斜直壁。器表素面抹光，内壁留有泥条盘筑痕迹。口径42.4、残高19.2厘米（图四〇七，5）。标本

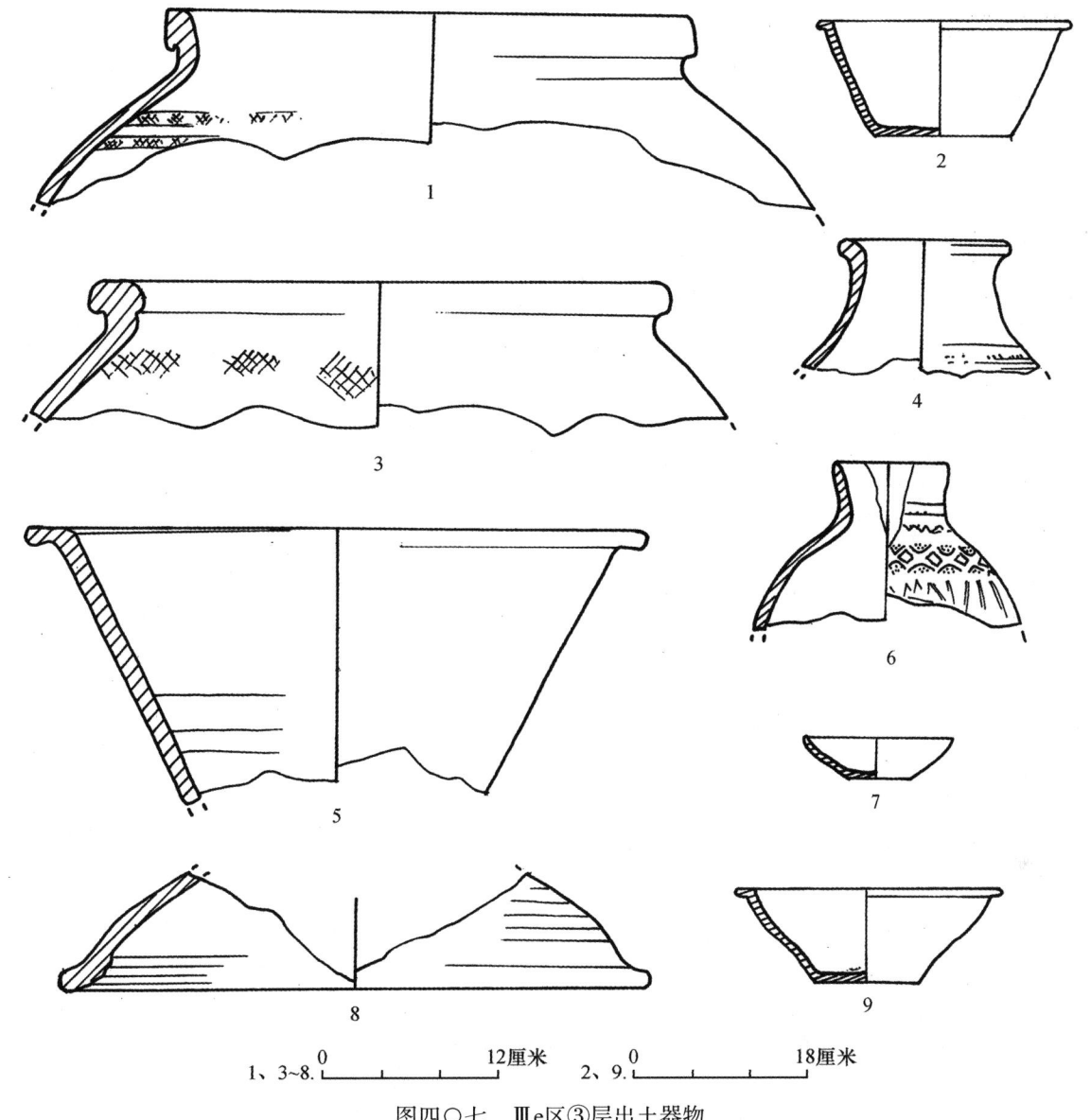

图四〇七　Ⅲe区③层出土器物
1、3.陶瓮（ⅢT19③：12、ⅢT19③：14）　2、5、9.陶盆（ⅢT18③：2、ⅢT18③：13、ⅢT20③：1）
4、6.陶壶（ⅢT17③：5、ⅢT20③：4）　7.陶盏（ⅢT18③：1）　8.陶器盖（ⅢT17③：4）

ⅢT20③：1，泥质灰陶。敞口，窄平沿略外斜，圆唇，斜腹，平底。素面抹光，底部留有旋削痕迹。口径27.5、底径11、高9.5厘米（图四〇七，9）。标本ⅢT18③：2，泥质灰黑陶。敞口，折沿，方唇，斜腹，平底。素面抹光。口径26、底径15.5、高16.5厘米（图四〇七，2）。

陶瓮　2件。标本ⅢT19③：12，口、肩残片，泥质灰陶，模制。直口，圆唇，广肩。器表素面磨光，内壁饰压印纹，印痕较浅。口径36、残高13.6厘米（图四〇七，1）。标本ⅢT19③：14，口、肩残片，泥质灰陶，模制。敛口，厚圆唇，广肩。器表素面磨光，内壁饰方格纹。口径36、残高10厘米（图四〇七，3）。

陶器盖　1件。标本ⅢT17③∶4，泥质灰陶。斜折沿，方唇，盖面隆起。表面素面抹光，留有抹痕，内壁饰压印纹。口径40、残高8厘米（图四〇七，8）。

陶盏　1件。标本ⅢT18③∶1，泥质灰陶。敞口，方唇，斜弧腹，平底略内凹。器表素面磨光，口部有烟炱，底部留有旋削痕迹。口径10、底径5、高3厘米（图四〇七，7）。

瓦当　3件。标本ⅢT17③∶2，莲花纹。泥质灰陶。当面突起，边轮扁平。当心饰乳凸，与一周联珠纹组成花蕊，外饰六瓣宝装莲花，莲花与边轮间以单环弦纹、单环联珠纹为间隔。直径15.4、边轮宽2、当厚1.3厘米（图四〇八，3）。标本ⅢT19③∶1，莲瓣纹。泥质灰

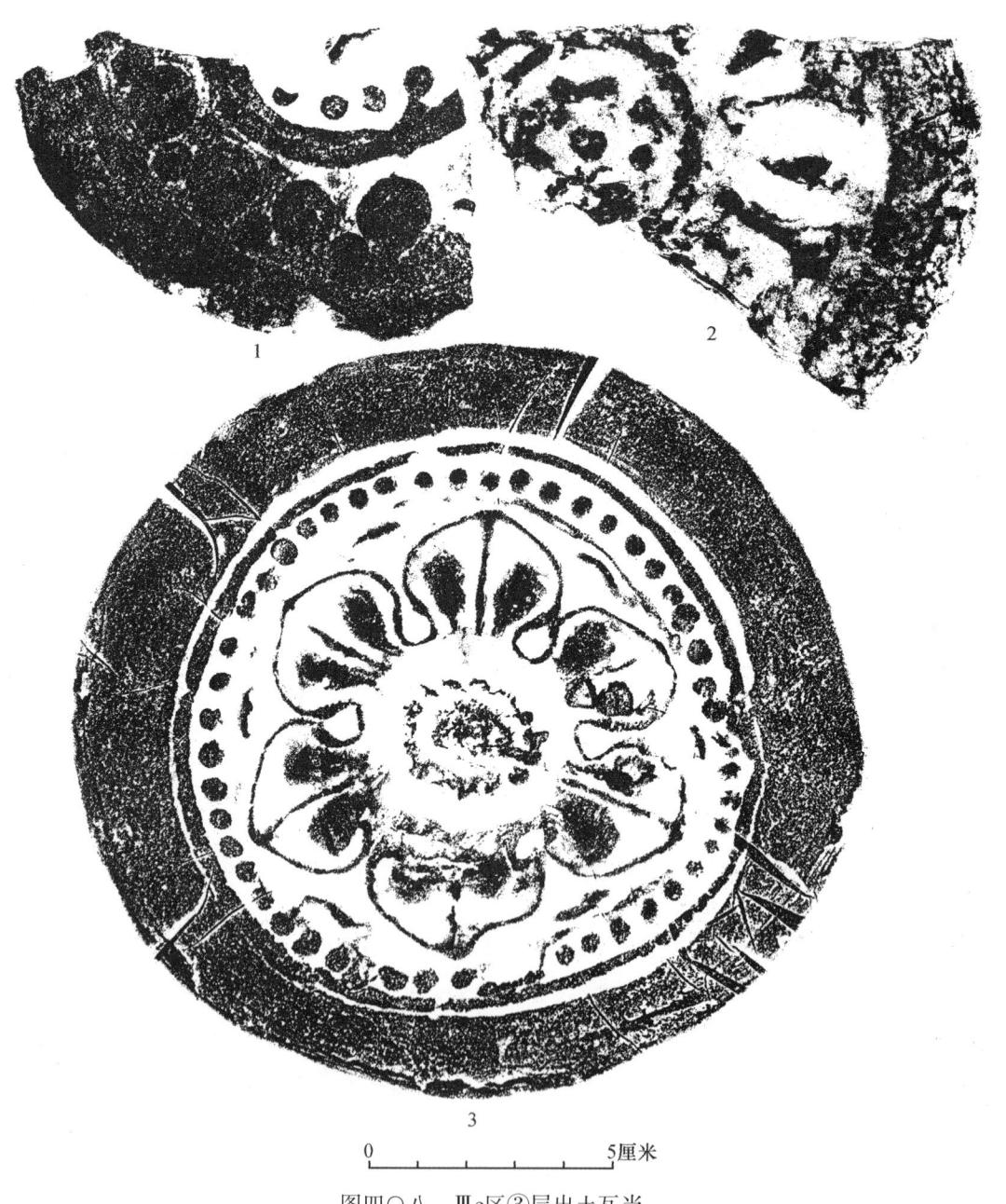

图四〇八　Ⅲe区③层出土瓦当
1. ⅢT20③∶2　2. ⅢT19③∶1　3. ⅢT17③∶2

陶，残。当面突起，边轮扁平。以单环线将当面划分为内外区，内区饰八颗小乳钉为花蕊；外区饰枣形莲瓣纹十枚，莲瓣间以"T"字形莲叶相隔。当厚1.3厘米（图四〇八，2）。标本ⅢT20③：2，莲籽纹。残半，泥质灰陶。以单环线将当面划分为内外区。内区当心饰八棱形乳凸；外区饰两排莲蕾纹。边轮宽1.4、当厚1.2厘米（图四〇八，1）。

钱币　1枚。标本ⅢT17③：1，天圣元宝，钱文真书，旋读。直径2.6、穿宽0.55厘米。

③第4层内出土遗物

有陶罐、盆、瓮、钵，钱币等。

陶罐　1件。标本ⅢT17④：8，口、腹残片，泥质灰陶。侈口，尖圆唇，矮领，弧肩。器表素面抹光，内壁留有模制时的印痕。口径14.8、残高13.2厘米（图四〇九，5）。

陶盆　3件。标本ⅢT18④：5，口、腹残片，泥质灰陶。敞口，宽平沿外折，方唇，弧腹。上腹饰弦纹，腹饰弦断绳纹，近底部有刀削痕迹，内壁饰暗弦纹。口径54.7、残高10厘米

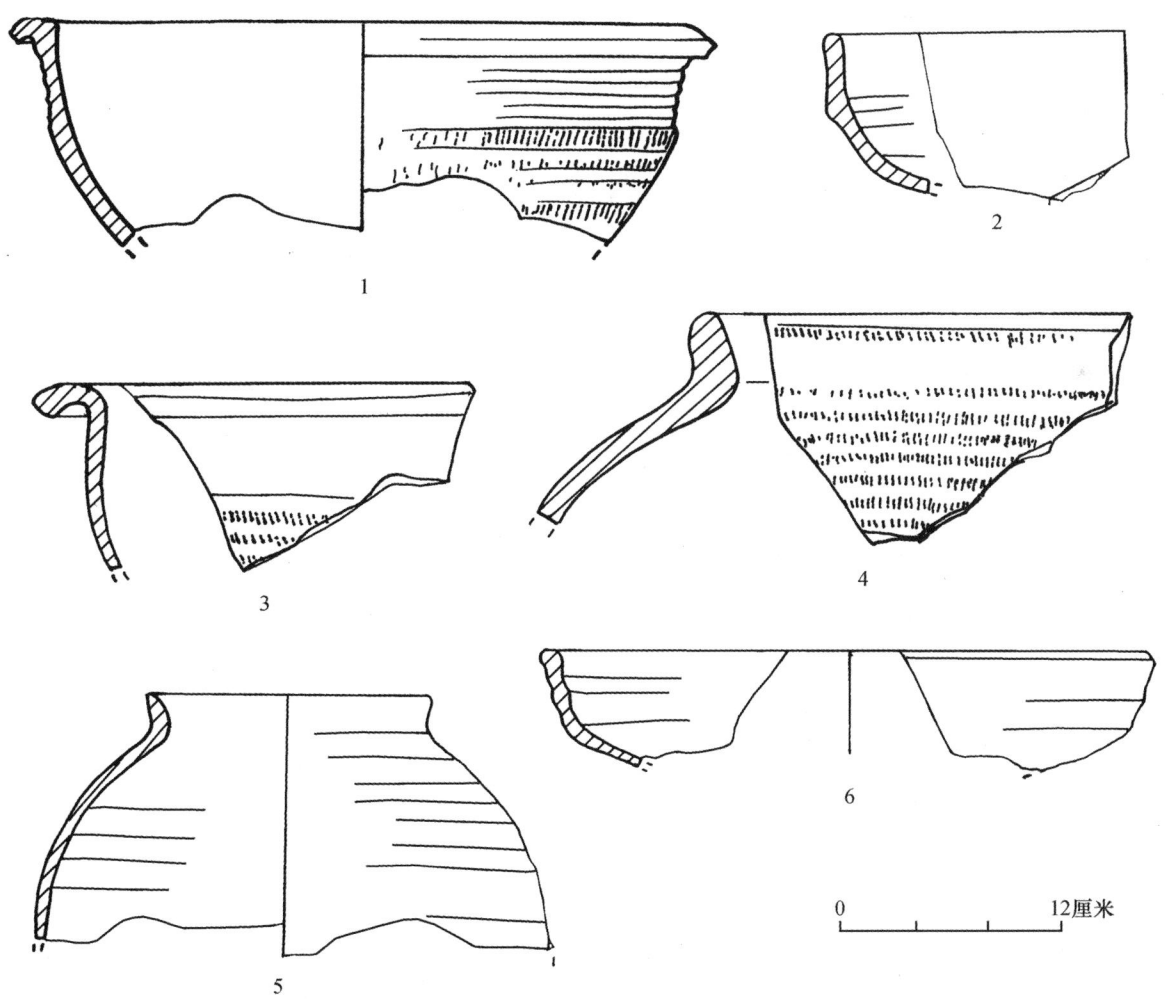

图四〇九　Ⅲe区④层出土器物

1、3、6.陶盆（ⅢT18④：6、ⅢT18④：5、ⅢT17④：13）　2.陶钵（ⅢT18④：10）
4.陶瓮（ⅢT18④：7）　5.陶罐（ⅢT17④：8）

（图四〇九，3）。标本ⅢT18④：6，口、腹残片，泥质灰陶。直口微敛，宽平沿外折，沿面刻划三道，方唇，弧腹。上腹饰弦纹，腹饰弦断绳纹，近底部有刀削痕迹，内壁饰暗弦纹。口径36.8、残高11.8厘米（图四〇九，1）。标本ⅢT17④：13，口、腹残片，泥质灰褐陶。敞口，圆唇，折腹，下腹急收。上腹素面抹光，下腹被刮，留有刮痕。口径32、残高6.4厘米（图四〇九，6）。

陶瓮 1件。标本ⅢT18④：7，口、肩残片，泥质灰陶，羼和云母碎片。侈口，圆唇，广肩。饰弦断细绳纹，颈部被抹。口径34.4、残高12厘米（图四〇九，4）。

陶钵 1件。标本ⅢT18④：10，口、腹残片，泥质灰陶。直口，圆唇，折腹。外壁素面抹光，内壁饰暗弦纹。口径25、残高9厘米（图四〇九，2）。

钱币 1枚。标本ⅢT20④：1，半两，其形制为方孔圆形，钱面方穿的两侧有"半两"二字，篆书。直径2.25、穿宽0.7厘米。

（2）遗迹

1）灰坑

ⅢH31 位于ⅢT18的西南部，开口于第4层下，距地表深150厘米，打破H114及生土层。平面呈圆形，坑口略大于坑底，斜直壁，平底。口径140、深60厘米。坑内填黄灰色土，土质较松软，内含少量的陶片和动物骨骼等，出土较多的铁甲片，锈蚀严重（图四一〇）。

ⅢH33 位于ⅢT20的东南部，开口于第4层下，距地表深150厘米，被ⅢH99、ⅢH101打破，打破生土层。平面呈圆形，坑口小于坑底，斜直壁，平底。口径180、底径220、深280厘米。坑内填土分为3层：上层为红烧土，土质较硬，夹有草拌泥、木炭粒，出土大量的瓦当、瓦片、建筑构件等，厚135厘米左右；中层为黄花土，土质较松软，含有少量的陶片、瓦片等，厚65~75厘米；下层为黄灰色花土，土质较硬。内含遗物较少等（图四一一）。

出土遗物有陶釜、罐、盆、钵、瓮，建筑构件等。

釜 2件。标本ⅢH33：96，口、肩残片，夹砂灰陶。直口，厚圆唇，直领，广肩，饰纵向绳纹。口径26、高6.7厘米（图四一二，11）。标本ⅢH33：97，残高8厘米（图四一二，7）。

罐 2件。标本ⅢH33：87，泥质灰陶。侈口，厚圆唇，矮领较直，广肩，素面抹光。口径23.6、残高10厘米（图四一二，3）。标本ⅢH33：78，口、肩残片，泥质灰陶。侈口，窄沿略内斜，方唇，矮领，束颈，丰肩。颈部素面抹光，肩饰弦断绳纹，内壁颈肩结合处留有手捏之迹。口径14.4、残高6厘米（图四一二，10）。

盆 3件。标本ⅢH33：103，口、腹残片，泥质灰褐陶。直口，宽平沿略外折，方唇，垂腹。上腹饰弦纹，腹饰弦断绳纹。口径43、残高12.4厘米（图四一二，6）。标本ⅢH33：100，口、腹残片，泥质灰陶。宽平沿略外折，方唇，腹壁较直。上腹饰弦纹，腹饰弦断绳纹。口径32、残高14厘米（图四一二，4）。标本ⅢH33：127，泥质灰褐陶。微敛口，圆唇，弧腹，平底。外壁素面抹光，内壁饰暗弦纹。口径14.3、底径6.5、高6.8厘米（图四一二，8）。

钵 2件。标本ⅢH33：21，泥质灰褐陶。敞口，圆唇，折腹，下腹弧收，平底。外壁素面抹光，底部有旋削痕，内壁下腹有旋削痕。口径15.8、底径6、高5.8厘米（图四一二，2）。标

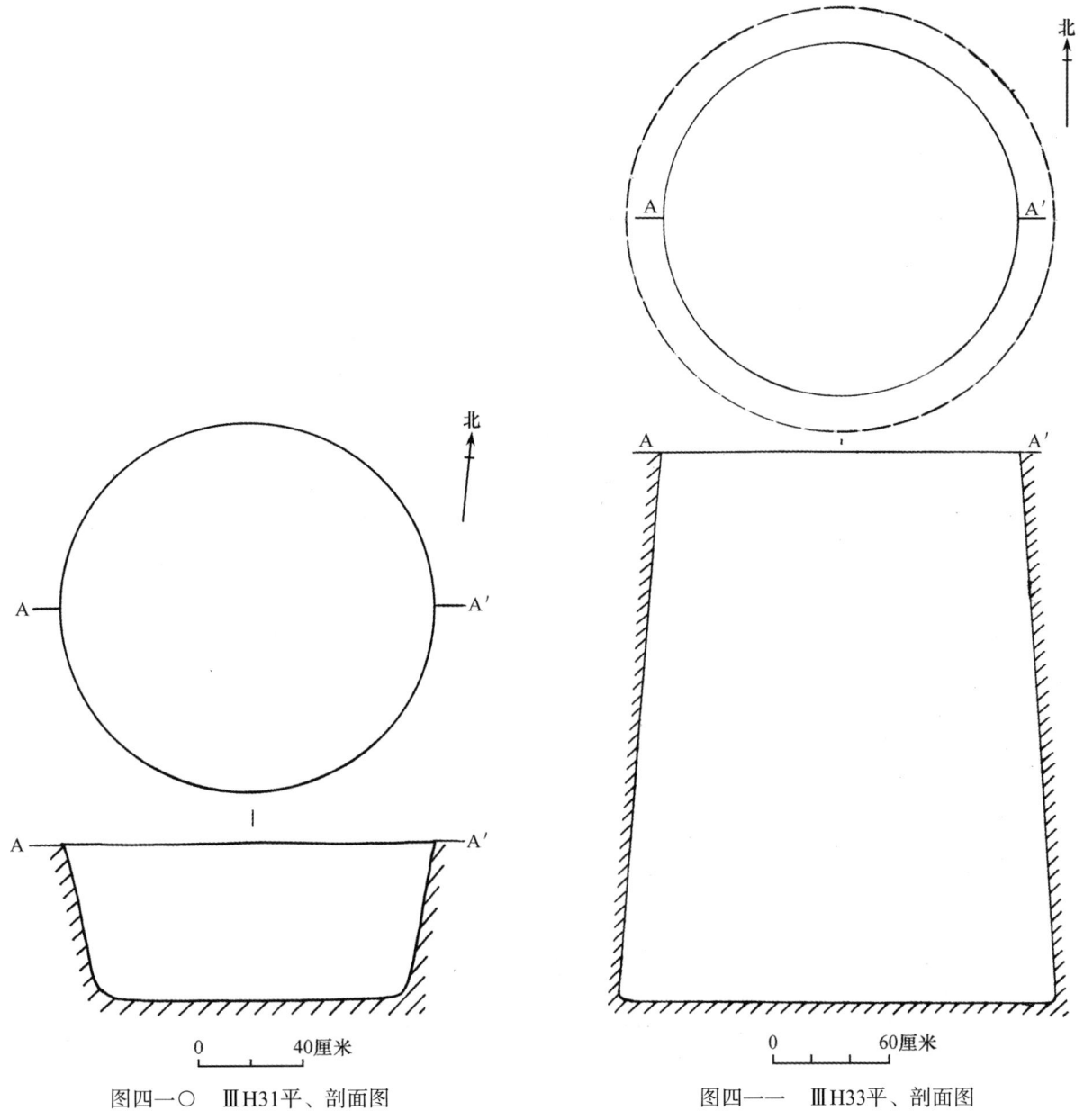

图四一〇　ⅢH31平、剖面图

图四一一　ⅢH33平、剖面图

本ⅢH33：115，泥质灰陶。轮制。敞口，圆唇，折腹。素面抹光。口径21、残高7.2厘米（图四一二，9）。

瓮　2件。标本ⅢH33：73，口、肩残片，泥质灰陶。侈口，方圆唇，唇缘加厚，矮领，束颈，弧肩，素面抹光。口径36、残高7.6厘米（图四一二，1）。标本ⅢH33：82，口、肩残片，泥质灰陶。侈口，方圆唇，唇缘加厚，矮领，束颈，弧肩，素面抹光。口径30、残高9.3厘米（图四一二，5）。

建筑构件有筒瓦、板瓦、瓦当等。

筒瓦　5件。标本ⅢH33：125，残半，泥质灰陶。横截面呈半圆形，子母口，圆头。瓦

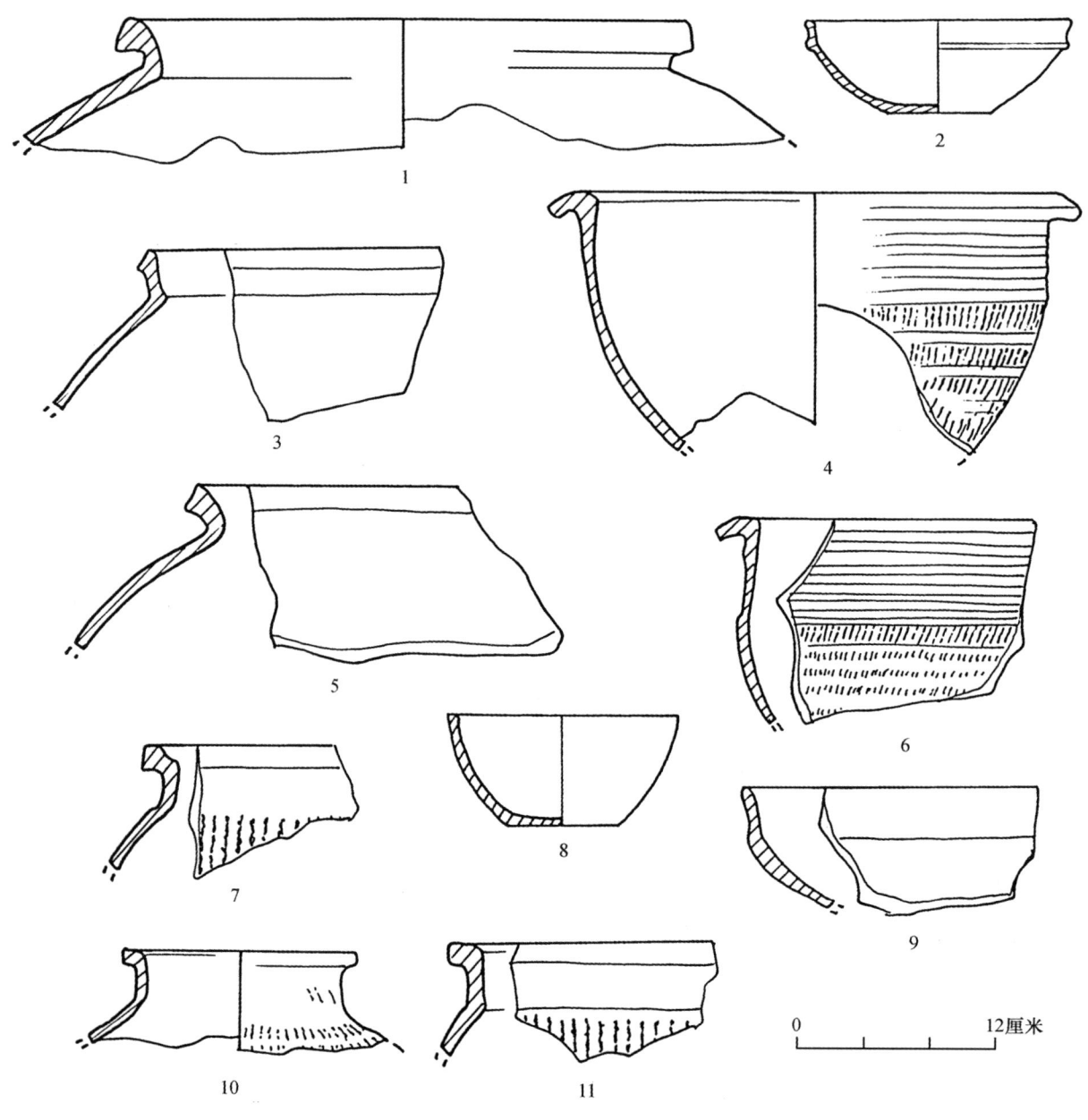

图四一二　ⅢH33出土器物

1、5.陶瓮（ⅢH33：73、ⅢH33：82）　2、9.陶钵（ⅢH33：21、ⅢH33：115）　3、10.陶罐（ⅢH33：87、ⅢH33：78）
4、6、8.陶盆（ⅢH33：100、ⅢH33：103、ⅢH33：127）　7、11.陶釜（ⅢH33：97、ⅢH33：96）

背饰弦纹、纵向绳纹，内壁饰斜向绳纹。直径13.2、残长20、厚1.2厘米（图四一三，5）。标本ⅢH33：122，残，泥质灰陶。横截面呈半圆形，瓦背饰纵向绳纹，内壁饰斜向绳纹。残长25.2、厚1.2厘米（图四一三，2）。标本ⅢH33：121，残半，泥质灰陶。横截面呈半圆形，子母口，圆头。瓦背饰纵向绳纹，头部被抹，内壁饰压印纹。残长13、厚1.2厘米（图四一三，6）。标本ⅢH33：124，残，泥质灰陶。横截面呈半圆形，瓦背饰弦断绳纹，内壁饰绳纹被

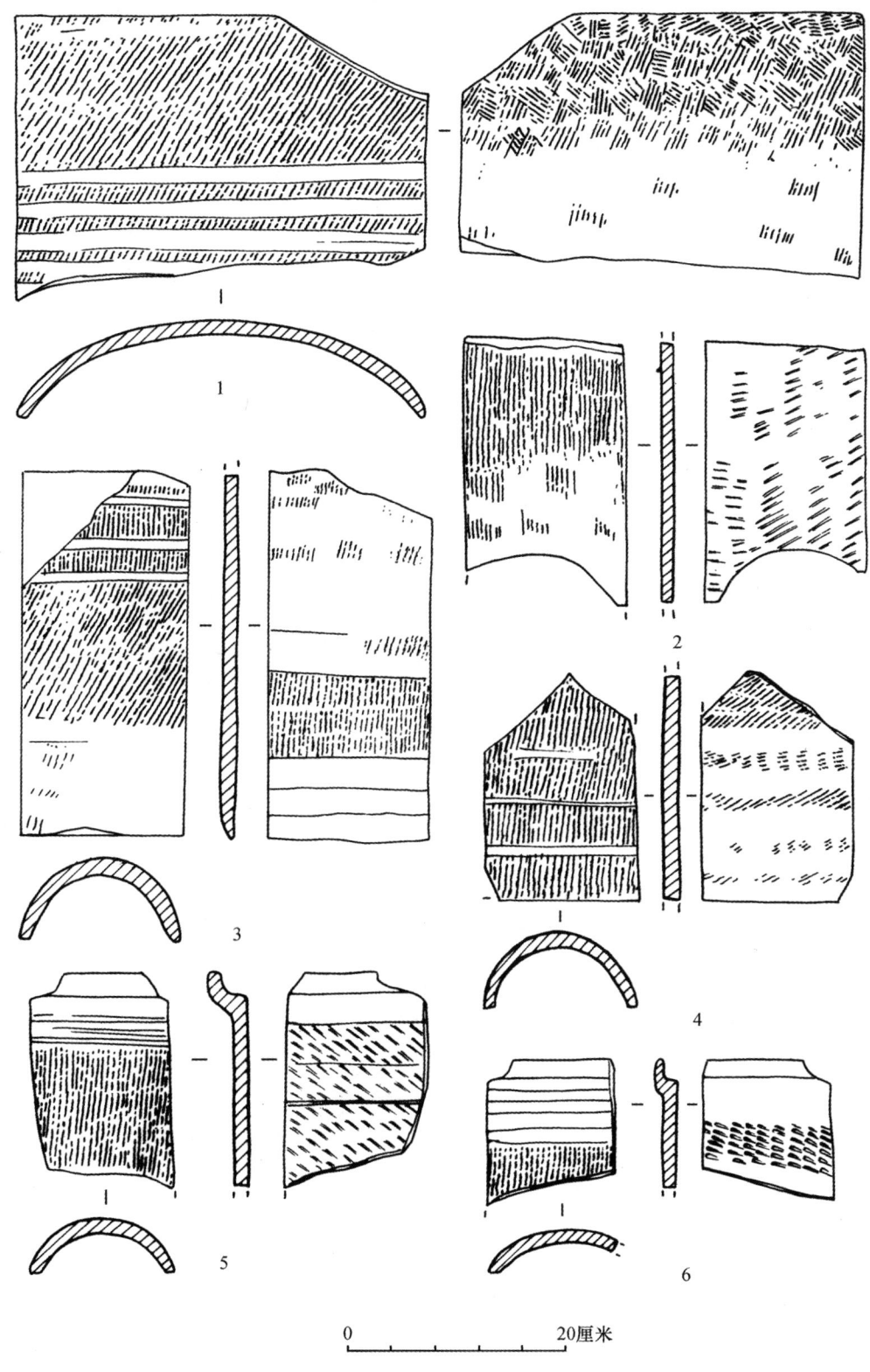

图四一三 ⅢH33出土建筑构件
1.板瓦（ⅢH33∶126） 2~6.筒瓦（ⅢH33∶122、ⅢH33∶120、ⅢH33∶124、ⅢH33∶125、ⅢH33∶121）

抹。直径14、残长21.2、厚1.4厘米（图四一三，4）。标本ⅢH33：120，残半，泥质灰陶。横截面呈半圆形。瓦背饰弦断绳纹、绳纹，内壁饰绳纹被抹。直径15、残长34、厚1.2厘米（图四一三，3）。

板瓦　1件。标本ⅢH33：126，残半，泥质灰陶。方头。瓦背饰交错绳纹、弦断绳纹，其内壁饰拍印绳纹。残长24.6、宽37.2、厚1.4厘米（图四一三，1）。

瓦当　共计52件。纹饰有弦纹、璜纹、葵纹、树纹、云纹、云鹿纹几种。

弦纹瓦当　1件。标本ⅢH33：17，残半，泥质灰陶。当面以凸弦纹组成同心圆环带纹。直径16.5、厚1厘米（图四一四，6）。

璜纹瓦当　1件。标本ⅢH33：3，残半，泥质灰陶。当面饰旋涡状粗绳纹的璜纹，凹凸不平。直径13、厚0.9厘米（图四一五，1）。

葵纹瓦当　1件。标本ⅢH33：29，残，泥质灰陶。当面饰顺时针方向弯曲的五角形，变形葵纹。直径15.2、边轮1、当厚1.1厘米（图四一五，3；图版二六，2）。

树纹瓦当　13件。当面以树冠纹为中轴线，左右两侧的图案呈对称状分布，饰羊、猴、鸟等动物纹样。可分为二型。

A型　12件。标本ⅢH33：68，边轮稍残，泥质灰陶。树木双鸟、双猴、双羊纹瓦当，当面中间饰一树冠，树枝向上呈弧形，用三条短线表示树根，分为三个界面，树干下面对饰山羊，呈吃草状，以"〰"纹为陪衬；树干中间对饰猴子，呈向上攀缘状；树枝下方对饰飞翔的鸟儿；整个画面生动活泼，栩栩如生，当面涂朱。直径14.5、边轮宽1、当厚0.9厘米（图四一四，1）。标本ⅢH33：42，边轮稍残，泥质褐陶。直径14.5、边轮宽0.9、当厚1.1厘米（图四一四，2；图版二六，1）。

B型　1件。标本ⅢH33：31，残，泥质灰陶。树马纹瓦当，图案与A型类似，不同处是双羊被双马代替，当面涂朱。边轮宽0.9、当厚0.9厘米（图四一六，6）。

云纹瓦当　44件。按其当面纹饰的不同可分五型。

A型　16件。由羊角、"〰"形云纹组成。可分二亚型。

Aa型　7件。标本ⅢH33：40，边轮残，泥质灰陶。以单环线将当面分为内外区，内区饰"〰"形云纹组成的"人"字形云纹；外区以正反羊角形为界，分为四格，格面饰"〰"纹。直径14.5、边轮宽1、当厚0.8厘米（图四一七，1；图版二七，2）。

Ab型　9件。标本ⅢH33：41，泥质灰陶。内区饰"〰"形云纹，组成的"人"字形云纹；三面饰三乳钉，余下纹饰与Aa型相同。直径14.5、边轮宽1、当厚1.2厘米（图四一七，2；图版二七，1）。标本ⅢH33：53，直径14.8、边轮宽1、当厚1厘米（图四一七，3）。

B型　5件。标本ⅢH33：62，泥质灰陶，当面涂朱。当面以单环线划分为内外区。内区当心饰乳凸纹，外饰六条直线的六角星，顶端与单环线相接；外区以"T"字形云纹分为四格，格内饰"工"字形云纹。直径14、边轮宽1、当厚0.9厘米（图四一四，4；图版二七，3）。标本ⅢH33：10，直径14、边轮宽1.1、当厚0.8厘米（图四一四，3）。

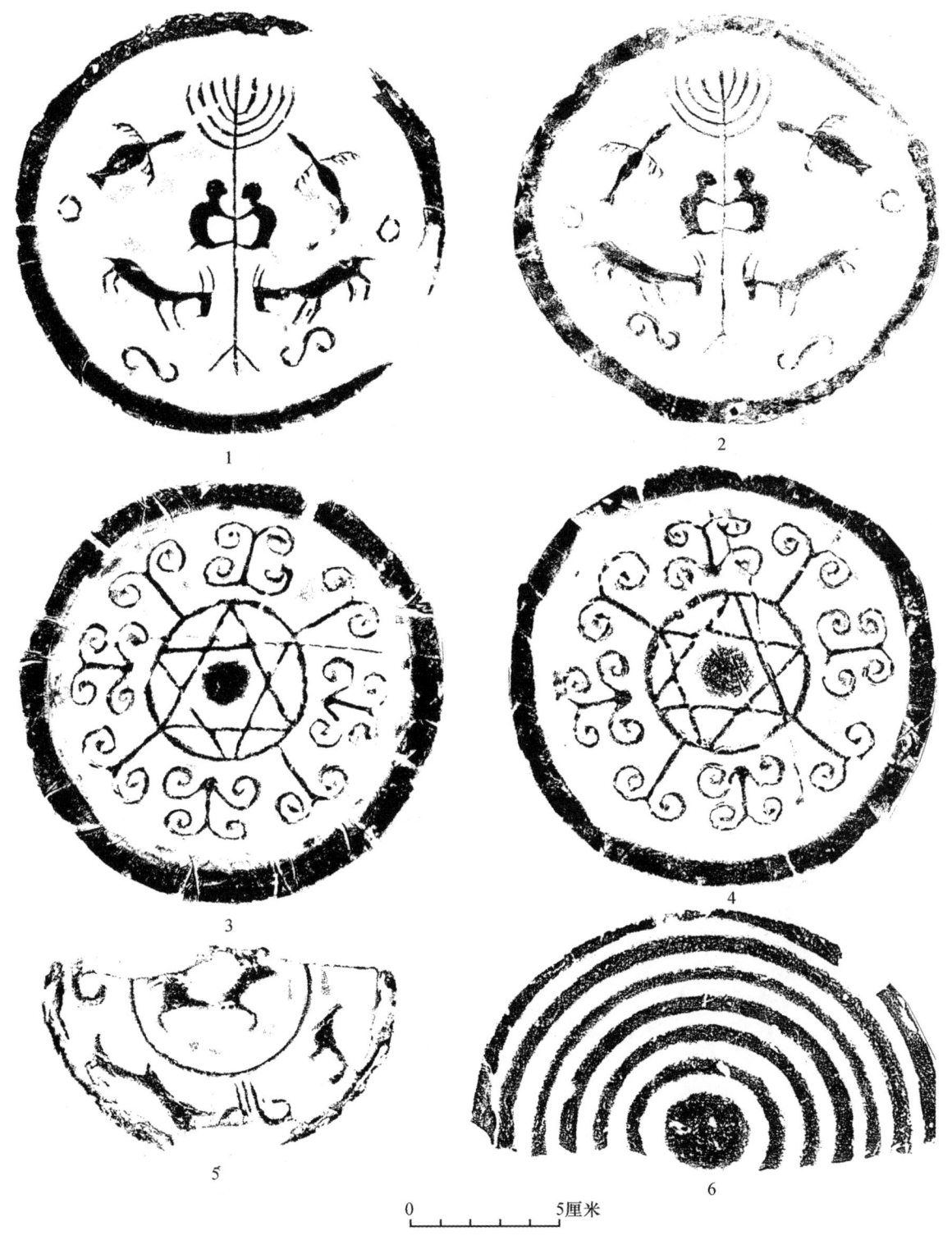

图四一四　ⅢH33出土瓦当

1. ⅢH33：68　2. ⅢH33：42　3. ⅢH33：10　4. ⅢH33：62　5. ⅢH33：64　6. ⅢH33：17

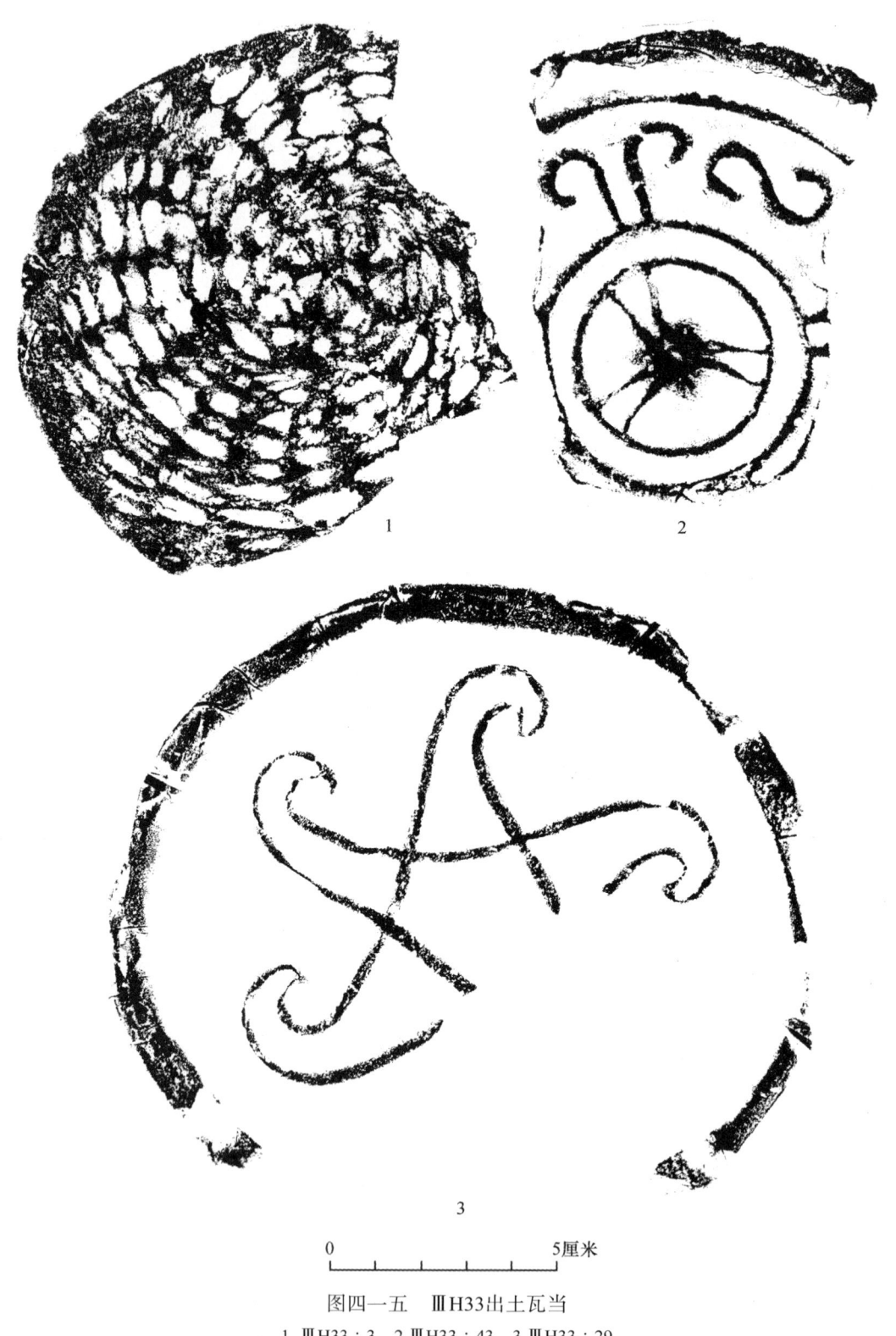

图四一五　ⅢH33出土瓦当
1. ⅢH33：3　2. ⅢH33：43　3. ⅢH33：29

图四一六　ⅢH33出土瓦当
1. ⅢH33：70　2. ⅢH33：69　3. ⅢH33：7　4. ⅢH33：6　5. ⅢH33：8　6. ⅢH33：31

C型　5件。标本ⅢH33：2，边轮残，泥质灰陶。当面以单环线划分为内外区。内区当心饰乳凸纹，外区饰"⌒"形云纹与羊角形云纹组成的复合纹为界格，格内饰花蒂状勾曲纹。直径14、当厚1.4厘米（图四一七，4）。

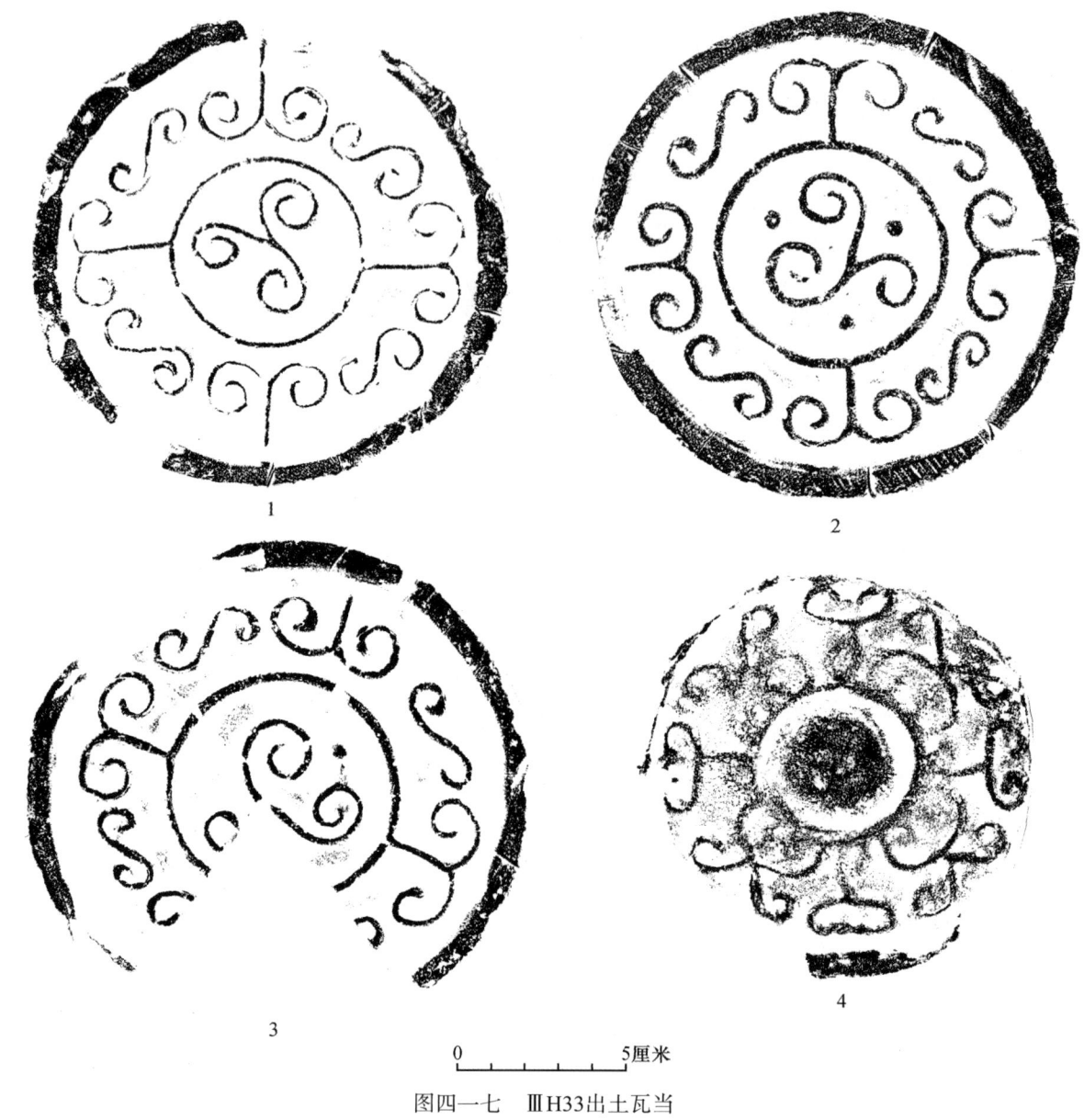

图四一七　ⅢH33出土瓦当
1. ⅢH33：40　2. ⅢH33：41　3. ⅢH33：53　4. ⅢH33：2

D型　7件。标本ⅢH33：70，泥质灰陶。当面以双环线划分为内外区。内区当心饰乳凸纹，外区以两两相背、两两相对羊角形云纹为界格，格内饰横、竖"〰"形云纹。直径14、边轮宽1、当厚0.9厘米（图四一六，1；图版二七，4）。标本ⅢH33：7，残，泥质褐陶。直径14.2、边论宽1.1、当厚0.9厘米（图四一六，3）。

E型　11件。当面以双环线划分为内外区。内区当心饰乳凸纹，三组双线将乳凸纹与环线连接；外区以相背的羊角形云纹为界格，格内饰横"〰"形云纹。标本ⅢH33：8，残，泥质灰陶。直径13、边轮宽0.7、当厚0.7厘米（图四一六，5）。标本ⅢH33：43，残，泥质灰陶。边轮宽0.7、当厚0.6厘米（图四一五，2）。

云鹿纹瓦当 3件。按其当面纹饰可分为二型。

A型 2件。当面以单环线划分内外区。内区饰一奔鹿和飞鸟；外区以相背的羊角形云纹为界格，分成三格，各格内饰一动物呈奔跑状。标本ⅢH33∶6，边轮稍残，泥质灰褐陶。直径12、边轮宽1、当厚0.8厘米（图四一六，4；图版二六，3）。标本ⅢH33∶64，残半。直径12、边轮宽1、当厚0.8厘米（图四一四，5）。

B型 1件。标本ⅢH33∶69，边轮稍残，泥质灰褐陶。当面以单环线划分内外区。内区饰鹿纹；外区以两两相对的羊角形云纹为界格，分成四格，其中三格饰"﹍"形云纹，另一格饰动物纹。直径13.5、边轮宽0.7、当厚1.7厘米（图四一六，2；图版二六，4）。

ⅢH36 位于ⅢT20的西北部，开口于第2层下，距地表深60厘米，被ⅢH34、ⅢH84、ⅢH90打破，打破ⅢH117及第4层。平面呈圆形（只清理一部分），斜弧壁不甚规整，圜底。清理长215、清理宽120、深135厘米。坑内填红褐色土，土质较硬，含有少量的陶片和动物骨骼等（图四一八）。

铁斧 1件。标本ⅢH36∶2，呈窄长方体，弧刃微宽，侧面中部中空成銎，銎口平整，呈长方形。体长11.5、刃宽7、銎径长2.6、宽1.2、深4厘米（图四一九）。

ⅢH83 位于ⅢT20的东北部，开口于第1层下，距地表深15～20厘米，打破ⅢH84及第3层。平面呈长方形（只清理一部分），斜壁不甚规整，圜底。清理长120、宽150、深148厘米。坑内填灰色花土，土质较松散，含有少量的陶片、瓦片，在距坑口70～90厘米处置有大量的铁甲片，锈蚀严重（图四二○）。

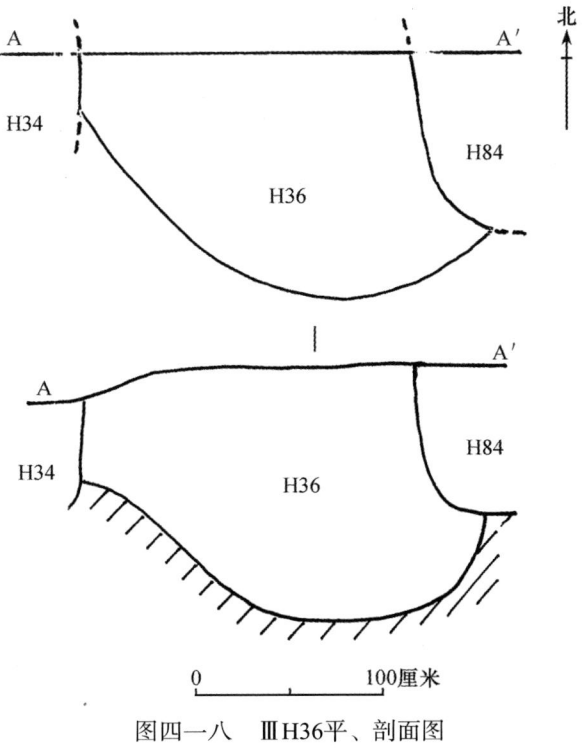

图四一八 ⅢH36平、剖面图

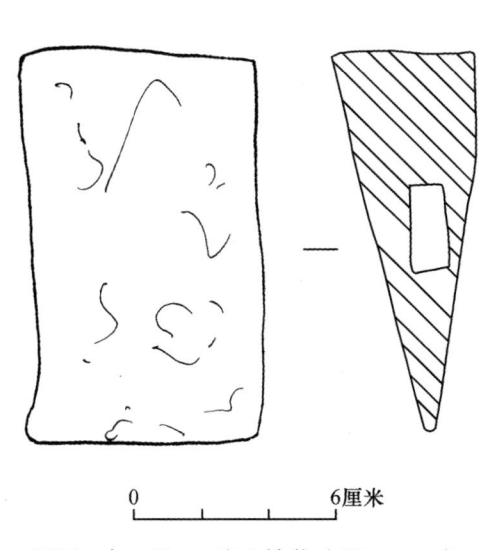

图四一九 ⅢH36出土铁斧（ⅢH36∶2）

钱币　1枚。字迹不清。标本ⅢH83∶1。

ⅢH87　位于ⅢT18的中南部，开口于第3层下，距地表深85厘米，打破ⅢH113、ⅢH115及生土层。平面呈不规则形（只清理一部分），斜壁不甚规整，圜底。清理长295、宽180、深100厘米。坑内填黄灰色土，土质较松软，出土少量的陶片、瓦片和动物骨骼等（图四二一）。

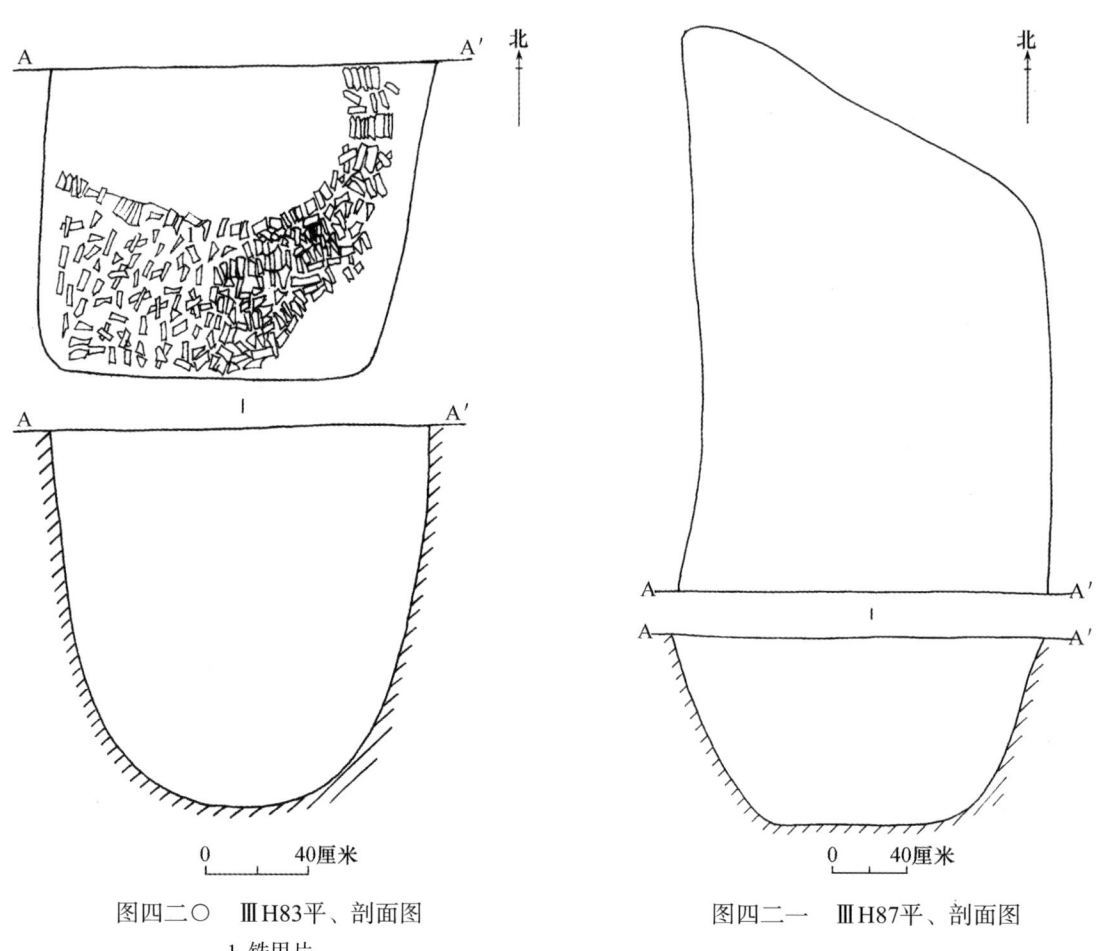

图四二〇　ⅢH83平、剖面图
1. 铁甲片

图四二一　ⅢH87平、剖面图

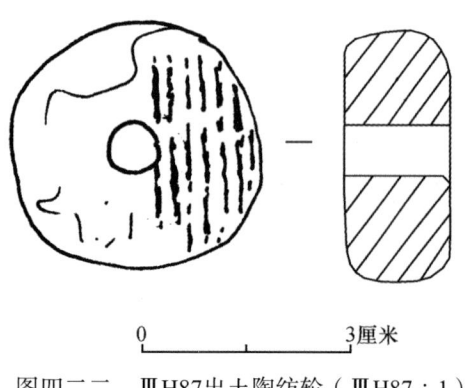

图四二二　ⅢH87出土陶纺轮（ⅢH87∶1）

纺轮　1件。标本ⅢH87∶1，泥质灰陶片磨制。平面呈圆形，中心钻孔，对钻。孔径0.7、直径3.6、厚1.6厘米（图四二二）。

ⅢH89　位于ⅢT17的东南部、ⅢT19西南部，开口于第1层下，距地表深20厘米，被ⅢH96打破，打破第2层及第3层。平面呈椭圆形，斜弧壁不甚规整，圜底。长径345、短径220、深75厘米。坑内填灰色花土，土质较硬，含有少量的陶瓷片和动物骨骼等（图四二三）。

ⅢH90　位于ⅢT20的西北部，开口于第2层下，距地表深70厘米，打破ⅢH34、ⅢH36及生土层。平面呈

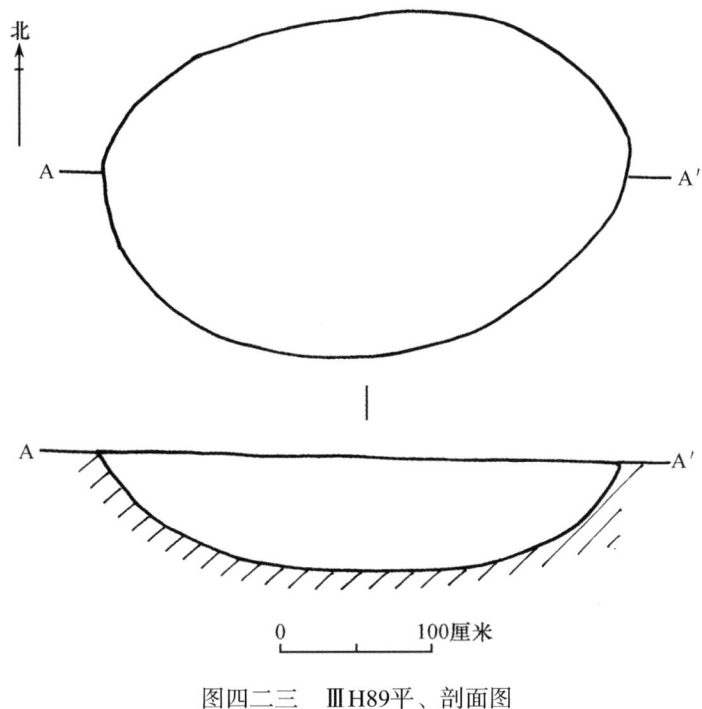

图四二三　ⅢH89平、剖面图

圆形，直壁，平底。直径90、深160厘米。坑内填灰褐色土，土质较松软，夹有黑色斑点，出土少量的陶瓷片和动物骨骼等（图四二四）。

罐　1件。标本ⅢH90：2，泥质灰陶。侈口，圆唇，矮领，弧鼓腹，腹大径偏上，平底略外撇，底部留有旋削痕迹。通体素面抹光。口径12、底径8.8、高10.8厘米（图四二五）。

ⅢH91　位于ⅢT17的东北部、ⅢT19的西北部，开口于第2层下，距地表深60厘米，打破ⅢH92及第3层。平面呈不规则形（只清理一部分），斜壁，圜底。清理长600、清理宽100、深75厘米。坑内填灰褐色土，土质较松软，出土少量的陶片和动物骨骼等（图四二六）。

豆　1件。标本ⅢH91：1，泥质灰陶。敞口，厚圆唇，浅盘，平底，高柄，柄下部中空，底座残。素面抹光。口径18.4、残高2.8厘米（图四二七）。

ⅢH92　位于ⅢT17的中北部，开口于第2层下，距地表深60厘米，被ⅢH91打破，打破第3层。平面呈不规则形，斜壁不甚规整，坑底较平。长180、宽154、深60厘米。坑内填灰褐色土，土质较松软，出土少量的陶片和动物骨骼等（图四二八）。

出土器物有陶壶、盆、纺轮，陶饼等。

壶　1件。标本ⅢH92：16，口、肩残片，泥质黑陶。敞口，折沿，沿面有凹槽一周，束颈，溜肩。颈部素面抹光，肩饰弦纹。口径16.2、残高9.6厘米（图四二九，2）。

盆　2件。标本ⅢH92：1，泥质灰陶。敞口，窄平沿，方唇，斜弧腹，平底。素面抹光，底部留有旋削痕迹。口径39、底径17.5、高13厘米（图四二九，1）。标本ⅢH92：12，口、腹残片，泥质灰黑陶。敞口，窄平沿，圆唇，斜弧腹。器表素面抹光，内壁饰压印纹。口径32、残高8厘米（图四二九，3）。

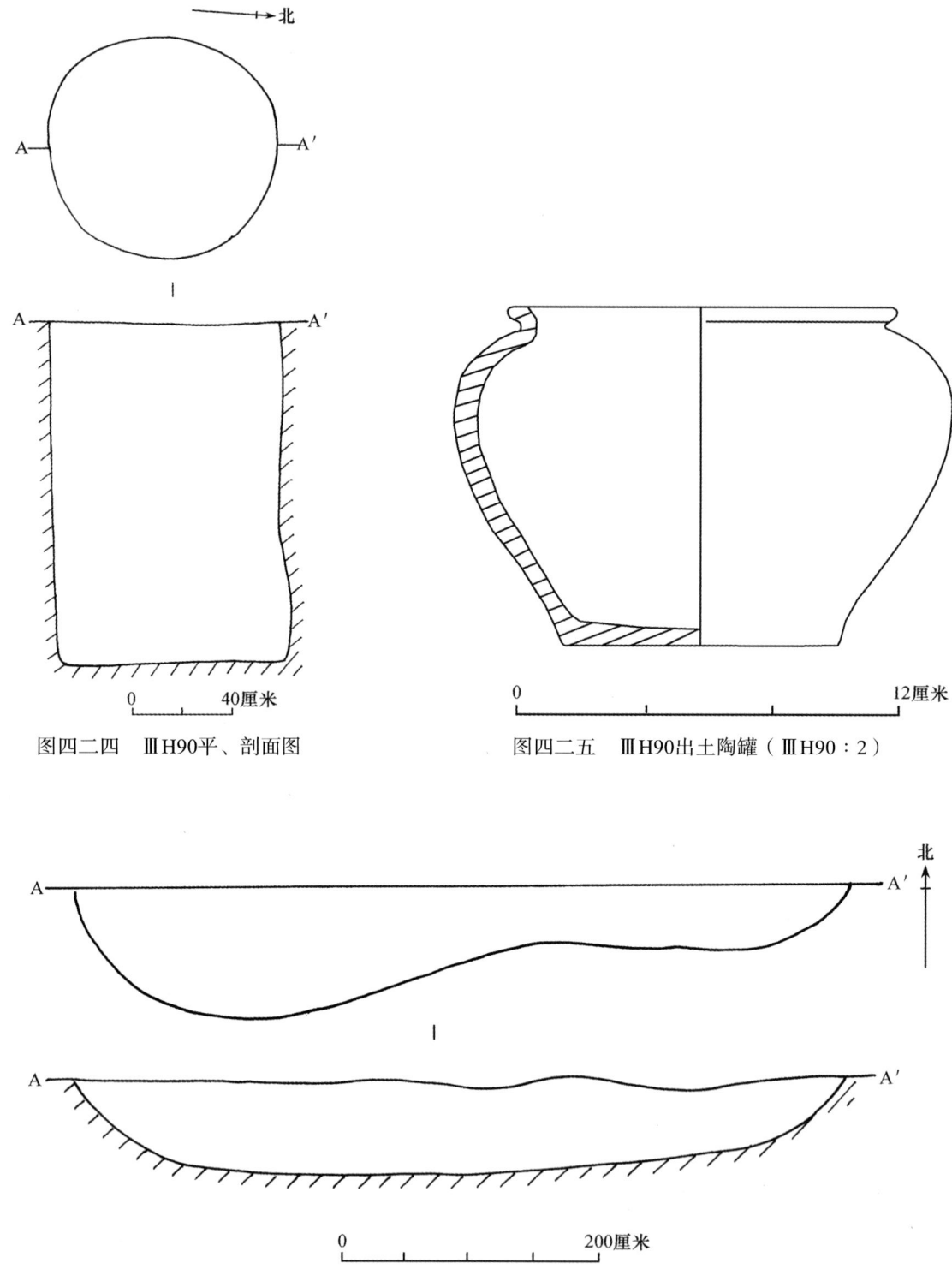

图四二四　ⅢH90平、剖面图

图四二五　ⅢH90出土陶罐（ⅢH90∶2）

图四二六　ⅢH91平、剖面图

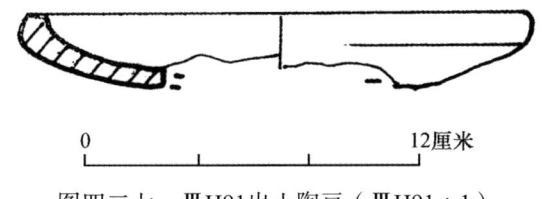

图四二七　ⅢH91出土陶豆（ⅢH91：1）

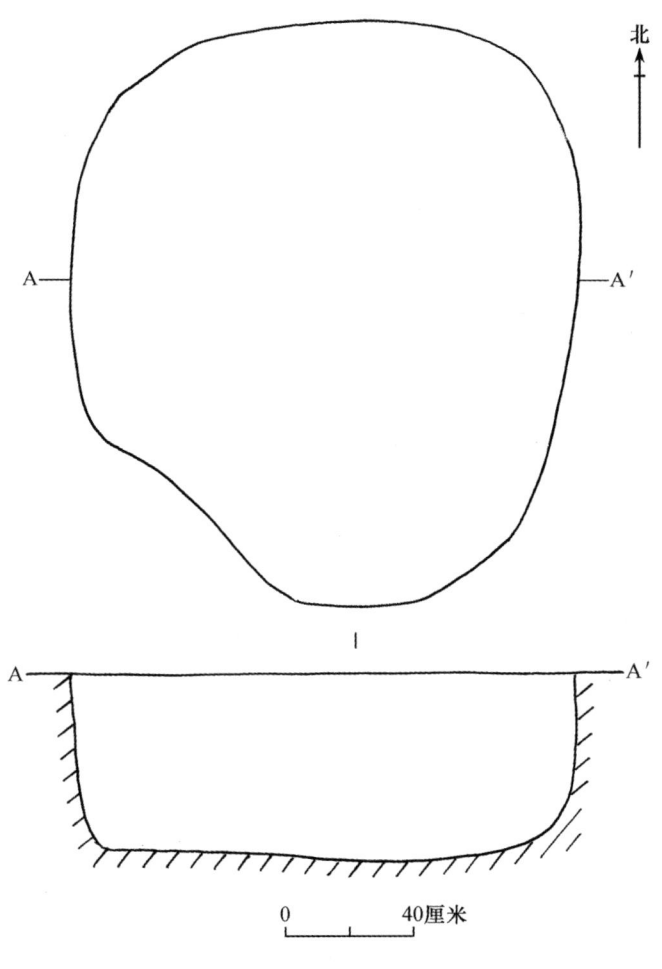

图四二八　ⅢH92平、剖面图

纺轮　1件。标本ⅢH92：2，稍残。泥质灰陶片磨制而成。平面呈圆形，两侧面刻划鸟纹，中心钻孔。孔径1、直径5.8、厚1.6厘米（图四二九，5）。

陶饼　1件。标本ⅢH92：22，泥质灰陶片磨制而成。平面呈圆形。直径5、厚1厘米（图四二九，4）。

ⅢH95　位于ⅢT19的东北部，开口于第2层下，距地表深60厘米，打破ⅢH122及生土层。只清理一部分，形状不清，斜直壁，圜底。清理部分长150、清理部分宽90、深180厘米。坑内填灰花土，土质较硬，出土少量的陶片和动物骨骼等（图四三〇）。

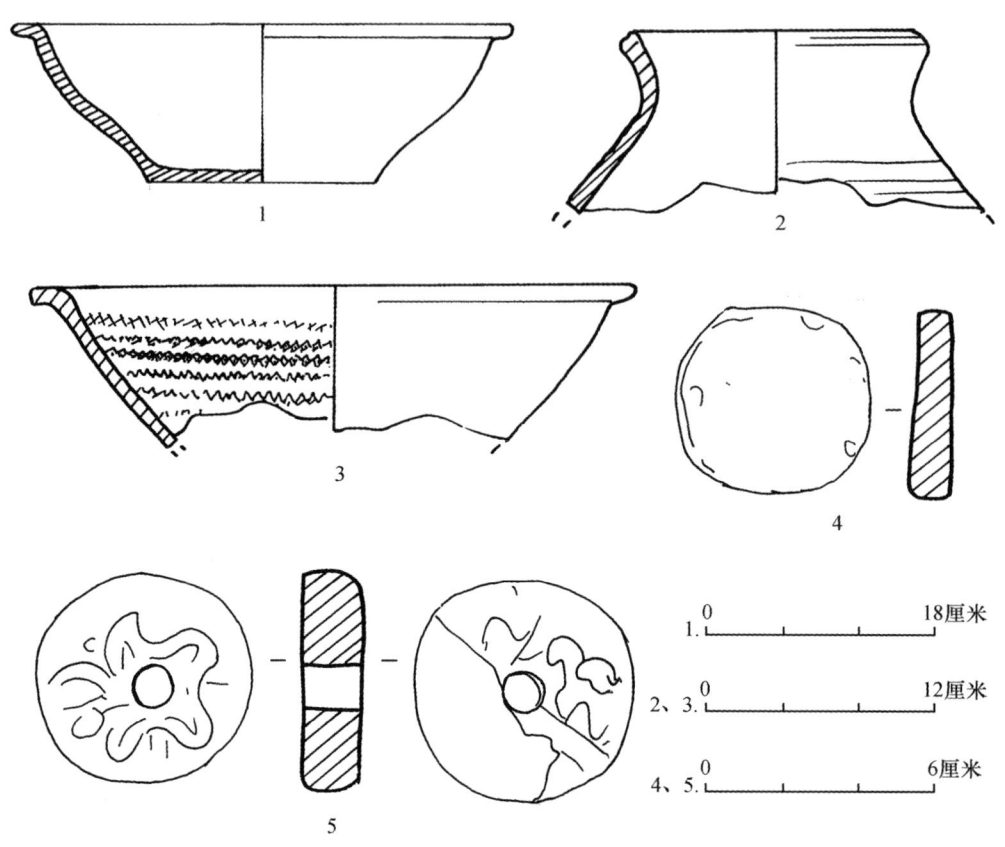

图四二九　ⅢH92出土器物
1、3.陶盆（ⅢH92∶1、ⅢH92∶12）　2.陶壶（ⅢH92∶16）　4.陶饼（ⅢH92∶22）　5.陶纺轮（ⅢH92∶2）

出土器物有陶盆、盘等。

盆　1件。标本ⅢH95∶3，口、腹残片，泥质灰陶。直口微敛，窄平沿，方唇，折腹。外壁素面抹光，内壁饰暗弦纹。口径28、残高4.8厘米（图四三一，2）。

盘　1件。标本ⅢH95∶1，泥质灰陶。敞口，圆唇，浅腹，平底，下接三矮蹄足。素面抹光。口径20、足高2、通高4.4厘米（图四三一，1）。

ⅢH98　位于ⅢT20的东南部，开口于第2层下，距地表深55厘米，打破ⅢH99、ⅢH100、ⅢH101及第3层。只清理一部分，形状不清，直壁，平底。清理长170、清理宽170、深38厘米。坑内填灰褐色土，土质较松软，内含遗物较少，出土少量的陶瓷片和动物骨骼等（图四三二）。

陶饼　1件。标本ⅢH98∶7，泥质灰陶片磨制而成。平面呈椭圆形。直径5.6~6、厚1厘米（图四三三）。

ⅢH99　位于ⅢT20的东南部，开口于第2层下，距地表深95厘米，被ⅢH98打破，打破ⅢH100、第4层及ⅢH121。平面呈圆形（只清理一部分），斜直壁不甚规整，尖底。清理长140、清理宽60、深131厘米。坑内填灰褐色土，土质较松软，出土少量的陶瓦片和动物骨骼等

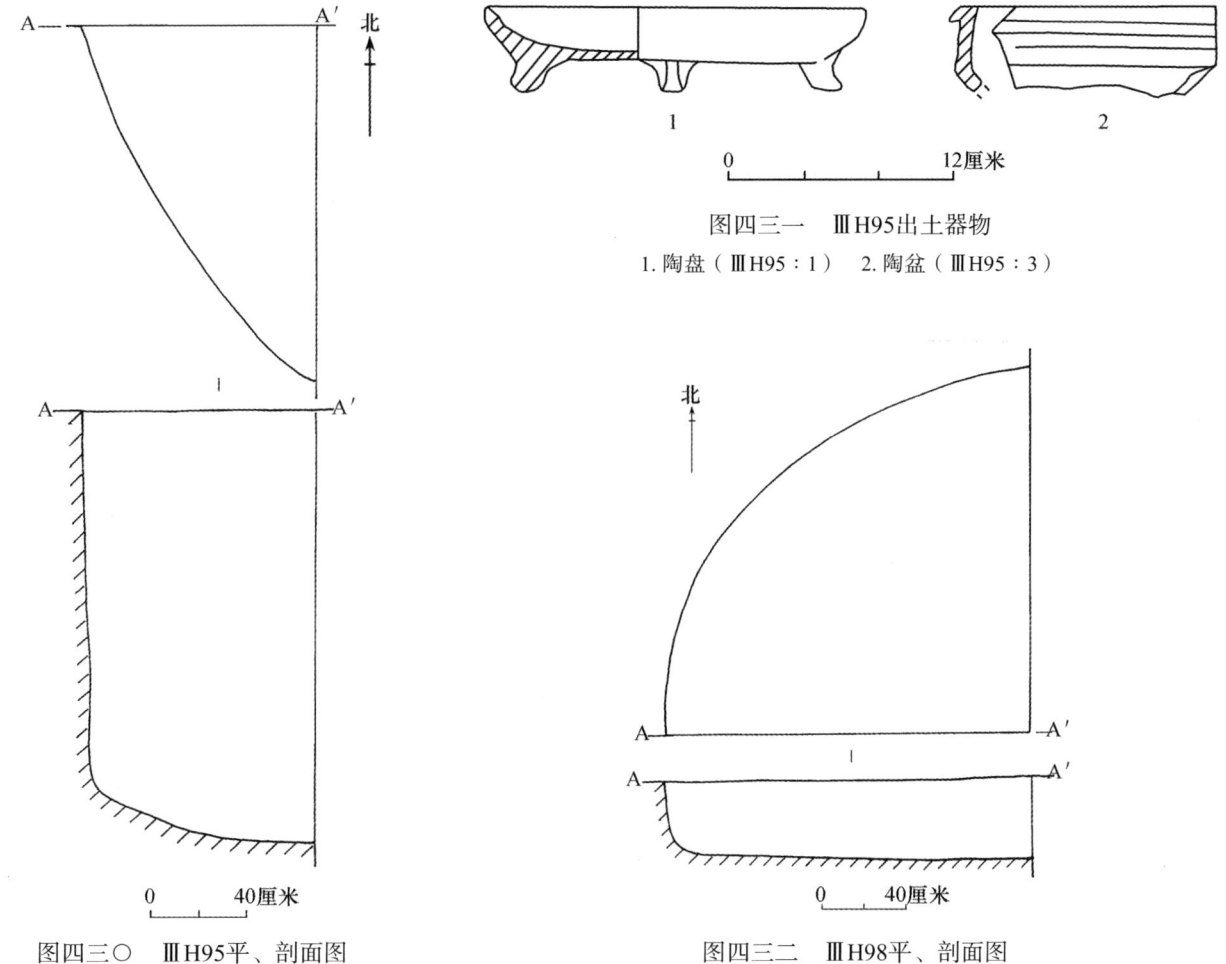

图四三一　ⅢH95出土器物
1.陶盘（ⅢH95：1）　2.陶盆（ⅢH95：3）

图四三〇　ⅢH95平、剖面图

图四三二　ⅢH98平、剖面图

（图四三四）。

铜镞　1件。标本ⅢH99：6，镞身血槽较深，横截面三棱形；前锋较锐，边锋微弧，铤残。镞身长4.4厘米（图四三五）。

ⅢH101　位于ⅢT20的东南部，开口于第2层下，距地表深70厘米，被ⅢH98打破，打破第3层。平面呈圆形，斜直壁不甚规整，平底。直径116～120、深60厘米。坑内填灰褐色土，土质较松软，出土少量的陶瓦片和动物骨骼等（图四三六）。

铁刀　1件。标本ⅢH101：1，残。呈长条形，窄刃微弧，锋利。残长16、宽2.4厘米（图四三七）。

ⅢH105　位于ⅢT17的中南部，开口于第3层下，距地表深90厘米。被ⅢH102打破，打破ⅢH116、第4层及生土层。平面呈长方形，直壁，平底。坑口长200、宽110、深220厘米。坑内填黄灰色花土，土质较松软，含有少量的陶片和动物骨骼等（图四三八）。

出土遗物有陶器、铜器、铁器、石器、骨器等。

陶器　有釜、壶、盆、瓮、豆、器盖、纺轮、筒瓦等。

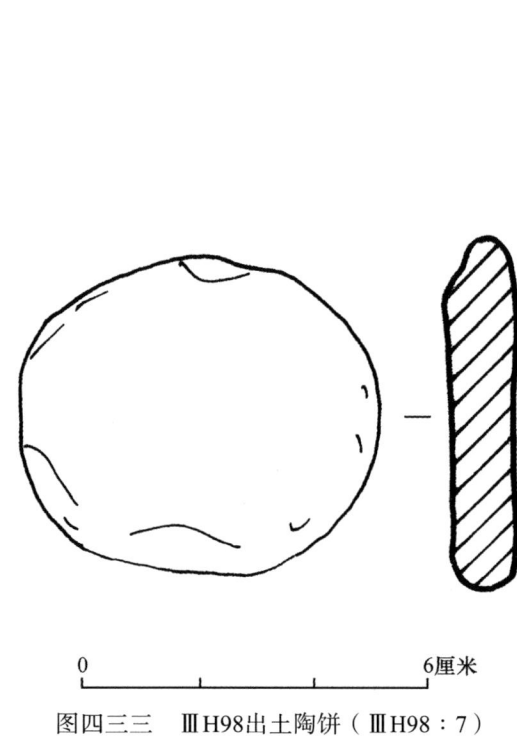

图四三三　ⅢH98出土陶饼（ⅢH98∶7）

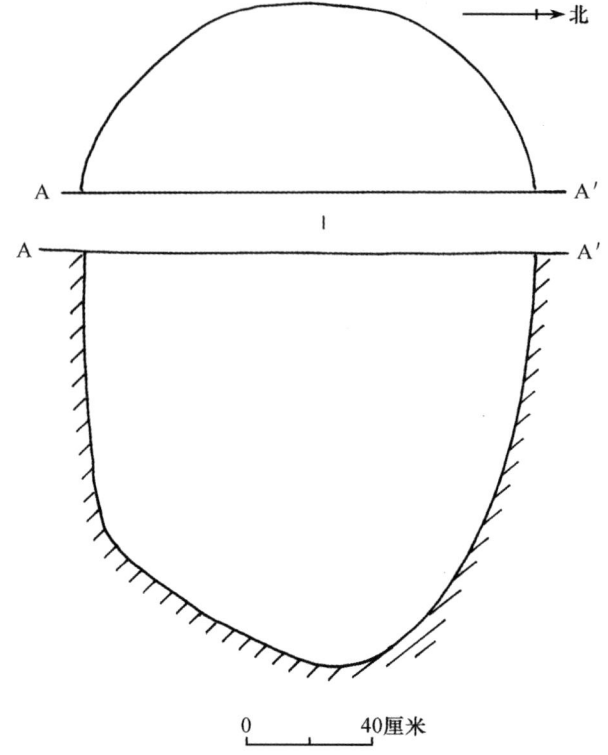

图四三四　ⅢH99平、剖面图

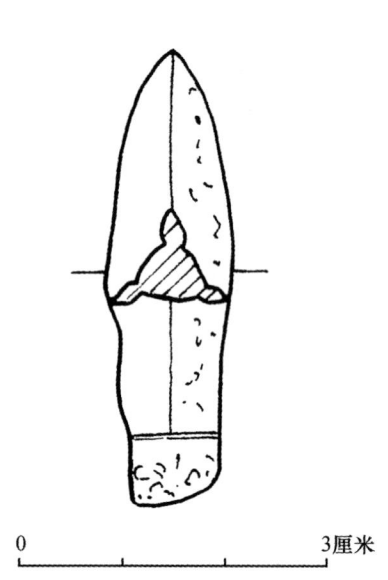

图四三五　ⅢH99出土铜镞（ⅢH99∶6）

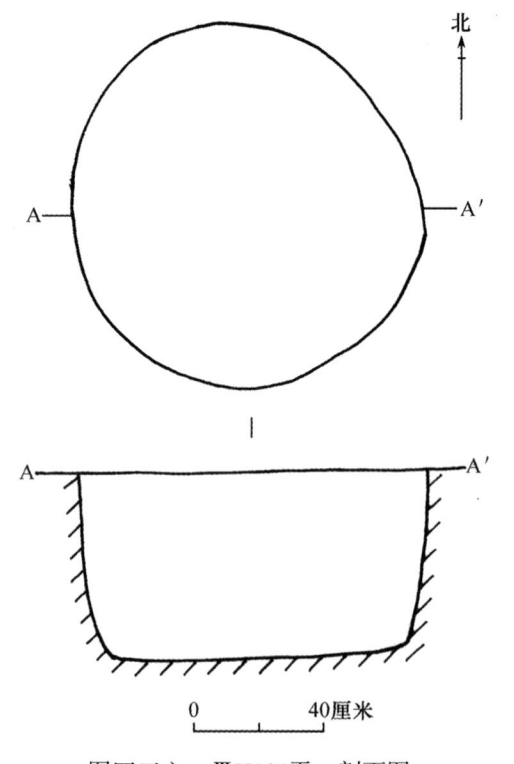

图四三六　ⅢH101平、剖面图

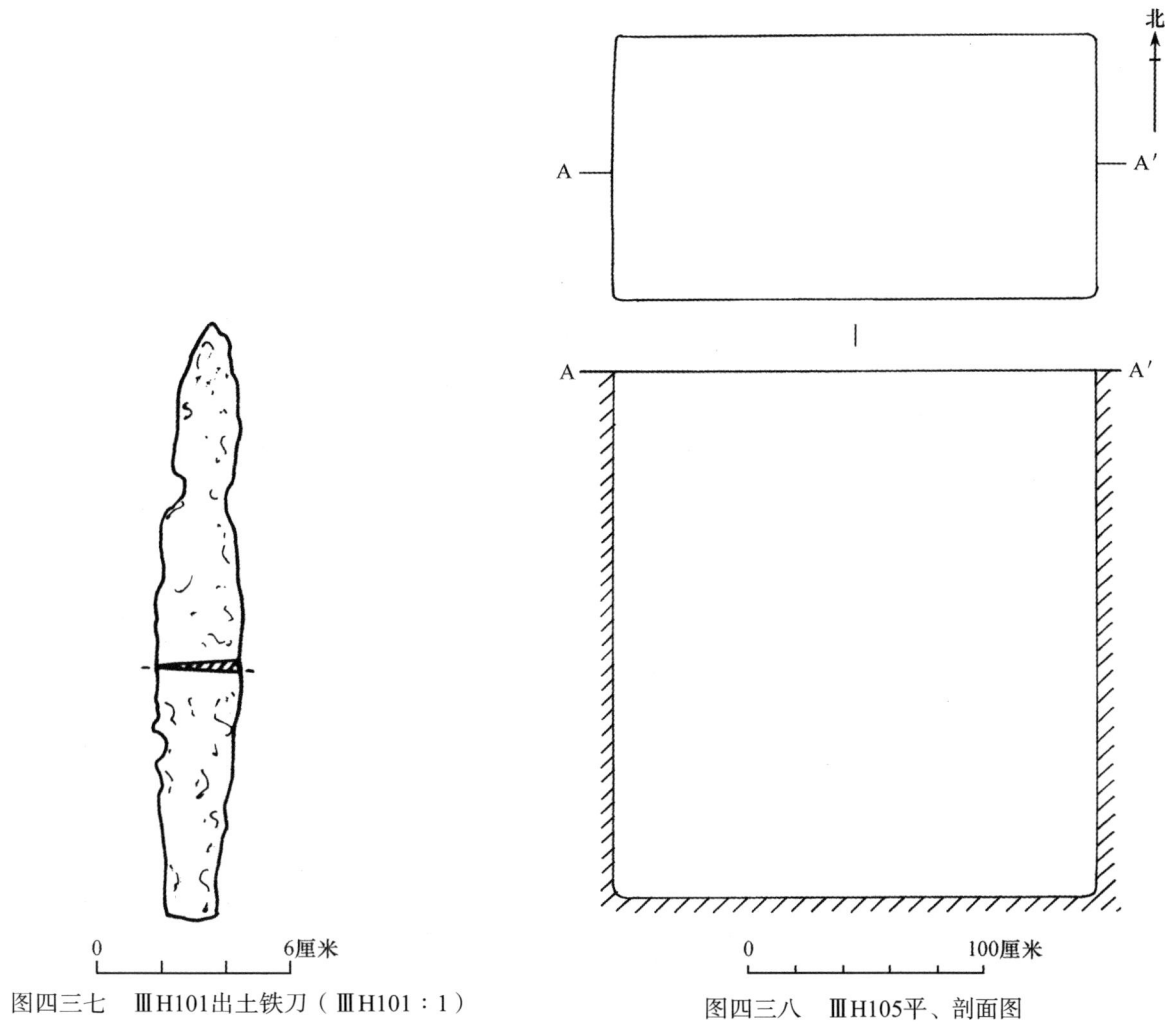

图四三七　ⅢH101出土铁刀（ⅢH101：1）　　　图四三八　ⅢH105平、剖面图

釜　2件。标本ⅢH105：25，口、肩残片，夹砂灰陶。侈口，方唇，高领，广肩，饰纵向粗绳纹。口径27.8、残高7.8厘米（图四三九，8）。标本ⅢH105：15，口、腹残片，泥质灰陶。直口，方唇，直领，弧肩。素面抹光，肩部戳印"日利"二字。口径22、残高7.6厘米（图四三九，5）。

壶　1件。标本ⅢH105：30，口、肩残片，泥质灰陶。敞口，圆唇，束颈，溜肩。颈部素面抹光，肩饰弦纹。口径13、残高8.4厘米（图四三九，2）。

盆　4件。标本ⅢH105：26，口、腹残片，泥质灰陶。直口微敛，窄沿，方唇，折腹。器表素面抹光，内壁饰暗弦纹。口径25、残高8.2厘米（图四三九，3）。标本ⅢH105：21，口、腹残片，泥质灰陶。敞口，宽平沿，外缘凸起，有凸棱一周，内缘有凹槽一周，斜腹较直。素面抹光。口径44.4、残高11.2厘米（图四三九，4）。标本ⅢH105：34，口、腹残片，泥质灰褐陶。敞口，宽平沿，外缘凸起，有凸棱一周，内缘有凹槽一周，斜弧腹。素面抹光。口径38.4、残高8.4厘米（图四三九，11）。标本ⅢH105：38，口、腹残片，泥质灰褐陶。敞口，宽

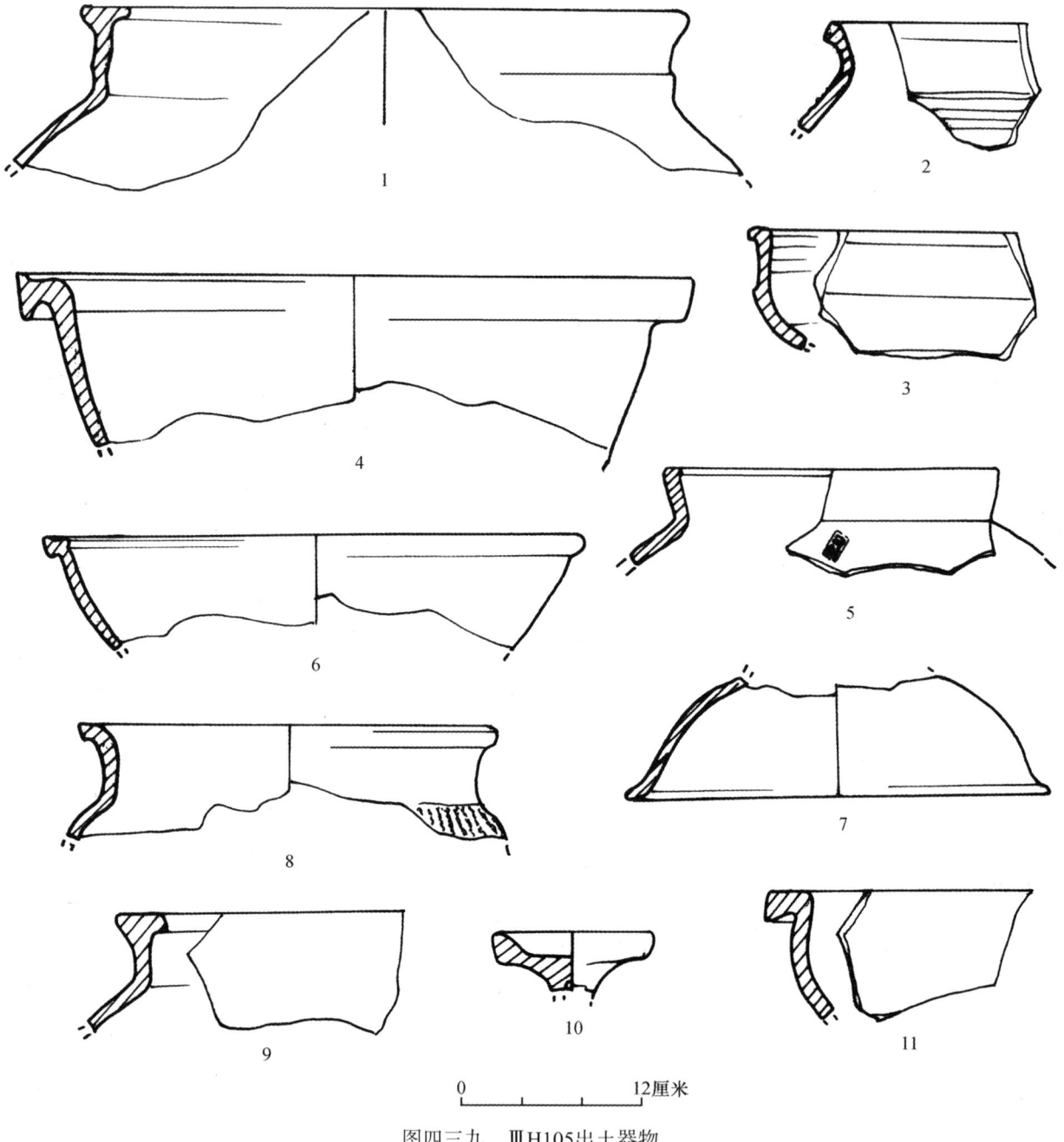

图四三九　ⅢH105出土器物

1、9. 陶瓮（ⅢH105：40、ⅢH105：24）　2. 陶壶（ⅢH105：30）　3、4、6、11. 陶盆（ⅢH105：26、ⅢH105：21、ⅢH105：38、ⅢH105：34）　5、8. 陶釜（ⅢH105：15、ⅢH105：25）　7. 陶器盖（ⅢH105：35）　10. 陶豆（ⅢH105：29）

平沿，外缘凸起，有凸棱一周，内缘有凹槽一周，斜腹较直。素面抹光。口径35.6、残高7.4厘米（图四三九，6）。

瓮　2件。标本ⅢH105：24，口、肩残片，泥质灰陶，模制。敛口，厚圆唇，广肩。素面抹光。口径42、残高7.6厘米（图四三九，9）。标本ⅢH105：40，口径40、残高12厘米（图四三九，1）。

豆　1件。标本ⅢH105：29，泥质灰陶。敞口，圆唇，浅盘，折腹。器表素面抹光，内壁饰暗弦纹。口径10.6、残高3.8厘米（图四三九，10）。

器盖　1件。标本ⅢH105：35，泥质灰陶。斜折沿，圆唇，盖面隆起，盖顶残。素面抹光。口径28、残高8厘米（图四三九，7）。

纺轮　3件。标本ⅢH105：3，泥质灰陶，模制。呈饼状，表面微弧，中心钻孔。孔径1.4、直径8.8、厚2厘米（图四四〇，12）。标本ⅢH105：4，泥质灰陶片磨制。平面呈圆形，中心钻孔。孔径0.9、直径4.6、厚1.6厘米（图四四〇，6）。标本ⅢH105：2，泥质红陶片磨制。平面呈圆形，中心钻孔，对钻。孔径1、直径4.4、厚1厘米（图四四〇，9）。

筒瓦　2件。ⅢH105：12，稍残，细泥黑陶。横截面呈半圆形，子母口，方头，咬合面较长，与筒壁尖角呈锐角。直径16、残长41、厚1.8厘米（图四四〇，5）。标本ⅢH105：32，残，细泥黑陶。横截面呈半圆形，子母口，方头，咬合面比A型略短，与筒壁尖角呈锐角。直径16.8、残长20.8、厚1.8厘米（图四四〇，11）。

铜器　仅有帽状器。

帽状器　1件。标本ⅢH105：5，近梯形扁筒状。体长4.4、宽3、厚1.2、筒径长2.6、宽0.9厘米（图四四〇，8）。

铁器　有锄、铲、马镫、镢等。

锄　2件。标本ⅢH105：10，呈长方体，直刃，銎部较浅。体长18.8、宽14.4、銎径长16、宽1.4、深5厘米（图四四〇，2）。标本ⅢH105：7，呈长方体，直刃微弧，銎部较浅。体长17.6、宽13.6、銎径长15、宽1.8、深5.5厘米（图四四〇，1）。

铲　1件。标本ⅢH105：8，残。直背与一尖状形的铤衔接。体残长10.8、宽10厘米（图四四〇，10）。

马镫　1件。标本ⅢH105：9，鼻、镫面残。方形柱状提梁。残高14厘米（图四四〇，3）。

镢　1件。标本ⅢH105：13，残存銎部，方圆銎，宽5厘米（图四四〇，4）。

石器　有带饰、石狮等。

带饰　1件。标本ⅢH105：6，磨制。近椭圆形鼻，中心钻孔为穿，下衔接一弧肩长方体，中心钻一浅坑。孔径0.4、长6、宽4、厚2.2厘米（图四四〇，7）。

石狮　1件。标本ⅢH105：17，呈蹲踞状，下半部残。面目狰狞，圆眼外突，高颧骨，嘴半张露犬牙。狮身饰有多个毛发卷成螺旋状乳钉。残高15厘米（图四四〇，14）。

骨器　仅有刀柄。

刀柄　1件。标本ⅢH105：1，近长方管状，顶端弧凸，中部夹有铁铤，用铁钉加固。长14.3、宽2.2、厚1厘米（图四四〇，13）。

ⅢH106　位于ⅢT19的东南部，开口于第2层下，距地表深75厘米。被ⅢH97打破，打破第3层及生土层。平面呈长方形（只清理一部分），坑口略小于坑底，上半部为斜壁，下半部为直

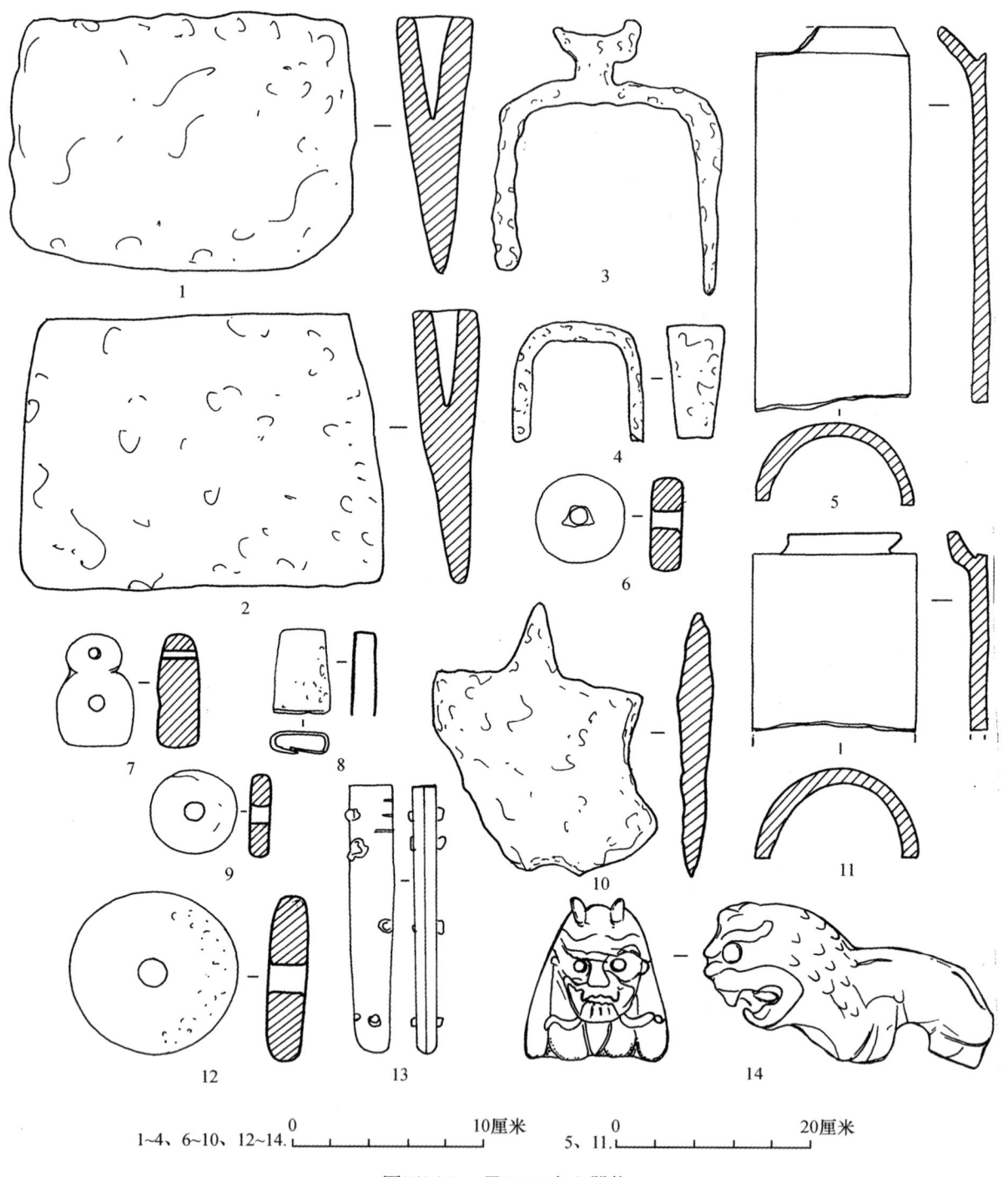

图四四〇　ⅢH105出土器物

1、2. 铁锄（ⅢH105：7、ⅢH105：10）　3. 铁马镫（ⅢH105：9）　4. 铁镢（ⅢH105：13）　5、11. 筒瓦（ⅢH105：12、ⅢH105：32）　6、9、12. 陶纺轮（ⅢH105：4、ⅢH105：2、ⅢH105：3）　7. 石带饰（ⅢH105：6）　8. 铜帽状器（ⅢH105：5）　10. 铁铲（ⅢH105：8）　13. 骨刀柄（ⅢH105：1）　14. 石狮（ⅢH105：17）

壁，平底。清理长150、宽130、深190厘米。坑内填灰色土，土质较松软，含有少量的陶片和动物骨骼等（图四四一）。

钵　1件。标本ⅢH106：1，泥质灰陶。敞口，斜折沿，圆唇，弧腹，下腹弧收，平底。上腹素面抹光，下腹及底部留有旋削痕迹。口径15.9、底径5.6、高6.5厘米（图四四二，3）。

铁车辖　2件。标本ⅢH106：2，呈凹边六边形，辖呈圆形。每边长6.4、厚3.4、辖径8.4厘米（图四四二，1）。标本ⅢH106：3，残半。每边长11.6、厚4、辖径11.2厘米（图四四二，2）。

ⅢH111　位于ⅢT18的北部，开口于第3层下，距地表深85厘米。被ⅢH86、ⅢH102打破，打破ⅢH115及生土层。平面呈长方形（只清理一部分），直壁，平底。清理部分长400、宽90、深98厘米。坑内填黄灰色土，土质较硬，含有少量的陶片和动物骨骼等（图四四三）。

模具　1件。标本ⅢH111：1，泥质灰陶，手制。模口平面呈圆形，背部隆起，柄残。直径4.4、残高3.2厘米（图四四四）。

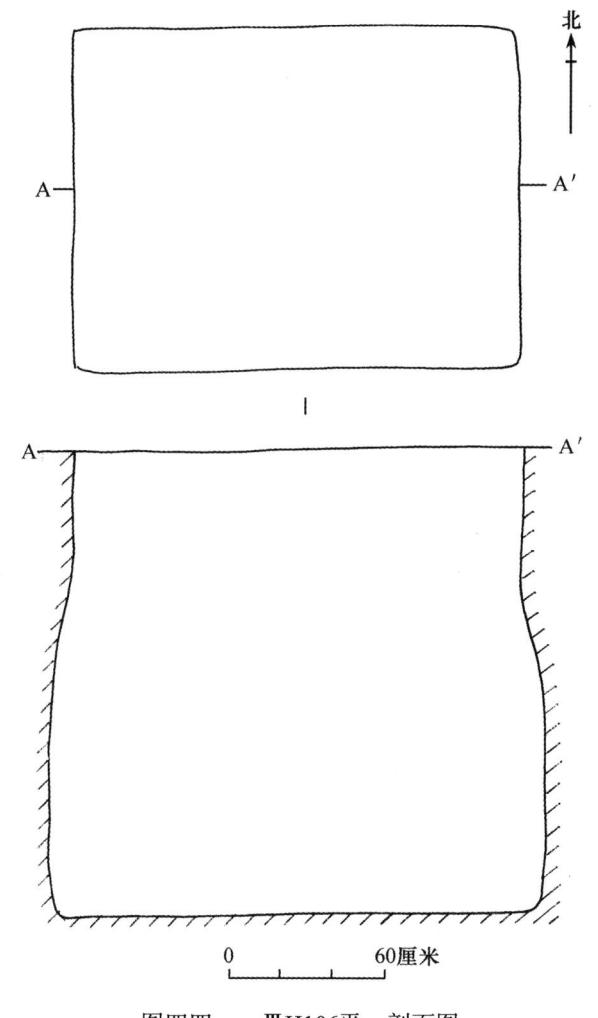

图四四一　ⅢH106平、剖面图

ⅢH112　位于ⅢT17的西北部，开口于第4层下，距地表深140厘米，打破ⅢH116及生土层。平面呈不规则形（只清理一部分），斜弧壁，圜底。清理部分长215、宽120、深50厘米。坑内填灰褐色土，土质较硬，含有少量的陶片和动物骨骼，近底部出土较多的铁甲片，锈蚀严重（图四四五）。

ⅢH114　位于ⅢT18的西南部，开口于第4层下，距地表深130~150厘米，被ⅢH31打破，打破生土层。平面呈圆形（只清理一部分），弧壁，圜底。口径180、深62厘米。坑内填黄灰色土，土质较松软。内含遗物较少（图四四六）。

ⅢH115　位于ⅢT18的东北部，开口于第4层下，距地表深130厘米，被ⅢH86、ⅢH87、ⅢH102、ⅢH111、ⅢJ6打破，打破生土层。平面呈不规则形（只清理一部分），直壁不甚规整，近平底。清理部分长300、宽200、深350厘米。坑内填黄灰色土，土质较松软，夹有黑色斑点。内含遗物较少，出土少量的陶片和动物骨骼等（图四四七）。

罐　1件。标本ⅢH115：8，细泥灰陶。侈口，折唇，鼓腹，平底。肩部素面磨光，上腹

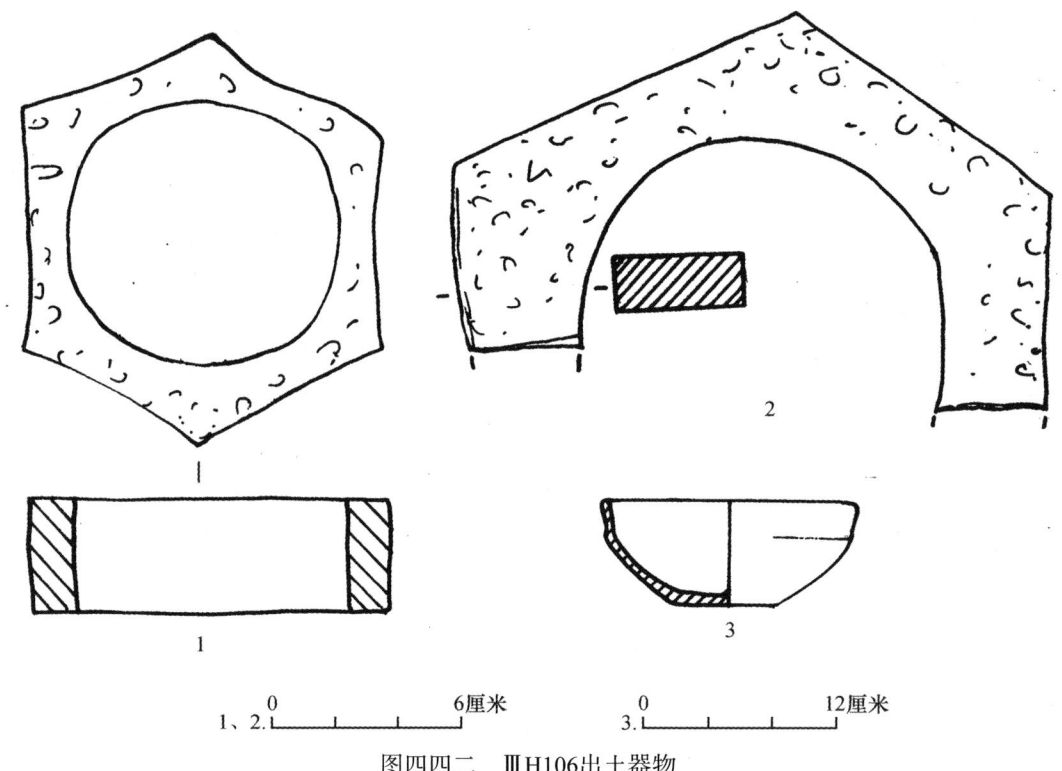

图四四二　ⅢH106出土器物
1、2.铁车辖（ⅢH106：2、ⅢH106：3）　3.陶钵（ⅢH106：1）

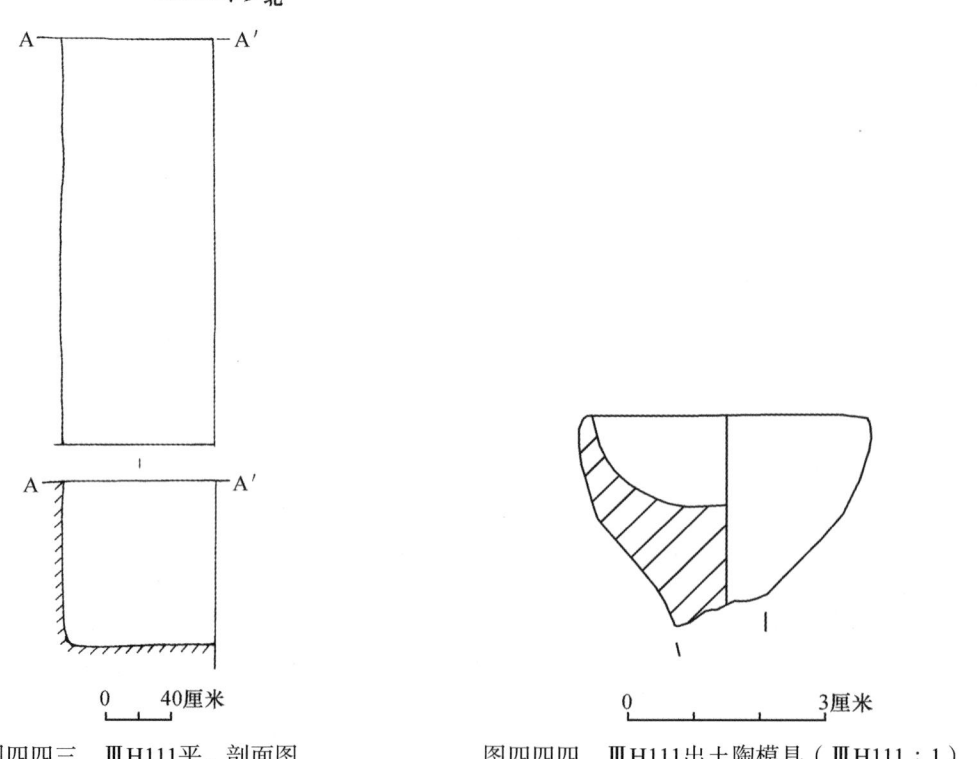

图四四三　ⅢH111平、剖面图

图四四四　ⅢH111出土陶模具（ⅢH111：1）

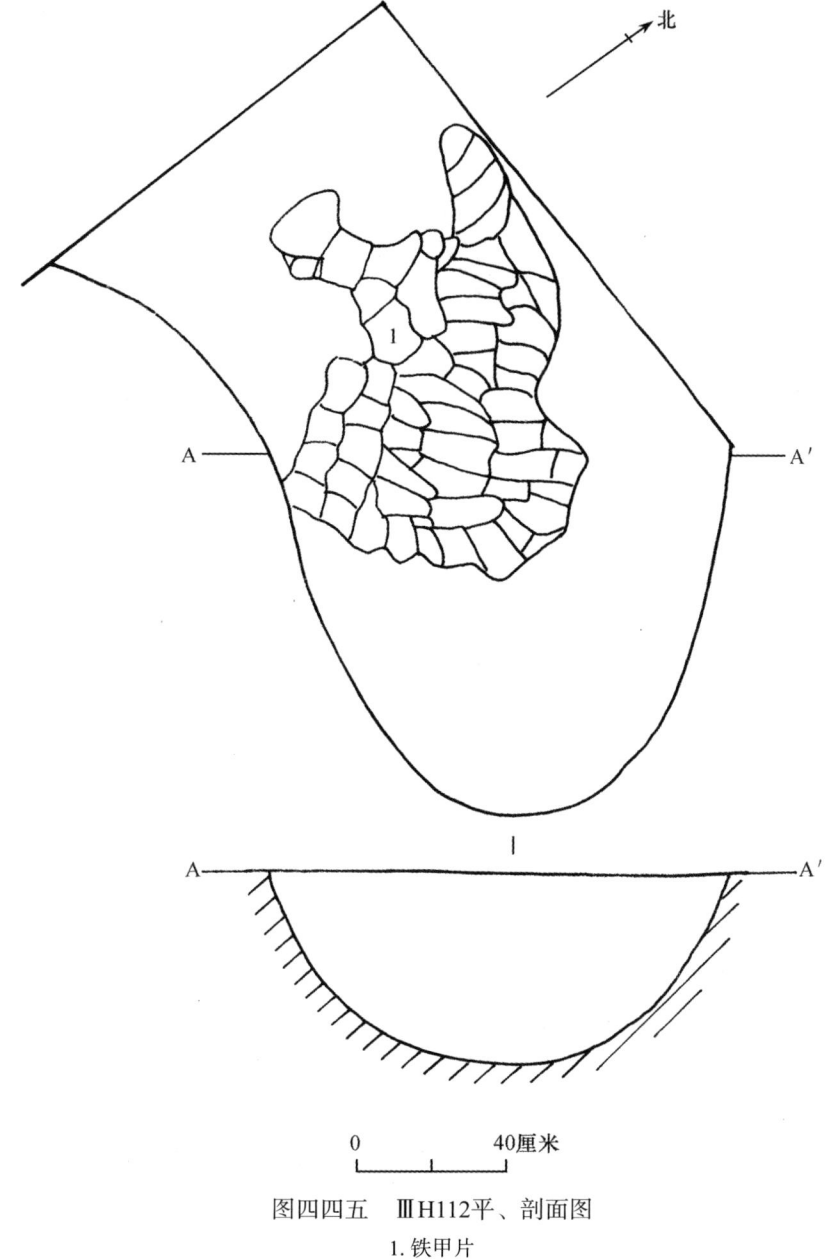

图四四五　ⅢH112平、剖面图
1.铁甲片

饰压印纹一周，腹饰弦断绳纹，下腹饰绳纹，近底部素面抹光。口径26.4、残高13.2厘米（图四四八，1）。

豆　1件。标本ⅢH115：14，泥质灰陶。敞口，方唇，浅盘，折腹，平底。素面抹光，内壁底交界处饰凹槽一周。口径11.2、残高3.2厘米（图四四八，2）。

豆柄　1件。标本ⅢH115：18，高柄，柄下部中空，喇叭形底座，底座上缘凸起一周方棱。素面抹光。底径8、残高9.6厘米（图四四八，3）。

ⅢH116　位于ⅢT17的中部，开口于第4层下，距地表深135～165厘米，被ⅢH103、

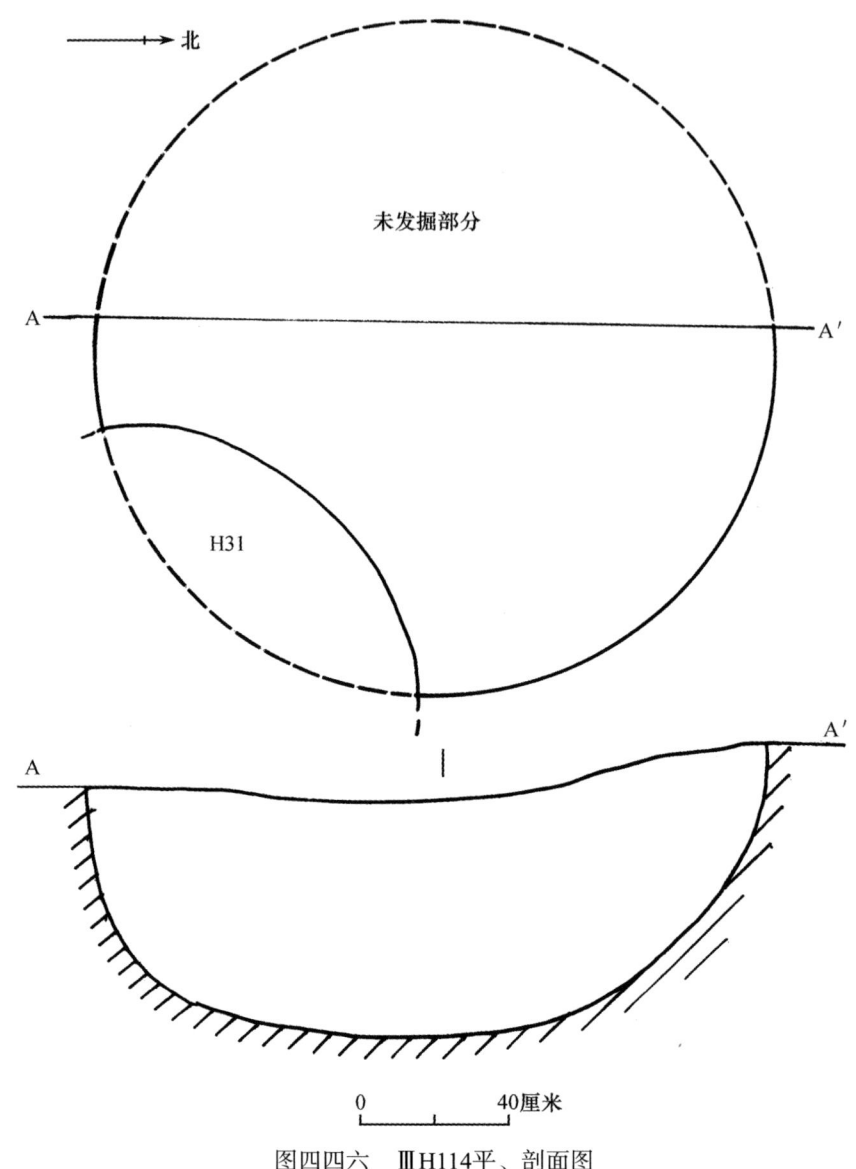

图四四六 ⅢH114平、剖面图

ⅢH105、ⅢH112打破，打破生土层。平面呈不规则形（只清理一部分），直壁不甚规整，近平底。清理部分长370、宽370、深150厘米。坑内填黄灰色土，土质较松软，夹有黑色斑点。内含遗物较多，出土大量的陶瓦片和动物骨骼等（图四四九）。

出土遗物有陶盆、甑、瓮、纺轮、筒瓦、瓦当等。

盆 1件。标本ⅢH116：15，口、腹残片，泥质灰陶。宽平沿略外折，方唇，腹壁较直。上腹饰弦纹，腹饰弦断绳纹，内壁饰砑光暗弦纹。口径41、残高14厘米（图四五〇，1）。

甑 1件。标本ⅢH116：32，泥质灰陶。腹壁微弧，平底钻孔。底径19.2、残高4.2厘米（图四五〇，4）。

瓮 1件。标本ⅢH116：27，口、肩残片，泥质灰陶。侈口，方圆唇，高领，束颈，弧

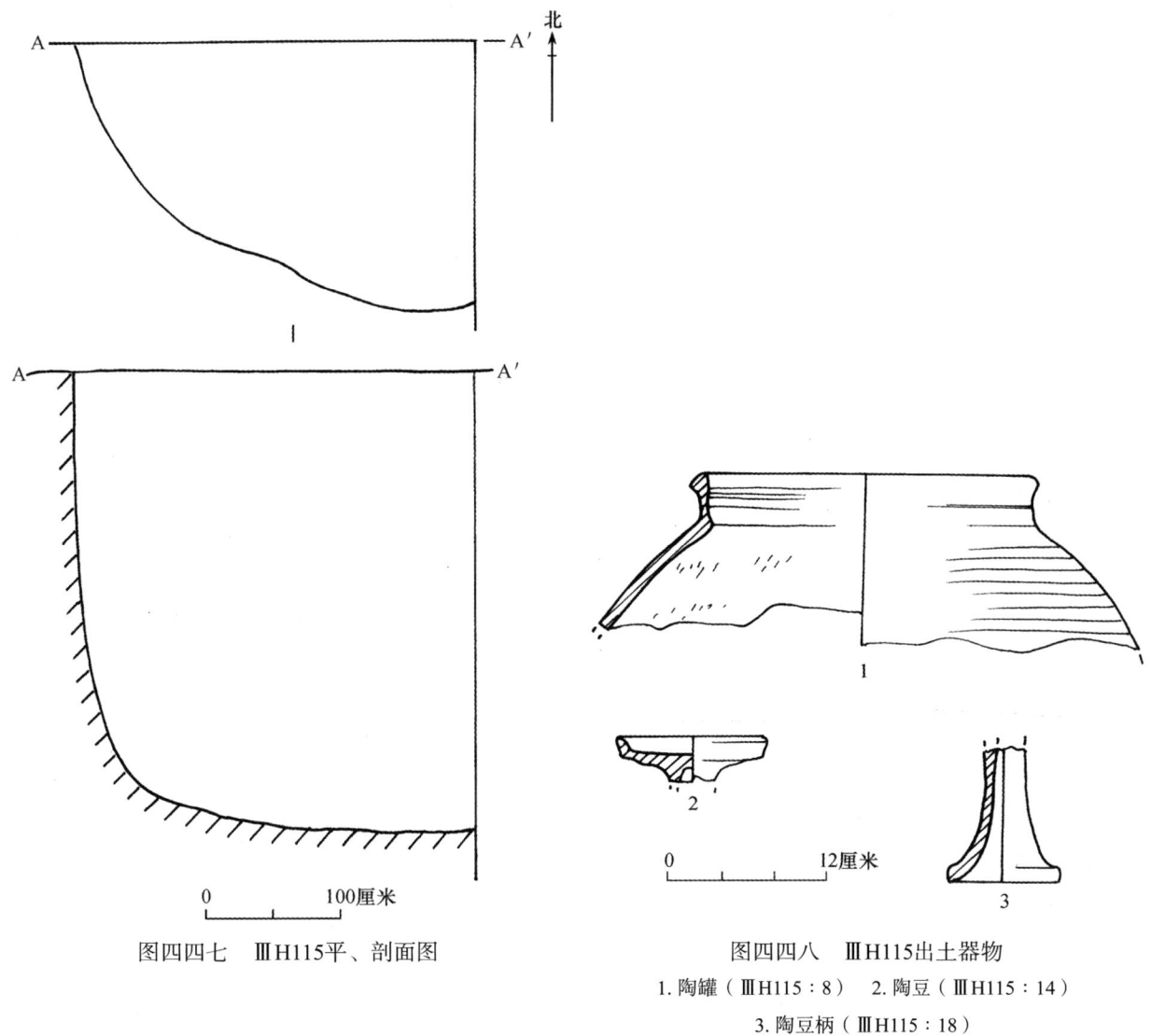

图四四七　ⅢH115平、剖面图

图四四八　ⅢH115出土器物
1.陶罐（ⅢH115：8）　2.陶豆（ⅢH115：14）
3.陶豆柄（ⅢH115：18）

肩。外壁素面抹光，内壁饰暗弦纹。口径26、残高8厘米（图四五〇，2）。

纺轮　1件。标本ⅢH116：1，泥质灰陶，模制。平面呈圆形，两面隆起，纵剖面呈椭圆形，中心钻孔。孔径1、直径5.6、厚2.2厘米（图四五〇，5）。

筒瓦　1件。标本ⅢH116：34，残半，泥质灰陶。横截面呈半圆形，子母口，圆头，瓦背饰纵向绳纹被抹，内壁饰布纹。直径14、残长19.6、厚1.2厘米（图四五〇，3）。

云纹瓦当　1件。当面以四重同心环带纹划分为内外区。外区饰"∽"形云纹与羊角形云纹组成的复合纹为界格，格内饰花蒂状勾曲纹。标本ⅢH116：3，残半，泥质灰陶。直径12.3、边轮宽0.7、当厚1.4厘米（图四五一）。

ⅢH117　位于ⅢT20的西北部，开口于第3层下，距地表深175厘米，被ⅢH36、ⅢH90打破，打破第4层及生土层。平面呈椭圆形，坑口小于坑底，斜直壁，平底。坑口长径200、短径180、坑底长径240、短径220、深70厘米。坑内填灰色花土，土质较硬，含有少量的陶瓷片和

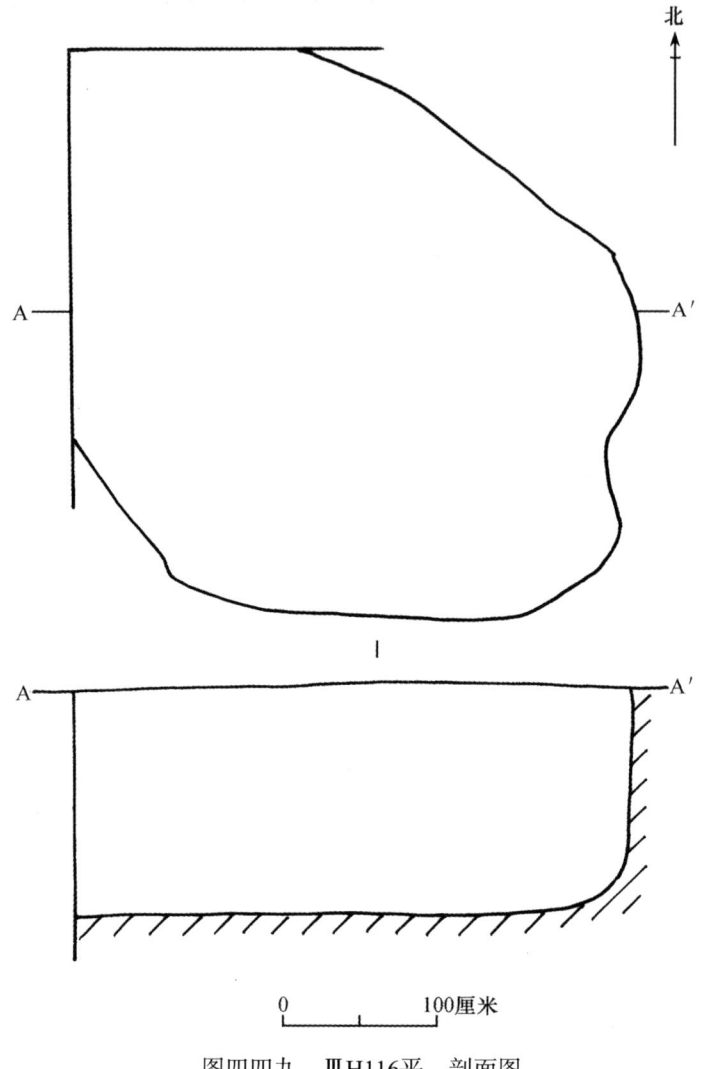

图四四九　ⅢH116平、剖面图

动物骨骼等（图四五二）。

盆　1件。标本ⅢH117：1，口、腹残片，泥质灰褐陶。敞口，宽平沿，外缘凸起，有凸棱一周，腹斜直。素面抹光。口径44、残高8.4厘米（图四五三）。

ⅢH118　位于ⅢT20的东北部，开口于第4层下，距地表深200厘米，打破生土层。平面呈圆形（只清理一部分），直壁，平底。清理长110、宽35、深85厘米。坑内填灰褐色土，土质较硬，夹有大量的草木灰和红烧土块，内含遗物较少，出土少量的陶片和动物骨骼等（图四五四）。

盆　1件。标本ⅢH118：3，口、腹残片，泥质灰陶。敞口，斜折沿，圆唇，弧腹。素面抹光。口径24、残高6.4厘米（图四五五，1）。

陶饼　1件。标本ⅢH118：1，泥质灰陶片磨制，平面呈圆形，直径4.6、厚1厘米（图四五五，2）。

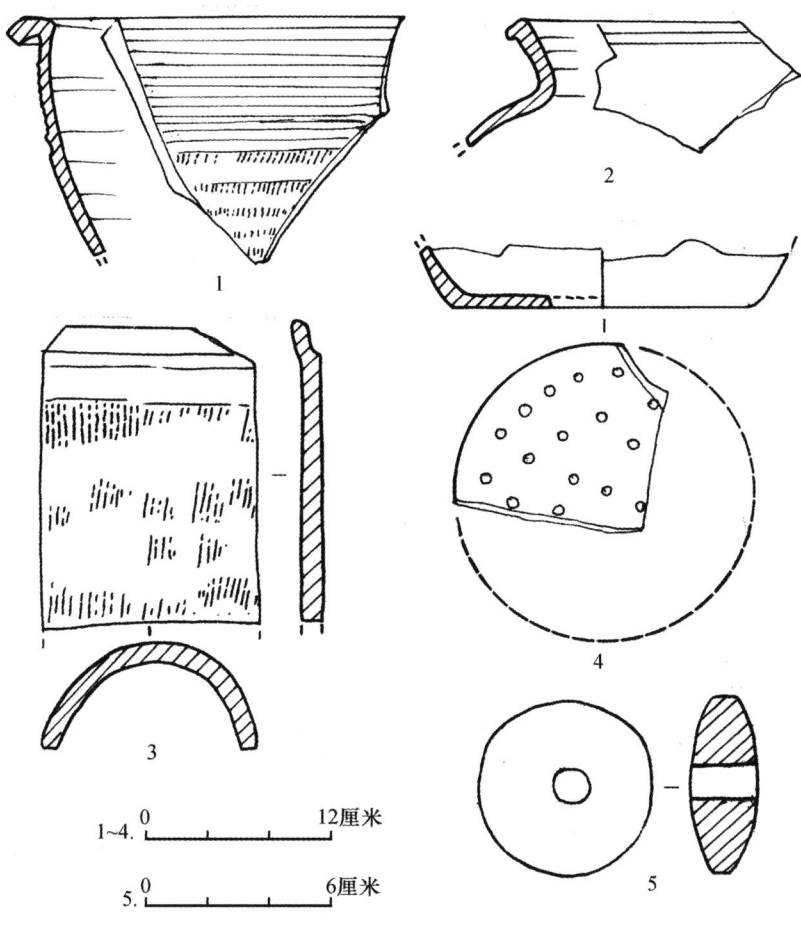

图四五〇　ⅢH116出土器物
1. 陶盆（ⅢH116：15）　2. 陶瓮（ⅢH116：27）　3. 陶筒瓦（ⅢH116：34）　4. 陶甑（ⅢH116：32）　5. 陶纺轮（ⅢH116：1）

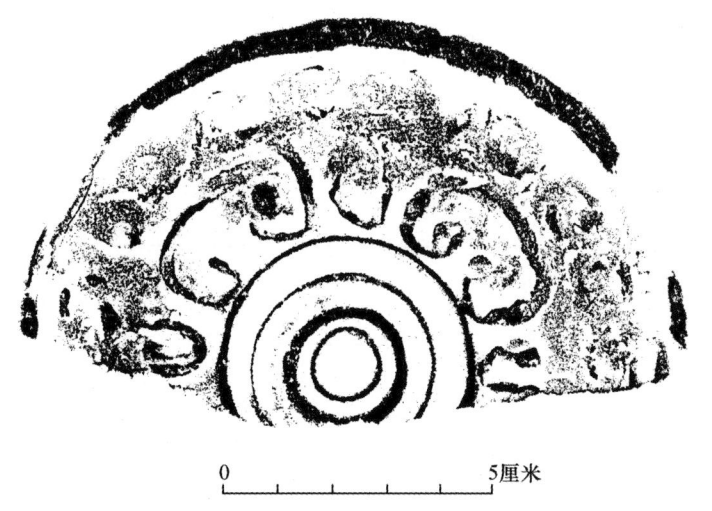

图四五一　ⅢH116出土瓦当（ⅢH116：3）

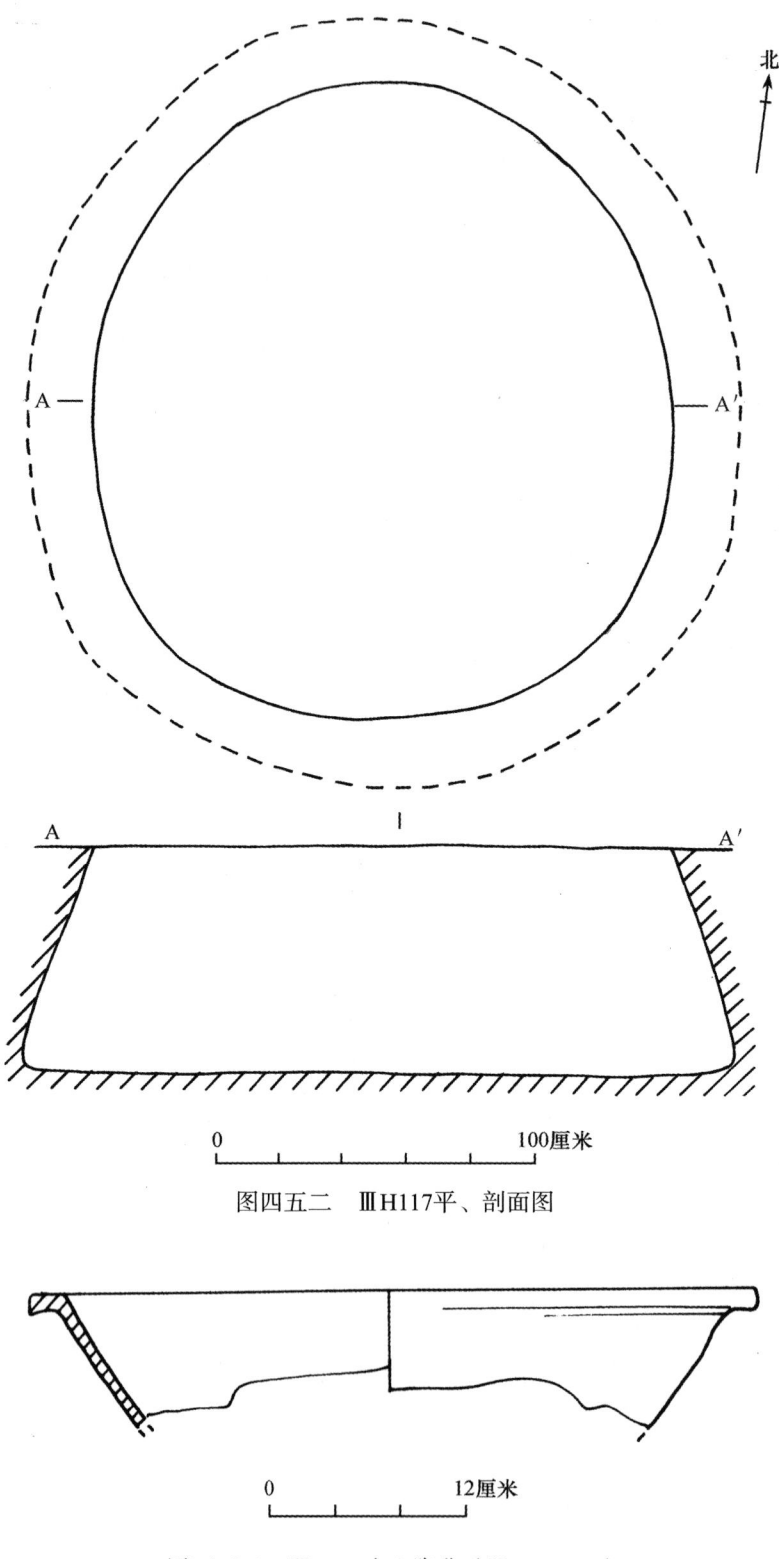

图四五二　ⅢH117平、剖面图

图四五三　ⅢH117出土陶盆（ⅢH117：1）

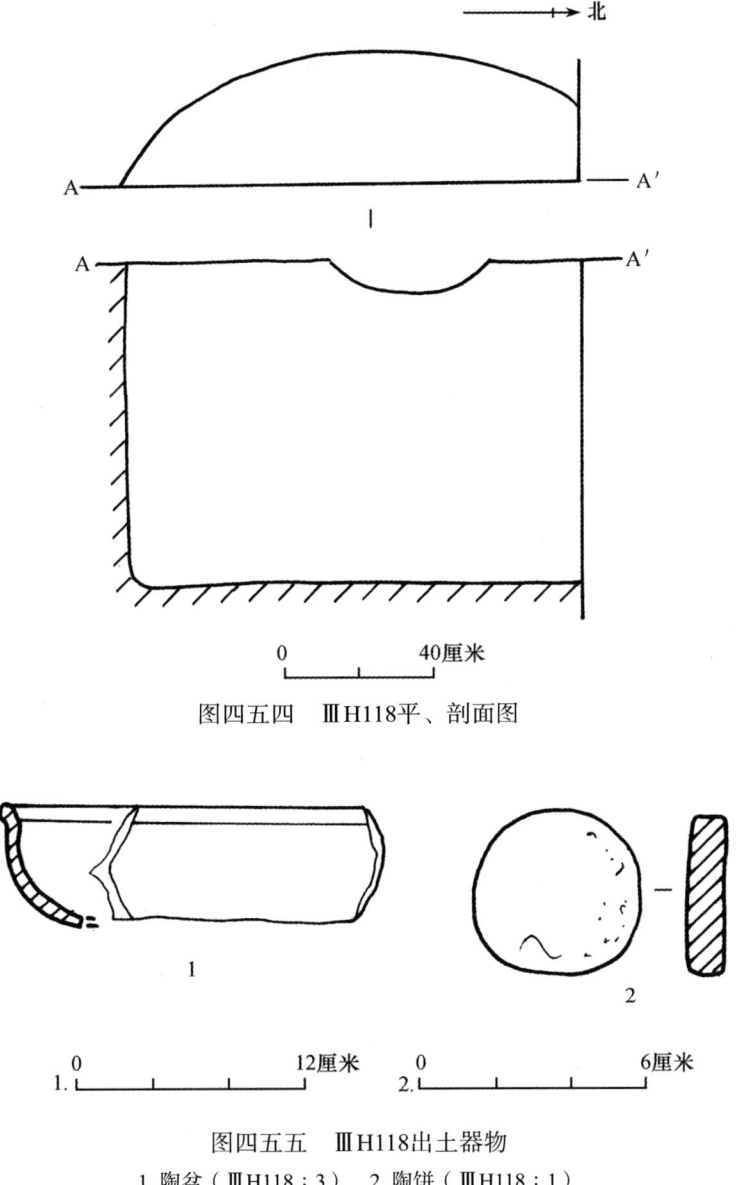

图四五四　ⅢH118平、剖面图

图四五五　ⅢH118出土器物
1. 陶盆（ⅢH118：3）　2. 陶饼（ⅢH118：1）

ⅢH119　位于ⅢT19的中部，开口于第3层下，距地表深70厘米，打破ⅢH126、第4层及生土层。平面呈长方形，坑口略大于坑底，斜直壁较为规整，留有加工痕迹，平底。坑口长120、宽110、深320厘米。坑内填灰色花土，土质较松软，含有少量的陶瓦片和动物骨骼等（图四五六）。

出土器物有陶盆、钵、执壶、瓮，陶丸，瓦当，钱币等。

陶盆　5件。标本ⅢH119：19，口、腹残片，泥质灰陶。敞口，宽平沿，沿面有凹槽一周，方唇略厚，斜腹。素面抹光。口径70、残高10厘米（图四五七，5）。标本ⅢH119：2，泥质灰陶。敛口，厚圆唇，斜弧腹；平底。器表素面抹光，底部留有旋削痕迹。口径24、底径9.3、高11.4厘米（图四五七，4）。标本ⅢH119：5，口径24、底径9.6、高11厘米（图四五七，

2）。标本ⅢH119：16，口、腹残片，泥质灰陶。敛口，厚圆唇，斜弧腹。素面抹光。口径36、残高12厘米（图四五七，3）。标本ⅢH119：14，口、腹残片，泥质灰陶。敛口，圆唇，弧腹。素面抹光。口径25、残高9.2厘米（图四五七，6）。

陶钵　1件。标本ⅢH119：4，泥质灰陶。敞口，厚圆唇，折腹，饼足略外撇。素面抹光，底部留有旋削痕迹。口径14.4、底径6.5、高6.6厘米（图四五七，8）。

陶执壶　1件。标本ⅢH119：1，口残，泥质灰陶。弧肩，卵腹，平底。肩饰研光暗环绕纹一周，腹饰暗弦纹，下腹素面抹光，底部留有旋削痕迹。底径10、残高15.2厘米（图四五七，9）。

陶瓮　1件。标本ⅢH119：13，口、肩残片，泥质灰陶，模制。敛口，厚圆唇，广肩。器表素面磨光，内壁饰方格纹。口径56、残高8厘米（图四五七，1）。

陶丸　1件。标本ⅢH119：10，细泥灰陶。呈椭圆体。直径1.9～2.1厘米（图四五七，7）。

云纹瓦当　1件。标本ⅢH119：7，泥质灰陶，残半。当面以四重同心环带纹划分为内外区。外区饰"⌒⌒"形云纹与羊角形云纹组成的复合纹为界格，格内饰花蒂状勾曲纹。直径13、边轮宽1、当厚1.1厘米（图四五八）。

莲蕾纹瓦当　1件。标本ⅢH119：6，残，泥质灰陶。以单环线将当面划分为内外区。内区以乳钉纹组成花蕊；外区饰八朵椭圆形莲蕾纹，间以"T"字纹相隔，且与内

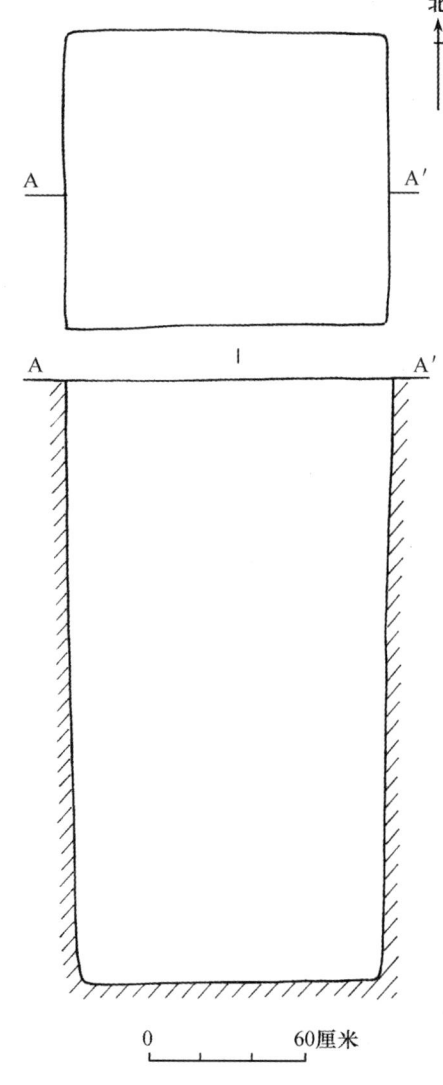

图四五六　ⅢH119平、剖面图

环线相连，外饰一周联珠纹。边轮宽2、当厚1.4厘米。

钱币　2枚。均为半两。其形制为方孔圆形，钱面方穿的两侧有"半两"二字，篆书。标本ⅢH119：3，直径2.5、穿宽0.7厘米。标本ⅢH119：9，直径2.5、穿宽0.7厘米。

ⅢH121　位于ⅢT20的东南部，开口于第4层下，距地表深165厘米，被ⅢH99、ⅢH100打破，打破ⅢH124及生土层。平面呈不规则形（只清理一部分），斜壁不甚规整，平底。清理部分长200、宽80、深130厘米。坑内填灰黑色土，土质较松软，夹有白色斑点。内含遗物较少，出土少量的陶片和动物骨骼等（图四五九）。

出土遗物有陶壶、钵等。

壶　1件。标本ⅢH121：16，口、颈残片，泥质灰褐陶。敞口，方唇，细颈。素面抹光。口径12、残高7.2厘米（图四六〇，2）。

钵　2件。标本ⅢH121：10，口、腹残片，泥质灰陶。直口，圆唇，折腹。外壁素面抹

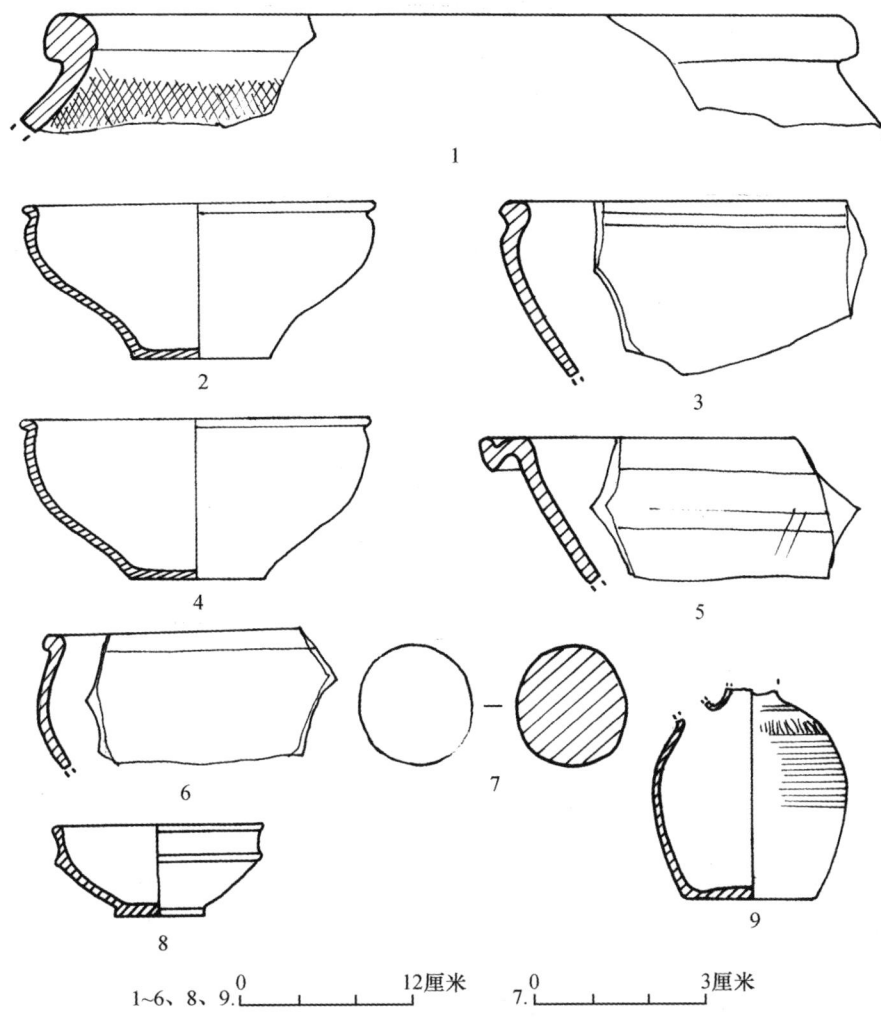

图四五七　ⅢH119出土器物

1. 陶瓮（ⅢH119：13）　2~6. 陶盆（ⅢH119：5、ⅢH119：16、ⅢH119：2、ⅢH119：19、ⅢH119：14）
7. 陶丸（ⅢH119：10）　8. 陶钵（ⅢH119：4）　9. 陶执壶（ⅢH119：1）

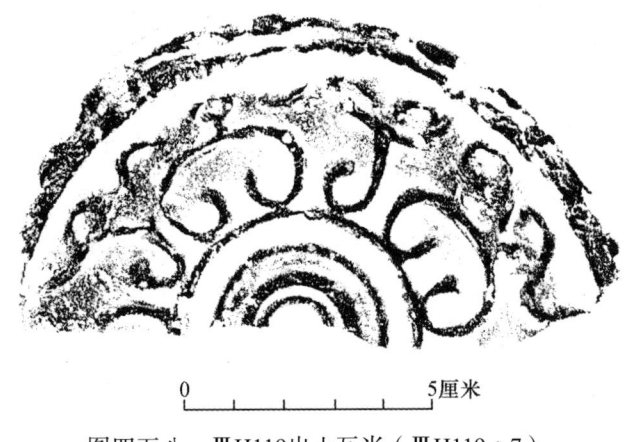

图四五八　ⅢH119出土瓦当（ⅢH119：7）

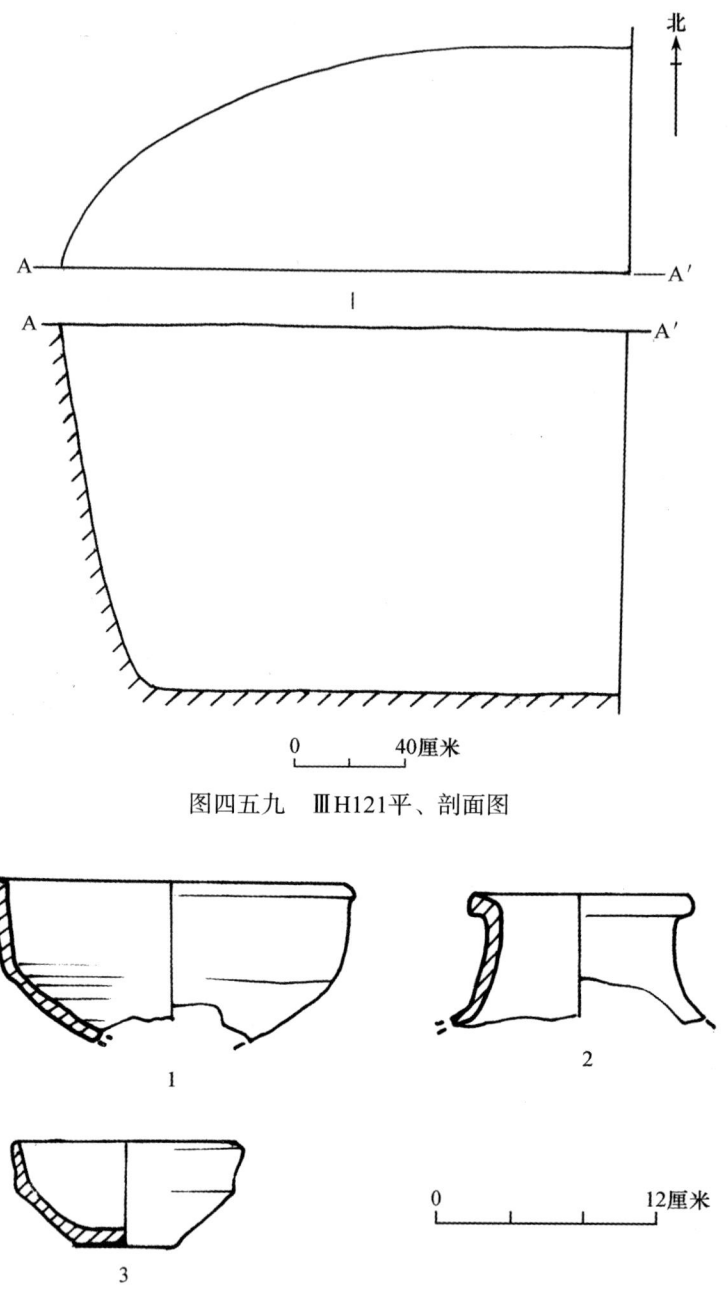

图四五九　ⅢH121平、剖面图

图四六〇　ⅢH121出土器物
1、3.陶钵（ⅢH121：10、ⅢH121：3）　2.陶壶（ⅢH121：16）

光，内壁饰暗弦纹。口径20、残高8.4厘米（图四六〇，1）。标本ⅢH121：3，泥质灰陶。直口微敛，折腹，下腹弧收，平底略内凹。上腹素面抹光，下腹及底部留有旋削痕迹。口径13、底径5.5、高5.8厘米（图四六〇，3）。

ⅢH122　位于ⅢT19的北中部，开口于第3层下，距地表深150厘米，被ⅢH95打破，打破ⅢH123、ⅢH126及生土层。因只清理一部分，形状不清，斜弧壁，近平底。清理部分长215、宽110、深95厘米。坑内填灰褐色土，土质较硬，含有少量的陶瓦片和动物骨骼等（图四六一）。

出土器物有陶盘、豆，钱币等。

陶盘　1件。标本ⅢH122：5，泥质灰陶。敞口，圆唇，浅腹，平底，下接三矮蹄足。素面抹光。口径24、足高2.8、通高5.2厘米（图四六二，1）。

陶豆柄　1件。标本ⅢH122：11，高柄，柄下部中空，喇叭形底座，底座上缘凸起一周方棱。素面抹光。底径7.2、残高9.2厘米（图四六二，2）。

钱币　1枚。标本ⅢH122：1，半两。其形制为方孔圆形，钱面方穿的两侧有

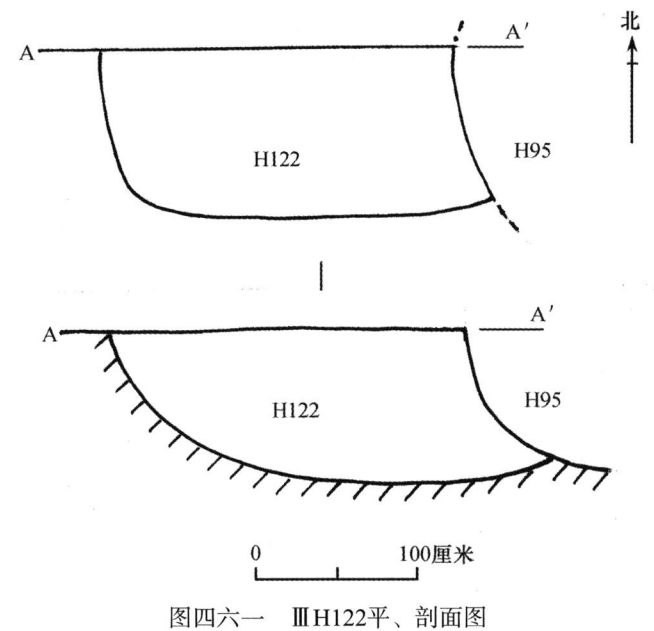

图四六一　ⅢH122平、剖面图

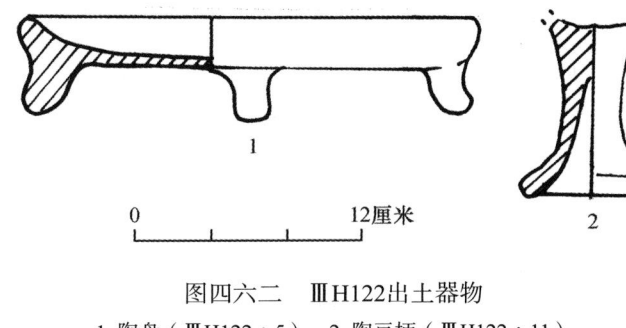

图四六二　ⅢH122出土器物
1.陶盘（ⅢH122：5）　2.陶豆柄（ⅢH122：11）

"半两"二字，篆书。直径2.5、穿宽0.7厘米。

ⅢH126　位于ⅢT19的中西部，开口于第4层下，距地表深200厘米，被ⅢH119、ⅢH122打破，打破生土层。平面呈圆形，坑口略大于坑底，斜直壁，圜底。坑口直径170、深380厘米。坑内填深褐色花土，土质较硬，夹有黄泥块、木炭粒、红烧土块，含有少量的陶片和动物骨骼等（图四六三）。

出土遗物有陶盆、钵、豆、瓮、纺轮，铁削等。

陶盆　4件。标本ⅢH126：12，口、腹残片，泥质灰陶。直口，宽折沿，方唇，垂腹。上腹素面抹光，腹饰弦断绳纹，内壁饰暗弦纹。口径46、残高11.2厘米（图四六四，6）。标本ⅢH126：22，口、腹残片，泥质灰陶。宽平沿略外折，方唇，腹壁较直。上腹饰弦纹，腹饰弦断绳纹，内壁饰暗弦纹。口径46.8、残高20.8厘米（图四六四，1）。标本ⅢH126：31，口、腹残片，泥质灰陶。直口，窄平沿，方唇，折腹较甚，外壁素面抹光，内壁饰暗弦纹。口径22、残高6.4厘米（图四六四，7）。标本ⅢH126：26，口、腹残片，泥质灰陶。敞口，方唇，唇面有凹槽一周，弧腹。上腹素面磨光，下腹素面抹光，内壁饰暗弦纹。口径26、残高10.2厘米（图四六四，5）。

陶钵　3件。标本ⅢH126：2，泥质灰陶。敞口，圆唇，折腹，下腹弧收，平底略外撇。素面抹光。口径20、底径7.7、高8.4厘米（图四六四，3）。标本ⅢH126：32，泥质灰陶。敞口，

圆唇。弧腹，平底。外壁素面抹光，内壁饰暗弦纹。口径16、底径7.2、高5.6厘米（图四六四，10）。标本ⅢH126：1，泥质灰陶。敞口，圆唇，弧腹，下腹弧收，平底。上腹素面抹光，下腹近底部留有刀削痕迹。口径14.4、底径6、高6.1厘米（图四六四，13）。

陶豆　2件。标本ⅢH126：40，泥质灰陶。敞口，圆唇，浅盘，平底，折腹。高柄残，外壁素面抹光，内壁底交界处有凹槽一周，底部留有轮制时旋转痕迹。口径11.2、残高6.8厘米（图四六四，4）。标本ⅢH126：41，泥质灰褐陶。敞口，圆唇，浅盘，盘口略深，平底，折腹。高柄残，外壁素面抹光，内壁壁底交界处有凹槽一周，底部留有轮制时旋转痕迹。口径11.4、残高7.2厘米（图四六四，2）。

陶豆柄　1件。标本ⅢH126：4，泥质黑陶高柄，柄下部中空，喇叭形底座。饰暗弦纹、锯齿纹。底径9.2、残高6.4厘米（图四六四，11）。

陶瓮　2件。标本ⅢH126：60，口、肩残片，泥质灰陶。直口，方唇，直领，广肩。饰细绳纹，颈部被抹平。口径24、残高8.6厘米（图四六四，12）。标本ⅢH126：59，口、肩残片，泥质灰陶。直口，圆唇，矮领，广肩，肩部刻划"\"符号。饰细绳纹，颈部被抹。口径26.4、残高7.2厘米（图四六四，8）。

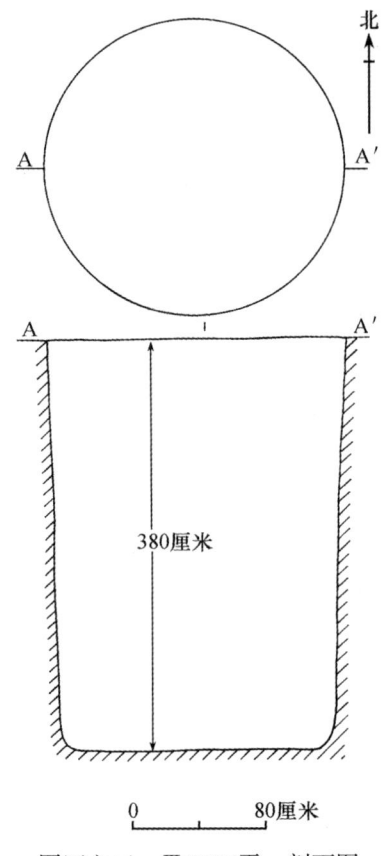

图四六三　ⅢH126平、剖面图

陶纺轮　1件。标本ⅢH126：3，泥质灰陶片磨制。平面呈圆形，中心钻孔，孔径0.7、直径3.4、厚0.6厘米（图四六四，9）。

铁削　1件。标本ⅢH126：62，锈蚀严重，环首，直背略厚，向刃部递减。长21.2、宽2.4厘米（图四六四，14）。

2）水井

ⅢJ7　位于ⅢT20的东北部，开口于第3层下，距地表深165厘米，打破第4层及生土层。平面呈圆形，井口略大于井底，直壁，留有挖掘的痕迹，平底置于砂层内。口径78、深375厘米；从井口向下194厘米为水涮层，水位深181厘米。井内填灰色花土，土质较松散，含有少量的陶片和动物骨骼等（图四六五）。

ⅢJ9　位于ⅢT19的中东部，开口于第3层下，距地表深150厘米，打破第4层及生土层。平面呈椭圆形（只清理一部分），略呈口大底小，水位线以上斜直壁留有加工痕迹，其上发现脚窝3个，间隔40厘米，呈交错分布；脚窝宽12～18、高10、深10厘米左右。水位线以下坍塌，未清理。井口长径110、短径80、清理部分深660厘米。井内填土分3层，上层为灰花土，土质较松软，夹杂大量的草木灰、灰渣，含有少量的陶片、建筑构件和动骨骼等；中层为黄灰色花土，土质较松软，含有少量的陶片、瓦片和动物骨骼等；下层为黄砂土。土质疏松，内含遗物较少（图四六六）。

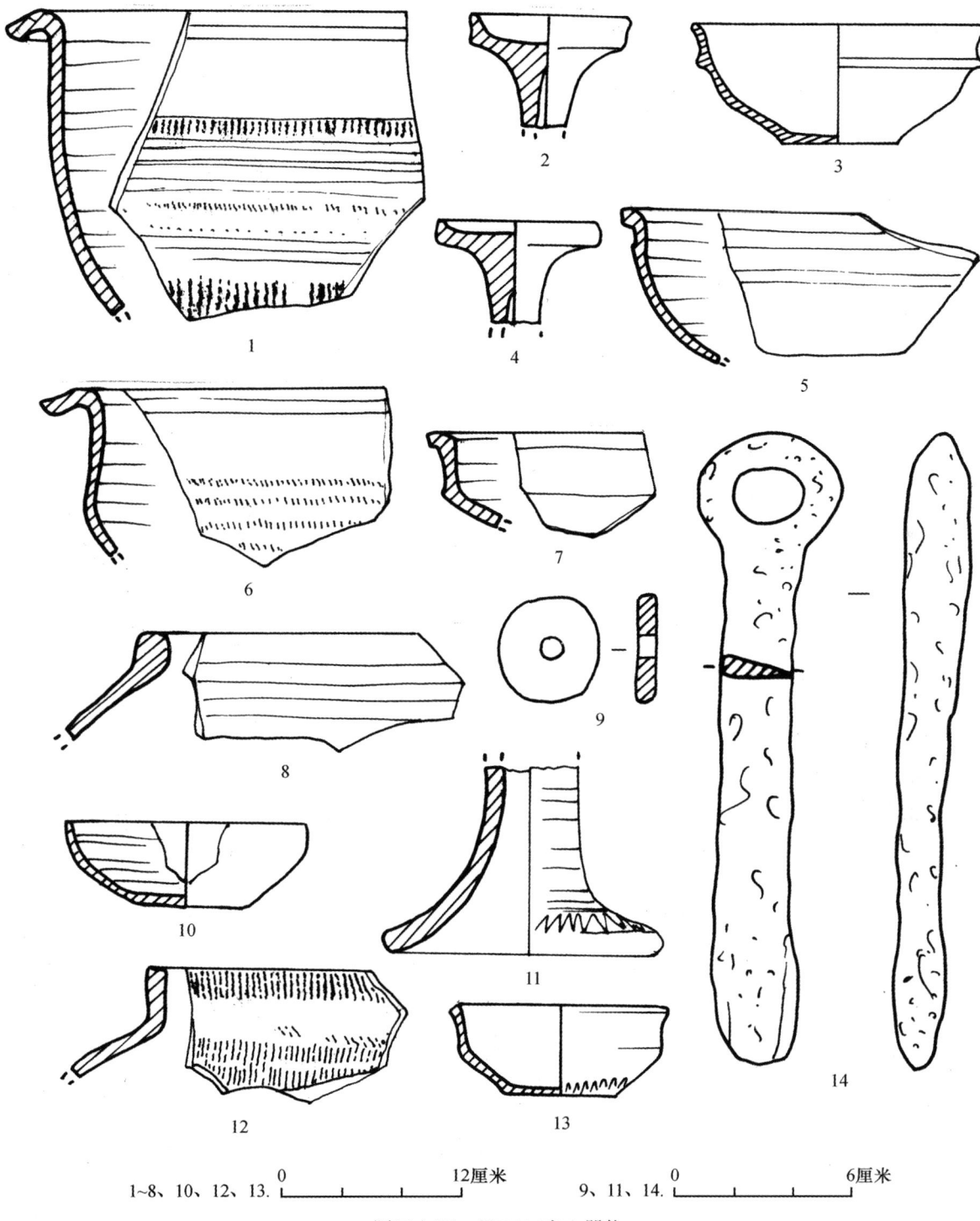

图四六四　ⅢH126出土器物

1、5~7.陶盆（ⅢH126：22、ⅢH126：26、ⅢH126：12、ⅢH126：31）　2、4.陶豆（ⅢH126：41、ⅢH126：40）
3、10、13.陶钵（ⅢH126：2、ⅢH126：32、ⅢH126：1）　8、12.陶瓮（ⅢH126：59、ⅢH126：60）
9.陶纺轮（ⅢH126：3）　11.陶豆柄（ⅢH126：4）　14.铁削（ⅢH126：62）

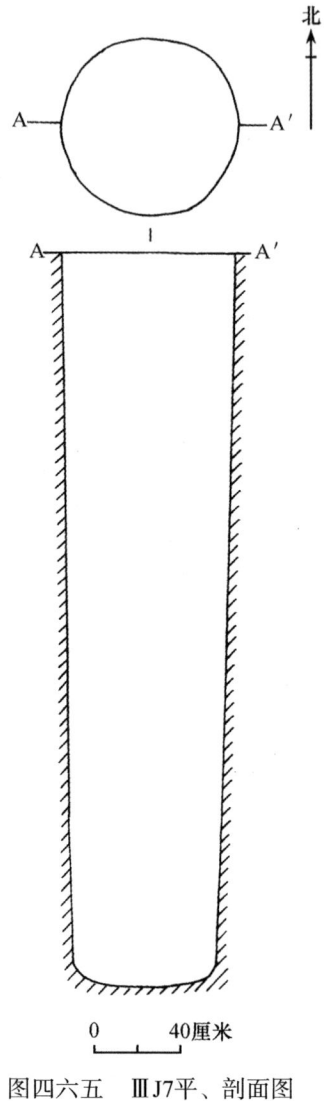

图四六五　ⅢJ7平、剖面图

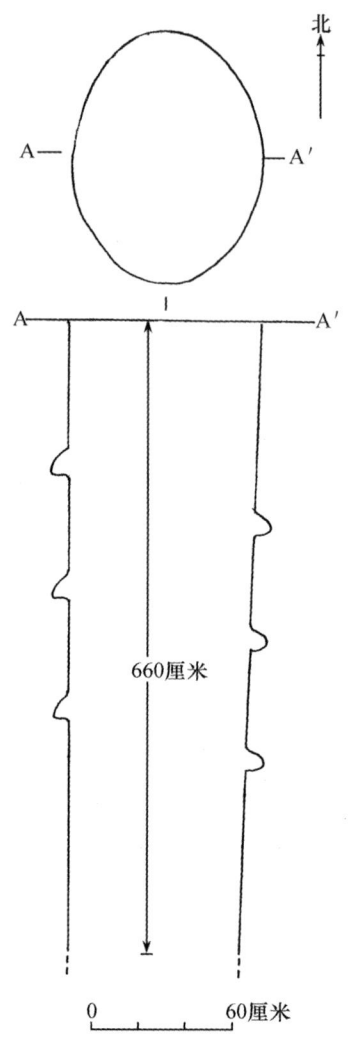

图四六六　ⅢJ9平、剖面图

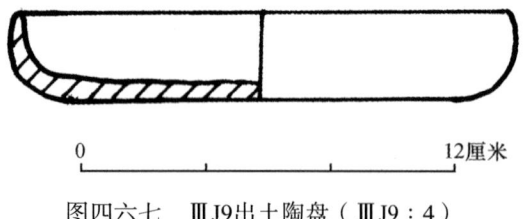

图四六七　ⅢJ9出土陶盘（ⅢJ9:4）

陶盘　1件。标本ⅢJ9:4，泥质灰陶。敞口，圆唇，浅腹，平底。素面抹光。口径16、底径13.4、高2.8厘米（图四六七）。

6. Ⅲf区发掘

Ⅲf区（即第Ⅲ发掘区T21～T24）位于中城的东南部，西北距a区约600米。发掘5米×5米的探方4个，发掘面积为100平方米（图四六八）。共清理发掘灰坑（窖穴）15个、壕沟1条，水井1眼；出土物器类有陶器、瓷器、铁器、骨器、石器等（表一七）。

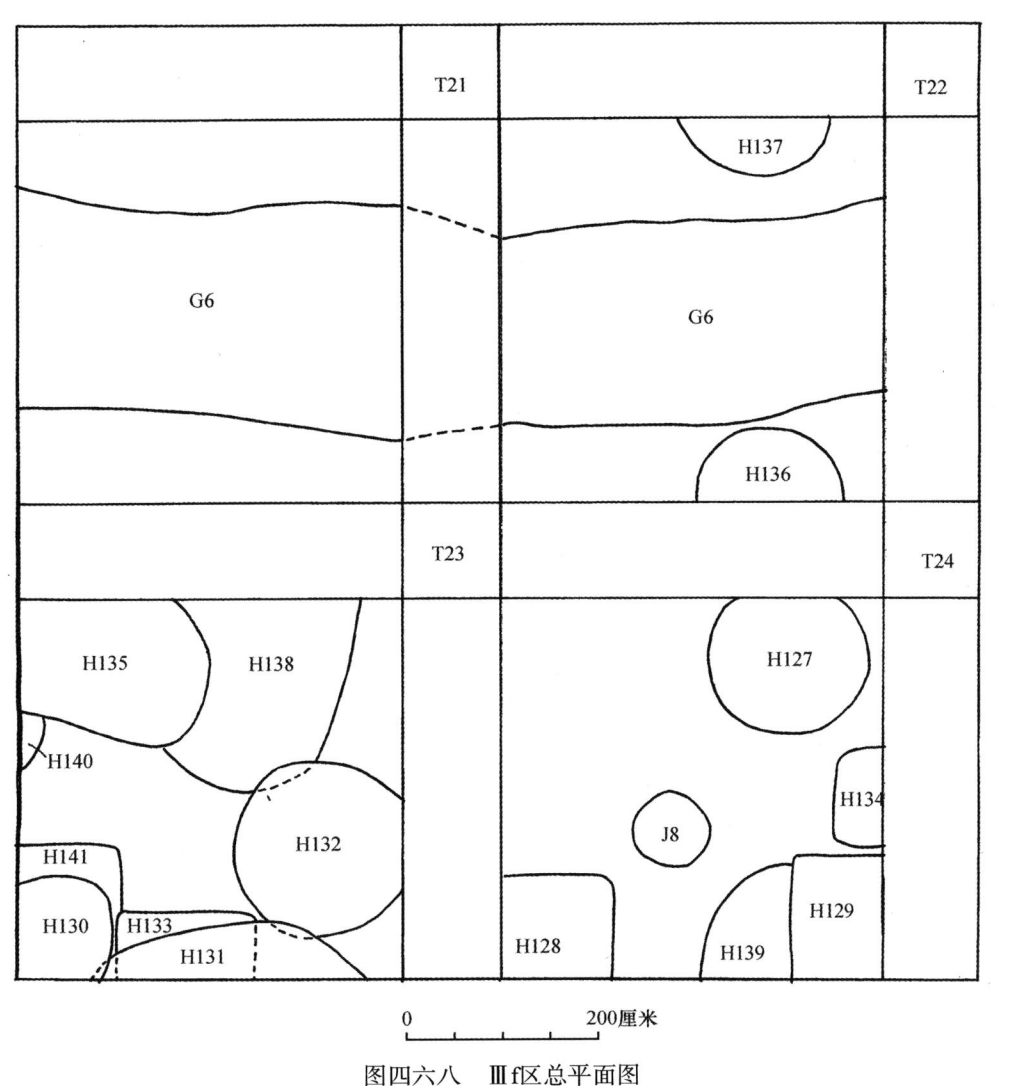

图四六八　Ⅲf区总平面图

表一七　Ⅲf区地层、遗迹与遗物对照表

层位 探方	面积 （平方米）	①层		②层		③层	
		遗迹	遗物	遗迹	遗物	遗迹	遗物
ⅢT21	5×5			G6	陶盆、陶瓮、陶钵、陶豆、铁甲片		
ⅢT22	5×5	H136	骨簪	G6		H137	陶片
ⅢT23	5×5	H130、H131	陶盆、瓦当	H132、H133	陶盆、瓦当	H135、H138、H140、H141	陶盆、陶瓮、陶钵、陶豆、瓦当、板瓦
ⅢT24	5×5	H127、H134	陶盆、陶壶、铁镰刀	H128、H129	陶盆、陶豆、瓷碗、瓷钵、瓷盏	H139、J8	陶盆、板瓦

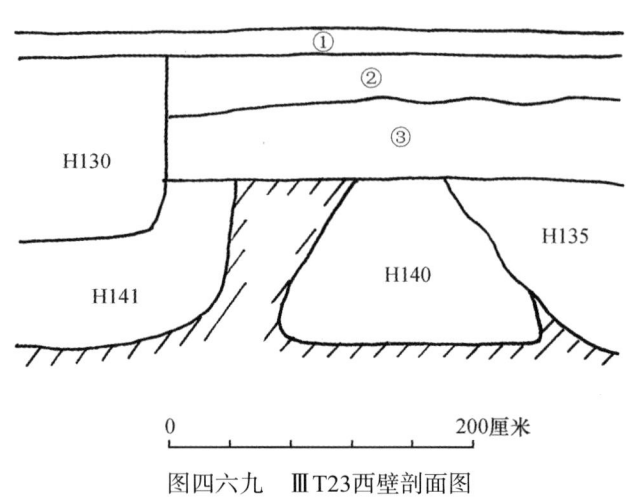

图四六九　ⅢT23西壁剖面图

（1）地层堆积与出土遗物

1）地层堆积

该发掘区地层堆积在搞农田建设时多遭破坏，晚期堆积荡然无存。根据土质土色与其包含物的不同，堆积层可分为3层。现以ⅢT23西壁剖面为例介绍如下（图四六九）。

第1层：耕土层，黄灰色砂土，土质疏松，含有零散的砖瓦碎块、陶片、瓷片等。厚15厘米。ⅢH130等遗迹开口于该层下。

第2层：黄灰色花土，土质较硬，夹杂有木炭粒、红烧土块、砖瓦碎块，含有少量的陶片和动物骨骼。分布于整个探方内。深15、厚25～45厘米。出土物可辨器型有陶罐、陶盆、陶甑、陶豆、陶盂、铜带钩、铜镞、铁锛、铁斧、钱币等。

第3层：黄褐色花土，土质较硬，结合紧密，含有少量的陶片、瓦片等。深40～55、厚40～60厘米。出土物可辨器形有陶壶、陶罐、陶盆、铜匙、铁锛、钱币等。ⅢH135、ⅢH140、ⅢH141等遗迹开口于该层下。

第3层下为生土。

2）出土遗物

① 第2层内出土遗物

有陶器、铜器、铁器、钱币等。

陶器　有盆、豆、盂、板瓦等。

盆　2件。标本ⅢT23②：16，口、腹残片，细泥灰褐陶。敛口，平沿，圆唇，垂腹。上腹素面磨光，下腹饰重菱纹。口径28、残高8.8厘米（图四七〇，7）。标本ⅢT24②：2，口、腹残片，泥质灰褐陶。敞口，宽平沿，方唇，弧壁。器表素面抹光，腹饰凸弦纹两周，间夹水波纹。口径48、残高12厘米（图四七〇，8）。

豆　1件，标本ⅢT24②：11，泥质灰陶。敞口，圆唇，浅盘，折腹。外壁素面抹光，内壁饰暗弦纹。口径11.2、残高4.4厘米（图四七〇，3）。

盂　1件。标本ⅢT23②：20，底残，泥质红陶，模制。敞口，平沿，圆唇，垂腹。上腹素面抹光，下腹饰划纹，不甚规整，较为随意，内壁留有模制时的印痕。口径14.4、残高10厘米（图四七〇，9）。

板瓦　1件。标本ⅢT23②：13，残半，泥质灰陶。方头略外撇。瓦背饰交错绳纹，内壁饰网格纹。残长26、宽28.4、厚1.6厘米（图四七〇，1）。

铜器　有带钩、镞等。

带钩　1件。标本ⅢT23②：3，钩残。呈蝌蚪状，圆扣位于钩体末端。残长2.4厘米（图

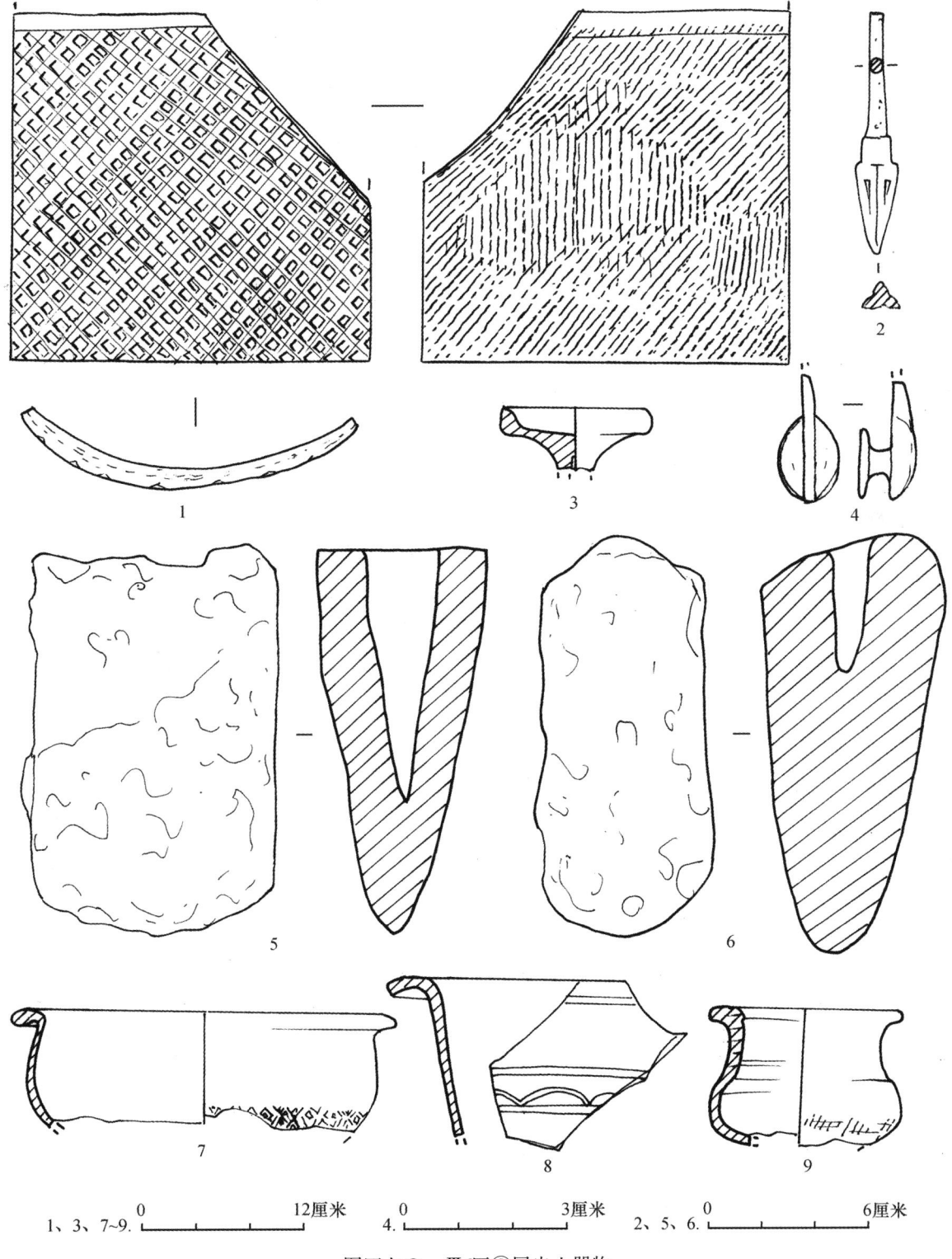

图四七〇　Ⅲf区②层出土器物
1. 板瓦（ⅢT23②:13）　2. 铜镞（ⅢT22②:1）　3. 陶豆（ⅢT24②:11）　4. 铜带钩（ⅢT23②:3）
5. 铁锛（ⅢT23②:4）　6. 铁斧（ⅢT24②:1）　7、8. 陶盆（ⅢT23②:16、ⅢT24②:2）　9. 陶盂（ⅢT23②:20）

四七〇,4)。

铜镞 1件。标本ⅢT22②:1,镞身血槽较浅,横截面三棱形;铜铤,横截面呈圆形;前锋较锐,边锋微弧。镞身长3.4、铤长5.6厘米(图四七〇,2)。

铁器 有斧、锛等。

斧 1件。标本ⅢT24②:1,呈扁圆体,横截面呈椭圆形,弧刃略厚,一侧面上部有插口,呈长方形。体长11.8、刃宽6、插口宽1.6、深4.8厘米(图四七〇,6)。

锛 1件。标本ⅢT23②:4,銎口残。呈长方体,弧刃,交锋。上部中空成銎,呈长方形。体长14.4、刃宽9、銎径长6.2、宽2.6、深9.4厘米(图四七〇,5)。

钱币 有五铢、大泉五十等。

五铢 1枚。钱文篆书,横读。标本ⅢT23②:2,残。

大泉五十 1枚。钱文篆书,对读。标本ⅢT23②:1,直径2.7、穿宽0.9厘米。

② 第3层内出土遗物

有陶壶、罐、盆,铜匙,铁锛,钱币等。

陶壶 1件。标本ⅢT22③:8,口、肩残片,泥质灰陶。敞口,方唇,粗颈,溜肩。颈部素面抹光,肩饰弦断绳纹。口径12、残高8.8厘米(图四七一,2)。

陶罐 2件。标本ⅢT24③:2,口、肩残片,泥质灰陶。矮领,侈口,圆唇,丰肩。饰

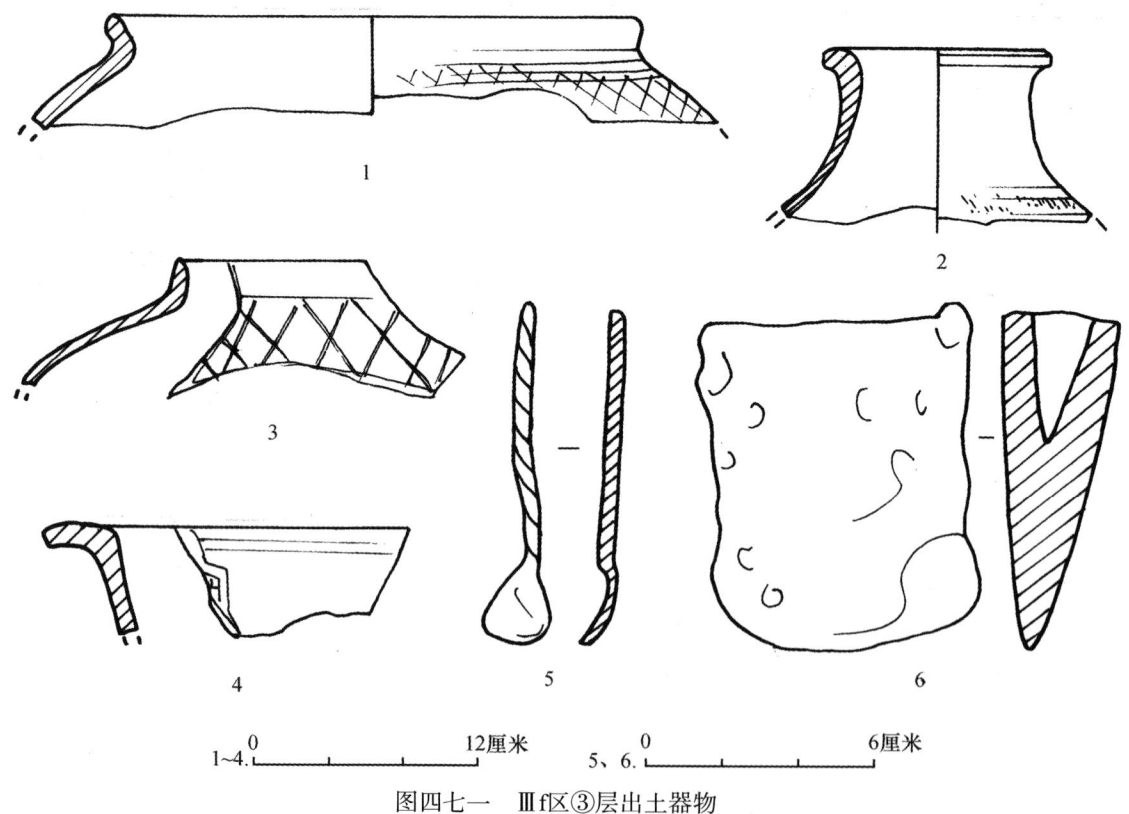

图四七一 Ⅲf区③层出土器物
1、3.陶罐(ⅢT24③:4、ⅢT24③:2) 2.陶壶(ⅢT22③:8) 4.陶盆(ⅢT22③:1)
5.铜匙(ⅢT24③:3) 6.铁锛(ⅢT24③:1)

压光网格暗纹和弦纹。口径30、残高7.6厘米（图四七一，3）。标本ⅢT24③：4，口、肩残片，细泥黑陶。矮领，侈口，方唇，丰肩。饰研光网格暗纹和弦纹。口径28、残高6厘米（图四七一，1）。

陶盆　1件。标本ⅢT22③：1，口、腹残片，泥质灰陶。敞口，宽平沿，方唇，沿面有凹槽一周。素面磨光，口沿外戳印文字，字迹不清。口径44、残高5.8厘米（图四七一，4）。

铜匙　1件。标本ⅢT24③：3，匙槽稍残，匙柄饰螺旋纹，匙槽长2、宽1.5、柄长7厘米（图四七一，5）。

铁锛　1件。标本ⅢT24③：1，窄长方体，弧刃微宽，上部中空成銎，銎口平整，呈长方形，体长8.8、刃宽7、銎径长5、宽1.4、深3.4厘米（图四七一，6）。

钱币　2枚。均为半两。其形制为方孔圆形，钱面方穿的两侧有"半两"二字，篆书。标本ⅢT21③：1，直径2.4、穿宽1厘米。标本ⅢT23③：1，直径2.5、穿宽0.7厘米。

（2）遗迹

1）灰坑

ⅢH127　位于ⅢT24的东北部，开口于第1层下，距地表深15厘米，打破生土层。平面呈圆形，直壁，圜底。直径150、深100厘米。坑内填深褐色土，土质较松软，含有少量的陶片和动物骨骼等（图四七二）。

出土遗物有陶盆、陶饼、铁器等。

陶盆　1件。标本ⅢH127：2，口、腹残片，泥质灰褐陶。敛口，宽平沿，方唇，弧腹。上腹素面抹光，腹饰纵向细绳纹，印痕较浅，内壁饰网格纹。口径34.4、残高6厘米（图四七三，1）。

陶饼　1件。标本ⅢH127：5，泥质灰陶片磨制而成。平面呈椭圆形。直径5.4～6、厚1.2厘米（图四七三，2）。

铁器　1件。标本ⅢH127：1，呈长条形，上端呈弯曲状，下端略窄，尖部弧凸。长14.5、宽3.5、厚0.4厘米（图四七三，3）。

ⅢH128　位于ⅢT24的西南部，开口于第2层下，距地表深60厘米，打破生土层。平面呈长方形（只清理一部

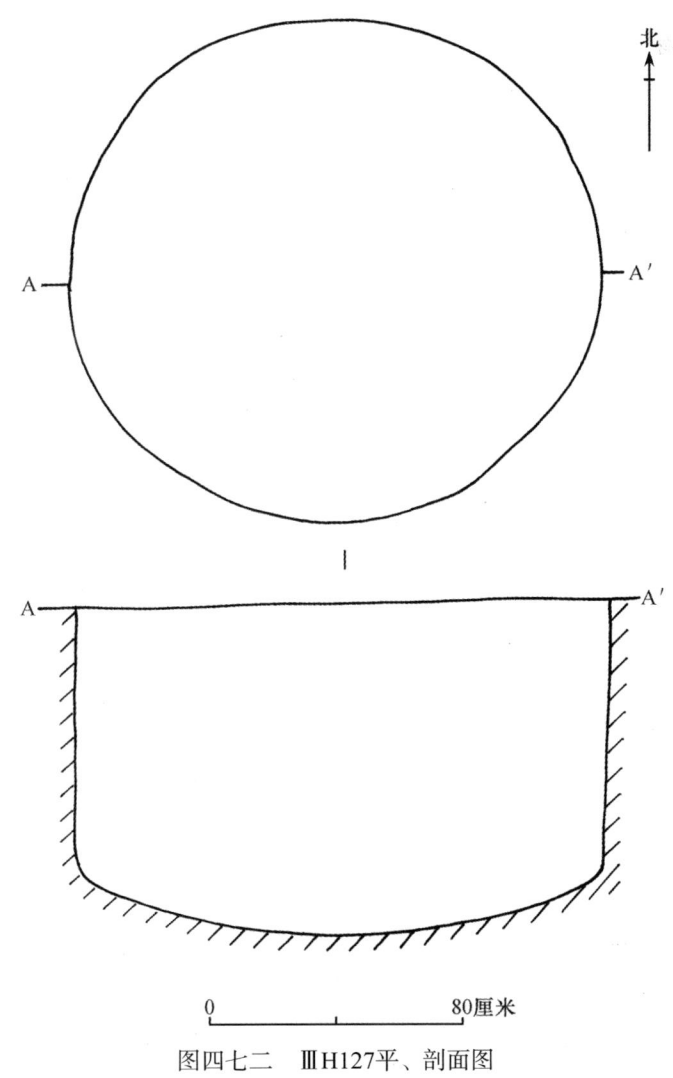

图四七二　ⅢH127平、剖面图

分），直壁，平底。清理部分长110、宽110、深240厘米。坑内填灰褐色土，土质较松软，含有少量的陶瓷片和大量的动物骨骼等（图四七四）。

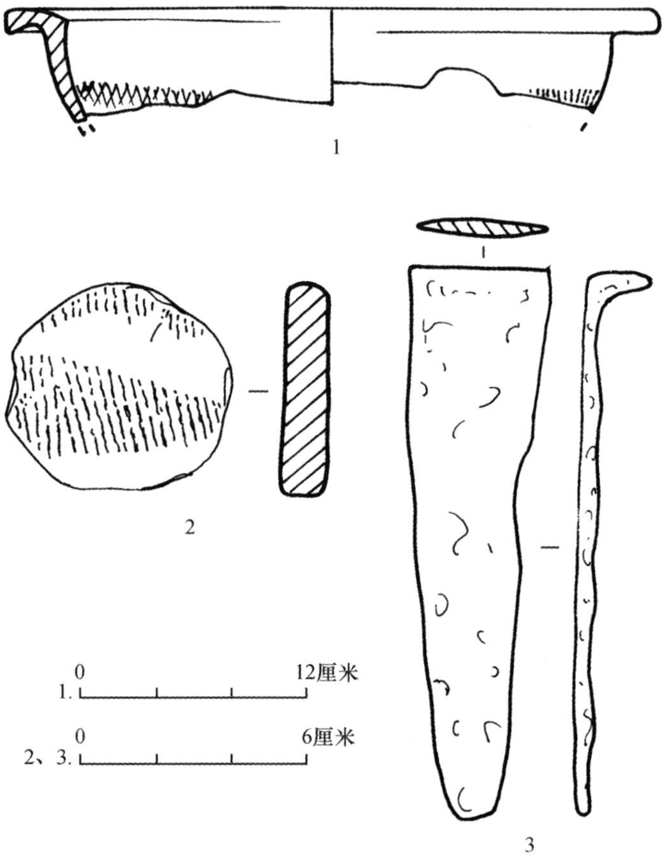

图四七三　ⅢH127出土器物
1. 陶盆（ⅢH127：2）　2. 陶饼（ⅢH127：5）
3. 铁器（ⅢH127：1）

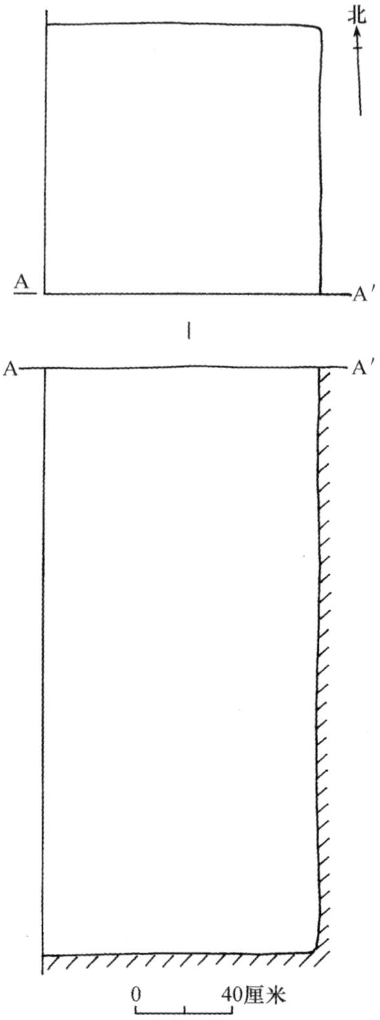

图四七四　ⅢH128平、剖面图

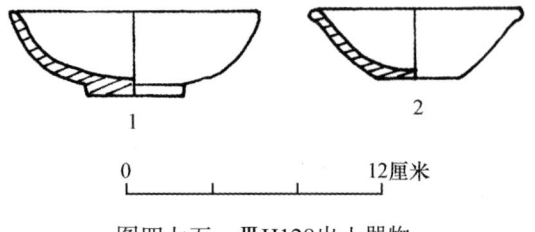

图四七五　ⅢH128出土器物
1. 瓷碗（ⅢH128：1）　2. 瓷盏（ⅢH128：2）

出土遗物有瓷碗、盏等。

碗　1件。标本ⅢH128：1，敞口，圆唇，弧腹，饼足略外撇。灰白胎，先涂白色化妆土，施白釉，釉色泛黄；内壁施满釉，外壁施半釉，有蜡泪痕。口径11.7、底径5、高4厘米（图四七五，1）。

盏　1件。标本ⅢH128：2，敞口，圆唇，唇缘加厚，斜腹，平底。白灰色粗胎，施白釉，釉色泛黄；内壁施满釉，外壁露胎，内底有3个支钉疤痕。口径10、底径4.4、高3.4厘米（图四七五，2）。

ⅢH129　位于ⅢT24的东南部，开口于第2层下，距地表深60厘米，打破ⅢH139及生土层。平面呈长方形（只清理一部分），直壁，平底。清理部分长125、宽100、深207厘米。坑内填灰褐色土，土质较松软，含有少量的陶瓦片和大量的动物骨骼等（图四七六）。

板瓦　1件。标本ⅢH129∶1，泥质灰陶。平面呈梯形。瓦背素面抹光，内壁饰布纹。长37、上宽24、下宽29.6、厚2厘米（图四七七）。

ⅢH131　位于ⅢT23的南部，开口于第2层下，距地表深20厘米，被ⅢH130打破，打破ⅢH132、ⅢH133及生土层。平面呈圆形（只清理一部分），斜壁不甚规整，圜底。清理部分长280、清理部分宽60、深85厘米。坑内填灰褐色土，土质较硬，含有少量的陶片和动物骨骼（图四七八）。

出土物可辨器形有陶罐、盆，瓦当等。

盆　4件。标本ⅢH131∶2，泥质灰陶。敛口，窄平沿，厚圆唇，斜弧腹，近底部壁略向内凹，平底。素面抹光。口径35.5、底径18.5、高14.4厘米（图四七九，2）。标本ⅢH131∶4，口、腹残片，泥质红陶。敞口，宽平沿，外缘凸起，有凸棱一周，斜弧腹。素面抹光。口径49.2、残高12厘米（图四七九，3）。标本ⅢH131∶7，口、腹残片，泥质灰陶。敞口，宽平沿略内折，沿面有凹槽一周，圆唇，斜弧腹。素面抹光。口径43、残高7厘米（图四七九，1）。标本ⅢH131∶3，口、腹残片，泥质灰陶。敞口，平沿略外折，沿面有凹槽一周，圆唇，斜弧腹。素面抹光。口径42、残高10厘米（图四七九，4）。

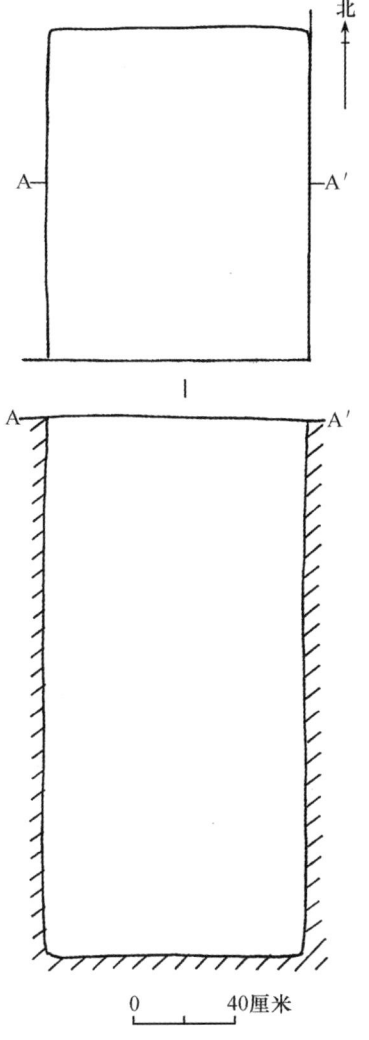

图四七六　ⅢH129平、剖面图

弦纹瓦当　1件。标本ⅢH131∶1，残，泥质灰褐陶。当面扁平，饰环带纹。当厚1.3厘米（图四八〇）。

ⅢH132　位于ⅢT23的东南部，开口于第2层下，距地表深60厘米，被ⅢH131打破，打破ⅢH138及生土层。平面呈圆形，直壁，平底。直径182、深80厘米。坑内填灰褐色土，土质较硬，含有少量的陶瓷片、瓦片和动物骨骼等（图四八一）。

瓦当　1件。网格纹。标本ⅢH132∶1，残，泥质灰褐陶。当面双线刻划成网格纹。直径16.5、厚1厘米（图四八二）。

ⅢH135　位于ⅢT23的西北部，开口于第3层下，距地表深103厘米。打破ⅢH138、ⅢH140及生土层。平面呈不规则形（只清理一部分），斜弧壁不规整，圜底。清理部分长200、宽160、深110厘米。坑内填黄灰色花土，土质较硬，含有少量的陶片和动物骨骼（图四八三）。

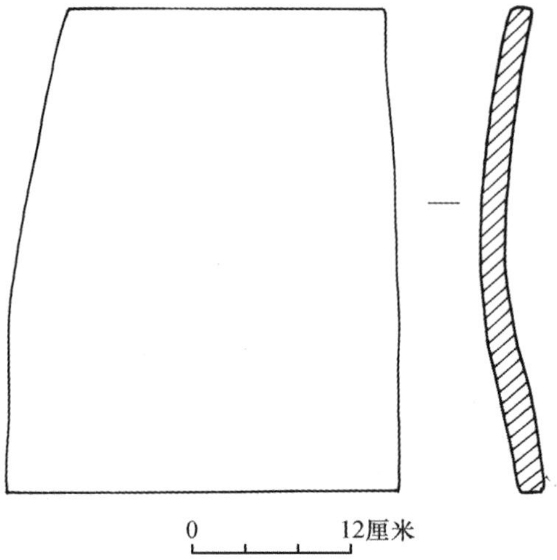

图四七七　ⅢH129出土板瓦（ⅢH129:1）

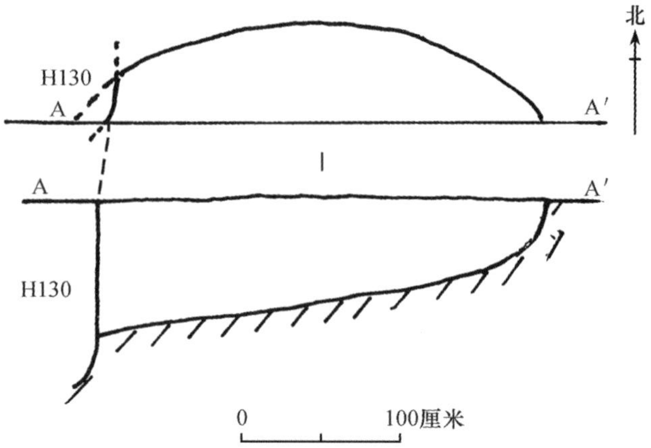

图四七八　ⅢH131平、剖面图

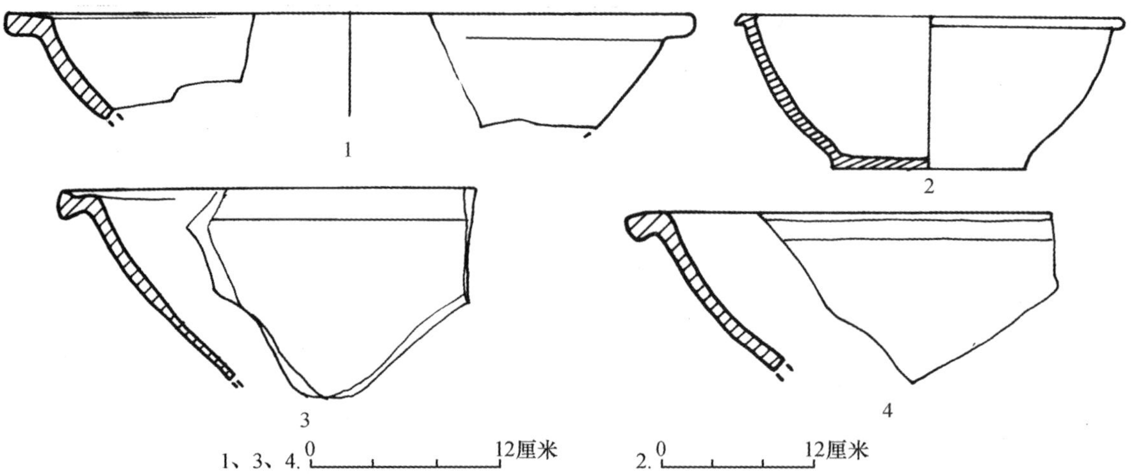

图四七九　ⅢH131出土陶盆
1. ⅢH131:7　2. ⅢH131:2　3. ⅢH131:4　4. ⅢH131:3

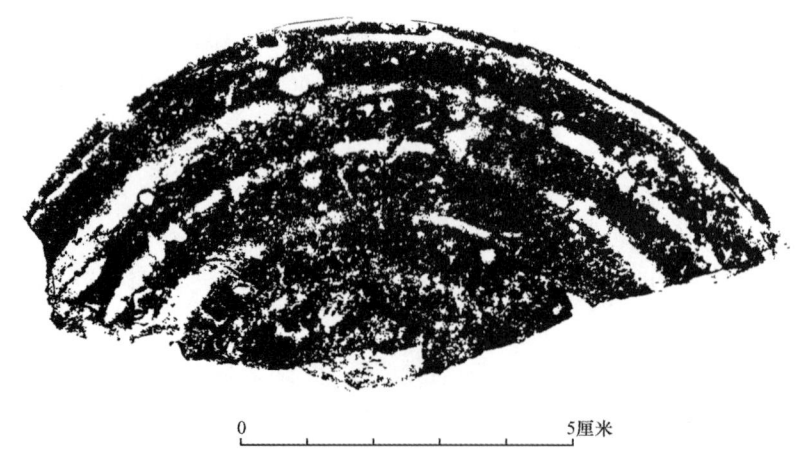

图四八〇　ⅢH131出土瓦当（ⅢH131:1）

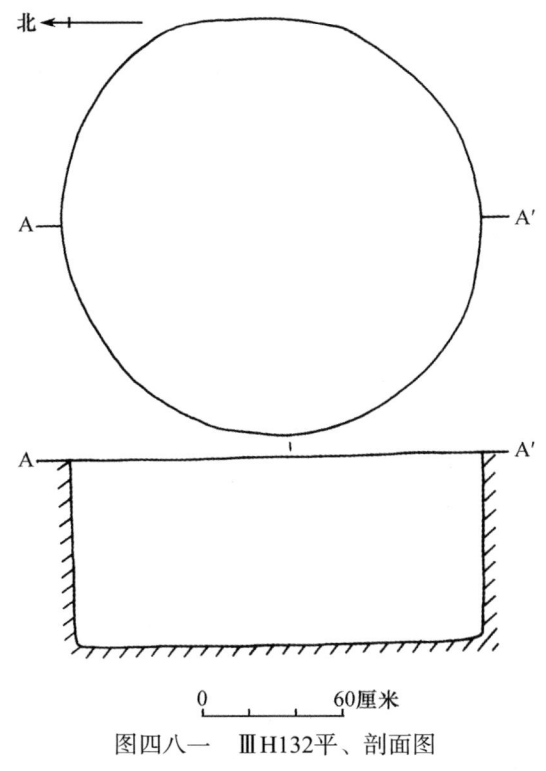

图四八一　ⅢH132平、剖面图

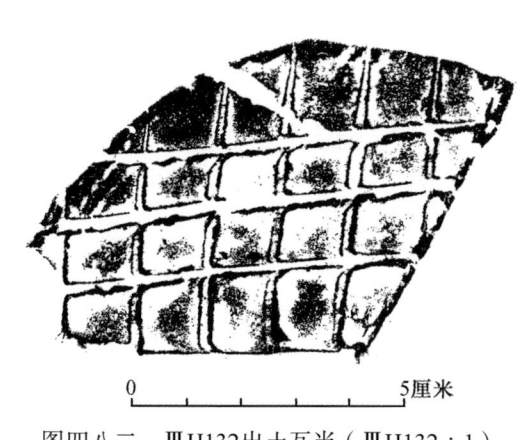

图四八二　ⅢH132出土瓦当（ⅢH132∶1）

出土物可辨器形有陶盆、陶罐、筒形铁器等。

筒形铁器　1件。标本ⅢH135∶2，呈椭圆形柱状。外径8.4~10、内径6.5~7.4、高8.8厘米（图四八四）。

ⅢH136　位于ⅢT22的东南部，开口于第1层下，距地表深20厘米。打破生土层。平面呈圆形（只清理一部分），直壁，平底。直径160、深160厘米。坑内填灰褐色土，土质较松软，含有少量的陶片、瓦片和动物骨骼等（图四八五）。

骨锥　1件。标本ⅢH136∶1，动物肢骨加工而成。圆形锥头，顶端弧凸，锥体横截面呈圆形，锥尖圆钝。长11.4厘米（图四八六）。

ⅢH137　位于ⅢT22的东北部，开口于第3层下，距地表深130厘米，打破生土层。平面呈圆形（只清理一部分），斜弧壁，圜底。清理部分长170、宽60、深125厘米。坑内填灰色花土，土质较松软。含有少量的陶瓦片和动物骨骼等（图四八七）。

ⅢH138　位于ⅢT23的北部，开口于第3层下，距地表深103厘米，被ⅢH132、ⅢH135打破，打破生土层。平面呈椭圆形（只清理一部分），直壁，平底。清理部分长210、清理部分宽190、深48厘米。坑内填灰褐色土，土质较硬，含有少量的陶瓦片和动物骨骼等（图四八八）。

出土器物有板瓦、铁锛等。

板瓦　1件。标本ⅢH138∶6，残，泥质灰陶。瓦背饰交错绳纹，内壁饰网格纹。残长14.2、厚1.4厘米（图四八九，1）。

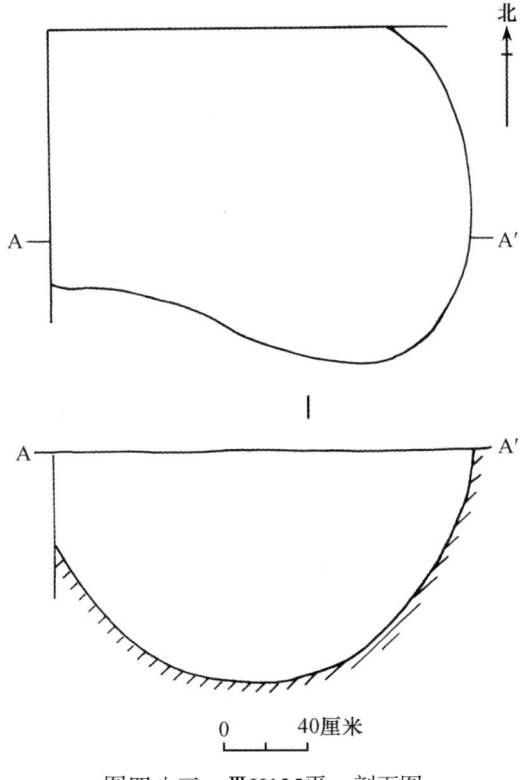

图四八三　ⅢH135平、剖面图

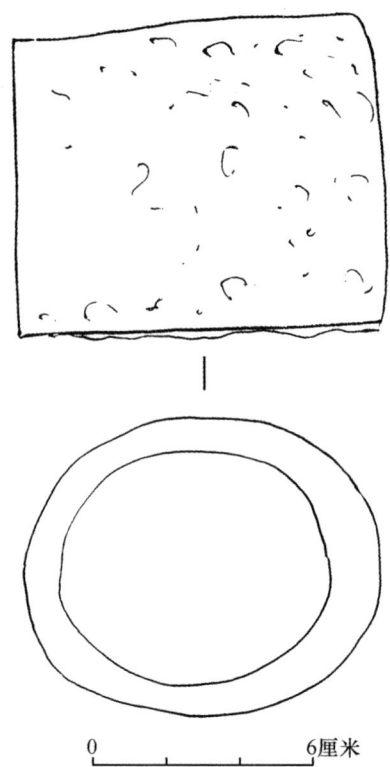

图四八四　ⅢH135出土筒形铁器（ⅢH135：2）

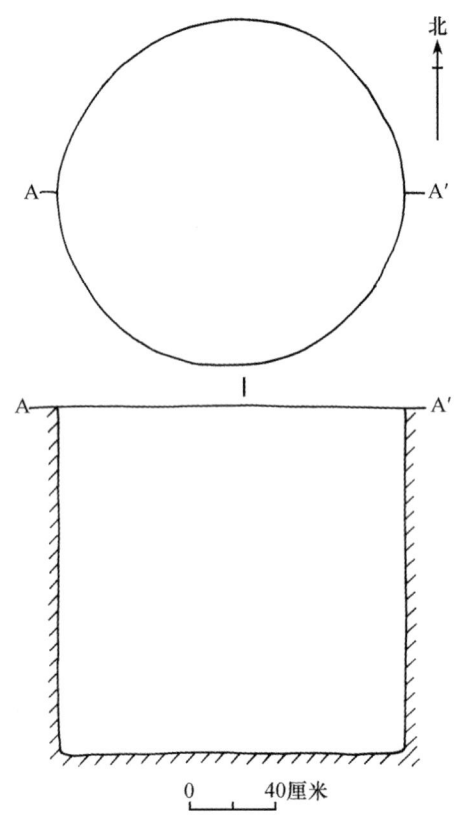

图四八五　ⅢH136平、剖面图

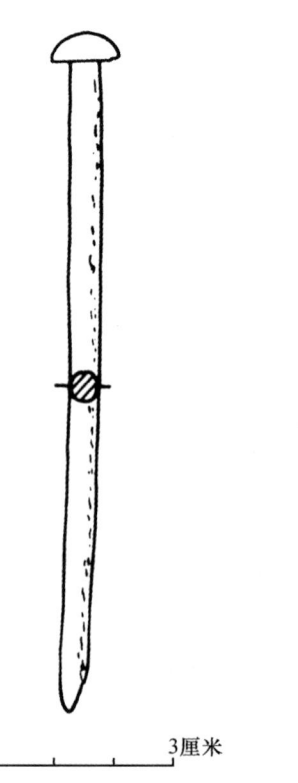

图四八六　ⅢH136出土骨锥（ⅢH136：1）

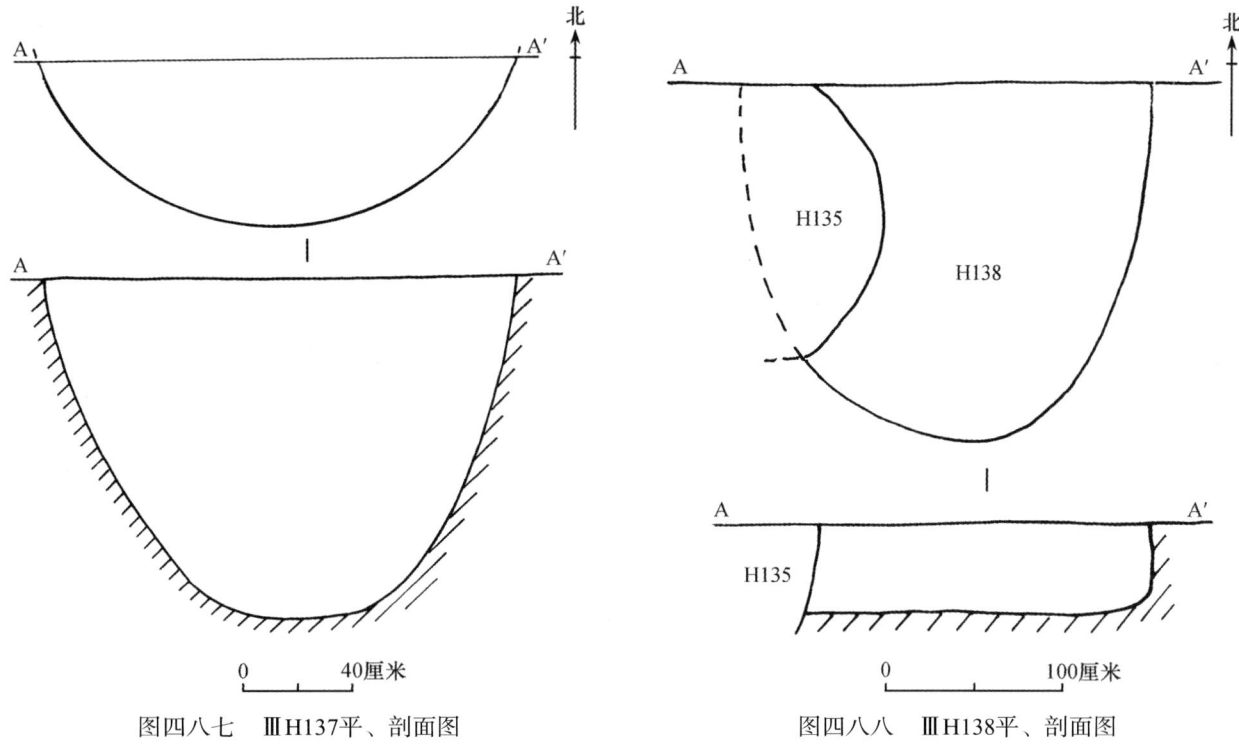

图四八七　ⅢH137平、剖面图　　　　图四八八　ⅢH138平、剖面图

铁锛　1件。标本ⅢH138：1，銎口残。窄长方体，弧刃，上部中空成銎，呈长方形，体残长10.8、刃宽8、銎径长6、宽2.6、深7.4厘米（图四八九，2）。

2）壕沟

ⅢG6　位于ⅢT21和ⅢT22两个探方的中部，开口于第2层下，距地表深60厘米，打破第3层及生土层。平面呈不规则长条形（只清理一部分），东西向，东西两侧向各自的方向延伸，呈上宽下窄，斜壁不甚规整，沟底不平。清理部分长900、口宽200～250、底宽170～200、深25～85厘米。沟内填灰褐色花土，土质较硬，含有少量的砖瓦碎块、陶瓦片和动物骨骼等（图四九〇）。

出土器物有铁铲、甲片等。

铁铲　1件。标本ⅢG6：1，残。銎部较浅，銎口呈弧角长方形。体残长8、宽6.8、銎径长3.4、宽1.8、深3.4厘米（图四九一，2）。

甲片　5件，形制相同。标本ⅢG6：2，平面呈弧角长方形，两端呈圆弧形，两边平直，上端居中钻竖向两孔。下端居中钻横向两孔。长9.8、宽2.3、厚0.35厘米（图四九一，1）。

3）水井

ⅢJ8　位于ⅢT24的西南部，开口于第3层下，距地表深105厘米。打破生土层。平面呈椭圆形，直壁留有加工痕迹，未清理到底。长径90、短径74、清理部分深400厘米。井内填土为黄褐色土，土质较松软，夹杂大量的草木灰、灰渣，含有少量的陶片和动骨骼等（图四九二）。

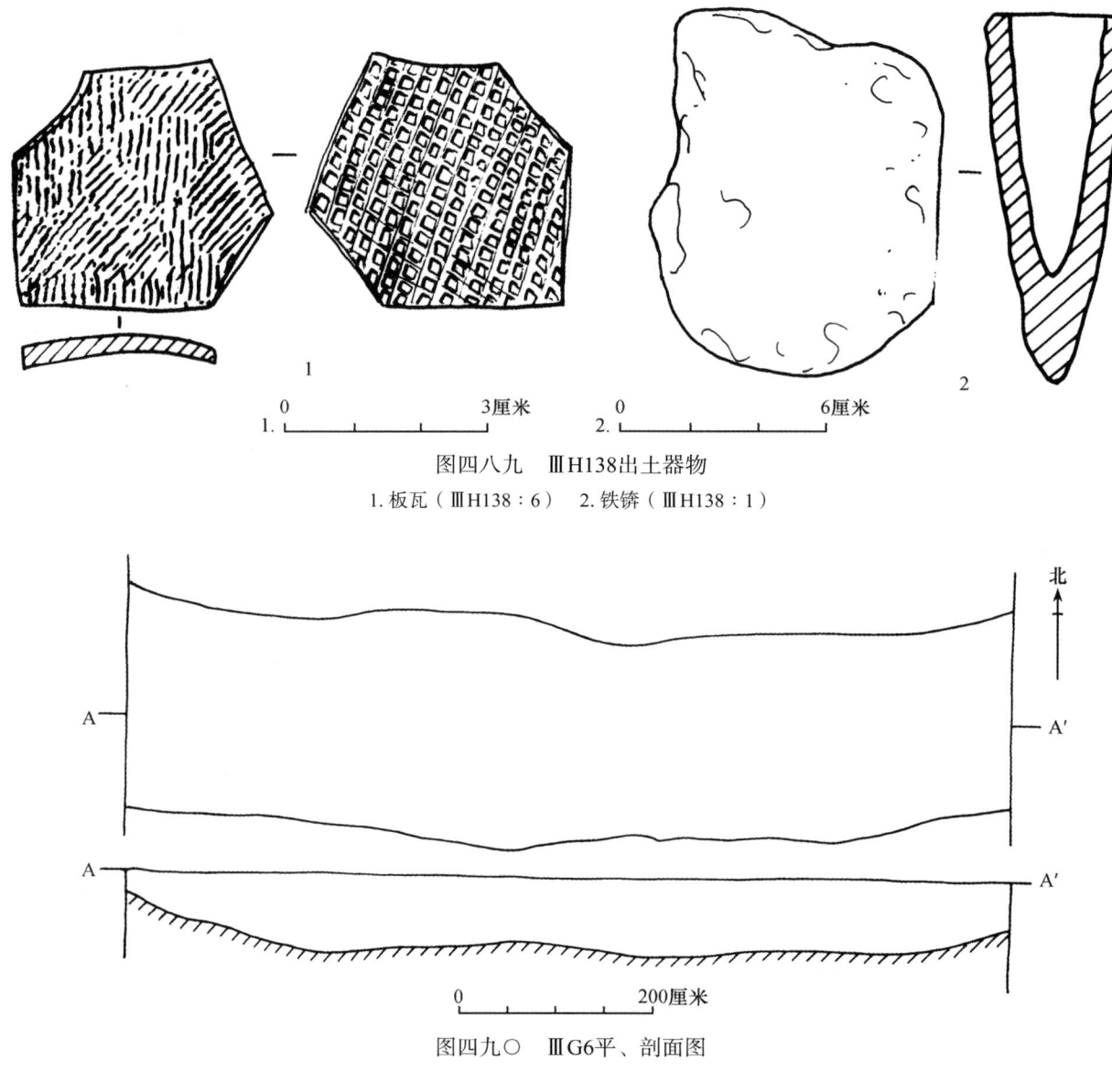

图四八九　ⅢH138出土器物
1. 板瓦（ⅢH138∶6）　2. 铁锛（ⅢH138∶1）

图四九〇　ⅢG6平、剖面图

五、ⅢY1 发掘

ⅢY1　位于中城东垣的中北部，开口于表土层下，距地表深15厘米，建在东城垣内，西半部被现代水渠毁掉一部分，残存火膛和窑室，方向270°。

火膛位于窑室前端（即西侧），平面近椭圆形，斜壁，圜底，南北长210、东西宽130、深60厘米；周壁抹草拌泥，厚2厘米左右，经烧烤呈青灰色硬面。窑室位于火膛东侧，平面近长方形，略作前窄后宽状，前宽336、后宽380、进深170厘米，墙壁用长条形青砖砌成，上下为错缝横砌，中间竖砌，残存高15～133厘米。在窑室的后半部留有未烧成的板瓦坯，其装法为在窑室底部用单砖竖立成炕洞，炕洞宽8～10厘米，其上交错竖装板瓦。填灰褐色花土，土质较硬，含有少量的砖瓦碎块、陶片、瓦片等（图四九三；图版一三，2）。

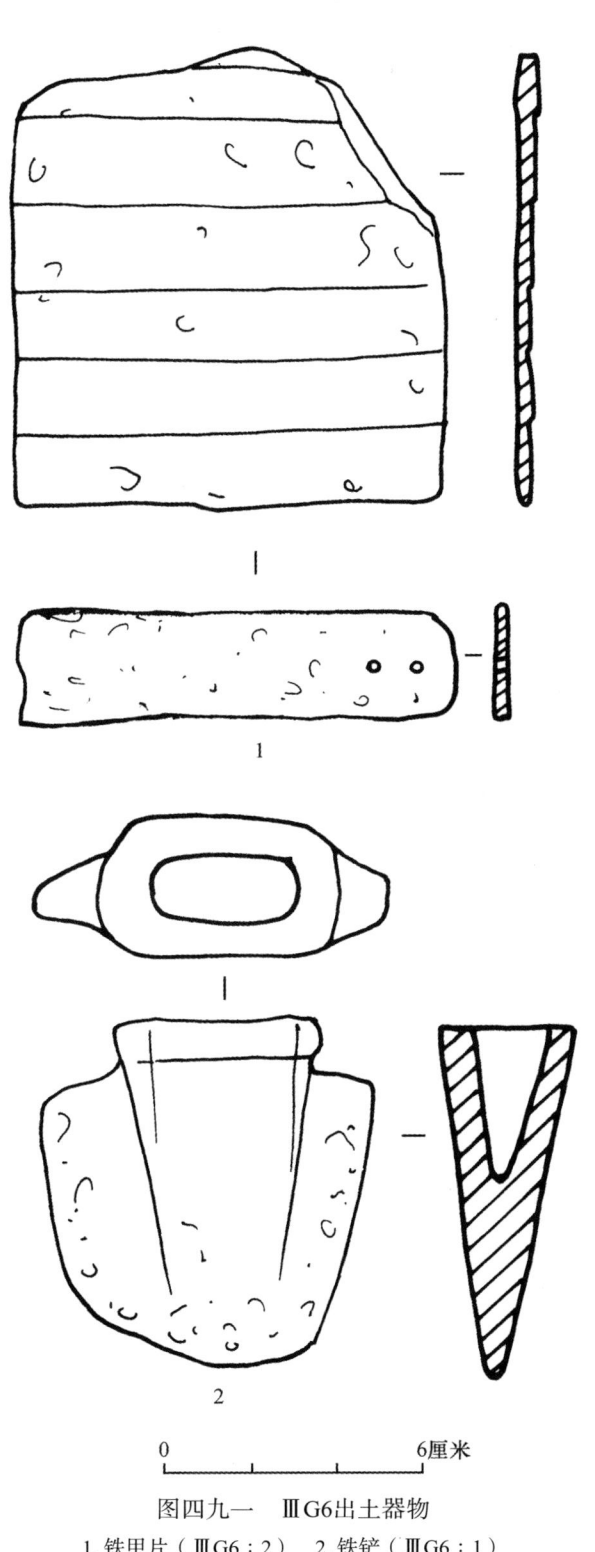 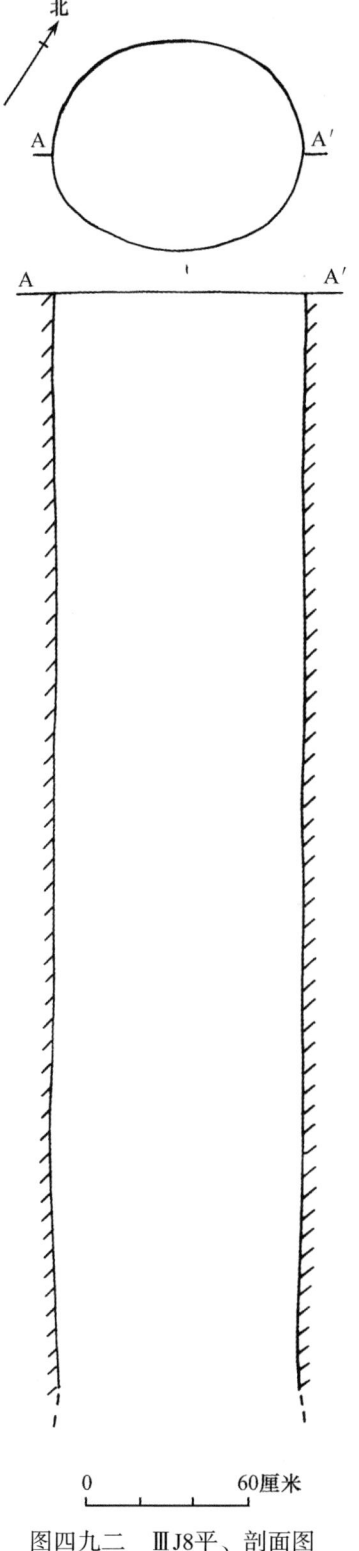

图四九一　ⅢG6出土器物

1.铁甲片（ⅢG6：2）　2.铁铲（ⅢG6：1）

图四九二　ⅢJ8平、剖面图

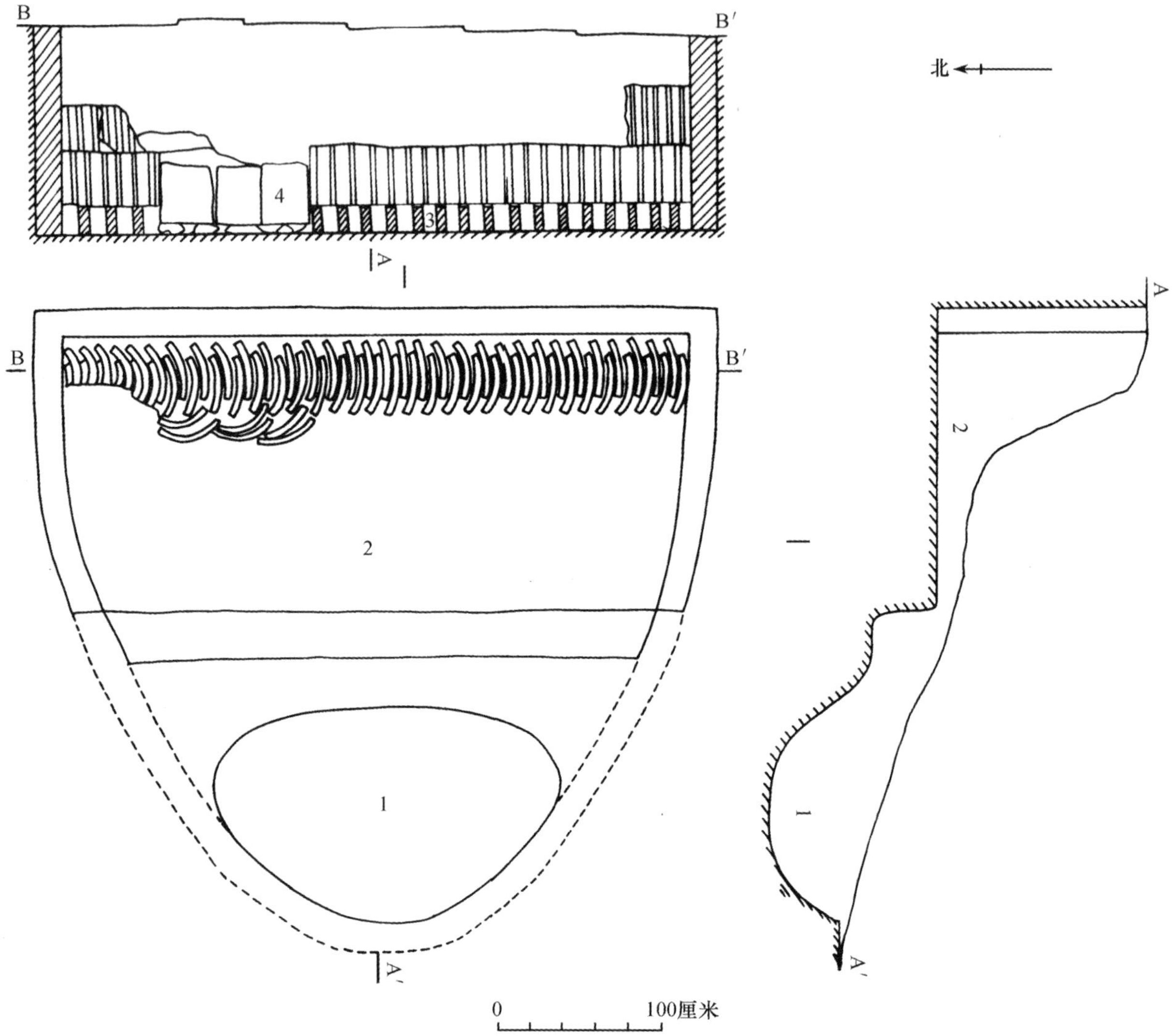

图四九三　ⅢY1平、剖面图
1. 火膛　2. 窑室　3. 火道　4. 板瓦坯

长砖　1件。标本ⅢY1:1，平面呈长方形，两侧皆为素面，长36.5、宽16.5、厚6厘米（图四九四）。

板瓦坯　平面呈梯形，瓦背素面抹光，内壁饰布纹。上宽20、底宽25、长38.5、厚2.4厘米。

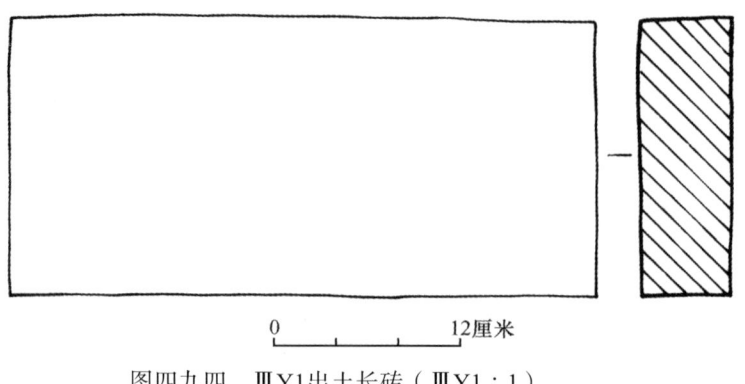

图四九四　ⅢY1出土长砖（ⅢY1:1）

六、陶文、陶符与墨书题款

1. 陶文、陶符

中城（即第Ⅲ发掘区）出土器物中发现有少量陶文和陶符，以陶文居多，陶符较少。陶文有戳印和刻划两种，戳印陶文一般位于器物的肩部和腹部，近篆书和隶书书体；刻划陶文一般位于器物的肩部和内底，皆为阴刻，近隶书字体；陶符一般刻划于器物的肩部和底部不等，皆为阴刻，较为随意。

戳印陶文　3件。标本ⅢJ4∶3，盆腹部戳印"左馆"二字，近篆书书体（图四九五，5）。标本ⅢH105∶15，釜肩部戳印"日利"二字，近隶书书体（图四九五，3）。标本ⅢT22③∶1，盆口沿外戳印字迹不清。

刻划陶文　4件。标本ⅢJ4∶18，罐肩部刻划陶文字体不识（图四九五，4）。标本ⅢJ4∶5，钵内底刻划陶文字体不识（图四九五，2）。标本ⅢT2⑤∶7，瓦背阴刻"王孝"二字（图四九五，1）。

陶符　3件。标本ⅢH126∶59，瓮肩部刻划"\"符号。标本ⅢT14④∶1，陶饼的一侧刻划"×"符号。标本ⅢT18④∶6，盆沿面刻划类似"川"字符号。

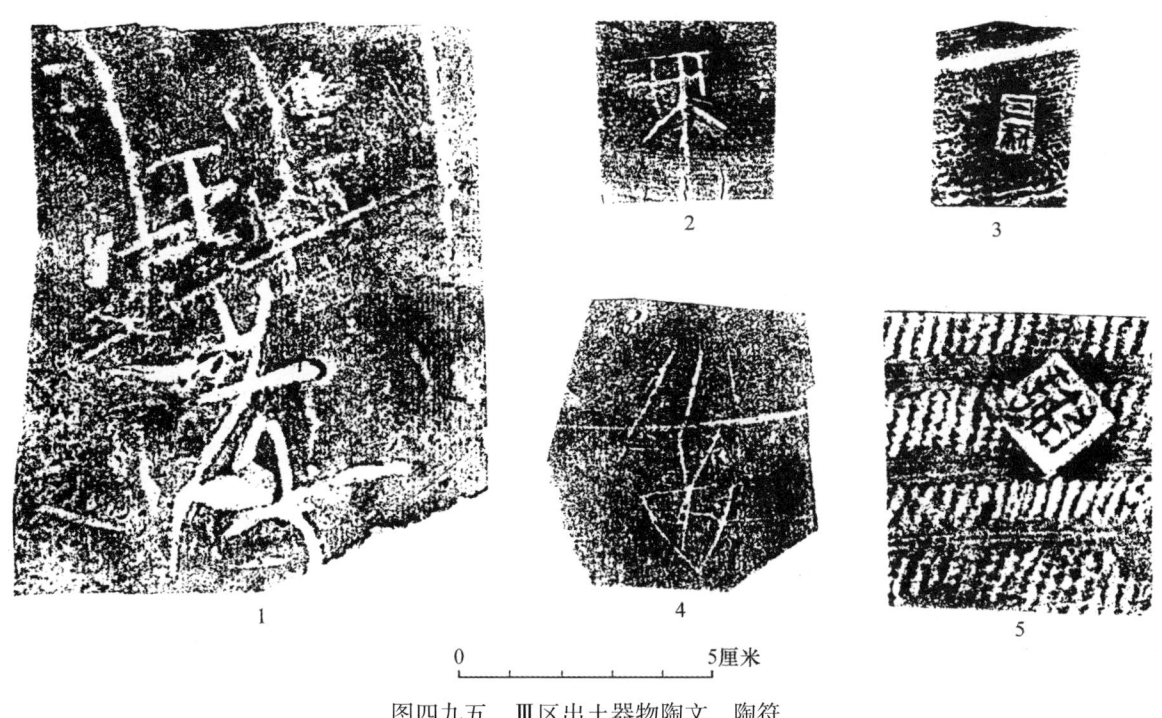

图四九五　Ⅲ区出土器物陶文、陶符
1. ⅢT2⑤∶7　2. ⅢJ4∶5　3. ⅢH105∶15　4. ⅢJ4∶18　5. ⅢJ4∶3

2. 墨书题款

墨书题款共发现70件，75处。墨书内容有鐵、常、常住、寺、杨、武、王和不识字体。书体有行书、楷书、行楷和草书几种。以行书居多，约占62.7%，楷书次之，约占32%，行楷和草书略相等，占2.6%。一般置于器物的圈足内和涩圈内，个别置于器物的表面（表一八）。

表一八　第Ⅲ发掘区出土墨书统计表

墨书	书体	编号	器物名称	位置	备注
鐵	行书	ⅢH61：2	白瓷碗	圈足内	可复原
	行书	ⅢH61：7	白瓷碗	圈足内	可复原
	行书	ⅢH61：8	白瓷碗	圈足内	可复原
	行书	ⅢH61：9	白瓷盘	圈足内	可复原
	行书	ⅢH61：10	白瓷碗	圈足内	可复原
	行书	ⅢH61：11	白瓷碗	圈足内	可复原
	行书	ⅢH61：12	白瓷碗	圈足内	可复原
	行书	ⅢH61：15	白瓷碗	圈足内	可复原
	行书	ⅢH61：25	白瓷盘	圈足内	可复原
	行书	ⅢH61：36	白瓷盘	圈足内	可复原
	行书	ⅢH61：53	白瓷盘	圈足内	可复原
	行书	ⅢH61：54	白瓷碗	圈足内	可复原
	行书	ⅢH61：63	白瓷碗	圈足内	可复原
	行书	ⅢH61：70	白瓷盘	圈足内	可复原
	行书	ⅢH61：75	白瓷碗	圈足内、涩圈内墨书"寺"字	底部残片
	行书	ⅢH61：76	白瓷碗	圈足内	底部残片
	行书	ⅢH61：77	白瓷碗	圈足内	底部残片
	行书	ⅢH61：78	白瓷碗	圈足内	底部残片
	行书	ⅢH61：79	白瓷碗	圈足内	底部残片
	行书	ⅢH61：85	白瓷盘	圈足内	可复原
	行书	ⅢH61：89	白瓷碗	圈足内	底部残片
	行书	ⅢH61：90	白瓷碗	圈足内	底部残片
	行书	ⅢH61：91	白瓷碗	圈足内	底部残片
	行书	ⅢH61：92	白瓷碗	圈足内	底部残片
	行书	ⅢH61：93	白瓷碗	圈足内	底部残片
	行书	ⅢH61：94	白瓷碗	圈足内	底部残片
	行书	ⅢH61：98	白瓷碗	圈足内	底部残片
	行书	ⅢH63：1	白瓷碗	圈足内	可复原
	行书	ⅢH63：11	白瓷碗	圈足内	可复原
	行书	ⅢH63：13	白瓷碗	圈足内	可复原

续表

墨书	书体	编号	器物名称	位置	备注
鐵	行书	ⅢH63:15	白瓷碗	圈足内	可复原
	行书	ⅢH63:19	白瓷碗	圈足内	可复原
	行书	ⅢH60:3	白瓷碗	圈足内、涩圈内墨书"寺"字	可复原
	行书	ⅢH60:5	白瓷碗	圈足内、涩圈内墨书"寺"字	可复原
	行书	ⅢH58:3	白瓷碗	圈足内	可复原
	行书	ⅢH58:4	白瓷碗	圈足内、涩圈内墨书"寺"字	可复原
	行书	ⅢH58:5	白瓷碗	圈足内、涩圈内墨书"寺"字	可复原
	行书	ⅢH58:6	白瓷碗	圈足内	底部残片
	行书	ⅢH58:7	白瓷碗	圈足内	底部残片
	行书	ⅢH58:8	白瓷碗	圈足内	可复原
	行书	ⅢH82:10	白瓷碗	圈足内	底部残片
	行书	ⅢH82:11	白瓷碗	圈足内	底部残片
	行书	ⅢT13②:3	白瓷碗	圈足内	可复原
	行书	ⅢT15②:1	白瓷碗	圈足内	可复原
常	楷书	ⅢT1③:2	白瓷盘	圈足内	底部残片
	楷书	ⅢT1③:6	白瓷碗	圈足内	可复原
	楷书	ⅢT1③:9	白瓷盘	圈足内	可复原
	楷书	ⅢT1③:31	白瓷碗	圈足内	可复原
	楷书	ⅢT1③:36	白瓷碗	圈足内	底部残片
	楷书	ⅢT1②:39	白瓷碗	圈足内	底部残片
	楷书	ⅢT1②:7	白瓷碗	圈足内	可复原
	行书	ⅢT2②:10	白瓷盘	圈足内	底部残片
常住	楷书	ⅢT1④:3	白瓷碗	圈足内	可复原
	楷书	ⅢT1④:5	白瓷碗	圈足内	底部残片
	楷书	ⅢT1③:10	白瓷盘	圈足内	可复原
	楷书	ⅢT1③:24	白瓷盘	圈足内	可复原
	楷书	ⅢT1③:37	白瓷盘	圈足内	底部残片
	楷书	ⅢT2②:3	白瓷碗	圈足内	可复原
	行书	ⅢT1③:5	白瓷盘	圈足内	可复原
	行书	ⅢT1③:11	白瓷碗	圈足内	可复原
	行楷	ⅢT2②:9	白瓷盘	圈足内	底部残片
寺	楷书	ⅢH60:3	白瓷碗	涩圈内、圈足内墨书"鐵"字	可复原
	楷书	ⅢH60:5	白瓷碗	涩圈内、圈足内墨书"鐵"字	可复原
	楷书	ⅢH60:8	白瓷碗	涩圈内	可复原
	楷书	ⅢH58:4	白瓷碗	涩圈内、圈足内墨书"鐵"字	可复原
	楷书	ⅢH58:5	白瓷碗	涩圈内、圈足内墨书"鐵"字	可复原

续表

墨书	书体	编号	器物名称	位置	备注
寺	楷书	ⅢH61:75	白瓷碗	涩圈内、圈足内墨书"鐵"字	底部残片
	楷书	ⅢT1②:13	白瓷碗	圈足内	底部残片
楊	楷书	ⅢH63:18	白瓷盘	足圈内	可复原
武	楷书	ⅢT2②:5	白瓷碗	足圈内	可复原
王	楷书	ⅢH13:2	白瓷盘	足圈内	可复原
不识字体	楷书	ⅢT1③:38	白瓷碗	圈足内	底部残片
	行书	ⅢT1②:5	白瓷碗	圈足内	底部残片
	草书	ⅢH61:44	白瓷钵	圈足内	可复原
	草书	ⅢT1②:6	白瓷碗	外腹壁	可复原

"鐵"字 44件。皆为行书。圈足内墨书"鐵"字，有少量器物内底涩圈内墨书"寺"字。标本ⅢH61:75（图四九六，7），标本ⅢH61:76（图四九六，3），标本ⅢH61:63（图四九六，34），标本ⅢH61:77（图四九六，8），标本ⅢH61:78（图四九六，10），标本ⅢH61:89（图四九六，4），标本ⅢH61:91（图四九六，9），标本ⅢH61:92（图四九六，1），标本ⅢH61:93（图四九六，6），标本ⅢH61:94（图四九六，2），标本ⅢH61:98（图四九六，5），标本ⅢH58:6（图四九六，19），标本ⅢH58:7（图四九六，20）。

"常"字 8件。分楷书和行书两种。

楷书 7件。圈足内墨书"常"字。标本ⅢT1③:2（图四九六，24），标本ⅢT1③:6（图四九六，25），标本ⅢT1③:36（图四九六，13），标本ⅢT1③:39（图四九六，14），标本ⅢT1②:7（图四九六，23）。

行书 1件。圈足内墨书"常"字。标本ⅢT2②:10（图四九六，16）。

"常住" 9件。分楷书、行书、行楷几种。

楷书 6件。圈足内墨书"常住"二字。标本ⅢT1④:5（图四九六，15），标本ⅢT1③:24（图四九六，28），标本ⅢT1③:37（图四九六，12）。

行书 2件。圈足内墨书"常住"二字。标本ⅢT1③:11（图四九六，29）。

行楷书 1件。圈足内墨书"常住"二字。标本ⅢT2②:9（图四九六，11）。

"寺"字 7件。皆为楷书。大部分置于器物内底涩圈内，有极个别的置于器物圈足内。标本ⅢH58:4，内底涩圈内墨书"寺"字（图四九六，18）。标本ⅢH61:75，内底涩圈内墨书"寺"字（图四九六，31）。标本ⅢT1②:13，圈足内墨书"寺"字（图四九六，17）。

"楊"字 1件。楷书。标本ⅢH63:18，圈足内墨书"楊"字（图四九六，21）。

"武"字 1件。楷书。标本ⅢT2②:5，圈足内墨书"武"字（图四九六，30）。

"王"字 1件。楷书。标本ⅢH13:2，圈足内墨书"王"字（图四九六，33）。

不识字体 4件。分楷书、行书、草书几种。

图四九六　Ⅲ区出土瓷器墨书

1~10、19、20、34. "鐵"字（ⅢH61∶92、ⅢH61∶94、ⅢH61∶76、ⅢH61∶89、ⅢH61∶98、ⅢH61∶93、ⅢH61∶75、ⅢH61∶77、ⅢH61∶91、ⅢH61∶78、ⅢH58∶6、ⅢH58∶7、ⅢH61∶63）　11、12、15、28、29. "常住"（ⅢT2②∶9、ⅢT1③∶37、ⅢT1④∶5、ⅢT1③∶24、ⅢT1③∶11）　13、14、16、23~25. "常"字（ⅢT1③∶36、ⅢT1③∶39、ⅢT2②∶10、ⅢT1②∶7、ⅢT1③∶2、ⅢT1③∶6）　17、18、31. "寺"字（ⅢT1②∶13、ⅢH58∶4、ⅢH61∶75）　21. "楊"字（ⅢH63∶18）　22、26、27、32. 不识字体（ⅢT1③∶38、ⅢT1②∶5、ⅢH61∶44、ⅢT1②∶6）　30. "武"字（ⅢT2②∶5）　33. "王"字（ⅢH13∶2）

楷书　1件。标本ⅢT1③：38，圈足内墨书，字迹不识（图四九六，22）。

行书　1件。标本ⅢT1②：5，圈足内墨书，字迹不识（图四九六，26）。

草书　2件。标本ⅢT1②：6，器表墨书，字迹不识（图四九六，32）。标本ⅢH61：44，圈足内墨书，字迹不识（图四九六，27）。

七、采集器物

器底　2件。标本ⅢC：7，泥质灰陶。弧腹，平底内凹。饰方格纹。底径14.4、残高12.4厘米（图四九七，8）。标本ⅢC：9，泥质灰陶。平底内凹，饰压印纹。底径18、残高6厘米（图四九七，6）。

模具　1件。标本ⅢC：8，泥质灰褐陶。侈口，矮领，外壁饰凸弦纹三周，内壁饰划纹。口径40、高10厘米（图四九七，1）。

石刻　1件。标本ⅢC：3，残，砂岩雕刻而成。正面雕刻上下两排佛龛，每个龛内雕刻一尊坐佛。残长15、残高13、厚2厘米（图四九七，5）。

石碑　2件。标本ⅢC：1，碑体残块，青石制成。阴刻文字，竖读。现存刻文为"……□并须额……□置吏尤……衞之接□……"。残长9.5、残宽8、厚6厘米（图四九七，9）。标本ⅢC：4，碑体残块，青石制成。阴刻文字，竖读，分上下两排。上排现存刻文4行8字，第1行2字，"……□□"；第2行2字，"……□便"；第3行2字，"……□此"；第4行2字，"……□事"。下排现存刻文3行9字，第1行3字，"随宜而……"；第2行3字，"汝？□……"；第3行3字，"无有□……"。残长12、残宽7.6、厚4.5厘米（图四九七，7）。

板瓦　1件。标本ⅢC：2，残，泥质灰陶。方头略外撇，下侧饰手指压成的波浪纹。瓦背饰纵向绳纹、弦断绳纹，内壁饰坑点纹。残长24.8、残宽18.4、厚1.4厘米（图四九七，3）。

筒瓦　1件。标本ⅢC：6，残半，细泥灰陶。横截面呈半圆形，子母口，方头，咬合面较短，胎体厚重。外壁素面磨光，内壁饰布纹。直径20、残长17、厚3.6厘米（图四九七，2）。

滴水　1件。标本ⅢC：5，残，泥质灰陶。下侧作波浪纹，内饰凸弦纹间夹戳刺纹（图四九七，4）。

八、出土器物的初步研究

上述各个发掘区的地层堆积情况表明，第Ⅴ发掘区TG1城垣内侧地层堆积可分5层，第1层、第2层为风积层与城垣倒塌与自然堆积层，第3层为元代文化层，第4层为唐代文化层，第5层为汉代文化层。第Ⅵ发掘区TG1城垣内侧地层堆积可分3层，第1层为表土层，第2层为元代文化层，第3层为唐代文化层。第Ⅺ发掘区TG1城垣内侧地层堆积可分2层，第1层为表土层，第2层为元文化层。第Ⅺ发掘区TG2城垣内侧地层堆积可分3层。第1层为表土层，第2层为元代文化层，第3层为唐代文化层。城内发掘（即第Ⅲ发掘区）分六个小区：a区的地层堆积可分5层，第

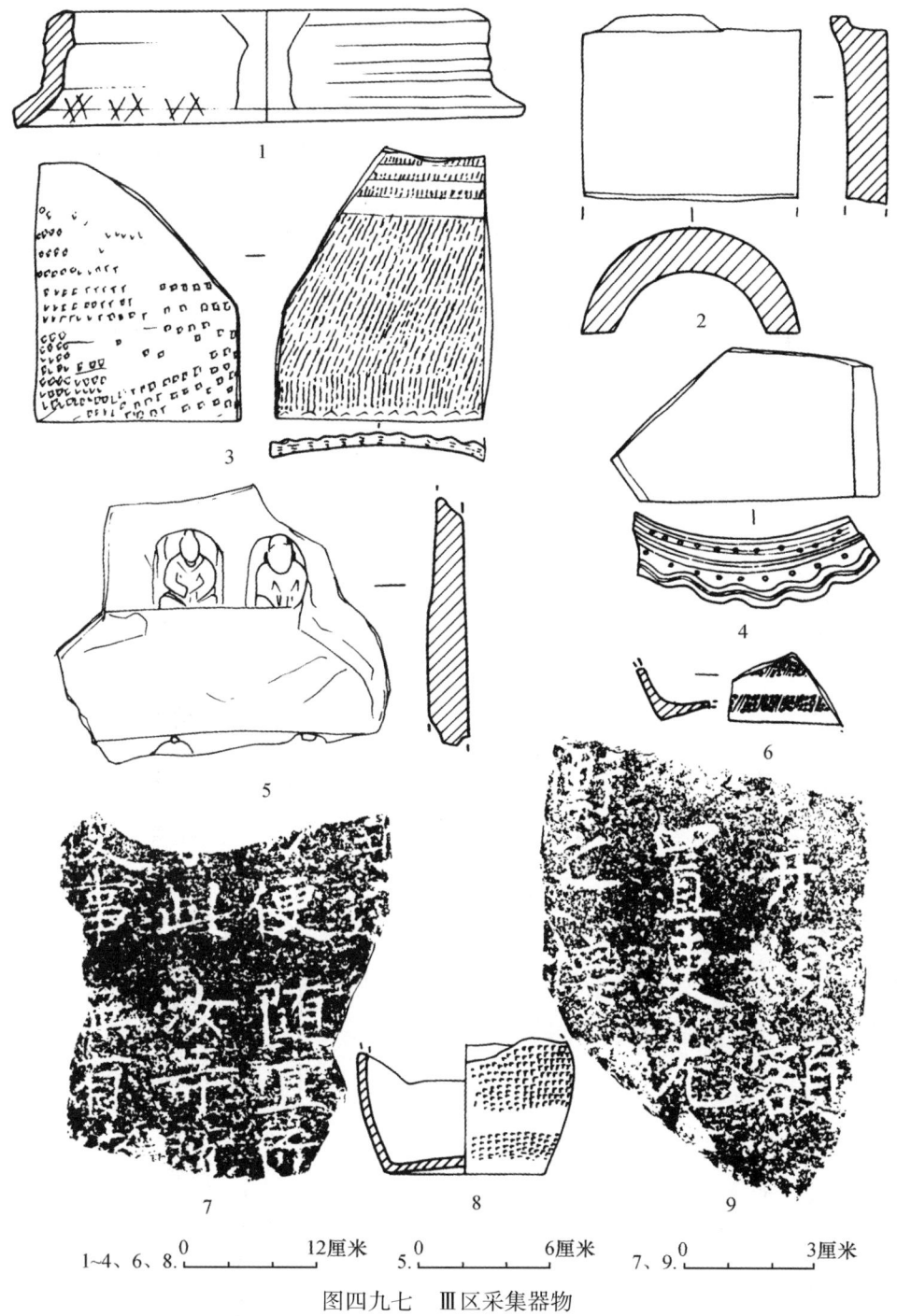

图四九七　Ⅲ区采集器物
1. 陶模具（ⅢC：8）　2. 筒瓦（ⅢC：6）　3. 板瓦（ⅢC：2）　4. 滴水（ⅢC：5）　5. 石刻（ⅢC：3）
6、8. 器底（ⅢC：9、ⅢC：7）　7、9. 石碑（ⅢC：4、ⅢC：1）

1层均为现代耕土层，第2~4层为元代文化层，第5层为唐代文化层。b区的地层堆积可分4层，第1层均为现代耕土层，第2层为元代文化层，第3层为唐代文化层，第4层为汉魏文化层。c区的地层堆积可分2层，第1层均为现代耕土层，第2层为元代文化层。d区的地层堆积可分4层，第1

层均为现代耕土层，第2～3层为元代文化层，第4层为汉魏文化层。e区的地层堆积可分4层，第1层均为现代耕土层，第2层为元代文化层，第3层为唐代文化层，第4层为汉魏文化层。f区的地层堆积可分3层，第1层均为现代耕土层，第2层为唐代文化层，第3层为汉魏文化层。

综上所述，第Ⅴ发掘区TG1的第3层堆积、第Ⅵ发掘区TG1、第Ⅺ发掘区TG1、第Ⅺ发掘区TG2、Ⅲb区、Ⅲc区、Ⅲe区的第2层堆积与Ⅲa区第2～4层堆积、Ⅲd区第2～3层堆积文化特征大体相当，为元代遗存；第Ⅴ发掘区TG1的第4层堆积、第Ⅵ发掘区TG1、第Ⅺ发掘区TG2、Ⅲb区、Ⅲe区的第3层堆积与Ⅲa区第5层堆积、Ⅲf区的第2层堆积文化特征大体相当，为唐代遗存；第Ⅴ发掘区TG1的第5层堆积、Ⅲb区、Ⅲd区、Ⅲe区的第4层堆积与Ⅲf区的第3层堆积文化特征大体相当，为汉魏遗存（表一九）。

表一九　中城各发掘区地层堆积对应表

发掘区	地层对应					
ⅤTG1N	①	②			③	④	⑤
ⅥTG1N	①			②	③		
ⅪTG1N	①			②			
ⅪTG2N	①			②	③		
Ⅲa区	①	②	③	④	⑤		
Ⅲb区	①			②	③	④	
Ⅲc区	①			②			
Ⅲd区	①		②	③		④	
Ⅲe区	①			②	③	④	
Ⅲf区	①				②	③	

综合表一九，又根据遗迹间的叠压打破关系以及出土遗物的型式与特点，将中城（即第Ⅲ发掘区）所发现的遗迹、遗物分为七个阶段（表二〇）。

（一）第一阶段文化遗存

该类遗存未发现地层堆积，遗迹亦发现甚少，仅见灰坑（窖穴）一种，均开口于第4层下，坑口平面皆为圆形；坑壁有斜直壁、弧壁两种；平底。遗迹单位有ⅢH31、ⅢH33、ⅢH114。遗物均零散的分布于晚期遗存内，仅陶器一种。分泥质陶和夹砂陶两类，以泥质陶居多，夹砂陶较少；陶色有灰陶、灰褐陶和红褐陶几种，以灰陶居多，灰褐陶次之，红褐陶极少；纹饰有粗绳纹、绳纹、网格纹、素面和磨光等，以素面陶居多，多以抹光出现，绳纹次之，粗绳纹、网格纹、磨光陶略相等。大体分为生活用具和建筑构件两大类，以建筑构件居多约占65.6%，生活用具占34.4%。

表二〇　第Ⅲ发掘区地层与遗迹分期对照表

		一	二	二	三	三	四	四	四	四	四	五~七	五~七	五~七
		①	④	④	③	③	④	⑤	④	③	②	④	③	②
灰坑	圆形	H31、H33、H114	H88、H113、H118、H126	H68、H69、H70、H137、H139、H140		H24	H50、H76、H78、H82、H123			H132	H5、H6、H7、H8、H9、H10、H11、H12、H13、H17、H18、H20、H27	H4	H36、H40、H41、H47、H62、H85、H90、H98、H99、H101	H1、H42、H127、H130、H131、H136
灰坑	椭圆形		H121	H107、H138	H105		H32、H66、H72、H117				H23		H71、H102	H39、H54、H59、H89
灰坑	长方形		H49、H77、H125	H109、H110、H111、H141		H14、H15、H16、H21	H44、H45、H46、H48、H80、H81、H119			H128、H129、H133	H22、H26		H34、H35、H51、H53、H64、H84、H93、H94、H100、H106	H2、H3、H52、H55、H56、H57、H83、N134
灰坑	不规则形		H112、H115、H116	H135		H19	H43、H65、H67、H74、H75、H79、H87、H103、H120				H29	H58	H61、H63、H73、H91、H92、H97、H104	H60、H96
灰坑	其他						H108、H122				H25、H28、H30		H86、H95	H38
建筑台基										G1			√	
房址													F1、F2、F3	
水井		J2	J3、J4、J5、J6、J8、J9				Y1	J1、J7						
壕沟							G6	G2、G3				G4、G5		
窑址							Y1							

1. 生活用具

有单耳罐、釜、壶、罐、瓮、盆、钵、盒、模具等。

单耳罐 1件。标本ⅢH67∶4，口、腹残片，夹砂灰陶，手制。侈口，圆唇，鼓腹。口、肩一侧附贴桥形器耳。素面抹光。口径11、残高7.2厘米（图四九八，20）。

釜 3件。标本ⅢH33∶96，口、肩残片，夹砂灰陶。直口，厚圆唇，直领，广肩，饰纵向绳纹。口径26、高6.7厘米（图四九八，18）。

壶 7件。可分四型。

A型 1件。标本ⅢJ3∶11，口、颈残片，泥质灰陶。敞口，方唇，唇面饰凹槽一周，细颈。素面抹光。口径12、残高8.1厘米（图四九八，15）。

B型 2件。标本ⅢH50∶3，口、颈残片，泥质黑陶。小口略外侈，斜折沿，圆唇，细颈。素面抹光。口径12、残高10厘米（图四九八，13）。

C型 3件。可分二式。

Ⅰ式：1件。标本ⅢT8②∶15，口、肩残片，泥质黑陶。重唇口，弧肩。颈部素面抹光，肩饰弦纹。口径14.4、残高8.8厘米（图四九八，9）。

Ⅱ式：2件。标本ⅢH92∶16，口、肩残片，泥质黑陶。敞口，折沿，沿面有凹槽一周，束颈，溜肩。颈部素面抹光，肩饰弦纹。口径16.2、残高9.6厘米（图四九八，11）。

D型 1件。标本ⅢT8②∶28，口、颈残片，泥质灰陶。盘口，细颈。器表素面抹光，内壁口、颈结合处留有手捏痕迹。口径16、残高5.2厘米（图四九八，17）。

罐 12件。可分三型。

A型 8件。标本ⅢJ4∶9，细泥灰陶。侈口，折唇，鼓腹，平底。肩部素面磨光，上腹饰压印纹一周，腹饰弦断绳纹，下腹饰绳纹，近底部素面抹光。口径27.6、底径26.4、高50.2厘米（图四九八，1）。

B型 2件。标本ⅢH71∶28，口、腹残片，泥质灰陶。侈口，方唇，直领，折肩，肩部素面磨光，腹饰凹弦纹。口径20、残高12厘米（图四九八，10）。

C型 2件。标本ⅢH33∶78，口、肩残片，泥质灰陶。侈口，窄沿略内斜，方唇，矮领，束颈，丰肩。颈部素面抹光，肩饰弦断绳纹，内壁颈肩结合处留有手捏之迹。口径14.4、残高6厘米（图四九八，3）。

瓮 3件。可分二型。

A型 2件。可分二式。

Ⅰ式：1件。标本ⅢH33∶73，口、肩残片，泥质灰陶。侈口，方圆唇，唇缘加厚，矮领，束颈，弧肩，素面抹光。口径36、残高7.6厘米（图四九八，19）。

Ⅱ式：1件。标本ⅢH33∶82，口、肩残片，泥质灰陶。侈口，方圆唇，唇缘加厚，矮领，束颈，弧肩，素面抹光。口径30、残高9.3厘米（图四九八，16）。

B型 1件。标本ⅢH116∶27，口、肩残片，泥质灰陶。侈口，方圆唇，高领，束颈，弧

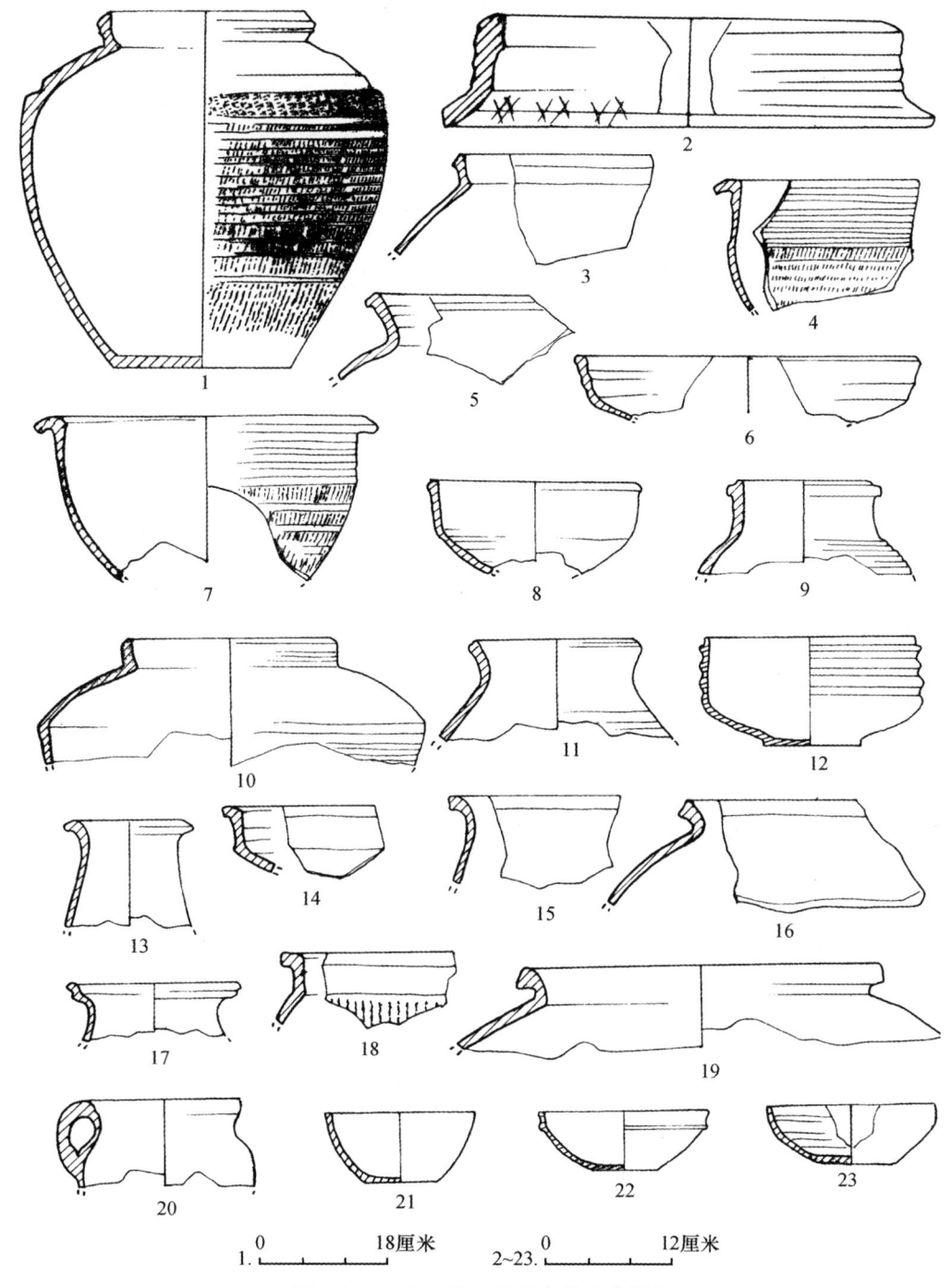

图四九八　Ⅲ区第一阶段文化遗存器物

1. A型陶罐（ⅢJ4:9）　2. 模具（ⅢC:8）　3. C型陶罐（ⅢH33:78）　4. Aa型陶盆（ⅢH33:103）
5. B型陶瓮（ⅢH116:27）　6. D型陶盆（ⅢT17④:13）　7. Ab型陶盆（ⅢH33:100）　8. B型陶钵（ⅢH121:10）
9. CⅠ式陶壶（ⅢT8②:15）　10. B型陶罐（ⅢH71:28）　11. CⅡ式陶壶（ⅢH92:16）　12. 陶盒（ⅢH68:2）
13. B型陶壶（ⅢH50:3）　14. C型陶盆（ⅢH121:31）　15. A型陶壶（ⅢJ3:11）　16. AⅡ式陶瓮（ⅢH33:82）
17. D型陶壶（ⅢT8②:28）　18. 陶釜（ⅢH33:96）　19. AⅠ式陶瓮（ⅢH33:73）　20. 单耳陶罐（ⅢH67:4）
21. B型陶盆（ⅢH33:127）　22. A型陶钵（ⅢH33:21）　23. C型陶钵（ⅢH126:32）

肩。外壁素面抹光，内壁饰暗弦纹。口径26、残高8厘米（图四九八，5）。

盆　11件。可分四型。

A型　6件。可分二亚型。

Aa型　3件。标本ⅢH33：103，口、腹残片，泥质灰褐陶。直口，宽平沿略外折，方唇，垂腹。上腹饰弦纹，腹饰弦断绳纹。口径43、残高12.4厘米（图四九八，4）。

Ab型　3件。标本ⅢH33：100，口、腹残片，泥质灰陶。宽平沿略外折，方唇，腹壁较直。上腹饰弦纹，腹饰弦断绳纹。口径32、残高14厘米（图四九八，7）。

B型　1件。标本ⅢH33：127，泥质灰褐陶。微敛口，圆唇，弧腹，平底。外壁素面抹光，内壁饰暗弦纹。口径14.3、底径6.5、高6.8厘米（图四九八，21）。

C型　3件。标本ⅢH121：31，口、腹残片，泥质灰陶。直口，方唇，折腹，外壁素面抹光，内壁饰暗弦纹。口径22、残高6.4厘米（图四九八，14）。

D型　1件。标本ⅢT17④：13，口、腹残片，泥质灰褐陶。敞口，圆唇，折腹，下腹急收。上腹素面抹光，下腹被刮，留有刮痕。口径32、残高6.4厘米（图四九八，6）。

钵　5件。可分三型。

A型　2件。标本ⅢH33：21，泥质灰褐陶。敞口，圆唇，折腹，下腹弧收，平底。外壁素面抹光，底部有旋削痕，内壁下腹有旋削痕。口径15.8、底径6、高5.8厘米（图四九八，22）。

B型　2件。标本ⅢH121：10，口、腹残片，泥质灰陶。直口，圆唇，折腹。外壁素面抹光，内壁饰暗弦纹。口径20、残高8.4厘米（图四九八，8）。

C型　1件。标本ⅢH126：32，泥质灰陶。敞口，圆唇。弧腹，平底。外壁素面抹光，内壁饰暗弦纹。口径16、底径7.2、高5.6厘米（图四九八，23）。

盒　1件。标本ⅢH68：2，细泥黑陶。子母口，方唇，深折腹，饼足。上腹饰凹弦纹三周，下腹饰暗弦纹。口径19.7、底径9.3、高10.4厘米（图四九八，12）。

模具　1件。标本ⅢC：8，泥质灰褐陶。侈口，矮领，外壁饰凸弦纹三周，内壁饰划纹。口径40、高10厘米（图四九八，2）。

2. 建筑构件

有筒瓦、板瓦、瓦当等。

筒瓦　6件。标本ⅢH33：125，残半，泥质灰陶。横截面呈半圆形，子母口，圆头。瓦背饰弦纹、纵向绳纹，内壁饰斜向绳纹。直径13.2、残长20、厚1.2厘米（图四九九，4）。标本ⅢH33：122，残，泥质灰陶。横截面呈半圆形，瓦背饰纵向绳纹，内壁饰斜向绳纹。残长25.2、厚1.2厘米（图四九九，7）。标本ⅢH33：121，残半，泥质灰陶。横截面呈半圆形，子母口，圆头。瓦背饰纵向绳纹，头部被抹平，内壁饰压印纹。残长13、厚1.2厘米（图四九九，3）。标本ⅢH33：124，残，泥质灰陶。横截面呈半圆形，瓦背饰弦断绳纹，内壁饰绳纹被抹。直径14、残长21.2、厚1.4厘米（图四九九，6）。标本ⅢH33：120，残半，泥质灰陶。横截面呈半圆形。瓦背饰弦断绳纹、绳纹，内壁饰绳纹被抹平。直径15、残长34、厚1.2厘米（图

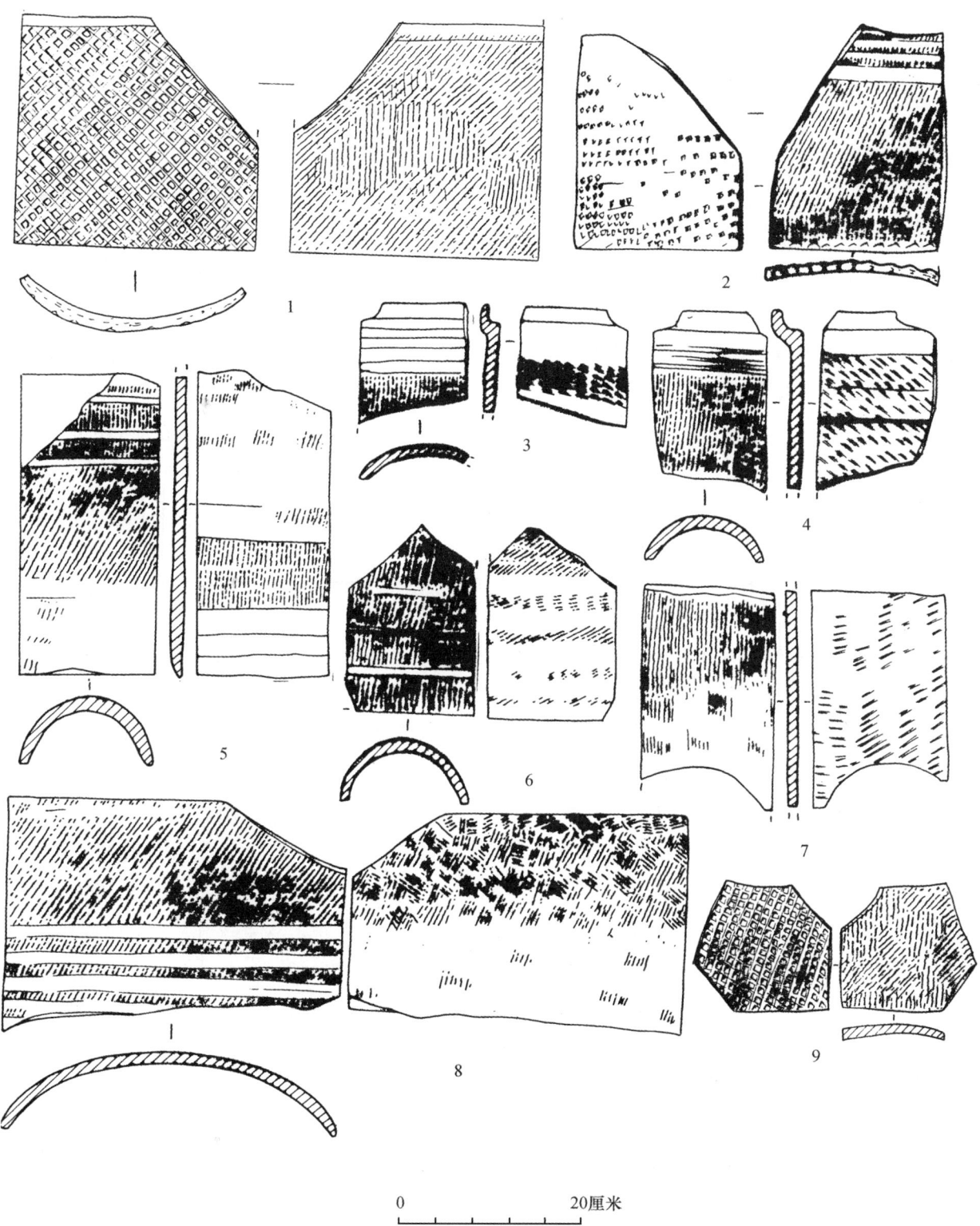

图四九九　Ⅲ区第一阶段文化遗存建筑构件

1. B型板瓦（ⅢT23②：13）　2. C型板瓦（ⅢC：2）　3~7. 筒瓦（ⅢH33：121、ⅢH33：125、ⅢH33：120、ⅢH33：124、ⅢH33：122）　8、9. A型板瓦（ⅢH33：126、ⅢH138：6）

四九九，5）。

板瓦　4件。可分三型。

A型　2件。标本ⅢH33∶126，残半，泥质灰陶。方头。瓦背饰交错绳纹、弦断绳纹，其内壁饰拍印绳纹。残长24.6、宽37.2、厚1.4厘米（图四九九，8）。标本ⅢH138∶6，残，泥质灰陶。瓦背饰交错绳纹，内壁饰网格纹。残长14.2、厚1.4厘米（图四九九，9）。

B型　1件。标本ⅢT23②∶13，残半，泥质灰陶。方头略外撇。瓦背饰交错绳纹，内壁饰方格纹。残长26、宽28.4、厚1.6厘米（图四九九，1）。

C型　1件。标本ⅢC∶2，残，泥质灰陶。方头略外撇，下侧饰手指压成的波浪纹。瓦背饰纵向绳纹、弦断绳纹，内壁饰坑点纹。残长24.8、残宽18.4、厚1.4厘米（图四九九，2）。

瓦当　共计71件。纹饰有弦纹瓦当、网格纹瓦当、璜纹瓦当、葵纹瓦当、树纹瓦当、云纹瓦当、云鹿纹瓦当几种。

弦纹瓦当　2件。标本ⅢH33∶17，残半，泥质灰陶。当面以凸弦纹组成同心圆环带纹。直径16.5、厚1厘米（图五〇〇，15）。

网格纹瓦当　1件。标本ⅢH132∶1，残，泥质灰褐陶。当面双线刻划成网格纹。直径16.5、厚1厘米（图五〇〇，21）。

璜纹瓦当　1件。标本ⅢH33∶3，残半，泥质灰陶。当面饰旋涡状粗绳纹的璜纹，凹凸不平。直径13、厚0.9厘米（图五〇〇，10）。

葵纹瓦当　2件。标本ⅢH33∶29，残，泥质灰陶。当面饰顺时针方向弯曲的五角形，变形葵纹。直径15.2、边轮1、当厚1.1厘米（图五〇〇，18）。

树纹瓦当　14件。当面以树冠纹为中轴线，左右两侧的图案呈对称状分布，饰羊、猴、鸟等动物纹样。可分为三型。

A型　12件。树木双鸟、双猴、双羊纹瓦当，当面中间饰一树冠，树枝向上呈弧形，用三条短线表示树根，分为三个界面，树干下面对饰山羊，呈吃草状，以"〜"纹为陪衬；树干中间对饰猴子，呈向上攀缘状；树枝下方对饰飞翔的鸟儿；整个画面生动活泼，栩栩如生，当面涂朱。标本ⅢH33∶68，边轮稍残，泥质灰陶。树木双鸟、双猴、双羊纹瓦当，当面中间饰一树冠，树枝向上呈弧形，用三条短线表示树根，分为三个界面，树干下面对饰山羊，呈吃草状，以"〜"纹为陪衬；树干中间对饰猴子，呈向上攀缘状；树枝下方对饰飞翔的鸟儿；整个画面生动活泼，栩栩如生，当面涂朱。直径14.5、边轮宽1、当厚0.9厘米（图五〇〇，6）。标本ⅢH33∶42，边轮稍残，泥质褐陶，当面涂朱。直径14.5、边轮宽0.9、当厚1.1厘米（图五〇〇，5）。

B型　1件。标本ⅢH33∶31，残，泥质灰陶。树马纹瓦当，图案与A型类似，不同处是双羊被双马代替，当面涂朱。边轮宽0.9、当厚0.9厘米（图五〇〇，20）。

C型　1件。标本ⅢH69∶2，残，泥质灰陶。树木鸟纹瓦当，树枝向上呈伞形，树枝左上角饰鸟纹模糊不清，下放亦饰鸟纹，呈展翅翱翔状。直径13、边轮宽0.9、当厚1.2厘米（图五〇〇，13）。

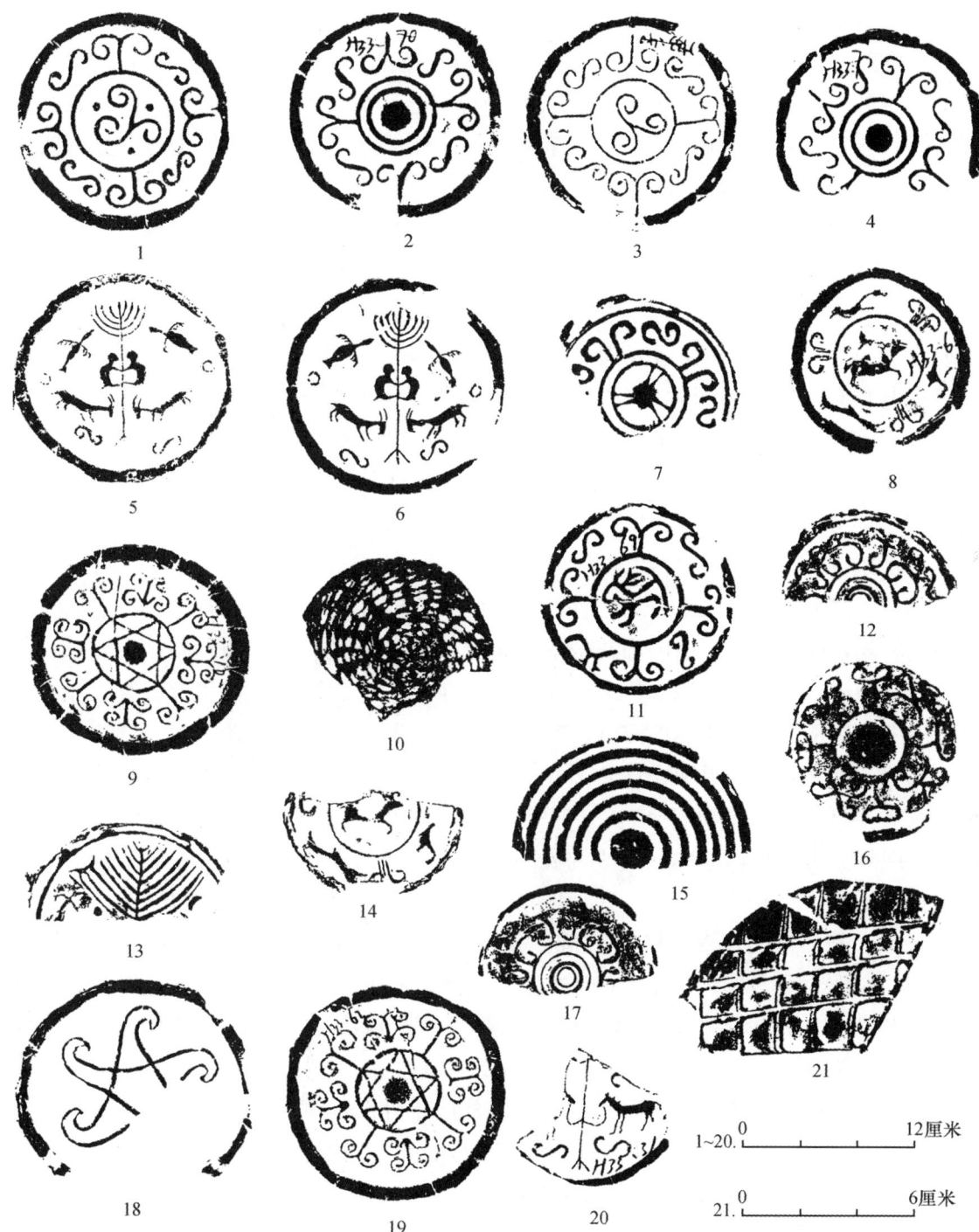

图五〇〇　Ⅲ区第一阶段文化遗存瓦当

1. Ab型云纹（ⅢH33：41）　2、4. D型云纹（ⅢH33：70、ⅢH33：7）　3. Aa型云纹（ⅢH33：40）
5、6. A型树纹（ⅢH33：42、ⅢH33：68）　7. E型云纹（ⅢH33：8）　8、14. A型云鹿纹（ⅢH33：6、ⅢH33：64）
9、19. B型云纹（ⅢH33：10、ⅢH33：62）　10. 璜纹（ⅢH33：3）　11. B型云鹿纹（ⅢH33：69）
12、17. F型云纹（ⅢH119：7、ⅢH116：3）　13. C型树纹（ⅢH69：2）　15. 弦纹（ⅢH33：17）
16. C型云纹（ⅢH33：2）　18. 葵纹（ⅢH33：29）　20. B型树纹（ⅢH33：31）　21. 网格（ⅢH132：1）

云纹瓦当　47件。按其当面纹饰的不同可分为六型。

A型　16件。"羊角""⌒"形云纹组成。可分二亚型。

Aa型　7件。标本ⅢH33：40，边轮残，泥质灰陶，当面涂朱。以单环线将当面分为内外区，内区饰"⌒"形云纹，组成的"人"字形云纹；外区以正反羊角形纹为界，分为四格，格面饰"⌒"纹。直径14.5、边轮宽1、当厚0.8厘米（图五〇〇，3）。

Ab型　9件。标本ⅢH33：41，泥质灰陶，当面涂朱。内区饰"⌒"型云纹，组成的"人"字形云纹；三面饰三乳钉，余下纹饰与Aa型相同。直径14.5、边轮宽1、当厚1.2厘米（图五〇〇，1）。

B型　5件。当面以单环线划分为内外区。内区当心饰乳突，外饰由六条直线构成的六角星，顶端与单环线相接；外区以"T"字形云纹分为四格，格内饰"工"字形云纹。标本ⅢH33：62，泥质灰陶，当面涂朱。当面以单环线划分为内外区。内区当心饰乳凸纹，外饰由六条直线构成的六角星，顶端与单环线相接；外区以"T"字形云纹分为四格，格内饰"工"字形云纹。直径14、边轮宽1、当厚0.9厘米（图五〇〇，19）。标本ⅢH33：10，直径14、边轮宽1.1、当厚0.8厘米（图五〇〇，9）。

C型　6件。当面以单环线划分为内外区。内区当心饰乳凸纹，外区饰"⌒"形云纹与羊角形云纹组成的复合纹为界格，格内饰花蒂状勾曲纹。标本ⅢH33：2，边轮残，泥质灰陶。当面以单环线划分为内外区。内区当心饰乳凸纹，外区饰"⌒"形云纹与羊角形云纹组成的复合纹为界格，格内饰花蒂状勾曲纹。直径14、当厚1.4厘米（图五〇〇，16）。

D型　7件。当面以双环线划分为内外区。内区当心饰乳凸纹，外区以两两相背、两两相对羊角形云纹为界格，格内饰横、竖、"⌒"形云纹。标本ⅢH33：70，泥质灰陶，当面涂朱。当面以双环线划分为内外区。内区当心饰乳凸纹，外区以两两相背、两两相对羊角形云纹为界格，格内饰横、竖、"⌒"形云纹。直径14、边轮宽1、当厚0.9厘米（图五〇〇，2）。标本ⅢH33：7，残，泥质褐陶。直径14.2、边轮宽1.1、当厚0.9厘米（图五〇〇，4）。

E型　11件。当面以双环线划分为内外区。内区当心饰乳凸纹，三组双线将乳凸与环线连接；外区以相背的羊角形云纹为界格，格内饰横"⌒"形云纹。标本ⅢH33：8，残，泥质灰陶。直径13、边轮宽0.7、当厚0.7厘米（图五〇〇，7）。

F型　2件。当面以四重同心环带纹划分为内外区。外区饰"⌒"形云纹与羊角形云纹组成的复合纹为界格，格内饰花蒂状勾曲纹。标本ⅢH116：3，残半，泥质灰陶。直径12.3、边轮宽0.7、当厚1.4厘米（图五〇〇，17）。标本ⅢH119：7，残半，泥质灰陶。当面以四重同心环带纹划分为内外区。外区饰"⌒"形云纹与羊角形云纹组成的复合纹为界格，格内饰花蒂状勾曲纹。直径13、边轮宽1、当厚1.1厘米（图五〇〇，12）。

云鹿纹瓦当　4件。按其当面纹饰可分为二型。

A型　2件。当面以单环线划分内外区。内区饰一奔鹿和飞鸟；外区以相背的"羊角"形云纹为界格，分成三格，各格内饰一动物呈奔跑状。标本ⅢH33：6，边轮稍残，泥质灰褐陶。直径12、边轮宽1、当厚0.8厘米（图五〇〇，8）。标本ⅢH33：64，残半。直径12、边轮宽1、当厚0.8厘米（图五〇〇，14）。

B型　2件。当面以单环线划分内外区。内区饰鹿纹；外区以两两相对的"羊角"形云纹为界格，分成四格，其中三格饰"〜"形云纹，另一格饰动物纹。标本ⅢH33：69，边轮稍残，泥质灰褐陶。当面以单环线划分内外区。内区饰鹿纹；外区以两两相对的"羊角"形云纹为界格，分成四格，其中三格饰"〜"形云纹，另一格饰动物纹。直径13.5、边轮宽0.7、当厚1.7厘米（图五〇〇，11）。

（二）第二阶段文化遗存

该类遗存的地层堆积以b区、d区、e区的第4层和f区的第3层为代表，遗迹以第3层下和第4层下的部分遗迹为代表，仅见发现灰坑（窖穴）和水井两种，以灰坑居多，水井发现较少。灰坑（窖穴）共发现24个，坑口有圆形、椭圆形、长方形和不规则形四种，以圆形居多，占35.7%，长方形次之，占28.6%，椭圆形和不规则形略相等各占17.8%；坑壁分为直壁、斜直壁和弧壁三类；坑底有平底和圜底之分。形制规整的应为当时的窖穴。遗迹单位有ⅢH49、ⅢH68、ⅢH69、ⅢH70、ⅢH77、ⅢH88、ⅢH107、ⅢH109、ⅢH110、H111、ⅢH112、ⅢH113、ⅢH115、ⅢH116、ⅢH118、ⅢH121、ⅢH125、ⅢH126、ⅢH135、ⅢH137、ⅢH138、ⅢH139、ⅢH140、ⅢH141。水井7眼，井口平面有圆形和椭圆形两种。遗迹单位有ⅢJ2、ⅢJ3、ⅢJ4、ⅢJ5、ⅢJ6、ⅢJ8、ⅢJ9。

该类遗存出土遗物较为丰富，亦有部分器物伴出于晚期遗存内。器类有陶器、铜器、铁器、石器等。以陶器居多，铜器和铁器略相等，石器仅发现1件。陶器分泥质陶和夹砂陶两类，以泥质陶居多，夹砂陶较少；陶色有灰陶、灰黑陶、灰褐陶和红陶几种，以灰陶居多，灰黑陶和灰褐陶略相等、红陶及少；纹饰有绳纹、弦断绳纹、暗弦纹、素面和磨光等，以素面陶居多，多以抹光出现，绳纹次之，弦断绳纹和暗弦纹较为发达，磨光陶数量较少。

1. 陶器

有釜、壶、罐、瓮、盆、甑、钵、匣钵、豆、盘、建筑构件等。

釜　9件。可分四型。

A型　5件。标本ⅢH82：6，口、腹残片，泥质灰陶。侈口，尖圆唇，矮领，弧肩。饰弦断绳纹，肩部被抹。口径18、残高9.4厘米（图五〇一，15）。

B型　2件。标本ⅢJ1：5，口、肩残片，泥质红陶。模制。侈口，方唇，唇面有凹槽一周，广肩，饰纵向弦断中绳纹。口径30、残高8.8厘米（图五〇一，5）。

C型　1件。标本ⅢH69：20，口、腹残片，泥质灰陶，烧制变形。敞口，尖圆唇，弧肩。素面抹光。口径18、残高8.6厘米（图五〇一，17）。

D型　1件。标本ⅢH105：15，口、腹残片，泥质灰陶。直口，方唇，直领，弧肩。素面抹光，肩部戳印"日利"二字。口径22、残高7.6厘米（图五〇一，6）。

图五〇一　Ⅲ区第二阶段文化遗存器物

1. A型陶甑（ⅢH68：3）　2. BⅢ式陶壶（ⅢT22③：8）　3. AⅢ式陶瓮（ⅢT18②：9）　4. BⅡ式陶壶（ⅢJ4：22）
5. B型陶釜（ⅢJ1：5）　6. D型陶釜（ⅢH105：15）　7. C型陶瓮（ⅢT19②：11）　8. AⅡ式陶瓮（ⅢT18④：7）
9. AⅡ式陶罐（ⅢH71：30）　10. C型陶壶（ⅢH110：10）　11. B型陶瓮（ⅢH126：59）　12. B型陶甑（ⅢH68：15）
13. A型陶盆（ⅢT22③：1）　14. D型陶壶（ⅢJ3：10）　15. A型陶釜（ⅢH82：6）　16. BⅠ式陶壶（ⅢH121：16）
17. C型陶釜（ⅢH69：20）　18. AⅠ式陶瓮（ⅢH126：60）　19. C型陶甑（ⅢH82：9）　20. A型陶壶（ⅢH68：8）
21. AⅠ式陶罐（ⅢT17④：8）　22. B型陶罐（ⅢH68：1）　23. B型陶盆（ⅢT18④：5）　24. C型陶盆（ⅢT18③：2）
25. D型陶盆（ⅢH118：3）

壶　9件。可分四型。

A型　1件。标本ⅢH68：8，口、颈残片，泥质灰陶。盘口，尖圆唇，细颈，素面抹光。口径11.2、残高8厘米（图五〇一，20）。

B型　6件。可分三式。

Ⅰ式：3件。标本ⅢH121：16，口、颈残片，泥质灰褐陶。敞口，方唇，细颈。素面抹光。口径12、残高7.2厘米（图五〇一，16）。

Ⅱ式：2件。标本ⅢJ4：22，口、腹残片，泥质灰陶。敞口，厚圆唇，粗颈，鼓肩，圆腹。颈部素面抹光，肩、腹饰弦断绳纹。口径11.2、残高16.2厘米（图五〇一，4）。

Ⅲ式：1件。标本ⅢT22③：8，口、肩残片，泥质灰陶。敞口，方唇，粗颈，溜肩。颈部素面抹光，肩饰弦断绳纹。口径12、残高8.8厘米（图五〇一，2）。

C型　1件。标本ⅢH110：10，口、肩残片，泥质灰陶。敞口，圆唇，束颈，溜肩。颈部素面抹光，肩饰弦断绳纹。口径10.4、残高10厘米（图五〇一，10）。

D型　1件。标本ⅢJ3：10，口、颈残片，泥质灰陶。敞口，厚圆唇，束颈。素面抹光。口径13、残高5.4厘米（图五〇一，14）。

罐　3件。可分二型。

A型　2件。可分二式。

Ⅰ式：1件。标本ⅢT17④：8，口、腹残片，泥质灰陶。侈口，尖圆唇，矮领，弧肩。器表素面抹光，内壁留有模制时的印痕。口径14.8、残高13.2厘米（图五〇一，21）。

Ⅱ式：1件。标本ⅢH71：30，口、腹残片，泥质灰陶。直口略外侈，圆唇，矮领，鼓肩。素面磨光。口径12、残高5厘米（图五〇一，9）。

B型　1件。标本ⅢH68：1，泥质灰陶。直口略外侈，圆唇，矮领，鼓腹，平底。上腹素面磨光，下腹刮光，留有刮痕。口径14、底径12、高15.6厘米（图五〇一，22）。

瓮　5件。可分三型。

A型　3件。可分三式。

Ⅰ式：1件。标本ⅢH126：60，口、肩残片，泥质灰陶。直口，方唇，直领，广肩。饰细绳纹，颈部被抹。口径24、残高8.6厘米（图五〇一，18）。

Ⅱ式：1件。标本ⅢT18④：7，口、肩残片，泥质灰陶，羼和云母碎片。侈口，圆唇，广肩。饰弦断细绳纹，颈部被抹。口径34.4、残高12厘米（图五〇一，8）。

Ⅲ式：1件。标本ⅢT18②：9，口、肩残片，泥质灰陶。侈口，折唇，广肩。饰细绳纹，局部被抹。口径30、残高10厘米（图五〇一，3）。

B型　1件。标本ⅢH126：59，口、肩残片，泥质灰陶。直口，圆唇，矮领，广肩，肩部刻划"\"符号。饰细绳纹，颈部被抹。口径26.4、残高7.2厘米（图五〇一，11）。

C型　1件。标本ⅢT19②：11，口、肩残片，泥质灰陶。侈口，折唇，颈部饰凸棱一周，广肩。饰纵向粗绳纹，印痕较深。口径42、残高14.4厘米（图五〇一，7）。

盆　8件。可分五型。

A型　1件。标本ⅢT22③：1，口、腹残片，泥质灰陶。敞口，宽平沿，方唇，沿面有凹槽一周。素面磨光，口沿外有戳印，字迹不清。口径44、残高5.8厘米（图五〇一，13）。

B型　4件。标本ⅢT18④：5，口、腹残片，泥质灰陶。敞口，宽平沿外折，方唇，弧腹。上腹饰弦纹，腹饰弦断绳纹，近底部有刀削痕迹，内壁饰暗弦纹。口径54.7、残高10厘米（图五〇一，23）。

C型　1件。标本ⅢT18③：2，泥质灰黑陶。敞口，折沿，方唇，斜腹，平底。素面抹光。口径26、底径15.5、高16.5厘米（图五〇一，24）。

D型　1件。标本ⅢH118：3，口、腹残片，泥质灰陶。敞口，斜折沿，圆唇，弧腹。素面抹光。口径24、残高6.4厘米（图五〇一，25）。

E型　1件。标本ⅢJ5：2，泥质灰黑陶。敞口，厚圆唇，弧腹，饼足略外撇。器表素面抹光，内壁饰暗弦纹，底部有刻划字。口径21、底径8.5、高9.1厘米（图五〇二，3）。

甑　7件。可分三型。

A型　4件。标本ⅢH68：3，泥质灰陶。敞口，折沿，方唇，斜弧腹，平底钻孔。上腹饰弦纹，腹饰弦断绳纹，下腹留有刀削痕迹，内壁饰暗弦纹。口径43.2、底径17.6、高25.6厘米（图五〇一，1）。

B型　2件。标本ⅢH68：15，底部，泥质灰陶。平底，钻孔，壁近底部钻孔。底径20、残高5.4厘米（图五〇一，12）。

C型　1件。标本ⅢH82：9，泥质灰陶，模制。平底，钻孔。底径18.4、残高5.4厘米（图五〇一，19）。

钵　23件。可分五型。

A型　13件。可分三式。

Ⅰ式：6件。标本ⅢH67：2，泥质灰陶。敞口，厚圆唇，折腹，平底。上腹素面抹光，下腹近底部留有刀削痕迹。口径9.8、底径5、高4厘米（图五〇二，10）。

Ⅱ式：6件。标本ⅢJ4：1，泥质灰陶。敞口，厚圆唇，折腹，下腹斜收，饼足外撇。器表素面抹光，底部有旋削痕。口径13.5、底径5.8、高6.3厘米（图五〇二，16）。

Ⅲ式：1件。标本ⅢH126：2，泥质灰陶。敞口，圆唇，折腹，下腹弧收，平底略外撇。素面抹光。口径20、底径7.7、高8.4厘米（图五〇二，11）。

B型　4件。可分二式。

Ⅰ式：2件。标本ⅢJ3：1，泥质灰陶。直口，折唇，折腹，下腹弧收，平底略内凹。素面抹光。口径13、底径5.5、高6.3厘米（图五〇二，13）。

Ⅱ式：2件。标本ⅢH110：2，泥质灰陶。直口，圆唇，折腹，下腹弧收，平底。上腹素面抹光，下腹近底部有刀削痕迹，内壁饰暗弦纹。口径24、底径8、高9.7厘米（图五〇二，20）。

C型　2件。标本ⅢH126：1，泥质灰陶。敞口，圆唇，弧腹，下腹弧收，平底。上腹素面抹光，下腹近底部留有刀削痕迹。口径14.4、底径6、高6.1厘米（图五〇二，7）。

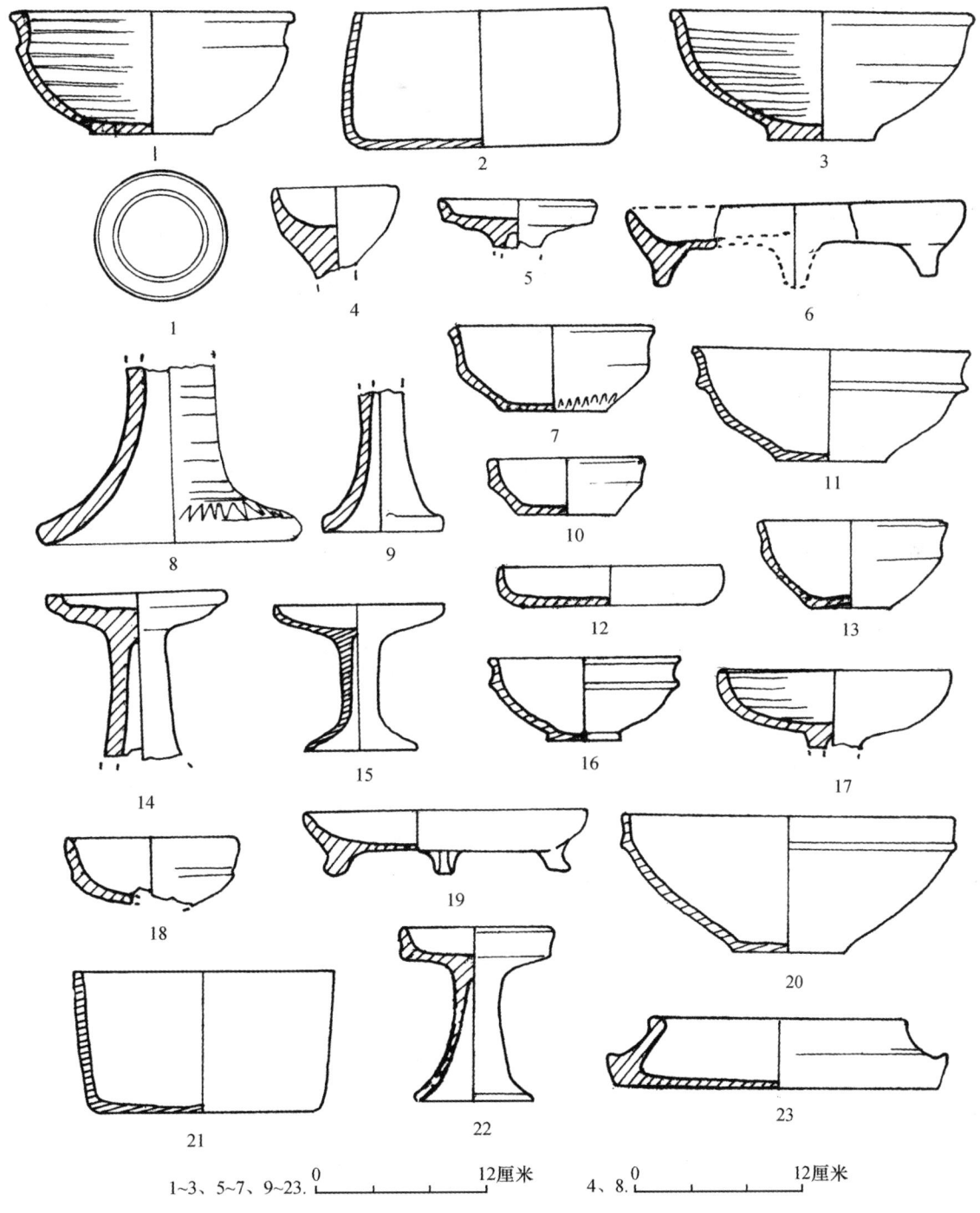

图五〇二　Ⅲ区第二阶段文化遗存器物

1. E型陶钵（ⅢH82∶1）　2. A型陶匣钵（ⅢJ5∶1）　3. E型陶盆（ⅢJ5∶2）　4. 陶模具（ⅢH111∶1）
5. AⅡ式陶豆（ⅢH115∶14）　6、19. B型陶盘（ⅢH46∶3、ⅢH95∶1）　7. C型陶钵（ⅢH126∶1）　8. B型陶豆柄（ⅢH126∶4）
9. A型陶豆柄（ⅢH115∶18）　10. AⅠ式陶钵（ⅢH67∶2）　11. AⅢ式陶钵（ⅢH126∶2）　12. A型陶盘（ⅢJ9∶4）
13. BⅠ式陶钵（ⅢJ3∶1）　14. BⅠ式陶豆（ⅢH75∶2）　15. BⅡ式陶豆（ⅢT4②∶4）　16. AⅡ式陶钵（ⅢJ4∶1）
17. C型陶豆（ⅢT15③∶10）　18. D型陶钵（ⅢJ1∶11）　20. BⅡ式陶钵（ⅢH110∶2）　21. B型陶匣钵（ⅢH68∶5）
22. AⅠ式陶豆（ⅢJ3∶16）　23. 陶器座（ⅢH66∶1）

D型　1件。标本ⅢJ1:11，泥质灰陶。敞口，圆唇，深腹。素面抹光，腹饰凹弦纹一周。口径13、残高5厘米（图五〇二，18）。

E型　3件。标本ⅢH82:1，泥质灰褐陶。敞口，窄平沿，方唇，弧腹，隐圈足。器表素面抹光，内壁饰暗弦纹。口径20、底径8.7、高8.7厘米（图五〇二，1）。

匣钵　3件。可分二型。

A型　1件。标本ⅢJ5:1，泥质灰陶。敛口，方唇，深腹，斜直壁，平底。素面抹光。口径18、底径18.5、高9.8厘米（图五〇二，2）。

B型　2件。标本ⅢH68:5，泥质灰陶。直口，方唇，深腹，直壁，平底。饰暗弦纹。口径18.9、底径18.5、高10.3厘米（图五〇二，21）。

豆　11件。可分三型。

A型　7件。可分二式。

Ⅰ式：4件。标本ⅢJ3:16，泥质灰陶。敞口，尖圆唇，浅盘，折腹，高柄，柄下部中空，喇叭形底座。通体素面抹光。口径11、底径7.7、高12.4厘米（图五〇二，22）。

Ⅱ式：3件。标本ⅢH115:14，泥质灰陶。敞口，方唇，浅盘，折腹，平底。素面抹光，内壁底交界处饰凹槽一周。口径11.2、残高3.2厘米（图五〇二，5）。

B型　3件。可分二式。

Ⅰ式：2件。标本ⅢH75:2，泥质灰陶。敞口，厚圆唇，浅盘，平底，高柄，柄下部中空，底座残，素面抹光。口径12.8、残高12厘米（图五〇二，14）。

Ⅱ式：1件。标本ⅢT4②:4，泥质灰陶。敞口，圆唇，浅盘，高柄，柄下部中空，喇叭形底座。器表素面抹光，内壁饰暗弦纹。口径11.7、底径7.8、高10.6厘米（图五〇二，15）。

C型　1件。标本ⅢT15③:10，泥质灰陶。敞口，圆唇，深腹，圜底。器表素面抹光，内壁饰暗弦纹。口径16.4、残高6厘米（图五〇二，17）。

豆柄　3件。可分二型。

A型　2件。标本ⅢH115:18，高柄，柄下部中空，喇叭形底座，底座上缘凸起一周方棱。素面抹光。底径8、残高9.6厘米（图五〇二，9）。

B型　1件。标本ⅢH126:4，泥质黑陶高柄，柄下部中空，喇叭形底座。饰暗弦纹、锯齿纹。底径9.2、残高6.4厘米（图五〇二，8）。

盘　4件。可分二型。

A型　1件。标本ⅢJ9:4，泥质灰陶。敞口，圆唇，浅腹，平底。素面抹光。口径16、底径13.4、高2.8厘米（图五〇二，12）。

B型　3件。标本ⅢH46:3，泥质灰陶。敞口，圆唇，浅腹，平底，下接三矮蹄足。素面抹光。口径20、足高2.4、通高5.2厘米（图五〇二，6）。标本ⅢH95:1，泥质灰陶。敞口，圆唇，浅腹，平底，下接三矮蹄足。素面抹光。口径20、足高2、通高4.4厘米（图五〇二，19）。

器座　1件。标本ⅢH66:1，泥质灰陶。敛口，方唇，折腹，折角起棱，平底。素面抹光。口径18.4、底径23.2、高5厘米（图五〇二，23）。

模具　1件。标本ⅢH111：1，泥质灰陶，手制。模口平面呈圆形，背部隆起，柄残。直径4.4、残高3.2厘米（图五〇二，4）。

纺轮　3件。可分三型。

A型　1件。标本ⅢJ2：3，残半。泥质灰陶。呈圆柱状，上端弧凸，饰凹弦纹，中心钻孔。孔径1、直径6、高1.8厘米（图五〇三，7）。

B型　1件。标本ⅢH116：1，泥质灰陶。平面呈圆形，两面隆起，纵剖面呈椭圆形，中心钻孔。孔径1、直径5.6、厚2.2厘米（图五〇三，4）。

C型　1件。标本ⅢH126：3，泥质灰陶片磨制。平面呈圆形，中心钻孔。孔径0.7、直径3.4、厚0.6厘米（图五〇三，5）。

陶饼　6件。可分三型。

A型　1件。标本ⅢT14④：1，泥质灰陶器底磨制。平面呈圆形，一侧中心内凹，有刻划"×"符号。直径6.6、厚0.8厘米（图五〇三，3）。

B型　3件。标本ⅢH118：1，泥质灰陶片磨制，平面呈圆形。直径4.6、厚1厘米（图五〇三，9）。

C型　2件。皆泥质灰陶片打制或磨制而成，近圆形。标本ⅢJ3：14，磨制。直径5.7～6.1、厚0.9～1.1厘米（图五〇三，8）。标本ⅢJ3：15，打制。直径4.5、厚0.9厘米（图五〇三，6）。

建筑构件　有筒瓦、瓦当等。

筒瓦　2件。标本ⅢH116：34，残半，泥质灰陶。横截面呈半圆形，子母口，圆头，瓦背饰纵向绳纹被抹，内壁饰布纹。直径14、残长19.6、厚1.2厘米（图五〇三，2）。标本ⅢJ4：10，稍残，泥质灰陶。横截面呈半圆形，字母口，圆头。瓦背饰纵向绳纹、弦纹，尾端被抹，内壁饰布纹。直径15.2、残长40.8、厚1.6厘米（图五〇三，1）。

瓦当　1件。文字瓦当。标本ⅢT16②：1，残，泥质灰陶。边轮宽1.1、当厚1.4厘米（图五〇三，10）。

2. 铜器

有带钩、铜镞、铜匙、钱币等。

带钩　2件。可分二型。

A型　1件。标本ⅢT14②：19，钩残。呈琵琶状，圆扣位于钩体末端。残长6.8厘米（图五〇四，11）。

B型　1件。标本ⅢT23②：3，钩残。呈蝌蚪状，圆扣位于钩体末端。残长2.4厘米（图五〇四，8）。

铜镞　3件。可分三型。

A型　1件。标本ⅢT22②：1，镞身血槽较浅，横截面三棱形；铜铤，横截面呈圆形；前锋较锐，边锋微弧。镞身长3.4、铤长5.6厘米（图五〇四，12）。

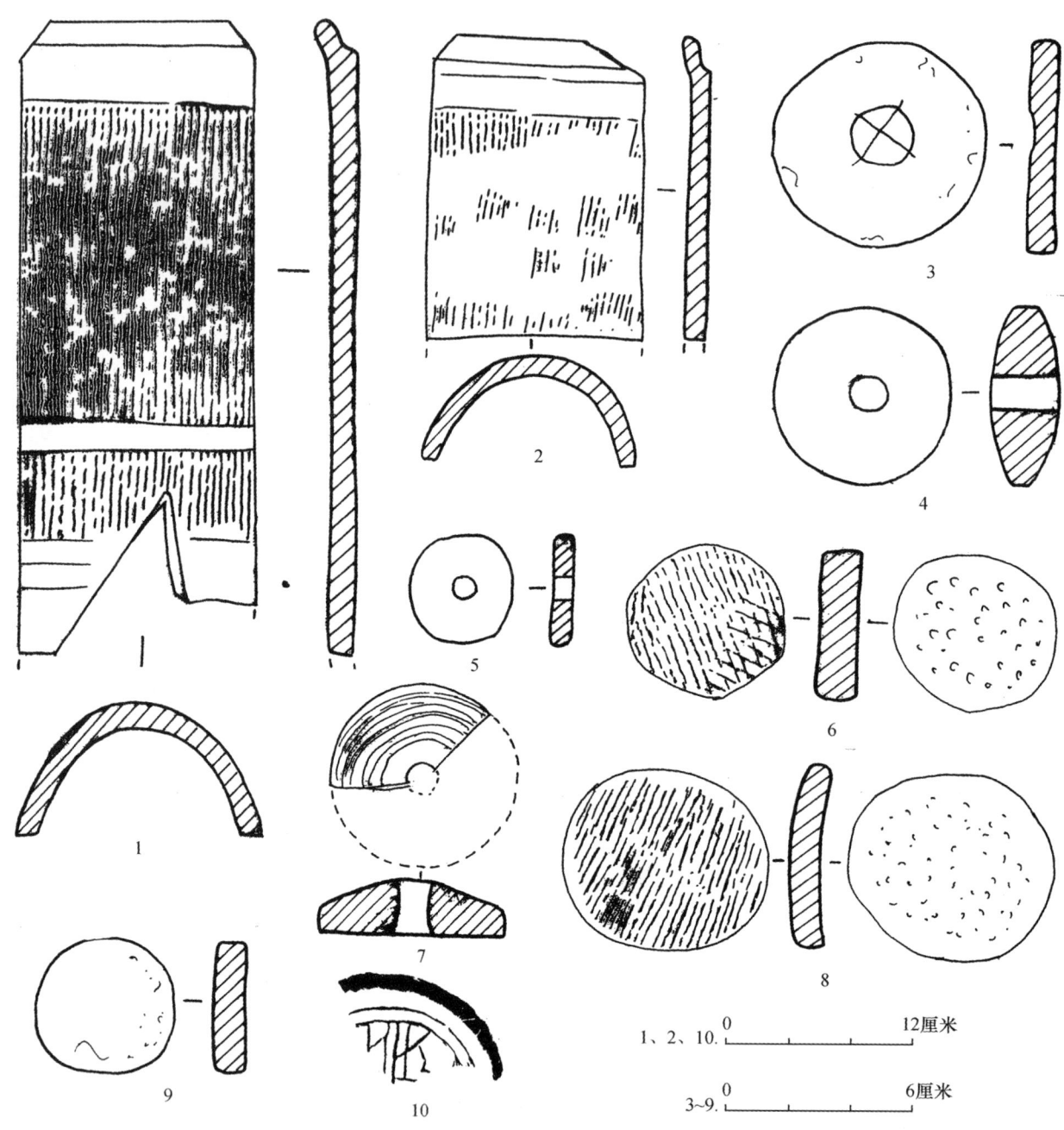

图五〇三　Ⅲ区第二阶段文化遗存器物

1、2.筒瓦（ⅢJ4：10、ⅢH116：34）　3.A型陶饼（ⅢT14④：1）　4.B型陶纺轮（ⅢH116：1）　5.C型陶纺轮（ⅢH126：3）　6、8.C型陶饼（ⅢJ3：15、ⅢJ3：14）　7.A型陶纺轮（ⅢJ2：3）　9.B型陶饼（ⅢH118：1）　10.瓦当（ⅢT16②：1）

B型　1件。标本ⅢH99：6，镞身血槽较深，横截面三棱形；前锋较锐，边锋微弧，铤残。镞身长4.4厘米（图五〇四，9）。

C型　1件。标本ⅢG4：2，横截面三角形，镞身瘦长，前锋较锐，边锋较直，铤残。镞身长3.7厘米（图五〇四，10）。

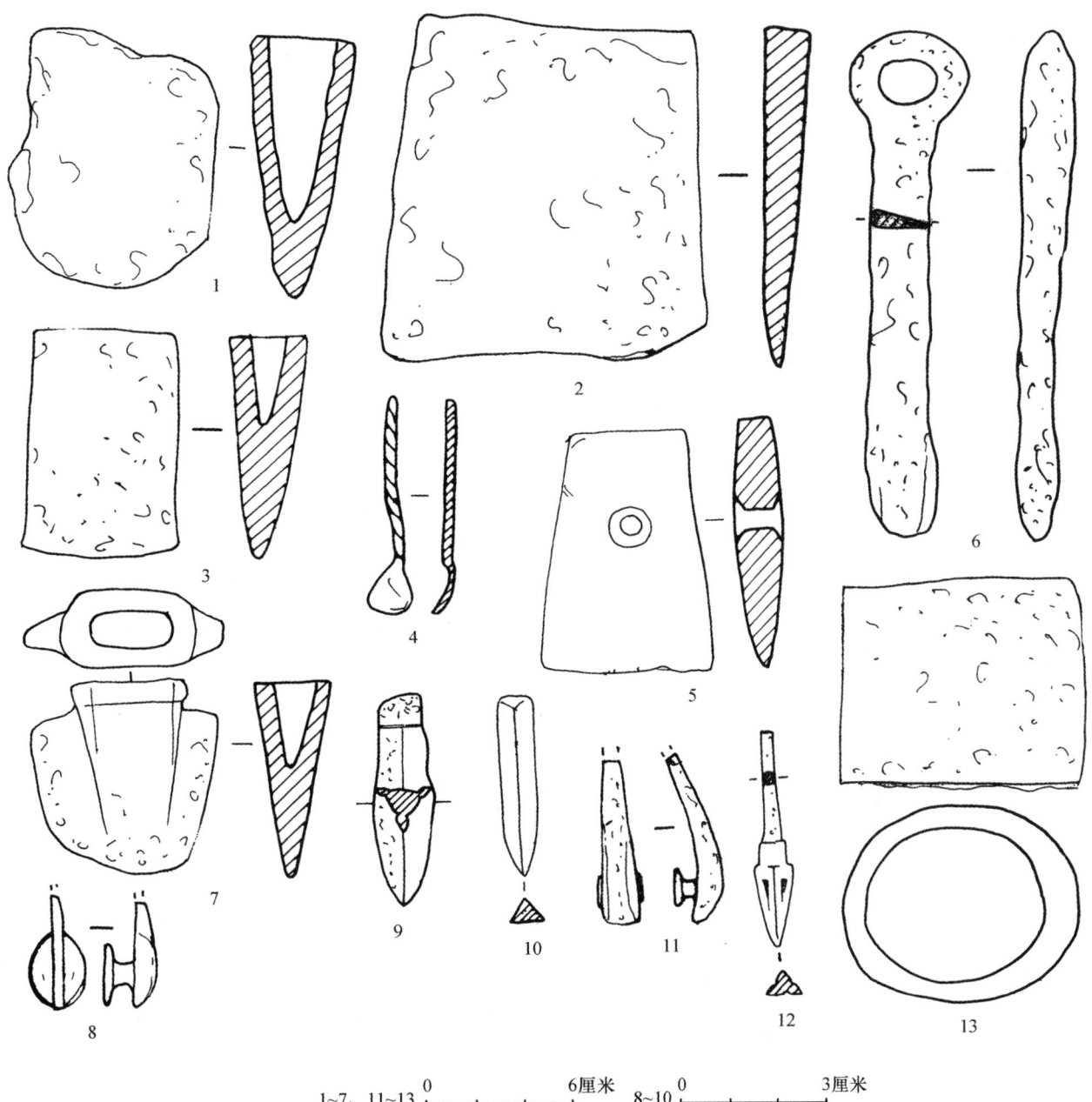

图五〇四　Ⅲ区第二阶段文化遗存器物

1. A型铁锛（ⅢH138：1）　2. A型铁铲（ⅢJ4：28）　3. B型铁锛（ⅢT3④：1）　4. 铜匙（ⅢT24③：3）　5. 石斧（ⅢT5④：1）
6. 铁削（ⅢH126：62）　7. B型铁铲（ⅢG6：1）　8. B型铜带钩（ⅢT23②：3）　9. B型铜镞（ⅢH99：6）
10. C型铜镞（ⅢG4：2）　11. A型铜带钩（ⅢT14②：19）　12. A型铜镞（ⅢT22②：1）　13. 筒形铁器（ⅢH135：2）

铜匙　1件。标本ⅢT24③：3，匙槽稍残，匙柄饰绳索纹。匙槽长2、宽1.5、柄长7厘米（图五〇四，4）。

钱币　14枚。有半两、五铢、大泉五十等。

半两　10枚。其形制为方孔圆形，钱面方穿的两侧有"半两"二字，篆书。标本ⅢJ2：2，直径2.4、穿宽1厘米。

五铢　3枚。钱文篆书，横读。标本ⅢT4②：20，直径2.55、穿宽1.1厘米。

大泉五十　1枚。钱文篆书，对读。标本ⅢT23②：1，直径2.7、穿宽0.9厘米。

3. 铁器

有铁锛、铁铲、铁削、筒形铁器等。

铁锛　4件。可分二型。

A型　2件。标本ⅢH138：1，銎口残。窄长方体，弧刃，上部中空成銎，呈长方形。体残长10.8、刃宽8厘米，銎径长6、宽2.6、深7.4厘米（图五〇四，1）。

B型　2件。标本ⅢT3④：1，窄长方体，弧刃微宽，上部中空成銎，銎口平整，呈长方形。体长9.4、刃宽6.4厘米，銎径长4.4、宽1.4、深3.6厘米（图五〇四，3）。

铁铲　2件。可分二型。

A型　1件。标本ⅢJ4：28，稍残。平面呈梯形，直背略厚，向刃部递减，直刃略凹，较锋利。体长14、背宽11.2、刃宽13.2厘米（图五〇四，2）。

B型　1件。标本ⅢG6：1，残。銎部较浅，銎口呈弧角长方形。体残长8、宽6.8厘米，銎径长3.4、宽1.8、深3.4厘米（图五〇四，7）。

铁削　1件。标本ⅢH126：62，锈蚀严重，环首，直背略厚，向刃部递减。长21.2、宽2.4厘米（图五〇四，6）。

筒形铁器　1件。标本ⅢH135：2，呈圆形柱状。外径7、内径5.8、高7.8厘米（图五〇四，13）。

4. 石器

石斧　1件。标本ⅢT5④：1，通体磨光。器身扁平呈梯形，顶部略窄，以下渐宽，横截面呈长方形，中部偏上钻孔，对钻，直刃微弧，较锋利，留有打琢疤痕。孔径0.8、长10、刃宽7厘米（图五〇四，5）。

（三）第三阶段文化遗存

该类遗存未发现地层堆积，遗迹仅发现灰坑（窖穴）1个，编号ⅢH105，开口于第3层下，坑口平面呈长方形，直壁，平底。遗物均零散的分布于晚期遗存内。器类有陶器、铜器、铁器、骨器、石器等。以陶器居多，铁器和石器略相等，铜器和骨器极少。陶器大体分为生活用具和建筑构件两大类。陶质分泥质陶和夹砂陶两类，以泥质陶居多，夹砂陶较少；泥质陶的陶土多经淘洗呈细泥陶；有部分泥质陶内羼和云母碎片，夹砂陶均夹细砂。陶色有灰陶、灰褐陶、黑陶和红褐陶几种，以灰陶居多，灰褐陶次之，黑陶和红褐陶略相等；纹饰有素面、磨光、网格暗纹、暗弦纹、暗条纹、方格纹、叶脉纹、水波纹、压印纹、划纹、重菱纹、钱纹等

（图五〇五）。制法分手制、模制和轮制几种。时代较早的为手制和模制，胎体亦较为厚重，时代稍晚的为轮制，胎体较薄。烧制火候较高。

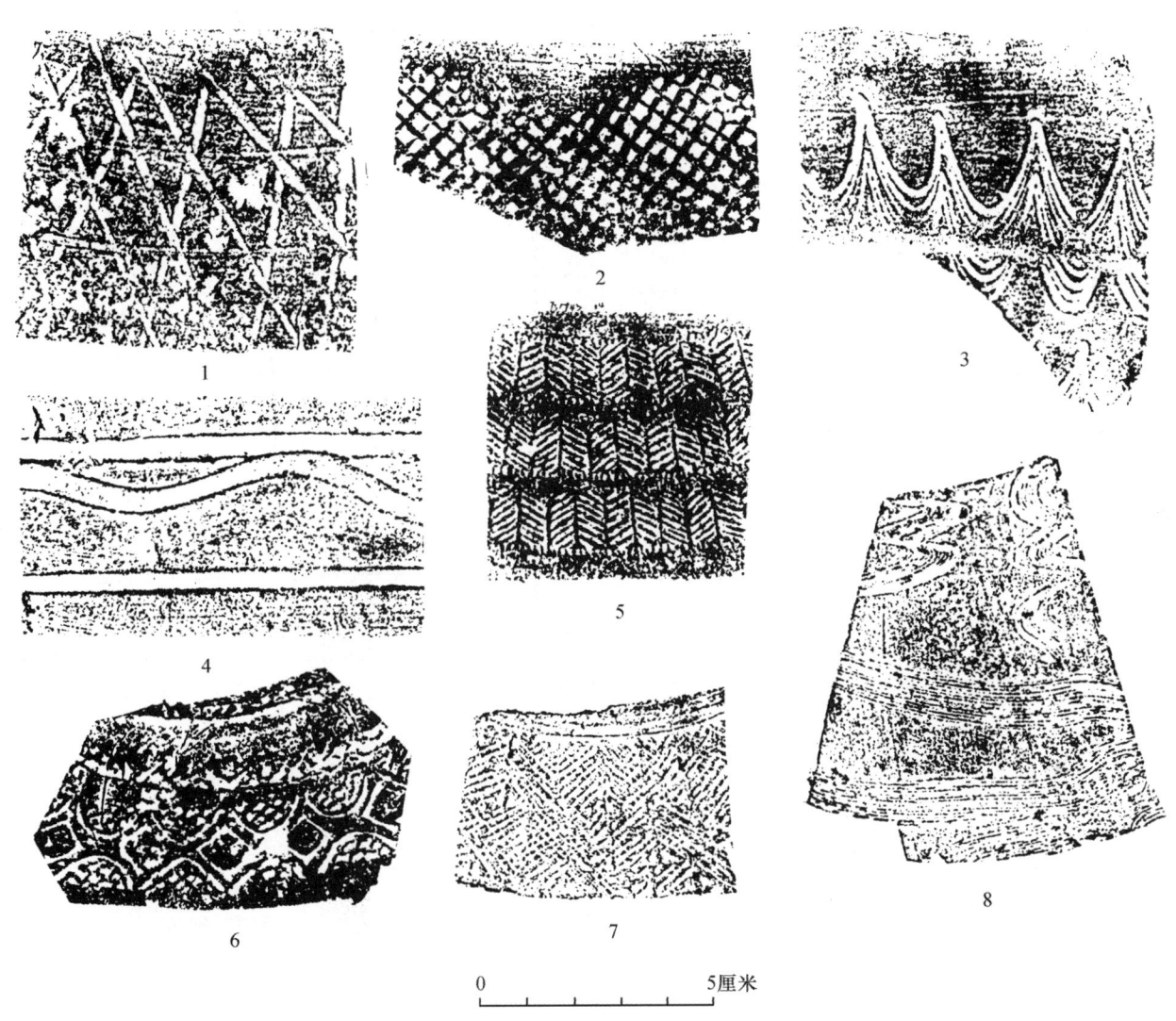

图五〇五　Ⅲ区第三阶段文化遗存陶器纹饰拓片
1. ⅢT24③：2　2. ⅢH119：13　3. Ⅲ18②：2　4. ⅢT24②：3　5. ⅢH43：34　6. ⅢT20③：4　7. ⅢH20：1　8. ⅢH97：10

1. 陶器

有壶、罐、瓮、盆、盂、器盖、建筑构件等。

壶　4件。可分四型。

A型　1件。标本ⅢH22：2，口、颈残片，泥质黑陶。敞口，展沿，方唇，束颈。素面抹光。口径17.6、残高8.6厘米（图五〇六，17）。

B型　1件。标本ⅢT20③：4，口、腹残片，细泥灰陶，手制。敞口，圆唇，直领略外撇，弧肩。颈、肩交界处饰压印纹，肩饰钱纹，腹饰纵向暗弦纹，内壁留有手捏痕迹。口径8、残

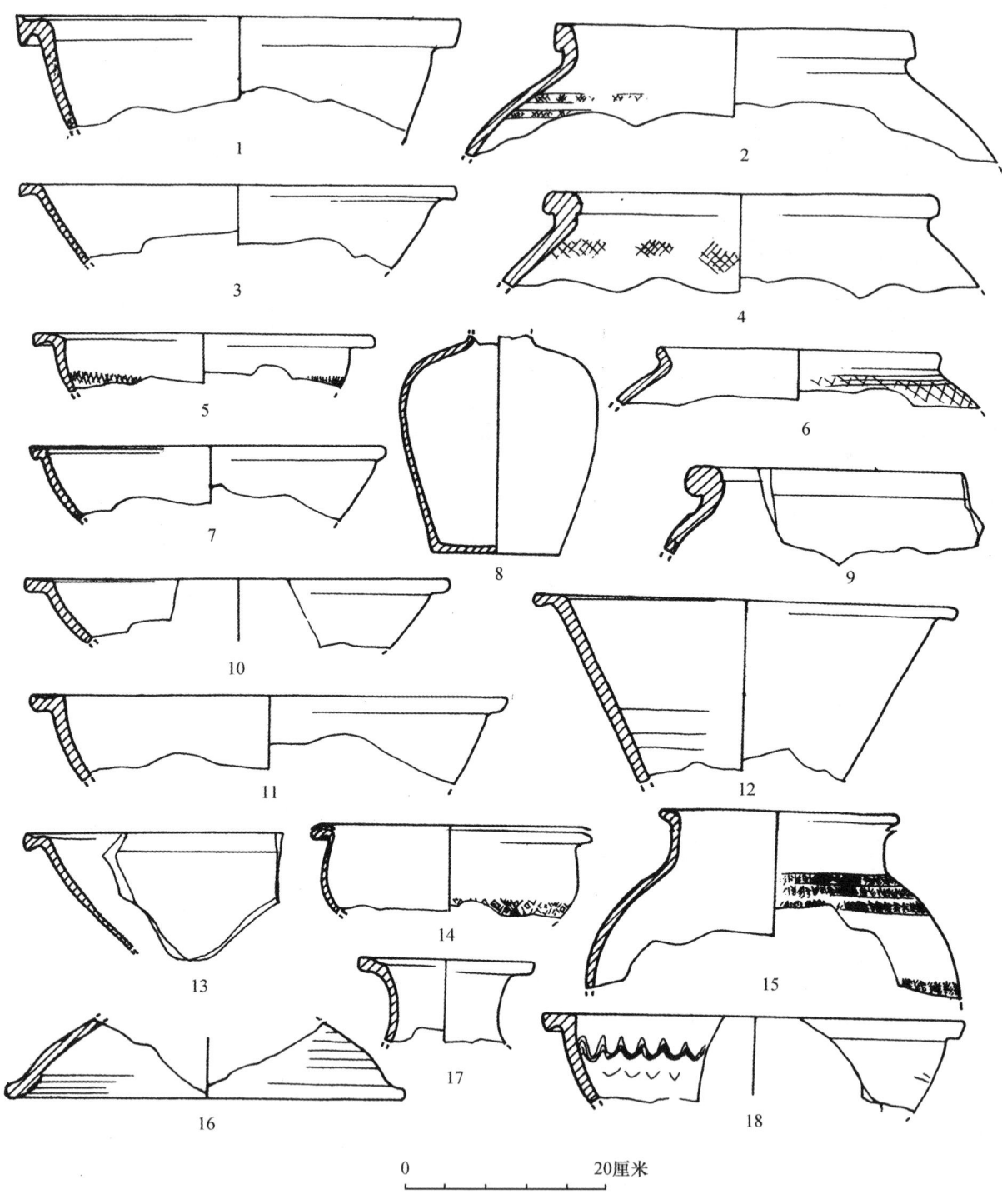

图五〇六　Ⅲ区第三阶段文化遗存器物

1. CⅠ式陶盆（ⅢH105∶21）　2. A型陶瓮（ⅢT19③∶12）　3. BbⅠ式陶盆（ⅢH117∶1）　4. B型陶瓮（ⅢT19③∶14）
5. DⅠ式陶盆（ⅢH127∶2）　6. AⅡ式陶罐（ⅢT24③∶4）　7. EⅡ式陶盆（ⅢH105∶38）　8. C型陶壶（ⅢT20②∶19）
9. C型陶瓮（ⅢT17②∶6）　10. F型陶盆（ⅢH131∶7）　11. EⅠ式陶盆（ⅢT5④∶3）　12. A型陶盆（ⅢT18③∶13）
13. BbⅡ式陶盆（ⅢH131∶4）　14. H型陶盆（ⅢT23②∶16）　15. B型陶罐（ⅢH43∶34）　16. B型陶器盖（ⅢT17③∶4）
17. A型陶壶（ⅢH22∶2）　18. Ba型陶盆（ⅢT18②∶2）

高11.6厘米（图五〇七，5）。

C型　1件。标本ⅢT20②：19，口残，细泥灰陶，模制。丰肩，弧腹，平底。器表素面抹光，内壁留有模制痕迹。底径12.8、残高22厘米（图五〇六，8）。

D型　1件。标本ⅢH50：2，口、腹残片，泥质灰褐陶。浅盘口，圆唇，矮领，束颈。素面抹光。口径16、残高4.8厘米（图五〇七，9）。

罐　6件。可分四型。

A型　2件。可分二式。

Ⅰ式：1件。标本ⅢT24③：2，口、肩残片，泥质灰陶。矮领，侈口，圆唇，丰肩。饰砑光网格暗纹和弦纹。口径30、残高7.6厘米（图五〇七，7）。

Ⅱ式：1件。标本ⅢT24③：4，口、肩残片，细泥黑陶。矮领，侈口，方唇，丰肩。饰砑光网格暗纹和弦纹。口径28、残高6厘米（图五〇六，6）。

B型　1件。标本ⅢH43：34，口、腹残片，夹砂红褐陶，手制。侈口，圆唇，鼓腹。肩、腹饰叶脉纹，内壁留有手捏痕迹。口径24.2、残高18.2厘米（图五〇六，15）。

C型　2件。标本ⅢH43：10，颈、肩残片，泥质灰褐陶，手制。束颈，溜肩。颈部素面抹光，颈肩交界处饰叶脉纹，内壁留有手捏痕迹。颈径9.6、残高8厘米（图五〇七，2）。

D型　1件。标本ⅢT15②：16，口、肩残片，细泥灰褐陶。侈口，窄沿，方唇，矮领，丰肩。颈部素面抹光，肩部饰砑光暗条纹。口径15.8、残高6厘米（图五〇七，3）。

瓮　7件。形体较大，且厚重，可分四型。

A型　2件。标本ⅢT19③：12，口、肩残片，泥质灰陶，模制。直口略外侈，方唇，广肩。器表素面磨光，内壁饰压印纹，印痕较浅。口径36、残高13.6厘米（图五〇六，2）。

B型　2件。标本ⅢT19③：14，口、肩残片，泥质灰陶，模制。敛口，厚圆唇，广肩。器表素面磨光，内壁饰方格纹。口径36、残高10厘米（图五〇六，4）。

C型　1件。标本ⅢT17②：6，口、肩残片，泥质灰陶，模制。敛口，厚圆唇，广肩。器表素面抹光，内壁饰方格纹，局部被抹。口径48、残高9厘米（图五〇六，9）。

D型　2件。标本ⅢH105：24，口、肩残片，泥质灰陶，模制。敛口，厚圆唇，广肩。素面抹光。口径42、残高7.6厘米（图五〇七，8）。

盆　19件。可分九型。

A型　2件。标本ⅢT18③：13，口、腹残片，泥质灰陶，手制。敞口，宽平沿，斜腹。器表素面抹光，内壁留有泥条盘筑痕迹。口径42.4、残高19.2厘米（图五〇六，12）。

B型　5件。可分二亚型。

Ba型　1件。标本ⅢT18②：2，口、腹残片，泥质灰褐陶。敛口，宽平沿，内外缘凸起，各有凸棱一周，方唇，唇缘加厚，弧腹。器表素面抹光，内壁饰水波纹，局部被抹。口径42、残高9厘米（图五〇六，18）。

Bb型　4件。可分二式。

Ⅰ式：1件。标本ⅢH117：1，口、腹残片，泥质灰褐陶。敞口，宽平沿，外缘凸起，有凸

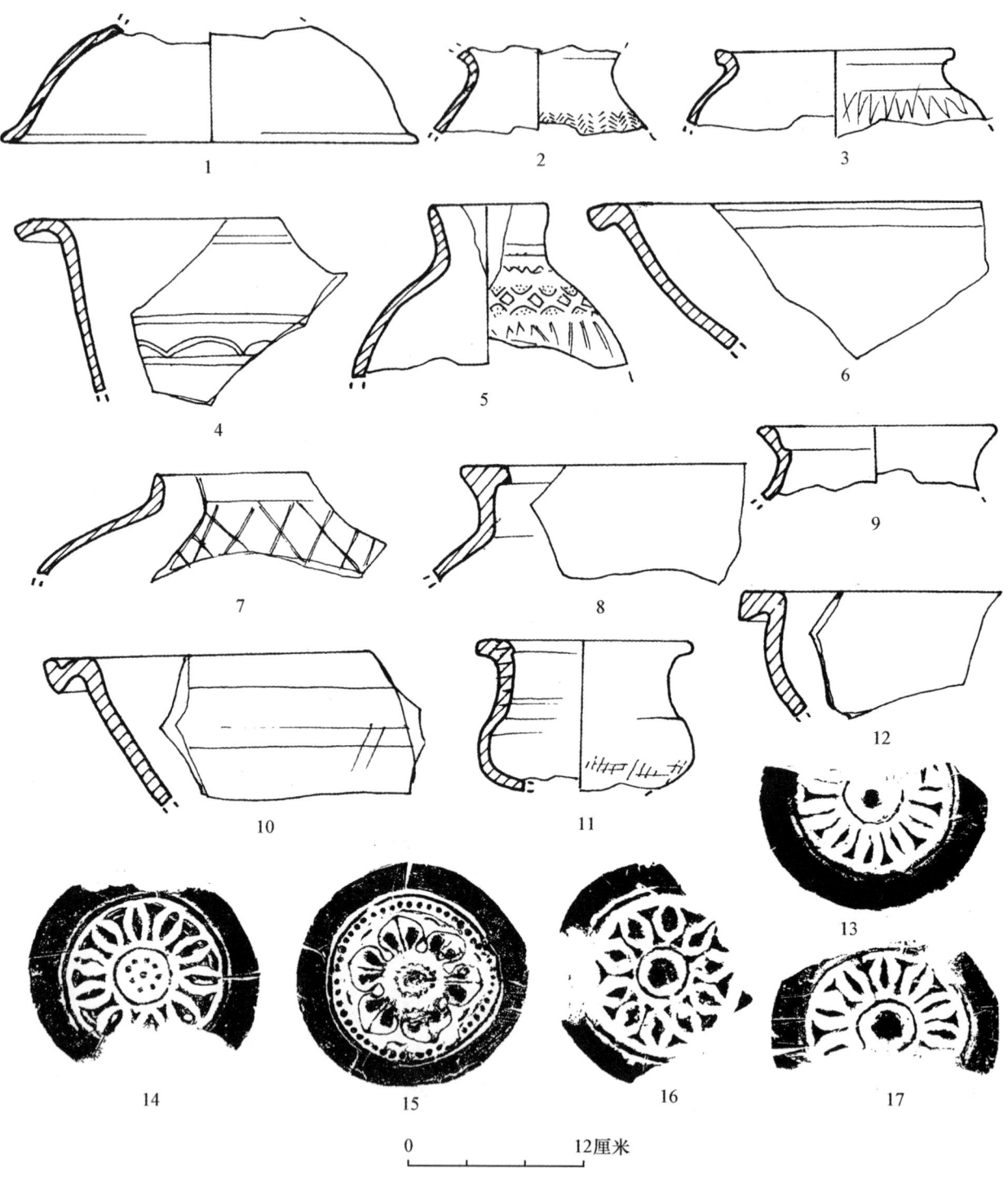

图五〇七 Ⅲ区第三阶段文化遗存器物

1. A型陶器盖（ⅢH105：35） 2. C型陶罐（ⅢH43：10） 3. D型陶罐（ⅢT15②：16） 4. I型陶盆（ⅢT24②：2）
5. B型陶壶（ⅢT20③：4） 6. G型陶盆（ⅢH131：3） 7. AⅠ式陶罐（ⅢT24③：2） 8. D型陶瓮（ⅢH105：24）
9. D型陶壶（ⅢH50：2） 10. CⅡ式陶盆（ⅢH119：19） 11. 陶盂（ⅢT23②：20） 12. DⅡ式陶盆（ⅢH105：34）
13. AbⅡ式莲瓣纹瓦当拓片（ⅢH23：1） 14. B型莲瓣纹瓦当拓片（ⅢT3④：3） 15. 莲花纹瓦当（ⅢT17③：2）
16. Aa型莲瓣纹瓦当（ⅢT2⑤：4） 17. AbⅠ式莲瓣纹瓦当（ⅢT1⑤：3）

棱一周，腹斜直。素面抹光。口径44、残高8.4厘米（图五〇六，3）。

Ⅱ式：3件。标本ⅢH131：4，口、腹残片，泥质红陶。敞口，宽平沿，外缘凸起，有凸棱一周，斜弧腹。素面抹光。口径49.2、残高12厘米（图五〇六，13）。

C型　2件。可分二式。

Ⅰ式：1件。标本ⅢH105：21，口、腹残片，泥质灰陶。敞口，宽平沿，外缘凸起，有凸棱一周，内缘有凹槽一周，斜腹较直。素面抹光。口径44.4、残高11.2厘米（图五〇六，1）。

Ⅱ式：1件。标本ⅢH119：19，口、腹残片，泥质灰陶。敞口，宽平沿，沿面有凹槽一周，方唇略厚，斜腹。素面抹光。口径70、残高10厘米（图五〇七，10）。

D型　2件。可分二式。

Ⅰ式：1件。标本ⅢH127：2，口、腹残片，泥质灰褐陶。敛口，宽平沿，方唇，弧腹。上腹素面抹光，腹饰纵向细绳纹，印痕较浅，内壁饰网格纹。口径34.4、残高6厘米（图五〇六，5）。

Ⅱ式：1件。标本ⅢH105：34，口、腹残片，泥质灰褐陶。敞口，宽平沿，外缘凸起，有凸棱一周，内缘有凹槽一周，斜弧腹。素面抹光。口径38.4、残高8.4厘米（图五〇七，12）。

E型　4件。可分二式。

Ⅰ式：1件。标本ⅢT5④：3，口、腹残片，泥质灰陶，手制。敞口，宽平沿，外缘凸起，有凸棱一周，内缘有凹槽一周，斜直壁。素面抹光。口径48.8、残高9厘米（图五〇六，11）。

Ⅱ式：3件。标本ⅢH105：38，口、腹残片，泥质灰褐陶。敞口，宽平沿，外缘凸起，有凸棱一周，内缘有凹槽一周，斜腹较直。素面抹光。口径35.6、残高7.4厘米（图五〇六，7）。

F型　1件。标本ⅢH131：7，口、腹残片，泥质灰陶。敞口，宽平沿略内折，沿面有凹槽一周，圆唇，斜弧腹。素面抹光。口径43、残高7厘米（图五〇六，10）。

G型　1件。标本ⅢH131：3，口、腹残片，泥质灰陶。敞口，平沿略外折，沿面有凹槽一周，圆唇，斜弧腹。素面抹光。口径42、残高10厘米（图五〇七，6）。

H型　1件。标本ⅢT23②：16，口、腹残片，细泥灰褐陶。敛口，平沿，圆唇，垂腹。上腹素面磨光，下腹饰重菱纹。口径28、残高8.8厘米（图五〇六，14）。

I型　1件。标本ⅢT24②：2，口、腹残片，泥质灰褐陶。敞口，宽平沿，方唇，弧壁。器表素面抹光，腹饰凸弦纹两周，间夹水波纹。口径48、残高12厘米（图五〇七，4）。

盂　1件。标本ⅢT23②：20，底残，泥质红陶，模制。敞口，平沿，圆唇，垂腹。上腹素面抹光，下腹饰划纹，不甚规整，较为随意，内壁留有模制时的印痕。口径14.4、残高10厘米（图五〇七，11）。

器盖　2件。可分二型。

A型　1件。标本ⅢH105：35，泥质灰陶。斜折沿，圆唇，盖面隆起，盖顶残。素面抹光。口径28、残高8厘米（图五〇七，1）。

B型　1件。标本ⅢT17③：4，泥质灰陶。斜折沿，方唇，盖面隆起。表面素面抹光，留有抹痕，内壁饰压印纹。口径40、残高8厘米（图五〇六，16）。

纺轮　3件。可分二型。

A型　1件。标本ⅢH105：3，泥质灰陶，模制。呈饼状，表面微弧，中心钻孔。孔径1.4、直径8.8，厚2厘米（图五〇八，15）。

B型　2件。标本ⅢH105：4，泥质灰陶片磨制。平面呈圆形，中心钻孔。孔径0.9、直径4.6、厚1.6厘米（图五〇八，5）。

建筑构件有筒瓦、滴水、瓦当等。

筒瓦　10件。可分三型。

A型　5件。横截面呈半圆形，子母口，方头，咬合面较长，与筒壁尖角呈锐角。标本ⅢH105：12，稍残，黑色。横截面呈半圆形，子母口，方头，咬合面较长，与筒壁尖角呈锐角。直径16、残长41、厚1.8厘米（图五〇八，1）。

B型　4件。横截面呈半圆形，子母口，方头，咬合面比A型略短，与筒壁尖角呈锐角。标本ⅢH105：32，残，黑色。横截面呈半圆形，子母口，方头，咬合面比A型略短，与筒壁尖角呈锐角。直径16.8、残长20.8、厚1.8厘米（图五〇八，2）。

C型　1件。横截面呈半圆形，子母口，方头，咬合面较短，胎体厚重。标本ⅢC：6，残半，灰色。横截面呈半圆形，子母口，方头，咬合面较短，胎体厚重。外壁素面磨光，内壁饰布纹。直径20、残长17、厚3.6厘米（图五〇八，3）。

滴水　2件。可分二型。

A型　1件。标本ⅢH21：3，残，黑色。头部下侧饰手指压成的波浪纹，上侧及中部饰凸棱纹间夹波浪纹。内、外壁磨光。残长25.6、残宽16、厚1.8厘米（图五〇八，9）。

B型　1件。标本ⅢT1⑤：2，残，黑色。头部下侧用手指压成波浪纹，上侧及中部饰凸棱纹间夹锯齿纹。内、外壁磨光。残长15.6、残宽11.6、厚1.8厘米（图五〇八，10）。

瓦当　有莲花纹和莲瓣纹两种。

莲花纹　20件。标本ⅢT17③：2，灰色。当面突起，边轮扁平。当心饰乳凸纹，与一周联珠纹组成花蕊，外饰六瓣宝相莲花，莲花与边轮间以单环弦纹、单环联珠纹为间隔。直径15.4、边轮宽2、当厚1.3厘米（图五〇七，15；图版二八，1）。

莲瓣纹　11件。可分二型。

A型　9件。可分二亚型。

Aa型　1件。标本ⅢT2⑤：4，黑色，边轮磨光。当面突起，边轮扁平。以单环线将当面划分为内外区，内区饰乳凸纹；外区饰枣核状花瓣纹十枚，花瓣间以"T"字形莲叶相隔。直径15.5、边轮宽2.2、当厚1.6厘米（图五〇七，16；图版二八，2）。

Ab型　8件。可分二式。

Ⅰ式：7件。标本ⅢT1⑤：3，灰色。当面突起，边轮扁平。以单环线将当面划分为内外区，内区饰乳凸纹；外区饰枣核状花瓣纹十枚，花瓣略长，花瓣间以"T"字形莲叶相隔，"T"字连于当心环线上。直径15.2、边轮宽1.8、当厚1.6厘米（图五〇七，17）。

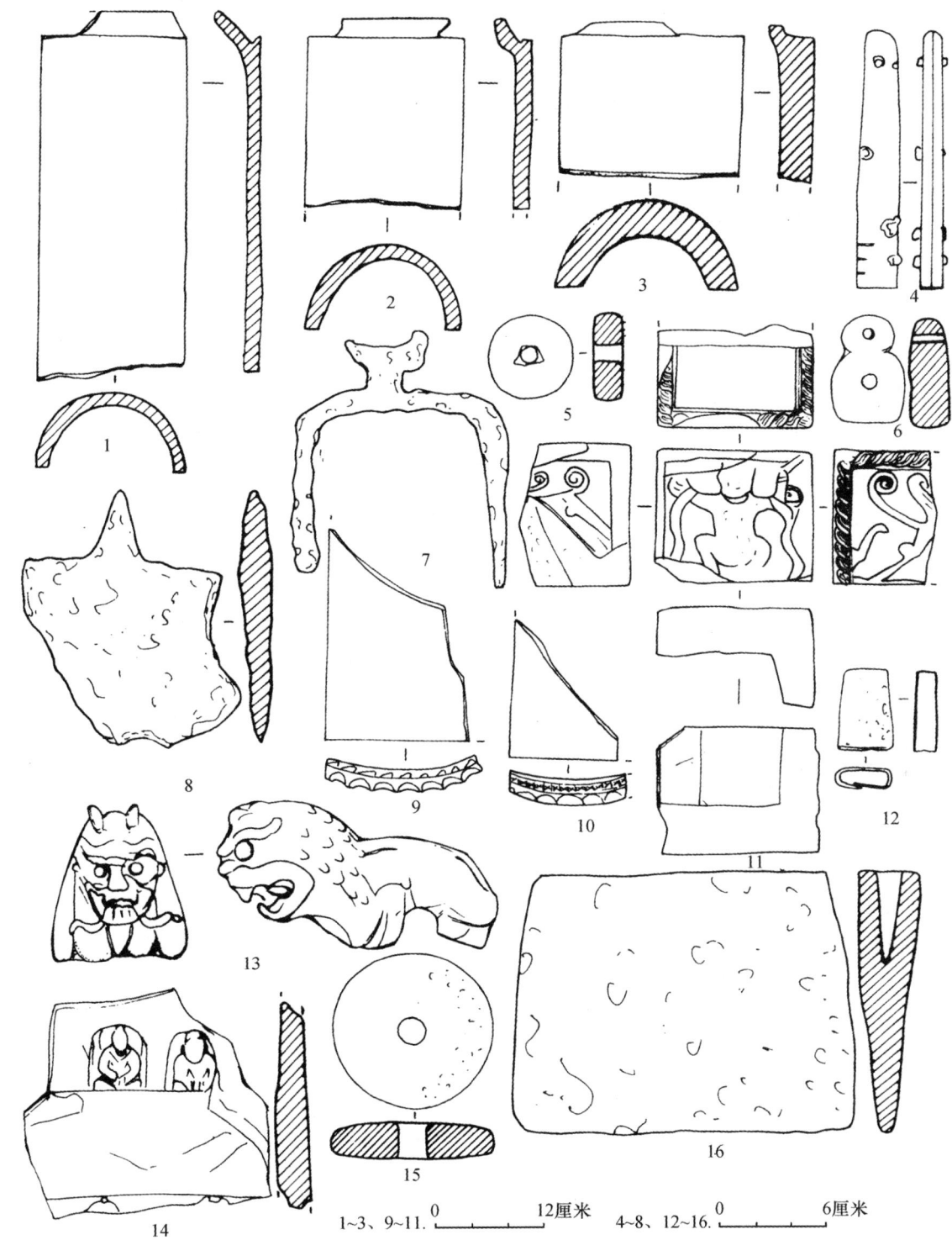

图五〇八　Ⅲ区第三阶段文化遗存器物

1. A型筒瓦（ⅢH105：12）　2. B型筒瓦（ⅢH105：32）　3. C型筒瓦（ⅢC：6）　4. 骨器柄（ⅢH105：1）
5. B型陶纺轮（ⅢH105：4）　6. 石带饰（ⅢH105：6）　7. 铁马镫（ⅢH105：9）　8. 铁铲（ⅢH105：8）
9. A型滴水（ⅢH21：3）　10. B型滴水（ⅢT1⑤：2）　11. 石器座（ⅢH2：2）　12. 铜帽状器（ⅢH105：5）
13. 石狮（ⅢH105：17）　14. 石刻（ⅢC：3）　15. A型陶纺轮（ⅢH105：3）　16. 铁锄（ⅢH105：10）

Ⅱ式：1件。标本ⅢH23：1，残半，细泥黑陶，边轮磨光。当面突起，边轮扁平。以单环线将当面划分为内外区，内区饰乳凸纹；外区饰枣核状花瓣纹十枚，花瓣细长呈线形，花瓣间以"T"字形莲叶相隔，"T"字连于当心环线上。直径15、边轮宽2.1、当厚1.7厘米（图五〇七，13）。

B型　2件。标本ⅢT3④：3，灰色，当面突起，边轮扁平。以单环线将当面划分为内外区，内区饰八颗小乳钉为花蕊；外区饰枣形莲瓣纹十枚，莲瓣间以"T"字形莲叶相隔。直径14.5、边轮宽2、当厚1.5厘米（图五〇七，14；图版二八，3）。

2. 铜器

帽状器　1件。标本ⅢH105：5，近梯形扁筒状。体长4.4、宽3、厚1.2、筒径长2.6、宽0.9厘米（图五〇八，12）。

3. 铁器

有铲、锄、马镫等。

铲　1件。标本ⅢH105：8，残。直背与一尖状形的铤衔接。体残长10.8、宽10厘米（图五〇八，8）。

锄　2件。标本ⅢH105：10，呈长方体，直刃，銎部较浅。体长18.8、宽14.4厘米，銎径长16、宽1.4、深5厘米（图五〇八，16）。

马镫　1件。标本ⅢH105：9，鼻、镫面残。方形柱状提梁。残高14厘米（图五〇八，7）。

4. 石器

有带饰、石佛、石狮、器座等。

带饰　1件。标本ⅢH105：6，磨制。近椭圆形鼻，中心钻孔为穿，下衔接一弧肩长方体，中部钻一浅坑。孔径0.4、长6、宽4、厚2.2厘米（图五〇八，6；图版二八，4）。

石刻　1件。标本ⅢC：3，残，砂岩雕刻而成。正面雕刻上下两排佛龛，每个龛内雕刻一尊坐佛。残长15、残高13、厚2厘米（图五〇八，14）。

石狮　1件。标本ⅢH105：17，呈蹲踞状，下半部残。面目狰狞，圆眼外突，高颧骨，嘴半张露犬牙。狮身饰有多个毛发卷成螺旋状乳钉。残高15厘米（图五〇八，13）。

器座　1件。标本ⅢH2：2，残半，砂岩雕刻而成。呈长方体，正面雕刻杂耍图案，两侧面雕刻凤鸟纹图案。长17.4、残宽11.4、高14.8厘米（图五〇八，11）。

5. 骨器

骨器柄 1件。标本ⅢH105：1，近长方管状，顶端弧凸，中部夹有铁链，用铁钉加固。长14.3、宽2.2、厚1厘米（图五〇八，4）。

（四）第四阶段文化遗存

该类遗存的地层堆积以a区⑤层，b区、e区③层，f区②层为代表。遗迹以a区⑤层下开口的遗迹，b区、d区、e区③层下开口的部分遗迹，以及f区②层下开口的部分遗迹为代表，仅见灰坑（窖穴）、壕沟、水井和陶窑等。灰坑（窖穴）共发现37个。坑口平面有圆形、椭圆形、长方形、不规则形和其他（形状不清）五种；以长方形和不规则形居多，分别占34.4%、31.3%。坑壁分直壁、斜直壁、弧壁三类；坑底有平底和圜底之分，形体规整的应为当时的窖穴。遗迹单位有ⅢH14、ⅢH15、ⅢH16、ⅢH19、ⅢH21、ⅢH24、ⅢH32、ⅢH43、ⅢH44、ⅢH45、ⅢH46、ⅢH48、ⅢH50、ⅢH65、ⅢH66、ⅢH67、ⅢH72、ⅢH74、ⅢH75、ⅢH76、ⅢH78、ⅢH79、ⅢH80、ⅢH81、ⅢH82、ⅢH87、ⅢH103、ⅢH108、ⅢH117、ⅢH119、ⅢH120、ⅢH122、ⅢH123、ⅢH128、ⅢH129、ⅢH132、ⅢH133；壕沟3条，ⅢG2、ⅢG3、ⅢG6；水井2眼。井口平面有长方形和圆形两种。遗迹单位有ⅢJ1、ⅢJ7。陶窑1座，编号Y1。

该类遗存的遗物发现甚少，器类有陶器、瓷器、铁器、石器、骨角器等。以陶器居多，瓷器、铁器和石器略相等，骨角器只发现1件。陶器大体分为生活用具和建筑构件两大类。陶质分泥质陶和夹蚌陶两类，以泥质陶居多，夹蚌陶较少；陶色有灰陶、灰褐陶、黑陶、红陶和红褐陶几种，以灰陶居多，灰褐陶和黑陶略相等，红陶和红褐陶数量较少；纹饰有素面、磨光、暗弦纹、暗环绕纹、滚轮压印纹、泥条附加堆纹等。制法皆为轮制，烧制火候较高。

1. 陶器

有罐、壶、执壶、盆、碗、盘、盏等。

罐 1件。标本ⅢH46：20，口、腹残片，泥质灰陶。侈口，圆唇，矮领、束颈，广肩，附桥形器耳。素面抹光。口径18、残高9.4厘米（图五〇九，4）。

壶 2件。标本ⅢH14：1，口、颈残片，泥质黑陶。敞口，外折沿，圆唇，束颈。素面抹光。口径18、残高8.4厘米（图五〇九，11）。

执壶 1件。标本ⅢH119：1，口残，泥质灰陶。弧肩，卵腹，平底。肩饰研光暗环绕纹一周，腹饰暗弦纹，下腹素面抹光，底部留有旋削痕迹。底径10、残高15.2厘米（图五〇九，14）。

盆 13件。可分五型。

A型 3件。可分二式。

Ⅰ式：2件。标本ⅢH119：2，泥质灰陶。敛口，厚圆唇，斜弧腹，平底。器表素面抹光，

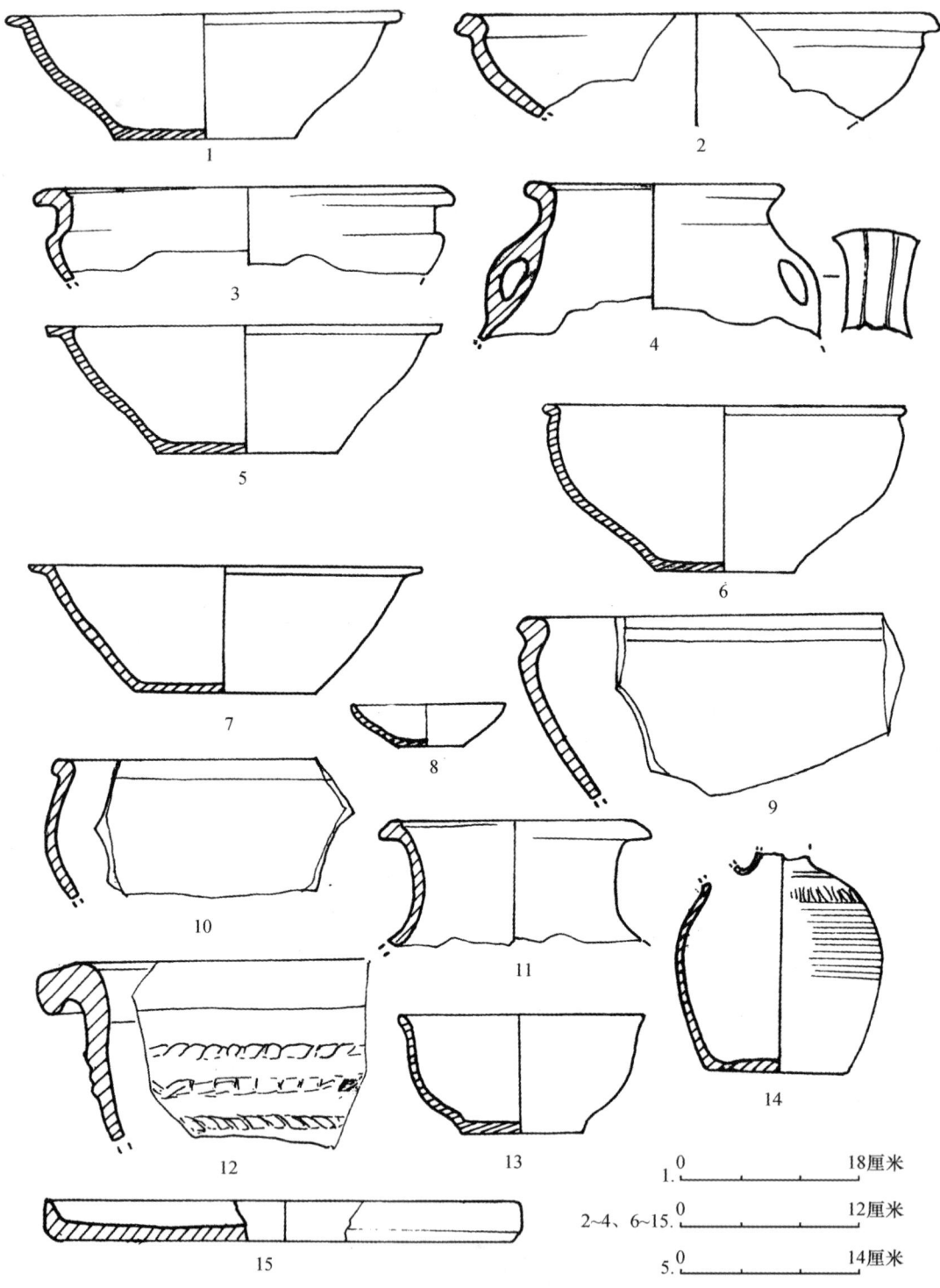

图五○九　Ⅲ区第四阶段文化遗存器物
1. BbⅡ式陶盆（ⅢH92∶1）　2. Db型陶盆（ⅢT7③∶11）　3. Da型陶盆（ⅢH41∶4）　4. 陶罐（ⅢH46∶20）
5. Ba型陶盆（ⅢT8③∶2）　6. AⅠ式陶盆（ⅢH119∶2）　7. BbⅠ式陶盆（ⅢT2⑤∶6）　8. 陶盏（ⅢT18③∶1）
9. AⅡ式陶盆（ⅢH119∶16）　10. C型陶盆（ⅢH119∶14）　11. 陶壶（ⅢH14∶1）　12. E型陶盆（ⅢH67∶5）
13. 陶碗（ⅢT1⑤∶1）　14. 陶执壶（ⅢH119∶1）　15. 陶盘（ⅢT13②∶5）

底部留有旋削痕迹。口径24、底径9.3、高11.4厘米（图五〇九，6）。

Ⅱ式：1件。标本ⅢH119：16，口、腹残片，泥质灰陶。敛口，厚圆唇，斜弧腹。素面抹光。口径36、残高12厘米（图五〇九，9）。

B型　6件。可分二亚型。

Ba型　1件。标本ⅢT8③：2，泥质灰陶。敛口，窄平沿，方唇，斜弧腹，平底略内凹。器表素面抹光，底部留有旋削痕迹。口径53.3、底径24、高17.4厘米（图五〇九，5）。

Bb型　5件。可分二式。

Ⅰ式：2件。标本ⅢT2⑤：6，泥质灰陶。敞口，窄平沿略外斜，沿面有凹槽一周，圆唇，斜腹，平底。素面抹光。口径26、底径12.2、高8.6厘米（图五〇九，7）。

Ⅱ式：3件。标本ⅢH92：1，泥质灰陶。敞口，窄平沿，方唇，斜弧腹，平底。素面抹光，底部留有旋削痕迹。口径39、底径17.5、高13厘米（图五〇九，1）。

C型　1件。标本ⅢH119：14，口、腹残片，泥质灰陶。敛口，圆唇，弧腹。素面抹光。口径25、残高9.2厘米（图五〇九，10）。

D型　2件。可分二亚型。

Da型　1件。标本ⅢH41：4，口、腹残片，泥质灰褐陶。卷沿，圆唇，曲腹，素面抹光。口径28、残高6厘米（图五〇九，3）。

Db型　1件。标本ⅢT7③：11，口、腹残片，泥质褐陶。卷沿，圆唇，弧腹，素面抹光。口径32、残高7.2厘米（图五〇九，2）。

E型　1件。标本ⅢH67：5，口、腹残片，泥质夹蚌红褐陶。敞口，卷沿，沿面有凹槽一周，厚圆唇，深弧腹。饰泥条附加堆纹两周，间夹凸棱压印纹一周。口径98、残高12.4厘米（图五〇九，12）。

碗　1件。标本ⅢT1⑤：1，泥质灰陶。敞口，圆唇，深弧腹。饼足略外撇。器表素面磨光，底部留有旋削痕迹。口径16、底径8、高8厘米（图五〇九，13）。

盘　1件。标本ⅢT13②：5，细泥黑陶。敞口，尖圆唇，浅腹，平底。素面磨光。口径32、底径30、高2.8厘米（图五〇九，15）。

盏　1件。标本ⅢT18③：1，泥质灰陶。敞口，方唇，斜弧腹，平底略内凹。器表素面磨光，口部有烟炱，底部留有旋削痕迹。口径10、底径5、高3厘米（图五〇九，8）。

纺轮　2件。可分二型。

A型　1件。标本ⅢH45：2，泥质红褐陶，模制。呈圆锥状，上端较平，中心钻孔，饰纵向沟纹。孔径0.4、底径2、高2厘米（图五一〇，9）。

B型　1件。标本ⅢH87：1，泥质灰陶片磨制。平面呈圆形，中心钻孔，对钻。孔径0.7、直径3.6、厚1.6厘米（图五一〇，8）。

陶饼　3件。可分二型。

A型　2件。标本ⅢT7③：21，泥质灰陶片打制而成。平面呈圆形，一侧面饰压印纹。直径6.4、厚1厘米（图五一〇，7）。

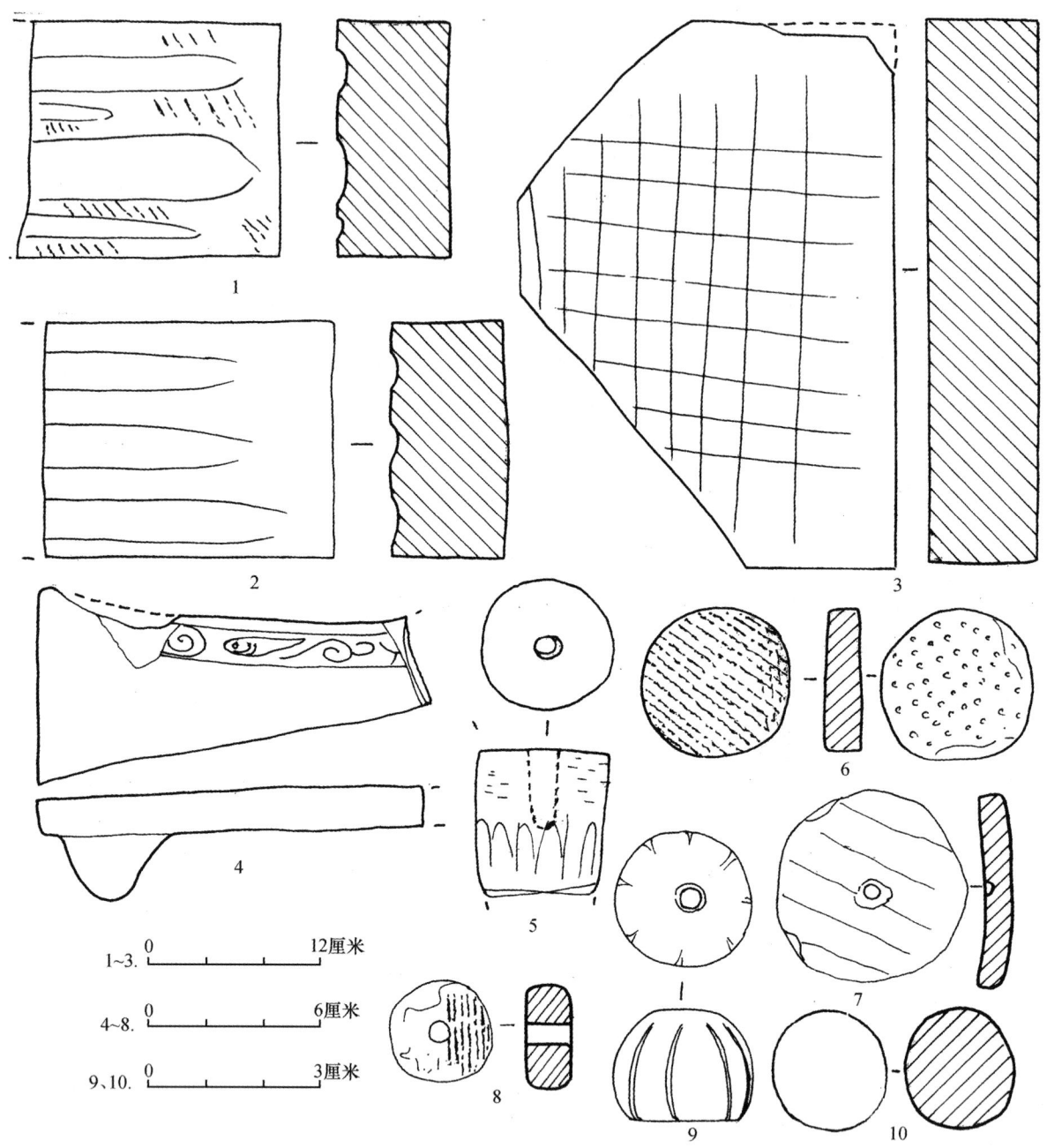

图五一〇　Ⅲ区第四阶段文化遗存器物

1、2. 模具（ⅢH43：30、H43：16）　3. 围棋盘（ⅢH43：26）　4. 陶砚（ⅢT13②：4）　5. 陶拍（ⅢJ1：1）　6. B型陶饼（ⅢH71：9）　7. A型陶饼（ⅢT7③：21）　8. B型陶纺轮（ⅢH87：1）　9. A型陶纺轮（ⅢH45：2）　10. 陶丸（ⅢH119：10）

B型　1件。标本ⅢH71：9，泥质灰陶片磨制而成。平面呈圆形，一侧饰绳纹，一侧饰坑点纹。直径5、厚1.2厘米（图五一〇，6）。

陶拍　1件。标本ⅢJ1：1，泥质灰陶，圆形柱状，顶端中心钻半孔。器表上端有弦痕，下端有刀削痕。孔径0.8、直径4.6、残高5厘米（图五一〇，5）。

陶砚　1件。标本ⅢT13②：4，残，细泥灰陶，模制。箕形，砚边饰云纹间夹鱼纹，底部有乳状矮足。残长13.5、高3.6厘米（图五一〇，4）。

陶丸　1件。标本ⅢH119：10，细泥灰陶。呈椭圆体，直径1.9~2.1厘米（图五一〇，10）。

围棋盘　1件。标本ⅢH43：26，残半。用方砖制成，砖面经打磨光滑后其上阴刻网状线条，较为随意。长38、残宽26、厚7.6厘米（图五一〇，3）。

模具　2件。用长条形砖改制而成，皆残。标本ⅢH43：16，残长20、宽16.5、厚8厘米（图五一〇，2）。标本ⅢH43：30，残长18、宽16.5、厚8厘米（图五一〇，1）。

建筑构件　有砖、筒瓦、板瓦、瓦当、鸱吻等。

砖　可分二型。

A型　莲花纹方砖出土数量较多，形制相同，皆为模制。砖面突起，砖心饰乳凸，与一周联珠纹组成花蕊，外饰六瓣宝装莲花，莲花与边轮间以单环弦纹、单环联珠纹、单环弦纹为间隔；内框以花草纹为间隔；边框以两周单环弦纹间夹联珠纹为间隔。标本ⅢH43：23，稍残。平面呈方形，边残长28~30、厚8厘米（图五一一，5）。

B型　1件，长条形。标本ⅢY1：1，平面呈长方形，两侧皆为素面。长36.5、宽16.5、厚6厘米（图五一一，4）。

筒瓦　4件。可分三型。

A型　2件。形制相同，横截面呈半圆形，子母口，方头，咬合面较短。瓦背素面抹光，内壁饰布纹。标本ⅢH46：4，泥质灰陶。直径13.6、长29.2、厚2.4厘米（图五一一，3）。标本ⅢH46：13，直径12.8、长28.8、厚1.6厘米（图五一一，7）。

B型　1件。标本ⅢH46：12，泥质灰陶。横截面呈半圆形，子母口，方头，咬合面较长。瓦背素面抹光，内壁饰布纹。直径15.6、长30、厚2厘米（图五一一，6）。

C型　1件。标本ⅢT2⑤：7，残，泥质灰陶。瓦背素面抹光，内壁饰布纹，器表阴刻"王孝"二字。残长14、宽11、厚1.4厘米（图五一一，8）。

板瓦　2件，平面呈梯形。瓦背素面抹光，内壁饰布纹。标本ⅢH46：11，泥质灰陶。长33.8、上宽20.2、下宽22.6、厚2.4厘米（图五一一，1）。标本ⅢH46：15，长33.2、上宽20、下宽21.4、厚2厘米（图五一一，2）。

瓦当　有莲蕾纹、莲籽纹、兽面纹等。

莲蕾纹　7件。可分二型。

A型　6件。以单环线将当面划分为内外区。内区以乳钉纹组成花蕊；外区饰八朵宝式莲蕾纹，间以"T"字纹相隔，且与内环线相连，外饰一周联珠纹。可分二式。

Ⅰ式：4件。标本ⅢH21：1，泥质灰陶。以单环线将当面划分为内外区。内区以乳钉纹组成花蕊；外区饰八朵宝式莲蕾纹，间以"T"字纹相隔，且与内环线相连，外饰一周联珠纹。直径16.5、边轮宽2.2、当厚1.6厘米（图五一二，3）。

Ⅱ式：2件。标本ⅢG3：3，残，泥质灰陶。以单环线将当面划分为内外区。内区以乳钉纹

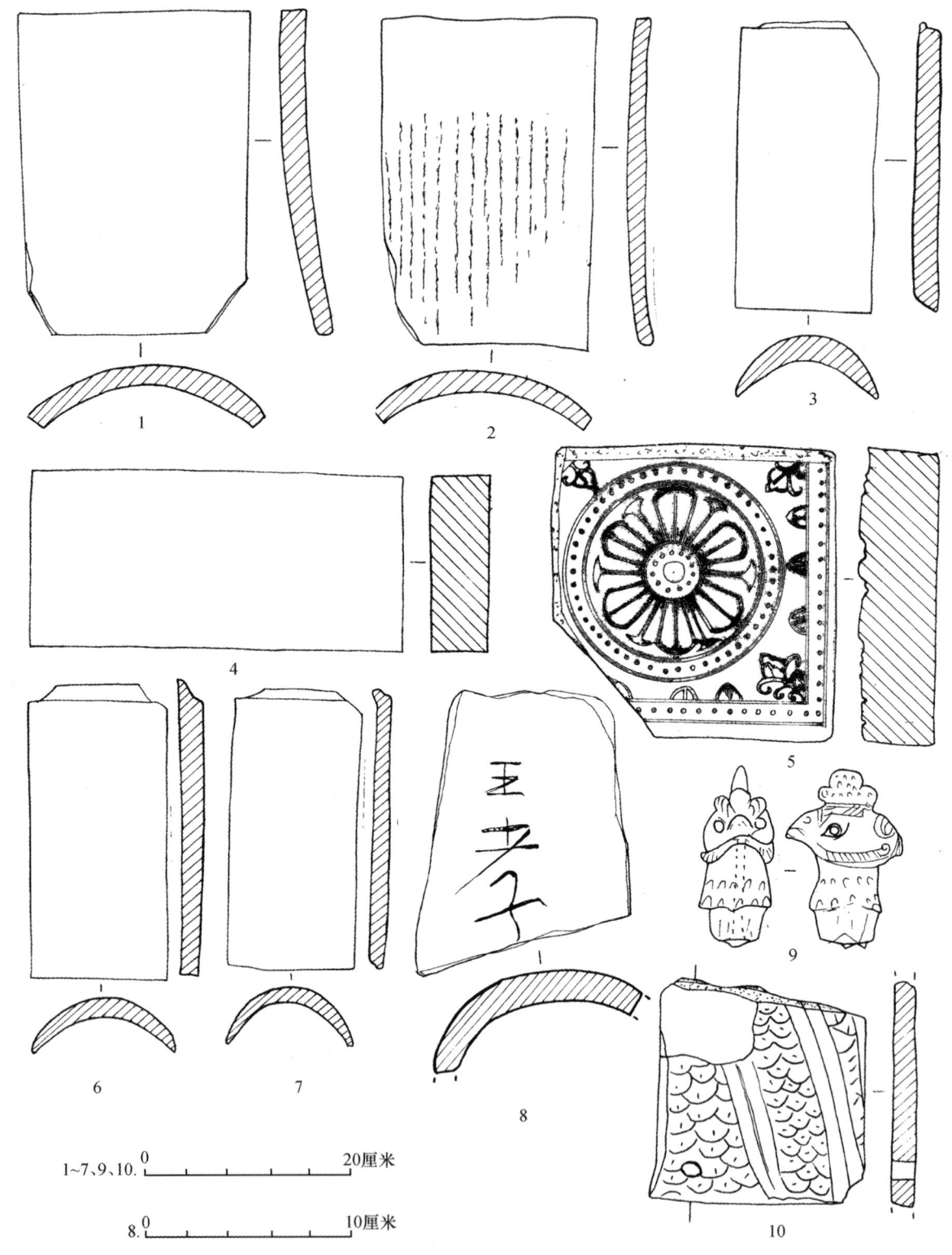

图五一一 Ⅲ区第四阶段文化遗存建筑构件
1、2.板瓦（ⅢH46∶11、ⅢH46∶15） 3、7.A型筒瓦（ⅢH46∶4、ⅢH46∶13） 4.B型砖（ⅢY1∶1）
5.A型砖（ⅢH43∶23） 6.B型筒瓦（ⅢH46∶12） 8.C型筒瓦（ⅢT2⑤∶7） 9、10.鸱吻（ⅢG4∶9、ⅢH46∶14）

组成花蕊；外区饰八朵椭圆形莲蕾纹，间以"T"字纹相隔，且与内环线相连，外饰一周联珠纹。直径14、边轮宽2、当厚1.4厘米（图五一二，5）。

B型　1件。标本ⅢH23：3，稍残，泥质灰陶。当心以乳钉纹组成花蕊，外饰八朵扁式莲蕾纹，间以"T"字纹相隔，外饰一周联珠纹。直径16.5、边轮宽2.1、当厚2厘米（图五一二，2；图版二九，1）。

莲籽纹　7件。可分二型。

A型　3件。标本ⅢT15②：6，残，泥质灰陶。以单环线将当面划分为内外区。内区当心饰八棱形乳凸；外区饰两排莲蕾纹。直径16、边轮宽1.7、当厚1.6厘米（图五一二，4）。

B型　4件。以单环线将当面划分为内外区。内区当心饰犄角式莲籽纹；外区饰一排莲蕾纹，凸棱纹与边缘相间隔。标本ⅢH5：4，残半，泥质灰陶。以单环线将当面划分为内外区。内区当心饰犄角式莲籽纹；外区饰一排莲蕾纹，凸棱纹与边缘相间隔。直径15、边轮宽1.5、当厚1.9厘米（图五一二，6）。

兽面纹　4件。当面扁平，兽头额骨微凸，颧骨较高，吊角形双耳，圆眼，粗眉，蒜头鼻，鼻孔较大，嘴呈元宝形，口露獠牙及小牙，颌须外卷呈"八"字形，鬃毛与鬓毛短而直额部印一阳文"王"字。标本ⅢF1：2，泥质灰陶。当面扁平，兽头额骨微凸，颧骨较高，吊角形双耳，圆眼，粗眉，蒜头鼻，鼻孔较大，嘴呈元宝形，口露獠牙及小牙，颌须外卷呈"八"字形，鬃毛与鬓毛短而直额部印一阳文"王"字。直径16.5、边轮宽2～2.5、当厚1厘米（图五一二，1；图版二九，2）。

鸱吻　2件。标本ⅢG4：9，灰色。凤鸟纹脊饰件。残高18厘米（图五一一，9）。标本ⅢH46：14，青灰色。龙身，饰龙鳞纹。残长23、宽20.8、厚2.2厘米（图五一一，10）。

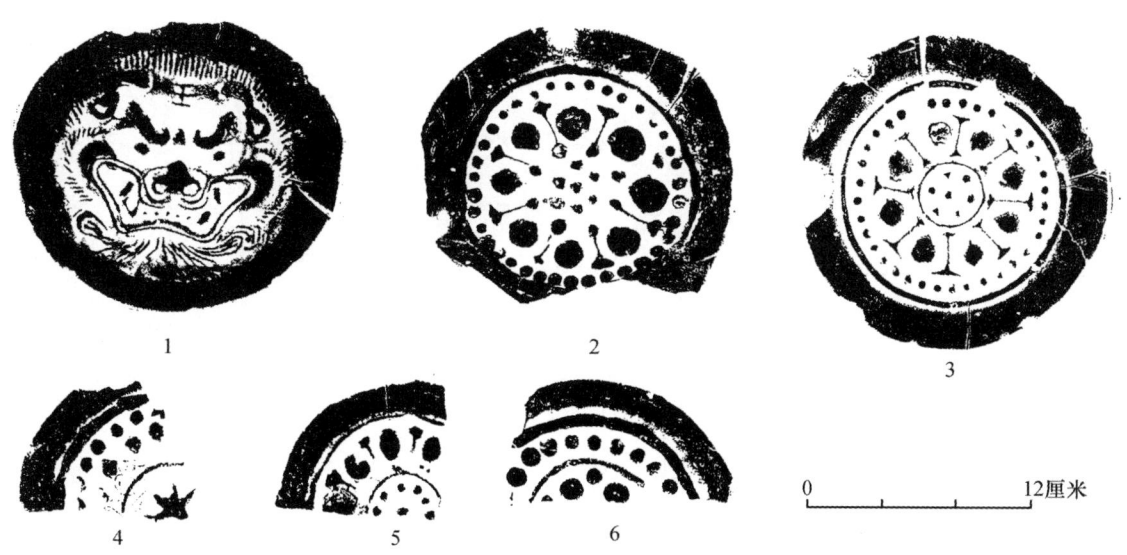

图五一二　Ⅲ区第四阶段文化遗存瓦当
1.兽面纹（ⅢF1：2）　2.B型莲花纹（ⅢH23：3）　3.AⅠ式莲蕾纹（ⅢH21：1）　4.A型莲籽纹（ⅢT15②：6）
5.AⅡ莲蕾纹（ⅢG3：3）　6.B型莲籽纹（ⅢH5：4）

2. 瓷器

有罐、碗、盏、瓷玩等。

罐 1件。标本ⅢH71∶34，口、腹残片。直口，圆唇，直领，溜肩。白灰色粗胎，施白釉，釉色泛黄，内壁口部施釉，以下露胎，釉层有冰裂纹。口径9、残高5.1厘米（图五一三，7）。

碗 7件。可分五型。

A型 2件。标本ⅢT13③∶1，敞口，圆唇，斜腹，矮圈足。灰白色粗胎，先涂白色化妆土，施白釉，釉色泛黄；内壁施满釉，外壁施半釉，局部有蜡泪痕，内底有3个支钉疤痕，局部有窑粘。口径10.6、底径3.4、高3.4厘米（图五一三，6）。

B型 2件。标本ⅢH5∶9，敞口，圆唇，斜弧腹，矮圈足。灰白色胎，先涂白色化妆土，施白釉，釉色泛黄；内壁施满釉，外壁施釉不及底，有蜡泪痕，内底残存2个支钉疤痕，局部有窑粘。口径11、底径4.4、高3.2厘米（图五一三，4）。

C型 1件。标本ⅢT2⑤∶1，敞口，圆唇，弧腹，圈足。胎质细腻，施白釉，釉色泛青；内、外壁施满釉，足壁露胎。口径13、底径5.2、高4.6厘米（图五一三，2）。

D型 1件。标本ⅢH128∶1，敞口，圆唇，弧腹，饼足略外撇。灰白胎，先涂白色化妆土，施白釉，釉色泛黄；内壁施满釉，外壁施半釉，有蜡泪痕。口径11.7、底径5、高4厘米（图五一三，3）。

E型 1件。标本ⅢT4②∶2，敞口，尖圆唇，斜弧腹，饼足略外撇。胎质灰白细腻，内壁施白釉，釉色泛青，外壁施黑釉，足底露胎。口径13.7、底径6.3、高3.4厘米（图五一三，1）。

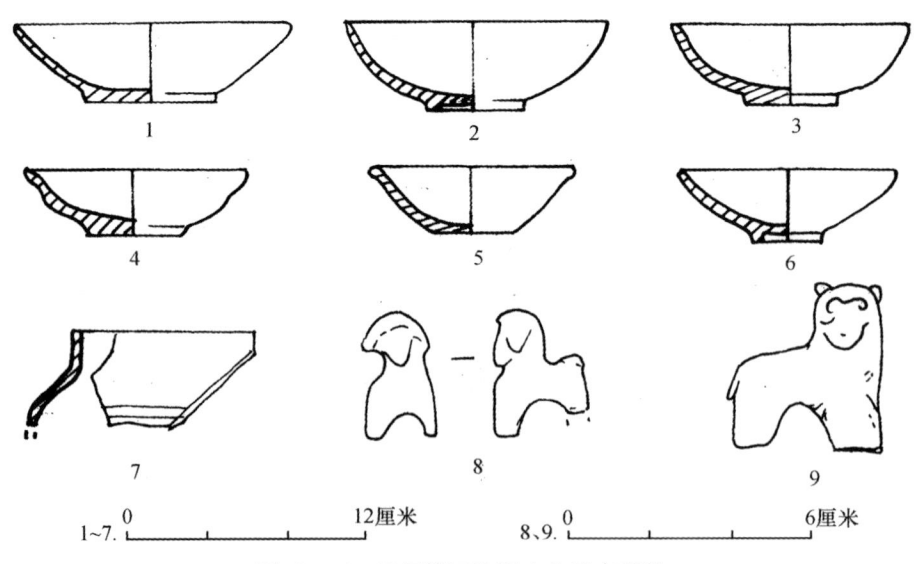

图五一三　Ⅲ区第四阶段文化遗存器物

1.E型瓷碗（ⅢT4②∶2）　2.C型瓷碗（ⅢT2⑤∶1）　3.D型瓷碗（ⅢH128∶1）　4.B型瓷碗（ⅢH5∶9）
5.瓷盏（ⅢH128∶2）　6.A型瓷碗（ⅢT13③∶1）　7.瓷罐（ⅢH71∶34）　8.B型瓷玩（ⅢG3∶2）　9.A型瓷玩（ⅢG3∶1）

盏　1件。标本ⅢH128：2，敞口，圆唇，唇缘加厚，斜腹，平底。白灰色粗胎，施白釉，釉色泛黄；内壁施满釉，外壁露胎，内底有3个支钉疤痕。口径10、底径4.4、高3.4厘米（图五一三，5）。

瓷玩　2件。犬。可分二型。

A型　1件。标本ⅢG3：1，一腿残，呈站立状，小耳竖立。灰白胎较细，施酱釉，釉色斑驳。长3.6、高4.2厘米（图五一三，9）。

B型　1件。标本ⅢG3：2，后腿残，呈站立状，大耳向下。白胎较细，施白釉。长2.4、高3.2厘米（图五一三，8）。

3. 铁器

有斧、镢、钩、甲片等。

斧　2件。可分二型。

A型　1件。标本ⅢG4：7，呈窄长方体，直刃微弧，略宽，较锋利，侧面中部偏上中空成銎，銎口平整，呈长方形，体长9.5、刃宽6.4厘米，銎径长3、宽1厘米（图五一四，1）。

B型　1件。标本ⅢT24②：1，呈扁圆体，横截面呈椭圆形，弧刃略厚，一侧面上部有插口，呈长方形，体长11.8、刃宽6厘米，插口宽1.6、深4.8厘米（图五一四，5）。

镢　1件。标本ⅢT16③：1，銎残。呈窄长方体，弧刃略宽。体长18、刃宽8厘米（图五一四，8）。

钩　1件。标本ⅢT2⑤：2，一端鼻弯曲成方形，穿近长方形，一端作半圆形弯钩，钩体横截呈长方形。体长7.6、穿长0.7、宽0.5厘米（图五一四，2）。

甲片　5件。形制相同。标本ⅢG6：2，平面呈弧角长方形，两端呈圆弧形，两边平直，上端居中钻竖向两孔。下端居中钻横向两孔。长9.8、宽2.3、厚0.35厘米（图五一四，9）。

4. 石器

有石砚、磨石、石球等。

石砚　2件。标本ⅢG1：5，残半。箕形，底部有两乳状矮足。残长6、宽7、高2.4厘米（图五一四，7）。标本ⅢT1②：8，残半。箕形，底部有两矮足。足高1.2、残长9、宽9、通高4厘米（图五一四，11）。

磨石　2件。可分二型。

A型　1件。标本ⅢH46：2，残半。呈窄长方体，顶端弧凸，略厚，中心钻孔，两侧钻孔与顶端孔衔接，便于携带。孔径0.6、残长7.4、宽2.8、厚1.4厘米（图五一四，10）。

B型　1件。标本ⅢH43：1。器身平面近凹底三角形，磨擦面内凹。底长11.8、高3.6、厚2.2厘米（图五一四，6）。

石球　1件。标本ⅢH43：2，砂岩磨制而成。形体呈球形。直径3.4厘米（图五一四，3）。

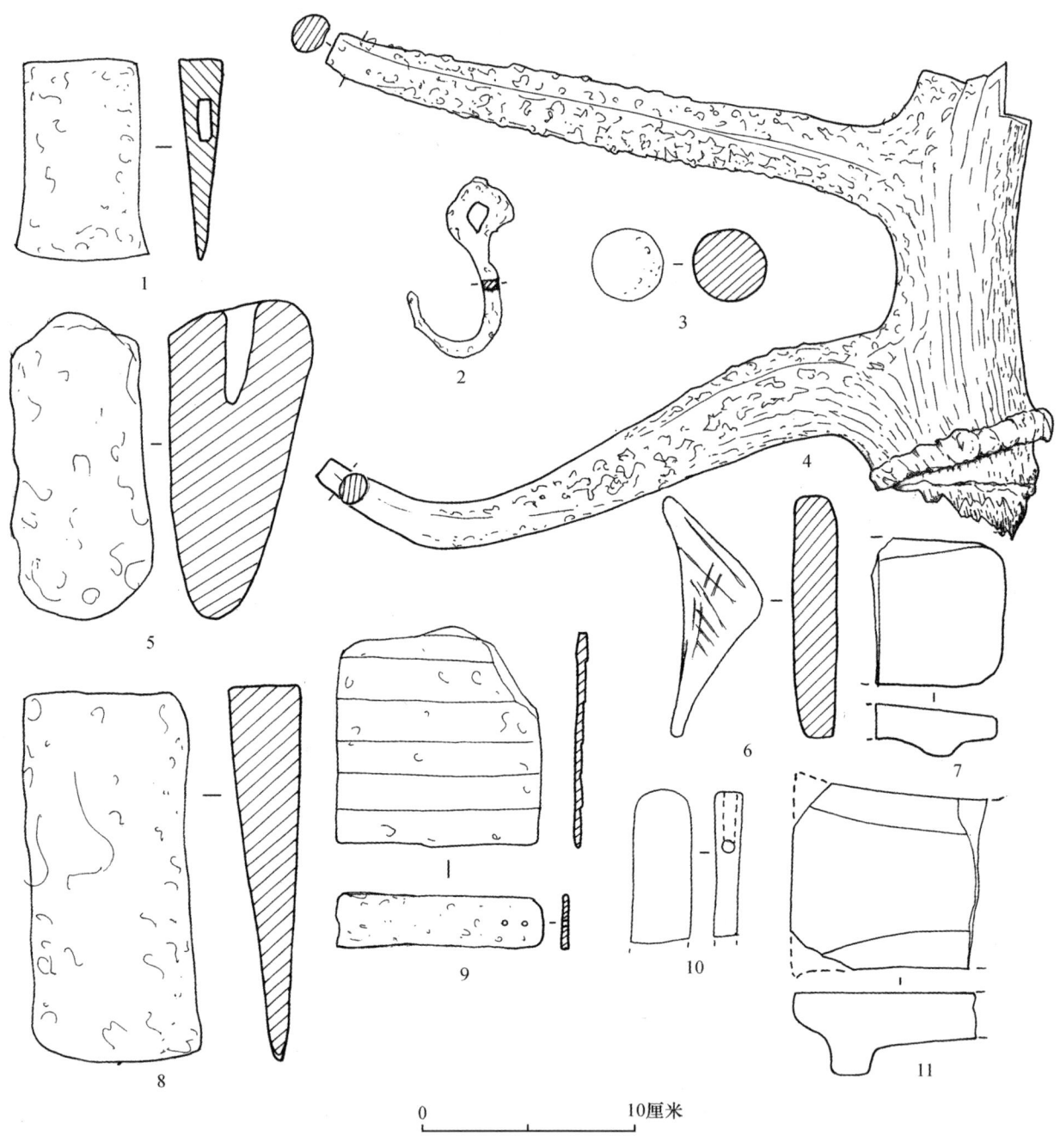

图五一四　Ⅲ区第四阶段文化遗存器物

1. A型铁斧（ⅢG4∶7）　2. 铁钩（ⅢT2⑤∶2）　3. 石球（ⅢH43∶2）　4. 角器（ⅢH46∶1）　5. B型铁斧（ⅢT24②∶1）
6. B型磨石（ⅢH43∶1）　7、11. 石砚（ⅢG1∶5、ⅢT1②∶8）　8. 铁镢（ⅢT16③∶1）　9. 铁甲片（ⅢG6∶2）
10. A型磨石（ⅢH46∶2）

5. 骨器

角器　1件。标本ⅢH46∶1，鹿角略经加工而成（图五一四，4）。

6. 钱币

钱币7枚。皆开元通宝，钱文八分书体，对读。标本ⅢH21∶2，直径2.5、穿宽0.6厘米。标本ⅢH61∶34，直径2.4、穿宽0.65厘米。

（五）第五阶段文化遗存

该类遗存未发现地层堆积和遗迹，只发现少量的遗物，均零散的分布于晚期遗存内。分生活用具和建筑构件两类。生活用具仅陶器一种，陶质有泥质陶和细泥陶两种，以泥质陶居多，细泥陶较少；陶色以灰陶居多，灰褐陶和黑陶较少；纹饰有篦点纹、压印纹、素面抹光和素面磨光等，以篦点纹居多；分模制和轮制两种，平底器的底部以内凹或内凹较甚居多；烧制火候亦较高。

1. 生活用具

有壶、罐等。

壶　6件。可分三型。

A型　3件。标本ⅢT17③∶5，口、肩残片，泥质灰陶。敞口，内折沿，沿面有凹槽一周，圆唇，束颈。颈部素面抹光，肩饰篦点纹。口径12、残高8厘米（图五一五，8）。标本ⅢH44∶2，口、肩残片，泥质灰陶。敞口，内折沿，圆唇，束颈。颈部素面抹光，肩饰篦点纹。口径16、残高9厘米（图五一五，3）。

B型　1件。标本ⅢG4∶5，口、颈残片，细泥灰陶。敞口，平沿略内斜，圆唇，细颈。素面抹光，饰凸弦纹一周。口径16、残高4.6厘米（图五一五，7）。

C型　2件。标本ⅢG1∶7，口、颈残片，泥质黑陶。敞口，平沿，束颈。素面抹光，沿外饰凸弦纹二周。口径12、残高7.6厘米（图五一五，5）。标本ⅢG1∶6，口、颈残片，细泥黑陶。敞口，平沿略内斜，方唇，细颈。素面抹光，饰凸弦纹一周。口径12、残高5.8厘米（图五一五，2）。

罐　5件。可分三型。

A型　1件。标本ⅢT15③∶7，口、肩残片，泥质灰陶。窄平沿，直领，弧肩。素面抹光。口径16、残高6厘米（图五一五，6）。

B型　3件。标本ⅢT8②∶23，口、肩残片，泥质灰陶。敞口，内折沿，圆唇，粗颈。颈部素面抹光，肩饰篦点纹。口径20、残高8.2厘米（图五一五，4）。标本ⅢT8②∶29，口径26、残高6.8厘米（图五一五，1）。

C型　1件。标本ⅢG4∶6，口、颈残片，泥质灰陶。敞口，内折沿，圆唇，粗颈。素面抹光，饰凸弦纹二周。口径22、残高8.6厘米（图五一五，9）。

器底　4件。标本ⅢC∶7，泥质灰陶。弧腹，平底内凹。饰方格纹。底径14.4、残高12.4

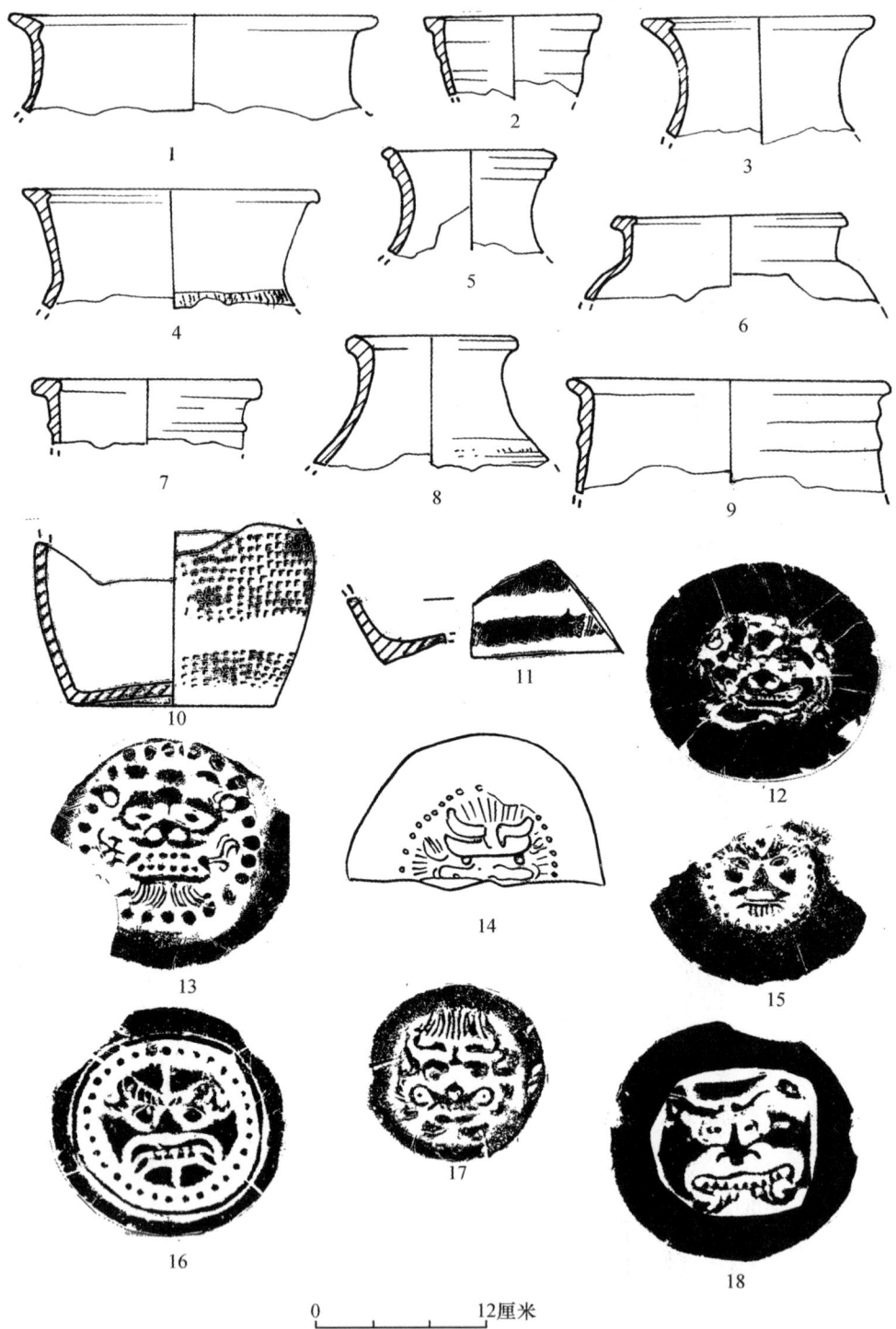

图五一五　Ⅲ区第五阶段文化遗存器物

1、4.B型陶罐（ⅢT8②：29、ⅢT8②：23）　2、5.C型陶壶（ⅢG1：6、ⅢG1：7）　3、8.A型陶壶（ⅢH44：2、ⅢT17③：5）
6.A型陶罐（ⅢT15③：7）　7.B型陶壶（ⅢG4：5）　9.C型陶罐（ⅢG4：6）　10、11.陶器底（ⅢC：7、ⅢC：9）
12.D型瓦当（ⅢF1：22）　13.F型瓦当（ⅢT4②：8）　14.E型瓦当（ⅢF1：29）　15.G型瓦当（ⅢT1③：16）
16.B型瓦当（ⅢF1：11）　17.C型瓦当（ⅢT4②：7）　18.A型瓦当（ⅢF1：19）

厘米（图五一五，10）。标本ⅢC：9，泥质灰陶。平底内凹，饰压印纹。底径18、残高6厘米（图五一五，11）。

2. 建筑构件

有筒瓦、板瓦、滴水、瓦当等。

筒瓦　2件。标本ⅢF1：29，带瓦当。横截面呈半圆形，子母口，方头，咬合面较短。瓦背素面抹光，内壁饰布纹。直径17.2、长36.4、厚3.2厘米（图五一六，1）。

板瓦　1件。标本ⅢH129：1，灰色。平面呈梯形。瓦背素面抹光，内壁饰布纹。长37、上宽24、下宽29.6、厚2厘米（图五一六，2）。

滴水　5件。可分五型。

A型　1件。标本ⅢF1：54，残，灰色。下侧作波浪纹，内施锯齿纹（图五一六，7）。

B型　1件。标本ⅢH46：10，残，灰色。下侧作波浪纹，内施凸弦纹间夹压印纹（图五一六，4）。

C型　1件。标本ⅢC：5，残，灰色。下侧作波浪纹，内饰凸弦纹间夹戳刺纹（图五一六，5）。

D型　1件。标本ⅢF2：1，残，灰色。下侧作波浪纹，内施凸弦纹间夹几何纹（图五一六，3）。

E型　1件。标本ⅢF1：36，灰色。下侧作波浪纹，内施两排凸弦纹间夹压印纹（图五一六，6）。

瓦当　13件，皆为兽面纹。可分七型。

A型　5件。兽面外缘以刀切割成多边状，边轮较宽，当面凸起，圆球眼，粗眉上翘，蒜头鼻，鼻孔较大，长条形嘴，露獠牙，颌下两撇胡须外翻卷呈"八"字形。标本ⅢF1：19，灰色，背接筒瓦。直径17、边轮宽3.5～4、当厚1.3厘米（图五一五，18；图版三〇，1）。

B型　1件。标本ⅢF1：11，稍残，灰褐色。当面微凸，双目大而圆，粗眉上挑，弯耳，三角形鼻，长条形嘴，内露獠牙。外缘饰联珠纹和凸棱纹。直径16、边轮宽1.1～1.9、当厚1厘米（图五一五，16；图版三〇，3）。

C型　3件。当面微凸，双目圆而大，有眼皮，粗眉外端向上翘，双耳竖起，额头上发毛呈火焰状，蒜头鼻，长条形嘴，牙齿清晰可见，有对称的鬓毛和鬃毛，颌下有胡须向两侧翻卷呈"八"字形。标本ⅢT4②：7，灰褐色，背接筒瓦。直径13、当厚1.3厘米（图五一五，17；图版三〇，2）。

D型　1件。标本ⅢF1：22，灰褐色，背接筒瓦。兽面外缘以刀切割成多边状，边轮较宽，当面凸起，圆眼，弧形眉毛，有吊角小耳，蒜头鼻，鼻孔较大，舟形嘴，内露牙齿，颌下两撇胡须外卷呈"八"字形。直径16、边轮宽3、当厚1.4厘米（图五一五，12）。

E型　1件。当面微凸，圆眼，粗眉上翘，额头上发毛呈放射状，外缘饰联珠纹。标本

图五一六 Ⅲ区第五阶段文化遗存建筑构件
1. 筒瓦（ⅢF1∶29） 2. 板瓦（ⅢH129∶1） 3. D型滴水（ⅢF2∶1） 4. B型滴水（ⅢH46∶10）
5. C型滴水（ⅢC∶5） 6. E型滴水（ⅢF1∶36） 7. A型滴水（ⅢF1∶54）

ⅢF1：29，残半，灰色，背接筒瓦，当面涂白依。直径17.2、边轮宽1.8、当厚2.8厘米（图五一五，14）。

F型　1件。标本ⅢT4②：8，稍残。当面扁平，双目圆而大，有眼圈，浓眉外端向上弯，双耳竖起，蒜头鼻，鼻孔较大，长条形嘴，上下牙齿清晰可见，有獠牙，口角上有胡须，颌下有胡须呈"八"字形，外缘饰一周联珠纹。直径18、边轮宽3.4、当厚1.2厘米（图五一五，13）。

G型　1件。标本ⅢT1③：16，残。边轮较宽，当面凸起，杏眼，浓眉外翘，三角形鼻，口角上有"八"字胡须，有獠牙，外缘饰一周联珠纹。直径16、边轮宽4、当厚1.5厘米（图五一五，15）。

（六）第六阶段文化遗存

该类遗存未发现地层堆积和遗迹，只发现少量的遗物，均零散的分布于晚期遗存内。分生活用具和建筑构件两类。生活用具仅见瓷器一种。胎质多数细腻，釉色以白釉居多，外壁施釉不及底，圈足露胎，内壁一般施满釉。有蜡泪痕和窑粘现象，内底有支钉疤痕；有少量的印花、剔花和刻花，图案有缠枝牡丹花纹、牡丹纹、荷花萱草纹、弦纹等；有少部分瓷器为芒口，薄胎；极少数瓷器足底部有墨书字款。分属定窑系产品和磁州窑系产品。

1. 瓷器

器类有罐、碗、盘、钵、枕等。

瓜棱罐　1件。标本ⅢT1④：6，口、腹残片。直口略外侈，圆唇，鼓腹瓜棱。白胎细腻，器壁较薄。施白釉，釉色光润。口径8、残高6.4厘米（图五一七，4）。

碗　9件。可分六型。

A型　3件。可分二式。

Ⅰ式：1件。标本ⅢH61：17，敞口，尖圆唇，斜直腹，下腹折收，圈足。白胎细腻，施白釉，釉色光润，外壁施釉不及底。器表口外饰凹弦纹二周，内底有支钉疤痕。口径19.7、底径8.3、高8.6厘米（图五一七，18）。

Ⅱ式：2件。标本ⅢH61：40，敞口略，尖圆唇，斜弧腹，下腹折收，圈足。白胎较细，施白釉，釉色泛青，有蜡泪痕。足面有窑粘，内底有支钉疤痕。口径16.2、底径7.4、高6.6厘米（图五一七，5）。

B型　1件。标本ⅢH61：71，敞口，圆唇，斜弧腹，圈足内侧起棱。白胎细腻，施白釉，釉色光润，有蜡泪痕，足壁露胎，足面有窑粘，内底有支钉疤痕。口径20、底径7.5、高7厘米（图五一七，7）。

C型　1件。标本ⅢH61：39，敞口略外撇，尖圆唇，斜弧腹，下腹折收，圈足内侧起棱。白胎细腻，施白釉，足面露胎，有窑粘。内壁从底部向碗口伸出若干条凸棱，把整个碗

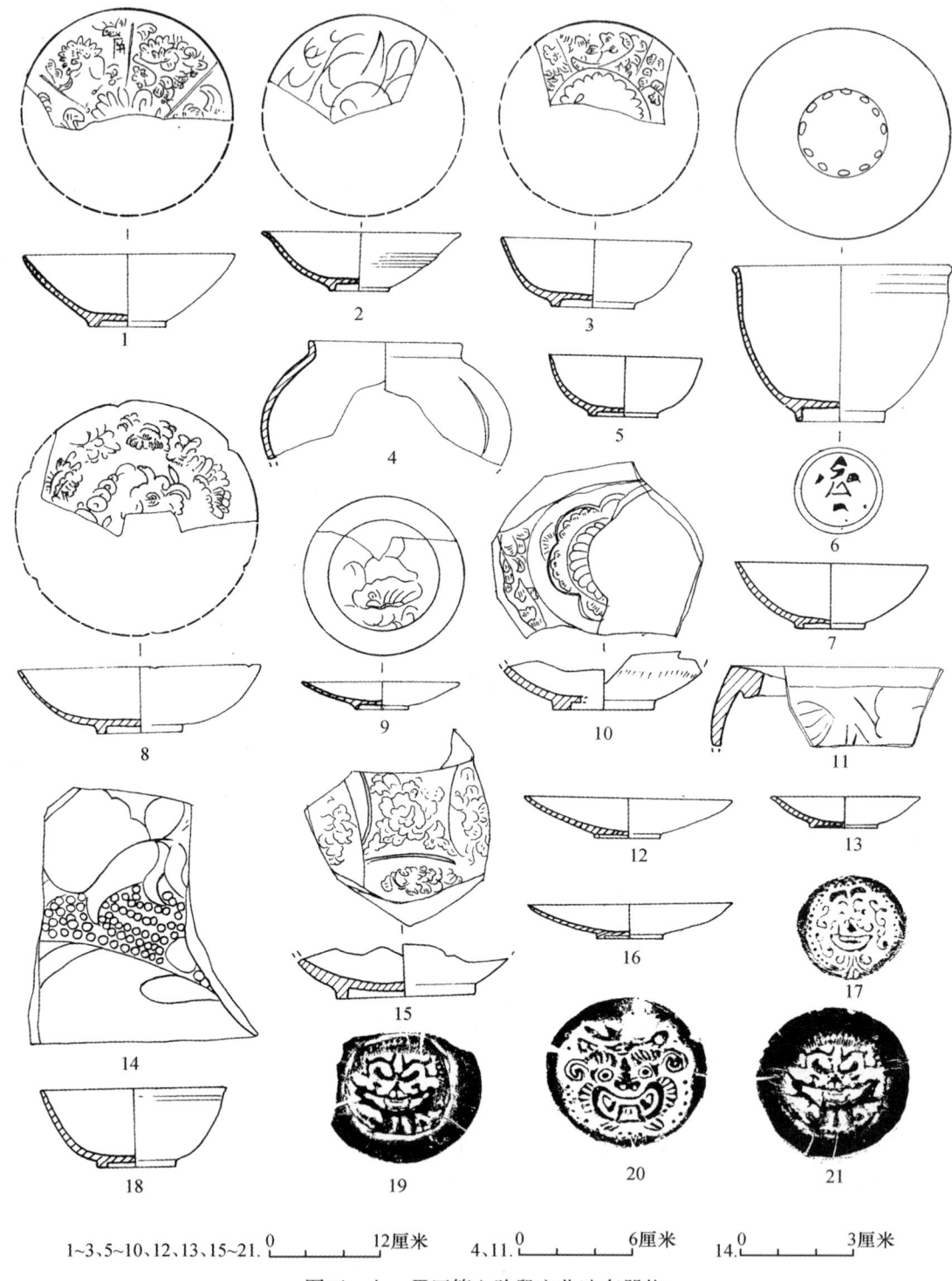

图五一七　Ⅲ区第六阶段文化遗存器物

1. D型瓷碗（ⅢT1③∶18）　2. E型瓷碗（ⅢH61∶51）　3. C型瓷碗（ⅢH61∶39）　4. 瓷瓜棱罐（ⅢT1④∶6）
5. AⅡ式瓷碗（ⅢH61∶40）　6. 瓷钵（ⅢH61∶44）　7. B型瓷碗（ⅢH61∶71）　8. D型瓷盘（ⅢH63∶39）
9. B型瓷盘（ⅢF1∶4）　10、15. F型瓷碗（ⅢH61∶96、ⅢH61∶97）　11、14. 瓷枕（ⅢT15③∶3、ⅢH5∶12）
12. AⅡ式瓷盘（ⅢH61∶69）　13. C型瓷盘（ⅢH63∶22）　16. AⅠ式瓷盘（ⅢT1③∶8）　17. A型瓦当（ⅢH3∶2）
18. AⅠ式瓷碗（ⅢH61∶17）　19、21. B型瓦当（ⅢF1∶24、ⅢF1∶14）　20. C型瓦当（ⅢF1∶15）

分成若干瓣，每瓣内印一组缠枝牡丹纹，底部有支钉疤痕。口径19.8、底径8.4、高7厘米（图五一七，3）。

D型　1件。标本ⅢT1③：18，敞口，尖圆唇，斜弧腹，圈足。白胎较细，施白釉，釉色泛黄，近底部露胎，足面有窑粘。内壁从底部向碗口伸出若干条凸棱，把整个碗分成若干瓣，每瓣内印一组缠枝牡丹花纹，其中一瓣内印"屏"字，底部有支钉疤痕。口径22、底径8、高7.4厘米（图五一七，1）。

E型　1件。标本ⅢH61：51，侈沿，芒口，尖圆唇，斜弧腹，矮圈足。白胎细腻，器壁较薄。乳白色釉，釉色光润。器内壁刻荷花萱草纹图案，底饰弦纹一周；外壁腹部饰凹弦纹数周。口径20.8、底径6.4、高6厘米（图五一七，2）。

F型　2件。底部残片。标本ⅢH61：96，内底印缠枝牡丹纹图案，底部有支钉疤痕。底径7.4、残高2.6厘米（图五一七，10）。标本ⅢH61：97，底径5.2、残高3厘米（图五一七，15）。

盘　6件。可分四型。

A型　2件。可分二式。

Ⅰ式：1件。标本ⅢT1③：8，沿微侈，芒口，尖圆唇，浅腹，矮圈足。白胎细腻，器壁较薄。乳白釉，釉色光润。口径21.5、底径7、高3.8厘米（图五一七，16）。

Ⅱ式：1件。标本ⅢH61：69，侈沿，芒口，尖圆唇，浅腹，矮圈足。白胎细腻，器壁较薄。乳白釉，釉色光润。口径21.8、底径6.8、高4.3厘米（图五一七，12）。

B型　1件。标本ⅢF1：4，侈沿，芒口，尖圆唇，浅腹，矮圈足。白胎细腻，器壁较薄。乳白釉，釉色光润，有蜡泪痕。内壁饰一周弦纹，刻牡丹纹图案，圈足内饰弦纹二周。口径16.8、底径5.6、高2.9厘米（图五一七，9）。

C型　1件。标本ⅢH63：22，敞口，尖圆唇，斜弧腹，圈足。白胎细腻，施白釉，有蜡泪痕；近底部露胎，内底有支钉疤痕。口径15.8、底径6.8、高3.3厘米（图五一七，13）。

D型　2件。标本ⅢH63：39，葵口六出，圆唇，弧腹较深，圈足。白灰胎较细，施白釉，釉色泛青，近底部露胎，足面有窑粘。内底饰弦纹一周，印缠枝牡丹纹图案，底部有支钉疤痕。口径25.6、底径9、高7厘米（图五一七，8）。

钵　1件。标本ⅢH61：44，直口略外侈，圆唇，深腹，下腹急收，圈足。白胎细腻，施白釉，釉色光润，近底部露胎。内底有12个支钉疤痕，器表口外饰弦纹二周，圈足内墨书，字体不识。口径22、底径9、高16.4厘米（图五一七，6）。

枕　2件。皆残片。标本ⅢT15③：3，灰白胎较细，施酱黄釉，釉色光润。枕壁饰刻划纹图案。残高4.2厘米（图五一七，11）。标本ⅢH5：12，灰白胎较细，施白釉，釉色泛灰。枕壁饰珍珠纹图案。残长6.7厘米（图五一七，14）。

2. 建筑构件

仅见瓦当一种，皆为兽面纹。

瓦当　18件。按当面纹饰的不同可分三型。

A型　3件。当面内凹，纹饰呈喜欢状，双目较小，眉毛粗重下弯，眉下眼眶呈勾状，三角形鼻，舟形嘴，嘴内露舌，颌下垂须，两鬓饰"S"形勾连鬓毛，外缘饰一周联珠纹。标本ⅢH3：2，泥质灰陶，稍残。当面扁平略内凹，小眼浓眉弯翘，舟形口，内露线形舌头，口角有胡须上翘，脸颊外侧以竖向勾连的"S"纹表示鬓毛，颌下胡须向外翻卷，外缘饰联珠纹一周。当背附接筒瓦，呈半圆形，外壁素面，内壁布纹。直径11、当厚1.5厘米（图五一七，17；图版三一，1）。

B型　14件。当面微凸，双目圆而小，粗眉内侧向上翘，弯耳，额头上发毛呈火焰状，蒜头形鼻，有鼻孔，舟形嘴，露舌，颌下胡须细密向外卷，外缘饰一周联珠纹。标本ⅢF1：14，直径16、边轮宽3～3.5、当厚1.1厘米（图五一七，21；图版三一，2）。标本ⅢF1：24，边轮残。直径17、边轮宽3、当厚1.2厘米（图五一七，19）。

C型　1件。标本ⅢF1：15，泥质灰陶。当面微凸，圆眼，呈豆状，眉毛横置，两侧有卷曲状鬓毛，上为吊角形双耳，额头上印一阳文"王"字，蒜头形鼻，有鼻孔，舟形嘴，内露獠牙，口角上有胡须，颌下胡须向外撇，外缘饰一周联珠纹。直径16、当厚1.2厘米（图五一七，20；图版三一，3）。

（七）第七阶段文化遗存

该类遗存的地层堆积以a区的第2～4层，b区、c区、e区的第2层，d区的第2层、第3层为代表；遗迹以a区第2～4层下开口的遗迹，b区、d区、e区第2层下开口的遗迹，以及d区第3层下开口的部分遗迹为代表。遗迹有建筑台基、房址、灰坑（窖穴）、壕沟等。灰坑（窖穴）共发现74个。坑口平面有圆形、椭圆形、长方形、不规则形和其他（形状不清）五种；以圆形居多，长方形次之，不规则形和椭圆形的略相等。坑壁分直壁、斜直壁、弧壁三类；坑底有平底和圜底之分，形体规整的应为当时的窖穴。遗迹单位有ⅢH1～ⅢH13、ⅢH17、ⅢH18、ⅢH20、ⅢH22、ⅢH23、ⅢH25～ⅢH30、ⅢH34～ⅢH42、ⅢH47、ⅢH51～ⅢH64、ⅢH71、ⅢH73、ⅢH83～ⅢH86、ⅢH89～ⅢH102、ⅢH104、ⅢH106、ⅢH127、ⅢH130、ⅢH131、ⅢH134、ⅢH136。壕沟3条，ⅢG1、ⅢG5、ⅢG5。

该类遗存出土遗物较为丰富，完整可复原器近300余件。器类有陶器、瓷器、铜器、铁器、石器、骨器等。以瓷器居多，约占出土器物的49.4%，陶器次之，约占32.1%，铁器约占12.3%。陶器大体分为生活用具和建筑构件两大类。陶质仅见泥质陶一种，陶土多经淘洗呈细泥陶；陶色有黑陶、灰陶、灰黑陶和灰褐陶等；纹饰有素面、磨光、暗弦纹、压印纹、指甲纹、泥条附加堆纹等。制法皆为轮制，烧制火候较高。瓷器胎质多数较细，釉色以白釉居多，大多白中泛黄，另外还有少量的酱釉、黑釉和油滴釉。外壁大多施釉不及底，圈足露胎，内壁一般施满釉。有蜡泪痕和窑粘现象。大部分内底有支钉疤痕，有少部分的内底有涩圈；也有极少数印花。有部分瓷器的内底、外壁和足底部有墨书字款。

1. 陶器

有罐、瓶、瓮、盆、碗、钵、盏、炉、器盖、砚、陶范、纺轮、陶饼、陶丸、建筑构件等。

罐 9件。可分七型。

A型 3件。可分二式。

Ⅰ式：1件。标本ⅢH90：2，泥质灰陶。侈口，圆唇，矮领，弧鼓腹，腹最大径偏上，平底略外撇，底部留有旋削痕迹。通体素面抹光。口径12、底径8.8、高10.8厘米（图五一八，5）。

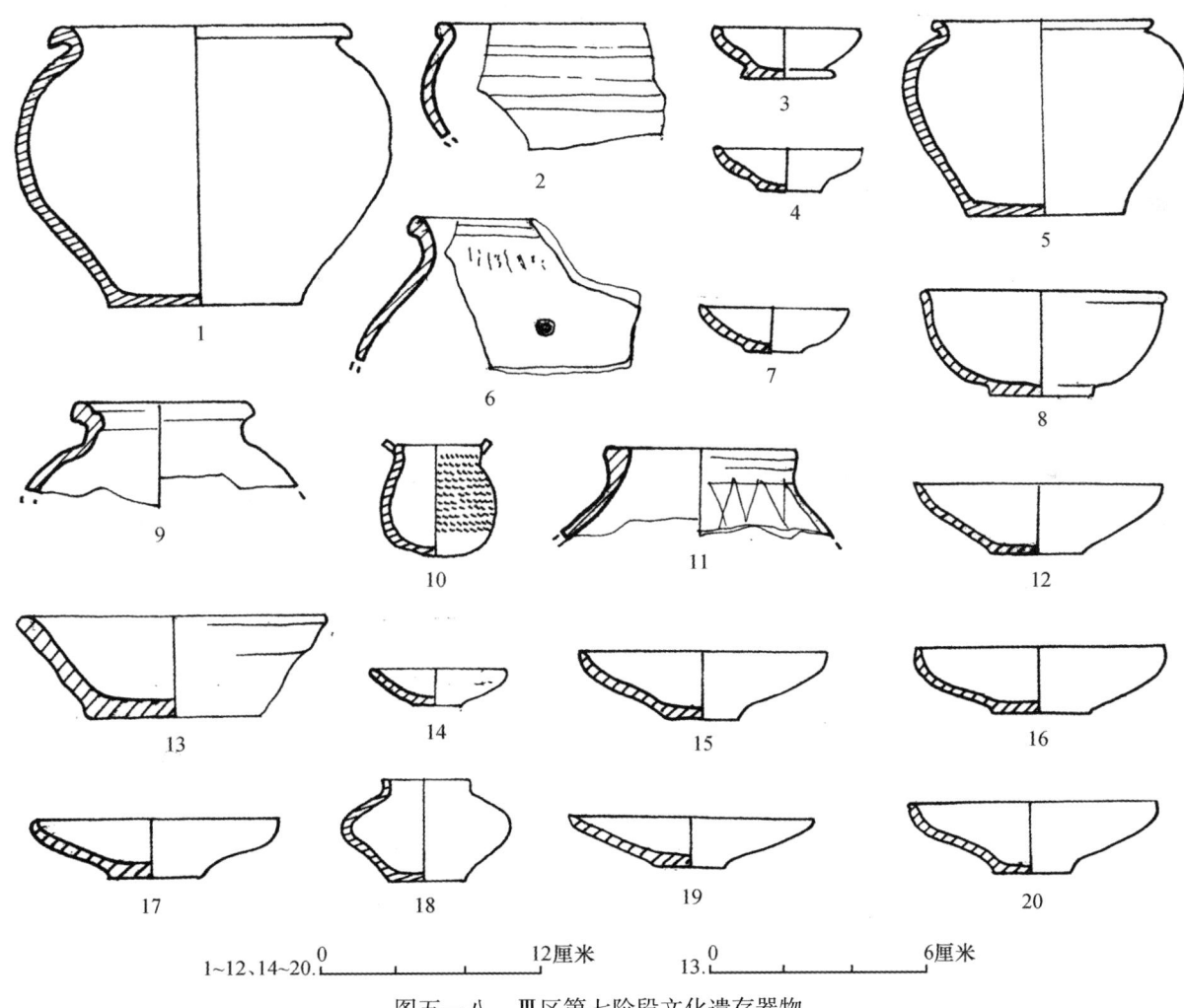

图五一八　Ⅲ区第七阶段文化遗存器物
1. AⅡ式陶罐（ⅢH61：14） 2. B型陶罐（ⅢH63：36） 3. A型陶盏（ⅢH5：6） 4. D型陶盏（ⅢT1③：15）
5. AⅠ式陶罐（ⅢH90：2） 6. D型陶罐（ⅢH63：33） 7. CⅠ式陶盏（ⅢT1③：29） 8. 陶碗（ⅢF3：1）
9. C型陶罐（ⅢT8②：22） 10. G型陶罐（ⅢH71：1） 11. F型陶罐（ⅢH41：3） 12. A型陶钵（ⅢT2③：7）
13. B型陶盏（ⅢH61：27） 14. CⅡ式陶盏（ⅢT2②：4） 15、20. BⅡ式陶钵（ⅢT2③：4、ⅢT2③：16）
16、17. C型陶钵（ⅢT2③：11、ⅢT1③：19） 18. E型陶罐（ⅢT5②：2） 19. BⅠ式陶钵（ⅢT2③：8）

Ⅱ式：2件。标本ⅢH61∶14，细泥黑陶。侈口，厚圆唇，矮领，弧肩，鼓腹，腹最大径居中，平底略外撇，底部留有旋削痕迹。上腹素面磨光，下腹素面抹光。口径19.3、底径12.5、高16.8厘米（图五一八，1）。

B型　1件。标本ⅢH63∶36，口、腹残片，细泥黑陶。敛口，厚圆唇，鼓腹。上腹素面磨光，下腹素面抹光。口径11、残高6.4厘米（图五一八，2）。

C型　1件。标本ⅢT8②∶22，口、肩残片，泥质灰黑陶。小口，矮领，丰肩。素面抹光。口径12、残高4.8厘米（图五一八，9）。

D型　1件。标本ⅢH63∶33，口、腹残片，细泥黑陶。口略外侈，方唇，唇面有凹槽一周，矮领，溜肩。饰纵向砑光暗纹。口径10、残高8厘米（图五一八，6）。

E型　1件。标本ⅢT5②∶2，细泥黑陶。直口，圆唇，丰肩，鼓腹，平底略内凹，底部留有旋削痕迹。上腹素面磨光，下腹素面抹光。口径4.8、底径4.2、高5.8厘米（图五一八，18）。

F型　1件。标本ⅢH41∶3，口、肩残片，细泥黑陶。小口，平沿，矮领，溜肩。饰不规则三角形砑光暗纹。口径10.4、残高4.6厘米（图五一八，11）。

G型　1件。小罐。标本ⅢH71∶1，泥质灰陶，模制。直口略外敞，方唇，唇面上附贴提梁（已残），直领，垂腹，圜底。饰指甲纹。口径5、高6.2厘米（图五一八，10）。

瓶　1件。标本ⅢF1∶8，细泥黑陶。花式口，细颈，鼓肩，瘦腹，花式形底座，平底，底部留有旋削痕迹。颈、肩交界处饰凸弦纹一周，通体素面磨光。口径9.1、底径10、通高24.4厘米（图五一九，12）。

瓮　1件。标本ⅢT2③∶15，泥质灰褐陶。侈口，厚圆唇，鼓腹，平底。肩饰泥条附加堆纹二周，间夹压印纹一周。口径59、底径56、高88厘米（图五一九，11）。

盆　15件。可分八型。

A型　3件。可分二式。

Ⅰ式：2件。标本ⅢT1③∶26，泥质灰陶。微敛口，折沿，斜弧腹，平底，底部留有旋削痕迹。器表素面抹光，内壁饰暗弦纹。口径39.5、底径23、高11.2厘米（图五一九，10）。

Ⅱ式：1件。标本ⅢT1②∶3，泥质灰陶。敛口，折沿，方唇，斜弧腹，平底。素面抹光。口径36、底径19.5、高10厘米（图五一九，4）。

B型　2件。标本ⅢT17②∶3，泥质灰陶。微敛口，窄平沿，圆唇，弧腹，平底略内凹。素面抹光。口径37.8、底径22、高13.8厘米（图五一九，6）。

C型　2件。标本ⅢH63∶27，细泥灰褐陶。微敛口，宽折沿，方唇，浅腹，平底。器表素面抹光，内壁饰暗弦纹。口径56、底径37、高9.6厘米（图五一九，13）。

D型　2件。标本ⅢT1③∶28，细泥黑陶。敞口，宽平沿略外斜，外缘有凸棱一周，方唇，浅腹，平底略内凹。上腹素面抹光，下腹及内壁饰暗弦纹。口径42、底径20.4、高9.4厘米（图五一九，14）。

E型　1件。标本ⅢH63∶31，口、腹残片，泥质灰陶。敞口，宽平沿略内折，方唇，

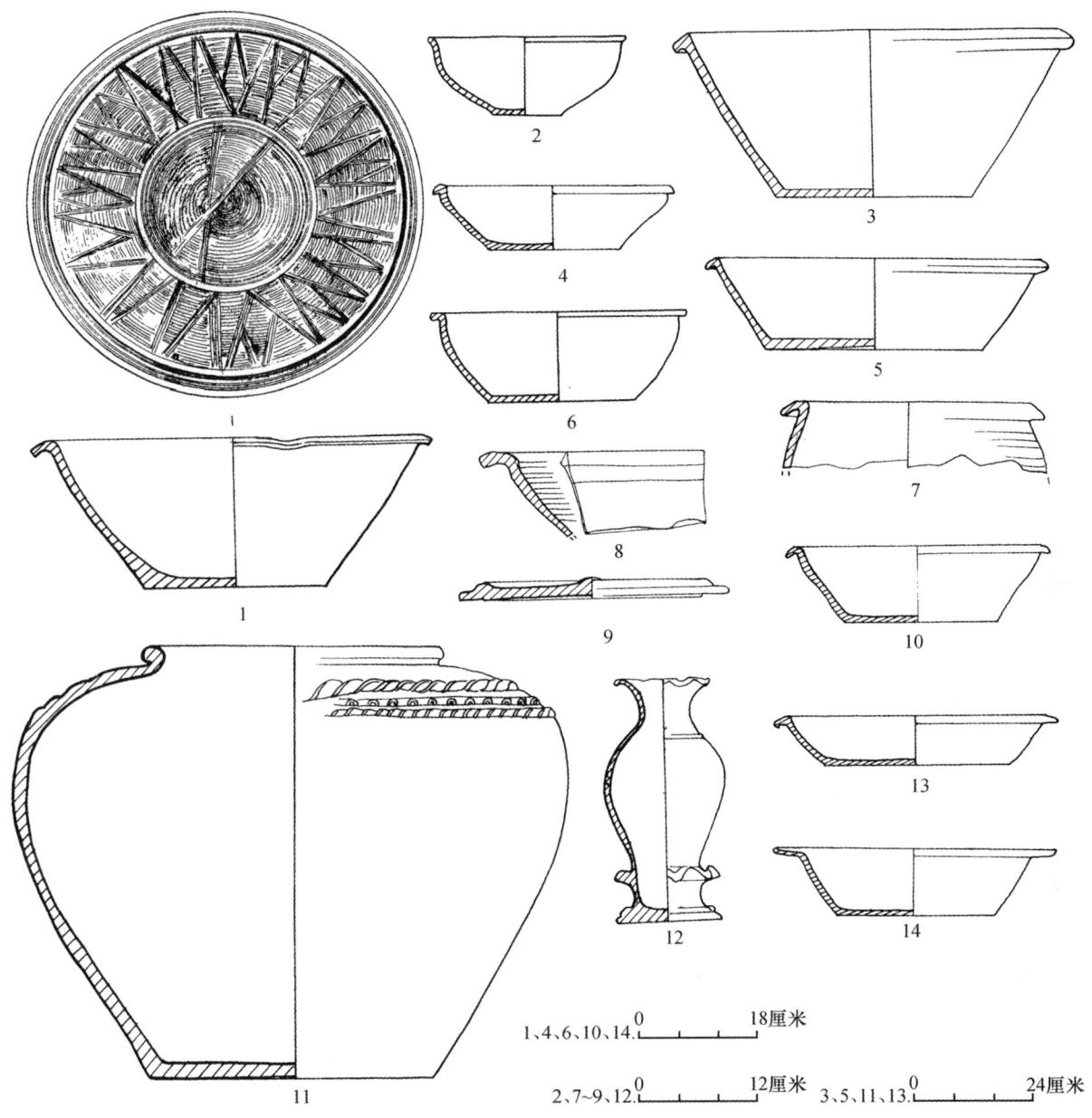

图五一九　Ⅲ区第七阶段文化遗存器物
1. Hb型陶盆（ⅢH61:86）　2. G型陶盆（ⅢT1③:35）　3. HaⅠ式陶盆（ⅢH61:62）　4. AⅡ式陶盆（ⅢT1②:3）
5. HaⅡ式陶盆（ⅢH61:82）　6. B型陶盆（ⅢT17②:3）　7. F型陶盆（ⅢH63:24）　8. E型陶盆（ⅢH63:31）
9. 陶器盖（ⅢH61:64）　10. AⅠ式陶盆（ⅢT1③:26）　11. 陶瓮（ⅢT2③:15）　12. 陶瓶（ⅢF1:8）
13. C型陶盆（ⅢH63:27）　14. D型陶盆（ⅢT1③:28）

唇面有凹槽一周，斜弧腹。器表素面抹光，内壁饰暗弦纹。口径49.6、高9.4厘米（图五一九,8）。

F型　1件。标本ⅢH63:24，口、腹残片，细泥黑陶。敛口，宽折沿，尖圆唇，深弧腹。素面磨光。口径26.4、残高6.8厘米（图五一九,7）。

G型　1件。标本ⅢT1③：35，泥质灰陶。敞口，圆唇，弧腹，平底略外撇。素面磨光。口径19.3、底径6.5、高8厘米（图五一九，2）。

H型　3件。可分二亚型。

Ha型　2件。可分二式。

Ⅰ式：1件。标本ⅢH61：62，泥质灰陶。敞口，折沿，方唇，深腹，平底。外壁素面抹光，内壁素面磨光。口径82、底径38.4、高33厘米（图五一九，3）。

Ⅱ式：1件。标本ⅢH61：82，泥质灰陶。敞口，折沿，方唇，浅腹，平底。外壁素面抹光，内壁素面磨光。口径68、底径43.2、高18厘米（图五一九，5）。

Hb型　1件。标本ⅢH61：86，泥质灰褐陶。敞口，宽折沿，沿面有凹槽三周，方唇，斜弧腹，平底。器表素面抹光，内壁饰凹弦纹，上饰三角纹。口径59、底径27、高23厘米（图五一九，1）。

碗　1件。标本ⅢF3：1，泥质灰陶，轮制，烧制火候较高，直口略外侈，圆唇，弧壁，饼足。通体素面抹光，上腹抹痕清晰可辨，足壁饰弦纹一周。口径14、底径5.8、高6厘米（图五一八，8）。

钵　7件。可分三型。

A型　1件。标本ⅢT2③：7，泥质红褐陶。敞口，方唇，斜弧腹，下腹急收，平底，留有旋削痕迹，内底有饼状盏台。素面抹光。口径13.6、底径5.5、高3.9厘米（图五一八，12）。

B型　3件。可分二式。

Ⅰ式：1件。标本ⅢT2③：8，泥质黑陶。敞口，方唇，折腹，下腹急收，平底，留有旋削痕迹。素面抹光。口径13.2、底径4、高3.9厘米（图五一八，19）。

Ⅱ式：2件。标本ⅢT2③：4，泥质灰陶。敞口，方唇，折腹，下腹急收，平底略内凹。素面抹光。口径13.8、底径5、高3.9厘米（图五一八，15）。标本ⅢT2③：16，口径13.3、底径4.5、高4厘米（图五一八，20）。

C型　3件。标本ⅢT2③：11，泥质黑陶。直口微敛，方唇，折腹，下腹急收，平底略内凹，底部有旋削痕迹，内底有盏台。素面抹光。口径13.6、底径5.5、高3.6厘米（图五一八，16）。标本ⅢT1③：19，口径13.3、底径5.4、高3.3厘米（图五一八，17）。

盏　10件。可分四型。

A型　1件。标本ⅢH5：6，泥质灰褐陶。敞口，圆唇，弧腹。饼足外撇较甚。素面抹光。口径8、底径5.5、高2.8厘米（图五一八，3）。

B型　2件。标本ⅢH61：27，泥质灰褐陶。敞口，圆唇，斜腹，平底。素面抹光。口径8.8、底径4.8、高2.8厘米（图五一八，13）。

C型　4件。可分二式。

Ⅰ式：2件。标本ⅢT1③：29，泥质灰陶。敞口，圆唇，斜弧腹，平底，有旋削痕迹。器表素面抹光，内壁有旋削痕。口径8.3、底径3、高2.7厘米（图五一八，7）。

Ⅱ式：2件。标本ⅢT2②：4，泥质灰褐陶。敞口，圆唇，弧腹，平底。素面抹光。口径

7.4、底径2.4、高2.3厘米（图五一八，14）。

　　D型　3件。标本ⅢT1③：15，泥质灰褐陶。敞口，圆唇，弧腹，平底，有旋削痕迹。素面抹光。口径8.2、底径3.5、高2.3厘米（图五一八，4）。

　　炉　1件。标本ⅢF1：21，细泥灰黑陶。盖面呈形，中心有一圆形凹坑，剖面呈亚腰形，火门近椭圆形，平底略内凹，底部留有旋削痕迹。盖面素面磨光，以下素面抹光。火门宽8、高6.4、直径23、底径15、高10.6厘米（图五二〇，1）。

　　器盖　1件。标本ⅢH61：64，泥质黑陶。圆形饼状，器表素面磨光，内壁素面抹光。直径26.4、厚3.3厘米（图五一九，9）。

　　砚　1件。标本ⅢT1④：7，残，澄泥黑陶，陶质细腻坚致。平面长方形，砚背有戳记，残长7、宽6、厚3.4厘米（图五二〇，5）。

　　陶范　2件。可分二型。

　　A型　1件。标本ⅢH61：80，泥质灰褐陶。龟背形。长8.4、宽7.6、厚0.6厘米（图五二〇，16）。

　　B型　1件。标本ⅢT1②：10，泥质红褐陶。近圆形，背部弧凸，模内为男女玩耍婴儿吃乳状。直径7、厚3厘米（图五二〇，4）。

　　纺轮　7件。可分五型。

　　A型　2件。标本ⅢT1③：21，砖块磨制而成。呈圆柱状，上端弧凸，中心钻孔。孔径1、直径5.3、高2.6厘米（图五二〇，12）。

　　B型　1件。标本ⅢF1：70，泥质灰陶，模制。呈圆锥状，上端较平，中心钻孔，饰纵向沟纹。孔径1、底径4.8、高2.8厘米（图五二〇，3）。

　　C型　2件。标本ⅢT2③：10，泥质灰陶片磨制而成。平面呈圆形，中心钻孔。孔径0.8、直径4.4、厚1.6厘米（图五二〇，13）。

　　D型　1件。标本ⅢT1④：4，泥质灰陶片磨制而成。平面呈圆形，中心钻孔。孔径0.4、直径3.8、厚0.6厘米（图五二〇，11）。

　　E型　1件。标本ⅢF3：15，残半。用釉陶器底磨制而成，圆形，中心钻孔，单钻。孔径06~0.65、直径7、厚0.6~1厘米（图五二〇，14）。

　　陶饼　6件。可分二型。

　　A型　4件。标本ⅢT1③：32，泥质灰陶片磨制而成。平面呈圆形。直径5、厚1.4厘米（图五二〇，15）。

　　B型　2件。标本ⅢH98：7，泥质灰陶片磨制而成。平面呈椭圆形。直径5.6~6、厚1厘米（图五二〇，6）。

　　陶丸　2件。标本ⅢH61：88，砖块磨制而成。形体呈球形。直径4.6厘米（图五二〇，8）。标本ⅢH15：1，泥质灰陶。形体呈球形。直径2.2厘米（图五二〇，7）。

　　佛像　2件。标本ⅢG4：4，泥质灰陶，模制，残存头部。残高6厘米（图五二〇，9）。

　　陶器　1件。标本ⅢT10②：2，泥质灰陶。呈窄长方体，两端中部钻孔。体长9.4、宽3.6、

图五二〇 Ⅲ区第七阶段文化遗存器物

1. 陶炉（ⅢF1∶21） 2. 陶器（ⅢT10②∶2） 3. B型陶纺轮（ⅢF1∶70） 4. B型陶范（ⅢT1②∶10） 5. 陶砚（ⅢT1④∶7）
6. B型陶饼（ⅢH98∶7） 7、8. 陶丸（ⅢH15∶1、ⅢH61∶88） 9. 佛像（ⅢG4∶4） 10. 鱼纹陶片（ⅢT2②∶1）
11. D型陶纺轮（ⅢT1④∶4） 12. A型陶纺轮（ⅢT1③∶21） 13. C型陶纺轮（ⅢT2③∶10） 14. E型陶纺轮（ⅢF3∶15）
15. A型陶饼（ⅢT1③∶32） 16. A型陶范（ⅢH61∶80）

厚1.8、孔径0.6厘米（图五二〇，2）。

鱼纹陶片　1件。标本ⅢT2②：1，泥质灰陶。陶器底部模印鱼纹。残长5.6、宽3厘米（图五二〇，10）。

建筑构件　有砖、筒瓦、板瓦和瓦当等。

砖　5件。可分为长条砖和方砖两种。

长条砖　4件。可分二型。

A型　2件。形体较小，素面或一侧印"五"字。标本ⅢH61：99，灰色，素面。长34.8、宽15.6、厚5.2厘米（图五二一，3）。

B型　2件。形体较大，素面或一侧为沟纹。标本ⅢH61：87，灰色，一侧素面，一侧为沟纹。残半。残长27.2、宽26、厚7.2厘米（图五二一，4）。

方砖　1件。一侧素面，一侧为沟纹。标本ⅢF1：20，灰色。边长34、厚5厘米（图五二一，6）。

筒瓦　7件。形制相同，灰色。横截面呈半圆形，子母口，圆头，咬合面较短。瓦背素面抹光，内壁饰布纹，两侧有打琢疤痕。标本ⅢF1：44，直径16.4、长36.6、厚2.8厘米（图五二一，5）。标本ⅢF1：45，直径16.8、长36.6、厚2.4厘米（图五二一，2）。

板瓦　5件。形制相同，灰色。平面呈梯形，瓦背素面抹光，内壁饰布纹。标本ⅢF1：34，长37.6、顶宽21、底宽25.2、厚2.4厘米（图五二一，1）。

滴水　5件。形制相同，灰色。下侧作波浪纹，内施两排压印纹，呈"人"字形排列。标本ⅢF1：57（图五二一，7）。

瓦当　5件。可分二型。

A型　4件。当面扁平，以单线勾勒眼框，圆眼，粗眉上挑，嘴略呈长方形，兽面环饰鬃毛，鬃毛稀疏，参差不齐。标本ⅢF1：42，灰色。直径15、边轮宽3、当厚1.4厘米（图五二二，8）。

B型　9件。当面凸起，双目圆而大，粗眉向上翘，双耳竖起，额骨突起，蒜头鼻，兽面环饰卷曲的鬃毛、鬃毛。标本ⅢF1：17，残，灰色。直径14、当厚1.2厘米（图五二二，9）。

鸱吻　9件。可分三型。

A型　4件。龙头。标本ⅢF1：47，青灰色。张嘴，外露虎牙。残长37厘米（图五二一，11）。标本ⅢF1：80，青灰色。龙耳构件。残长30、宽18、厚6.6厘米（图五二一，13）。

B型　3件。标本ⅢG1：2，黑色。凤鸟纹脊饰件。残长12、宽12、厚3.6厘米（图五二一，9）。标本ⅢG1：3，黑色。凤鸟纹脊饰件。残长12.8、宽10、厚4.4厘米（图五二一，8）。标本ⅢF1：16，黑色。凤鸟纹脊饰件。残长38厘米（图五二一，10）。

C型　2件。标本ⅢF1：7，灰色，模制。长13.2厘米（图五二一，12）。

2. 瓷器

有罐、瓶、碗、盘、盆、盏、器盖、瓷玩等。

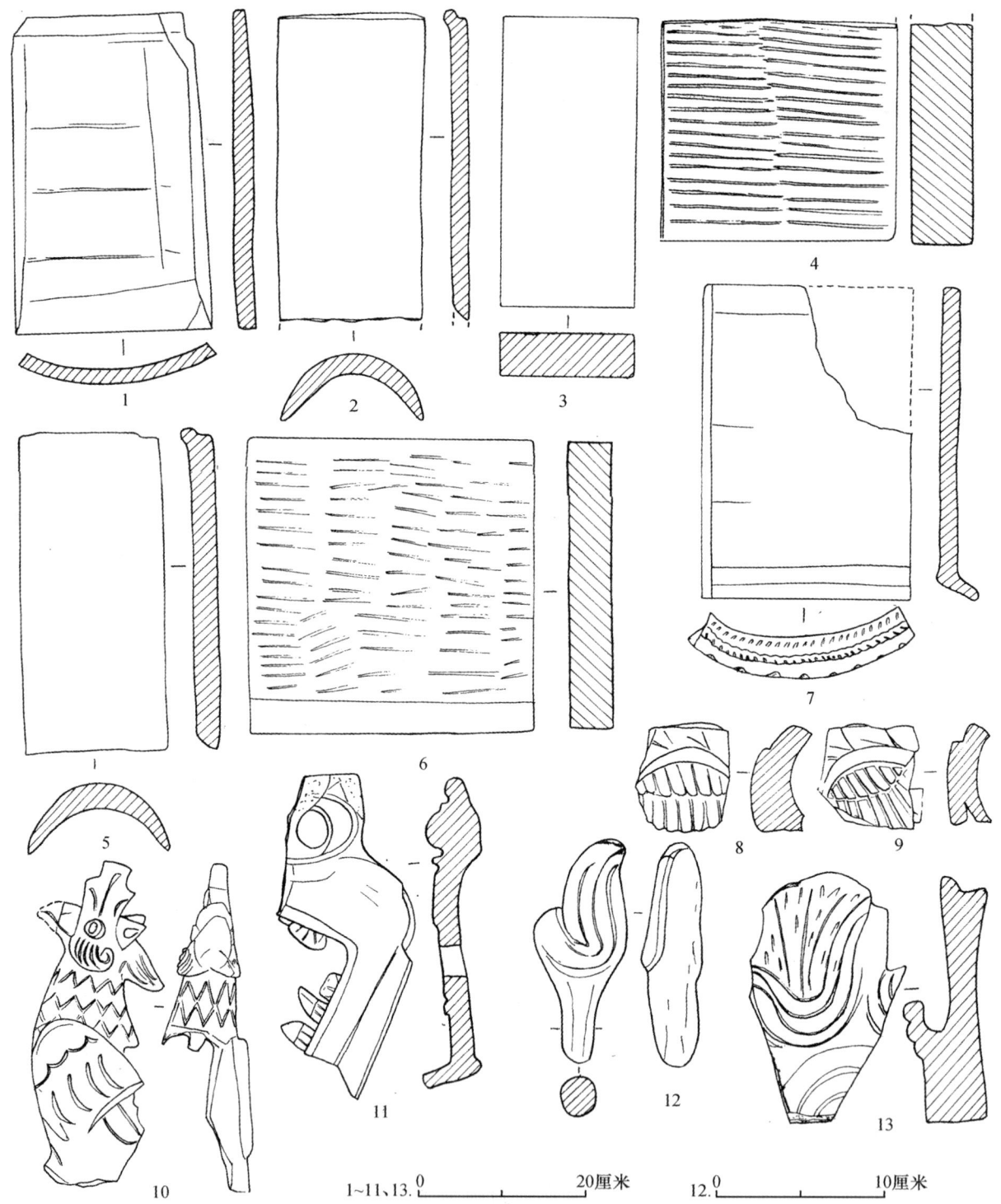

图五二一　Ⅲ区第七阶段文化遗存建筑构件
1. 板瓦（ⅢF1：34）　2、5. 筒瓦（ⅢF1：45、ⅢF1：44）　3. A型长条砖（ⅢH61：99）　4. B型长条砖（ⅢH61：87）
6. 方砖（ⅢF1：20）　7. 滴水（ⅢF1：57）　8～10. B型鸱吻（ⅢG1：3、ⅢG1：2、ⅢF1：16）
11、13. A型鸱吻（ⅢF1：47、ⅢF1：80）　12. C型鸱吻（ⅢF1：7）

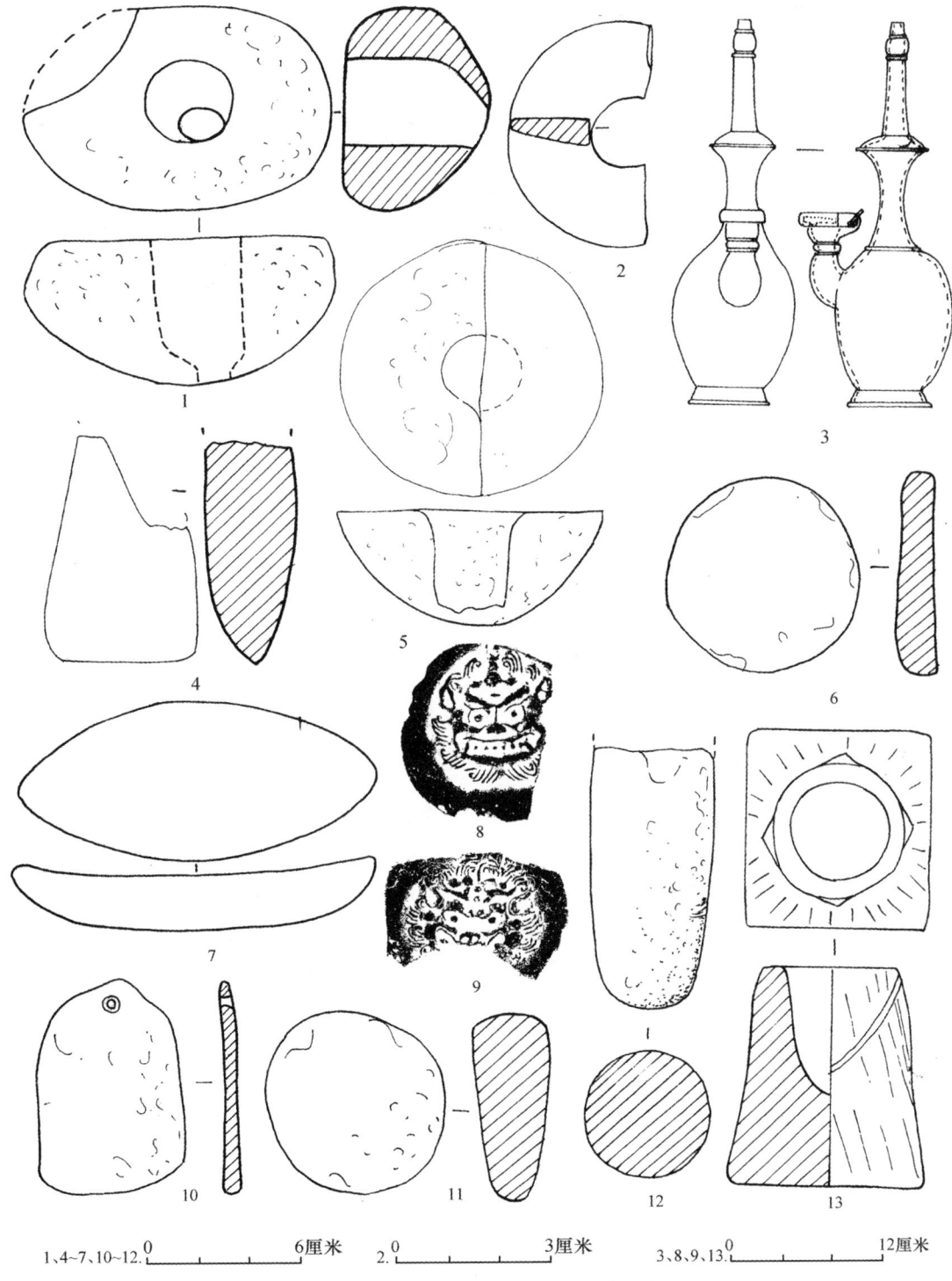

图五二二　Ⅲ区第七阶段文化遗存器物

1. C型石杵（ⅢT2⑤∶8）　2. 石璧（ⅢH13∶1）　3. 铜净瓶（ⅢF1∶82）　4. 石斧（ⅢH5∶13）　5. B型石杵（ⅢT8②∶1）
6. A型磨石（ⅢH51∶2）　7. B型磨石（ⅢT1②∶1）　8. A型瓦当（ⅢF1∶42）　9. B型瓦当（ⅢF1∶17）
10. C型磨石（ⅢT1③∶27）　11. 石饼（ⅢG1∶4）　12. A型石杵（ⅢT8①∶1）　13. 石臼（ⅢH5∶10）

罐　3件。可分二型。

A型　2件。标本ⅢF3：2，直口略外侈，折唇，矮领，鼓腹，下腹弧收，圈足略外撇，挖掘过肩，足内可见旋削痕，肩部附贴对称双系。淡黄色粗胎，内壁施满釉，外壁先涂白色化妆土，施白釉，釉色泛黄，有蜡泪痕，下腹露胎。双系涂褐彩，肩、腹各饰褐色弦纹两周，皆为釉下彩。口径12、底径8、高11.6厘米（图五二三，11；图版三二，1）。

B型　1件。标本ⅢH40：1，直口略外侈，方唇，弧腹，圈足略外撇，下腹可见旋削痕，肩部附贴对称双耳。灰白色粗胎，施白釉，釉色泛青，有蜡泪痕，器表有窑渣。口径5.7、底径4.2、高9.8厘米（图五二三，10；图版三二，2）。

瓶　1件。标本ⅢF1：5，花式口，细长颈，弧肩，以下残。灰褐色胎，颗粒较粗，夹细砂，施黑釉。口径10、残高12.4厘米（图五二三，9）。

碗　84件。可分八型。

A型　31件。可分四式。

Ⅰ式：4件。标本ⅢT1④：3，敞口，圆唇，斜弧腹，圈足。白胎较细，先涂白色化妆土，内壁施满釉，外壁上腹施釉，以下露胎，釉色光润；内底有11个支钉疤痕。口径22.4、底径8.2、高8.4厘米（图五二三，1）。

Ⅱ式：7件。标本ⅢT1③：11，敞口，圆唇，斜腹，圈足。白胎较细，先涂白色化妆土，施白釉，内壁施满釉，外壁施釉不及底，釉色光润；露胎处有旋削痕，内底有11个较大的支钉疤痕，足面有支钉疤痕，内墨书"常住"二字。口径22.4、底径7.2、高8厘米（图五二三，4）。

Ⅲ式：18件。标本ⅢH61：2，敞口，圆唇，斜腹，圈足。白灰胎较细，先涂白色化妆土，施白釉，釉色泛青，内壁施满釉，外壁施半釉，有蜡泪痕；露胎处有旋削痕，内底有11个较大的支钉疤痕，足面有窑粘，内墨书"铁"字。口径23.2、底径8、高8.2厘米（图五二三，2）。

Ⅳ式：2件。标本ⅢT1②：6，敞口，圆唇，斜弧腹，圈足。灰白胎较细，内壁施满釉，釉色泛青，外壁上腹施釉；露胎处有旋削痕，内底有9个椭圆形支钉疤痕，外壁墨书五字，不识。口径23.4、底径8、高7.2厘米（图五二三，8）。

B型　23件。可分三式。

Ⅰ式：2件。标本ⅢT1③：6，敞口，圆唇，斜弧腹，圈足。白胎较细，先涂白色化妆土，施白釉，釉色光润；内壁施满釉，外壁施釉不及底，有蜡泪痕；内底有椭圆形支钉疤痕，圈足内墨书"常"字。口径22、底径8、高7厘米（图五二三，23）。

Ⅱ式：19件。标本ⅢH61：8，敞口，圆唇，斜腹，下腹有旋削痕，圈足，脐底。白胎较细，先涂白色化妆土，施白釉，釉色泛黄；内壁施满釉，外壁施釉不及底；内底有10个支钉疤痕，圈足内墨书"铁"字。口径21.3、底径7.4、高7.3厘米（图五二三，20）。

Ⅲ式：2件。标本ⅢT2②：3，敞口，圆唇，斜弧腹，圈足。白灰胎较细，先涂白色化妆土，施白釉，釉色泛青；内壁施满釉，外壁施半釉，有蜡泪痕；内底有10个支钉疤痕，圈足内墨书"常住"二字。口径21.8、底径8、高7.8厘米（图五二三，12）。

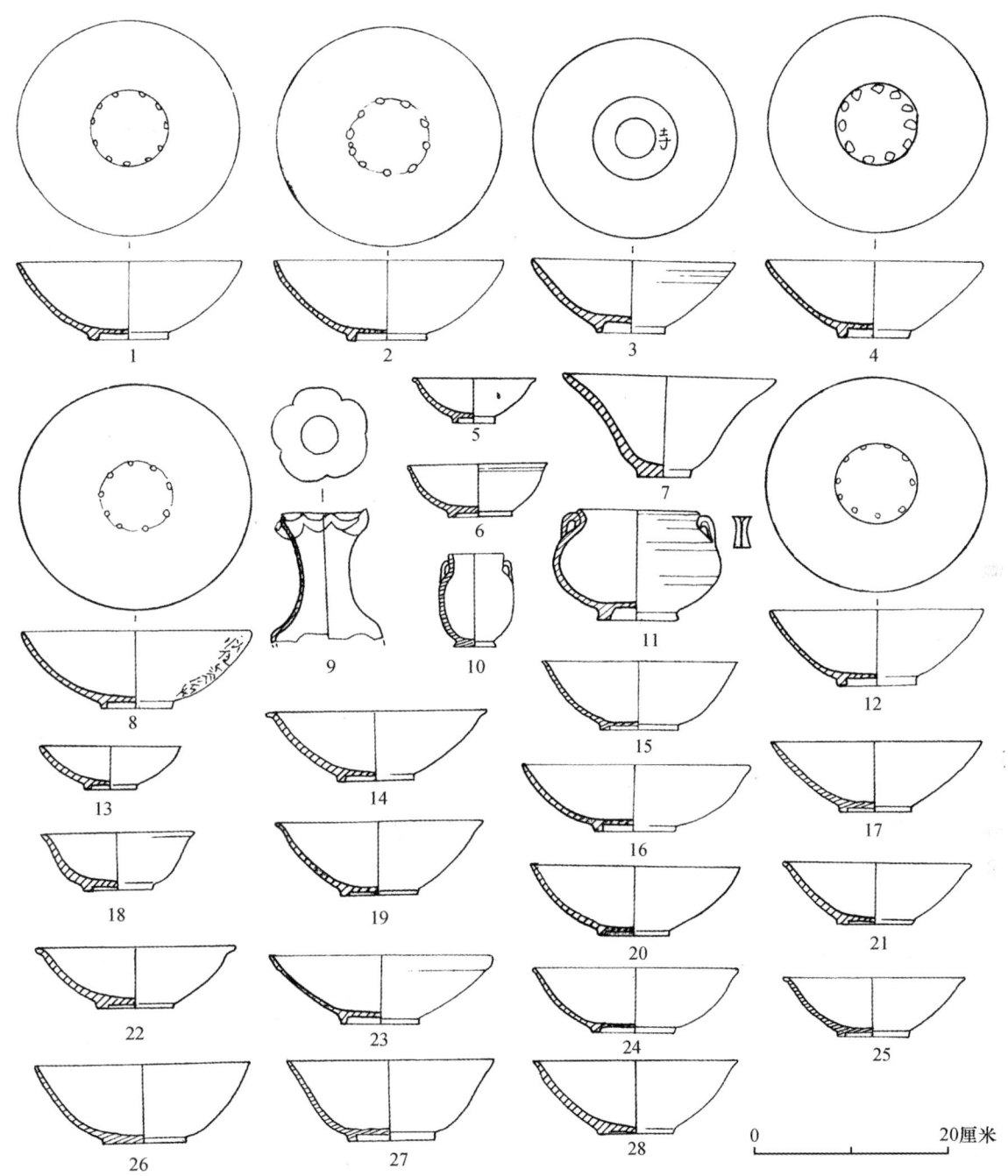

图五二三　Ⅲ区第七阶段文化遗存器物

1. AⅠ式瓷碗（ⅢT1④：3）　2. AⅢ式瓷碗（ⅢH61：2）　3. CⅠ式瓷碗（ⅢH58：5）　4. AⅡ式瓷碗（ⅢT1③：11）
5. GⅡ式瓷碗（ⅢT6③：1）　6. HⅡ式瓷碗（ⅢT8②：2）　7. 油滴瓷碗（ⅢF1：69）　8. AⅣ式瓷碗（ⅢT1②：6）
9. 瓷瓶（ⅢF1：5）　10. B型瓷罐（ⅢH40：1）　11. A型瓷罐（ⅢF3：2）　12. BⅢ式瓷碗（ⅢT2②：3）
13. HⅠ式瓷碗（ⅢT3③：1）　14. EaⅡ式瓷碗（ⅢT2③：9）　15. FⅡ式瓷碗（ⅢT15②：1）　16. EbⅠ式瓷碗（ⅢT1③：31）
17. CⅡ式瓷碗（ⅢH58：3）　18. GⅠ式瓷碗（ⅢH5：7）　19. EaⅠ式瓷碗（ⅢT1③：7）　20. BⅡ式瓷碗（ⅢH61：8）
21. DⅡ式瓷碗（ⅢH5：8）　22. DⅢ式瓷碗（ⅢT3③：2）　23. BⅠ式瓷碗（ⅢT1③：6）　24. EbⅡ式瓷碗（ⅢT1③：3）
25. EaⅢ式瓷碗（ⅢH41：1）　26. FⅢ式瓷碗（ⅢH61：23）　27. FⅠ式瓷碗（ⅢH58：8）　28. DⅠ式瓷碗（ⅢH5：11）

C型 11件。可分二式。

Ⅰ式：4件。标本ⅢH58：5，敞口，圆唇，斜弧腹，有旋削痕，圈足，挖掘过肩。白灰胎较细，先涂白色化妆土，施白釉，釉色泛黄，内壁施满釉；外壁施釉不及底，有蜡泪痕；内底有涩圈，涩圈内墨书"寺"字，圈足内墨书"铁"字。口径21.2、底径7.4、高6.8厘米（图五二三，3）。

Ⅱ式：7件。标本ⅢH58：3，敞口，圆唇，弧腹，有旋削痕，圈足，挖掘过肩。白灰胎较细，内壁先涂白色化妆土，施白釉，釉色泛黄，施满釉；外壁施釉不及底，有蜡泪痕；内底有涩圈，圈足内墨书"铁"字。口径21.5、底径7.3、高7.3厘米（图五二三，17）。

D型 4件。可分三式。

Ⅰ式：1件。标本ⅢH5：11，敞口，圆唇，唇缘加厚，斜腹，圈足略外撇，内有旋削痕，脐底。淡黄色粗胎，先涂白色化妆土，施白釉，釉色泛黄；内壁施满釉，外壁施釉不及底，有蜡泪痕；内底有4个呈椭圆形支钉疤痕，局部有窑粘。口径20.9、底径7.8、高7.3厘米（图五二三，28）。

Ⅱ式：2件。标本ⅢH5：8，敞口，圆唇，唇缘加厚，斜腹较浅，圈足略外撇，内有旋削痕，脐底。淡黄色粗胎，先涂白色化妆土，施白釉，釉色泛黄；内壁施满釉，外壁施釉不及底，内底有支钉疤痕。口径19.5、底径7.6、高6.2厘米（图五二三，21）。

Ⅲ式：1件。标本ⅢT3③：2，敞口，圆唇，唇缘加厚，斜腹较浅，圈足，内有旋削痕，脐底。淡黄色粗胎，先涂白色化妆土，施白釉，釉色泛黄；内壁施满釉，外壁施釉不及底，局部有蜡泪痕；内底有4个支钉疤痕。口径20、底径8、高6.5厘米（图五二三，22）。

E型 6件。可分二亚型。

Ea型 4件。可分三式。

Ⅰ式：2件。标本ⅢT1③：7，敞口，斜折沿，圆唇，斜腹，圈足。白胎较细，内壁先涂白色化妆土，施白釉，釉色泛黄，施满釉；外壁施釉不及底，有蜡泪痕；内底有支钉疤痕。口径21、底径8、高7.6厘米（图五二三，19）。

Ⅱ式：1件。标本ⅢT2③：9，敞口，斜折沿，圆唇，斜腹，圈足。淡黄色粗胎，先涂白色化妆土，施白釉，釉色泛黄；内壁施满釉，外壁施釉不及底，釉面有鬃眼，有蜡泪痕；内底有支钉疤痕。口径22、底径8.2、高7.4厘米（图五二三，14）。

Ⅲ式：1件。标本ⅢH41：1，敞口，斜折沿，圆唇，斜腹，圈足。白灰色粗胎，先涂白色化妆土，施白釉，釉色泛灰；内壁施满釉，外壁施釉不及底，有蜡泪痕；内底有支钉疤痕，露胎处有烟炱。口径18、底径7.5、高6.2厘米（图五二三，25）。

Eb型 2件。可分二式。

Ⅰ式：1件。标本ⅢT1③：31，敞口，斜折沿，圆唇，斜弧腹，圈足。白胎较细，内壁先涂白色化妆土，施白釉，釉色泛青，内壁施满釉，外壁施釉不及底；内底有支钉疤痕，圈足内墨书"常"字。口径21.1、底径8.6、高6.8厘米（图五二三，16）。

Ⅱ式：1件。标本ⅢT1③：3，敞口，斜折沿，圆唇，斜弧腹，圈足。白胎较细，内壁先涂白色化妆土，施白釉，釉色泛黄，内壁施满釉，外壁施半釉；内底有支钉疤痕，足面有窑粘。口径20.8、底径8、高6.8厘米（图五二三，24）。

F型　4件。可分三式。

Ⅰ式：1件。标本ⅢH58∶8，敞口，圆唇，斜腹，下腹折收，有旋削痕，圈足。白胎较细，先涂白色化妆土，施白釉，釉色泛青，内壁施满釉，外壁施釉不及底；内底有支钉疤痕，足面有窑粘，圈足内墨书"铁"字。口径20.8、底径8.8、高8.5厘米（图五二三，27）。

Ⅱ式：2件。标本ⅢT15②∶1，敞口，圆唇，斜弧腹，下腹折收，有旋削痕，圈足。白胎较细，先涂白色化妆土，施白釉，釉色泛青，内壁施满釉，外壁施釉不及底，有蜡泪痕；内底有支钉疤痕，有窑粘，圈足内墨书"铁"字。口径19.7、底径8.5、高7.2厘米（图五二三，15）。

Ⅲ式：1件。标本ⅢH61∶23，敞口，尖圆唇，斜弧腹，下腹折收，有旋削痕，圈足底内有凹弦纹一周。酱黄胎较细，先涂白色化妆土，施酱黄釉，釉色斑驳，内壁施满釉，外壁施釉不及底，有蜡泪痕；内底有支钉疤痕和划痕。口径21.8、底径8.6、高8.3厘米（图五二三，26）。

G型　3件。可分二式。

Ⅰ式：1件。标本ⅢH5∶7，敞口，圆唇，斜弧腹，有旋削痕，圈足略外撇，脐底。灰白胎较细，施黑釉，内壁施满釉，外壁施釉不及底；内底有涩圈。口径15.5、底径5.7、高6厘米（图五二三，18；图版三二，4）。

Ⅱ式：2件。标本ⅢT6③∶1，敞口，圆唇，唇缘加厚，斜弧腹，圈足，脐底。灰白胎较粗，先涂白色化妆土，施白釉，釉色泛黄，内壁施满釉，外壁施釉不及底，内底有支钉疤痕。口径12.2、底径4.3、高5厘米（图五二三，5）。

H型　2件。可分二式。

Ⅰ式：1件。标本ⅢT3③∶1，敞口，圆唇，斜弧腹，矮圈足。灰白胎较细，施白釉，釉色泛黄，内壁施满釉，外壁施釉不及底，有蜡泪痕。口径14.5、底径5.5、高4.5厘米（图五二三，13）。

Ⅱ式：1件。标本ⅢT8②∶2，敞口，圆唇，斜弧腹，圈足。白灰胎较粗，先涂白色化妆土，施白釉，内、外壁施满釉，足壁露胎，内底有支钉疤痕。口径14、底径6.4、高5.4厘米（图五二三，6）。

油滴碗　1件。标本ⅢF1∶69，喇叭口，圆唇，下腹折收，假圈足。灰胎较粗，施黑釉，釉面有坑点纹，散布有"油滴"斑迹；外壁施釉不及底，有蜡泪痕，露胎处涂黑色陶衣。口径21.8、底径5.8、高10.4厘米（图五二三，7）。

盘　51件。可分五型。

A型　34件。可分二亚型。

Aa型　8件。可分三式。

Ⅰ式：2件。标本ⅢH63∶18，敞口，圆唇，浅腹，矮圈足。白胎较细，施白釉，釉色光润，内壁施满釉，外壁施半釉，内底有支钉疤痕。足面有窑粘，足内墨书"杨"字。口径19、

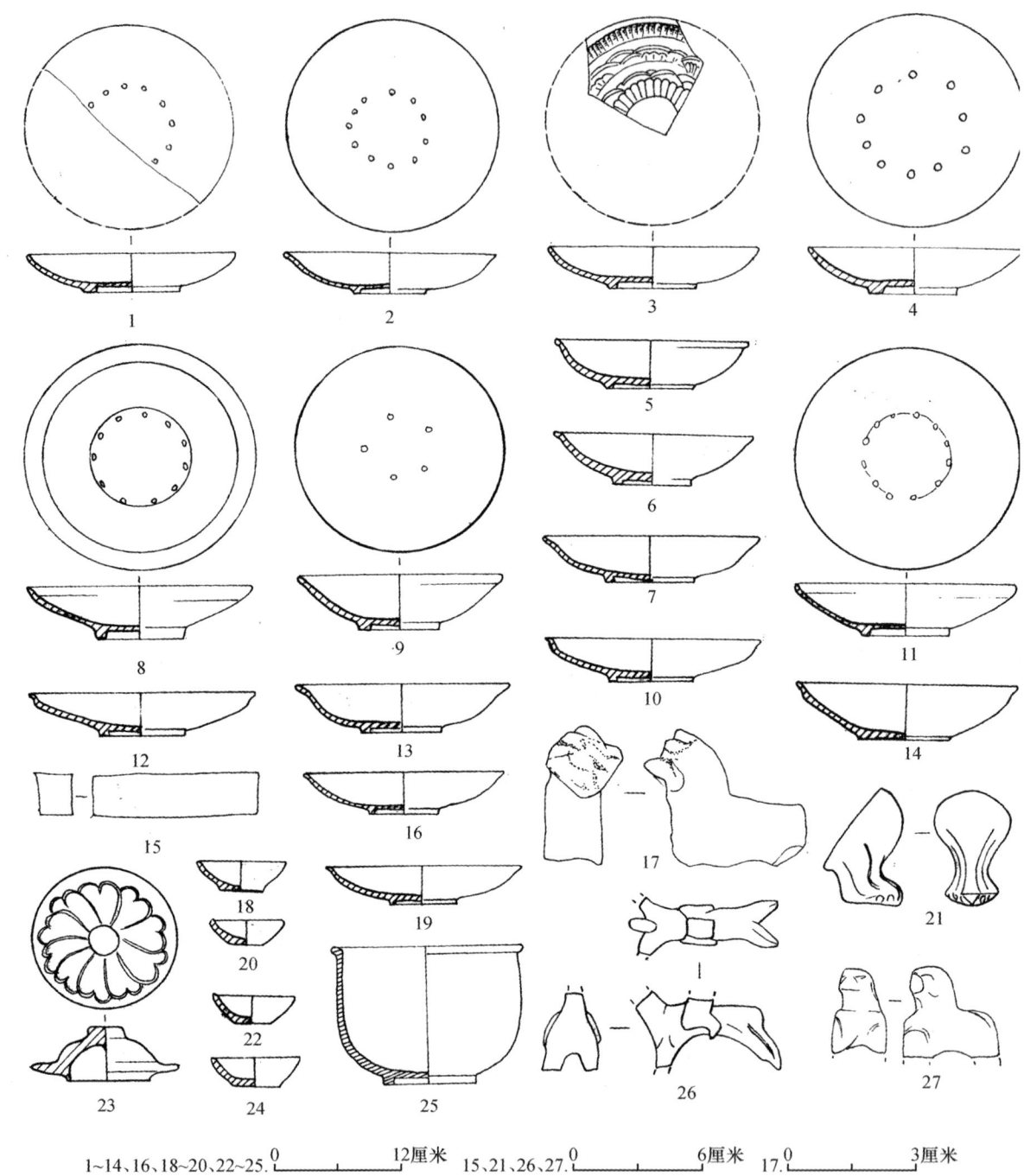

图五二四　Ⅲ区第七阶段文化遗存器物

1. AaⅠ式瓷盘（ⅢH63：18）　2. BⅠ式瓷盘（ⅢH63：25）　3. E型瓷盘（ⅢH13：3）　4. DaⅡ式瓷盘（ⅢT1③：40）
5. DbⅡ式瓷盘（ⅢH61：65）　6. DaⅠ式瓷盘（ⅢT2⑤：5）　7. CⅠ式瓷盘（ⅢH61：26）　8. BⅡ式瓷盘（ⅢT1③：5）
9. DbⅠ式瓷盘（ⅢH13：2）　10. AaⅡ式瓷盘（ⅢH61：38）　11. AbⅠ式瓷盘（ⅢT1③：24）　12. AaⅡ式瓷盘（ⅢH63：8）
13. CⅡ式瓷盘（ⅢT1③：1）　14. AbⅡ式瓷盘（ⅢH63：16）　15. 釉陶器（ⅢT2③：3）　16. BⅢ式瓷盘（ⅢH58：16）
17. Ba型瓷玩（ⅢT6①：1）　18. B型瓷盏（ⅢT1③：20）　19. CⅢ式瓷盘（ⅢH61：81）　20. AⅡ式瓷盏（ⅢT2③：2）
21. 三彩器足（ⅢH42：1）　22. AⅢ式瓷盏（ⅢF1：67）　23. 瓷器盖（ⅢG1：1）　24. AⅠ式瓷盏（ⅢT1④：1）
25. 瓷盆（ⅢT5②：1）　26. A型瓷玩（ⅢH63：17）　27. Bb型瓷玩（ⅢT6②：1）

底径8.5、高3.3厘米（图五二四，1）。

Ⅱ式：3件。标本ⅢH63：8，内折沿，圆唇，腹略深，圈足。白灰胎较细，内壁先涂白色化妆土，施白釉，外壁施釉不及底，内底有支钉疤痕。口径21、底径8.5、高4厘米（图五二四，12）。

Ⅲ式：3件。标本ⅢH61：38，内折沿较窄，圆唇，浅腹，圈足。白灰胎较细，先涂白色化妆土，施白釉，釉色泛黄，内壁施满釉，外壁施釉不及底，内底有支钉疤痕。口径20、底径7.5、高4厘米（图五二四，10）。

Ab型　26件。可分二式。

Ⅰ式：6件。标本ⅢT1③：24，内折沿较窄，圆唇，腹较深，圈足。白胎较细，施白釉，釉色光润，内壁施满釉，外壁施釉不及底，内底有12个支钉疤痕，足面有窑粘，足内墨书"常住"二字。口径20.8、底径8、高4.8厘米（图五二四，11）。

Ⅱ式：20件。标本ⅢH63：16，内折沿，圆唇，腹较深，圈足。白灰胎略粗，先涂白色化妆土，施白釉，釉色泛黄，内壁施满釉，外壁施半釉，内底有较大的支钉疤痕。口径20.4、底径9、高5.1厘米（图五二四，14）。

B型　5件。可分三式。

Ⅰ式：1件。标本ⅢH63：25，内折沿较窄，圆唇，弧腹较浅，圈足，挖掘过肩。灰白胎较细，施白釉，釉色光润，内壁施满釉，外壁施釉不及底，有蜡泪痕。内底有11个支钉疤痕，足面有窑粘。口径20.2、底径7.2、高4厘米（图五二四，2）。

Ⅱ式：3件。标本ⅢT1③：5，敞口，圆唇，弧腹略深，圈足，脐底。白胎略细，内壁先涂白色化妆土，施白釉，釉色泛青，外壁施半釉。内壁饰凹弦纹一周，内底有11个支钉疤痕；足面有窑粘，圈足内墨书"常住"二字。口径21.2、底径8、高4.8厘米（图五二四，8；图版三三，1、2）。

Ⅲ式：1件。标本ⅢH58：16，敞口，尖圆唇，弧腹，圈足，足内可见旋削痕，脐底。白黄胎较粗，内壁施满釉，外壁施半釉，有蜡泪痕；底内有涩圈。口径18.2、底径5.8、高4.1厘米（图五二四，16；图版三二，3）。

C型　5件。可分三式。

Ⅰ式：1件。标本ⅢH61：26，敞口，圆唇，斜腹下折，圈足。白胎质细，白釉。内壁施满釉，外壁施釉不及底。内底有支钉疤痕。口径20、底径8.4、高4.6厘米（图五二四，7）。

Ⅱ式：2件。标本ⅢT1③：1，敞口，微侈沿，圆唇，曲腹下折，圈足。青灰胎细腻，施青釉，釉面光润，有冰裂纹。内底有支钉疤痕，足面有窑粘。口径20.5、底径7.8、高4.6厘米（图五二四，13）。

Ⅲ式：2件。标本ⅢH61：81，敞口，微侈沿，圆唇，曲腹下折，圈足。青灰胎较细，青釉，釉色泛灰。内底有涩圈，足壁有窑粘。口径18.3、底径6.3、高3.7厘米（图五二四，19）。

D型　6件。可分二亚型。

Da型　2件。可分二式。

Ⅰ式：1件。标本ⅢT2⑤：5，敞口，圆唇，唇缘加厚，下腹折收，圈足。白胎略粗，先涂白色化妆土，施白釉，釉色泛黄；内壁施满釉，外壁施釉不及底，有蜡泪痕，内底有支钉疤痕。口径18.3、底径7.2、高4.8厘米（图五二四，6）。

Ⅱ式：1件。标本ⅢT1③：40，敞口，圆唇，下腹折收，圈足。灰白胎较细，施青釉，有蜡泪痕，内底有支钉疤痕。口径16、底径6.3、高4.2厘米（图五二四，4）。

Db型 4件。可分二式。

Ⅰ式：2件。标本ⅢH13：2，敞口，圆唇，唇缘加厚，斜弧腹，圈足，内有旋削痕。白灰色粗胎，先涂白色化妆土，施白釉，釉色泛黄；内壁施满釉，外壁施半釉。内底有5个支钉疤痕，圈足内墨书"王"字。口径19.4、底径7.8、高4.8厘米（图五二四，9）。

Ⅱ式：2件。标本ⅢH61：65，敞口，圆唇，唇缘加厚，斜弧腹，圈足，下腹及圈足内有旋削痕。白灰色粗胎，先涂白色化妆土，施白釉，釉色泛黄；内壁施满釉，外壁施半釉，有蜡泪痕，内底有支钉疤痕。口径17.7、底径8.3、高4.5厘米（图五二四，5）。

E型 1件。标本ⅢH13：3，敞口，尖圆唇，斜弧腹较深，圈足，脐底。白灰胎较细，先涂白色化妆土，施白釉，釉色泛黄；内、外壁施满釉，有蜡泪痕。足壁露胎，器内印荷花图案，内底有支钉疤痕。口径19.4、底径8.3、高4.1厘米（图五二四，3）。

盆 1件。标本ⅢT5②：1，直口微敛，窄沿，深腹，下腹可见旋削痕，圈足略外撇。红褐色粗胎，夹细砂，施白釉，上腹釉色泛青，下腹呈酱黄色，有蜡泪痕；内底有支钉疤痕。口径26.7、底径13.3、高20厘米（图五二四，25）。

盏 6件。可分二型。

A型 5件。可分三式。

Ⅰ式：1件。标本ⅢT1④：1，敞口，圆唇，弧腹，平底，下腹及底部可见旋削痕。灰褐色粗胎，内壁施黑釉，釉色光润，有蜡泪痕和窑粘；外壁露胎。口径8.3、底径4.5、高3厘米（图五二四，24）。

Ⅱ式：3件。标本ⅢT2③：2，敛口，折唇，斜腹，平底，有旋削痕。灰白色粗胎，内壁施黑釉，釉色光润，有窑粘；外壁露胎。口径6、底径3.5、高2.5厘米（图五二四，20）。

Ⅲ式：1件。标本ⅢF1：67，敞口，圆唇，斜弧腹，平底。灰白色粗胎，内壁施黑釉，外壁露胎。口径7.5、底径3.4、高2.5厘米（图五二四，22）。

B型 1件。标本ⅢT1③：20，敞口，圆唇，斜腹，假圈足，平底，底部有旋削痕。灰褐色粗胎，内壁施黑釉，外壁露胎。口径8.5、底径4、高2.8厘米（图五二四，18）。

器盖 2件。标本ⅢG1：1，子母口，平沿略上翘，圆唇，盖面微弧。灰白胎，施白釉，釉色泛黄，饰酱黄彩团花纹。口径3.8、高2.6厘米（图五二四，23）。

三彩器足 1件。标本ⅢH42：1，蹄足。灰白胎，施三彩釉。高5.6厘米（图五二四，21）。

瓷玩 3件。可分二型。

A型 1件。马。标本ⅢH63：17，呈站立状，长尾贴于左后腿，背上倒骑一人，马头与人的上半部残。灰白胎较细，施酱釉。残长6.6、残高3.7厘米（图五二四，26）。

B型　2件。犬。可分二亚型。

Ba型　1件。标本ⅢT6①：1，腿残，呈站立状，大耳向前。灰白胎较细，施白釉，釉色泛灰。长3.8、残高3.6厘米（图五二四，17）。

Bb型　1件。标本ⅢT6②：1，腿残，呈站立状。青灰胎较细，施青釉，釉色泛灰。长3、残高4.4厘米（图五二四，27）。

釉陶器　1件。标本ⅢT2③：3。呈窄长方体，红褐色胎，施绿釉，局部露胎。体长7.6、宽2、厚1.6厘米（图五二四，15）。

3. 铜器

有净瓶、器盖、簪等。

净瓶　标本ⅢF1：82。小口，细长颈，颈中部有覆钵式相轮，弧肩，鼓腹，喇叭形器座外撇。器肩一侧铸弯流，流上有扣形盖，以铁轴衔接。颈上部饰两周凸弦纹，肩、流部各饰一周凸弦纹。口径1、腹径4.6、底径3.4、通高15厘米（图五二二，3；图版三四，1）。

器盖　1件。标本ⅢF1：83，浇铸。玉璧状，外径32、内径14、厚0.8厘米（图五二五，14）。

簪　3件。可分二型。

A型　1件。标本ⅢH61：52，扁平体。一面作弯曲状，端部作一蛇首；簪身由上至下渐细，尖部圆钝。长15.5厘米（图五二五，1；图版三四，2左）。

B型　2件。标本ⅢH61：33，扁平体。一面作弧形，端部作一小匙，呈圆形；簪身由上至下渐细，尖部圆钝。长14厘米（图五二五，6；图版三四，2右）。

4. 铁器

有剪刀、铁刀、镰刀、铁斧、铁镢、车輨、犁铧等。

剪刀　1件。标本ⅢF1：73，一刃残半。两股呈交叉形，柄剖面呈圆形。通长20.4、刃长9厘米（图五二五，11；图版三四，4上）。

铁刀　1件。标本ⅢH101：1，残。呈长条形，窄刃微弧，锋利，残长16、宽2.4厘米（图五二五，3）。

镰刀　3件。可分二型。

A型　1件。标本ⅢF3：3，呈月形，弧背较厚，到刃部递减，直刃略凹，锋利，右端与圆形銎体衔接，长20、宽6、銎长5、銎外径2.6、銎内径2.2厘米（图五二五，10；图版三四，4下）。

B型　2件。标本ⅢF1：72，呈月形，弧背较厚，到刃部递减，凹刃，锋利。残长13.6、宽5厘米（图五二五，8）。

铁斧　2件。可分二型。

A型　1件。标本ⅢH23：9，呈窄长方体，弧顶略宽，直刃略宽，稍残，侧面中部偏上中空成銎，銎口平整，呈长方形，体长18.2、刃宽5.6、銎径长3.7、宽1.6厘米（图五二五，9）。

B型　1件。标本ⅢH36：2，呈窄长方体，弧刃微宽，侧面中部中空成銎，銎口平整，呈长

图五二五　Ⅲ区第七阶段文化遗存器物

1. A型铜簪（ⅢH61∶52）　2. B型铁钉（ⅢF1∶75-2）　3. 铁刀（ⅢH101∶1）　4. 铁犁铧（ⅢT20②∶4）
5. A型铁锸（ⅢT18②∶1）　6. B型铜簪（ⅢH61∶33）　7. 铁器（ⅢH127∶1）　8. B型镰刀（ⅢF1∶72）
9. A型铁斧（ⅢH23∶9）　10. A型镰刀（ⅢF3∶3）　11. 铁剪刀（ⅢF1∶73）　12. B型铁锸（ⅢT19②∶1）
13. 车輨（ⅢH106∶2）　14. 铜器盖（ⅢF1∶83）　15. A型铁钉（ⅢF1∶75-1）　16. B型铁斧（ⅢH36∶2）

方形，体长11.5、刃宽7、銎径长2.6、宽1.2、深4厘米（图五二五，16）。

铁锸　2件。可分二型

A型　1件。标本ⅢT18②：1，銎残。呈窄长方体，弧刃稍残。体长14、刃宽5.6厘米（图五二五，5；图版三四，3右）。

B型　1件。标本ⅢT19②：1，銎残。呈窄长方体，弧刃微宽。体长16.6、刃宽6.4厘米（图五二五，12）。

车軎　2件。标本ⅢH106：2，呈凹边六边形，軎呈圆形。每边长6.4、厚3.4、軎径8.4厘米（图五二五，13）。

犁铧　1件。标本ⅢT20②：4，平面呈双翼形，尖部弧凸，边锋微弧，底部中空成銎，銎口下凹，近半月形，平面呈菱形。体长20、底宽21、銎径长14、宽2.6、深10厘米（图五二五，4；图版三四，3左）。

铁钉　22件。可分二型。

A型　18件。钉头较长，呈"一"字形，钉身截面呈四边形，近尖部作尖圆状。标本ⅢF1：75-1，长16.2厘米（图五二五，15）。

B型　4件。钉头较短，呈方形，钉身截面呈四边形，近尖部作尖圆状。标本ⅢF1：75-2。长9厘米（图五二五，2）。

铁器　1件。标本ⅢH127：1，呈长条形，上端呈弯曲状，下端略窄，尖部弧凸。长14.5、宽3.5、厚0.4厘米（图五二五，7）。

5. 石器

有石斧、石杵、石臼、磨石、石环等。

石斧　1件。标本ⅢH5：13，残半，通体磨光。器身平面呈梯形，顶部略窄，以下渐宽，横截面呈椭圆形，直刃，较锋利。残长8.8、刃宽6厘米（图五二二，4）。

石杵　3件。可分三型。

A型　1件。标本ⅢT8①：1，残半，砂岩磨制。呈圆柱状，杵头弧凸，横截面呈圆形。残长10.3厘米（图五二二，12）。

B型　1件。标本ⅢT8②：1，残半，砂岩磨制。上部平面呈圆形，中心钻孔，杵头弧凸。孔径3、深2.8、直径10、厚4.4厘米（图五二二，5）。

C型　1件。标本ⅢT2⑤：8，稍残，砂岩磨制。上部平面呈椭圆形，中心钻孔，杵头弧凸。孔径3.4、深5.4、长径12、短径8.2、厚5.8厘米（图五二二，1）。

石臼　2件。标本ⅢH5：10，残。臼体顶部呈圆形，直径10.6厘米，底部呈长方形。长15.6、宽14.4、高17.2厘米；臼窝直径8.4、深10厘米（图五二二，13）。

磨石　3件。可分三型。

A型　1件。标本ⅢH51：2，平面呈圆形，磨擦面较平滑。直径7.8、厚1.5厘米（图五二二，6）。

B型　1件。标本ⅢT1②：1，平面梭形，弧背，磨擦面内凹。长14、宽6.4、厚2.2厘米（图五二二，7）。

C型　1件。标本ⅢT1③：27，平面近长方形，顶端弧凸，中心钻孔，磨擦面略凹。孔径0.4、长8.4、宽5.6、厚0.6厘米（图五二二，10）。

石璧　1件。标本ⅢH13：1，残半，磨制。呈圆形扁平体，中心钻孔，对钻。孔径1.3、直径4、厚0.6厘米（图五二二，2）。

石饼　1件。标本ⅢG1：4，砂岩磨制。平面呈圆形，直径7、厚3厘米（图五二二，11）。

石碑　9件。皆碑体残块，青石制成。

6. 骨器

有带饰、骨锥、管形器、锯形器等。

带饰　1件。标本ⅢH5：1，动物骨加工而成。平面呈弧顶长方形，一侧边中部与长方形鼻衔接，鼻中部钻孔。孔径0.3、长9.6、宽2.8、厚0.4厘米（图五二六，3）。

骨锥　1件。标本ⅢH136：1，动物肢骨加工而成。圆形锥头，顶端弧凸，锥体横截面呈圆形，锥尖圆钝。长11.4厘米（图五二六，1）。

管形器　1件。标本ⅢH51：1，动物角磨制。圆柱体，饰索纹。直径4、内径3.6、高7厘米（图五二六，6）。

锯形器　1件。标本ⅢH5：2，动物肩胛骨加工而成。长20、宽5厘米（图五二六，2）。

7. 钱币

钱币　15枚。有熙宁重宝、熙宁元宝、治平元宝、天圣元宝、景德元宝、嘉祐通宝、皇宋通宝、圣宋元宝、崇宁重宝、元祐通宝和字迹不清钱币等。

熙宁重宝　1枚。钱文篆书，旋读。标本ⅢT17②：4，直径2.85、穿宽0.6厘米。

熙宁元宝　1枚。钱文真书，旋读。标本ⅢT17②：1，直径2.45、穿宽0.65厘米。

治平元宝　1枚。钱文真书，旋读。标本ⅢT17②：5，直径2.4、穿宽0.5厘米。

天圣元宝　2枚。钱文真书，旋读。标本ⅢT17③：1，直径2.6、穿宽0.55厘米。标本ⅢT2②：7，直径2.5、穿宽0.6厘米。

景德元宝　1枚。钱文真书，旋读。标本ⅢG4：1，直径2.5、穿宽0.5厘米。

嘉祐通宝　1枚。钱文真书，对读。标本ⅢT15②：2，直径2.55、穿宽0.75厘米。

皇宋通宝　2枚。钱文真书，对读。标本ⅢT1③：33，小字。直径2.5、穿宽0.7厘米（图五二六，4）。

圣宋元宝　1枚。钱文真书，旋读。标本ⅢH61：13，直径2.5、穿宽0.7厘米（图五二六，7）。

崇宁重宝　1枚。钱文隶书，对读。标本ⅢH61：32，直径3.5、穿宽0.6厘米。

元祐通宝　1枚。钱文篆书，旋读。标本ⅢT1②：12，直径2.5、穿宽0.7厘米（图

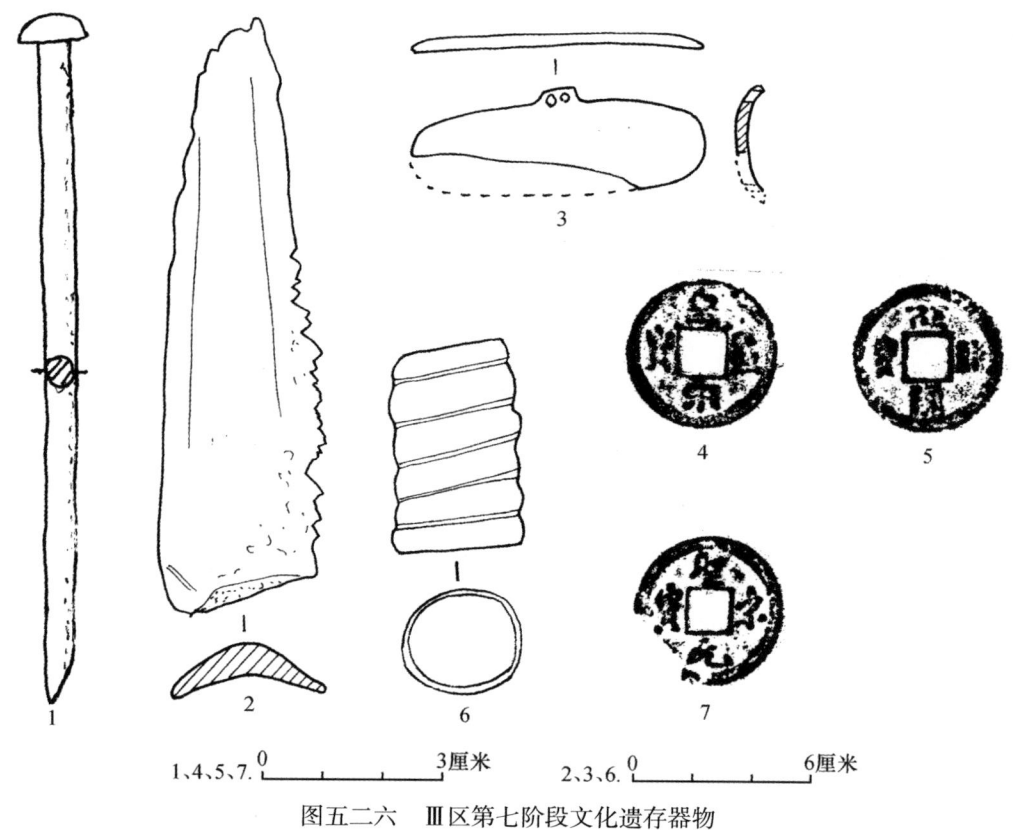

图五二六　Ⅲ区第七阶段文化遗存器物
1. 骨锥（ⅢH136∶1）　2. 骨锯形器（ⅢH5∶2）　3. 骨带饰（ⅢH5∶1）
4、5、7. 钱币（ⅢT1③∶33、ⅢT1②∶12、ⅢH61∶13）　6. 骨管形器（ⅢH51∶1）

五二六，5）。

字迹不清　3枚。标本ⅢT1③∶34、标本ⅢH83∶1、标本HTⅢT17②∶2。

九、小　结

通过考古调查、勘探与发掘得知，中城是利用废弃西城的南垣和南城西垣的北半部（原西城的东垣）向北重新扩建的一座城址，位于和林格尔土城子古城的东南部，平面呈梯形，由城垣、城门组成。城垣以北垣和东垣保存最好，残存高1.2～8米，南垣西端和西垣南端被河水冲毁。在北垣和东垣的北半部残存有马面设施，呈半圆形，大小，高出垣体0.5～1米。城门东、西、北三面各设一门，均湮埋于地下。南门因遭破坏迹象不清。经解剖得知，中城的城垣有的地方打破汉代地层建在生土上，在夯层内出土战国至汉代陶片。在中城的中西部有一高台建筑基址，西南部被宝贝河冲毁，形成一个狭长形的断面，在断面上可以看到建筑台基结构和附属设施的一些情况，这是中城文化层最厚的地方，最深处可达10余米（图版八，2）。在中城的西部和东部基本相同可分4层，南部略薄可分3层，北部最薄可分2层。中城内出土遗物较为丰富，按照地层及出土遗物时代特征判断，大体上可分为春秋战国、两汉、代魏、隋唐、辽金元等七个历史阶段的文化遗存。

第五节 北　　城

北城位于和林格尔土城子古城的西北部，是利用中城的南垣、东垣的南半部向西北重新扩建的一座城址，中南部被宝贝河水（古金河）毁掉一部分。平面形状应是南部近平行四边形，北部呈梯形的组合。南北长1400~1700米，东西宽1450米，面积约246.5万平方米；方向345°（图五二七）。

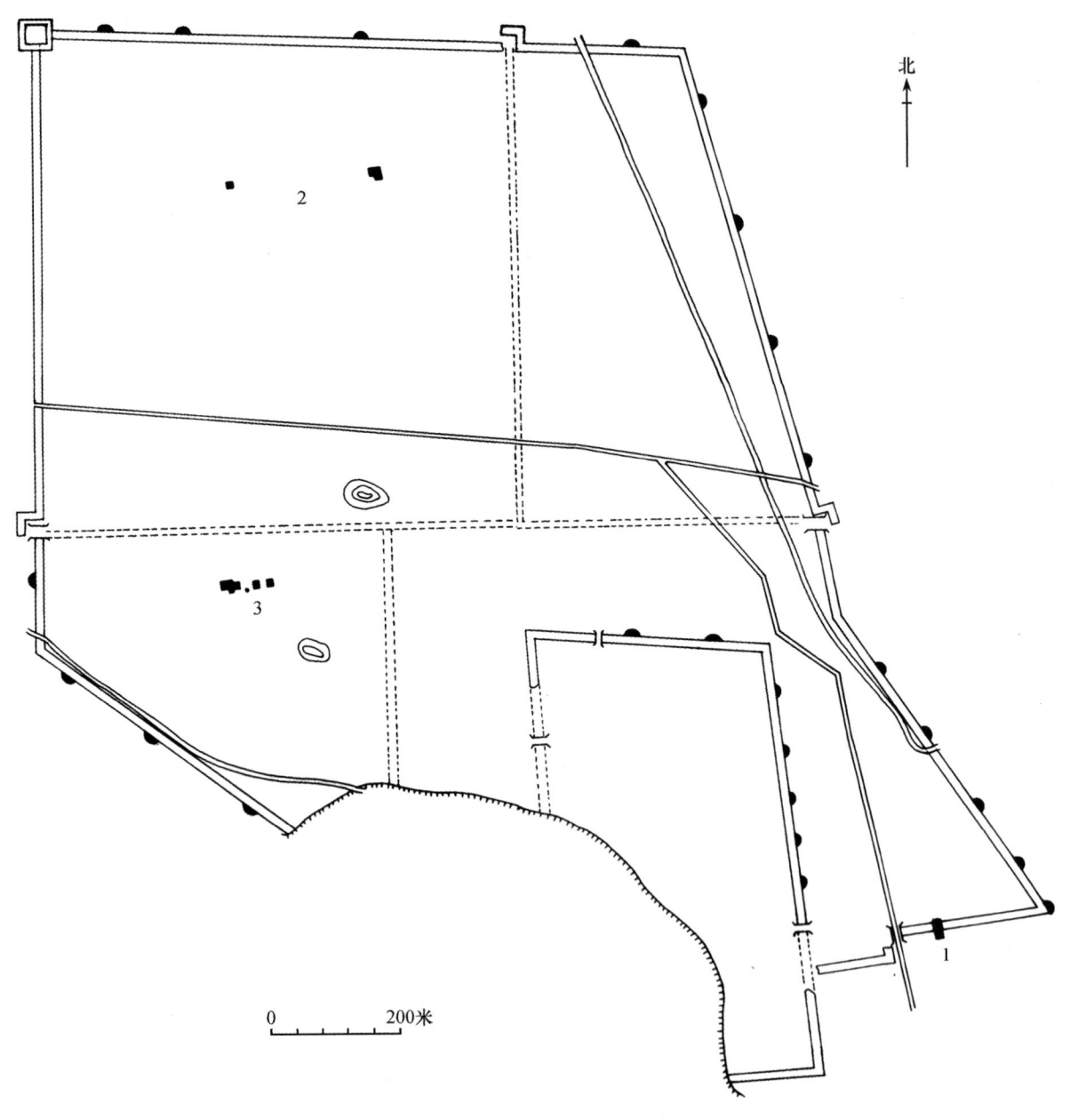

图五二七　和林格尔土城子古城北城平面图
1. ⅧTG1　2. ⅠT1~ⅠT7　3. ⅡT1~ⅡT28

一、城垣、城壕与角楼

1. 城垣

城垣以东、北、西三面垣体保存较好，南面中部被河水冲毁，残存高1.8～10米。在城垣外侧各置马面，在西垣与北垣的拐角处设有角楼等防御设施。

东垣　呈西北东南走向，近"⌐"形，长约1760米，与北垣的夹角为110°，与南垣的夹角为62°，由北向南渐低，残存高2.5～10米。外侧筑有马面，现存9个，呈半圆形，顶部南北长10米左右，东西宽7.5～8米，残高5～10米。从断面看，用灰褐色土夯筑而成，土质坚硬，夹有战国、汉代陶瓦片和动物骨骼等，夯层厚8～12厘米。参见东垣南段城垣断面（图版一四，1）。

南垣　西半部被河水冲毁，中部利用了中城的南垣和东垣的南半部。略呈东北—西南走向，呈台阶状，残长890米，与东垣的夹角为62°，残高1～5.9米。

西垣　呈"Ｖ"形，由两部分组成，北半部略呈东北—西南走向，南半部呈西北—东南走向，东南部被河水冲毁，残长1750米，与北垣的夹角为87°，由北向南渐低，残存高2.5～5米。外侧筑有马面，现存4个，形状不清。从断面看，底宽14、顶宽3～5米，用灰褐色土夯筑而成，夹有黄色斑点，土质较纯，质地坚硬。夯层薄厚不均，最薄8、最厚14、一般厚9～10厘米，夯窝直径8～12厘米。参见西垣南段城垣西侧断面和西垣东南段城垣南侧断面（图版一四，2）。

北垣　略呈西北—东南走向，长1200米，与西垣的夹角为87°，与东垣的夹角为110°，由西向东渐高，残存高5～10米。外侧筑有马面，现存4个，形状不清。参见北垣东段城垣南侧断面（图版一五，1）。

2. 城壕

城壕　东、北、西三面以城外的低洼地带为护城壕，南面城壕因遭破坏迹象不清。

3. 角楼

角楼　位于西垣与北垣的拐角处，平面呈长方形，东西长24米，南北宽20米。墙壁土筑夯打而成，夯层与城垣夯层基本相同，宽2.5～3、残高1.5～2.5米。

二、城门及瓮城

经勘探和调查得知城垣的东、北、西三面近中部各设一门，外置瓮城；南门位于南垣近东部。

东门：位于东垣中部，与西门正对。经勘探得知，宽约13米。外置瓮城，土筑夯打而成。平面呈长方形，南北长58、东西宽30米。南、北两侧墙壁宽6米，残高1.5~2.5米，在南墙中部设有城门，宽8米左右（图版一五，2）。

南门：经勘探得知，位于南垣近东部，也就是南垣东部的第一个豁口，与城内现地表南北向的小路重叠，从地表向下180厘米为路土，宽约23米（图版一六，1）。

西门：位于西垣中部偏南，与东门正对。经勘探得知，宽约20米。外置瓮城，土筑夯打而成。平面呈长方形，南北长50、东西宽35米。墙壁宽8米，残高1~3.5米，在南墙中部设有城门，宽8米左右（图版一六，2）。

北门：位于北垣中段偏东，宽约20米。外置瓮城，平面呈长方形，西半部被毁掉一部分，南北长24、东西残宽20米。城墙夯筑而成，从断面上可以清楚地看出夯层厚8~10厘米，残存高3~4.5米（图版一七，1）。

三、城内文化层与遗迹

1. 城内文化层

城内文化堆积南部较厚，可分为5层；北部略薄，可分为3层。

（1）南部

第1层：耕土层。

第2层：唐代文化层。

第3层：唐代文化层。

第4层：唐代文化层。

第5层：汉代文化层。

（2）北部

第1层：耕土层。

第2层：唐代文化层。

第3层：唐代文化层。

2. 遗迹

有建筑台基、街道等。

（1）大型建筑台基

城内建筑遗迹依稀可辨，在其近中部有一较大的建筑台基（俗称大煤山），呈椭圆形，东西长44、南北宽20、高约3米（图版一七，2）。夯筑而成，夯层厚10~12厘米。在其南部又有一小型建筑台基（俗称小煤山），两者相距400米左右。呈椭圆形，东西长40、南北宽20、高约1.5米。夯筑而成，夯层厚8~10厘米。

（2）街道

东西街道横贯东、西城门，从大建筑台基南侧通过；南街位于大、小建筑台基的东侧，北街在大建筑台基东侧纵贯北门，呈"丁"字形并与东西街道相交。另外，在宝贝河水冲刷的断崖上暴露出不少的遗迹现象，有窖穴、水井、墙基、灰土层等（图五二七）。

四、城址发掘

北城共发掘三个地点：一是解剖南垣东段城垣发掘南北向2米×24.5米的探沟1条；二是城内北中部发掘5米×5米的探方4个，10米×10米的探方3个；三是城内西南部发掘5米×5米的探方28个；以上总发掘面积1149平方米（图五二七）。探沟编号为ⅧTG1，探方编号北部为ⅠT1~ⅠT7，南部为ⅡT1~ⅡT28。

（一）南垣东段城垣解剖

南垣东段城垣解剖（即第Ⅷ发掘区TG1）位于隋唐城址南垣东段，发掘2米×24.5米的探沟1条，发掘面积为49平方米。

1. 地层堆积

地层堆积分城垣内侧和城垣外侧两部分，现以ⅧTG1西壁剖面为例介绍如下（图五二八）。

（1）城垣内侧地层堆积

城垣内侧的地层堆积根据土质、土色与其包含物的不同，堆积层可分四层。

1）地层堆积

第1层：根据土色的变化可分为二亚层。

第1a层：风积层和城垣的坍塌堆积。黄灰色砂土，土质软硬不一，无遗物。堆积较厚，从南向北渐薄。厚80~230厘米。

第1b层：耕土层，现代淤积层。黄灰色黏土，土质较硬，无遗物。堆积较厚。厚60~120厘米。

第2层：唐代文化层。灰黄色花土，土质较松软，内含砂粒和陶片。厚30~110厘米。出土物有陶盆、罐等。

第3层：唐代文化层。灰褐色土，土质较硬，出土少量的陶片和瓦片等。厚50~100厘米。出土物有陶瓮、盆，板瓦，筒瓦等。

第4层：汉代文化层。黄灰色花土，土质较硬，含有少量的陶片和瓦片。厚50~80厘米。出土物有陶罐、盆，板瓦，筒瓦等。

2）出土器物

有陶壶、罐、盆、钵、豆等。

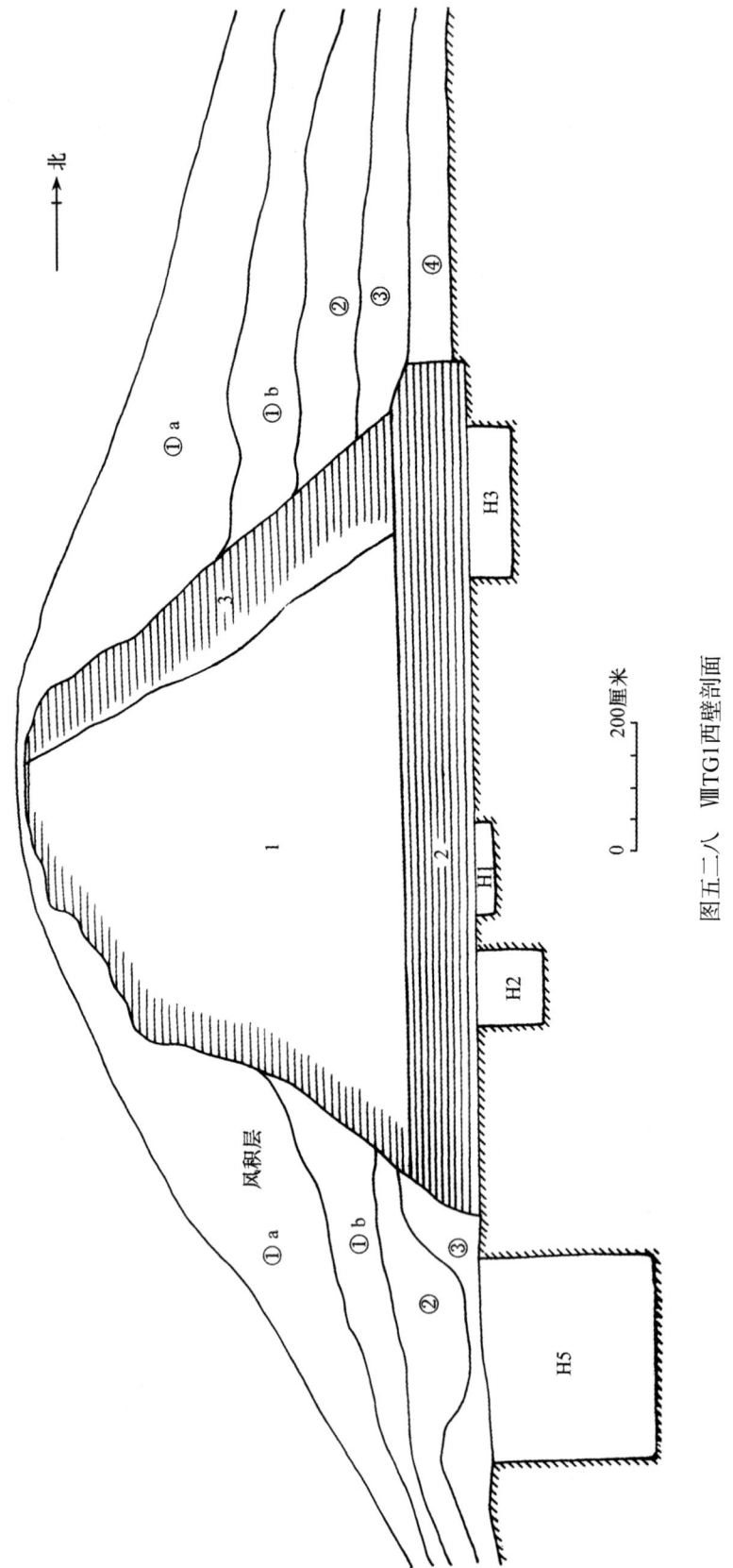

图五二八 ⅧTG1西壁剖面
1. 城垣 2. 垣基 3. 修补城垣

壶　2件。标本ⅧTG1N③：2，泥质灰陶。颈以上残，弧肩，鼓腹，平底。上腹饰弦断绳纹，下腹有刀削痕。底径12、残高21.9厘米（图五二九，6）。标本ⅧTG1N④：3，泥质灰陶。侈口，圆唇，束颈，以下残。素面抹光。口径11、残高6.4厘米（图五二九，5）。

罐　2件。形制相同。标本ⅧTG1N④：4，口、肩残片，泥质灰褐陶，模制。侈口，方唇，广肩，素面抹光。口径23、残高9厘米（图五二九，10）。标本ⅧTG1N④：6，口径22、残高5.6厘米（图五二九，3）。

盆　1件。标本ⅧTG1N③：3，泥质灰褐陶。微敛口，方唇，弧腹，以下残。外壁饰绳纹，被抹，内壁饰压印方格纹。口径30.4、残高10厘米（图五二九，1）。

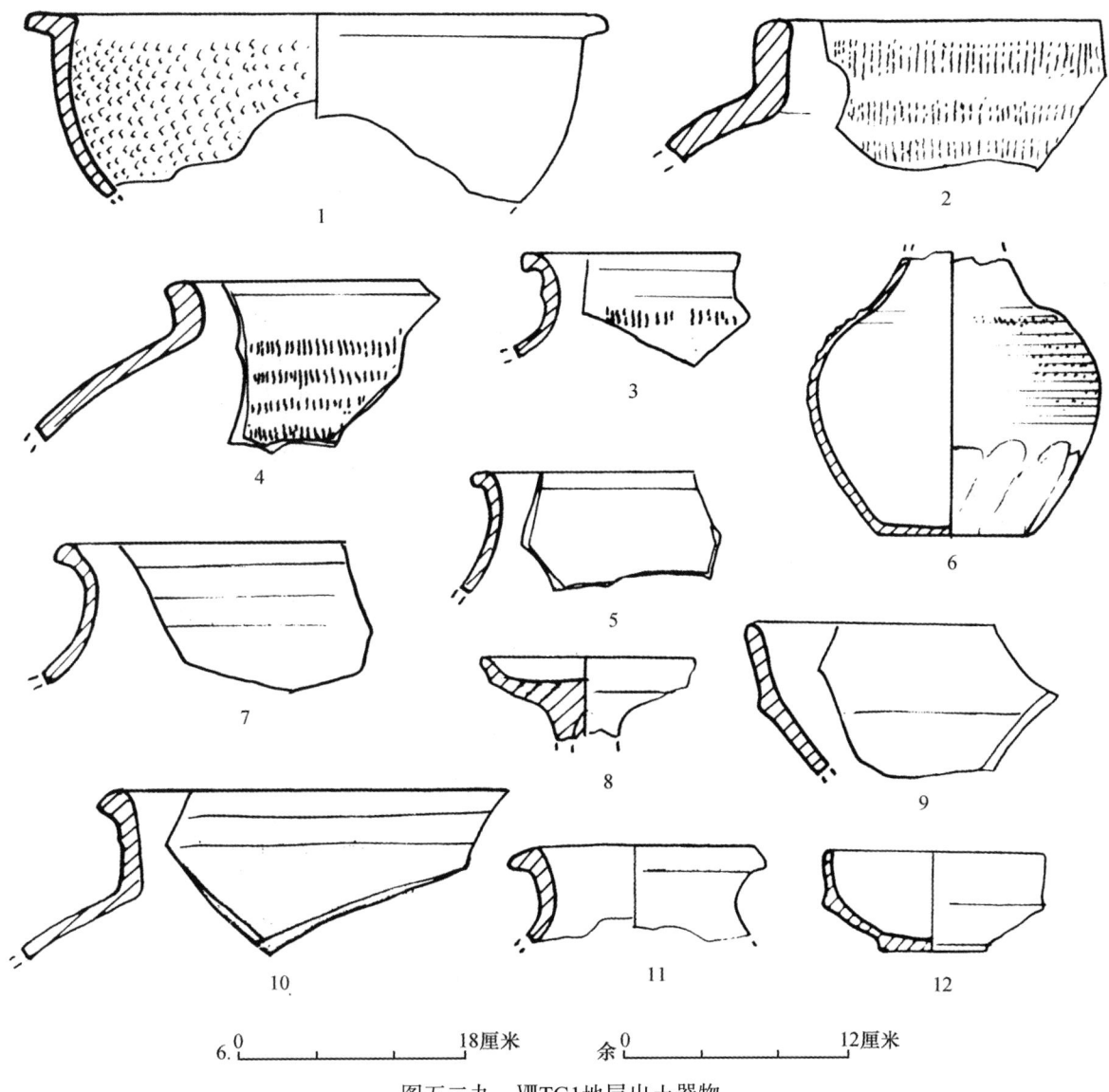

图五二九　ⅧTG1地层出土器物

1.陶盆（ⅧTG1N③：3）　2、4.陶瓮（ⅧTG1W③：2、ⅧTG1N④：1）　3、10.陶罐（ⅧTG1N④：6、ⅧTG1N④：4）
5~7、11.陶壶（ⅧTG1N④：3、ⅧTG1N③：2、ⅧTG1W③：1、ⅧTG1W③：7）　8.陶豆（ⅧTG1N④：2）
9、12.陶钵（ⅧTG1N④：10、ⅧTG1N④：12）

钵　2件。标本ⅧTG1N④：12，泥质灰陶。敛口，尖圆唇，硬折腹，平底。素面抹光。口径12.1、底径5.6、高5.2厘米（图五二九，12）。标本ⅧTG1N④：10，泥质灰陶。敞口，圆唇，折腹，以下残。素面抹光。口径19、残高8厘米（图五二九，9）。

豆　1件。标本ⅧTG1N④：2，泥质灰陶。敞口，圆唇，浅盘，平底，高柄残。素面抹光。口径11.2、残高4.4厘米（图五二九，8）。

瓮　1件。标本ⅧTG1N④：1，泥质灰陶。侈口，方唇，直领外侈，弧肩，以下残。饰细绳纹。口径27、残高9厘米（图五二九，4）。

（2）城垣外侧地层堆积

城垣外侧的地层堆积根据土质、土色与其包含物的不同，堆积层可分为3层。

1）地层堆积

第1层：根据土色的变化可分为二亚层。

第1a层：风积层和城垣的坍塌堆积，黄灰色砂土，土质软硬不一，无遗物。堆积较厚，从北向南渐薄。厚30～230厘米。

第1b层：耕土层，灰花土，土质较松软，含有零散的陶片和瓦片等。厚20～100厘米。

第2层：汉代文化层。灰褐色土，土质较硬，内含较多的陶片和瓦片。厚40～110厘米。出土物有陶釜、盆、钵、豆、板瓦、筒瓦等。

第3层：汉代文化层。黄褐色花土，土质较硬，出土少量的陶片和瓦片。厚25～115厘米。ⅧH5开口于该层下。

2）出土器物

有陶壶、瓮等。

壶　2件。标本ⅧTG1W③：7，泥质灰陶。侈口，圆唇，束颈，以下残。素面抹光。口径13.6、残高5厘米（图五二九，11）。标本ⅧTG1W③：1，口径13、残高7.2厘米（图五二九，7）。

瓮　1件。标本ⅧTG1W③：2，泥质灰陶。直口微敛，方唇，直领，弧肩，以下残。饰细绳纹，肩部被抹。口径24、残高7.6厘米（图五二九，2）。

2. 遗迹

在第Ⅷ发掘区TG1内清理的遗迹有城垣、灰坑等。

（1）城垣

1）城垣结构

南垣东段城垣经解剖得知，由垣基和垣体两部分组成。垣基开口于城垣内侧的第3层下，打破第4层，建在生土上。垣基底宽13.4、深1.1米。用黄黏土夯筑而成，夹有褐色斑点，土质较纯，质地坚硬。夯层厚8～10、夯窝直径6～8厘米。垣体截面呈梯形，底宽12.2、顶宽3.5、残高5.9厘米。用灰褐色土夯筑而成，夹有黄色斑点，土质坚硬。夯层厚10～12、夯窝直径5～8厘米。在垣体内侧留有修补痕迹，修补时是从垣基以上到垣体顶部，上半部为黄花土，下半部为灰花土，夯层及夯窝结构与原墙体基本相同，底宽2、顶宽1米。在夯层内出土战国至汉代陶片和动物骨骼等。ⅧH1～ⅧH4开口于城垣底部。

2）出土器物

有陶罐、瓮、盆、钵等。

罐 2件。标本ⅧTG1夯层内：6，口、腹残片，泥质灰陶。直口略侈，方唇，弧腹。素面抹光。口径12、残高8.8厘米（图五三〇，5）。标本ⅧTG1夯层内：31，口、肩残片，泥质灰陶。侈口，厚圆唇，广肩。素面抹光。口径30、残高8厘米（图五三〇，4）。

瓮 1件。标本ⅧTG1夯层内：14，口、肩残片，泥质灰陶，模制。直口，方唇，溜肩。饰细绳纹，印痕较浅。口径22、残高8厘米（图五三〇，6）。

盆 2件。标本ⅧTG1夯层内：29，口、腹残片，泥质灰褐陶。敞口，折沿，方唇，唇面内凹，弧腹，下腹折收。上腹饰弦纹，下腹有刀削痕。口径36、残高12厘米（图五三〇，3）。标本ⅧTG1夯层内：30，口、腹残片，敞口，宽平沿，沿面有凹槽两周，尖圆唇，斜腹。外壁饰弦纹，内壁饰方格压印纹。口径38、残高6厘米（图五三〇，1）。

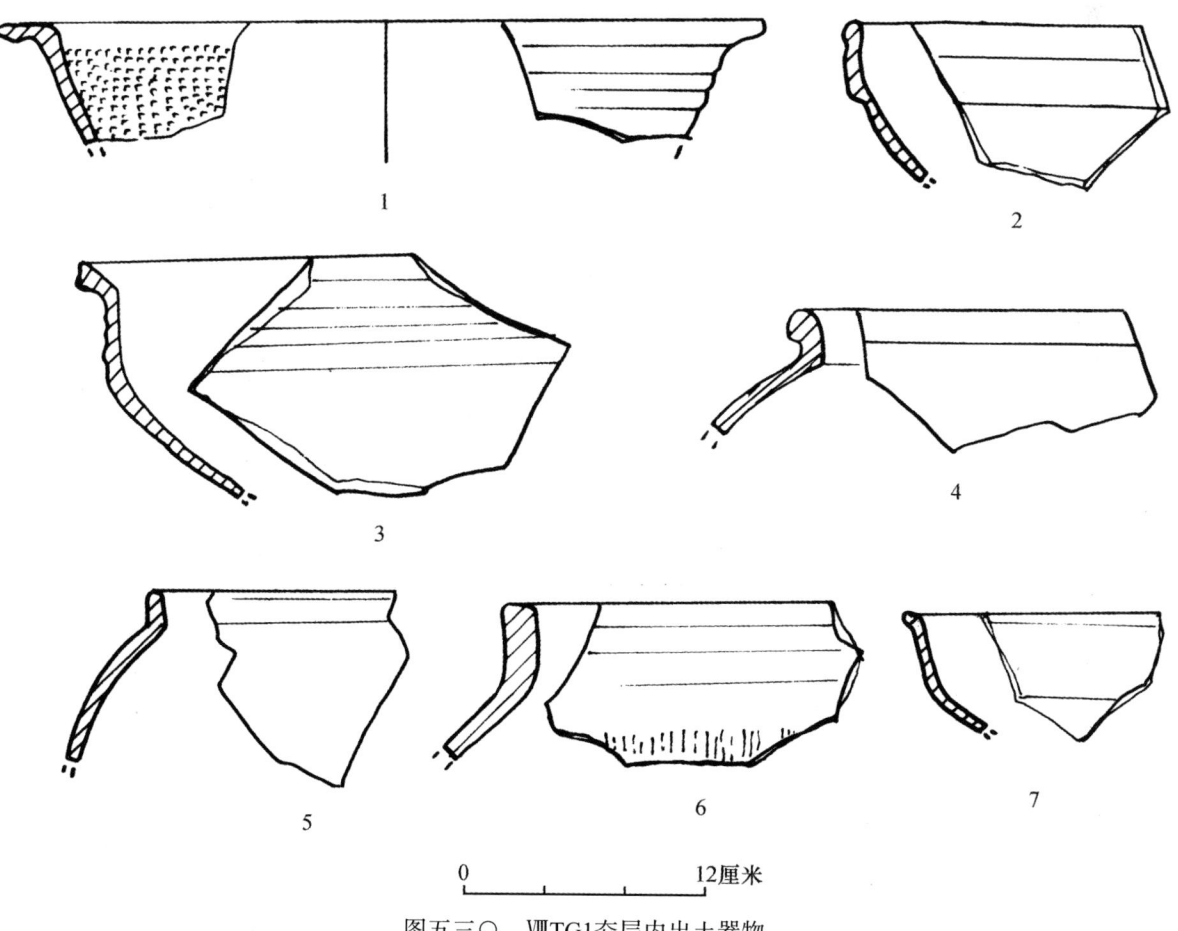

图五三〇　ⅧTG1夯层内出土器物

1、3.陶盆（ⅧTG1夯层内：30、ⅧTG1夯层内：29） 2、7.陶钵（ⅧTG1夯层内：1、ⅧTG1夯层内：11）
4、5.陶罐（ⅧTG1夯层内：31、ⅧTG1夯层内：6） 6.陶瓮（ⅧTG1夯层内：14）

钵 2件。标本ⅧTG1夯层内：1，口、腹残片，泥质灰陶。敞口，圆唇，弧腹，素面抹光。口径18、残高8厘米（图五三〇，2）。标本ⅧTG1夯层内：11，口、腹残片，泥质灰陶。敞口，方唇，折腹，素面抹光。口径15、残高6厘米（图五三〇，7）。

（2）灰坑

5个。有圆形、长方形等。

ⅧH1 位于第Ⅷ发掘区的中南部，开口于城垣底部，打破生土层。平面呈长方形（只清理一部分），直壁，平底。清理部分长120、宽150、深30厘米。坑内填灰花土，土质较硬，内含少量的陶片等（图五三一）。

出土器物有陶壶、罐、盆、钵等。

壶 1件。标本ⅧH1:4，口、颈残片，泥质灰陶。侈口，方唇，高领。素面抹光。口径13、残高6.6厘米（图五三二，3）。

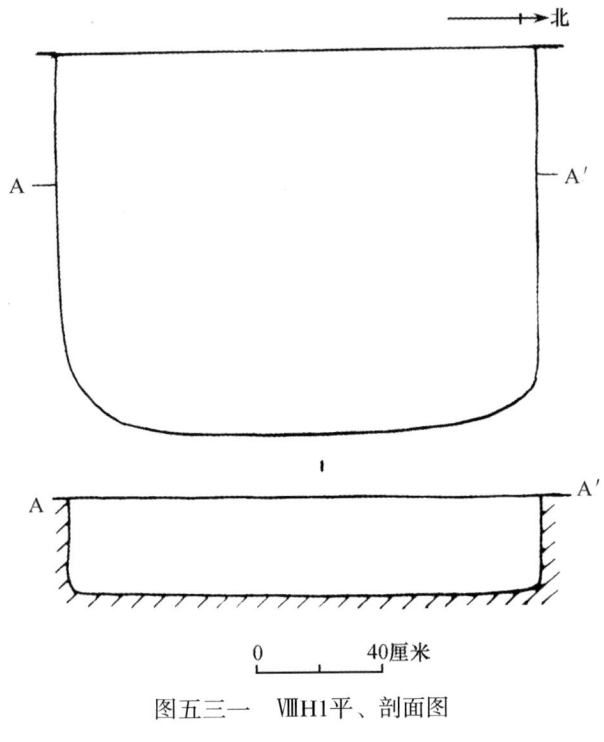

图五三一　ⅧH1平、剖面图

罐 1件。标本ⅧH1:3，口、肩残片，泥质灰陶，模制。侈口，圆唇，束颈，溜肩。饰细绳纹，颈部被抹平。口径12、残高8厘米（图五三二，5）。

盆 1件。标本ⅧH1:6，口、腹残片，泥质灰陶。敞口，宽平沿略外折，方唇，腹壁微

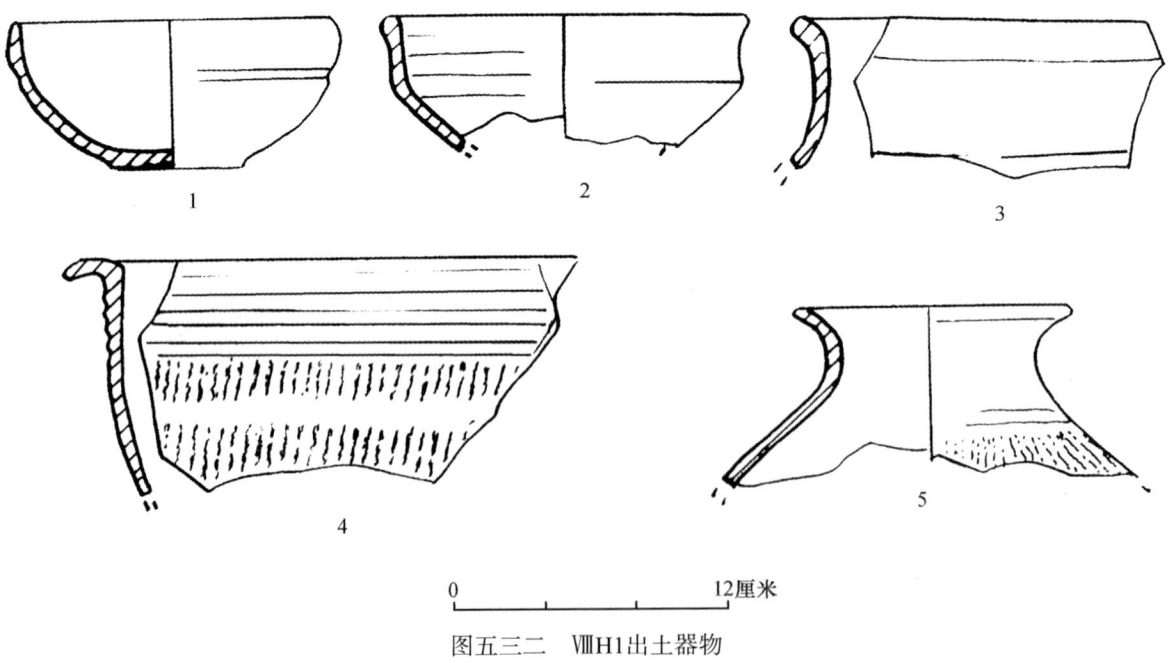

图五三二　ⅧH1出土器物

1、2.陶钵（ⅧH1:7、ⅧH1:1）　3.陶壶（ⅧH1:4）　4.陶盆（ⅧH1:6）　5.陶罐（ⅧH1:3）

弧。饰弦纹与弦断绳纹。口径34.6、残高10.2厘米（图五三二，4）。

钵　2件。标本ⅧH1：1，口、腹残片，泥质灰褐陶。敞口，厚圆唇，折腹，外壁素面抹光，内壁饰暗弦纹。口径16、残高5.8厘米（图五三二，2）。标本ⅧH1：7，泥质灰陶。直口微敛，圆唇，弧腹，饰凹弦纹一周，平底略内凹。素面抹光。口径14.8、底径5.6、高6.6厘米（图五三二，1）。

ⅧH2　位于第Ⅷ发掘区的中南部，开口于城垣底部，打破生土层。平面呈长条形（只清理一部分），直壁，平底。清理部分长200、宽125、深110厘米。坑内填灰褐色花土，土质较硬，内含遗物较少，出土少量的陶片等（图五三三）。

出土器物有陶釜、罐、盆等。

釜　2件。形制相同。标本ⅧH2：3，口、腹残片，夹砂灰褐陶，模制。侈口，方唇，唇面内凹，圆肩。饰纵向粗绳纹，印痕较深。口径30、残高14厘米（图五三四，3）。标本ⅧH2：2，夹砂灰陶。口径29.6、残高6.4厘米（图五三四，4）。

罐　1件。标本ⅧH2：1，口、肩残片，泥质黑陶，模制。侈口，尖圆唇，高领，广肩，素面抹光。口径24、残高6.8厘米（图五三四，2）。

盆　1件。标本ⅧH2：5，口、腹残片，泥质灰褐陶。敞口，折沿，方唇，唇面内凹，弧腹，下腹折收。上腹饰弦纹，下腹有刀削痕。口径36、残高10厘米（图五三四，1）。

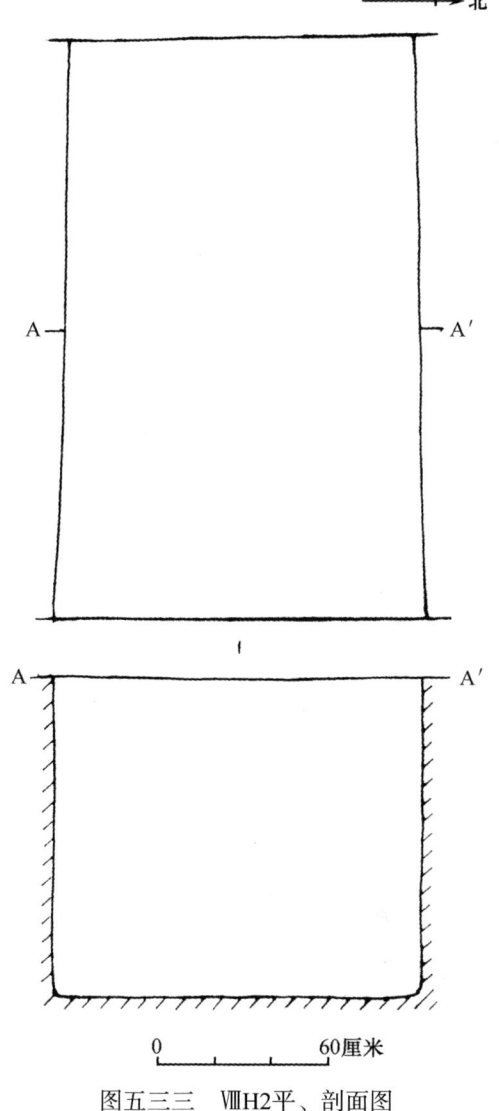

图五三三　ⅧH2平、剖面图

ⅧH3　位于第Ⅷ发掘区的北部。开口于城垣底部，打破生土层。平面呈圆形（只清理一部分），直壁，平底。清理部分最大径240、深75厘米。坑内填黄花土，土质较松软，内含物较少，出土少量的陶片等（图五三五）。

出土器物有陶盆、钵等。

盆　1件。标本ⅧH3：1，口、腹残片，泥质灰陶。直口，宽平沿略外折，方唇，唇面有凹槽一周，弧腹。外壁饰弦纹与弦断绳纹，内壁饰暗弦纹。口径38.6、残高12厘米（图五三六，1）。

钵　1件。标本ⅧH3：2，口、腹残片，泥质褐陶。直口微敛，方唇，折腹。素面抹光。口径15、残高6.4厘米（图五三六，2）。

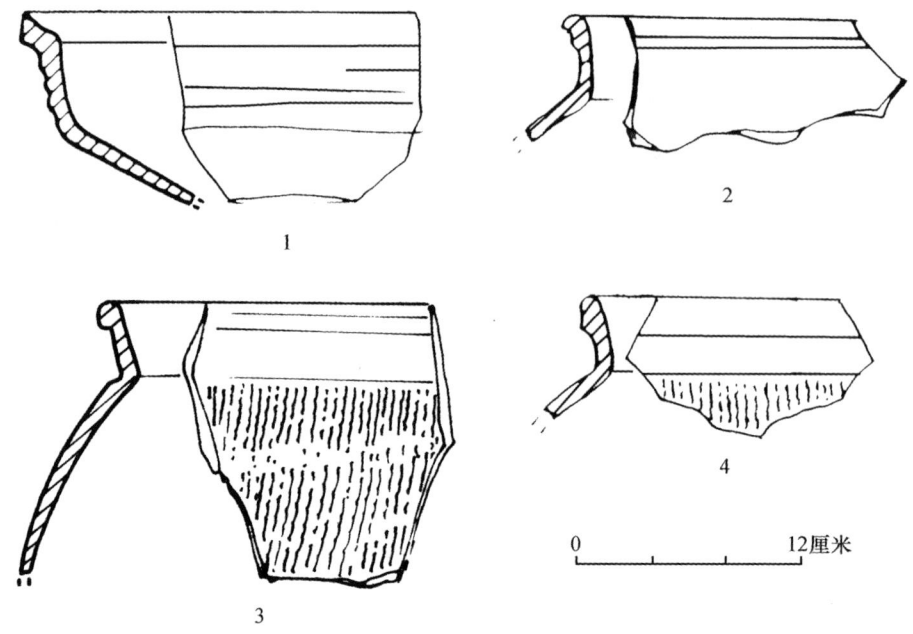

图五三四 ⅧH2出土器物
1. 陶盆（ⅧH2∶5） 2. 陶罐（ⅧH2∶1） 3、4. 陶釜（ⅧH2∶3、ⅧH2∶2）

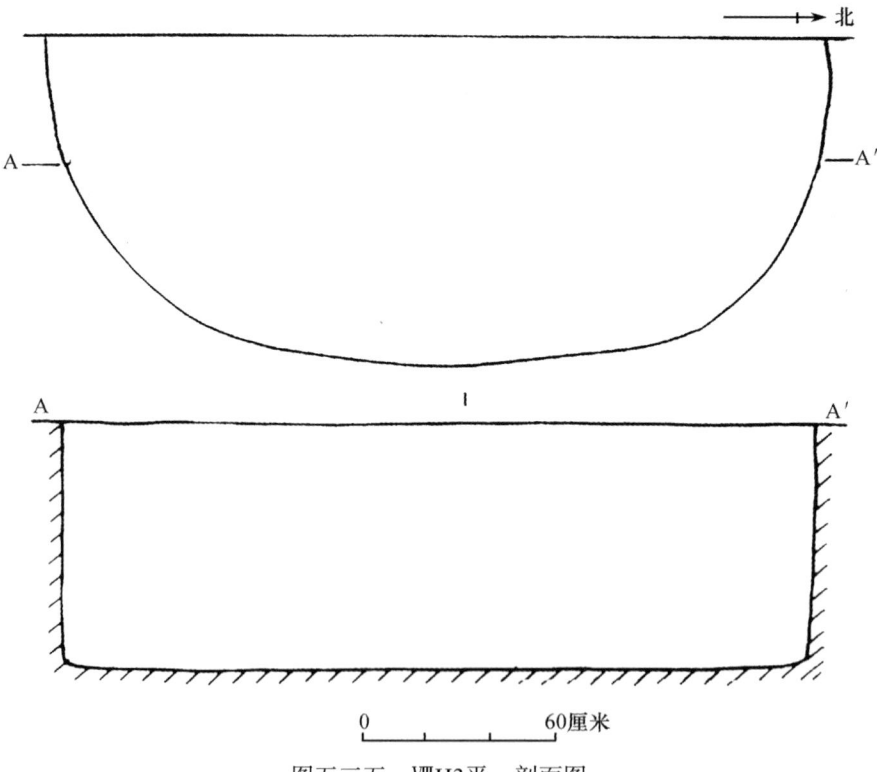

图五三五 ⅧH3平、剖面图

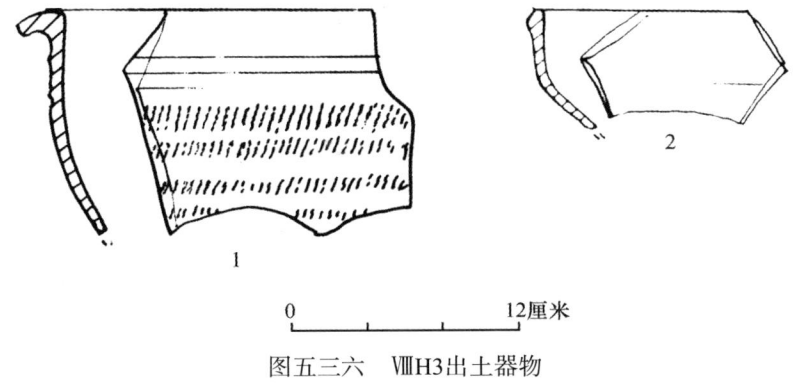

图五三六　ⅧH3出土器物
1. 陶盆（ⅧH3：1）　2. 陶钵（ⅧH3：2）

ⅧH4　位于第Ⅷ发掘区的北部，开口于城垣底部，打破生土层。平面呈圆形，坑口略大于坑底，斜直壁，平底。直径125、深75厘米。坑内填灰黄色花土，土质较松软，内有少量的陶片等（图五三七）。

出土器物有陶罐、豆等。

罐　1件。标本ⅧH4：3，口、肩残片，夹砂灰陶。侈口，圆唇，弧肩，附贴半圆形錾。口径10、残高9.2厘米（图五三八，1）。

豆柄　1件。标本ⅧH4：4，泥质灰陶。高柄，柄下部中空，喇叭形底座。素面抹光。底径8.8、残高7.6厘米（图五三八，2）。

ⅧH5　位于第Ⅷ发掘区的南部，开口于城垣外侧的第3层下，打破生土层。平面呈圆形（只清理一部分），坑壁较为整齐，平底。直径370、深270厘米。坑内填黄色花土，土质较硬，含有大量的陶片和动物骨骼等（图五三九）。

出土器物有陶壶、罐、盆、钵等。

壶　1件。标本ⅧH5：6，口、颈残片，泥质灰陶。侈口，方唇，束颈。饰绳纹，被抹平。口径14、残高5.4厘米（图五四〇，3）。

罐　2件。形制相同。标本ⅧH5：8，口、肩残片，泥质灰褐陶，模制。侈口，方唇，广肩。素面抹光。口径22、残高6.4厘米（图五四〇，4）。标本ⅧH5：3，口径25、残高6.8厘米（图五四〇，2）。

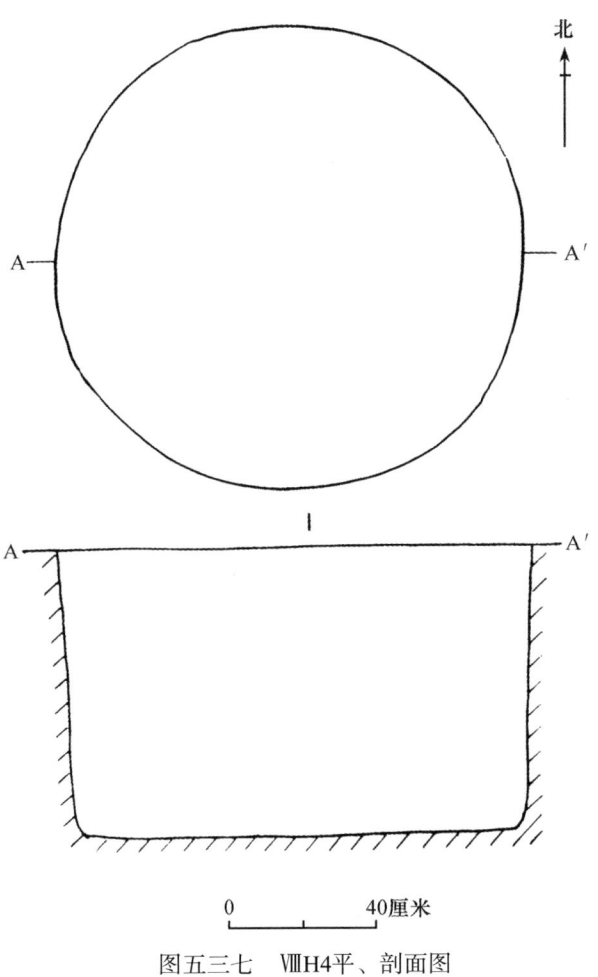

图五三七　ⅧH4平、剖面图

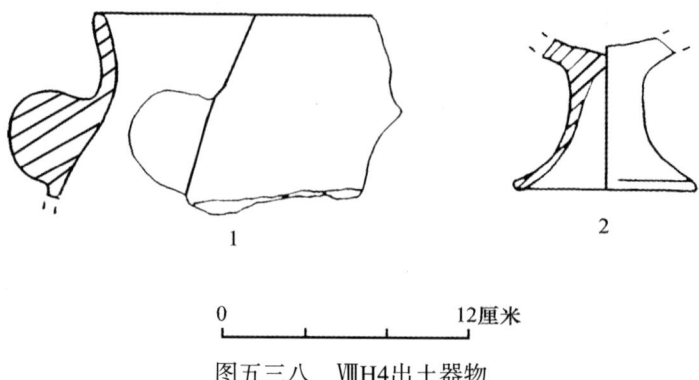

图五三八　ⅧH4出土器物
1. 陶罐（ⅧH4：3）　2. 陶豆（ⅧH4：4）

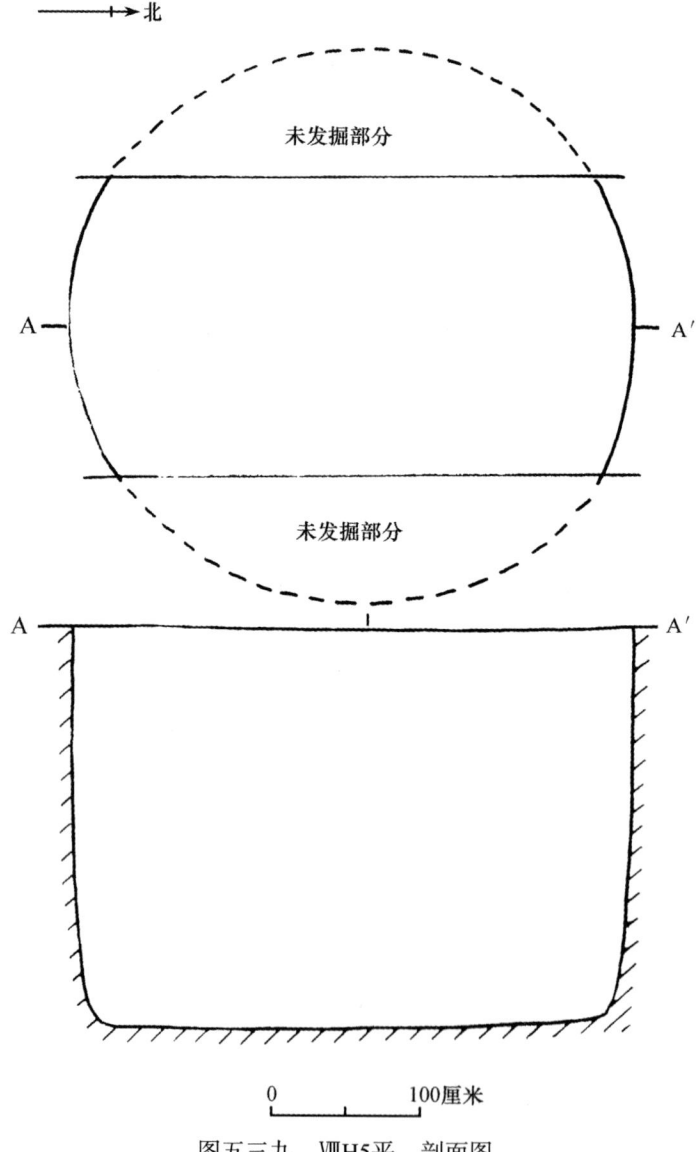

图五三九　ⅧH5平、剖面图

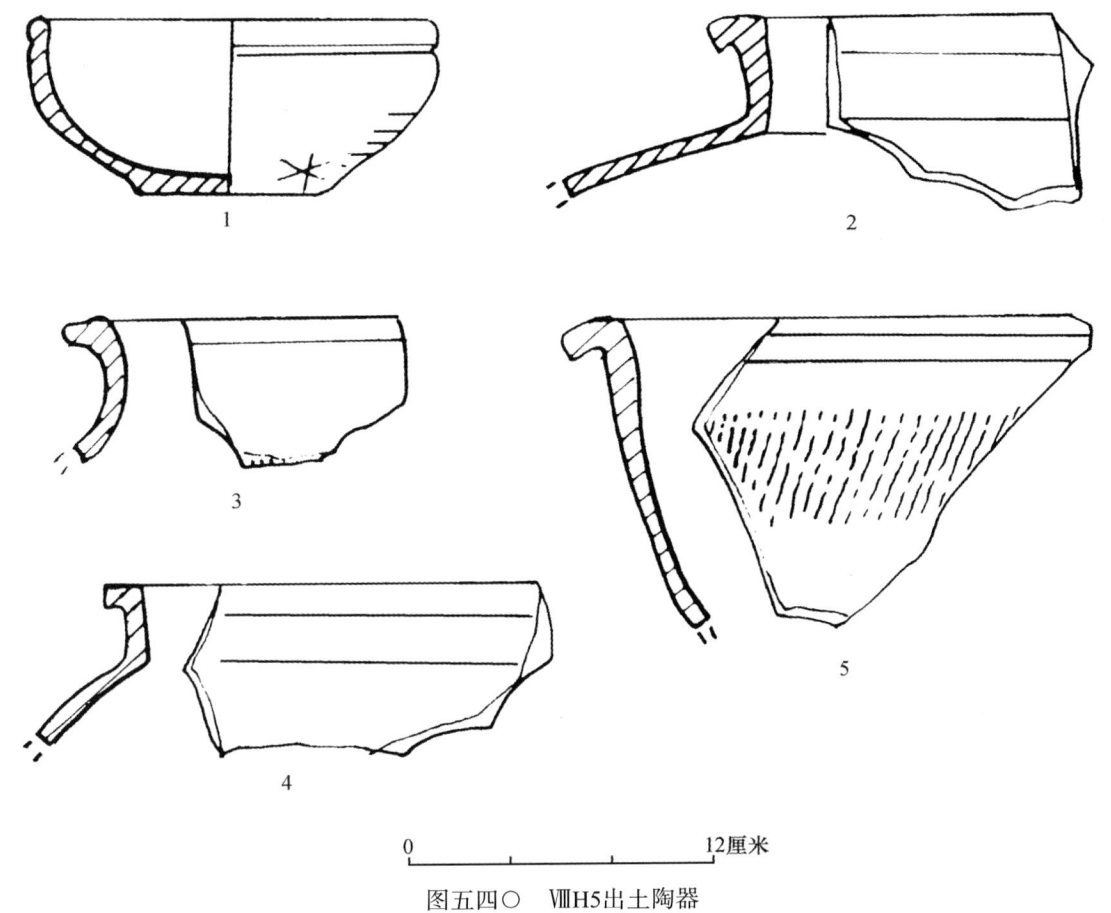

图五四〇　ⅧH5出土陶器
1.钵（ⅧH5∶9）　2、4.罐（ⅧH5∶3、ⅧH5∶8）　3.壶（ⅧH5∶6）　5.盆（ⅧH5∶1）

盆　1件。标本ⅧH5∶1，口、腹残片，泥质灰褐陶。敞口，方唇，斜弧腹。腹饰绳纹，口外被抹，下腹有刀削痕。口径34.8、残高12厘米（图五四〇，5）。

钵　1件。标本ⅧH5∶9，泥质灰陶。直口，方唇，弧腹，平底。口外饰凹弦纹一周，素面抹光。近底部有划纹一处。口径16、底径7.4、高6.8厘米（图五四〇，1）。

（二）城内北部发掘

城内北部发掘区（即第Ⅰ发掘区）位于北城的中北部，以去西窑村道路为界，路北为第Ⅰ发掘区，路南为第Ⅱ发掘区。

1997年7月15日至11月15日，为配合达丰（达拉特旗—丰镇）超高压输电建设工程，内蒙古文物考古研究所、呼和浩特市文物管理处、和林格尔文物管理所联合对古城遗址进行抢救性的发掘。发掘5米×5米的探方4个，10米×10米的探方3个，发掘面积400平方米（图五四一，上）；发现灰坑（窖穴）6个（表二一）。

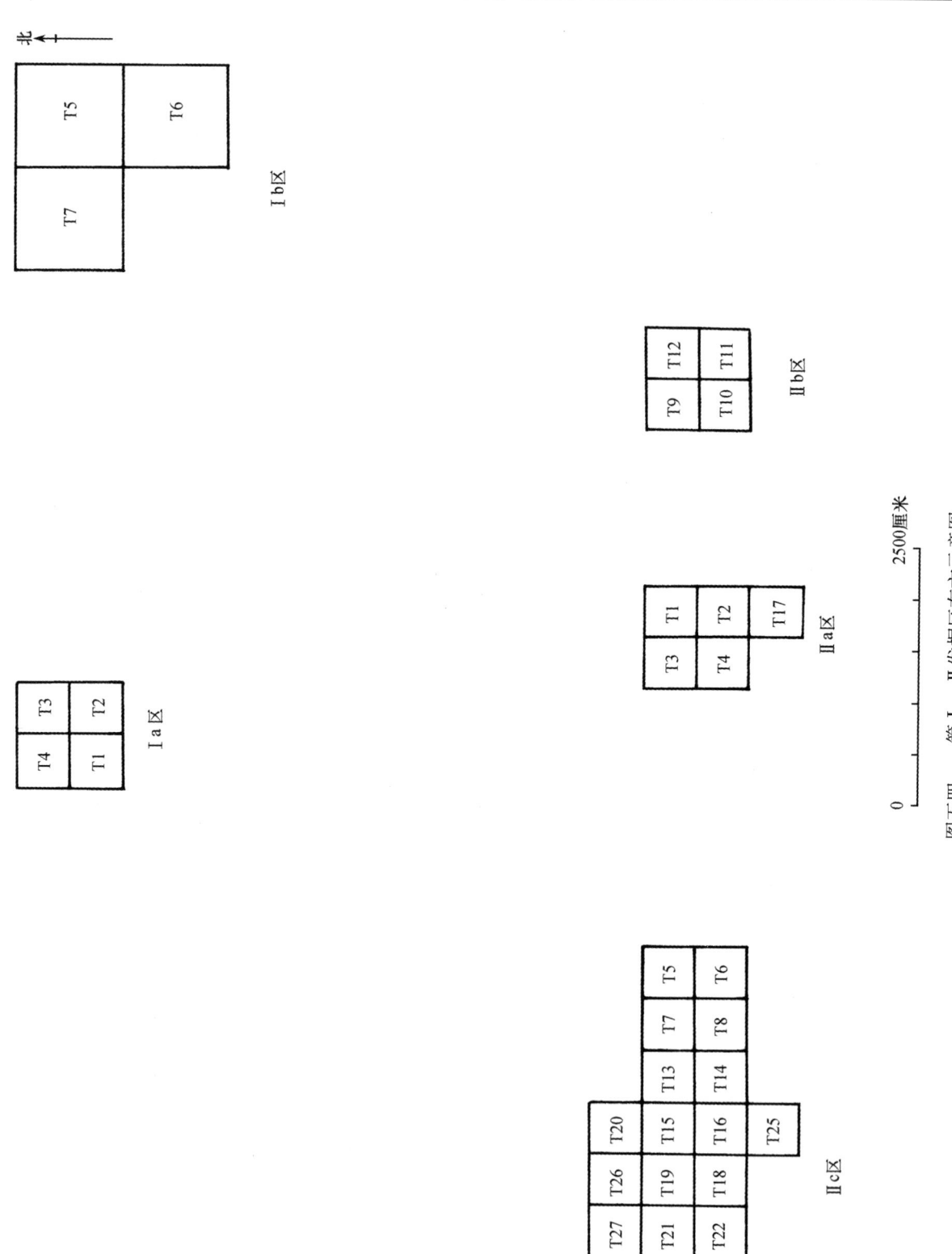

图五四一　第Ⅰ、Ⅱ发掘区布方示意图

表二一　第Ⅰ、Ⅱ发掘区灰坑统计表

区号	编号	位置	开口层位及打破关系	形状	尺寸（厘米）长×宽-深	出土器物	分期	备注
Ⅰ区	H1	T2东南部	①层下，H1→生土层	斜直壁，平底	深150	AⅤ式陶盆、DaⅢ式陶盆、DcⅢ式陶盆、H型陶盆、BⅡ式陶豆、银钗	Ⅲ	只清理一部分
	H2	T3西北部	①层下，H2→生土层	直壁，平底	深110	FⅡ式陶壶、Ⅰ式陶盆、陶钵、三彩碗	Ⅲ	只清理一部分
	H3	T1北中部	①层下，H3→生土层	椭圆形，斜直壁，平底	口径220～240、底径260～280、深180	DⅡ式陶罐、FaⅡ式陶罐、CⅡ式陶壶、DcⅢ式陶盆、A型钵、A型邢窑花口碗、BⅡ式青瓷执壶、BⅡ式白瓷小罐、AⅣ式黑瓷壶、AⅢ式青灰瓷碗、CaⅣ式黑瓷碗、E型黑瓷碗、B型铁刀、Aa型骨钗、B型骨钗	Ⅲ	窖穴
	H5	T4西南部	①层下，H5→生土层	坑壁不甚规整，底不平	深70	陶瓷片	Ⅲ	只清理一部分
	H6	T7东南部	②层下，H6→生土层	椭圆形，斜壁不甚规整，底不平	深110	绞釉碗	Ⅱ	只清理一部分
	H7	T7中东部	②层下，H7→生土层	椭圆形，斜壁，底不平	180×110-90	三彩器底	Ⅱ	
Ⅱ区	H1	T5东南部	①层下，H1→生土层	椭圆形，斜壁，尖底	240×110-310	A型陶球、邢窑杯、C型白瓷碗、A型三彩犬、铜锥、B型铁钉、D型骨钗	Ⅲ	只清理一部分
	H2	T7东北部	③层下，H2→H34，H2→⑤层	长方形，直壁，平底	?×100-110	AⅡ式盆、AⅠ式白瓷碗、Ⅰ式白瓷三足炉、AⅠ式黑釉瓷壶、DⅡ式黑釉瓷盏、B型三彩犬、钱币2	Ⅱ	只清理一部分
	H3（H5）	T6南中部	①层下，H3←J6，H3→生土层	有走道，主室，甬道，耳室	?×105-（143～190），140×110-194，口203×117，底226×150-（120~200）	FⅡ式壶、Ⅱ式杯、B型陶球、CbⅢ式白瓷碗、DⅣ式黑瓷盏、石球、钱币2	Ⅲ	窖穴，与H5合二为一
	H4	T7南中部	①层下，H4→④层	长方形，斜弧壁，圜底	口：210×110底：250×150-140	AaⅢ式罐2、FdⅠ式盆、AⅣ式陶盏、Bb型白瓷研磨盘、黑釉瓷人、B型铜带扣、B型骨簪、D型骨钗、祭骨	Ⅲ	窖穴

续表

区号	编号	位置	开口层位及打破关系	形状	尺寸（厘米）长×宽-深	出土器物	分期	备注
Ⅱ区	H6	T3西北部	①层下，H6→④层，H6→J1	长方形，直壁，平底	325×80-115	AbⅡ式邢窑碗、DbⅠ式黑瓷碗、Ⅱ式白瓷炉、A型骨筷、铁钩、蚌壳	Ⅲ	
	H7	T4西南部	①层下，H7→生土层	不规则形，坑壁不甚规则，底不平	355×290-255	BⅢ式陶壶、D型陶壶、AⅣ式陶盏、BⅣ式陶盏、陶盆、青瓷盘、AⅡ式青瓷执壶、BⅠ式青瓷执壶、DaⅣ式黑瓷碗2、DbⅡ式黑瓷碗、A型铜饰件、C型铜带扣、B型骨锥、B型骨筷、B型骨梳、Aa型骨钗、钱币2	Ⅲ	
	H8	T3东北部	①层下，H8→④层	圆形，直壁，平底	直径145、深80	C型陶瓮、Ⅱ式白瓷盏、AⅡ式铁斧、钱币4	Ⅲ	
	H9	T3东南部	①层下，H9→④层，H9→H35	长方形，直壁，平底	190×105-110	陶瓷片、砖瓦碎块	Ⅲ	
	H10	T14东南部	①层下，H10→③层	长方形，直壁，平底	？×120-60	陶瓷片	Ⅲ	只清理一部分
	H11	T1东中部	①层下，H11→生土层	圆形，斜直壁平底	口径180、底径210、深170	陶瓷片、砖瓦碎块	Ⅲ	窖穴
	H12	T5东北部	③层下，H12→⑤层	长方形直壁，斜底	？×？（74~80）	钱币	Ⅱ	只清理一部分
	H13	T8中南部	②层下，H13←J2，H13←J3，H13→④层	椭圆形斜壁，平底	194×160-155	FbⅢ式陶盆、FcⅠ式陶盆、Ⅲ式青砖2、钱币5	Ⅱ	坑壁有加工痕迹
	H14	T8西北部	③层下，H14→生土层	圆形斜壁，平底	口径140、底径160、深310	CⅠ式陶罐、AⅡ式陶盆、BⅠ式花口碗、钱币2	Ⅱ	窖穴，只清理一部分
	H15	T8西南部	③层下，H15→⑤层	斜壁底，不平	？×？-60	陶瓷片	Ⅱ	只清理一部分
	H16	T5东北部	③层下，H16→H17，H16→⑤层	椭圆形弧壁，圜底状	130×96-60	陶瓷片	Ⅱ	
	H17	T5东北部	④层下，H17→生土层	长方形直壁，平底	？×？-（40~60）	云纹瓦当	Ⅰ	只清理一部分
	H18	T5西北部	③层下，H18→H23，H18→⑤层	长方形直壁，平底	150×88-55	陶瓷片	Ⅱ	

续表

区号	编号	位置	开口层位及打破关系	形状	尺寸（厘米）长×宽-深	出土器物	分期	备注
Ⅱ区	H19	T5西中部	③层下，H19→⑤层	长方形弧壁，平底	180×80-50	CaⅡ式陶盆、钱币2	Ⅱ	
	H20	T4东南部	①层下，H20→生土层	长方形，斜直壁，平底	135×90-130	CⅡ式陶罐	Ⅲ	
	H21	T1西北部	①层下，H21→④层	圆形，斜壁，圜底	直径215~225、深100	陶瓷片	Ⅲ	
	H22	T13西北部	①层下，H22→③层	长方形，斜弧壁，圜底	?×155-60	GⅢ式陶盆	Ⅲ	只清理一部分
	H23	T5西北部	④层下，H23←H18，H23→生土层	长方形，斜直壁，平底	130×75-50	CbⅠ式陶盆、AⅠ式陶盏、B型越窑碗、铜镞	Ⅰ	
	H24	T5中东部	③层下，H24→⑤层	不规则形，弧壁	125×（60~85）-60	B型黑釉研磨盘	Ⅱ	
	H25	T17北部T2南部	④层下，H25→生土层	圆形带走道	口径180，底径215，走道长160、宽80~165、深30~210	陶瓷器残片	Ⅰ	窖穴，坑底留有谷物朽壳
	H26	T4西南部	①层下，H26→H7，H26→生土层	长方形，直壁，平底	150×125-450	C型陶壶、BaⅣ式陶盆、CaⅢ式陶盆	Ⅲ	窖穴
	H27	T2北中部	④层下，H27→生土层	长方形，直壁，底不平	185×180-110	CaⅠ式陶盆、钱币2	Ⅰ	
	H28	T5西北部	④层下，H28→生土层	圆形，弧壁，平底	深130	铁镞、石纺轮	Ⅰ	只清理一部分
	H29	T7西南部	④层下，H29→生土层	圆形，斜直壁，平底	口径150、底径210、深95	EbⅠ式陶盆、AⅠ式陶盂	Ⅰ	窖穴
	H30	T7西南部	④层下，H30→生土层	长方形，斜壁，圜底	220×?-170	陶瓦片	Ⅰ	只清理一部分
	H31	T19东北部	①层下，H31→H66→F1，H31→④层	圆形，直壁，平底	直径85、深100	陶瓷片	Ⅲ	
	H32	T5东北部	④层下，H32→生土层	圆形，斜直壁，圜底	深（116~130）	酱釉碗、铜器盖、钱币2	Ⅰ	只清理一部分
	H33	T7西北部	④层下，H33←H36，H33→生土层	壁呈阶梯状，斜底	?×?-80	陶片	Ⅰ	只清理一部分

续表

区号	编号	位置	开口层位及打破关系	形状	尺寸（厘米）长×宽-深	出土器物	分期	备注
Ⅱ区	H34	T7东北部	④层下，H34←H2，H34→生土层	圆形，直壁，平底	直径100、深40	陶片	Ⅰ	
	H35	T1—T4关键柱下	④层下，H35←H9，H35→生土层	长方形，斜直壁，平底	口400×270、底370×240、深180	DⅠ式黑瓷盏、石球、Ab型骨簪、Ab型骨钗	Ⅰ	
	H36	T7西北部	③层下，H36→H33，H36→⑤层	不规则形，斜壁，圜底	?×?-130	陶瓷片	Ⅱ	只清理一部分
	H37	T4北中部	④层下，H37→生土层	长方形，斜直壁，平底	203×155-（130~145）	Fb型陶罐、钱币2	Ⅰ	
	H38	T13东南部	①层下，H38→③层	长方形，直壁，平底	?×65-50	AⅤ式陶盆、钱币2	Ⅲ	只清理一部分
	H39	T13北中部	①层下，H39→生土层	长方形，斜壁，平底	?×90-200	A型铁钉、Aa型骨簪	Ⅲ	只清理一部分
	H40	T14西南部	①层下，H38→③层	圆形，斜直壁，平底	直径120~130、深65	陶瓷片	Ⅲ	
	H41	T13中部	②层下，H41→生土层	凸字形，有走道、穴室	走道120×（100~110）-（100~130）、穴室143×100-146	EbⅢ式陶盆、钱币	Ⅱ	窖穴
	H42	T9西北部	③层下，H42←H54，H42→生土层	长方形，直壁，平底	150×150-240	F型陶罐、AⅡ式陶盆、EaⅠ式陶盆、AⅡ式陶盉2、陶马2、BⅠ式白瓷碗、CbⅠ式白瓷碗、BⅠ式白瓷罐、Ⅰ式白瓷盏、BⅠ式黑瓷钵、钱币4	Ⅱ	窖穴
	H43	T17西南部	①层下，H43→生土层	圆形，直壁，平底	直径115、深130	AⅡ式陶瓮、钱币	Ⅲ	窖穴
	H44	T10东南部	①层下，H44→生土层	直壁，平底	?×?-435	钱币	Ⅲ	只清理一部分
	H45	T9东南部	①层下，H45→H48，H45→生土层	圆形，斜壁，平底	直径155、深190	陶瓷片	Ⅲ	只清理一部分
	H46	T11东北部	①层下，H46→④层	直壁，平底	?×?-135	陶豆	Ⅲ	只清理一部分
	H47	T10中部	③层下，H47→生土层	长方形，直壁，平底	?×185-115	陶瓷片	Ⅱ	只清理一部分

续表

区号	编号	位置	开口层位及打破关系	形状	尺寸（厘米）长×宽-深	出土器物	分期	备注
Ⅱ区	H48	T9东南部	③层下，H48←H45，H48→生土层	不规则形，直壁，平底	?×?-100	钱币	Ⅱ	只清理一部分
	H49	T10东中部	④层下，H49→生土层	长方形，弧壁，平底	?×?-100	陶片	Ⅰ	窖穴，只清理一部分
	H50	T11东北部	④层下，H50→生土层	不规则形，弧壁，平底	?×?-160	陶瓦片	Ⅰ	只清理一部分
	H51	T12东南部	④层下，H51→生土层	长方形，直壁，平底	?×100-150	C型陶执壶	Ⅰ	只清理一部分
	H52	T12东北部	④层下，H52→生土层	长方形，直壁，平底	235×120-65	陶片	Ⅰ	
	H53	T11西北部	④层下，H53→生土层	不规则形，弧壁，平底	?×?-135	陶瓦片	Ⅰ	只清理一部分
	H54	T9北部	③层下，H54→H42，H54→生土层	长方形，剖面呈瓶状	口长245、底长324、深150	陶瓷片	Ⅱ	只清理一部分
	H55	T11西南部	④层下，H55→生土层	不规则形，斜直壁，平底	?×?-90	陶片	Ⅰ	只清理一部分
	H56	T13东南部	①层下，H56→③层	长方形，斜弧壁，平底	235×?-60	陶瓷片	Ⅲ	只清理一部分
	H57	T13西北部	④层下，H57→生土层	长方形，直壁，平底	230×?-(95~100)	ⅠE式陶罐	Ⅰ	只清理一部分
	H58	T14中北部	④层下，H58→生土层	圆形，斜直壁，平底	口径170、底径220、深270	ⅠE式陶罐、AⅠ式陶碗	Ⅰ	窖穴，坑壁有加工痕迹
	H59	T15西中部	①层下，H59→F1，H59→④层	长方形，直壁，平底	210×120-90	B型邢窑碗	Ⅲ	
	H60	T16中东部	①层下，H60→H61→F1，H60→④层	长方形，斜壁，平底	口300×130-110、底260×80	BⅠ式陶罐、DcⅡ式陶盆、H型陶盆、黑釉瓷猴	Ⅲ	
	H61	T16西南部	①层下，H61←H60，H61→F1，H61→生土层	长方形，直壁，平底	250×110-155	AⅡ式陶钵、B型白瓷钵	Ⅲ	

续表

区号	编号	位置	开口层位及打破关系	形状	尺寸（厘米）长×宽-深	出土器物	分期	备注
Ⅱ区	H63	T14西南部	④层下，H63→生土层	长方形，斜壁，平底	?×?-120	CaⅠ式黑瓷碗	Ⅰ	只清理一部分
	H64	T17东北部	④层下，H64→生土层	长方形，直壁，平底	235×?-160	陶犬	Ⅰ	只清理一部分
	H65	T19西中部	①层下，H65→H66→F1，H61→生土层	圆形，直壁，平底	直径80，深270	陶瓷片	Ⅲ	窖穴
	H66	T19中部	①层下，H66→F1，H66→生土层	长方形，直壁，平底	130×100-220	AⅤ式陶盆、BaⅡ式陶盆、DaⅡ式陶盆	Ⅲ	
	H67	T20北部	①层下，H67→生土层	椭圆形，直壁，平底	380×225-220	BⅡ式陶盒、C型陶盏、大口陶尊、AbⅠ式邢窑碗、Ⅱ式邢窑盏托、AⅡ式青瓷碗、A型青瓷罐、青瓷器耳、AⅣ式细白瓷碗、AⅢ式白瓷碗2、CbⅢ式白瓷碗、AⅢ式青灰瓷碗、BⅢ式黑釉瓷碗、DbⅡ式黑釉瓷碗、FⅡ式黑釉瓷碗2、黑釉瓷犬、三彩提梁罐、三彩器耳、Ab型骨簪、B型骨钗	Ⅲ	只清理一部分
	H68	T24中部	④层下，H68→生土层	长方形，直壁，平底	?×145-150		Ⅰ	只清理一部分
	H69	T23北中部	④层下，H69→生土层	圆形，直壁，平底	直径70、深70	Ⅰ式板瓦	Ⅰ	
	H70	T23西北部	④层下，H70→生土层	椭圆形，斜壁，圜底	115×90-60	陶片、砖瓦碎块	Ⅰ	只清理一部分
	H71	T21西南部	④层下，H71→生土层	长方形，直壁，平底	445×140-145	陶瓷片	Ⅰ	
	H72	T12中部	④层下，H72→生土层	长方形，直壁，平底	275×120-85	陶瓷片、砖瓦碎块	Ⅰ	
	H73	T27西南部	④层下，H73→生土层	椭圆形，斜壁，圜底	?×100-115	陶片、砖瓦碎块	Ⅰ	只清理一部分
	H74	T28东南部	④层下，H74→生土层	长方形，直壁，平底	390×?-120	陶瓦片	Ⅰ	只清理一部分
	H75	T27东南部	④层下，H75→生土层	直壁，平底	?×?-100	CaⅢ式陶盆、白瓷碗	Ⅰ	只清理一部分

续表

区号	编号	位置	开口层位及打破关系	形状	尺寸（厘米）长×宽-深	出土器物	分期	备注
Ⅱ区	H76	T10西南部	④层下，H76→生土层	直壁，平底	?×?-60	陶瓦片	Ⅰ	只清理一部分
	H77	T9西北部	①层下，H77→生土层	圆形，直壁，平底	直径80、深260	BⅢ式白瓷碗	Ⅲ	只清理一部分
	H78	T9西部	①层下，H77→H78，H78→H79，H78→生土层	坑壁不甚规整，平底	?×?-145	陶瓷片	Ⅲ	只清理一部分
	H79	T9西部	①层下，H7→④层	斜壁，圜底	?×?-130	陶瓷片	Ⅲ	只清理一部分
	H80	T10东北部	③层下，H80→生土层	圆形，直壁，平底	直径80、深75	陶瓷片	Ⅱ	只清理一部分
	H81	T12西北部	④层下，H81→生土层	斜壁，平底	?×?-135	陶瓦片	Ⅰ	只清理一部分

注：表内出土器物未标数量的均为1件

该发掘区的发掘共分两个发掘小区，各发掘区的探方编号按发掘的先后次序统一编排。a区4个探方，编号为T1～T4；b区3个探方，编号为T5～T7。下面将各个小区的地层堆积、遗迹与出土遗物分述如下。

1. Ⅰa区发掘

Ⅰa区（即Ⅰ发掘T1～T4）位于北城的西北部，东距Ⅰb区约220米。发掘5米×5米的探方4个，发掘面积为100平方米（图五四二）；共清理发掘灰坑（窖穴）4个。出土物器类有陶器、瓷器、铁器、骨器等（表二二）。

表二二 Ⅰa区地层、遗迹与遗物对照表

探方	面积（平方米）	①层		②层		③层	
		遗迹	遗物	遗迹	遗物	遗迹	遗物
ⅠT1	5×5	H3	骨钗、铁刀、陶罐、陶盆、瓷罐、瓷碗				
ⅠT2	5×5	H1	银钗、铁器、陶罐、陶盆、陶钵、陶豆、瓷盘				
ⅠT3	5×5	H2	陶罐、陶盆、陶钵、三彩碗				
ⅠT4	5×5	H5					

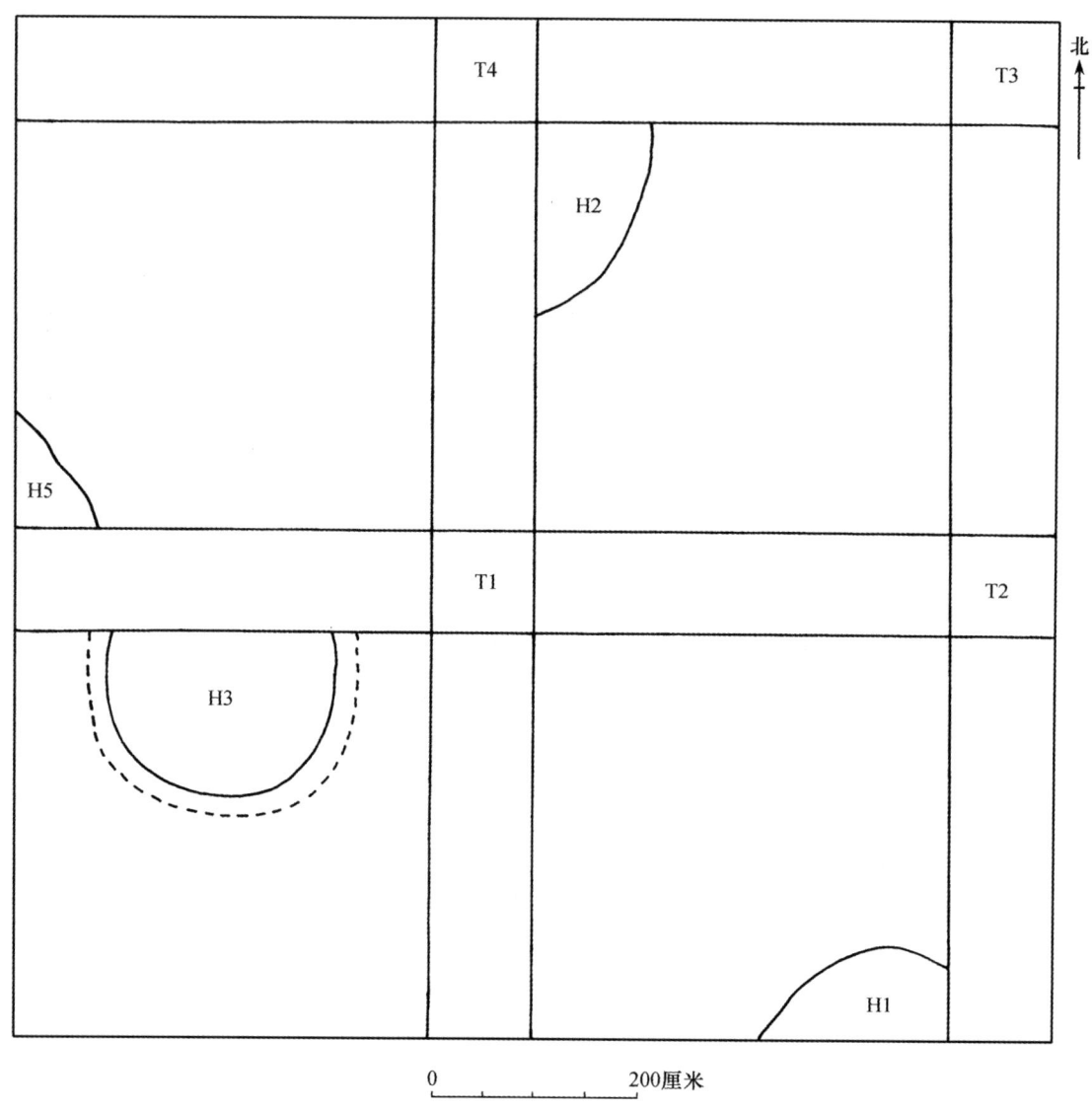

图五四二　Ⅰa区总平面图

（1）地层堆积

该发掘区的地层堆积根据土质、土色与其包含物的不同，可分为3层。现以ⅠT3、ⅠT4南壁剖面为例介绍如下（图五四三）。

第1层：耕土层，黄灰色细砂土。土质疏松，内含零散的砖瓦碎块和泥质灰陶片及白瓷片等。厚10～20厘米。ⅠH5等遗迹开口于该层下。

第2层：黄褐色花土，呈小颗粒状，较为致密，土质较硬。内含陶片、瓷片、筒瓦、板瓦等建筑构件。分布于整个探方内。深10～20厘米，厚30～40厘米。出土物可辨器形的有陶杯、瓷碗、瓷杯、瓷盒等。

第3层：黄花土，土质细腻致密，内含遗物较少。分布于整个探方内。深40～55厘米，厚30～40厘米。

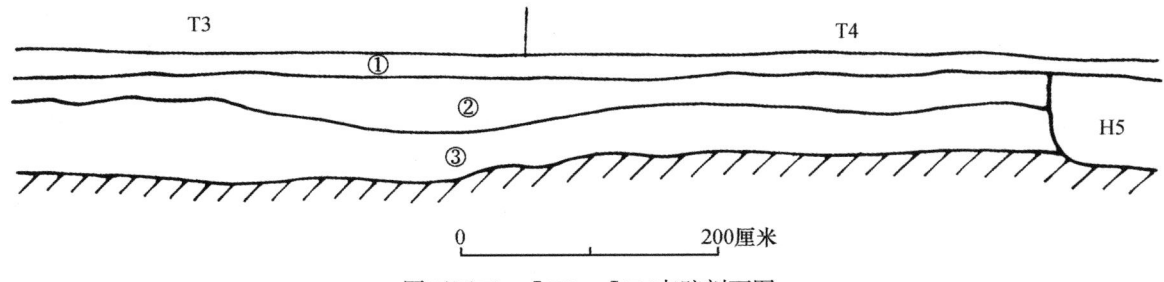

图五四三　ⅠT3、ⅠT4南壁剖面图

第3层下为生土层。

（2）遗迹

ⅠH1　位于ⅠT2的东南部，开口于第1层下，距地表深10~20厘米，打破第2层及生土层。因只露一角形状不清，略呈口大底小，斜直壁，平底。清理部分长190、清理部分宽110、深150厘米。坑内填灰黑色土，土质较疏松，含有较多的陶瓷片和动物骨骼等（图五四四）。

出土器物有陶盆、豆，银钗等。

陶盆　4件。标本ⅠH1∶3，泥质灰陶。敞口，方唇，斜腹，平底略内凹。外壁素面抹光，

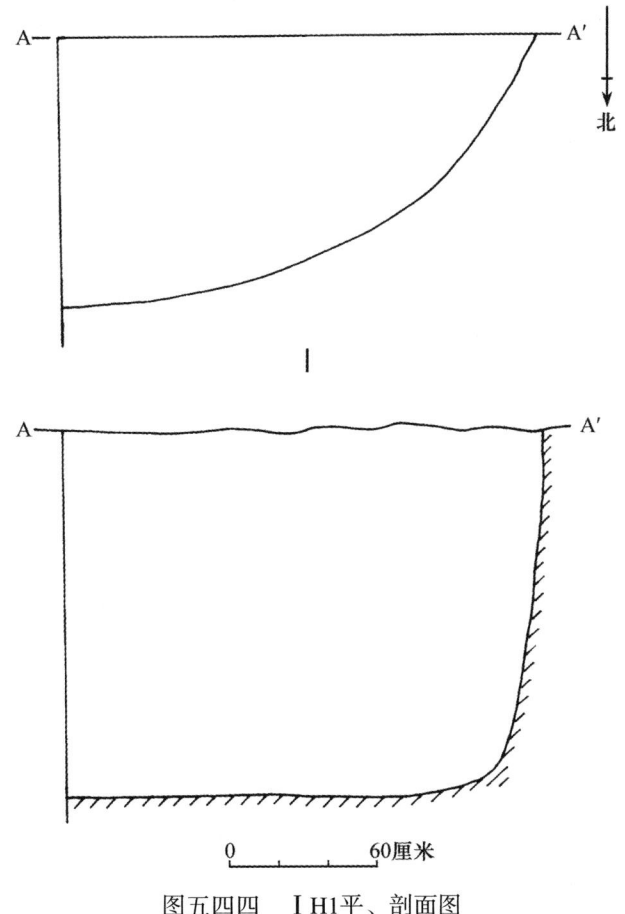

图五四四　ⅠH1平、剖面图

内壁饰压印纹。口径41、底径17.5、高16.7厘米（图五四五，6）。标本ⅠH1：2，泥质褐陶。敞口，圆唇，沿面较弧，斜腹内凹，平底。外壁素面抹光，内壁饰暗弦纹。口径61、底径35、高19.3厘米（图五四五，2）。标本ⅠH1：4，泥质灰陶。宽平沿，沿面略微弧，敞口，尖圆唇，斜腹，平底，有旋削痕。外壁素面抹光，内壁饰暗弦纹。口径32.5、底径19、高7.7厘米（图五四五，3）。标本ⅠH1：5，泥质灰黑陶。敞口，展沿，外缘有凹槽一周，斜腹，平底。外壁素面抹光，内壁素面磨光。口径38.8、底径19.5、高10.2厘米（图五四五，1）。

陶豆　1件。标本ⅠH1：7，泥质灰陶。浅盘口，尖唇，盘底斜直，高直柄，柄下部中空，喇叭形底座。通体素面抹光。口径12、残高4厘米（图五四五，4）。

银钗　1件。标本ⅠH1：1，器身扁平，上端呈椭圆形，下端分两股，尖残。残长8.4、宽0.8厘米（图五四五，5）。

ⅠH2　位于ⅠT3的西北部，开口于第1层下，距地表深10~20厘米，打破第2层及生土层。因只露一角形状不清，略呈口大底小，直壁，平底。清理长190、清理宽110、深110厘米。坑内填灰黑色花土，土质较疏松，夹杂砖瓦碎块和红烧土块，含有少量的陶瓷片和大量动物骨骼。出土器物有陶器、瓷器；动物骨骼有猪、狗、牛、羊、鸡等（图五四六）。

出土器物有陶壶、盆、钵，三彩碗等。

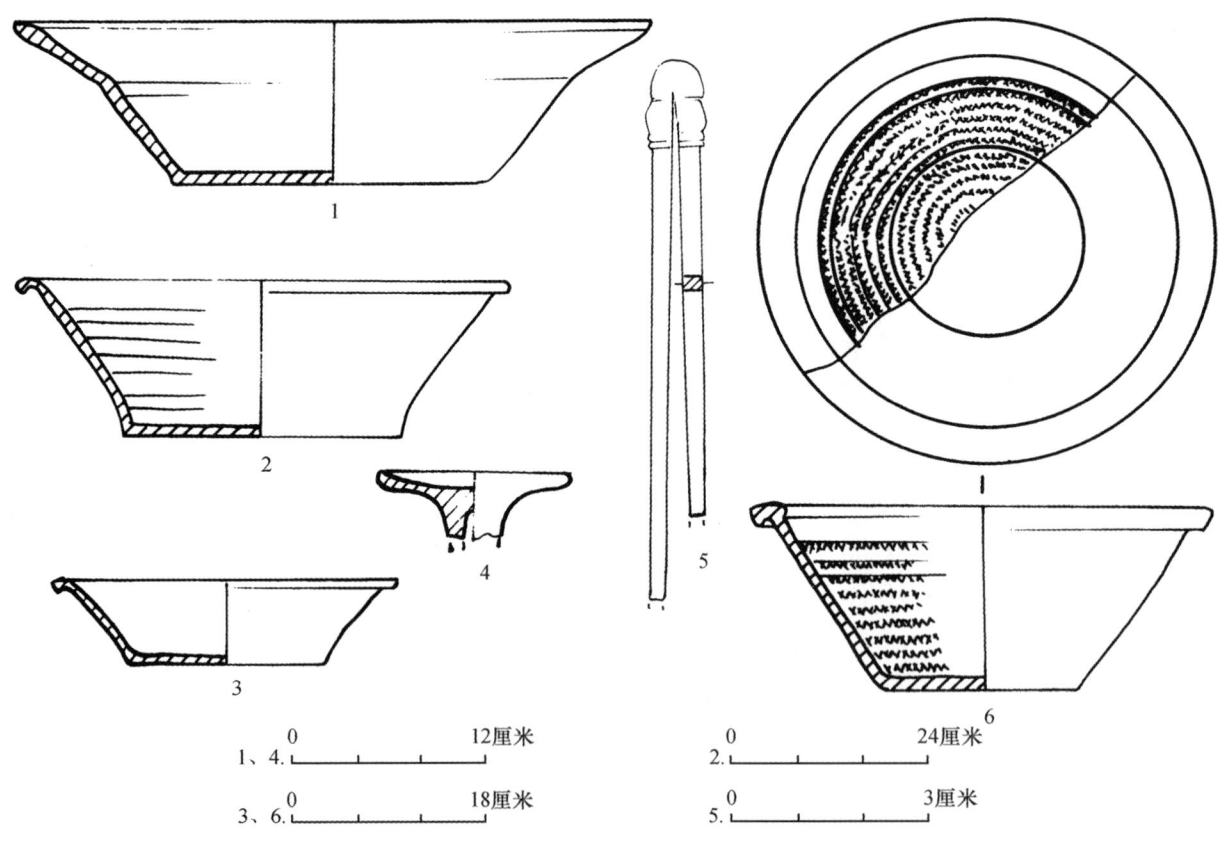

图五四五　ⅠH1出土器物
1~3、6.陶盆（ⅠH1：5、ⅠH1：2、ⅠH1：4、ⅠH1：3）　4.陶豆（ⅠH1：7）　5.银钗（ⅠH1：1）

陶壶　1件。标本ⅠH2：4，口、颈残片，泥质灰陶。侈口，窄沿外折，沿面略有凹槽，圆唇，束颈素面抹光。口径14.4、残高5厘米（图五四七，4）。

陶盆　1件。标本ⅠH2：11，口、腹残片，泥质灰陶，烧制火候较高。折沿，圆唇，深腹，以下残。上腹饰弦纹数周，腹饰弦断绳纹。口径38、残高12厘米（图五四七，1）。

陶钵　1件。标本ⅠH2：2，泥质灰陶，轮制，烧制火候较高。厚圆唇，折腹，平底。通体素面抹光。口径14、底径5.5、高5.5厘米（图五四七，2）。

三彩碗　1件。标本ⅠH2：1，窄沿，圆唇，深弧腹，底残。器内以白釉为底，绿釉和酱釉呈火焰纹，外施半釉为绿釉。口径18.5、残高6.4厘米（图五四七，3）。

ⅠH3　位于ⅠT1的北中部，开口于第1层下，距地表深10～20厘米，打破第2层及生土层。平面呈椭圆形，坑口小于坑底，斜直壁，平底。口径220～240、底径260～280、深180厘米。坑内填灰褐色花土，土质较疏松，含有较多的陶瓷片和动物骨骼等（图五四八）。

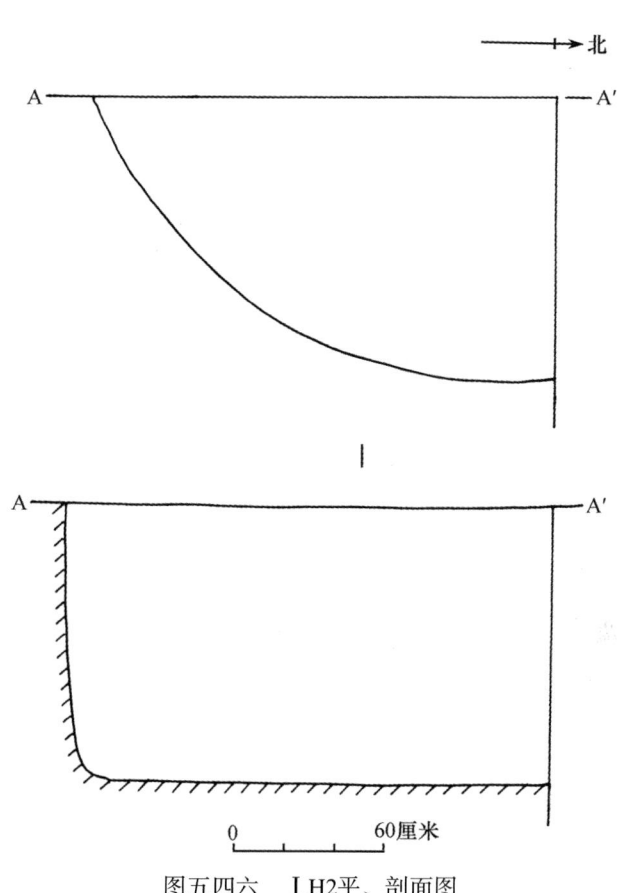

图五四六　ⅠH2平、剖面图

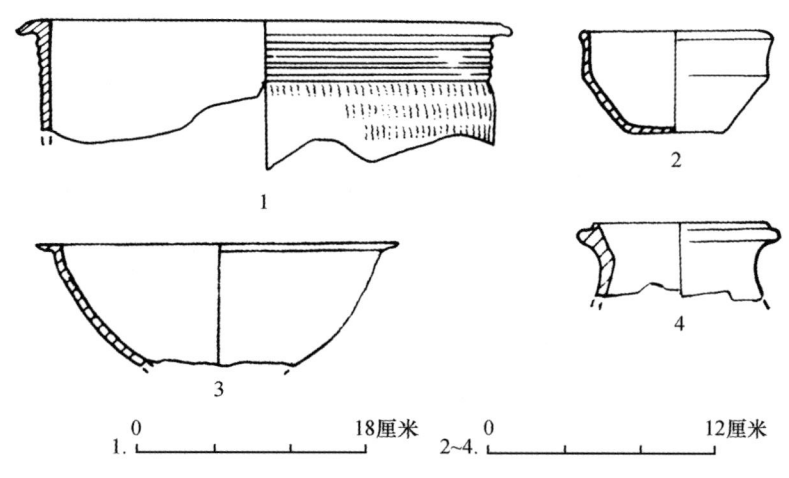

图五四七　ⅠH2出土器物
1.陶盆（ⅠH2：11）　2.陶钵（ⅠH2：2）　3.三彩碗（ⅠH2：1）　4.陶壶（ⅠH2：4）

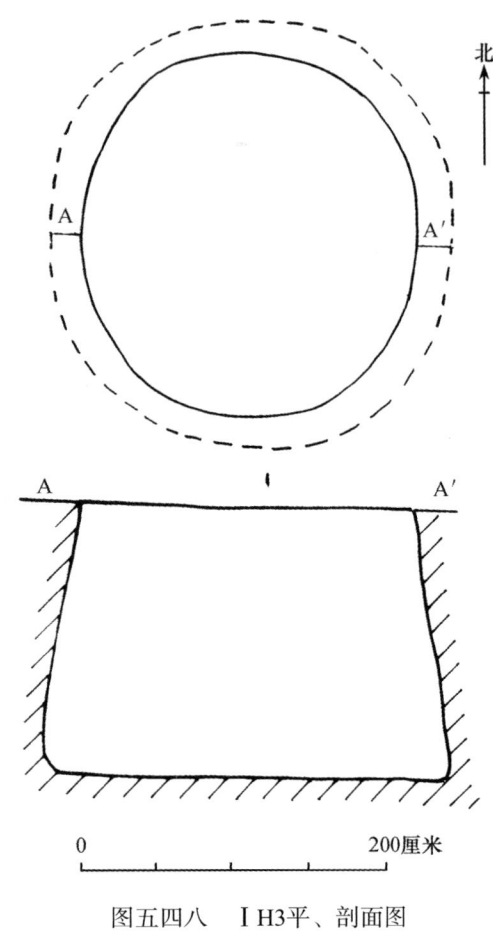

图五四八　ⅠH3平、剖面图

出土遗物有陶器、瓷器、铁器、骨器等。

陶器　有壶、罐、盆等。

壶　1件。标本ⅠH3:1，泥质灰陶。侈口，折沿，尖圆唇，细颈，弧鼓腹，以下残。上腹饰暗弦纹，下腹素面抹光。口径10、残高18.4厘米（图五四九，7）。

罐　2件。标本ⅠH3:13，泥质褐陶。侈口，圆唇，圆肩，以下残。上腹饰暗弦纹，下腹素面刮光。口径13.8、残高8厘米（图五四九，14）。标本ⅠH3:9，泥质灰黑陶。大口内敛，圆唇，唇外缘有凹槽一周，弧肩，鼓腹，平底，有旋削痕。肩饰暗弦纹，以下素面抹光。口径20、底径13.4、高14厘米（图五四九，1）。

盆　1件。标本ⅠH3:12，泥质灰陶。敞口，沿面外折较甚，尖圆唇，上腹微弧，平底略内凹，有旋削痕。外壁素面抹光，内壁饰暗弦纹。口径26.6、底径14、高6.5厘米（图五四九，3）。

瓷器　有壶、执壶、小罐、花口碗、青灰瓷碗、黑瓷碗等。

壶　1件。标本ⅠH3:2，口部残，束颈，圆肩，深腹，平底略外撇。白灰胎较细，施茶叶末釉，外壁施半釉，有窑粘。底径6.4、残高12.8厘米（图五四九，2）。

执壶　1件。标本ⅠH3:18，体矮扁，饰弦纹和席纹。黄白胎略粗，施青釉（图五四九，8）。

小罐　1件。标本ⅠH3:7，敛口，圆唇，曲腹，平底。灰白色胎略粗，内壁施满釉，外壁施釉不及底，有蜡泪痕和窑粘。口径2.8、底径2.6、高2.8厘米（图五四九，4）。

花口碗　1件。标本ⅠH3:3，四出花口，斜腹，窄环形圈足。白胎细洁，胎体较薄，施白釉，腹饰凹弦纹三周。口径14、底径6.5、高4.2厘米（图五四九，6）。

青灰瓷碗　1件。标本ⅠH3:5，敞口，圆唇，斜腹微弧，饼足。灰胎较细，先涂白色化妆土，内壁施满釉，外壁施半釉，釉色泛灰，呈青灰色，露胎处有旋削痕，内底有3个支钉疤痕。口径13、底径6.5、高3.9厘米（图五四九，12）。

黑瓷碗　2件。标本ⅠH3:6，敞口，圆唇，斜腹微弧，饼足。白灰胎较细，器内施白釉，釉色泛灰，外壁施酱釉，外唇下部分不施釉，有蜡泪痕。口径12.3、底径6.4、高3.6厘米（图五四九，13）。标本ⅠH3:8，敞口，圆唇，弧腹，饼足，外缘旋切。白灰胎较细，内施白釉，釉色泛黄，外壁施黑釉，有蜡泪痕，内底支钉疤痕。口径12.8、底径6.3、高4.2厘米（图

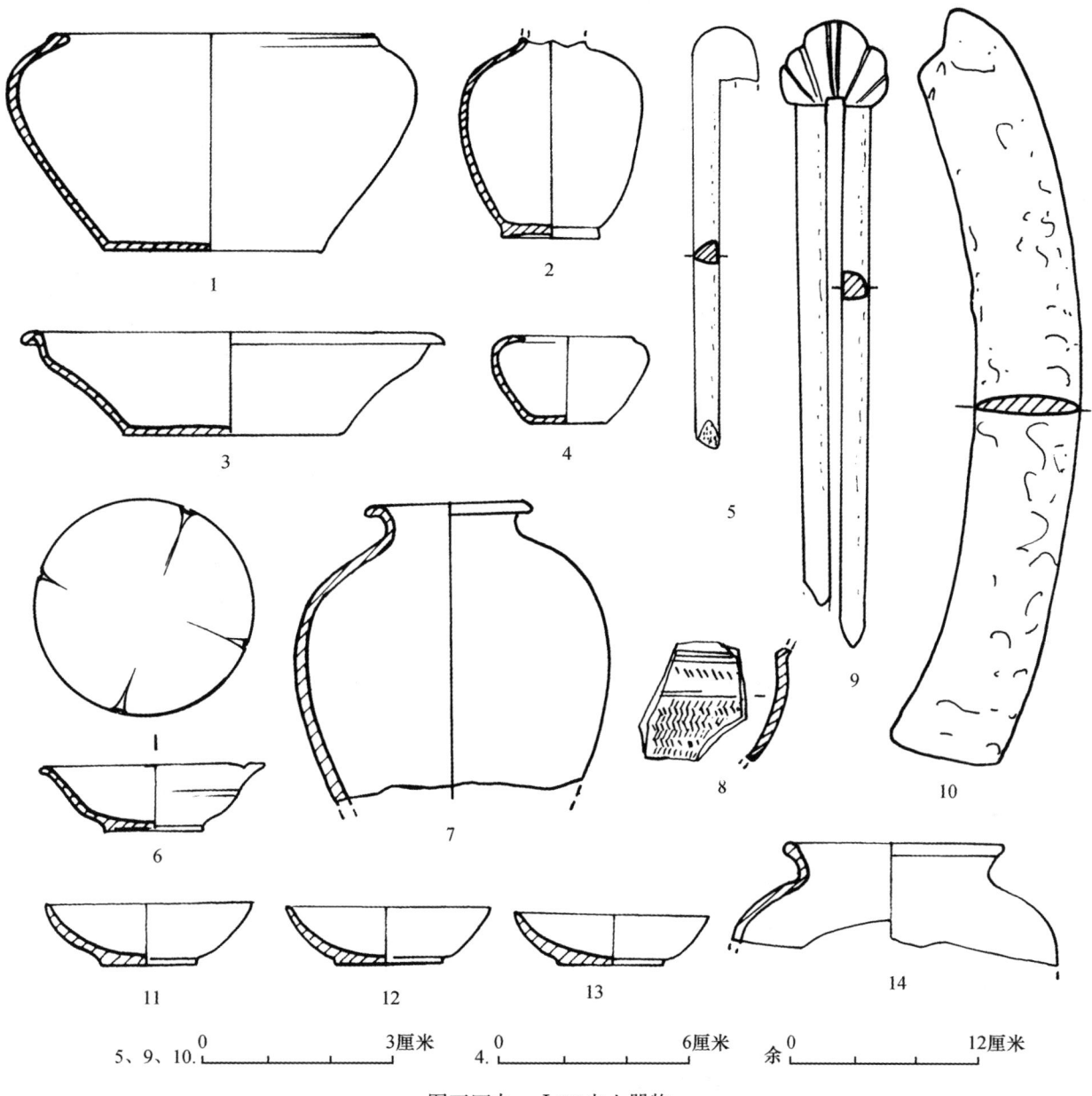

图五四九　ⅠH3出土器物

1、14.陶罐（ⅠH3∶9、ⅠH3∶13）　2.瓷壶（ⅠH3∶2）　3.陶盆（ⅠH3∶12）　4.瓷罐（ⅠH3∶7）
5、9.骨钗（ⅠH3∶11、ⅠH3∶10）　6、11、12、13.瓷碗（ⅠH3∶3、ⅠH3∶8、ⅠH3∶5、ⅠH3∶6）
7.陶壶（ⅠH3∶1）　8.瓷执壶（ⅠH3∶18）　10.铁刀（ⅠH3∶22）

五四九，11）。

铁器　仅有刀1件。

刀　1件。标本ⅠH3∶22，锻造，刀身呈弯形，背部略厚，刃部较锋。残长24、宽3.4厘米（图五四九，10）。

骨器　仅有骨钗2件。

骨钗　2件。标本ⅠH3：10，磨制。器身扁平，上端为花瓣式，下端分两股，有尖。长10、宽1.1厘米（图五四九，9）。标本ⅠH3：11，磨制，尖部残。器身扁平，上端圆钝，下端分两股，有尖。残长6.7、宽1厘米（图五四九，5）。

ⅠH5　位于97HTⅠT4的西南部，开口于第1层下，距地表深10～20厘米，打破第2层及生土层。因只露一角形状不清，略呈口大底小，斜壁不甚规整，坑底凹凸不平。清理长110、清理宽80、深70厘米。坑内填青灰色土，土质致密略硬，内含遗物较少，出土少量的陶瓷片等（图五五〇）。

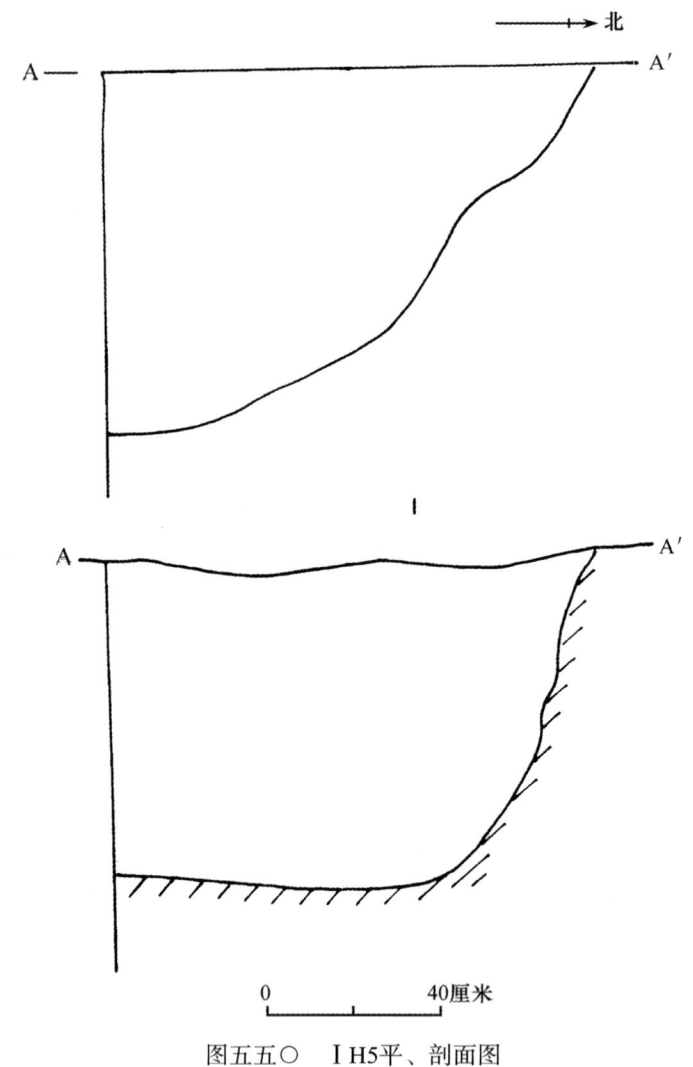

图五五〇　ⅠH5平、剖面图

2. Ⅰb区发掘

Ⅰb区（即第Ⅰ发掘区T5~T7）位于隋唐城址的北中部，西距Ⅰa区约220米。共布10米×10米的探方3个，发掘面积为300平方米（图五五一）；共清理发掘灰坑（窖穴）2个。出土器物有陶器、瓷器、骨器等（表二三）。

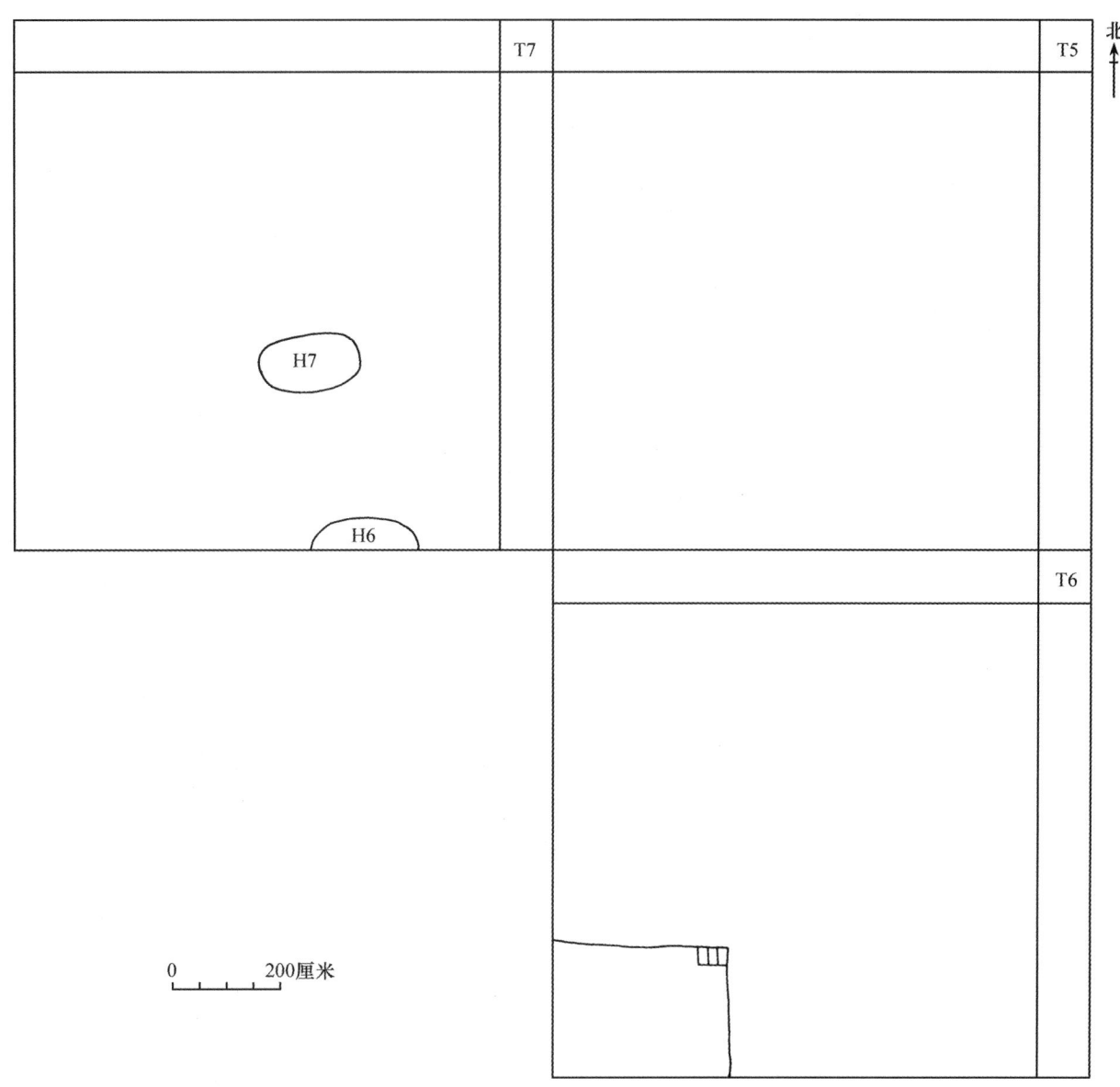

图五五一　Ⅰb区总平面图

表二三　Ⅰb区地层、遗迹与遗物对照表

探方 \ 层位	面积（平方米）	①层		②层		③层	
		遗迹	遗物	遗迹	遗物	遗迹	遗物
ⅠT5	10×10						
ⅠT6	10×10			H6	绞釉碗		
ⅠT7	10×10			H7	瓷碗、三彩碗		

（1）地层堆积与出土遗物

1）地层堆积

该发掘区的地层堆积根据土质、土色与其包含物的不同，可分为3层。现以ⅠT7南壁剖面为例介绍如下（图五五二）。

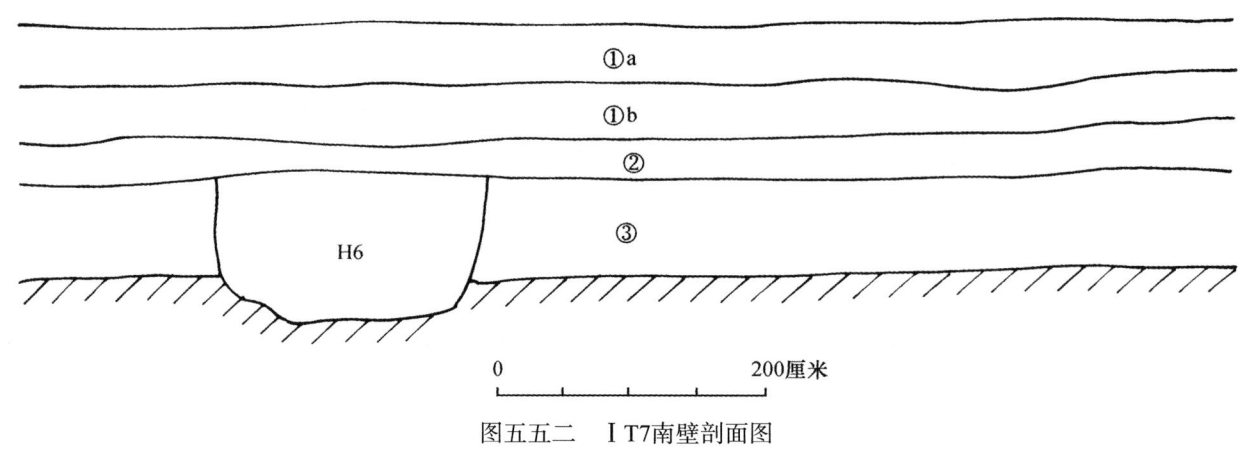

图五五二　ⅠT7南壁剖面图

第1层：耕土层，可分为二亚层。

第1a层：黄灰色细砂土，土质疏松。厚40~50厘米。

第1b层：黄褐色细砂土，土质疏软，内含有大量的砖瓦碎块。深40~50厘米，厚30~40厘米。

第2层：灰褐色花土，土质较松软。内含遗物较多。分布于整个探方内。深80~90厘米，厚25~40厘米。出土物有陶盆、罐、瓦当、筒瓦、板瓦、瓷碗等。ⅠH6开口于该层下。

第3层：黄褐色花土，土质较松软，内含遗物较少。出土少量的陶片。分布于整个探方内，深105~120厘米，厚75厘米。出土物可辨器形的有陶盆、瓮、豆等。

第3层下为生土层。

2）出土器物

①第2层内出土器物

有陶器、瓷器、铁铲、钱币等。

陶器　有盆、钵、瓦当等。

盆　1件。标本ⅠT6②：2，泥质灰陶。宽平沿，敞口，方唇，斜腹，平底。外壁素面抹光，内壁饰暗弦纹。口径33.7、底径17、高14厘米（图五五三，1）。

钵　1件。标本ⅠT6②：1，泥质灰陶，轮制，烧制火候较高。侈口，尖圆唇，弧腹，下腹近底部略向内凹，平底。通体素面抹光。口径14.3、底径5、高5.1厘米（图五五三，8）。

瓦当　2件。莲蕾纹。标本ⅠT5②：1，稍残，泥质灰陶。以单环线将当面划分为内外区。内区以乳钉纹组成花蕊，外区饰八朵宝式莲蕾纹，间以"T"字纹相隔，且与内环线相连，外饰一周联珠纹。直径15、边轮宽1.5、当厚0.9厘米（图五五四，1）。标本ⅠT7②：1，残半，

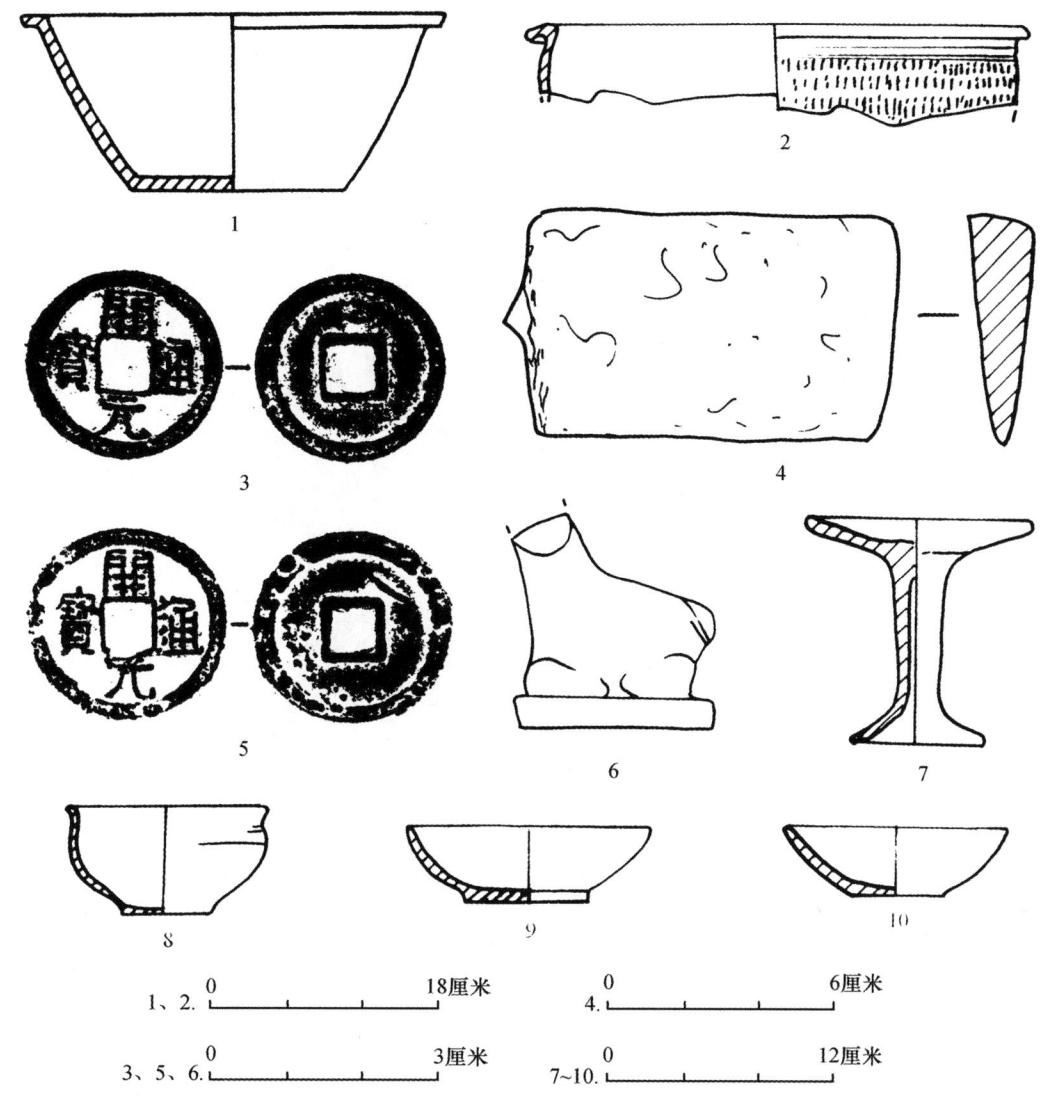

图五五三　Ib区地层出土器物
1、2.陶盆（ⅠT6②:2、ⅠT7③:2）　3、5.钱币（ⅠT5②:2、ⅠT5②:8）　4.铁铲（ⅠT5②:3）
6.瓷玩（ⅠT6②:3）　7.陶豆（ⅠT7③:1）　8.陶钵（ⅠT6②:1）　9.瓷碗（ⅠT6②:4）　10.瓷盏（ⅠT6②:5）

泥质灰陶。以单环线将当面划分为内外区。内区以乳钉纹组成花蕊，外区饰八朵宝式莲蕾纹，间以"T"字纹相隔，且与内环线相连，外饰一周联珠纹。直径15.5、边轮宽1.8、当厚1.8厘米（图五五四，2）。

瓷器　有碗、盏、瓷玩等。

碗　1件。标本ⅠT6②:4，敞口，圆唇，斜腹，饼足。白灰色胎较细，先涂白色化妆土，内壁施满釉，外壁施半釉，釉色泛灰，呈青灰色，露胎处有刀削痕，内底有支钉疤痕。口径12.6、底径6.4、高4厘米（图五五三，9）。

盏　1件。标本ⅠT6②:5，敞口，圆唇，浅弧腹，平底。青灰色胎较细，施黑釉，口部刮

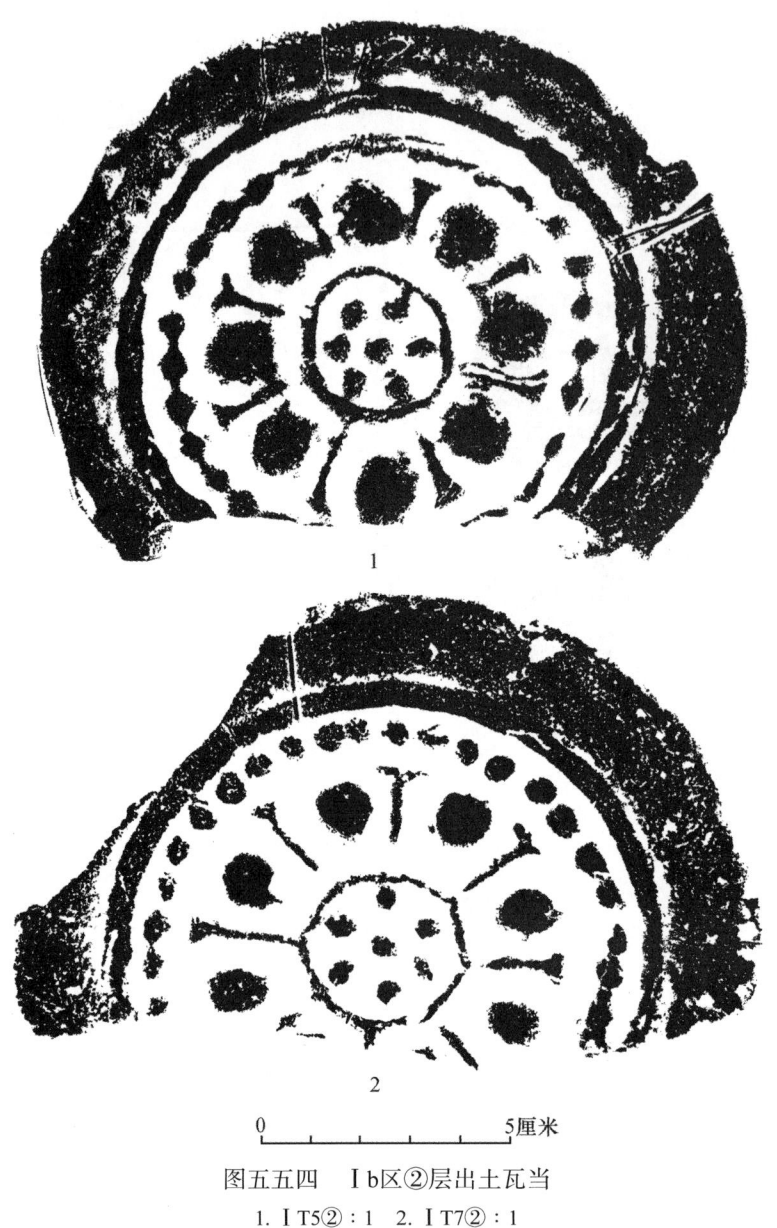

图五五四　Ⅰb区②层出土瓦当
1. ⅠT5②：1　2. ⅠT7②：1

釉，外壁施半釉。口径12.2、底径5、高3.6厘米（图五五三，10）。

瓷玩　1件。标本ⅠT6②：3，长方形座，呈跪踞式，头残。白胎较细，施白釉，釉色光润，有冰裂纹。残长2.6、残高2.8厘米（图五五三，6）。

铁器　仅有铁铲1件。

铲　1件。标本ⅠT5②：3，平面呈长方形，直背略厚，向刃部递减，直刃，较锋利。体长9.8、宽6米（图五五三，4）。

钱币　2枚。开元通宝，八分书体，对读。标本ⅠT5②：2，背上月。直径2.5、穿宽0.7厘米（图五五三，3）。标本ⅠT5②：8，背斜月。直径2.5、穿宽0.6厘米（图五五三，5）。

②第3层内出土器物

有陶盆、豆等。

盆　1件。标本ⅠT7③：2，口、腹残片。泥质灰陶，模制，烧制火候较高。直口微敛，宽折沿，方唇，弧腹。肩饰弦纹数周，腹饰弦断绳纹。口径40、残高8厘米（图五五三，2）。

豆　1件。标本ⅠT7③：1，泥质灰陶，浅盘口。尖唇，盘底斜直，高直柄，柄下部中空，喇叭形底座。通体素面抹光。口径12、底径7.4、高12厘米（图五五三，7）。

（2）遗迹

ⅠH6　位于ⅠT7的东南部，开口于第2层下，距地表深115厘米，打破第3层及生土层。平面呈椭圆形（只清理一部分），略呈口大底小，斜壁不甚规整，坑底凹凸不平。长径200、清理部分宽60、深110厘米。坑内填黄褐色花土，土质较松软，夹杂黑色斑点、红烧土块和砖瓦碎块，含有少量的陶瓷片和动物骨骼等（图五五五）。

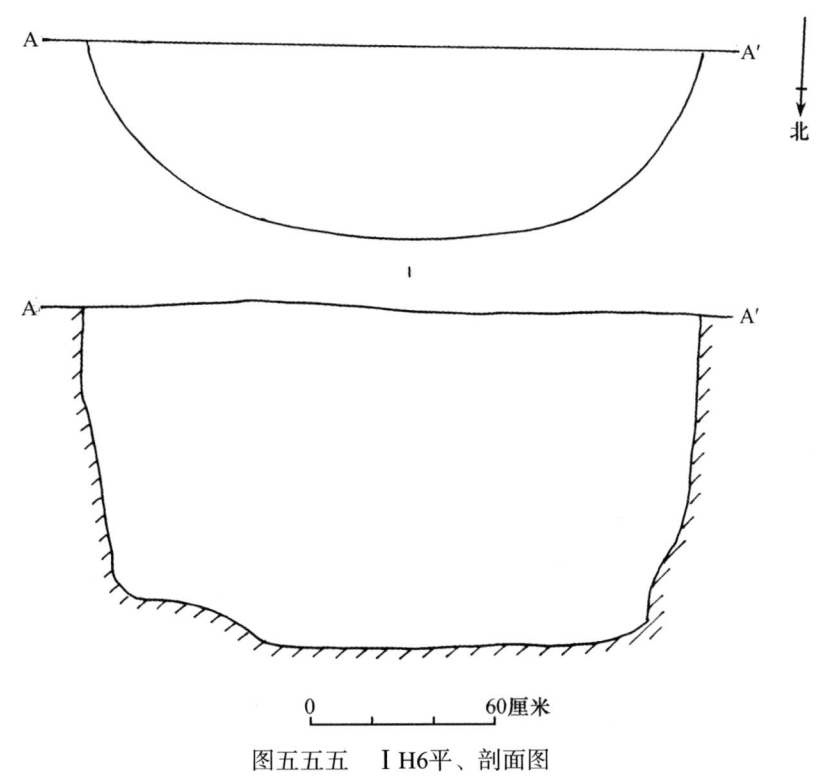

图五五五　ⅠH6平、剖面图

绞釉碗　1件。标本ⅠH6：1，口残，斜腹，玉璧形足。黄白色胎略粗，内壁施满釉，釉色泛黄，外壁施黄褐绞釉，足心亦施釉。底径8、残高2.4厘米（图五五六）。

ⅠH7　位于ⅠT7的中南部，开口于第2层下，距地表深115厘米，打破第3层及生土层。平面呈椭圆形，略呈口大底小，斜壁不甚规整，坑底凹凸不平。长径180、短径110、深90厘米。坑内填黄花土，土质较松软，夹杂木炭粒、红烧土块和砖瓦碎块，内含遗物较少，出土少量的陶瓷片等（图五五七）。

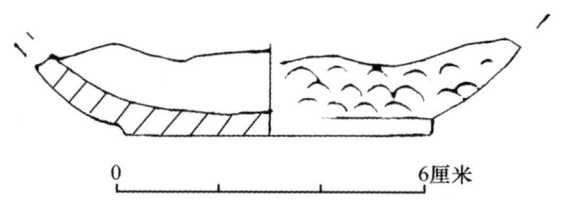

图五五六　ⅠH6出土瓷碗（ⅠH6∶1）

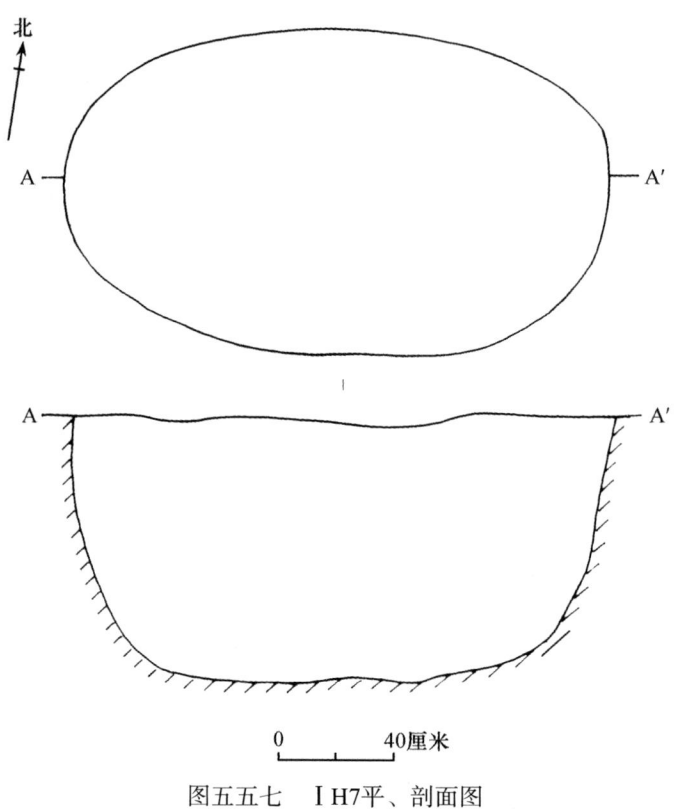

图五五七　ⅠH7平、剖面图

（三）城内南部发掘

城内南部发掘（即第Ⅱ发掘区）位于北城的西南部。为了进一步了解古城遗址的文化内涵及地层堆积情况等问题，1999年10月1日至12月4日，在古城遗址的西南部进行了考古发掘。发掘5米×5米的探方28个，面积700平方米（图五四一，下）；发掘清理出房屋基址1处，灰坑（窖穴）79个（表二一），水井18眼（表二四），窖藏3个，壕沟1条。

表二四　第Ⅱ发掘区水井统计表

编号	位置	开口层位及打破关系	形状	尺寸（厘米）		出土器物	分期	备注
				长×宽-深	水位高			
ⅡJ1	T3中西部	④层下，H6→J1，J1→生土层	圆形，直桶状，圜底	直径110、深650	?	BⅠ式陶罐、CaⅠ式陶盆、AⅠ式陶盏、DaⅠ式黑瓷碗、EⅠ式酱釉盏	Ⅰ	井口周围有踩踏的硬面，井底置于砂层内
ⅡJ2	T8西南部	②层下，J2→H13，J2→生土层	圆形，直壁，圜底	口径145、深700	?	AⅠ式小罐、BⅠ式小罐、C型小罐、DⅠ式小罐、BbⅢ式盆、EaⅡ式盆、异形盆、AⅢ式盂、C型盂、BⅡ式碗、Ⅰ式杯、AaⅠ式邢窑碗、AⅠ式白瓷研磨盘、DⅢ式黑釉瓷盏、F型黑釉瓷盏、铁犁铧、石球、蚌壳3	Ⅱ	井壁留有挖掘痕迹，井底置于砂层内
ⅡJ3	T8中西部	②层下，J3→H13，J3→生土层	圆形，直壁（水位以上），圜底	口径100、底径130、深780	130	AⅡ式小罐、E型壶、AⅢ式盂、BⅡ式盂、DⅠ式盒、B型扑满、Ⅰ式长条形砖、Ⅱ式板瓦、AaⅠ式邢窑碗、A型越窑碗、石球、钱币	Ⅱ	井壁留有挖掘痕迹，井底置于砂层内
ⅡJ4	T5~T8中部	①层下，J4→生土层	圆形，直壁，圜底	口径110、底径120、深910	180	AⅤ式盆、BbⅣ式盆、BⅣ式盂、BⅡ式白瓷钵、C型铜带扣、鱼形铜带饰、石球3、A型骨锥、钱币	Ⅲ	井壁留有挖掘痕迹
ⅡJ5	T7中部	④层下，J5→H29，J5→生土层	圆形，直壁（水位以上），圜底	口径100、底径140、深720	110	AⅠ式盆、BbⅠ式盆、DbⅠ式盆、FbⅠ式盆、FdⅠ式、GⅠ式盆、AⅠ式盒、AⅠ式细白瓷碗、CⅠ式黑釉瓷碗、Ab型骨簪	Ⅰ	井壁留有挖掘痕迹，井底置于砂层内
ⅡJ6	T6东南部	①层下，J6→H3，J6→生土层	圆形，直壁，平底	口径100、底径90、深700	?	BbⅣ式盆、DaⅡ式盆2、EbⅣ式盆、DⅡ式盂、BⅠ式盒、AbⅠ式邢窑碗、AbⅡ式邢窑碗、A型邢窑花口碗、BⅢ式白瓷碗	Ⅲ	

续表

编号	位置	开口层位及打破关系	形状	尺寸（厘米） 长×宽-深	水位高	出土器物	分期	备注
ⅡJ7	T17西南部	①层下，J7→生土层	圆形，井壁呈亚腰形	口径140、中径100、清理深610+？（水位）	？	D型骨钗、钱币	Ⅲ	水涮层以下未清理
ⅡJ8	T4西中部	④层下，H7→J8，J8→H37，J8→生土层	上长方形，下圆形，直壁（水涮层以上），圜底	115×85-100、135×140-620、深800	80	AⅠ式陶壶、A型陶瓶、B型陶瓶、BaⅠ式陶盆、FaⅠ式陶盆、AⅠ式白瓷碗、AⅠ式白瓷罐、A型三彩罐、B型铁斧、钱币	Ⅰ	井壁留有挖掘痕迹，井底置于砂层内
ⅡJ9	T4东北部	①层下，J9→生土层	圆形，直壁，圜底	口径100、底径130、深814	120	CⅠ式陶壶、AⅤ式陶盆、C型邢窑花口碗2、AⅣ式白瓷碗、E型黑瓷碗、三彩碗、石饼、C型骨梳、钱币6	Ⅲ	井壁留有挖掘痕迹，井底置于砂层内
ⅡJ10	T13~T16中部	①层下，J10→生土层	圆形，斜直壁，圜底	口径120、底径110、深900	110	AⅤ式盆、Ⅱ式筒瓦、鸱吻、B型青瓷罐、DaⅣ式黑釉瓷碗、钱币	Ⅲ	
ⅡJ11	T18西北部	①层下，J11→F1，J11→生土层	圆形，直壁（水涮层以上），圜底	口径95、深750	100	AaⅢ式邢窑碗、CⅡ式青灰瓷碗、C型黑釉瓷碗、DⅣ式黑釉瓷盏、Ⅱ式铁权	Ⅲ	井底置于砂层内
ⅡJ12	T18西南部	①层下，J12→F1，J12→生土层	圆形，直壁，圜底	口径100、深800	？	Ⅰ式青瓷钵	Ⅲ	井壁留有挖掘痕迹
ⅡJ13	T20西南部T26东南部	①层下，J13→F1，J13→生土层	圆形，直壁（水涮层以上），圜底	口径110、深770	200	BⅣ式罐、FbⅢ式盆、AⅣ式盂、BⅣ式盂、CⅡ式盒、DⅢ式盒、AⅢ式碗、塔形器、Ⅱ式筒瓦、D型邢窑碗、Ⅱ式青瓷钵、白瓷瓶、BⅡ式黑釉瓷碗、钱币	Ⅲ	井壁留有挖掘痕迹，井底置于砂层内

续表

编号	位置	开口层位及打破关系	形状	尺寸（厘米）长×宽-深	水位高	出土器物	分期	备注
ⅡJ14	T26西中部	①层下，J14→F1，J14→生土层	圆形，直壁（水涮层以上）	口径80、底径110、深680	180	DⅡ式小罐、EⅡ式小罐、BbⅣ式盆、FcⅡ式盆、AⅣ式盂、BⅣ式盂、B型钵、C型钵、CⅡ式盒、BⅢ式盏、A型扑满、瓷玩2	Ⅲ	井壁留有挖掘痕迹，井底置于砂层内
ⅡJ15	T22东南部	①层下，J15→F1，J15→生土层	圆形，直壁（水涮层以上）	口径95、清理深800	?	FaⅣ式盆、Ⅳ式板瓦、钱币	Ⅲ	只清理一部分，井壁留有挖掘痕迹
ⅡJ16	T27北中部	③层下，J16→生土层	圆形，直壁（水涮层以上），圜底	口径100、底径120、深805	195	AⅡ式盒、AⅡ式白瓷罐、BⅠ式白瓷碗、CaⅠ式黑釉瓷碗、DaⅠ式黑釉瓷碗、B型骨钗	Ⅱ	井壁留有挖掘痕迹，井底置于砂层内
ⅡJ17	T21东南部	①层下，J17→F1，J17→生土层	圆形，直壁（水涮层以上），圜底	口径90、底径270、清理深360	?		Ⅲ	只清理一部分
ⅡJ18	T28北中部	①层下，F1→J18，J18→生土层	圆形，直壁（水涮层以上），圜底	井台直径150、深350、口径100、底径114、深250、总深600	125	铁锛	Ⅱ	由井台和井身组成

注：表内出土器物未标数量的均为1件

该掘区的发掘共分三个发掘小区，为了叙述方便，各发掘区的探方编号按发掘的先后顺序进行编排。Ⅱa区5个探方，编号为ⅡT1～ⅡT4、ⅡT17；Ⅱb区4个探方，编号为ⅡT9～ⅡT12；Ⅱc区19个探方，编号为ⅡT5～ⅡT8、ⅡT13～ⅡT16、ⅡT18～ⅡT28。下面将各个小区的地层堆积、遗迹与出土遗物分述如下。

1. Ⅱa区发掘

Ⅱa区（即第Ⅱ发掘区T1～T4、T17）位于北城的西南部，北距Ⅰa区约730米。共布5米×5米的探方5个，发掘面积为125平方米（图五五八）。共清理发掘灰坑（窖穴）14个，水井4眼，窖藏3个。出土物器类有陶器、瓷器、铜器、铁器、石器、骨器、蚌器和钱币等（表二五）。

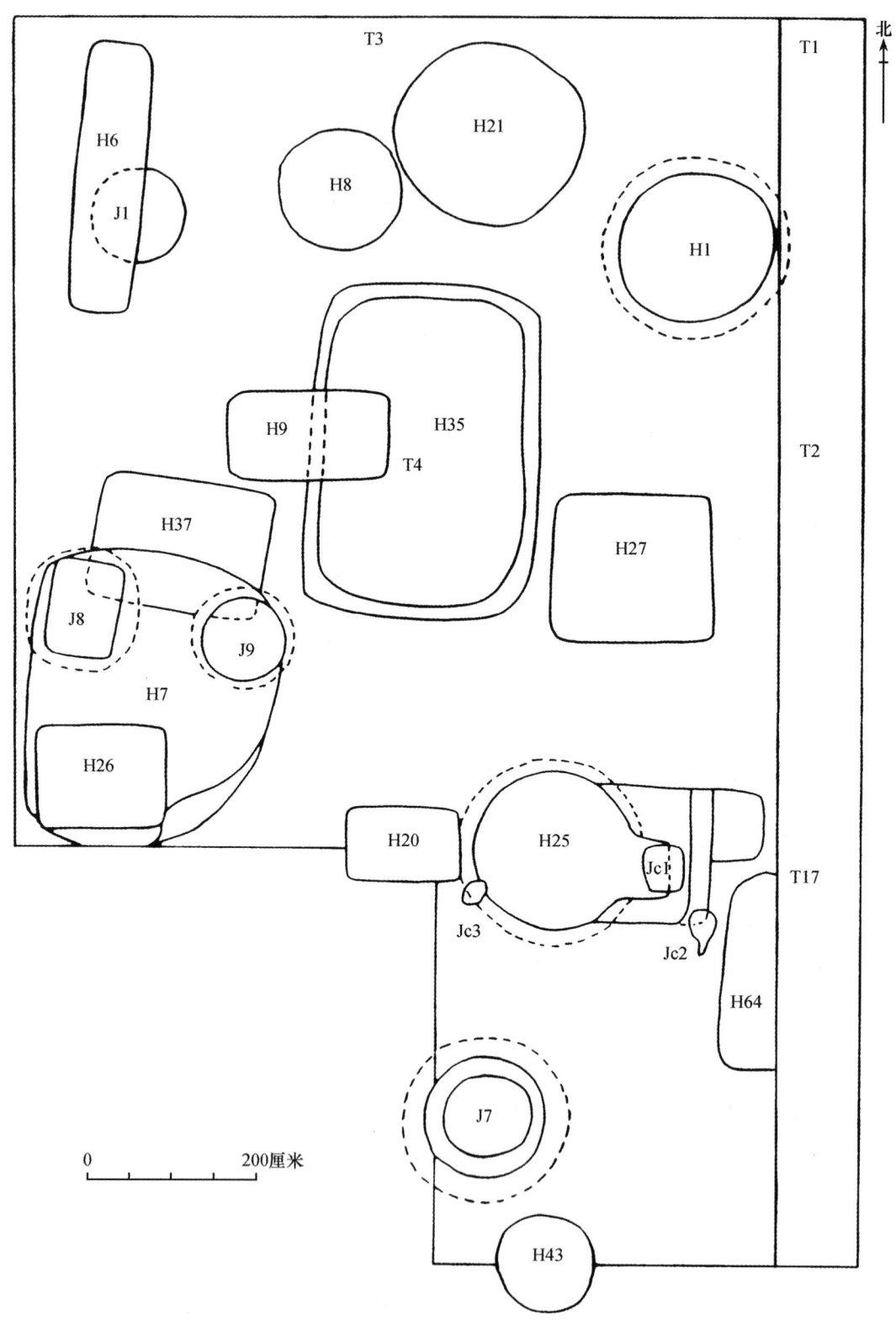

图五五八　Ⅱa区总平面图

表二五　Ⅱa区地层、遗迹与遗物对照表

层位 探方	面积 平方米	①层		②层		③层		④层	
		遗迹	遗物	遗迹	遗物	遗迹	遗物	遗迹	遗物
ⅡT1	5×5	H11、H21						H35	骨钗、骨簪、石球、瓷碗
ⅡT2	5×5			H6	绞釉碗			H27	钱币、陶盆
ⅡT3	5×5	H6、H8、H9	钱币、骨筷、蚌壳、铁钩、铁斧、陶瓮、瓷碗、三足炉					J1	陶罐、陶盆、陶盏、瓷碗
ⅡT4	5×5	H7、H20、H26、J9	钱币、带扣、骨梳、骨钗、骨筷、陶饼、陶罐、陶壶、陶盆、陶盏、瓷碗、瓷盘、瓷杯、瓷执壶、三彩碗					H37、J8	钱币、铁斧、陶罐、陶壶、陶盆、瓷碗、瓷罐、三彩罐
ⅡT17	5×5	H43、J7	铜钱、骨钗、陶瓮			JC1、JC2、JC3	钱币、铜饰件	H25、H64	陶犬

（1）地层堆积与出土遗物

1）地层堆积

该发掘区的地层堆积根据土质、土色与其包含物的不同，可分为4层。现以ⅡT3、ⅡT4的东壁剖面为例介绍如下（图五五九）。

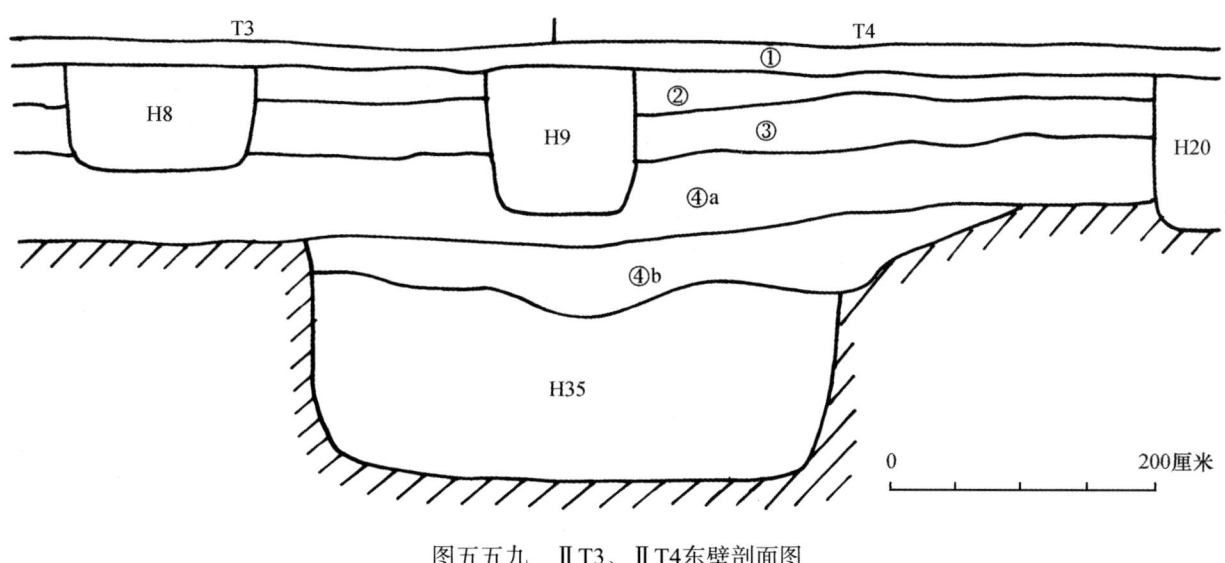

图五五九　ⅡT3、ⅡT4东壁剖面图

第1层：耕土层，黄灰色砂土，土质较松软，内含少量的砖瓦碎块。厚20厘米左右。ⅡH8、ⅡH9、ⅡH20等遗迹开口于该层下。

第2层：灰花土，土质较硬，夹杂草木灰、木炭粒、红烧土块、草拌泥和白泥块，出土大量的陶瓷片和动物骨骼。此层堆积分布于整个发掘区。深20、厚20~35厘米。出土器物有陶器、瓷器、铜器、石器、骨器和钱币；动物骨骼有猪、羊等骨骼。

第3层：黄灰色花土，土质较硬，夹杂少量的木炭粒和红烧土块，内含遗物较少，出土少量的陶瓷片和动物骨骼等，此层堆积分布于整个发掘区内。深35~50、厚25~45厘米。出土器物有陶器、瓷器、铜器、铁器、骨器和钱币；动物骨骼有猪、羊、狗、牛等骨骼。

第4层：可分为两个亚层。

第4a层：黄花土，土质较硬，结合紧密，呈层状结构（可能是古人类活动踩踏所致）。内含遗物较少，出土少量的陶瓷片和动物骨骼等，此层堆积分布于整个发掘区。深65~90、厚45~65厘米。出土物可辨器形有陶罐、瓷碗、铁器、铁铧、铁钗、钱币等，动物骨骼有猪、牛等骨骼等。

第4b层：黄褐色花土，呈块状，土质较硬，夹杂红烧土块、木炭粒，含有少量的陶片，此层堆积只分布于T1~T4的中部。深115~150、厚25~55厘米。出土器物有陶器、瓷器、铁器、骨器和钱币等。ⅡH35等遗迹开口于该层下。

第4层下为生土层。

2）出土器物

① 第2层内出土器物

有陶器、瓷器、铜器、石器、骨器、钱币等。

陶器 有罐、盆、盂、钵、盒、盘、碗、器盖、建筑构件等。

罐 2件。标本ⅡT3②：1，泥质黑陶。侈口，圆唇，鼓腹，平底，有旋削痕。素面抹光。口径9.2、底径6.2、高13.6厘米（图五六〇，9）。标本ⅡT4②：3，泥质黑陶。侈口，圆唇，弧鼓腹，平底。上腹饰暗弦纹，下腹素面抹光。口径10、底径7.3、高14.3厘米（图五六〇，3）。

盆 3件。标本ⅡT4②：8，敞口，方唇，斜腹，近底部略向内凹，平底，有旋削痕。外壁素面抹光，内壁饰压印纹。口径53、底径20.5、高21.5厘米（图五六〇，1）。标本ⅡT3②：6，泥质灰陶。敞口，尖圆唇，沿面略外斜，浅腹微弧，平底，外壁素面抹光，内壁磨光。口径42、底径25.5、高9.8厘米（图五六〇，7）。标本ⅡT2②：8，泥质灰陶。口微敛，圆唇，深腹微弧，平底。素面抹光。口径45.5、底径25、高19.8厘米（图五六〇，2）。

盂 1件。标本ⅡT1②：1，泥质灰陶。子母口，圆唇，弧鼓腹，下接一喇叭形饼足，足面略内凹，有旋削痕。素面抹光。口径9.2、底径10.4、高13.6厘米（图五六〇，4）。

钵 1件。标本ⅡT4②：4，泥质灰陶。直口微敛，圆唇，曲腹，平底。外壁素面抹光，内饰暗弦纹。口径10.8、底径4、高4厘米（图五六〇，6）。

盒 2件。标本ⅡT2②：5，泥质灰褐陶。敛口，窄沿，沿面饰锯齿纹一周，斜腹，平底。素面抹光。口径13、底径4.5、高4.5厘米（图五六〇，5）。标本ⅡT2②：9，泥质灰褐陶，子母口，唇面饰锯齿纹，外缘饰锯齿纹波浪纹，深腹，平底，有旋削痕。素面抹光。口径14.7、

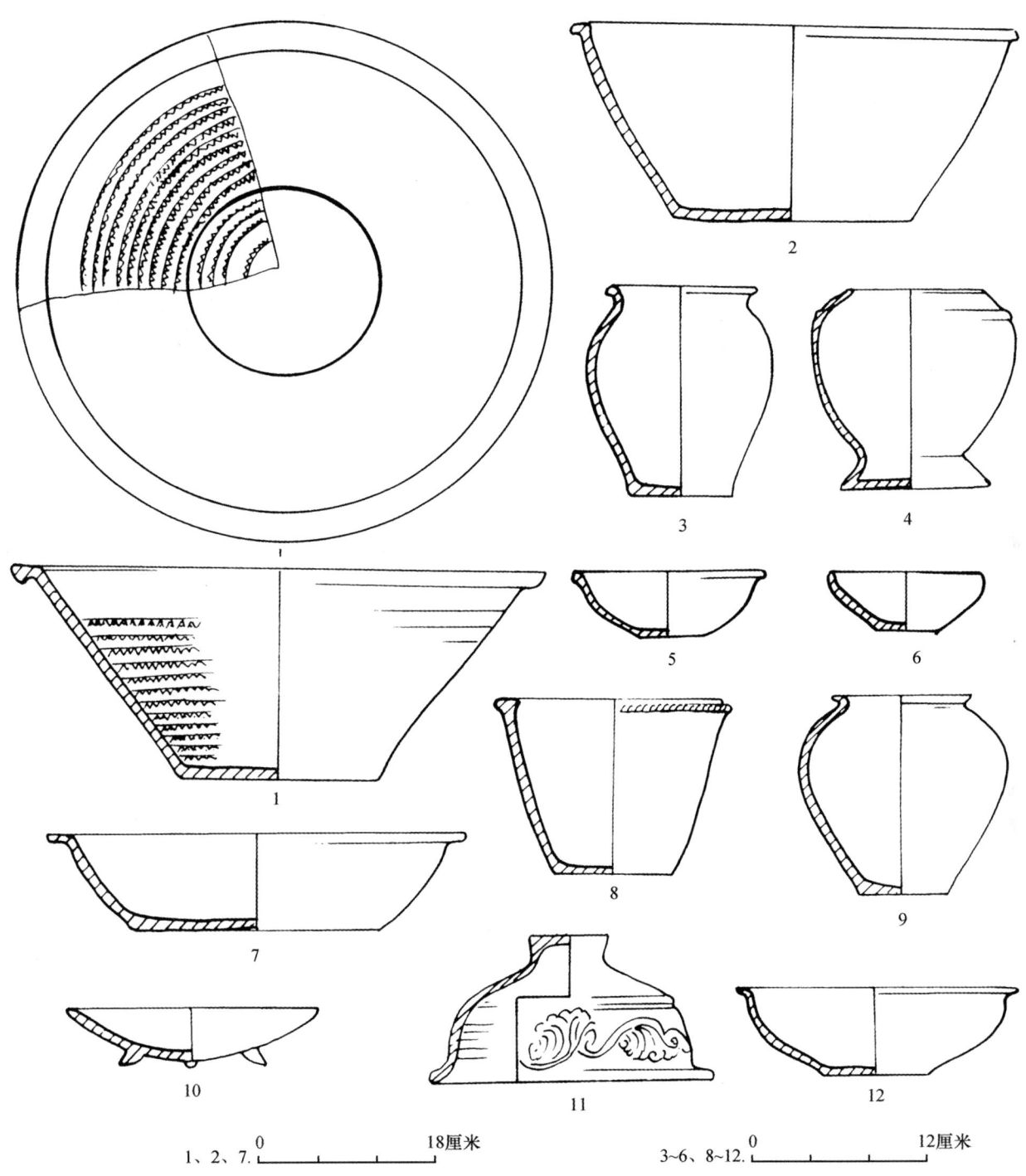

图五六〇 Ⅱa区②层出土器物

1、2、7. 陶盆（ⅡT4②：8、ⅡT2②：8、ⅡT3②：6） 3、9. 陶罐（ⅡT4②：3、ⅡT3②：1） 4. 陶盂（ⅡT1②：1）
5、8. 陶盒（ⅡT2②：5、ⅡT2②：9） 6. 陶钵（ⅡT4②：4） 10. 陶盘（ⅡT4②：6）
11. 陶器盖（ⅡT4②：1） 12. 陶碗（ⅡT17②：2）

底径8、高12.2厘米（图五六〇，8）。

盘　1件。标本ⅡT4②：6，泥质灰陶。圆唇，弧腹略深，圜底下接三矮足。素面抹光。口径17.3、高4厘米（图五六〇，10）。

碗　1件。标本ⅡT17②：2，泥质灰陶。敞口，窄沿，圆唇，弧腹，假圈足，有旋削痕。素面抹光。口径19.2、底径7.5、高6.3厘米（图五六〇，12）。

器盖　1件。标本ⅡT4②：1，泥质灰陶。平沿，略上翘，上腹折收，折腹上下各饰凹弦纹一周，器身饰花卉纹一周。口径18.3、高10厘米（图五六〇，11）。

建筑构件　有方砖、长砖、板瓦、瓦当等。

方砖　1件。标本ⅡT3②：5，灰色。平面呈方形，一侧素面，一侧饰斜向沟纹，边长32、厚5.2厘米（图五六一，1）。

长砖　1件。标本ⅡT2②：7，灰色。平面呈长方形，一侧素面，一侧为粗绳纹，长33、宽16.4、厚5.4厘米（图五六一，2）。

板瓦　1件。标本ⅡT3②：4，灰色。平面呈梯形。瓦背素面抹光，内壁饰布纹。长40、上宽21.2、下宽24.2、厚1.2厘米（图五六一，3）。

瓦当　3件。标本ⅡT17②：1，莲蕾纹，灰色。以单环线将当面划分为内外区。内区以乳钉纹组成花蕊，外区饰八朵宝式莲蕾纹，间以"T"字纹相隔，且与内环线相连，外饰一周联珠纹。直径15.5、边轮宽1.8、当厚1.8厘米（图五六二，1）。标本ⅡT3②：11，莲籽纹，残半，灰色。以单环线将当面划分为内外区。内区当心饰犄角式莲籽纹，外区饰一周莲蕾纹，凸棱纹与边缘相间隔。边轮宽2、当厚1.4厘米（图五六二，2）。

瓷器　有邢窑碗、邢窑小壶、邢窑高足壶、白瓷钵、白瓷碗、黑瓷碗、黑瓷研磨、黑瓷杯等。

邢窑碗　2件。标本ⅡT4②：3，敞口，圆卷唇，斜弧腹，窄环形圈足。白胎细洁，施白釉，釉色泛青，足心亦施釉。口径15.2、底径6.2、高4厘米（图五六三，10）。标本ⅡT2②：2，敞口，圆唇，斜腹微弧，玉璧形足。白胎细洁，施白釉，釉色泛青，有蜡泪痕，足心亦施釉，足面有刀削痕。口径15.2、底径7.2、高5厘米（图五六三，4）。

邢窑壶　2件。标本ⅡT3②：9，呈葫芦形。敛口，圆唇，束颈，溜肩，鼓腹，平底。白胎细洁，上腹施白釉，下腹露胎。口径0.6、底径1.6、高3.3厘米（图五六三，2）。标本ⅡT3②：7，口錾残，弧腹，喇叭形底座较高，平底。白胎较细，器身施白釉，底部露胎。底径2.4、残高4.6厘米（图五六三，5）。

白瓷钵　2件。标本ⅡT2②：3，敛口，圆唇，弧鼓腹，足残。白灰色胎略粗，唇口部刮釉，有芒，内壁施黑釉，外壁施半釉。口径11、底径7、高6.4厘米（图五六三，18）。标本ⅡT2②：33，敛口，圆唇，鼓腹，底残。白灰胎略粗，唇口部刮釉，有芒，外壁施半釉，上腹饰酱黄色点彩。口径8、残高4厘米（图五六三，3）。

白瓷碗　4件。标本ⅡT2②：1，敞口，圆唇，斜弧腹，饼足。白灰色胎略粗，夹有小砂粒，内壁施满釉，釉色泛灰，内底有3个支钉疤痕，口部有窑粘。口径18、底径7.6、高6.8厘米

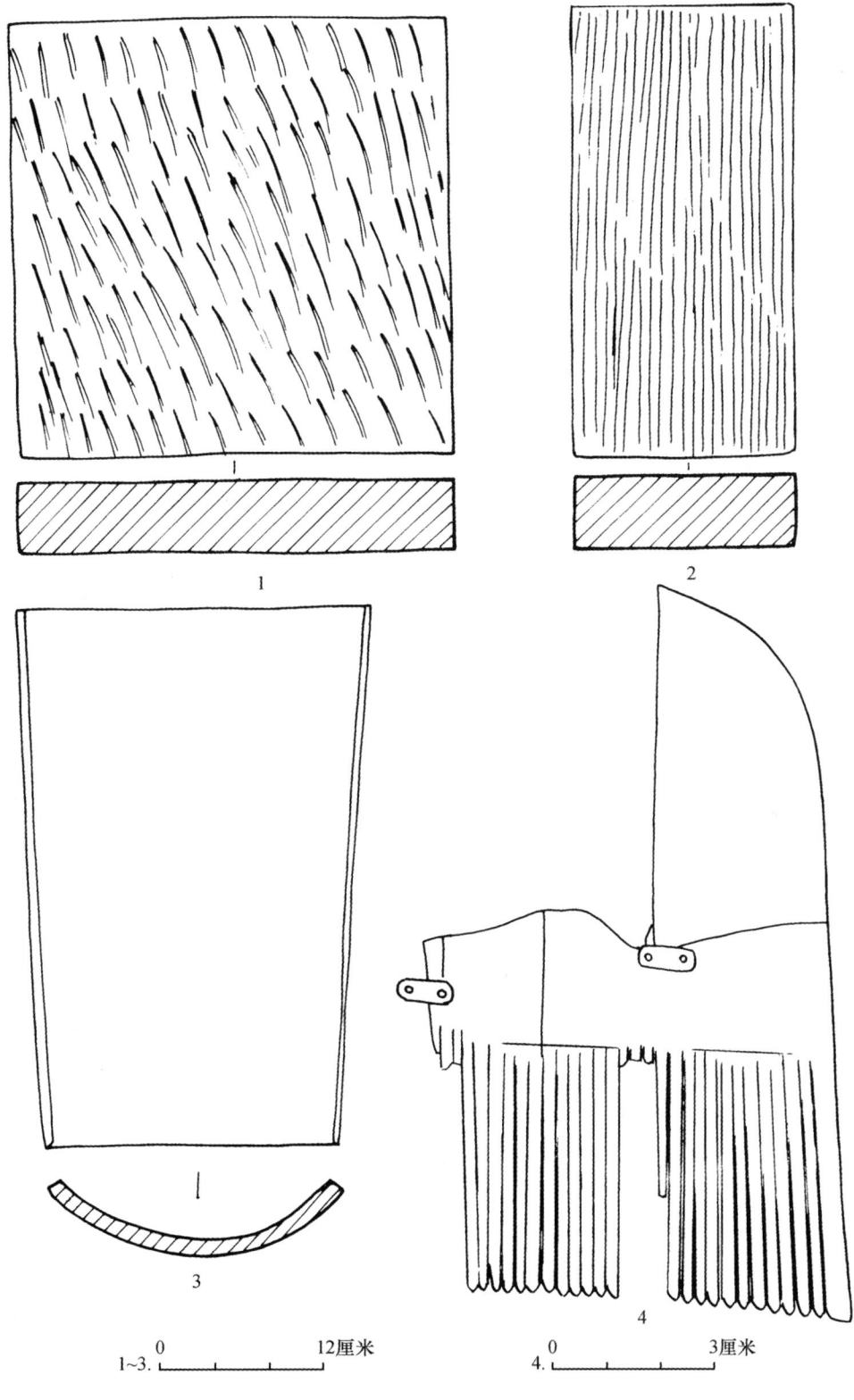

图五六一　Ⅱa区②层出土器物
1、2.砖（ⅡT3②∶5、ⅡT2②∶7）　3.板瓦（ⅡT3②∶4）　4.骨梳（ⅡT2②∶10）

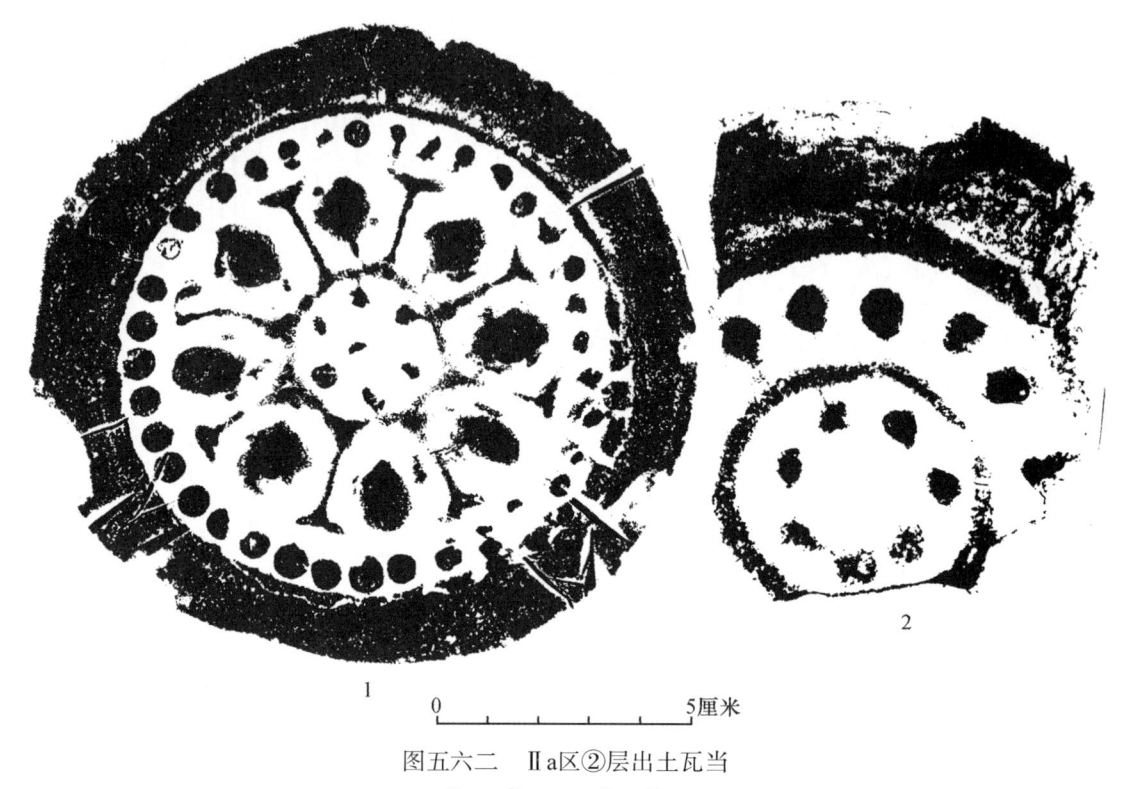

图五六二　Ⅱa区②层出土瓦当
1. ⅡT17②：1　2. ⅡT3②：11

（图五六三，6）。标本ⅡT2②：6，敞口，圆唇，浅弧腹，饼足。青灰色胎略粗，施白釉，釉色泛黄，外壁施半釉，有冰裂纹，内底有支钉疤痕。口径13.5、底径7.2、高3.8厘米（图五六三，13）。标本ⅡT3②：2，敞口，圆唇，弧腹，玉璧形足。白灰色胎略粗，施白釉，外壁施半釉，内底有3个支钉疤痕。口径13.8、底径6.5、高3.8厘米（图五六三，9）。标本ⅡT2②：4，敞口，尖圆唇，曲腹，矮足。下腹饰凹弦纹一周，黄白色胎略粗，施白釉，釉色泛黄，外壁施半釉，内底有3个支钉疤痕。口径11.8、底径6.4、高4.1厘米（图五六三，14）。

黑瓷碗　1件。标本ⅡT3②：3，敞口，圆唇，浅腹，饼足。青灰胎较细，内施白釉，釉色泛灰，外壁施黑釉，上部有窑粘，内底有支钉疤痕。口径14.1、底径6、高3.4厘米（图五六三，12）。

研磨盘　1件。标本ⅡT4②：5，敛口，圆唇，浅弧腹，饼足。器内无釉，划"人"字形纹，白灰胎较细，施茶叶末釉不及底。口径12、底径5.6、高3.2厘米（图五六三，8）。

黑瓷杯　1件。标本ⅡT4②：2，喇叭口，圆唇，弧腹，高足。白色胎略粗，施黑釉，外壁施半釉。口径4.8、底径2.5、高3.2厘米（图五六三，15）。

铜器　有铜环、饰件、带饰等。

铜环　1件。标本ⅡT1②：3，圆形，截面呈圆形。直径3.2厘米（图五六三，11）。

饰件　1件。标本ⅡT3②：8，呈树状，残。残高5厘米（图五六三，7）。

带饰　1件。标本ⅡT4②：20，稍残。呈凤形。长4.6、宽3.9厘米（图五六三，17）。

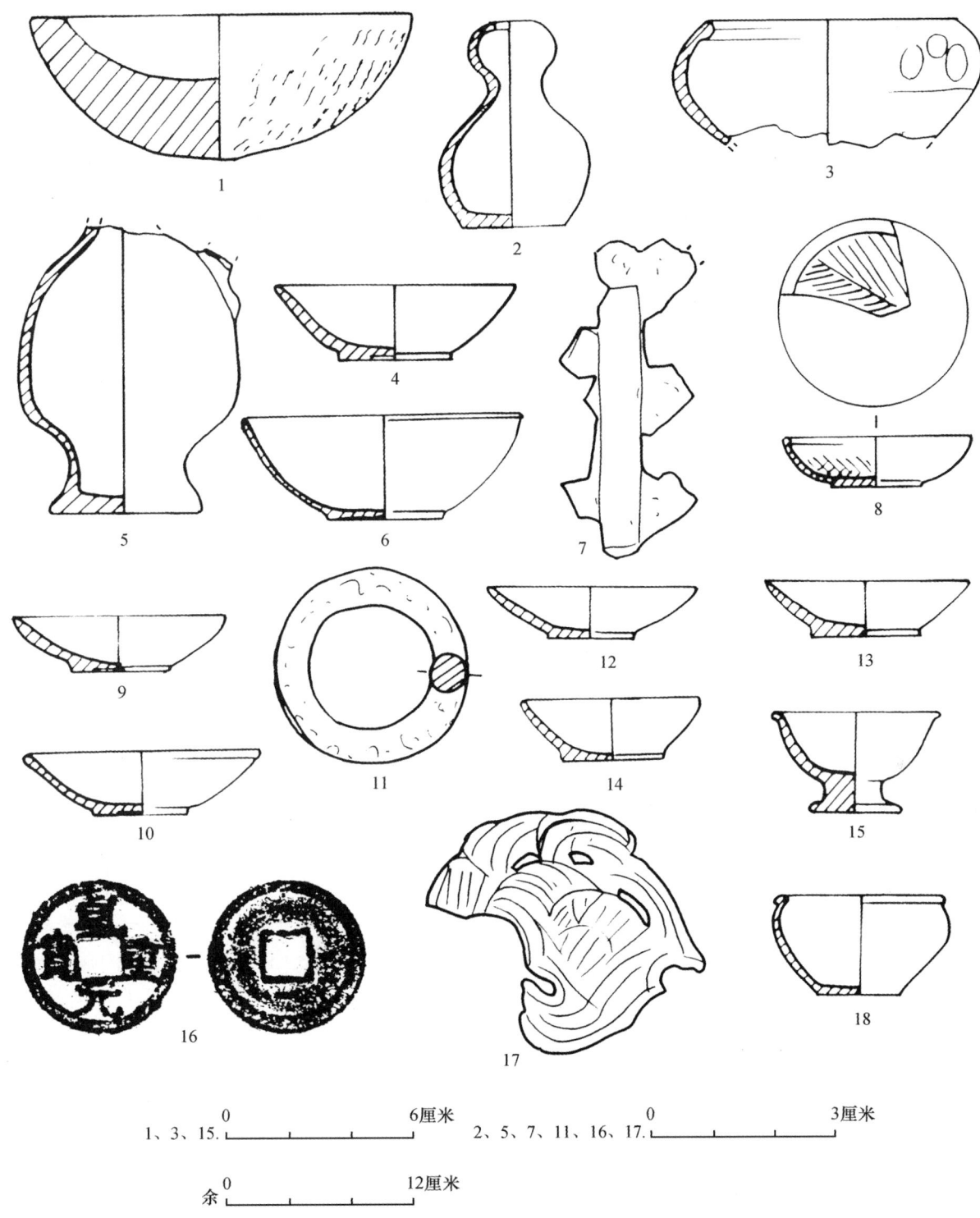

图五六三 Ⅱa区②层出土器物
1. 石臼（ⅡT4②：22） 2、5. 邢窑壶（ⅡT3②：9、ⅡT3②：7） 3、18. 瓷钵（ⅡT2②：33、ⅡT2②：3）
4、6、9、10、12～14. 瓷碗（ⅡT2②：2、ⅡT2②：1、ⅡT3②：2、ⅡT4②：3、ⅡT3②：3、ⅡT2②：6、ⅡT2②：4）
7. 铜饰件（ⅡT3②：8） 8. 瓷研磨盘（ⅡT4②：5） 11. 铜环（ⅡT1②：3） 15. 瓷杯（ⅡT4②：2）
16. 钱币（ⅡT4②：18） 17. 铜带饰（ⅡT4②：20）

石器　仅有石臼。

石臼　1件。标本ⅡT4②：22，砂岩琢制，残半，呈椭圆形，圜底。残长7、宽12、高4.6、池深2厘米（图五六三，1）。

骨器　仅有骨梳。

骨梳　1件。标本ⅡT2②：10，薄胎。弧背较宽，梳齿宽密。分片制成，用铜片对铆。残长7.3、宽13.2厘米（图五六一，4）。

钱币　有开元通宝、乾元重宝和字迹不清钱币等（表二六）。

表二六　Ⅱa区②层出土钱币统计表

种类	编号	数量	特征		直径（厘米）	穿宽（厘米）	重量（克）	书体	读法
			文字特征	记号					
开元通宝	ⅡT2②：11～ⅡT2②：16	6	"元"字第一笔较长，"通"字"辶"三点不相连		2.4～2.5	0.6～0.7	4～4.8	隶	对
	ⅡT4②：12～ⅡT4②：16	5	"元"字第一笔较长		2.5	0.6～0.7	3.6～4	隶	对
	ⅡT2②：17、ⅡT2②：18	2	"元"字扁宽，第一笔较长		2.4	0.6	3.8～4	隶	对
	ⅡT2②：23	1	"元"字较大，第一笔较长，"通"字"辶"三点不相连		2.4	0.7	3.4	隶	对
	ⅡT2②：28	1	"元"字较大，第一笔较长	背上月	2.6	0.7	4.2	隶	对
	ⅡT2②：19～ⅡT2②：22	4	"元"字第一笔较短，"通"字"辶"三点不相连		2.4～2.5	0.7	3～4.2	隶	对
	ⅡT2②：25	1	"元"字较小，第一笔较短		2.4	0.7	3.5	隶	对
	ⅡT4②：11	1	"元"字第一笔较短，"通"字"辶"三点不相连		2.5	0.7	4.2	隶	对
	ⅡT2②：24	1	"通"字"辶"三点不相连		2.5	0.7	4.4	隶	对
	ⅡT2②：26	1	钱体较小，"元"字第一笔较短，字略大，轻薄		2.2	0.6	2.2	隶	对
	ⅡT4②：10	1	钱体较小，"元"字第一横较长		2.3	0.6	3	隶	对
	ⅡT3②：10	1	钱体较小	背下月	2.3	0.6	3.7	隶	对
	ⅡT4②：17	1		背上月	2.5	0.7	4	隶	对
	ⅡT2②：27	1	"元"字较大		2.6	0.7	4.1	隶	对
	ⅡT2③：9	1	字迹不清					隶	对
乾元重宝	ⅡT2②：29	1			2.4	0.7	3.2	隶	对
	ⅡT4②：18	1		背下月	2.5	0.7	4	隶	对
字迹不清	ⅡT2②：30～ⅡT2②：32	3						隶	对
	ⅡT4②：19	1			2.3	0.6	2.4	隶	对

开元通宝　28枚。钱文八分书体，对读。可分五型。

A型　17枚。"元"字第一笔较长。可分三亚型。

Aa型　12枚。"元"字第一笔较长，"通"字"辶"的三点不连。标本ⅡT2②：11～ⅡT2②：16，直径2.4～2.5、穿宽0.6～0.7厘米。标本ⅡT4②：12～ⅡT4②：16，直径2.5、穿宽0.6～0.7厘米。标本ⅡT2②：24，直径2.5、穿宽0.7厘米。

Ab型　2枚。元字扁宽，"元"字第一笔较长。标本ⅡT2②：17、ⅡT2②：18，直径2.4、穿宽0.6厘米。

Ac型　3枚。标本ⅡT2②：23，"元"字较大，第一笔较长，"通"字"辶"的三点不连。直径2.4、穿宽0.7厘米。标本ⅡT2②：28，"元"字较大，"元"字第一笔较长，背上月。直径2.6、穿宽0.7厘米。标本ⅡT2②：27，"元"字较大。直径2.6、穿宽0.7厘米。

B型　6枚。"元"字第一笔较短。可分三亚型。

Ba型　1枚，"元"字第一笔较短，接外郭，"通"字"辶"的三点不连。标本ⅡT4②：11，直径22.5、穿宽0.7厘米。

Bb型　4枚。"元"字第一笔较短，"通"字"辶"的三点不连。标本ⅡT2②：19～ⅡT2②：22，直径2.4～2.5、穿宽0.7厘米。

Bc型　1枚。"元"字较小，"元"字第一笔较短。标本ⅡT2②：25，直径2.4、穿宽0.7厘米。

C型　1枚。背上月。标本ⅡT4②：17，直径2.5、穿宽0.7厘米。

D型　3枚。钱体较小。可分三亚型。

Da型　1枚。钱体较小，背下月。标本ⅡT3②：10，直径2.3、穿宽0.6厘米。

Db型　1枚。钱体较小，"元"字第一横较长。标本ⅡT4②：10，直径2.3、穿宽0.6厘米。

Dc型　1枚。钱体较小，"元"字第一笔较短，字略大，轻薄。标本ⅡT2②：26，直径2.2、穿宽0.6厘米。

E型　1枚。字迹不清，标本ⅡT2③：9。

乾元重宝　2枚。钱文隶书，对读。标本ⅡT2②：29，直径2.4、穿宽0.7厘米。标本ⅡT4②：18，背下月。直径2.5、穿宽0.7厘米（图五六三，16）。

字迹不清　4枚。标本ⅡT2②：30～ⅡT2②：32。标本ⅡT4②：19，直径2.3、穿宽0.6厘米。

② 第3层内出土器物

有陶器、瓷器、铜器、铁器、骨器、钱币等。

陶器　有壶、罐、盆、盂、盏、陶砚、建筑构件等。

壶　1件。标本ⅡT2③：86，口、颈残片，泥质灰陶，侈口，窄沿外折，沿内侧有凹槽一周，束颈。素面抹光。口径16、残高7厘米（图五六四，3）。

罐　3件。标本ⅡT2③：15，泥质灰陶。侈口，窄沿，沿面略弧，圆唇，鼓腹，平底，有旋削痕，素面抹光。口径12、底径9、高12.7厘米（图五六四，5）。标本ⅡT4③：1，泥质黑

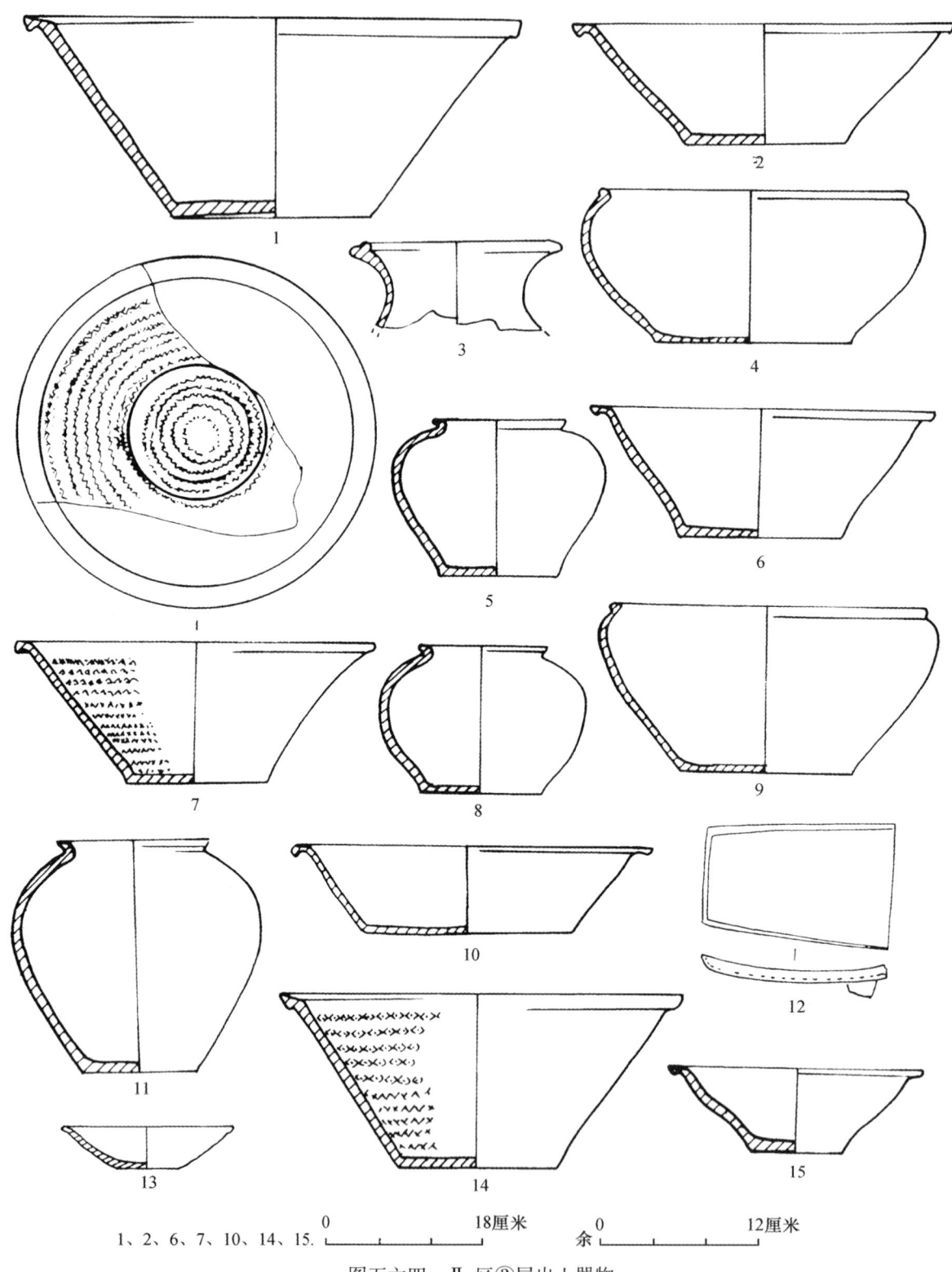

图五六四　Ⅱa区③层出土器物

1、2、6、7、10、14、15. 陶盆（ⅡT2③：16、ⅡT4③：14、ⅡT4③：8、ⅡT2③：13、ⅡT2③：12、ⅡT2③：14、ⅡT4③：7）　3. 陶壶（ⅡT2③：86）　4、9. 陶盂（ⅡT4③：9、ⅡT4③：10）　5、8、11. 陶罐（ⅡT2③：15、ⅡT4③：1、ⅡT3③：1）　12. 陶砚（ⅡT2③：4）　13. 陶盏（ⅡT3③：3）

陶。侈口，窄沿，尖圆唇，圆腹，平底略内凹，有旋削痕。上腹暗弦纹，下素面抹光。口径9.8、底径9.5、高11.5厘米（图五六四，8）。标本ⅡT3③：1，泥质灰陶。侈口，圆唇，弧肩，鼓腹，平底，有旋削痕。素面抹光。口径11.4、底径9、高17.8厘米（图五六四，11）。

盆　7件。标本ⅡT2③：14，泥质灰褐陶。宽平沿，敞口，方唇，斜腹微弧，近底部略向内凹，平底，有旋削痕。外壁素面抹光，内壁饰重菱纹。口径45.7、底径17.5、高20厘米（图五六四，14）。标本ⅡT2③：16，口径57.5、底径22.5、高23厘米（图五六四，1）。标本ⅡT4③：8，口径39.5、底径18、高14.5厘米（图五六四，6）。标本ⅡT2③：13，泥质灰褐陶。宽平沿，敞口，方唇，有凹槽一周，斜腹微弧，近底部略向内凹，平底，有旋削痕。外壁素面抹光，内壁饰压印纹。口径40.5、底径16、高15.5厘米（图五六四，7）。标本ⅡT4③：14，泥质灰陶。宽平沿，敞口，方唇，斜腹，平底。素面抹光。口径44、底径18、高14厘米（图五六四，2）。标本ⅡT4③：7，泥质灰褐陶。宽平沿，敞口，方唇，斜腹微弧，近底部略向内凹，平底。外壁素面抹光，内壁饰暗弦纹。口径29、底径10.5、高10厘米（图五六四，15）。标本ⅡT2③：12，泥质灰褐陶。敞口，圆唇，沿面微弧，斜腹，平底，有刮痕。外壁素面抹光，内壁磨光。口径42、底径24、高10厘米（图五六四，10）。

盂　2件。标本ⅡT4③：9，泥质褐陶。卷沿，敛口，圆唇，弧鼓腹，平底内凹，有旋削痕。上腹饰暗弦纹，下腹饰刮纹。口径23.6、底径14.5、高11.5厘米（图五六四，4）。标本ⅡT4③：10，泥质灰褐陶。卷沿，敛口，圆唇，曲腹，平底略内凹，有旋削痕。上腹磨光，下腹素面抹光。口径23.5、底径13.5、高12.8厘米（图五六四，9）。

盏　1件。标本ⅡT3③：3，泥质灰陶。敞口，方唇，斜弧腹，小平底，有旋削痕。素面抹光。口径12.8、底径5、高3.4厘米（图五六四，13）。

砚　3件。形制相同。细泥灰陶，模制。箕形，斜底，内模制成坯，外体削切而成，刀痕清晰不加修饰，砚面呈斜坡状，砚口前端较直，背后部附贴两长方形矮足，后端近方形。标本ⅡT2③：4，砚长14、前宽10、后宽8.2、足高1.3、池深0.9厘米（图五六四，12）。标本ⅡT2③：2，砚长14.2、前宽9.8、后宽7.7、足高1.3、池深0.9厘米。标本ⅡT2③：1，砚长14.2、前宽10.1、后宽8.4、足高1.3、池深0.9厘米。

建筑构件　仅有筒瓦。

筒瓦　1件。标本ⅡT4③：5，灰色。横截面呈半圆形，子母口，方头，咬合面较短。瓦背素面抹光，后端有刻画符号，内壁饰布纹。直径16、长37、厚1.8厘米（图五六五，1）。

瓷器　有青瓷碗、白瓷碗、黑瓷壶、黑瓷钵、黑瓷碗、黑瓷盏等。

青瓷碗　3件。标本ⅡT2③：10，敞口，圆唇，斜腹较直，饼足，白灰胎较细，外施青釉，器内挂化妆土，施白釉，釉色泛灰白，内底有支钉疤痕。口径13.2、底径7、高3.8厘米（图五六五，7）。标本ⅡT2③：7，敞口，圆唇，斜腹，饼足。白灰胎较细，外施青釉，器内挂化妆土，施白釉，内底有支钉疤痕。口径14、底径7、高4厘米（图五六五，8）。标本ⅡT4③：3，形制、胎釉同上。口径13.2、底径6.7、高3.8厘米（图五六五，14）。

白瓷碗　3件。标本ⅡT4③：2，敞口，圆唇，斜腹，饼足。白灰胎较细，施白釉，釉

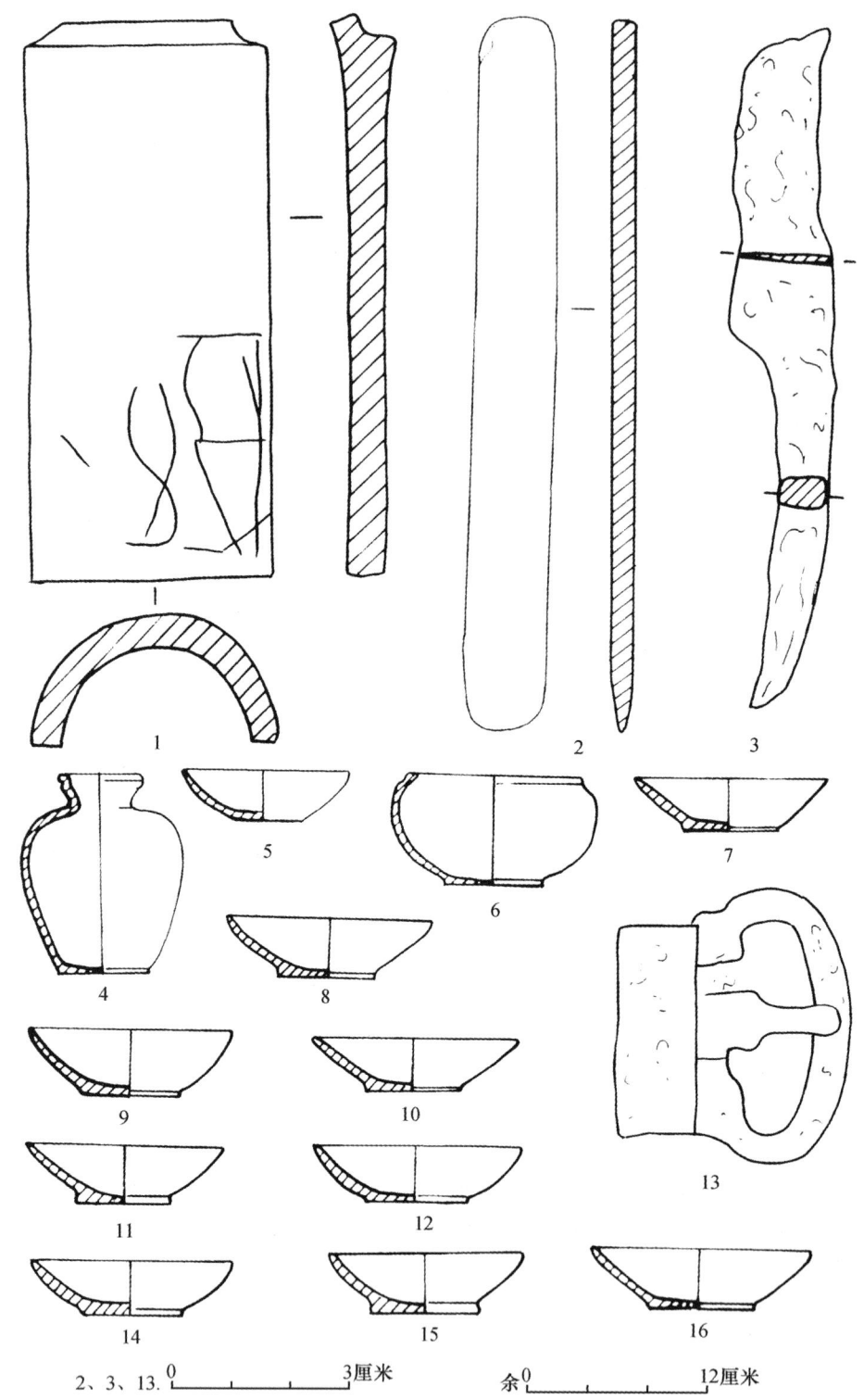

图五六五　Ⅱa区③层出土器物
1.筒瓦（ⅡT4③：5）　2.骨铲（ⅡT1③：2）　3.铁刀（ⅡT3③：4）　4.瓷壶（ⅡT2③：3）　5.瓷盏（ⅡT3③：2）
6.瓷钵（ⅡT2③：5）　7～12、14～16.瓷碗（ⅡT2③：10、ⅡT2③：7、ⅡT4③：6、ⅡT2③：8、ⅡT4③：2、ⅡT7③：1、ⅡT4③：3、ⅡT2③：6、ⅡT2③：11）　13.铜带扣（ⅡT3③：7）

色泛青，内有支钉疤痕。口径13、底径7、高4厘米（图五六五，11）。标本ⅡT2③：6，敞口，圆唇，浅弧腹，饼足。白灰胎略粗，施白釉，釉色泛黄，外壁施半釉，内底有支钉疤痕。口径13、底径7.2、高4厘米（图五六五，15）。标本ⅡT4③：6，敞口，圆唇，斜弧腹，饼足。白灰色胎略细，施白釉，釉色泛青，外壁施半釉。口径13.5、底径6.6、高4.4厘米（图五六五，9）。

黑瓷壶　1件。标本ⅡT2③：3，盘口，束颈，圆肩，腹弧鼓，平底略外撇。白灰胎较细，施茶叶末釉，内施满釉，外壁施半釉，口唇部刮釉有芒。口径6、底径6.2、高13.5厘米（图五六五，4）。

黑瓷钵　1件。标本ⅡT2③：5，敛口，圆唇，鼓腹，饼足。灰胎较粗，施黑釉，有窑变斑点，口唇部刮釉，有芒，外壁施半釉，有蜡泪痕和窑粘。口径11.5、底径7、高7.5厘米（图五六五，6）。

黑瓷碗　3件。标本ⅡT2③：11，敞口，圆唇，斜直腹，玉璧形足。青灰色胎较细，器内施白釉，釉色泛灰，外壁施酱釉。口径15、底径7.2、高4.1厘米（图五六五，16）。标本ⅡT17③：1，敞口，圆唇，斜弧腹，饼足。灰色胎较细，内施白釉，釉色泛青，外壁施酱釉，有气孔，内底有支钉疤痕。口径13.8、底径6.7、高3.8厘米（图五六五，12）。标本ⅡT2③：8，敞口较甚，圆唇，浅腹，饼足略内凹。青灰胎较细，内施白釉，釉色泛黄，外壁施黑釉，内底有支钉疤痕。口径14、底径6.5、高3.5厘米（图五六五，10）。

黑瓷盏　1件。标本ⅡT3③：2，敞口，圆唇，浅弧腹，平底有旋削痕。青灰色胎较粗，施黑釉，口部刮釉，外壁施釉不及底。口径11.5、底径5、高3.2厘米（图五六五，5）。

铜器　仅有带扣。

带扣　1件。标本ⅡT3③：7，前端平面略呈马蹄形，后边附活动条状扣舌，后端呈长方形，稍残。残长3.9、前宽4.5、后宽3.4厘米（图五六五，13）。

铁器　仅有铁刀。

铁刀　1件。标本ⅡT3③：4，锻造，刀身残。呈长条形，直刃较锋，铁柄略弯，截面呈长方形。刀身残长11、宽1.7、柄长4.8厘米（图五六五，3）。

骨器　仅有骨铲。

骨铲　1件。标本ⅡT1③：2，磨制，平面呈长条形，器身扁平，两端弧凸，头部稍宽，略薄。长11.8、宽1.3、厚0.3厘米（图五六五，2）。

钱币　有开元通宝、乾元重宝和字迹不清钱币等（表二七）。

表二七　Ⅱa区③层出土钱币统计表

种类	编号	数量	特征		直径（厘米）	穿宽（厘米）	重量（克）	书体	读法
			文字特征	记号					
开元	ⅡT2③：30	1	"元"字右挑		2.5	0.7	4	隶	对
通宝	ⅡT3③：5	1	"元"字第一笔较长		2.6	0.6	4.6	隶	对

续表

种类	编号	数量	特征		直径（厘米）	穿宽（厘米）	重量（克）	书体	读法
			文字特征	记号					
开元通宝	ⅡT1③：4	1	"元"字第一笔较长，接内郭		2.4	0.7	3.8	隶	对
	ⅡT2③：56	1	"元"字第一笔较长，字体略小，"通"字"辶"三点不相连		2.5	0.7	3.7	隶	对
	ⅡT1③：5～ⅡT1③：7	3	"元"字较大，第一笔细长		2.4～2.5	0.7	3.9～4.2	隶	对
	ⅡT2③：45～ⅡT2③：55	11	"元"字较大，第一笔较长，通字"辶"三点不相连		2.4～2.5	0.6～0.7	3.8～4.8	隶	对
	ⅡT1③：3	1	"元"字较大，第一笔较短		2.4	0.7	3.8	隶	对
	ⅡT2③：31～ⅡT2③：40	10	"元"字较大，第一笔较短，"通"字"辶"三点不相连		2.4～2.5	0.7	3.2～4	隶	对
	ⅡT2③：43、ⅡT2③：44	2	"元"字较大，第一笔较短，下部距离较远，"通"字"辶"三点不相连		2.5	0.7	4～4.1	隶	对
	ⅡT2③：41、ⅡT2③：42	2	"元"字扁小，第一笔较短，"通"字"辶"三点不相连		2.4	0.6	2.8～3.2	隶	对
	ⅡT2③：9	1		背穿左划痕	2.7	0.7	4.4	隶	对
	ⅡT2③：17～ⅡT2③：29	13		背上月	2.4～2.5	0.7	3.6～4.5	隶	对
	ⅡT4③：11	1		背上月	2.6	0.7	2.4	隶	对
	ⅡT4③：12	1		错穿、错背	2.4	0.6	4.2	隶	对
	ⅡT2③：57	1	小钱小字，"元"字第一笔较小，"通"字"辶"的三点不连		2.4	0.7	4.2	隶	对
乾元重宝	ⅡT2③：58	1	大钱，大字		2.5	0.6	4.8	隶	对
	ⅡT4③：13	1	大字		2.5	0.7	4.4	隶	对
	ⅡT2③：59	1	小钱，大字		2.5	0.6	4	隶	对
	ⅡT2③：60、ⅡT2③：61	2	小钱，小字		2.4	0.6	3.2～4.6	隶	对
	ⅡT3③：6	1	小字	错穿	2.5	0.6	4.8	隶	对
字迹不清	ⅡT2③：62～ⅡT2③：84	23							

开元通宝　50枚。钱文八分书体，对读。可分六型。

A型　1枚。"元"字右挑。标本ⅡT2③：30，直径2.5、穿宽0.7厘米。

B型　17枚。"元"字第一笔较长。可分四个亚型。

Ba型　1枚。"元"字第一笔较长。标本ⅡT3③：5，直径2.6、穿宽0.7厘米。

Bb型　1枚。"元"字第一笔较长，接内郭。标本ⅡT1③：4，直径2.4、穿宽0.7厘米。

Bc型　1枚。"元"字第一笔较长，字体略小，"通"字"辶"三点不相连。标本ⅡT2③：56，直径2.5、穿宽0.7厘米。

Bd型　14枚。标本ⅡT2③：45～ⅡT2③：55，"元"字较大，第一笔较长，"通"字"辶"三点不相连。直径2.4～2.5、穿宽0.6～0.7厘米。标本ⅡT1③：5～ⅡT1③：7，"元"字较大，第一笔细长。直径2.4～2.5、穿宽0.7厘米。

C型　15枚。"元"字第一笔较短。可分三亚型。

Ca型　11枚，标本ⅡT1③：3，"元"字较大，第一笔较短。直径2.4、穿宽0.7厘米。标本ⅡT2③：31～ⅡT2③：40，"元"字较大，第一笔较短，"通"字"辶"三点不相连。直径2.4～2.5、穿宽0.7厘米。

Cb型　2枚。"元"字较大，第一笔较短，下部距离较远；"通"字"辶"三点不相连。标本ⅡT2③：43、ⅡT2③：44，直径2.5、穿宽0.7厘米。

Cc型　2枚。"元"字扁小，第一笔较短，"通"字"辶"三点不相连。标本ⅡT2③：41、ⅡT2③：42，直径2.4、穿宽0.6厘米。

D型　15枚。背上月、背划痕。可分二亚型。

Da型　14枚。背上月。标本ⅡT2③：17～ⅡT2③：29，直径2.4～2.5、穿宽0.7厘米。标本ⅡT4③：11，直径2.6、穿宽0.7厘米。

Dc型　1枚。背穿左划痕。标本ⅡT2③：9，直径2.7、穿宽0.7厘米。

E型　1枚。错穿，错背。标本ⅡT4③：12，直径2.4、穿宽0.6厘米。

F型　1枚。小钱，小字，"元"字第一笔较小，"通"字"辶"的三点不连。标本ⅡT2③：57，直径2.4、穿宽0.7厘米。

乾元重宝　6枚。钱文隶书，对读。可分二型。

A型　2枚。标本ⅡT2③：58，大钱，大字。直径2.5、穿宽0.6厘米。标本ⅡT4③：13，大字。直径2.5、穿宽0.7厘米。

B型　4枚。小钱，小字或大字。可分二亚型。

Ba型　3枚。标本ⅡT2③：60、ⅡT2③：61，小钱，小字。直径2.4、穿宽0.6厘米。标本ⅡT3③：6，小字，错穿。直径2.5、穿宽0.6厘米。

Bb型　1枚。小钱，大字。标本ⅡT2③：59，直径2.5、穿宽0.6厘米。

字迹不清　23枚。标本ⅡT2③：62～ⅡT2③：84。

③第4层内出土器物

有陶器、瓷器、铜器、铁器、骨器、钱币等。

陶器　有罐、盂、盘、盏、陶玩等。

罐　1件。标本ⅡT4④：2，泥质灰褐陶。敛口，卷沿，鼓腹，平底。通体素面抹光。口径10.5、底径9、高12.4厘米（图五六六，2）。

盂　1件。标本ⅡT17④：1，泥质灰陶。敛口较甚，圆唇，唇面有凹槽一周，弧腹，以下

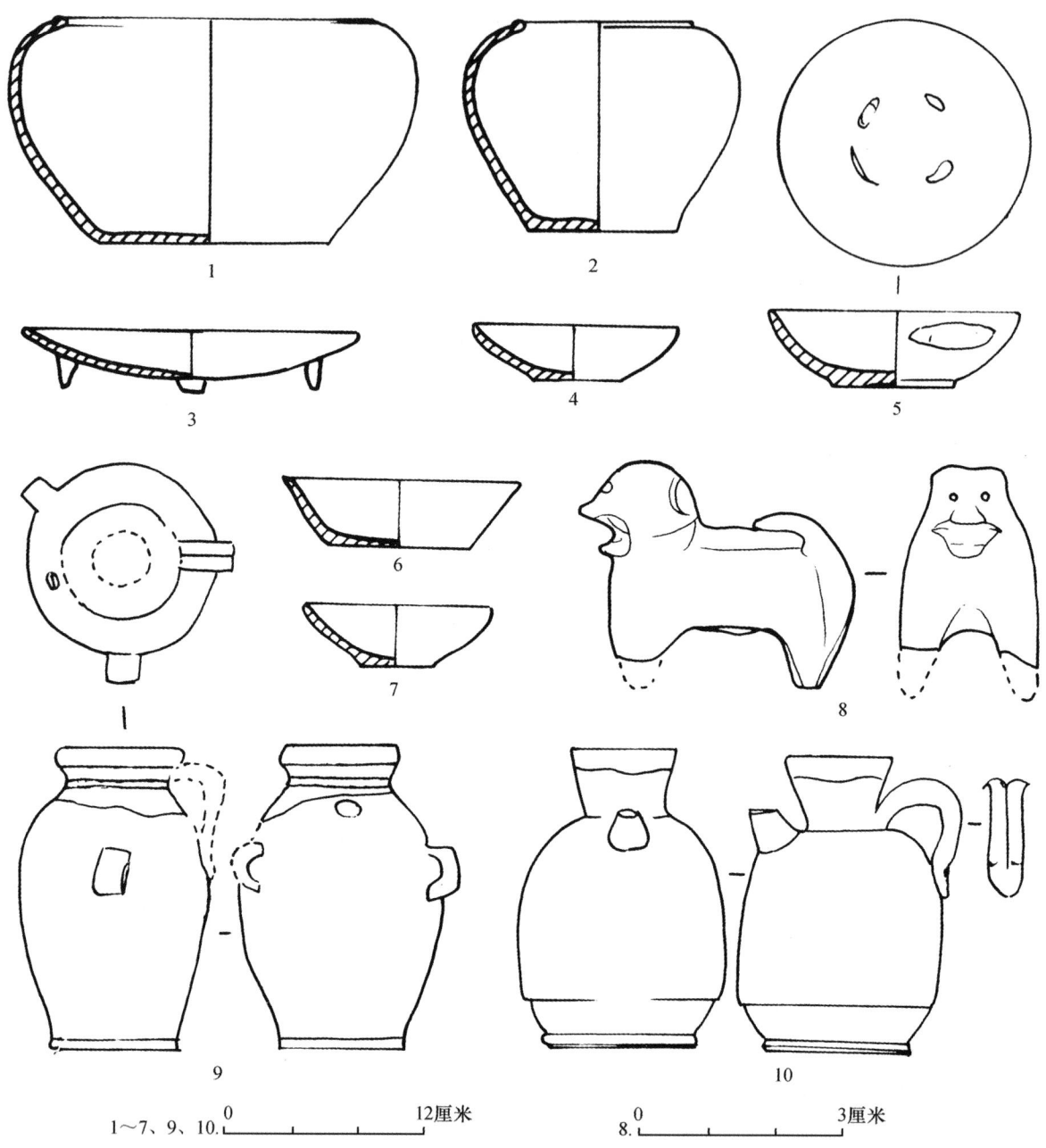

图五六六　Ⅱa区④层出土器物

1. 陶盂（ⅡT17④：1）　2. 陶罐（ⅡT4④：2）　3、6. 陶盘（ⅡT2④：9、ⅡT2④：3）　4. 瓷盏（ⅡT2④：4）
5. 瓷碗（ⅡT4④：1）　7. 陶盏（ⅡT2④：1）　8. 陶玩（ⅡT17④：3）
9、10. 瓷执壶（ⅡT2④：21、ⅡT1④：1）

残。上腹饰暗弦纹，下腹素面抹光。口径19、残高8.8厘米（图五六六，1）。

盘　2件。标本ⅡT2④：3，泥质灰陶。敞口，方唇，斜腹，平底，有旋削痕。外壁素面抹光，内壁有旋削痕。口径15、底径9、高4厘米（图五六六，6）。标本ⅡT2④：9，泥质灰褐陶。方唇，浅弧腹，圜底，下接三矮足。素面抹光。口径20.7、高3.6厘米（图五六六，3）。

盏　1件。标本ⅡT2④：1，泥质灰陶。敞口，圆唇，斜弧腹，平底，有旋削痕。素面抹光，有烟炱。口径11.2、底径4.6、高3.6厘米（图五六六，7）。

陶玩　1件。犬。标本ⅡT17④：3，泥质红陶，捏制而成。呈站立状，前腿残，张口，竖耳向后，短尾上背于背上，腹下有孔，饰黑色彩绘。长4、高3.4厘米（图五六六，8）。

瓷器　有白瓷碗、黑瓷执壶、黑瓷盏等。

白瓷碗　1件。标本ⅡT4④：1，敞口，圆唇，斜腹，玉璧形足。白灰色胎较细，胎体厚重，施白釉，釉色泛青，有冰裂纹，内底有3个支钉疤痕，内外壁和足面有窑粘。口径14.4、底径7.2、高4.6厘米（图五六六，5）。

黑瓷执壶　2件。标本ⅡT1④：1，口残，短直流，圆肩，泥条形把手附贴于颈侧和肩部，深弧腹，矮圈足略外撇。白灰色胎较细，施茶叶末釉不及底。底径8.4、残高8.4厘米（图五六六，10）。标本ⅡT2④：21，肩以上残，深腹，平底略外撇。白灰色胎较细，施酱釉不及底。底径7.2、残高15.8厘米（图五六六，9）。

黑瓷盏　1件。标本ⅡT2④：4，敞口，圆唇，斜弧腹，平底。灰白色胎略粗，施黑釉，口部刮釉，外壁施半釉，口部有窑粘。口径12.3、底径5.2、高3.5厘米（图五六六，4）。

铁器　有斧、锄、权、犁铧等。

斧　1件。标本ⅡT17④：4，呈长方体，平顶略窄，弧刃稍残损，侧面有銎，直通另一侧。銎长2.4、宽1、体长9.6、宽7.2厘米（图五六七，5）。

锄　1件。标本ⅡT17④：5，平面呈梯形，直刃略厚，銎孔较浅。长16、底宽16、顶宽8.4厘米（图五六七，2）。

权　1件。标本ⅡT4④：3，铸造，圆鼓腹，上端有纽，平底。底径4.6、高7.2厘米（图五六七，3）。

犁铧　1件。标本ⅡT3④：1，浇铸。残长23、宽12厘米（图五六七，4）。

器足　1件。标本ⅡT3④：2，浇铸，呈长条形，背部微弧有两道凸棱。高19.8、宽6.6厘米（图五六七，1）。

骨器　仅有骰子。

骰子　1件。标本ⅡT17④：2，制作精细，六面体，六面分别有1～6个圆坑，1对6，2对5，3对4。边长0.7厘米（图五六七，6）。

钱币　有开元通宝、乾元重宝等（表二八）。

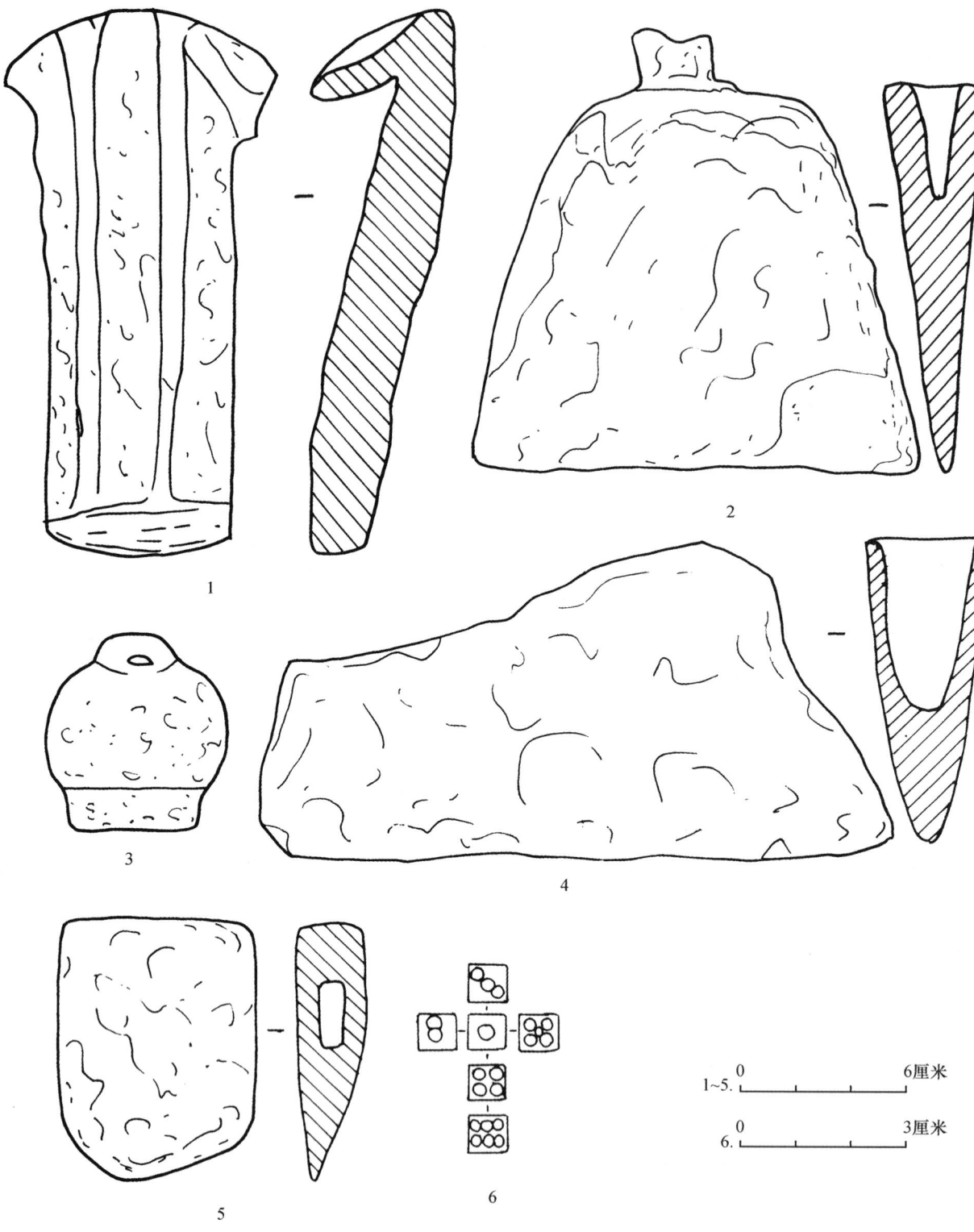

图五六七　Ⅱa区④层出土器物
1.铁器足（ⅡT3④：2）　2.铁锄（ⅡT17④：5）　3.铁权（ⅡT4④：3）　4.铁犁铧（ⅡT3④：1）
5.铁斧（ⅡT17④：4）　6.骨骰子（ⅡT17④：2）

表二八　Ⅱa区④层出土钱币统计表

种类	编号	数量	特征		直径（厘米）	穿宽（厘米）	重量（克）	书体	读法
			文字特征	记号					
开元通宝	ⅡT4④：4	1	"元"字右挑		25	0.7	4.4	隶	对
	ⅡT4④：6	1	"元"字第一笔较长		2.5	0.7	4.2	隶	对
	ⅡT1④：4	1	"元"字较扁，第一笔较长，"宝"字"口"部较小		2.5	0.6	4.2	隶	对
	ⅡT1④：6	1	"元"字较扁，第一笔细长，"通"字"辶"三点不相连		2.5	0.7	4.4	隶	对
	ⅡT4④：5	1			2.5	0.6	4.5	隶	对
	ⅡT2④：5	1	"元"字第一笔较短		2.5	0.6	4.3	隶	对
	ⅡT1④：2、ⅡT1④：3	2	"元"字较大，第一笔较短，"通"字"辶"三点不相连		2.5	0.7	4.4～4.6	隶	对
	ⅡT1④：5	1	小钱，小字，"元"字较扁，第一笔细长	错背	2.2	0.7	2.4	隶	对
乾元重宝	ⅡT2④：6	1			2.3	0.6	3.4	隶	对

开元通宝　9枚。钱文八分书体，对读。可分四型。

A型　1枚。"元"字右挑。标本ⅡT4④：4，直径2.5、穿宽0.7厘米（图五六八，1）。

B型　3枚。"元"字第一笔较长。可分二亚型。

Ba型　1枚。"元"字第一笔较长。标本ⅡT4④：6，直径2.5、穿宽0.7厘米。

Bb型　2枚。标本ⅡT1④：4，"元"字较扁，第一笔较长，"宝"字"口"部较小。直径2.5、穿宽0.6厘米（图五六八，5）。标本ⅡT1④：6，"元"字较扁，第一笔细长，"通"字"辶"三点不相连，背上月。直径2.5、穿宽0.7厘米（图五六八，2）。

C型　4枚。"元"字第一笔较短。可分二亚型。

Ca型　2枚。"元"字第一笔较短。标本ⅡT4④：5，直径2.5、穿宽0.6厘米。标本ⅡT2④：5。直径2.5、穿宽0.6厘米。

Cb型　2枚。标本ⅡT1④：3，"元"字较大，第一笔较短，"通"字"辶"三点不相连，背下月。直径2.5、穿宽0.7厘米（图五六八，3）。标本ⅡT1④：2，直径2.5、穿宽0.7厘米（图五六八，6）。

D型　1枚。小钱，小字，"元"字较扁，第一笔细长，错背。标本ⅡT1④：5，直径2.2、穿宽0.7厘米（图五六八，4）。

乾元重宝　1枚。钱文隶书，对读。标本ⅡT2④：6，直径2.3、穿宽0.6厘米。

（2）遗迹

1）灰坑

ⅡH6　位于ⅡT3的西北部，开口于第1层下，距地表深20厘米，打破第2层及第4层，其下

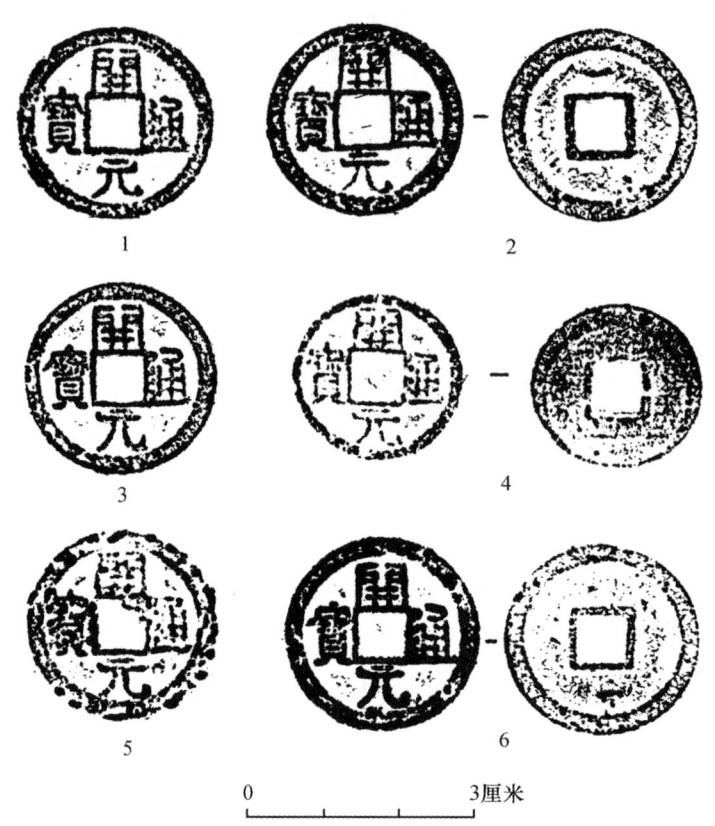

图五六八　Ⅱa区④层出土钱币
1. ⅡT4④：4　2. ⅡT1④：6　3. ⅡT1④：3　4. ⅡT1④：5　5. ⅡT1④：4　6. ⅡT1④：2

压着J1。平面呈长条形，直壁，平底。坑口长325、宽80、深115厘米。坑内填灰褐色花土，土质较松软，夹杂砖瓦碎块、木炭粒、红烧土块等，含有少量的陶瓷片和动物骨骼等（图五六九）。

出土遗物有邢窑碗、白瓷炉、黑瓷碗、铁钩、骨筷、蚌壳等。

邢窑碗　1件。标本ⅡH6：1，敞口，圆卷唇，浅腹微弧，窄环形圈足。白胎细洁，施白釉，足壁有窑粘，足心亦施釉。口径15.4、底径7、高3.6厘米（图五七〇，3）。

白瓷炉　1件。标本ⅡH6：3，口残，直腹，平底略内凹。三兽足略外撇。青灰色胎坚硬，内壁施满釉，外壁施釉不及底。口径12、底径6.8厘米（图五七〇，4）。

黑瓷碗　1件。标本ⅡH6：2，敞口，圆唇，浅弧腹，饼足略内凹。黄白色胎略粗，内施白釉，釉色泛黄，外壁施酱釉，内底有3个支钉疤痕。口径13.4、底径6.3、高3.6厘米（图五七〇，2）。

铁钩　1件。标本ⅡH6：4，锻造，钩首呈环状，钩身较长，截面呈圆形。长35厘米（图五七〇，5）。

骨筷　1件。标本ⅡH6：5，磨制精细，体细长，截面呈长方形。长11.4、边长0.6厘米（图五七〇，6）。

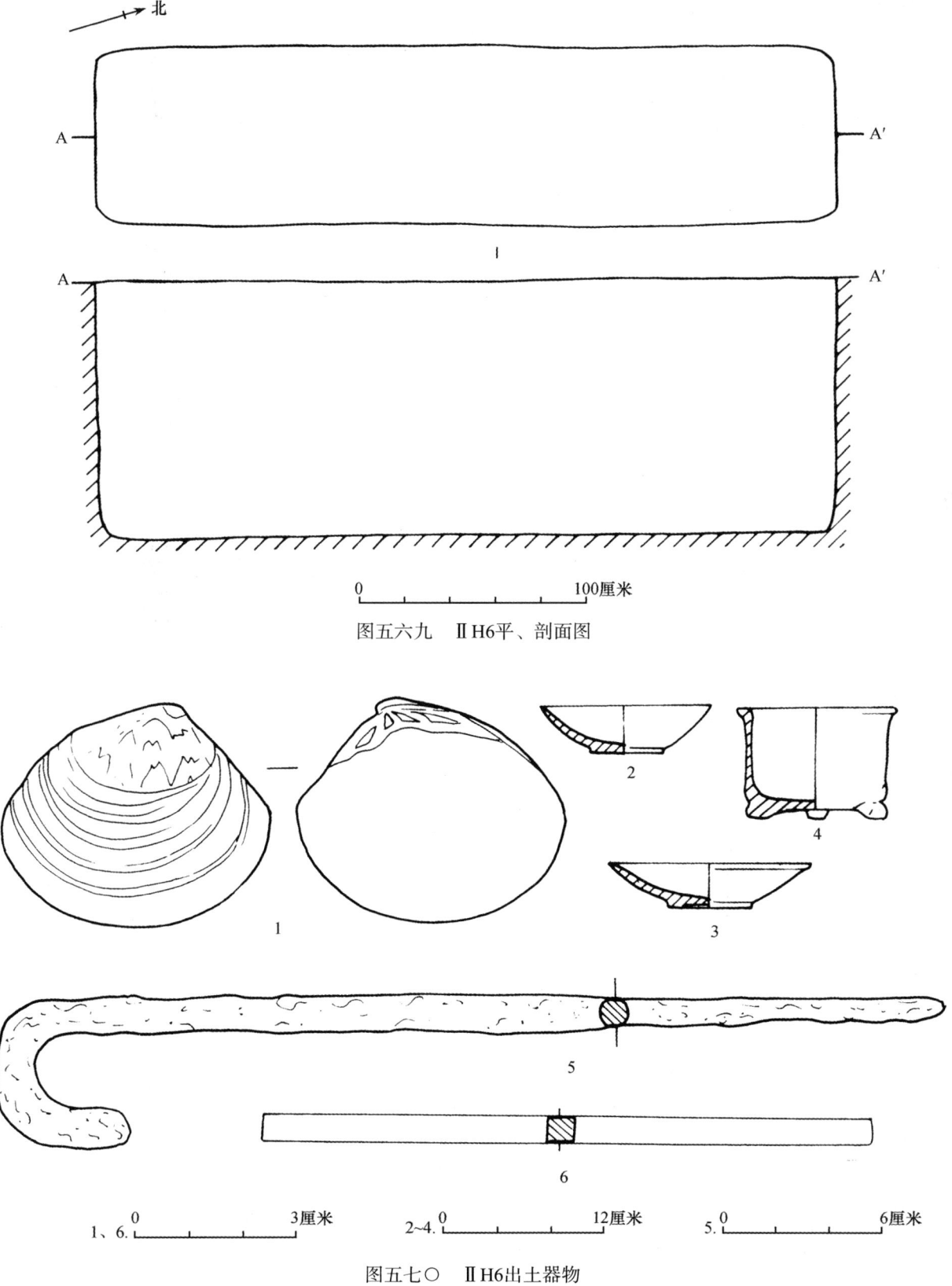

图五六九　ⅡH6平、剖面图

图五七〇　ⅡH6出土器物
1.蚌壳（ⅡH6：6）　2、3.瓷碗（ⅡH6：2、ⅡH6：1）　4.瓷炉（ⅡH6：3）　5.铁钩（ⅡH6：4）　6.骨筷（ⅡH6：5）

蚌壳　1件。标本ⅡH6：6，长5、宽4.2厘米（图五七〇，1）。

ⅡH7　位于ⅡT4的西南部，开口于第1层下，距地表深20厘米，被ⅡH26、ⅡJ9打破，打破ⅡH37、ⅡJ8及生土层。平面呈不规则形，坑口已坍塌，直壁不甚规整，坑底高低不平。长335、宽290、深255厘米。坑内填灰色花土，土质较松软，夹杂大量的草木灰、木炭粒、砖瓦碎块和红烧土块，含有大量的陶瓷片和少量的动物骨骼等（图五七一）。

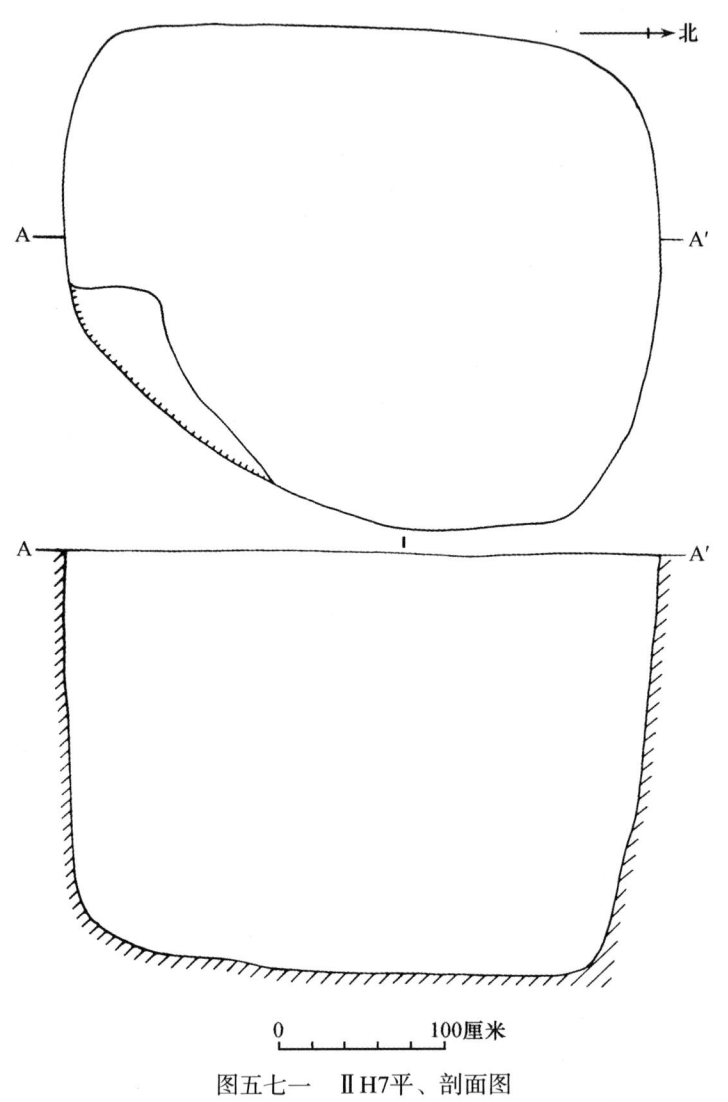

图五七一　ⅡH7平、剖面图

出土遗物有陶器、瓷器、铜器、骨器、钱币等。

陶器　有壶、盆、盏等。

壶　2件。标本ⅡH7：9，泥质灰陶。侈口，圆唇，束颈，圆腹，平底，有旋削痕。上腹饰暗弦纹，下腹素面抹光。口径7.3、底径9、高16厘米（图五七二，1）。标本ⅡH7：8，泥质灰陶。侈口，圆唇，弧腹，平底，有旋削痕。上腹饰暗弦纹，下腹素面抹光。口径5.1、底径7.5、高15.7厘米（图五七二，5）。

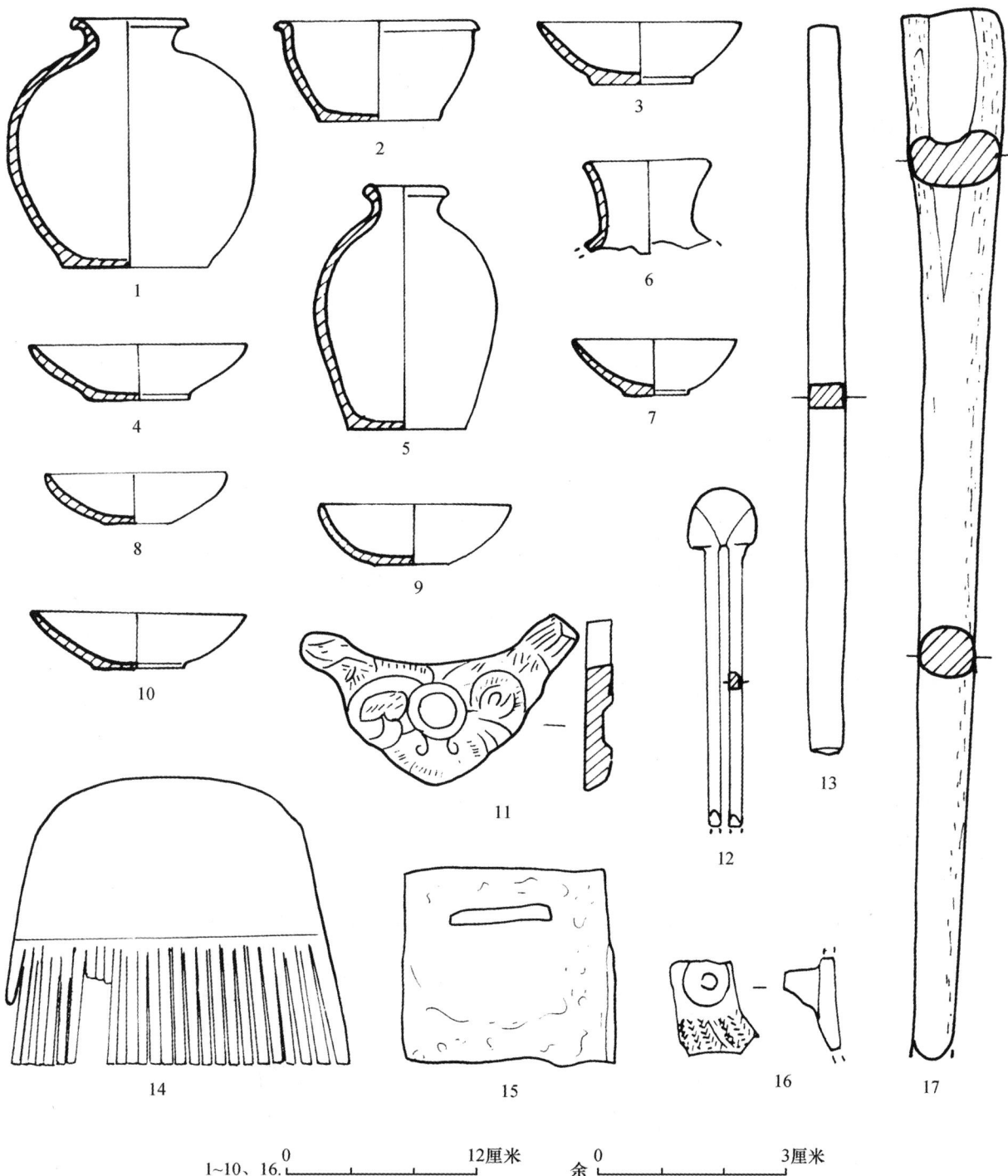

图五七二　ⅡH7出土器物

1、5. 陶壶（ⅡH7：9、ⅡH7：8）　2. 陶盆（ⅡH7：10）　3、4、10. 瓷碗（ⅡH7：4、ⅡH7：5、ⅡH7：2）
6、16. 瓷执壶（ⅡH7：17、ⅡH7：18）　7、8. 陶盏（ⅡH7：7、ⅡH7：6）　9. 瓷盘（ⅡH7：1）
11. 铜饰件（ⅡH7：20）　12. 骨钗（ⅡH7：11）　13. 骨筷（ⅡH7：19）
14. 骨梳（ⅡH7：12）　15. 铜带扣（ⅡH7：14）　17. 骨锥（ⅡH7：13）

盆　1件。标本ⅡH7：10，泥质灰陶。敞口，厚圆唇，弧腹，平底，有旋削痕。素面抹光。口径12.2、底径7.7、高6.5厘米（图五七二，2）。

盏　2件。标本ⅡH7：6，泥质灰陶。敞口，圆唇，斜腹，平底，有旋削痕。素面抹光。口径11.5、底径4、高3.5厘米（图五七二，8）。标本ⅡH7：7，泥质灰陶。敞口，圆唇，浅弧腹，平底，有旋削痕。素面抹光。口径11、底径4.2、高3.7厘米（图五七二，7）。

瓷器　有青瓷执壶、青瓷盘、黑瓷碗等。

青瓷执壶　2件。标本ⅡH7：17，侈口，圆唇，高领，以下残。青灰色胎较细，施青釉，有气孔。口径8、残高5.6厘米（图五七二，6）。标本ⅡH7：18，体矮扁，短流上翘。饰弦纹和席纹。黄白胎略粗，施青釉尺寸（图五七二，16）。

青瓷盘　1件。标本ⅡH7：1，敞口，圆唇，浅弧腹，平底。黄白胎较细，内施满釉，外饰半釉，口部有窑粘，露胎外有旋削痕。口径12、底径4.8、高3.6厘米（图五七二，9）。

黑瓷碗　3件。标本ⅡH7：5，敞口，圆唇，浅腹，玉璧形足。青灰胎较细，内施白釉，釉色泛灰，外壁施酱釉。口径14、底径6.3、高3.8厘米（图五七二，4）。标本ⅡH7：4，敞口，圆唇，浅腹，玉璧形足。青灰胎较细，内施白釉，釉色泛灰，外壁施酱釉。口径13、底径6.4、高4厘米（图五七二，3）。标本ⅡH7：2，敞口，圆唇，浅弧腹，玉璧形足。青灰胎较细，内施白釉，釉色泛灰，外壁施酱釉，足心亦施釉，内底有支钉疤痕。口径14、底径6、高3.7厘米（图五七二，10）。

铜器　有饰件、带扣等。

饰件　1件。标本ⅡH7：20，呈凹底弧边三角形。长4.3、宽1.8、厚0.4厘米（图五七二，11）。

带扣　1件。标本ⅡH7：14，锈蚀严重。平面呈长方形，右角略残，见有两个钉孔，一孔内有铜铆钉。长3.4、宽3.1厘米（图五七二，15）。

骨器　有骨锥、骨筷、骨钗、骨梳等。

骨锥　1件。标本ⅡH7：13，磨制，上端较宽，一侧内凹，器身呈圆形，锥尖残损。残长16.7、顶宽1.5厘米（图五七二，17）。

骨筷　1件。标本ⅡH7：19，磨制，体细长，略作两端较细，中间略粗，截面呈方形。长11.5、边长0.5厘米（图五七二，13）。

骨钗　1件。标本ⅡH7：11，磨制，尖部残。器身扁平，上端为花瓣式，下端分两股，有尖。残长5.5、宽1.1厘米（图五七二，12）。

骨梳　1件。标本ⅡH7：12，弧背略窄，梳齿宽松。长5.6、宽4.6厘米（图五七二，14）。

钱币　仅有开元通宝。

开元通宝　钱文八分书体，对读。可分二型。

A型　1枚。标本ⅡH7：15，"元"字第一笔右挑。直径2.5、穿宽0.6厘米。

B型　1枚。标本ⅡH7：16，"元"字第一笔较短。直径2.5、穿宽0.7厘米。

ⅡH8　位于ⅡT3的东北部，开口于第1层下，距地表深20厘米左右，打破第2层及第4层。

平面呈圆形，直壁，平底。直径145、深80厘米。坑内填浅灰色花土，土质较松软，夹杂草木灰、木炭粒等。出土少量的陶瓷片和动物骨骼等，在近坑口处置一石磨，其下压一人的下肢骨（图五七三）。

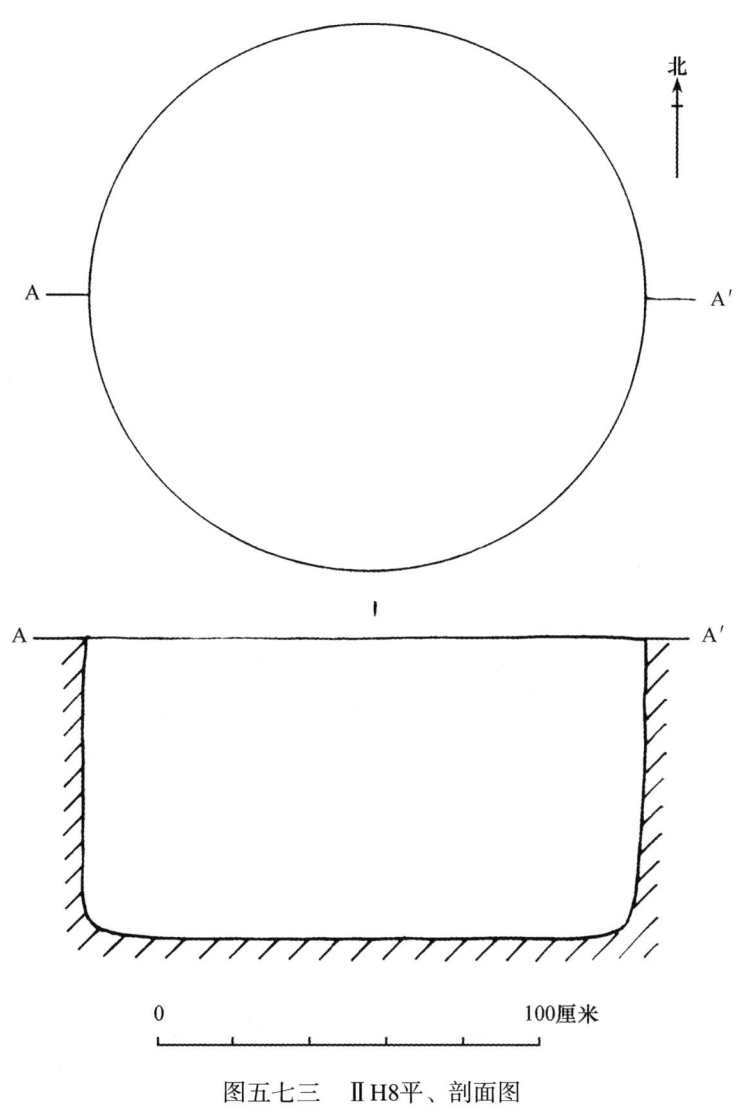

图五七三　ⅡH8平、剖面图

出土遗物有陶瓮、白瓷盏、铁斧、钱币等。

陶瓮　1件。标本ⅡH8∶3，泥质灰陶，侈口，厚圆唇，弧肩，腹弧鼓，平底。肩饰暗弦纹和环绕纹，以下素面抹光。口径32、底径31、高65.4厘米（图五七四，1）。

白瓷盏　1件。标本ⅡH8∶2，敞口，圆唇，弧腹，饼足。青灰色胎略粗，施白釉，釉色泛灰，口部刮釉有芒，外壁施半釉，有蜡泪痕。口径9、底径5.2、高2.8厘米（图五七四，3）。

铁斧　1件。标本ⅡH8∶4，呈长方体，平顶较宽，到刃部递减，弧刃较锋利，侧面有銎，直通另一侧，呈长方形。銎长3、宽1.4、体长11.4、宽7、顶宽4厘米（图五七四，2）。

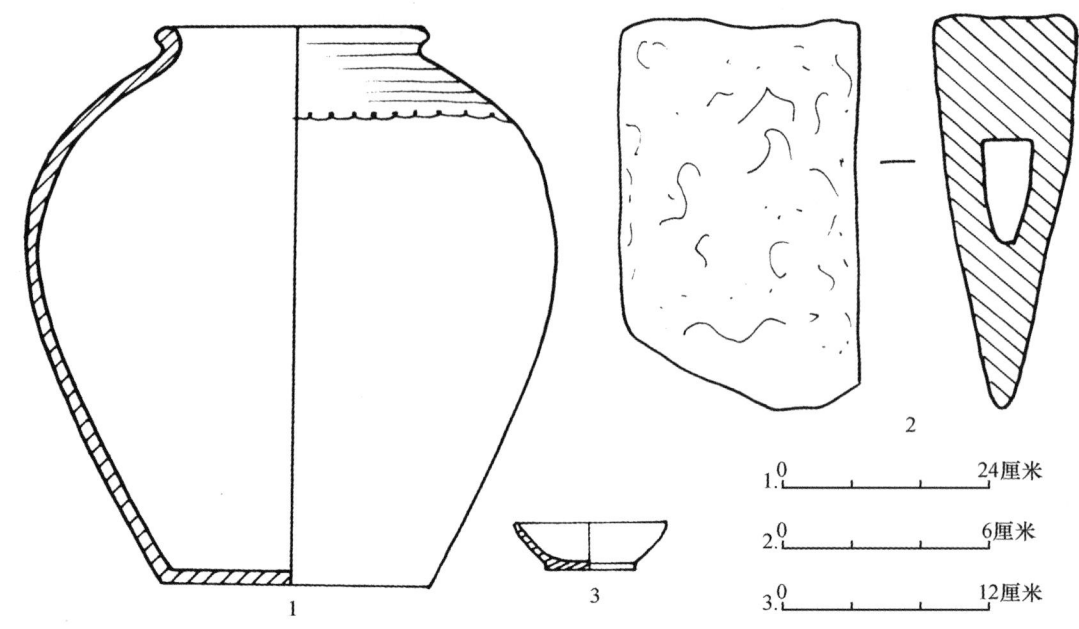

图五七四　ⅡH8出土器物
1. 陶瓮（ⅡH8：3）　2. 铁斧（ⅡH8：4）　3. 瓷盏（ⅡH8：2）

钱币　有五铢、开元通宝等。

五铢　1枚。钱文篆书，横读。标本ⅡH8：5，"五"字较大，交笔处弯曲。直径2.6、穿宽0.9厘米。

开元通宝　3枚。钱文八分书体，对读。"元"字第一笔较长。标本ⅡH8：6~ⅡH8：8，直径2.4~2.5、穿宽0.6厘米。

ⅡH11　位于ⅡT1的东中部，开口于第1层下，距地表深20厘米左右，打破第2层及生土层。平面呈圆形，坑口小于坑底，斜直壁，平底。口径180、底径210、深170厘米。坑内填灰花土，土质较松软，夹杂大量的砖瓦碎块、木炭粒、红烧土块、草泥块等。出土少量的陶瓷片和动物骨骼等（图五七五）。

ⅡH20　位于ⅡT2的西南部，ⅡT4的东南部，开口于第1层下，距地表深20厘米左右，打破第2层及生土层。平面呈长方形，坑口略大于坑底，斜直壁、平底。长135、宽90、深130厘米。坑内填灰褐色花土，土质较松软，夹杂少量的红烧土块和木炭粒等（图五七六）。

陶罐　1件。标本ⅡH20：1，泥质灰陶。侈口，厚圆唇，鼓腹，壁近底部内凹，平底。上腹饰暗弦纹，下腹素面抹光。口径25、底径20.5、高31厘米（图五七七）。

ⅡH21　位于ⅡT1的西北部，开口于第1层下，距地表深20厘米左右，打破第2层及第4层。平面呈圆形，斜壁，圜底。口径215~225、深110厘米。坑内填灰花土，土质较松软，夹杂少量的木炭粒、草木灰和大量的砖瓦碎块。出土少量的陶瓷片等（图五七八）。

ⅡH25　位于ⅡT17的北部，ⅡT2的南部，开口于第4层下，距地表深155厘米，打破生土层。由台阶和穴室两部分组成。台阶平面呈"F"形，宽80~170厘米，共三级台阶（从上到

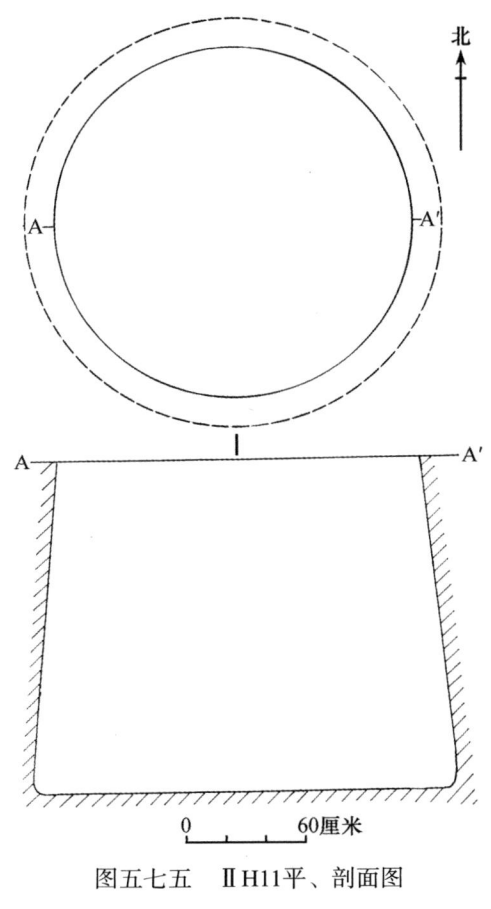

图五七五　ⅡH11平、剖面图

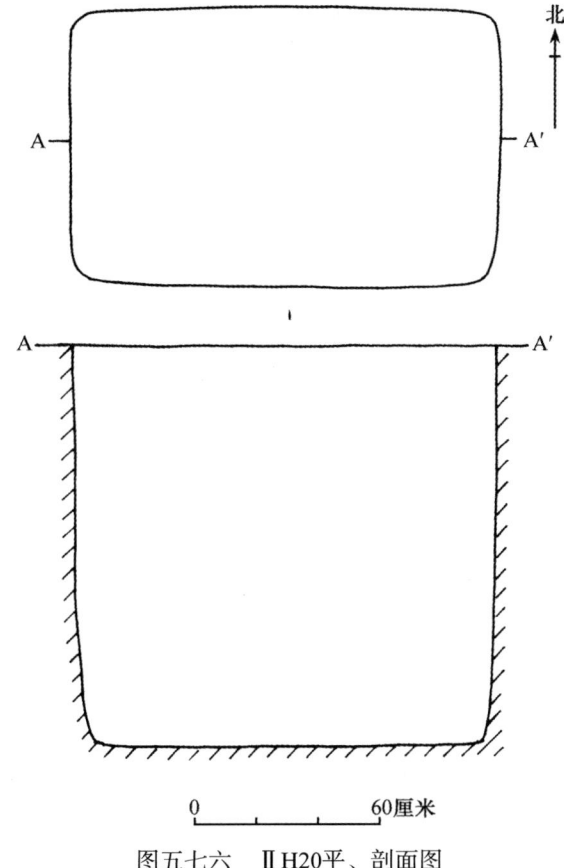

图五七六　ⅡH20平、剖面图

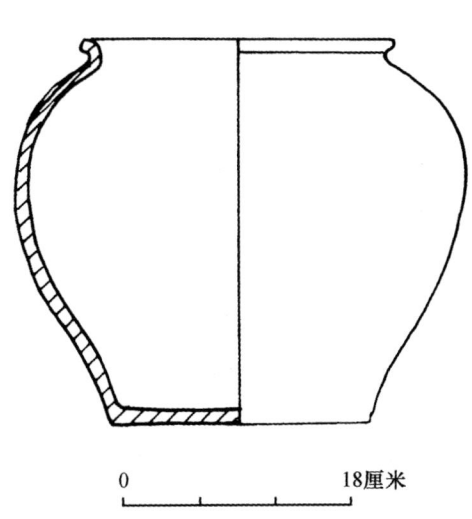

图五七七　ⅡH20出土陶罐（ⅡH20∶1）

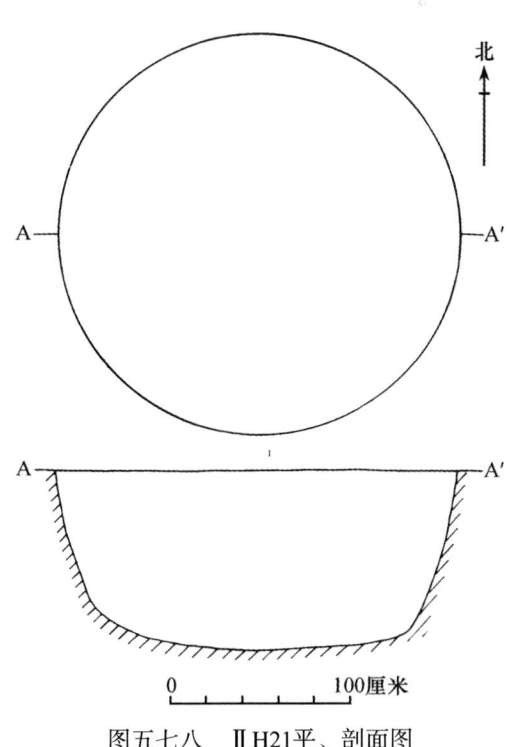

图五七八　ⅡH21平、剖面图

下），第一级，宽80、高30~50厘米，第二级，宽25、高95厘米，第三级，宽25、高80厘米。穴室平面呈圆形，坑口小于坑底，斜直壁、平底。口径180、底径220、深210厘米。坑内填黄褐色花土，土质较硬，夹杂大量的草拌泥块和少量的红烧土块，内含遗物较少，坑底留有谷物朽壳。出土物可辨器形有陶罐、陶盆、瓷碗等（图五七九）。

ⅡH26　位于ⅡT4的西南部，开口于第1层下，距地表深20厘米，打破ⅡH7及生土层。平面呈长方形，直壁，平底。坑口长150、宽125、深450厘米。坑内填灰黑色花土，土质较松软，夹杂大量的木炭粒、草木灰、砖瓦碎块等，含有少量的陶瓷片和动物骨骼等（图五八〇）。

出土遗物有陶壶、盆等。

壶　1件。标本ⅡH26：1，泥质灰陶。重唇口，束颈，弧肩，卵形腹，平底，有旋削痕。素面抹光。口径6.5、底径7、高17.6厘米（图五八一，2）。

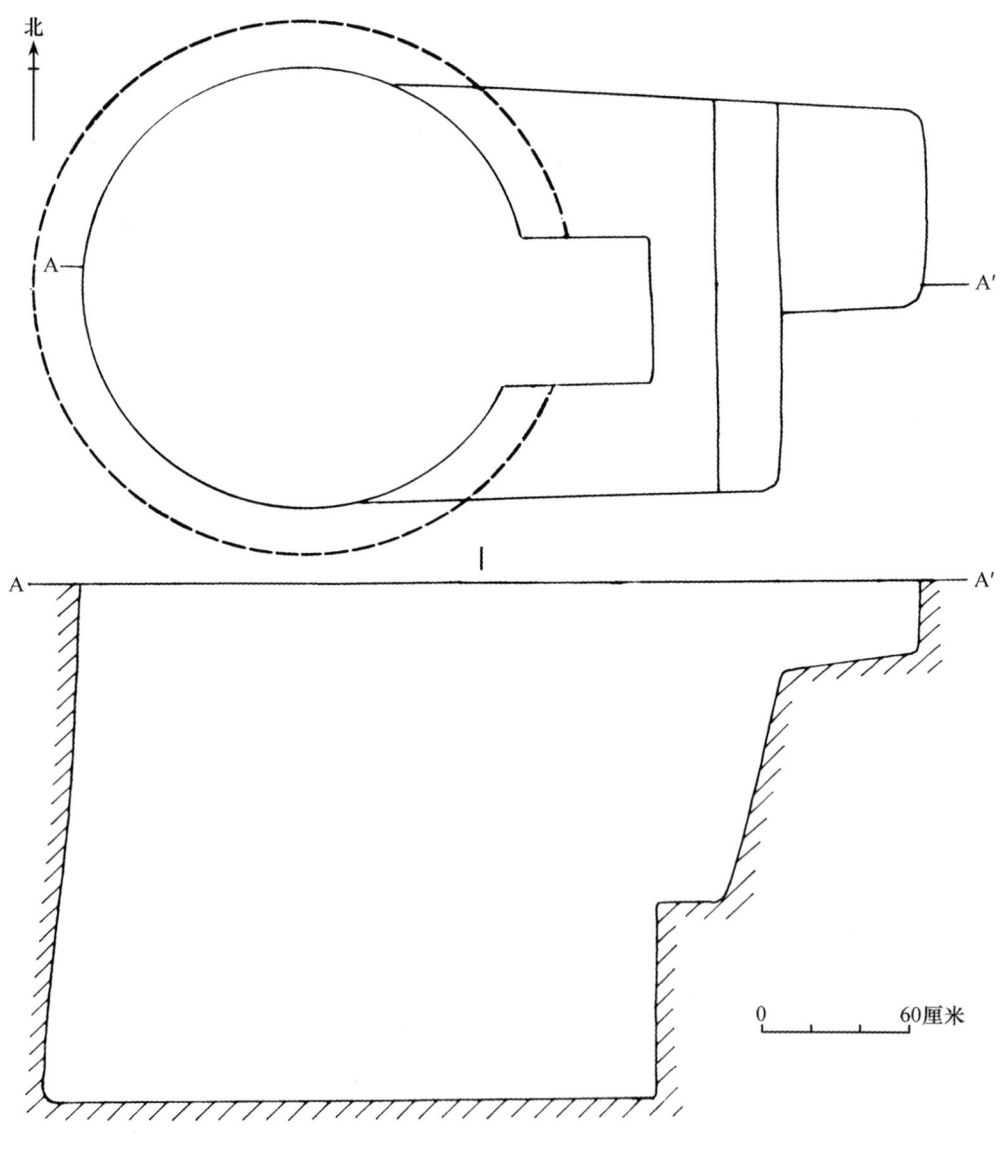

图五七九　ⅡH25平、剖面图

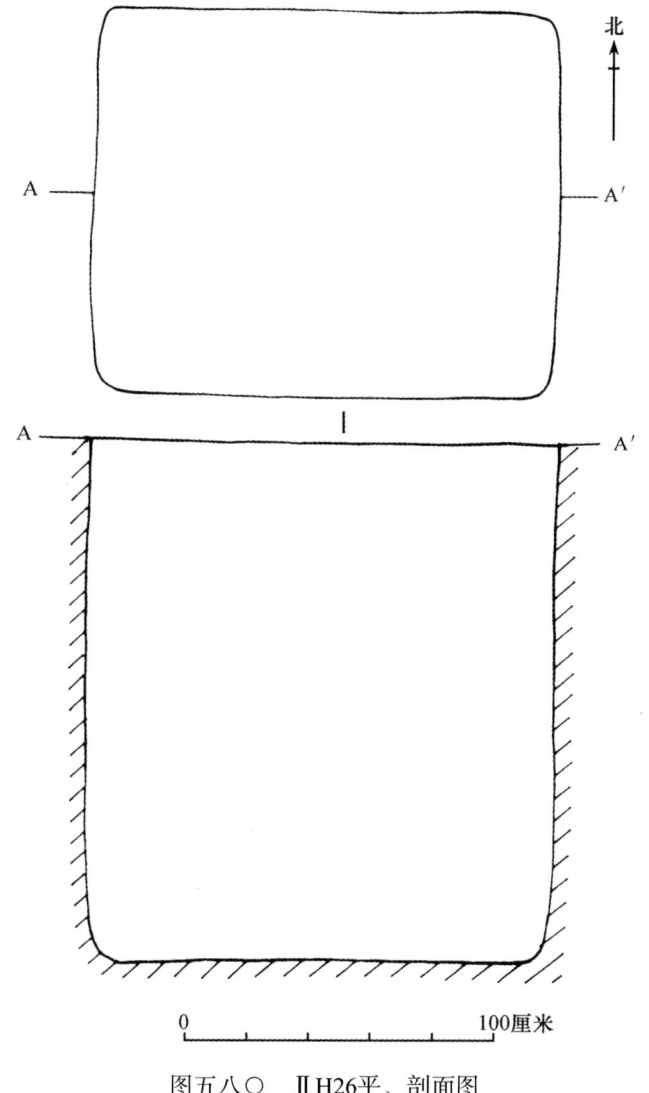

图五八〇　ⅡH26平、剖面图

盆　2件。标本ⅡH26：2，泥质灰陶。宽平沿，敞口，方唇，斜腹，近底部内凹，平底。素面抹光。口径44、底径18、高16.4厘米（图五八一，3）。标本ⅡH26：3，泥质灰陶。宽平沿，外缘起棱，敞口，折唇，斜弧腹，近底部略向内凹，平底。素面抹光。口径53.2、底径22.5、高20.5厘米（图五八一，1）。

ⅡH27　位于ⅡT2的北中部，开口于第4层下，距地表深205厘米，打破生土层。平面呈圆角长方形，略呈口小底大，坑壁不甚规整，坑底不平。坑口长185、宽180、深60～110厘米。坑内填灰色花土，土质疏松，夹杂大量的草木灰，含有少量的陶瓷片等（图五八二）。

陶盆　1件。标本ⅡH27：1，泥质灰褐陶。宽平沿略外斜，外缘起棱，敞口，圆唇，斜腹微弧，近底部略向内凹，平底。素面抹光。口径31.5、底径12.3、高11.3厘米（图五八三）。

钱币　2枚。开元通宝，钱文八分书体，对读。标本ⅡH27：2，元字第一笔较短。直径

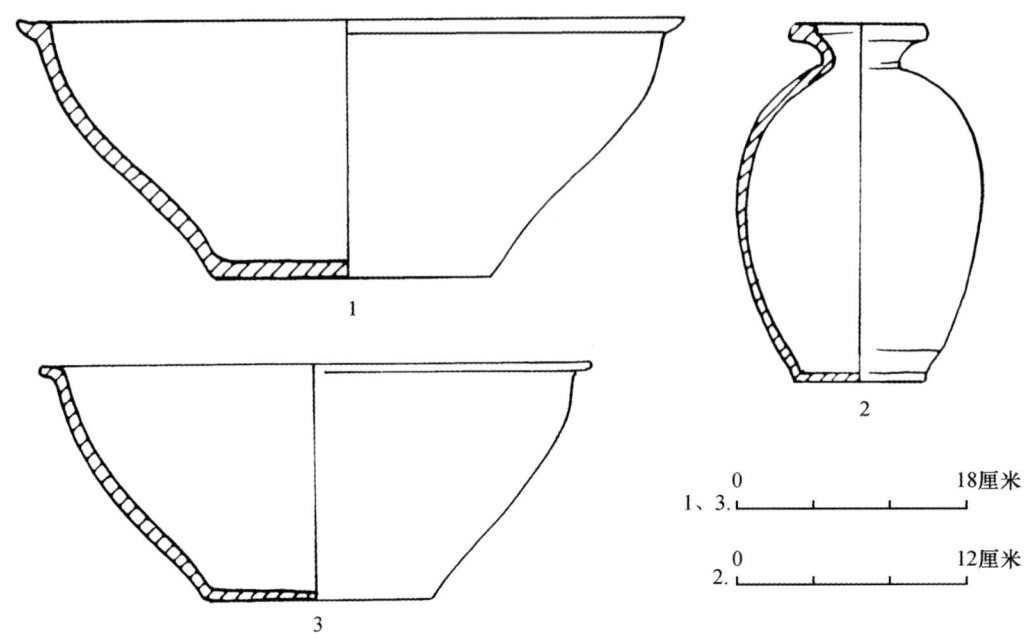

图五八一 ⅡH26出土陶器
1、3. 盆（ⅡH26：3、ⅡH26：2） 2. 壶（ⅡH26：1）

2.4、穿宽0.6厘米。标本ⅡH27：3，"元"字第一笔较长，花穿。直径2.4、穿宽0.6厘米。

ⅡH35 位于ⅡT1～ⅡT4四个探方的关键柱下。开口于第4层下，距地表深120～150厘米，被ⅡH9打破，打破生土层。平面呈圆角长方形，坑口略大于坑底，斜直壁，平底。坑口长400、宽270、坑底长370、宽240、深180厘米。坑内填黄灰色花土，土质较硬，夹杂木炭粒、红烧土块等，出土少量的陶瓷片和动物骨骼等（图五八四）。

出土遗物有瓷盏、石球、骨簪、骨钗等。

黑瓷盏 1件。标本ⅡH35：1，敞口，圆唇，腹微弧，平底内凹。黄白色胎略粗，施茶叶末釉，口部刮釉，外壁施半釉，有蜡泪痕。口径12.4、底径5、高3.5厘米（图五八五，4）。

石球 1件。标本ⅡH35：2，磨制，圆形。直径3.7厘米（图五八五，3）。

骨簪 1件。标本ⅡH35：4，磨制精细。器身扁平，上端较尖，下端稍宽有尖，截面呈弧顶长方形，到尖部递减成圆尖。长10.5厘米（图五八五，2）。

骨钗 1件。标本ⅡH35：3，磨制，上端弧凸，下端分两股，尖残，横截面呈圆形。残长14.6厘米（图五八五，1）。

ⅡH37 位于ⅡT4的北中部，开口于第4层下，距地表深175～210厘米，被ⅡH7、ⅡJ9、ⅡJ8打破，打破生土层。平面呈圆角长方形，坑口略大于坑底，斜直壁、平底。长203、宽155、深130～145厘米。坑内填灰黑色花土，土质较松软，夹杂大量的草木灰、木炭粒、红烧土块等，出土少量的陶瓷片和动物骨骼等（图五八六）。

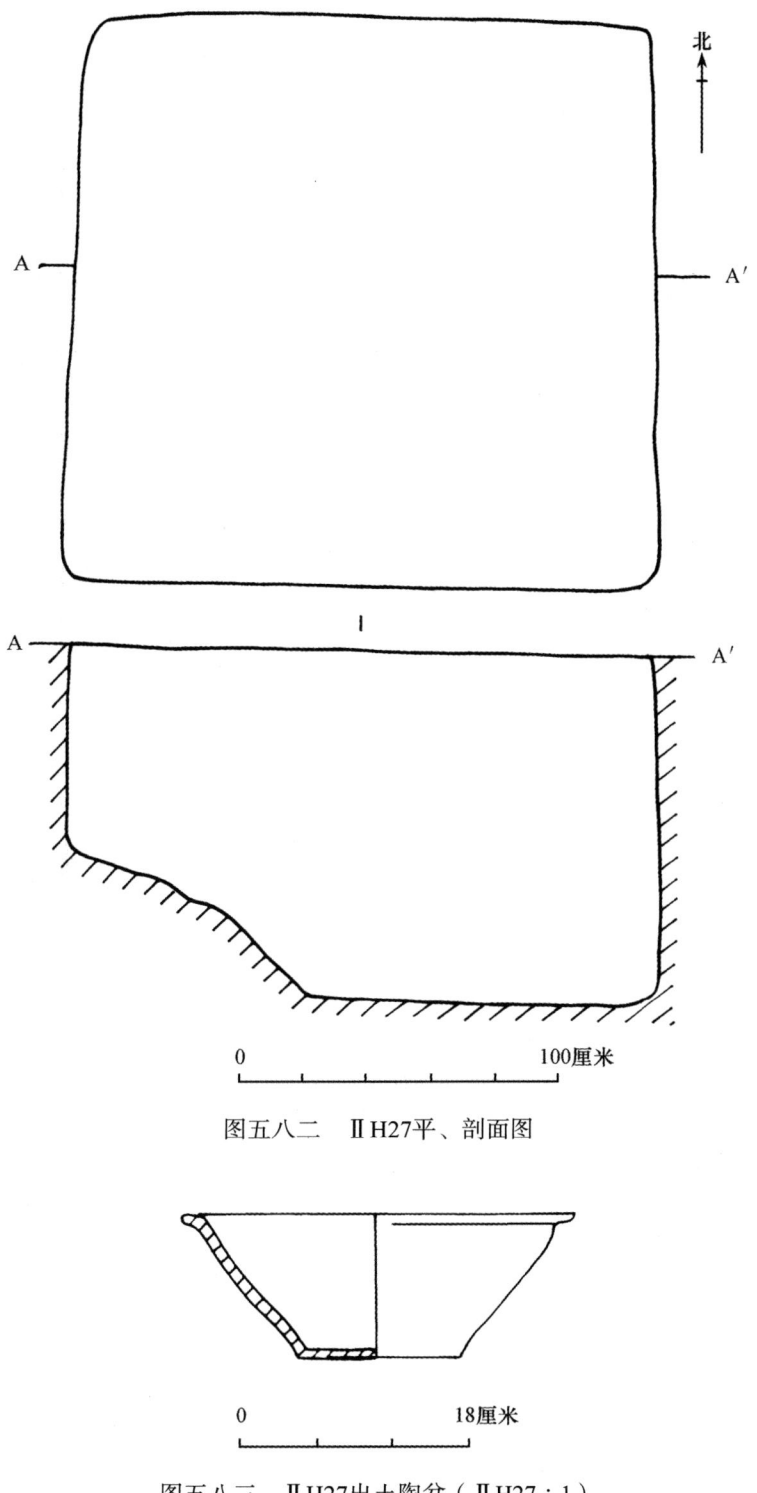

图五八二　ⅡH27平、剖面图

图五八三　ⅡH27出土陶盆（ⅡH27∶1）

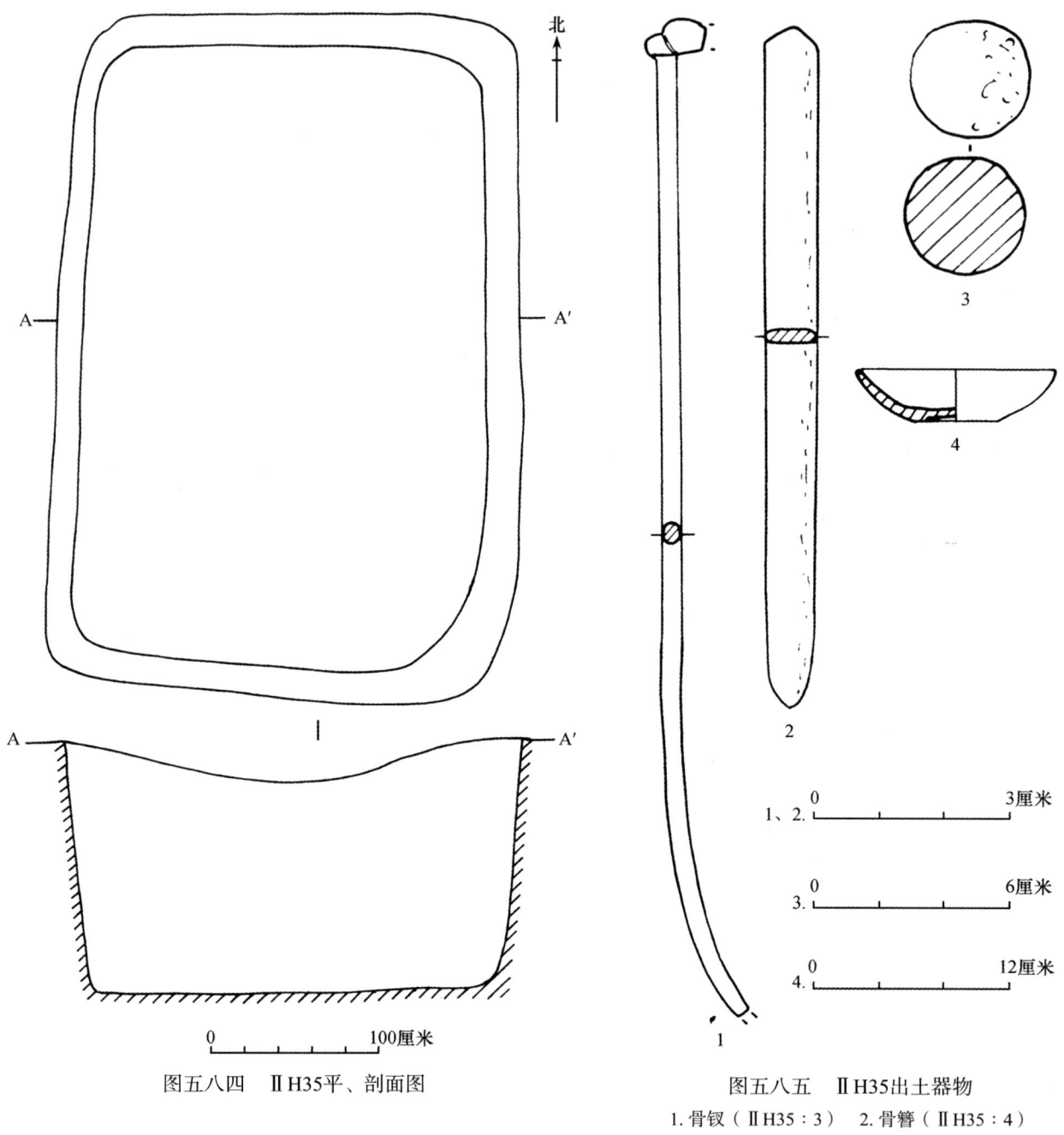

图五八四　ⅡH35平、剖面图

图五八五　ⅡH35出土器物
1. 骨钗（ⅡH35：3）　2. 骨簪（ⅡH35：4）
3. 石球（ⅡH35：2）　4. 瓷盏（ⅡH35：1）

陶罐　1件。标本ⅡH37：1，泥质灰陶。敛口，厚圆唇，鼓腹，近底部壁内凹较甚，平底。外壁上腹素面磨光，下腹素面抹光，内壁饰暗弦纹。口径32.5、底径17、高18.7厘米（图五八七）。

钱币　2枚。开元通宝，钱文八分书体，对读。标本ⅡH37：2、ⅡH37：3，"元"字第一笔较长。直径2.5、穿宽0.6厘米。

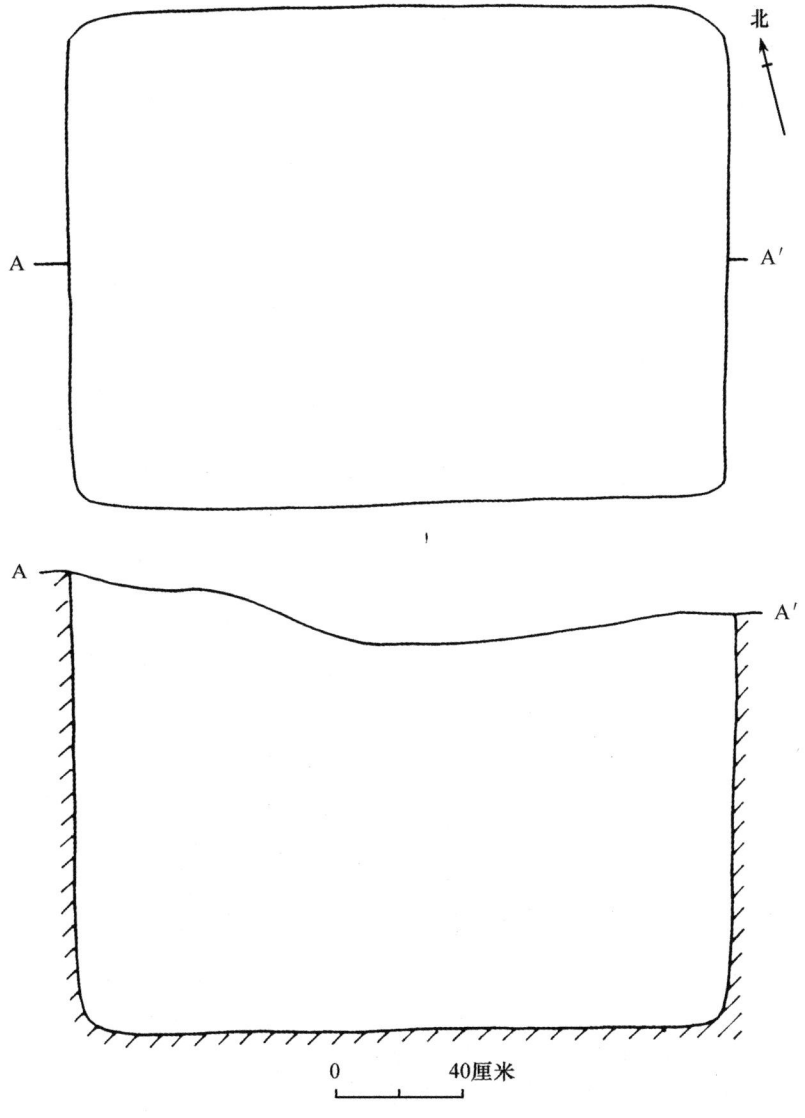

图五八六 ⅡH37平、剖面图

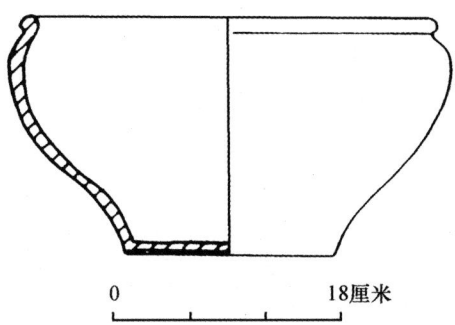

图五八七 ⅡH37出土陶罐（ⅡH37：1）

ⅡH43 位于ⅡT17的西南部,开口于第1层下,距地表深20厘米,打破第2层及生土层。平面呈圆形,直壁,平底,内置一陶瓮。直径115、深130厘米。坑内填灰花土,土质较松软,夹杂少量的木炭粒、草木灰、砖瓦碎块等,含有少量的陶瓷片和动物骨骼等(图五八八)。

出土遗物有陶瓮、钱币等。

陶瓮 1件。标本ⅡH43:2,泥质灰陶。侈口,厚圆唇,弧肩,鼓腹,平底。素面抹光,肩饰泥条附加堆纹两周。口径50、底径40、高116厘米(图五八九)。

钱币 1枚。开元通宝,钱文八分书体,对读。标本ⅡH43:1,"元"字第一笔较短。直径2.5、穿宽0.6厘米。

ⅡH64 位于ⅡT17的东北部,开口于第4层下,距地表135~150厘米,打破生土层。平面呈圆角长方形(只清理一部分),直壁,平底。长235、清理部分宽40~65、深160厘米。坑内

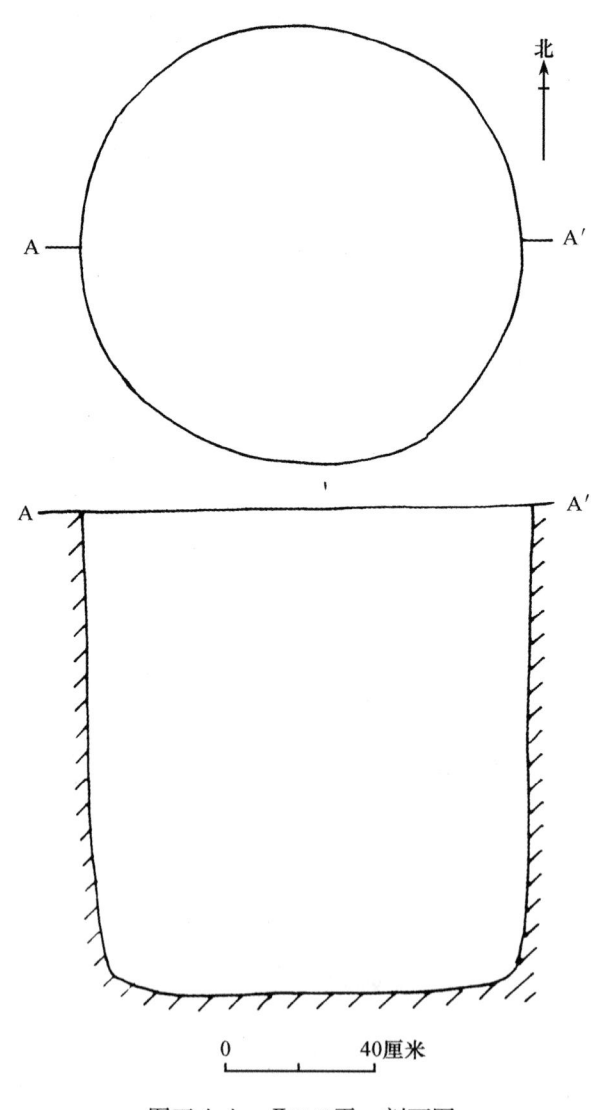

图五八八 ⅡH43平、剖面图

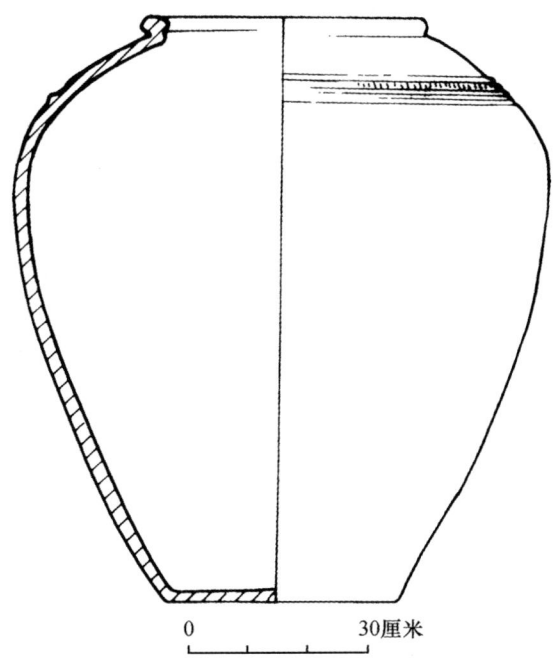

图五八九　ⅡH43出土陶瓮（ⅡH43：2）

填灰花土，土质较松软。夹杂大量的草木灰、红烧土块，出土少量的陶瓷片和动物骨骼等（图五九〇）。

陶玩　1件。标本ⅡH64：1，犬。泥质红陶，捏制而成。呈站立状，昂首张口，竖耳向后，短尾上卷，腹下有孔，饰黑色彩绘。长3.5、高3.4厘米（图五九一）。

2）水井

ⅡJ1　位于ⅡT3的中西部，开口于第4层下，距地表深125厘米，被ⅡH6打破，打破生土层。井口平面呈圆形，井口略大于井底，直壁留有加工痕迹，圜底置于砂层内。口径110、深650厘米。井口用石块垒砌一周，因坍塌，只存局部，在其周围有凹凸不平的踩踏面，呈层状结构，较硬，厚8～10厘米。井内堆积灰黑色花土，土质较松软，夹杂草木灰、木炭粒、红烧土块、砖瓦碎块和石块，含有少量的陶瓷片和动物骨骼等（图五九二；图版一八，1）。

出土遗物有陶器、瓷器等。

陶器　有罐、盆、盏等。

罐　1件。标本ⅡJ1：4，泥质灰陶。侈口，圆唇，弧腹，平底。素面抹光。口径10.3、底径6.5、高18.9厘米（图五九三，1）。

盆　1件。标本ⅡJ1：6，泥质灰褐陶。宽平沿略外斜，外缘起棱，敞口，圆唇，斜腹微弧，近底部略向内凹，平底。素面抹光。口径43.5、底径18.5、高19厘米（图五九三，2）。

盏　1件。标本ⅡJ1：2，泥质灰陶。敞口，圆唇，腹微弧，平底，有旋削痕。素面抹光。口径11、底径5、高3.5厘米（图五九三，4）。

瓷器　有碗、盏等。

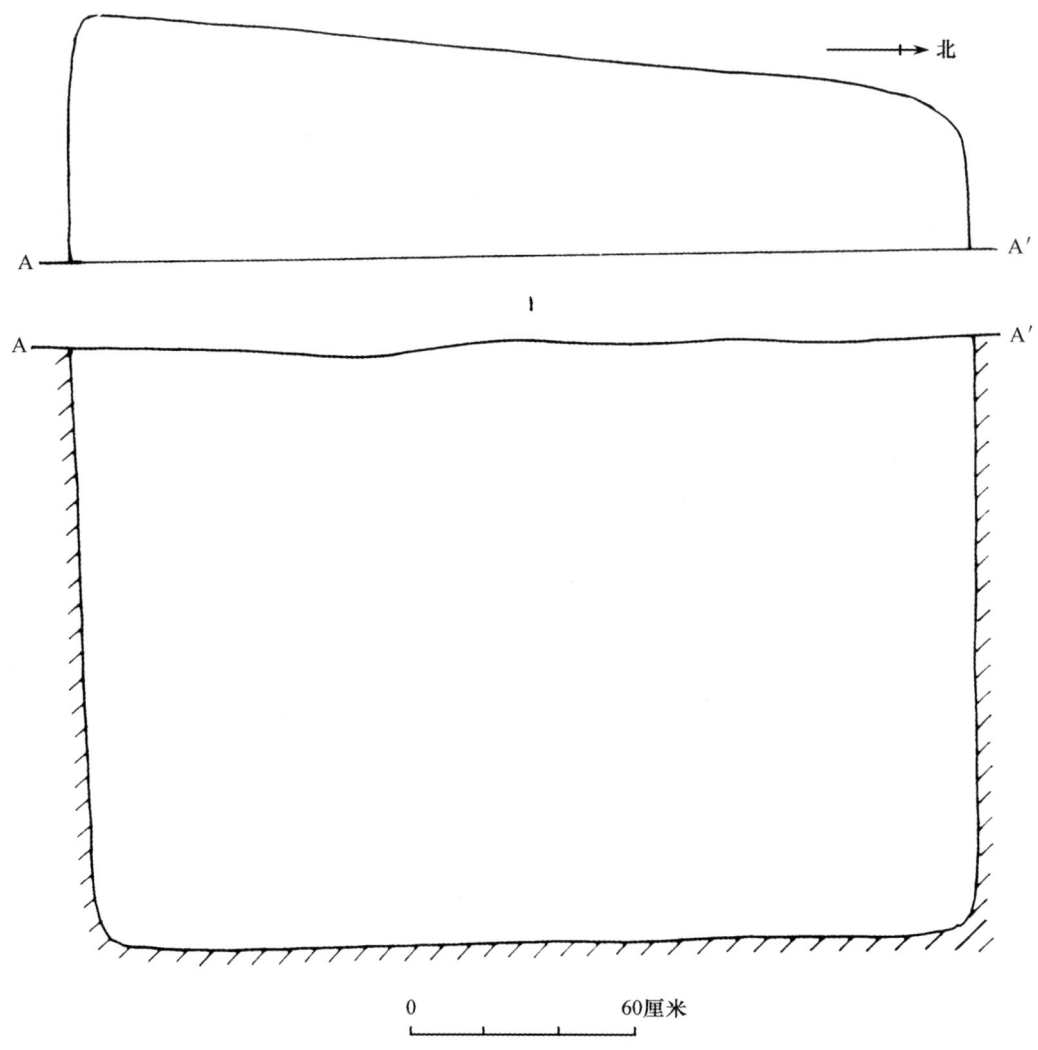

图五九〇　ⅡH64平、剖面图

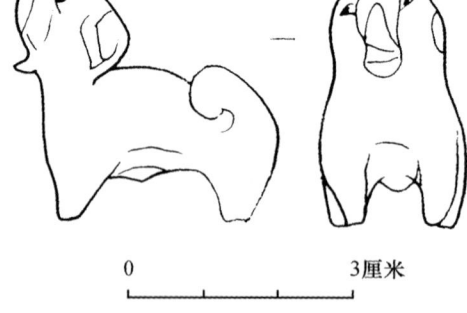

图五九一　ⅡH64出土陶玩（ⅡH64∶1）

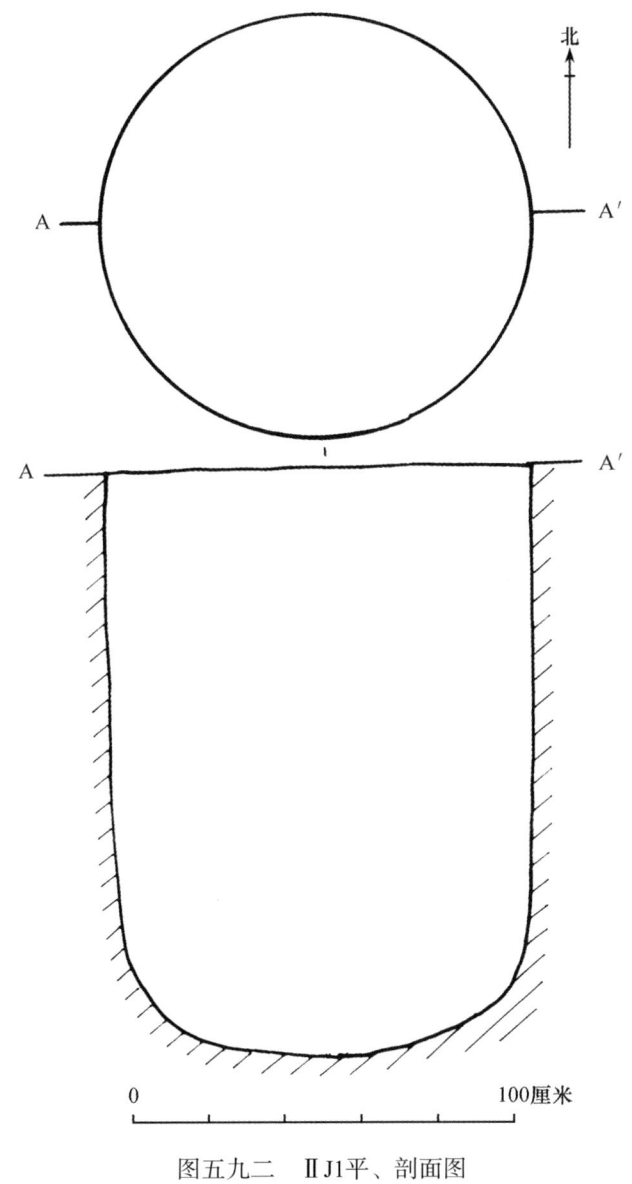

图五九二　ⅡJ1平、剖面图

碗　1件。标本ⅡJ1∶1，敞口，圆唇，浅腹，玉璧形足。白灰色胎略粗，内施白釉，釉色泛黄，外壁施黑釉，足心亦施釉，有气孔，内底有支钉疤痕。口径13.7、底径6.4、高3.5厘米（图五九三，5）。

盏　1件。标本ⅡJ1∶5，敞口，圆唇，浅弧腹，平底。青灰色胎较细，施酱釉，口部刮釉，外壁施半釉。口径11.7、底径5.7、高2.5厘米（图五九三，3）。

ⅡJ7　位于ⅡT17的西南部，开口于第1层下，距地表深20厘米，打破第2层及生土层。平面呈圆形，井口因坍塌大于井身。井口直径140、井身直径100、清理深610厘米。以下为水涮层，井壁逐渐扩大，已坍塌，未清理。井内堆积灰黑色花土，土质较松软，夹杂大量的草木灰、木炭粒和砖瓦碎块，含有少量的陶瓷片和动物骨骼等（图五九四；图版一八，2）。

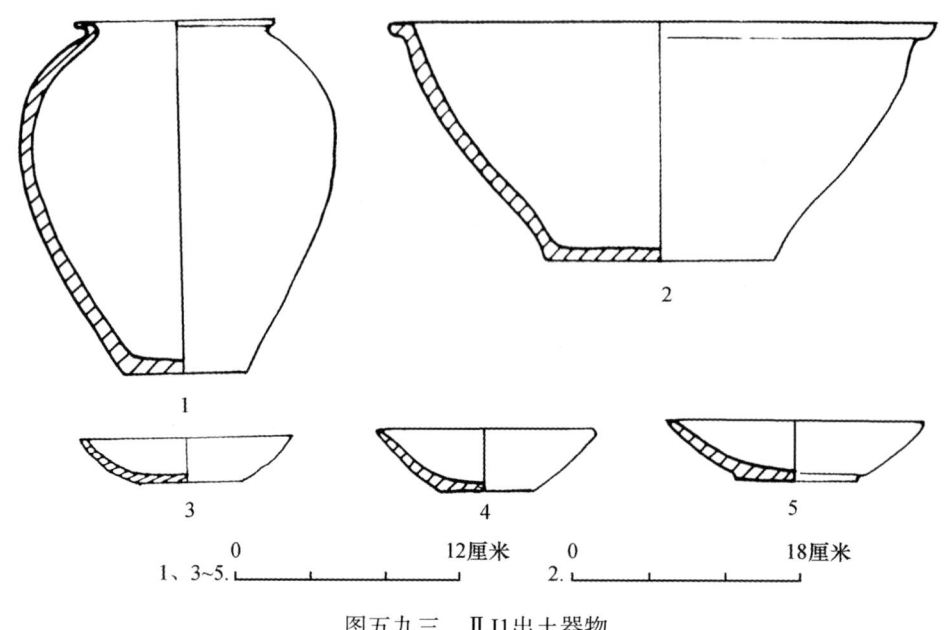

图五九三　ⅡJ1出土器物
1. 陶罐（ⅡJ1：4）　2. 陶盆（ⅡJ1：6）　3. 瓷盏（ⅡJ1：5）　4. 陶盏（ⅡJ1：2）　5. 瓷碗（ⅡJ1：1）

出土遗物有骨钗、钱币等。

骨钗　1件。标本ⅡJ7：1，磨制。钗股略细，器身扁平，上端圆钝与股略等，下端分两股，尖残。残长8、宽0.6厘米（图五九五）。

钱币　1枚。开元通宝，钱文八分书体，对读。标本ⅡJ7：2，"元"字第一笔较长。直径2.4、穿宽0.6厘米。

ⅡJ8　位于ⅡT4的西中部，开口于第4层下，距地表深150厘米，被ⅡH7打破，打破ⅡH37及生土层。井口平面呈长方形，长115、宽85厘米；从井口向下100厘米处，井壁逐渐扩大，平面近圆形，圜底置于砂层内。直径135～140、深800厘米；从井口向下720厘米处为水涮层，水位深80厘米。井内堆积灰黑色花土，土质较松软，夹杂草木灰、木炭粒，含有较多的陶瓷片等（图五九六）。

陶器　有壶、瓶、盆等。

壶　1件。标本ⅡJ8：1，口残，泥质灰陶。细颈，圆腹，小平底，有旋削痕。素面抹光。底径6、残高16厘米（图五九七，8）。

瓶　2件。标本ⅡJ8：3，口残，泥质灰陶。弧肩，瘦腹，平底，有旋削痕。素面抹光。底径5.5、残高19厘米（图五九七，7）。标本ⅡJ8：4，口残，泥质灰陶。溜肩，弧鼓腹，平底。素面抹光。底径6.4、残高13.6厘米（图五九七，4）。

盆　2件。标本ⅡJ8：5，泥质灰褐陶。宽平沿外斜，敞口，方唇，斜腹微弧，平底。素面抹光。口径44、底径17、高16.4厘米（图五九七，1）。标本ⅡJ8：6，泥质灰陶。卷沿，微敛口，厚圆唇，弧腹，平底。器表素面刮光，留有刮痕，内壁素面抹光。口径34.5、底径14、高13.3厘米（图五九七，2）。

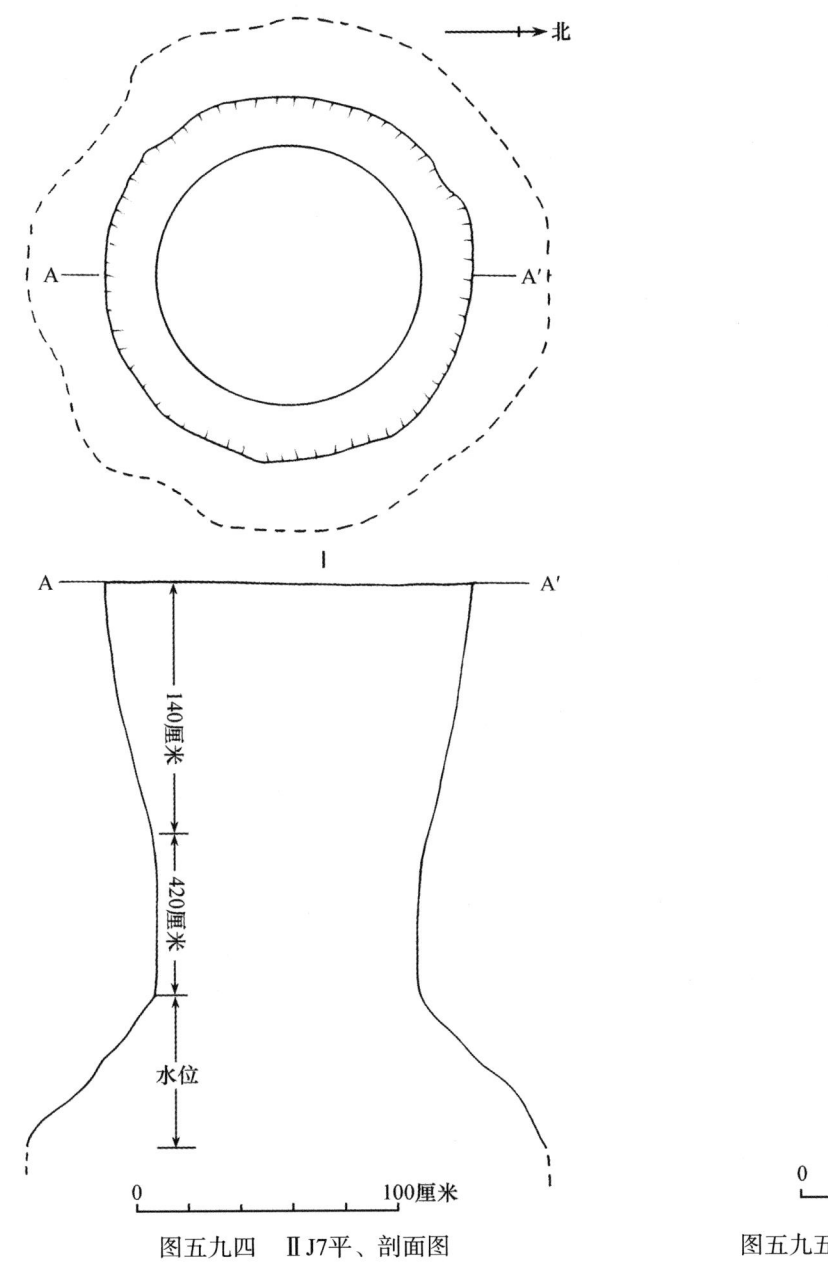

图五九四　ⅡJ7平、剖面图

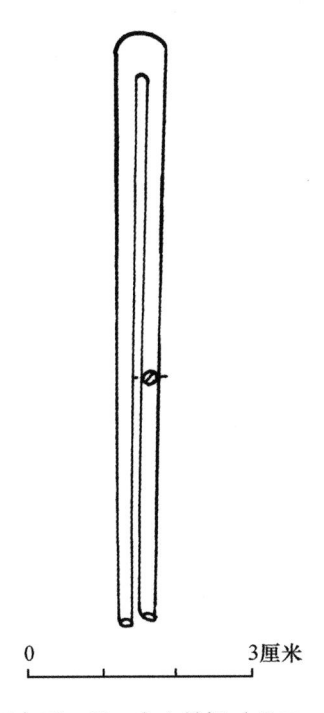

图五九五　ⅡJ7出土骨钗（ⅡJ7：1）

瓷器　有白瓷碗、白瓷罐、三彩罐等。

白瓷碗　1件。标本ⅡJ8：2，敞口，圆唇，斜腹，玉璧形足。白色胎较细，胎体厚重，施白釉，釉色光润，有冰裂纹，内底有支钉疤痕。口径14.6、底径7.4、高3.6厘米（图五九七，6）。

白瓷罐　1件。标本ⅡJ8：8，侈口，卷沿，鼓腹，高饼足。白灰色胎较细，内壁施满釉，外壁施釉不及底。口径3.4、底径2.8、高4.4厘米（图五九七，5）。

三彩罐　1件。标本ⅡJ8：9，侈口，圆唇，束颈，圆折肩，肩以下残。施黄、绿、白三

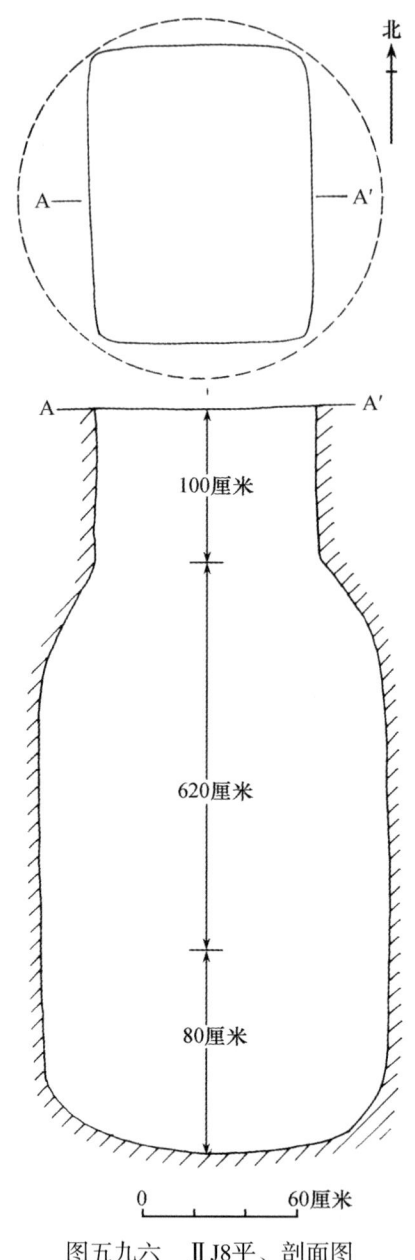

图五九六　ⅡJ8平、剖面图

彩。口径10、残高3.2厘米（图五九七，3）。

铁斧　1件。标本ⅡJ8：7，呈窄长方体，平顶略窄，直刃微弧，侧面有銎，直通另一侧。銎长2.8、宽1、体长10.4、宽5.4厘米（图五九七，9）。

钱币　1枚。开元通宝，钱文八分书体，对读。标本ⅡJ8：10，"元"字第一笔较短，"通"字"辶"的三点不连。直径2.5、穿宽0.6厘米。

ⅡJ9　位于ⅡT4的东北部，开口于第1层下，距地表深20厘米，打破ⅡH7、ⅡH37及生土层。井口平面呈圆形，井壁较直，圜底置于砂层内。口径100、深814厘米；从井口向下694厘

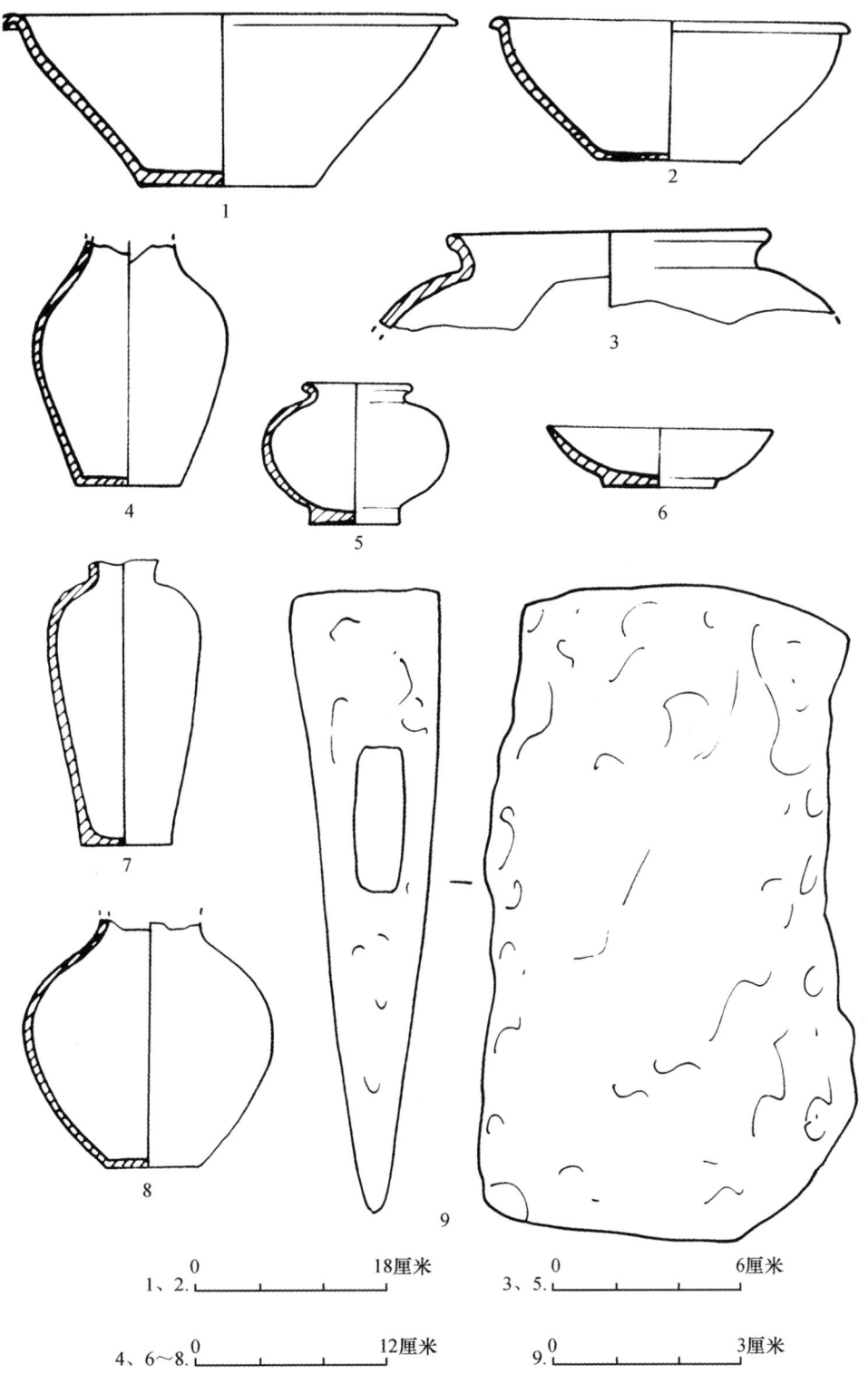

图五九七　ⅡJ8出土器物

1、2. 陶盆（ⅡJ8∶5、ⅡJ8∶6）　3. 三彩罐（ⅡJ8∶9）　4、7. 陶瓶（ⅡJ8∶4、ⅡJ8∶3）
5. 瓷罐（ⅡJ8∶8）　6. 瓷碗（ⅡJ8∶2）　8. 陶壶（ⅡJ8∶1）　9. 铁斧（ⅡJ8∶7）

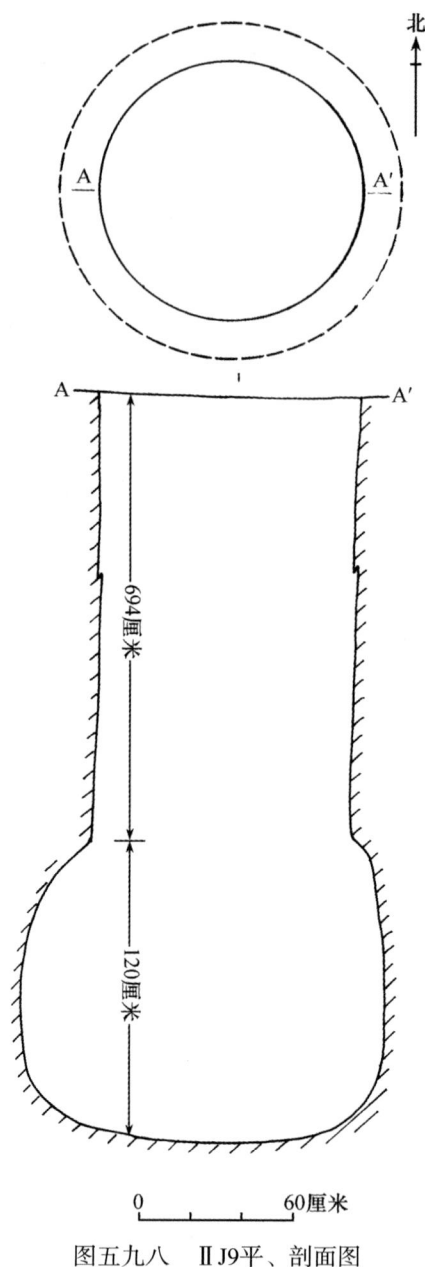

图五九八　ⅡJ9平、剖面图

米处为水涮层，井壁逐渐扩大，近圆形。底径130、水位深120厘米。井内堆积灰黑色花土，土质较松软，夹杂草木灰、木炭粒、红烧土块和砖瓦碎块，含有较多的陶瓷片和动物骨骼等（图五九八）。

出土遗物有陶器、瓷器、石器、骨器和钱币等。

陶器　有壶、盆等。

壶　1件。标本ⅡJ9：6，泥质灰褐陶。侈口，圆唇，细颈，弧鼓腹，平底，有旋削痕。上腹饰暗弦纹，下腹素面抹光。口径10、底径10.5、高24.2厘米（图五九九，8）。

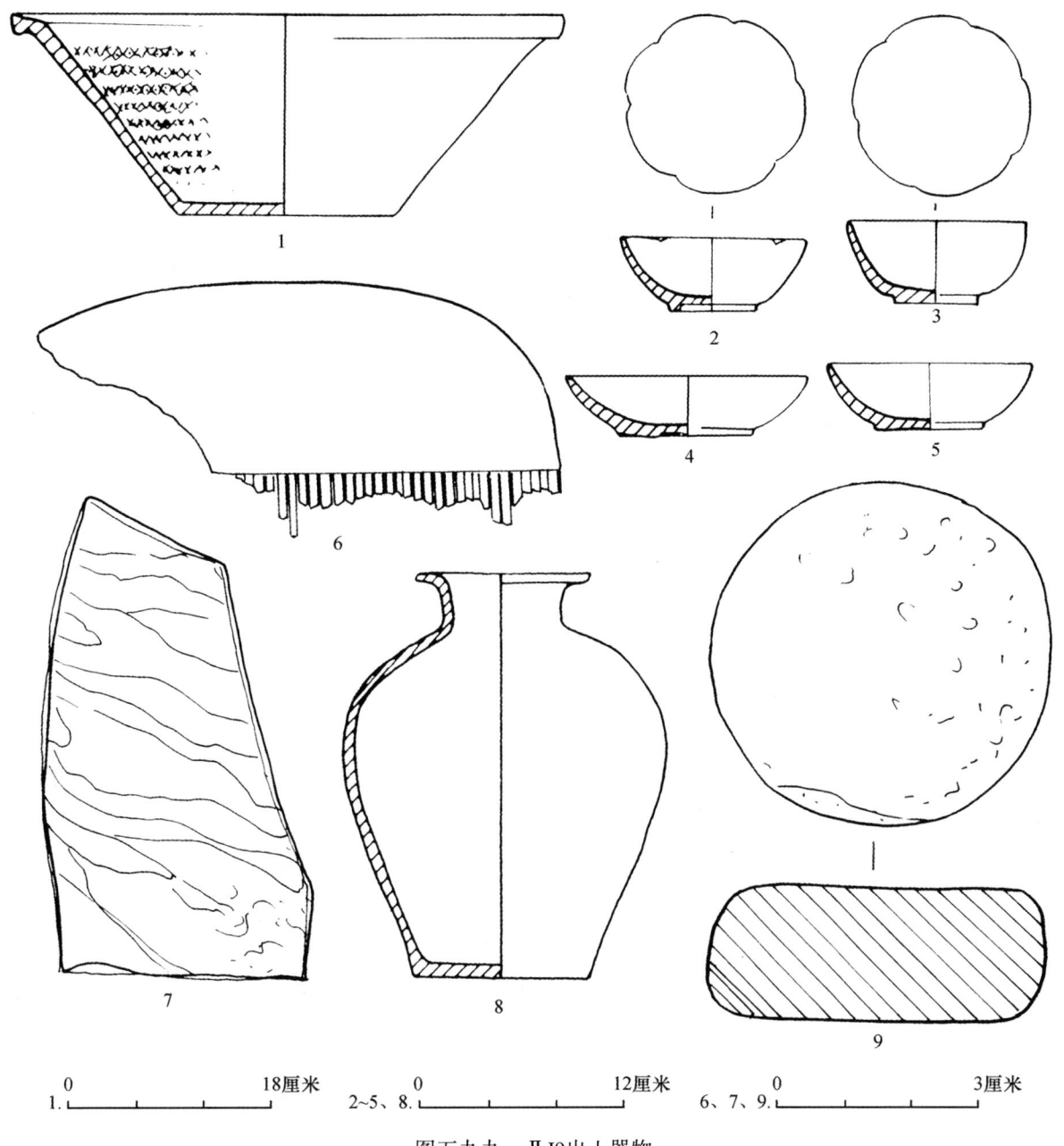

图五九九　ⅡJ9出土器物
1.陶盆（ⅡJ9：7）　2～5.瓷碗（ⅡJ9：3、ⅡJ9：4、ⅡJ9：5、ⅡJ9：1）
6.骨梳（ⅡJ9：9）　7.三彩碗（ⅡJ9：11）　8.陶壶（ⅡJ9：6）　9.石饼（ⅡJ9：8）

盆　1件。标本ⅡJ9：7，泥质灰褐陶。宽平沿，敞口，方唇，斜腹，平底，有旋削痕，外壁素面抹光，内壁饰重菱纹。口径46.5、底径18.5、高18厘米（图五九九，1）。

瓷器　有花口碗、白瓷碗、黑瓷碗、三彩碗等。

花口碗　2件。标本ⅡJ9：3，六出花口，深腹，窄环形圈足，挖掘过肩。白胎细洁，胎体较薄，施白釉，釉色泛青，足心亦施釉，足壁有窑粘。口径11、底径5.5、高4.7厘米（图五九九，2）。标本ⅡJ9∶4，形制胎釉同上。口径11、底径5.8、高5厘米（图五九九，3）。

白瓷碗　1件。标本ⅡJ9∶5，敞口，圆唇，斜腹较浅，玉璧形足。白灰色胎较细，胎体厚重，施白釉，外壁施釉不及底，腹饰凹弦纹二周，内底有支钉疤痕。口径14.5、底径8、高3.5厘米（图五九九，4）。

黑瓷碗　1件。标本ⅡJ9∶1，敞口，圆唇，弧腹，饼足。黄白胎较粗，胎体较厚重，内施白釉，釉色泛黄，外壁施酱釉有气孔，内底有支钉疤痕。口径12.7、底径6.5、高4.2厘米（图五九九，5）。

三彩碗　1件。标本ⅡJ9∶11，残片，以白釉为底，绿釉和酱釉呈火焰纹，外施绿釉（图五九九，7）。

石器　仅有石饼。

石饼　1件。标本ⅡJ9∶8，砂岩磨制，平面呈圆形。直径5.1、厚2厘米（图五九九，9）。

骨器　仅有骨梳。

骨梳　1件。标本ⅡJ9∶9，弧背较窄，梳齿细密。残长7.6、宽3.8厘米（图五九九，6）。

钱币　有开元通宝、乾元重宝等。

开元通宝　5枚。钱文八分书体，对读。可分四型。

A型　2枚。"元"字第一笔较长。标本ⅡJ9∶16，直径2.5、穿宽0.7厘米（图六〇〇，3）。

B型　1枚。"元"字第一笔较短。标本ⅡJ9∶12，直径2.5、穿宽0.6厘米。

C型　1枚。背上月。标本ⅡJ9∶15，直径2.5、穿宽0.7厘米（图六〇〇，1）。

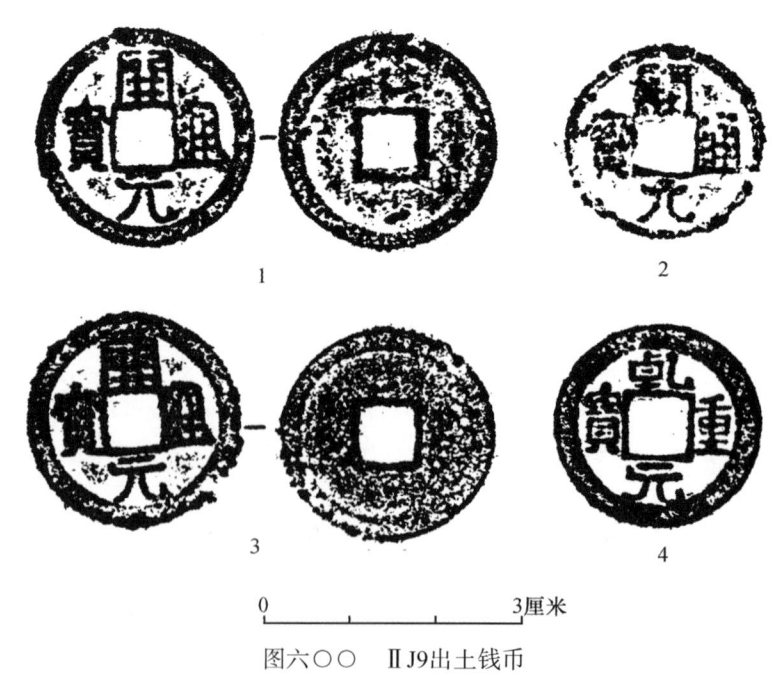

图六〇〇　ⅡJ9出土钱币
1. ⅡJ9∶15　2. ⅡJ9∶13　3. ⅡJ9∶16　4. ⅡJ9∶17

D型　1枚。钱体略小，"元"字第一笔较短。标本ⅡJ9：13，直径2.2、穿宽0.6厘米（图六〇〇，2）。

乾元重宝　1枚。钱文隶书，对读。标本ⅡJ9：17，小字。直径2.3、穿宽0.7厘米（图六〇〇，4）。

3）窖藏

ⅡJC1　位于ⅡT17的东北部，开口于第3层下，距地表深110厘米，打破第4层。平面呈近长方形，坑壁不甚规整，坑底高低不平。坑口长60、宽50、深25厘米（图六〇一）。

铜饰件　1件。标本ⅡJC1：1，近长条形。长12.4、宽2.3、厚1厘米（图六〇二）。

钱币共出土　635枚。出土时有部分穿内留有绳索穿在一起，外表残留布纹痕迹。有半两、五铢、开元通宝、乾元重宝等。分别为汉代、隋代和唐代钱币。以唐代钱币居多，汉代钱币次之，隋代钱币只发现1枚（表二九）。

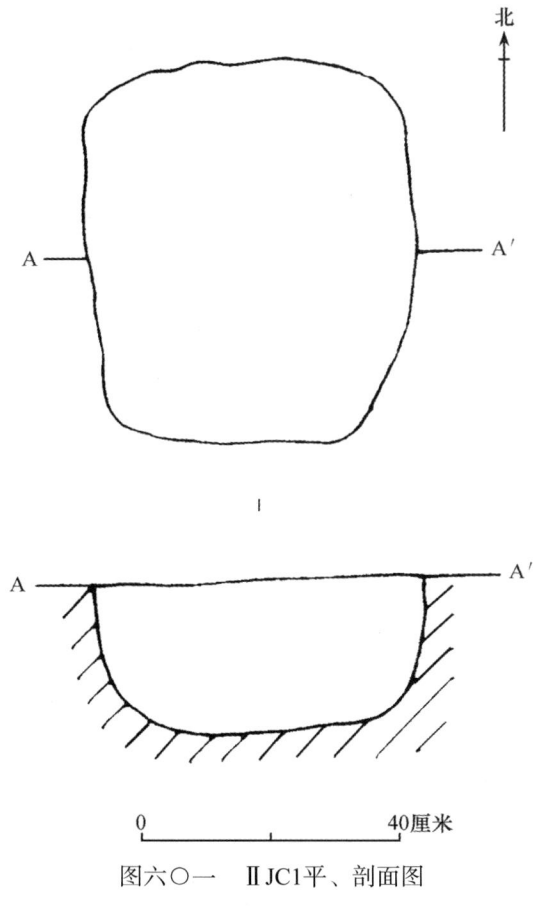

图六〇一　ⅡJC1平、剖面图

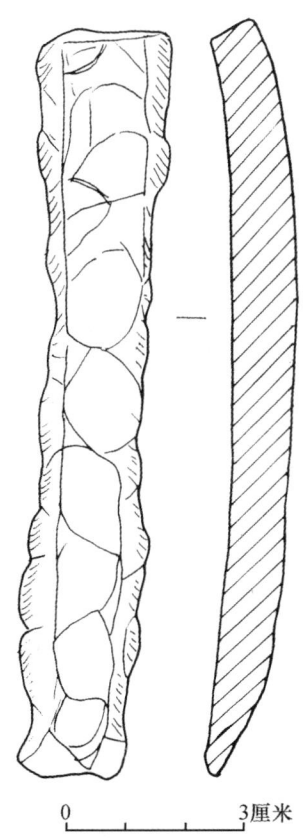

图六〇二　ⅡJC1出土铜饰件（ⅡJC1：1）

表二九　ⅡJC1出土钱币统计表

种类	编号	数量	特征		直径（厘米）	穿宽（厘米）	重量（克）	书体	读法	备注
			文字特征	记号						
半两	2	1	小字		2.3	0.7	3.3	篆	横	汉代
	3	1	大字		2.3	0.8	1.6	篆	横	
五铢	4	1	"五"字交笔处较直		2.5	1	3.1	篆	横	
	5	1	"五"字较大，交笔处弯曲		2.5	0.9	2.8	篆	横	
	6	1	"五"字上部一横较长，交笔处呈圆形		2.5	1	2.8	篆	横	
隋五铢	7	1	三面无内郭，右边内郭与"五"字相交呈"凶"字		2.3	0.8	2.6	篆	横	隋代
开元通宝	8~10	3	"元"字右挑		2.5	0.7	4.3~4.4	隶	对	唐代
	11~50	40	"元"字第一笔较短，离内郭较远，"通"字"辶"的三点不连		2.5	0.7	3.9~4.8	隶	对	
	51~59	9	"元"字第一笔较长，接内郭，"通"字"辶"的三点不连	背上月	2.4~2.5	0.7	3.2~4.3	隶	对	
	60~144	85	"元"字第一笔较短，接外郭，"通"字"辶"的三点不连		2.4~2.5	0.7	3.3~4.8	隶	对	
	145~155	11	"元"字第一笔较短，离外郭较远，"通"字"辶"的三点不连		2.3~2.5	0.6~0.7	3~4.4	隶	对	
	156~158	3	"元"字第一笔较短，字体较大，"通"字"辶"的三点不连		2.5	0.7	4.2~4.4	隶	对	
	159	1	笔体较粗，"元"字较扁，第一笔较短，"通"字"辶"的三点不连		2.4	0.6	4.4	隶	对	
	160~207	48		背上月	2.4~2.6	0.7	3.4~5.4	隶	对	
	208~210	3	"元"字第一笔较长	背下月	2.4~2.5	0.6~0.7	3~4.2	隶	对	
	211	1	"元"字第一笔较短	背下月	2.5	0.7	3.7	隶	对	
	212、213	2	花穿		2.2~2.4	0.6	2.6~4.2	隶	对	
	214	1	背星月		2.4	0.7	3.6	隶	对	
	215~217	3	背划痕		2.4~2.5	0.7	4~4.4	隶	对	

续表

种类	编号	数量	特征		直径（厘米）	穿宽（厘米）	重量（克）	书体	读法	备注
			文字特征	记号						
开元通宝	218~221	4	错背		2.4~2.5	0.6~0.7	3.8~4.8	隶	对	
	222	1	小钱	背上月	2.3	0.7	3	隶	对	
	223	1	小钱，字迹不清	背月	2.1	0.6	2.4	隶	对	
	224~230	7	小钱，"元"字第一笔较短		2.1~2.3	0.6~0.7	2.1~3.1	隶	对	
	231~235	5	小钱，"元"字第一笔细长		2.1~2.2	0.6	2.3~3	隶	对	
	236~603	368	字迹模糊					隶	对	
乾元重宝	604~611	8	大字		2.4	0.6	3.8~4	隶	对	
	612、613	2	大字，外郭较窄		2.3	0.7	2.8~3.2	隶	对	
	614~619	6	字体较小，郭略宽		2.4	0.7	4~4.2	隶	对	
	620	1	字体较大	背划痕	2.5	0.7	4.4	隶	对	
	621~624	4	字体较大	背下月	2.5	0.7	4.3~5.2	隶	对	
	625~629	5	大字，外郭较窄	背下月	2.4~2.5	0.6~0.7	4.4~4.5	隶	对	
	630~635	6	小钱，小字，"元"字第一横较短		2.2	0.65	3.2~3.3	隶	对	
	636	1	小钱，大字		2.1	0.65	3.2	隶	对	

汉代钱币　5枚。有半两、五铢等。

半两　2枚。钱文篆书，横读。可分二型。

A型　1枚。其形制为方孔圆形，钱面方穿的两侧有"半两"二字，篆书。标本ⅡJC1：2，小字。直径2.3、穿宽0.7厘米（图六〇三，2）。

B型　1枚。其形制为方孔圆形，钱面方穿的两侧有"半两"二字，篆书。标本ⅡJC1：3，大字。直径2.3、穿宽0.8厘米（图六〇三，1）。

五铢　3枚。钱文篆书，横读。可分三型。

A型　1枚。标本ⅡJC1：4，"五"字交笔处较直。直径2.5、穿宽1厘米（图六〇三，10）。

B型　1枚。标本ⅡJC1：5，"五"字较大，交笔处弯曲。直径2.5、穿宽0.9厘米（图六〇三，3）。

C型　1枚。标本ⅡJC1：6，"五"字上部一横较长，交笔处呈圆形。直径2.5、穿宽1厘米（图六〇三，4）。

隋代钱币　1枚。五铢，钱文篆书，横读。三面无内郭，右边内郭与"五"字相交呈"凶"字。标本ⅡJC1：7，直径2.3、穿宽0.8厘米（图六〇三，5）。

唐代钱币　629枚。有开元通宝、乾元重宝几类。以开元通宝居多，乾元重宝次之。

图六〇三 ⅡJC1出土钱币

1. ⅡJC1:3 2. ⅡJC1:2 3. ⅡJC1:5 4. ⅡJC1:6 5. ⅡJC1:7 6. ⅡJC1:620 7. ⅡJC1:11
8. ⅡJC1:8 9. ⅡJC1:159 10. ⅡJC1:4 11. ⅡJC1:614 12. ⅡJC1:145 13. ⅡJC1:156 14. ⅡJC1:621
15. ⅡJC1:612 16. ⅡJC1:630 17. ⅡJC1:604 18. ⅡJC1:60 19. ⅡJC1:625 20. ⅡJC1:208
21. ⅡJC1:221 22. ⅡJC1:51 23. ⅡJC1:214 24. ⅡJC1:215 25. ⅡJC1:160 26. ⅡJC1:222
27. ⅡJC1:218 28. ⅡJC1:636 29. ⅡJC1:223 30. ⅡJC1:224 31. ⅡJC1:212 32. ⅡJC1:231

开元通宝　596枚。钱文八分书体，对读。可分八型。

A型　3枚。"元"字右挑，ⅡJC1：8～ⅡJC1：10。标本ⅡJC1：8，直径2.5、穿宽0.7厘米（图六〇三，8）。

B型　52枚。"元"字第一笔较长。可分三亚型。

Ba型　40枚。"元"字第一笔较短，离内郭较远，"通"字"辶"的三点不连。ⅡJC1：11～ⅡJC1：50。标本ⅡJC1：11，直径2.5、穿宽0.7厘米（图六〇三，7）。

Bb型　9枚。"元"字第一笔较长，接内郭，"通"字"辶"的三点不连，背上月。ⅡJC1：51～ⅡJC1：59。标本ⅡJC1：51，直径2.4～2.5、穿宽0.7厘米（图六〇三，22）。

Bc型　3枚。"元"字第一笔较长，背下月。ⅡJC1：208～ⅡJC1：210。标本ⅡJC1：208，直径2.4～2.5、穿宽0.6～0.7厘米（图六〇三，20）。

C型　101枚。"元"字第一笔较短。可分五个亚型。

Ca型　85枚。"元"字第一笔较短，接外郭，"通"字"辶"的三点不连。ⅡJC1：60～ⅡJC1：144。标本ⅡJC1：60，直径2.4～2.5、穿宽0.7厘米（图六〇三，18）。

Cb型　11枚。"元"字第一笔较短，离外郭较远，"通"字"辶"的三点不连。ⅡJC1：145～ⅡJC1：155。标本ⅡJC1：145，直径2.3～2.5、穿宽0.6～0.7厘米（图六〇三，12）。

Cc型　3枚。"元"字第一笔较短，字体较大，"通"字"辶"的三点不连。ⅡJC1：156～ⅡJC1：158。标本ⅡJC1：156，直径2.5、穿宽0.7厘米（图六〇三，13）。

Cd型　1枚。笔体较粗，"元"字较扁，第一笔较短，"通"字"辶"的三点不连。标本ⅡJC1：159，直径2.4、穿宽0.6厘米（图六〇三，9）。

Ce型　1枚。"元"字第一笔较短，背下月。标本ⅡJC1：221，直径2.5、穿宽0.7厘米（图六〇三，21）。

D型　52枚。背上月、背星月、背划痕。可分三亚型。

Da型　48枚。背上月。ⅡJC1：160～ⅡJC1：207。标本ⅡJC1：160，直径2.4～2.6、穿宽0.7厘米（图六〇三，25）。

Db型　1枚，背星月。标本ⅡJC1：214，直径2.4、穿宽0.7厘米（图六〇三，23）。

Dc型　3枚。背划痕。ⅡJC1：215～ⅡJC1：217。标本ⅡJC1：215，直径2.4～2.5、穿宽0.7厘米（图六〇三，24）。

E型　2枚。花穿。ⅡJC1：212、ⅡJC1：213。标本ⅡJC1：212，直径2.2～2.4、穿宽0.6厘米（图六〇三，31）。

F型　4枚。错背。ⅡJC1：218～ⅡJC1：221。标本ⅡJC1：218，直径2.4～2.5、穿宽0.6～0.7厘米（图六〇三，27）。

G型　14枚。小钱。可分四个亚型。

Ga型　1枚。小钱，背上月。标本ⅡJC1：222，直径2.3、穿宽0.7厘米（图六〇三，26）。

Gb型　1枚。小钱，字迹不清，背下月。标本ⅡJC1：223，直径2.1、穿宽0.6厘米（图六〇三，29）。

Gc型　7枚。小钱，"元"字第一笔较短。ⅡJC1：224～ⅡJC1：230。标本ⅡJC1：224，直径2.1～2.3、穿宽0.6～0.7厘米（图六〇三，30）。

Gd型　5枚。小钱，"元"字第一笔细长。ⅡJC1：231～ⅡJC1：235。标本ⅡJC1：231，直径2.1～2.2、穿宽0.6厘米（图六〇三，32）。

H型　368枚，字迹不清。标本ⅡJC1：236～ⅡJC1：603。

乾元重宝　33枚。钱文隶书，对读。可分四型。

A型　15枚，大字。可分三亚型。

Aa型　8枚。大字。ⅡJC1：604～ⅡJC1：611。标本ⅡJC1：604，直径2.4、穿宽0.6厘米（图六〇三，17）。

Ab型　2枚。大字，外郭较窄。ⅡJC1：612、ⅡJC1：613。标本ⅡJC1：612，直径2.3、穿宽0.7厘米（图六〇三，15）。

Ac型　5枚。大字，外郭较窄，背下月。ⅡJC1：625～ⅡJC1：629。标本ⅡJC1：625，直径2.4～2.5、穿宽0.6～0.7厘米（图六〇三，19）。

B型　5枚。字体较大。可分二亚型。

Ba型　4枚。字体较大，ⅡJC1：621～ⅡJC1：624。标本ⅡJC1：621，直径2.5、穿宽0.7厘米（图六〇三，14）。

Bb型　1枚。字体较大，背划痕。标本ⅡJC1：620，直径2.5、穿宽0.7厘米（图六〇三，6）。

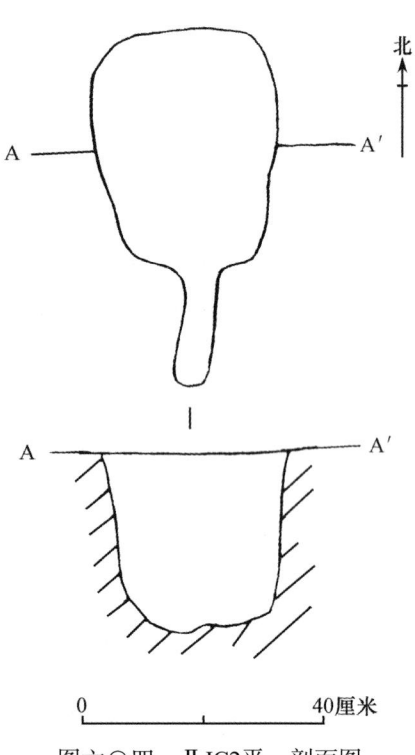

图六〇四　ⅡJC2平、剖面图

C型　6枚。字体较小，郭略宽。ⅡJC1：614～ⅡJC1：619。标本ⅡJC1：614，直径2.4、穿宽0.7厘米（图六〇三，11）。

D型　7枚。小钱，小字或大字。可分二亚型。

Da型　6枚。小钱，小字，"元"字第一横较短。ⅡJC1：630～ⅡJC1：635。标本ⅡJC1：630，直径2.2、穿宽0.65厘米（图六〇三，16）。

Db型　1枚。小钱，大字，背下月。标本ⅡJC1：636，直径2.1、穿宽0.65厘米（图六〇三，28）。

ⅡJC2　位于ⅡT17的东北部，开口于第3层下，距地表深105厘米，打破第4层。平面呈"凸"字形，坑壁不甚规整，坑底高低不平。坑口长60、宽30、深30厘米（图六〇四）。

钱币　共出土437枚。出土时有部分穿内留有绳索穿在一起。种类有五铢、开元通宝、乾元重宝、大历元宝和字迹不清等。分别为汉代和唐代钱币。以唐代钱币居多，汉代钱币只发现2枚（表三〇）。

表三〇　ⅡJC2出土钱币统计表

种类	编号	数量	特征		直径（厘米）	穿宽（厘米）	重量（克）	书体	读法	备注
			文字特征	记号						
五铢	1	1	"五"字交笔较直		2.5	1	3.9	篆	横	汉代
	2	1	"五"字交笔弯曲		2.5	0.9	3.6	篆	横	
开元通宝	3	1	"元"字右挑		2.5	0.7	4.2	隶	对	唐代
	4~60	57	"元"字第一笔较长		2.5~2.6	0.7	4.2~4.7	隶	对	
	61~63	3	"元"字第一笔较长，与内郭相接		2.5	0.7	3.8~4.6	隶	对	
	64~102	39	"元"字第一笔较短，"通"字"辶"三点不相连		2.4~2.5	0.6~0.7	3.4~4.6	隶	对	
	103~106	4	"元"字第一笔较短，字离外郭较远		2.4~2.5	0.6~0.7	3.7~4.7	隶	对	
	107~139	33	"元"字第一笔较短，钱体略小		2.3~2.4	0.7	3~5	隶	对	
	140~155	16		背上月	2.5~2.6	0.6~0.7	4.5~4.8	隶	对	
	156	1		背划痕	2.5	0.7	4.8	隶	对	
	157~161	5		错穿	2.5	0.6~0.7	4~4.2	隶	对	
	162	1		错背	2.5	0.6	4.9	隶	对	
	163、164	2		花穿	2.4	0.7	3.8~4.2	隶	对	
	165~169	5		宽郭	2.5	0.7	3.2~4.2	隶	对	
	170~174	5	小钱，"元"字第一笔较短		2.3~2.4	0.6~0.7	2.6~3	隶	对	
	175	1	小钱，"元"字第一笔较长		2.2	0.7	2.7	隶	对	
乾元重宝	176	1	钱体较大		2.7	0.7	7.2	隶	对	
	177、178	2	大字，字体较扁		2.5	0.6	5~5.6	隶	对	
	179	1	宽郭，"乾元"扁平，"重"字瘦长		2.3	0.6	3.8	隶	对	
	180~185	6	字体略小		2.4~2.5	0.6	3.9~4.1	隶	对	
	186~189	4	钱体略小，大字		2.3~2.4	0.7	3.2~4.6	隶	对	
	190~192	3	钱体略小，小字		2.3	0.7	2.6~3.4	隶	对	
	193	1	榆荚钱		2	0.7	2	隶	对	
大历元宝	194	1			2.4	0.6	3.7	隶	旋	
字迹不清	195~437	243								

汉代钱币　2枚。五铢，钱文篆书，横读。可分二型。

A型　1枚。标本ⅡJC2∶1，"五"字交笔处较直。直径2.5、穿宽1厘米（图六〇五，1）。

B型　1枚。标本ⅡJC2∶2，"五"字交笔处弯曲。直径2.5、穿宽0.9厘米（图六〇五，2）。

唐代钱币　435枚。有开元通宝、乾元重宝、大历元宝和字迹不清几类。以开元通宝居多，乾元重宝次之，大历元宝仅发现1枚。

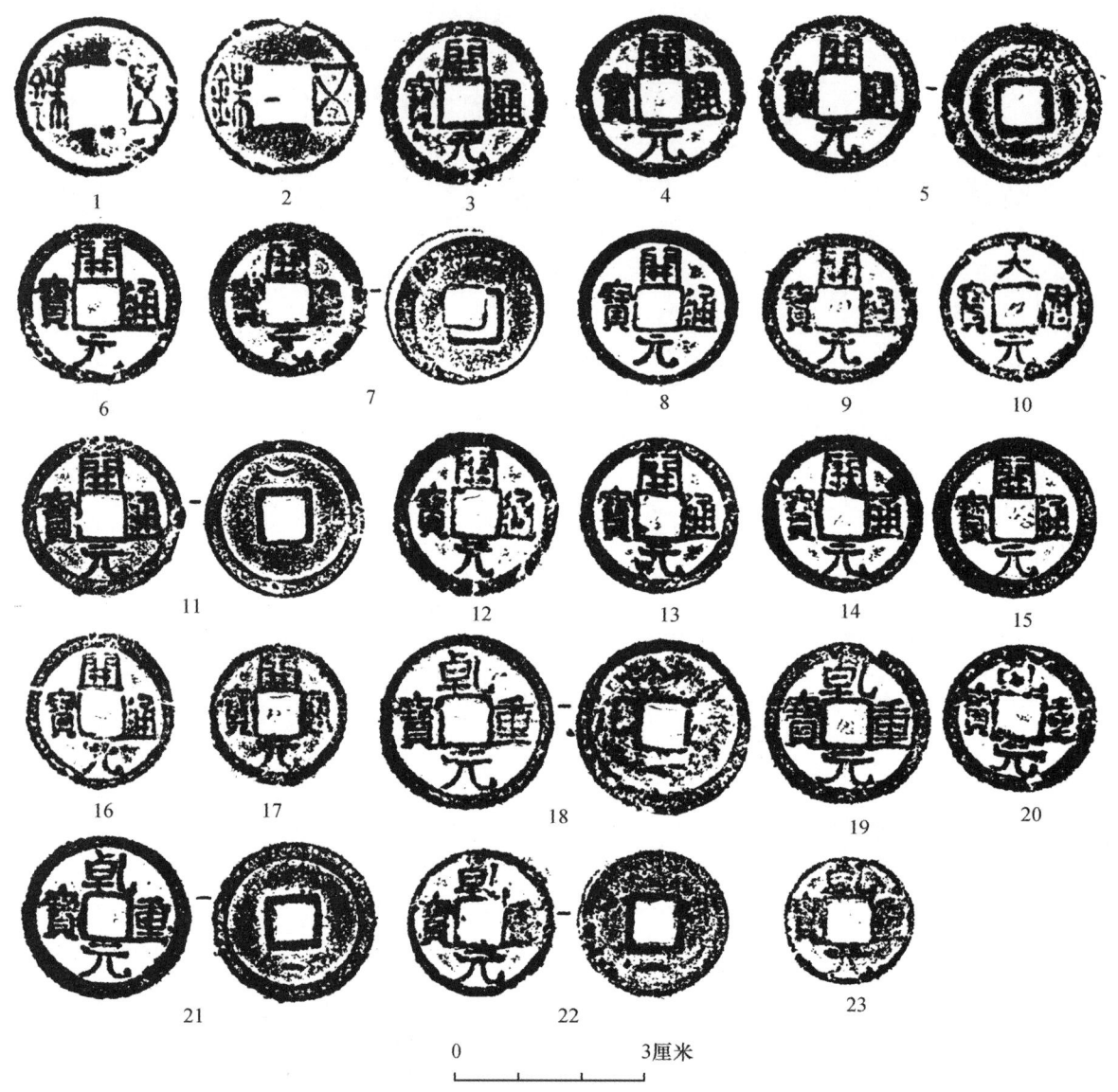

图六〇五　ⅡJC2出土钱币

1. ⅡJC2：1　2. ⅡJC2：2　3. ⅡJC2：3　4. ⅡJC2：4　5. ⅡJC2：61　6. ⅡJC2：64　7. ⅡJC2：162　8. ⅡJC2：103
9. ⅡJC2：107　10. ⅡJC2：194　11. ⅡJC2：140　12. ⅡJC2：156　13. ⅡJC2：163　14. ⅡJC2：164　15. ⅡJC2：165
16. ⅡJC2：170　17. ⅡJC2：175　18. ⅡJC2：176　19. ⅡJC2：177　20. ⅡJC2：179　21. ⅡJC2：180　22. ⅡJC2：186
23. ⅡJC2：193

开元通宝　173枚。钱文八分书体，对读。可分八型。

A型　1枚。"元"字右挑。标本ⅡJC2：3，直径2.5、穿宽0.7厘米（图六〇五，3）。

B型　60枚。"元"字第一笔较长。可分二亚型。

Ba型　57枚。"元"字第一笔较长。ⅡJC2：4～ⅡJC2：60。标本ⅡJC2：4，直径2.5~2.6、穿宽0.7厘米（图六〇五，4）。

Bb型　3枚。"元"字第一笔较长，与内郭相接，背上月。ⅡJC2：61～ⅡJC2：63。标本

ⅡJC2∶61，直径2.5、穿宽0.7厘米（图六○五，5）。

C型　76枚。"元"字第一笔较短。可分三亚型。

Ca型　39枚。"元"字第一笔较短，接外郭，"通"字"辶"三点不相连。ⅡJC2∶64～ⅡJC2∶102。标本ⅡJC2∶64，直径2.4～2.5、穿宽0.6～0.7厘米（图六○五，6）。

Cb型　4枚。"元"字第一笔较短，离外郭较远，"通"字"辶"三点不相连。ⅡJC2∶103～ⅡJC2∶106。标本ⅡJC2∶103，直径2.4～2.5、穿宽0.6～0.7厘米（图六○五，8）。

Cc型　33枚。"元"字第一笔较短，钱体略小。ⅡJC2∶107～ⅡJC2∶139。标本ⅡJC2∶107，直径2.3～2.4、穿宽0.7厘米（图六○五，9）。

D型　17枚。背上月、背划痕。可分二亚型。

Da型　16枚。背上月。ⅡJC2∶140～ⅡJC2∶155。标本ⅡJC2∶140，直径2.5～2.6、穿宽0.6～0.7厘米（图六○五，11）。

Db型　1枚。背划痕。标本ⅡJC2∶156，直径2.5、穿宽0.7厘米（图六○五，12）。

E型　2枚。花穿。标本ⅡJC2∶163、ⅡJC2∶164，直径2.4、穿宽0.7厘米（图六○五，13、14）。

F型　6枚。错背，错穿。标本ⅡJC2∶162，直径2.5、穿宽0.6厘米（图六○五，7）。标本ⅡJC2∶157～161，直径2.5、穿宽0.6～0.7厘米。

G型　6枚。小钱。可分二亚型。

Ga型　5枚。小钱，"元"字第一笔较短。ⅡJC2∶170～ⅡJC2∶174。标本ⅡJC2∶170，直径2.3～2.4、穿宽0.6～0.7厘米（图六○五，16）。

Gb型　1枚。小钱，"元"字第一笔细长，与内郭相接。标本ⅡJC2∶175，直径2.2、穿宽0.7厘米（图六○五，17）。

H型　5枚。宽郭。ⅡJC2∶165～ⅡJC2∶169。标本ⅡJC2∶165，直径2.5、穿宽0.7厘米（图六○五，15）。

乾元重宝　18枚。钱文隶书，对读。可分四型。

A型　2枚。大字，字体较扁。ⅡJC2∶177、ⅡJC2∶178。标本ⅡJC2∶177，直径2.5、穿宽0.6厘米（图六○五，19）。

B型　1枚。钱体较大。标本ⅡJC2∶176，直径2.7、穿宽0.7厘米（图六○五，18）。

C型　6枚。字体略小，背下月。ⅡJC2∶180～ⅡJC2∶185。标本ⅡJC2∶180，直径2.4～2.5、穿宽0.6厘米（图六○五，21）。

D型　7枚。钱体略小，小字或大字。可分二亚型。

Da型　3枚。钱体略小，小字。ⅡJC2∶190～ⅡJC2∶192。标本ⅡJC2∶190，直径2.3、穿宽0.7厘米。

Db型　4枚。钱体略小，大字，背下月。ⅡJC2∶186～ⅡJC2∶189。标本ⅡJC2∶186，直径2.3～2.4、穿宽0.7厘米（图六○五，22）。

E型　1枚。宽郭，"乾元"扁平，"重"字瘦长。标本ⅡJC2∶179，直径2.3、穿宽0.6厘

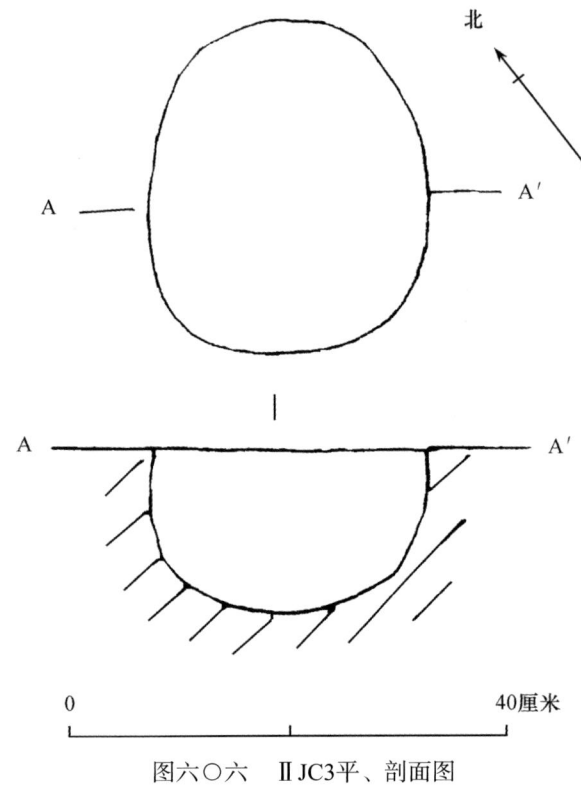

图六〇六 ⅡJC3平、剖面图

米（图六〇五，20）。

F型　1枚。榆荚钱。标本ⅡJC2：193，直径2、穿宽0.7厘米（图六〇五，23）。

大历元宝　1枚。钱文隶书，旋读。标本ⅡJC2：194，直径2.4、穿宽0.6厘米（图六〇五，10）。

字迹不清　243枚。标本ⅡJC2：195～ⅡJC2：437。

ⅡJC3　位于ⅡT17的西北部，开口于第3层下，距地表深105厘米，打破第4层。平面呈近椭圆形，斜壁不甚规整，圜底。坑口长径25、短径30、深15厘米（图六〇六）。

钱币　共出土175枚。出土时有部分穿内留有绳索穿在一起，外侧残留布纹之迹。种类有五铢、开元通宝、乾元重宝和字迹不清等。分别为汉代、隋代和唐代钱币。以唐代钱币居多，汉代钱币和隋代钱币只发现1枚（表三一）。

表三一　ⅡJC3出土钱币统计表

种类	编号	数量	特征		直径（厘米）	穿宽（厘米）	重量（克）	书体	读法	备注
			文字特征	记号						
五铢	1	1	"五"字交笔呈圆形		2.5	0.9	3	篆	横	汉代
	2	1	三面无内郭，右面内郭与"五"字相接呈"凶"字		2.3	0.9	2.2	篆	横	隋代
开元通宝	3	1	"元"字右挑		2.5	0.7	4.2	隶	对	唐代
	4～47	44	"元"字第一撇较长		2.4～2.5	0.6～0.7	3.6～4.7	隶	对	
	48～66	19	"元"字第一笔较短，"通"字"辶"三撇不相连		2.4～2.5	0.6～0.7	3.6～4.2	隶	对	
	67～69	3	"元"字第一横较短，字与外郭较远		2.4～2.5	0.6～0.7	3.4～4	隶	对	
	70～88	19		背上月	2.4～2.5	0.7	3.8～4.6	隶	对	
	89	1		右背月	2.5	0.7	4.6	隶	对	
	90	1		右下月	2.5	0.7	4.2	隶	对	
	91～93	3		错穿	2.5	0.6～0.7	4.2	隶	对	
	94～96	3	错背		2.5	0.7	3.8～4.2	隶	对	
	97、98	2	宽郭		2.5	0.7	4.8～5.6	隶	对	

续表

种类	编号	数量	特征		直径（厘米）	穿宽（厘米）	重量（克）	书体	读法	备注
			文字特征	记号						
开元通宝	99	1	瘦字		2.5	0.7	3.3	隶	对	
	100	1	小钱，大字		2.4	0.7	3	隶	对	
	101	1	小钱	错背	2.2	0.7	3	隶	对	
乾元重宝	102~108	7		大字	2.4~2.6	0.7	3.6~4.6	隶	对	
	109	1		小字	2.4	0.6	4.2	隶	对	
	110	1		小钱，大字	2.3	0.6	3.4	隶	对	
	111	1		小钱，小字	2.2	0.6	2.9	隶	对	
	112、113	2		错穿	2.1~2.4	0.6~0.7	2.4~3.6	隶	对	
字迹不清	114~175									

汉代钱币　1枚。五铢，钱文篆书，横读。标本ⅡJC3∶1，"五"字交笔处呈圆形。直径2.5、穿宽0.9厘米（图六〇七，1）。

隋代钱币　1枚。五铢，钱文篆书，横读。三面无内郭，右边内郭与"五"字相交呈"凶"字。标本ⅡJC3∶2，直径2.3、穿宽0.9厘米（图六〇七，2）。

唐代钱币　173枚。有开元通宝、乾元重宝和字迹不清几类。以开元通宝居多，乾元重宝次之。

开元通宝　99枚。钱文八分书体，对读。可分八型。

A型　1枚。"元"字右挑。标本ⅡJC3∶3，直径2.5、穿宽0.7厘米（图六〇七，3）。

B型　44枚。"元"字第一笔较长。ⅡJC3∶4~ⅡJC3∶47。标本ⅡJC3∶4，直径2.4~2.5、穿宽0.6~0.7厘米（图六〇七，4）。

C型　22枚。"元"字第一笔较短。可分二亚型。

Ca型　19枚，"元"字第一笔较短，"通"字"辶"三点不相连。ⅡJC3∶48~ⅡJC3∶66。标本ⅡJC3∶48，直径2.4~2.5、穿宽0.6~0.7厘米（图六〇七，5）。

Cb型　3枚。"元"字第一笔较短，字离外郭较远，"通"字"辶"三点不相连。ⅡJC3∶67~ⅡJC3∶69。标本ⅡJC3∶67，直径2.4~2.5、穿宽0.6~0.7厘米（图六〇七，6）。

D型　21枚。背月。可分三亚型。

Da型　19枚。背上月。ⅡJC3∶70~ⅡJC3∶88。标本ⅡJC3∶70，直径2.4~2.5、穿宽0.7厘米（图六〇七，7）。

Db型　1枚。右背月。标本ⅡJC3∶89，直径2.5、穿宽0.7厘米（图六〇七，8）。

Dc型　1枚。右下月。标本ⅡJC3∶90，直径2.5、穿宽0.7厘米（图六〇七，9）。

F型　6枚。错穿，错背。ⅡJC3∶91~ⅡJC3∶96。标本ⅡJC3∶91，直径2.5、穿宽0.6~0.7厘米（图六〇七，10）。

G型　2枚。小钱。可分二亚型。

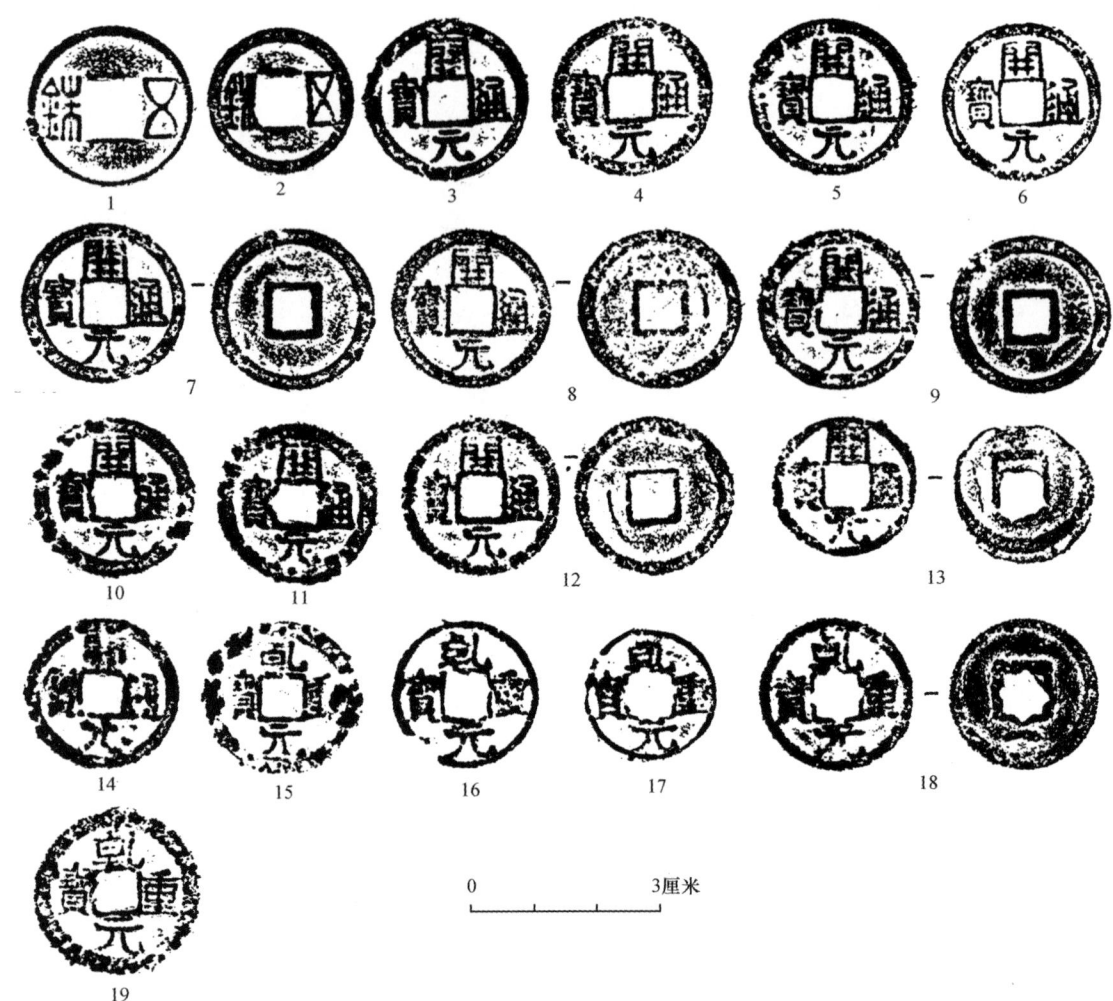

图六〇七　ⅡJC3出土钱币

1. ⅡJC3：1　2. ⅡJC3：2　3. ⅡJC3：3　4. ⅡJC3：4　5. ⅡJC3：48　6. ⅡJC3：67　7. ⅡJC3：70　8. ⅡJC3：89
9. ⅡJC3：90　10. ⅡJC3：91　11. ⅡJC3：97　12. ⅡJC3：99　13. ⅡJC3：101　14. ⅡJC3：100
15. ⅡJC3：109　16. ⅡJC3：110　17. ⅡJC3：113　18. ⅡJC3：112　19. ⅡJC3：102

Ga型　1枚。小钱，错背。标本ⅡJC3：101，直径2.2、穿宽0.7厘米（图六〇七，13）。

Gb型　1枚。小钱，大字。标本ⅡJC3：100，直径2.4、穿宽0.7厘米（图六〇七，14）。

I型　2枚。宽郭。标本ⅡJC3：97、ⅡJC3：98。ⅡJC3：97，直径2.5、穿宽0.7厘米（图六〇七，11）。

K型　1枚。瘦字。标本ⅡJC3：99，直径2.5、穿宽0.7厘米（图六〇七，12）。

乾元重宝　12枚。钱文隶书，对读。可分四型。

A型　7枚。大字。标本ⅡJC3：102～ⅡJC3：108。ⅡJC3：102，直径2.4～2.6、穿宽0.7厘米（图六〇七，19）。

C型　1枚。小字。标本ⅡJC3：109，直径2.4、穿宽0.6厘米（图六〇七，15）。

D型　2枚。小钱，小字或大字。可分二亚型。

Da型　1枚。小钱，小字。标本ⅡJC3∶111，直径2.2、穿宽0.6厘米。

Db型　1枚。小钱，大字。标本ⅡJC3∶110，直径2.3、穿宽0.6厘米（图六〇七，16）。

E型　2枚。错穿。标本ⅡJC3∶112、ⅡJC3∶113，直径2.1~2.4、穿宽0.6~0.7厘米（图六〇七，18、17）。

字迹不清　62枚。标本ⅡJC3∶114~ⅡJC3∶175。

2. Ⅱb区发掘

Ⅱb区（即第Ⅱ发掘区T9~T12）位于隋唐城址的西南部，第Ⅱ发掘区的东部，西距Ⅱa区约15米。发掘5米×5米的探方4个，发掘面积为100平方米（图六〇八）。共清理发掘灰坑（窖穴）20个。出土器物有陶器、瓷器、钱币等（表三二）。

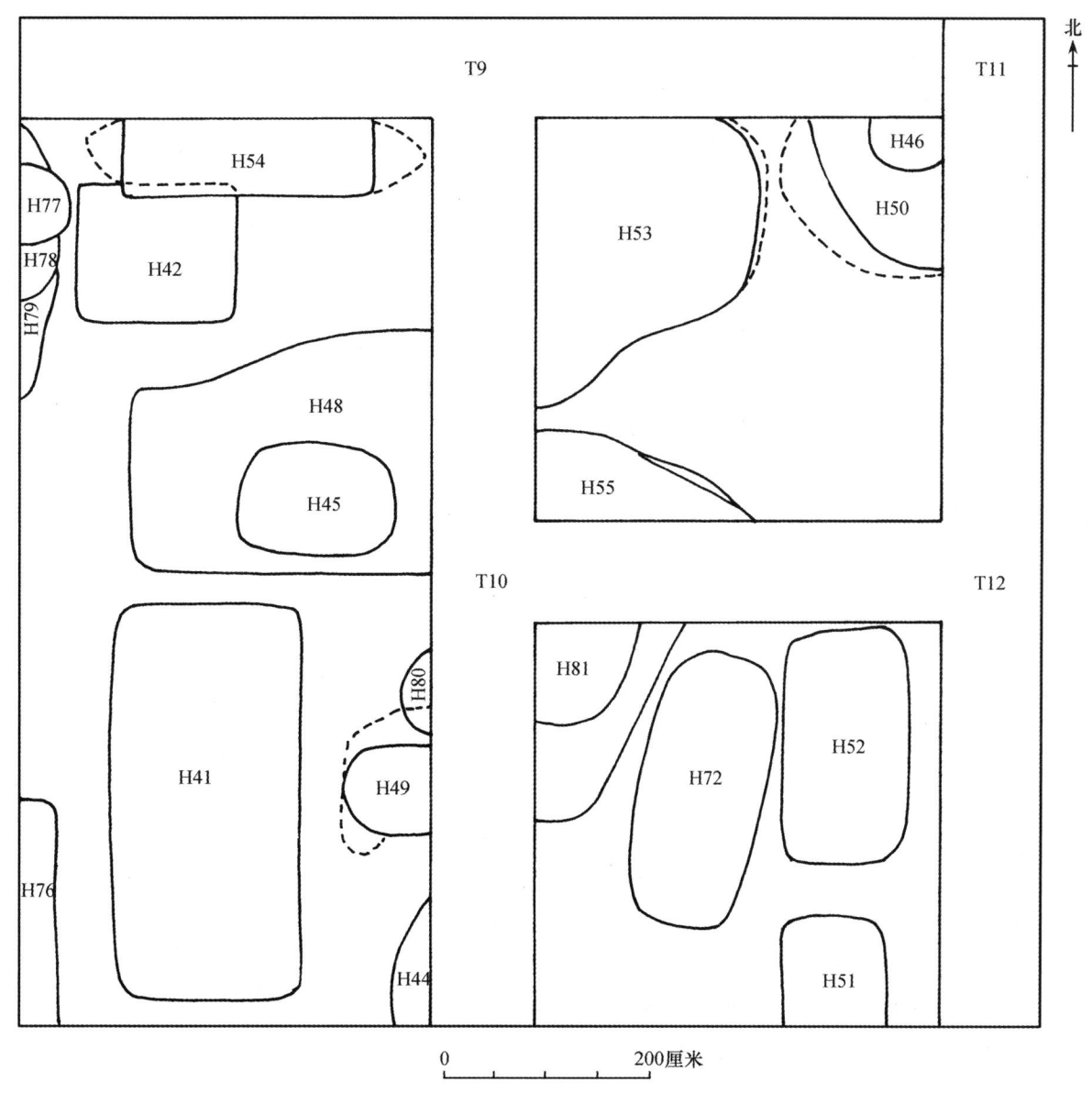

图六〇八　Ⅱb区总平面图

表三二　Ⅱb区地层、遗迹与遗物对照表

	面积 （平方米）	①层		②层		③层		④层	
		遗迹	遗物	遗迹	遗物	遗迹	遗物	遗迹	遗物
ⅡT9	5×5	H45、H77、H78、H79	瓷碗			H42、H48、H54	陶罐、陶盆、陶盂、陶玩、瓷碗、瓷钵、钱币		
ⅡT10	5×5	H44	钱币			H47、H80	陶瓷片	H49、H76	陶片
ⅡT11	5×5	H46	陶豆					H50、H53、H55	陶瓷片
ⅡT12	5×5							H51、H52、H72、H81	陶壶

（1）地层堆积与出土遗物

1）地层堆积

该发掘区的地层堆积根据土质、土色与其包含物的不同，可分为4层。现以ⅡT9、ⅡT10的东壁剖面为例介绍如下（图六〇九）。

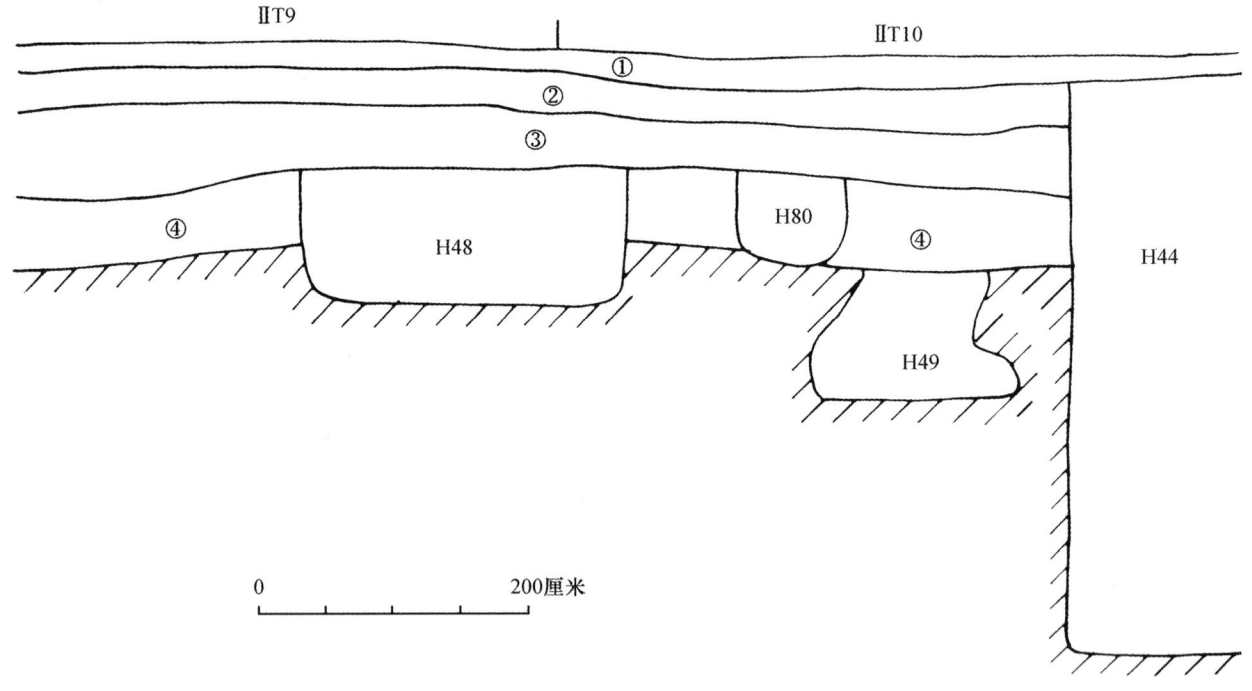

图六〇九　ⅡT9、ⅡT10东壁剖面图

第1层：黄灰色砂土，土质较疏松，内含有零散的破砖碎瓦块及陶片。厚15～20厘米。ⅡH44等遗迹开口于该层下。

第2层：呈灰褐色花土，土质较疏松，出土少量的陶瓷片。此层堆积分布于整个发掘区。深15～20、厚20～40厘米。出土器物有陶器、瓷器、铜器、石器和蚌器等。

第3层：呈灰色花土，土质疏松，夹杂有大量的草木灰、红烧土块及木炭粒，内含遗物较少，出土少量的陶瓷片。此层堆积分布于整个发掘区，深50、厚35~70厘米。出土器物有陶器、瓷器、骨器和钱币等。ⅡH48、ⅡH80等遗迹开口于该层下。

第4层：呈黄色花土，土质较硬且细腻，内含遗物较丰富，出土大量的陶瓷片。此层堆积分于整个发掘区内。深100~115、厚45~65厘米。出土器物有陶器、瓷器、铁器、石器、骨器和钱币等。ⅡH49等遗迹开口于该层下。

第4层下为生土层。

2）出土遗物

① 第2层内出土器物

有陶器、瓷器、铜器、石器、蚌器等。

陶器　有罐、瓮、盆、盂、盒、陶球等。

罐　1件。标本ⅡT11②：1，泥质灰黑陶。大口内敛，圆唇，弧肩，鼓腹，平底略内凹，有旋削痕。素面抹光。口径12、底径8.4、高9.6厘米（图六一〇，13）。

瓮　2件。标本ⅡT10②：9，泥质灰陶。侈口，厚圆唇，圆肩，弧鼓腹，平底。肩饰弦纹间夹莲弧纹，以下素面抹光。口径37、底径30.2、高77.8厘米（图六一一，1）。标本ⅡT9②：4，泥质灰陶。侈口，厚圆唇，圆肩，鼓腹，平底，有旋削痕。素面抹光。口径36.8、底径32、高70.6厘米（图六一一，2）。

盆　2件。标本ⅡT10②：7，泥质红褐陶。宽平沿略外斜，沿面有凹槽一周，敞口，圆唇，斜腹，平底，有旋削痕。素面抹光。口径30、底径10、高10.7厘米（图六一〇，3）。标本ⅡT10②：8，泥质灰陶。敞口，圆唇，宽沿，沿面微弧，斜腹微弧，平底，有旋削痕。外壁素面抹光，内壁磨光。口径45.7、底径21.5、高14.4厘米（图六一〇，1）。

盂　1件。标本ⅡT10②：3，卷沿，敛口，圆唇，曲腹，近底部略向内凹，平底，有旋削痕。上腹磨光，下腹素面抹光。口径21.5、底径13、高10.8厘米（图六一〇，5）。

盒　1件。标本ⅡT12②：1，泥质灰陶。敛口，窄沿，有凹槽一周，沿面饰锯齿纹一周，斜腹，平底。素面抹光。口径10.4、底径3.2、高3.2厘米（图六一〇，12）。

陶球　1件。标本ⅡT10②：11，泥质红陶。捏制，圆形。直径1.8厘米（图六一〇，11）。

瓷器　有邢窑钵、白瓷碗、白瓷研磨盘等。

邢窑钵　1件。标本ⅡT10②：2，敛口，圆唇，深弧腹，玉璧形足。白胎细洁，施白釉，釉色泛青，积釉处有鬃眼，下腹饰弦纹二周。口径10.2、底径5.5、高6.9厘米（图六一〇，6）。

白瓷碗　4件。标本ⅡT9②：3，敞口，圆唇，斜腹，饼足。白灰胎略粗，施白釉，外壁施半釉，内底有三个支钉疤痕。口径13.2、底径6.3、高4.2厘米（图六一〇，8）。标本ⅡT10②：4，敞口，圆唇，斜腹，饼足。白灰胎略粗，施白釉，外壁施半釉，内底有三个支钉疤痕。口径12.7、底径6.8、高4.2厘米（图六一〇，9）。标本ⅡT10②：1，敞口，圆唇，浅弧腹，饼足。青灰色胎略粗，施白釉，釉色泛黄，外壁施半釉，有冰裂纹和蜡泪痕，内底有支钉

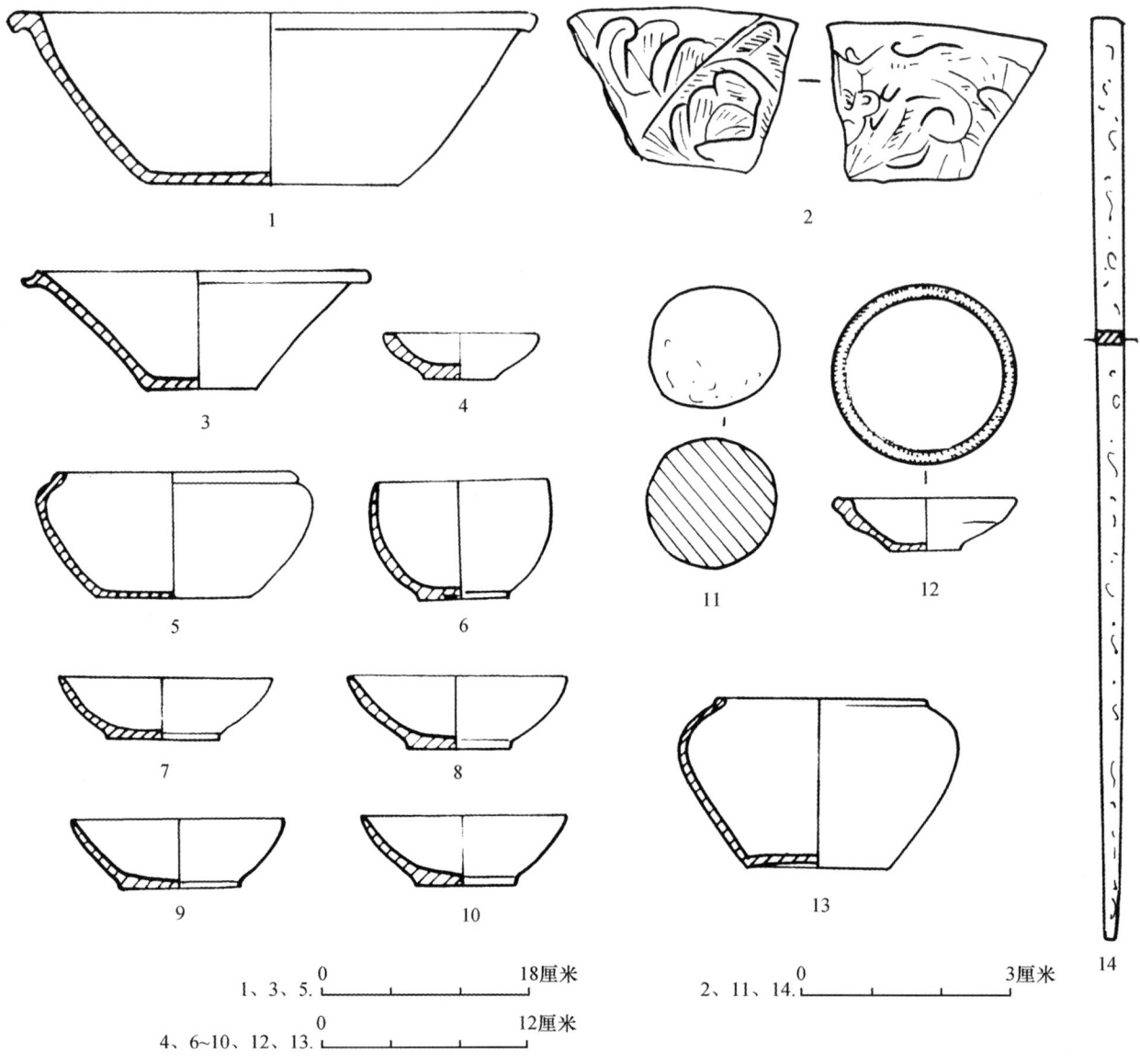

图六一〇　Ⅱb区②层出土器物
1、3.陶盆（ⅡT10②：8、ⅡT10②：7）　2.蚌饰（ⅡT10②：10）　4.瓷研磨盘（ⅡT9②：1）
5.陶盂（ⅡT10②：3）　6.瓷钵（ⅡT10②：2）　7~10.瓷碗（ⅡT10②：1、ⅡT9②：3、ⅡT9②：4、ⅡT9②：2）
11.陶球（ⅡT10②：11）　12.陶盒（ⅡT12②：1）　13.陶罐（ⅡT11②：1）　14.铜簪（ⅡT10②：12）

疤痕。口径12.7、底径6.9、高3.7厘米（图六一〇，7）。标本ⅡT9②：2，敞口，圆唇，斜弧腹，饼足。白灰色胎较细，施白釉，外壁施半釉，口部有点彩，内底有支钉疤痕。口径12、底径6.3、高4.1厘米（图六一〇，10）。

研磨盘　1件。标本ⅡT9②：1，敛口，圆唇，浅腹，平底。白胎较细，施白釉，器内施满釉，外壁施釉不及底。口径8.4、底径4、高2.8厘米（图六一〇，4）。

铜簪　1件。标本ⅡT10②：12，铜质，形体瘦长，呈柳叶形。长13.2、顶宽0.4、厚0.2厘米

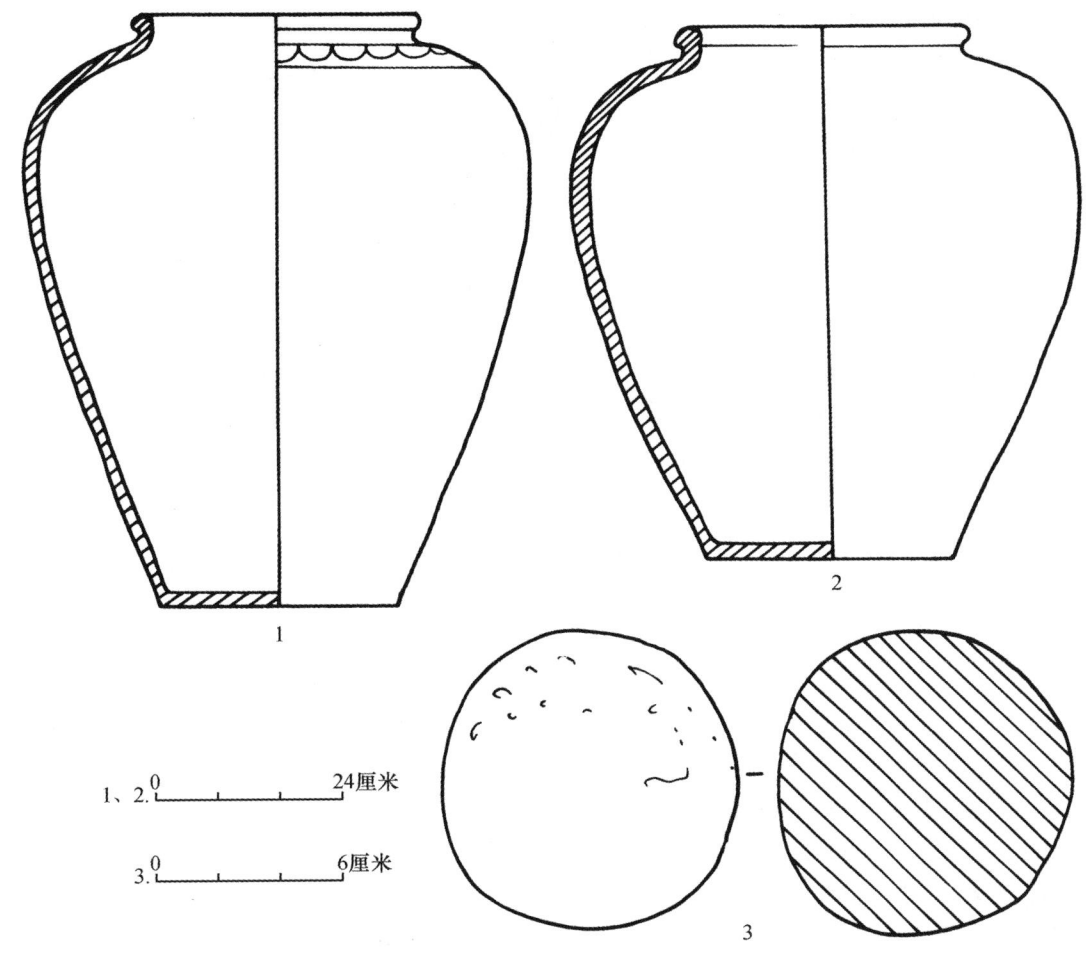

图六一一　Ⅱb区②层出土器物
1、2.陶瓮（ⅡT10②：9、ⅡT9②：4）　3.石球（ⅡT10②：5）

（图六一〇，14）。

石球　1件。标本ⅡT10②：5，磨制，圆形。直径10厘米（图六一一，3）。

蚌饰　1件。标本ⅡT10②：10，两侧雕刻花纹。残长3.1、宽2.4厘米（图六一〇，2）

② 第3层内出土器物

有陶器、瓷器、骨器、钱币等。

陶器　有盏。

盏　1件。标本ⅡT9③：1，泥质灰陶，敞口，方唇，斜腹，平底，有旋削痕。素面抹光。口径12、底径4、高3厘米（图六一二，3）。

瓷器　有白瓷罐、黑瓷钵、黑瓷碗等。

白瓷罐　1件。标本ⅡT10③：9，侈口，圆唇，矮领，弧肩，以下残。白灰色胎较细，施白釉，釉色泛青，口部刮釉有芒。口径8、残高5.2厘米（图六一二，4）。

黑瓷钵　1件。标本ⅡT10③：1，敛口，尖圆唇，鼓腹，平底。灰胎较细，施茶叶末釉，

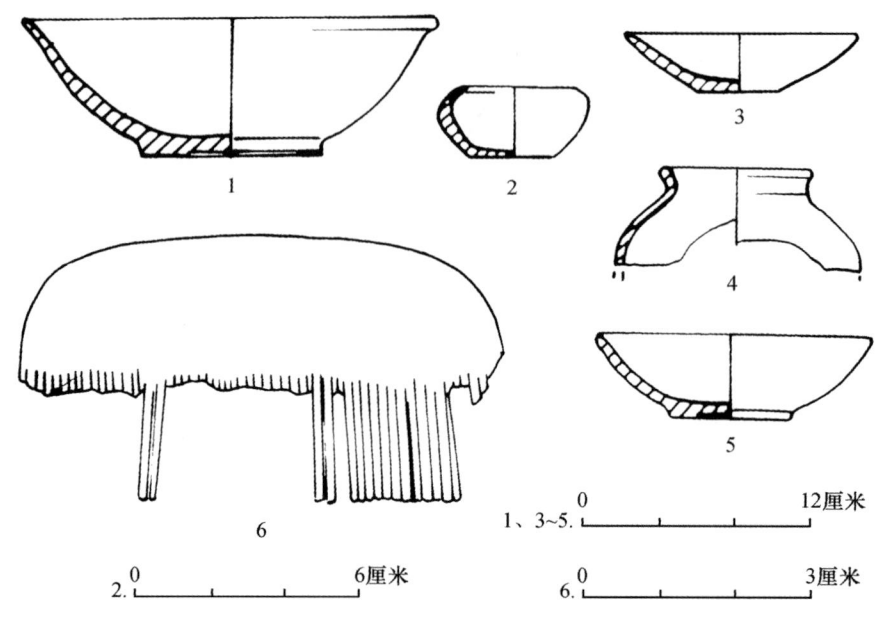

图六一二　Ⅱb区③层出土器物
1、5. 瓷碗（ⅡT12③：2、ⅡT12③：1）　2. 瓷钵（ⅡT10③：1）
3. 陶盏（ⅡT9③：1）　4. 瓷罐（ⅡT10③：9）　6. 骨梳（ⅡT10③：2）

外壁施釉不及底。口径2.2、底径2、高1.8厘米（图六一二，2）。

黑瓷碗　2件。标本ⅡT12③：2，敞口，圆唇，深弧腹，玉璧形足，足心有旋削痕。白胎较细，施酱釉，外壁施釉不及底，底有3个支钉疤痕。口径21.8、底径9.6、高7.2厘米（图六一二，1）。标本ⅡT12③：1，敞口，圆唇，斜腹，玉璧形足。白灰胎略粗，内施白釉，外壁施酱釉，足心亦施釉。口径14.4、底径6.4、高4.4厘米（图六一二，5）。

骨器　仅有骨梳。

骨梳　1件。标本ⅡT10③：2，残。弧背较窄，梳齿细密。残长6.3、宽3.5厘米（图六一二，6）。

钱币　有开元通宝、乾元重宝等（表三三）。

表三三　Ⅱb区③层出土钱币统计表

种类	编号	数量	特征	记号	直径（厘米）	穿宽（厘米）	重量（克）	书体	读法	备注
			文字特征							
开元通宝	ⅡT11③：2、ⅡT11③：3	2	"元"字第一笔较长		2.5	0.7	3.2~4	隶	对	
	ⅡT10③：6	1	"元"字第一笔较长		2.4	0.7	3	隶	对	
	ⅡT12③：3、ⅡT12③：4	2	"元"字第一笔略短		2.5	0.6~0.7	4~4.2	隶	对	
	ⅡT9③：3、ⅡT9③：4	2	"元"字第一笔较短		2.5	0.6~0.7	3.8~4.3	隶	对	

续表

种类	编号	数量	特征 / 文字特征	记号	直径（厘米）	穿宽（厘米）	重量（克）	书体	读法	备注
开元通宝	ⅡT10③：3	1	"元"字第一笔较短，"通"字"辶"三点不相连		2.4	0.6	5	隶	对	
	ⅡT12③：5	1	"元"字第一笔略短，与内郭相接		2.4	0.6	3.5	隶	对	
	ⅡT10③：4、ⅡT10③：5	2	小字，"元"字第一笔略短，字体离外郭较远		2.3	0.7	2.8~3.4	隶	对	
	ⅡT10③：7、ⅡT10③：8	2	字迹模糊					隶	对	
乾元重宝	ⅡT11③：4	1	大字		2.4	0.7	4.6	隶	对	
	ⅡT12③：6	1	大字		2.5	0.6	3.8	隶	对	

开元通宝　13枚。钱文八分书体，对读。可分四型。

A型　3枚。元字第一笔较长。标本ⅡT10③：6，直径2.4、穿宽0.7厘米。标本ⅡT11③：2、3，直径2.5、穿宽0.7厘米。

B型　6枚，标本ⅡT9③：3、ⅡT9③：4，"元"字第一笔较短。直径2.5、穿宽0.6~0.7厘米。标本ⅡT12③：3、ⅡT12③：4，"元"字第一笔较短。直径2.5、穿宽0.6~0.7厘米。标本ⅡT10③：3，"元"字第一笔较短，"通"字"辶"三点不相连。直径2.4、穿宽0.6厘米。标本ⅡT12③：5，"元"字第一笔较短，与内郭相接。直径2.4、穿宽0.6厘米。

C型　2枚。钱体略小，小字，"元"字第一笔略短，字体离外郭较远。标本ⅡT10③：4、ⅡT10③：5，直径2.3、穿宽0.7厘米。

D型　2枚，字迹不清。标本ⅡT10③：7、ⅡT10③：8。

乾元重宝　2枚。钱文隶书，对读。标本ⅡT11③：4，大字。直径2.4、穿宽0.7厘米。标本ⅡT12③：6，大字。直径2.5、穿宽0.6厘米。

③ 第4层内出土器物

有陶器、瓷器、铁器、石器、骨器、钱币等。

陶器　有盆、盏等。

盆　3件。标本ⅡT10④：15，泥质灰陶。宽平沿，敞口，方唇，唇面略内凹，斜腹微弧，平底。素面抹光。口径36.8、底径16、高15厘米（图六一三，1）。标本ⅡT9④：4，泥质灰陶。折沿，微敛口，方唇，浅弧腹，近底部略向内凹，平底。外壁饰弦纹，内壁饰暗弦纹。口径33、底径17、高11.3厘米（图六一三，10）。标本ⅡT10④：2，泥质灰陶。窄沿，敞口，圆唇，斜腹，平底。外壁素面抹光，内壁素面刮光。口径26.2、底径11、高9.5厘米（图六一三，2）。

盏　3件。标本ⅡT11④：3，泥质黑陶，敞口，圆唇，斜腹，平底，有旋削痕，素面抹光。口径12、底径6.4、高4厘米（图六一三，8）。标本ⅡT9④：2，泥质灰陶。敞口，圆唇，

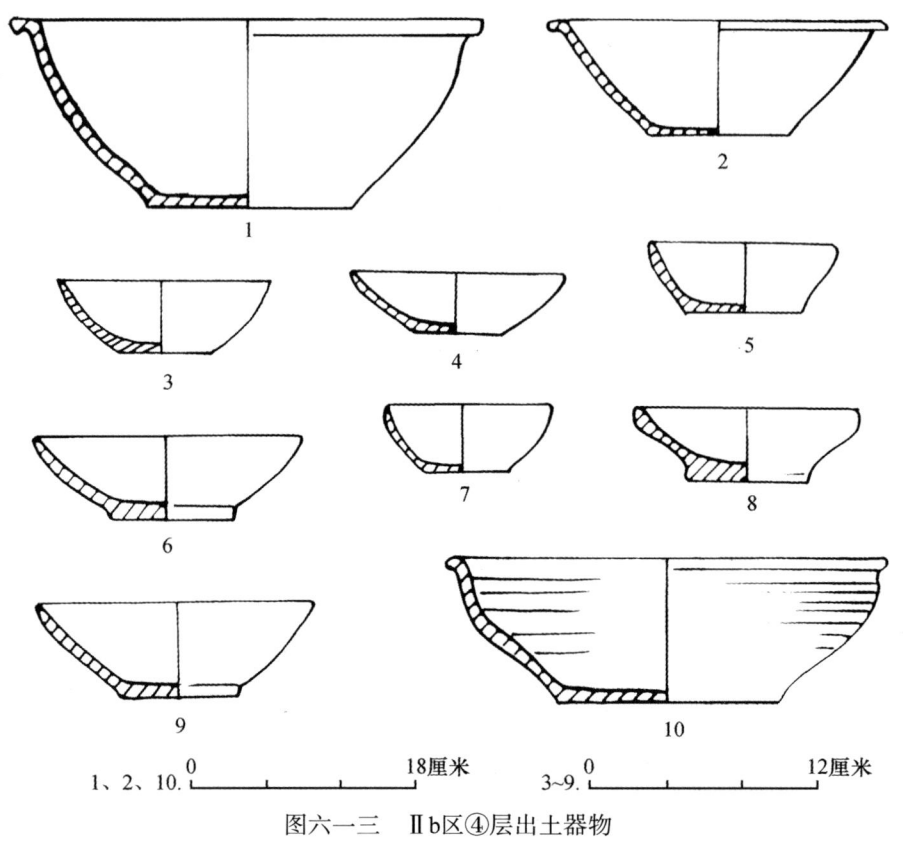

图六一三　Ⅱb区④层出土器物
1、2、10. 陶盆（ⅡT10④：15、ⅡT10④：2、ⅡT9④：4）　3、7. 黑瓷盏（ⅡT9④：1、ⅡT10④：1）
4、5、8. 陶盏（ⅡT9④：2、ⅡT11④：2、ⅡT11④：3）　6、9. 白瓷碗（ⅡT11④：4、ⅡT11④：1）

斜腹，平底，有旋削痕。外壁素面抹光，内壁饰暗弦纹，口部有烟炱。口径11.5、底径4.5、高3.5厘米（图六一三，4）。标本ⅡT11④：2，泥质灰陶。敞口，圆唇，斜弧腹，平底，有刮痕。素面抹光。口径10、底径6.4、高3.6厘米（图六一三，5）。

瓷器　有白瓷碗、黑瓷盏等。

白瓷碗　2件。标本ⅡT11④：1，敞口，圆唇，斜腹，玉璧形足。白灰色胎较细，胎体厚重，施白釉，釉色泛青，有冰裂纹，内底有3个支钉疤痕，内外壁和足面有窑粘。口径14.4、底径6.4、高5厘米（图六一三，9）。标本ⅡT11④：4，形制、胎、釉同上。口径14.4、底径6.8、高4.4厘米（图六一三，6）。

黑瓷盏　2件。标本ⅡT9④：1，敞口，圆唇，斜腹，平底。青灰色胎较细，施黑釉，口部刮釉，外壁施半釉。口径11.4、底径5、高4厘米（图六一三，3）。标本ⅡT10④：1，敛口，斜弧腹，平底。灰白色胎略粗，施黑釉，外壁施釉不及底，有蜡泪痕。口径8.5、底径4.5、高3.8厘米（图六一三，7）。

铁环　1件。标本ⅡT10④：5，锻造，圆形，横截面呈圆形。直径7、内径5厘米（图六一四，2）。

石器　有磨石、石杵、石器等。

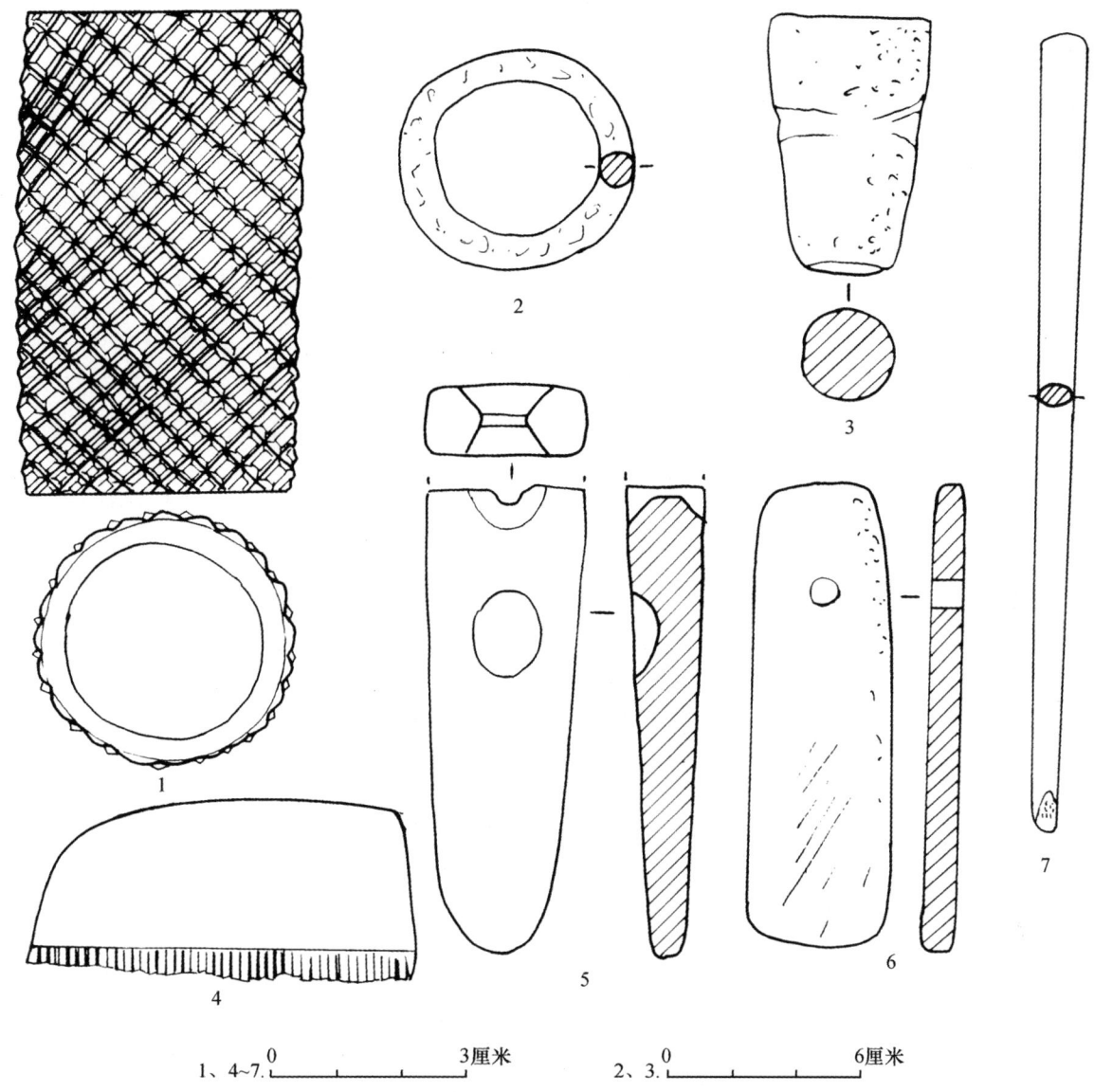

图六一四 Ⅱb区④层出土器物
1.筒形骨器（ⅡT11④：5） 2.铁环（ⅡT10④：5） 3.石杵（ⅡT9④：3） 4.骨梳（ⅡT9④：5）
5.石器（ⅡT10④：4） 6.磨石（ⅡT10④：3） 7.骨簪（ⅡT10④：10）

磨石　1件。标本ⅡT10④：3，磨制，长条形，顶端中部钻孔。孔径0.4、长7.2、宽2.2、厚0.5厘米（图六一四，6）。

石杵　1件。标本ⅡT9④：3，圆形柱状，杵头较细弧凸，器身中部有捆绑绳索的凹槽。直径5、高8厘米（图六一四，3）。

石器　1件。标本ⅡT10④：4，磨制，残半。呈长条形，中心钻孔，对钻，尖部弧凸。残长7.2、宽2.3、厚1.2厘米（图六一四，5）。

骨器　有骨簪、骨梳、筒形骨器等。

骨簪　1件。标本ⅡT10④：10，磨制精细，尖部稍残。器身扁平，上端较尖，下端稍宽有尖，截面呈弧顶长方形，到尖部递减成圆尖。残长12.4、厚0.3厘米（图六一四，7）。

骨梳　1件。标本ⅡT9④：5，弧背较窄，梳齿细密。残长5.9、残宽2.8厘米（图六一四，4）。

筒形骨器　1件。标本ⅡT11④：5，圆形筒状，略作上小下大，外表雕刻网格纹。直径4.2、高7.4厘米（图六一四，1）。

钱币　有榆荚半两、开元通宝、乾元重宝、字迹不清等（表三四）。

表三四　Ⅱb区④层出土钱币统计表

种类	编号	数量	特征		直径（厘米）	穿宽（厘米）	重量（克）	书体	读法	备注
			文字特征	记号						
榆荚半两	T9④：6	1	字迹不清		2	1	1			汉代
开元通宝	T9④：13、T9④：14	2	"元"字第一笔较长，与内郭相接		2.5	0.7	3.8~4.8	隶	对	唐代
	T10④：9、T10④：10	2	"元"字第一笔较长		2.5	0.6~0.7	3.9~4.2	隶	对	
	T9④：7~T9④：10	4	"元"字第一笔较短，"通"字"辶"三点不相连		2.4	0.7	3.8~4.2	隶	对	
	T10④：7	1	"元"字第一笔较短，"通"字"辶"三点不相连，字体较小		2.4	0.6	4.4	隶	对	
	T9④：11、T9④：12	2	"元"字第一笔较短，字体略小，离外郭略远		2.5	0.7	3.4~4.2	隶	对	
	T10④：8	1	"元"字第一笔较短，"通"字"辶"三点为，字体较大		2.4	0.7	3.8	隶	对	
	T9④：16	1	大字		2.4	0.7	4.6	隶	对	
	T9④：15	1	背下月		2.5	0.7	4.6	隶	对	
	T10④：11	1	小钱，字体模糊		2.1	0.7	2.2	隶	对	
乾元重宝	T10④：12	1	钱体略小，大字		2.3	0.7	2.8	隶	对	
字迹不清	T10④：13	1								

榆荚半两　1枚。标本ⅡT9④：6，字迹不清。直径2、穿宽1厘米。

开元通宝　15枚。钱文八分书体，对读。可分四型。

A型　4枚。标本ⅡT10④：9、ⅡT10④：10，"元"字第一笔较长。直径2.5、穿宽0.6~0.7厘米。标本ⅡT9④：13、ⅡT9④：14，"元"字第一笔较长，与内郭相接。直径2.5、穿宽0.7厘米。

B型　9枚。"元"字第一笔较短。可分三亚型。

Ba型　4枚，"元"字第一笔较短，通字"辶"三点不相连。标本ⅡT9④：7~ⅡT9④：10，直径2.4~2.5、穿宽0.7厘米。

Bb型　3枚。"元"字第一笔较短，字体略小，离外郭略远。标本ⅡT9④：11、ⅡT9④：12，直径2.5、穿宽0.7厘米。标本ⅡT10④：7，"元"字第一笔较短，字体较小，"通"字"辶"三点不相连。直径2.4、穿宽0.6厘米。

Bc型　2枚。标本ⅡT10④：8，"元"字第一笔较短，字体较大，"通"字"辶"三点不相连。直径2.4、穿宽0.7厘米。标本ⅡT9④：16，大字。直径2.4、穿宽0.7厘米。

C型　1枚。背下月。标本ⅡT9④：15，直径2.5、穿宽0.7厘米。

D型　1枚。小钱，字体模糊。标本ⅡT10④：11，直径2.1、穿宽0.7厘米。

乾元重宝　1枚。钱文隶书，对读。标本ⅡT10④：12，钱体略小，大字。直径2.3、穿宽0.7厘米。

字迹不清　1枚。标本ⅡT10④：13。

（2）遗迹

ⅡH42　位于ⅡT9的西北部，开口于第3层下，距地表深140厘米，被ⅡH54打破，打破第4层及生土层。平面呈长方形，直壁，平底。长150、宽140、深240厘米。坑内填灰黑色花土，土质疏松，夹杂砖瓦碎块和动物骨骼，含有大量的陶瓷片。出土器物有陶器、瓷器和钱币等（图六一五）。

出土遗物有陶器、瓷器、钱币等。

陶器　有罐、盆、盂、陶玩等。

罐　1件。标本ⅡH42：2，泥质灰陶。敛口，圆唇，曲腹，下腹弧收，腹饰凹弦纹一周。小平底略内凹，有旋削痕。素面抹光。口径5.2、底径3、高4.5厘米（图六一六，7）。

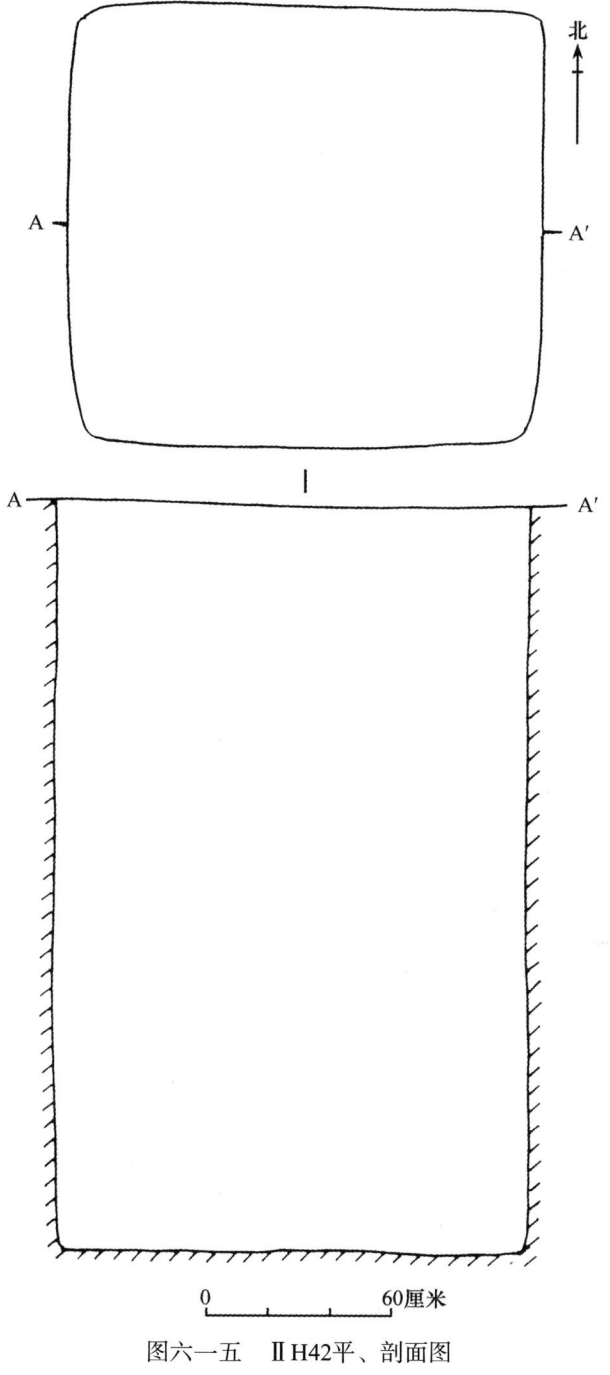

图六一五　ⅡH42平、剖面图

盆　2件。标本ⅡH42：9，泥质灰陶。宽平沿，敞口，方唇，唇面内凹，上腹微弧，近底部向内凹，平底。外壁素面抹光，内壁饰重菱纹。口径37.4、底径13.3、高13.7厘米（图六一六，1）。标本ⅡH42：10，泥质灰陶。宽平沿，沿面弧凸，敞口，方唇，深腹，平底，外壁素面抹光，内壁口部饰暗环绕纹，以下饰暗弦纹。口径47.5、底径22、高21厘米（图六一六，2）。

盂　2件。标本ⅡH42：1，泥质灰陶。卷沿，微敛口，圆唇，鼓腹。平底略内凹，有旋削痕。上腹饰暗弦纹，下腹素面抹光。口径23、底径14、高9.6厘米（图六一六，3）。标本ⅡH42：8，泥质灰陶。卷沿，微敛口，圆唇，鼓腹。平底略内凹，有旋削痕。上腹饰暗弦纹，下腹素面抹光。口径22、底径13.7、高10.4厘米（图六一六，4）。

陶玩　2件。标本ⅡH42：11，马。泥质红陶，捏制而成。呈站立状，前腿和头残，竖耳，短尾，尾尖上翘，腹下有孔。长4、高3.4厘米（图六一六，11）。标本ⅡH42：12，马上封猴。泥质红陶，捏制而成。呈站立状，前腿残，竖耳，背上骑猴残，腹下有一孔。长3.8、高4.2厘米（图六一六，12）。

瓷器　有白瓷罐、白瓷碗、白瓷盏、黑瓷钵等。

白瓷罐　1件。标本ⅡH42：6，敛口，尖圆唇，鼓腹，平底略内凹，青灰色胎较细，内壁施满釉，外壁施釉不及底，外壁和底部有窑粘。口径2、底径2.4、高3.4厘米（图六一六，10）。

白瓷碗　2件。标本ⅡH42：3，敞口微敛，圆唇，弧腹，饼足。白灰色胎较细，夹有小砂粒，内壁施满釉，外壁口沿外施釉，釉色白中泛灰，露胎处有旋削痕。口径18.2、底径9、高6.5厘米（图六一六，6）。标本ⅡH42：4，敞口，圆唇，斜弧腹，饼足。白灰色胎略细，施白釉，外壁露胎，内底有3个支钉疤痕。口径12、底径5.5、高3.5厘米（图六一六，5）。

白瓷盏　1件。标本ⅡH42：5，敞口，圆唇，弧腹，饼足。灰色胎较细，施白釉，外壁施釉不及底，有气孔。口径10.4、底径4.5、高3.2厘米（图六一六，8）。

黑瓷钵　1件。标本ⅡH42：7，敛口，尖圆唇，鼓腹，平底略内凹，有旋削痕。白灰胎较细，施黑釉，外壁施不及底。口径2.4、底径2、高1.6厘米（图六一六，9）。

钱币　有开元通宝和字迹不清等。

开元通宝　2枚。钱文八分书体，对读。标本ⅡH42：13，"元"字第一笔较短。直径2.4、穿宽0.6厘米。标本ⅡH42：14，"元"字第一笔较短，字离外郭较远。直径2.5、穿宽0.7厘米。

字迹不清　2枚。标本ⅡH42：15、ⅡH42：16。

ⅡH44　位于ⅡT10的东南部，开口于第1层下，距地表深20厘米，打破第2层及生土层。因只露一角形状不清，直壁，平底。清理部分长125、清理宽40、深435厘米。坑内填灰黑色花土，土质疏松，夹杂木炭块和动物骨骼，含有少量的陶片等（图六一七）。

钱币　1枚。字迹不清。标本ⅡH44：1。

ⅡH46　位于ⅡT11的东北部，开口于第1层下，距地表深25厘米，打破第2层及第4层。平面呈长方形（只清理一部分），直壁，平底。清理部分长75、清理部分宽40、深135厘米。坑内填灰花土，土质疏松，夹杂草木灰和木炭粒，含有少量的陶片和动物骨骼等（图六一八）。

陶豆　1件。标本ⅡH46：1，泥质灰陶。浅盘口，尖圆唇，折腹，高直柄，柄下部中空，喇叭形底座，通体素面抹光。口径11.5、底径7.1、高11.3厘米（图六一九）。

ⅡH48　位于ⅡT9的东南部，开口于第3层下，距地表深120厘米，被ⅡH45打破，打破第4

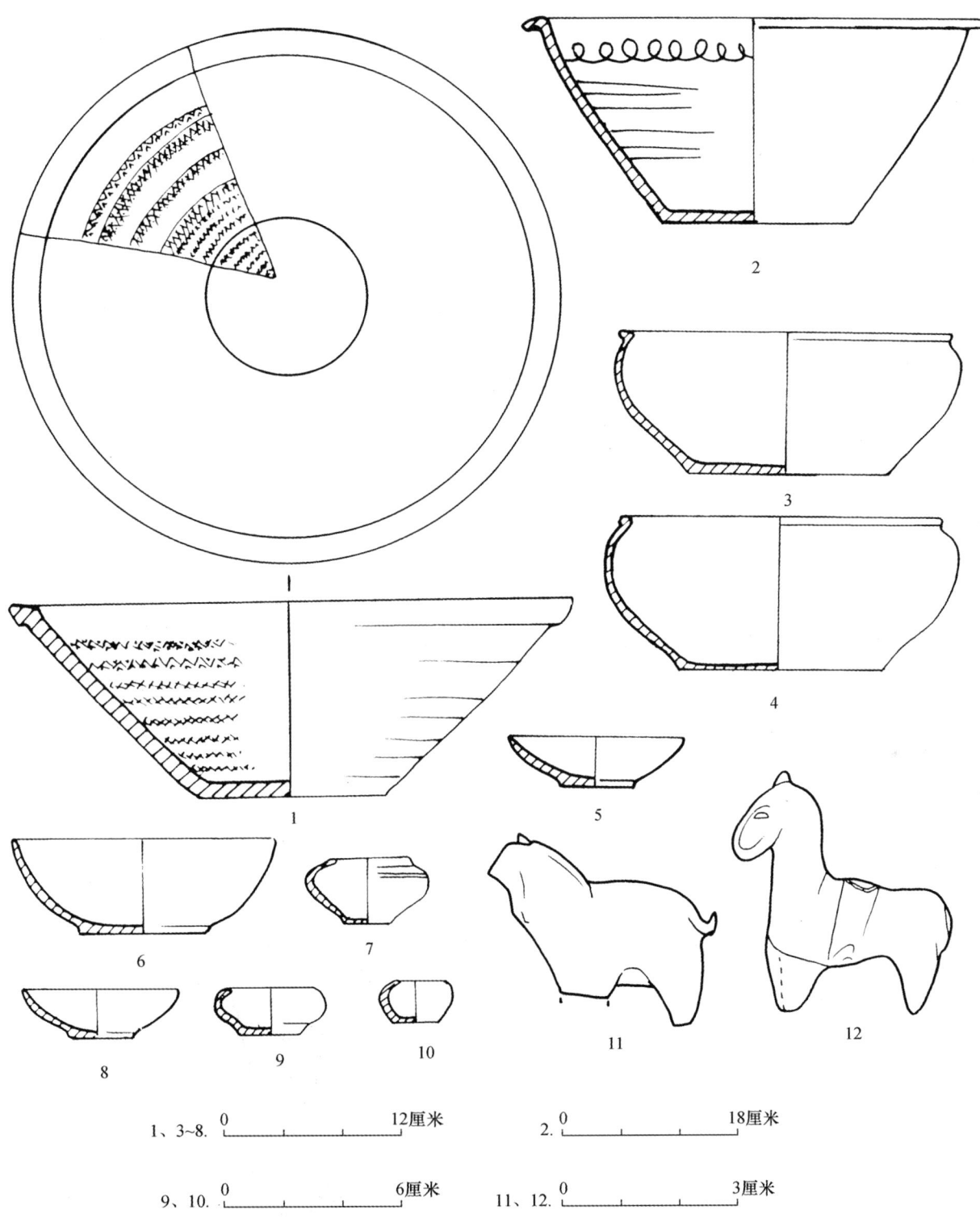

图六一六　ⅡH42出土器物

1、2. 陶盆（ⅡH42：9、ⅡH42：10）　3、4. 陶盂（ⅡH42：1、ⅡH42：8）　5、6. 瓷碗（ⅡH42：4、ⅡH42：3）
7. 陶罐（ⅡH42：2）　8. 瓷盏（ⅡH42：5）　9. 瓷钵（ⅡH42：7）　10. 瓷罐（ⅡH42：6）
11、12. 陶玩（ⅡH42：11、ⅡH42：12）

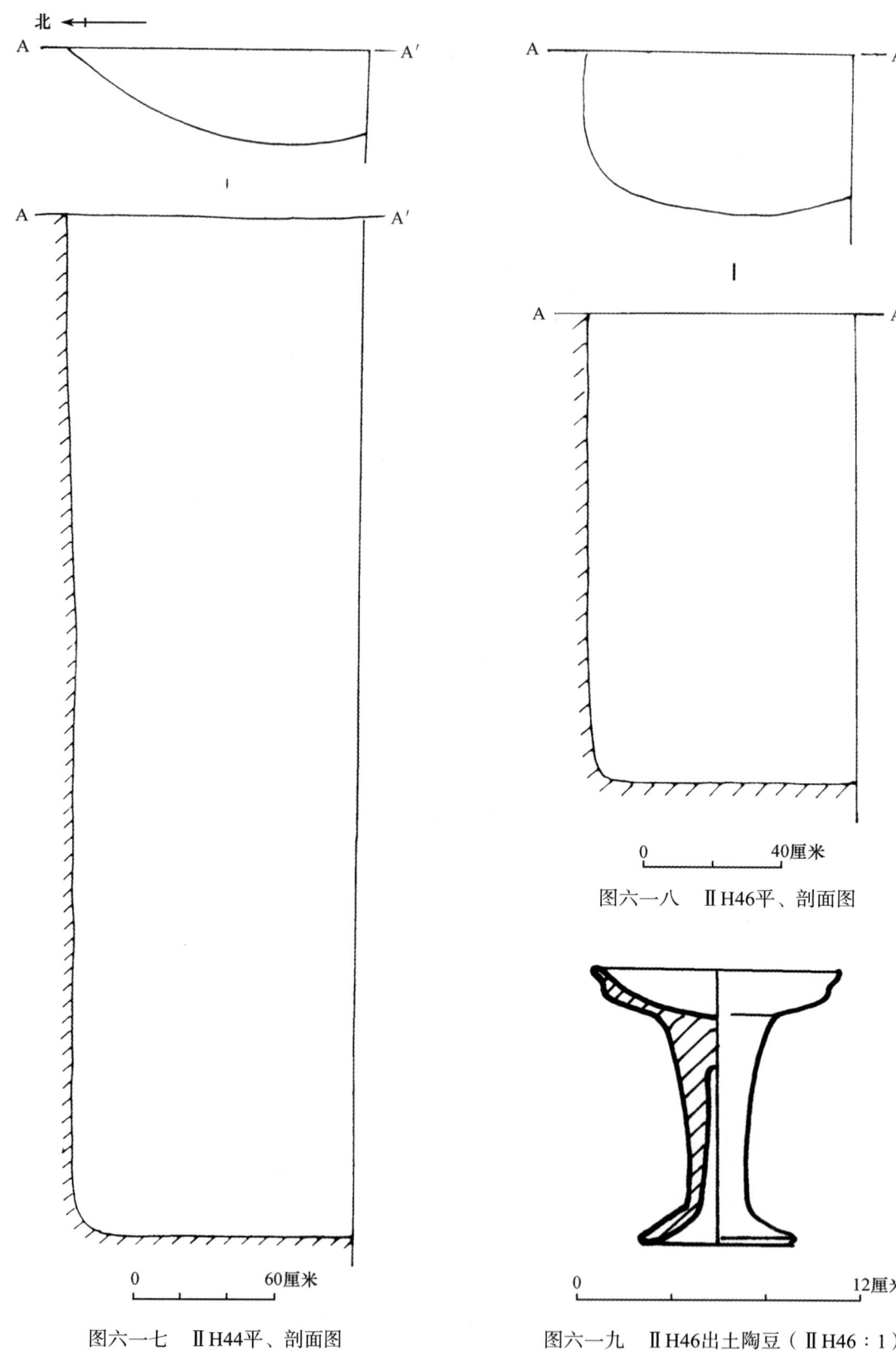

图六一七　ⅡH44 平、剖面图

图六一八　ⅡH46 平、剖面图

图六一九　ⅡH46 出土陶豆（ⅡH46∶1）

层及生土层。平面呈不规则形（只清理一部分），直壁，平底。清理部分长300、清理部分宽180～240、深100厘米。坑内填灰花土，土质较松软，夹杂大量的草木灰和少量的木炭粒，含有少量的陶片和动物骨骼等（图六二〇）。

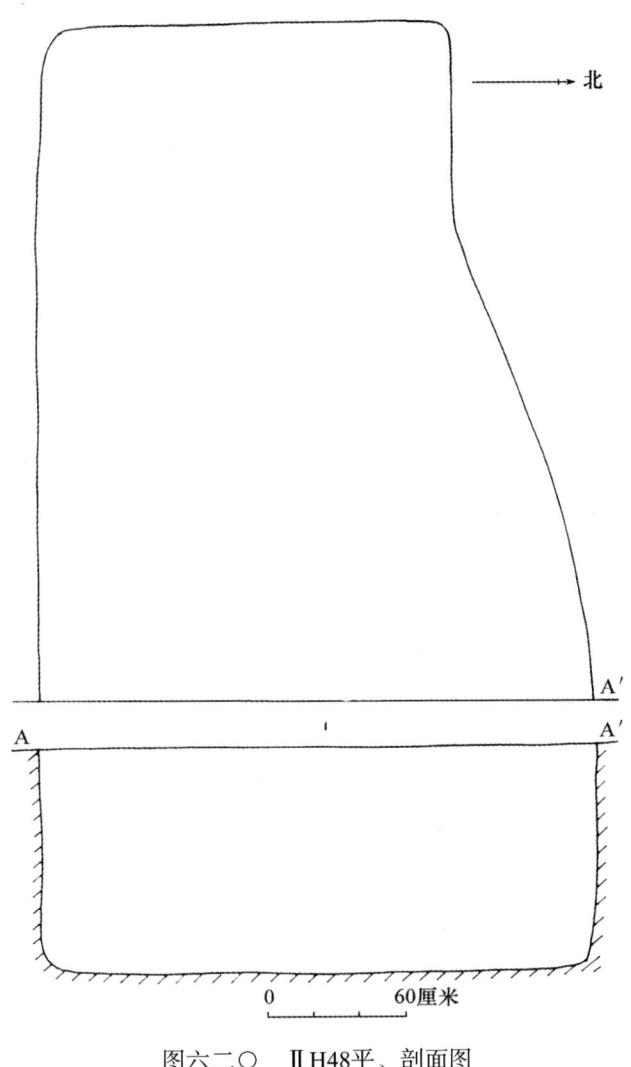

图六二〇　ⅡH48平、剖面图

钱币　1枚。开元通宝，钱文八分书体，对读。标本ⅡH48∶1，"元"字第一笔较长，与内郭相接。直径2.5、穿宽0.7厘米。

ⅡH49　位于ⅡT10的东中部，开口于第4层下，距地表深165厘米，打破生土层。坑口平面近长方形（只清理一部分），坑壁不甚规整，坑底呈不规则形略大于坑口。坑口清理部分长80、宽80、深100厘米。坑内填灰色花土，土质疏松，含有少量的陶瓷片等（图六二一）。

ⅡH51　位于ⅡT12的东南部，开口于第4层下，距地表深170厘米，打破生土层。平面呈长方形（只清理一部分），直壁不甚规整，平底。清理部分长105、宽100、深150厘米。坑内填黑色花土，土质较松软，含有少量的陶片和动物骨骼等（图六二二）。

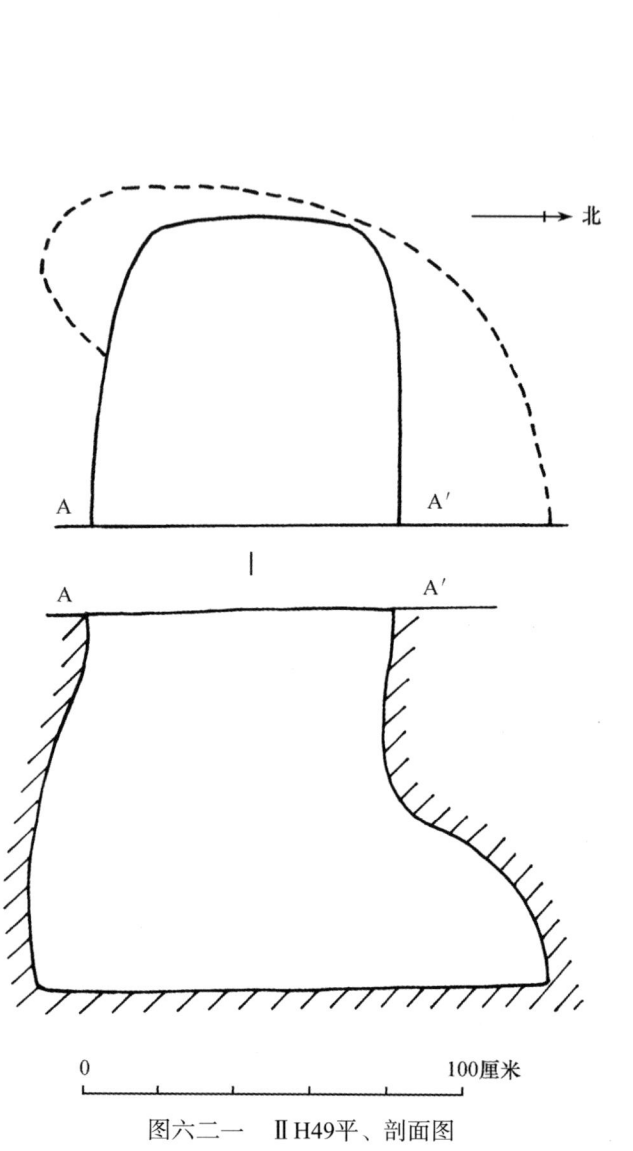

图六二一　ⅡH49平、剖面图

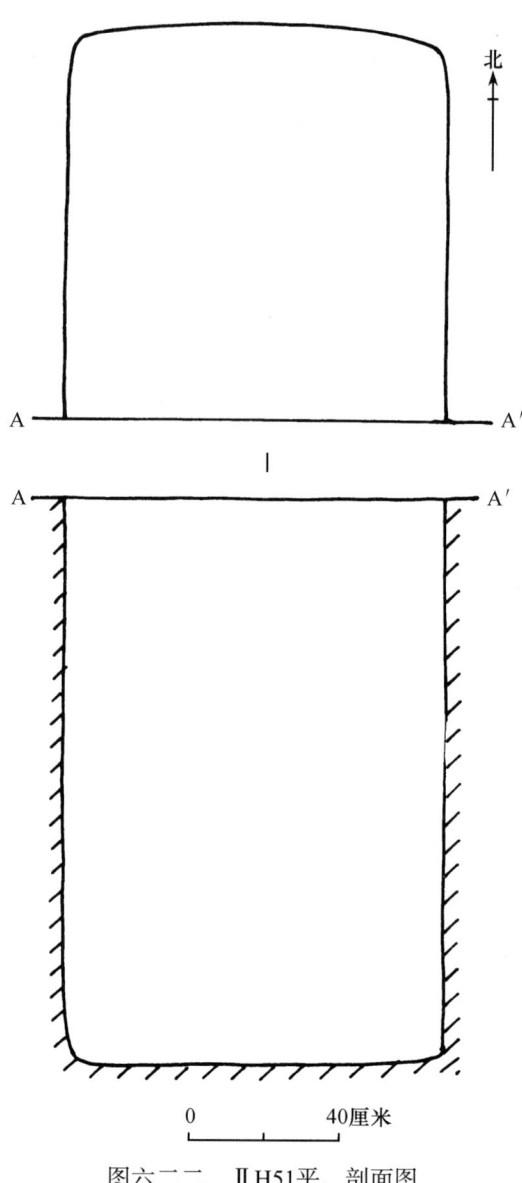

图六二二　ⅡH51平、剖面图

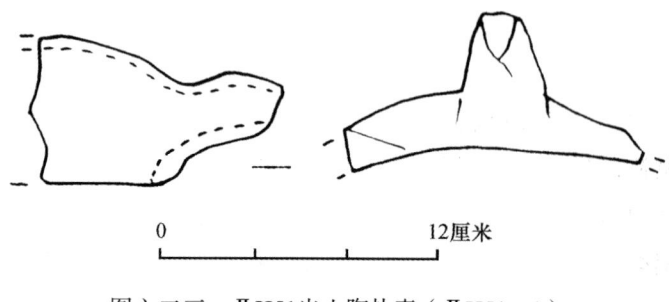

图六二三　ⅡH51出土陶执壶（ⅡH51∶1）

陶执壶　1件。标本ⅡH51∶1，泥质灰陶。体矮扁，敛口，方唇，短直流，以下残。素面抹光（图六二三）。

ⅡH53　位于ⅡT11的西北部，开口于第4层下，距地表深170厘米，打破生土层。平面呈不规则形（只清理一部分），弧壁不甚规整，平底。坑口清理部分长290、清理部分宽220、深135厘米。坑内填黑色花土，土质较硬，含有少量的陶片和动物骨骼等（图六二四）。

ⅡH54　位于ⅡT9的北部，开口于第3层下，距地表深150厘米，打破ⅡH42、第4层及生土层。坑口平面呈长方形（只清理一部分），坑底东西两侧大于坑口，上半部为直壁，下半部为弧壁，圜底。坑口长245、清理部分宽75、坑底长324、深150厘米。坑内填灰黑色花土，土质疏松，夹杂炭渣和动物骨骼，含有少量的陶片等（图六二五）。

ⅡH77　位于ⅡT9的西中部，开口于第1层下，距地表深25厘米，打破ⅡH78、ⅡH79及生土层。平面呈圆形（只清理一半）。直壁，直径80、深260厘米。坑内填灰花土，土质疏松，含有少量的陶片和动物骨骼等（图六二六）。

白瓷碗　1件。标本ⅡH77∶1，敞口，圆唇，浅弧腹，玉璧形足，脐底。黄白色胎略粗，施白釉，外壁施半釉，内底有支钉疤痕。口径13、底径5.8、高3.8厘米（图六二七）。

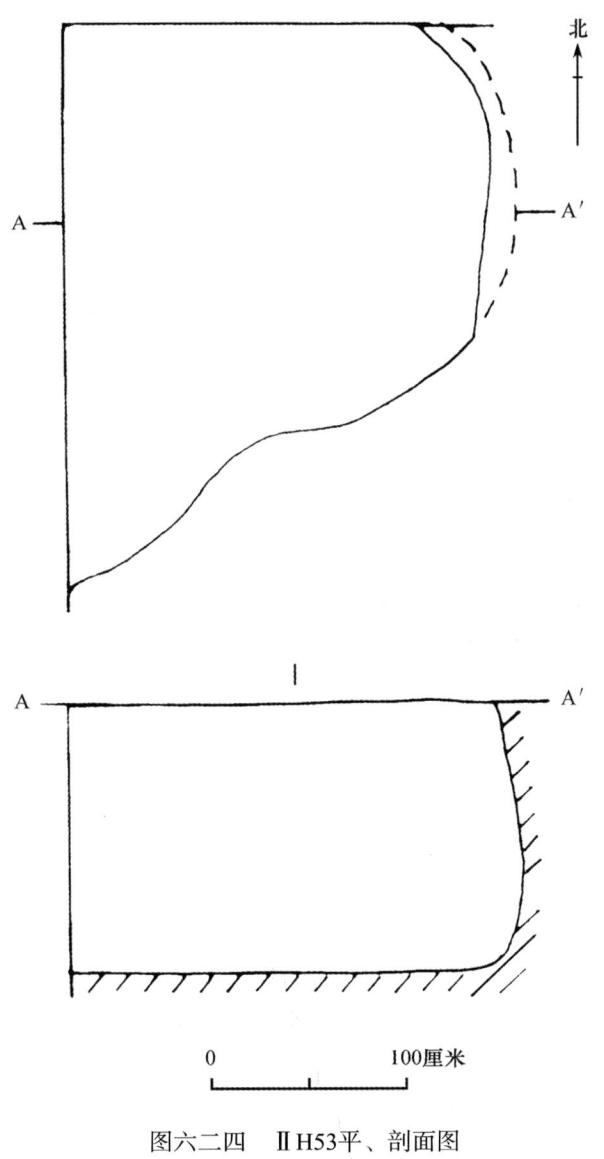

图六二四　ⅡH53平、剖面图

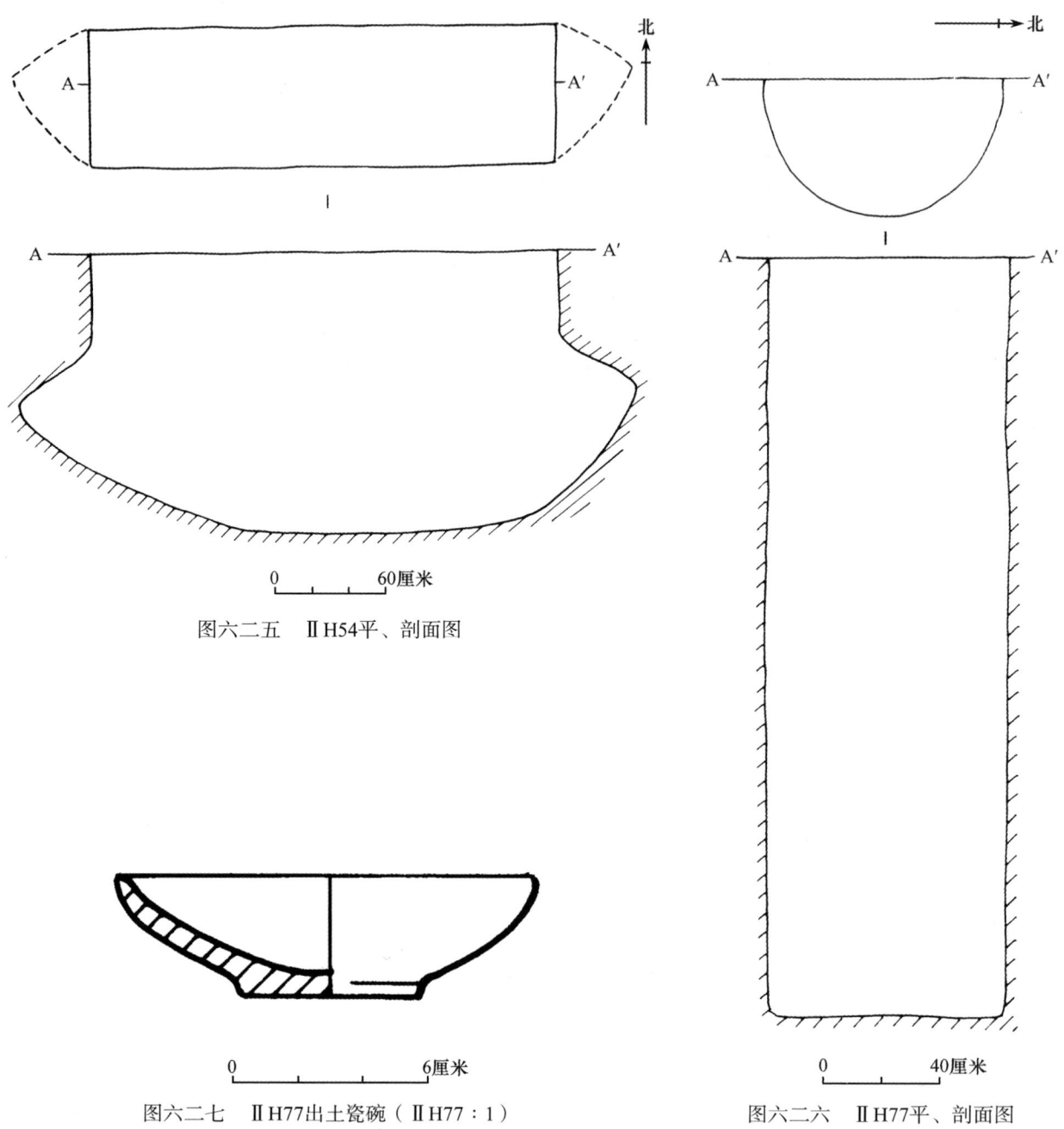

图六二五　ⅡH54平、剖面图

图六二七　ⅡH77出土瓷碗（ⅡH77：1）

图六二六　ⅡH77平、剖面图

3. Ⅱc区发掘

Ⅱc区（即第Ⅱ发掘区T5～T8、T13～T16、T18～T28）位于隋唐城址的西南部，第Ⅱ发掘区的西部，东距b区25米。共布5×5米的探方19个，发掘面积为475平方米（图六二八）。共清理发掘房屋基址1处，灰坑（窖穴）45个，水井14眼，壕沟1条。出土器物有陶器、瓷器、铜器、铁器、石器、骨器、蚌器、钱币等（表三五）。

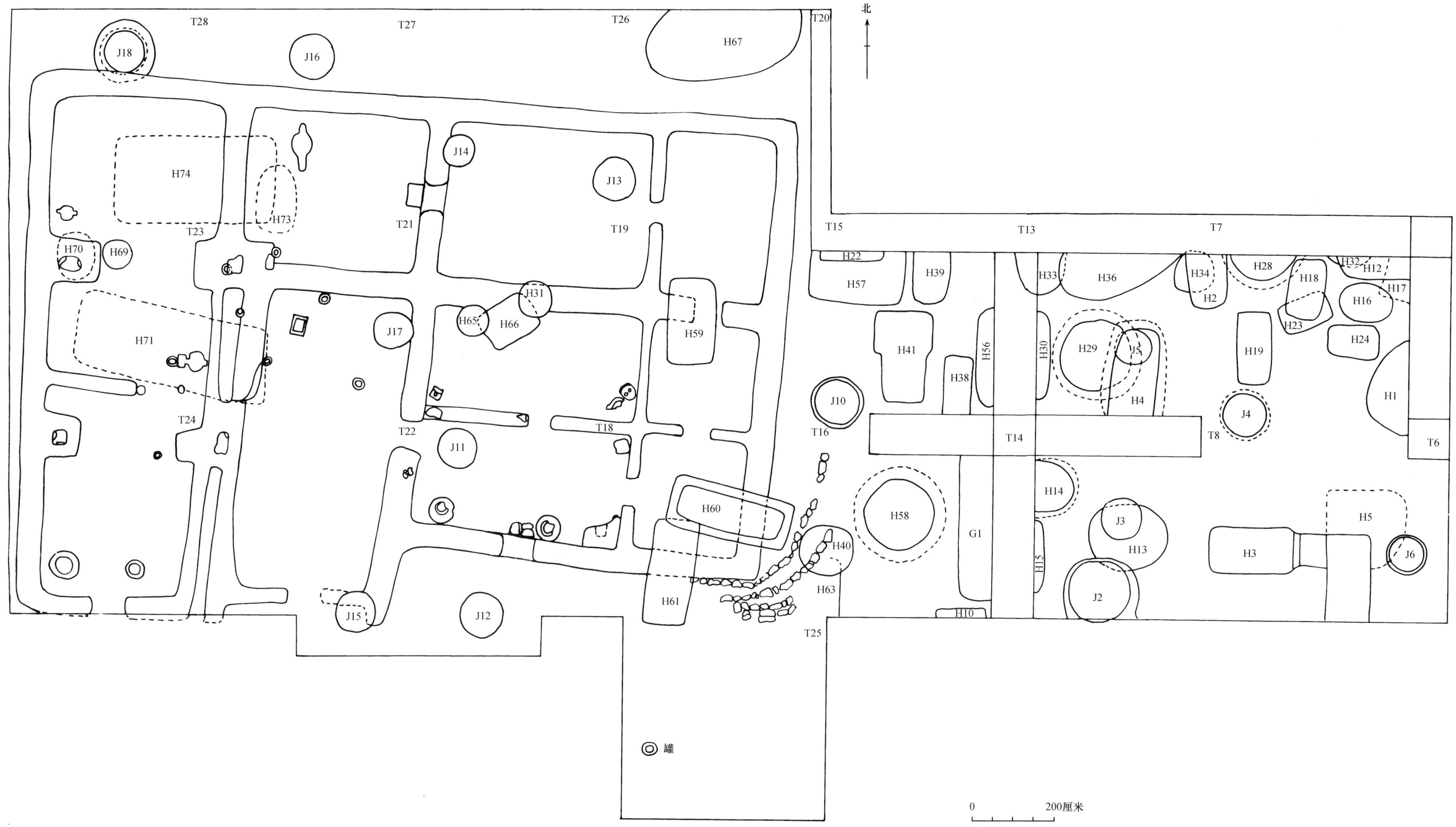

图六二八 ⅡcⅡ区总平面图

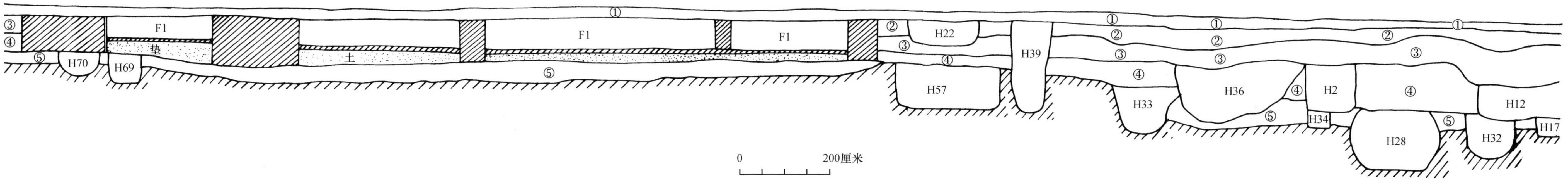

图六二九 ⅡT23、ⅡT21、ⅡT19、ⅡT15、ⅡT13、ⅡT7、ⅡT5北壁剖面图

表三五　Ⅱc区地层、遗迹与遗物对照表

	面积（平方米）	①层		②层		③层		④层	
		遗迹	遗物	遗迹	遗物	遗迹	遗物	遗迹	遗物
ⅡT5	5×5	H1、J4	银锥、钱币、铜带饰、铁钉、骨锥、骨钗、石球、陶球、瓷杯、瓷碗、瓷罐、三彩犬			H12、H16、H18、H19、H24、H36	钱币、陶盆、瓷碗	H17、H23、H28、H32	钱币、铜镞、铜器盖、铁镞、瓦当、陶纺轮、陶盆、陶盏、瓷碗
ⅡT6	5×5	H3、H5、J4、J6	钱币、骨器、石器、石球、陶球、陶罐、陶盆、陶杯、陶盒、瓷碗						
ⅡT7	5×5	H4J4	铜饰牌、骨锥、骨钗、骨簪、祭骨陶罐、陶盆、陶盏、瓷碗、瓷玩			H2	钱币、骨簪、陶盆、瓷碗、瓷壶、三足炉、三彩犬	H29、H30、H33、H34、J5	骨簪、陶盆、瓷碗
ⅡT8	5×5	J4		H13、J2、J3	钱币、铁器、石球、骨簪、蚌壳、陶罐、陶壶、陶盆、陶杯、陶盒、扑满、长砖、板瓦、瓷碗	H14、H15	钱币、陶罐、陶盆、瓷碗		
ⅡT13	5×5	H22、H38、H39、H56、J10	钱币、铁钉、骨簪、陶盆、筒瓦、瓷碗、瓷罐	H41	钱币、陶盆			H57	陶罐
ⅡT14	5×5	H10、H40、G1	钱币、铁甲片、骨簪、陶盆、陶盏					H58、H63	陶盆、扑满、瓷碗
ⅡT15	5×5	H59、F1	瓷碗						
ⅡT16	5×5	H60、H61、F1	陶罐、陶盆、陶钵、瓷玩、瓷钵						
ⅡT18	5×5	J11、J12F1	铁权、陶盆、瓷碗、瓷钵						
ⅡT19	5×5	H31、H65、H66、F1	铁器、陶砚、陶罐、陶盆、陶瓮、陶壶						

续表

	面积（平方米）	①层		②层		③层		④层	
		遗迹	遗物	遗迹	遗物	遗迹	遗物	遗迹	遗物
ⅡT20	5×5	H67、F1	骨锥、骨簪、陶盒、瓷碗、瓷玩、三彩器、尊						
ⅡT21	5×5	J17、F1	钱币、角锥					H71	陶瓷片
ⅡT22	5×5	J15、F1	钱币、陶盆、板瓦、执壶						
ⅡT23	5×5	F1	瓷杯、瓷碗					H69、H70	板瓦
ⅡT24	5×5	F1	三足炉					H68	
ⅡT25	5×5								
ⅡT26	5×5	J13、J14、F1	铜鱼、陶罐、陶盆、陶钵、陶盏、筒瓦、塔形器、瓷碗、瓷钵、瓷壶、瓷玩						
ⅡT27	5×5	F1	骨梳、瓷钵、瓷碗			J16	骨钗、陶盆、瓷碗、瓷罐	H73、H75	陶盆
ⅡT28	5×5	F1	铁车輨、陶盆、瓷碗、三彩狮			J18	铁锛	H74	陶瓦片

（1）地层堆积与出土遗物

1）地层堆积

该发掘区的地层堆积根据土质、土色与其包含物的不同，可分5层。现以ⅡT5、ⅡT7、ⅡT13、ⅡT15、ⅡT19、ⅡT21、ⅡT23的北壁剖面为例介绍如下（图六二九）。

第1层：耕土层，黄灰色砂土，土质较疏松，内含零散的砖瓦碎块和陶瓷片等。厚20厘米左右。ⅡF1、ⅡH22、ⅡH39等遗迹开口于该层下。

第2层：灰褐色花土，土质较松软，夹杂木炭粒、草木灰和黄泥块，内含遗物较为丰富，此层堆积分布于发掘区的东部，ⅡT15以西第2层堆积荡然无存。深15~25、厚15~50厘米。出土器物有陶器、瓷器、铜器、铁器、石器、骨器和钱币等。

第3层：灰色花土，土质较松软，夹杂大量的草木灰、少量的木炭粒和红烧土块等，内含遗物较丰富，此层堆积分布于整个发掘区内。深40~65、厚35~100厘米。出土器物有陶器、瓷器、铜器、石器和钱币等。ⅡH2、ⅡH12、ⅡH36等遗迹开口于该层下。

第4层：黄花土，土质较硬且细腻，夹杂草木灰、木炭粒等。内含遗物较少，出土少量的陶瓷片和动物骨骼等，此层堆积分布于整个发掘区。深95~140、厚20~110厘米。出土器物有陶器、瓷器、钱币；动物骨骼有猪、牛等骨骼。ⅡTH17、ⅡH28、ⅡH32、ⅡH34、ⅡH53、

ⅡH59、ⅡH69、ⅡH70等遗迹开口于该层下。

第5层：黄灰色花土，土质较硬，结合紧密，含有零星的陶片和瓦片等，此层堆积只零散地分布于c区的东部和西部。深105~200、厚20~50厘米。出土物可辨器形有陶罐、陶盆、板瓦等。

第5层下为生土层。

2）出土遗物

① 第2层内出土器物

有陶器、瓷器、铜器、铁器、石器、骨器、钱币等。

陶器　有壶、罐、盆、盂、钵、盏、陶铃、板瓦等。

壶　2件。标本ⅡT25②:5，泥质灰陶。侈口，卷沿，圆唇，细颈，弧肩，鼓腹，平底略内凹，有旋削痕。素面抹光。口径12、底径9.5、高22.4厘米（图六三〇，3）。标本ⅡT21②:7，口残，泥质灰陶。细颈，弧鼓腹，平底，有旋削痕。上腹饰暗弦纹，下腹素面抹光。底径9.2、残高21.2厘米（图六三〇，8）。

罐　2件。标本ⅡT21②:8，泥质黑陶。矮领，侈口，圆唇，弧肩，鼓腹，平底，有旋削痕。上腹饰暗弦纹，下腹素面抹光。口径12.3、底径9.4、高13.9厘米（图六三〇，6）。标本ⅡT21②:1，泥质灰陶。侈口，窄沿较平（图六三〇，4）。

盂　3件。标本ⅡT15②:3，泥质灰褐陶。卷沿，敛口较甚，圆唇，曲腹。下腹略内凹，平底。上腹素面磨光，下腹素面刮光，有刮痕。口径21.2、底径15、高10.6厘米（图六三〇，5）。标本ⅡT7②:3，泥质灰褐陶。卷沿，敛口，圆唇，曲腹，下腹略内凹，平底。上腹素面磨光，下腹素面刮光，有刮痕。口径22.7、底径14.5、高12.5厘米（图六三〇，2）。标本ⅡT21②:9，卷沿，敛口，圆唇，曲腹，近底部略向内凹，平底，有旋削痕。上腹磨光，下腹素面抹光。口径28.2、底径17.2、高13.6厘米（图六三〇，1）。

钵　1件。标本ⅡT20②:1，泥质灰陶。微敛口，圆唇，曲腹，平底，有旋削痕。外壁上腹素面磨光，下腹素面抹光，内壁饰暗弦纹。口径18.3、底径7、高6.8厘米（图六三〇，7）。

盏　2件。标本ⅡT8②:1，泥质灰陶，敞口，圆唇，斜腹，平底，有旋削痕。素面抹光。口径11、底径4.2、高4厘米（图六三〇，10）。标本ⅡT23②:11，泥质灰陶。敞口，圆唇，弧腹，平底，有旋削痕。素面抹光。口径10.7、底径4.5、高4.2厘米（图六三〇，9）。

陶铃　1件。标本ⅡT6②:1，泥质灰陶。圆球形，中空，顶端有纽，铃中腹以下开缝，腹饰弦纹。直径2.2、高3.2厘米（图六三〇，11）。

盆　12件。标本ⅡT22②:16，泥质灰褐陶，宽平沿，敞口，方唇，斜腹微弧，近底部略向内凹，平底，有旋削痕，外壁素面抹光，内壁饰重菱纹。口径51、底径22.5、高18.6厘米（图六三一，12）。标本ⅡT19②:2，口径42.7、底径18、高16厘米（图六三一，3）。标本ⅡT21②:10，泥质灰陶。宽平沿，敞口，方唇，唇面有凹槽一周，斜弧腹，近底部略向内凹。平底。素面抹光。口径43.3、底径16.5、高14.8厘米（图六三一，10）。标本ⅡT25②:4，泥质灰陶。宽平沿，敞口，方唇，唇面有凹槽一周，斜弧腹，近底部略向内凹。平底。素面抹

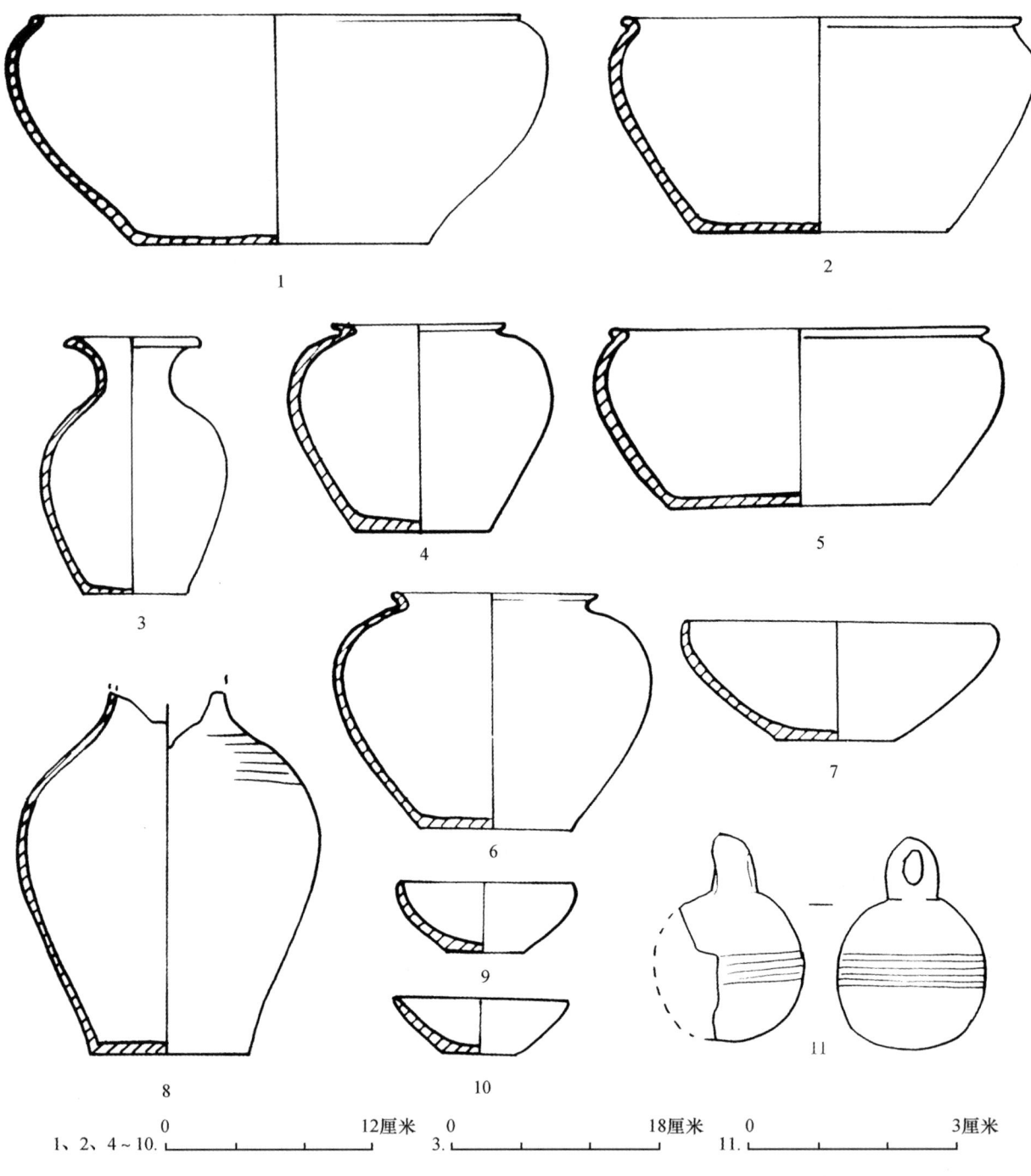

图六三〇　Ⅱc区②层出土器物

1、2、5. 陶盂（ⅡT21②：9、ⅡT7②：3、ⅡT15②：3）　3、8. 陶壶（ⅡT25②：5、ⅡT21②：7）　4、6. 陶罐（ⅡT21②：1、ⅡT21②：8）　7. 陶钵（ⅡT20②：1）　9、10. 陶盏（ⅡT23②：11、ⅡT8②：1）　11. 陶铃（ⅡT6②：1）

光。口径39、底径17、高14.8厘米（图六三一，7）。标本ⅡT25②：1，泥质灰褐陶。宽平沿略外斜，敞口，方唇，斜腹，略内凹，小平底，有刮痕。外壁素面抹光，内壁饰暗弦纹。口径31.8、底径11、高10.4厘米（图六三一，4）。标本ⅡT25②：2，泥质灰陶，宽平沿，敞口，圆

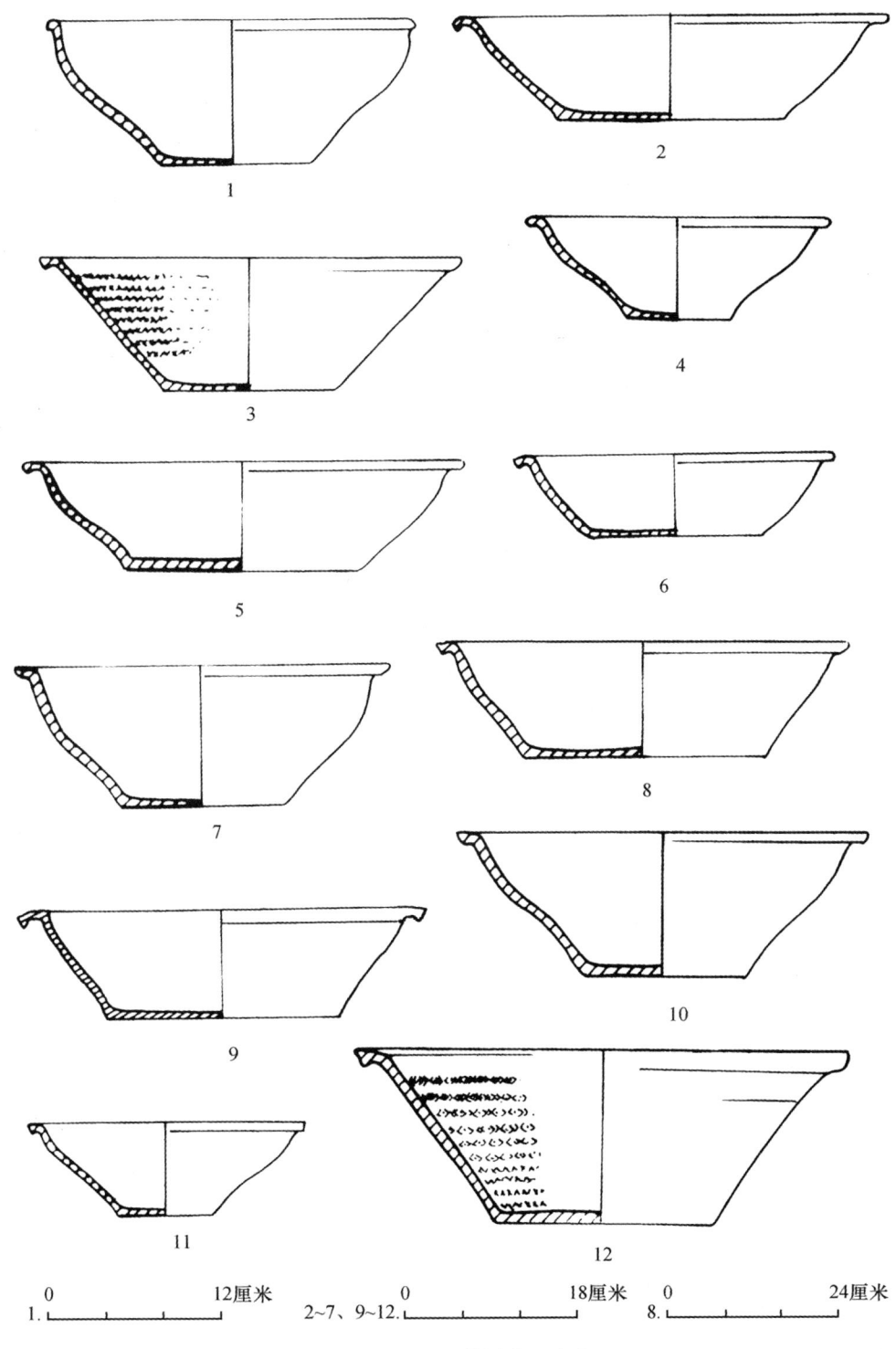

图六三一　Ⅱc区②层出土陶盆

1. ⅡT25②:3　2. ⅡT21②:11　3. ⅡT19②:2　4. ⅡT25②:1　5. ⅡT15②:4　6. ⅡT20②:3　7. ⅡT25②:4
8. ⅡT23②:13　9. ⅡT23②:12　10. ⅡT21②:10　11. ⅡT25②:2　12. ⅡT22②:16

唇，斜腹，平底，有旋削痕。素面抹光。口径29、底径10.5、高10厘米（图六三一，11）。标本ⅡT23②：13，泥质灰陶。敞口，圆唇，宽平沿略内斜，斜腹微弧，平底。素面抹光。口径58.5、底径34、高16厘米（图六三一，8）。标本ⅡT23②：12，泥质灰陶。敞口，尖圆唇，沿面略外斜，斜腹微弧，平底，外壁素面抹光，内壁磨光。口径42、底径23.5、高11.3厘米（图六三一，9）。标本ⅡT21②：11，泥质灰陶。口径46、底径24、高11.3厘米（图六三一，2）。标本ⅡT15②：4，泥质灰褐陶。敞口，尖圆唇，沿面微弧，上腹微弧，近底部略向内凹，平底。外壁素面抹光，内壁磨光。口径45.7、底径24.5、高11.3厘米（图六三一，5）。标本ⅡT20②：3，泥质灰褐陶。宽折沿，敞口，方唇，浅弧腹，平底，有旋削痕。外壁素面抹光，内壁饰暗弦纹。口径34、底径18、高8.3厘米（图六三一，6）。标本ⅡT25②：3，泥质灰陶。卷沿，直口，尖圆唇，斜弧腹，近底部壁略内凹，平底，有旋削痕。外壁素面抹光，内壁饰暗弦纹。口径25.2、底径10.5、高10厘米（图六三一，1）。

板瓦　2件。标本ⅡT7②：5，灰色，左角残。平面呈梯形。瓦背素面抹光，内壁饰布纹。长36、上宽21.2、下残宽17、厚1.4厘米（图六三二，1）。标本ⅡT7②：6，灰色。残半。残长26、下宽25.6、厚1.4厘米（图六三二，2）。

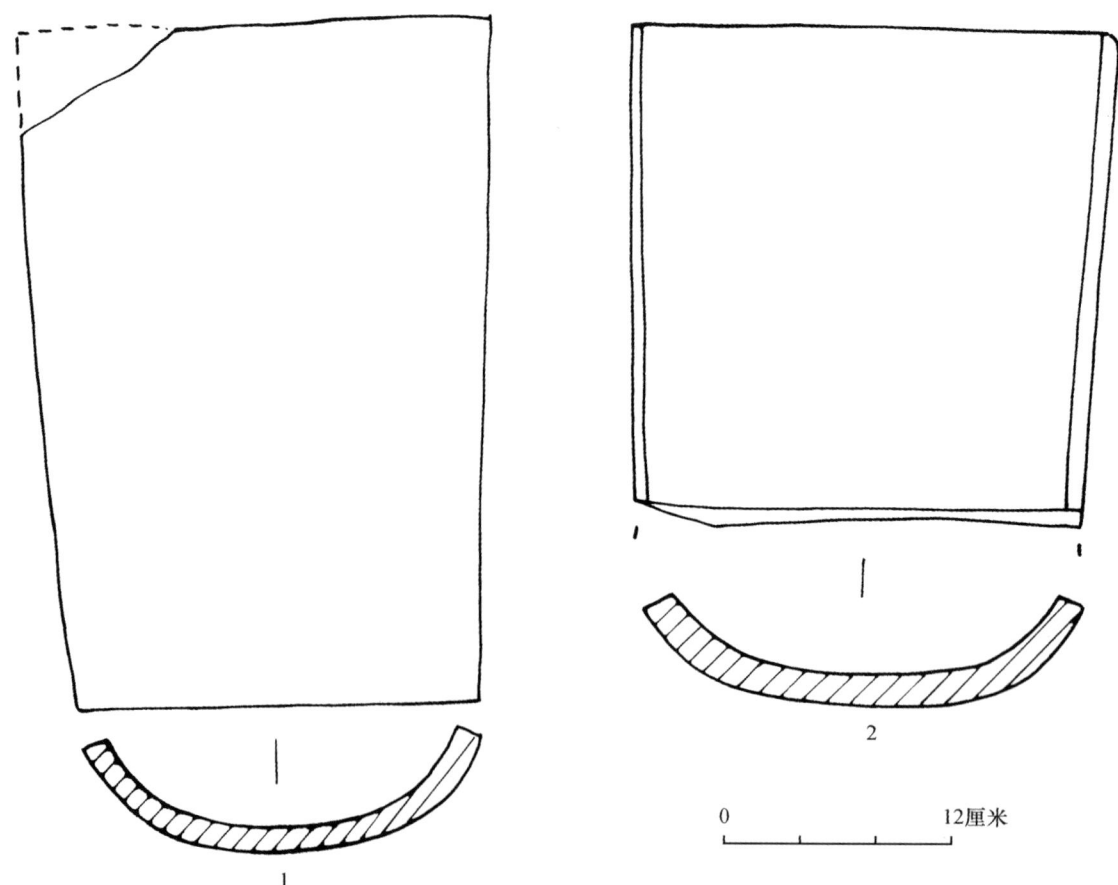

图六三二　Ⅱc区②层出土板瓦
1. ⅡT7②：5　2. ⅡT7②：6

瓷器　有邢窑碗、邢窑盏托、青瓷碗、青瓷器盖、白瓷钵、白瓷杯、白瓷碗、青灰瓷碗、白瓷研磨盘、黑瓷壶、黑瓷碗、黑瓷研磨盘、黑瓷盏、三彩炉等。

花口碗　1件。标本ⅡT22②：10，六出花口，斜弧腹，窄环形圈足。白胎细洁，施白釉，釉色泛青，内底饰凹弦纹一周，足心亦施釉。口径14.4、底径5.5、高3.7厘米（图六三三，7）。

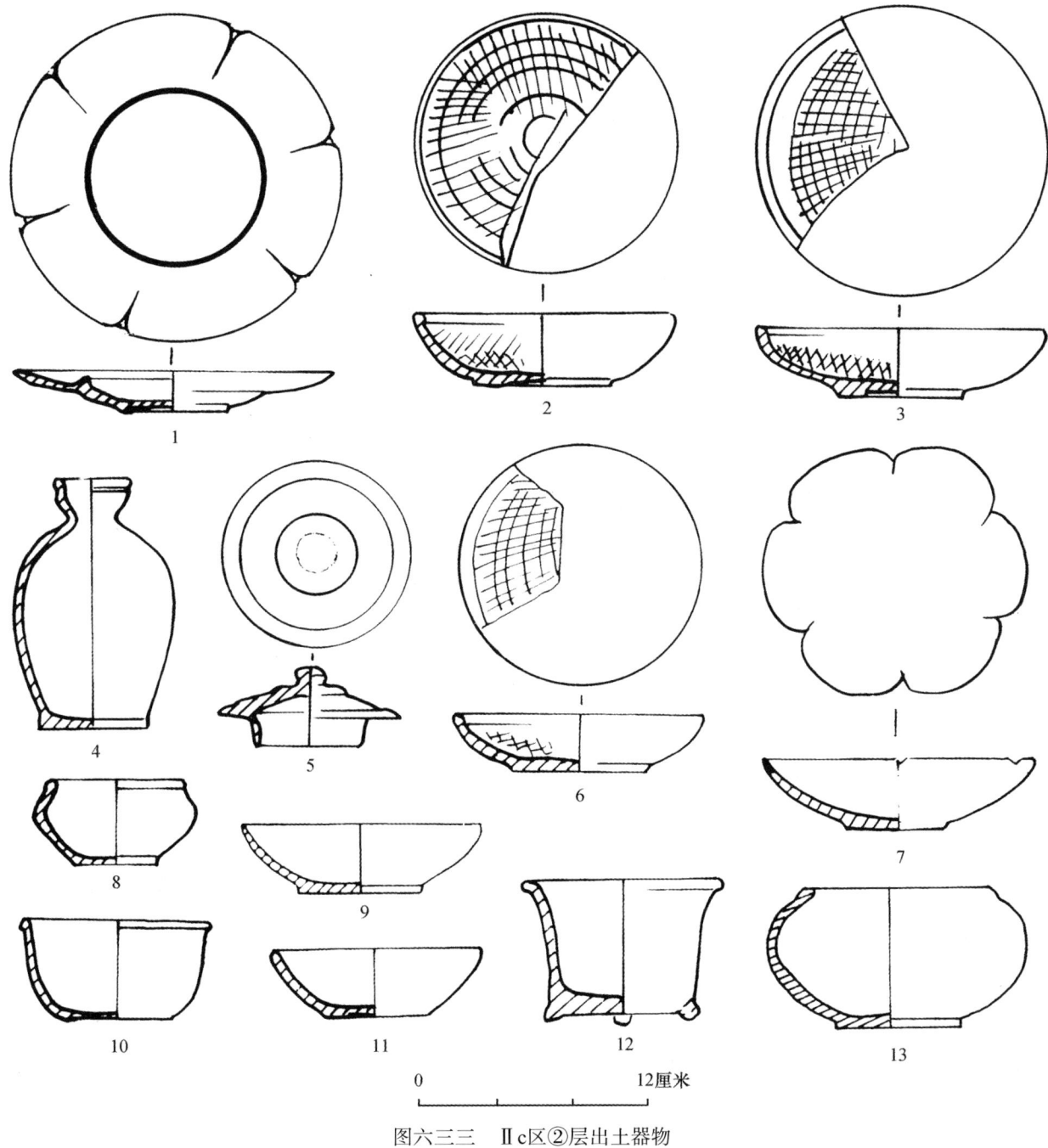

图六三三　Ⅱc区②层出土器物

1. 瓷盏托（ⅡT22②：15）　2、3、6. 瓷研磨盘（ⅡT24②：1、ⅡT23②：10、ⅡT21②：3）　4. 瓷壶（ⅡT19②：1）
5. 瓷器盖（ⅡT15②：2）　7. 瓷花口碗（ⅡT22②：10）　8、13. 瓷钵（ⅡT5②：1、ⅡT24②：13）
9. 瓷碗（ⅡT20②：2）　10. 白瓷杯（ⅡT27②：1）　11. 瓷盏（ⅡT23②：8）　12. 三彩炉（ⅡT27②：2）

邢窑碗　1件。标本ⅡT16②：1，敞口，圆卷唇，斜弧腹，窄环形圈足。白胎细洁，施白釉，釉色泛青，足心亦施釉。口径15、底径6.1、高4.5厘米（图六三四，3）。

邢窑盏托　1件。标本ⅡT22②：15，整体呈六出花口盘式，托口微敛，尖圆唇，窄环形圈足。白胎细洁，施白釉，釉色泛青，足内有窑粘。托盘直径16.8、托口直径9.6、底径5.6、高2.4厘米（图六三三，1）。

青瓷碗　2件。标本ⅡT23②：5，敞口，圆唇，斜腹，饼足。黄白胎略粗，外施青釉，器内挂化妆土，施白釉，有蜡泪痕，内底有支钉疤痕。口径13、底径7、高4厘米（图六三四，25）。标本ⅡT22②：9，敞口，圆唇，斜腹，饼足。足面饰弦纹一周，白灰胎较细，外饰青釉，内施白釉，内底有支钉疤痕。口径13.6、底径6.4、高4厘米（图六三四，33）。

青瓷器盖　1件。标本ⅡT15②：2，平出沿，子母口内敛，盖面突起，平顶上有圆纽。黄白胎略粗，盖面施釉，有冰裂纹。口径5.6、高4.4厘米（图六三三，5）。

青灰瓷碗　12件。标本ⅡT22②：5，敞口，圆唇，斜腹，饼足。灰胎较细，先涂白色化妆土，内壁施满釉，外壁施半釉，釉色泛灰，呈青灰色，露胎处有刀削痕，内底有支钉疤痕。口径12.2、底径6、高3.8厘米（图六三四，44）。标本ⅡT24②：7，敞口，圆唇，斜腹，饼足。灰胎较细，先涂白色化妆土，内壁施满釉，外壁施半釉，釉色泛灰，呈青灰色，露胎处有刀削痕，内底有支钉疤痕。口径13.3、底径6.4、高4厘米（图六三四，34）。标本ⅡT22②：8，敞口，圆唇，斜腹，饼足。灰胎较细，先涂白色化妆土，内壁施满釉，外壁施半釉，釉色泛灰，呈青灰色，露胎处有刀削痕，内底有支钉疤痕，外壁有窑粘。口径12、底径6.3、高3.8厘米（图六三四，39）。标本ⅡT15②：1，敞口，圆唇，斜腹，饼足。白灰胎较细，先涂白色化妆土，内壁施满釉，外壁施半釉，釉色泛灰，呈青灰色，露胎处有刀削痕，内底有支钉疤痕。口径12.8、底径6、高4厘米（图六三四，29）。标本ⅡT21②：6，敞口，圆唇，浅弧腹，饼足。灰色胎较细，内壁施满釉，外壁施半釉，釉色青灰，露胎处有旋削痕，内底有支钉疤痕，口部有窑粘。口径12.7、底径5.5、高3.6厘米（图六三四，27）。标本ⅡT24②：5，敞口，圆唇，浅弧腹，饼足。灰色胎较细，内壁施满釉，外壁施半釉，釉色青灰，露胎处有旋削痕，内底有支钉疤痕，有蜡泪痕。口径13、底径5.6、高3.6厘米（图六三四，32）。标本ⅡT7②：7，敞口，圆唇，浅弧腹，饼足。灰色胎较细，内壁施满釉，外壁施半釉，釉色青灰，露胎处有旋削痕，内底有支钉疤痕，有蜡泪痕。口径13.2、底径6.4、高3.2厘米（图六三四，26）。标本ⅡT22②：1，敞口，圆唇，浅弧腹，玉璧形足。灰色胎较细，内壁施满釉，外壁施半釉，釉色青灰，露胎处有旋削痕，内底有支钉疤痕，有蜡泪痕。口径13.3、底径6.7、高3.8厘米（图六三四，35）。标本ⅡT22②：2，敞口，圆唇，弧腹，饼足。灰白色胎较细，内壁施满釉，外壁施半釉，釉色青灰，内底有支钉疤痕，有蜡泪痕。口径12.8、底径6.4、高3.6厘米（图六三四，28）。标本ⅡT23②：1，敞口，圆唇，弧腹，饼足。灰白色胎较细，内壁施满釉，外壁施半釉，釉色青灰，内底有支钉疤痕，有蜡泪痕。口径12.3、底径5.6、高4厘米（图六三四，42）。标本ⅡT22②：12，敞口，圆唇，弧腹，饼足。灰白色胎较细，内壁施满釉，外壁施半釉，釉色青灰，内底有支钉疤痕，有蜡泪痕。口径11.5、底径6、高3.8厘米

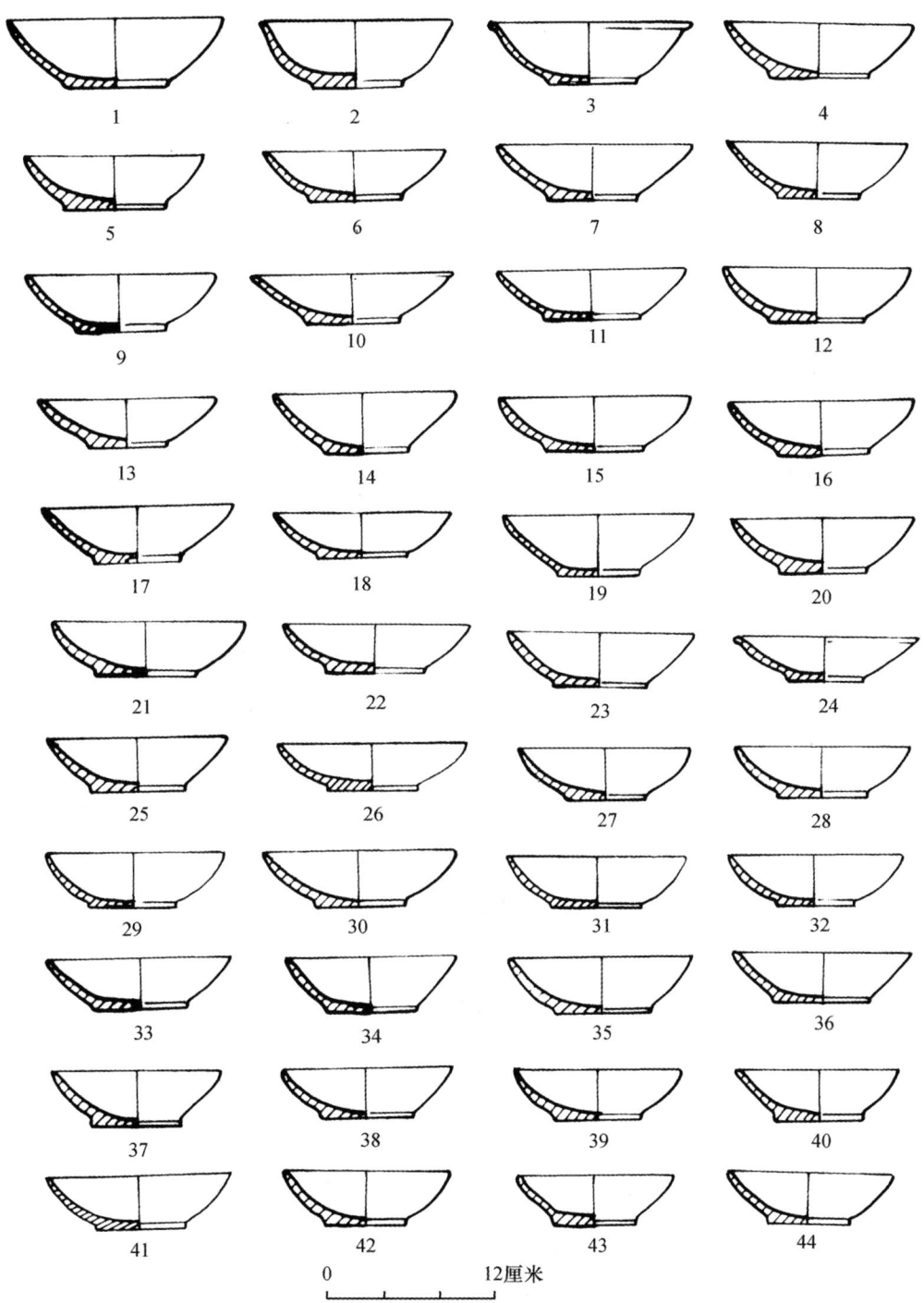

图六三四　Ⅱc区②层出土瓷碗

1. ⅡT28②：2　2. ⅡT13②：1　3. ⅡT16②：1　4. ⅡT22②：13　5. ⅡT21②：4　6. ⅡT21②：5　7. ⅡT24②：8　8. ⅡT7②：2
9. ⅡT23②：9　10. ⅡT23②：2　11. ⅡT24②：12　12. ⅡT24②：3　13. ⅡT22②：4　14. ⅡT23②：3　15. ⅡT24②：9
16. ⅡT23②：4　17. ⅡT28②：1　18. ⅡT23②：6　19. ⅡT7②：1　20. ⅡT23②：7　21. ⅡT24②：2　22. ⅡT24②：10
23. ⅡT24②：11　24. ⅡT24②：4　25. ⅡT23②：5　26. ⅡT7②：7　27. ⅡT21②：6　28. ⅡT22②：2　29. ⅡT15②：1
30. ⅡT22②：11　31. ⅡT28②：3　32. ⅡT24②：5　33. ⅡT22②：9　34. ⅡT24②：7　35. ⅡT22②：1　36. ⅡT22②：3
37. ⅡT22②：7　38. ⅡT22②：6　39. ⅡT22②：8　40. ⅡT21②：2　41. ⅡT24②：6　42. ⅡT23②：1　43. ⅡT22②：12
44. ⅡT22②：5

（图六三四，43）。标本ⅡT23②：7，敞口，圆唇，弧腹，饼足。灰白色胎较细，内壁施满釉，外壁施半釉，釉色青灰，内底有支钉疤痕，有蜡泪痕。口径13.3、底径6.4、高4厘米（图六三四，20）。

白瓷钵　2件。标本ⅡT24②：13，敛口，圆唇，鼓腹，饼足。白灰胎略粗，唇口部刮釉，有芒，外壁施半釉，露胎处可见旋削痕。口径10、底径7.5、高7.4厘米（图六三三，13）。标本ⅡT5②：1，形制、胎釉、同上。口径7.3、底径4.8、高4.4厘米（图六三三，8）。

白瓷杯　1件。标本ⅡT27②：1，直口略外侈，圆唇，直腹，足残。灰白色胎略粗，内壁施满釉，外壁施釉不及底。口径10、底径5.5、高5.2厘米（图六三三，10）。

白瓷碗　20件。标本ⅡT23②：4，敞口，圆唇，斜腹，饼足。白灰胎略粗，施白釉，外壁施半釉，内底有3个支钉疤痕。口径13.2、底径7、高4厘米（图六三四，16）。标本ⅡT21②：5，敞口，圆唇，斜腹微弧，玉璧形足，脐底。白胎略粗，施白釉，釉色泛青，外壁施半釉，有蜡泪痕。口径13.5、底径6.5、高3.7厘米（图六三四，6）。标本ⅡT22②：6，敞口，圆唇，斜腹，玉璧形足。白胎略粗，施白釉，釉色泛青，外壁施半釉，有蜡泪痕，内底有支钉疤痕。口径12.5、底径7、高3.6厘米（图六三四，38）。标本ⅡT24②：11，敞口，圆唇，斜腹，饼足。白灰胎略粗，施白釉，外壁施半釉，内底有3个支钉疤痕。口径13.3、底径6.9、高4厘米（图六三四，23）。标本ⅡT21②：4，敞口，圆唇，斜腹，饼足。白灰胎略粗，施白釉，外壁施半釉，内底有3个支钉疤痕。口径12.8、底径7、高4厘米（图六三四，5）。标本ⅡT28②：3，敞口，圆唇，斜腹，饼足。白灰胎略粗，施白釉，外壁施半釉，内底有3个支钉疤痕。口径13、底径6.3、高3.7厘米（图六三四，31）。标本ⅡT21②：2，敞口，圆唇，斜腹，饼足。白灰胎略粗，施白釉，外壁施半釉，内底有3个支钉疤痕。口径12、底径6、高3.6厘米（图六三四，40）。标本ⅡT24②：10，敞口，圆唇，斜腹，饼足。白灰胎略粗，施白釉，外壁施半釉，内底有3个支钉疤痕。口径13.4、底径7.2、高3.8厘米（图六三四，22）。标本ⅡT7②：1，敞口，圆唇，斜腹，饼足。白灰胎略粗，施白釉，外壁施半釉，有蜡泪痕，内底有3个支钉疤痕。口径14、底径6、高4.4厘米（图六三四，19）。标本ⅡT24②：6，敞口，圆唇，斜腹，饼足。白灰胎略粗，施白釉，外壁施半釉，内底有3个支钉疤痕。口径13、底径6.8、高4.2厘米（图六三四，41）。标本ⅡT7②：2，敞口，圆唇，斜腹，饼足。白灰胎略粗，施白釉，外壁施半釉，内底有3个支钉疤痕。口径13.2、底径6.2、高4厘米（图六三四，8）。标本ⅡT23②：3，敞口，圆唇，斜腹，饼足。白灰胎略粗，施白釉，外壁施半釉，内底有3个支钉疤痕。口径13.2、底径6.2、高4.5厘米（图六三四，14）。标本ⅡT23②：6，敞口，圆唇，浅弧腹，饼足。青灰色胎略粗，施白釉，釉色泛黄，外壁施半釉，有冰裂纹和蜡泪痕，内底有支钉疤痕。口径13.1、底径6.7、高3厘米（图六三四，18）。标本ⅡT20②：2，敞口，圆唇，浅弧腹，饼足。青灰色胎略粗，施白釉，釉色泛黄，外壁施半釉，有冰裂纹和蜡泪痕，内底有支钉疤痕。口径13.1、底径6.5、高3.7厘米（图六三三，9）。标本ⅡT22②：11，敞口，圆唇，浅弧腹，饼足。青灰色胎略粗，施白釉，釉色泛黄，外壁施半釉，有冰裂纹和蜡泪痕，内底有支钉疤痕。口径13.8、底径6.5、高4.1厘米（图六三四，30）。标本ⅡT24②：9，敞口，圆唇，浅弧腹，饼足。青灰色胎略粗，施白釉，釉色泛黄，外壁施半釉，有冰裂纹和蜡泪痕，内底有支钉疤痕。口径13.3、底径6.5、高4厘米（图六三四，15）。标本ⅡT22②：3，敞口，圆唇，浅弧腹，饼足。青灰色胎略粗，施白釉，釉色泛黄，外壁施半釉，有冰裂纹和蜡泪痕，内底有支钉疤痕。口径12.9、底径7.1、高3.7厘米（图六三四，36）。标本ⅡT24②：8，敞口，圆唇，弧腹，玉璧形足。白灰色胎略粗，施白釉，外壁施半釉，有蜡泪痕，内底有支钉疤痕。口径14.2、底径6.5、高4厘米（图六三四，7）。标本ⅡT24②：12，敞口，圆唇，弧腹，玉璧形足。白灰色胎略粗，施白釉，外壁施半釉，内底有3个支钉疤痕。口径13.8、底径7、高3.8厘米（图六三四，11）。标本ⅡT22②：7，敞口，圆唇，斜弧腹，饼足。白灰色胎较细，施白釉，釉色泛灰，外壁施半釉，口部有点彩，内底有支钉疤痕。口径12.2、底径6.7、高4.1厘米（图六三四，37）。

白瓷研磨盘　1件。标本ⅡT21②：3，微敛口，圆唇，浅腹，饼足。青灰胎较细，器内无釉，划网纹，同心圆圈线在每个网格中又向内戳起毛边，以利研磨，外壁施半釉，釉色泛青。口径12.8、底径7.2、高3厘米（图六三三，6）。

黑瓷壶　1件。标本ⅡT19②：1，盘口，束颈，圆肩，弧腹，平底略外撇。灰白胎较细，施黑釉，有气孔，外壁施半釉，口部刮釉有芒。口径4.5、底径6.3、高13.3厘米（图六三三，4）。

黑瓷碗　10件。标本ⅡT28②：2，敞口，圆唇，斜腹略深，玉璧形足。白灰胎较细，器内挂化妆土，施白釉，外壁施黑釉，足心亦施釉，内底有支钉疤痕。口径15.7、底径7.6、高4.8厘米（图六三四，1）。标本ⅡT24②：3，敞口，圆唇，斜腹微弧，饼足。青灰胎较细，器内施白釉，釉色泛灰，外壁施酱釉，有气孔，内底有支钉疤痕。口径13.6、底径7.3、高4.1厘米（图六三四，12）。标本ⅡT13②：1，敞口，圆唇，斜腹微弧，饼足。青灰胎较细，器内施白釉，釉色泛灰，外壁施黑釉，足面有窑粘，内底有支钉疤痕。口径13.6、底径6.4、高4.8厘米（图六三四，2）。标本ⅡT22②：13，敞口，圆唇，斜腹微弧，饼足。青灰胎较细，器内施白釉，釉色泛灰，外壁施酱釉，有蜡泪痕，内底有支钉疤痕。口径13.6、底径7.5、高4.2厘米（图六三四，4）。标本ⅡT23②：9，敞口，圆唇，斜腹微弧，饼足略内凹。青灰胎较细，器内施白釉，釉色泛灰，外壁施酱釉，有气孔，内底有支钉疤痕。口径13.6、底径6.4、高4厘米（图六三四，9）。标本ⅡT22②：4，敞口，圆唇，斜腹微弧，饼足略内凹。青灰胎较细，器内施白釉，釉色泛灰，外壁施酱釉，有气孔，内底有支钉疤痕。口径13、底径5.7、高3.7厘米（图六三四，13）。标本ⅡT28②：1，敞口，圆唇，浅腹，玉璧形足，脐底。青白胎较细，内施白釉，釉色泛灰，外壁施酱釉，足心亦施釉，有蜡泪痕，内底有3个支钉疤痕。口径14、底径6、高4.2厘米（图六三四，17）。标本ⅡT24②：2，敞口，圆唇，浅腹，饼足略内凹。黄白胎略粗，内施白釉，釉色泛黄，外壁施酱釉，内底有3个支钉疤痕。口径14、底径7.3、高3.6厘米（图六三四，21）。标本ⅡT24②：4，敞口，圆唇，浅腹，饼足略内凹。黄白胎略粗，内施白釉，釉色泛黄，外壁施黑釉，内底有3个支钉疤痕。口径13.2、底径6、高3.2厘米（图六三四，24）。标本ⅡT23②：2，敞口，圆唇，浅腹，饼足略内凹。黄白胎略粗，内施白釉，釉色泛黄，外壁施酱釉，内底有支钉疤痕。口径14、底径6.7、高3.6厘米（图六三四，10）。

黑瓷研磨盘　2件。标本ⅡT24②：1，敛口，圆唇，浅弧腹，玉璧形足。白胎较细，器内无釉，划网纹，同心圆圈线在每个网格中又向内戳起毛边，以利研磨，施黑釉不及底，有蜡泪痕和窑粘。口径13.6、底径7.2、高3.8厘米（图六三三，2）。标本ⅡT23②：10，敛口，圆唇，浅弧腹，玉璧形足。白胎较细，器内无釉，划网纹，同心圆圈线在每个网格中又向内戳起毛边，以利研磨，施黑釉不及底，有蜡泪痕和窑粘。口径15.2、底径6.4、高3.6厘米（图六三三，3）。

黑瓷盏　1件。标本ⅡT23②：8，敞口，圆唇，弧腹，平底略内凹。白灰色胎较细，施黑釉，口部刮釉，外壁施半釉，有蜡泪痕。口径11、底径4.8、高3.6厘米（图六三三，11）。

三彩炉　1件。标本ⅡT27②：2，侈口，圆卷唇，深腹，平底，附贴三兽足。施绿、赭、白三彩。口径10.3、底径4.2、高7.6厘米（图六三三，12）。

三彩玩　1件。狮座。标本ⅡT8②：4，长方形座，上蹲踞一狮，上半部残。施绿、赭、白三彩。残高5.7厘米（图六三五，1）。

釉陶玩　1件。猴。标本ⅡT16②：3，长方形座，呈蹲踞式，圆眼，高鼻梁，右手吃食，左手抱一小猴。黄白色胎略粗，施绿釉。底座长5.4、宽3.4、器高7.5厘米（图六三五，2）。

铜器　有扳指、饰件、合页等。

扳指　1件。标本ⅡT28②：5，平面呈圆环状，截面呈半圆形。直径3.2厘米（图六三五，11）。

饰件　1件。标本ⅡT15②：11，呈圆形六瓣，中心有钉孔。直径2.5、厚0.2厘米（图六三五，9）。

合页　1件。标本ⅡT22②：20，一侧呈花瓣式圭形，内有2个铆钉，另一侧残，有1个铆钉。长5.2、宽4.7厘米（图六三五，10）。

铁器　1件。标本ⅡT21②：12，锻造，锈蚀严重，呈窄长方体，中空。长14.4、宽4.4、厚2.4厘米（图六三五，3）。

石球　1件。标本ⅡT28②：4，磨制，圆形。直径2.3厘米（图六三五，8）。

骨器　有骨簪、骨钗、骨片等。

骨簪　2件。标本ⅡT16②：6，磨制精细。器身扁平瘦长，上端圆钝，下端较尖，横截面呈椭圆形。长18、厚0.25厘米（图六三五，7）。标本ⅡT16②：1，磨制精细。器身扁平瘦长，上端圆钝，下端较尖，横截面呈椭圆形。长15.4、厚0.2厘米（图六三五，6；图版四四，1右3）。

骨钗　1件。标本ⅡT15②：5，磨制，尖残。器身扁平，上端圆钝，下端分两股，有尖。残长12.6、宽1.1厘米（图六三五，4）。

骨片　1件。标本ⅡT24②：17，呈长条三棱形，截面呈三角形。长12.9厘米（图六三五，5）。

钱币　有五铢、开元通宝、字迹不清等（表三六）。

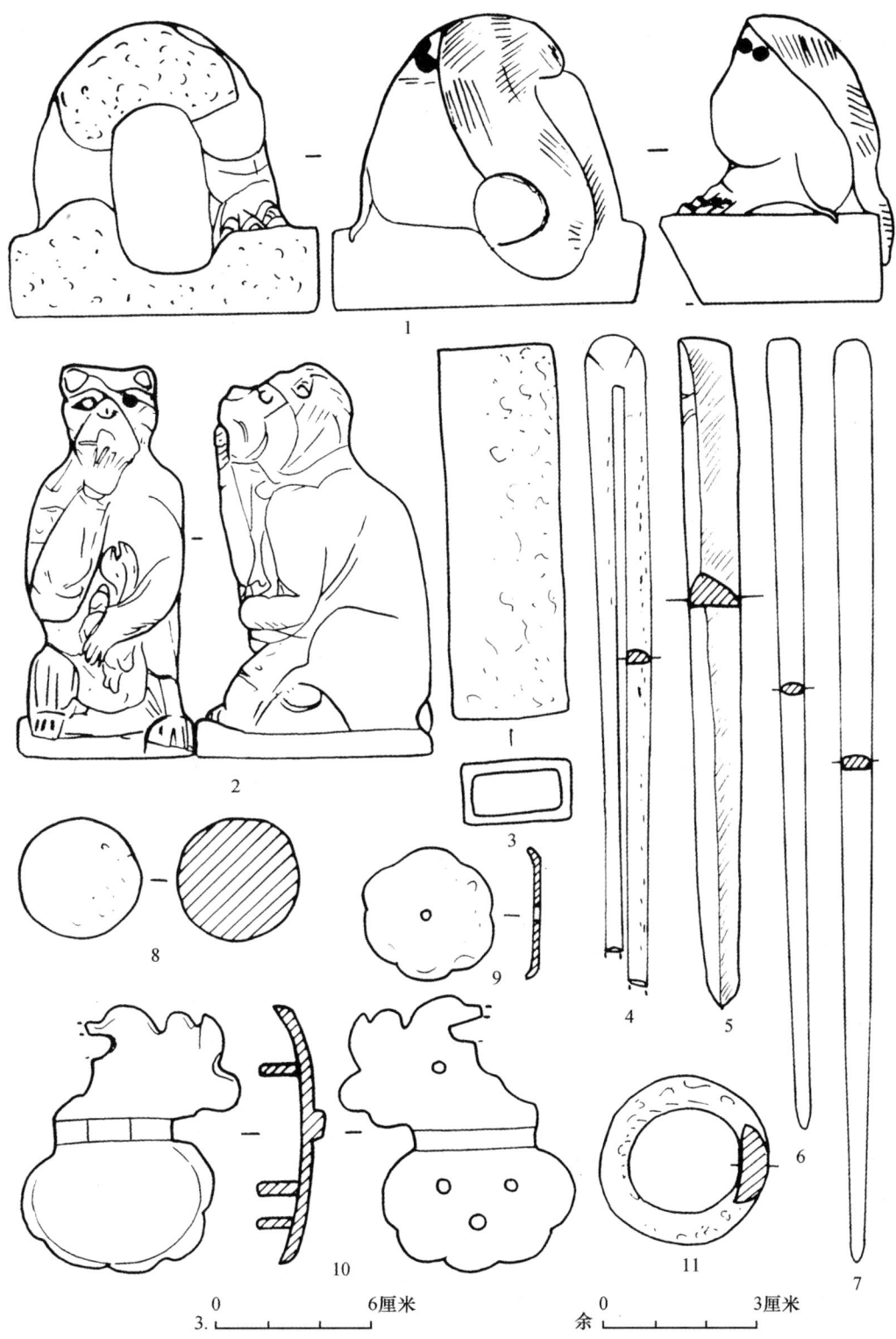

图六三五　ⅡC区②层出土器物

1. 三彩玩（ⅡT8②：4）　2. 釉陶玩（ⅡT16②：3）　3. 铁器（ⅡT21②：12）　4. 骨钗（ⅡT15②：5）
5. 骨片（ⅡT24②：17）　6、7. 骨簪（ⅡT16②：1、ⅡT16②：6）　8. 石球（ⅡT28②：4）
9. 铜饰件（ⅡT15②：11）　10. 铜合页（ⅡT22②：20）　11. 铜扳指（ⅡT28②：5）

表三六 Ⅱc区②层出土钱币统计表

种类	编号	数量	特征		直径	穿宽	重量	书体	读法	备注
			文字特征	记号						
五铢	T23②：13	1	"五"字较大，交笔处弯曲		2.5	0.9	2.4	篆	横	汉代
开元通宝	T6②：2、T6②：3	2	"元"字第一笔较长		2.4～2.5	0.6～0.7	3.2～4.8	隶	对	
	T15②：7、T15②：8	2	"元"字第一笔较长		2.4～2.5	0.6～0.7	3.9～4.6	隶	对	
	T16②：4	1	"元"字第一笔较长		2.5	0.6	4.3	隶	对	
	T22②：18、T22②：19	2	"元"字第一笔较长		2.5	0.6	4	隶	对	
	T24②：15	1	"元"字第一笔较长		2.5	0.6	3.6	隶	对	
	T5②：3	1	"元"字第一笔较短		2.5	0.6	4.2	隶	对	
	T8②：9	1	"元"字第一笔较短		2.4	0.7	4	隶	对	
	T24②：14	1	"元"字第一笔较短		2.5	0.7	4.5	隶	对	
	T5②：4	1	小字，"元"字第一笔较短		2.5	0.6	4.2	隶	对	
	T15②：9	1	小字	错背	2.4	0.7	3.6	隶	对	
	T21②：13	1		背上月	2.5	0.65	4.2	隶	对	
	T6②：4	1	钱体略小，"元"字第一笔略短		2.3	0.6	2.4	隶	对	
	T8②：5～T8②：8	4	钱体较小，字体模糊		2.3	0.5	3.6	隶	对	
	T15②：6	1	钱体较小，字体略小，"元"字第一笔较短，字离外郭较远		2.3	0.6	3.5	隶	对	
字迹不清	T15②：10	11								

五铢 1枚。钱文篆书，横读。标本ⅡT23②：13，"五"字较大，交笔处弯曲。直径2.5、穿宽0.9厘米。

开元通宝 20枚。钱文八分书体，对读。可分五型。

A型 8枚。"元"字第一笔较长。标本ⅡT6②：2、ⅡT6②：3，直径2.4～2.5、穿宽0.6～0.7厘米。标本ⅡT15②：7、ⅡT15②：8，直径2.4～2.5、穿宽0.6～0.7厘米。标本ⅡT16②：4，直径2.5、穿宽0.6厘米。标本ⅡT22②：18、ⅡT22②：19，直径2.5、穿宽0.6厘米。标本ⅡT24②：15，直径2.5、穿宽0.6厘米。

B型 4枚。"元"字第一笔较短。可分二亚型。

Ba型 3枚，"元"字第一笔较短。标本ⅡT5②：3，直径2.5、穿宽0.6厘米。标本ⅡT8②：9，直径2.4、穿宽0.7厘米。标本ⅡT24②：14，直径2.5、穿宽0.7厘米。

Bb型　1枚。小字，"元"字第一笔较短。标本ⅡT5②：4，直径2.5、穿宽0.6厘米。

C型　1枚。背上月。标本ⅡT21②：13，直径2.5、穿宽0.65厘米。

D型　1枚。小字，错背。标本ⅡT15②：9，直径2.4、穿宽0.7厘米。

E型　6枚。钱体略小。可分二亚型。

Ea型　2枚。标本ⅡT6②：4，钱体略小，"元"字第一笔略短。直径2.3、穿宽0.6厘米。标本ⅡT15②：6，钱体较小，字体略小，"元"字第一笔较短，字离外郭较远。直径2.3、穿宽0.6厘米。

Eb型　4枚。钱体较小，字体模糊。标本ⅡT8②：5~ⅡT8②：8，直径2.3、穿宽0.5厘米。

字迹不清　1枚。标本ⅡT15②：10。

② 第3层内出土器物

有陶器、瓷器、铜器、石器、骨器、钱币等。

陶器　有罐、盆、碗、盏、陶砚、陶球、瓦当等。

罐　2件。标本ⅡT8③：1，泥质灰褐陶。矮领，侈口，圆唇，圆肩，鼓腹，平底有旋削痕。通体素面抹光。口径8.8、底径6.2、高11.8厘米（图六三六，5）。标本ⅡT8③：2，泥质黑陶。侈口，圆唇，弧肩，鼓腹，平底略内凹，有旋削痕。素面抹光。口径8.2、底径6.4、高10.8厘米（图六三六，8）。

盆　2件。标本ⅡT8③：3，泥质灰陶。宽平沿略外斜，敞口，方唇，浅弧腹，平底，有旋削痕。外壁素面抹光，内壁饰暗弦纹。口径35.5、底径19.3、高9.5厘米（图六三六，2）。标本ⅡT20③：1，泥质灰褐陶。敞口，窄平沿，沿面饰锯齿纹，方唇，斜腹，平底，有旋削痕。素面抹光。口径15.3、底径6、高4.3厘米（图六三六，6）。

盏　1件。标本ⅡT13③：1，泥质灰陶。敞口，圆唇，斜弧腹，平底，有旋削痕，素面抹光。口径11.6、底径4.8、高4厘米（图六三六，14）。

陶砚　1件。标本ⅡT8③：9，泥质灰褐陶。模制，箕形，斜底，砚面呈斜坡状，砚口前端弧凸，背后部附贴两长方形矮足，后端残。残长10、前宽9、足高1.3厘米（图六三六，9）。

陶球　1件。标本ⅡT7③：1，泥质灰陶。捏制，圆形。直径1.8厘米（图六三六，4）。

瓦当　1件。莲蕾纹。标本ⅡT24③：1，残，泥质灰陶。以单环线将当面划分为内外区。内区以乳钉纹组成花蕊；外区饰八朵宝式莲蕾纹，间以"T"字纹相隔，且与内环线相连，外饰一周联珠纹。边轮宽2、当厚1.8厘米（图六三七）。

瓷器　有青瓷执壶、白瓷碗、青灰瓷碗、黑瓷碗等。

青瓷执壶　1件。标本ⅡT7③：5，侈口，圆唇，领较高，以下残。灰胎较细，施青釉。口径8、残高4.4厘米（图六三六，3）。

青灰瓷碗　1件。标本ⅡT21③：1，敞口，圆唇，斜弧腹略深，饼足。灰白色胎较细，内壁施满釉，外壁施半釉，釉色泛黄，呈青灰色，露胎处有旋削痕，底有3个支钉疤痕，口部及外壁有窑粘。口径13、底径6.8、高3.5厘米（图六三六，10）。

白瓷碗　1件。标本ⅡT6③：1，敞口，圆唇，斜腹，玉璧形足。白色胎较细，胎体厚重，

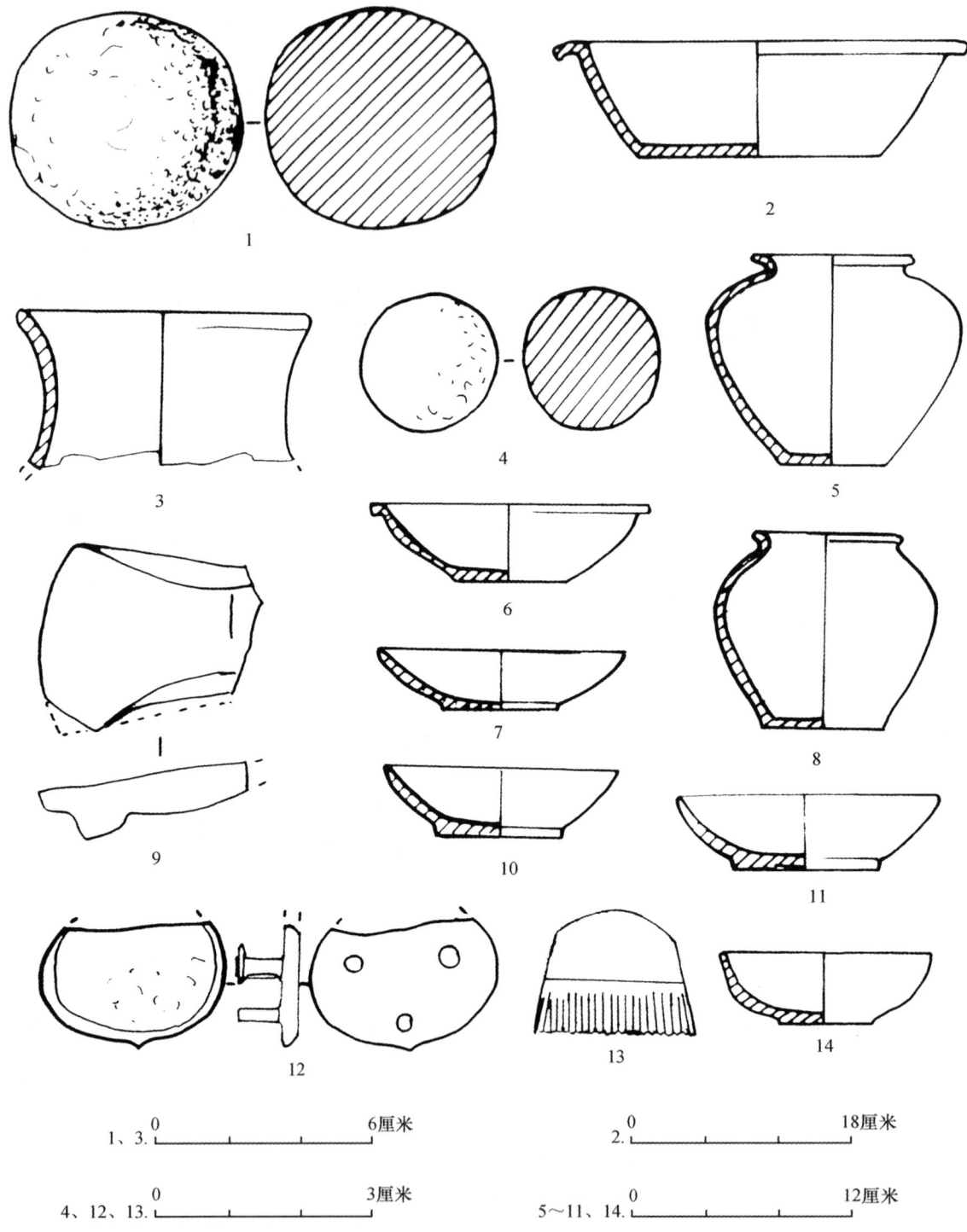

图六三六　Ⅱc区③层出土器物
1. 石球（ⅡT5③∶1）　2、6. 陶盆（ⅡT8③∶3、ⅡT20③∶1）　3. 瓷执壶（ⅡT7③∶5）　4. 陶球（ⅡT7③∶1）
5、8. 陶罐（ⅡT8③∶1、ⅡT8③∶2）　7、10、11. 瓷碗（ⅡT6③∶2、ⅡT21③∶1、ⅡT6③∶1）
9. 陶砚（ⅡT8③∶9）　12. 铊尾（ⅡT7③∶2）　13. 骨梳（ⅡT8③∶8）　14. 陶盏（ⅡT13③∶1）

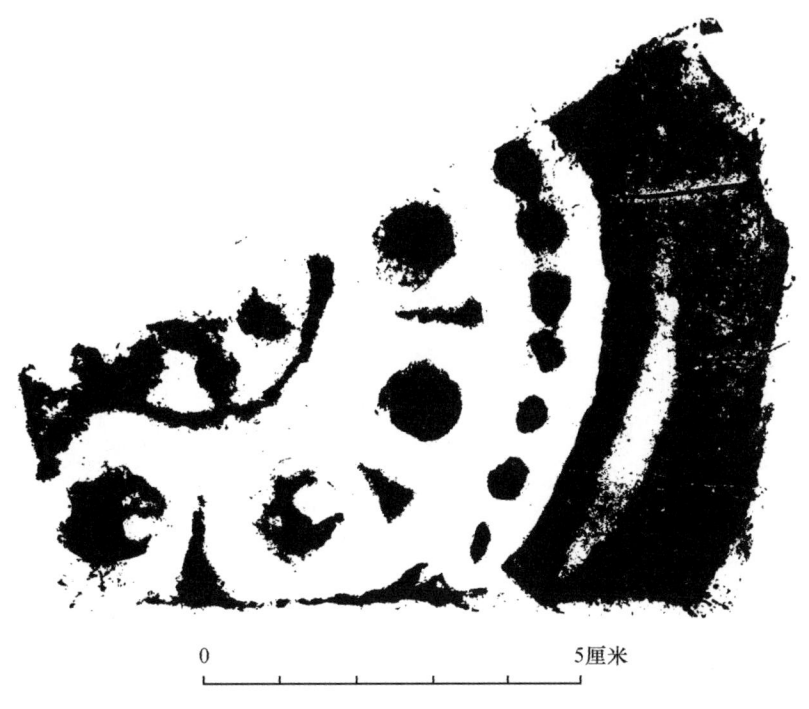

图六三七　Ⅱc区③层出土瓦当（ⅡT24③∶1）

施白釉，釉色光润，有冰裂纹，内底有支钉疤痕，足面有窑粘。口径15、底径7.3、高4厘米（图六三六，11）。

黑瓷碗　1件。标本ⅡT6③∶2，敞口较甚，圆唇，浅腹，饼足略内凹。青灰胎较细，内施白釉，釉色泛黄，外壁施茶叶末釉，内壁有窑粘，内底有支钉疤痕。口径14、底径6.2、高3.5厘米（图六三六，7）。

铊尾　1件。标本ⅡT7③∶2，稍残。呈圭形，盖底之间有3个铆钉铆合，是用于带尾的装饰。长2.5、残宽1.6厘米（图六三六，12）。

石球　1件。标本ⅡT5③∶1，磨制，圆形。直径6厘米（图六三六，1）。

骨梳　1件。标本ⅡT8③∶8，弧背略宽，梳齿细密。长2.1、宽1.6厘米（图六三六，13）。

钱币　开元通宝、字迹不清等（表三七）。

表三七　Ⅱc区③层出土钱币统计表

种类	编号	数量	特征		直径（厘米）	穿宽（厘米）	重量（克）	书体	读法	备注
			文字特征	记号						
开元通宝	T7③∶3	1	"元"字第一笔较长		2.4	0.6	3.6	隶	对	
	T8③∶7	1	"元"字第一笔较短		2.5	0.7	4.1	隶	对	
	T8③∶6	1	背上月		2.5	0.7	4	隶	对	
	T8③∶4	1	小钱，字迹模糊	错穿	2.2	0.4	3.4	隶	对	
	T8③∶5	1	小钱，字迹模糊，字间铸星		2.3	0.6	4.4	隶	对	
字迹不清	T7③∶4	1								

开元通宝　5枚。钱文八分书体，对读。可分四型。

A型　1枚。"元"字第一笔较长。标本ⅡT7③∶3，直径2.4、穿宽0.6厘米。

B型　1枚。"元"字第一笔较短。标本ⅡT8③∶7，直径2.5、穿宽0.7厘米。

C型　1枚。背上月。标本ⅡT8③∶6，直径2.5、穿宽0.7厘米。

D型　2枚。标本ⅡT8③∶4，小钱，字迹模糊，错穿。直径2.2、穿宽0.4厘米。标本ⅡT8③∶5，小钱，字迹模糊，字间铸星。直径2.3、穿宽0.6厘米。

字迹不清　1枚。标本ⅡT7③∶4。

③第4层内出土器物

有陶器、瓷器、钱币等。

陶器　有盂、盘、盏等。

盂　1件。标本ⅡT8④∶2，泥质灰陶，烧制变形。卷沿，敛口，圆唇，鼓腹。平底略内凹，有旋削痕。上腹饰暗弦纹，下腹素面抹光。口径21.2～24.4、底径12、高10厘米（图六三八，1）。

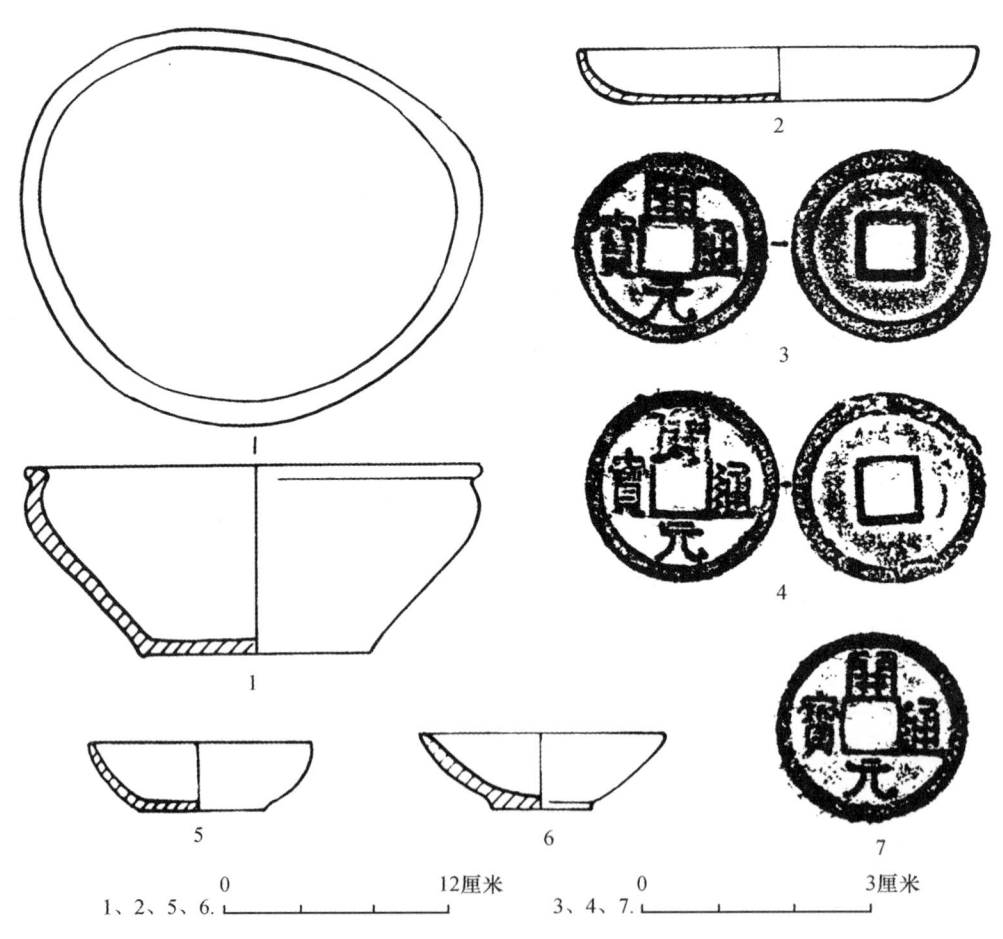

图六三八　Ⅱc区④层出土器物

1.陶盂（ⅡT8④∶2）　2.陶盘（ⅡT22④∶14）　3、4、7.钱币（ⅡT14④∶7、ⅡT14④∶8、ⅡT14④∶1）
5.陶盏（ⅡT16④∶1）　6.瓷碗（ⅡT8④∶1）

盘　1件。标本ⅡT22④：14，泥质灰褐陶。敞口，方唇，浅弧腹，平底。素面抹面。口径20.8、底径17、高2.8厘米（图六三八，2）。

盏　1件。标本ⅡT16④：1，泥质灰陶。敞口，圆唇，斜弧腹，平底略内凹，有旋削痕。素面抹光。口径12、底径6.7、高3.7厘米（图六三八，5）。

青瓷碗　1件。标本ⅡT8④：1，敞口，圆唇，斜弧腹，饼足。黄白胎略粗，外饰青釉，有蜡泪痕，器内挂化妆土，施白釉，内底有3个支钉疤痕。口径13、底径5.7、高4厘米（图六三八，6）。

钱币　有开元通宝、字迹不清等（表三八）。

表三八　Ⅱc区④层出土钱币统计表

种类	编号	数量	特征		直径（厘米）	穿宽（厘米）	重量（克）	书体	读法	备注
			文字特征	记号						
开元通宝	T14④：2～T14④：6	5	"元"字第一笔较长		2.5	0.7	4	隶	对	
	T8④：3、T8④：4	2	"元"字第一笔较短，"通"字"辶"三点不相连		2.3～2.5	0.6～0.7	3.2～4.2	隶	对	
	T14④：1	1	小字，"元"字第一笔较短，字离外郭较远		2.4	0.6	4	隶	对	
	T14④：7	1		背上月	2.5	0.6	4.7	隶	对	
	T14④：8	1		右背月	2.5	0.6	4.7	隶	对	
	T14④：9、T14④：10	2	内铸沙，字迹不清		2.4～2.5	0.6	4.4～4.8	隶	对	
字迹不清	T5④：1	1								

开元通宝　12枚。钱文八分书体，对读。可分四型。

A型　5枚。"元"字第一笔较长。标本ⅡT14④：2～ⅡT14④：6，直径2.5、穿宽0.7厘米。

B型　3枚。"元"字第一笔较短。可分二亚型。

Ba型　2枚，"元"字第一笔较短，"通"字"辶"三点不相连。标本ⅡT8④：3、ⅡT8④：4，直径2.3～2.5、穿宽0.6～0.7厘米。

Bb型　1枚。小字，"元"字第一笔较短，字离外郭较远。标本ⅡT14④：1，直径2.4、穿宽0.6厘米（图六三八，7）。

C型　2枚。背月。可分二亚型。

Ca型　1枚。"元"字第一笔较长，背上月。标本ⅡT14④：7，直径2.5、穿宽0.6厘米（图六三八，3）。

Cb型　1枚。右背月。标本ⅡT14④：8，直径2.5、穿宽0.6厘米（图六三八，4）。

D型　2枚。内铸沙，字迹不清。标本ⅡT14④：9、ⅡT14④：10，直径2.4～2.5、穿宽0.6厘米。

字迹不清　1枚。标本ⅡT5④：1。

（2）遗迹

1）房址

ⅡF1　位于第二发掘区的西部，扩在ⅡT15、ⅡT16、ⅡT18、ⅡT19、ⅡT20、ⅡT21、ⅡT22、ⅡT23、ⅡT24、ⅡT26、ⅡT27、ⅡT28等12个探方内。开口于第1层下，距地表20厘米，被ⅡH31、ⅡH59、ⅡH60、ⅡH61、ⅡH65、ⅡH66、ⅡJ11、ⅡJ13、ⅡJ14、ⅡJ15、ⅡJ17打破，打破ⅡH68、ⅡH69、ⅡH70、ⅡH71、ⅡH73、ⅡH74、ⅡH75、ⅡJ18、第2层至第4层堆积，建在第5层上。整体平面近长方形，略作前窄后宽，东西长约18.6、南北宽约13米，建筑面积240平方米。门向西南，方向185°。

该房址为平地起建，由墙体和隔墙两部分组成。墙体略低于居住面15～25厘米，一般用两侧夹板垫起经修整后，在其上抹草拌泥，局部多次修整，每次厚1厘米左右，因遭破坏只存局部。宽50～60、残存高50～70厘米。隔墙置于居住面上，一般用土坯立砌而成，其上亦抹草拌泥，厚与墙体相同。宽30～35、残存高25～65厘米。居住地面用黄土铺垫，因长期踩踏，部分地方凹凸不平，坚硬，呈层状结构，厚8～10厘米；其下垫土与墙体底部相平，黄灰色花土，土质较硬，厚15～25厘米，此层堆积可能为建房址前起找平作用。该房屋基址分4排11个单间，下面从东至西分述如下：

第一排：由前室、中室和后室三部分组成。前室平面呈长方形，东西宽260、南北长285厘米，面积约7.4平方米；在西壁中部设有门道，与第二排的前室相接，宽65厘米；在后壁中部设有门道，与中室相接，宽65厘米。中室位于前室之后，平面呈长方形，东西长260、南北宽250厘米，面积约6.5平方米；与前室的隔墙残高65厘米，在后壁中部设有门道，与后室相接，残宽60厘米。后室平呈长方形，东西宽260、南北长410厘米，面积约10.7平方米，在西壁近中部设有门道，与第二排的后室相接，宽65厘米。

第二排：位于第一排西侧。由前室、中室、后室三部分组成。前室平面呈长方形，东西长515、南北宽270厘米，面积约13.9平方米；在前壁近中部设有门道，宽75厘米，在门道设有门坎，宽与前壁相同，高50厘米，在门坎内侧筑有一台阶，用三块石块筑成，东西长60、宽35、高35厘米。在台阶的东侧置一陶瓮，一半高于地面，一半湮埋于地下，已压碎；在其西南部置一陶瓮，瓮口略高于地面，在房内东南角设一灶台，因遭破坏，只存局部，东西长85、南北宽50～80、高40厘米，灶坑呈长方形，长45、宽30、深20厘米。在东北角置一方砖，一侧光素，一侧饰规整的绳纹，印痕较深，边长32、厚5厘米；在其西墙的北段设一门道，宽65厘米，在门道南侧的墙壁上，设一壁龛，其内置陶壶、陶执壶各1件；与中室的隔墙残存高25厘米，中段设一门道，门宽55厘米。中室平面呈长方形，东西长515、南北宽250厘米，面积约12.9平方米；在其西南部置一砚台，在东南部置一大型铁器（铁砧）。后室平面呈长方形，东西长515、南北宽400厘米，面积约20.6平方米；在西壁中部设有门道，与第三排的后室相接，宽60厘米，在门道设有门坎，宽与西壁相同，高50厘米。

第三排：由前室和后室两部分组成。前室平面呈长方形，东西宽350、南北长730厘米，面积约25.6平方米；前壁中段设一门道，因遭破坏，东半部残，宽度不详。在其西北部设一地灶，呈长方形，长35、宽25、深25厘米，周壁用土坯筑就，其上抹草拌泥，厚1厘米左右，经使用已烧成红褐色的硬面。在房内后半部置陶罐1件，湮埋地下，口部与地面相平，其上用陶片封着，内置谷物，已朽；在其西北部置陶壶2件，均湮埋于地下，口部略高于地面，其上亦用陶片封着，内置钱币。后室平面呈长方形，东西长430、南北宽400厘米，面积约17.2平方米；在房内近西北部设一灶台，因遭破坏，只存灶坑底部，由火门、灶坑、烟道三部分组成。火门位于灶坑前端，宽15厘米，灶坑平面呈椭圆形，斜弧壁、圜底，直径50～60、深15、烟道宽15厘米。在其西南部置一陶罐，湮埋地下，罐口于地面相平，内置谷物，已朽；在其东壁中部筑一台阶，南北长55、东西宽35、高40厘米，用石块砌筑，顶部置一块经过加工的石板，可能是通往第二排后室的台阶。

第四排：由前室、中室和后室三部分组成。前室平面呈长方形，略作前窄后宽，东西宽360、南北长440厘米，面积约15.8平方米；在前壁中部设有门道，宽80厘米。在房内近西南部和东南部各置有陶瓮，均湮埋于地下，瓮口略高于地面，在西南部的陶瓮内置瓷碗2件，瓷钵1件；在通往中室过道的东侧置一陶罐，内置谷物，已朽。中室平面呈长方形，东西长400、南北宽350厘米，面积约14平方米；在房内近西部设一隔墙，从西到东长220、宽35、残存高35厘米，在墙壁的东侧发现2个柱洞，相距80、直径20、深15～20厘米，在近东壁中部设一灶坑，由灶坑，烟道和通风坑三部分组成，灶平面近圆形，斜弧壁、圜底，直径35～50、深20厘米，烟道位于灶坑东侧，宽15、深10～20厘米，通风孔位于灶坑的前端，平面呈长方形，长30、宽17、深20厘米，平底与灶坑相接，均用土坯砌筑，经使用已烧成红褐色的硬面。在通风孔的前端置一陶罐，湮埋地下，口部于地面相平。后室平面呈长方形，东西长420、南北宽370厘米，面积约15.5平方米；在其西南部设一灶坑，因遭破坏，只存底部，平面呈圆形，斜壁、圜底，直径35、深20厘米，前端中部设一通风孔，宽10、深15厘米，后端中部设一烟道，宽10、深15～20厘米。该排房屋基址根据其残存迹象分析推测，前室和中室经过修补，有两层地面。与第三排相隔的墙壁中部有间隙，在中室的四个拐角处设有垫土台，较为对称，每个垫土台上置一石块，可能为修补时的柱础石，垫土台可能为柱础的基础。因为此组房屋基址的柱洞发现较少，屋顶结构无法推测。

房内堆积为灰褐色花土，土质较松软，夹杂草木灰、木炭粒、红烧土块等，内含遗物较丰富，出土大量的陶片、瓷片和动物骨骼等，有部分骨骼留有加工的痕迹或为半成品。出土器物有陶器、瓷器、铜器、铁器、石器、骨器、蚌器、钱币等；动物骨骼有羊、牛、马、猪、鸡等骨骼（图六三九）。

陶器 有壶、执壶、罐、瓮、盆、盂、盒、碗、盏、匜、纺轮、砖、瓦当等。

壶 4件。标本ⅡF1∶11，泥质灰陶。侈口，折沿，尖圆唇，细颈，鼓腹，平底，有旋削痕。上腹饰暗弦纹，下腹素面抹光。口径10、底径9.2、高24.3厘米（图六四〇，4）。标本ⅡF1∶10，口残，泥质灰褐陶。弧鼓腹，平底，有旋削痕。上腹饰暗旋纹，下腹素面抹光。底径9、残高20.3厘米（图六四〇，8）。标本ⅡF1∶12，泥质灰陶。侈口，圆唇，细颈，弧肩，鼓腹，平底，有旋削痕。上腹饰暗弦纹，下腹素面抹光。口径9.4、底径11、高19厘米（图六四

○，10）。标本ⅡF1:16，泥质灰陶。侈口，圆唇，束颈，圆腹，平底略内凹，有旋削痕。上腹饰暗弦纹，下腹素面抹光。口径10.3、底径11.6、高20厘米（图六四○，7）。

执壶　2件。标本ⅡF1:17，泥质灰褐陶。浅盘口，尖圆唇，短直流，弧肩，把手残，垂腹，隐圈足。颈、肩饰纵向暗纹，不甚规整，以下素面抹光，有抹痕。口径5.6、底径8.8、高16厘米（图六四○，11）。标本ⅡF1:18，泥质灰陶。侈口，圆唇，短直流，弧鼓腹，上腹附贴錾耳，以下残，留有粘痕，平底略内凹，有旋消痕。素面抹光。口径7.2、底径5.6、高11.2厘米（图六四○，5）。

罐　4件。标本ⅡF1:8，泥质灰陶。侈口，尖圆唇，矮领，鼓腹，平底。素面抹光。口径10.4、底径8.6、高11.3厘米（图六四○，6）。标本ⅡF1:9，泥质灰陶。侈口，尖圆唇，矮领，鼓腹，平底，有旋削痕。素面抹光。口径9、底径7.7、高12厘米（图六四○，9）。标本ⅡF1:14，泥质灰陶。侈口，圆唇，矮领略高，弧鼓腹，平底略内凹，有旋削痕。肩饰暗弦纹，以下素面抹光。器内有谷子朽壳。口径11.3、底径10.3、高17.6厘米（图六四○，12）。标本ⅡF1:7，泥质灰陶。侈口，厚圆唇，弧肩，圆腹，平底。上腹饰暗弦纹，下腹素面抹光。口径22.6、底径15.6、高38.1厘米（图六四○，3）。

双系罐　2件。标本ⅡF1:20，泥质灰陶侈口，窄平沿，圆唇，溜肩，附贴对称的双系，圆腹，以下残。素面抹光。口径13、残高15厘米（图六四○，14）。标本ⅡF1:15，泥质灰黑陶。大口内敛，圆唇，口外附贴对称的双系，弧鼓腹，以下残。素面抹光，上腹饰凹弦纹一周。口径12.2、残高8.8厘米（图六四○，13）。

瓮　2件。标本ⅡF1:6，泥质灰陶。侈口，厚圆唇，弧肩，鼓腹，平底，有旋削痕。素面抹光。口径51、底径34、高90.8厘米（图六四○，1）。标本ⅡF1:1，泥质灰陶，侈口，厚圆唇，弧肩，腹弧鼓，平底。素面抹光。口径32.6、底径33、高70厘米（图六四○，2）。

盆　22件。标本ⅡF1:45，泥质灰陶。宽平沿，敞口，方唇，斜腹，近底部内凹，平底。素面抹光。口径62、底径25、高23.5厘米（图六四一，1）。标本ⅡF1:59，口径39.5、底径16、高15厘米（图六四一，21）。标本ⅡF1:58，口径38、底径16.5、高14.5厘米（图六四一，20）。标本ⅡF1:61，口径40.5、底径17、高14.3厘米（图六四一，16）。标本ⅡF1:37，泥质灰陶。宽平沿，敞口，圆唇，斜腹微弧，平底，有旋削痕，外壁素面，内壁饰暗弦纹。口径30.8、底径12.3、高9.7厘米（图六四一，10）。标本ⅡF1:34，口径28.8、底径12、高9.6厘米（图六四一，3）。标本ⅡF1:38，口径30、底径12.4、高10.7厘米（图六四一，12）。标本ⅡF1:39，口径29.4、底径12.3、高10.2厘米（图六四一，8）。标本ⅡF1:40，口径30.2、底径12.8、高11.3厘米（图六四一，18）。标本ⅡF1:52，口径31、底径13、高10.8厘米（图六四一，11）。标本ⅡF1:60，口径28.3、底径10.3、高10.4厘米（图六四一，19）。标本ⅡF1:63，口径28.5、底径12、高10.2厘米（图六四一，2）。标本ⅡF1:41，泥质灰陶。宽平沿，沿面略微弧，敞口，尖圆唇，斜腹微弧，平底，有旋削痕。外壁素面抹光，内壁饰暗弦纹。口径28、底径14、高10.8厘米（图六四一，14）。标本ⅡF1:51，泥质灰陶。口径33.5、底径18、高8.5厘米（图六四一，5）。标本ⅡF1:62，泥质灰陶。口径35、底径18.2、高9.6厘

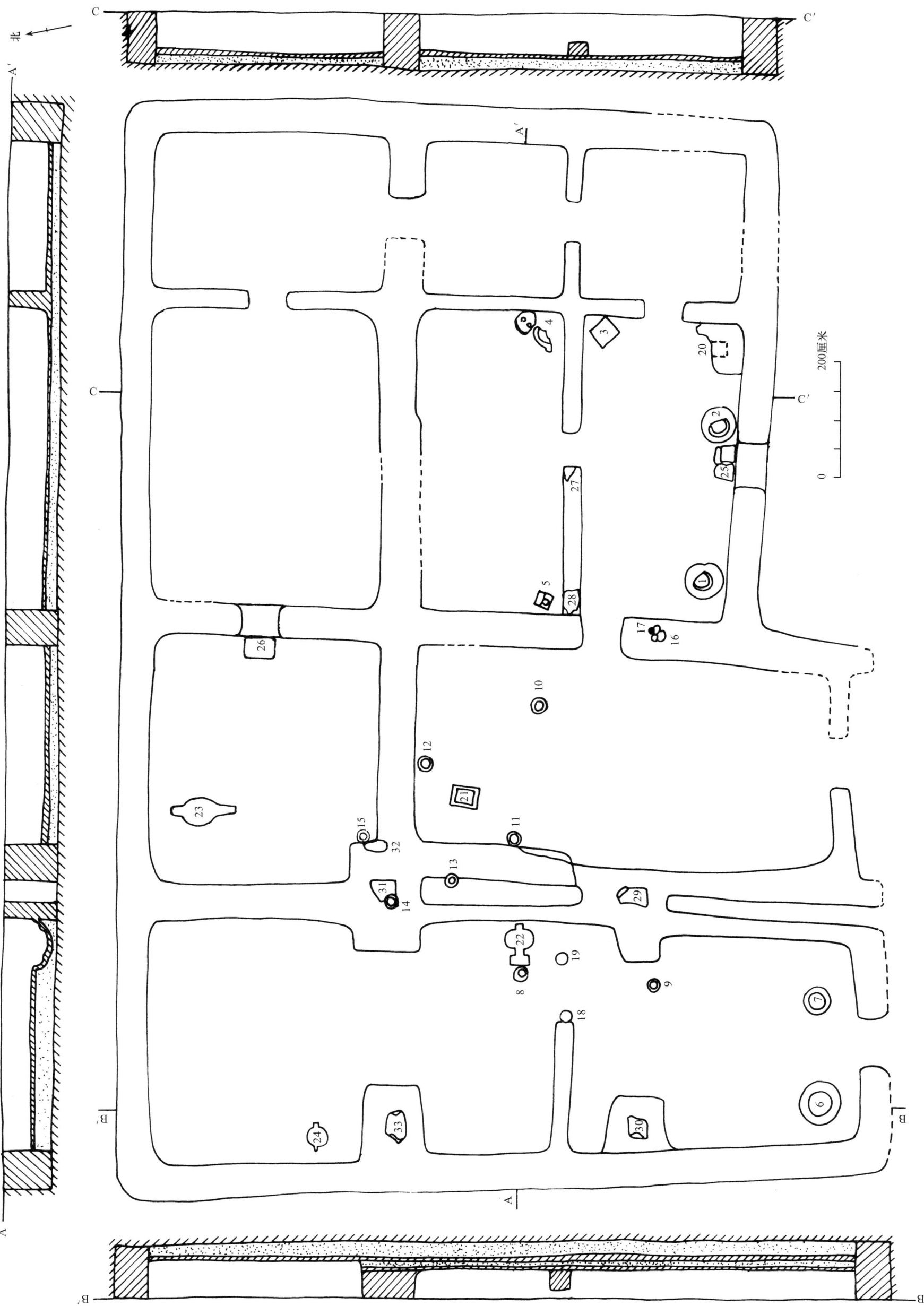

图六三九 ⅡF1平、剖面图

1、2、6、7.陶瓮 3.砖 4.铁钻 5.石砚 8~10、13~15.陶罐 11、12、16.陶壶 17.陶执壶 18、19.柱洞 20~24.灶 25、26.台阶石 27~33.石块

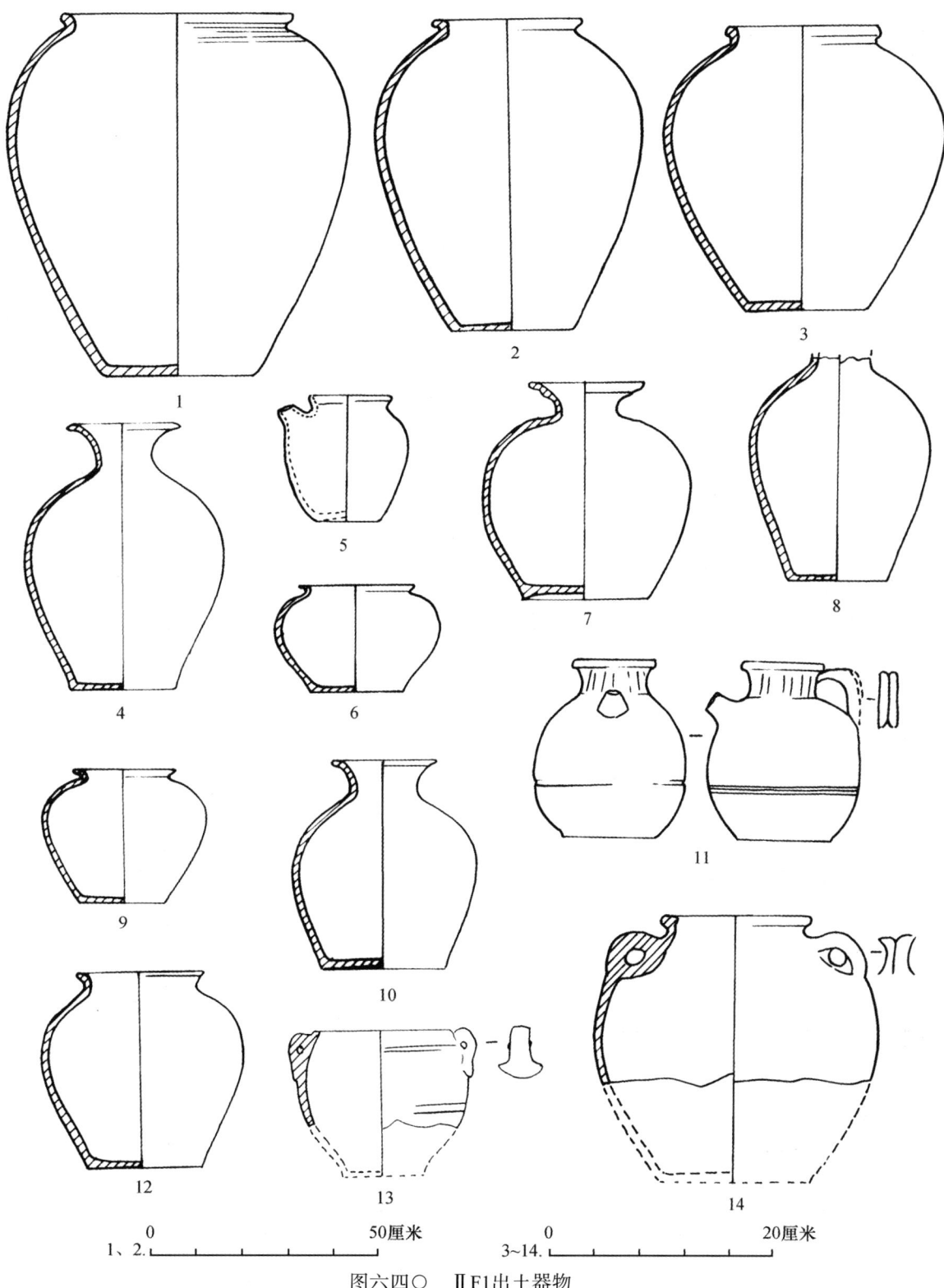

图六四〇　ⅡF1出土器物

1、2.陶瓮（ⅡF1：6、ⅡF1：1）　3、6、9、12~14.陶罐（ⅡF1：7、ⅡF1：8、ⅡF1：9、ⅡF1：14、ⅡF1：15、ⅡF1：20）
4、7、8、10.陶壶（ⅡF1：11、ⅡF1：16、ⅡF1：10、ⅡF1：12）　5、11.陶执壶（ⅡF1：18、ⅡF1：17）

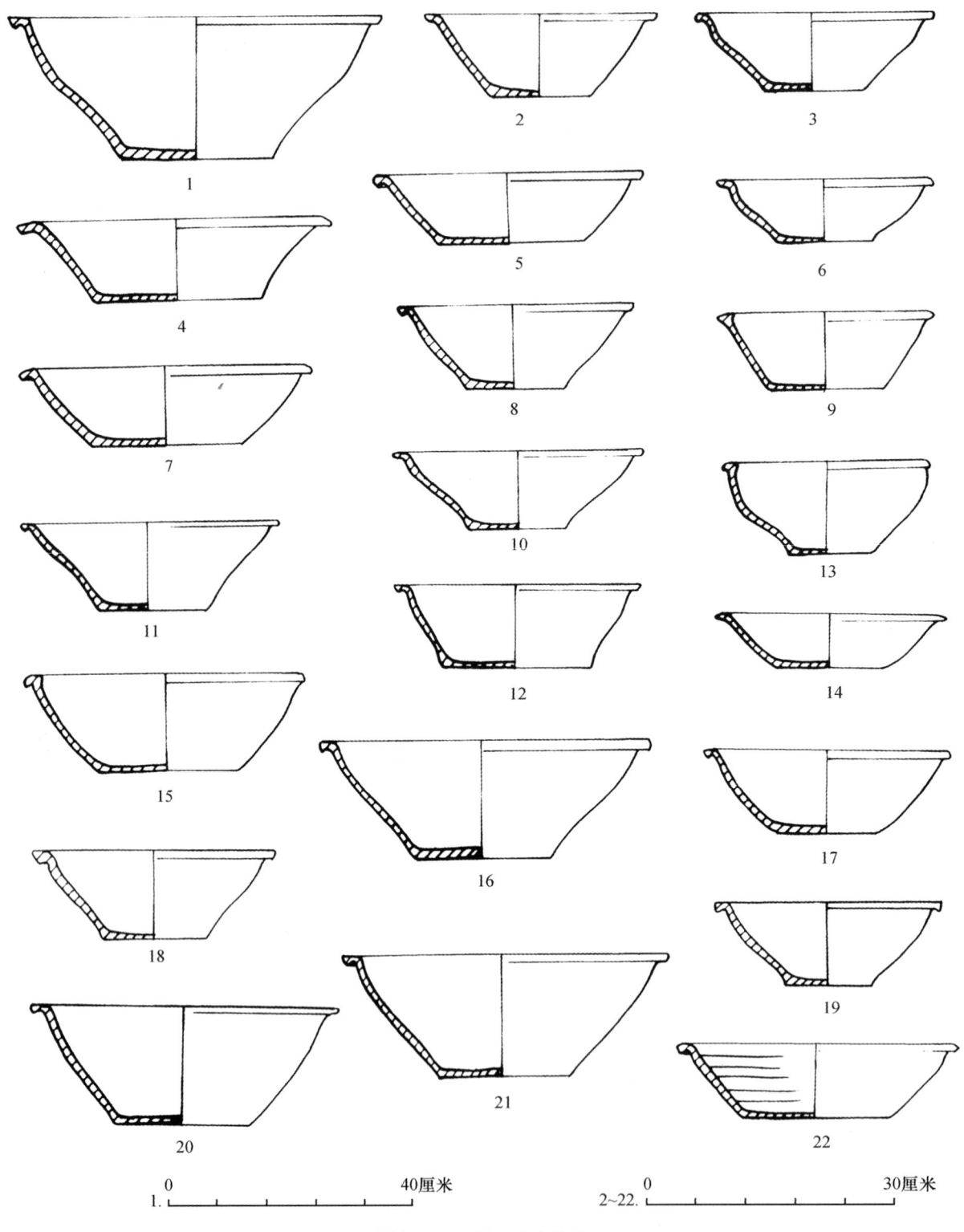

图六四一　ⅡF1出土陶盆

1. ⅡF1∶45　2. ⅡF1∶63　3. ⅡF1∶34　4. ⅡF1∶44　5. ⅡF1∶51　6. ⅡF1∶36　7. ⅡF1∶62　8. ⅡF1∶39　9. ⅡF1∶33
10. ⅡF1∶37　11. ⅡF1∶52　12. ⅡF1∶38　13. ⅡF1∶55　14. ⅡF1∶41　15. ⅡF1∶50　16. ⅡF1∶61
17. ⅡF1∶53　18. ⅡF1∶40　19. ⅡF1∶60　20. ⅡF1∶58　21. ⅡF1∶59　22. ⅡF1∶42

米（图六四一，7）。标本ⅡF1：44，泥质灰陶。口径37.7、底径21、高10.2厘米（图六四一，4）。标本ⅡF1：42，泥质灰陶。宽平沿，沿面略微弧，敞口，尖圆唇，斜腹，平底，有旋削痕。外壁素面抹光，内壁饰暗弦纹。口径34、底径17.5、高9厘米（图六四一，22）。标本ⅡF1：50，泥质灰陶。卷沿，微敛口，厚圆唇，斜弧腹，平底略内凹。素面抹光。口径34、底径17、高12.5厘米（图六四一，15）。标本ⅡF1：53，泥质灰褐陶。卷沿，敞口，尖圆唇，斜腹微弧，平底，有旋削痕。外壁素面抹光，内壁饰暗弦纹。口径29.7、底径12.5、高10.3厘米（图六四一，17）。标本ⅡF1：55，泥质灰褐陶。卷沿，敛口，尖圆唇，斜弧腹，平底，有旋削痕。外壁素面抹光，内壁饰暗弦纹。口径25、底径10、高11.3厘米（图六四一，13）。标本ⅡF1：33，泥质灰褐陶。卷沿，敛口，尖圆唇，斜腹，微弧，平底，有旋削痕，外壁饰弦纹，内壁饰暗弦纹。口径27.5、底径14、高9.6厘米（图六四一，9）。标本ⅡF1：36，泥质灰陶。卷沿，敛口，尖圆唇，斜弧腹，近底部有略内凹，平底，有旋削痕。外壁素面抹光，内壁饰暗弦纹。口径26、底径11.6、高10.8厘米（图六四一，6）。

盂　2件。标本ⅡF1：21，泥质灰陶。卷沿，敛口，圆唇，曲腹，平底内凹。通体素面抹光。口径22.3、底径14、高10.8厘米（图六四二，6）。标本ⅡF1：22，泥质灰褐陶。卷沿，敛口，圆唇，鼓腹，近底部略向内凹，平底内凹，有旋削痕。口径26.9、底径16.3、高11.5厘米（图六四二，8）。

盒　1件。标本ⅡF1：88，泥质灰陶。子母口，斜弧腹，平底，有旋削痕。素面抹光。口径10、底径5、高4.5厘米（图六四二，4）。

碗　1件。标本ⅡF1：30，泥质灰陶。敞口，窄沿外斜，尖圆唇，沿面饰压印纹，斜腹，平底，有旋削痕。素面抹光。口径11.6、底径3.8、高3.7厘米（图六四二，10）。

盏　4件。标本ⅡF1：110，泥质灰褐陶，敞口，圆唇，斜腹，平底，有旋削痕。素面抹光，口部有烟炱。口径12、底径4.4、高4厘米（图六四二，11）。标本ⅡF1：97，泥质灰陶。敞口，圆唇，斜腹，平底，有旋削痕。素面抹光。口径12、底径5.2、高3.2厘米（图六四二，12）。标本ⅡF1：129，泥质灰陶。敞口，圆唇，斜腹，平底，有旋削痕。素面抹光。口径11.8、底径5.3、高3.8厘米（图六四二，5）。标本ⅡF1：76，泥质灰陶。敞口，圆唇，浅弧腹，平底，有旋削痕。素面抹光。口径10、底径4.5、高3.3厘米（图六四二，9）。

匜　1件。标本ⅡF1：176，泥质灰陶，模制。直口微内敛，弧腹，底残，一侧模制龟头柄。口径6.8、残高2.8厘米（图六四二，7）。

纺轮　2件。形制相同，泥质灰陶片，琢制而成。平面近圆形，中心钻孔，对钻。标本ⅡF1：177，孔径0.5、直径3.6、厚1.1厘米（图六四二，3）。标本ⅡF1：178，孔径0.4、直径3、厚1.3厘米（图六四二，2）。

方砖　1件。标本ⅡF1：3，灰色。平面近方形，一侧素面，一侧饰纵向沟纹，长32、宽31、厚5厘米（图六四二，1）。

瓦当　1件。莲蕾纹。标本ⅡF1：241，残，泥质灰陶。以单环线将当面划分为内外区。内区以乳钉纹组成花蕊；外区饰八朵宝式莲蕾纹，间以"T"字纹相隔，且与内环线相连，外饰

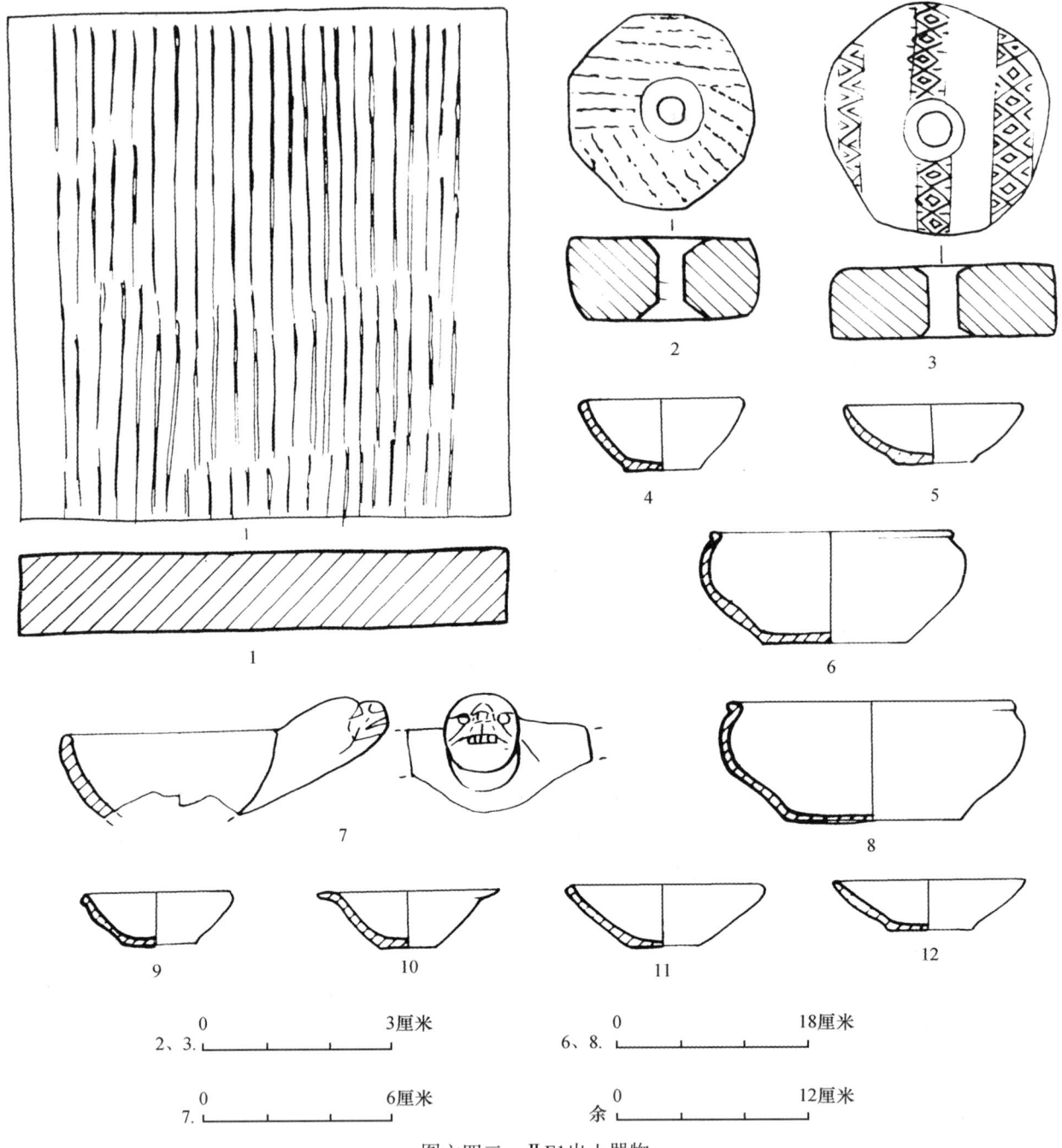

图六四二 ⅡF1出土器物

1.方砖（ⅡF1：3） 2、3.陶纺轮（ⅡF1：178、ⅡF1：177） 4.陶盒（ⅡF1：88） 5、9、11、12.陶盏（ⅡF7：129、ⅡF1：76、ⅡF1：110、ⅡF1：97） 6、8.陶盂（ⅡF1：21、ⅡF1：22） 7.陶匜（ⅡF1：176） 10.陶碗（ⅡF1：30）

一周联珠纹。边轮宽1.8、当厚1.6厘米（图六四三）。

瓷器 有邢窑碗、青瓷钵、碗、白瓷执壶、罐、钵、碗、青灰瓷碗、杯、炉、研磨盘、黑瓷壶、钵、碗、杯、盏、铃、三彩执壶、罐、器盖、三彩瓷玩、釉陶炉、釉陶器盖等。

邢窑碗 9件。标本ⅡF1：132，敞口，圆卷唇，斜腹，玉璧形足。白胎细洁，胎体较薄，施白釉，釉色光润泛青，足心亦施釉。口径13.5、底径7、高3.5厘米（图六四四，24）。标本ⅡF1：126，敞口，圆卷唇，浅弧腹，窄环形圈足，白胎细洁，施白釉，釉色泛青，有蜡泪痕。口径15.2、底径7.2、高3.2厘米（图六四四，21）。标本ⅡF1：95，敞口，圆卷唇，浅弧腹，窄环形圈足。白胎细洁，施白釉，釉色泛青，足心亦施釉，足底有窑粘。口径14.4、底径6.8、高3.6厘米（图六四四，16）。标本ⅡF1：86，敞口，圆卷唇，浅弧腹，窄环形圈足。白胎细洁，施白釉，釉色泛青，足心亦施釉，足底有窑粘。口径12.8、底径6.4、高3.8厘米（图六四四，23）。标本ⅡF1：148，敞口，圆卷唇，浅弧腹，玉璧形足。白胎细洁，施白釉，釉色泛青，足心亦施釉。口径14、底径7.5、高3.8厘米（图六四四，20）。标本ⅡF1：85，敞口，圆唇，弧腹，玉璧形足。白胎细

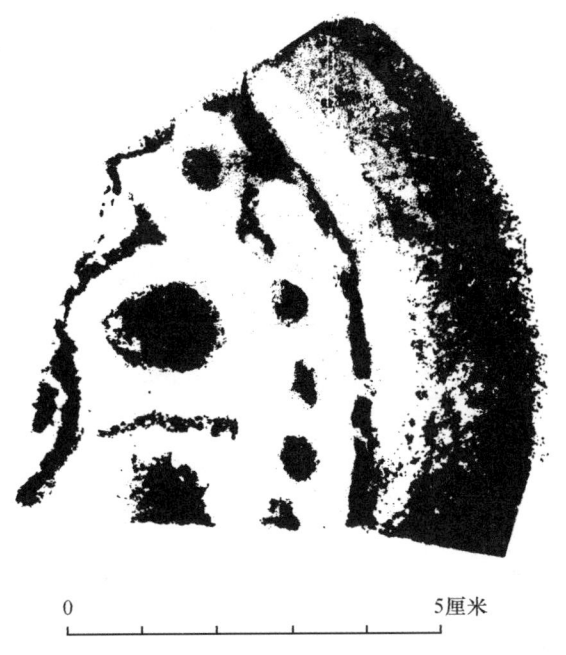

图六四三　ⅡF1出土瓦当（ⅡF1：241）

洁，施白釉，釉色泛青，有冰裂纹，足心亦施釉。口径13.8、底径7、高4.2厘米（图六四四，18）。标本ⅡF1：73，敞口，圆唇，弧腹，玉璧形足。白胎细洁，施白釉，釉色光润，有冰裂纹，足心亦施釉。口径13.4、底径7、高4.6厘米（图六四四，5）。标本ⅡF1：128，敞口，圆唇，斜弧腹，窄环形圈足。白胎细洁，施白釉，釉色泛青。口径12.8、底径7.2、高4厘米（图六四四，17）。标本ⅡF1：136，敞口，尖圆唇，斜弧腹，窄环形圈足。白胎细洁，施白釉，釉色泛青，下腹有窑粘。口径12、底径4.6、高3.8厘米（图六四四，22）。

青瓷钵　1件。标本ⅡF1：26，敛口，圆唇，弧鼓腹，饼足。灰白胎较细，唇口部刮釉，有芒，内壁施满釉，外施半釉，露胎处饰弦纹数周。口径12、底径8、高7.4厘米（图六四四，3）。

青瓷碗　3件。标本ⅡF1：123，敞口，圆唇，斜直腹，饼足。白灰胎较细，外施青釉，器内挂化妆土，施白釉，外唇下部不施釉，内底有支钉疤痕。口径13.3、底径6.8、高4厘米（图六四四，13）。标本ⅡF1：124，敞口，圆唇，斜腹微弧，饼足。外腹壁饰弦纹三周。白灰胎较细，外施青釉，器内挂化妆土，施白釉，口部和外壁有窑粘。口径13.2、底径6、高4厘米（图六四四，11）。标本ⅡF1：74，形制、胎、釉同上。口径13、底径6.3、高4厘米（图六四五，4）。

青灰瓷碗　17件。标本ⅡF1：122，敞口，圆唇，斜腹微弧，饼足。灰胎较细，先涂白色化妆土，内壁施满釉，外壁施半釉，釉色泛灰，呈青灰色，露胎处有旋削痕，内底有3个支钉疤痕，口部有窑粘。口径12.4、底径6.2、高3.5厘米（图六四五，13）。标本ⅡF1：106，口径12.5、底径6.7、高3.6厘米（图六四五，6）。标本ⅡF1：67，敞口，圆唇，斜腹微弧，玉

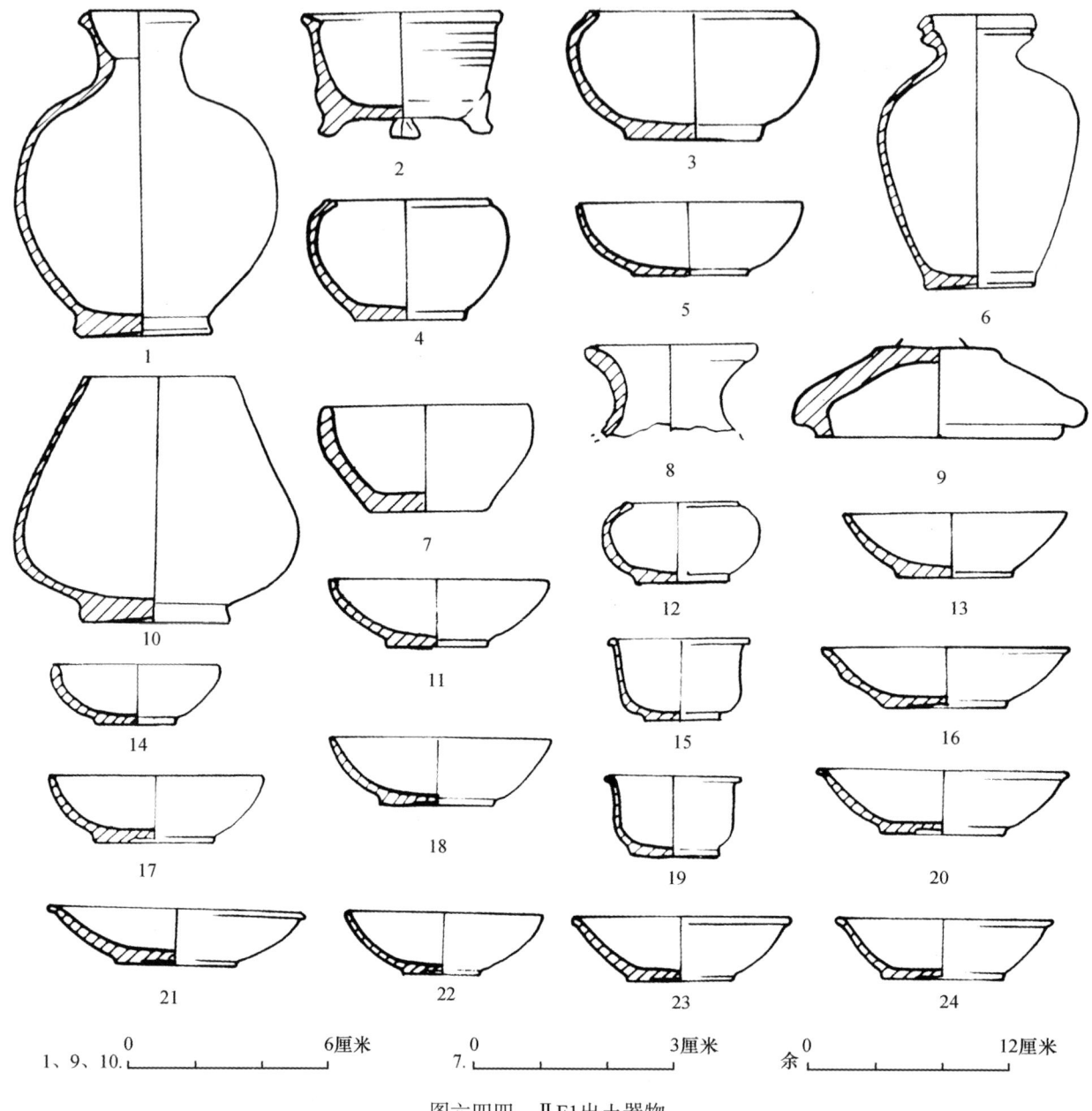

图六四四 ⅡF1出土器物

1、6. 瓷壶（ⅡF1：193、ⅡF1：226） 2. 釉陶炉（ⅡF1：23） 3、4、12. 瓷钵（ⅡF1：26、ⅡF1：28、ⅡF1：24）
5、11、13、16~18、20~24. 瓷碗（ⅡF1：73、ⅡF1：124、ⅡF1：123、ⅡF1：95、ⅡF1：128、ⅡF1：85、
ⅡF1：148、ⅡF1：126、ⅡF1：136、ⅡF1：86、ⅡF1：132） 10. 鸡心罐（ⅡF1：192） 7. 瓷盅（ⅡF1：173）
8. 瓷执壶（ⅡF1：243） 9. 三彩器盖（ⅡF1：170） 14. 研磨盘（ⅡF1：31） 15、19. 瓷杯（ⅡF1：27、ⅡF1：29）

壁形足。灰胎较细，先涂白色化妆土，内壁施满釉，外壁施半釉，釉色泛灰，呈青灰色，有蜡泪痕，内底有支钉疤痕，口部有窑粘。口径12.3、底径6.7、高3.6厘米（图六四五，16）。

标本ⅡF1：115，敞口，圆唇，斜腹微弧，饼足。灰胎较细，先涂白色化妆土，内壁施满釉，外壁施半釉，釉色泛灰，呈青灰色，露胎处有旋削痕，内底有3个支钉疤痕，有蜡泪痕。口径

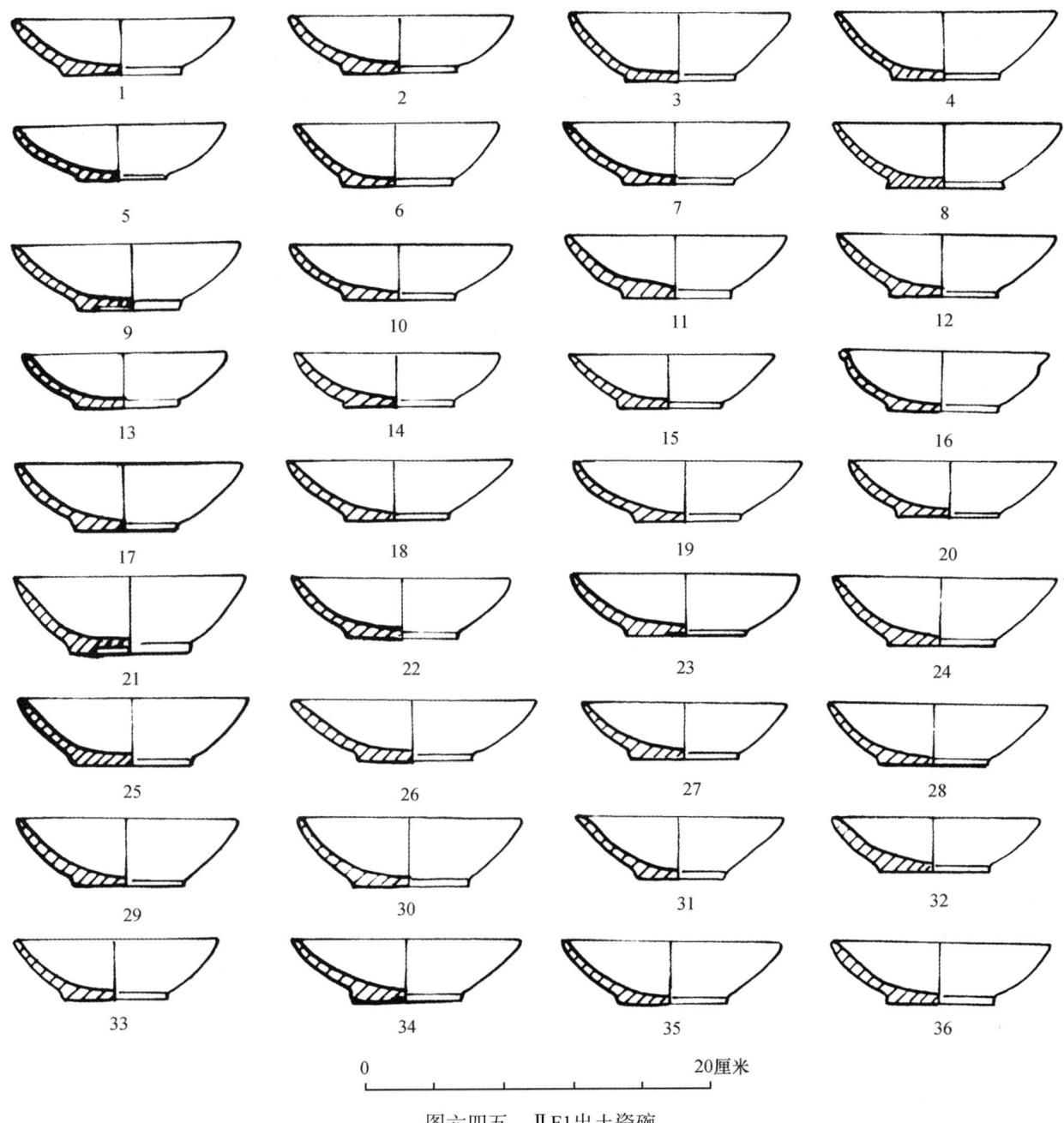

图六四五　ⅡF1出土瓷碗

1. ⅡF1∶135　2. ⅡF1∶115　3. ⅡF1∶93　4. ⅡF1∶74　5. ⅡF1∶101　6. ⅡF1∶106　7. ⅡF1∶105　8. ⅡF1∶94　9. ⅡF1∶82　10. ⅡF1∶156　11. ⅡF1∶77　12. ⅡF1∶161　13. ⅡF1∶122　14. ⅡF1∶69　15. ⅡF1∶144　16. ⅡF1∶67　17. ⅡF1∶141　18. ⅡF1∶121　19. ⅡF1∶119　20. ⅡF1∶120　21. ⅡF1∶142　22. ⅡF1∶153　23. ⅡF1∶150　24. ⅡF1∶80　25. ⅡF1∶113　26. ⅡF1∶143　27. ⅡF1∶138　28. ⅡF1∶78　29. ⅡF1∶71　30. ⅡF1∶164　31. ⅡF1∶84　32. ⅡF1∶165　33. ⅡF1∶145　34. ⅡF1∶137　35. ⅡF1∶79　36. ⅡF1∶112

13、底径6.7、高3.5厘米（图六四五，2）。标本ⅡF1∶105，敞口，圆唇，斜腹微弧，玉璧形足。灰胎较细，先涂白色化妆土，内壁施满釉，外壁施半釉，釉色泛灰，呈青灰色，有蜡泪痕，内底有支钉疤痕，口部有窑粘。口径13.5、底径6.3、高3.6厘米（图六四五，7）。标本ⅡF1：94，敞口，圆唇，斜腹微弧，玉璧形足。灰胎较细，先涂白色化妆土，内壁施满釉，外壁施半釉，釉色泛灰，呈青灰色，有蜡泪痕，内底有支钉疤痕，口部有窑粘。口径13.2、底径7、高3.9厘米（图六四五，8）。标本ⅡF1：69，敞口，圆唇，斜腹微弧，玉璧形足。灰胎较细，先涂白色化妆土，内壁施满釉，外壁施半釉，釉色泛灰，呈青灰色，有蜡泪痕，内底有支钉疤痕，口部有窑粘。口径12、底径6、高3.3厘米（图六四五，14）。标本ⅡF1：77，敞口，圆唇，斜腹微弧，玉璧形足。灰胎较细，先涂白色化妆土，内壁施满釉，外壁施半釉，釉色泛灰，呈青灰色，有蜡泪痕，内底有支钉疤痕，口部有窑粘。口径12.8、底径6.8、高3.8厘米（图六四五，11）。标本ⅡF1：93，敞口，圆唇，斜腹微弧，玉璧形足。灰胎较细，先涂白色化妆土，内壁施满釉，外壁施半釉，釉色泛灰，呈青灰色，有蜡泪痕，内底有支钉疤痕，口部有窑粘。口径13、底径6.5、高4.1厘米（图六四五，3）。标本ⅡF1：156，敞口，圆唇，斜腹微弧，玉璧形足。灰胎较细，先涂白色化妆土，内壁施满釉，外壁施半釉，釉色泛灰，呈青灰色，有蜡泪痕，内底有支钉疤痕，口部有窑粘。口径12.9、底径6.7、高3.3厘米（图六四五，10）。标本ⅡF1：101，敞口，圆唇，浅弧腹，饼足。灰胎较细，内壁施满釉，外壁施半釉，有蜡泪痕，内底有支钉疤痕。口径12.5、底径5.2、高3.3厘米（图六四五，5）。标本ⅡF1：121，敞口，圆唇，浅弧腹，饼足。灰胎较细，内壁施满釉，外壁施半釉，有蜡泪痕，内底有支钉疤痕。口径13.3、底径6.3、高3.7厘米（图六四五，18）。标本ⅡF1：135，敞口，圆唇，浅弧腹，饼足。灰胎较细，内壁施满釉，外壁施半釉，有蜡泪痕，内底有支钉疤痕。口径14、底径6.7、高3.7厘米（图六四五，1）。标本ⅡF1：144，敞口，圆唇，浅弧腹，饼足。灰胎较细，内壁施满釉，外壁施半釉，有蜡泪痕，内底有支钉疤痕。口径12、底径6.2、高3.2厘米（图六四五，15）。标本ⅡF1：161，敞口，圆唇，浅弧腹，饼足。灰胎较细，内壁施满釉，外壁施半釉，有蜡泪痕，内底有支钉疤痕。口径13.1、底径6.5、高3.7厘米（图六四五，12）。标本ⅡF1：82，敞口，圆唇，浅弧腹，饼足。灰胎较细，内壁施满釉，外壁施半釉，有蜡泪痕，内底有支钉疤痕。口径14.2、底径6.5、高3.8厘米（图六四五，9）。标本ⅡF1：141，敞口，圆唇，弧腹，饼足。灰白色胎略粗，内壁施满釉，外壁施半釉，釉色青灰，内底有支钉疤痕，有蜡泪痕。口径13.2、底径6、高4.1厘米（图六四五，17）。

  白瓷执壶　2件。标本ⅡF1：243，喇叭口，圆唇，高领，以下残。青灰色胎较细，施白釉，口部有窑粘。口径10、残高5.4厘米（图六四四，8）。标本ⅡF1：194，喇叭口，圆唇，高领，短直流，圆肩，双泥条形把手附贴于颈侧和肩部，弧腹，饼足略外撇。白灰色胎略粗，口部刮釉，有芒，外壁施釉不及底。口径3.6、底径4、高8.8厘米（图六四六，2）。

  鸡心罐　1件。标本ⅡF1：192，敛口，圆唇，垂腹，饼足。青灰色胎较细，内外皆施半釉，有蜡泪痕和窑粘。口径4.6、底径4.4、高7.4厘米（图六四四，10）。

  白瓷钵　1件。标本ⅡF1：24，敛口，圆唇，鼓腹，下腹斜收，饼足。灰白胎较细，唇口部刮釉，有芒，外壁施半釉，有蜡泪痕，露胎处有刮痕。口径6.4、底径5.2、高5厘米（图六四四，12）。

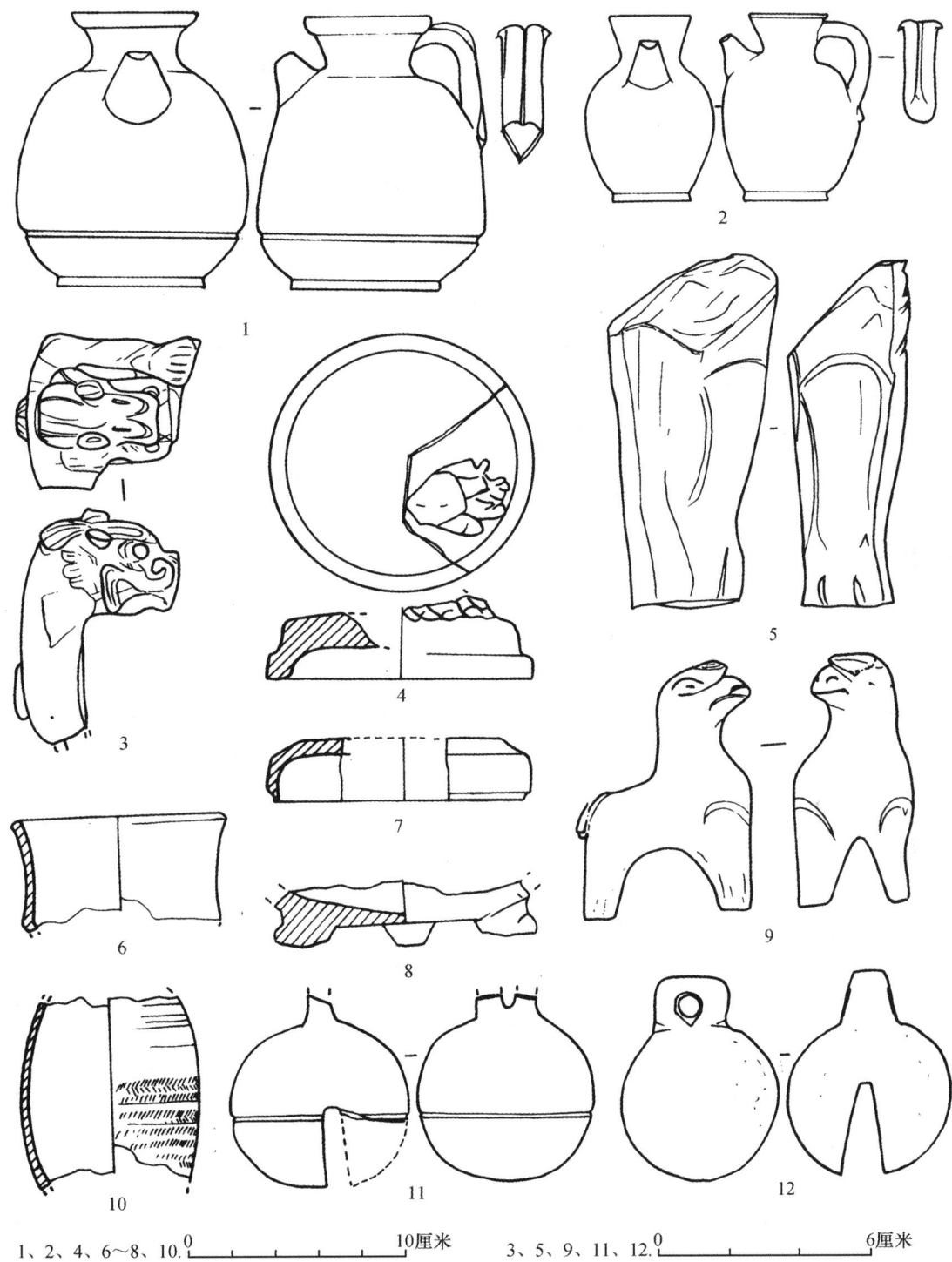

图六四六　ⅡF1出土器物

1、2. 瓷执壶（ⅡF1：19、ⅡF1：194）　3. 三彩鋬耳（ⅡF1：208）　4. 三彩狮座（ⅡF1：175）
5. 三彩狮足（ⅡF1：234）　6. 三彩香炉（ⅡF1：235）　7. 釉陶器盖（ⅡF1：174）　8. 白瓷炉（ⅡF1：240）
9. 三彩骆驼（ⅡF1：209）　10. 三彩罐（ⅡF1：239）　11、12. 瓷铃（ⅡF1：169、ⅡF1：171）

白瓷碗　36件。标本ⅡF1：108，敞口，圆唇，斜腹，玉璧形足。白灰色胎较细，施白釉，釉色泛青，有冰裂纹，内壁底部、口部有窑粘。口径14、底径6.8、高3.6厘米（图六四七，11）。标本ⅡF1：154，敞口，圆唇，斜腹，玉璧形足。白胎略粗，施白釉，釉色泛青，外壁施半釉，有蜡泪痕，内底有支钉疤痕。口径12.6、底径6.3、高3.8厘米（图六四七，13）。标本ⅡF1：118，敞口，圆唇，斜腹，玉璧形足。白胎略粗，施白釉，釉色泛灰，外壁施半釉，内底有支钉疤痕。口径13.6、底径6.4、高3.6厘米（图六四七，6）。标本ⅡF1：166，敞口，圆唇，斜腹，玉璧形足。白胎略粗，施白釉，釉色泛灰，外壁施半釉，内底有支钉疤痕。口径13.5、底径6.7、高4厘米（图六四七，2）。标本ⅡF1：138，敞口，圆唇，斜腹，玉璧形足。白胎略粗，施白釉，釉色泛黄，外壁施半釉，露胎处有旋削痕，内底有支钉疤痕。口径12.7、底径6.7、高3.4厘米（图六四五，27）。标本ⅡF1：71，敞口，圆唇，斜腹，饼足，足边有削切痕。黄白胎略粗，施白釉，外壁施半釉，内底有3个支钉疤痕。口径12.7、底径6.5、高4厘米（图六四五，29）。标本ⅡF1：65，口径13、底径6.5、高4厘米（图六四七，29）。标本F1：72，口径12、底径5.8、高4厘米（图六四七，10）。标本ⅡF1：78，口径13、底径6.4、高3.6厘米（图六四五，28）。标本ⅡF1：79，口径13、底径6、高3.9厘米（图六四五，35）。标本ⅡF1：80，口径13.5、底径6.5、高4厘米（图六四五，24）。标本ⅡF1：83，口径14、底径7、高4.1厘米（图六四八，4）。标本ⅡF1：84，口径12、底径5.2、高3.6厘米（图六四五，31）。标本ⅡF1：90，口径13.3、底径6.2、高3.6厘米（图六四七，9）。标本ⅡF1：92，口径13、底径6.3、高4厘米（图六四七，15）。标本ⅡF1：99，口径13.2、底径6.5、高3.8厘米（图六四七，21）。标本ⅡF1：112，口径13.1、底径6.5、高3.9厘米（图六四五，36）。标本ⅡF1：113，口径13.8、底径7、高4厘米（图六四五，25）。标本ⅡF1：114，口径12.7、底径6、高3.6厘米（图六四七，27）。标本ⅡF1：119，口径13.5、底径6.3、高3.7厘米（图六四五，19）。标本ⅡF1：120，口径12.7、底径6.5、高3.5厘米（图六四五，20）。标本ⅡF1：143，口径14、底径6.7、高3.7厘米（图六四五，26）。标本ⅡF1：147，口径13、底径6.8、高3.8厘米（图六四七，18）。标本ⅡF1：149，口径13.2、底径6.8、高3.8厘米（图六四七，8）。标本ⅡF1：150，口径13.3、底径7、高3.8厘米（图六四五，23）。标本ⅡF1：164，口径13.3、底径7、高4厘米（图六四五，30）。标本ⅡF1：165，敞口，圆唇，浅弧腹，饼足。白灰色胎略粗，施白釉，釉色泛灰，外壁施半釉，有窑粘和蜡泪痕，内底有3个支钉疤痕。口径12.7、底径6.4、高3.4厘米（图六四五，32）。标本ⅡF1：137，敞口，圆唇，浅弧腹，玉璧形足。黄白色胎略粗，施白釉，外壁施半釉，内底有支钉疤痕。口径13.2、底径6.5、高3.6厘米（图六四五，34）。标本ⅡF1：116，敞口，圆唇，浅弧腹，饼足。白灰色胎略粗，施白釉，釉色泛黄，外壁施半釉，有窑粘和蜡泪痕，内底有3个支钉疤痕。口径11.8、底径5.7、高3.2厘米（图六四七，12）。标本ⅡF1：151，敞口，圆唇，浅弧腹，饼足。白灰色胎略粗，施白釉，釉色泛黄，外壁施半釉，有窑粘和蜡泪痕，内底有3个支钉疤痕。口径13.5、底径6、高3.4厘米（图六四七，26）。标本ⅡF1：153，敞口，圆唇，浅弧腹，饼足。白灰色胎略粗，施白釉，釉色泛灰，外壁施半釉，有窑粘和蜡泪痕，内底有3个支钉疤痕。口径13.1、底径

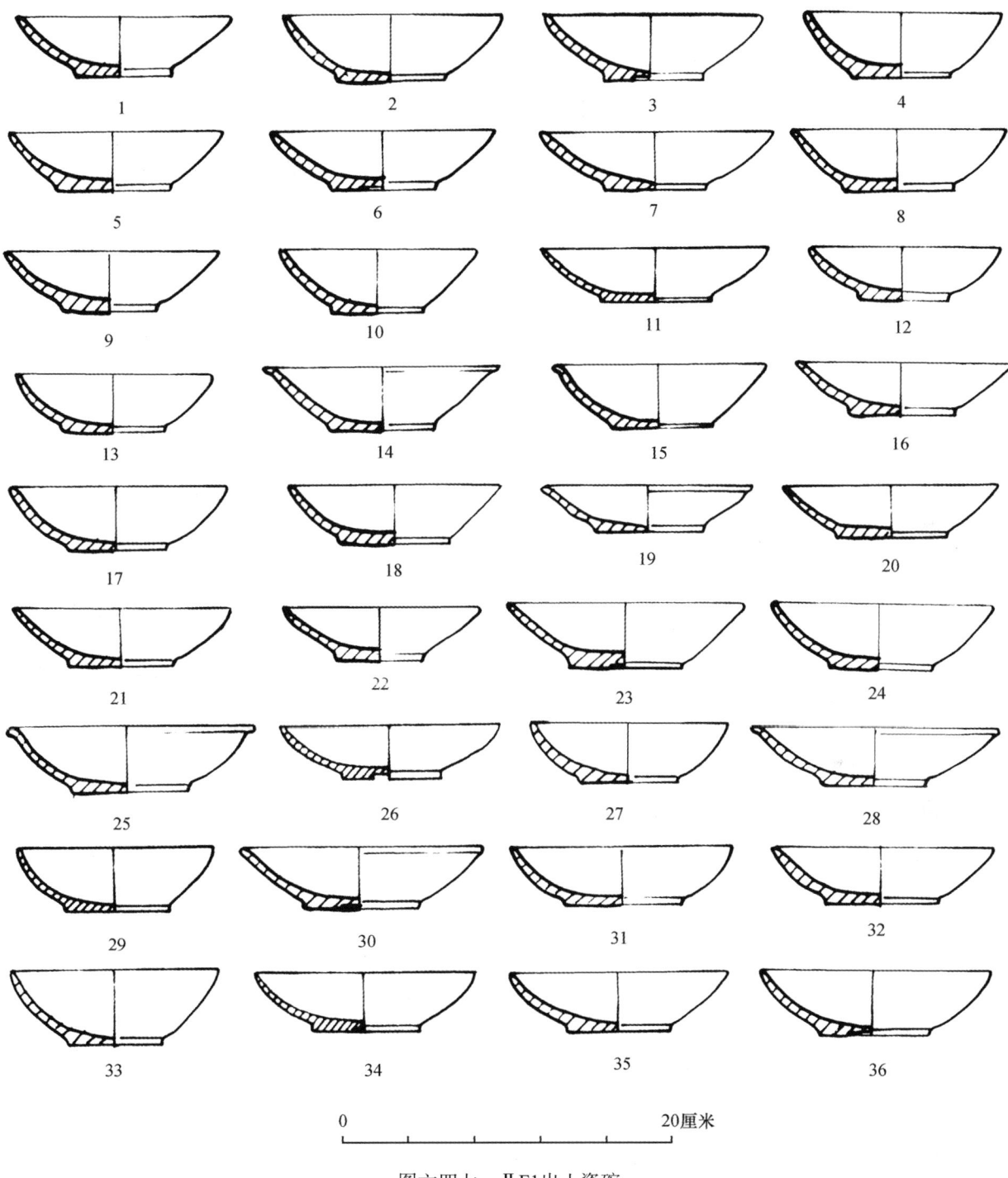

图六四七 ⅡF1出土瓷碗

1. ⅡF1：155　2. ⅡF1：166　3. ⅡF1：111　4. ⅡF1：102　5. ⅡF1：163　6. ⅡF1：118　7. ⅡF1：104　8. ⅡF1：149　9. ⅡF1：90　10. ⅡF1：72　11. ⅡF1：108　12. ⅡF1：116　13. ⅡF1：154　14. ⅡF1：134　15. ⅡF1：92　16. ⅡF1：160　17. ⅡF1：96　18. ⅡF1：147　19. ⅡF1：117　20. ⅡF1：81　21. ⅡF1：99　22. ⅡF1：157　23. ⅡF1：131　24. ⅡF1：152　25. ⅡF1：125　26. ⅡF1：151　27. ⅡF1：114　28. ⅡF1：109　29. ⅡF1：65　30. ⅡF1：103　31. ⅡF1：158　32. ⅡF1：162　33. ⅡF1：66　34. ⅡF1：140　35. ⅡF1：146　36. ⅡF1：91

6.6、高3.8厘米（图六四五，22）。标本ⅡF1：163，敞口，圆唇，浅弧腹，饼足。白灰色胎略粗，施白釉，釉色泛灰，外壁施半釉，有窑粘和蜡泪痕，内底有3个支钉疤痕。口径13.3、底径7.2、高3.6厘米（图六四七，5）。标本ⅡF1：117，敞口，圆唇，浅弧腹，饼足。白灰色胎略粗，施白釉，釉色泛青，外壁施半釉，有窑粘和蜡泪痕，内底有3个支钉疤痕。口径13、底径6.8、高3.1厘米（图六四七，19）。标本ⅡF1：139，敞口，圆唇，浅弧腹，饼足。白灰色胎略粗，施白釉，釉色泛青，外壁施半釉，有窑粘和蜡泪痕，内底有3个支钉疤痕。口径12.6、底径6.2、高3.1厘米（图六四八，2）。标本ⅡF1：142，敞口，圆唇，弧腹，玉璧形足。白灰色胎略粗，施白釉，外壁施釉不及底，有蜡泪痕，内底有支钉疤痕。口径14、底径7.3、高4.3厘米（图六四五，21）。标本ⅡF1：145，敞口，圆唇，斜弧腹，饼足。黄白色胎略粗，施白釉，釉色泛灰，外壁施半釉，内底有支钉疤痕。口径12.1、底径6.2、高3.7厘米（图六四五，33）。

白瓷杯　1件。标本ⅡF1：27，侈口，圆卷沿，直腹，下腹折收，饼足。灰白色胎略粗，内壁施满釉，唇部刮釉，有芒，外壁施釉不及底。口径8、底径4.1、高4.8厘米（图六四四，15）。

白瓷炉　1件。标本ⅡF1：240，平底，三兽足略外撇。灰白色胎较细，内外壁施半釉。底径6.8、残高3厘米（图六四六，8）。

白瓷研磨盘　1件。标本ⅡF1：31，敛口，圆唇，腹略深，饼足。白胎略细，施白釉，器内施满釉，外壁施釉不及底，有蜡泪痕。口径10.4、底径4.8、高3.6厘米（图六四四，14）。

白瓷小盅　1件。标本ⅡF1：173，微敛口，圆唇，弧腹，平底。白胎较细，内壁施满釉，外壁施釉不及底，有蜡泪痕。口径3.3、底径1.7、高1.6厘米（图六四四，7）。

黑瓷壶　2件。标本ⅡF1：226，盘口，束颈，圆肩，深腹，平底略外撇。白灰胎较细，施

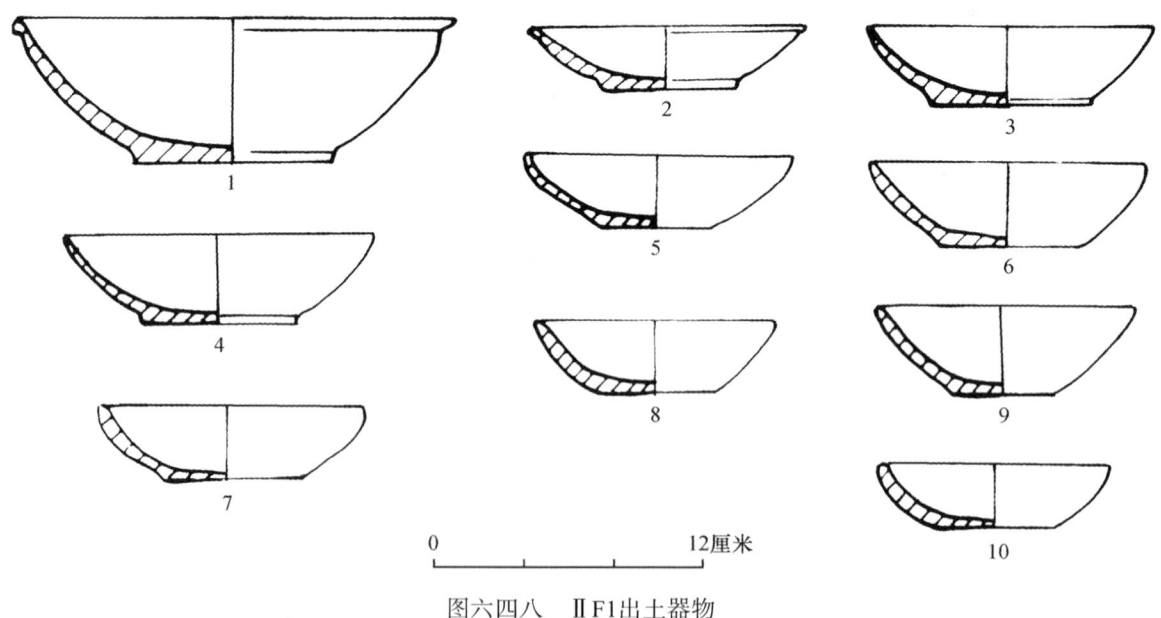

图六四八　ⅡF1出土器物

1～4. 瓷碗（ⅡF1：130、ⅡF1：139、ⅡF1：87、ⅡF1：83）

5～10. 陶盏（ⅡF1：70、ⅡF1：133、ⅡF1：127、ⅡF1：100、ⅡF1：89、ⅡF1：64）

茶叶末釉，口部刮釉有芒，外壁施半釉。口径6.4、底径6.4、高16.4厘米（图六四四，6）。标本ⅡF1：193，盘口，束颈，圆肩，鼓腹，平底略外撇。青灰胎较细，施酱釉，有气孔，口部刮釉有芒，外壁施釉不及底，有窑粘。口径3.6、底径4、高9.8厘米（图六四四，1）。

黑瓷钵　1件。标本ⅡF1：28，敛口，圆唇，弧鼓腹，饼足。青灰胎较细，施酱釉，口唇部刮釉，有芒，外壁施半釉，有蜡泪痕和窑粘。口径10、底径7、高7.2厘米（图六四四，4）。

黑瓷碗　22件。标本ⅡF1：130，敞口，卷沿，深弧腹，玉璧形足，脐底。白胎较细，施酱釉，外壁施釉不及底，内底有支钉疤痕。口径19.6、底径9、高6.5厘米（图六四八，1）。标本ⅡF1：125，卷沿，敞口，斜腹略深，玉璧形足。青灰胎较细，器内挂化妆土，施白釉，外壁施酱釉，足心亦施釉，内底有支钉疤痕。口径15、底径7.3、高4.7厘米（图六四七，25）。标本ⅡF1：146，敞口，圆唇，斜腹微弧，饼足。黄白胎较细，器内施白釉，釉色泛黄，外壁施酱釉，内底有支钉疤痕。口径12.7、底径6.5、高4厘米（图六四七，35）。标本ⅡF1：96，敞口，圆唇，斜腹微弧，饼足。黄白胎较细，器内施白釉，釉色泛灰，外壁施酱釉，内底有3个支钉疤痕，外有窑粘。口径13.5、底径6、高4.3厘米（图六四七，17）。标本ⅡF1：134，敞口，圆唇，斜腹微弧，饼足。黄白胎较细，器内施白釉，釉色泛黄，外壁施酱釉，内底有支钉疤痕。口径14.2、底径6.5、高4厘米（图六四七，14）。标本ⅡF1：87，敞口，圆唇，斜腹微弧，饼足。黄白胎较细，器内施白釉，釉色泛黄，外壁施酱釉，内底有支钉疤痕。口径13.1、底径7、高3.7厘米（图六四八，3）。标本ⅡF1：103，敞口，圆唇，斜腹微弧，饼足。黄白胎较细，器内施白釉，釉色泛黄，外壁施酱釉，内底有支钉疤痕。口径14.4、底径7.2、高3.8厘米（图六四七，30）。标本ⅡF1：131，敞口，圆唇，斜腹微弧，饼足。黄白胎较细，器内施白釉，釉色泛黄，外壁施酱釉，内底有支钉疤痕。口径14.4、底径6.8、高4厘米（图六四七，23）。标本ⅡF1：91，敞口，圆唇，斜弧腹，玉璧形足。青灰胎较细，内施白釉有烟炱，外壁施黑釉，足心亦施釉，有蜡泪痕，内底有支钉疤痕。口径14.2、底径6.8、高4.1厘米（图六四七，36）。标本ⅡF1：152，敞口，圆唇，斜弧腹，玉璧形足。青灰胎较细，内施白釉有烟炱，外壁施酱釉，足心亦施釉，有蜡泪痕，内底有支钉疤痕。口径14、底径6.5、高4厘米（图六四七，24）。标本ⅡF1：104，敞口，圆唇，浅腹，玉璧形足，足面饰凹弦纹一周。青灰胎较细，内施白釉，釉色泛灰，外壁施酱釉，内底有3个支钉疤痕，内外有窑粘。口径14、底径6.5、高3.6厘米（图六四七，7）。标本ⅡF1：109，敞口，圆卷唇，浅腹微弧，玉璧形足。白灰胎较细，内施白釉，釉色泛黄，外壁施酱釉，足心亦施釉，内底有3个支钉疤痕。口径14.8、底径6.6、高3.8厘米（图六四七，28）。标本ⅡF1：140，敞口，圆唇，浅腹微弧，玉璧形足。白灰胎较细，内施白釉，釉色泛黄，外壁施酱釉，足心亦施釉，内底有3个支钉疤痕。口径13.5、底径6.4、高3.7厘米（图六四七，34）。标本ⅡF1：155，敞口，圆唇，浅腹微弧，饼足。白灰胎较细，内施白釉，釉色泛黄，外壁施酱釉，足心亦施釉，内底有3个支钉疤痕。口径13.2、底径6.2、高3.7厘米（图六四七，1）。标本ⅡF1：157，敞口，圆唇，浅腹微弧，玉璧形足。白灰胎较细，内施白釉，釉色泛黄，外壁施酱釉，足心亦施釉，内底有3个支钉疤痕。口径12.6、底径5.7、高3.5厘米（图六四七，22）。标本ⅡF1：160，敞口，圆唇，浅腹微弧，玉璧形足。白灰胎较细，内施白釉，釉色泛黄，外壁施酱釉，足心亦施釉，粘有砂粒，内底有3个支钉疤痕。口径13.5、底径6.5、高3.5厘米（图六四七，16）。标本ⅡF1：162，敞口，圆唇，浅腹微弧，玉璧形足。白灰胎较细，内施白釉，釉色泛黄，外壁施酱釉，足心亦施釉，内底有3个支钉疤痕。口径13.2、底径6.8、高3.5厘米（图六四七，32）。标本ⅡF1：111，敞口，圆唇，浅弧腹，玉璧形足。白灰胎较细，内施白釉，釉色泛黄，外壁施酱釉，足心亦施釉，内底有支钉疤痕。口径13.3、底径6.3、高4厘米（图六四七，3）。标本ⅡF1：102，敞口，圆唇，弧腹，饼足，饼足外援旋切。白灰胎较细，内施白釉，釉色泛灰，外壁施黑釉，外唇下部不施釉，内底有3个支钉疤痕。口径12.2、底径6.5、高4厘米（图六四七，4）。标本ⅡF1：66，敞口，圆唇，曲腹，玉璧形足。白灰色胎较细，内施白釉，釉色泛黄，外壁施黑釉，足心亦施釉，内底有支钉疤痕。口径13.1、底径6、高4.4厘米（图六四七，33）。标本ⅡF1：81，敞口，圆唇，曲腹，玉璧形足。青灰胎较细，内施白釉，釉色泛灰，外壁施酱釉，足心亦施釉，内底有3个支钉疤痕，有窑粘。口径13.5、底径7、高3.5厘米（图六四七，20）。标本ⅡF1：158，敞口，圆唇，曲腹，玉璧形足。青灰胎较细，内施白釉，釉色泛黄，外壁施酱釉，足心亦施釉，内底有3个支钉疤痕，有蜡泪痕。口径14、底径7.2、高3.8厘米（图六四七，31）。

　　黑瓷杯　1件。标本ⅡF1：29，侈口，圆卷唇，直腹，饼足。灰白色胎较细，施酱釉，口部刮釉有芒，外壁施釉不及底。口径8.2、底径5.4、高4.8厘米（图六四四，19）。

　　黑瓷盏　6件。标本ⅡF1：89，敞口，圆唇，斜腹较深，平底。灰白色胎较细，施酱釉，口部刮釉，外壁施半釉，内底粘砂粒，口部有烟炱。口径11.4、底径4.5、高4.2厘米（图六四八，9）。标本ⅡF1：127，敞口，圆唇，斜腹，平底。青灰色胎较细，施黑釉，釉色光润，外壁施半釉。口径11.7、底径6、高3.5厘米（图六四八，7）。标本ⅡF1：64，敞口，圆唇，斜腹略弧，平底内有旋削痕。灰白色胎较粗，器内施半釉，口部不施釉，外壁露胎，有窑粘。口径10.3、底径5.3、高3厘米（图六四八，10）。标本ⅡF1：100，敞口，圆唇，弧腹，平底。青灰色胎较细，施黑釉，口部刮釉，外壁施半釉，底部有窑粘。口径11、底径5.5、高3.4厘米（图六四八，8）。标本ⅡF1：133，敞口，圆唇，斜弧腹，平底。黄白色胎较粗，施酱釉，外壁施半釉，有蜡泪痕。口径12.5、底径6.5、高3.8厘米（图六四八，6）。标本ⅡF1：70，敞口，圆唇，浅弧腹，平底。黄白色胎略粗，施黑釉，口部刮釉，外壁施半釉，上部有烟炱。口径12、底径5、高3.5厘米（图六四八，5）。

　　黑瓷铃　2件。标本ⅡF1：171，圆球形，中空，顶部有纽，铃中腹以下有开缝。白灰色胎略粗，纽和器身上半部施黑釉，有窑粘。直径3.7、高4.8厘米（图六四六，12）。标本ⅡF1：169，圆球形，中空，顶部有纽，纽残，铃中腹以下有开缝，腹部有一周弦纹。白灰色胎略粗，纽和器身上半部施黑釉，有窑粘。直径4.1、残高4.5厘米（图六四六，11）。

　　三彩执壶　1件。标本ⅡF1：19，侈口，圆唇，高领，短直流，圆肩，双泥条形把手附贴颈侧和肩部，垂腹，饰凹弦纹一周，饼足。釉色以黄釉为主间有绿、酱等色。口径5.6、底径6.8、高12.8厘米（图六四六，1）。

三彩罐　1件。标本ⅡF1：239，残片，深腹，饰凹弦纹和席纹。施黄、绿、赭三彩。残高8.6厘米（图六四六，10）。

三彩炉　1件。标本ⅡF1：235，敞口，方唇，浅腹，腹以下残。器内施绿釉，外施黄、绿、赭三彩。口径10、残高5.2厘米（图六四六，6）。

三彩器盖　1件。标本ⅡF1：170，沿纽残，子母口微敛，盖面突起，平顶。盖面施绿、赭、白三彩。口径7.2、残高2.7厘米（图六四四，9）。

三彩錾耳　1件。标本ⅡF1：208，为一站立状的狮，口衔器口，两前爪搭在器口上，圆眼，竖耳，后蹄残。黄白色胎较细，绿釉做底，施黄褐釉。残高6.6厘米（图六四六，3）。

三彩狮座　1件。标本ⅡF1：175，圆形台阶式座。施绿、赭、白三彩。残高4厘米（图六四六，4）。

三彩狮足　1件。标本ⅡF1：234，呈站立状。施绿、赭、白三彩。残高8.2厘米（图六四六，5）。

三彩骆驼　1件。标本ⅡF1：209，呈站立状，昂首。上半部施黄、绿、赭三彩。长4、高6厘米（图六四六，9）。

釉陶炉　1件。标本ⅡF1：23，重唇口，深直腹，饰弦纹，平底略内凹，红褐色胎，器内外挂化妆土。施绿釉。口径12.5、底径6.8、高6.3厘米（图六四四，2）。

釉陶器盖　1件。标本ⅡF1：174，子母口微敛，盖面平弧。施绿釉。口径12、高3厘米（图六四六，7）。

铜器　有铜带扣等。

带扣　1件。标本ⅡF1：225，前端平面略呈马蹄形，见有钉孔两个。长3.3、宽2.3厘米（图六四九，4）。

铁器　有铁灯盏、车辖等。

灯盏　1件。标本ⅡF1：168，铸造，锈蚀严重，敞口，弧腹，圜底，内底铸有灯芯。口径6.6、高3.4厘米（图六四九，17）。

车辖　1件。标本ⅡF1：188，铸造，残长11.4、宽5.6厘米（图六四九，14）。

石器　有石砚、磨石等。

石砚　1件。标本ⅡF1：5，砂岩磨制而成，长方体，外缘阴刻边线，莲花瓣墨池，圭形砚面，与砚池隔墙的两侧近边缘有笔孔。孔径1.2、深1.7厘米。前、后两侧挖单池，左右两侧挖双池，挖底外缘有圈足。体长13.4、宽10.8、高6厘米（图六四九，12）。

磨石　1件。标本ⅡF1：179，磨制，近长条形，上端略窄，钻半孔，下端略宽弧凸。长6.7、上宽1.6、下宽1.9、厚0.5厘米（图六四九，11）。

骨器　有角锥、器柄、佩饰、骨簪、骨钗坯、骨梳、骨片、骨料等。

角锥　2件。皆为鹿角略经磨制而成，横截面呈椭圆形。标本ⅡF1：195，长11.4厘米（图六四九，15）。标本ⅡF1：25，尖部稍残。长16.8厘米（图六五〇，12；图版四四，4上）。

器柄　1件。标本ⅡF1：198，呈龙形，雕刻精细，呈圆形柱状，截面呈椭圆形，下端残，

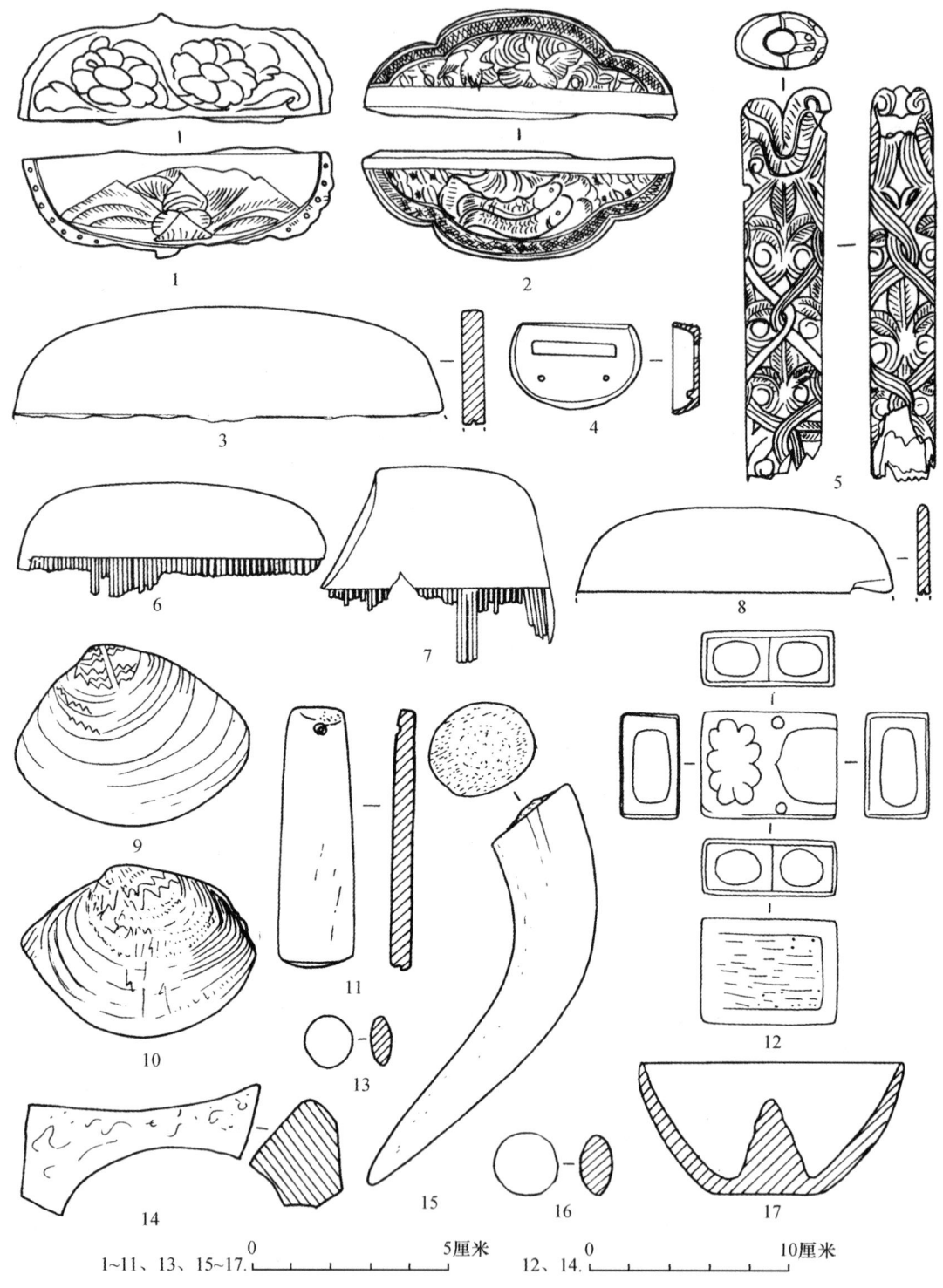

图六四九　ⅡF1出土器物

1~3、8.佩饰（ⅡF1：200、ⅡF1：197、ⅡF1：201、ⅡF1：199）　4.铜带扣（ⅡF1：225）　5.骨器柄（ⅡF1：198）
6、7.骨梳（ⅡF1：186、ⅡF1：182）　9、10.蚌壳（ⅡF1：203、ⅡF1：202）　11.磨石（ⅡF1：179）　12.石砚（ⅡF1：5）
13、16.围棋子（ⅡF1：205、ⅡF1：206）　14.铁车𫐐（ⅡF1：188）　15.角锥（ⅡF1：195）　17.铁灯盏（ⅡF1：168）

圆眼凹鼻梁，有鼻孔，卷须，张嘴，体饰蕉叶纹。残长10厘米（图六四九，5）。

佩饰　3件。标本ⅡF1∶197，下端稍残，似梳状。上端弧背形花式边，下边呈直线，为子母口，用于镶嵌。一侧雕刻牡丹双鱼纹，一侧雕刻雌雄鸳鸯，均作展翅欲飞状，造型生动，刀法娴熟，工巧之极。长7.9、宽2.8厘米（图六四九，2）。标本ⅡF1∶199、ⅡF1∶201形制制同，磨制精细，似梳状。上端弧背，下边较直，下方侧面有凹槽用于镶嵌。标本ⅡF1∶199，长7.7、宽2.2厘米（图六四九，8）。标本ⅡF1∶201，长10.7、宽2.8厘米（图六四九，3）。

骨簪　1件。标本ⅡF1∶231，磨制精细。器身扁平，上端弧凸较宽，截面呈弧顶长方形，到尖部递减成圆尖。长17.8、厚0.2厘米（图六五〇，2）。

骨钗　5件。标本ⅡF1∶233，磨制，尖部残。器身扁平，上端为花瓣式，下端分两股，有尖。残长7.7、宽1.2厘米（图六五〇，11）。标本ⅡF1∶230，一股尖残。磨制，器身扁平，上端圆钝，下端分两股，有尖。长20.6、宽1.4厘米（图六五〇，7；图版四三，1-②）。标本ⅡF1∶232，尖残。残长14.6、宽0.8厘米（图六五〇，5）。标本ⅡF1∶184，尖残。残长10.8、宽0.9厘米（图六五〇，13）。标本ⅡF1∶185，磨制。器身扁平，上端斜直，下端分两股，尖残。残长10.7、宽1.2厘米（图六五〇，8）。

骨钗坯　2件。标本ⅡF1∶187-2，略经磨制，一端较宽，一端较窄，呈长条形，窄端有锯口，横截面呈弧顶状长方形。长16.3、宽1.3、厚0.5厘米（图六五〇，6）。标本ⅡF1∶187-1，略经磨制，一端较宽，一端较窄，呈长条形，前端残，窄端有锯口，横截面呈弧顶状长方形。残长14.6、宽1.2、厚0.5厘米（图六五〇，1；图版四四，2左1）。

骨梳　2件。标本ⅡF1∶182，残。弧背略宽，梳齿细密。残长5.7、宽4.9厘米（图六四九，7）。标本ⅡF1∶186，残。弧背较窄，梳齿细密。长7.8、残宽2.9厘米（图六四九，6）。

骨片　2件。标本ⅡF1∶181-1，略经加工而成，呈长条形。长12.7、宽2.4、厚0.3厘米（图六五〇，10）。标本ⅡF1∶181-2，略经加工而成，呈近长条形。长11、宽3、厚0.4厘米（图六五〇，9）。

骨料　2件。标本ⅡF1∶196，动物肢骨，平面一端稍宽，一端略窄，两侧面有锯痕。长10.5、宽2.5～3.4、厚0.9厘米（图六五〇，3）。标本ⅡF1∶244，动物肢骨，两端有锯痕。长10厘米（图六五〇，4）。

蚌器　有佩饰等。

佩饰　1件。标本ⅡF1∶200，稍残，似梳状，上端弧背形花边，下边呈直线，子母口用于镶嵌，正面沿花边以下，平均排列针眼状穿孔，中雕刻缠枝牡丹2朵，背面浮雕花草纹。长7.9、宽2.8厘米（图六四九，1）。

蚌壳　2件。标本ⅡF1∶203，长6、残宽4.2厘米（图六四九，9）。标本ⅡF1∶202，边缘稍残，长6、宽4.4厘米（图六四九，10）。

其他还有围棋子、骰子。

围棋子　2件。标本ⅡF1∶205，磨制，平面呈圆形，截面呈椭圆形。直径1.4、厚0.5厘米（图六四九，13）。标本ⅡF1∶206，磨制，平面呈圆形，截面呈椭圆形。直径1.6、厚0.5厘米

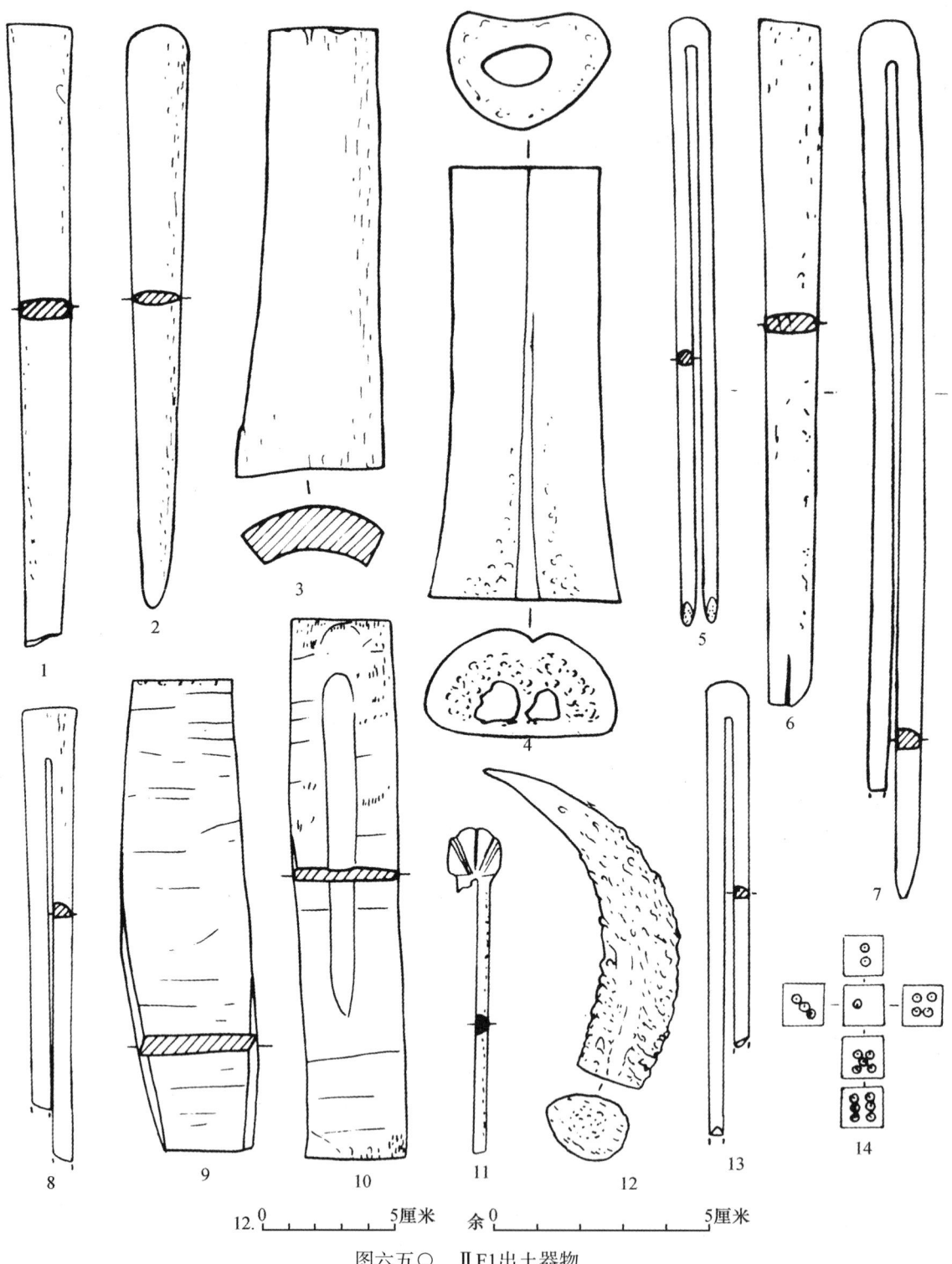

图六五〇　ⅡF1出土器物

1、6. 骨钗坯（ⅡF1∶187-1、ⅡF1∶187-2）　2. 骨簪（ⅡF1∶231）　3、4. 骨料（ⅡF1∶196、ⅡF1∶244）
5、7、8、11、13. 骨钗（ⅡF1∶232、ⅡF1∶230、ⅡF1∶185、ⅡF1∶233、ⅡF1∶184）
9、10. 骨片（ⅡF1∶181-2、ⅡF1∶181-1）　12. 角锥（ⅡF1∶25）　14. 骨骰子（ⅡF1∶207）

（图六四九，16）。

骰子　1件。标本ⅡF1：207，质地制作精细，六面体，六面分别有1~6个圆圈，中心加一点，边长1厘米（图六五〇，14）。

钱币　18枚（表三九）。开元通宝，钱文八分书体，对读。可分五型。

表三九　ⅡF1出土钱币统计表

种类	编号	数量	特征		直径	穿宽	重量	书体	读法	备注
			文字特征	记号						
开元通宝	215、216	2	"元"字第一撇较长		2.5	0.6	3.8~4.6	隶	对	
	210~214	5	"元"字第一撇较短		2.5	0.7	3.8~4.6	隶	对	
	227~229	3	"元"字第一撇较短		2.4~2.5	0.6~0.7	3.8~4.2	隶	对	
	219	1		背上月	2.5	0.6	4	隶	对	
	217	1	钱体略小，"元"字第一笔短		2.3	0.6	3.2	隶	对	
	218	1	榆荚钱		2	0.7	1.9	隶	对	
	220~224	5	字迹不清					隶	对	

A型　2枚。"元"字第一撇较长。标本ⅡF1：215、ⅡF1：216，直径2.5、穿宽0.6厘米。

B型　8枚。"元"字第一撇较短。标本ⅡF1：210~ⅡF1：214，直径2.5、穿宽0.7厘米。标本ⅡF1：227~ⅡF1：229，直径2.4~2.5、穿宽0.6~0.7厘米。

C型　1枚。背上月。标本ⅡF1：219，直径2.5、穿宽0.6厘米。

D型　1枚。钱体略小，"元"字第一笔略短。标本ⅡF1：217，直径2.3、穿宽0.6厘米。

E型　5枚。字迹不清1枚。标本ⅡF1：220~ⅡF1：224。

榆荚钱　1枚。标本ⅡF1：218，直径2、穿宽0.7厘米。

2）灰坑

ⅡH1　位于ⅡT5的东南部，开口于第1层下，距地表深20厘米，打破第2层及生土层。平面呈椭圆形（只清理一部分），斜壁不规整，尖底。清理部分长径240、短径110、深310厘米。坑内填灰色花土，土质较松软。夹杂红烧土块、木炭粒等，出土大量的陶瓷片和动物骨骸等（图六五一）。

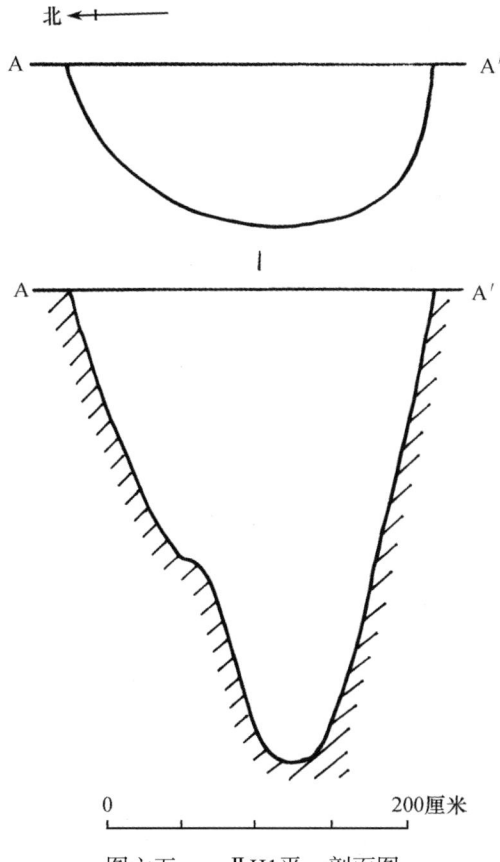

图六五一　ⅡH1平、剖面图

出土遗物有陶球、邢窑杯、白瓷碗、三彩瓷玩、银锥、铁钉、骨钗等。

陶球　1件。标本ⅡH1：3，泥质红陶。捏制，圆形。直径2厘米（图六五二，5）。

邢窑杯　1件。标本ⅡH1：1，侈口，圆唇，曲腹，窄环形圈足。白胎细洁，施白釉，釉色光润。口径11.2、底径6.1、高6.8厘米（图六五二，4）。

白瓷碗　1件。标本ⅡH1：2，三出花口，斜弧腹，玉璧形足。白灰色胎较细，胎体厚重，施白釉，釉色泛灰，有冰裂纹，内底有3个支钉疤痕，外壁有窑粘。口径14.8、底径7.2、高4.4厘米（图六五二，1）。

三彩瓷玩　1件。标本ⅡH1：4，犬。呈站立状，蹄残，施满釉。施绿、赭、白三彩。长3.5、残高4.6厘米（图六五二，3）。

银锥　1件。标本ⅡH1：5，锥体截面呈圆形，锥尖呈三棱形，锋利。长16.8厘米（图六五二，7）。

铁钉　1件。标本ⅡH1：7，锻造，钉头略扁，钉身横截面呈圆形。长18.6厘米（图六五二，2）。

骨钗　1件。标本ⅡH1：6，磨制。钗股略细，器身扁平，上端圆钝与股略等，下端分两股，尖残。残长13.6、宽0.6厘米（图六五二，6）。

ⅡH2　位于ⅡT7的东北部，开口于第3层下，距地表深100厘米，打破ⅡH34及第5层。平面呈弧顶长方形（只清理一半），直壁，平底。清理部分长140、宽100、深110厘米。坑内填灰花土，土质松软，夹杂大量的草木灰、木炭粒和红烧土块，出土大量的陶瓷片和动物骨骼等（图六五三）。

出土遗物有陶器、瓷器、钱币等。

陶盆　1件。标本ⅡH2：5，泥质灰陶。宽平沿，敞口，方唇，唇面内凹，上腹微弧，近底部向内凹，平底。外壁素面抹光，内壁饰重菱纹。口径43.5、底径16、高15.5厘米（图六五四，1）。

瓷器　有白瓷碗、白瓷炉、黑瓷壶、黑瓷盏、三彩瓷玩等。

白瓷碗　1件。标本ⅡH2：2，敞口，圆唇，斜腹，饼足。白灰胎较细，施白釉，釉色泛青，内有支钉疤痕，器表有烟炱。口径13、底径6、高3.8厘米（图六五四，5）。

白瓷炉　1件。标本ⅡH2：4，侈口，圆卷唇，直腹微弧，底残，白灰色胎略粗，内壁施满釉，口唇刮釉有芒，外壁施釉不及底。口径12.4、底径5.5、高7.6厘米（图六五四，2）。

黑瓷壶　1件。标本ⅡH2：1，口残，束颈，圆肩，弧腹，平底略外撇。灰白胎较细，施黑釉，有气孔，外壁施半釉。底径6、残高13.2厘米（图六五四，3）。

黑瓷盏　1件。标本ⅡH2：3，敞口，圆唇，腹微弧，平底。青灰色胎略粗，施黑釉，口部刮釉，外壁施半釉，有蜡泪痕。口径12.2、底径5.8、高3.7厘米（图六五四，4）。

三彩瓷玩　1件。犬。标本ⅡH2：6，呈站立状，蹄残，螺旋状尾。黄白色胎略粗，施绿、赭、黄三彩。长4、残高4.1厘米（图六五四，6）。

钱币　有半两、开元通宝等。

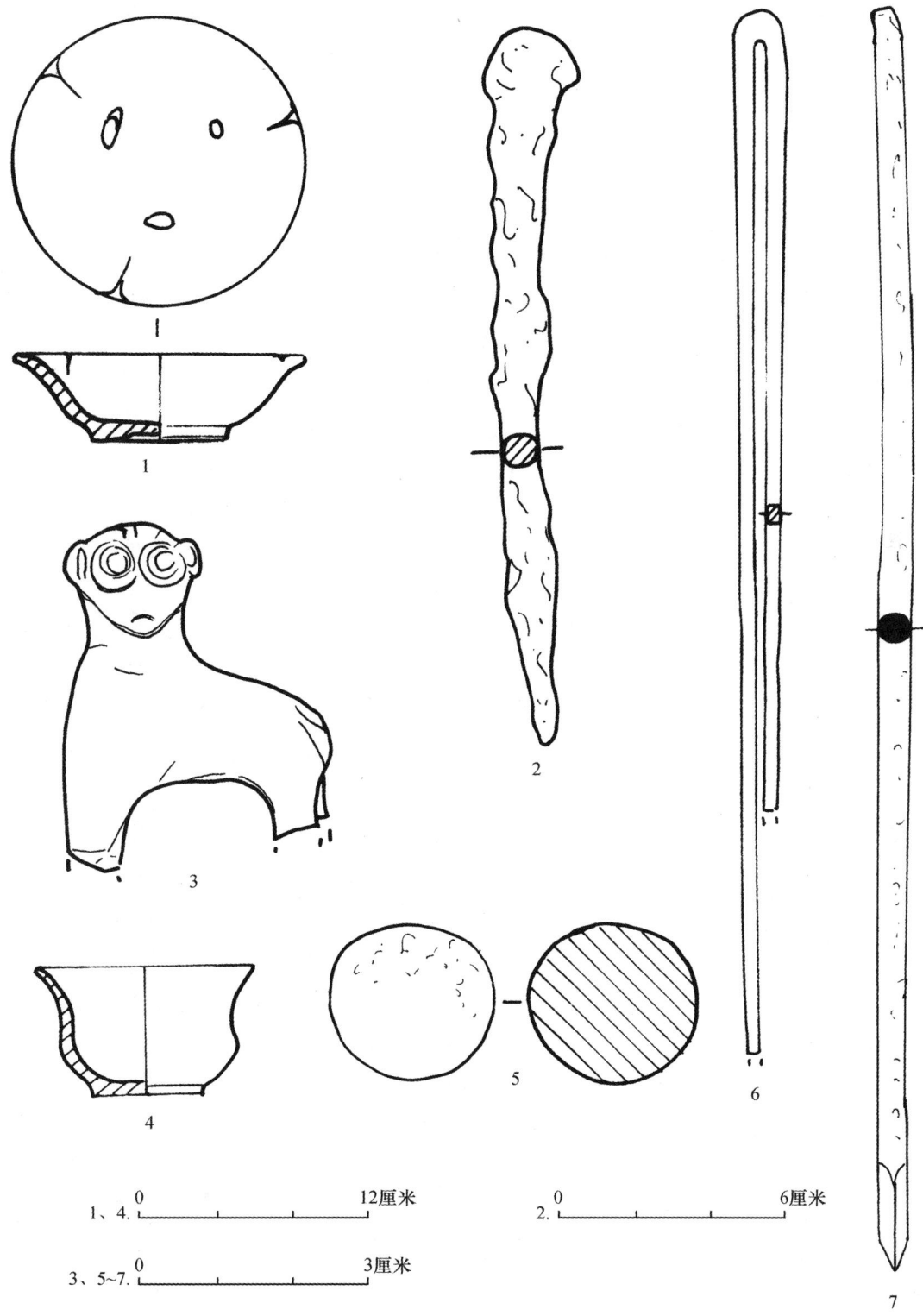

图六五二　ⅡH1出土器物
1.瓷碗（ⅡH1:2）　2.铁钉（ⅡH1:7）　3.三彩瓷玩（ⅡH1:4）　4.邢窑杯（ⅡH1:1）
5.陶球（ⅡH1:3）　6.骨钗（ⅡH1:6）　7.银锥（ⅡH1:5）

半两 1枚。其形制为方孔圆形，钱面方穿的两侧有"半两"二字，篆书。标本ⅡH2∶7，小字。直径2.3、穿宽0.7厘米。

开元通宝 1枚。钱文八分书体，对读。标本ⅡH2∶8，"元"字第一笔较短。直径2.4、穿宽0.7厘米。

ⅡH3（H5） 位于ⅡT6的中部，开口于第1层下，距地表深20厘米，被ⅡJ6打破，打破第2层及生土层。平面呈"T"字形，由走道、主室、甬道和耳室四部分组成。

走道位于主室南侧，平面呈长方形（只清理一部分），直壁、底部有二级台阶，清理部分长130、宽105、深143～190厘米，第一台阶清理部分宽60、高143厘米，第二台阶宽40、高45厘米，两侧墙壁抹草拌泥，厚1厘米左右，因遭破坏，局部已脱落。

主室位于走道北侧，窑洞式，拱形顶，底部平面呈长方形。长140、宽110、高194厘米；东侧与一近圆形的耳室相接，底部高于走道55厘米。长195、宽50～70、口高135厘米。耳室位于走道西侧，由甬道和耳室组成。

甬道平面呈长方形。长165、宽80厘米。由一级台阶与走道相接。台阶宽60、高150厘米。在甬道和耳室相接处设一隔墙。宽15、残高40厘米。

耳室平面呈长方形，坑口略小于坑底，斜直壁，平底，局部留有铁锹挖掘的痕迹。口长203、宽117、

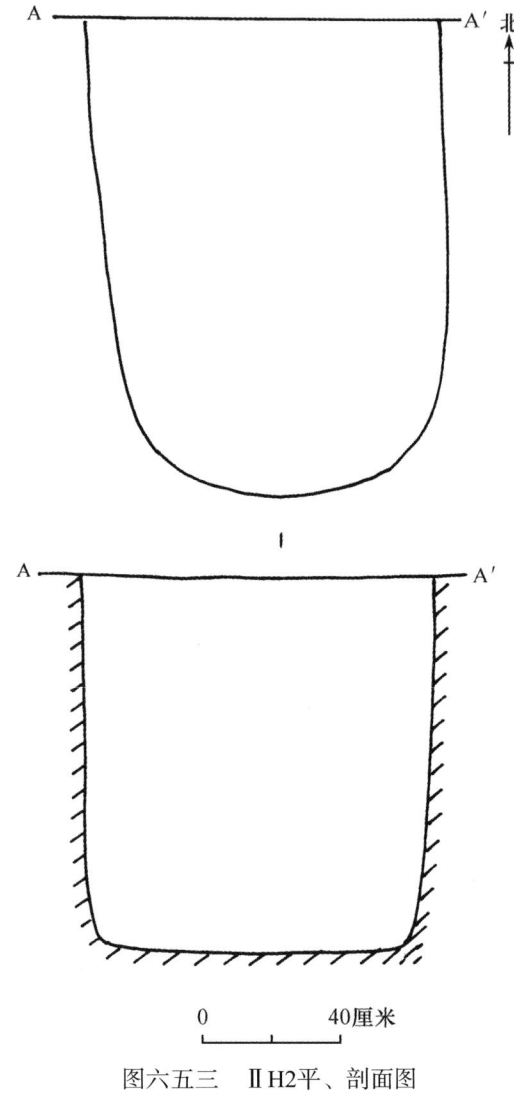

图六五三 ⅡH2平、剖面图

底长226、宽150、深200厘米。根据残存痕迹推测耳室为窑洞式，只是顶部已坍塌。坑内填灰黑色花土，土质较松软，夹杂大量的炭渣、木炭粒、红烧土块等，含有大量的陶瓷片和动物骨骼等（图六五五）。

出土遗物有陶器、瓷器、石器和钱币等。

陶器 有壶、杯、陶球等。

壶 1件。标本ⅡH3∶2，口残，泥质灰陶。细颈，弧肩，鼓腹，平底内凹。素面抹光。底径6、残高12.8厘米（图六五六，3）。

杯 1件。标本ⅡH5∶2，泥质灰陶。敞口，圆唇，曲腹，平底，有旋削痕。外壁素面抹光，内壁素面磨光。口径10.6、底径3.5、高5.4厘米（图六五六，1）。

陶球 1件。标本ⅡH5∶6，泥质红陶。捏制，呈椭圆体，中心镂半孔。孔径0.6、深0.7、

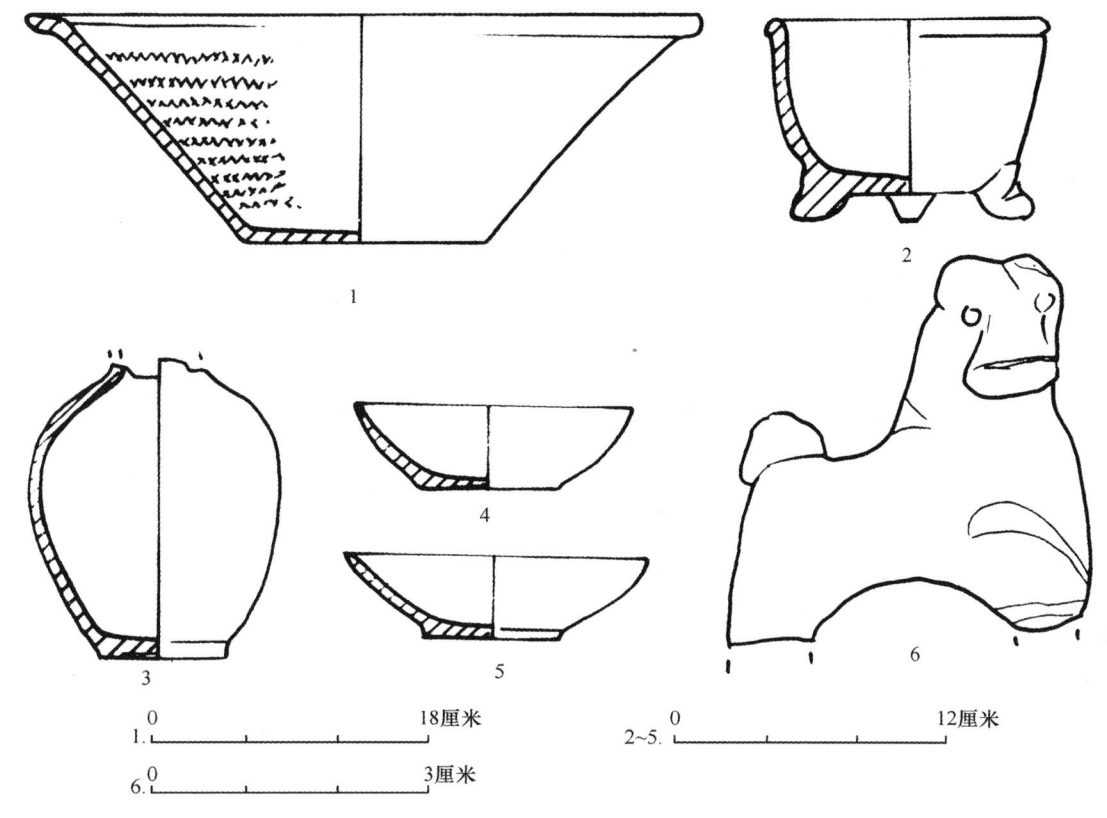

图六五四　ⅡH2出土器物

1. 陶盆（ⅡH2：5）　2. 瓷炉（ⅡH2：4）　3. 瓷壶（ⅡH2：1）
4. 瓷盏（ⅡH2：3）　5. 瓷碗（ⅡH2：2）　6. 三彩瓷玩（ⅡH2：6）

直径1.6~2厘米（图六五六，5）。

白瓷碗　1件。标本ⅡH5：3，敞口，圆唇，斜弧腹，饼足。黄白色胎略粗，施白釉，釉色泛青，外壁施半釉，有窑粘，内底有支钉疤痕。口径11.5、底径6.5、高3.8厘米（图六五六，4）。

黑瓷盏　1件。标本ⅡH5：1，敞口，圆唇，弧腹，平底。黄白色粗胎，施酱釉，口部刮釉，外壁施半釉，有蜡泪痕。口径11.7、底径5、高3.6厘米（图六五六，2）。

石球　1件。标本ⅡH5：5，磨制，圆形。直径7厘米（图六五六，6）。

钱币　2枚。开元通宝，钱文八分书体，对读。标本ⅡH3：1，"元"字第一笔较短。直径2.4、穿宽0.6厘米。标本ⅡH5：7，"元"字第一笔较长。直径2.5、穿宽0.6厘米。

ⅡH4　位于ⅡT7的南中部，开口于第1层下，距地表深20厘米，打破第2层及第4层。平面呈长方形（只清理一部分），坑口小于坑底，斜弧壁不甚规整，圜底。坑口清理部分长210、宽110厘米，底清理部分长250、宽150、深140厘米。坑内填灰花土，土质上半部较软，下半部较硬。含有大量的陶瓷片和动物骨骼等（图六五七）。

出土遗物有陶器、瓷器、铜器、骨器和祭骨等。

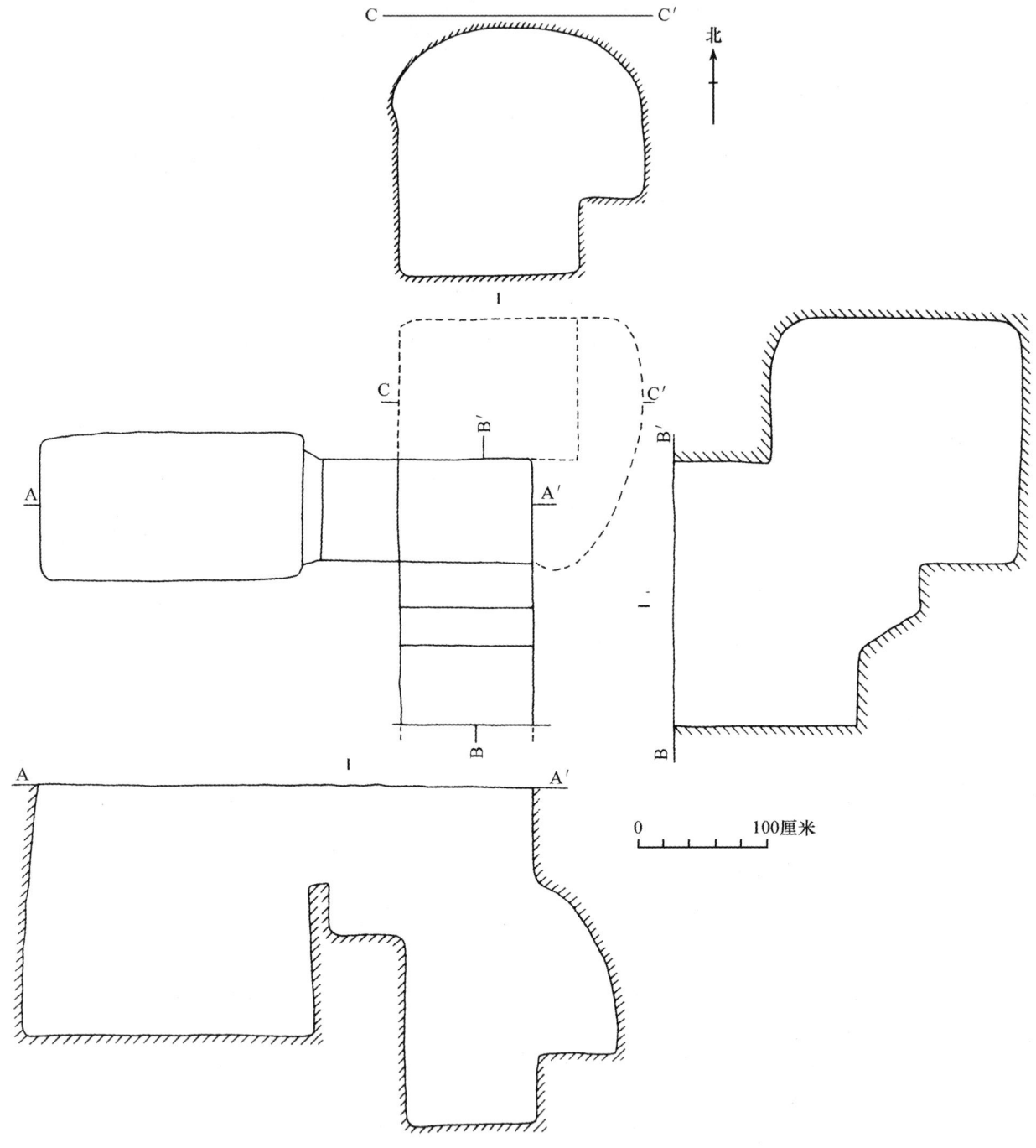

图六五五 ⅡH3（H5）平、剖面图

陶器 有罐、盆、盏等。

罐 2件。标本ⅡH4：3，泥质灰褐陶。矮领，尖圆唇，肩略弧，鼓腹，平底，有旋削痕。上腹饰暗弦纹，下腹素面抹光。口径10.5、底径8.3、高12.7厘米（图六五八，4）。标本ⅡH4：5，泥质黑陶。矮领，侈口，厚圆唇，弧肩，鼓腹，平底略内凹，有旋削痕。上腹饰暗弦纹，下腹素面抹光。口径11、底径7.7、高8.5厘米（图六五八，8）。

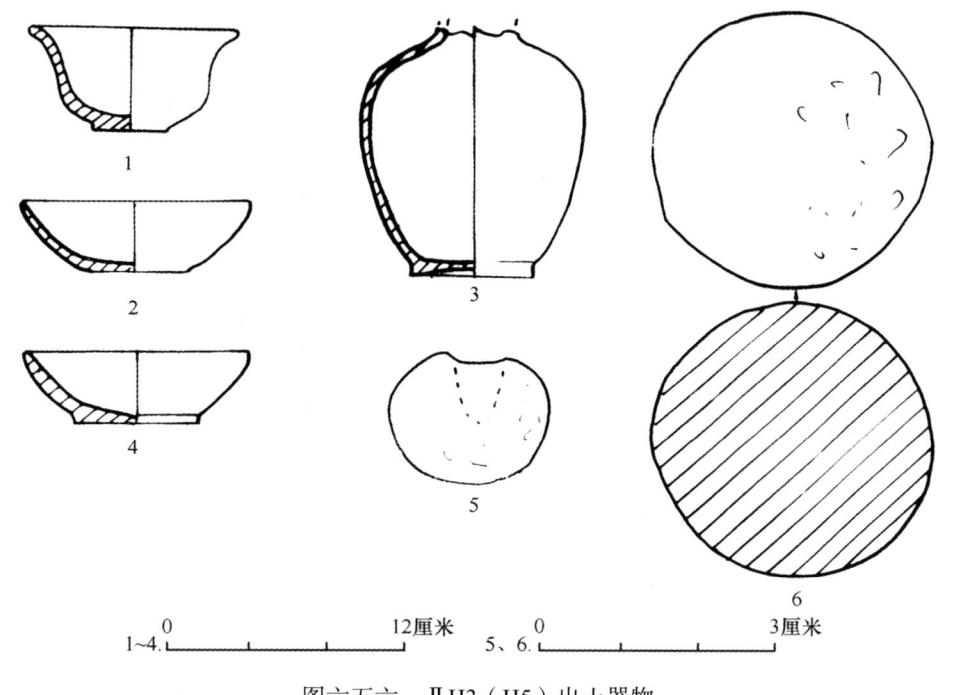

图六五六 ⅡH3（H5）出土器物
1. 陶杯（ⅡH5:2） 2. 瓷盏（ⅡH5:1） 3. 陶壶（ⅡH3:2）
4. 瓷碗（ⅡH5:3） 5. 陶球（ⅡH5:6） 6. 石球（ⅡH5:5）

盆　1件。标本ⅡH4:4，泥质灰陶。卷沿，直口微敛，圆唇，斜弧腹，平底内凹，有刮痕。素面抹光。口径20、底径7、高6.7厘米（图六五八，6）。

盏　1件。标本ⅡH4:2，泥质灰陶。敞口，圆唇，斜腹，平底，有旋削痕。素面抹光。口径11.9、底径5、高3.8厘米（图六五八，9）。

瓷器　有瓷研磨盘、瓷玩等。

研磨盘　1件。标本ⅡH4:1，微敛口，尖唇，浅腹，平底。青灰色胎较细，施白釉，釉色泛青，器内饰满釉，外壁施釉不及底，有蜡泪痕。口径9.2、底径4.4、高3.4厘米（图六五八，7）。

黑瓷玩　1件。人。标本ⅡH4:7，呈坐立状，头残，左手贴胸，右手托腮，两腿前伸，上半身施白釉点彩，下半身施黑釉。残高3厘米（图六五八，3）。

铜器　有铜带扣等。

带扣　1件。标本ⅡH4:9，前端呈弧边长方形。长3.7、宽2.8厘米（图六五八，5）。

骨器　有骨簪、骨钗、祭骨等。

簪　1件。标本ⅡH4:10，磨制精细，上端残。器身扁平瘦长，上端圆钝，下端较尖，横截面呈椭圆形。残长14.8、厚0.2厘米（图六五八，1）。

钗　1件。标本ⅡH4:11，磨制，钗股略细，器身扁平，上端圆钝与股略等，下端分两股，尖残。残长13、宽0.6厘米（图六五八，2）。

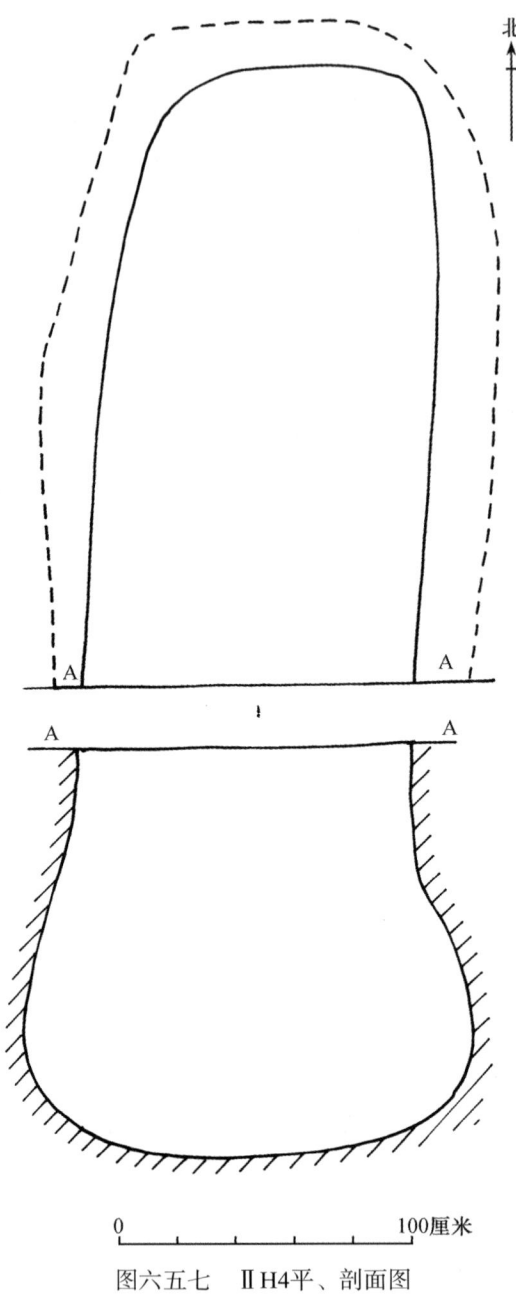

图六五七　ⅡH4平、剖面图

祭骨　1件。标本ⅡH4：8，鹿角，一面朱书"大王在玄西南有一人当"，分叉的断面一侧朱书"魔"，一侧字迹不清。长16、宽5.5厘米（图六五九）。

ⅡH12　位于ⅡT5的东北部，开口于第3层下，距地表深140厘米，打破ⅡH17、ⅡH32及第5层。平面呈长方形（只清理一部分），直壁不甚规整，斜底。清理部分长185、清理部分宽60、深74～80厘米。坑内填灰花土，土质松软，夹杂草木灰、木炭粒、炭渣和石块。出土少量的陶瓷片和动物骨骼等（图六六〇）。

钱币　1枚。乾元重宝，钱文隶书，对读。标本ⅡH12：1，直径2.3、穿宽0.6厘米。

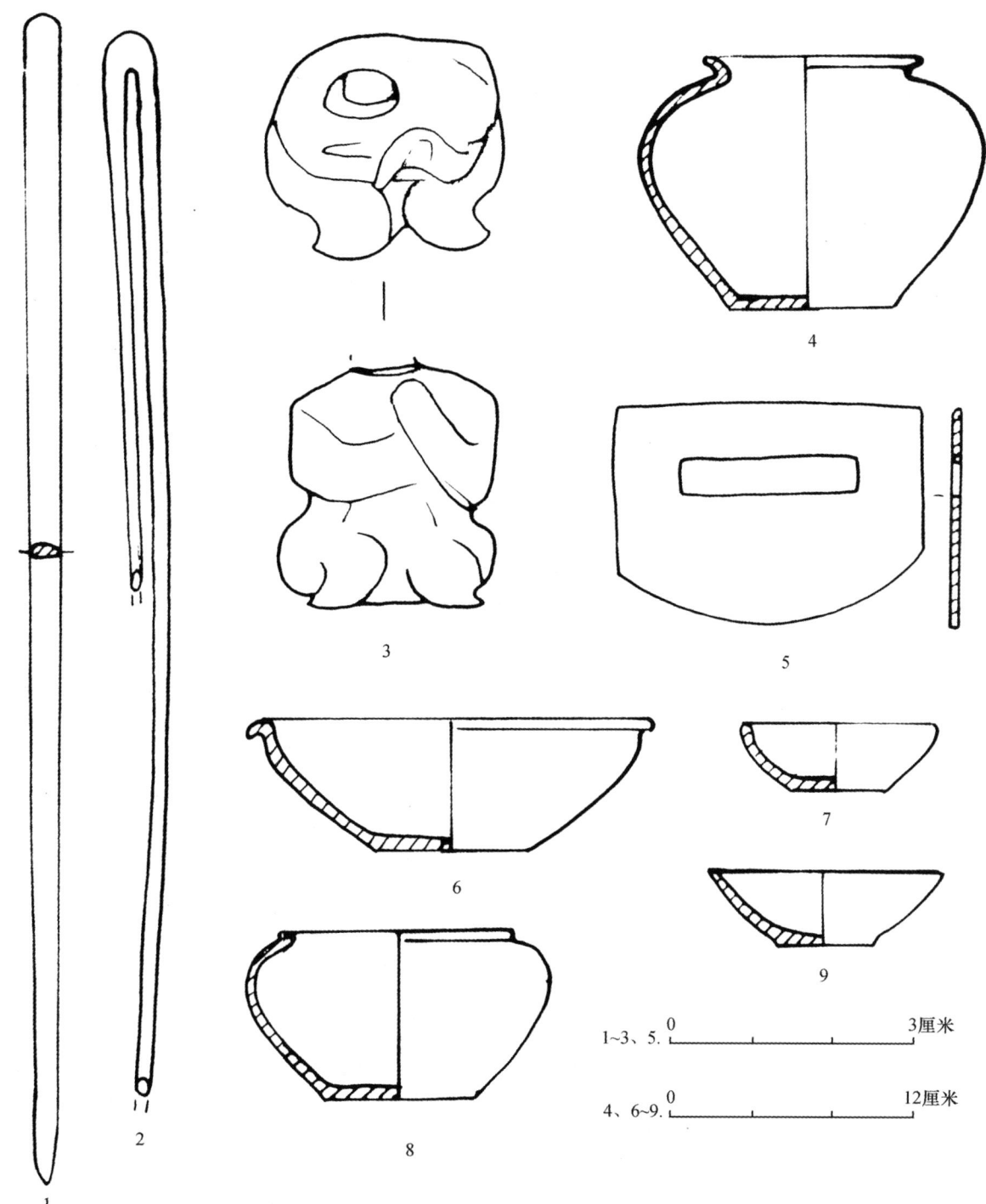

图六五八　ⅡH4出土器物
1. 骨簪（ⅡH4：10）　2. 骨钗（ⅡH4：11）　3. 瓷玩（ⅡH4：7）　4、8. 陶罐（ⅡH4：3、ⅡH4：5）
5. 铜带扣（ⅡH4：9）　6. 陶盆（ⅡH4：4）　7. 瓷研磨盘（ⅡH4：1）　9. 陶盏（ⅡH4：2）

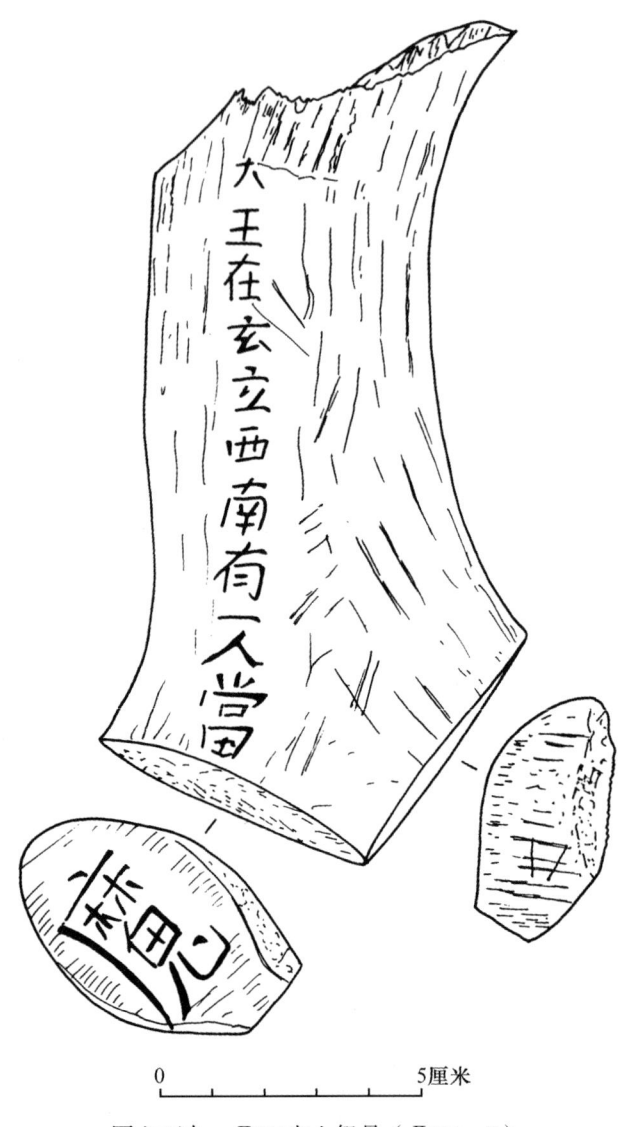

图六五九　ⅡH4出土祭骨（ⅡH4∶8）

ⅡH13　位于ⅡT8的中南部，开口于第2层下，距地表深70厘米，被ⅡJ2、ⅡJ3打破，打破第3层及第4层。平面呈椭圆形，坑口略大于坑底，斜壁，平底。长径194、短径160、深155厘米。坑内填灰色花土，土质较松软，夹杂草木灰和木炭粒，出土大量的陶片和少量的动物骨骼等（图六六一）。

陶盆　2件。标本ⅡH13∶1，泥质灰褐陶。卷沿，直口，圆唇，斜弧腹，平底，有旋削痕。外壁素面抹光，内壁饰暗弦纹。口径31.5、底径16、高13.5厘米（图六六二，5）。标本ⅡH13∶4，泥质灰陶。卷沿，敛口，尖圆唇，弧腹，平底。外壁素面抹光，内壁饰暗弦纹。口径22.2、底径8、高9.2厘米（图六六二，4）。

长砖　2件。标本ⅡH13∶2，灰色。平面呈长方形，一侧素面，一侧为绳纹，长32.4、宽15.8、厚5.4厘米（图六六二，3）。标本ⅡH13∶3，灰色。长32.4、宽16.3、厚5.8厘米（图

第二章　和林格尔土城子古城遗址及城外遗迹的考古发掘

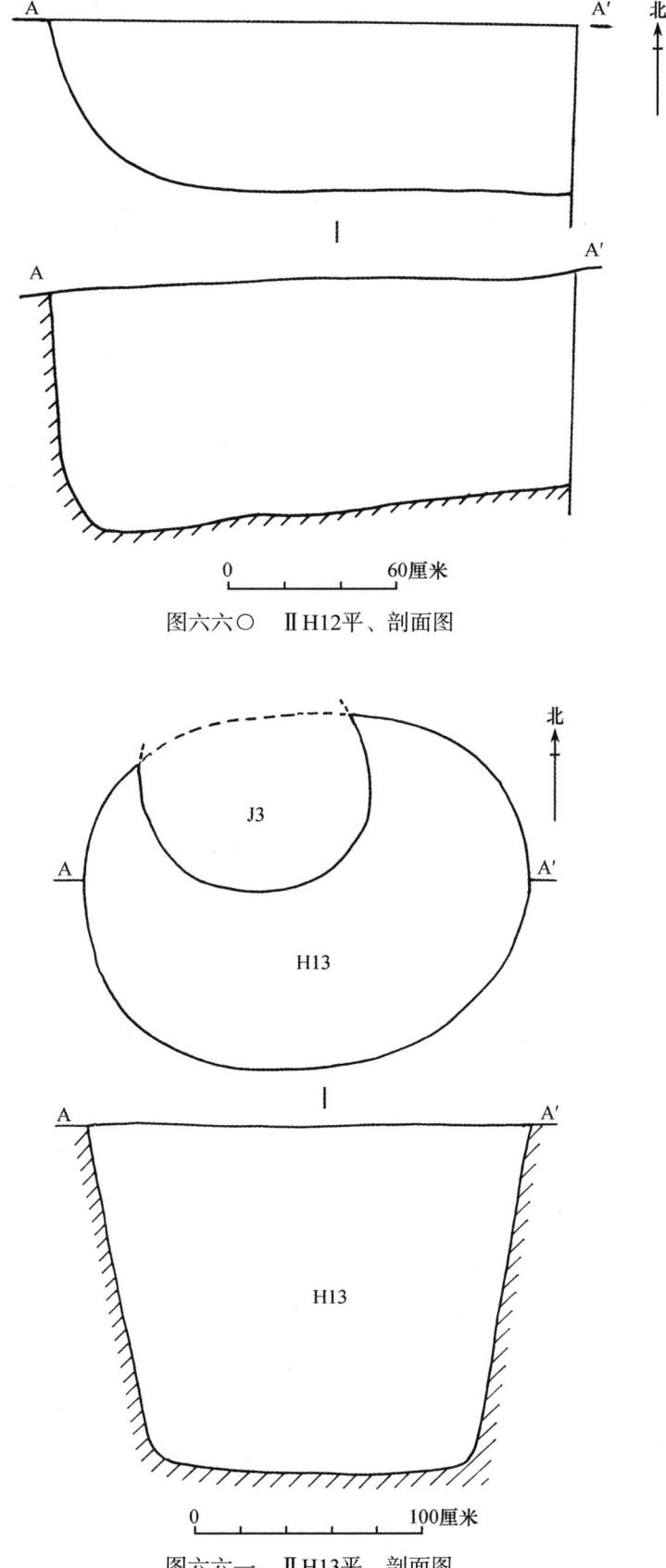

图六六〇　ⅡH12平、剖面图

图六六一　ⅡH13平、剖面图

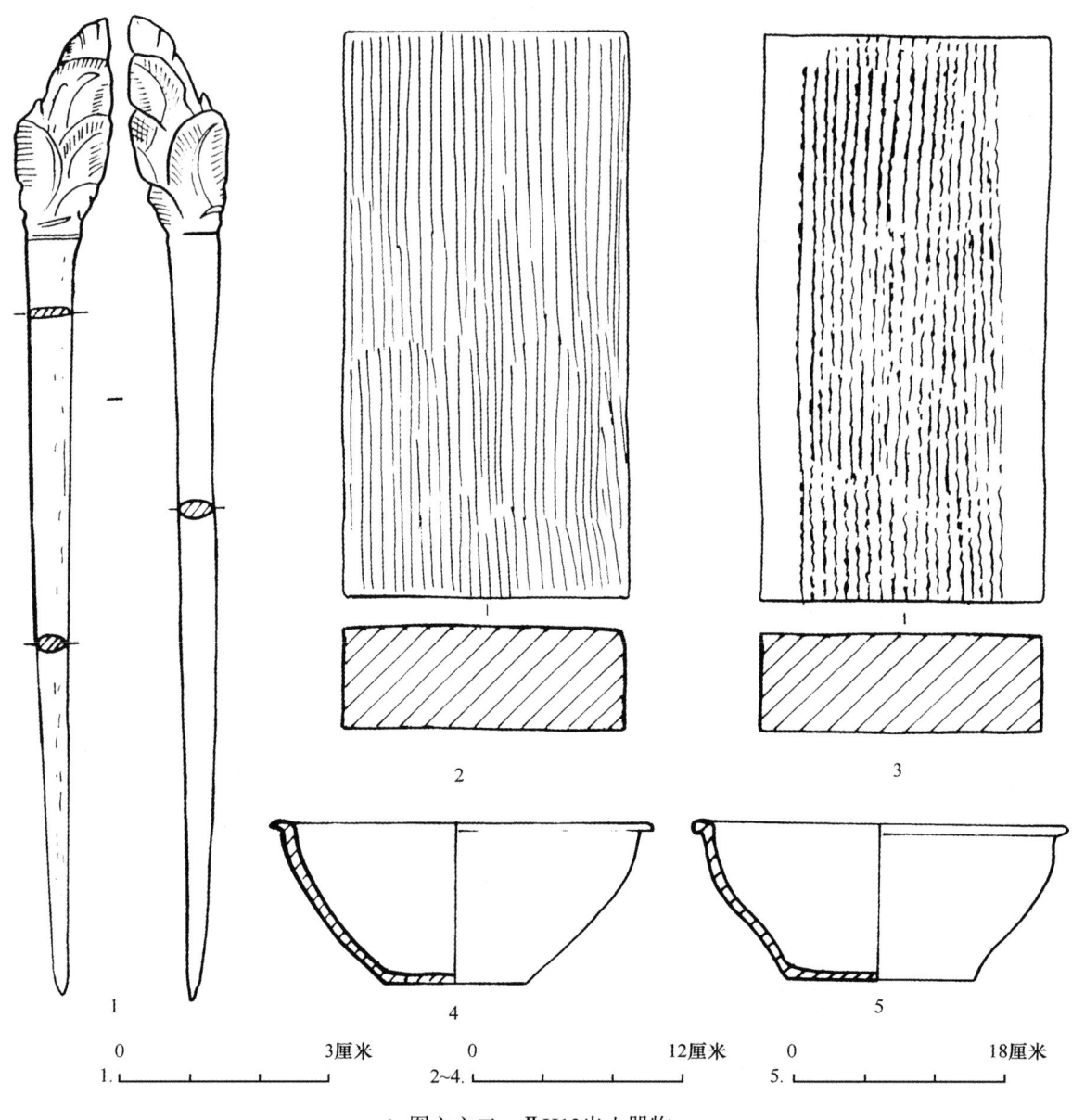

图六六二　ⅡH13出土器物
1.骨簪（ⅡH13：10）　2、3.砖（ⅡH13：3、ⅡH13：2）　4、5.陶盆（ⅡH13：4、ⅡH13：1）

六六二，2）。

骨簪　1件。标本ⅡH13：10，磨制精细。器身扁平瘦长，端部作雕刻成蕉叶形纹样，下端较尖，横截面呈椭圆形。长14.1、厚0.25厘米（图六六二，1）。

钱币　有开元通宝、乾元重宝等。

开元通宝　4枚。钱文八分书体，对读。可分二型。

A型　3枚。标本ⅡH13：5～7，"元"字第一笔较短。直径2.4～2.5、穿宽0.7厘米。

B型　1枚。标本ⅡH13：8，错穿。直径2.5、穿宽0.7厘米。

乾元重宝　1枚。钱文隶书，对读。标本ⅡH13：9，钱体较小，字迹模糊。直径2.2、穿宽0.7厘米。

ⅡH14　位于ⅡT8的西北部，开口于第3层下，距地表深100厘米，打破第4层及生土层。平面呈圆形（只清理一部分），坑口小于坑底，斜直壁，平底。口径140、底径160、深310厘米。坑内填灰花土，土质松软，夹杂有较多的草木灰、木炭粒、砖瓦碎块，出土大量的陶片，少量的瓷片和动物骨骼等（图六六三）。

陶罐　1件。标本ⅡH14：2，泥质黑陶。侈口，厚圆唇，圆腹，平底。上腹饰暗弦纹。下腹素面抹光。口径13.5、底径14.5、高22.8厘米（图六六四，1）。

陶盆　1件。标本ⅡH14：3，泥质灰陶。宽平沿，敞口，方唇，唇面内凹，上腹微弧，近底部向内凹，平底。外壁素面抹光，内壁饰重菱纹。口径55、底径22、高20厘米（图六六四，3）。

瓷碗　1件。标本ⅡH14：1，六出花口，斜弧腹，下腹折收，窄环形圈足。白胎细洁，胎体较薄，施白釉，釉色泛青，有蜡泪痕，内底饰凹弦纹一周。口径10.8、底径4.8、高3.6厘米（图六六四，2）。

钱币　2枚。字迹不清。标本ⅡH14：4、5。

ⅡH16　位于99HTⅡT5的东北部，开口于第3层下，距地表深130厘米，打破ⅡH17及第5层。平面呈椭圆形，弧壁，圜底。坑口长径130、短径96、深60厘米。坑内填灰黑色花土，土质较松软，夹杂木炭粒、炭渣，出土少量的陶瓷片和动物骨骼等（图六六五）。

图六六三　ⅡH14平、剖面图

ⅡH17　位于ⅡT5的东北部，开口于第4层下，距地表深205厘米，被ⅡH12、ⅡH16打破，打破第5层及生土层。平面呈长方形（只清理一部分），直壁，平底。清理部分长120、清理部分宽50～75、深40～60厘米。坑内填灰褐色花土，土质松软，夹杂木炭粒、炭渣，含有少量的陶片和动物骨骼等（图六六六）。

瓦当　1件。标本ⅡH17：1，残，泥质灰陶。以单环线将当面分为内外区。内区当心饰乳凸；外区以双线为界格，每个格内饰一组"羊角"形卷云纹。当厚2厘米（图六六七）。

ⅡH19　位于ⅡT5的西中部，开口于第3层下，距地表深140厘米，打破第4层及第5层。平

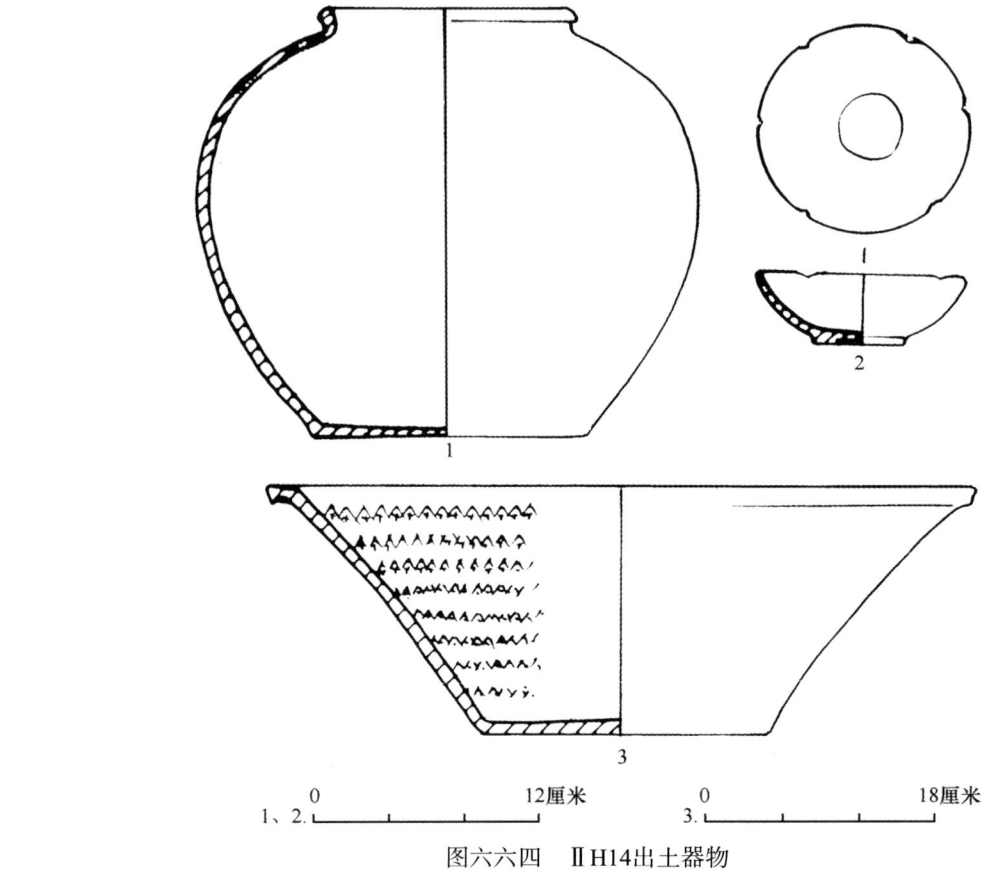

图六六四　ⅡH14出土器物
1. 陶罐（ⅡH14∶2）　2. 瓷碗（ⅡH14∶1）　3. 陶盆（ⅡH14∶3）

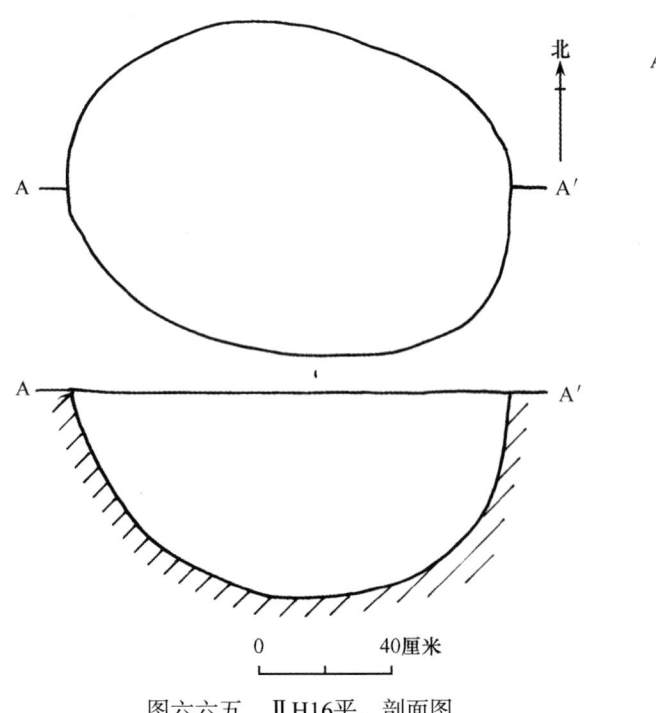

图六六五　ⅡH16平、剖面图

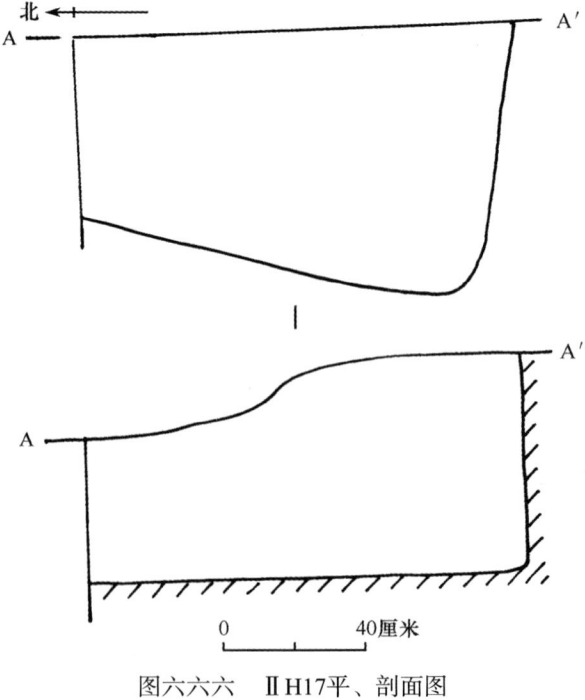

图六六六　ⅡH17平、剖面图

面呈长方形，弧壁，平底。长180、宽80、深50厘米。坑内填灰黑色花土，土质疏松，夹杂草木灰、炭渣和红烧土块，含有少量的陶瓷片和动物骨骼等（图六六八）。

陶盆　1件。标本ⅡH19:1，泥质灰陶。宽平沿略外斜，外缘起棱，敞口，圆唇，斜弧腹，平底。素面抹光。口径40.3、底径17.2、高14.6厘米（图六六九）。

钱币　有开元通宝、乾元重宝等。

开元通宝　1枚。钱文八分书体，对读。标本ⅡH19:2，"元"字第一笔较短。直径2.5、穿宽0.6厘米。

乾元重宝　1枚。钱文隶书，对读。标本ⅡH19:3，错穿。直径2.4、穿宽0.5厘米。

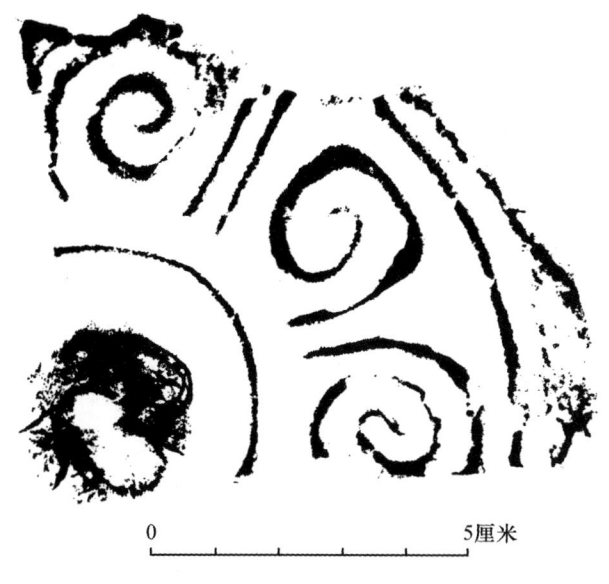

图六六七　ⅡH17出土瓦当（ⅡH17:1）

ⅡH22　位于ⅡT13的西北部，开口于第1层下，距地表深20厘米，打破第2层及第3层。平面呈长方形（只清理一部分），坑口略大于坑底，斜弧壁不甚规整，圜底。清理部分长20、宽155、深60厘米。坑内填灰花土，土质较松软，夹杂大量的草木灰和少量的木炭粒，含有少量的陶瓷片和动物骨骼等（图六七〇）。

盆　1件。标本ⅡH22:1，泥质灰陶。窄沿，略内斜，敛口，圆唇，弧腹，平底，有旋削

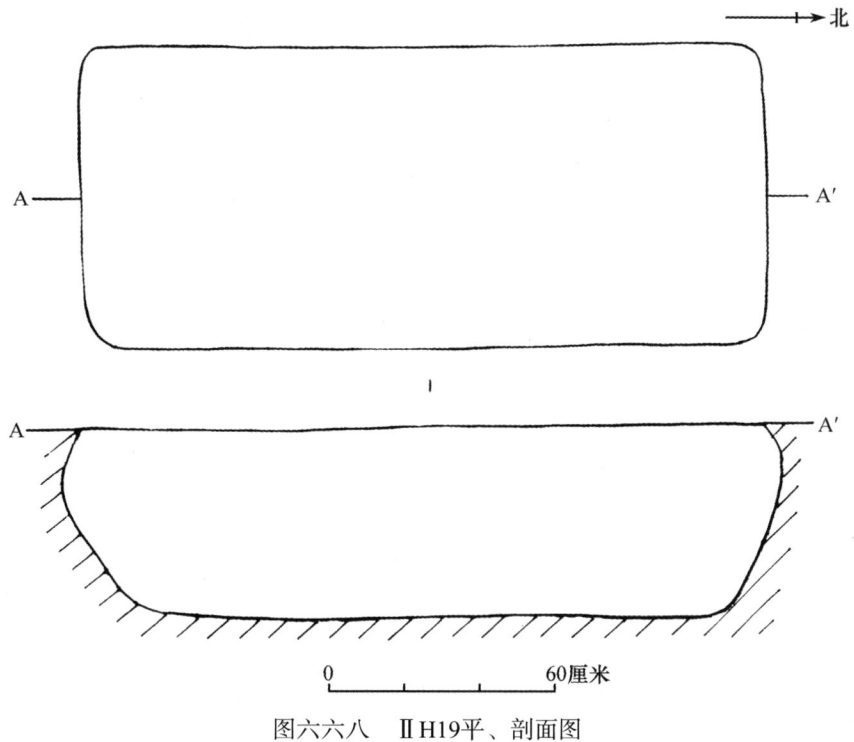

图六六八　ⅡH19平、剖面图

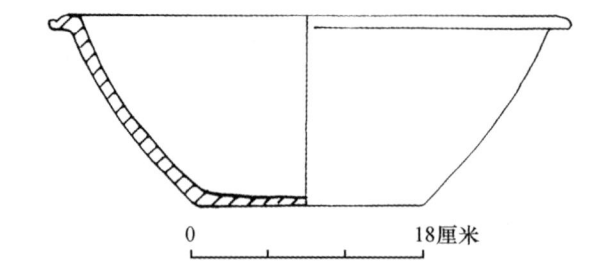

图六六九　ⅡH19出土陶盆（ⅡH19∶1）

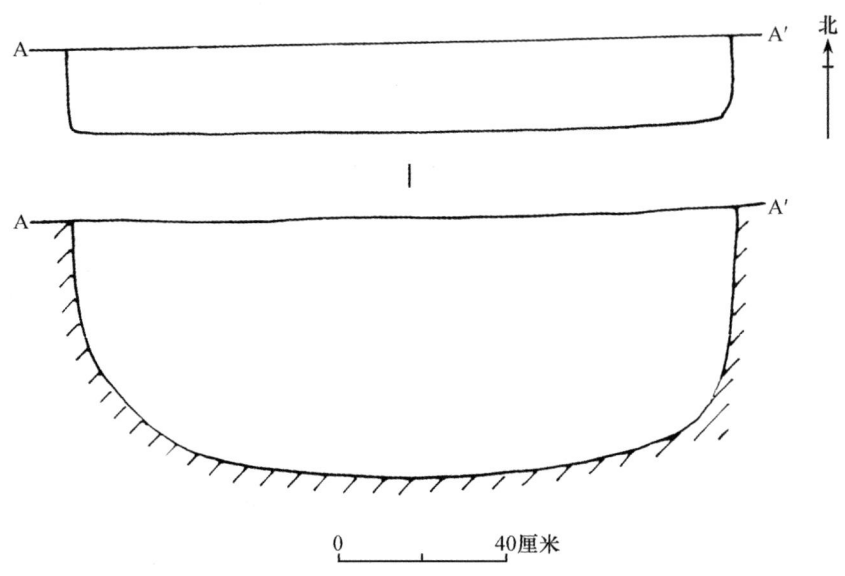

图六七〇　ⅡH22平、剖面图

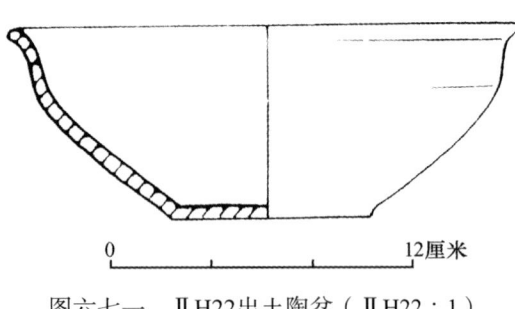

图六七一　ⅡH22出土陶盆（ⅡH22∶1）

痕。素面刮光。口径19.8、底径7.2、高7.6厘米（图六七一）。

ⅡH23　位于ⅡT5的西北部，开口于第4层下，距地表深200厘米，打破第5层及生土层。平面呈长方形，坑口略大于坑底，斜直壁不甚规整，平底。长130、宽75、深50厘米。坑内填灰黑色花土，土质松软，夹杂大量的草木灰、木炭粒、炭渣和红烧土块，含有少量的陶瓷片和动物骨骼。出土物器类有陶器、瓷器、铜器，动物骨骼有猪、羊骨骼等（图六七二）。

陶盆　1件。标本ⅡH23∶3，泥质灰陶。宽平沿，外缘起棱，敞口，圆唇，斜腹，壁略向内凹。平底。素面抹光。口径41.5、底径18、高16厘米（图六七三，1）。

陶盏　1件。标本ⅡH23∶1，泥质灰陶。敞口，圆唇，腹微弧，平底，有旋削痕。素面抹光。口径12.2、底径5.8、高4厘米（图六七三，2）。

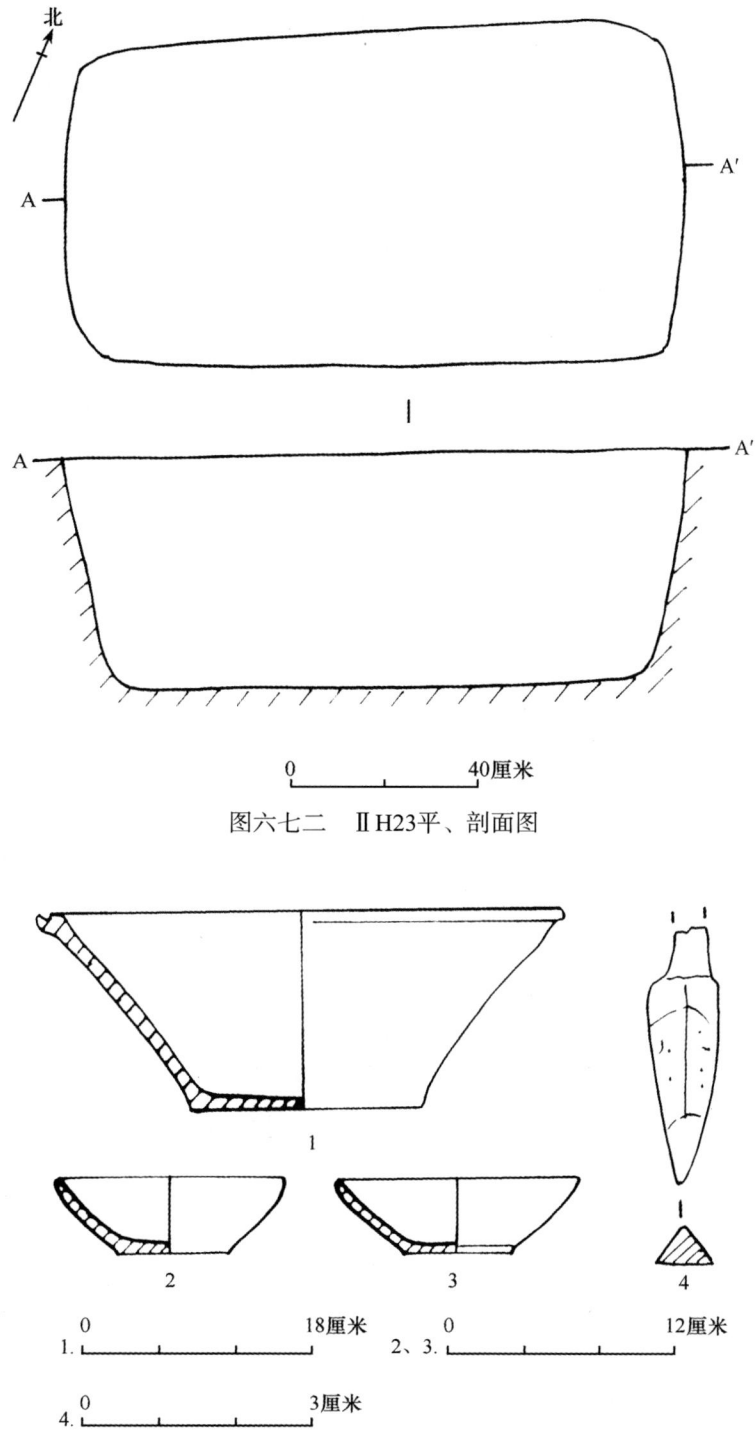

图六七二　ⅡH23平、剖面图

图六七三　ⅡH23出土器物
1. 陶盆（ⅡH23：3）　2. 陶盏（ⅡH23：1）　3. 瓷碗（ⅡH23：2）　4. 铜镞（ⅡH23：4）

青瓷碗　1件。标本ⅡH23：2，敞口，圆唇，斜腹，饼足。灰胎细腻，施青釉，外壁施釉不及底，有冰裂纹。口径13.2、底径6、高4厘米（图六七三，3）。

铜镞　1件。标本ⅡH23∶4，呈三棱形，边锋微弧，较锋利，横截面呈三角形，圆锥形铜铤残。镞身长2.8、铤长0.6厘米（图六七三，4）。

ⅡH24　位于ⅡT的东中部，开口于第3层下，距地表深140厘米，打破第4层及第5层。平面呈不规则长方形，弧壁，平底。长125、宽60～85、深60厘米。坑内填灰黑色花土，土质疏松，夹杂草木灰、炭渣和红烧土块，含有少量的陶瓷片和动物骨骼等（图六七四）。

瓷研磨盘　1件。标本ⅡH24∶1，敛口，圆唇，浅弧腹，饼足。灰白胎较细，胎体厚重，器内无釉，划网纹，同心圆圈线在每个网格中又向内戳起毛边，以利研磨，施酱釉不及底，有气孔。口径18.4、底径8.8、高4.4厘米（图六七五）。

ⅡH28　位于ⅡT5的北部，开口于第4层下，距地表深200厘米，打破第5层及生土层。平面呈圆形（只清理一部分），坑口小于坑腹，弧壁，平底。清理部分长156、清理部分宽70、深130厘米。坑内填黑褐色花土，土质松软，夹杂木炭粒、炭渣，含有少量的陶瓷片和动物骨骼等（图六七六）。

铜镞　1件。标本ⅡH28∶2，呈三棱形，边锋微弧，较锋利，横断面呈三角形，铁铤。镞身长3.5、铤长6厘米（图六七七，2）。

石纺轮　1件。标本ⅡH28∶1，磨制，圆形，中间钻孔。孔径0.8、直径3.8、厚0.8厘米（图

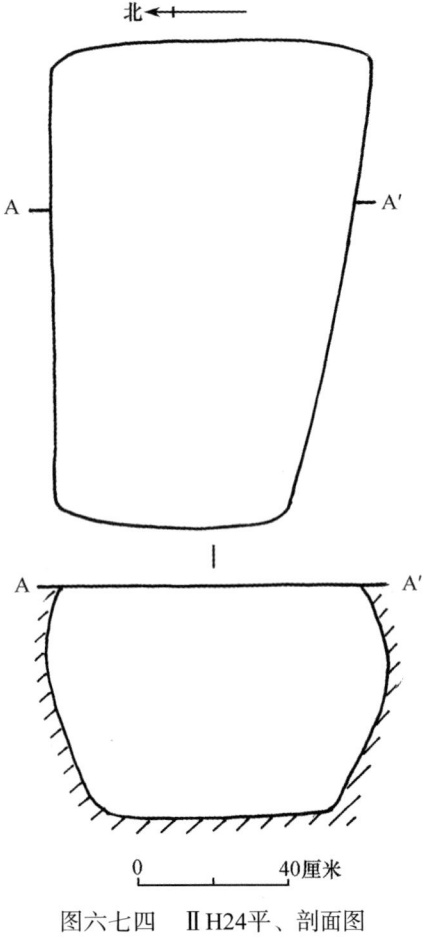

图六七四　ⅡH24平、剖面图　　　　　图六七五　ⅡH24出土瓷研磨盘（ⅡH24∶1）

第二章 和林格尔土城子古城遗址及城外遗迹的考古发掘

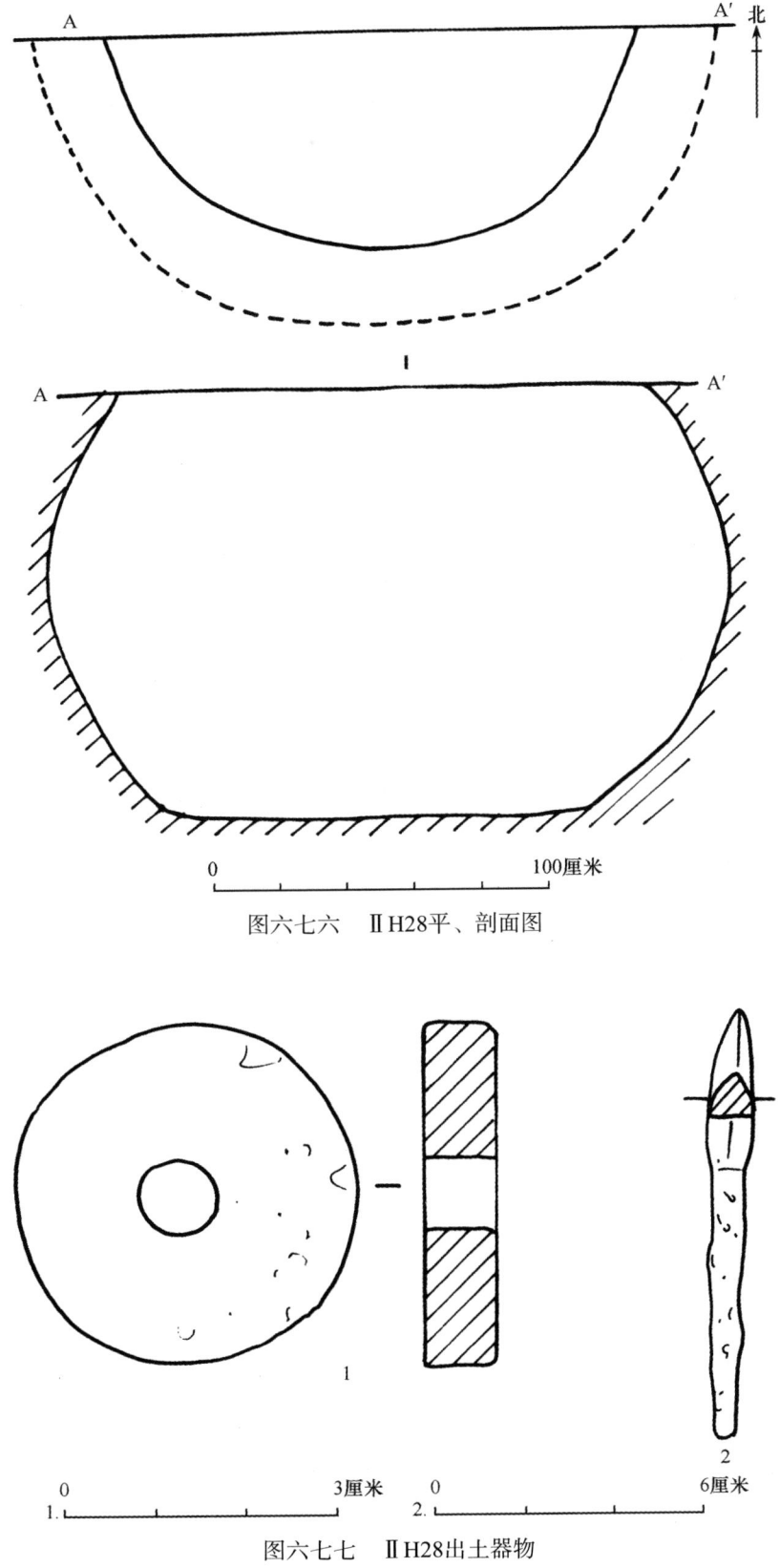

图六七六 ⅡH28平、剖面图

图六七七 ⅡH28出土器物
1.石纺轮（ⅡH28∶1） 2.铜镞（ⅡH28∶2）

六七七，1）。

ⅡH29　位于ⅡT7的西南部，开口于第4层下，距地表深195厘米，被ⅡH4、ⅡJ5打破，打破第5层及生土层。平面呈圆形，坑口小于坑底，斜直壁不甚规整，平底。口径150、底径210、深95厘米。坑内填黄花土，土质松软，夹杂大量的草木灰、木炭粒和红烧土块。含有少量的陶片和动物骨骼等（图六七八）。

陶盆　1件。标本ⅡH29：2，泥质灰褐陶。宽折沿，微敛口，方唇，浅弧腹，平底，有旋削痕。外壁素面抹光，内壁饰暗弦纹。口径34.5、底径17、高11.8厘米（图六七九，2）。

陶盂　1件。标本ⅡH29：1，泥质灰陶，卷沿，敛口，圆唇，弧腹，平底。外壁素面抹光，内壁饰暗弦纹。口径24、底径10.5、高10厘米（图六七九，1）。

ⅡH32　位于ⅡT5的东北部，开口于第4层下，距地表深200厘米，打破第5层及生土层。平

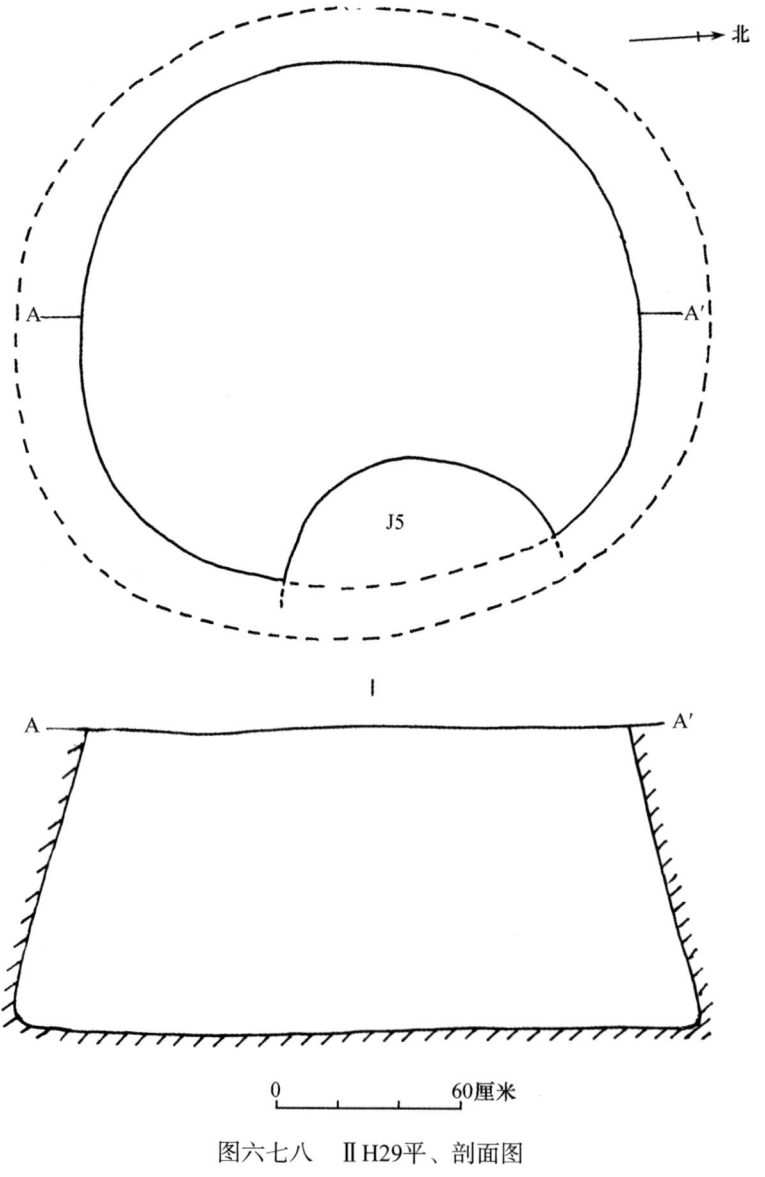

图六七八　ⅡH29平、剖面图

面呈圆形（只清理一部分），斜直壁，圜底。清理部分长110、清理部分宽30、深105厘米。坑内填黄褐色花土，土质较硬，夹杂砖瓦碎块、炭渣和红烧土块，含有少量的陶瓷片和动物骨骼等（图六八〇）。

铜器盖　1件。标本ⅡH32∶4，铜质，盖面突起，出沿，残半。直径8.7厘米（图六八一）。

钱币　2枚。开元通宝，钱文八分书体，对读。标本ⅡH32∶2，"元"字第一笔较长，字体较大。直径2.5、穿宽0.6厘米。标本ⅡH32∶3，"元"字第一笔较长，字体较小。直径2.4、穿宽0.6厘米。

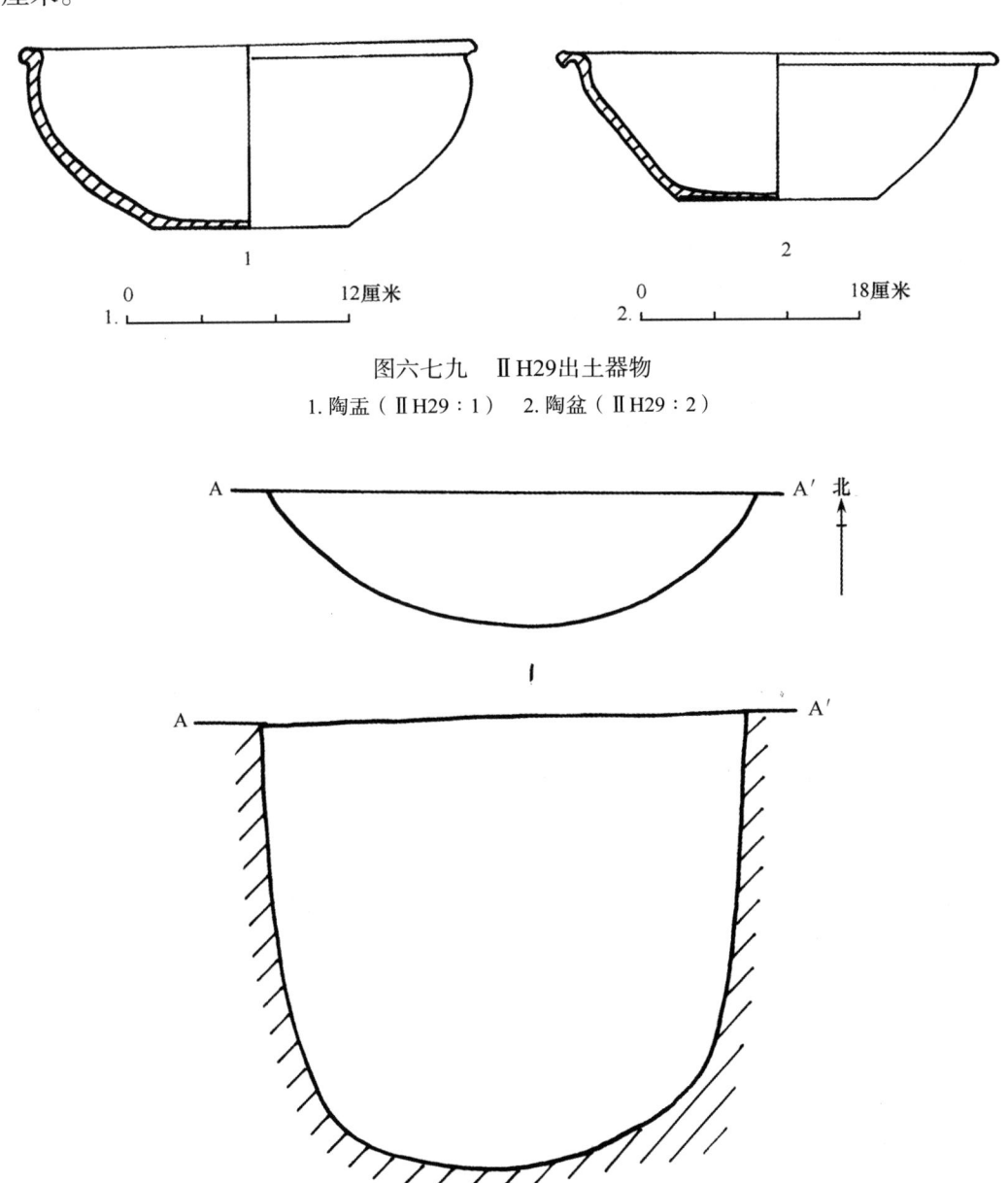

图六七九　ⅡH29出土器物
1. 陶盂（ⅡH29∶1）　2. 陶盆（ⅡH29∶2）

图六八〇　ⅡH32平、剖面图

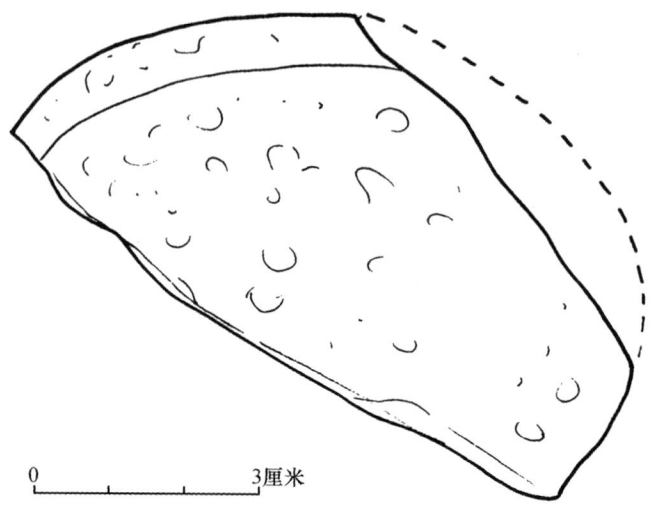

图六八一　ⅡH32出土铜器盖（ⅡH32：4）

ⅡH36　位于ⅡT7的北部，开口于第3层下，距地表深90～110厘米，打破ⅡH33及第5层。平面呈不规则形（只清理一部分），斜壁不甚规整，圜底。清理部分长285、清理部分宽120、深130厘米。坑内填灰色花土，土质较松软，夹杂大量的草木灰、木炭粒以及砖瓦碎块和红烧土块等杂物，含有少量的陶瓷片和动物骨骼等（图六八二）。

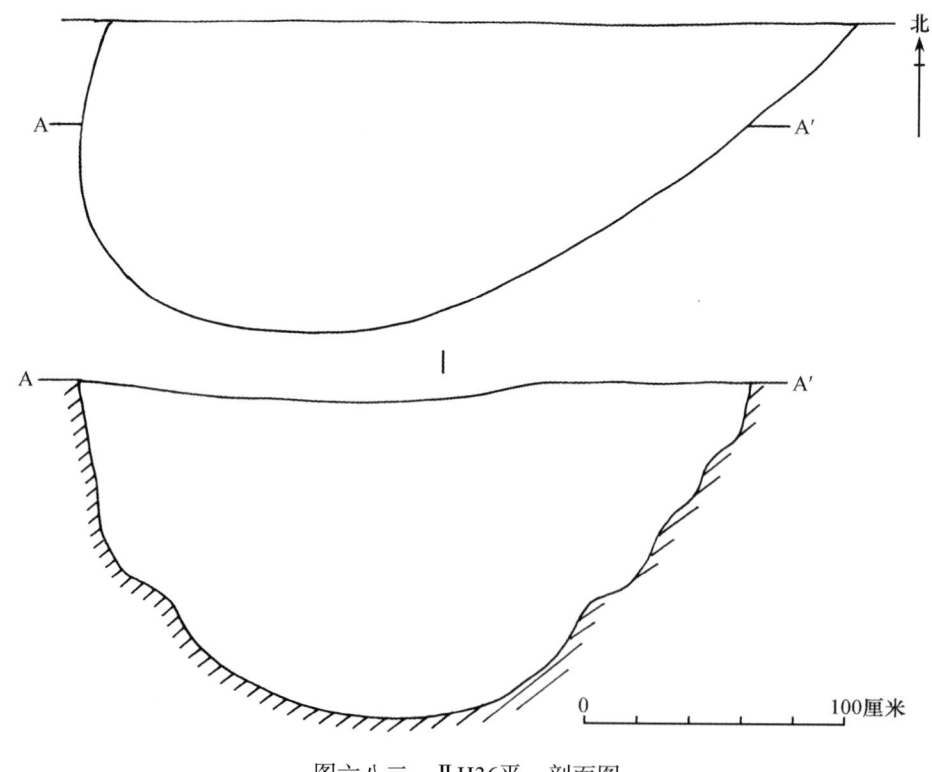

图六八二　ⅡH36平、剖面图

ⅡH38　位于ⅡT13的东南部，开口于第1层下，距地表深20厘米，打破第2层及第3层。平面呈长方形（只清理一部分），直壁，平底。清理部分长190、宽65、深50厘米。坑内填灰花土，土质较松软，夹杂大量的草木灰、炭渣和少量的木炭粒，含有少量的陶瓷片和动物骨骼等（图六八三）。

陶盆　1件。标本ⅡH38：1，泥质灰褐陶。宽平沿，敞口，方唇，斜腹，平底，有旋削痕，外壁素面抹光，内壁饰重菱纹。口径34、底径13.5、高12厘米（图六八四）。

钱币　2枚。开元通宝，钱文八分书体，对读。标本ⅡH38：2、ⅡH38：3，"元"字第一笔较短。直径2.5、穿宽0.6厘米。

ⅡH39　位于ⅡT13的北中部，开口于第1层下，距地表深20厘米，打破第2层及生土层。平面呈长方形（只清理一部分），坑口略大于坑底，斜壁不甚规整，平底。清理长120、宽90、深200厘米。坑内填灰褐花土，土质较松软，夹杂草木灰、炭渣、红烧土块和木炭粒，含有少量的陶瓷片和动物骨骼等（图六八五）。

铁钉　1件。标本ⅡH39：1，锻造，椭圆形钉头，钉尖较锋。长10厘米（图六八六，2）。

骨簪　1件。标本ⅡH39：2，磨制精细，尖部稍残。器身扁平，上端弧凸较宽，截面呈弧顶长方形，到尖部递减成圆尖。残长12.5、厚0.2厘米（图六八六，1）。

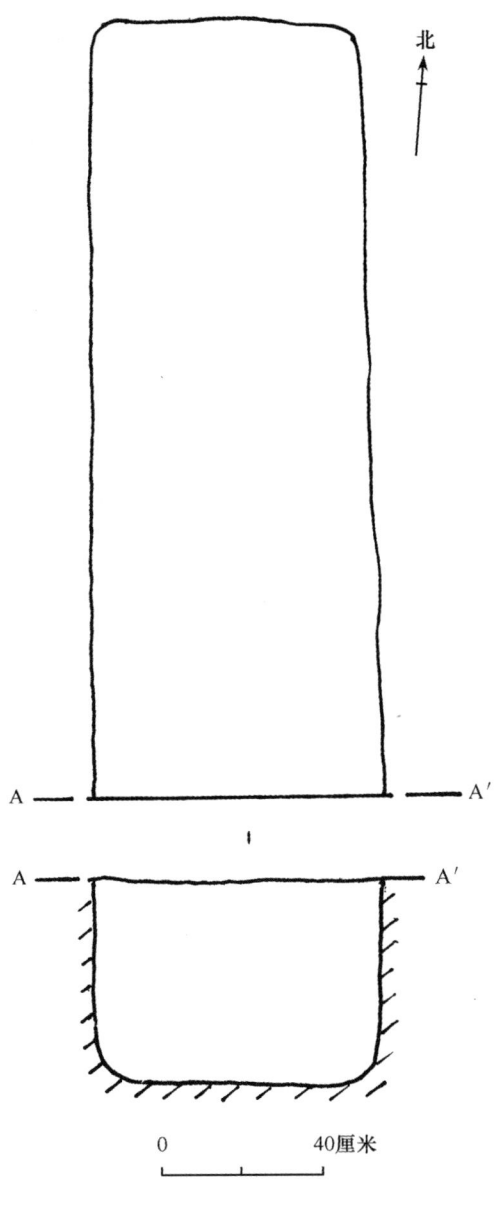

图六八三　ⅡH38平、剖面图

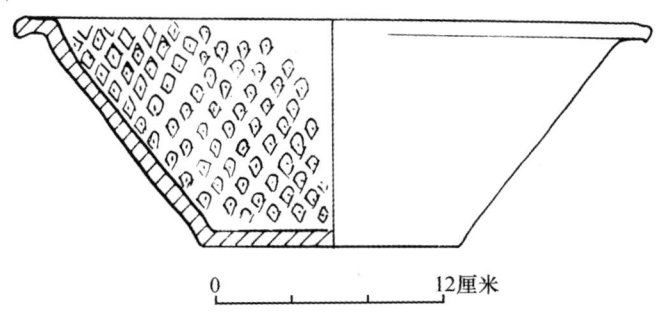

图六八四　ⅡH38出土陶盆（ⅡH38：1）

ⅡH41　位于ⅡT13的中南部，开口于第2层下，距地表深45厘米，打破第3层及生土层。坑口平面呈"凸"字形，有走道和穴室两部分组成。走道位于穴室南部，平面呈梯形，接近穴室处渐宽，直壁，底部为斜坡式。口长120、宽100～110、深100～130厘米。穴室底部平面呈长方形，略作前宽后窄。前宽146、后宽140、进深

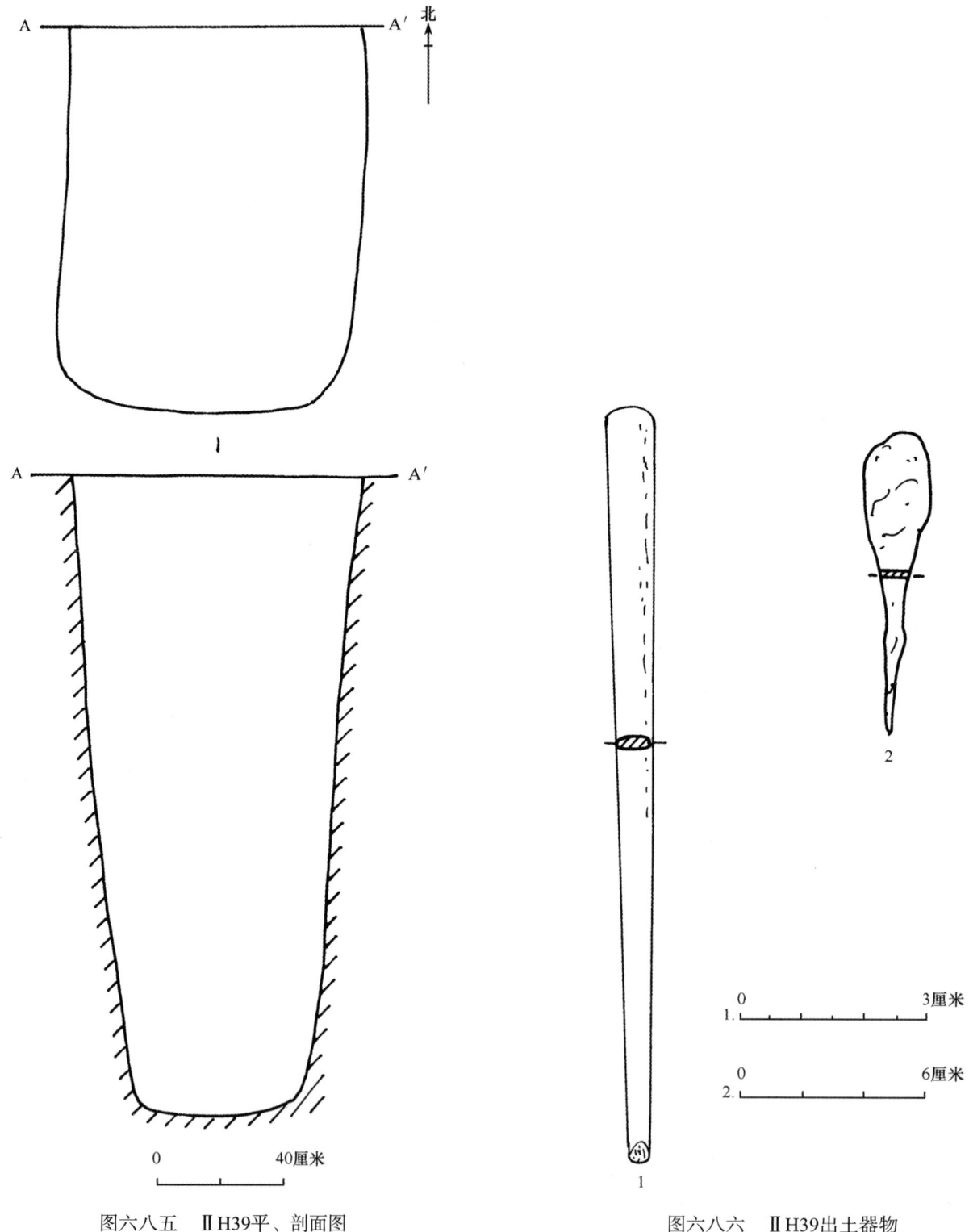

图六八五　ⅡH39平、剖面图

图六八六　ⅡH39出土器物
1. 骨簪（ⅡH39∶2）　2. 铁钉（ⅡH39∶1）

100、残高146厘米。从残存的痕迹推测室顶为拱形，已坍塌。坑内填灰黄色花土，土质较硬。夹杂草木灰和木炭渣，含有少量的陶瓷片和动物骨骼等（图六八七）。

陶盆　1件。标本ⅡH41：1，泥质灰褐陶。宽折沿，直口，方唇，浅弧腹，平底，有旋削痕。外壁素面抹光，内壁饰暗弦纹。口径36.4、底径17、高12厘米（图六八八）。

钱币　1枚。字迹不清。标本ⅡH41：2，直径2.3、穿宽0.9厘米。

ⅡH57　位于ⅡT13的西北部，开口于第4层下，距地表深120厘米，打破生土层。平面呈长方形（只清理一部分），直壁，平底。长230、清理部分宽130、深95~100厘米。坑内填灰褐

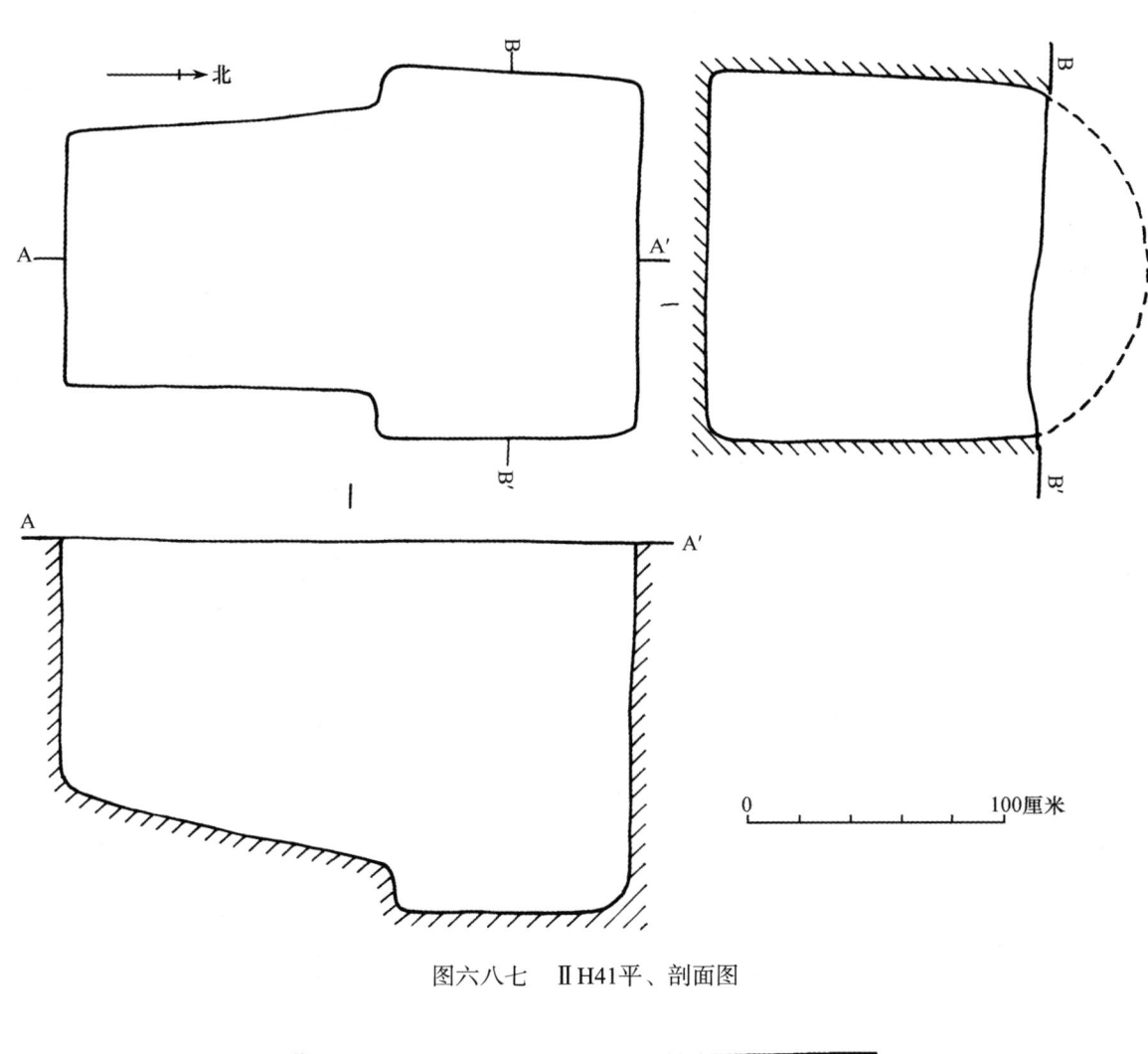

图六八七　ⅡH41平、剖面图

图六八八　ⅡH41出土陶盆（ⅡH41：1）

色花土，土质松软，夹杂砖瓦碎块、木炭粒、红烧土块和草拌泥块，含有少量的陶瓷片和动物骨骼等（图六八九）。

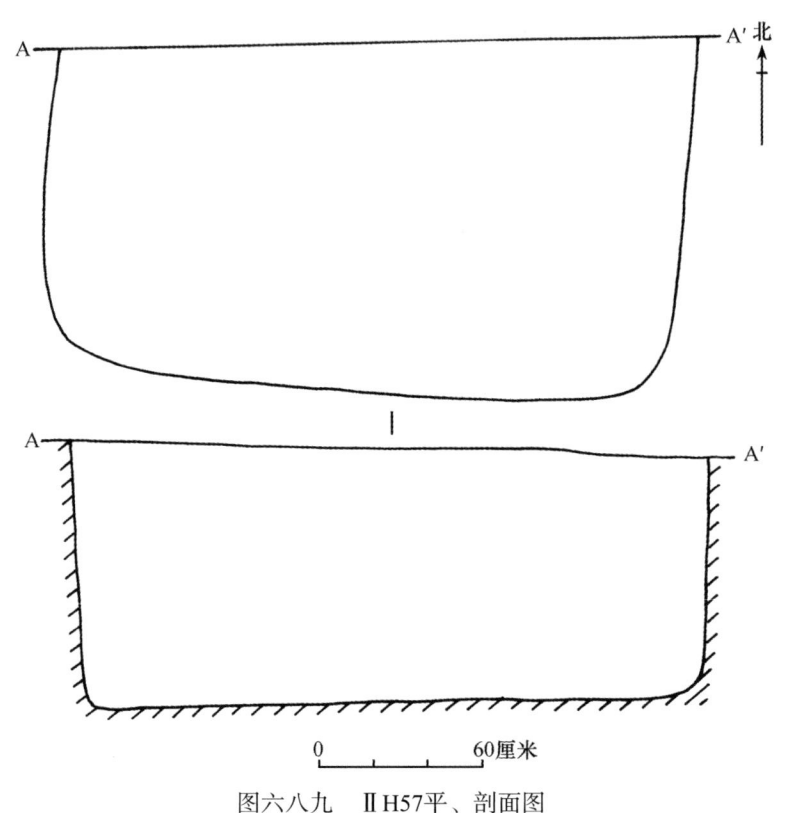

图六八九　ⅡH57平、剖面图

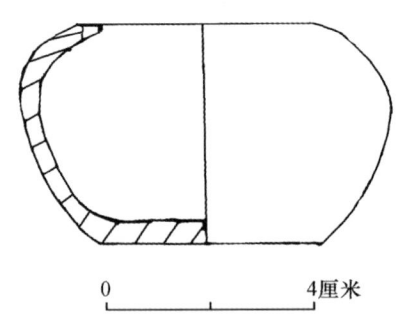

图六九〇　ⅡH57出土陶罐（ⅡH57∶1）

陶罐　1件。标本ⅡH57∶1，泥质黑陶。敛口，圆唇，鼓腹，平底内凹，有旋削痕。肩饰暗弦纹，以下素面抹光。口径3.6、底径4.2、高4.4厘米（图六九〇）。

ⅡH58　位于ⅡT14的中北部，开口于第4层下，距地表深140厘米，打破生土层。平面呈圆形，坑口小于坑底，斜直壁较为规整，留有加工痕迹，平底。口径170、底径220、深270厘米。坑内填灰褐色花土，土质松软，夹杂草木灰、木炭粒和红烧土块。含有较多的陶瓷片和动物骨骼等（图六九一；图版二〇，1）。

陶罐　1件。标本ⅡH58∶2，泥质黑陶。敛口，圆唇，鼓腹，平底内凹，有旋削痕。肩饰暗弦纹，以下素面抹光。口径3.6、底径4.8、高4.4厘米（图六九二，2）。

陶盆　1件。标本ⅡH58∶1，泥质灰陶。敞口，窄沿，弧腹，饼足，有旋削痕。素面抹光。口径19.7、底径8.5、高7厘米（图六九二，1）。

ⅡH59　位于ⅡT15的西中部，开口于第1层下，距地表深20厘米，打破ⅡF1及第4层。平面呈长方形，直壁，平底。长210、宽120、深90厘米。坑内填灰黑色花土，土质较松软。夹杂砖

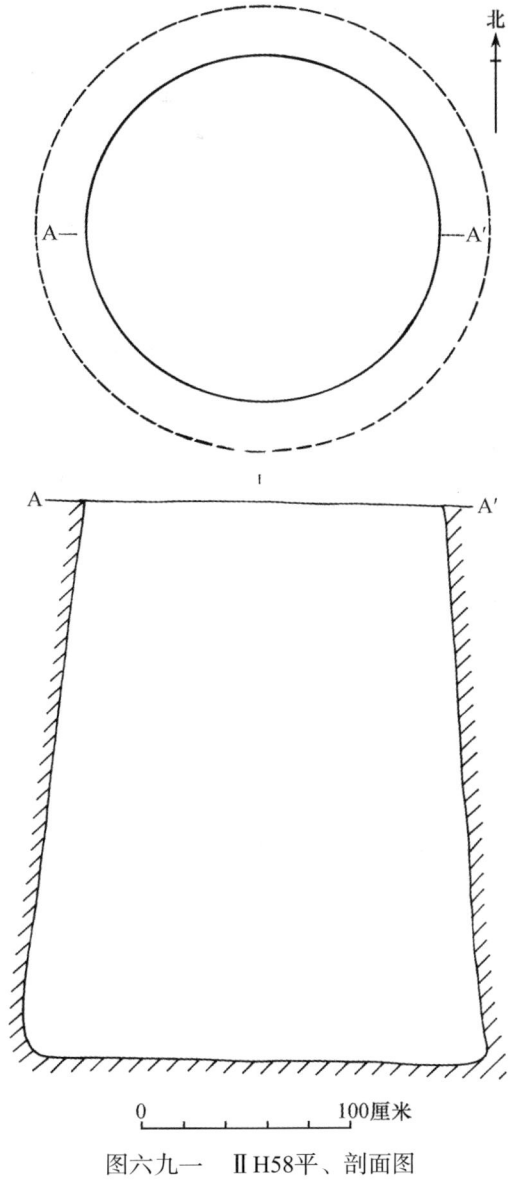

图六九一　ⅡH58平、剖面图

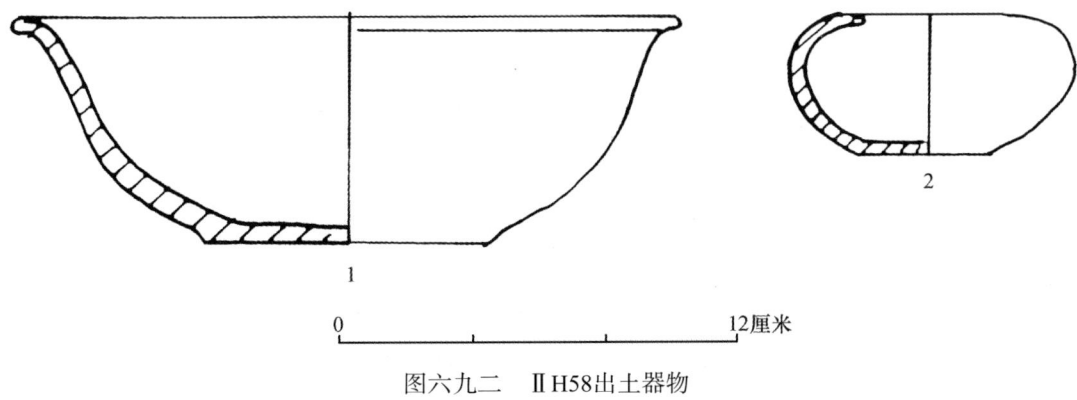

图六九二　ⅡH58出土器物
1.陶盆（ⅡH58：1）　2.陶罐（ⅡH58：2）

瓦碎块、石块、红烧土块等，出土较多的陶瓷片和动物骨骼等（图六九三）。

邢窑碗　1件。标本ⅡH59∶1，折沿，敞口，圆唇，浅弧腹，窄环形圈足。白胎细洁，施白釉，釉色泛青，足心亦施釉。口径16.2、底径7、高4.2厘米（图六九四）。

ⅡH60　位于ⅡT16的中东部，开口于第1层下，距地表深20厘米，打破ⅡH61、ⅡF1及第4层。平面呈长方形，坑口略大于坑底，斜直壁，平底。坑口长300、宽130、坑底长260、宽80、深110厘米。坑内填灰褐色花土，土质较松软，夹杂砖瓦碎块、石块、红烧土块等，出土较多的陶瓷片和动物骨骼。出土物可辨器形有陶罐、陶盆、瓷玩等（图六九五）。

陶罐　1件。标本ⅡH60∶2，泥质灰褐陶。侈口，圆唇，鼓腹，平底，有旋削痕。素面抹光。口径4、底径3.2、高5厘米（图六九六，2）。

陶盆　2件。标本ⅡH60∶3，泥质灰陶。宽平沿，沿面略微弧，敞口，尖圆唇，斜腹

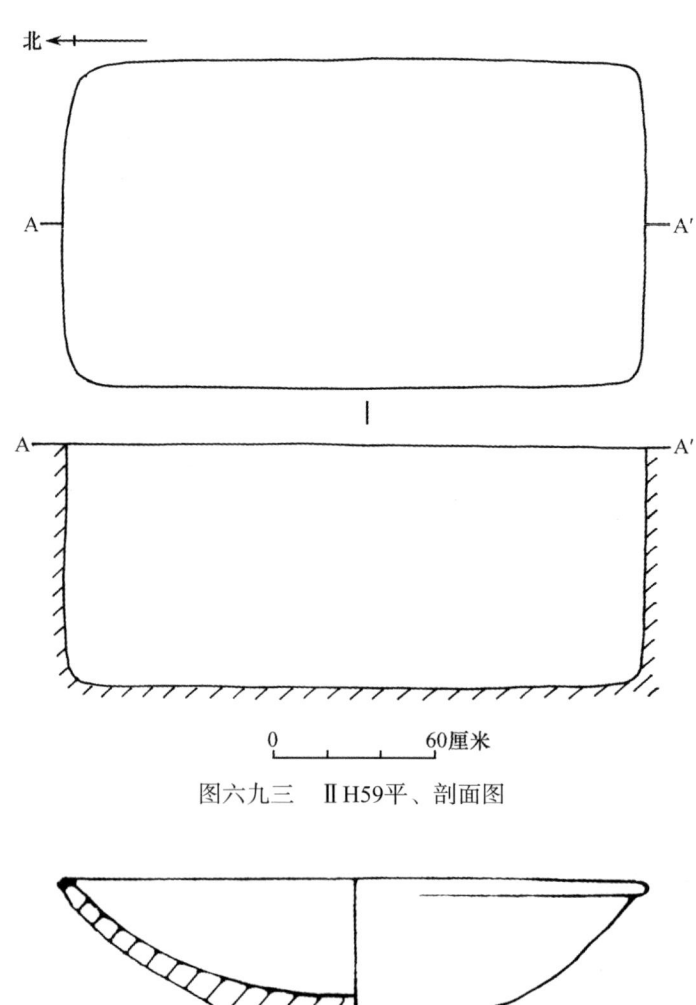

图六九三　ⅡH59平、剖面图

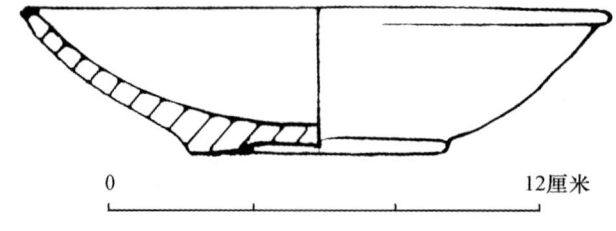

图六九四　ⅡH59出土瓷碗（ⅡH59∶1）

微弧，平底，有旋削痕。外壁素面抹光，内壁饰暗弦纹。口径33、底径19、高8.3厘米（图六九六，1）。标本ⅡH60∶1，泥质灰陶。卷沿，直口微敞，圆唇，浅腹，平底，外壁素面抹光，内壁饰暗弦纹。口径26.3、底径17、高8.7厘米（图六九六，3）。

瓷玩　1件。猴。标本ⅡH60∶4，呈坐立状，双手托腮，"人"字形毛发。白灰胎较细，施黑釉，有窑粘。高3厘米（图六九六，4）。

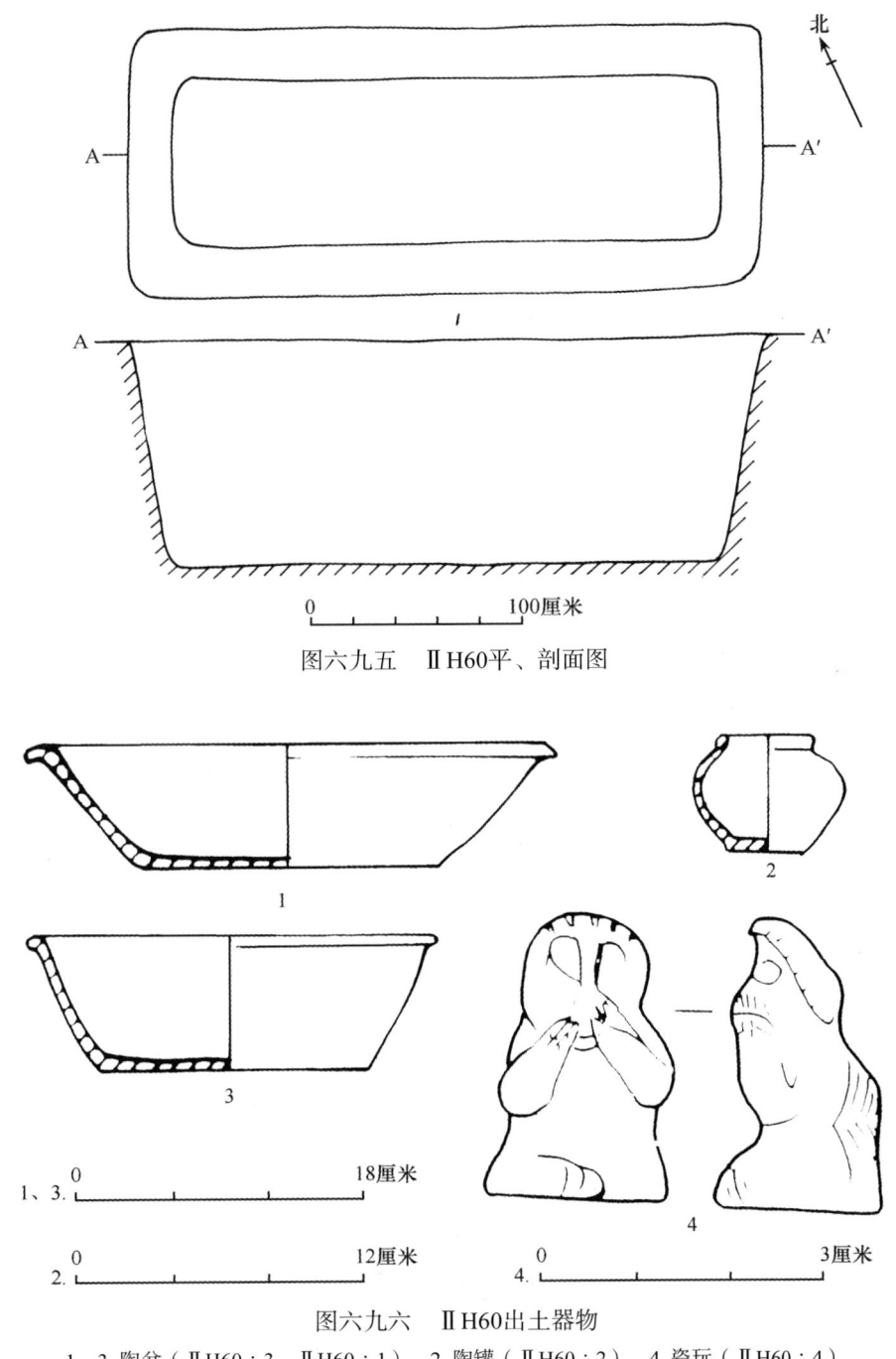

图六九五　ⅡH60平、剖面图

图六九六　ⅡH60出土器物
1、3.陶盆（ⅡH60∶3、ⅡH60∶1）　2.陶罐（ⅡH60∶2）　4.瓷玩（ⅡH60∶4）

ⅡH61　位于ⅡT16的西南部，开口于第1层下，距地表深20厘米左右，被ⅡH60打破，打破ⅡF1及生土层。平面呈长方形，直壁，平底。长250、宽110、深155厘米。坑内填灰黑色花土，土质较松软，夹杂砖瓦碎块、石块、红烧土块、木炭粒和砂粒，出土少量的陶瓷片和动物骨骼。出土物可辨器形有陶盆、陶钵、瓷碗和瓷杯；动物骨骼有牛、猪、羊、狗的骨骼等（图六九七）。

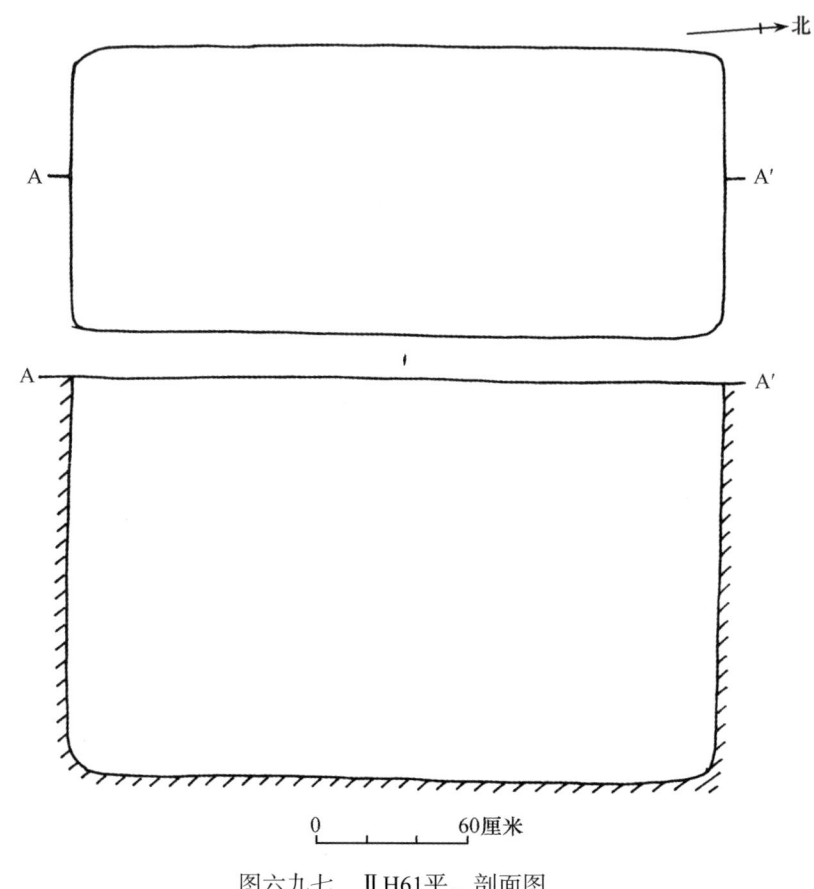

图六九七　ⅡH61平、剖面图

陶钵　1件。标本ⅡH61：2，泥质灰陶。敛口，尖圆唇，曲腹，小平底，有旋削痕。上腹饰暗弦纹，下腹素面抹光。口径11、底径3.3、高4.7厘米（图六九八，2）。

白瓷杯　1件。标本ⅡH61：1，侈口，圆唇，曲腹，饼足。灰色胎较细，内壁施满釉，外壁施半釉内壁及底部有点彩。口径8.8、底径5.2、高4厘米（图六九八，1）。

ⅡH63　位于ⅡT14的西南部，开口于第4层下，距地表深150厘米，打破生土层。平面呈圆角长方形（只清理一部分），坑口略大于坑底，斜直壁，平底。清理部分长140、清理部分宽30、深120厘米。坑内填灰花土，土质较硬，夹杂木炭粒、红烧土块等，出土少量的陶瓷片和动物骨骼等（图六九九）。

黑瓷碗　1件。标本ⅡH63：1，敞口，圆唇，斜腹，矮足。白灰色胎较细，内施白釉，釉色泛黄，外壁施酱釉，内底有支钉疤痕。口径12.8、底径5.6、高4厘米（图七〇〇）。

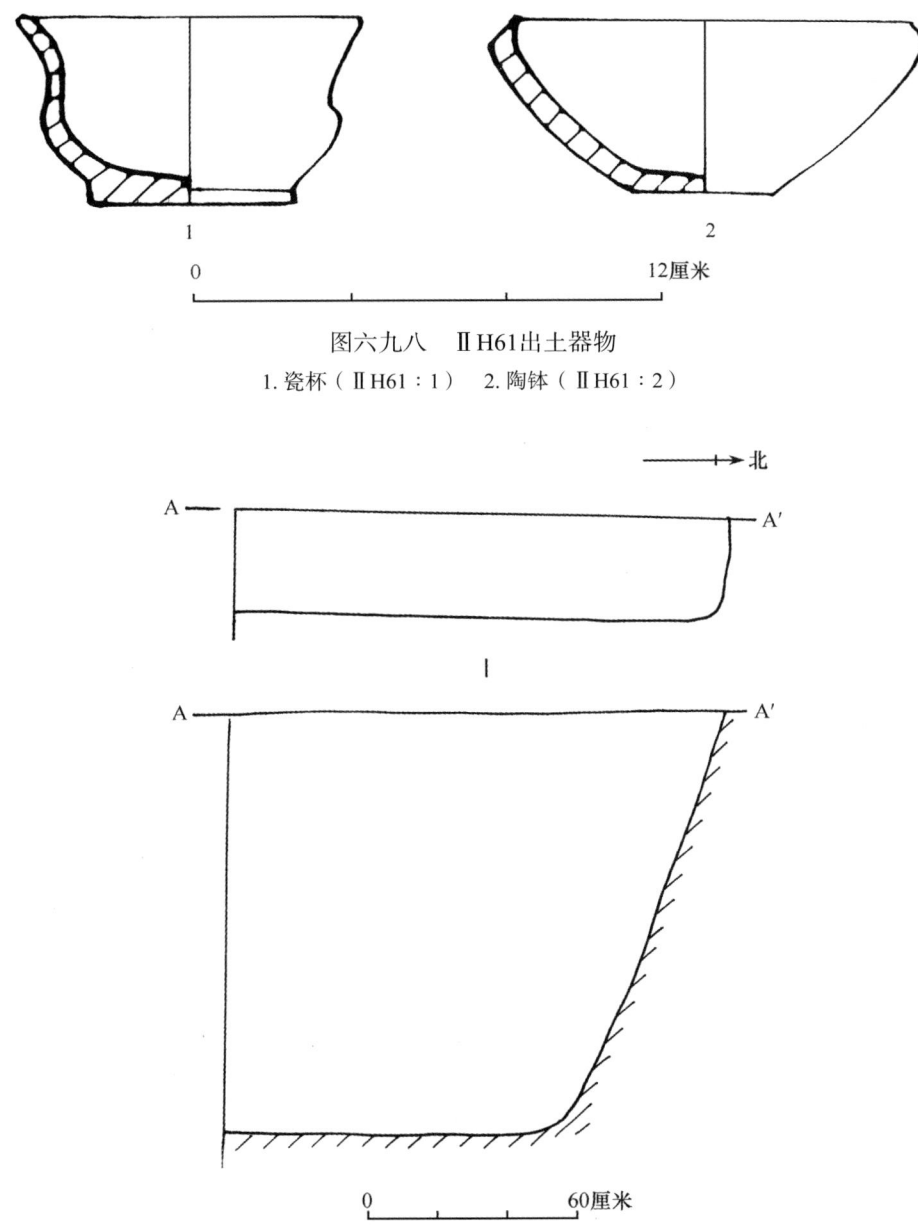

图六九八　ⅡH61出土器物
1. 瓷杯（ⅡH61∶1）　2. 陶钵（ⅡH61∶2）

图六九九　ⅡH63平、剖面图

ⅡH65　位于ⅡT19的西中部，开口于第1层下，距地表深20厘米左右，打破ⅡH66、ⅡF1及生土层。平面呈圆形，直壁，平底。直径80、深270厘米。坑内填灰褐色花土，土质较松软，夹杂木炭粒、砂粒等。出土大量的陶瓷片和动物骨骼等（图七〇一）。

ⅡH66　位于ⅡT19的中部，开口于第1层下，距地表深20厘米左右，被ⅡH31、ⅡH65打破，打破ⅡF1及生土层。平面呈长方形，直壁，平底。长130、宽100、深125厘米。坑内填灰褐色花土，土质较松软，夹杂草木灰、红烧土块、木炭粒，出土少量的陶瓷片和动物骨骼等（图七〇二）。

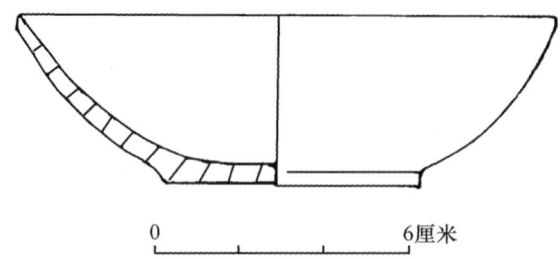

图七〇〇　ⅡH63出土瓷碗（ⅡH63∶1）

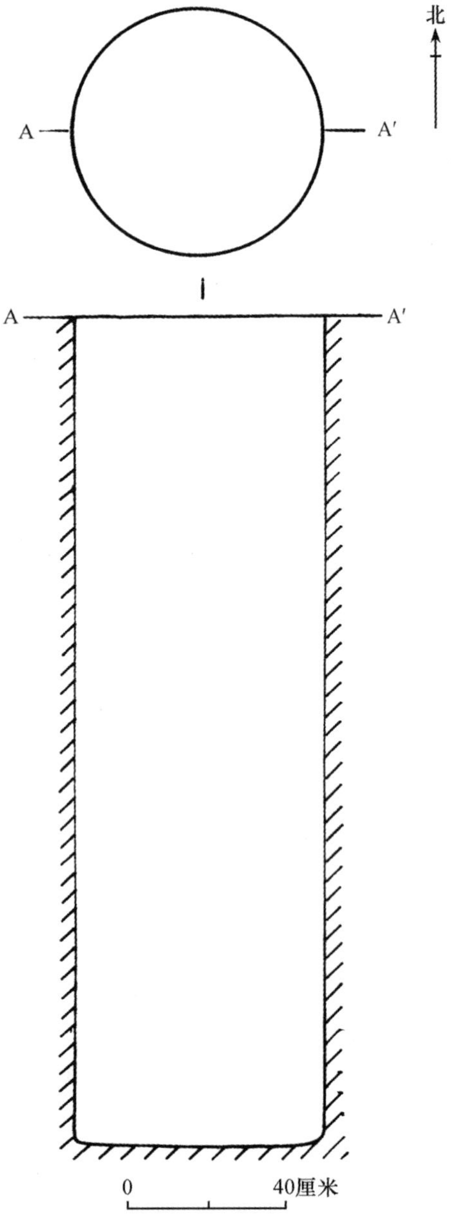

图七〇一　ⅡH65平、剖面图

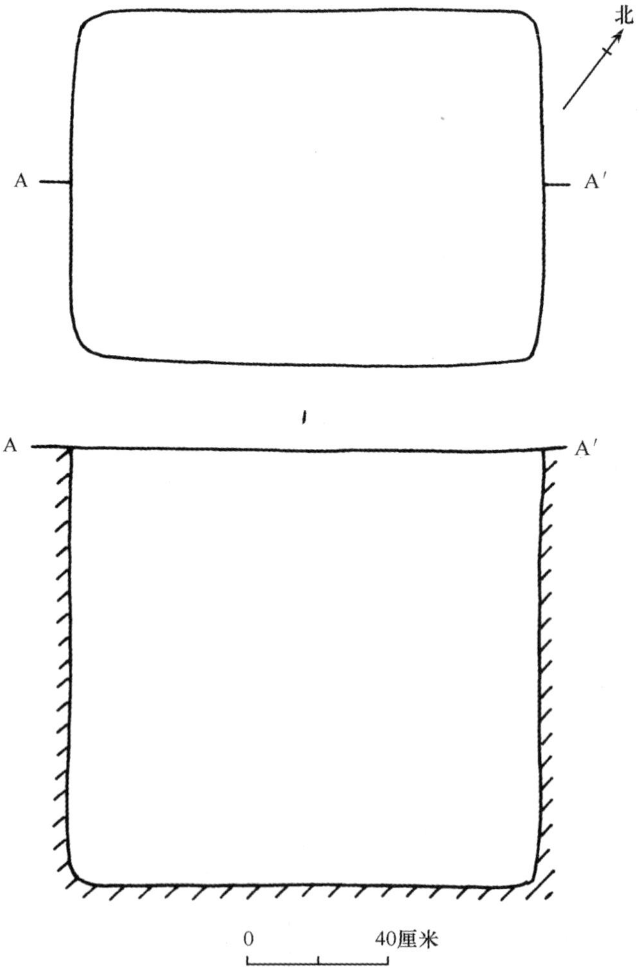

图七〇二　ⅡH66平、剖面图

陶盆　3件。标本ⅡH66：3，泥质灰褐陶。宽平沿，敞口，方唇，斜腹，平底，有旋削痕，外壁素面抹光，内壁饰重菱纹。口径47.5、底径18、高18厘米（图七〇三，1）。标本ⅡH66：2，泥质灰陶。宽平沿，敞口，方唇，斜腹，平底。素面抹光。口径62.5、底径29、高26.6厘米（图七〇三，3）。标本ⅡH66：1，泥质灰褐陶。敞口，宽平沿，圆唇，斜腹较浅，平底。外壁素面抹光，内饰暗弦纹。口径47、底径26、高12.5厘米（图七〇三，2）。

ⅡH67　位于ⅡT20的北部，开口于第1层下，距地表深20厘米，打破第3层及生土层。平面呈椭圆形（只清理一部分），直壁，平底。长径380、短径225、深220厘米。坑内填灰黑色花土，土质较松软，夹杂砖瓦碎块、石块、红烧土块、木炭粒，出土大量的陶瓷片和动物骨骼等（图七〇四）。

出土遗物有陶器、瓷器、骨器等。

陶器　有盒、盏、尊等。

盒　1件。标本ⅡH67：16，泥质灰黑陶。子母口，沿面饰锯齿纹，沿边饰手指压印纹，斜弧腹，近底部略向内凹，平底，有旋削痕。素面抹光。口径20.3、底径7、高9.2厘米（图七〇五，1）。

盏　1件。标本ⅡH67：7，泥质灰陶。敛口，圆唇，斜腹，平底，有旋削痕。素面抹光。口径11.3、底径5.5、高3.5厘米（图七〇五，12）。

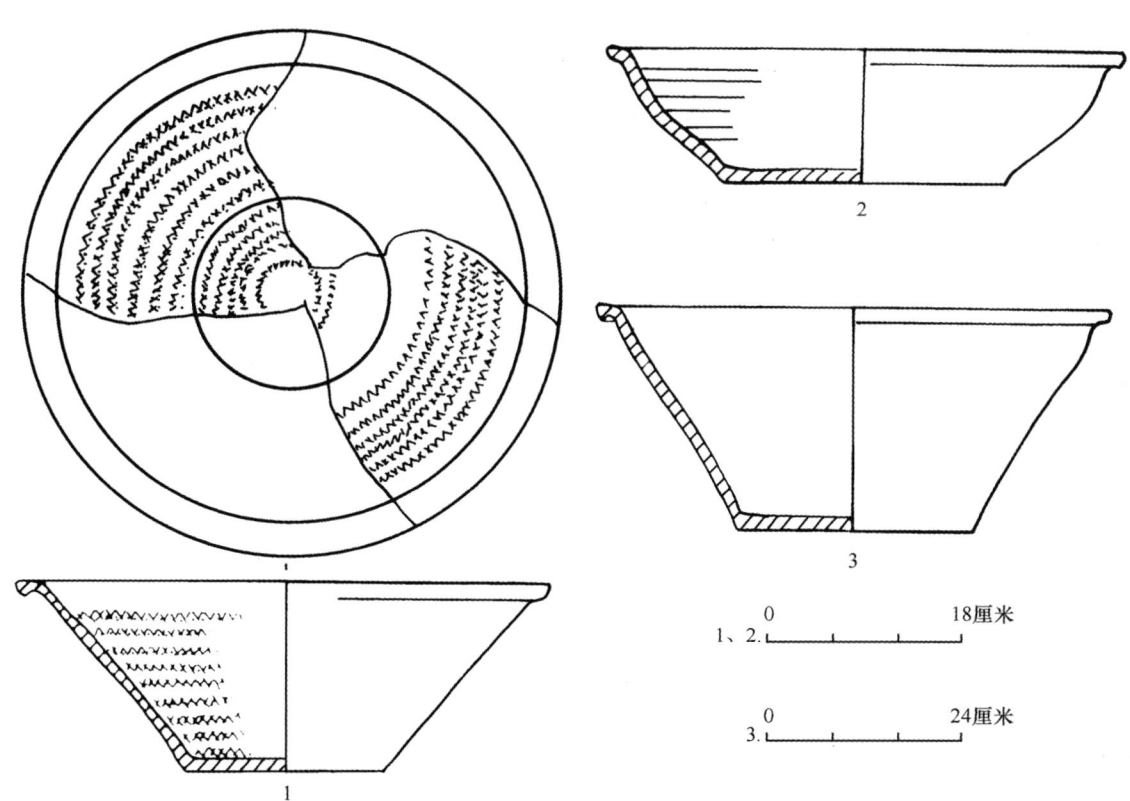

图七〇三　ⅡH66出土陶盆
1. ⅡH66：3　2. ⅡH66：1　3. ⅡH66：2

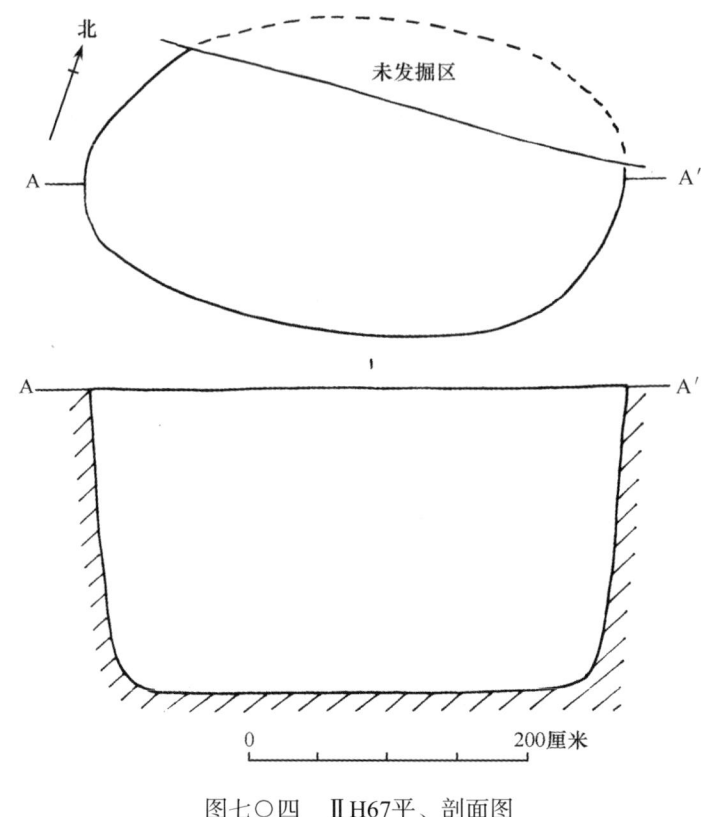

图七〇四　ⅡH67平、剖面图

尊　1件。标本ⅡH67：17，泥质灰褐陶。敞口，圆唇，曲腹，下腹折收，平底略内凹，有旋削痕。外壁饰暗弦纹，内壁素面抹光。口径27、底径13、高15.3厘米（图七〇五，2）。

瓷器　有邢窑碗、邢窑盏托、青瓷罐、青瓷碗、白瓷碗、青灰瓷碗、黑瓷碗、黑瓷玩、三彩罐等。

邢窑碗　2件。标本ⅡH67：5，敞口，圆卷唇，浅腹微弧，宽环形圈足。白胎细洁，施白釉，足壁有窑粘，足心亦施釉。足面墨画不清。口径15.4、底径7、高3.7厘米（图七〇五，8）。标本ⅡH67：15，敞口，圆卷唇，浅腹微弧，窄环形圈足，白胎细洁，施白釉，釉色泛青，足心亦施釉，足壁有窑粘。口径14.2、底径6.4、高4.1厘米（图七〇五，3）。

邢窑盏托　1件。标本ⅡH67：10，整体呈六出花口盘式，托口较直，圆唇，窄环形圈足。白胎细洁，施白釉，釉色泛青。托盘直径15.2、托口直径9.6、底径5.6、高2.8厘米（图七〇五，5）。

青瓷罐　1件。标本ⅡH67：23，侈口，卷圆唇，矮领，以下残。黄白胎略粗。施青釉。口径10、残高1.7厘米（图七〇五，17）。

青瓷碗　1件。标本ⅡTH67：1，敞口，圆唇，斜腹微弧，饼足。白灰胎较细，外施青釉，器内挂化妆土，施白釉，釉色泛灰白，内底有支钉疤痕。口径13.2、底径6.9、高4厘米（图七〇五，21）。

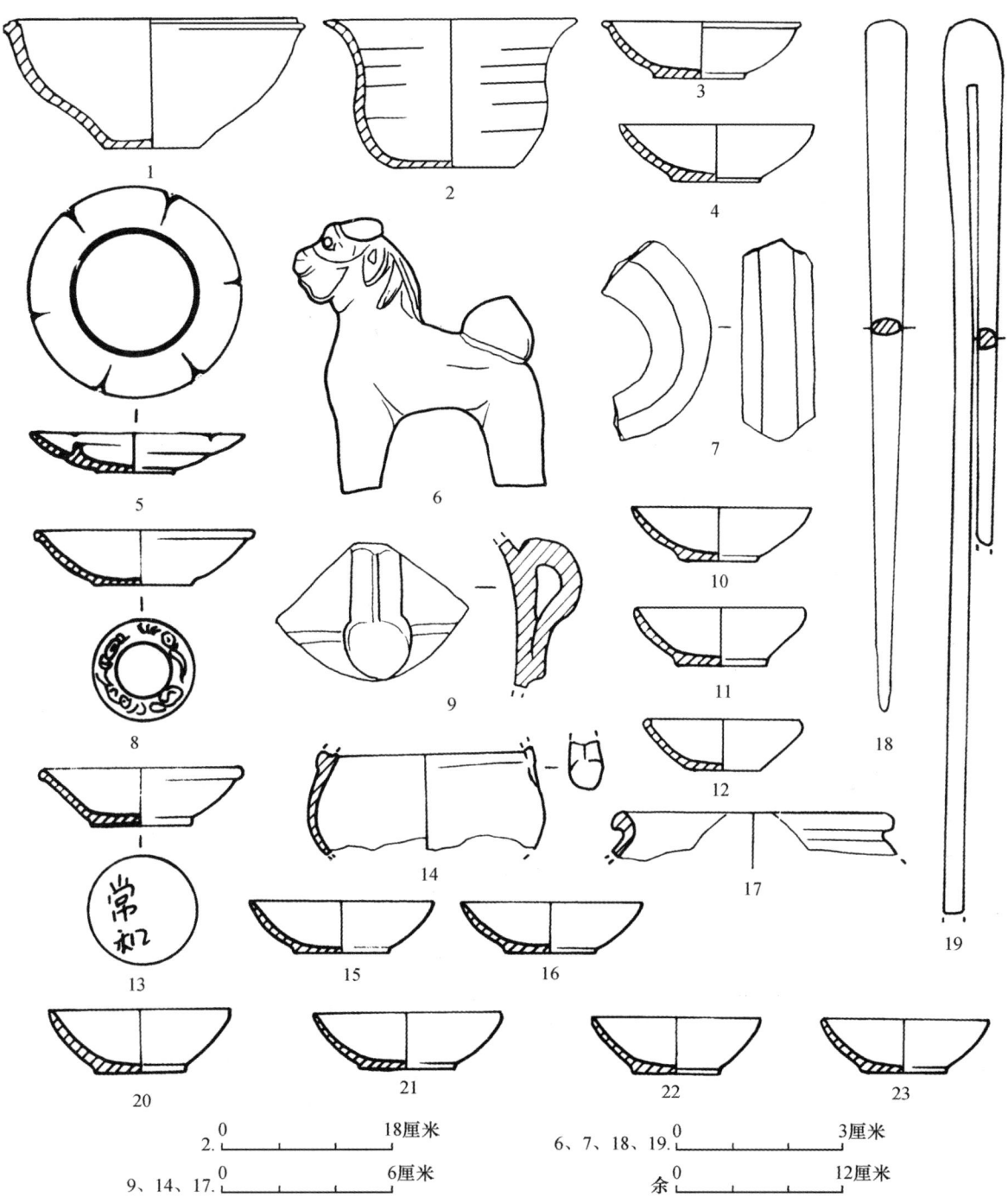

图七〇五　ⅡH67出土器物

1. 陶盒（ⅡH67：16）　2. 陶尊（ⅡH67：17）　3、4、8、10、11、13、15、16、20~23. 瓷碗（ⅡH67：15、ⅡH67：3、ⅡH67：5、ⅡH67：12、ⅡH67：6、ⅡH67：8、ⅡH67：2、ⅡH67：4、ⅡH67：14、ⅡH67：1、ⅡH67：11、ⅡH67：13）
5. 瓷盏托（ⅡH67：10）　6. 瓷玩（ⅡH67：18）　7. 三彩器耳（ⅡH67：24）　9. 瓷器耳（ⅡH67：21）
12. 陶盏（ⅡH67：7）　14. 三彩罐（ⅡH67：22）　17. 瓷罐（ⅡH67：23）　18. 骨簪（ⅡH67：19）
19. 骨钗（ⅡH67：20）

青瓷器耳　1件。标本ⅡH67：21，双泥条桥形器耳。黄白胎略粗。施青釉（图七〇五，9）。

青灰瓷碗　1件。标本ⅡH67：13，敞口，圆唇，斜腹微弧，饼足。灰胎较细，先涂白色化妆土，内壁施满釉，外壁施半釉，釉色泛灰，呈青灰色，露胎处有旋削痕，内底有3个支钉疤痕，有蜡泪痕。口径12.3、底径6、高3.8厘米（图七〇五，23）。

细白瓷碗　1件。标本ⅡH67：6，敞口，圆唇，斜腹，玉璧形足。白色胎较细，胎体厚重，施白釉，釉色光润，有冰裂纹，内底有支钉疤痕。口径12.5、底径7、高4.3厘米（图七〇五，11）。

白瓷碗　3件。标本ⅡH67：12，敞口，圆唇，斜腹，玉璧形足。白胎略粗，施白釉，釉色泛黄，外壁施半釉，内底有支钉疤痕。口径13.1、底径6、高3.8厘米（图七〇五，10）。标本ⅡH67：11，敞口，圆唇，斜腹，饼足，足边有削切痕。黄白胎较粗，施白釉，有蜡泪痕，内底有3个支钉疤痕。口径12.4、底径6.3、高4厘米（图七〇五，22）。标本ⅡH67：14，敞口，圆唇，斜弧腹，饼足。黄白色胎略粗，施白釉，釉色泛灰，外壁施半釉，内底有3个支钉疤痕。口径13、底径6.4、高4.1厘米（图七〇五，20）。

黑瓷碗　4件。标本ⅡH67：8，敞口，圆唇，斜直腹较深，饼足。白灰胎略粗，器内施白釉，釉色泛黄，外壁施黑釉，外唇下部分不施釉，内底有支钉疤痕，足面墨书"常和"二字。口径13.8、底径7.3、高4.1厘米（图七〇五，13）。标本ⅡH67：4，敞口，圆唇，浅弧腹，玉璧形足。白灰胎较细，内施白釉，釉色泛黄，外壁施酱釉，足心亦施釉，有蜡泪痕，内底有支钉疤痕。口径13、底径6.4、高3.5厘米（图七〇五，16）。标本ⅡH67：2，敞口，圆唇，曲腹，饼足。白灰色胎较细，内施白釉，釉色泛黄，外壁施酱釉，有气孔，足心亦施釉，内底有支钉疤痕。口径13、底径7、高3.8厘米（图七〇五，15）。标本ⅡH67：3，敞口，圆唇，曲腹，饼足。青灰胎较细，内施白釉，釉色泛黄，外壁施黑釉，足心亦施釉，内底有3个支钉疤痕，有蜡泪痕。口径14.4、底径6.3、高4.2厘米（图七〇五，4）。

黑瓷玩　1件。犬。标本ⅡH67：18，呈站立状，竖耳，短尾上翘，头部稍残。青灰胎较细，上半身施酱釉，下半身露胎。长4.3、高4.8厘米（图七〇五，6）。

三彩罐　1件。标本ⅡH67：22，敛口，口外侧附贴双泥条形提梁，已残，鼓腹，腹以下残。施绿、赭、白三彩。口径6.6、残高3.4厘米（图七〇五，14）。

三彩器耳　1件。标本ⅡH67：24，三泥条桥形耳。黄白色胎较细，施绿釉和白釉（图七〇五，7）。

骨器　有骨簪、钗。

簪　1件。标本ⅡH67：19，磨制精细。器身扁平，上端较尖，下端稍宽有尖，截面呈弧顶长方形，到尖部递减成圆尖。长12.4、厚0.3厘米（图七〇五，18）。

钗　1件。标本ⅡH67：20，磨制，尖残。器身扁平，上端圆钝，下端分两股，有尖。残长16、宽1厘米（图七〇五，19）。

ⅡH69　位于ⅡT23的北中部，开口于第4层下，距地表深110厘米，打破第5层及生土层。

平面呈圆形，直壁，平底。直径70、深70厘米。坑内填土灰花土，土质松软，夹杂草木灰、木炭粒和红烧土块，含有零散的陶瓷片和瓦片等（图七〇六）。

板瓦 1件。标本ⅡH69：1，灰色。平面呈梯形。瓦背素面抹光，内壁饰布纹。长38.8、上宽22、下宽24.8、厚1厘米（图七〇七）。

ⅡH70 位于ⅡT23的西北部，开口于第4层下，距地表深105厘米，打破第5层及生土层。平面呈椭圆形，斜壁不甚规整，圜底。长径115、短径90、深60厘米。坑内填灰色花土，土质较松软，内含遗物较少，出土少量的陶片和砖瓦碎块等（图七〇八）。

ⅡH75 位于ⅡT27的东南部，开口于第4层下，距地表深110厘米，打破第5层及生土层。平面呈长方形（只清理一部分），直壁，平底。清理部分长225、清理部分宽80、深100厘米。坑内填黄花土，土质较松软，内含遗物较少，出土少量的陶瓷片和动物骨骼等（图七〇九）。

陶盆 1件。标本ⅡH75：1，泥质灰陶。宽平沿，外缘起棱，敞口，折唇，斜弧腹，近底部略向内凹，平底。素面抹光。口径51.5、底径23.5、高20厘米（图七一〇）。

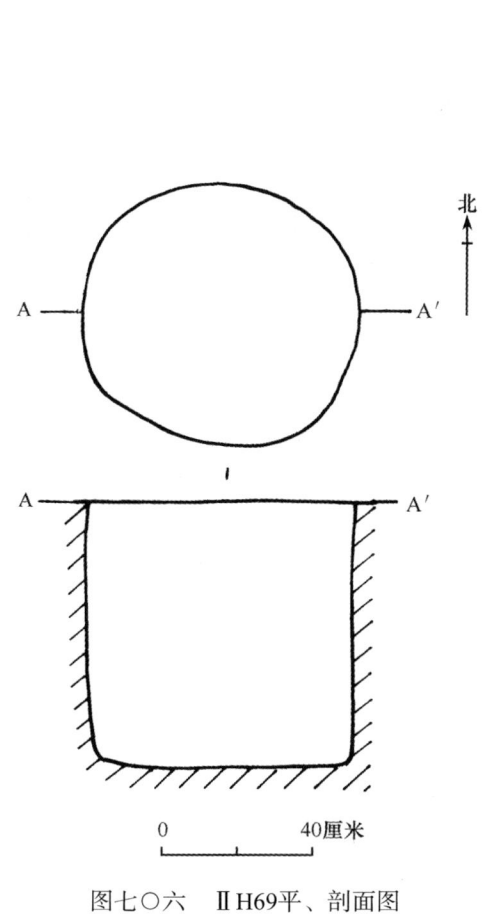

图七〇六 ⅡH69平、剖面图

图七〇七 ⅡH69出土板瓦（ⅡH69：1）

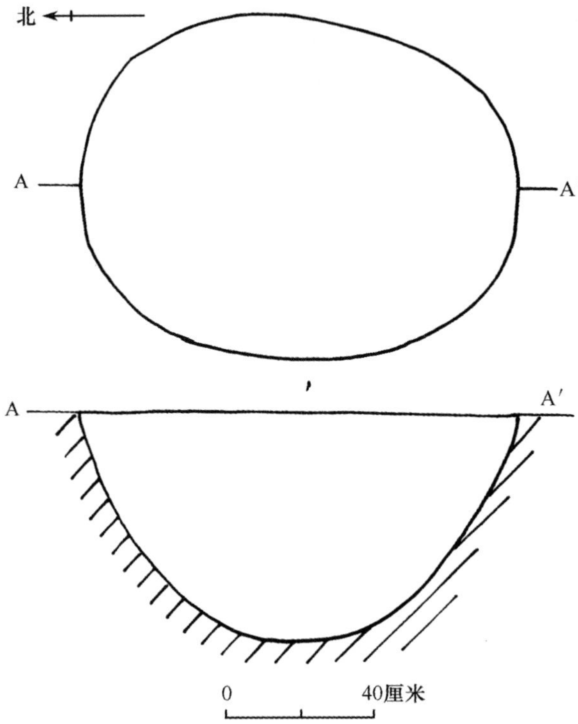

图七〇八　ⅡH70平、剖面图

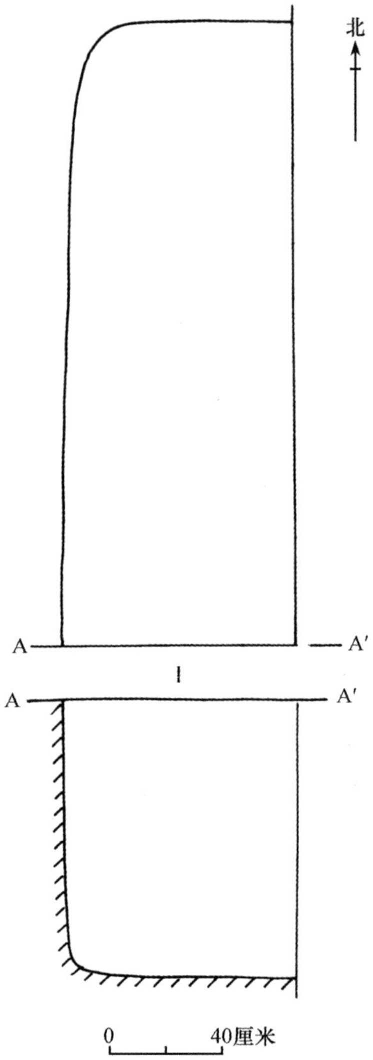

图七〇九　ⅡH75平、剖面图

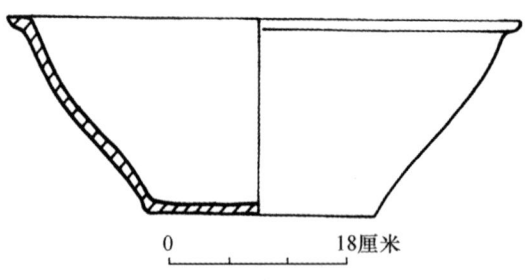

图七一〇　ⅡH75出土陶盆（ⅡH75∶1）

3）水井

ⅡJ2　位于ⅡT8的西南部，开口于第2层下，距地表深50厘米，打破ⅡH13及生土层。平面呈圆形，略呈口大底小，井口因坍塌不甚规整，井壁较直留有加工痕迹，圜底置于砂层内。口径145、深700厘米。井内堆积为灰绿色花土，土质较松软，夹杂有草木灰、木炭粒、砖瓦碎块和红烧土块，含有大量的陶瓷片和动物骨骼。出土器物有陶器、瓷器、铁器、石器和蚌器等（图七一一）。

陶器　有小罐、盆、盂、碗、杯等。

小罐　4件。标本ⅡJ2：8，泥质灰黑陶。侈口，圆唇，溜肩，垂腹，平底。上腹饰暗弦纹，下腹素面抹光。口径3.3、底径3.3、高7厘米（图七一二，10）。标本ⅡJ2：7，泥质黑陶。侈口，尖唇，鼓腹，平底，有旋削痕。上腹饰暗弦纹，下腹素面抹光。口径4.2、底径2.8、高5.2厘米（图七一二，13）。标本ⅡJ2：5，泥质黑陶，侈口，窄平沿，沿面有凹槽一周，鼓腹，平底。上腹饰暗弦纹。下腹素面抹光。口径5、底径2.8、高4.8厘米（图七一二，14）。标本ⅡJ2：6，泥质黑陶。直口外侈，圆唇，圆腹，平底，有旋削痕。上腹饰暗弦纹。下腹素面抹光。口径4.4、底径3.2、高4.8厘米（图七一二，9）。

盆　2件。标本ⅡJ2：17，泥质灰褐陶。宽平沿，敞口，圆唇，斜弧腹，近底部内凹较甚，平底，有旋削痕。外壁素面抹光，内壁饰暗弦纹。口径32.6、底径15.3、高10.3厘米（图七一二，12）。标本ⅡJ2：15，泥质灰褐陶。宽平沿，略内折，敞口，圆唇，深腹，平底略内凹。外壁素面抹光，内壁口部饰暗环绕纹，以下饰暗弦纹。口径49.5、底径25.3、高21.3厘米（图七一二，1）。

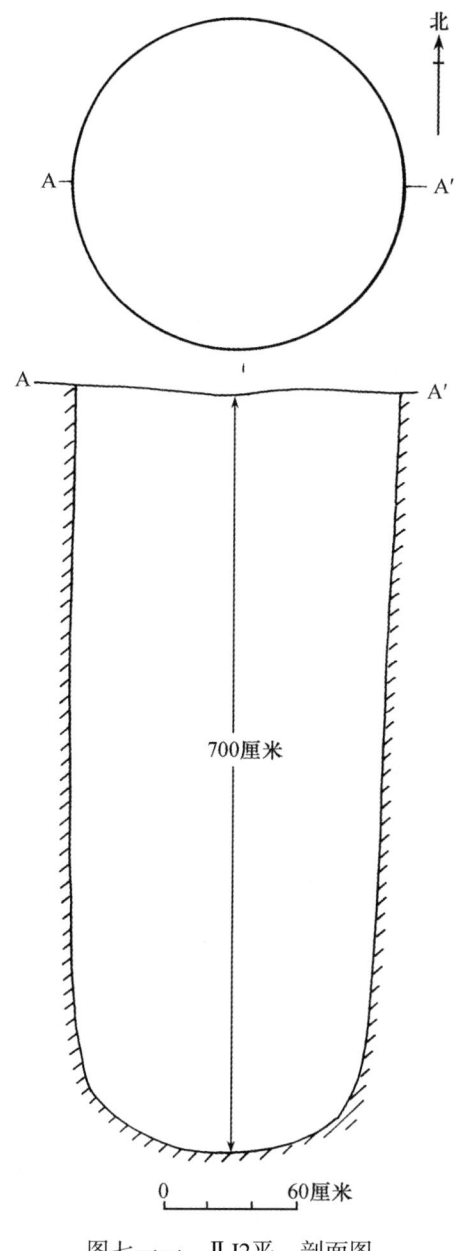

图七一一　ⅡJ2平、剖面图

盂　3件。标本ⅡJ2：16，泥质灰褐陶。卷沿，敛口，圆唇，弧鼓腹，平底，有旋削痕。上腹饰暗纹，下腹素面抹光。口径24.2、底径13.4、高11.5厘米（图七一二，2）。标本ⅡJ2：14，泥质灰陶。卷沿，口微敛，圆唇，圆腹，平底。素面刮光，有刮痕。口径17.3、底径10.3、高11厘米（图七一二，3）。标本ⅡJ2：1，泥质灰褐陶。敞口，圆唇，曲腹，平底，有旋削痕。外壁素面抹光，内饰暗弦纹。口径19、底径6.5、高9.6厘米（图七一二，6）。

碗　1件。标本ⅡJ2：10，泥质灰陶。敞口，窄沿略外斜，圆唇，斜腹，平底。素面抹光。口径11.6、底径4、高4厘米（图七一二，4）。

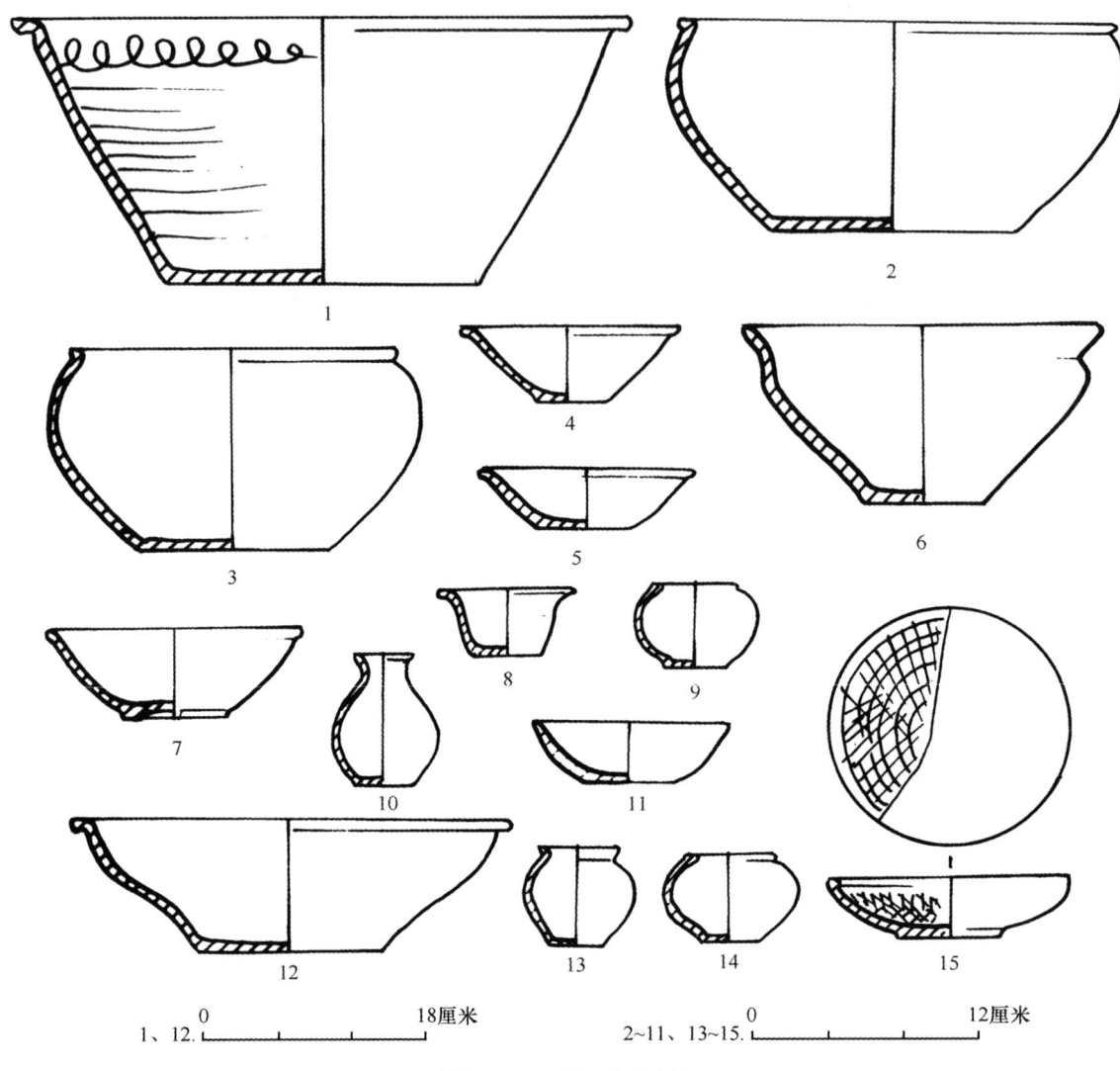

图七一二　ⅡJ2出土器物
1、12. 陶盆（ⅡJ2：15、ⅡJ2：17）　2、3、6. 陶盂（ⅡJ2：16、ⅡJ2：14、ⅡJ2：1）
4. 陶碗（ⅡJ2：10）　5、11. 瓷盏（ⅡJ2：11、ⅡJ2：3）　7. 瓷碗（ⅡJ2：4）　8. 陶杯（ⅡJ2：9）
9、10、13、14. 陶罐（ⅡJ2：6、ⅡJ2：8、ⅡJ2：7、ⅡJ2：5）　15. 瓷研磨盘（ⅡJ2：2）

杯　1件。标本ⅡJ2：9，泥质灰褐陶。敞口，尖圆唇，弧腹，平底略内凹，有旋削痕。外壁素面抹光，内壁素面磨光。口径7.2、底径3.6、高3.6厘米（图七一二，8）。

瓷器　有邢窑碗、白瓷研磨盘、黑瓷盏等。

邢窑碗　1件。标本ⅡJ2：4，敞口，圆卷唇，斜弧腹，矮圈足。白灰胎细洁，内壁挂化妆土，施白釉，外壁施釉不及底，足面有窑粘。口径15、底径5.5、高4.5厘米（图七一二，7）。

白瓷研磨盘　1件。标本ⅡJ2：2，敛口，圆唇，浅腹，饼足。白胎较细，器内无釉，划网纹，同心圆圈线在每个网格中又向内戳起毛边，以利研磨，外壁施半釉。口径12.8、底径5.6、高3.2厘米（图七一二，15）。

黑瓷盏 2件。标本ⅡJ2:3，敞口，圆唇，弧腹，平底略内凹。青灰色胎略细，施黑釉，口部不施釉，外壁施半釉，露胎处有旋削痕，有蜡泪痕。口径10.7、底径5.5、高3.2厘米（图七一二，11）。标本ⅡJ2:11，喇叭口，圆卷唇，斜腹，平底略内凹。灰白色粗胎，器内施黑釉，外壁施釉不及底，内底有支钉疤痕。口径11.3、底径4.7、高3.5厘米（图七一二，5）。

铁犁铧 1件。标本ⅡJ2:13，铸造，残长20.2、宽11.4厘米（图七一三，4）。

石球 1件。标本ⅡJ2:12，磨制，圆形。直径6厘米（图七一三，5；图版四三，2右2）。

蚌壳 3件。形制相同，标本ⅡJ2:18，长6.8、宽5.5厘米（图七一三，3）。标本ⅡJ2:19，长6.4、宽5.8厘米（图七一三，1）。标本ⅡJ2:20，边缘稍残。长5.5、残宽5厘米（图七一三，2）。

图七一三　ⅡJ2出土器物

1~3.蚌壳（ⅡJ2:19、ⅡJ2:20、ⅡJ2:18）　4.铁犁铧（ⅡJ2:13）　5.石球（ⅡJ2:12）

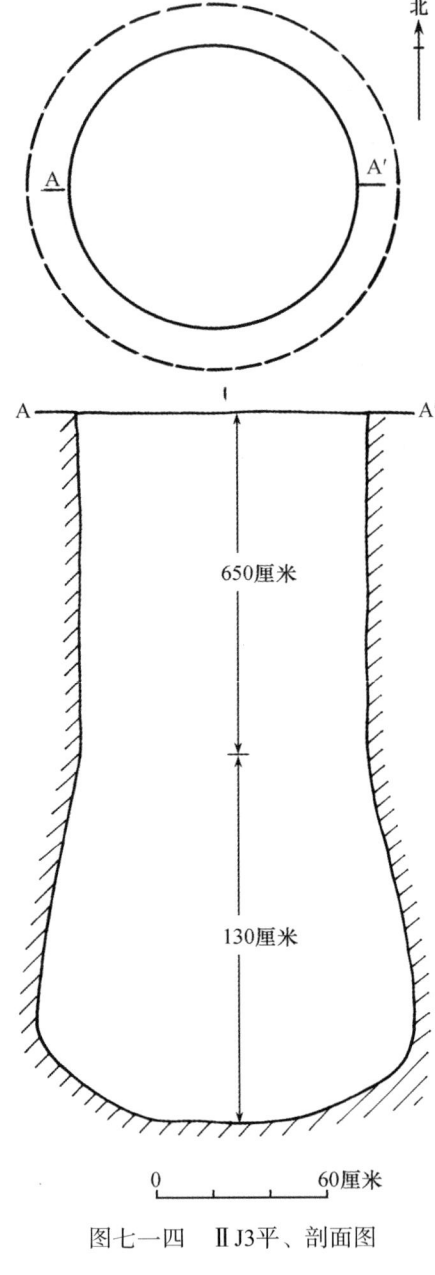

图七一四　ⅡJ3平、剖面图

ⅡJ3　位于ⅡT8的中西部，开口于第2层下，距地表深50厘米，打破ⅡH13及生土层。井口平面呈圆形，略呈口小底大，井壁较直留有加工痕迹，罨底置于砂层内。口径100、底径130、深780厘米；从井口向下650厘米处为水涮层，井壁逐渐扩大，水位深130厘米。井内堆积为灰绿色花土，土质较松软，夹杂有草木灰、木炭粒、砖瓦碎块和小石块，含有大量的陶瓷片、砖瓦建筑构件和动物骨骼等（图七一四；图版二〇，2）。

出土遗物有陶器、瓷器、石器、钱币等。

陶器　有壶、罐、盂、盒、扑满、砖、板瓦等。

壶　1件。标本ⅡJ3：2，泥质黑陶。折唇口，束颈，弧鼓腹，平底，有旋削痕。上腹饰暗弦纹，下腹素面抹光。口径3、底径6.5、高16.5厘米（图七一五，9）。

小罐　1件。标本ⅡJ3：6，泥质灰黑陶。侈口，圆唇，鼓腹，平底。上腹饰暗弦纹，下腹素面抹光。口径3.4、底径2.5、高6.7厘米（图七一五，7）。

盂　2件。标本ⅡJ3：10，泥质黑陶。卷沿，敛口，圆唇，弧鼓腹，平底。上腹素面磨光，下腹素面抹光。口径23.5、底径13、高11厘米（图七一五，2）。标本ⅡJ3：11，泥质黑陶。卷沿，敛口，鼓腹，平底，有旋削痕。素面刮光，有刮痕。口径18.4、底径11、高9.8厘米（图七一五，1）。

盒　1件。标本ⅡJ3：1，泥质灰陶，敞口，唇面饰锯齿纹，外缘饰波浪纹，深腹，平底，有旋削痕。通体素面抹光。口径15.5、底径7、高11.5厘米（图七一五，6）。

扑满　1件。标本ⅡJ3：3，泥质黑陶。呈椭圆体，弧顶，注币孔残，弧鼓腹，平底，有旋削痕。素面抹光。底径4、高8厘米（图七一五，8）。

长砖　1件。标本ⅡJ3：9，灰色。平面呈长方形，一侧素面，一侧为沟纹，长32.2、宽16.5、厚4.8厘米（图七一六，2）。

板瓦　1件。标本ⅡJ3：8，灰色，左角残。平面呈梯形。瓦背素面抹光，内壁饰布纹。长39、上残宽14、下宽27.8、厚1厘米（图七一六，1）。

瓷器　有邢窑碗、越窑碗等。

邢窑碗　2件。标本ⅡJ3：5，敞口，圆卷唇，斜腹微弧，玉璧形足。白胎细洁，施白釉，釉色白润。口径15、底径6.2、高4.5厘米（图七一五，3）。标本ⅡJ3：4，敞口，圆卷唇，斜弧

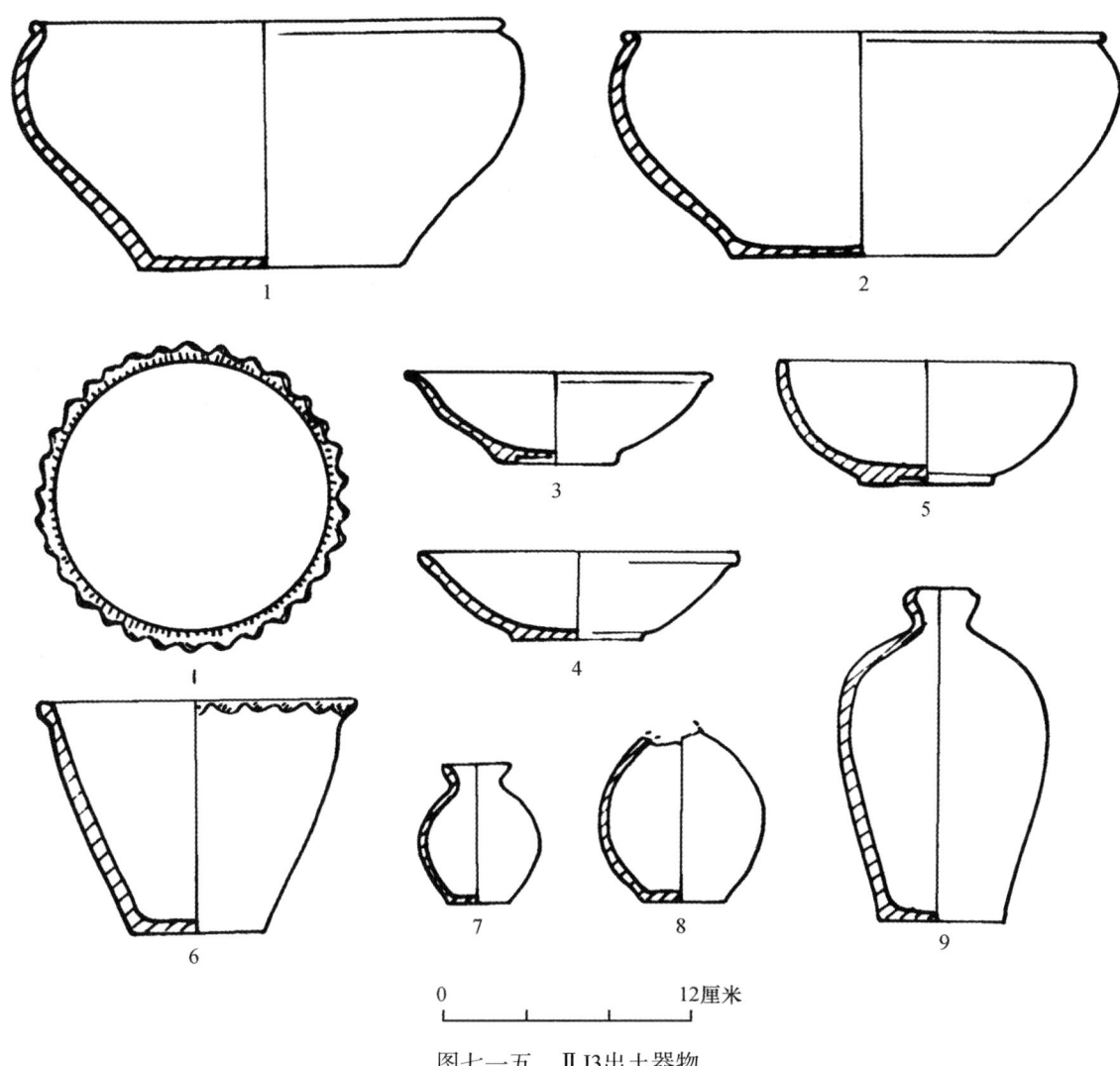

图七一五　ⅡJ3出土器物
1、2. 陶盂（ⅡJ3：11、ⅡJ3：10）　3~5. 瓷碗（ⅡJ3：5、ⅡJ3：4、ⅡJ3：13）　6. 陶盒（ⅡJ3：1）
7. 陶罐（ⅡJ3：6）　8. 陶扑满（ⅡJ3：3）　9. 陶壶（ⅡJ3：2）

腹，玉璧形足。白胎细洁，施白釉，釉色泛青。口径15、底径6.1、高4厘米（图七一五，4）。

越窑碗　1件。标本ⅡJ3：13，直口，圆唇，弧腹，玉璧形足。灰胎细腻，施青釉，有冰裂纹，足心内亦施釉。口径14.4、底径6.4、高6厘米（图七一五，5）。

石球　1件。标本ⅡJ3：7，磨制，圆形。直径7厘米（图七一六，3）。

钱币　1枚。字迹不清。标本ⅡJ3：12。

ⅡJ4　位于ⅡT5的西南部、ⅡT6的西北部、ⅡT7的东南部、ⅡT8的东北部，开口于第1层下，距地表深20厘米，打破第2层及生土层。平面呈圆形，略呈口小底大，井壁较直，圜底置于砂层内。口径110、底径120、深910厘米；从井口向下730厘米处为水溺层，井壁逐渐扩大，水位深180厘米。井内堆积灰绿色土，土质较疏松，夹杂草木灰、木炭粒、砖瓦碎块和小石块，含有大量的陶瓷片和动物骨骼等（图七一七）。

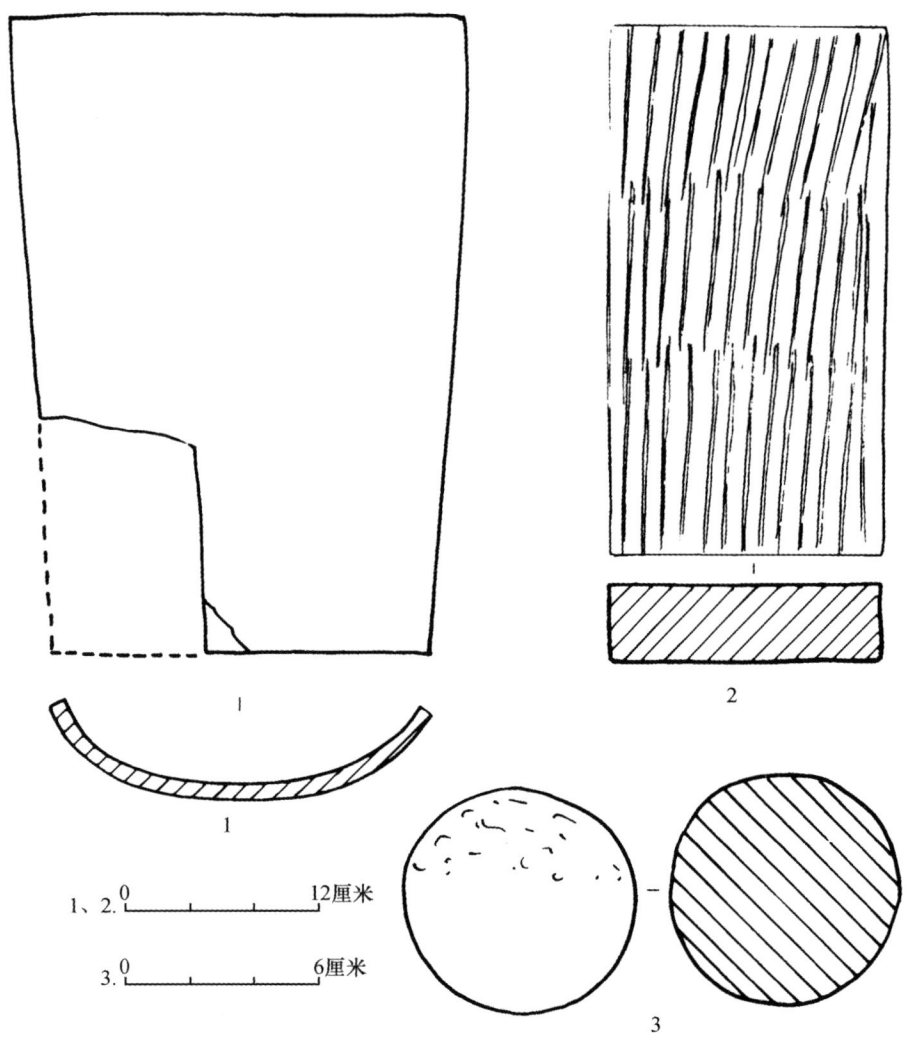

图七一六　ⅡJ3出土器物
1. 板瓦（ⅡJ3：8） 2. 长砖（ⅡJ3：9） 3. 石球（ⅡJ3：7）

出土遗物有陶器、瓷器、铜器、石器、骨器、钱币等。

陶盆　2件。标本ⅡJ4：7，泥质灰褐陶。宽平沿，敞口，方唇，斜腹，平底，有旋削痕，外壁素面抹光，内壁饰重菱纹。口径45.5、底径18、高16.8厘米（图七一八，1）。标本ⅡJ4：5，泥质灰褐陶。宽平沿，敞口，方唇，斜腹微弧，略向内凹，平底，有刮痕。外壁素面抹光，内壁饰暗弦纹。口径31.8、底径14、高9.8厘米（图七一八，2）。

陶盂　1件。标本ⅡJ4：6，泥质灰褐陶。卷沿，敛口，圆唇，鼓腹，近底部内凹，平底，有旋削痕。上腹饰暗弦纹，下腹素面素光。口径24.8、底径13.5、高13厘米（图七一八，4）。

白瓷钵　1件。标本ⅡJ4：1，敛口，圆唇，弧鼓腹，饼足。白灰色胎略粗，唇口部刮釉，有芒，内壁施满釉，外壁施半釉，露胎处有旋削痕。口径10.5、底径6.4、高7.2厘米（图七一八，5）。

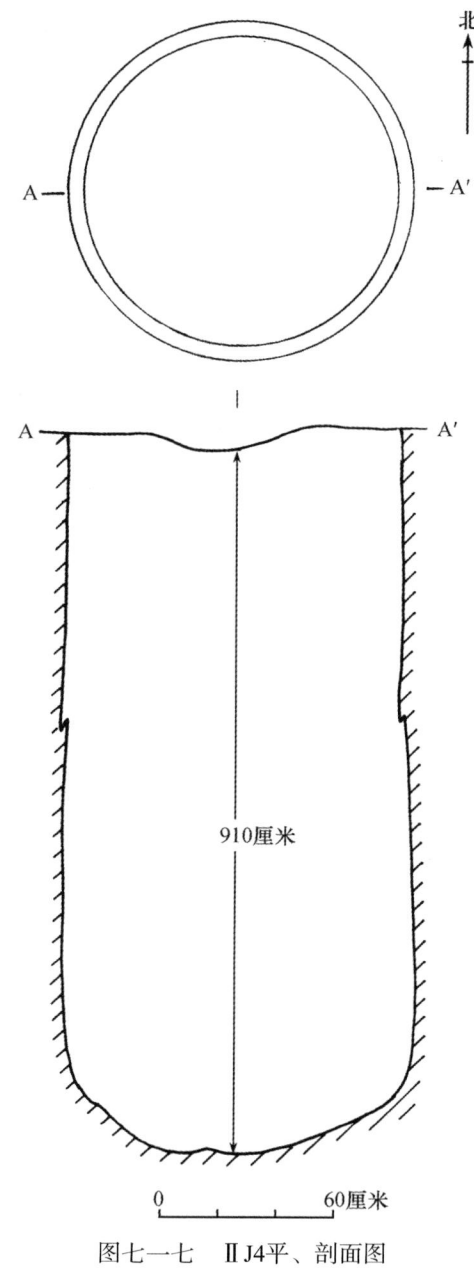

图七一七　ⅡJ4平、剖面图

铜带扣　1件。标本ⅡJ4：10，平面呈长方形，右角略残，见有两个钉孔，一孔内有铜铆钉。长3.5、宽3.3厘米（图七一八，7）。

铜带饰　1件。标本ⅡJ4：9，鱼形，头残。残长5.6厘米（图七一八，3）。

石球　3件。磨制，近圆形。标本ⅡJ4：4，直径4.5厘米（图七一八，10）。标本ⅡJ4：2，直径6厘米（图七一八，6）。标本ⅡJ4：3，直径9.8厘米（图七一八，9；图版四三，2左1）。

骨锥　1件。标本ⅡJ4：8，磨制，器身扁平，呈长条形，一侧内凹，截面呈长方形，近尖部体呈圆形。长14.5、宽1、厚0.7厘米（图七一八，8）。

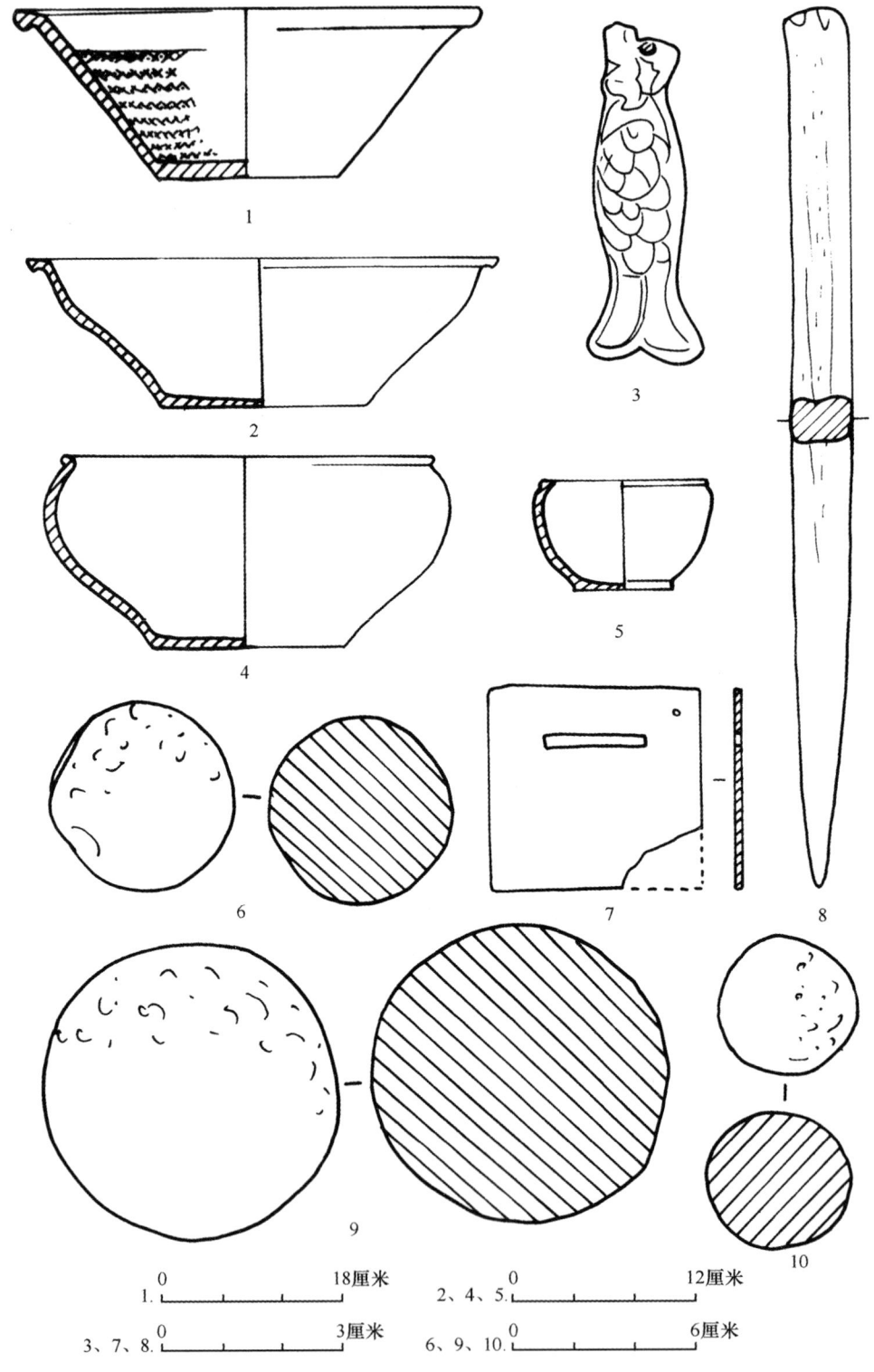

图七一八　ⅡJ4出土器物

1、2.陶盆（ⅡJ4：7、ⅡJ4：5）　3.铜带饰（ⅡJ4：9）　4.陶盂（ⅡJ4：6）　5.瓷钵（ⅡJ4：1）
6、9、10.石球（ⅡJ4：2、ⅡJ4：3、ⅡJ4：4）　7.铜带扣（ⅡJ4：10）　8.骨锥（ⅡJ4：8）

开元通宝 1枚。钱文八分书体，对读。标本ⅡJ4：11，"元"字第一笔较长，背月。直径2.5、穿宽0.7厘米。

ⅡJ5 位于ⅡT7的中部，开口于第4层下，距地表深150厘米，打破ⅡH29及生土层。井口平面呈圆形，略呈口小底大，井壁较直留有加工痕迹，囷底置于砂层内。口径100、底径140、深720厘米；从井口向下610厘米处为水涮层，井壁逐渐扩大，水位深110厘米。井内堆积灰绿色土，土质较松软。夹杂草木灰、木炭粒、红烧土块和砖瓦碎块，含有大量的陶片、少量的瓷片和动物骨骼等（图七一九）。

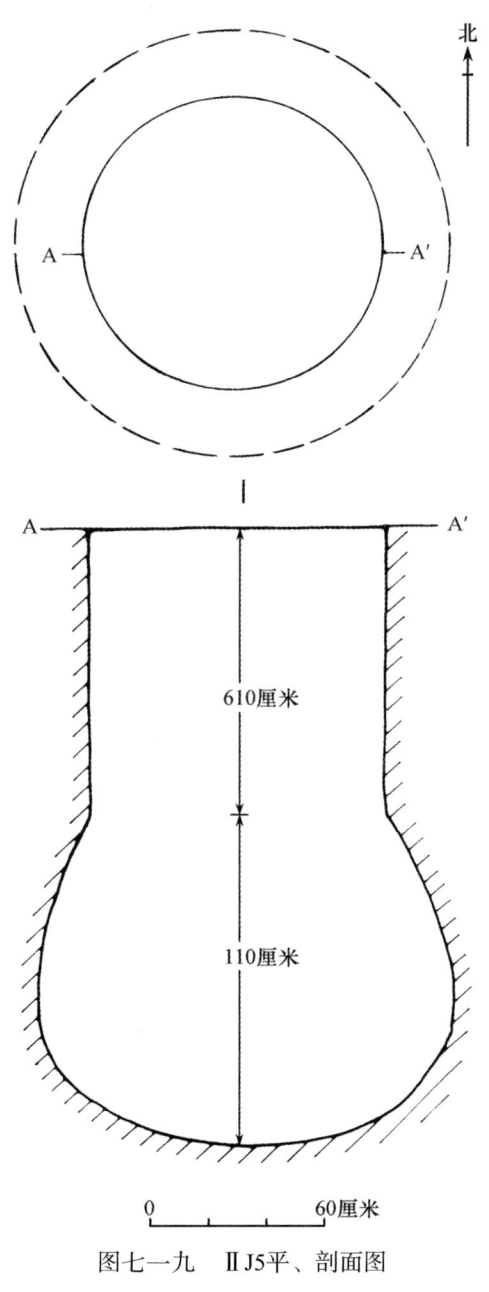

图七一九　ⅡJ5平、剖面图

出土遗物有陶器、瓷器、骨器等。

陶器 有盆、盒等。

盆 6件。标本ⅡJ5：7，泥质灰陶。宽平沿，敞口，方唇，上腹斜弧，近底部略向内凹，平底。外壁素面抹光，内壁饰重菱纹。口径39、底径14、高13.3厘米（图七二〇，7）。标本ⅡJ5：5，泥质灰陶。宽平沿，敞口，方唇，斜腹，近底部略向内凹，平底，有旋削痕。外壁素面抹光，内壁饰暗弦纹。口径24.4、底径9、高9厘米（图七二〇，3）。标本ⅡJ5：8，泥质灰陶。敞口，圆唇，沿面略外斜，斜腹，平底。外壁素面抹光，内壁磨光。口径48.5、底径24、高10.5厘米（图七二〇，2）。标本ⅡJ5：6，泥质灰陶，卷沿，直口，尖圆唇，弧腹，近底部略向内凹，平底，有旋削痕。外壁素面抹光，内壁饰暗弦纹。口径28.5、底径9.5、高12.3厘米（图七二〇，1）。标本ⅡJ5：2，泥质灰陶，卷沿，直口微敛，尖圆唇，斜弧腹，平底，有旋削痕。外壁素面抹光，内壁饰暗弦纹。口径26.3、底径12.3、高9厘米（图七二〇，4）。标本ⅡJ5：9，泥质灰陶，窄沿，敛口，圆唇，斜弧腹，近底部壁略内凹，平底，有旋削痕，外壁素面抹光，内素面刮光，留有刮痕。口径24.8、底径11、高9.7厘米（图七二〇，5）。

盒 1件。标本ⅡJ5：3，泥质灰褐陶。子母口，窄沿外斜，沿面内侧有凹槽一周，外缘饰锯齿纹，斜弧腹，平底，有旋削痕。素面抹光。口径19、底径7、高7.2厘米（图七二〇，6）。

瓷器 有白瓷碗、黑瓷盏等。

白瓷碗 1件。标本ⅡJ5：4，敞口，圆唇，斜腹，玉璧形足。白色胎较细，胎体厚重，施白釉，有冰裂纹，内底有支钉疤痕，足面有窑粘。口径15、底径8、高4.2厘米（图七二〇，8）。

黑瓷盏 1件。标本ⅡJ5：1，敞口，圆唇，斜弧腹，平底。青灰色胎较细，施黑釉，口部刮釉，外壁施半釉，有气孔。口径11.2、底径4、高3.6厘米（图七二〇，10）。

骨簪 1件。标本ⅡJ5：10，磨制精细，尖部稍残。器身扁平，上端较尖，下端稍宽有尖，截面呈弧顶长方形，到尖部递减成圆尖。残长9.7、厚0.3厘米（图七二〇，9）。

ⅡJ6 位于ⅡT6的东南部，开口于第1层下，距地表深20厘米，打破ⅡH3、第2层及生土层。平面呈圆形，井口略大于井底，斜直壁，平底。口径100、底径90、深700厘米。井内堆积灰绿色土，土质较松软，夹杂大量的草木灰、木炭粒、砖瓦碎块和红烧土块，含有较多的陶瓷片和动物骨骼等（图七二一）。

出土遗物有陶器、瓷器等。

陶器 有盆、盂、盒等。

盆 4件。标本ⅡJ6：6，泥质灰陶。宽平沿，敞口，方唇，斜腹微弧，略向内凹，平底。外壁素面抹光，内壁饰暗弦纹。口径31.7、底径14、高12.2厘米（图七二二，3）。标本ⅡJ6：9，泥质灰褐陶。敞口，圆唇，宽沿，沿面略外斜，斜腹微弧，近底部略向内凹，平底。外壁素面抹光，内饰暗弦纹。口径54、底径31、高14.7厘米（图七二二，1）。标本ⅡJ6：8，泥质灰褐陶。口径51.4、底径30、高16厘米（图七二二，2）。标本ⅡJ6：7，泥质灰陶。宽折沿，敞口，方唇，斜腹，平底，有旋削痕。外壁素面抹光，内壁饰暗弦纹。口径34、底径17、

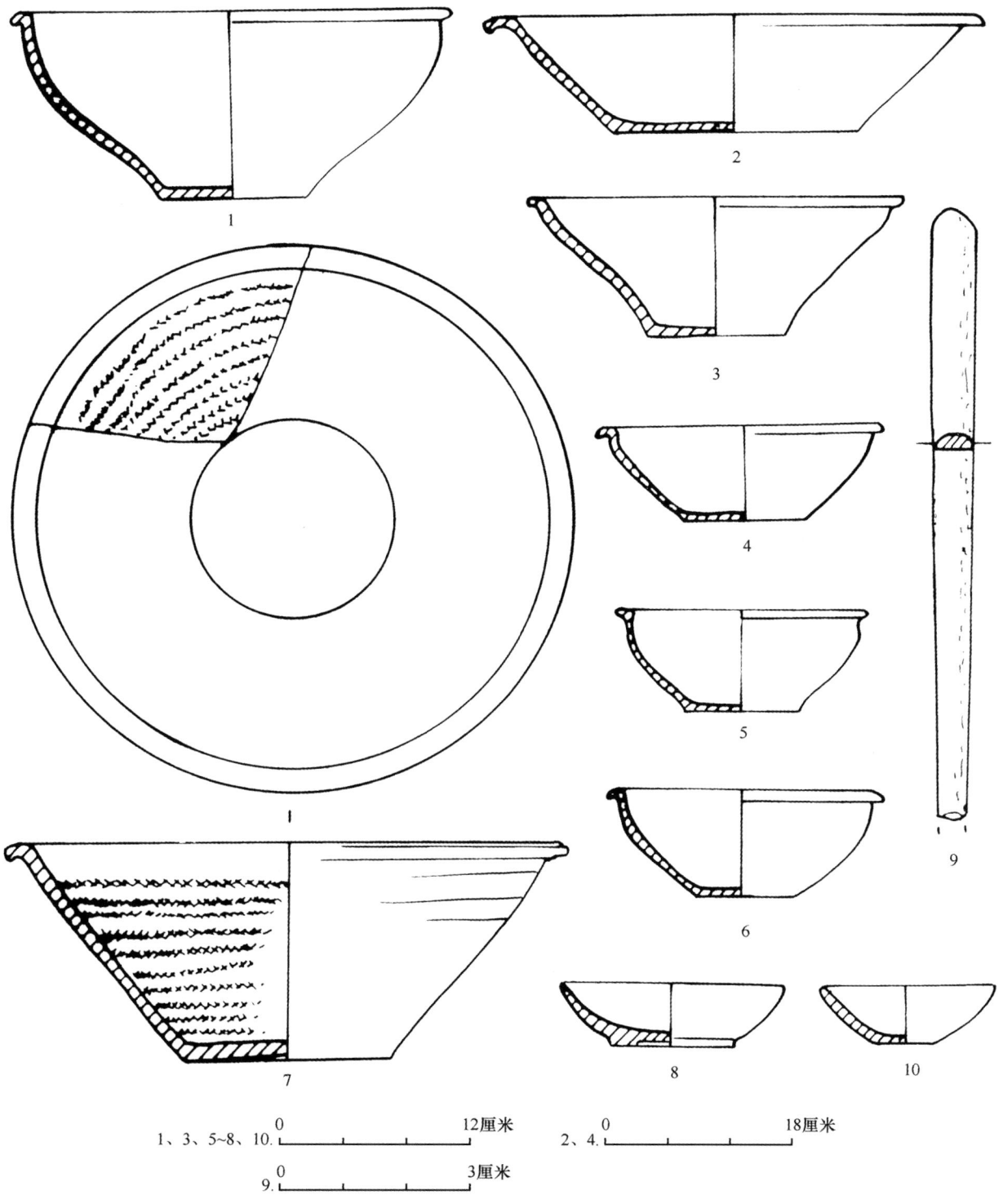

图七二〇 ⅡJ5出土器物

1~5、7.陶盆（ⅡJ5:6、ⅡJ5:8、ⅡJ5:5、ⅡJ5:2、ⅡJ5:9、ⅡJ5:7） 6.陶盒（ⅡJ5:3） 8.瓷碗（ⅡJ5:4）
9.骨簪（ⅡJ5:10） 10.瓷盏（ⅡJ5:1）

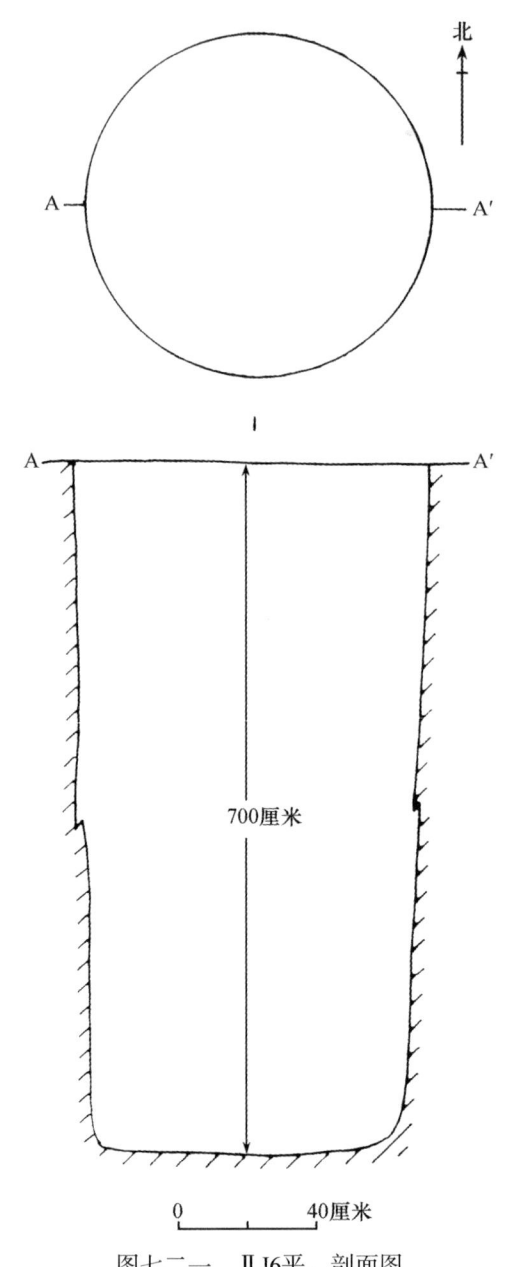

图七二一　ⅡJ6平、剖面图

高9.2厘米（图七二二，6）。

盂　1件。标本ⅡJ6：2，泥质灰褐陶。子母口，圆唇，弧腹，下接一喇叭形饼足，有旋削痕。上腹磨光，下腹素面抹光。口径15、底径12.3、高13.9厘米（图七二二，7）。

盒　1件。标本ⅡJ6：3，泥质灰陶。子母口，窄沿外斜，沿边饰手指压印纹，斜弧腹，平底略内凹，有旋削痕。素面抹光。口径20、底径10.5、高8.3厘米（图七二二，4）。

瓷器　有邢窑碗、花口碗、白瓷碗等。

邢窑碗　2件。标本ⅡJ6：1，敞口，圆卷唇，浅腹微弧，窄环形圈足。白胎细洁，施白

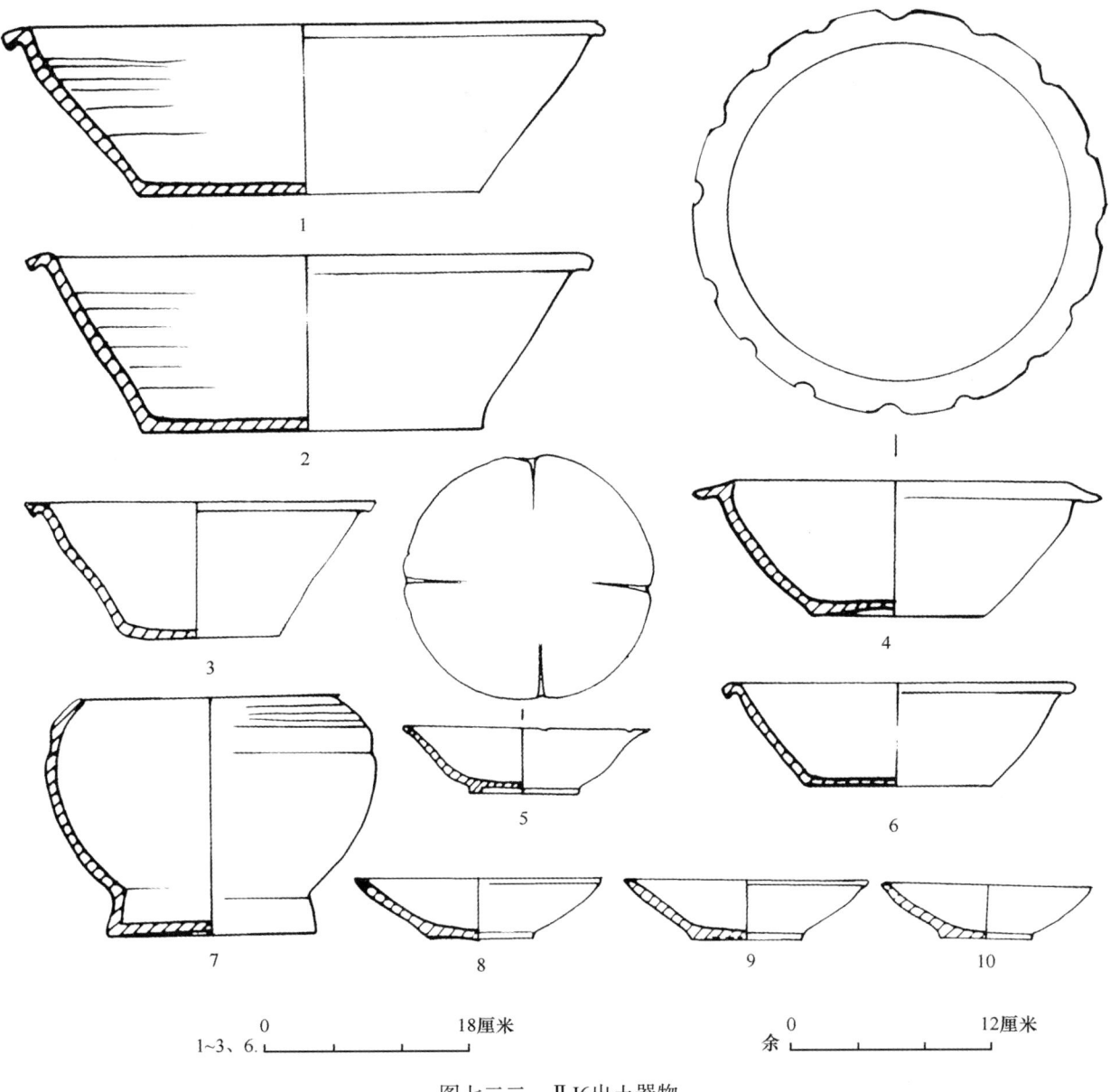

图七二二　ⅡJ6出土器物
1~3、6.陶盆（ⅡJ6∶9、ⅡJ6∶8、ⅡJ6∶6、ⅡJ6∶7）　4.陶盒（ⅡJ6∶3）
5、8~10.瓷碗（ⅡJ6∶11、ⅡJ6∶1、ⅡJ6∶12、ⅡJ6∶4）　7.陶盂（ⅡJ6∶2）

釉，釉色泛青，内底有点彩，足心亦施釉。口径14.5、底径6.2、高3.8厘米（图七二二，8）。标本ⅡJ6∶12，敞口，圆卷唇，斜腹，窄环形圈足。白胎细洁，施白釉，釉色光润，足心亦施釉，有蜡泪痕，足底有窑粘。口径14.8、底径6.5、高3.9厘米（图七二二，9）。

花口碗　1件。标本ⅡJ6∶11，四出花口，斜腹，窄环形圈足，白胎细洁，胎体较薄，施白釉，釉色泛青，壁及足内有窑粘，腹饰凹弦纹三周。口径14.4、底径6.4、高4.2厘米（图七二二，5）。

白瓷碗 1件。标本ⅡJ6:4，敞口，圆唇，浅弧腹，饼足。白灰色胎略粗，施白釉，釉色泛黄，外壁施半釉，有窑粘和蜡泪痕，内底有3个支钉疤痕。口径12、底径6.1、高3.3厘米（图七二二，10；图版三九，3）。

ⅡJ10 位于ⅡT13的西南部、ⅡT15的东南部、ⅡT14的西北部、ⅡT16的东北部，开口于第1层下，距地表深20厘米，打破第2层及生土层。平面呈圆形，井口略大于井底，井壁较直，圜底置于砂层内。口径120、底径100、深900厘米；从井口向下790厘米处为水涮层，水位深110厘米。井内堆积灰绿色土，土质较疏松，夹杂大量的草木灰、木炭粒和砖瓦碎块，含有少量的陶瓷片和动物骨骼等（图七二三）。

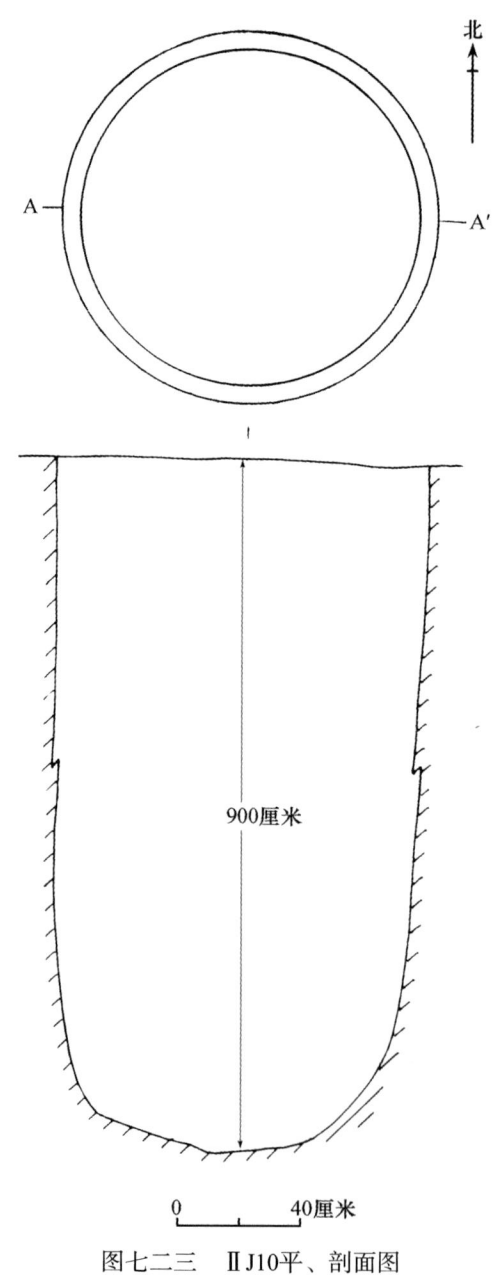

图七二三 ⅡJ10平、剖面图

出土遗物有陶器、瓷器、钱币等。

陶器　有盆、筒瓦、鸱吻等。

盆　1件。标本ⅡJ10：3，泥质灰褐陶。宽平沿，敞口，方唇，斜腹，平底，有旋削痕，外壁素面抹光，内壁饰重菱纹。口径41.5、底径16、高15.5厘米（图七二四，1）。

筒瓦　1件。标本ⅡJ10：4，灰色。残半。直径15.6、残长21.6、厚1.6厘米（图七二四，2）。

鸱吻　1件。标本ⅡJ10：2，灰色。龙头残。长29.2、宽18.4厘米（图七二四，5）。

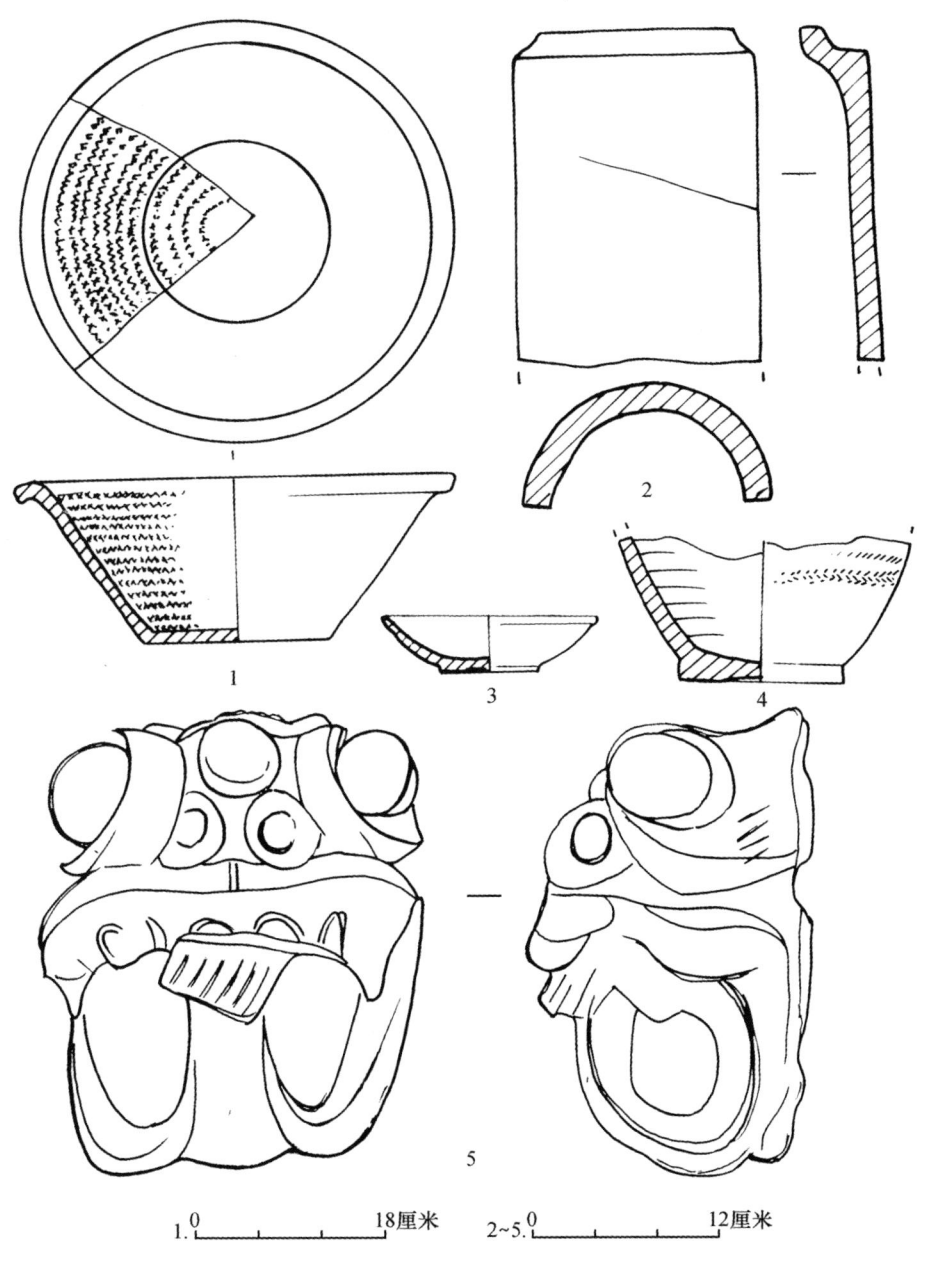

图七二四　ⅡJ10出土器物

1.陶盆（ⅡJ10：3）　2.筒瓦（ⅡJ10：4）　3.瓷碗（ⅡJ10：1）　4.瓷罐（ⅡJ10：6）　5.鸱吻（ⅡJ10：2）

瓷器　有青瓷罐、黑瓷碗等。

青瓷罐　1件。标本ⅡJ10∶6，弧腹，平底略外撇。上腹饰席纹。黄白胎略粗，施青釉，外施半釉。底径10.4、残高9.8厘米（图七二四，4）。

黑瓷碗　1件。标本ⅡJ10∶1，敞口，圆唇，浅腹微弧，饼足，足面饰凹弦纹一周。黄白胎略粗，内施白釉，釉色泛黄，外壁施酱釉，有蜡泪痕，内底有3个支钉疤痕。口径13.6、底径6.4、高3.6厘米（图七二四，3）。

开元通宝　1枚。钱文八分书体，对读。标本ⅡJ10∶5，小钱。直径2.3、穿宽0.6厘米。

ⅡJ11　位于ⅡT18的西北部，开口于第1层下，距地表深20厘米，打破ⅡF1、第2层及生土层。平面呈圆形，井口略大于井底，井壁较直，圜底置于砂层内。口径95、深750厘米；从井口向下650厘米处为水涮层，水位深100厘米。井内堆积灰绿色土，土质较松软，夹杂大量的草木灰、木炭粒、砖瓦碎块、小石块和草泥块，含有少量的陶瓷片和动物骨骼等（图七二五）。

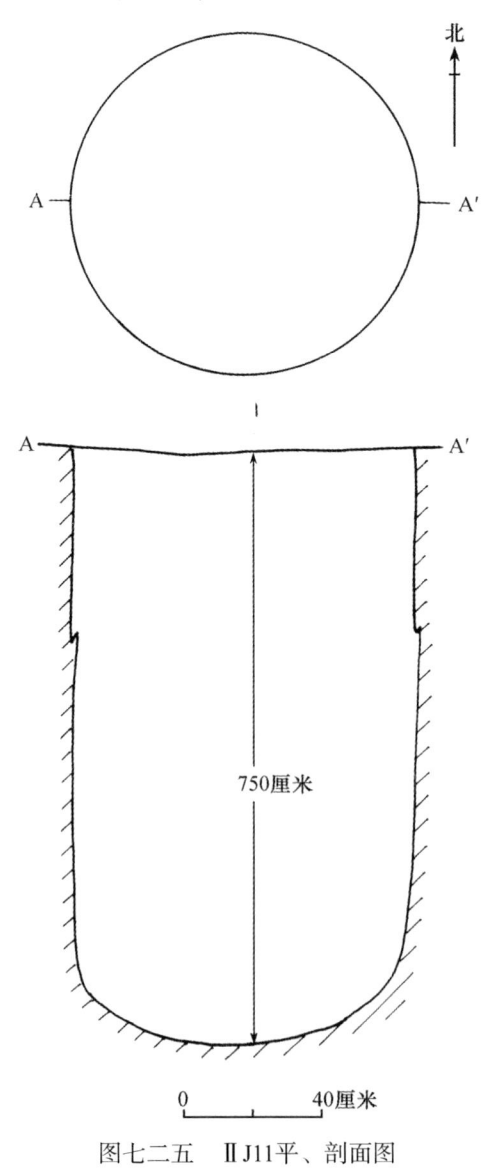

图七二五　ⅡJ11平、剖面图

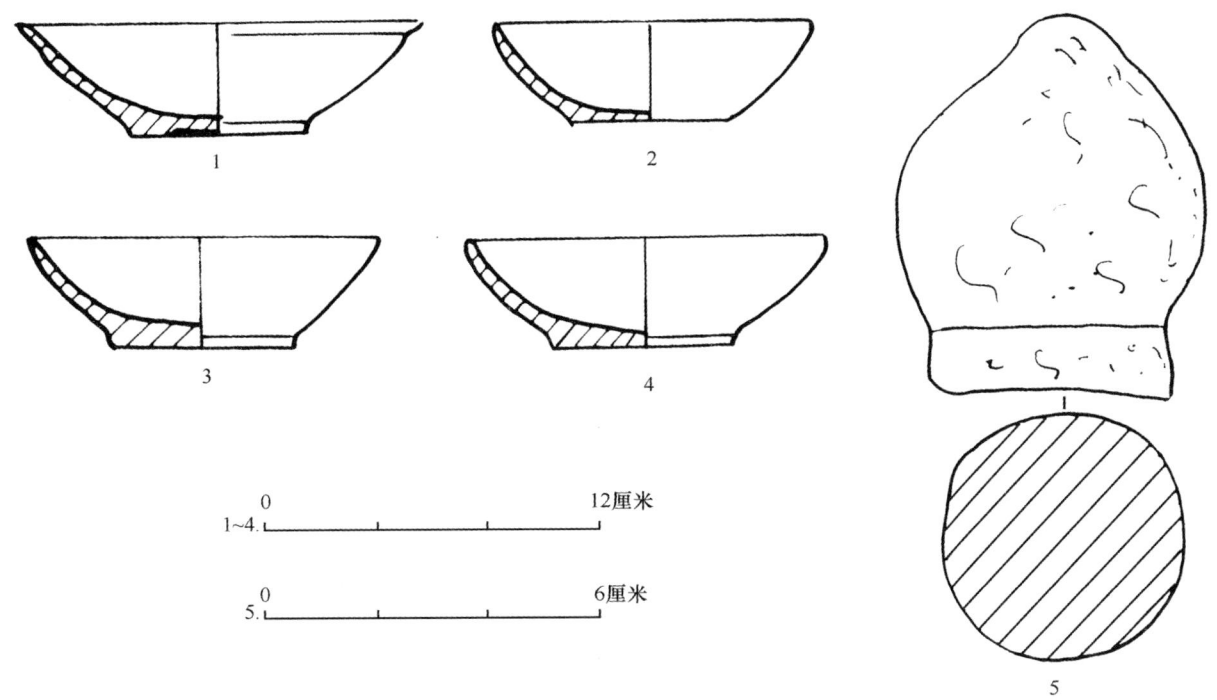

图七二六　ⅡJ11出土器物
1、3、4.瓷碗（ⅡJ11：3、ⅡJ11：2、ⅡJ11：5）　2.瓷盏（ⅡJ11：1）　5.铁权（ⅡJ11：6）

出土遗物有邢窑碗、青灰瓷碗、黑瓷碗、黑瓷盏、铁权等。

邢窑碗　1件。标本ⅡJ11：3，敞口，圆卷唇，斜弧腹，玉璧形足。白胎细洁，施白釉，釉色光润泛青，足心亦施釉。口径15、底径6.5、高4.1厘米（图七二六，1）。

青灰瓷碗　1件。标本ⅡJ11：5，敞口，圆唇，弧腹，饼足。灰白色胎略粗，内壁施满釉，外壁施半釉，釉色青灰，内底有支钉疤痕，有蜡泪痕。口径13.2、底径6.5、高4厘米（图七二六，4）。

黑瓷碗　1件。标本ⅡJ11：2，敞口，圆唇，弧腹，饼足，饼足外援旋切。白灰胎较细，内施白釉，釉色泛灰，外壁施黑釉，外唇下部不施釉，内底有3个支钉疤痕。口径13、底径7.1、高4.1厘米（图七二六，3）。

黑瓷盏　1件。标本ⅡJ11：1，敞口，圆唇，弧腹，平底。黄白色粗胎，施酱釉，口部刮釉，外壁施半釉。口径11.8、底径5.7、高3.7厘米（图七二六，2）。

铁权　1件。标本ⅡJ11：6，浇铸，锈蚀严重，圆鼓腹，上端有纽，平底略外撇。底径4.6、高7厘米（图七二六，5）。

ⅡJ12　位于ⅡT18的西南部，开口于第1层下，距地表深20厘米，打破第2层及生土层。平面呈圆形，井壁较直，留有挖掘痕迹，圜底。口径100、深800厘米。井内堆积黄灰色花土，土质较松软，内含遗物较少，出土少量的陶瓷片和动物骨骼等（图七二七）。

青瓷钵　1件。标本ⅡJ12：1，敛口，圆唇，鼓腹，饼足。肩饰弦纹三周，腹饰席纹。黄白

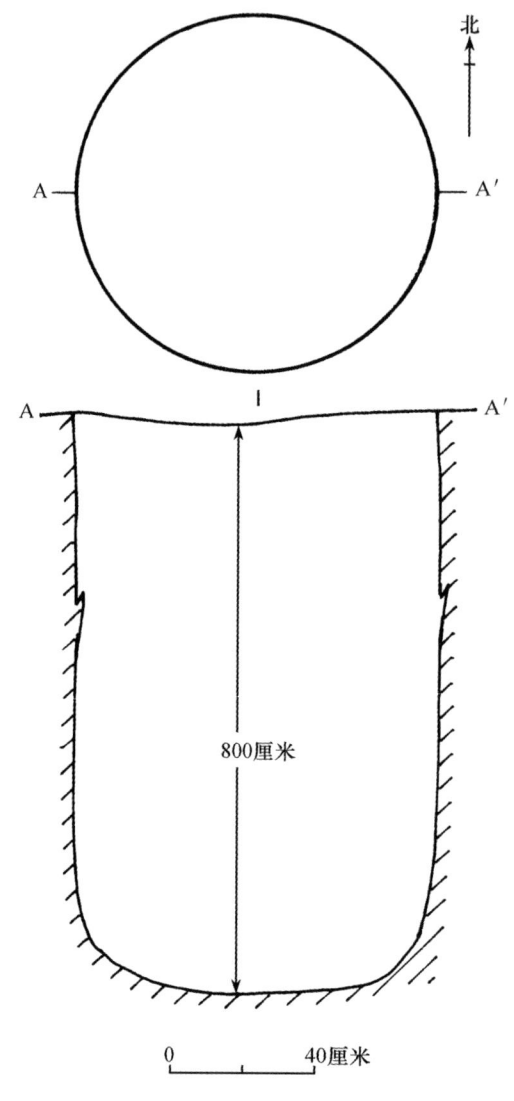

图七二七 ⅡJ12平、剖面图

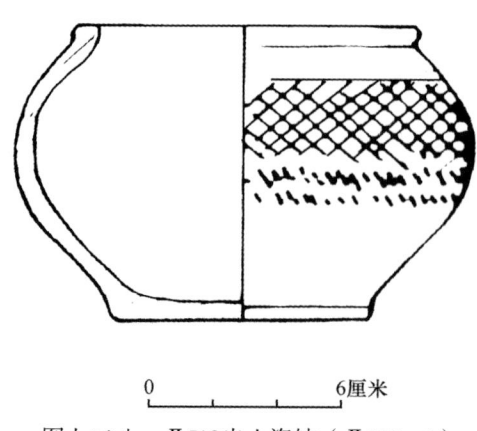

图七二八 ⅡJ12出土瓷钵（ⅡJ12：1）

胎较细，唇口部刮釉，有芒。器内施满釉，外施半釉，有蜡泪痕。口径11、底径8、高9.2厘米（图七二八）。

ⅡJ13 位于ⅡT20的西南部、ⅡT26的东南部、开口于第1层下，距地表深20厘米，打破ⅡF1及生土层。平面呈圆形，井口略大于井底，直壁留有加工痕迹，圜底置于砂层内。口径110、深770厘米；从井口向下570厘米处为水涮层，水位深200厘米。井内堆积灰黑色花土，土质较松软，夹杂大量的草木灰、木炭粒、砖瓦碎块、小石块和草泥块，含有大量的陶片、少量的瓷片和动物骨骼等（图七二九）。

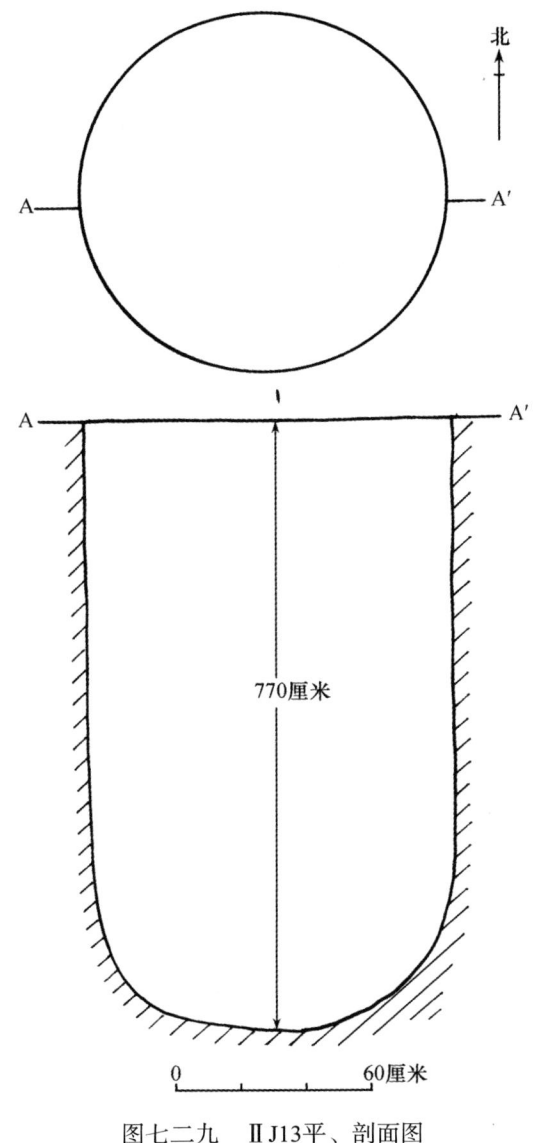

图七二九　ⅡJ13平、剖面图

出土遗物有陶器、瓷器、钱币等。

陶器　有罐、盆、盂、碗、筒瓦等。

罐　1件。标本ⅡJ13：4，泥质黑陶。侈口，圆唇，矮领略高，弧鼓腹，平底略内凹，有旋削痕。肩饰暗弦纹，以下素面抹光。口径9、底径7.7、高14厘米（图七三〇，10）。

盆　3件。标本ⅡJ13：10，泥质灰陶，卷沿，敞口，尖圆唇，斜弧腹，平底，有旋削痕。外壁素面抹光，内壁饰暗弦纹。口径22.1、底径10、高9.8厘米（图七三〇，6）。标本ⅡJ13：2，泥质灰陶。卷沿，敛口，尖圆唇，斜腹，平底，有旋削痕。外壁素面抹光，内壁饰暗弦纹。口径24.8、底径13.7、高8.7厘米（图七三〇，8）。标本ⅡJ13：1，泥质灰褐陶。卷沿，敛口，尖圆唇，斜腹，微弧，平底，有旋削痕，外壁饰弦纹，内壁饰暗弦纹。口径28、底径11.5、高10.6厘米（图七三〇，3）。

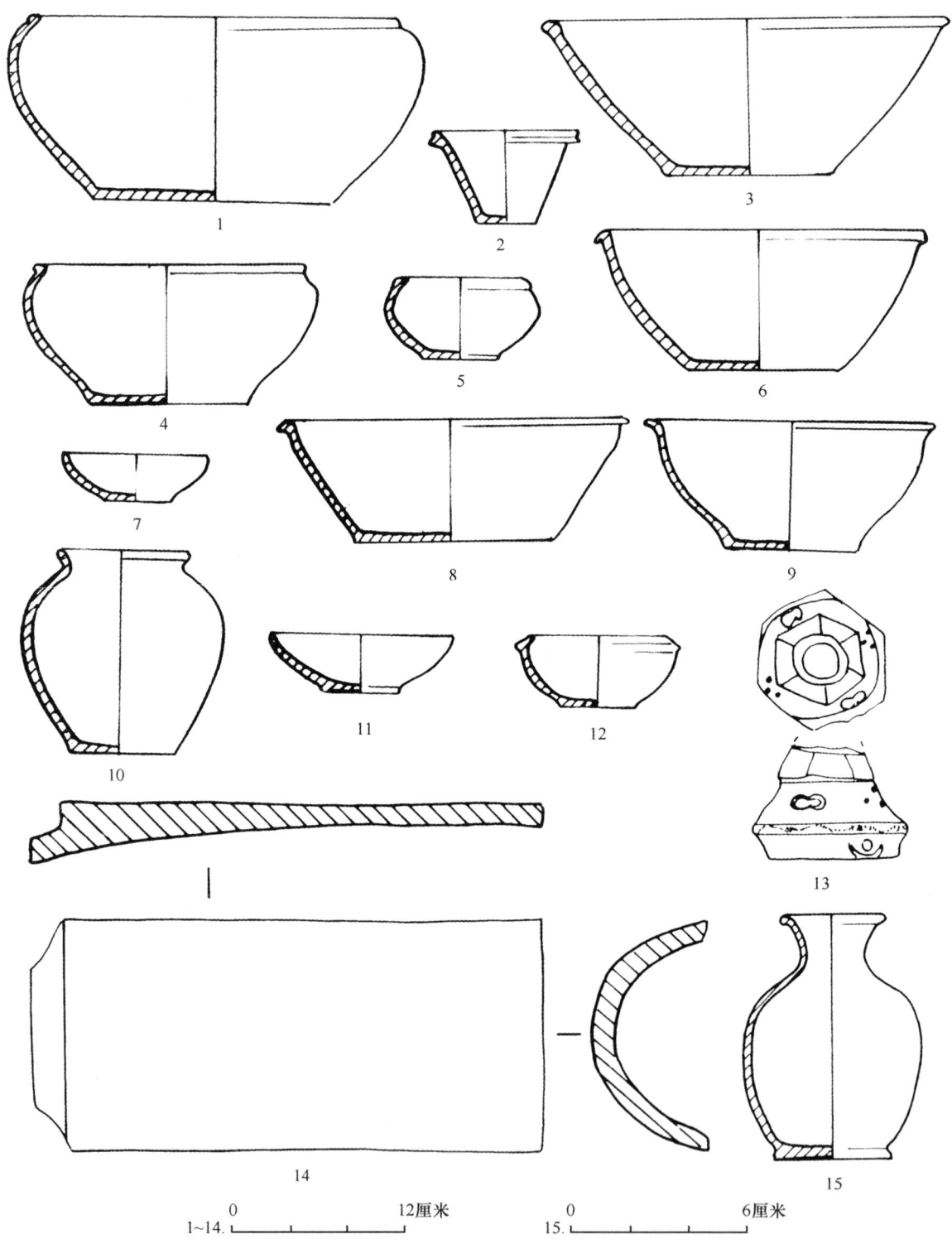

图七三〇　ⅡJ13出土器物
1、4.陶盂（ⅡJ13∶9、ⅡJ13∶11）　2、12.陶盅（ⅡJ13∶6、ⅡJ13∶5）　3、6、8.陶盆（ⅡJ13∶1、ⅡJ13∶10、ⅡJ13∶2）
5.瓷钵（ⅡJ13∶8）　7.瓷盏（ⅡJ13∶3）　9.陶碗（ⅡJ13∶12）　10.陶罐（ⅡJ13∶4）
11.瓷碗（ⅡJ13∶7）　13.陶塔尖（ⅡJ13∶16）　14.筒瓦（ⅡJ13∶13）　15.瓷壶（ⅡJ13∶14）

盂　2件。标本ⅡJ13：9，泥质灰褐陶。卷沿，敛口，圆唇，曲腹，平底，有旋削痕。上腹素面磨光，下腹素面抹光。口径25.5、底径16.5、高13厘米（图七三〇，1）。标本ⅡJ13：11，泥质灰褐陶。卷沿，敛口，圆唇，鼓腹，平底，有旋削痕。通体素面抹光。口径18.4、底径11、高9.8厘米（图七三〇，4）。

盒　2件。标本ⅡJ13：5，泥质灰褐陶。子母口，斜弧腹，平底。素面抹光。口径9.3、底径4.8、高4.8厘米（图七三〇，12）。标本ⅡJ13：6，泥质灰褐陶。喇叭口，唇面饰锯齿纹，有凹槽一周，斜腹，平底，有旋削痕。素面抹光。口径10、底径4.2、高6.5厘米（图七三〇，2）。

碗　1件。标本ⅡJ13：12，泥质灰褐陶。敞口，圆唇，弧鼓腹，平底略内凹，有旋削痕。外壁素面抹光，内壁饰暗弦纹。口径20、底径9.3、高9厘米（图七三〇，9）。

塔尖　1件。标本ⅡJ13：16，泥质灰褐陶。子母口，出沿，残存上部，呈六边形。残高7.8厘米（图七三〇，13）。

筒瓦　1件。标本ⅡJ13：13，灰色。横截面呈半圆形，子母口，方头，咬合面较长。瓦背素面抹光，内壁饰布纹。直径16、长34.8、厚1.6厘米（图七三〇，14）。

瓷器　有邢窑碗、青瓷钵、壶、黑瓷盏等。

邢窑碗　1件。标本ⅡJ13：7，敞口，圆唇，斜弧腹，窄环形圈足。白胎细洁，施白釉，足心亦施釉，有冰裂纹，内地饰凹弦纹一周。口径12.8、底径5.5、高4厘米（图七三〇，11）。

青瓷钵　1件。标本ⅡJ13：8，敛口，圆唇，弧鼓腹，饼足。灰白胎略粗，唇口部刮釉，有芒。内壁施满釉，外饰半釉，有蜡泪痕和烟炱。口径8.4、底径5.4、高5.4厘米（图七三〇，5；图版三七，2）。

壶　1件。标本ⅡJ13：14，侈口，尖圆唇，束颈，圆肩，弧腹，饼足略外撇。青灰色胎较细，施白釉，釉色泛灰；外施半釉，肩腹交界处饰褐色点彩，器壁有窑粘。口径3.6、底径4、高8.2厘米（图七三〇，15；图版三八，1）。

黑瓷盏　1件。标本ⅡJ13：3，微敛口，斜弧腹，平底。青灰色胎较细，施黑釉，釉色光润，口部刮釉，外壁施半釉。口径10、底径4.7、高3.5厘米（图七三〇，7）。

钱币　1枚。字迹不清。标本ⅡJ13：17。

ⅡJ14　位于ⅡT26的西中部，开口于第1层下，距地表深20厘米，打破ⅡF1及生土层。平面呈圆形，略呈口小底大，井壁较直，留有加工痕迹，圜底置于砂层内。口径80、底径110、深680厘米；从井口向下500厘米处为水涮层，井壁逐渐扩大，水位深180厘米。井内堆积灰绿色土，土质较松软，夹杂大量的草木灰、木炭粒、砖瓦碎块、小石块和红烧土块，含有大量的陶片、少量的瓷片和动物骨骼等（图七三一）。

出土遗物有陶罐、盆、盂、钵、盒、盏、扑满、瓷玩等。

陶罐　2件。标本ⅡJ14：1，泥质灰陶。直口略外侈，鼓腹，平底略内凹，有旋削痕。素面抹光。口径5.3、底径3.8、高5.2厘米（图七三二，6）。标本ⅡJ14：3，泥质黑陶。敛口，圆唇，鼓腹，平底，有旋削痕。上腹饰暗弦纹，下腹素面抹光。口径4.2、底径3.5、高5.3厘米

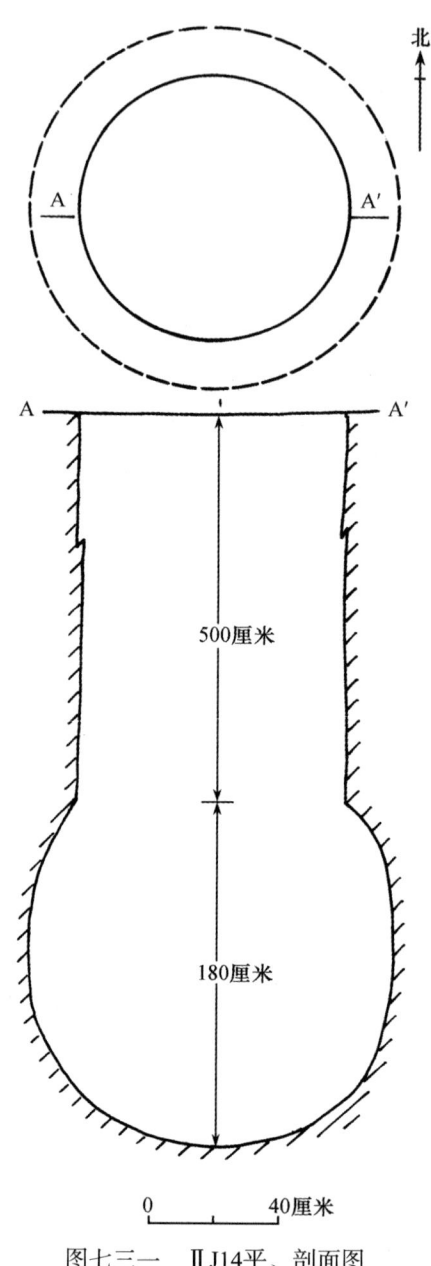

图七三一　ⅡJ14平、剖面图

（图七三二，5）。

陶盆　2件。标本ⅡJ14∶8，泥质灰褐陶，烧制变形。宽平沿，敞口，方唇，斜腹微弧，略向内凹，平底，有刮痕。外壁素面抹光，内壁饰暗弦纹。口径26～29.2、底径13.2、高10厘米（图七三二，10）。标本ⅡJ14∶11，泥质灰褐陶。卷沿，敛口，尖圆唇，斜弧腹，近底部有略内凹，平底，有旋削痕。外壁素面抹光，内壁饰暗弦纹。口径25.2、底径13、高10.8厘米（图七三二，3）。

陶盂　2件。标本ⅡJ14∶10，泥质灰褐陶。卷沿，敛口，圆唇，曲腹，平底，有旋削

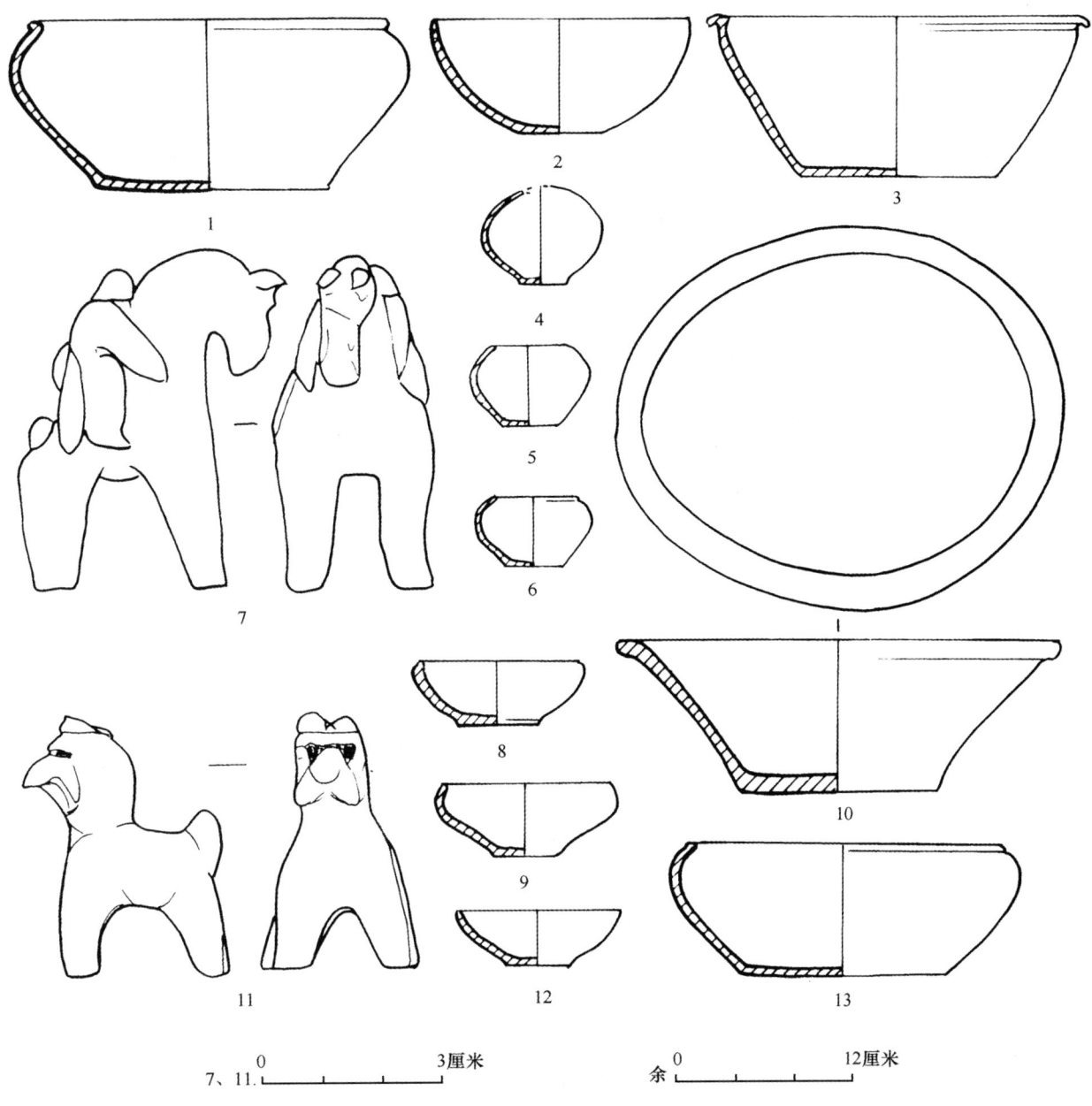

图七三二　ⅡJ14出土器物

1、13.陶盂（ⅡJ14：9、ⅡJ14：10）　2、9.陶钵（ⅡJ14：7、ⅡJ14：2）　3、10.陶盆（ⅡJ14：11、ⅡJ14：8）
4.陶扑满（ⅡJ14：5）　5、6.陶罐（ⅡJ14：3、ⅡJ14：1）　7、11.瓷玩（ⅡJ14：12、ⅡJ14：13）
8.陶盒（ⅡJ14：16）　12.陶盏（ⅡJ14：4）

痕。上腹素面磨光，下腹素面抹光。口径21、底径13.7、高8.8厘米（图七三二，13）。标本ⅡJ14：9，泥质黑陶。卷沿，敛口，圆唇，鼓腹，平底，有旋削痕。上腹素面磨光，下腹素面抹光。口径24、底径15、高11.5厘米（图七三二，1）。

陶钵　2件。标本ⅡJ14：2，泥质黑陶，烧制变形。敛口，圆唇，弧腹，小平底，有旋削痕。外壁上腹饰暗纹，下腹素面抹光，内饰暗弦纹。口径11.5、底径4.3、高5厘米（图七三二，9）。标本ⅡJ14：7，泥质灰褐陶，直口，圆唇，弧腹，平底，有旋削痕。素面抹光。口径17、底径5.3、高7.7厘米（图七三二，2）。

陶盒 1件。标本ⅡJ14：16，泥质灰陶。子母口，唇面饰锯齿纹，斜弧腹，平底，有旋削痕。素面抹光。口径10.8、底径5.3、高4.2厘米（图七三二，8）。

陶盏 1件。标本ⅡJ14：4，泥质灰褐陶。敞口，圆唇，弧腹，小平底，有旋削痕。素面抹光，口部有烟炱。口径11、底径4、高3.8厘米（图七三二，12）。

陶扑满 1件。标本ⅡJ14：5，泥质黑陶。近圆球形，弧顶，三角形注币孔，鼓腹，平底，有旋削痕。素面抹光。底径3.2、高6.4厘米（图七三二，4）。

瓷玩 2件。标本ⅡJ14：12，马呈站立状，竖耳，短尾，背上骑一猴。寓意"马上封侯"。青灰胎较细，上半身施白釉，釉色泛灰，有褐色点彩，下半身露胎。长4.4、高5.6厘米（图七三二，7）。标本ⅡJ14：13，犬。呈站立状，两耳向前，短尾上翘。白灰胎较细，上半身施白釉，下半身露胎。长3.3、高4.3厘米（图七三二，11）。

ⅡJ15 位于ⅡT22的东南部，开口于第1层下，距地表深20厘米，打破ⅡF1及生土层。平面呈圆形，井壁较直留有加工痕迹。口径95、清理深800厘米，以下为水涮层，井壁逐渐扩大已坍塌，未做清理。井内堆积可分两层，上层为灰花土，土质较松软，夹杂砖瓦碎块和红烧土块，含有少量的陶瓷片和少量的动物骨骼；下层为灰绿色土，土质较硬，内含遗物较少，出土少量的陶片等（图七三三）。

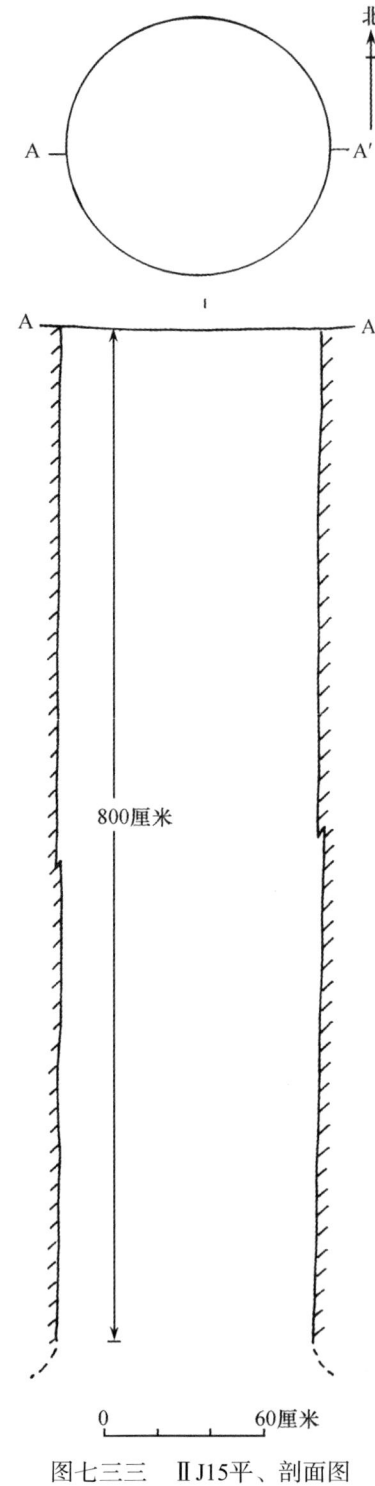

图七三三　ⅡJ15平、剖面图

陶盆 1件。标本ⅡJ15：2，泥质灰陶。卷沿，直口，厚圆唇，斜弧腹，近底部内凹较甚，平底。素面抹光。口径37、底径18、高14厘米（图七三四，2）。

板瓦 1件。标本ⅡJ15：1，灰色。平面呈梯形。瓦背素面抹光，内壁饰布纹。长40、上宽22.4、下宽25.6、厚1.4厘米（图七三四，1）。

钱币 1枚。开元通宝，钱文八分书体，对读。标本ⅡJ15：3，"元"字第一横较长。直径2.5、穿宽0.7厘米。

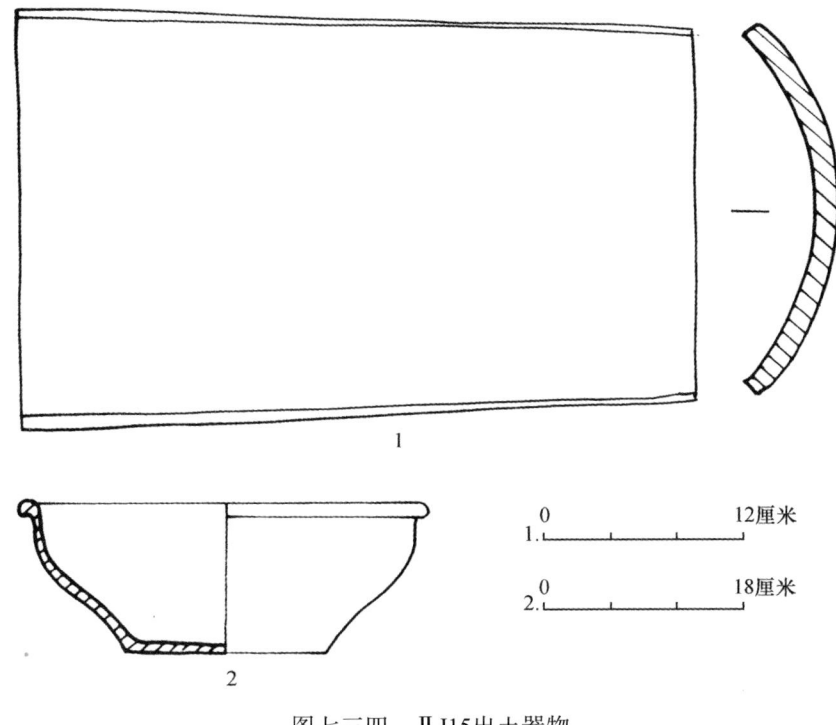

图七三四　ⅡJ15出土器物
1. 板瓦（ⅡJ15：1）　2. 陶盆（ⅡJ15：2）

ⅡJ16　位于ⅡT27的北中部，开口于第3层下，距地表深125厘米，打破第4层及生土层。井口平面呈圆形，略呈口小底大，井壁较直留有加工痕迹，圜底置于砂层内。口径100、底径120、深805厘米；从井口向下610厘米处为水涮层，井壁逐渐扩大，水位深195厘米。井内堆积灰黑色花土，土质较松软，夹杂少量的草木灰、木炭粒、砖瓦碎块，含有少量的陶瓷片和动物骨骼等（图七三五）。

出土遗物有陶盒、白瓷罐、黑瓷碗、骨钗等。

陶盒　1件。标本ⅡJ16：1，泥质灰褐陶。子母口，窄平沿，沿面饰锯齿纹，弧腹，平底，有旋削痕。素面抹光。口径18、底径7、高7.7厘米（图七三六，1）。

白瓷罐　1件。标本ⅡJ16：5，侈口，圆卷唇，鼓腹，下腹斜收，饼足。青灰色胎较细，内壁施满釉，外壁施釉不及底，足面有窑粘。口径3、底径2.8、高4.4厘米（图七三六，5）。

白瓷碗　1件。标本ⅡJ16：3，敞口，圆唇，浅弧腹，玉璧形足，足心内有旋削痕。黄白色胎略粗，施白釉，外壁施半釉，内底有3个支钉疤痕。口径13.8、底径6、高3.7厘米（图七三六，2）。

黑瓷碗　2件。标本ⅡJ16：4，敞口，圆唇，斜腹，玉璧形足。黄白色胎略粗，内施白釉，釉色泛黄，外壁施黑釉，足心亦施釉，内外壁有窑粘，内底有支钉疤痕。口径14、底径6.4、高3.8厘米（图七三六，4；图版四〇，4）。标本ⅡJ16：2，敞口，圆唇，浅腹，玉璧形足，脐底。黄白色胎较细，内施白釉，釉色泛黄，外壁施茶叶末釉，足心亦施釉，内底有3个支钉疤

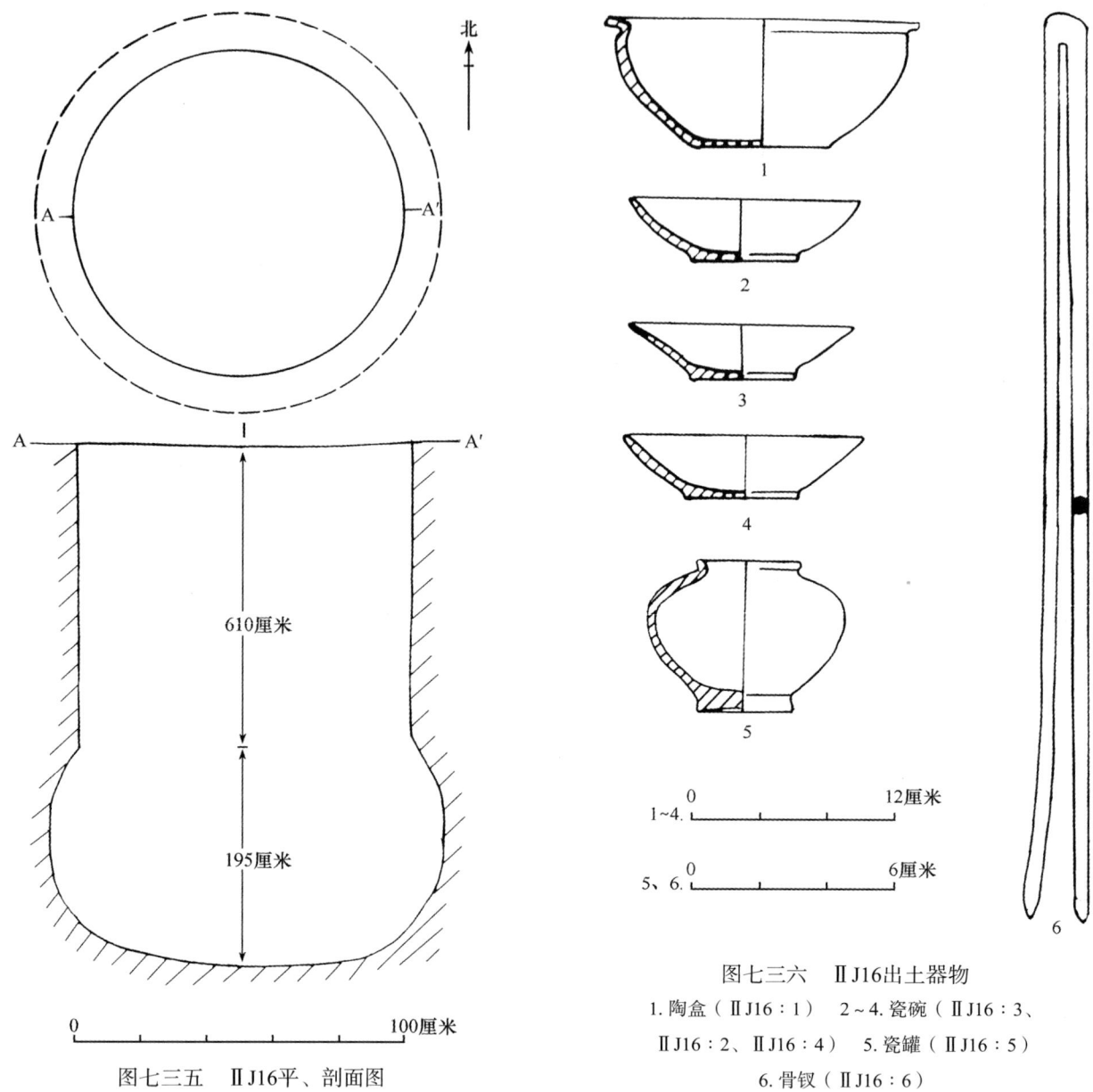

图七三五　ⅡJ16平、剖面图

图七三六　ⅡJ16出土器物
1.陶盒（ⅡJ16：1）　2~4.瓷碗（ⅡJ16：3、ⅡJ16：2、ⅡJ16：4）　5.瓷罐（ⅡJ16：5）
6.骨钗（ⅡJ16：6）

痕。口径13.2、底径6、高3.5厘米（图七三六，3）。

骨钗　1件。标本ⅡJ16：6，磨制。器身扁平，上端圆钝，下端分两股，有尖。长26、宽1厘米（图七三六，6）。

ⅡJ18　位于ⅡT28的北中部，开口于第3层下，距地表深75厘米，被ⅡF1打破，打破第4层及生土层。由井台和井身两部分组成。井台平面呈圆形，直壁，平底。直径150、深350厘米；井口平面呈圆形，略呈口小底大，井壁较直留有加工痕迹，圜底置于砂层内。口径100、底径114、深250厘米；从井口向下125厘米处为水渐层，井壁逐渐扩大，水位深125厘米。井内堆积分两层，上层为灰黄色花土，土质松软，夹杂木炭粒、红烧土块和砖瓦碎块，含有少量的陶瓷片和动物骨骼；下层（从井台以下）堆积为灰绿色土，土质较松软，含有少量的陶瓷片等（图七三七）。

铁锛　1件。标本ⅡJ18∶1，呈长方体，上端略宽，下端较窄，直刃微弧，上面有钉孔，銎孔较深。长22.6、上宽11.2、下宽7.6厘米（图七三八）。

4）壕沟

ⅡG1　位于ⅡT14的东部，开口于第1层下，距地表深20厘米，打破第2层及生土层。平面呈长条形（只清理一部分）斜直壁，平底。清理长360、宽80、深130厘米。沟内堆积灰褐色花土，土质较硬。夹杂有草木灰、木炭粒和红烧土块，含有少量的陶瓷片和动物骨骼，在沟底置

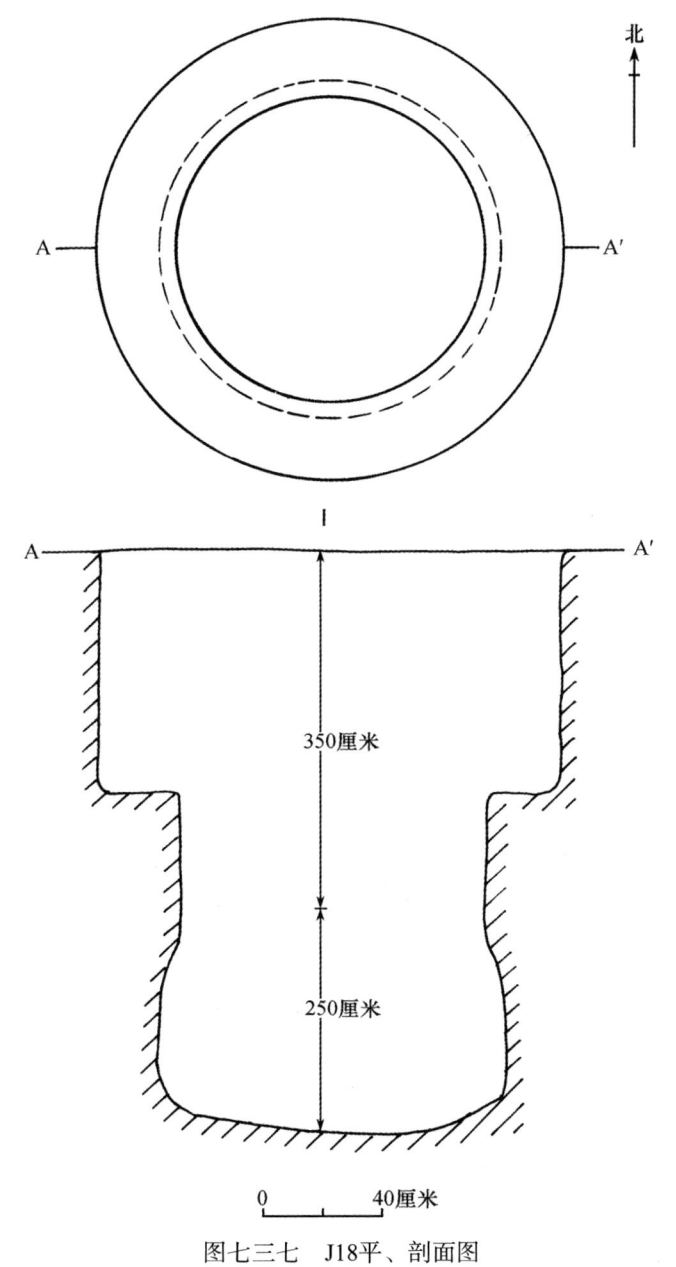

图七三七　J18平、剖面图

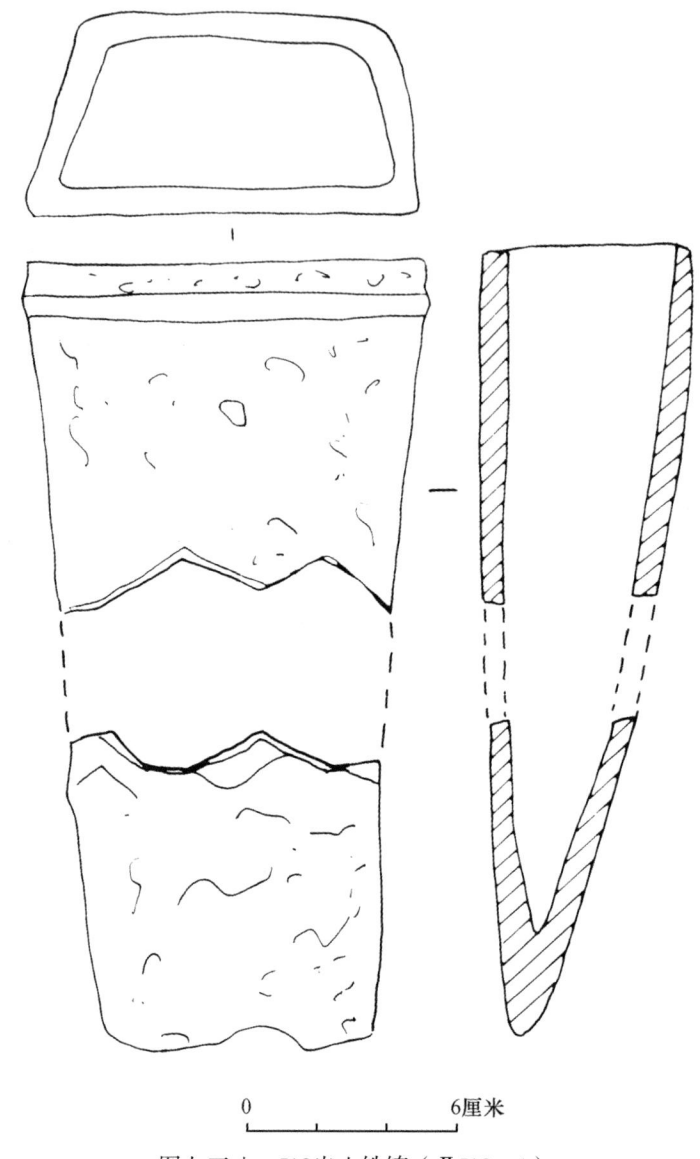

图七三八　J18出土铁锛（ⅡJ18∶1）

铁铠甲等（图七三九）。

出土遗物有陶器、瓷器、铁器、骨器、钱币等。

陶器　有盆、盏等。

盆　2件。标本ⅡG1∶7，泥质灰陶。卷沿，微敛口，圆唇，弧腹，平底，素面抹光。口径25、底径12、高12厘米（图七四〇，1）。标本ⅡG1∶6，泥质灰陶。卷沿，敛口，尖圆唇，弧腹，平底，有旋削痕。外壁素面抹光，内壁饰暗弦纹，烧制变形。口径20.5、底径8.5、高8.5厘米（图七四〇，2）。

盏　1件。标本ⅡG1∶2，泥质灰陶，敞口，方唇，斜弧腹，小平底，有旋削痕，素面抹光。口径11.2、底径4、高3.2厘米（图七四〇，4）。

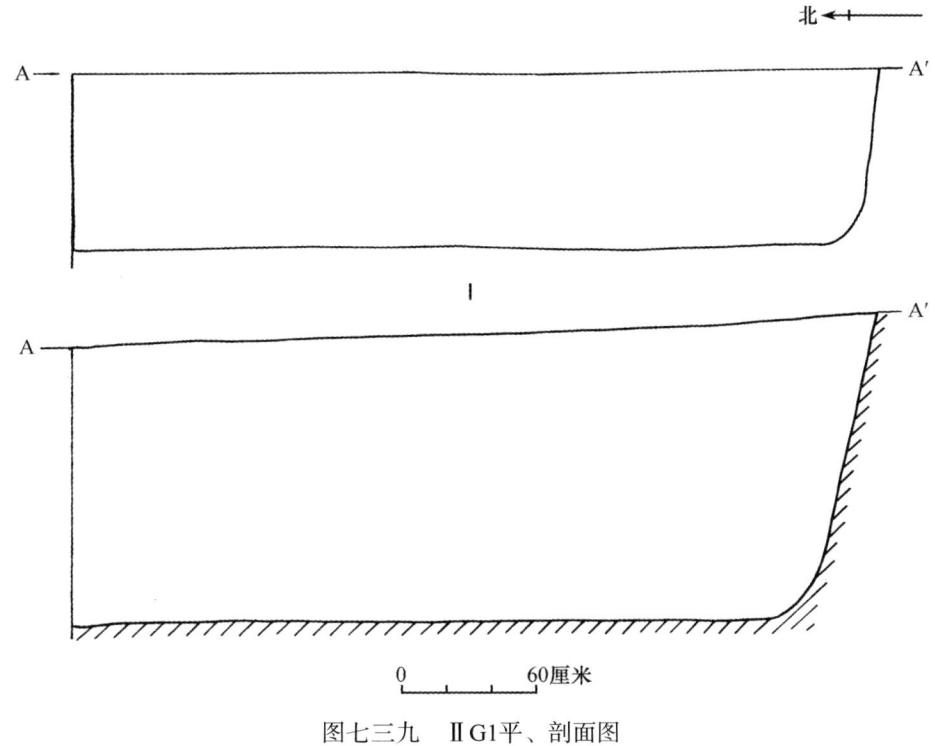

图七三九　ⅡG1平、剖面图

瓷器　有白瓷碗、黑瓷碗、黑瓷盏等。

白瓷碗　1件。标本ⅡG1：1，敞口，圆唇，浅弧腹，饼足。白灰色胎略粗，施白釉，釉色泛黄，外壁施半釉，有窑粘和蜡泪痕，内底有3个支钉疤痕。口径12.8、底径6.4、高4厘米（图七四〇，6）。

黑瓷碗　2件。标本ⅡG1：3，敞口，圆唇，斜腹微弧，饼足。青灰胎较细，器内施白釉，外壁施酱釉。口径12.2、底径6.4、高4.2厘米（图七四〇，5）。标本ⅡG1：5，敞口，圆唇，浅弧腹，玉璧形足。青灰胎较细，内施白釉，釉色泛灰黄，外壁施酱釉，足心亦施釉，内底有支钉疤痕。口径13.6、底径5.6、高3.8厘米（图七四〇，3）。

黑瓷盏　1件。标本ⅡG1：4，敞口，圆唇，浅弧腹，平底。青灰色胎较细，施黑釉，口部刮釉，外壁施半釉，有蜡泪痕。口径11.2、底径4.4、高3厘米（图七四〇，7）。

骨簪　1件。标本ⅡG1：12，磨制精细。器身扁平瘦长，上端圆钝，下端较尖，横截面呈椭圆形。长15.2、厚0.2厘米（图七四〇，9；图版四四，1左3）。

骨片　1件。标本ⅡG1：9，略经磨制，呈长条形，一侧上端钻半孔。长13.7、宽2.3、厚0.5厘米（图七四〇，8）。

钱币　2枚。开元通宝，钱文八分书体，对读。标本ⅡG1：10、ⅡG1：11，小钱，字迹模糊不清。直径2.3、穿宽0.6厘米。

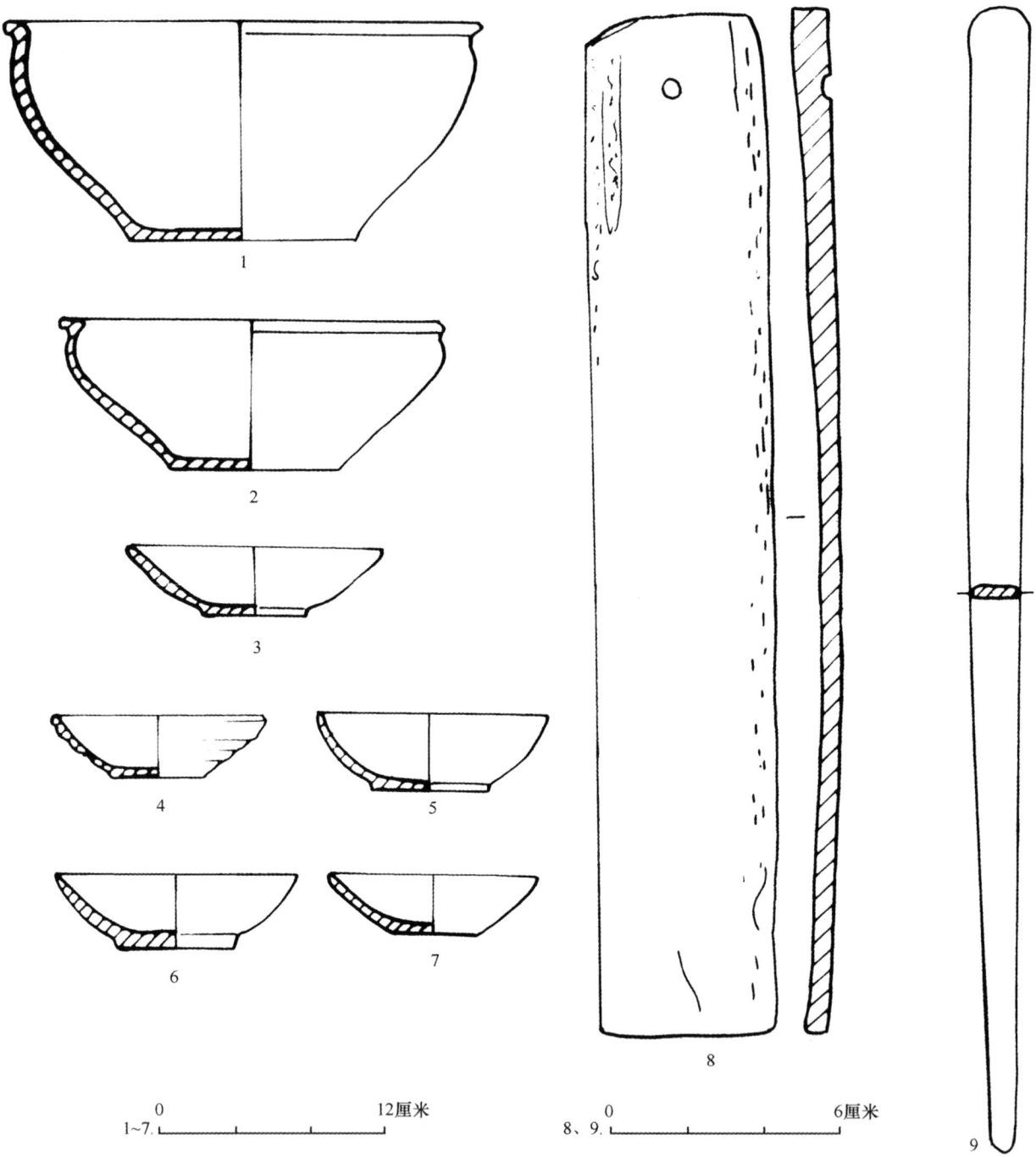

图七四〇 ⅡG1出土器物
1、2.陶盆（ⅡG1:7、ⅡG1:6） 3、5、6.瓷碗（ⅡG1:5、ⅡG1:3、ⅡG1:1）
4.陶盏（ⅡG1:2） 7.瓷盏（ⅡG1:4） 8.骨片（ⅡG1:9） 9.骨簪（ⅡG1:12）

五、采 集 器 物

陶壶 2件。标本ⅡC：16，泥质灰陶。侈口，折沿，圆唇，细颈，弧鼓腹，平底，有旋削痕。素面抹光。口径10.5、底径10.5、高23.7厘米（图七四一，4）。标本ⅡC：17，泥质灰陶。侈口，圆唇，弧肩，弧鼓腹，平底。素面抹光。口径11、底径16.2、高29.9厘米（图七四一，7）。

陶罐 4件。标本ⅡC：19，泥质灰陶。侈口，窄沿较平，圆唇，弧肩，鼓腹，平底略内凹，上腹饰暗弦纹，下腹素光。口径12.7、底径9、高14.5厘米（图七四一，3）。标本ⅡC：20，泥质灰陶。侈口，圆唇，弧腹，平底。素面抹光。口径12.5、底径11、高20.7厘米（图七四一，5）。标本ⅡC：22，泥质灰陶。烧制变形，侈口，圆唇，鼓肩，弧鼓腹，平底，有旋削痕，上腹饰暗弦纹，下腹素面抹光。口径13.5、底径14、高27厘米（图七四一，12）。标本ⅡC：4，泥质黑陶。敛口，圆唇，圆腹，平底，有旋削痕。上腹饰暗弦纹，下腹素面抹光。口径9.6、底径8.4、高11.4厘米（图七四一，11）。

陶小罐 1件。标本ⅡC：2，泥质灰黑陶。侈口，厚圆唇，弧肩，圆腹，平底。素面抹光。口径3、底径3.1、高6.4厘米（图七四一，10）。

陶双系罐 2件。标本ⅡC：15，泥质灰陶。侈口，圆唇，弧肩，对称附贴两双系，鼓腹，平底。素面抹光。口径16、底径10.4、高23.2厘米（图七四一，2）。标本ⅡC：14，泥质灰陶。侈口，圆唇，肩附贴对称的两双系，圆腹，平底。素面抹光。口径17.2、底径14.2、高27.4厘米（图七四一，1）。

陶盘 1件。标本ⅡC：7，泥质灰陶。展沿，圆唇，浅弧腹，圜底，下接三矮足。素面抹光。口径22、高3.3厘米（图七四一，8）。

陶器盖 1件。标本ⅡC：21，泥质灰陶。折沿，弧顶残。素面抹光。口径10.4、残高4厘米（图七四一，9）。

陶砚 1件。标本ⅡC：9，细泥灰陶。箕形，凹底，砚面略呈斜坡状，砚口前端弧凸较宽，后端圆钝较窄。砚长12、前宽7.8、后宽3、池深1.2厘米（图七四二，3）。

瓦当 3件。标本ⅡC：1，文字瓦当，灰色，残存"万岁"两字。当面以横双竖单"十"字线为界格，外环饰两周弦纹。直径15、边轮宽1、边轮宽1、当厚0.7厘米（图七四二，4）。标本ⅡC：23，莲花纹瓦当，稍残，灰色。当心以乳钉和联珠纹组成花蕊，外饰六瓣宽瓣莲花，外环饰二周弦纹，中间夹饰一周联珠纹。直径16、边轮宽1.6、当厚1.6厘米（图七四二，1）。标本ⅡC：3，莲蕾纹瓦当，稍残，灰色。以单环线将当面划分为内外区。内区以乳钉纹组成花蕊；外区饰八朵宝式莲蕾纹，间以"T"字纹相隔，且与内环线相连，外饰一周联珠纹。直径14.5、边轮宽1.4、当厚1.4厘米（图七四二，2）。

瓷器盖 1件。标本ⅡC：8，子母口，盖沿上挑，盖面突起，上有伞状盖纽。白胎细洁，施白釉，有蜡泪痕。口径2.8、高3.3厘米（图七四一，6）。

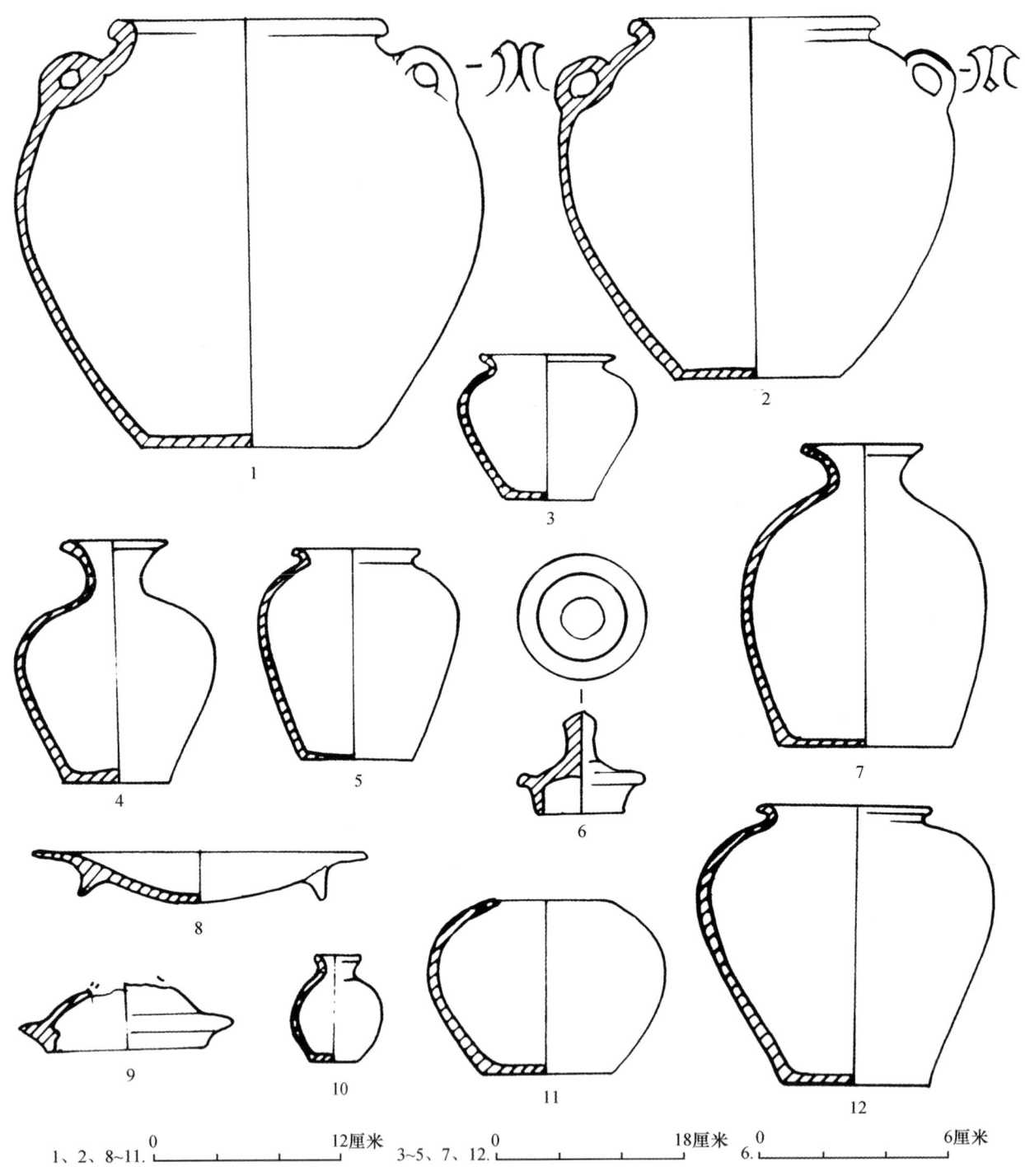

图七四一 Ⅱ区采集器物
1~3、5、10~12.陶罐（ⅡC:14、ⅡC:15、ⅡC:19、ⅡC:20、ⅡC:2、ⅡC:4、ⅡC:22）
4、7.陶壶（ⅡC:16、ⅡC:17） 6.瓷器盖（ⅡC:8） 8.陶盘（ⅡC:7） 9.陶器盖（ⅡC:21）

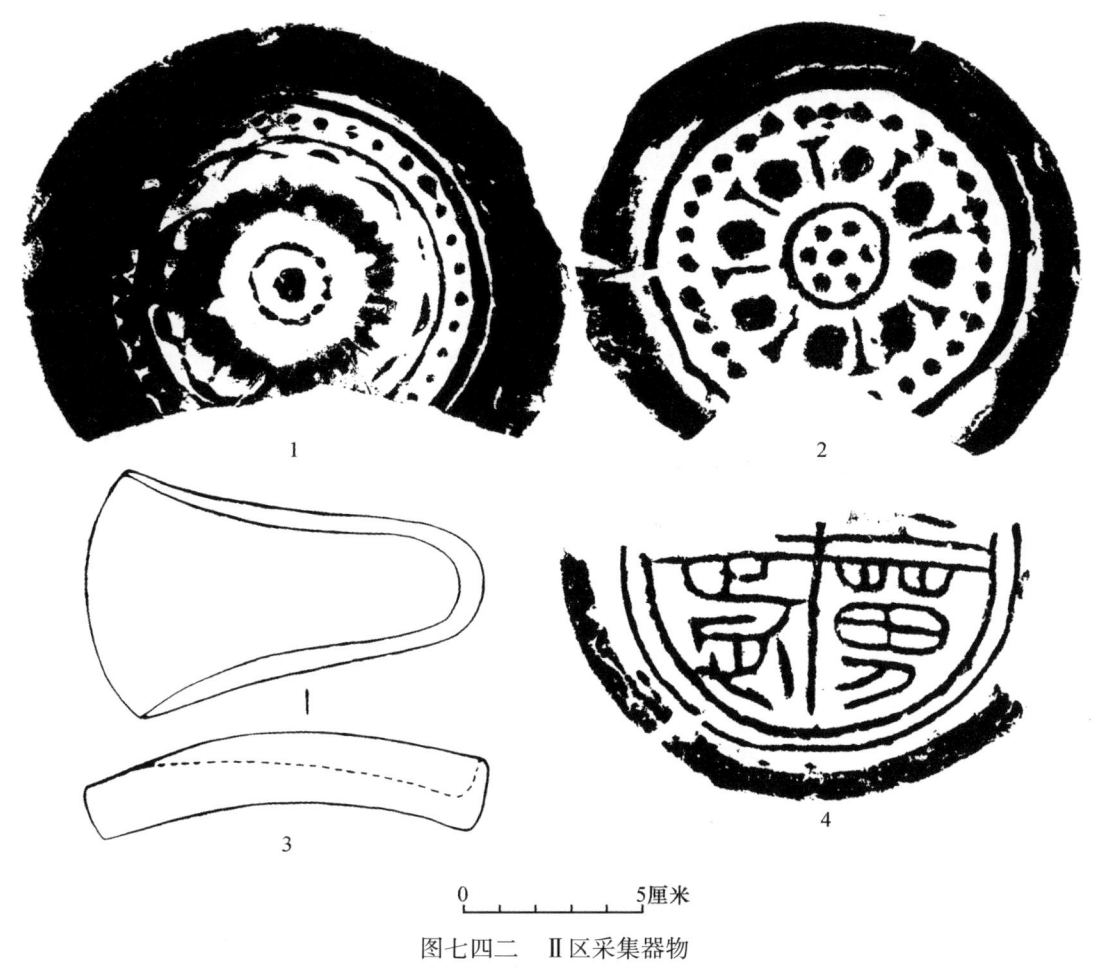

图七四二 Ⅱ区采集器物
1、2、4. 瓦当拓片（ⅡC:23、ⅡC:3、ⅡC:1） 3. 陶砚（ⅡC:9）

六、出土器物的初步研究

上述各个发掘区的地层堆积情况表明，第Ⅷ发掘区城垣内侧的地层堆积根据土质、土色与其包含物的不同，堆积层可分4层：第1层为现代耕土层，第2、3层为唐代文化层，第4层为汉代文化层。城内发掘分两个发掘区，第Ⅰ发掘区的发掘分两个小区，两个发掘小区的地层堆积基本相同，可分3层：第1层为现代耕土层，第2、3层为唐代文化层。第Ⅱ发掘区的发掘分三个小区，Ⅱa、Ⅱb两区的地层堆积基本相同，可分3层：第1层为现代耕土层，第2、3层为唐代文化层。Ⅱc区的地层堆积可分5层：第1层为现代耕土层，第2~4层为唐代文化层，第5层堆积零星地分布于Ⅱc区的东西部，为汉代文化层。

综上所述，第Ⅷ发掘区城垣内侧的第1~3层与城内第Ⅰ发掘区的地层堆积一一对应，第Ⅷ发掘区的第4层堆积与第Ⅱ发掘区c区的第5层堆积大体相当；而第Ⅰ发掘区的第2层堆积相当于第Ⅱ发掘区的第3层堆积，以下依次相对应（表四○）。

表四〇　北城各发掘区地层堆积对应表

发掘区	地层对应				
ⅧTG1N	①		②	③	④
Ⅰa区	①		②	③	
Ⅰb区	①		②	③	
Ⅱa区	①	②	③	④	
Ⅱb区	①	②	③	④	
Ⅱc区	①	②	③	④	⑤

综合表四〇，根据地层与地层、地层与遗迹的叠压打破关系以及出土遗物的型式等特点，将隋唐城址发掘所见的文化遗存大体分为两个阶段（表四一）。

表四一　第Ⅰ、Ⅱ发掘区地层与遗迹分期对照表

名称		分期 汉代 ⑤层	第二阶段遗存			
			④层	③层	②层	①层
灰坑	圆形		ⅡH25、ⅡH28、ⅡH29、ⅡH32	ⅡH34、ⅡH58、ⅡH69、	ⅡH14、ⅡH80、ⅡH8	ⅡH11、ⅡH21、ⅡH31、ⅡH40、ⅡH43、ⅡH45、ⅡH65、ⅡH77
	椭圆形		ⅡH70、ⅡH73	ⅠH6、ⅠH7、ⅡH16	ⅡH13	ⅠH3、ⅡH1、ⅡH67
	长方形		ⅡH17、ⅡH23、ⅡH27、ⅡH30、ⅡH35、ⅡH37、ⅡH49、ⅡH51、ⅡH52、ⅡH57、ⅡH63、ⅡH64、ⅡH68、ⅡH71、ⅡH72、ⅡH74	ⅡH2、ⅡH12、ⅡH18、ⅡH19、ⅡH42、ⅡH47、ⅡH54		ⅡH4、ⅡH6、ⅡH9、ⅡH10、ⅡH20、ⅡH22、ⅡH26、ⅡH38、ⅡH39、ⅡH56、ⅡH59、ⅡH60、ⅡH61、ⅡH66、
	不规则形		ⅡH53、ⅡH55	ⅡH24、ⅡH36、ⅡH48		ⅡH7
	其他		ⅡH33、ⅡH50、ⅡH75、ⅡH76、ⅡH81、	ⅡH15	ⅡH41	ⅠH1、ⅠH2、ⅠH5、ⅡH3、ⅡH44、ⅡH46、ⅡH78、ⅡH79
房址					ⅡF1	
水井		ⅡJ1、ⅡJ5、ⅡJ8	ⅡJ16、ⅡJ18	ⅡJ2、ⅡJ3	ⅡJ4、ⅡJ6、ⅡJ7、ⅡJ9、ⅡJ10、ⅡJ11、ⅡJ12、ⅡJ13、ⅡJ14、ⅡJ15、ⅡJ17	
窖藏			ⅡJC1、ⅡJC2、ⅡJC3			
壕沟					ⅡG1	

（一）第一阶段的遗存

该类遗存的地层堆积以第Ⅱ发掘区的第5层为代表，零星分布于Ⅱc区的东部和西部，未发现遗迹，遗物均零散地分布于晚期遗存内，与晚期遗物相伴出土。分陶器和铜器两种，器类有盆、钵、豆、铜镞、铜器盖等。

1. 陶器

盆　3件。均为泥质灰陶，模制，烧制火候较高，宽折沿，圆唇或圆方唇，按口沿的变化，可分二式。

Ⅰ式：2件。标本ⅠH2：11，口、腹残片，泥质灰陶，烧制火候较高。折沿，圆唇，深腹，以下残。上腹饰弦纹数周，腹饰弦断绳纹。口径38、残高12厘米（图七四三，4）。

Ⅱ式：1件。标本ⅠT7③：2，口、腹残片。泥质灰陶，模制，烧制火候较高。直口微敛，

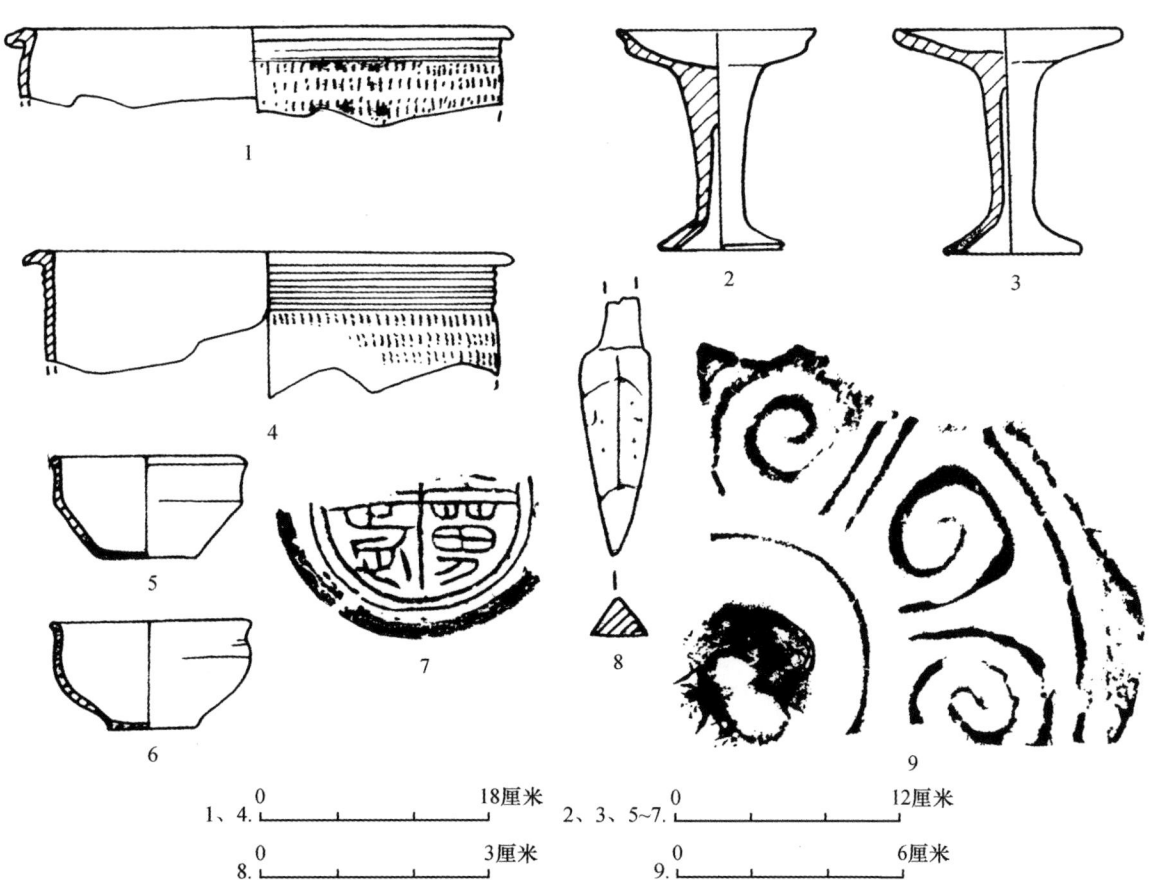

图七四三　Ⅰ、Ⅱ区第一阶段文化遗存器物
1. Ⅱ式陶盆（ⅡT7③：2）　2. Ⅰ式陶豆（ⅡH46：1）　3. Ⅱ式陶豆（ⅠT7③：1）　4. Ⅰ式陶盆（ⅡH2：11）
5. A型陶钵（ⅠH2：2）　6. B型陶钵（ⅠT6②：1）　7. 文字瓦当（ⅡC：1）　8. 铜镞（ⅡH23：4）
9. 云纹瓦当（ⅡH17：1）

宽折沿，方唇，弧腹。肩饰弦纹数周，腹饰弦断绳纹。口径40、残高8厘米（图七四三，1）。

钵 2件。可分二型。

A型 1件。标本ⅠH2∶2，泥质灰陶，轮制，烧制火候较高。厚圆唇，折腹，平底。通体素面抹光。口径14、底径5.5、高5.5厘米（图七四三，5）。

B型 1件。标本ⅠT6②∶1，泥质灰陶，轮制，烧制火候较高。侈口，尖圆唇，弧腹，下腹近底部略向内凹，平底。通体素面抹光。口径14.3、底径5、高5.1厘米（图七四三，6）。

豆 3件。可分二式。

Ⅰ式：1件。标本ⅡH46∶1，泥质灰陶。浅盘口，尖圆唇，折腹，高直柄，柄下部中空，喇叭形底座，通体素面抹光。口径11.5、底径7.1、高11.3厘米（图七四三，2）。

Ⅱ式：2件。标本ⅠT7③∶1，泥质灰陶。浅盘口。尖唇，盘底斜直，高直柄，柄下部中空，喇叭形底座。通体素面抹光。口径12、底径7.4、高12厘米（图七四三，3）。

瓦当 2件。标本ⅡH17∶1，云纹瓦当。残，泥质灰陶。以单环线将当面分为内外区。内区当心饰乳凸；外区以双线为界格，每个格内饰一组羊角形卷云纹。当厚2厘米（图七四三，9）。标本ⅡC∶1，文字瓦当。千秋万岁，灰色，残存万岁两字。当面以横双竖单"十"字线为界格，外环饰两周弦纹。直径15、边轮宽1、当厚0.7厘米（图七四三，7）。

2. 铜器

铜镞 1件。标本ⅡH23∶4，呈三棱形，边锋微弧，较锋利，横截面呈三角形，圆锥形铜铤残。镞身长2.8、铤长0.6厘米（图七四三，8）。

（二）第二阶段的遗存

该类遗存的地层堆积以第Ⅰ发掘区的第2、3层、第Ⅱ发掘区的第2~4层为代表；遗迹有房址、灰坑、水井、壕沟、窖藏等。以灰坑居多，水井次之，屋基址和壕沟略相等。坑口平面有圆形、椭圆形、长方形、不规则形和其他形（形状不清的）五种。以长方形居多，约占43.5%，圆形的次之，约占21.2%。坑壁有直壁、斜直壁、弧壁三类；坑底有平底、圜底之分；坑口直径多为80~220厘米，大者不超过400厘米，深度为50~250厘米，最深的不超过450厘米，形体规整的应为当时的窖穴（见表二一）。水井共发现18眼。井口平面有圆形和长方形之分，以圆形居多，长方形只发现1例。井壁较直，井底有圜底、平底之分。井口直径一般为80~110厘米，最大者不超过150厘米，深度一般为650~800厘米之间。最深者不超过910厘米。窖藏发现3个，窖具均为土坑，坑口平面有长方形、"凸"字形和椭圆形三种，较浅，深度为15~30厘米，坑壁不甚规整，较为随意。

北城发掘面积较小，出土遗物较为丰富，完整可复原器750余件。以瓷器居多，约占出土器物的44.6%，陶器次之，约占38.9%，骨器约占7.2%，铜器、铁器、石器略相等，约占2.4%。器类有陶器、瓷器、骨器、铜器、铁器、石器、蚌器等。

1. 陶器

分生活用具和建筑构件两大类，以生活用具居多约占94.6%，建筑构件约占5.4%。

（1）生活用具

有罐、壶、瓶、执壶、瓮、盆、盂、钵、尊、盒、碗、盘、杯、盏、扑满、匜、器盖、砚、纺轮、铃、陶球、陶玩等。

罐　28件。可分六型。

A型　11件。矮领，侈口，弧肩，鼓腹，可分为二亚型。

Aa型　4件。可分为三式。

Ⅰ式：1件。标本ⅡT8③:1，泥质灰褐陶。矮领，侈口，圆唇，圆肩，鼓腹，平底，有旋削痕。通体素面抹光。口径8.8、底径6.2、高11.8厘米（图七四四，9）。

Ⅱ式：1件。标本ⅡT21②:8，泥质黑陶。矮领，侈口，圆唇，弧肩、鼓腹，平底，有旋削痕。上腹饰暗弦纹，下腹素面抹光。口径12.3、底径9.4、高13.9厘米（图七四四，12）。

Ⅲ式：2件。标本ⅡH4:3，泥质灰褐陶。矮领，尖圆唇，肩略弧，鼓腹，平底，有旋削痕。上腹饰暗弦纹，下腹素面抹光。口径10.5、底径8.3、高12.7厘米（图七四四，6）。

Ab型　7件。可分为四式。

Ⅰ式：1件。标本ⅡT4④:2，泥质灰褐陶。敛口，卷沿，鼓腹，平底。通体素面抹光。口径10.5、底径9、高12.4厘米（图七四四，2）。

Ⅱ式：2件。标本ⅡT2③:15，泥质灰陶。侈口，窄沿，沿面略弧，圆唇，鼓腹，平底，有旋削痕，素面抹光。口径12、底径9、高12.7厘米（图七四四，5）。

Ⅲ式：2件。标本ⅡT21②:1，泥质灰陶。侈口，窄沿较平，圆唇，弧肩，鼓腹，平底略内凹，上腹饰暗弦纹，下腹素光。口径10.2、底径7.5、高12.2厘米（图七四四，3）。

Ⅳ式：2件。标本ⅡF1:8，泥质灰陶。侈口，尖圆唇，矮领，鼓腹，平底。素面抹光。口径10.4、底径8.6、高11.3厘米（图七四四，22）。

B型　8件。可分为四式。

Ⅰ式：2件。标本ⅡJ1:4，泥质灰陶。侈口，圆唇，弧腹，平底。素面抹光。口径10.3、底径6.5、高18.9厘米（图七四四，21）。

Ⅱ式：2件。标本ⅡT3③:1，泥质灰陶。侈口，圆唇，弧肩，鼓腹，平底，有旋削痕。素面抹光。口径11.4、底径9、高17.8厘米（图七四四，18）。

Ⅲ式：2件。标本ⅡT3②:1，泥质黑陶。侈口，圆唇，鼓腹，平底，有旋削痕。素面抹光。口径9.2、底径6.2、高13.6厘米（图七四四，17）。

Ⅳ式：2件。标本ⅡF1:14，泥质灰陶。侈口，圆唇，矮领略高，弧鼓腹，平底略内凹，有旋削痕。肩饰暗弦纹，以下素面抹光。器内有谷子朽壳。口径11.3、底径10.3、高17.6厘米（图七四四，14）。

C型　3件。可分三式。

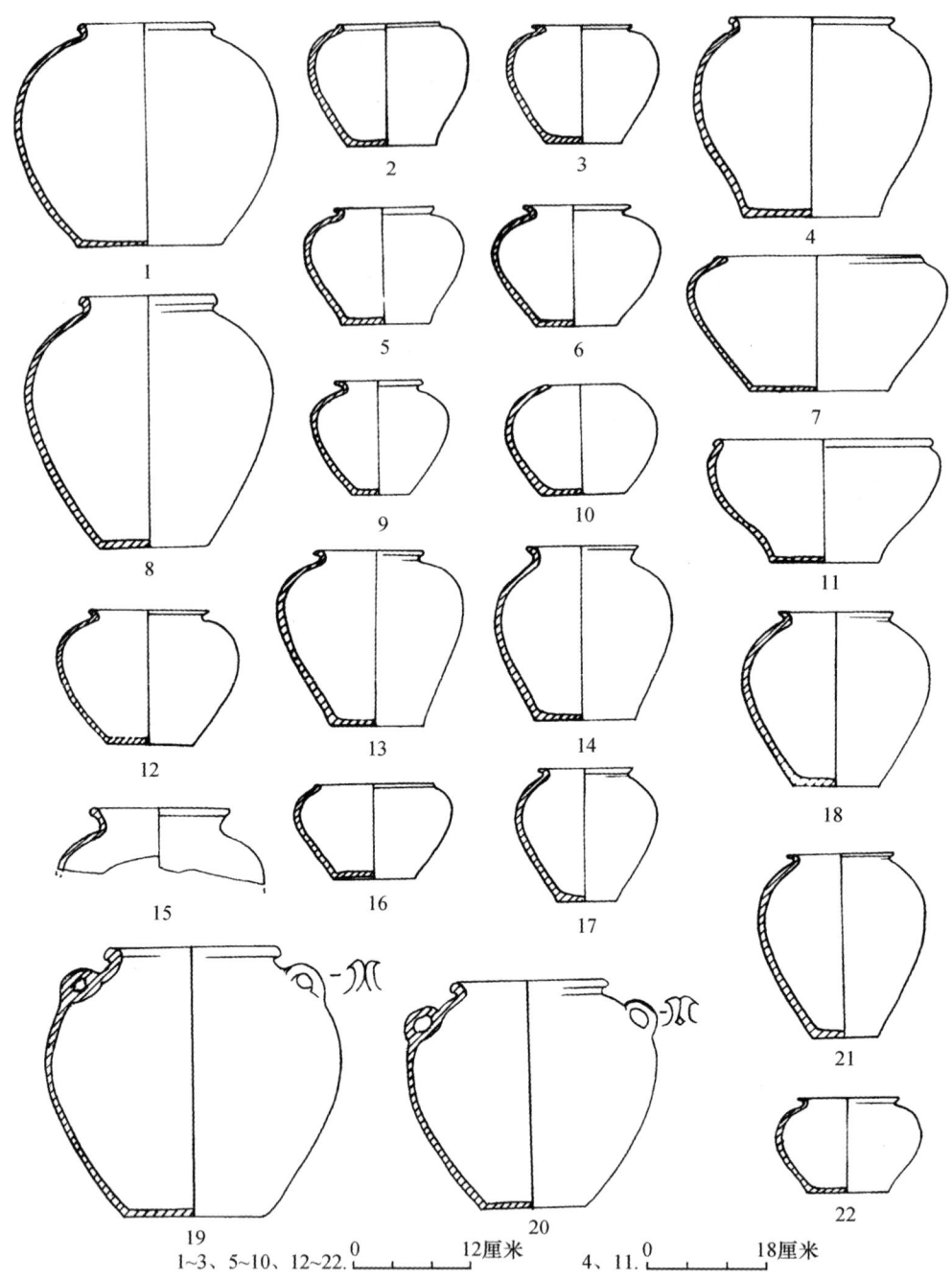

图七四四 Ⅰ、Ⅱ区第二阶段文化遗存陶罐

1. CⅠ式罐（ⅡH14:2） 2. AbⅠ式罐（ⅡT4④:2） 3. AbⅢ式罐（ⅡT21②:1） 4. CⅡ式罐（ⅡH20:1）
5. AbⅡ式罐（ⅡT2③:15） 6. AaⅢ式罐（ⅡH4:3） 7. FaⅡ式罐（ⅠH3:9） 8. DⅠ式罐（ⅡF1:7）
9. AaⅠ式罐（ⅡT8③:1） 10. E型罐（ⅡC:4） 11. Fb型罐（ⅡH37:1） 12. AaⅡ式罐（ⅡT21②:8）
13. CⅢ式罐（ⅡC:22） 14. BⅣ式罐（ⅡF1:14） 15. DⅡ式罐（ⅠH3:13） 16. FaⅠ式罐（ⅡT11②:1）
17. BⅢ式罐（ⅡT3②:1） 18. BⅡ式罐（ⅡT3③:1） 19. AⅡ式双系罐（ⅡC:14）
20. AⅠ式双系罐（ⅡC:15） 21. BⅠ式罐（ⅡJ1:4） 22. AbⅣ式罐（ⅡF1:8）

Ⅰ式：1件。标本ⅡH14：2，泥质黑陶。侈口，厚圆唇，圆腹，平底。上腹饰暗弦纹。下腹素面抹光。口径13.5、底径14.5、高22.8厘米（图七四四，1）。

Ⅱ式：1件。标本ⅡH20：1，泥质灰陶。侈口，厚圆唇，鼓腹，壁近底部内凹，平底。上腹饰暗弦纹，下腹素面抹光。口径25、底径20.5、高31厘米（图七四四，4）。

Ⅲ式：1件。标本ⅡC：22，泥质灰陶。烧制变形，侈口，圆唇，鼓肩，弧鼓腹，平底，有旋削痕，上腹饰暗弦纹，下腹素面抹光。口径13.5、底径14、高27厘米（图七四四，13）。

D型　2件。可分二式。

Ⅰ式：1件。标本ⅡF1：7，泥质灰陶。侈口，厚圆唇，弧肩，圆腹，平底。上腹饰暗弦纹，下腹素面抹光。口径22.6、底径15.6、高38.1厘米（图七四四，8）。

Ⅱ式：1件。标本ⅠH3：13，泥质褐陶。侈口，圆唇，圆肩，以下残。上腹饰暗弦纹，下腹素面刮光。口径13.8、残高8厘米（图七四四，15）。

E型　1件。标本ⅡC：4，泥质黑陶。敛口，圆唇，圆腹，平底，有旋削痕。上腹饰暗弦纹，下腹素面抹光。口径9.6、底径8.4、高11.4厘米（图七四四，10）。

F型　3件。可分二亚型。

Fa型　2件。可分二式。

Ⅰ式：1件。标本ⅡT11②：1，泥质灰黑陶。大口内敛，圆唇，弧肩，鼓腹，平底略内凹，有旋削痕。素面抹光。口径12、底径8.4、高9.6厘米（图七四四，16）。

Ⅱ式：1件。标本ⅠH3：9，泥质灰黑陶。大口内敛，圆唇，唇外缘有凹槽一周，弧肩，鼓腹，平底，有旋削痕。肩饰暗弦纹，以下素面抹光。口径20、底径13.4、高14厘米（图七四四，7）。

Fb型　1件。标本ⅡH37：1，泥质灰陶。敛口，厚圆唇，鼓腹，近底部壁内凹较甚，平底。外壁上腹素面磨光，下腹素面抹光，内壁饰暗弦纹。口径32.5、底径17、高18.7厘米（图七四四，11）。

双系罐　4件。可分二型。

A型　3件。可分二式。

Ⅰ式：1件。标本ⅡC：15，泥质灰陶。侈口，圆唇，弧肩，肩附贴对称双系，鼓腹，平底。素面抹光。口径16、底径10.4、高23.2厘米（图七四四，20）。

Ⅱ式：2件。标本ⅡC：14，泥质灰陶。侈口，圆唇，肩附贴对称双系，圆腹，平底。素面抹光。口径17.2、底径14.2、高27.4厘米（图七四四，19）。

B型　1件。标本ⅡF1：15，泥质灰黑陶。大口内敛，圆唇，口外附贴对称双系，弧鼓腹，以下残。素面抹光，上腹饰凹弦纹一周。口径12.2、残高8.8厘米（图七四五，18）。

小罐　12件。可分六型。

A型　3件。可分三式。

Ⅰ式：1件。标本ⅡJ2：8，泥质灰黑陶。侈口，圆唇，溜肩，垂腹，平底。上腹饰暗弦纹，下腹素面抹光。口径3.3、底径3.3、高7厘米（图七四六，9）。

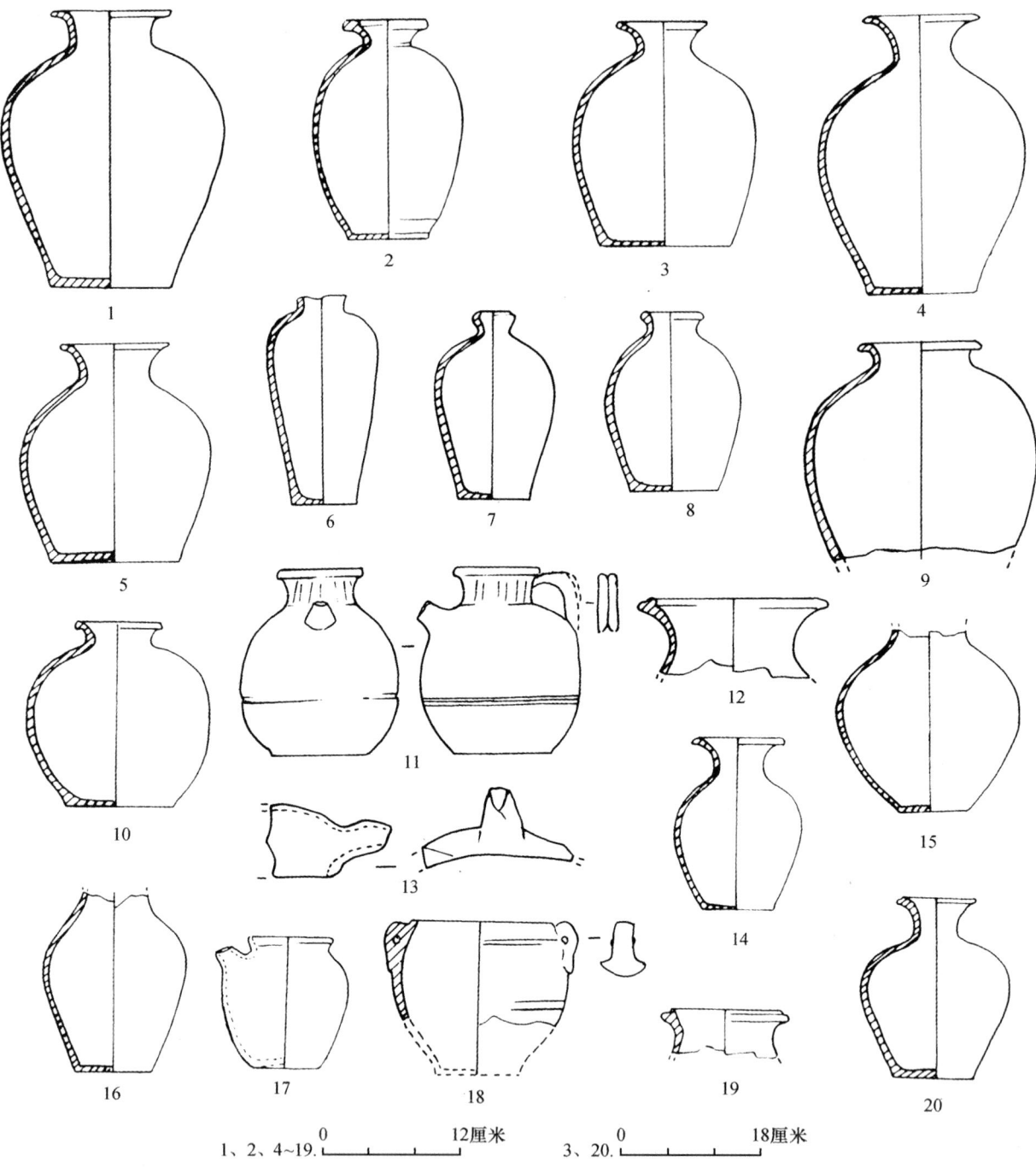

图七四五 Ⅰ、Ⅱ区第二阶段文化遗存器物

1. CⅠ式陶壶（ⅡJ9:6） 2. C型陶瓶（ⅡH26:1） 3. BⅠ式陶壶（ⅡC:17） 4. AⅢ式陶壶（ⅡF1:11）
5. BⅡ式陶壶（ⅡF1:12） 6. A型陶瓶（ⅡJ8:3） 7. E型陶壶（ⅡJ3:2） 8. D型陶壶（ⅡH7:8）
9. CⅡ式陶壶（ⅠH3:1） 10. BⅢ式陶壶（ⅡH7:9） 11. A型陶执壶（ⅡF1:17） 12. FⅠ式陶壶（ⅡT2③:86）
13. C型陶执壶（ⅡH51:1） 14. AⅡ式陶壶（ⅡT25②:5） 15. AⅠ式陶壶（ⅡJ8:1） 16. B型陶瓶（ⅡJ8:4）
17. B型陶执壶（ⅡF1:18） 18. B型陶双系罐（ⅡF1:15） 19. FⅡ式陶壶（ⅠH2:4） 20. AⅣ式陶壶（ⅡC:16）

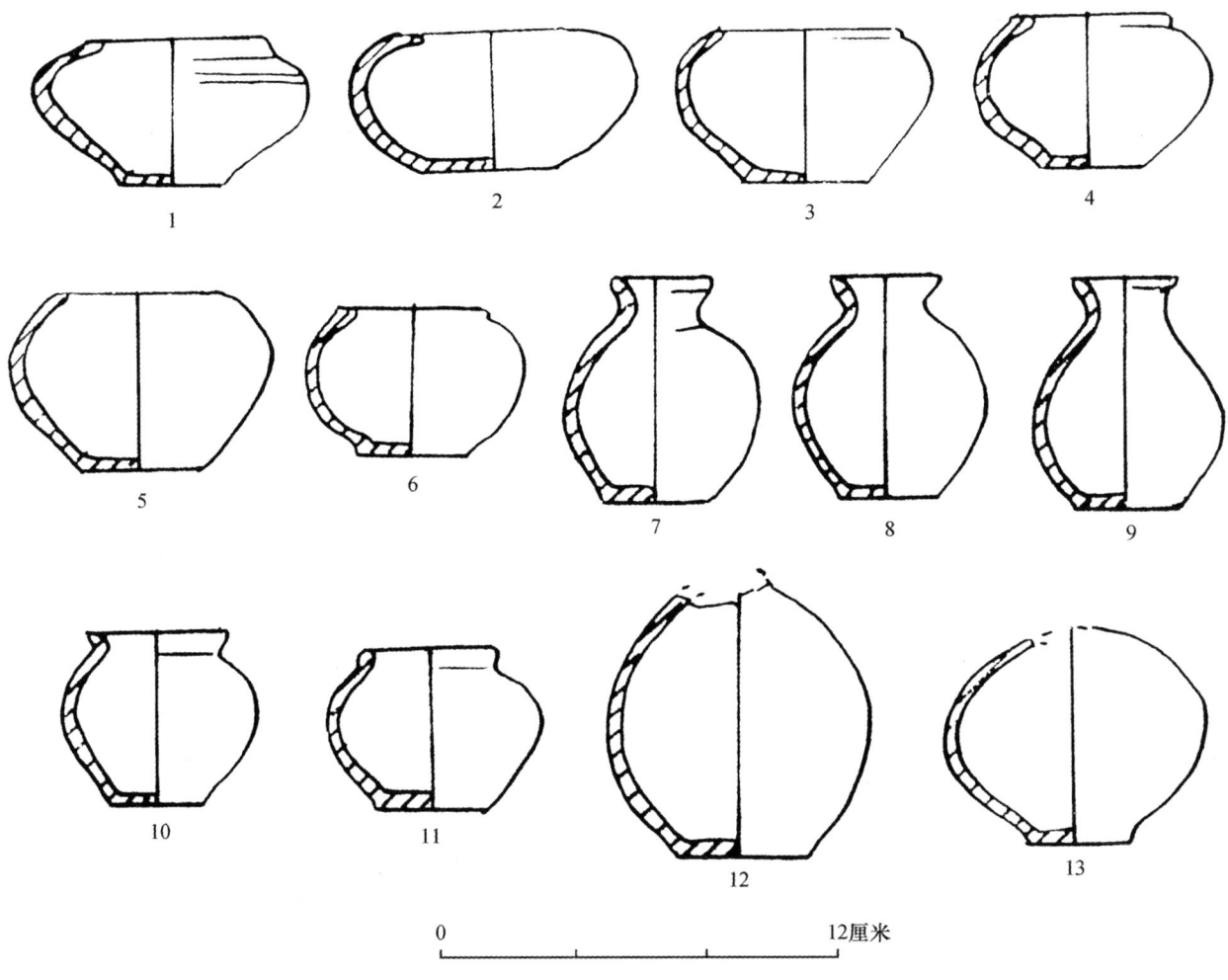

图七四六　Ⅰ、Ⅱ区第二阶段文化遗存器物
1. F型陶罐（ⅡH42∶2）　2. EⅠ式陶罐（ⅡH58∶2）　3. DⅡ式陶罐（ⅡJ14∶1）　4. C型陶罐（ⅡJ2∶5）
5. EⅡ式陶罐（ⅡJ14∶3）　6. DⅠ式陶罐（ⅡJ2∶6）　7. AⅢ式陶罐（ⅡC∶2）　8. AⅡ式陶罐（ⅡJ3∶6）
9. AⅠ式陶罐（ⅡJ2∶8）　10. BⅠ式陶罐（ⅡJ2∶7）　11. BⅡ式陶罐（ⅡH60∶2）　12. B型陶扑满（ⅡJ3∶3）
13. A型陶扑满（ⅡJ14∶5）

Ⅱ式：1件。标本ⅡJ3∶6，泥质灰黑陶。侈口，圆唇，鼓腹，平底。上腹饰暗弦纹，下腹素面抹光。口径3.4、底径2.5、高6.7厘米（图七四六，8）。

Ⅲ式：1件。标本ⅡC∶2，泥质灰黑陶。侈口，厚圆唇，弧肩，圆腹，平底。素面抹光。口径3、底径3.1、高6.4厘米（图七四六，7）。

B型　2件。可分二式。

Ⅰ式：1件。标本ⅡJ2∶7，泥质黑陶。侈口，尖唇，鼓腹，平底，有旋削痕。上腹饰暗弦纹，下腹素面抹光。口径4.2、底径2.8、高5.2厘米（图七四六，10）。

Ⅱ式：1件。标本ⅡH60∶2，泥质灰褐陶。侈口，圆唇，鼓腹，平底，有旋削痕。素面抹光。口径4、底径3.2、高5厘米（图七四六，11）。

C型 1件。标本ⅡJ2：5，泥质黑陶，侈口，窄平沿，沿面有凹槽一周，鼓腹，平底。上腹饰暗弦纹。下腹素面抹光。口径5、底径2.8、高4.8厘米（图七四六，4）。

D型 2件。可分二式。

Ⅰ式：1件。标本ⅡJ2：6，泥质黑陶。直口外侈，圆唇，圆腹，平底，有旋削痕。上腹饰暗弦纹。下腹素面抹光。口径4.4、底径3.2、高4.8厘米（图七四六，6）。

Ⅱ式：1件。标本ⅡJ14：1，泥质灰陶。直口略外侈，鼓腹，平底略内凹，有旋削痕。素面抹光。口径5.3、底径3.8、高5.2厘米（图七四六，3）。

E型 3件，可分二式。

Ⅰ式：2件。标本ⅡH58：2，泥质黑陶。敛口，圆唇，鼓腹，平底内凹，有旋削痕。肩饰暗弦纹，以下素面抹光。口径3.6、底径4.8、高4.4厘米（图七四六，2）。

Ⅱ式：1件。标本ⅡJ14：3，泥质黑陶。敛口，圆唇，鼓腹，平底，有旋削痕。上腹饰暗弦纹，腹素面抹光。口径4.2、底径3.5、高5.3厘米（图七四六，5）。

F型 1件。标本ⅡH42：2，泥质灰陶。敛口，圆唇，曲腹，下腹弧收，腹饰凹弦纹一周。小平底略内凹，有旋削痕。素面抹光。口径5.2、底径3、高4.5厘米（图七四六，1）。

壶 18件。可分六型。

A型 6件。可分四式。

Ⅰ式：1件。标本ⅡJ8：1，口残，泥质灰陶。细颈，圆腹，小平底，有旋削痕。素面抹光。底径6、残高16厘米（图七四五，15）。

Ⅱ式：2件。标本ⅡT25②：5，泥质灰陶。侈口，卷沿，圆唇，细颈，弧肩，鼓腹，平底略内凹，有旋削痕。素面抹光。口径12、底径9.5、高22.4厘米（图七四五，14）。

Ⅲ式：2件。标本ⅡF1：11，泥质灰陶。侈口，折沿，尖圆唇，细颈，鼓腹，平底，有旋削痕。上腹饰暗弦纹，下腹素面抹光。口径10、底径9.2、高24.3厘米（图七四五，4）。

Ⅳ式：1件。标本ⅡC：16，泥质灰陶。侈口，折沿，圆唇，细颈，弧鼓腹，平底，有旋削痕。素面抹光。口径10.5、底径10.5、高23.7厘米（图七四五，20）。

B型 5件。可分三式。

Ⅰ式：1件。标本ⅡC：17，泥质灰陶。侈口，圆唇，弧肩，弧鼓腹，平底。素面抹光。口径11、底径16.2、高29.9厘米（图七四五，3）。

Ⅱ式：2件。标本ⅡF1：12，泥质灰陶。侈口，圆唇，细颈，弧肩，鼓腹，平底，有旋削痕。上腹饰暗弦纹，下腹素面抹光。口径9.4、底径11、高19厘米（图七四五，5）。

Ⅲ式：2件。标本ⅡH7：9，泥质灰陶。侈口，圆唇，束颈，圆腹，平底，有旋削痕。上腹饰暗弦纹，下腹素面抹光。口径7.3、底径9、高16厘米（图七四五，10）。

C型 2件。可分二式。

Ⅰ式：1件。标本ⅡJ9：6，泥质灰褐陶。侈口，圆唇，细颈，弧鼓腹，平底，有旋削痕。上腹饰暗弦纹，下腹素面抹光。口径10、底径10.5、高24.2厘米（图七四五，1）。

Ⅱ式：1件。标本ⅠH3：1，泥质灰陶。侈口，折沿，尖圆唇，细颈，弧鼓腹，以下残。上腹饰暗弦纹，下腹素面抹光。口径10、残高18.4厘米（图七四五，9）。

D型　1件。标本ⅡH7：8，泥质灰陶。侈口，圆唇，弧腹，平底，有旋削痕。上腹饰暗弦纹，下腹素光。口径5.1、底径7.5、高15.7厘米（图七四五，8）。

E型　1件。标本ⅡJ3：2，泥质黑陶。折唇口，束颈，弧鼓腹，平底，有旋削痕。上腹饰暗弦纹，下腹素面抹光。口径3、底径6.5、高16.5厘米（图七四五，7）。

F型　3件。可分二式。

Ⅰ式：1件。标本ⅡT2③：86，口、颈残片，泥质灰陶，侈口，窄沿外折，沿内侧有凹槽一周，束颈。素面抹光。口径16、残高7厘米（图七四五，12）。

Ⅱ式：2件。标本ⅠH2：4，口、颈残片，泥质灰陶。侈口，窄沿外折，沿面略有凹槽，圆唇，束颈。素面抹光。口径14.4、残高5厘米（图七四五，19）。

瓶　3件。可分三型。

A型　1件。标本ⅡJ8：3，口残，泥质灰陶。弧肩，瘦腹，平底，有旋削痕。素面抹光。底径5.5、残高19厘米（图七四五，6）。

B型　1件。标本ⅡJ8：4，口残，泥质灰陶。溜肩，弧鼓腹，平底。素面抹光。底径6.4、残高13.6厘米（图七四五，16）。

C型　1件。标本ⅡH26：1，泥质灰陶。重唇口，束颈，弧肩，卵形腹，平底，有旋削痕。素面抹光。口径6.5、底径7、高17.6厘米（图七四五，2；图版三五，1）。

执壶　3件。可分三型。

A型　1件。标本ⅡF1：17，泥质灰褐陶。浅盘口，尖圆唇，短直流，弧肩，把手残，垂腹，隐圈足。颈、肩饰纵向暗纹，不甚规整，以下素面抹光，有抹痕。口径5.6、底径8.8、高16厘米（图七四五，11）。

B型　1件。标本ⅡF1：18，泥质灰陶。侈口，圆唇，短直流，弧鼓腹，上腹附贴錾耳，以残，留有粘痕，平底略内凹，有旋削痕。素面抹光。口径7.2、底径5.6、高11.2厘米（图七四五，17）。

C型　1件。标本ⅡH51：1，泥质灰陶。体矮扁，敛口，方唇，短直流，以下残。素面抹光（图七四五，13）。

瓮　6件。可分三型。

A型　2件。可分二式。

Ⅰ式：1件。标本ⅡT10②：9，泥质灰陶。侈口，厚圆唇，圆肩，弧鼓腹，平底。肩饰弦纹间夹联弧纹，以下素面抹光。口径37、底径30.2、高77.8厘米（图七四七，2）。

Ⅱ式：1件。标本ⅡH43：2，泥质灰陶。侈口，厚圆唇，弧肩，鼓腹，平底。素面抹光，肩饰泥条附加堆纹两周。口径50、底径40、高116厘米（图七四七，1）。

B型　2件。可分二式。

Ⅰ式：2件。标本ⅡT9②：4，泥质灰陶。侈口，厚圆唇，圆肩，鼓腹，平底，有旋削痕。素面抹光。口径36.8、底径32、高70.6厘米（图七四七，5）。

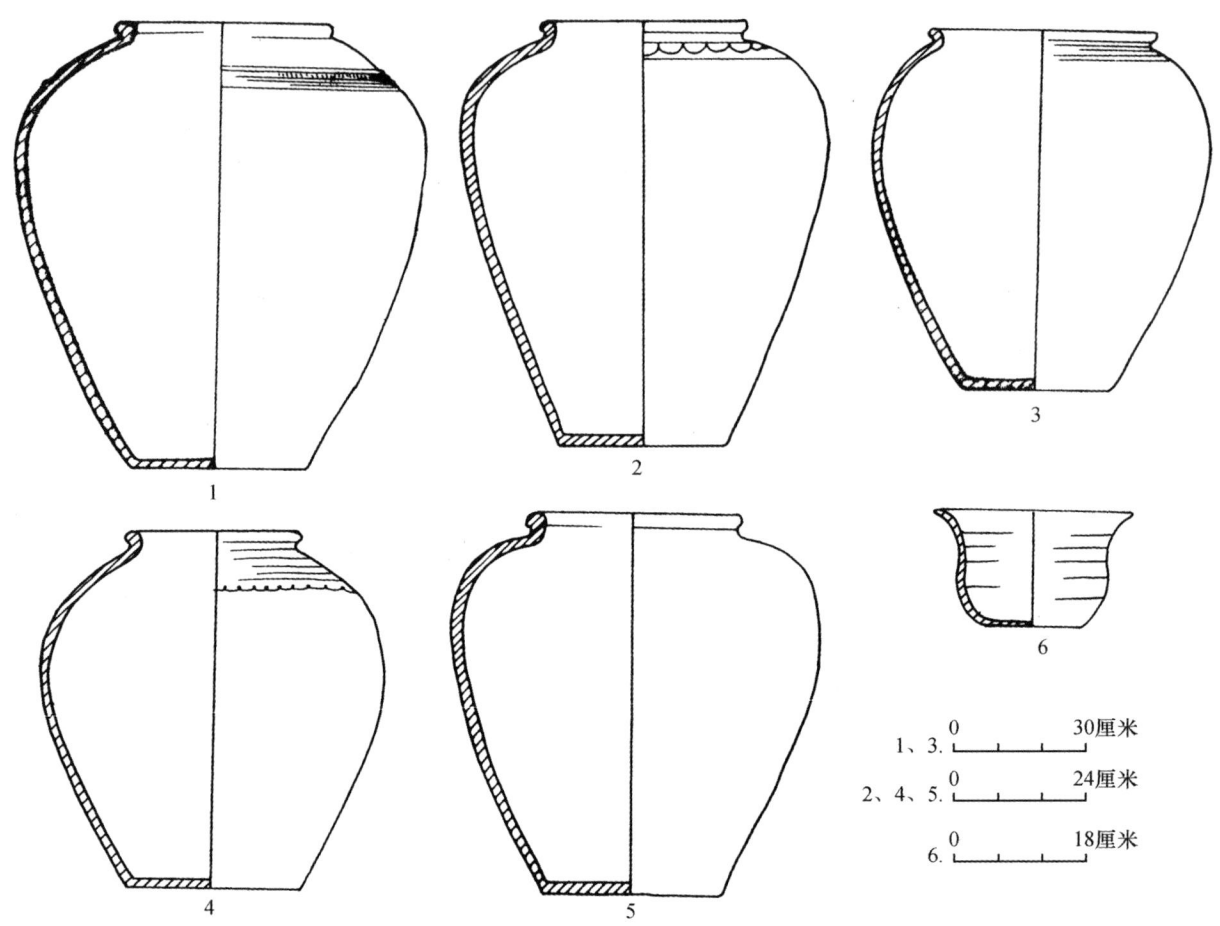

图七四七　Ⅰ、Ⅱ区第二阶段文化遗存器物
1. AⅡ式陶瓮（ⅡH43∶2）　2. AⅠ式陶瓮（ⅡT10②∶9）　3. BⅡ式陶瓮（ⅡF1∶6）　4. C型陶瓮（ⅡH8∶3）
5. BⅠ式陶瓮（ⅡT9②∶4）　6. 陶尊（ⅡH67∶17）

Ⅱ式：1件。标本ⅡF1∶6，泥质灰陶。侈口，厚圆唇，弧肩，鼓腹，平底，有旋削痕。素面抹光。口径51、底径34、高90.8厘米（图七四七，3）。

C型　2件。标本ⅡH8∶3，泥质灰陶。侈口，厚圆唇，弧肩，腹弧鼓，平底。肩饰暗弦纹和环绕纹，以下素面抹光。口径32、底径31、高65.4厘米（图七四七，4）。

盆　114件。可分十型。

A型　17件。可分五式。

Ⅰ式：1件。标本ⅡJ5∶7，泥质灰陶。宽平沿，敞口，方唇，上腹斜弧，近底部略向内凹，平底。外壁素面抹光，内壁饰重菱纹。口径39、底径14、高13.3厘米（图七四八，1）。

Ⅱ式：3件。标本ⅡH14∶3，泥质灰陶。宽平沿，敞口，方唇，唇面内凹，上腹微弧，近底部向内凹，平底。外壁素面抹光，内壁饰重菱纹。口径55、底径22、高20厘米（图七四八，19）。

Ⅲ式：4件。标本ⅡT2③∶14，泥质灰褐陶。宽平沿，敞口，方唇，斜腹微弧，近底部

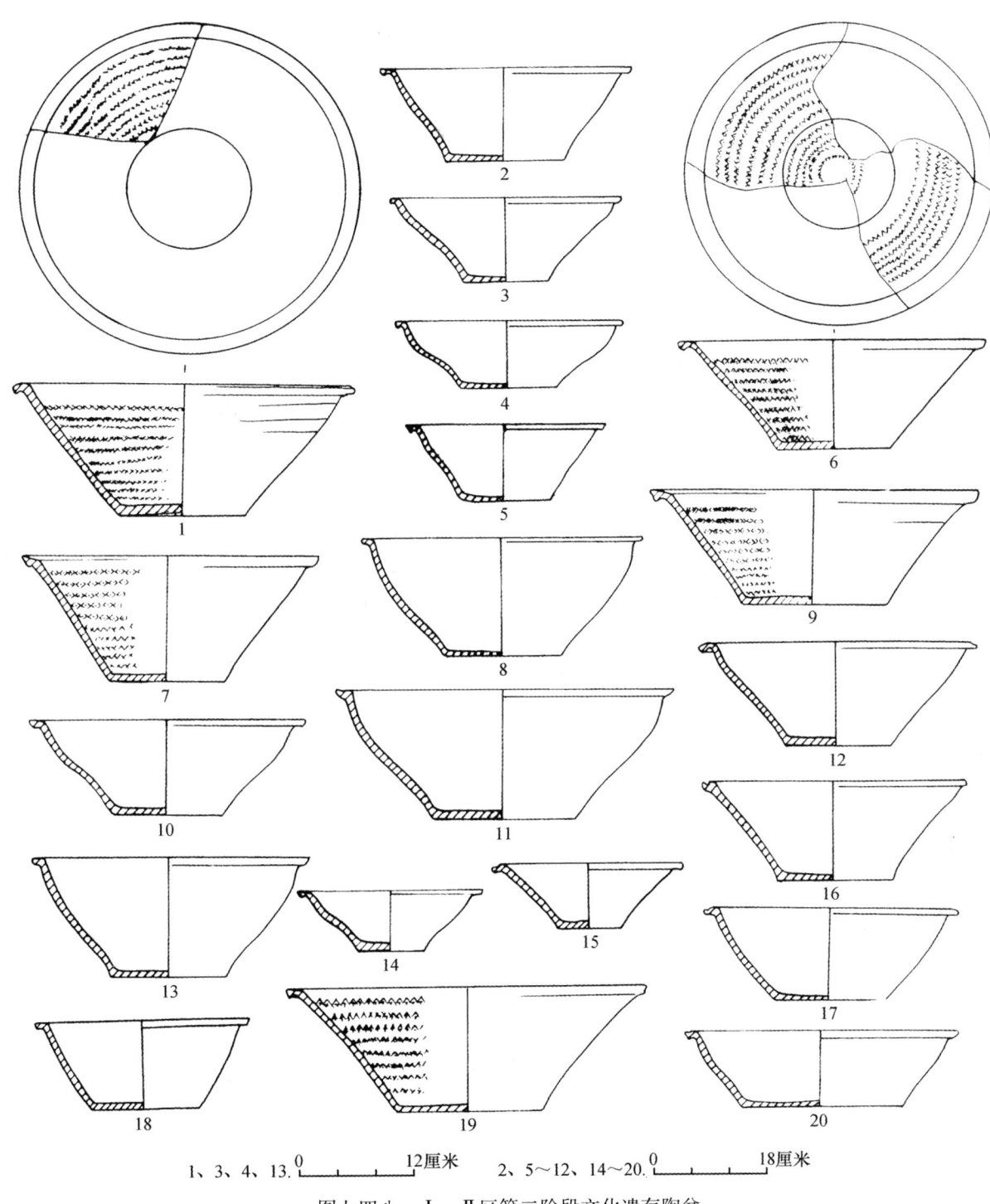

图七四八 Ⅰ、Ⅱ区第二阶段文化遗存陶盆

1. AⅠ式盆（ⅡJ5∶7） 2. BaⅡ式盆（ⅡT4③∶8） 3. BbⅠ式盆（ⅡJ5∶5） 4. BbⅢ式盆（ⅡJ2∶17）
5. BbⅣ式盆（ⅡJ6∶6） 6. AⅤ式盆（ⅡH66∶3） 7. AⅢ式盆（ⅡT2③∶14） 8. BaⅣ式盆（ⅡH26∶2）
9. AⅣ式盆（ⅡT22②∶16） 10. BaⅢ式盆（ⅡT21②∶10） 11. CaⅢ式盆（ⅡH26∶3） 12. BaⅠ式盆（ⅡJ8∶5）
13. CaⅠ式盆（ⅡJ1∶6） 14. BbⅡ式盆（ⅡT4③∶7） 15. CbⅡ式盆（ⅡT10②∶7） 16. CbⅠ式盆（ⅡH23∶3）
17. CaⅡ式盆（ⅡH19∶1） 18. Bc型盆（ⅠT6②∶2） 19. AⅡ式盆（ⅡT14∶3） 20. DaⅠ式盆（ⅡT23②∶13）

略向内凹，平底，有旋削痕。外壁素面抹光，内壁饰重菱纹。口径45.7、底径17.5、高20厘米（图七四八，7）。

Ⅳ式：3件。标本ⅡT22②：16，泥质灰褐陶，宽平沿，敞口，方唇，斜腹微弧，近底部略向内凹，平底，有旋削痕，外壁素面抹光，内壁饰重菱纹。口径51、底径22.5、高18.6厘米（图七四八，9）。

Ⅴ式：6件。标本ⅡH66：3，泥质灰褐陶。宽平沿，敞口，方唇，斜腹，平底，有旋削痕，外壁素面抹光，内壁饰重菱纹。口径47.5、底径18、高18厘米（图七四八，6）。

B型　29件。可分三亚型。

Ba型　11件。可分四式。

Ⅰ式：2件。标本ⅡJ8：5，泥质灰褐陶。宽平沿外折，敞口，方唇，斜腹微弧，平底。素面抹光。口径44、底径17、高16.4厘米（图七四八，12）。

Ⅱ式：2件。标本ⅡT4③：8，泥质灰陶。宽平沿，敞口，方唇，斜腹，平底。素面抹光。口径44、底径18、高14厘米（图七四八，2）。

Ⅲ式：2件。标本ⅡT21②：10，泥质灰陶。宽平沿，敞口，方唇，唇面有凹槽一周，斜弧腹，近底部略向内凹。平底。素面抹光。口径43.3、底径16.5、高14.8厘米（图七四八，10）。

Ⅳ式：5件。标本ⅡH26：2，泥质灰陶。宽平沿，敞口，方唇，斜腹，近底部内凹，平底。素面抹光。口径44、底径18、高16.4厘米（图七四八，8）。

Bb型　17件。可分四式。

Ⅰ式：1件。标本ⅡJ5：5，泥质灰陶。宽平沿，敞口，方唇，斜腹，近底部略向内凹，平底，有旋削痕。外壁素面抹光，内壁饰暗弦纹。口径24.4、底径9、高9厘米（图七四八，3）。

Ⅱ式：1件。标本ⅡT4③：7，泥质灰褐陶。宽平沿，敞口，方唇，斜腹微弧，近底部略向内凹，平底。外壁素面抹光，内壁饰暗弦纹。口径29、底径10.5、高10厘米（图七四八，14）。

Ⅲ式：3件。标本ⅡJ2：17，泥质灰褐陶。宽平沿，敞口，圆唇，斜弧腹，近底部内凹较甚，平底，有旋削痕。外壁素面抹光，内壁饰暗弦纹。口径32.6、底径15.3、高10.3厘米（图七四八，4）。

Ⅳ式：12件。标本ⅡJ6：6，泥质灰陶。宽平沿，敞口，方唇，斜腹微弧，略向内凹，平底。外壁素面抹光，内壁饰暗弦纹。口径31.7、底径14、高12.2厘米（图七四八，5）。

Bc型　1件。标本ⅠT6②：2，泥质灰陶。宽平沿，敞口，方唇，斜腹较深，平底。外壁素面抹光，内壁饰暗弦纹。口径33.7、底径17、高14厘米（图七四八，18）。

C型　7件。可分二亚型。

Ca型　5件。可分三式。

Ⅰ式：2件。标本ⅡJ1：6，泥质灰褐陶。宽平沿略外斜，外缘起棱，敞口，圆唇，斜腹微弧，近底部略向内凹，平底。素面抹光。口径43.5、底径18.5、高19厘米（图七四八，13）。

Ⅱ式：1件。标本ⅡH19：1，泥质灰陶。宽平沿略外斜，外缘起棱，敞口，圆唇，斜弧腹，平底。素面抹光。口径40.3、底径17.2、高14.6厘米（图七四八，17）。

Ⅲ式：2件。标本ⅡH26：3，泥质灰陶。宽平沿，外缘起棱，敞口，折唇，斜弧腹，近底部略向内凹，平底。素面抹光。口径53.2、底径22.5、高20.5厘米（图七四八，11）。

Cb型　2件。可分二式。

Ⅰ式：1件。标本ⅡH23：3，泥质灰陶。宽平沿，外缘起棱，敞口，圆唇，斜腹，壁略向内凹。平底。素面抹光。口径41.5、底径18、高16厘米（图七四八，16）。

Ⅱ式：1件。标本ⅡT10②：7，泥质红褐陶。宽平沿略外斜，沿面有凹槽一周，敞口，圆唇，斜腹，平底，有旋削痕。素面抹光。口径30、底径10、高10.7厘米（图七四八，15）。

D型　27件。可分三亚型。

Da型　12件。可分三式。

Ⅰ式：2件。标本ⅡT23②：13，泥质灰陶。敞口，圆唇，宽平沿略内斜，斜腹微弧，平底。素面抹光。口径58.5、底径34、高16厘米（图七四八，20）。

Ⅱ式：5件。标本ⅡJ6：9，泥质灰褐陶。敞口，圆唇，宽沿，沿面略外斜，斜腹微弧，近底部略向内凹，平底。外壁素面抹光，内饰暗弦纹。口径54、底径31、高14.7厘米（图七四九，22）。

Ⅲ式：5件。标本ⅠH1：2，泥质褐陶。敞口，圆唇，沿面较弧，斜腹内凹，平底。外壁素面抹光，内壁饰暗弦纹。口径61、底径35、高19.3厘米（图七四九，4）。

Db型　6件。可分四式。

Ⅰ式：1件。标本ⅡJ5：8，泥质灰陶。敞口，圆唇，沿面略外斜，斜腹，平底。外壁素面抹光，内壁磨光。口径48.5、底径24、高10.5厘米（图七四九，11）。

Ⅱ式：1件。标本ⅡT2③：12，泥质灰褐陶。敞口，圆唇，沿面微弧，斜腹，平底，有刮痕。外壁素面抹光，内壁磨光。口径42、底径24、高10厘米（图七四九，8）。

Ⅲ式：3件。标本ⅡT23②：12，泥质灰陶。敞口，尖圆唇，沿面略外斜，斜腹微弧，平底，外壁素面抹光，内壁磨光。口径42、底径23.5、高11.3厘米（图七四九，24）。

Ⅳ式：1件。标本ⅡT15②：4，泥质灰褐陶。敞口，尖圆唇，沿面微弧，上腹微弧，近底部略向内凹，平底。外壁素面抹光，内壁磨光。口径45.7、底径24.5、高11.3厘米（图七四九，26）。

Dc型　9件。可分三式。

Ⅰ式：1件。标本ⅡT8③：3，泥质灰陶。宽平沿略外斜，敞口，方唇，浅弧腹，平底，有旋削痕。外壁素面抹光，内壁饰暗弦纹。口径35.5、底径19.3、高9.5厘米（图七四九，14）。

Ⅱ式：5件。标本ⅡF1：41，泥质灰陶。宽平沿，沿面略微弧，敞口，尖圆唇，斜腹微弧，平底，有旋削痕。外壁素面抹光，内壁饰暗弦纹。口径28、底径14、高10.8厘米（图七四九，18）。

Ⅲ式：3件。标本ⅡF1：42，泥质灰陶。宽平沿，沿面略微弧，敞口，尖圆唇，斜腹，平底，有旋削痕。外壁素面抹光，内壁饰暗弦纹。口径34、底径17.5、高9厘米（图七四九，

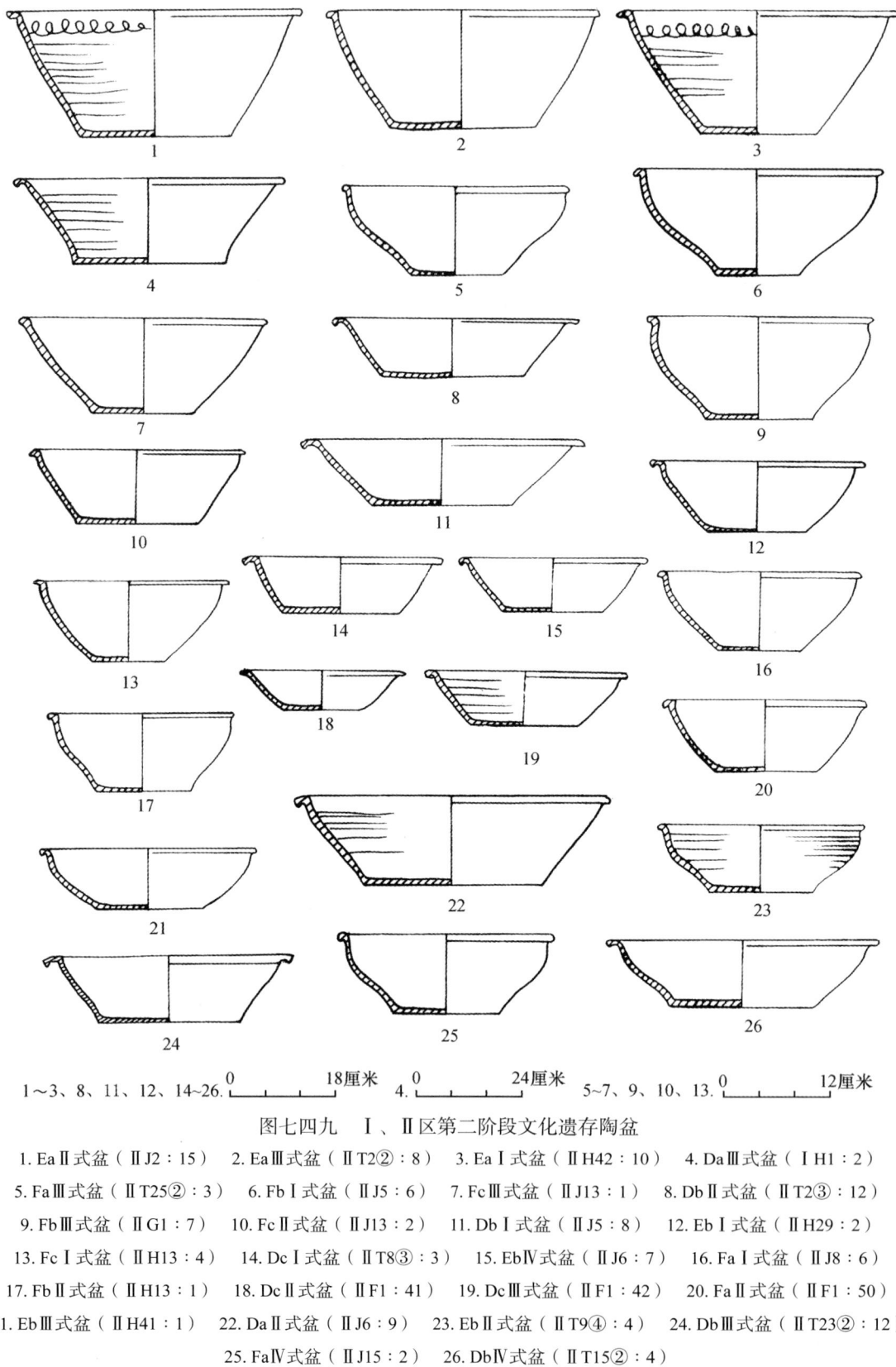

1~3、8、11、12、14~26. 0————18厘米　4. 0————24厘米　5~7、9、10、13. 0————12厘米

图七四九　Ⅰ、Ⅱ区第二阶段文化遗存陶盆

1. EaⅡ式盆（ⅡJ2∶15）　2. EaⅢ式盆（ⅡT2②∶8）　3. EaⅠ式盆（ⅡH42∶10）　4. DaⅢ式盆（ⅠH1∶2）
5. FaⅢ式盆（ⅡT25②∶3）　6. FbⅠ式盆（ⅡJ5∶6）　7. FcⅢ式盆（ⅡJ13∶1）　8. DbⅡ式盆（ⅡT2③∶12）
9. FbⅢ式盆（ⅡG1∶7）　10. FcⅡ式盆（ⅡJ13∶2）　11. DbⅠ式盆（ⅡJ5∶8）　12. EbⅠ式盆（ⅡH29∶2）
13. FcⅠ式盆（ⅡH13∶4）　14. DcⅠ式盆（ⅡT8③∶3）　15. EbⅣ式盆（ⅡJ6∶7）　16. FaⅠ式盆（ⅡJ8∶6）
17. FbⅡ式盆（ⅡH13∶1）　18. DcⅡ式盆（ⅡF1∶41）　19. DcⅢ式盆（ⅡF1∶42）　20. FaⅡ式盆（ⅡF1∶50）
21. EbⅢ式盆（ⅡH41∶1）　22. DaⅡ式盆（ⅡJ6∶9）　23. EbⅡ式盆（ⅡT9④∶4）　24. DbⅢ式盆（ⅡT23②∶12）
25. FaⅣ式盆（ⅡJ15∶2）　26. DbⅣ式盆（ⅡT15②∶4）

19）。

E型 8件。可分二亚型。

Ea型 3件。可分三式。

Ⅰ式：1件。标本ⅡH42∶10，泥质灰陶。宽平沿，沿面弧凸，敞口，方唇，深腹，平底，外壁素面抹光，内壁口部饰暗环绕纹，以下饰暗弦纹。口径47.5、底径22、高21厘米（图七四九，3）。

Ⅱ式：1件。标本ⅡJ2∶15，泥质灰褐陶。宽平沿，略内折，敞口，圆唇，深腹，平底略内凹。外壁素面抹光，内壁口部饰暗环绕纹，以下饰暗弦纹。口径49.5、底径25.3、高21.3厘米（图七四九，1）。

Ⅲ式：1件。标本ⅡT2②∶8，泥质灰陶。口微敛，圆唇，深腹，平底。素面抹光。口径45.5、底径25、高19.8厘米（图七四九，2）。

Eb型 5件。可分四式。

Ⅰ式：1件。标本ⅡH29∶2，泥质灰褐陶。宽折沿，微敛口，方唇，浅弧腹，平底，有旋削痕。外壁素面抹光，内壁饰暗弦纹。口径34.5、底径17、高11.8厘米（图七四九，12）。

Ⅱ式：1件。标本ⅡT9④∶4，泥质灰陶。折沿，微敛口，方唇，浅弧腹，近底部略向内凹，平底。外壁饰弦纹，内壁饰暗弦纹。口径33、底径17、高11.3厘米（图七四九，23）。

Ⅲ式：2件。标本ⅡH41∶1，泥质灰褐陶。宽折沿，直口，方唇，浅弧腹，平底，有旋削痕。外壁素面抹光，内壁饰暗弦纹。口径36.4、底径17、高12厘米（图七四九，21）。

Ⅳ式：1件。标本ⅡJ6∶7，泥质灰陶。宽折沿，敞口，方唇，斜腹，平底，有旋削痕。外壁素面抹光，内壁饰暗弦纹。口径34、底径17、高9.2厘米（图七四九，15）。

F型 20件。可分四亚型。

Fa型 5件。可分四式。

Ⅰ式：1件。标本ⅡJ8∶6，泥质灰陶。卷沿，微敛口，厚圆唇，弧腹，平底。器表素面刮光，留有刮痕，内壁素面抹光。口径34.5、底径14、高13.3厘米（图七四九，16）。

Ⅱ式：2件。标本ⅡF1∶50，泥质灰陶。卷沿，微敛口，厚圆唇，斜弧腹，平底略内凹。素面抹光。口径34、底径17、高12.5厘米（图七四九，20）。

Ⅲ式：1件。标本ⅡT25②∶3，泥质灰陶。卷沿，直口，尖圆唇，斜弧腹，近底部壁略内凹，平底，有旋削痕。外壁素面抹光，内壁饰暗弦纹。口径25.2、底径10.5、高10厘米（图七四九，5）。

Ⅳ式：1件。标本ⅡJ15∶2，泥质灰陶。卷沿，直口，厚圆唇，斜弧腹，近底部内凹较甚，平底。素面抹光。口径37、底径18、高14厘米（图七四九，25）。

Fb型 6件。可分三式。

Ⅰ式：1件。标本ⅡJ5∶6，泥质灰陶。卷沿，直口，尖圆唇，弧腹，近底部略向内凹，平底，有旋削痕。外壁素面抹光，内壁饰暗弦纹。口径28.5、底径9.5、高12.3厘米（图七四九，6）。

Ⅱ式：2件。标本ⅡH13：1，泥质灰褐陶。卷沿，直口，圆唇，斜弧腹，平底，有旋削痕。外壁素面抹光，内壁饰暗弦纹。口径31.5、底径16、高13.5厘米（图七四九，17）。

Ⅲ式：3件。标本ⅡG1：7，泥质灰陶。卷沿，微敛口，圆唇，弧腹，平底，素面抹光。口径25、底径12、高12厘米（图七四九，9）。

Fc型　5件。可分三式。

Ⅰ式：1件。标本ⅡH13：4，泥质灰陶。卷沿，敛口，尖圆唇，弧腹，平底。外壁素面抹光，内壁饰暗弦纹。口径22.2、底径8、高9.2厘米（图七四九，13）。

Ⅱ式：2件。标本ⅡJ13：2，泥质灰陶。卷沿，敛口，尖圆唇，斜腹，平底，有旋削痕。外壁素面抹光，内壁饰暗弦纹。口径24.8、底径13.7、高8.7厘米（图七四九，10）。

Ⅲ式：2件。标本ⅡJ13：1，泥质灰褐陶。卷沿，敛口，尖圆唇，斜腹，微弧，平底，有削旋削痕，外壁饰弦纹，内壁饰暗弦纹。口径28、底径11.5、高10.6厘米（图七四九，7）。

Fd型　4件。可分二式。

Ⅰ式：2件。标本ⅡJ5：2，泥质灰陶。卷沿，直口微敛，尖圆唇，斜弧腹，平底，有旋削痕。外壁素面抹光，内壁饰暗弦纹。口径26.3、底径12.3、高9厘米（图七五〇，21）。

Ⅱ式：2件。标本ⅡF1：36，泥质灰陶。卷沿，敛口，尖圆唇，斜弧腹，近底部有略内凹，平底，有旋削痕。外壁素面抹光，内壁饰暗弦纹。口径26、底径11.6、高10.8厘米（图七五〇，6）。

G型　3件。可分三式。

Ⅰ式：1件。标本ⅡJ5：9，泥质灰陶，窄沿，敛口，圆唇，斜弧腹，近底部壁略内凹，平底，有旋削痕，外壁素面抹光，内壁素面刮光，留有刮痕。口径24.8、底径11、高9.7厘米（图七五〇，2）。

Ⅱ式：1件。标本ⅡT10④：2，泥质灰陶。窄沿，敞口，圆唇，斜腹，平底。外壁素面抹光，内壁素面刮光。口径26.2、底径11、高9.5厘米（图七五〇，5）。

Ⅲ式：1件。标本ⅡH22：1，泥质灰陶。窄沿，略内斜，敛口，圆唇，弧腹，平底，有旋削痕。素面刮光。口径19.8、底径7.2、高7.6厘米（图七五〇，3）。

H型　1件。标本ⅡH60：1，泥质灰陶。卷沿，直口微敞，圆唇，浅腹，平底，外壁素面抹光，内壁饰暗弦纹。口径26.3、底径17、高8.7厘米（图七五〇，7）。

I型　1件。标本ⅠH1：5，泥质灰黑陶。敞口，展沿，外缘有凹槽一周，斜腹，平底。外壁素面抹光，内壁素面磨光。口径38.8、底径19.5、高10.2厘米（图七五〇，1）。

J型　1件。小盆。标本ⅡH7：10，泥质灰陶。敞口，厚圆唇，弧腹，平底，有旋削痕。素面抹光。口径12.2、底径7.7、高6.5厘米（图七五〇，4）。

盂　23件。可分五型。

A型　11件。可分四式。

Ⅰ式：1件。标本ⅡH29：1，泥质灰陶。卷沿，敛口，圆唇，弧腹，平底。外壁素面抹光，内壁饰暗弦纹。口径24、底径10.5、高10厘米（图七五〇，23）。

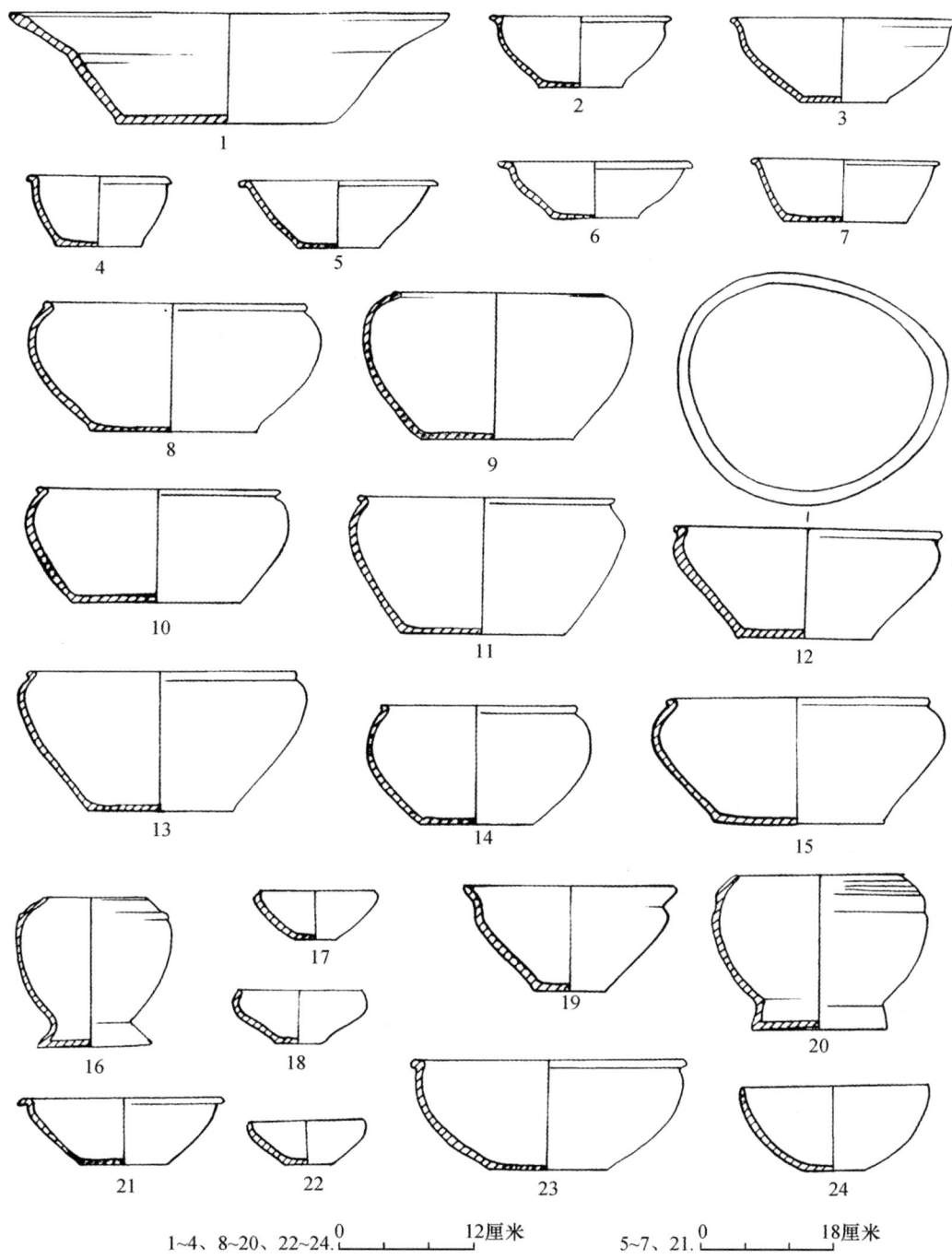

图七五〇　Ⅰ、Ⅱ区第二阶段文化遗存器物

1. Ⅰ型陶盆（ⅠH1∶5）　2. GⅠ式陶盆（ⅡJ5∶9）　3. GⅢ式陶盆（ⅡH22∶1）　4. J型陶盆（ⅡH7∶10）
5. GⅡ式陶盆（ⅡT10④∶2）　6. FdⅡ式陶盆（ⅡF1∶36）　7. H型陶盆（ⅡH60∶1）　8. AⅢ式陶盂（ⅡT4③∶9）
9. BⅠ式陶盂（ⅡT17④∶1）　10. AⅣ式陶盂（ⅡT15②∶3）　11. BⅢ式陶盂（ⅡT7②∶3）　12. AⅡ式陶盂（ⅡT8④∶2）
13. BⅡ式陶盂（ⅡT4③∶10）　14. C型陶盂（ⅡJ2∶14）　15. BⅣ式陶盂（ⅡJ14∶9）　16. DⅠ式陶盂（ⅡT1②∶1）
17. AⅡ式陶钵（ⅡH61∶2）　18. B型陶钵（ⅡJ14∶2）　19. E型陶盂（ⅡJ2∶1）　20. DⅡ式陶盂（ⅡJ6∶2）
21. FdⅠ式陶盆（ⅡJ5∶2）　22. AⅠ式陶钵（ⅡT4②∶4）　23. AⅠ式陶盂（ⅡH29∶1）　24. C型陶钵（ⅡJ14∶7）

Ⅱ式：3件。标本ⅡT8④：2，泥质灰陶，烧制变形。卷沿，敛口，圆唇，鼓腹。平底略内凹，有旋削痕。上腹饰暗弦纹，下腹素面抹光。口径21.2～24.4、底径12、高10厘米（图七五〇，12）。

Ⅲ式：3件。标本ⅡT4③：9，泥质褐陶。卷沿，敛口，圆唇，弧鼓腹，平底内凹，有旋削痕。上腹饰暗弦纹，下腹饰刮纹。口径23.6、底径14.5、高11.5厘米（图七五〇，8）。

Ⅳ式：4件。标本ⅡT15②：3，泥质灰褐陶。卷沿，敛口较甚，圆唇，曲腹。下腹略内凹，平底。上腹素面磨光，下腹素面刮光，有刮痕。口径21.2、底径15、高10.6厘米（图七五〇，10）。

B型　11件。可分四式。

Ⅰ式：1件。标本ⅡT17④：1，泥质灰陶。敛口较甚，圆唇，唇面有凹槽一周，弧腹，以下残。上腹饰暗弦纹，下腹素面抹光。口径19、残高8.8厘米（图七五〇，9）。

Ⅱ式：2件。标本ⅡT4③：10，泥质灰褐陶。卷沿，敛口，圆唇，曲腹，平底略内凹，有旋削痕。上腹磨光，下腹素面抹光。口径23.5、底径13.5、高12.8厘米（图七五〇，13）。

Ⅲ式：3件。标本ⅡT7②：3，泥质灰褐陶。卷沿，敛口，圆唇，曲腹，下腹略内凹，平底。上腹素面磨光，下腹素面刮光，有刮痕。口径22.7、底径14.5、高12.5厘米（图七五〇，11）。

Ⅳ式：4件。标本ⅡJ14：9，泥质黑陶。卷沿，敛口，圆唇，鼓腹，平底，有旋削痕。上腹素面磨光，下腹素面抹光。口径24、底径15、高11.5厘米（图七五〇，15）。

C型　1件。标本ⅡJ2：14，泥质灰陶。卷沿，口微敛，圆唇，圆腹，平底。素面刮光，有刮痕。口径17.3、底径10.3、高11厘米（图七五〇，14）。

D型　2件。可分二式。

Ⅰ式：1件。标本ⅡT1②：1，泥质灰陶。子母口，圆唇，弧鼓腹，下接一喇叭形饼足，足面略内凹，有旋削痕。素面抹光。口径9.2、底径10.4、高13.6厘米（图七五〇，16）。

Ⅱ式：1件。标本ⅡJ6：2，泥质灰褐陶。子母口，圆唇，弧腹，下接一喇叭形饼足，有旋削痕。上腹磨光，下腹素面抹光。口径15、底径12.3、高13.9厘米（图七五〇，20）。

E型　1件。标本ⅡJ2：1，泥质灰褐陶。敞口，圆唇，曲腹，平底，有旋削痕。外壁素面抹光，内饰暗弦纹。口径19、底径6.5、高9.6厘米（图七五〇，19）。

钵　5件。可分三型。

A型　3件。可分二式。

Ⅰ式：2件。标本ⅡT4②：4，泥质灰陶。口微敛，圆唇，曲腹，平底。外壁素面抹光，内饰暗弦纹。口径10.8、底径4、高4厘米（图七五〇，22）。

Ⅱ式：1件。标本ⅡH61：2，泥质灰陶。敛口，尖圆唇，曲腹，小平底，有旋削痕。上腹饰暗弦纹，下腹素面抹光。口径11、底径3.3、高4.7厘米（图七五〇，17）。

B型　1件。标本ⅡJ14：2，泥质黑陶，烧制变形。敛口，圆唇，弧腹，小平底，有旋削痕。外壁上腹饰暗纹，下腹素面抹光，内饰暗弦纹。口径11.5、底径4.3、高5厘米（图七五〇，

18）。

C型　1件。标本ⅡJ14：7，泥质灰褐陶。直口，圆唇，弧腹，平底，有旋削痕。素面抹光。口径17、底径5.3、高7.7厘米（图七五〇，24）。

尊　1件。标本ⅡH67：17，泥质灰褐陶。敞口，圆唇，曲腹，下腹折收，平底略内凹，有旋削痕。外壁饰暗弦纹，内壁素面抹光。口径27、底径13、高15.3厘米（图七四七，6）。

盒　12件。可分四型。

A型　2件。可分二式。

Ⅰ式：1件。标本ⅡJ5：3，泥质灰褐陶。子母口，折沿，沿面内侧有凹槽一周，外缘饰锯齿纹，斜弧腹，平底，有旋削痕。素面抹光。口径19、底径7、高7.2厘米（图七五一，4）。

Ⅱ式：1件。标本ⅡJ16：1，泥质灰褐陶。子母口，内折沿，沿面饰锯齿纹，弧腹，平底，有旋削痕。素面抹光。口径18、底径7、高7.7厘米（图七五一，10）。

B型　2件。可分二式。

Ⅰ式：1件。标本ⅡJ6：3，泥质灰陶。子母口，窄沿外斜，沿边饰手指压印纹，斜弧腹，平底略内凹，有旋削痕。素面抹光。口径20、底径10.5、高8.3厘米（图七五一，1）。

Ⅱ式：1件。标本ⅡH67：16，泥质灰黑陶。子母口，沿面饰锯齿纹，沿边饰手指压印纹，斜弧腹，近底部略向内凹，平底，有旋削痕。素面抹光。口径20.3、底径7、高9.2厘米（图七五一，2）。

C型　5件。可分二式。

Ⅰ式：2件。标本ⅡT2②：5，泥质灰褐陶。敛口，窄沿，沿面饰锯齿纹一周，斜腹，平底。素面抹光。口径13、底径4.5、高4.5厘米（图七五一，6）。

Ⅱ式：3件。标本ⅡF1：88，泥质灰陶。子母口，斜弧腹，平底，有旋削痕。素面抹光。口径10、底径5、高4.5厘米（图七五一，15）。

D型　3件。可分三式。

Ⅰ式：1件。标本ⅡJ3：1，泥质灰陶。敞口，唇面饰锯齿纹，外缘饰波浪纹，深腹，平底，有旋削痕。通体素面抹光。口径15.5、底径7、高11.5厘米（图七五一，5）。

Ⅱ式：1件。标本ⅡT2②：9，泥质灰褐陶。子母口，唇面饰锯齿纹，外缘饰锯齿纹波浪纹，深腹，平底，有旋削痕。素面抹光。口径14.7、底径8、高12.2厘米（图七五一，13）。

Ⅲ式：1件。标本ⅡJ13：6，泥质灰褐陶。喇叭口，唇面饰锯齿纹，有凹槽一周，瘦腹，平底，有旋削痕。素面抹光。口径10、底径4.2、高6.5厘米（图七五一，11）。

碗　6件。可分二型。

A型　3件。可分二式。

Ⅰ式：2件。标本ⅡH58：1，泥质灰陶。敞口，窄沿，弧腹，饼足，有旋削痕。素面抹光。口径19.7、底径8.5、高7厘米（图七五一，3）。

Ⅱ式：2件。标本ⅡJ13：12，泥质灰褐陶。敞口，圆唇，弧鼓腹，平底略内凹，有旋削痕。外壁素面抹光，内壁饰暗弦纹。口径20、底径9.3、高9厘米（图七五一，9）。

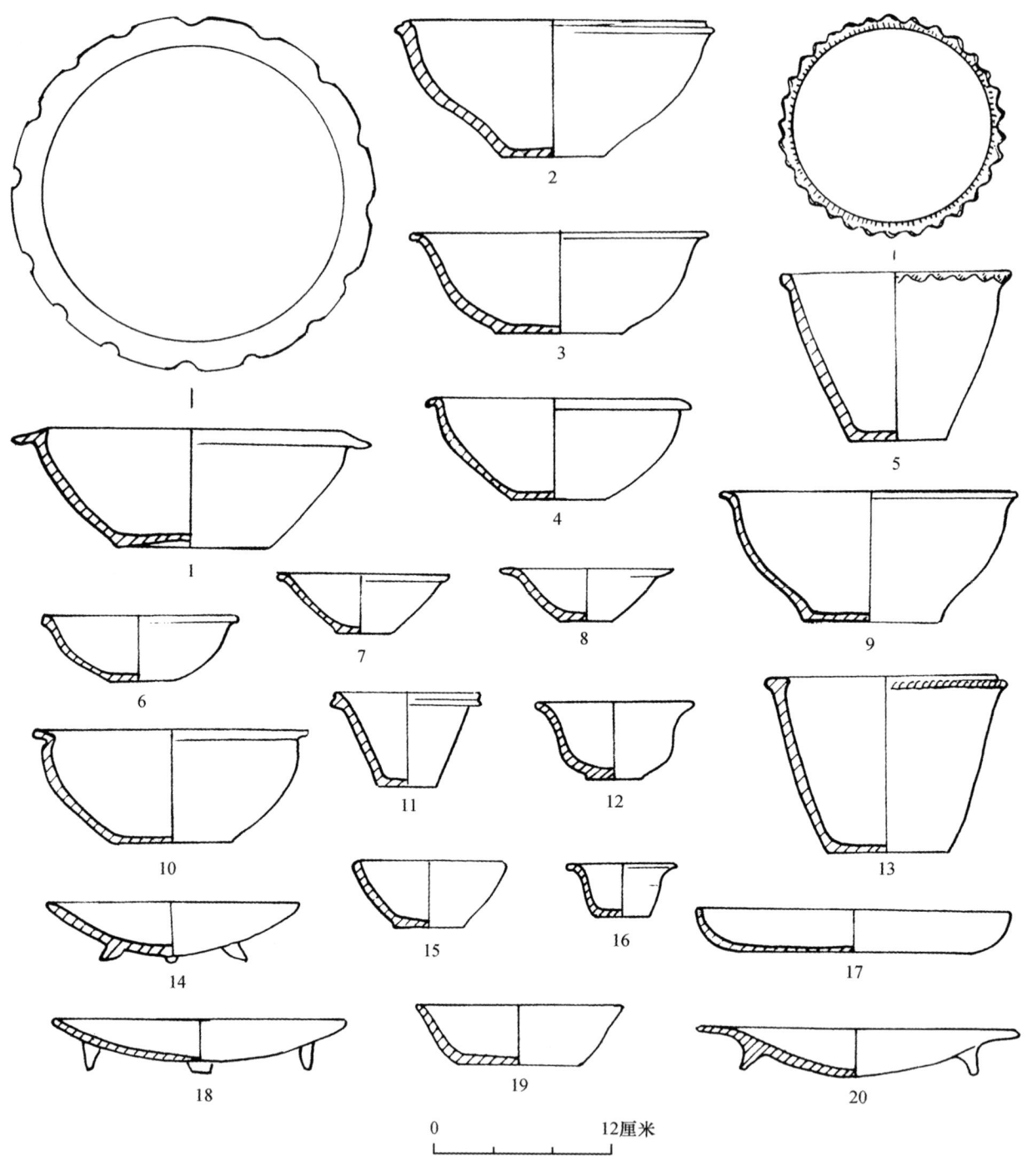

图七五一　Ⅰ、Ⅱ区第二阶段文化遗存器物

1. BⅠ式陶盒（ⅡJ6∶3）　2. BⅡ式陶盒（ⅡH67∶16）　3. AⅠ式陶碗（ⅡH58∶1）　4. AⅠ式陶盒（ⅡJ5∶3）
5. DⅠ式陶盒（ⅡJ3∶1）　6. CⅠ式陶盒（ⅡT2②∶5）　7. BⅠ式陶碗（ⅡJ2∶10）　8. BⅡ式陶碗（ⅡF1∶30）
9. AⅡ式陶碗（ⅡJ13∶12）　10. AⅡ式陶盒（ⅡJ16∶1）　11. DⅢ式陶盒（ⅡJ13∶6）　12. Ⅱ式陶杯（ⅡH5∶2）
13. DⅡ式陶盒（ⅡT2②∶9）　14. CⅡ式陶盘（ⅡT4②∶6）　15. CⅡ式陶盒（ⅡF1∶88）　16. Ⅰ式陶杯（ⅡJ2∶9）
17. A型陶盘（ⅡT22④∶14）　18. CⅠ式陶盘（ⅡT2④∶9）　19. B型陶盘（ⅡT2④∶3）　20. D型陶盘（ⅡC∶7）

B型　3件。可分二式。

Ⅰ式：2件。标本ⅡJ2：10，泥质灰陶。敞口，窄沿略外斜，圆唇，斜腹，平底。素面抹光。口径11.6、底径4、高4厘米（图七五一，7）。

Ⅱ式：1件。标本ⅡF1：30，泥质灰陶。敞口，窄沿外斜，尖圆唇，沿面饰压印纹，斜腹，平底，有旋削痕。素面抹光。口径11.6、底径3.8、高3.7厘米（图七五一，8）。

盘　5件，可分四型。

A型　1件。标本ⅡT22④：14，泥质灰褐陶。敞口，方唇，浅弧腹，平底。素面抹面。口径20.8、底径17、高2.8厘米（图七五一，17）。

B型　1件。标本ⅡT2④：3，泥质灰陶。敞口，方唇，斜腹，平底，有旋削痕。外壁素面抹光，内壁有旋削痕。口径15、底径9、高4厘米（图七五一，19）。

C型　2件。可分二式。

Ⅰ式：1件。标本ⅡT2④：9，泥质灰褐陶。方唇，浅弧腹，圜底，下接三矮足。素面抹光。口径20.7、高3.6厘米（图七五一，18）。

Ⅱ式：1件。标本ⅡT4②：6，泥质灰陶。圆唇，弧腹略深，圜底，下接三矮足。素面抹光。口径17.3、高4厘米（图七五一，14）。

D型　1件。标本ⅡC：7，泥质灰陶。展沿，圆唇，浅弧腹，圜底，下接三矮足。素面抹光。口径22、高3.3厘米（图七五一，20）。

杯　2件，可分二式。

Ⅰ式：1件。标本ⅡJ2：9，泥质灰褐陶。敞口，尖圆唇，弧腹，平底略内凹，有旋削痕。外壁素面抹光，内壁素面磨光。口径7.2、底径3.6、高3.6厘米（图七五一，16）。

Ⅱ式：1件。标本ⅡH5：2，泥质灰陶。敞口，圆唇，曲腹，平底，有旋削痕。外壁素面抹光，内壁素面磨光。口径10.6、底径3.5、高5.4厘米（图七五一，12）。

盏　22件。可分三型。

A型　14件。可分四式。

Ⅰ式：2件。标本ⅡH23：1，泥质灰陶。敞口，圆唇，腹微弧，平底，有旋削痕。素面抹光。口径12.2、底径5.8、高4厘米（图七五二，1）。

Ⅱ式：3件。标本ⅡT2④：1，泥质灰陶。敞口，圆唇，斜弧腹，平底，有旋削痕。素面抹光，有烟炱。口径11.2、底径4.6、高3.6厘米（图七五二，5）。

Ⅲ式：3件。标本ⅡT9③：1，泥质灰陶。敞口，方唇，斜腹，平底，有旋削痕。素面抹光。口径12、底径4、高3厘米（图七五二，4）。

Ⅳ式：6件。标本ⅡT8②：1，泥质灰陶。敞口，圆唇，斜腹，平底，有旋削痕。素面抹光。口径11、底径4.2、高4厘米（图七五二，7）。

B型　7件，可分三式。

Ⅰ式：2件。标本ⅡT11④：2，泥质灰陶。敞口，圆唇，斜弧腹，平底，有刮痕。素面抹光。口径10、底径6.4、高3.6厘米（图七五二，6）。

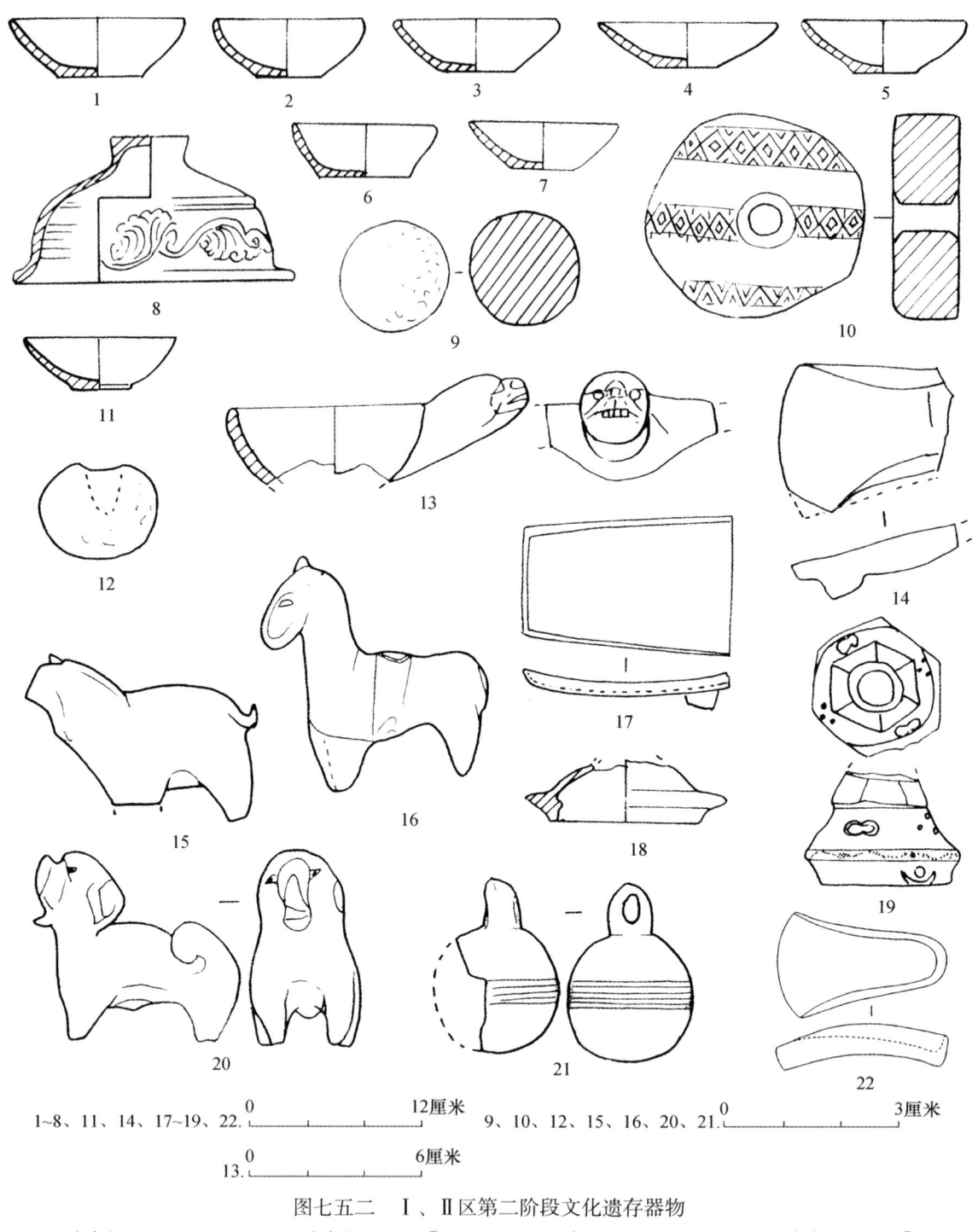

图七五二　Ⅰ、Ⅱ区第二阶段文化遗存器物

1. AⅠ式陶盏（ⅡH23：1）　2. BⅡ式陶盏（ⅡT23②：11）　3. C型陶盏（ⅡH67：7）　4. AⅢ式陶盏（ⅡT9③：1）
5. AⅡ式陶盏（ⅡT2④：1）　6. BⅠ式陶盏（ⅡT11④：2）　7. AⅣ式陶盏（ⅡT8②：1）　8. A型陶器盖（ⅡT4②：1）
9. A型陶球（ⅡT7③：1）　10. 陶纺轮（ⅡF1：177）　11. BⅢ式陶盏（ⅡH7：7）　12. B型陶球（ⅡH5：6）
13. 陶匜（ⅡF1：176）　14. Aa型陶砚（ⅡT8③：9）　15. B型陶玩（ⅡH42：11）　16. C型陶玩（ⅡH42：12）
17. B型陶砚（ⅡT2③：4）　18. B型陶器盖（ⅡC：21）　19. 陶塔尖（ⅡJ13：16）　20. A型陶玩（ⅡH64：1）
21. 陶铃（ⅡT6②：1）　22. Ab型陶砚（ⅡC：9）

Ⅱ式：3件。标本ⅡT23②：11，泥质灰陶。敞口，圆唇，弧腹，平底，有旋削痕。素面抹光。口径10.7、底径4.5、高4.2厘米（图七五二，2）。

Ⅲ式：2件。标本ⅡH7：7，泥质灰陶。敞口，圆唇，浅弧腹，平底，有旋削痕。素面抹光。口径11、底径4.2、高3.7厘米（图七五二，11）。

C型　1件。标本ⅡH67：7，泥质灰陶。敛口，圆唇，斜腹，平底，有旋削痕。素面抹光。口径11.3、底径5.5、高3.5厘米（图七五二，3）。

扑满　2件。可分二型。

A型　1件。标本ⅡJ14：5，泥质黑陶。近圆球形，弧顶，三角形注币孔，鼓腹，平底，有旋削痕。素面抹光。底径3.2、高6.4厘米（图七四六，13）。

B型　1件。标本ⅡJ3：3，泥质黑陶。呈椭圆体，弧顶，注币孔残，弧鼓腹，平底，有旋削痕。素面抹光。底径4、高8厘米（图七四六，12）。

匜　1件。标本ⅡF1：176，泥质灰陶，模制。直口微内敛，弧腹，底残，一侧模制龟头柄。口径6.8、残高2.8厘米（图七五二，13）。

器盖　2件。可分二型。

A型　1件。标本ⅡT4②：1，泥质灰陶。平沿，略上翘，上腹折收，折腹上下各饰凹弦纹一周，器身饰花卉纹一周。口径18.3、高10厘米（图七五二，8）。

B型　1件。标本ⅡC：21，泥质灰陶。折沿，弧顶残。素面抹光。口径10.4、残高4厘米（图七五二，18）。

砚　5件。可分二型。

A型　2件。可分二亚型。

Aa型　1件。标本ⅡT8③：9，泥质灰褐陶，模制。箕形，斜底，砚面呈斜坡状，砚口前端弧凸，背后部附贴两长方形矮足，后端残。残长10、前宽9、足高1.3厘米（图七五二，14）。

Ab型　1件。标本ⅡC：9，细泥灰陶。箕形，凹底，砚面略呈斜坡状，砚口前端弧凸较宽，后端圆钝较窄。砚长12、前宽7.8、后宽3、池深1.2厘米（图七五二，22）。

B型　3件。标本ⅡT2③：4，细泥灰陶，模制。箕形，斜底，内模制成坯，外体削切而成，刀痕清晰不加修饰，砚面呈斜坡状，砚口前端较直，背后部附贴两长方形矮足，后端近方形。砚长14、前宽10、后宽8.2、足高1.3、池深0.9厘米（图七五二，17）。

塔尖　1件。标本ⅡJ13：16，泥质灰褐陶。子母口，出沿，残存上部，呈六边形。残高7.8厘米（图七五二，19）。

纺轮　2件。标本ⅡF1：177，泥质灰陶片，琢制而成。平面近圆形，中心钻孔，对钻。孔径0.5、直径3.6、厚1.1厘米（图七五二，10）。

陶铃　1件。标本ⅡT6②：1，泥质灰陶。圆球形，中空，顶端有纽，铃中腹以下开缝，腹饰弦纹。直径2.2、高3.2厘米（图七五二，21）。

陶球　4件。可分二型。

A型　3件。标本ⅡT7③：1，泥质灰陶。捏制，圆形。直径1.8厘米（图七五二，9）。标本ⅡTH1∶3，泥质红陶。捏制，圆形。直径2厘米。

B型　1件。标本ⅡH5∶6，泥质红陶。捏制，呈椭圆体，中心镂半孔。孔径0.6、深0.7、直径1.6～2厘米（图七五二，12）。

陶玩　4件。可分三型。

A型　2件。犬。标本ⅡH64∶1，泥质红陶，捏制而成。呈站立状，昂首张口，竖耳向后，短尾上卷，腹下有孔，饰黑色彩绘。长3.5、高3.4厘米（图七五二，20；图版三五，2右）。

B型　1件。马。标本ⅡH42∶11，泥质红陶，捏制而成。呈站立状，前腿和头残，竖耳，短尾，尾尖上翘，腹下有孔。长4、高3.4厘米（图七五二，15）。

C型　1件。寓意"马上封侯"。标本ⅡH42∶12，泥质红陶，捏制而成。马呈站立状，前腿残，竖耳，背上骑猴残，腹下有一孔。长3.8、高4.2厘米（图七五二，16；图版三五，2左）。

（2）建筑构件

有方砖、长砖、筒瓦、板瓦、瓦当、鸱吻等。

方砖　2件。可分二式。

Ⅰ式：1件。标本ⅡT3②∶5，灰色。平面呈方形，一侧素面，一侧饰斜向沟纹。边长32、厚5.2厘米（图七五三，1）。

Ⅱ式：1件。标本ⅡF1∶3，灰色。平面近方形，一侧素面，一侧饰纵向沟纹。长32、宽31、厚5厘米（图七五三，2）。

长砖　4件。可分三式。

Ⅰ式：1件。标本ⅡJ3∶9，灰色。平面呈长方形，一侧素面，一侧为沟纹。长32.2、宽16.5、厚4.8厘米（图七五三，4）。

Ⅱ式：2件。标本ⅡH13∶2，灰色。平面呈长方形，一侧素面，一侧为绳纹。长32.4、宽15.8、厚5.4厘米（图七五三，3）。

Ⅲ式：1件。标本ⅡT2②∶7，灰色。平面呈长方形，一侧素面，一侧为粗绳纹。长33、宽16.4、厚5.4厘米（图七五三，5）。

筒瓦　3件。可分二式。

Ⅰ式：1件。标本ⅡT4③∶5，灰色。横截面呈半圆形，子母口，方头，咬合面较短。瓦背素面抹光，后端有刻画符号，内壁饰布纹。直径16、长37、厚1.8厘米（图七五四，2）。

Ⅱ式：2件。标本ⅡJ13∶13，灰色。横截面呈半圆形，子母口，方头，咬合面较长。瓦背素面抹光，内壁饰布纹。直径16、长34.8、厚1.6厘米（图七五四，5）。

板瓦　6件。皆灰色。平面呈梯形。瓦背素面抹光，内壁饰布纹。可分四式。

Ⅰ式：1件。标本ⅡH69∶1，灰色。长38.8、上宽22、下宽24.8、厚1厘米（图七五四，4）。

Ⅱ式：1件。标本ⅡJ3∶8，左角残，灰色。长39、上残宽14、下宽27.8、厚1厘米（图七五四，6）。

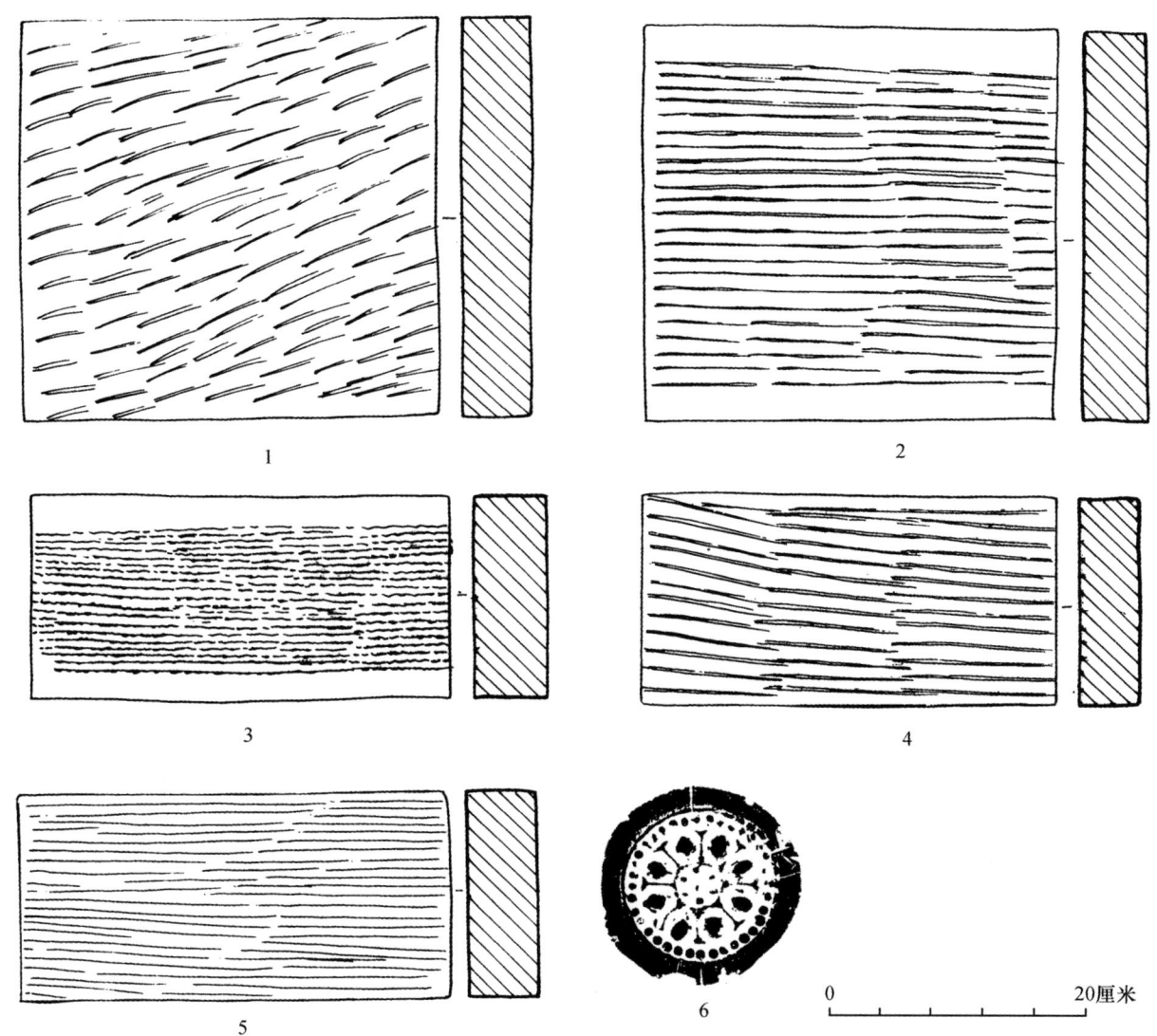

图七五三　Ⅰ、Ⅱ区第二阶段文化遗存建筑构件
1. Ⅰ式方砖（ⅡT3②∶5）　2. Ⅱ式方砖（ⅡF1∶3）　3. Ⅱ式长砖（ⅡH13∶2）　4. Ⅰ式长砖（ⅡJ3∶9）
5. Ⅲ式长砖（ⅡT2②∶7）　6. A型瓦当（ⅡT17②∶1）

Ⅲ式：3件。标本ⅡT3②∶4，灰色。长40、上宽21.2、下宽24.2、厚1.2厘米（图七五四，3）。

Ⅳ式：1件。标本ⅡJ15∶1，灰色。长40、上宽22.4、下宽25.6、厚1.4厘米（图七五四，1）。

瓦当　7件。可分二型。

A型　6件。莲蕾纹。标本ⅡT17②∶1，灰色。以单环线将当面划分为内外区。内区以乳钉纹组成花蕊；外区饰八朵宝式莲蕾纹，间以"T"字纹相隔，且与内环线相连，外饰一周联珠纹。直径15.5、边轮宽1.8、当厚1.8厘米（图七五三，6；图版三五，3）。

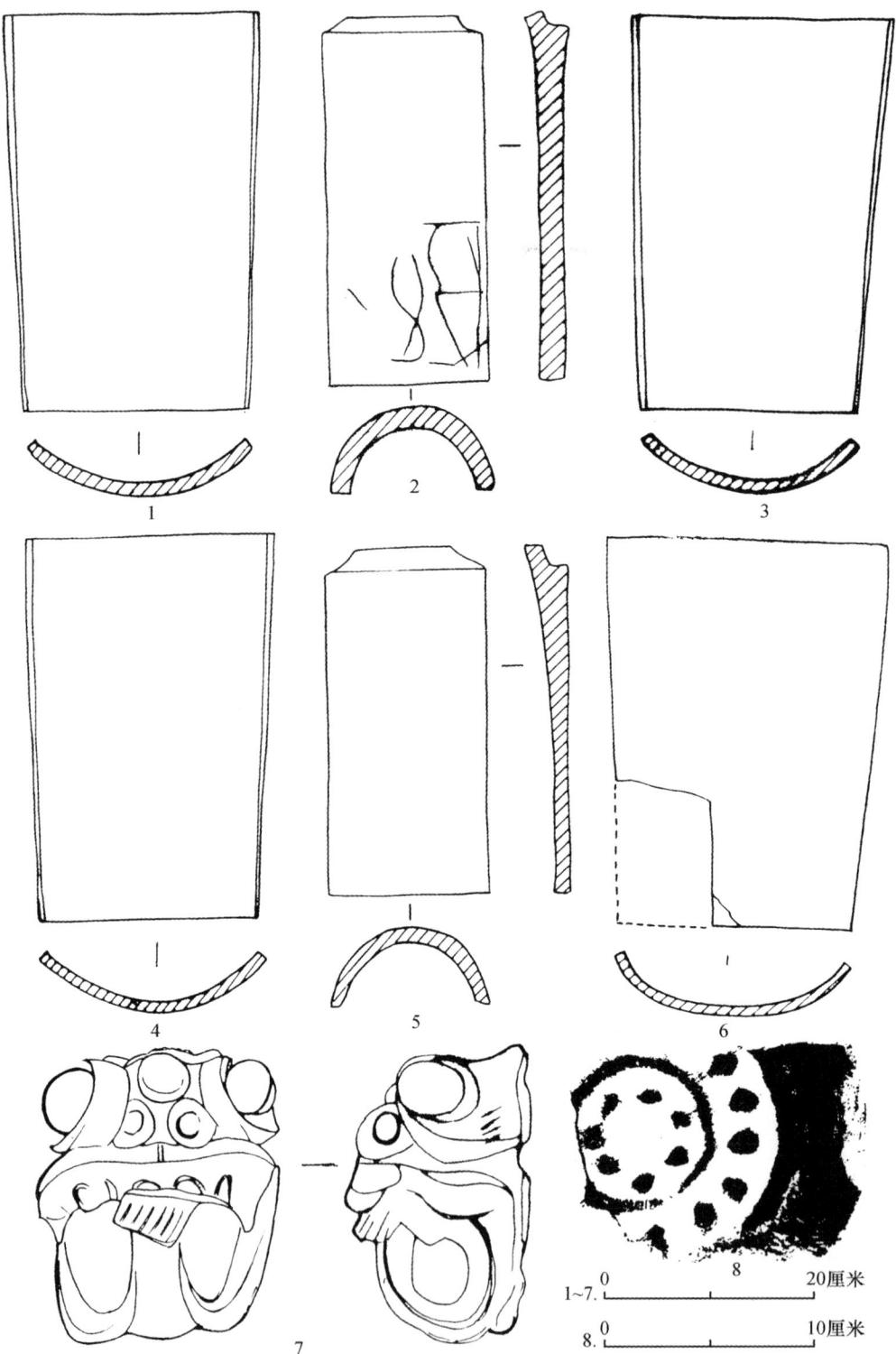

图七五四 Ⅰ、Ⅱ区第二阶段文化遗存建筑构件
1. Ⅳ式板瓦（ⅡJ15∶1） 2. Ⅰ式筒瓦（ⅡT4③∶5） 3. Ⅲ式板瓦（ⅡT3②∶4）
4. Ⅰ式板瓦（ⅡH69∶1） 5. Ⅱ式筒瓦（ⅡJ13∶13） 6. Ⅱ式板瓦（ⅡJ3∶8）
7. 鸱吻（ⅡJ10∶2） 8. B型瓦当（ⅡT3②∶11）

B型　1件。莲籽纹。标本ⅡT3②：11，残半，灰色。以单环线将当面划分为内外区。内区当心饰犄角式莲籽纹；外区饰一周联珠纹，凸棱纹与边缘相间隔。边轮宽2、当厚1.4厘米（图七五四，8）。

鸱吻　1件。标本ⅡJ10：2，龙头。残，灰色。长29.2、宽18.4厘米（图七五四，7）。

2. 瓷器

和林格尔土城子古城北城（即第Ⅰ、Ⅱ发掘区）出土瓷器数量较多，完整和可复原器300余件。分属邢窑、越窑和北方窑系产品。器类有碗、盘、钵、执壶、壶、瓶、罐、炉、杯、盏托、盏、器盖、铃、瓷玩等。瓷器的釉色有白、青、黑、青灰、三彩（釉陶）几种。

（1）邢窑瓷器

邢窑瓷器出土数量较少，器类有碗、壶、钵、杯、盏托、瓷玩等。瓷器的胎体较薄，胎质细洁，釉色白润。器底有平底、玉璧形底、矮圈足之分。有少部分为仿烧瓷器。

碗　23件。可分四型。

A型　16件。可分二亚型。

Aa型　7件。可分二式。

Ⅰ式：5件。标本ⅡJ3：5，敞口，圆卷唇，斜腹，玉璧形足。白胎细洁，施白釉，釉色白润。口径15、底径6.2、高4.5厘米（图七五五，7；图版三六，1）。标本ⅡF1：132，敞口，圆卷唇，斜腹，玉璧形足。白胎细洁，胎体较薄，施白釉，釉色光润泛青，足心亦施釉。口径13.5、底径7、高3.5厘米（图七五五，10）。

Ⅱ式：2件。标本ⅡT4②：3，敞口，圆卷唇，斜弧腹，窄环形圈足。白胎细洁，施白釉，釉色泛青，足心亦施釉。口径15.2、底径6.2、高4厘米（图七五五，9）。

Ab型　9件。标本ⅡJ6：1，敞口，圆卷唇，浅腹微弧，窄环形圈足。白胎细洁，施白釉，釉色泛青，内底有点彩，足心亦施釉。口径14.5、底径6.2、高3.8厘米（图七五五，6）。

B型　1件。标本ⅡH59：1，折沿，敞口，圆唇，浅弧腹，窄环形圈足。白胎细洁，施白釉，釉色泛青，足心亦施釉。口径16.2、底径7、高4.2厘米（图七五五，16）。

C型　3件。可分二式。

Ⅰ式：1件。标本ⅡT2②：2，敞口，圆唇，斜腹微弧，玉璧形足。白胎细洁，施白釉，釉色泛青，有蜡泪痕，足心亦施釉，足面有刀削痕。口径15.2、底径7.2、高5厘米（图七五五，3）。

Ⅱ式：2件。标本ⅡF1：85，敞口，圆唇，弧腹，玉璧形足。白胎细洁，施白釉，釉色泛青，有冰裂纹，足心亦施釉。口径13.8、底径7、高4.2厘米（图七五五，12）。

D型　3件。标本ⅡF1：128，敞口，圆唇，斜弧腹，窄环形圈足。白胎细洁，施白釉，釉色泛青。口径12.8、底径7.2、高4厘米（图七五五，4）。标本ⅡF1：73，敞口，圆唇，弧腹，玉璧形足。白胎细洁，施白釉，釉色光润，有冰裂纹，足心亦施釉。口径13.4、底径7、高4.6厘米（图七五五，15）。

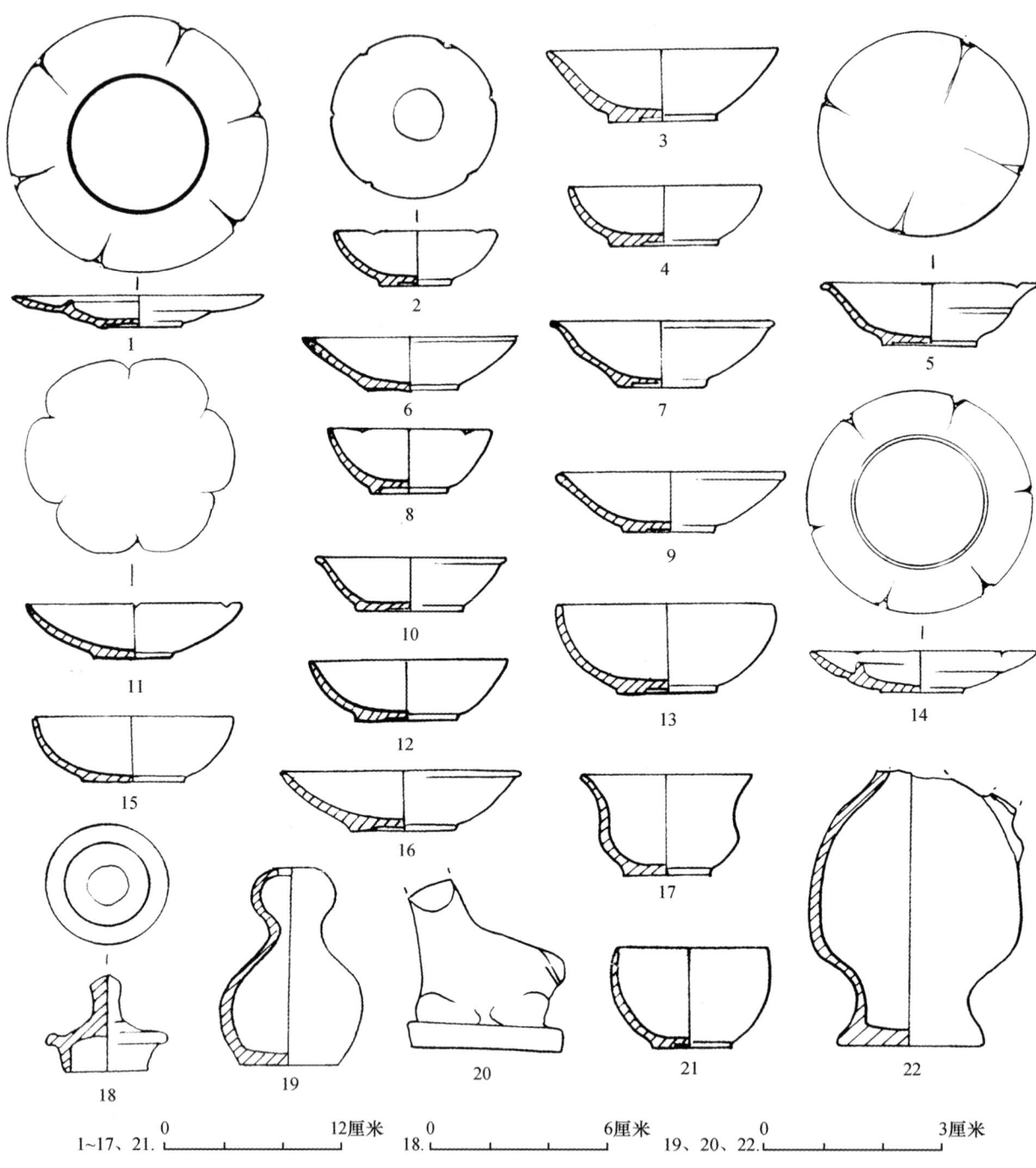

图七五五 Ⅰ、Ⅱ区第二阶段文化遗存器物

1. Ⅰ式瓷盏托（ⅡT22②：15） 2. BⅡ式瓷花口碗（ⅡH14：1） 3. CⅠ式瓷碗（ⅡT2②：2） 4、15. D型瓷碗（ⅡF1：128、ⅡF1：73） 5. A型瓷花口碗（ⅡH3：3） 6. Ab型瓷碗（ⅡJ6：1） 7、10. AaⅠ式瓷碗（ⅡJ3：5、ⅡF1：132） 8. C型瓷花口碗（ⅡJ9：3） 9. AaⅡ式瓷碗（ⅡT4②：3） 11. BⅠ式瓷花口碗（ⅡT22②：10） 12. CⅡ式瓷碗（ⅡF1：85） 13. 越窑青瓷碗（ⅡJ3：13） 14. Ⅱ式瓷盏托（ⅡH67：10） 16. B型瓷碗（ⅡH59：1） 17. 瓷杯（ⅡH1：1） 18. 瓷器盖（ⅡC：8） 19. A型瓷小壶（ⅡT3②：9） 20. 瓷玩（ⅠT6②：3） 21. 瓷钵（ⅡT10②：2） 22. B型瓷小壶（ⅡT3②：7）

花口碗　6件。可分三型。

A型　2件。标本ⅠH3：3，四出花口，斜腹，窄环形圈足。白胎细洁，胎体较薄，施白釉，腹饰凹弦纹三周。口径14、底径6.5、高4.2厘米（图七五五，5；图版三六，2）。

B型　2件。可分二式。

Ⅰ式：1件。标本ⅡT22②：10，六出花口，斜弧腹，窄环形圈足。白胎细洁，施白釉，釉色泛青，内底饰凹弦纹一周，足心亦施釉。口径14.4、底径5.5、高3.7厘米（图七五五，11）。

Ⅱ式：1件。标本ⅡH14：1，六出花口，斜弧腹，下腹折收，窄环形圈足。白胎细洁，胎体较薄，施白釉，釉色泛青，有蜡泪痕，内底饰凹弦纹一周。口径10.8、底径4.8、高3.6厘米（图七五五，2）。

C型　2件。标本ⅡJ9：3，六出花口，深腹，圈足，挖掘过肩。白胎细洁，胎体较薄，施白釉，釉色泛青，足心亦施釉，足壁有窑粘。口径11、底径5.5、高4.7厘米（图七五五，8）。

钵　1件。标本ⅡT10②：2，敛口，圆唇，深弧腹，玉璧形足。白胎细洁，施白釉，釉色泛青，积釉处有鬃眼，下腹饰弦纹二周。口径10.2、底径5.5、高6.9厘米（图七五五，21；图版三六，3）。

杯　1件。标本ⅡH1：1，侈口，圆唇，曲腹，窄环形圈足。白胎细洁，施白釉，釉色光润。口径11.2、底径6.1、高6.8厘米（图七五五，17；图版三六，4）。

盏托　2件。可分二式。

Ⅰ式：1件。标本ⅡT22②：15，整体呈六出花口盘式，托口微敛，尖圆唇，窄环形圈足。白胎细洁，施白釉，釉色泛青，足内有窑粘。托盘直径16.8、托口直径9.6、底径5.6、高2.4厘米（图七五五，1）。

Ⅱ式：1件。标本ⅡH67：10，整体呈六出花口盘式，托口较直，圆唇，窄环形圈足。白胎细洁，施白釉，釉色泛青。托盘直径15.2、托口直径9.6、底径5.6、高2.8厘米（图七五五，14）。

器盖　1件。标本ⅡC：8，子母口，盖沿上挑，盖面突起，上有伞状盖纽。白胎细洁，施白釉，有蜡泪痕。口径2.8、高3.3厘米（图七五五，18）。

小壶　2件。可分二型。

A型　1件。标本ⅡT3②：9，葫芦形。敛口，圆唇，束颈，溜肩，鼓腹，平底。白胎细洁，上腹施白釉，下腹露胎。口径0.6、底径1.6、高3.3厘米（图七五五，19）。

B型　1件。标本ⅡT3②：7，口錾残，弧腹，喇叭形底座较高，平底。白胎较细，器身施白釉，底部露胎。底径2.4、残高4.6厘米（图七五五，22）。

瓷玩　1件。标本ⅠT6②：3，长方形座，呈跪踞式，头残。白胎较细，施白釉，釉色光润，有冰裂纹。残长2.6、残高2.8厘米（图七五五，20）。

（2）越窑瓷器

碗　1件。标本ⅡJ3：13，直口略外侈，圆唇，弧腹，玉璧形足。灰胎细腻，施青釉，有冰裂纹，足心亦施釉。口径14.4、底径6.4、高6厘米（图七五五，13；图版三七，3）。

（3）北方窑系瓷器

北方窑系瓷器出土数量较多，大体可分青瓷、白瓷和黑瓷几类；以白瓷居多，黑瓷次之，青瓷出土数量较少。器类有钵、碗、盘、执壶、罐、器盖等。

1）青瓷

青瓷出土数量较少，完整和可复原器较少。器类有罐、执壶、钵、碗、盘、器盖等。青瓷的釉色为青中泛黄，个别呈黄色；碗类器物中部分为外青釉内白釉。另有一部分青釉灰胎瓷也归入青瓷中。

罐 2件。可分二型。

A型 1件。标本ⅡH67：23，侈口，卷圆唇，矮领，以下残。黄白胎略粗。施青釉。口径10、残高1.7厘米（图七五六，2）。

B型 1件。标本ⅡJ10：6，弧腹，平底略外撇。上腹饰席纹。黄白胎略粗，施青釉，外施半釉。底径10.4、残高9.8厘米（图七五六，4）。

执壶 4件。可分二型。

A型 2件。可分二式。

Ⅰ式：1件。标本ⅡT7③：5，侈口，圆唇，领较高，以下残。灰胎较细，施青釉。口径8、残高4.4厘米（图七五六，3）。

Ⅱ式：1件。标本ⅡH7：17，侈口，圆唇，高领，以下残。青灰色胎较细，施青釉，有气孔。口径8、残高5.6厘米（图七五六，15）。

B型 2件。可分二式。

Ⅰ式：1件。标本ⅡH7：18，体矮扁，短流上翘。饰弦纹和席纹。黄白胎略粗，施青釉（图七五六，6）。

Ⅱ式：1件。标本ⅠH3：18，体矮扁，饰弦纹和席纹。黄白胎略粗，施青釉（图七五六，16）。

钵 3件。可分二式。

Ⅰ式：2件。标本ⅡF1：26，敛口，圆唇，弧鼓腹，饼足。灰白胎较细，唇口部刮釉，有芒，内壁施满釉，外施半釉，露胎处饰弦纹数周。口径12、底径8、高7.4厘米（图七五六，1）。

Ⅱ式：1件。标本ⅡJ12：1，敛口，圆唇，鼓腹，饼足。肩饰弦纹三周，腹饰席纹。黄白胎较细，唇口部刮釉，有芒。器内施满釉，外施半釉，有蜡泪痕。口径11、底径8、高9.2厘米（图七五六，10）。

碗 44件。可分二型。

A型 32件。可分三式。

Ⅰ式：2件。标本ⅡT2③：10，敞口，圆唇，斜腹较直，饼足，白灰胎较细，外施青釉，器内挂化妆土，施白釉，釉色泛灰白，内底有支钉疤痕。口径13.2、底径7、高3.8厘米（图七五六，13；图版三七，1）。

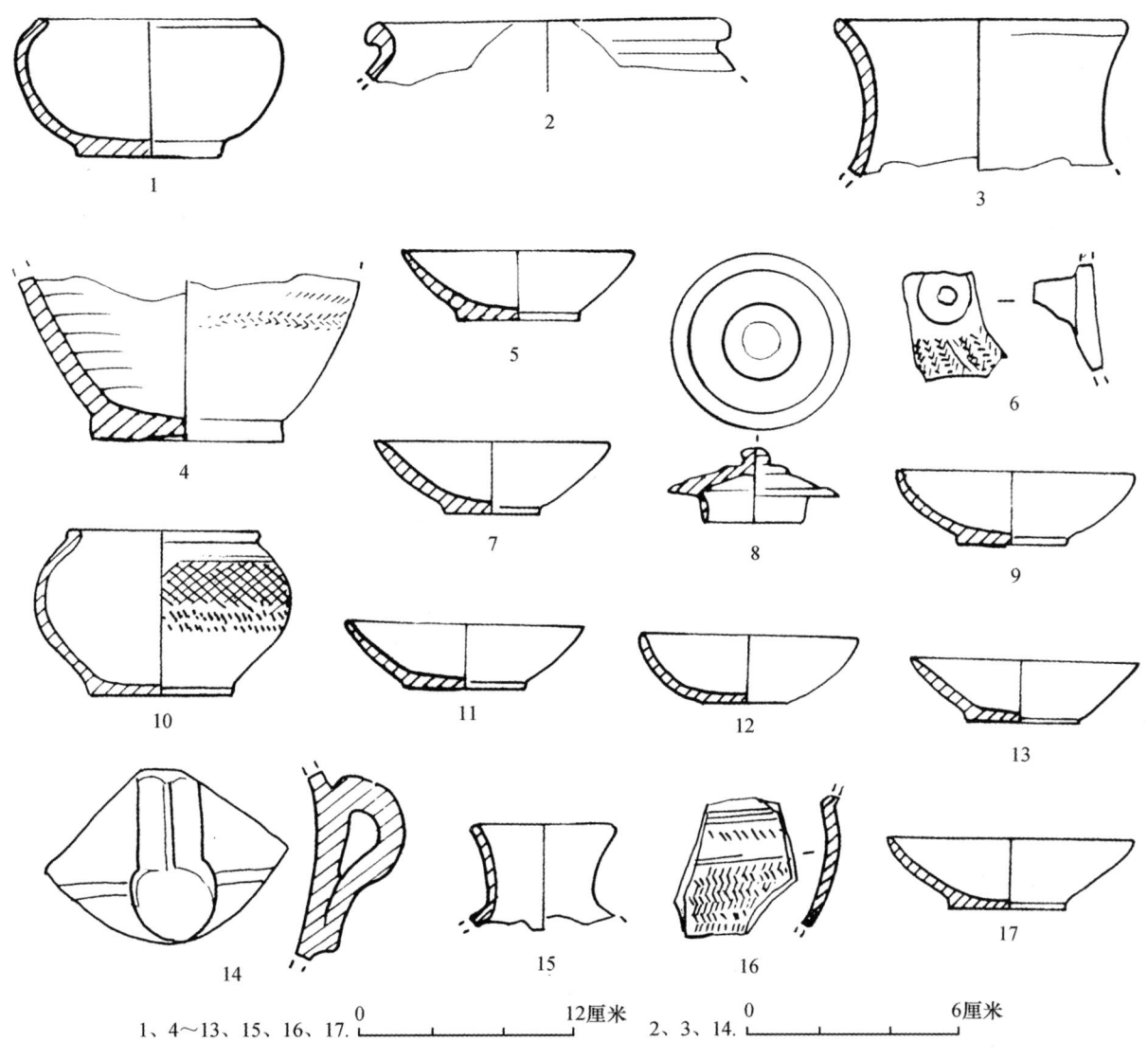

图七五六 Ⅰ、Ⅱ区第二阶段文化遗存器物

1.Ⅰ式瓷钵（ⅡF1:26） 2.A型瓷罐（ⅡH67:23） 3.AⅠ式瓷执壶（ⅡT7③:5） 4.B型瓷罐（ⅡJ10:6）
5.AⅡ式瓷碗（ⅡT23②:5） 6.BⅠ式瓷执壶（ⅡH7:18） 7.BⅠ式瓷碗（ⅡT8④:1） 8.瓷器盖（ⅡT15②:2）
9.AⅢ式瓷碗（ⅡF1:124） 10.Ⅱ式瓷钵（ⅡJ12:1） 11.BⅢ式瓷碗（ⅡT22②:9） 12.瓷盘（ⅡH7:1）
13.AⅠ式瓷碗（ⅡT2③:10） 14.瓷器耳（ⅡH67:21） 15.AⅡ式瓷执壶（ⅡH7:17）
16.BⅡ式瓷执壶（ⅠH3:18） 17.BⅡ式瓷碗（ⅡT2③:7）

Ⅱ式：8件。标本ⅡT23②:5，敞口，圆唇，斜腹，饼足。黄白胎略粗，外施青釉，器内挂化妆土，施白釉，有蜡泪痕，内底有支钉疤痕。口径13、底径7、高4厘米（图七五六,5）。

Ⅲ式：22件。标本ⅡF1:124，敞口，圆唇，斜腹微弧，饼足。外腹壁饰弦纹三周。白灰胎较细，外施青釉，器内挂化妆土，施白釉，口部和外壁有窑粘。口径13.2、底径6、高4厘米

（图七五六，9）。

B型　12件。可分三式。

Ⅰ式：1件。标本ⅡT8④：1，敞口，圆唇，斜弧腹，饼足。黄白胎略粗，外饰青釉，有蜡泪痕，器内挂化妆土，施白釉，内底有3个支钉疤痕。口径13、底径5.7、高4厘米（图七五六，7）。

Ⅱ式：2件。标本ⅡT2③：7，敞口，圆唇，斜腹，饼足。白灰胎较细，外施青釉，器内挂化妆土，施白釉，内底有支钉疤痕。口径14、底径7、高4厘米（图七五六，17）。

Ⅲ式：9件。标本ⅡT22②：9，敞口，圆唇，斜腹，饼足。足面饰弦纹一周，白灰胎较细，外饰青釉，内施白釉，内底有支钉疤痕。口径13.6、底径6.4、高4厘米（图七五六，11）。

盘　1件。标本ⅡH7：1，敞口，圆唇，浅弧腹，平底。黄白胎较细，内施满釉，外饰半釉，口部有窑粘，露胎处有旋削痕。口径12、底径4.8、高3.6厘米（图七五六，12）。

器盖　1件。标本ⅡT15②：2，平出沿，子母口内敛，盖面突起，平顶上有圆纽。黄白胎略粗，盖面施釉，有冰裂纹。口径5.6、高4.4厘米（图七五六，8）。

器耳　1件。标本ⅡH67：21，双泥条桥形器耳。黄白胎略粗。施青釉（图七五六，14）。

2）白瓷

白瓷出土数量较多，完整和可复原器100余件。器类有罐、执壶、壶、钵、杯、碗、研磨盘、盏、杯、炉、盅、瓷玩等。白瓷中的白釉多泛灰，施化妆土。

罐　1件。标本ⅡT10③：9，侈口，圆唇，矮领，弧肩，以下残。白灰色胎较细，施白釉，釉色泛青，口部刮釉有芒。口径8、残高5.2厘米（图七五七，5）。

鸡心罐　1件。标本ⅡF1：192，敛口，圆唇，垂腹，饼足。青灰色胎较细，内外皆施半釉，有蜡泪痕和窑粘。口径4.6、底径4.4、高7.4厘米（图七五七，7；图版三八，3）。

小罐　4件。可分二型。

A型　2件。可分二式。

Ⅰ式：1件。标本ⅡJ8：8，侈口，卷沿，鼓腹，高饼足。白灰色胎较细，内壁施满釉，外壁施釉不及底。口径3.4、底径2.8、高4.4厘米（图七五七，6；图版三八，4）。

Ⅱ式：1件。标本ⅡJ16：5，侈口，圆卷唇，鼓腹，下腹斜收，饼足。青灰色胎较细，内壁施满釉，外壁施釉不及底，足面有窑粘。口径3、底径2.8、高4.4厘米（图七五七，8）。

B型　2件。可分二式。

Ⅰ式：1件。标本ⅡH42：6，敛口，尖圆唇，鼓腹，平底略内凹，青灰色胎较细，内壁施满釉，外壁施釉不及底，外壁和底部有窑粘。口径2、底径2.4、高3.4厘米（图七五七，3）。

Ⅱ式：1件。标本ⅠH3：7，敛口，圆唇，曲腹，平底。灰白色胎略粗，内壁施满釉，外壁施釉不及底，有蜡泪痕和窑粘。口径2.8、底径2.6、高2.8厘米（图七五七，17）。

执壶　2件。可分二型。

A型　1件。标本ⅡF1：243，喇叭口，圆唇，高领，束颈，以下残。青灰色胎较细，施白釉，口部有窑粘。口径10、残高5.4厘米（图七五七，16）。

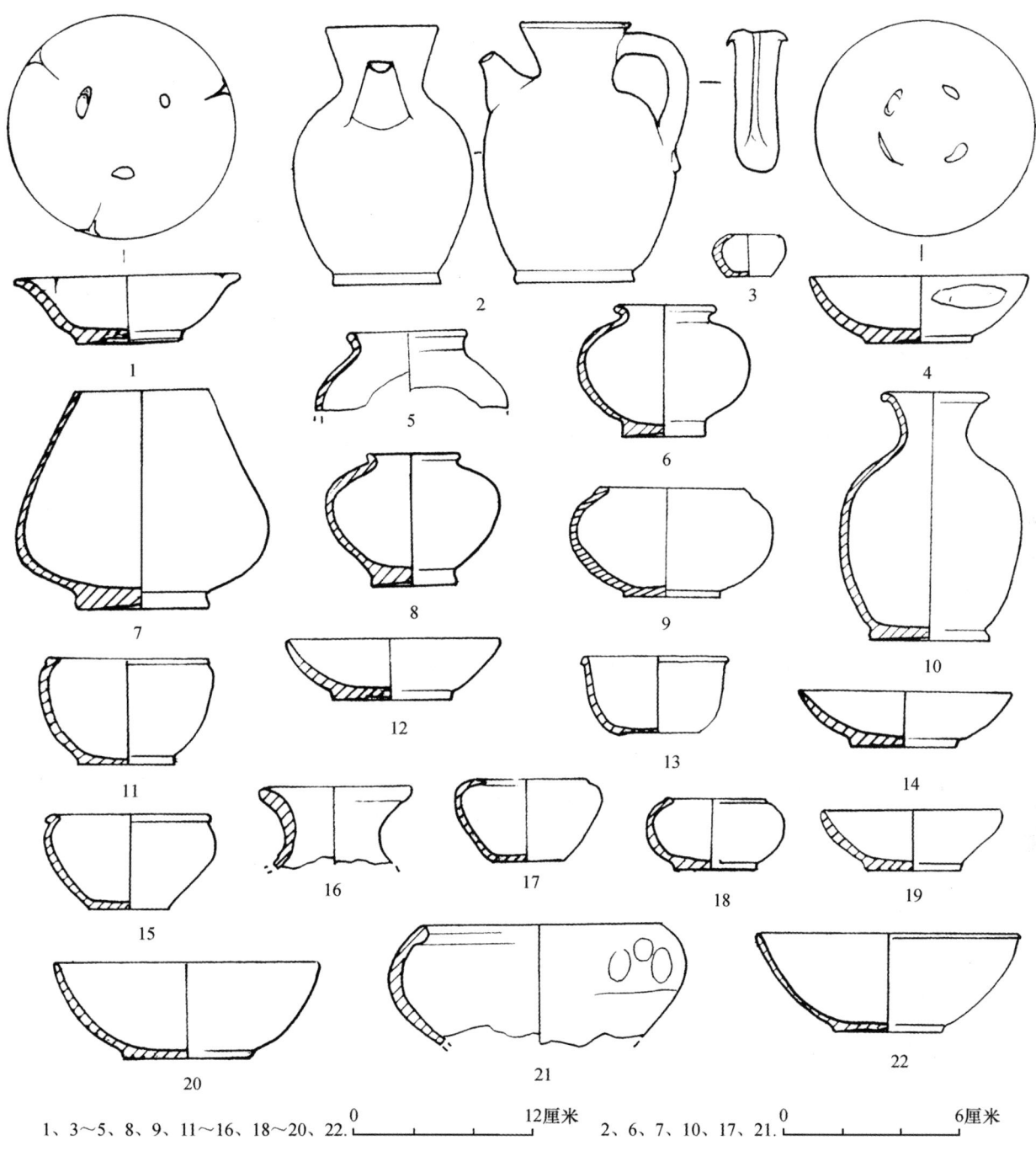

图七五七 Ⅰ、Ⅱ区第二阶段文化遗存器物

1. C型瓷碗（ⅡH1∶2） 2. B型瓷执壶（ⅡF1∶194） 3. BⅠ式瓷罐（ⅡH42∶6） 4. AⅡ式瓷碗（ⅡT4④∶1）
5. 瓷罐（ⅡT10③∶9） 6. AⅠ式瓷罐（ⅡJ8∶8） 7. 瓷鸡心罐（ⅡF1∶192） 8. AⅡ式瓷罐（ⅡJ16∶5）
9. AⅠ式瓷钵（ⅡT24②∶13） 10. 瓷壶（ⅡJ13∶14） 11. BⅡ式瓷钵（ⅡJ4∶1） 12. AⅢ式瓷碗（T6③∶1）
13. AⅠ式瓷杯（ⅡT27②∶1） 14. AⅠ式瓷碗（ⅡJ8∶2） 15. BⅠ式瓷钵（ⅡT2②∶3） 16. A型瓷执壶（ⅡF1∶243）
17. BⅡ式瓷罐（ⅠH3∶7） 18. AⅡ式瓷钵（ⅡF1∶24） 19. AⅣ式瓷碗（ⅡH67∶6） 20. BⅠ式瓷碗（ⅡH42∶3）
21. C型瓷钵（ⅡT2②∶33） 22. BⅡ式瓷碗（ⅡT2②∶1）

B型　1件。标本ⅡF1∶194，喇叭口，圆唇，高领，短直流，圆肩，双泥条形把手附贴于颈侧和肩部，弧腹，饼足略外撇。白灰色胎略粗，口部刮釉，有芒，外壁施釉不及底。口径3.6、底径4、高8.8厘米（图七五七，2；图版三八，2）。

壶　1件。标本ⅡJ13∶14，侈口，尖圆唇，束颈，圆肩，弧腹，饼足略外撇。青灰色胎较细，施白釉，釉色泛灰；外施半釉，肩腹交界处饰褐色点彩，器壁有窑粘。口径3.6、底径4、高8.2厘米（图七五七，10）。

钵　6件。可分三型。

A型　3件。可分二式。

Ⅰ式：2件。标本ⅡT24②∶13，敛口，圆唇，鼓腹，饼足。白灰胎略粗，唇口部刮釉，有芒，外壁施半釉，露胎处可见旋削痕。口径10、底径7.5、高7.4厘米（图七五七，9）。

Ⅱ式：1件。标本ⅡF1∶24，敛口，圆唇，鼓腹，下腹斜收，饼足。灰白胎较细，唇口部刮釉，有芒，外壁施半釉，有蜡泪痕，露胎处有刮痕。口径6.4、底径5.2、高5厘米（图七五七，18）。

B型　2件。可分二式。

Ⅰ式：1件。标本ⅡT2②∶3，敛口，圆唇，弧鼓腹，足残。白灰色胎略粗，唇口部刮釉，有芒，内壁施黑釉，外壁施半釉。口径11、底径7、高6.4厘米（图七五七，15）。

Ⅱ式：1件。标本ⅡJ4∶1，敛口，圆唇，弧鼓腹，饼足。白灰色胎略粗，唇口部刮釉，有芒，内壁施满釉，外壁施半釉，露胎处有旋削痕。口径10.5、底径6.4、高7.2厘米（图七五七，11）。

C型　1件。标本ⅡT2②∶33，敛口，圆唇，鼓腹，底残。白灰胎略粗，唇口部刮釉，有芒，外壁施半釉，上腹饰酱黄色点彩。口径8、残高4厘米（图七五七，21）。

杯　3件。可分二型。

A型　2件，可分二式。

Ⅰ式：1件。标本ⅡT27②∶1，直口略外侈，圆唇，直腹，足残。灰白色胎略粗，内壁施满釉，外壁施釉不及底。口径10、底径5.5、高5.2厘米（图七五七，13）。

Ⅱ式：1件。标本ⅡF1∶27，侈口，圆卷沿，直腹，下腹折收，饼足。灰白色胎略粗，内壁施满釉，唇部刮釉，有芒，外壁施釉不及底。口径8、底径4.1、高4.8厘米（图七五八，14）。

B型　1件。标本ⅡH61∶1，侈口，圆唇，曲腹，饼足。灰色胎较细，内壁施满釉，外壁施半釉内壁及底部有点彩。口径8.8、底径5.2、高4厘米（图七五八，17）。

碗　87件。可分为细瓷和粗瓷两类。

细瓷碗　12件。可分三型。

A型　9件。可分四式。

Ⅰ式：2件。标本ⅡJ8∶2，敞口，圆唇，斜腹，玉璧形足。白色胎较细，胎体厚重，施白釉，釉色光润，有冰裂纹，内底有支钉疤痕。口径14.6、底径7.4、高3.6厘米（图七五七，14）。

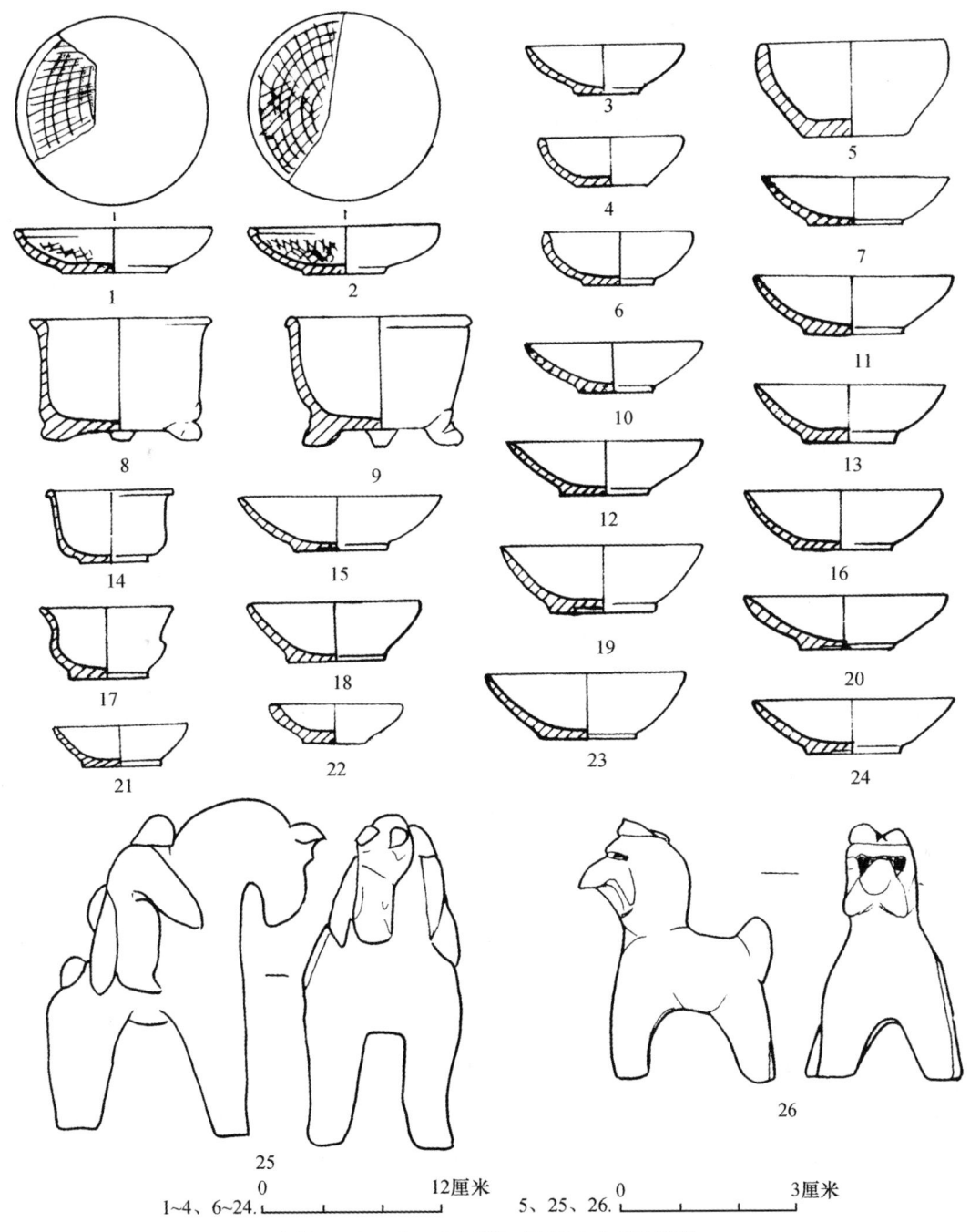

图七五八 Ⅰ、Ⅱ区第二阶段文化遗存器物

1. AⅡ式瓷研磨盘（ⅡT21②：3） 2. AⅠ式瓷研磨盘（ⅡJ2：2） 3. Ⅰ式瓷盏（ⅡH42：5） 4. Bb型瓷研磨盘（ⅡH4：1）
5. 瓷盅（ⅡF1：173） 6. BaⅡ式瓷研磨盘（ⅡF1：31） 7. BⅡ式瓷碗（ⅡT23②：6） 8. Ⅱ式瓷炉（ⅡH6：3）
9. Ⅰ式瓷炉（ⅡH2：4） 10. CbⅠ式瓷碗（ⅡH42：4） 11. AⅡ式瓷碗（ⅡT23②：4） 12. AⅠ式瓷碗（ⅡH2：2）
13. BⅢ式瓷碗（ⅡG1：1） 14. AⅡ式瓷杯（ⅡF1：27） 15. BⅠ式瓷碗（ⅡJ16：3） 16. CbⅢ式瓷碗（ⅡH67：14）
17. B型瓷杯（ⅡH61：1） 18. CbⅡ式瓷碗（ⅡT2②：4） 19. CaⅢ式瓷碗（ⅡF1：142） 20. CaⅡ式瓷碗（ⅡT3②：2）
21. Ⅱ式瓷盏（ⅡH8：2） 22. BaⅠ式瓷研磨盘（ⅡT9②：1） 23. CaⅠ式瓷碗（ⅡT4③：6） 24. AⅢ式瓷碗（ⅡF1：118）
25. A型瓷玩（ⅡJ14：12） 26. B型瓷玩（ⅡJ14：13）

Ⅱ式：3件。标本ⅡT4④：1，敞口，圆唇，斜腹，玉璧形足。白灰色胎较细，胎体厚重，施白釉，釉色泛青，有冰裂纹，内底有3个支钉疤痕，内外壁和足面有窑粘。口径14.4、底径7.2、高4.6厘米（图七五七，4；图版三九，1）。

Ⅲ式：1件。标本ⅡT6③：1，敞口，圆唇，斜腹，玉璧形足。白色胎较细，胎体厚重，施白釉，釉色光润，有冰裂纹，内底有支钉疤痕，足面有窑粘。口径15、底径7.3、高4厘米（图七五七，12）。

Ⅳ式：3件。标本ⅡH67：6，敞口，圆唇，斜腹，玉璧形足。白色胎较细，胎体厚重，施白釉，釉色光润，有冰裂纹，内底有支钉疤痕。口径12.5、底径7、高4.3厘米（图七五七，19）。

B型　2件。可分二式。

Ⅰ式：1件。标本ⅡH42：3，微敛口，圆唇，弧腹，饼足。白灰色胎较细，夹有小砂粒，内壁施满釉，外壁口沿外施釉，釉色白中泛灰，露胎处有旋削痕。口径18.2、底径9、高6.5厘米（图七五七，20）。

Ⅱ式：1件。标本ⅡT2②：1，敞口，圆唇，斜弧腹，饼足。白灰色胎略粗，夹有小砂粒，内壁施满釉，釉色泛灰，内底有3个支钉疤痕，口部有窑粘。口径18、底径7.6、高6.8厘米（图七五七，22）。

C型　1件。标本ⅡH1：2，三出花口，斜弧腹，玉璧形足。白灰色胎较细，胎体厚重，施白釉，釉色泛灰，有冰裂纹，内底有3个支钉疤痕，外壁有窑粘。口径14.8、底径7.2、高4.4厘米（图七五七，1；图版三九，2）。

粗瓷碗　75件。可分三型。

A型　43件。可分三式。

Ⅰ式：2件。标本ⅡH2：2，敞口，圆唇，斜腹，饼足。白灰胎较细，施白釉，釉色泛青，内有支钉疤痕，器表有烟炱。口径13、底径6、高3.8厘米（图七五八，12）。

Ⅱ式：15件。标本ⅡT23②：4，敞口，圆唇，斜腹，饼足。白灰胎略粗，施白釉，外壁施半釉，内底有三个支钉疤痕。口径13.2、底径7、高4厘米（图七五八，11）。

Ⅲ式：26件。标本ⅡF1：118，敞口，圆唇，斜腹，玉璧形足。白胎略粗，施白釉，釉色泛灰，外壁施半釉，内底有支钉疤痕。口径13.6、底径6.4、高3.6厘米（图七五八，24）。

B型　20件。可分三式。

Ⅰ式：2件。标本ⅡJ16：3，敞口，圆唇，浅弧腹，玉璧形足，足心内有旋削痕。黄白色胎略粗，施白釉，外壁施半釉，内底有3个支钉疤痕。口径13.8、底径6、高3.7厘米（图七五八，15）。

Ⅱ式：7件。标本ⅡT23②：6，敞口，圆唇，浅弧腹，饼足。青灰色胎略粗，施白釉，釉色泛黄，外壁施半釉，有冰裂纹和蜡泪痕，内底有支钉疤痕。口径13.1、底径6.7、高3厘米（图七五八，7）。

Ⅲ式：11件。标本ⅡG1：1，敞口，圆唇，浅弧腹，饼足。白灰色胎略粗，施白釉，釉色泛黄，外壁施半釉，有窑粘和蜡泪痕，内底有3个支钉疤痕。口径12.8、底径6.4、高4厘米（图七五八，13）。

C型　12件。可分二亚型。

Ca型　5件。可分三式。

Ⅰ式：1件。标本ⅡT4③：6，敞口，圆唇，斜弧腹，饼足。白灰色胎略细，施白釉，釉色泛青，外壁施半釉。口径13.5、底径6.6、高4.4厘米（图七五八，23）。

Ⅱ式：3件。标本ⅡT3②：2，敞口，圆唇，弧腹，玉璧形足。白灰色胎略粗，施白釉，外壁施半釉，内底有3个支钉疤痕。口径13.8、底径6.5、高3.8厘米（图七五八，20）。

Ⅲ式：1件。标本ⅡF1：142，敞口，圆唇，弧腹，玉璧形足。白灰色胎略粗，施白釉，外壁施釉不及底，有蜡泪痕，内底有支钉疤痕。口径14、底径7.3、高4.3厘米（图七五八，19）。

Cb型　7件。可分三式。

Ⅰ式：1件。标本ⅡH42：4，敞口，圆唇，斜弧腹，饼足。白灰色胎略细，施白釉，外壁露胎，内底有3个支钉疤痕。口径12、底径5.5、高3.5厘米（图七五八，10）。

Ⅱ式：3件。标本ⅡT2②：4，敞口，尖圆唇，曲腹，矮足。下腹饰凹弦纹一周，黄白色胎略粗，施白釉，釉色泛黄，外壁施半釉，内底有3个支钉疤痕。口径12.4、底径6.5、高3.7厘米（图七五八，18）。

Ⅲ式：3件。标本ⅡH67：14，敞口，圆唇，斜弧腹，饼足。黄白色胎略粗，施白釉，釉色泛灰，外壁施半釉，内底有3个支钉疤痕。口径13、底径6.4、高4.1厘米（图七五八，16）。

研磨盘　5件。可分二型。

A型　2件。可分二式。

Ⅰ式：1件。标本ⅡJ2：2，敛口，圆唇，浅腹，饼足。白胎较细，器内无釉，划网纹，同心圆圈线在每个网格中又向内戳起毛边，以利研磨，外壁施半釉。口径12.8、底径5.6、高3.2厘米（图七五八，2）。

Ⅱ式：1件。标本ⅡT21②：3，微敛口，圆唇，浅腹，饼足。青灰胎较细，器内无釉，划网纹，同心圆圈线在每个网格中又向内戳起毛边，以利研磨，外壁施半釉，釉色泛青。口径12.8、底径7.2、高3厘米（图七五八，1）。

B型　3件。可分二亚型。

Ba型　2件。可分二式。

Ⅰ式：1件。标本ⅡT9②：1，敛口，圆唇，浅腹，平底。白胎较细，施白釉，器内施满釉，外壁施釉不及底。口径8.4、底径4、高2.8厘米（图七五八，22）。

Ⅱ式：1件。标本ⅡF1：31，敛口，圆唇，腹略深，饼足。白胎略细，施白釉，器内施满釉，外壁施釉不及底，有蜡泪痕。口径10.4、底径4.8、高3.6厘米（图七五八，6）。

Bb型　1件。标本ⅡH4：1，微敛口，尖唇，浅腹，平底。青灰色胎较细，施白釉，釉色泛青，器内饰满釉，外壁施釉不及底，有蜡泪痕。口径9.2、底径4.4、高3.4厘米（图七五八，4）。

盏 2件。可分二式。

Ⅰ式：1件。标本ⅡH42：5，敞口，圆唇，弧腹，饼足。灰色胎较细，施白釉，外壁施釉不及底，有气孔。口径10.4、底径4.5、高3.2厘米（图七五八，3）。

Ⅱ式：1件。标本ⅡH8：2，敞口，圆唇，弧腹，饼足。青灰色胎略粗，施白釉，釉色泛灰，口部刮釉有芒，外壁施半釉，有蜡泪痕。口径9、底径5.2、高2.8厘米（图七五八，21）。

炉 3件。可分二式。

Ⅰ式：1件。标本ⅡH2：4，侈口，圆卷唇，直壁微弧，底残，白灰色胎略粗，内壁施满釉，口唇刮釉有芒，外壁施釉不及底。口径12.4、底径5.5、高7.6厘米（图七五八，9）。

Ⅱ式：2件。标本ⅡH6：3，口残，直壁，平底略内凹。三兽足略外撇。青灰色胎坚硬，内壁施满釉，外壁施釉不及底。口径12、底径6.8、高7.4厘米（图七五八，8）。

盅 1件。标本ⅡF1：173，微敛口，圆唇，弧腹，平底。白胎较细，内壁施满釉，外壁施釉不及底，有蜡泪痕。口径3.3、底径1.7、高1.6厘米（图七五八，5）。

瓷玩 2件。可分二型。

A型 1件。"马上封侯"。标本ⅡJ14：12，马呈站立状，竖耳，短尾，背上骑一猴。青灰胎较细，上半身施白釉，釉色泛灰，有褐色点彩，下半身露胎。长4.4、高5.6厘米（图七五八，25；图版三九，4）。

B型 1件。犬。标本ⅡJ14：13。呈站立状，两耳向前，短尾上翘。白灰胎较细，上半身施白釉，下半身露胎。长3.3、高4.3厘米（图七五八，26）。

3）黑瓷

黑瓷出土数量较多，完整和可复原器100余件。器类有壶、执壶、钵、碗、研磨盘、盏、杯、铃、瓷玩等。黑釉分纯黑、黑中泛黄、黑中泛紫等几种。另有酱色、茶叶末釉色也归入黑釉瓷中。碗类器物部分为外黑内白。

壶 6件。可分二型。

A型 5件。可分二亚型。

Aa型 2件。可分二式。

Ⅰ式：1件。标本ⅡH2：1，口残，束颈，溜肩，鼓腹，平底略外撇。灰白胎较细，施黑釉，有气孔，外壁施半釉。底径6、残高13.2厘米（图七五九，7）。

Ⅱ式：1件。1件。标本ⅡT19②：1，盘口，束颈，溜肩，弧鼓腹，平底略外撇。灰白胎较细，施黑釉，有气孔，外壁施半釉，口部刮釉有芒。口径4.5、底径6.3、高13.3厘米（图七五九，12）。

Ab型 3件。可分二式。

Ⅰ式：1件。标本ⅡT2③：3，盘口，束颈，圆肩，腹弧鼓，平底略外撇。白灰胎较细，施茶叶末釉，内施满釉，外壁施半釉，口唇部刮釉有芒。口径6、底径6.2、高13.5厘米（图七五九，13）。

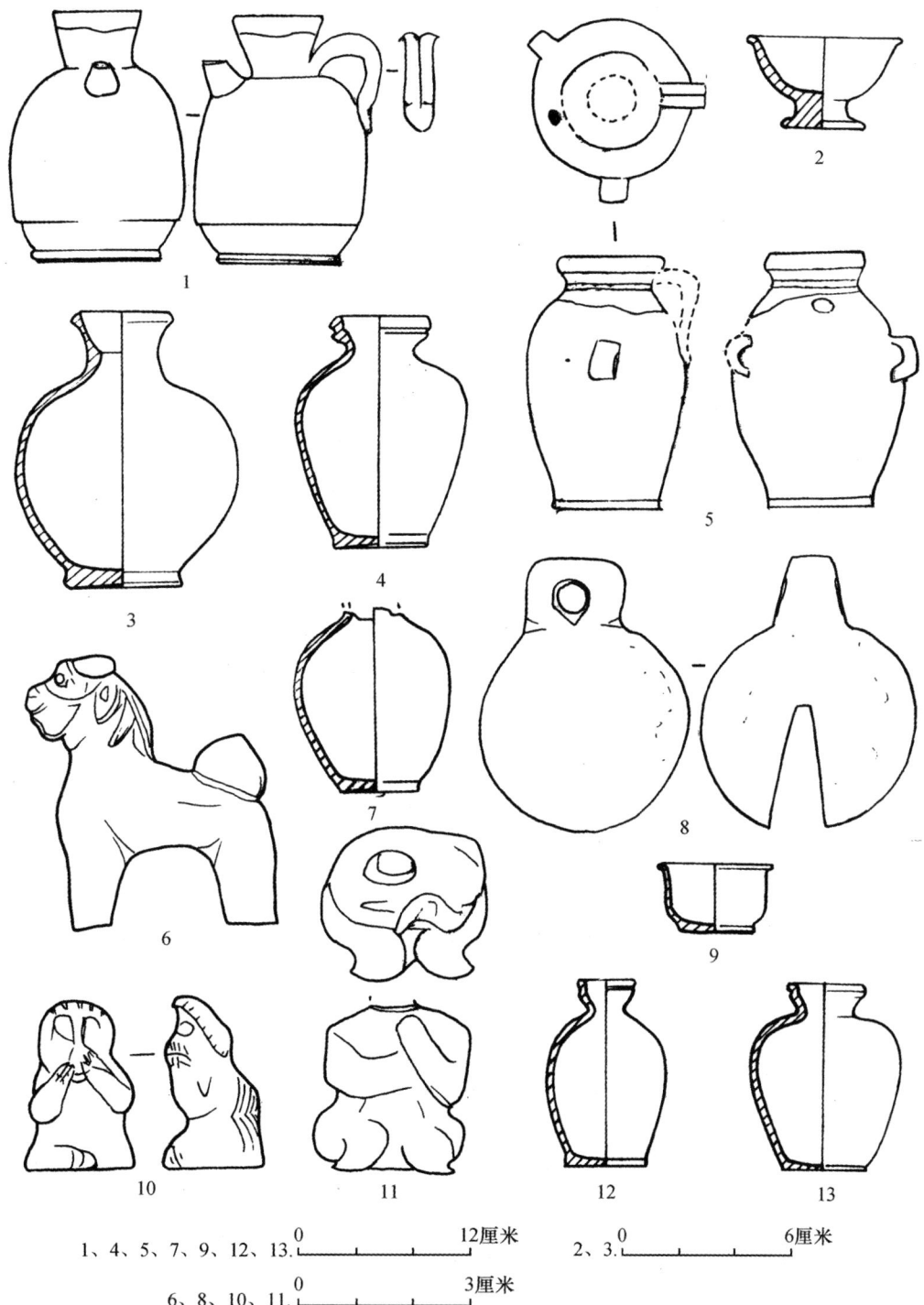

图七五九 Ⅰ、Ⅱ区第二阶段文化遗存器物
1. A型瓷执壶（ⅡT1④：1） 2. B型瓷杯（ⅡT4②：2） 3. B型瓷壶（ⅡF1：193） 4. AbⅡ式瓷壶（ⅡF1：226）
5. B型瓷执壶（ⅡT2②：21） 6. C型瓷玩（ⅡH67：18） 7. AaⅠ式瓷壶（ⅡH2：1） 8. 瓷铃（ⅡF1：171）
9. A型瓷杯（ⅡF1：29） 10. B型瓷玩（ⅡH60：4） 11. A型瓷玩（ⅡH4：7） 12. AaⅡ式瓷壶（ⅡT19②：1）
13. AbⅠ式瓷壶（ⅡT2③：3）

Ⅱ式：2件。标本ⅡF1：226，盘口，束颈，圆肩，瘦腹，平底略外撇。白灰胎较细，施茶叶末釉，口部刮釉有芒，外壁施半釉。口径6.4、底径6.4、高16.4厘米（图七五九，4；图版四〇，1）。

B型　1件。标本ⅡF1：193，盘口，束颈，圆肩，鼓腹，平底略外撇。青灰胎较细，施酱釉，有气孔，口部刮釉有芒，外壁施釉不及底，有窑粘。口径3.6、底径4、高9.8厘米（图七五九，3；图版四〇，2）。

执壶　2件。可分二型。

A型　1件。标本ⅡT1④：1，口残，短直流，圆肩，泥条形把手附贴于颈侧和肩部，深弧腹，矮圈足略外撇。白灰色胎较细，施茶叶末釉不及底。底径8.4、残高8.4厘米（图七五九，1）。

B型　1件。标本ⅡT2②：21，肩以上残，深腹，平底略外撇。白灰色胎较细，施酱釉不及底。底径7.2、残高15.8厘米（图七五九，5）。

钵　4件。可分二型。

A型　2件。可分二式。

Ⅰ式：1件。标本ⅡT2③：5，敛口，圆唇，鼓腹，饼足。灰胎较粗，施黑釉，有窑变斑点，口唇部刮釉，有芒，外壁施半釉，有蜡泪痕和窑粘。口径11.5、底径7、高7.5厘米（图七六〇，23；图版四〇，3）。

Ⅱ式：1件。标本ⅡF1：28，敛口，圆唇，弧鼓腹，饼足。青灰胎较细，施酱釉，口唇部刮釉，有芒，外壁施半釉，有蜡泪痕和窑粘。口径10、底径7、高7.2厘米（图七六〇，27）。

B型　2件。可分二式。

Ⅰ式：1件。标本ⅡH42：7，敛口，尖圆唇，鼓腹，平底略内凹，有旋削痕。白灰胎较细，施黑釉，外壁施不及底。口径2.4、底径2、高1.6厘米（图七六〇，26）。

Ⅱ式：1件。标本ⅡT10③：1，敛口，尖圆唇，鼓腹，平底。灰胎较细，施茶叶末釉，外壁施釉不及底。口径2.2、底径2、高1.8厘米（图七六〇，25）。

碗　58件。可分六型。

A型　2件。可分二式。

Ⅰ式：1件。标本ⅡT12③：2，敞口，圆唇，深弧腹，玉璧形足，足心有旋削痕。白胎较细，施酱釉，外壁施釉不及底，底有3个支钉疤痕。口径21.8、底径9.6、高7.2厘米（图七六〇，3）。

Ⅱ式：1件。标本ⅡF1：130，敞口，卷沿，深弧腹，玉璧形足，脐底。白胎较细，施酱釉，外壁施釉不及底，内底有支钉疤痕。口径19.6、底径9、高6.5厘米（图七六〇，2）。

B型　4件。可分三式。

Ⅰ式：1件。标本ⅡT2③：11，敞口，圆唇，斜直腹，玉璧形足。青灰色胎较细，器内施白釉，釉色泛灰，外壁施酱釉。口径15、底径7.2、高4.1厘米（图七六〇，22）。

Ⅱ式：1件。标本ⅡT28②：2，敞口，圆唇，斜腹略深，玉璧形足。白灰胎较细，器内挂

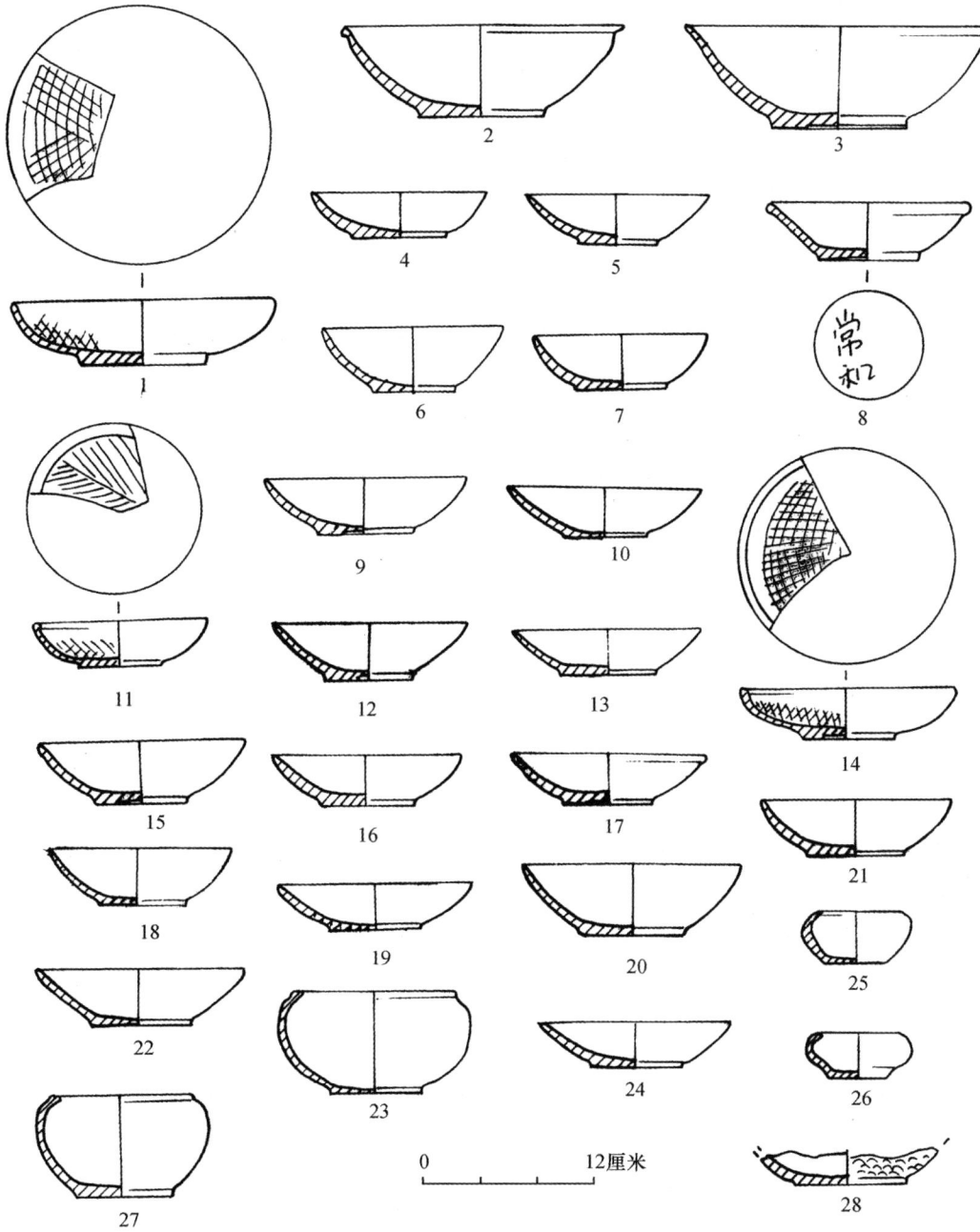

图七六〇　Ⅰ、Ⅱ区第二阶段文化遗存器物

1.B型瓷研磨盘（ⅡH24∶1）　2.AⅡ式瓷碗（ⅡF1∶130）　3.AⅠ式瓷碗（ⅡT12③∶2）　4.CaⅣ式瓷碗（ⅠH3∶6）
5.DbⅠ式瓷碗（ⅡH6∶2）　6.FⅠ式瓷碗（ⅡF1∶66）　7.E型瓷碗（ⅡJ9∶1）　8.BⅢ式瓷碗（ⅡH67∶8）
9.CbⅡ式瓷碗（ⅡF1∶91）　10.DbⅡ式瓷碗（ⅡH7∶2）　11.AⅠ式瓷研磨盘（ⅡT4②∶5）　12.DaⅢ式瓷碗（ⅡT28②∶1）
13.FⅡ式瓷碗（ⅡF1∶81）　14.AⅡ式瓷研磨盘（ⅡT24②∶1）　15.CaⅡ式瓷碗（ⅡT12③∶1）　16.CbⅠ式瓷碗（ⅡT17③∶1）
17.DaⅣ式瓷碗（ⅡJ10∶1）　18.CaⅠ式瓷碗（ⅡH63∶1）　19.DaⅡ式瓷碗（ⅡT6③∶2）　20.BⅡ式瓷碗（ⅡT28②∶2）
21.CaⅢ式瓷碗（ⅡT24②∶3）　22.BⅠ式瓷碗（ⅡT2③∶11）　23.AⅠ式瓷钵（ⅡT2③∶5）　24.DaⅠ式瓷碗（ⅡJ1∶1）
25.BⅡ式瓷钵（ⅡT10③∶1）　26.BⅠ式瓷钵（ⅡH42∶7）　27.AⅡ式瓷钵（ⅡF1∶28）　28.绞釉瓷碗（ⅠH6∶1）

化妆土，施白釉，外壁施黑釉，足心亦施釉，内底有支钉疤痕。口径15.7、底径7.6、高4.8厘米（图七六〇，20）。

Ⅲ式：2件。标本ⅡH67：8，敞口，圆唇，斜直腹较深，饼足。白灰胎略粗，器内施白釉，釉色泛黄，外壁施黑釉，外唇下部分不施釉，内底有支钉疤痕，足面墨书"常和"二字。口径13.8、底径7.3、高4.1厘米（图七六〇，8）。

C型 19件。可分二亚型。

Ca型 16件。可分四式。

Ⅰ式：2件。标本ⅡH63：1，敞口，圆唇，斜腹，矮足。白灰色胎较细，内施白釉，釉色泛黄，外壁施酱釉，内底有支钉疤痕。口径12.8、底径5.6、高4厘米（图七六〇，18）。

Ⅱ式：1件。标本ⅡT12③：1，敞口，圆唇，斜腹，玉璧形足。白灰胎略粗，内施白釉，外壁施酱釉，足心亦施釉。口径14.4、底径6.4、高4.4厘米（图七六〇，15）。

Ⅲ式：5件。标本ⅡT24②：3，敞口，圆唇，斜腹微弧，饼足。青灰胎较细，器内施白釉，釉色泛灰，外壁施酱釉，有气孔，内底有支钉疤痕。口径13.6、底径7.3、高4.1厘米（图七六〇，21）。

Ⅳ式：8件。标本ⅠH3：6，敞口，圆唇，斜腹微弧，饼足。白灰胎较细，器内施白釉，釉色泛灰，外壁施酱釉，外唇下部分不施釉，有蜡泪痕。口径12.3、底径6.4、高3.6厘米（图七六〇，4）。

Cb型 3件。可分二式。

Ⅰ式：1件。标本ⅡT17③：1，敞口，圆唇，斜弧腹，饼足。灰色胎较细，内施白釉，釉色泛青，外壁施酱釉，有气孔，内底有支钉疤痕。口径13.8、底径6.7、高3.8厘米（图七六〇，16）。

Ⅱ式：2件。标本ⅡF1：91，敞口，圆唇，斜弧腹，玉璧形足。青灰胎较细，内施白釉有烟炱，外壁施黑釉，足心亦施釉，有蜡泪痕，内底有支钉疤痕。口径14.2、底径6.8、高4.1厘米（图七六〇，9）。

D型 24件。可分二亚型。

Da型 19件。可分四式。

Ⅰ式：2件。标本ⅡJ1：1，敞口，圆唇，浅腹，玉璧形足。白灰色胎略粗，内施白釉，釉色泛黄，外壁施黑釉，足心亦施釉，有气孔，内底有支钉疤痕。口径13.7、底径6.4、高3.5厘米（图七六〇，24）。

Ⅱ式：2件。标本ⅡT6③：2，敞口较甚，圆唇，浅腹，饼足略内凹。青灰胎较细，内施白釉，釉色泛黄，外壁施茶叶末釉，内壁有窑粘，内底有支钉疤痕。口径14、底径6.2、高3.5厘米（图七六〇，19）。

Ⅲ式：5件。标本ⅡT28②：1，敞口，圆唇，浅腹，玉璧形足，脐底。青白胎较细，内施白釉，釉色泛灰，外壁施酱釉，足心亦施釉，有蜡泪痕，内底有3个支钉疤痕。口径14、底径6、高4.2厘米（图七六〇，12）。

Ⅳ式：10件。标本ⅡJ10：1，敞口，圆唇，浅腹微弧，饼足，足面饰凹弦纹一周。黄白胎略粗，内施白釉，釉色泛黄，外壁施酱釉，有蜡泪痕，内底有3个支钉疤痕。口径13.6、底径6.4、高3.6厘米（图七六〇，17）。

Db型　5件。可分二式。

Ⅰ式：1件。标本ⅡH6：2，敞口，圆唇，浅弧腹，饼足略内凹。黄白色胎略粗，内施白釉，釉色泛黄，外壁施酱釉，内底有3个支钉疤痕。口径13.4、底径6.3、高3.6厘米（图七六〇，5）。

Ⅱ式：4件。标本ⅡH7：2，敞口，圆唇，浅弧腹，玉璧形足。青灰胎较细，内施白釉，釉色泛灰，外壁施酱釉，足心亦施釉，内底有支钉疤痕。口径14、底径6、高3.7厘米（图七六〇，10）。

E型　4件。标本ⅡJ9：1，敞口，圆唇，弧腹，饼足。黄白胎较粗，胎体较厚重，内施白釉，釉色泛黄，外壁施酱釉有气孔，内底有支钉疤痕。口径12.7、底径6.5、高4.2厘米（图七六〇，7）。

F型　5件。可分二式。

Ⅰ式：1件。标本ⅡF1：66，敞口，圆唇，曲腹，玉璧形足。白灰色胎较细，内施白釉，釉色泛黄，外壁施黑釉，足心亦施釉，内底有支钉疤痕。口径13.1、底径6、高4.4厘米（图七六〇，6）。

Ⅱ式：4件。标本ⅡF1：81，敞口，圆唇，曲腹，玉璧形足。青灰胎较细，内施白釉，釉色泛灰，外壁施酱釉，足心亦施釉，内底有3个支钉疤痕，有窑粘。口径13.5、底径7、高3.5厘米（图七六〇，13）。

研磨盘　4件。可分二型。

A型　3件。可分二式。

Ⅰ式：1件。标本ⅡT4②：5，敛口，圆唇，浅弧腹，饼足。器内无釉，划人字形纹，白灰胎较细，施茶叶末釉不及底。口径12、底径5.6、高3.2厘米（图七六〇，11）。

Ⅱ式：2件。标本ⅡT24②：1，敛口，圆唇，浅弧腹，玉璧形足。白胎较细，器内无釉，划网纹，同心圆圈线在每个网格中又向内戳起毛边，以利研磨，施黑釉不及底，有蜡泪痕和窑粘。口径13.6、底径7.2、高3.8厘米（图七六〇，14）。

B型　1件。标本ⅡH24：1，敛口，圆唇，浅弧腹，饼足。灰白胎较细，胎体厚重，器内无釉，划网纹，同心圆圈线在每个网格中又向内戳起毛边，以利研磨，施酱釉不及底，有气孔。口径18.4、底径8.8、高4.4厘米（图七六〇，1）。

盏　22件。可分六型。

A型　2件。可分二式。

Ⅰ式：1件。标本ⅡT9④：1，敞口，圆唇，斜腹，平底。青灰色胎较细，施黑釉，口部刮釉，外壁施半釉。口径11.4、底径5、高4厘米（图七六一，10）。

Ⅱ式：1件。标本ⅡF1：89，敞口，圆唇，斜腹较深，平底。灰白色胎较细，施酱釉，

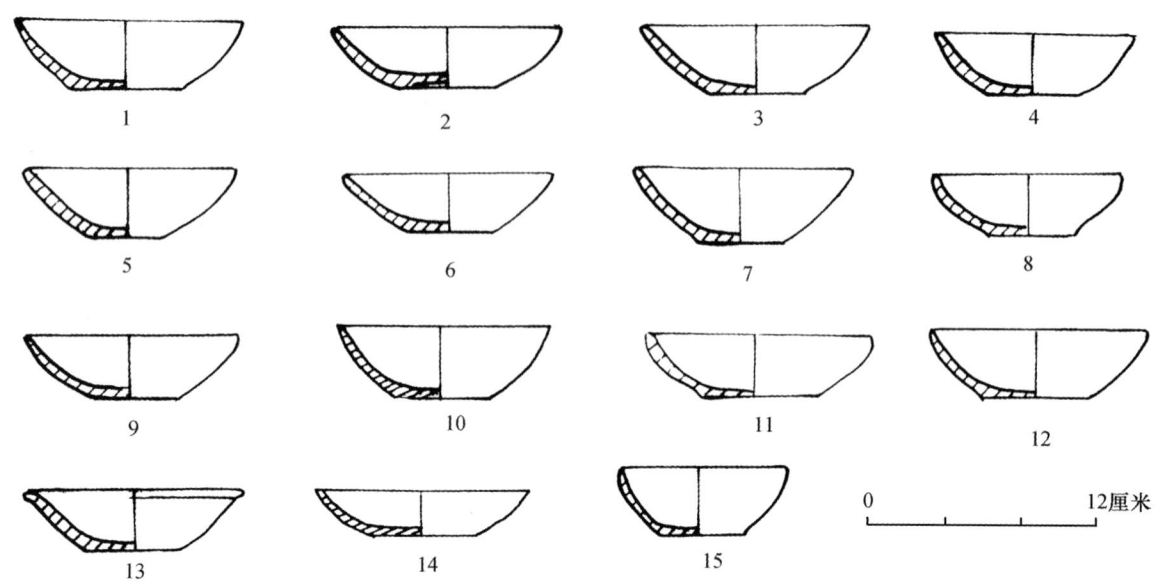

图七六一 Ⅰ、Ⅱ区第二阶段文化遗存瓷器
1. DⅡ式盏（ⅡH2∶3） 2. DⅠ式盏（ⅡH35∶1） 3. EⅢ式盏（ⅠT6②∶5） 4. DⅢ式盏（ⅡJ2∶3）
5. CⅠ式盏（ⅡJ5∶1） 6. EⅣ式盏（ⅡG1∶4） 7. AⅡ式盏（ⅡF1∶89） 8. BⅡ式盏（ⅡJ13∶3）
9. EⅡ式盏（ⅡT3③∶2） 10. AⅠ式盏（ⅡT9④∶1） 11. CⅡ式盏（ⅡF1∶127） 12. DⅣ式盏（ⅡJ11∶1）
13. F型盏（ⅡJ2∶11） 14. EⅠ式盏（ⅡJ1∶5） 15. BⅠ式盏（ⅡT10④∶1）

口部刮釉，外壁施半釉，内底粘砂粒，口部有烟炱。口径11.4、底径4.5、高4.2厘米（图七六一，7）。

B型 2件。可分二式。

Ⅰ式：1件。标本ⅡT10④∶1，敛口，斜弧腹，平底。灰白色胎略粗，施黑釉，外壁施釉不及底，有蜡泪痕。口径8.5、底径4.5、高3.8厘米（图七六一，15）。

Ⅱ式：1件。标本ⅡJ13∶3，微敛口，斜弧腹，平底。青灰色胎较细，施黑釉，釉色光润，口部刮釉，外壁施半釉。口径10、底径4.7、高3.5厘米（图七六一，8）。

C型 4件。可分二式。

Ⅰ式：2件。标本ⅡJ5∶1，敞口，圆唇，斜弧腹，平底。青灰色胎较细，施黑釉，口部刮釉，外壁施半釉，有气孔。口径11.2、底径4、高3.6厘米（图七六一，5）。

Ⅱ式：2件。标本ⅡF1∶127，敞口，圆唇，斜腹，平底。青灰色胎较细，施黑釉，釉色光润，外壁施半釉。口径11.7、底径6、高3.5厘米（图七六一，11）。

D型 8件。可分四式。

Ⅰ式：1件。标本ⅡH35∶1，敞口，圆唇，腹微弧，平底内凹。黄白色胎略粗，施茶叶末釉，口部刮釉，外壁施半釉，有蜡泪痕。口径12.4、底径5、高3.5厘米（图七六一，2）。

Ⅱ式：1件。标本ⅡH2∶3，敞口，圆唇，腹微弧，平底。青灰色胎略粗，施黑釉，口部刮釉，外壁施半釉，有蜡泪痕。口径12.2、底径5.8、高3.7厘米（图七六一，1）。

Ⅲ式：2件。标本ⅡJ2：3，敞口，圆唇，弧腹，平底略内凹。青灰色胎略细，施黑釉，口部不施釉，外壁施半釉，露胎处有旋削痕，有蜡泪痕。口径10.7、底径5.5、高3.2厘米（图七六一，4）。

Ⅳ式：4件。标本ⅡJ11：1，敞口，圆唇，弧腹，平底。黄白色粗胎，施酱釉，口部刮釉，外壁施半釉。口径11.8、底径5.7、高3.7厘米（图七六一，12）。

E型　5件。可分四式。

Ⅰ式：1件。标本ⅡJ1：5，敞口，圆唇，浅弧腹，平底。青灰色胎较细，施酱釉，口部刮釉，外壁施半釉。口径11.7、底径5.7、高2.5厘米（图七六一，14）。

Ⅱ式：1件。标本ⅡT3③：2，敞口，圆唇，浅弧腹，平底有旋削痕。青灰色胎较粗，施黑釉，口部刮釉，外壁施釉不及底。口径11.5、底径5、高3.2厘米（图七六一，9）。

Ⅲ式：1件。标本ⅠT6②：5，敞口，圆唇，浅弧腹，平底。青灰色胎较细，施黑釉，口部刮釉，外壁施半釉。口径12.2、底径5、高3.6厘米（图七六一，3）。

Ⅳ式：2件。标本ⅡG1：4，敞口，圆唇，浅弧腹，平底。青灰色胎较细，施黑釉，口部刮釉，外壁施半釉，有蜡泪痕。口径11.2、底径4.4、高3厘米（图七六一，6）。

F型　1件。标本ⅡJ2：11，喇叭口，圆卷唇，斜腹，平底略内凹。灰白色粗胎，器内施黑釉，外壁施釉不及底，内底有支钉疤痕。口径11.3、底径4.7、高3.5厘米（图七六一，13）。

杯　2件。可分二型。

A型　1件。标本ⅡF1：29，侈口，圆卷唇，直腹，饼足。灰白色胎较细，施酱釉，口部刮釉有芒，外壁施釉不及底。口径8.2、底径5.4、高4.8厘米（图七五九，9）。

B型　1件。高足。标本ⅡT4②：2，喇叭口，圆唇，弧腹，高足。白色胎略粗，施黑釉，外壁施半釉。口径4.8、底径2.5、高3.2厘米（图七五九，2）。

瓷铃　3件。标本ⅡF1：171，圆球形，中空，顶部有纽，铃中腹以下有开缝。白灰色胎略粗，纽和器身上半部施黑釉，有窑粘。直径3.7、高4.8厘米（图七五九，8）。

瓷玩　3件。可分三型。

A型　1件。人。标本ⅡH4：7，呈坐立状，头残，左手贴胸，右手托腮，两腿前伸，上半身施白釉点彩，下半身施黑釉。残高3厘米（图七五九，11）。

B型　1件。猴。标本ⅡH60：4，呈坐立状，双手托腮，人字形毛发。白灰胎较细，施黑釉，有窑粘。高3厘米（图七五九，10）。

C型　1件。犬。标本ⅡH67：18，呈站立状，竖耳，短尾上翘，头部稍残。青灰胎较细，上半身施酱釉，下半身露胎。长4.3、高4.8厘米（图七五九，6）。

4）绞釉瓷器

碗　1件。标本ⅠH6：1，口残，斜腹，玉璧形足。黄白色胎略粗，内壁施满釉，釉色泛黄，外壁施黄褐绞釉，足心亦施釉。底径8、残高2.4厘米（图七六〇，28）。

5）三彩器

三彩器出土数量较少，可辨认的器型有罐、执壶、碗、炉、器盖、瓷玩等。釉色主要为绿、赭、白、黄几种。

罐　3件。可分三型。

A型　1件。标本ⅡJ8：9，侈口，圆唇，束颈，圆折肩，肩以下残。施黄、绿、白三彩。口径10、残高3.2厘米（图七六二，11）。

B型　1件。标本ⅡF1：239，残片，深腹，饰凹弦纹和席纹。施黄、绿、赭三彩。残高8.6厘米（图七六二，14）。

C型　1件。标本ⅡH67：22，敛口，口外侧附贴双泥条形提梁，已残，鼓腹，腹以下残。施绿、赭、白三彩。口径6.6、残高3.4厘米（图七六二，12）。

执壶　1件。标本ⅡF1：19，侈口，圆唇，高领，短直流，圆肩，双泥条形把手附贴颈侧和肩部，垂腹，饰凹弦纹一周，饼足。釉色以黄釉为主间有绿、酱等色。口径5.6、底径6.8、高12.8厘米（图七六二，1；图版四一，1）。

碗　2件。标本ⅠH2：1，窄沿，圆唇，深弧腹，底残。器内以白釉为底，绿釉和酱釉呈火焰纹，外施半釉为绿釉。口径18.5、残高6.4厘米（图七六二，17）。

炉　2件。可分二型。

A型　1件。标本ⅡT27②：2，侈口，圆卷唇，深腹，平底，附贴三兽足。施绿、赭、白三彩。口径10.3、底径4.2、高7.6厘米（图七六二，2）。

B型　1件。标本ⅡF1：235，敞口，方唇，浅腹，腹以下残。器内施绿釉，外施黄、绿、赭三彩。口径10、残高5.2厘米（图七六二，9）。

器盖　1件。标本ⅡF1：170，沿纽残，子母口微敛，盖面突起，平顶。盖面施绿、赭、白三彩。口径7.2、残高2.7厘米（图七六二，13）。

器耳　2件。标本ⅡF1：208，为一站立状的狮，口衔器口，两前爪搭在器口上，圆眼，竖耳，后蹄残。黄白色胎较细，绿釉做底，施黄褐釉。残高5.6厘米（图七六二，16）。标本ⅡH67：24，三泥条桥形耳。黄白色胎较细，施绿釉和白釉（图七六二，18）。

瓷玩　6件。可分三型。

A型　2件。犬。可分二亚型。

Aa型　1件。标本ⅡH1：4，呈站立状，蹄残，施满釉。施绿、赭、白三彩。长3.5、残高4.6厘米（图七六二，15；图版四一，2右）。

Ab型　1件。标本ⅡH2：6，呈站立状，蹄残，螺旋状尾。黄白色胎略粗，施绿、赭、黄三彩。长4、残高4.1厘米（图七六二，19）。

B型　1件。骆驼。标本ⅡF1：209，呈站立状，昂首。上半部施黄、绿、赭三彩。长4、高6厘米（图七六二，4；图版四一，2中）。

C型　3件。标本ⅡT8②：4，长方形座，上蹲踞一狮，上半部残。施绿、赭、白三彩。残高5.7厘米（图七六二，8）。标本ⅡF1：175，圆形台阶式座。施绿、赭、白三彩。残高4厘米（图七六二，5）。标本ⅡF1：234，狮足。呈站立状。施绿、赭、白三彩。残高8.2厘米（图七六二，7）。

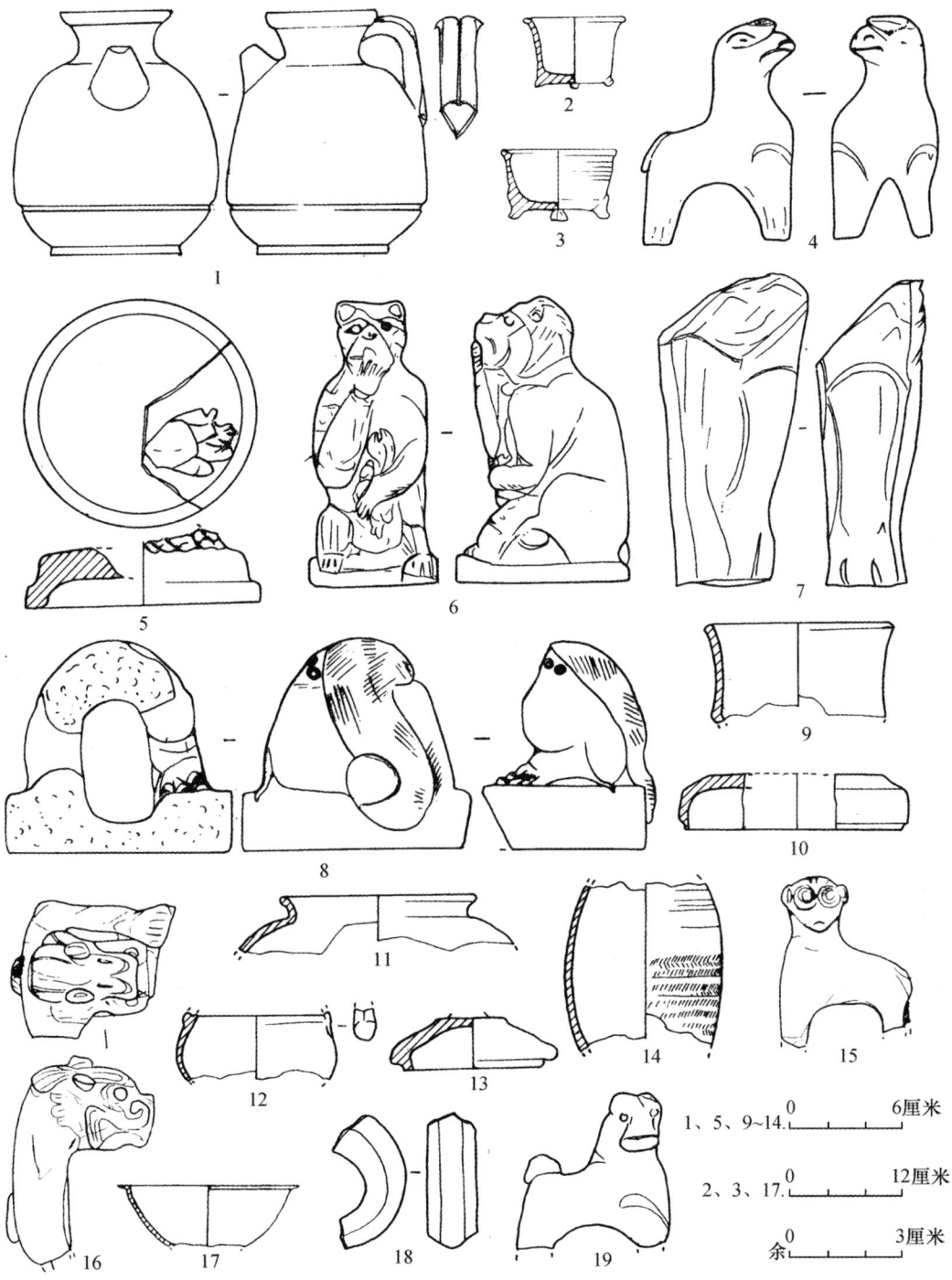

图七六二 Ⅰ、Ⅱ区第二阶段文化遗存器物

1. 三彩瓷执壶（ⅡF1:19） 2. A型三彩瓷炉（ⅡT27②:2） 3. 釉陶炉（ⅡF1:23） 4. B型三彩瓷玩（ⅡF1:209）
5、7、8. C型瓷玩（ⅡF1:175、ⅡF1:234、ⅡT8②:4） 6. 釉陶玩（ⅡT16②:3） 9. B型三彩瓷炉（ⅡF1:235）
10. 釉陶器盖（ⅡF1:174） 11. A型三彩瓷罐（ⅡJ8:9） 12. C型三彩瓷罐（ⅡH67:22） 13. 三彩瓷器盖（ⅡF1:170）
14. B型三彩瓷罐（ⅡF1:239） 15. Aa型三彩瓷玩（ⅡH1:4） 16、18. 三彩瓷器耳（ⅡF1:208、ⅡH67:24）
17. 三彩瓷碗（ⅠH2:1） 19. Ab型三彩瓷玩（ⅡH2:6）

6）釉陶器

出土数量较少，有炉、器盖、釉陶玩等。

炉　1件。标本ⅡF1：23，双唇口，深直腹，饰弦纹，平底略内凹，红褐色胎，器内外挂化妆土。施绿釉。口径12.5、底径6.8、高6.3厘米（图七六二，3）。

器盖　1件。标本ⅡF1：174，子母口微敛，盖面平弧。施绿釉。口径12、高3厘米（图七六二，10）。

釉陶玩　1件。猴子。标本ⅡT16②：3，长方形座，呈蹲踞式，圆眼，高鼻梁，右手吃食，左手抱一小猴。黄白色胎略粗，施绿釉。底座长5.4、宽3.4、器高7.5厘米（图七六二，6；图版四一，2左）。

3. 银器

器类有钗、锥等。

钗　1件。标本ⅠH1：1，器身扁平，上端呈椭圆形，下端分两股，尖残。残长8.4、宽0.8厘米（图七六三，14）。

锥　1件。标本ⅡH1：5，锥体截面呈圆形，锥尖呈三棱形，锋利。长16.8厘米（图七六三，8）。

4. 铜器

器类有环、扳指、簪、饰件、带饰、带扣、铊尾、器盖、合页等。

环　1件。标本ⅡT1②：3，铜质，圆形，截面呈圆形。直径3.2厘米（图七六三，13；图版四二，2上中）。

扳指　1件。标本ⅡT28②：5，平面呈圆环状，截面呈半圆形。直径3.2厘米（图七六三，11；图版四二，2上左）。

簪　1件。标本ⅡT10②：12，铜质，形体瘦长，呈柳叶形。长13.2、顶宽0.4、厚0.2厘米（图七六三，5）。

饰件　4件。可分四型。

A型　1件。标本ⅡH7：20，呈凹底弧边三角形。长4.3、宽1.8、厚0.4厘米（图七六三，6）。

B型　1件。标本ⅡT15②：11，呈圆形六瓣，中心有钉孔。直径2.5、厚0.2厘米（图七六三，12；图版四二，2上右）。

C型　1件。标本ⅡJC1：1，近长条形。长12.4、宽2.3、厚1厘米（图七六三，10）。

D型　1件。标本ⅡT3②：8，呈树状，残。残高5厘米（图七六三，16）。

带饰　2件。可分二型。

A型　1件。凤形。标本ⅡT4②：20，稍残。长4.6、宽3.9厘米（图七六三，7）。

B型　1件。鱼形。标本ⅡJ4：9，头残。长5.6厘米（图七六三，15）。

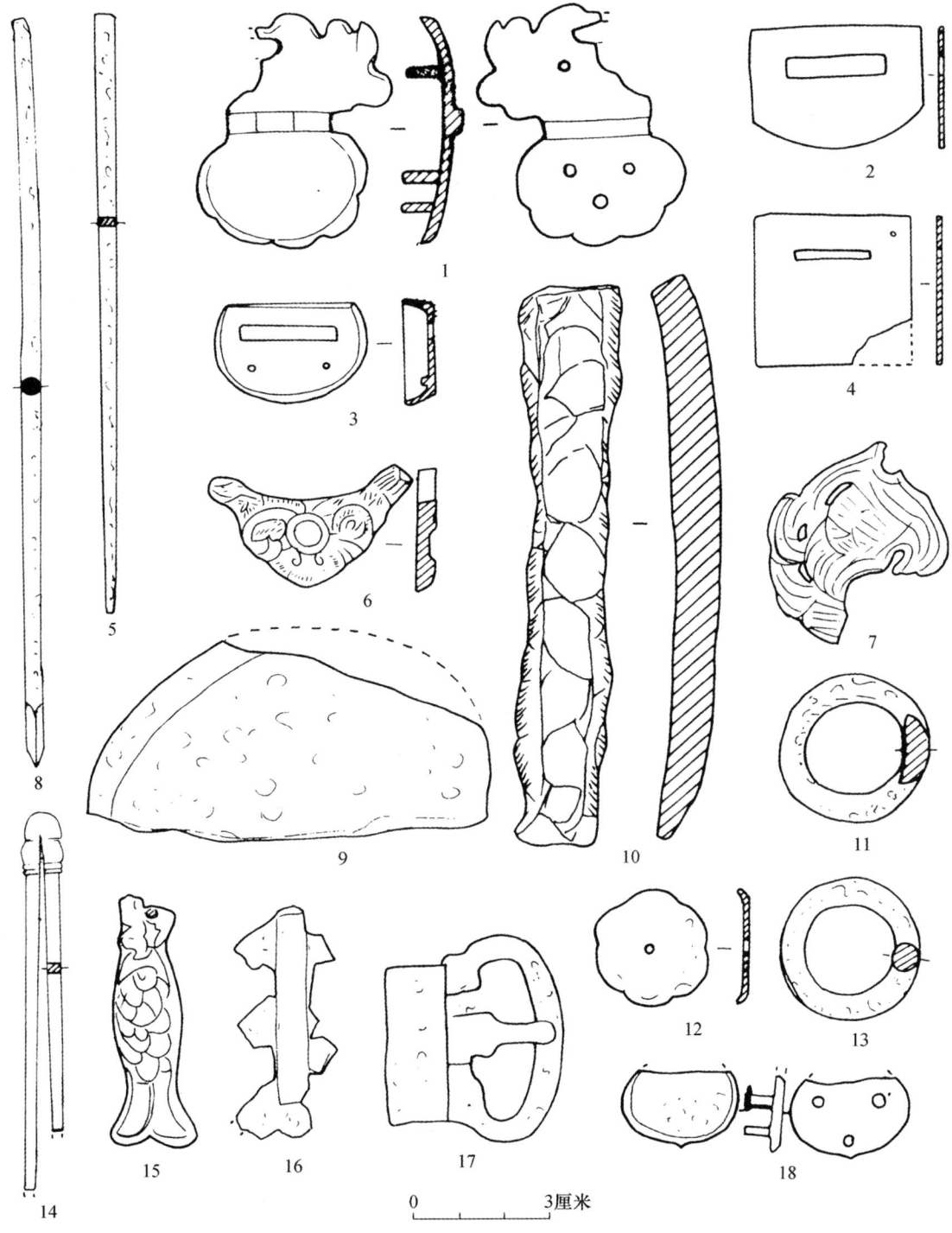

图七六三　Ⅰ、Ⅱ区第二阶段文化遗存器物

1. 铜合页（ⅡT22②：20）　2. B型铜带扣（ⅡH4：9）　3. Ab型铜带扣（ⅡF1：225）　4. C型铜带扣（ⅡJ4：10）
5. 铜簪（ⅡT10②：12）　6. A型铜饰件（ⅡH7：20）　7. A型铜带饰（ⅡT4②：20）　8. 银锥（ⅡH1：5）
9. 铜器盖（ⅡH32：4）　10. C型铜饰件（ⅡJC1：1）　11. 铜扳指（ⅡT28②：5）　12. B型铜饰件（ⅡT15②：11）
13. 铜环（ⅡT1②：3）　14. 银钗（ⅠH1：1）　15. B型铜带饰（ⅡJ4：9）　16. D型铜饰件（ⅡT3②：8）
17. Aa型铜带扣（ⅡT3③：7）　18. 铜铊尾（ⅡT7③：2）

带扣　5件。可分三型。

A型　2件。可分二亚型。

Aa型　1件。标本ⅡT3③：7，前端平面略呈马蹄形，后边附活动条状扣舌，后端呈长方形，稍残。残长3.9、前宽4.5、后宽3.4厘米（图七六三，17）。

Ab型　1件。标本ⅡF1：225，前端平面略呈马蹄形，见有钉孔2个。长3.3、宽2.3厘米（图七六三，3；图版四二，2下右）。

B型　1件。标本ⅡH4：9，前端呈弧边长方形。长3.7、宽2.8厘米（图七六三，2；图版四二，2下左）。

C型　2件。标本ⅡJ4：10，平面呈长方形，右角略残，见有2个钉孔，一孔内有铜铆钉。长3.5、宽3.3厘米（图七六三，4）。

铊尾　1件。标本ⅡT7③：2，稍残。呈圭形，盖底之间有3个铆钉铆合，是用于带尾的装饰。长2.5、残宽1.6厘米（图七六三，18）。

器盖　1件。标本ⅡH32：4，盖面突起，出沿，残半。直径8.7厘米（图七六三，9）。

合页　1件。标本ⅡT22②：20，一侧呈花瓣式圭形，内有2个铆钉，另一侧残，有1个铆钉。长5.2、宽4.7厘米（图七六三，1）。

5. 铁器

器类有斧、刀、锛、锄、钩、环、灯盏、权、车輨、铧、镞、钉、铁器等。

斧　3件。可分二型。

A型　2件。可分二式。

Ⅰ式：1件。标本ⅡT17④：4，呈长方体，平顶略窄，弧刃稍残损，侧面有銎，直通另一侧。銎长2.4、宽1、体长9.6、宽7.2厘米（图七六四，4；图版四二，1下左）。

Ⅱ式：1件。标本ⅡH8：4，呈长方体，平顶较宽，到刃部递减，弧刃较锋利，侧面有銎，直通另一侧，呈长方形。銎长3、宽1.4、体长11.4、宽7、顶宽4厘米（图七六五，8）。

B型　1件。标本ⅡJ8：7，呈窄长方体，平顶略窄，直刃微弧，侧面有銎，直通另一侧。銎长2.8、宽1、体长10.4、宽5.4厘米（图七六五，1；图版四二，1下右）。

刀　2件。可分二型。

A型　1件。标本ⅡT3③：4，锻造，刀身残。呈长条形，直刃较锋，铁柄略弯，截面呈长方形。残长11、宽3.4、柄长11.8厘米（图七六五，12）。

B型　1件。标本ⅠH3：22，锻造，刀身呈弯形，背部略厚，刃部较锋。残长24、宽3.4厘米（图七六五，2）。

锛　1件。标本ⅡJ18：1，呈长方体，上端略宽，下端较窄，直刃微弧，上面有钉孔，銎孔较深。长22.6、上宽11.2、下宽7.6厘米（图七六五，3）。

锄　1件。标本ⅡT17④：5，平面呈梯形，直刃略厚，銎孔较浅。长16、底宽16、顶宽8.4厘米（图七六四，2；图版四二，1上）。

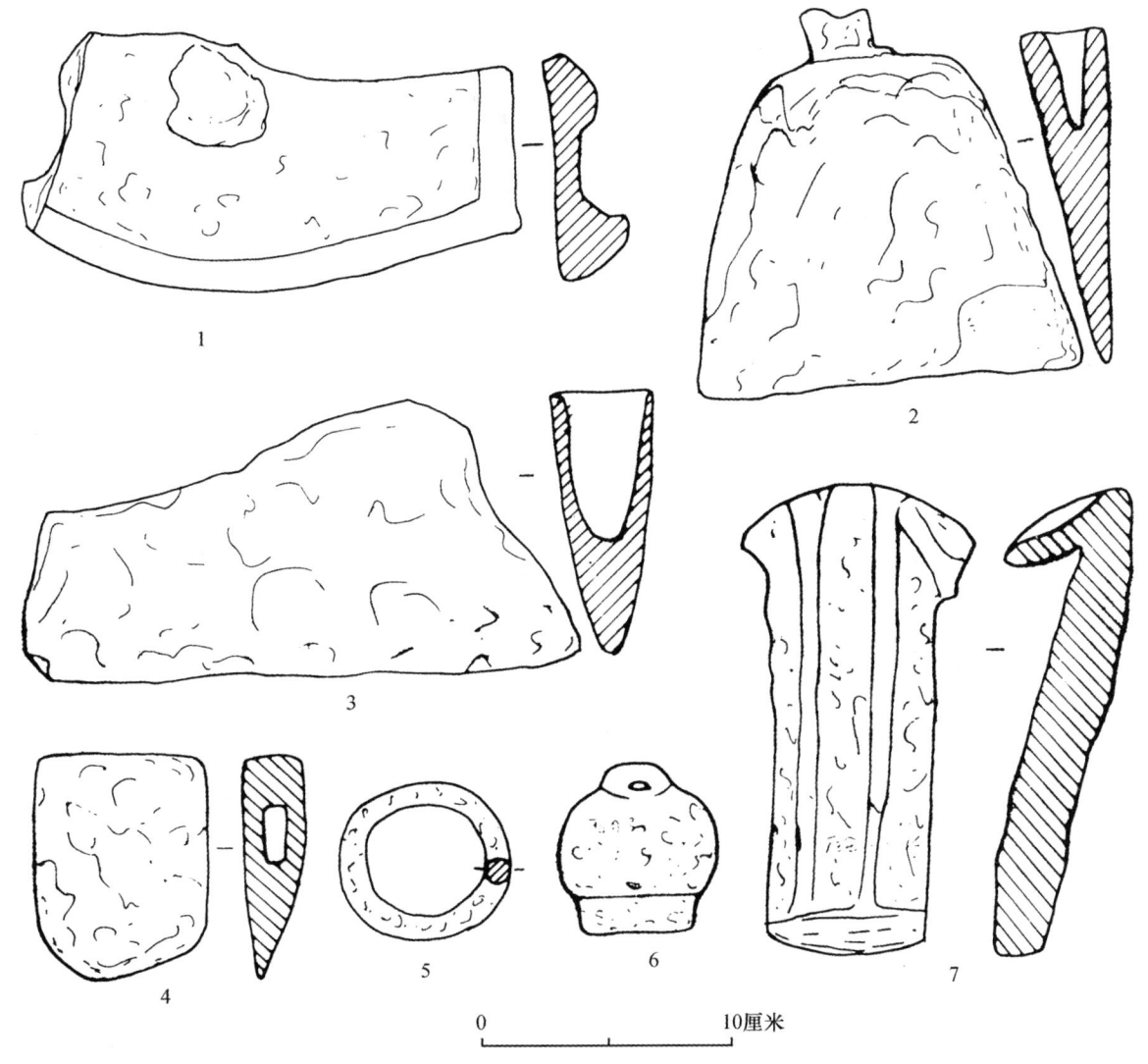

图七六四 Ⅰ、Ⅱ区第二阶段文化遗存器物
1、3. 铁犁铧（ⅡJ2∶13、ⅡT3④∶1） 2. 铁锄（ⅡT17④∶5） 4. AⅠ式铁斧（ⅡT17④∶4）
5. 铁环（ⅡT10④∶5） 6. Ⅰ式铁权（ⅡT4④∶3） 7. 铁器足（ⅡT3④∶2）

钩 1件。标本ⅡH6∶4，锻造，钩首呈环状，钩身较长，截面呈圆形。长35厘米（图七六五，4）。

环 1件。标本ⅡT10④∶5，锻造，圆形，横截面呈圆形。直径7、内径5厘米（图七六四，5）。

灯盏 1件。标本ⅡF1∶168，铸造，锈蚀严重，敞口，弧腹，圜底，内底铸有灯芯。口径6.6、高3.4厘米（图七六五，5；图版四二，3上右）。

权 2件。可分二式。

Ⅰ式：1件。标本ⅡT4④∶3，铸造，圆鼓腹，上端有纽，平底。底径4.6、高7.2厘米（图

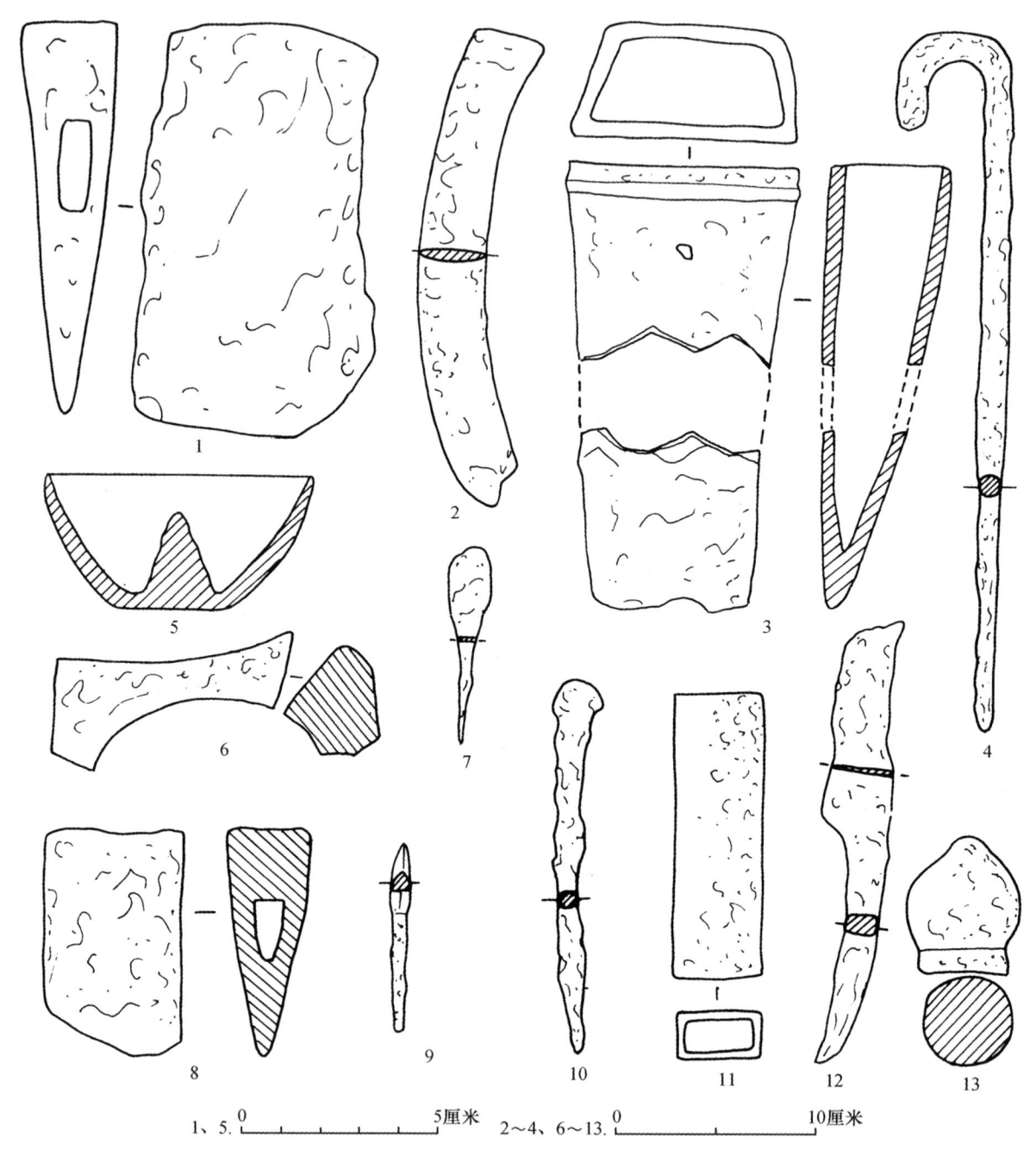

图七六五　Ⅰ、Ⅱ区第二阶段文化遗存器物
1. B型铁斧（ⅡJ8：7）　2. B型铁刀（ⅠH3：22）　3. 铁锛（ⅡJ18：1）　4. 铁钩（ⅡH6：4）　5. 铁灯盏（ⅡF1：168）
6. 铁车輨（ⅡF1：188）　7. A型铁钉（ⅡH39：1）　8. AⅡ式铁斧（ⅡH8：4）　9. 铁镞（ⅡH28：2）　10. B型铁钉（ⅡH1：7）
11. 铁器（ⅡT21②：12）　12. A型铁刀（ⅡT3③：4）　13. Ⅱ式铁权（ⅡJ11：6）

七六四，6；图版四二，3下左）。

Ⅱ式：1件。标本ⅡJ11：6，铸造，锈蚀严重，圆鼓腹，上端有纽，平底略外撇。底径4.6、高7厘米（图七六五，13；图版四二，3下右）。

车輨　1件。标本ⅡF1∶188，铸造。残长11.4、宽5.6厘米（图七六五，6）。

犁铧　2件。标本ⅡJ2∶13，铸造。残长20.2、宽11.4厘米（图七六四，1）。标本ⅡT3④∶1，铸造。残长23、宽12厘米（图七六四，3）。

镞　1件。标本ⅡH28∶2，呈三棱形，边锋微弧，较锋利，横断面呈三角形，铁铤。镞身长3.5、铤长6厘米（图七六五，9；图版四二，3上左）。

钉　2件。可分二型。

A型　1件。标本ⅡH39∶1，锻造，椭圆形钉头，钉尖较锋。长10厘米（图七六五，7）。

B型　1件。标本ⅡH1∶7，锻造，钉头略扁，钉身横截面呈圆形。长18.6厘米（图七六五，10）。

器足　1件。标本ⅡT3④∶2，浇铸，呈长条形，背部微弧有两道凸棱。高19.8、宽6.6厘米（图七六四，7）。

铁器　1件。标本ⅡT21②∶12，锻造，锈蚀严重，呈窄长方体，中空。长14.4、宽4.4、厚2.4厘米（图七六五，11）。

6. 石器

器类有砚、臼、磨石、杵、纺轮、石饼、石球、石器等。

砚　1件。标本ⅡF1∶5，砂岩磨制而成，长方体，外缘阴刻边线，莲花瓣墨池，圭形砚面，与砚池隔墙的两侧近边缘有笔孔，孔径1.2、深1.7厘米。前、后两侧挖单池，左右两侧挖双池，挖底外缘有圈足。体长13.4、宽10.8、高6厘米（图七六六，7）。

臼　1件。标本ⅡT4②∶22，砂岩琢制，残半，呈椭圆形，圜底。残长7、宽12、高4.6、池深2厘米（图七六六，11）。

磨石　2件。可分二型。

A型　1件。标本ⅡF1∶179，磨制，近长条形，上端略窄，钻半孔，下端略宽弧凸。长6.7、上宽1.6、下宽1.9、厚0.5厘米（图七六六，4；图版四三，3右）。

B型　1件。标本ⅡT10④∶3，磨制，长条形，顶端中部钻孔。孔径0.4、长7.2、宽2.2、厚0.5厘米（图七六六，2；图版四三，3中）。

杵　1件。标本ⅡT9④∶3，圆形柱状，杵头较细弧凸，器身中部有捆绑绳索的凹槽。直径5、高8厘米（图七六六，9）。

纺轮　1件。标本ⅡH28∶1，磨制，圆形，中间钻孔。孔径0.8、直径3.8、厚0.8厘米（图七六六，10）。

石饼　1件。标本ⅡJ9∶8，砂岩磨制，平面呈圆形。直径5.1、厚2厘米（图七六六，12）。

石球　10件。皆圆形，直径2.3～10厘米。标本ⅡT28②∶4，直径2.3厘米（图七六六，6；图版四三，2右1）。标本ⅡH35∶2，直径3.7厘米（图七六六，8）。标本ⅡJ3∶7，直径7厘米

图七六六 Ⅰ、Ⅱ区第二阶段文化遗存器物
1. 石器（ⅡT10④：4） 2. B型磨石（ⅡT10④：3） 3、5、6、8. 石球（ⅡT10②：5、ⅡJ3：7、ⅡT28②：4、ⅡH35：2）
4. A型磨石（ⅡF1：179） 7. 石砚（ⅡF1：5） 9. 石杵（ⅡT9④：3） 10. 石纺轮（ⅡH28：1） 11. 石臼（ⅡT4②：22）
12. 石饼（ⅡJ9：8）

（图七六六，5；图版四三，2左2）。标本ⅡT10②：5，直径10厘米（图七六六，3）。

石器　1件。标本ⅡT10④：4，磨制，残半。呈长条形，中心钻孔，对钻，尖部弧凸。残长7.2、宽2.3、厚1.2厘米（图七六六，1；图版四三，3左）。

7. 骨器

器类有锥、筷、铲、器柄、佩饰、筒形器、簪、钗、钗坯、梳、骨片、骨料、祭骨等。

锥　4件。可分三型。

A型　1件。标本ⅡJ4：8，磨制，器身扁平，呈长条形，一侧内凹，截面呈长方形，近尖部体呈圆形。长14.5、宽1、厚0.7厘米（图七六七，4；图版四四，2右2）。

B型　1件。标本ⅡH7：13，磨制，上端较宽，一侧内凹，器身呈圆形，锥尖残损。残长16.7、顶宽1.5厘米（图七六七，9；图版四四，2左2）。

C型　2件。皆为鹿角略经磨制而成，横截面呈椭圆形。标本ⅡF1：195，长11.4厘米（图七六八，7；图版四四，4下）。

筷　2件。可分二型。

A型　1件。标本ⅡH6：5，磨制精细，体细长，截面呈长方形。长11.4、边长0.6厘米（图七六七，17）。

B型　1件。标本ⅡH7：19，磨制。体细长，略作两端较细，中间略粗，截面呈方形。长11.5、边长0.5厘米（图七六七，15）。

铲　1件。标本ⅡT1③：2，磨制，平面呈长条形，器身扁平，两端弧凸，头部稍宽，略薄。长11.8、宽1.3、厚0.3厘米（图七六七，16；图版四四，2右1）。

器柄　1件。标本ⅡF1：198，呈龙形，雕刻精细，呈圆形柱状，截面呈椭圆形，下端残，圆眼凹鼻梁，有鼻孔，卷须，张嘴，体饰蕉叶纹。残长10厘米（图七六八，2；图版四四，3左）。

佩饰　3件。可分二型。

A型　1件。标本ⅡF1：197，下端稍残，似梳状。上端弧背形花式边，下边呈直线，为子母口，用于镶嵌。一侧雕刻牡丹双鱼纹，一侧雕刻雌雄鸳鸯，均作展翅欲飞状，造型生动，刀法娴熟，工巧之极。长7.9、宽2.8厘米（图七六八，12）。

B型　2件。形制制同，磨制精细，似梳状。上端弧背，下边较直，下方侧面有凹槽用于镶嵌。标本ⅡF1：199，长7.7、宽2.2厘米（图七六八，9）。

筒形器　1件。标本ⅡT11④：5，圆形筒状，略作上小下大，外表雕刻网格纹。直径4.2、高7.4厘米（图七六八，10；图版四四，3右）。

簪　12件。可分三型。

A型　6件。可分二亚型。

Aa型　2件。标本ⅡF1：231，磨制精细。器身扁平，上端弧凸较宽，截面呈弧顶长方形，到尖部递减成圆尖。长17.8、厚0.2厘米（图七六七，13；图版四四，1右1）。

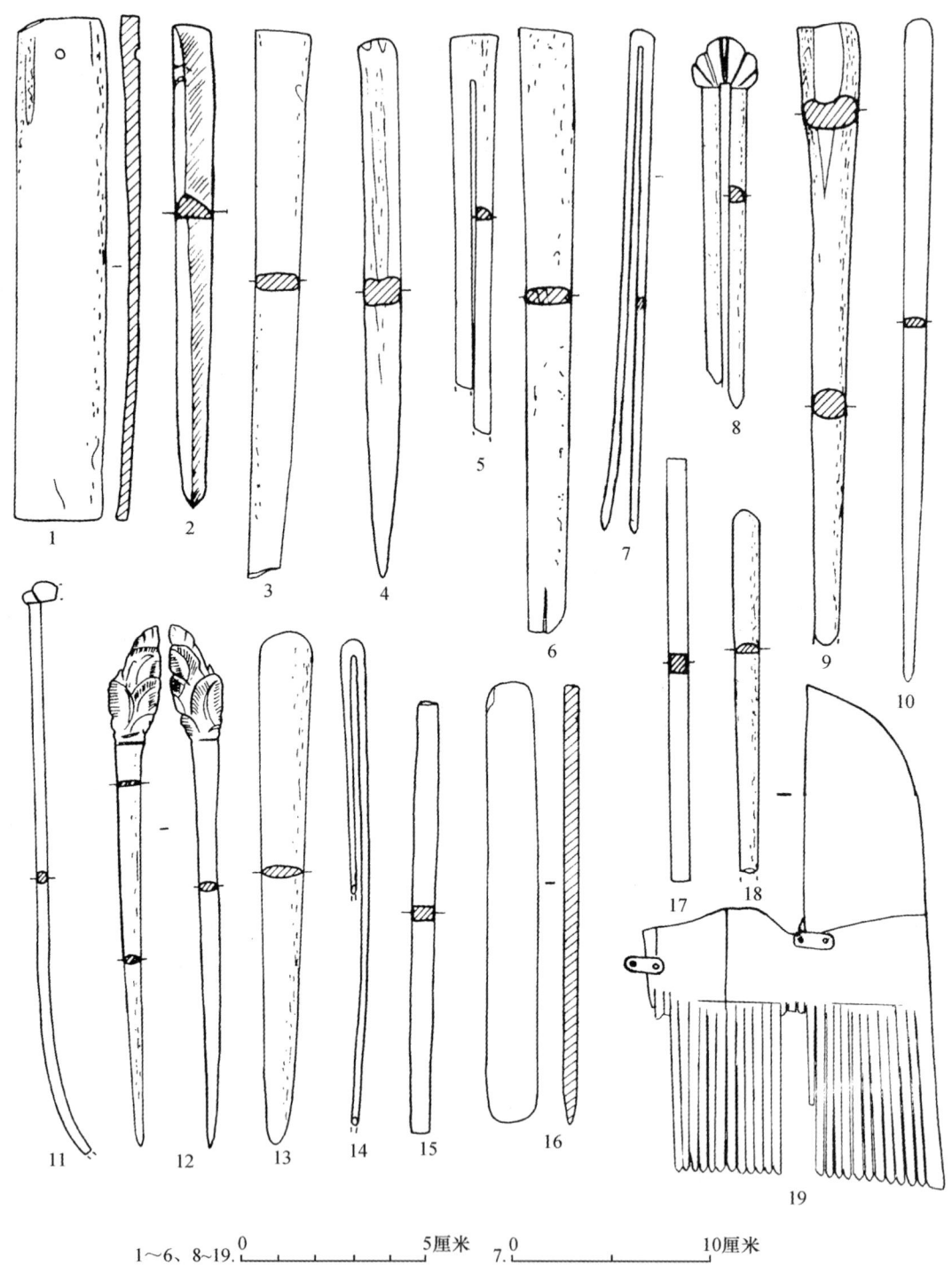

图七六七　Ⅰ、Ⅱ区第二阶段文化遗存器物
1. A型骨片（ⅡG1∶9）　2. B型骨料（ⅡT24②∶17）　3、6. 骨钗坯（ⅡF1∶187-1、ⅡF1∶187-2）
4. A型骨锥（ⅡJ4∶8）　5. C型骨钗（ⅡF1∶185）　7. B型骨钗（ⅡJ16∶6）　8. Aa型骨钗（ⅠH3∶10）
9. B型骨锥（ⅡH7∶13）　10. B型骨簪（ⅡT16②∶6）　11. Ab型骨钗（ⅡH35∶3）　12. C型骨簪（ⅡH13∶10）
13. Aa型骨簪（ⅡF1∶231）　14. D型骨钗（ⅡH4∶11）　15. B型骨筷（ⅡH7∶19）　16. 骨铲（ⅡT1③∶2）
17. A型骨筷（ⅡH6∶5）　18. Ab型骨簪（ⅡJ5∶10）　19. A型骨梳（ⅡT2②∶10）

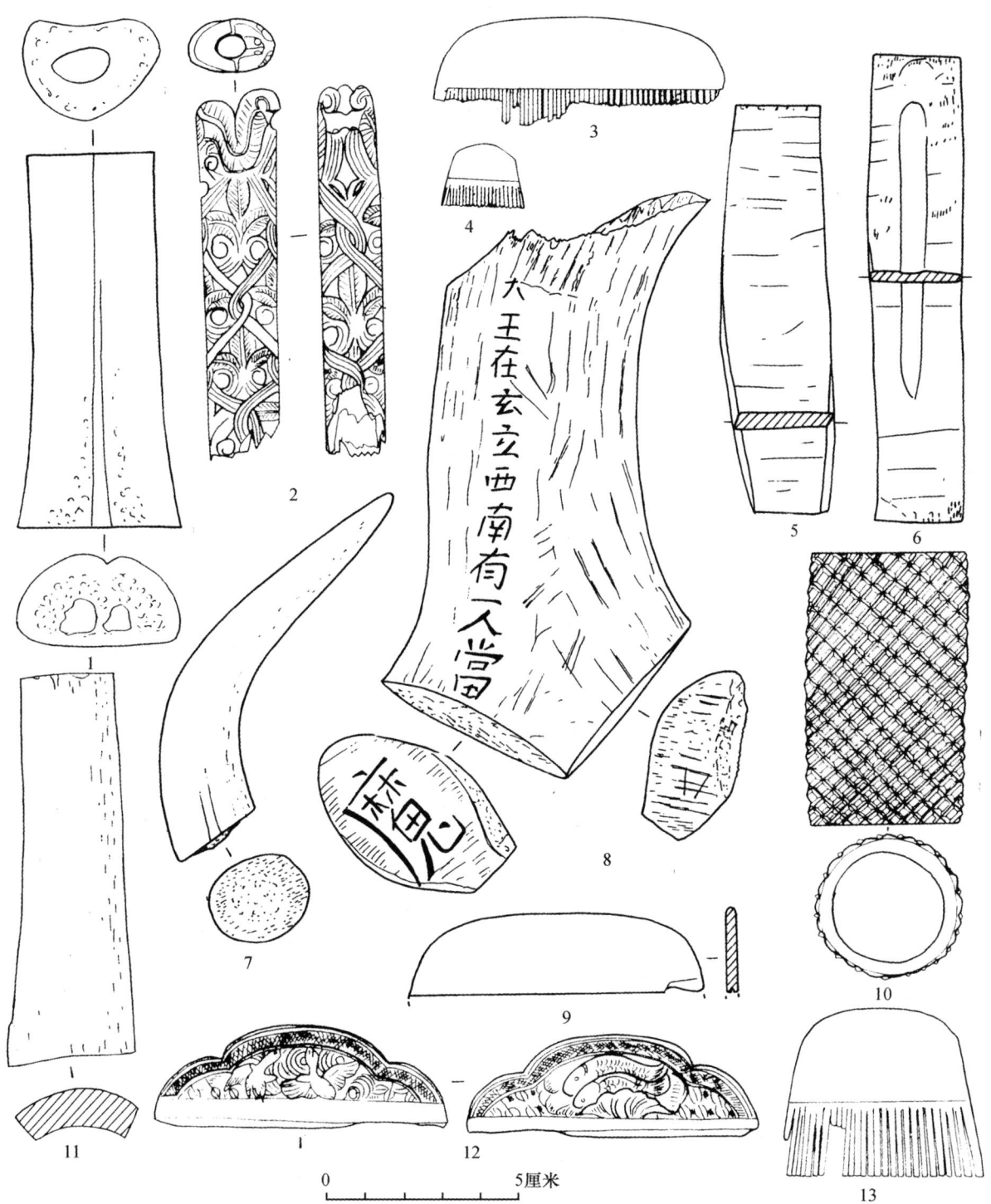

图七六八　Ⅰ、Ⅱ区第二阶段文化遗存器物
1. C型骨料（ⅡF1∶244）　2. 骨器柄（ⅡF1∶198）　3. C型骨梳（ⅡF1∶186）
4、13. B型骨梳（ⅡT8③∶8、ⅡH7∶12）　5. B型骨片（ⅡF1∶181-2）　6. A型骨片（ⅡF1∶181-1）
7. C型骨锥（ⅡF1∶195）　8. 祭骨（ⅡH4∶8）　9. B型骨佩饰（ⅡF1∶199）　10. 骨筒形器（ⅡT11④∶5）
11. A型骨料（ⅡF1∶196）　12. A型骨佩饰（ⅡF1∶197）

Ab型 4件。标本ⅡJ5：10，磨制精细，尖部稍残。器身扁平，上端较尖，下端稍宽有尖，截面呈弧顶长方形，到尖部递减成圆尖。残长9.7、厚0.3厘米（图七六七，18）。

B型 4件。标本ⅡT16②：6，磨制精细。器身扁平瘦长，上端圆钝，下端较尖，横截面呈椭圆形。长18、厚0.25厘米（图七六七，10；图版四四，1左1）。

C型 2件。标本ⅡH13：10，磨制精细。器身扁平瘦长，端部雕刻成蕉叶形纹样，下端较尖，横截面呈椭圆形。长14.1、厚0.25厘米（图七六七，12；图版四四，1右2）。

钗 15件。可分四型。

A型 4件。可分二亚型。

Aa型 3件。标本ⅠH3：10，磨制。器身扁平，上端为花瓣式，下端分两股，有尖。长10、宽1.1厘米（图七六七，8；图版四三，1-③）。

Ab型 1件。标本ⅡH35：3，磨制，上端弧凸，下端分两股，尖残，横截面呈圆形。残长14.6厘米（图七六七，11）。

B型 7件。标本ⅡJ16：6，磨制。器身扁平，上端圆钝，下端分两股，有尖。长26、宽1厘米（图七六七，7；图版四三，1-①）。

C型 1件。标本ⅡF1：185，磨制。器身扁平，上端斜直，下端分两股，尖残。残长10.7、宽1.2厘米（图七六七，5）。

D型 3件。标本ⅡH4：11，磨制。钗股略细，器身扁平，上端圆钝与股略等，下端分两股，尖残。残长13、宽0.6厘米（图七六七，14；图版四三，1-④）。

钗坯 2件。标本ⅡF1：187-2，略经磨制，一端较宽，一端较窄，呈长条形，窄端有锯口，横截面呈弧顶状长方形。长16.3、宽1.3、厚0.5厘米（图七六七，6）。标本ⅡF1：187-1，略经磨制，一端较宽，一端较窄，呈长条形，前端残，窄端有锯口，横截面呈弧顶状长方形。残长14.6、宽1.2、厚0.5厘米（图七六七，3；图版四四，2左1）。

梳 8件。可分三型。

A型 1件。标本ⅡT2②：10，薄胎。弧背较宽，梳齿宽密。分片制成，用铜片对铆。残长7.3、宽13.2厘米（图七六七，19）。

B型 3件。标本ⅡT8③：8，弧背略宽，梳齿细密。长2.1、宽1.6厘米（图七六八，4）。标本ⅡH7：12，弧背略窄，梳齿宽松。长5.6、宽4.6厘米（图七六八，13）。

C型 4件。标本ⅡF1：186，弧背较窄，梳齿细密。长7.8、残宽2.9厘米（图七六八，3）。

骨片 3件。可分二型。

A型 2件。标本ⅡF1：181-1，略经加工而成，呈长条形。长12.7、宽2.4、厚0.3厘米（图七六八，6）。标本ⅡG1：9，略经磨制，呈长条形，一侧上端钻半孔。长13.7、宽2.3、厚0.5厘米（图七六七，1）。

B型 1件。标本ⅡF1：181-2，略经加工而成，呈近长条形。长11、宽3、厚0.4厘米（图七六八，5）。

骨料　3件。可分三型。

A型　1件。标本ⅡF1：196，动物肢骨，平面一端稍宽，一端略窄，两侧面有锯痕。长10.5、宽2.5~3.4、厚0.9厘米（图七六八，11）。

B型　1件。标本ⅡT24②：17，呈长条三棱形，截面呈三角形。长12.9厘米（图七六七，2）。

C型　1件。标本ⅡF1：244，动物肢骨，两端有锯痕。长10厘米（图七六八，1）。

祭骨　1件。鹿角，标本ⅡH4：8，一面朱书"大王在玄西南有一人当"，分叉的断面一侧朱书"魔"，一侧字迹不清。长16、宽5.5厘米（图七六八，8）。

8. 蚌器

器类有佩饰、饰件、蚌壳等。

佩饰　1件。标本ⅡF1：200，稍残，似梳状，上端弧背形花边，下边呈直线，子母口用于镶嵌，正面沿花边以下，平均排列针眼状穿孔，中雕刻缠枝牡丹2朵，背面浮雕花草纹。长7.9、宽2.8厘米（图七六九，1）。

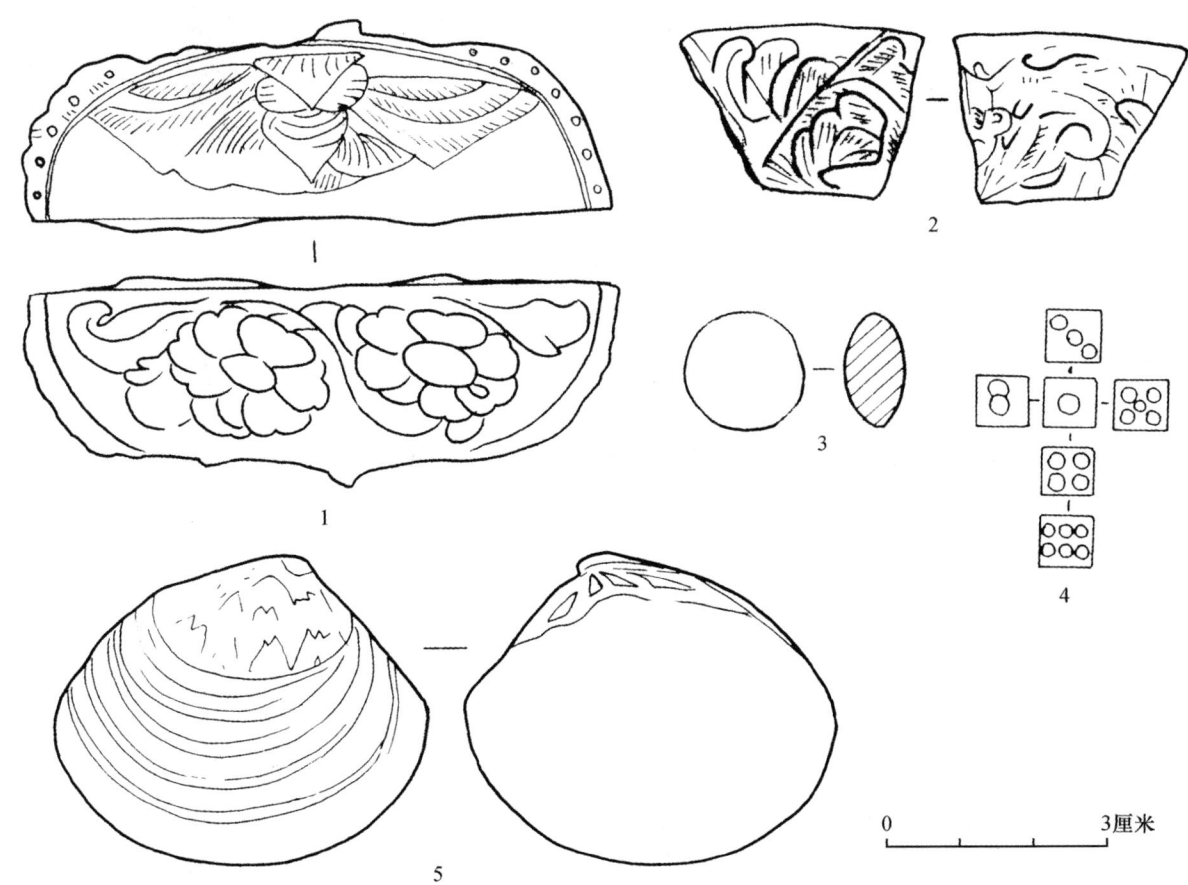

图七六九　Ⅰ、Ⅱ区第二阶段文化遗存器物
1.蚌佩饰（ⅡF1：200）　2.蚌饰（ⅡT10②：10）　3.围棋子（ⅡF1：205）　4.骰子（ⅡT17④：2）　5.蚌壳（ⅡH6：6）

蚌饰　1件。标本ⅡT10②：10，两侧雕刻花纹。残长3.1、宽2.4厘米（图七六九，2）。

蚌壳　6件。形制相同，为天然蚌壳。标本ⅡH6：6，长5、宽4.2厘米（图七六九，5）。

9. 其他

围棋子　2件。标本ⅡF1：205，磨制，平面呈圆形，截面呈椭圆形。直径1.6、厚0.8厘米（图七六九，3）。

骰子　2件。标本ⅡT17④：2，制作精细，六面体，六面分别有1～6个圆坑，1对6，2对5，3对4。边长0.7厘米（图七六九，4）。

10. 钱币

共出土1500余枚。分别为汉代、隋代和唐代钱币。以唐代钱币居多，汉代钱币次之，隋代钱币只发现2枚。

汉代钱币　12枚。有半两、五铢等。

半两　4枚。钱文篆书，横读。可分三型。

A型　2枚。小字。标本ⅡJC1：2，直径2.3、穿宽0.7厘米（图七七〇，6）。

B型　1枚。大字。标本ⅡJC1：3，直径2.3、穿宽0.8厘米（图七七〇，5）。

C型　1枚。榆荚半两，字迹不清。标本ⅡT9④：6，字迹不清。直径2、穿宽1厘米。

五铢　8枚。钱文篆书，横读。可分三型。

A型　2枚。"五"字交笔处较直。标本ⅡJC2：1，直径2.5、穿宽1厘米（图七七〇，1）。

B型　4枚。"五"字较大，交笔处弯曲。标本ⅡJC1：5，直径2.5、穿宽0.9厘米（图七七〇，3）。

C型　2枚。"五"字上部一横较长，交笔处呈圆形。标本ⅡJC3：1，直径2.5、穿宽1厘米（图七七〇，2）。

隋代钱币　2枚。五铢，钱文篆书，横读。三面无内郭，右边内郭与五字相交呈"凶"字。标本ⅡJC3：2，直径2.3、穿宽0.8厘米（图七七〇，4）。

唐代钱币出土数量较多，种类有开元通宝、乾元重宝、大历元宝和字迹不清等。以开元通宝居多，乾元重宝次之，大历元宝仅发现1枚。

开元通宝　1072枚。可分十二型。

A型　8枚。"元"字右挑。标本ⅡJC1：8，直径2.5、穿宽0.7厘米（图七七〇，15）。

B型　233枚，"元"字第一笔较长。可分六亚型。

Ba型　191枚。"元"字第一笔较长，离内郭较远，"通"字"辶"字的三点不连。标本ⅡJC1：11，直径2.5、穿宽0.7厘米（图七七〇，20）。

Bb型　16枚。"元"字第一笔较长，接内郭，"通"字"辶"字的三点不连，背上月。标本ⅡJC1：51，直径2.5、穿宽0.7厘米（图七七〇，21）。

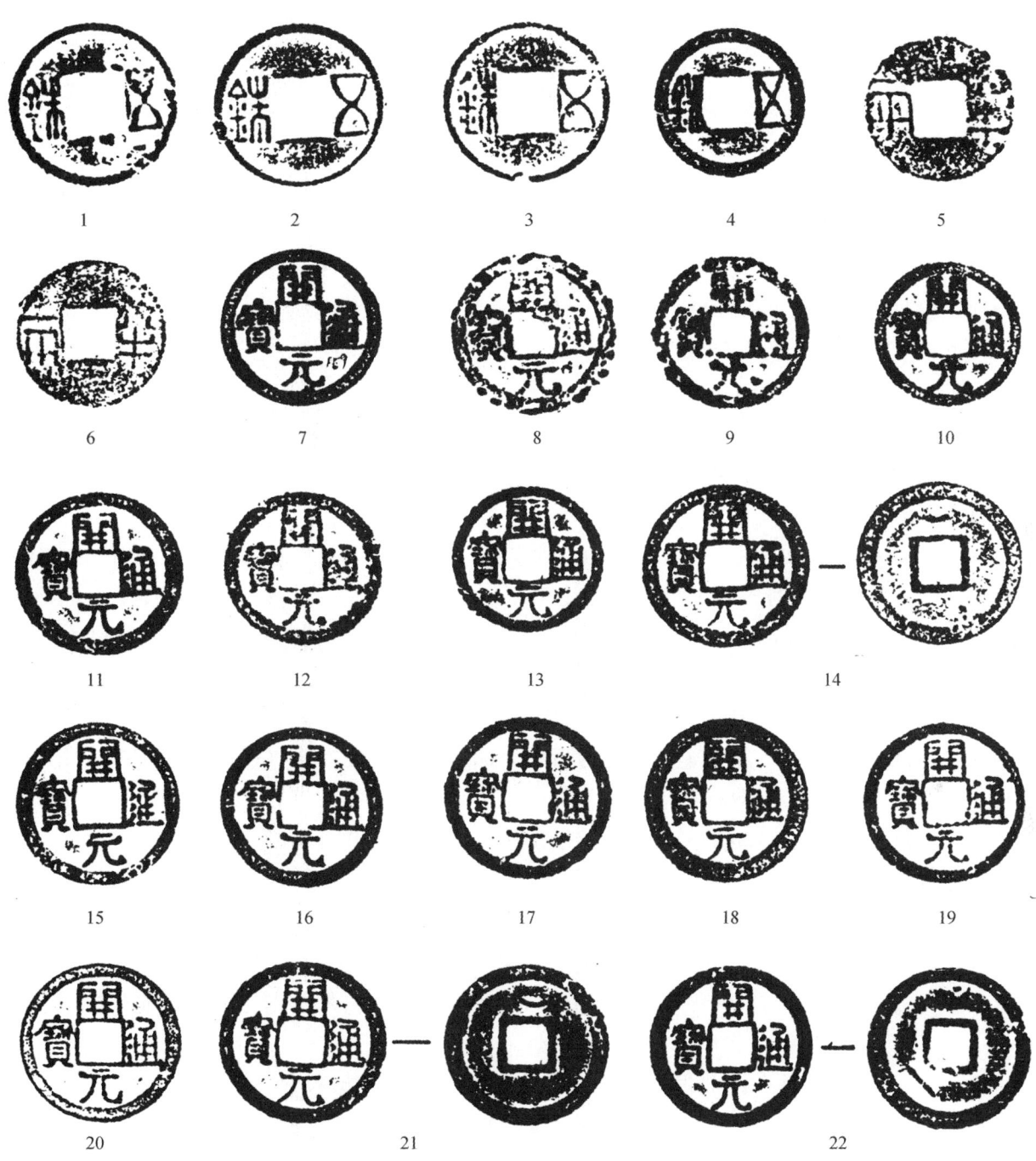

图七七〇　Ⅱ区出土钱币

1. A型五铢（ⅡJC2：1）　2. C型五铢（ⅡJC3：1）　3. B型五铢（ⅡJC1：5）　4. 隋代五铢（ⅡJC3：2）
5. B型半两（ⅡJC1：3）　6. A型半两（ⅡJC1：2）　7. Cd型开元通宝（ⅡJC1：159）　8. Be型开元通宝（ⅡT1④：4）
9. Ge型开元通宝（ⅡJC3：100）　10. Ge型开元通宝（ⅡJC1：224）　11. Ca型开元通宝（ⅡJC1：60）
12. Cf型开元通宝（ⅡJC2：107）　13. Gd型开元通宝（ⅡJC1：231）　14. Bd型开元通宝（ⅡT1④：6）
15. A型开元通宝（ⅡJC1：8）　16. E型开元通宝（ⅡJC1：212）　17. Cc型开元通宝（ⅡJC1：156）
18. Ⅰ型开元通宝（ⅡJC1：165）　19. Cb型开元通宝（ⅡJC1：145）　20. Ba型开元通宝（ⅡJC1：11）
21. Bb型开元通宝（ⅡJC1：51）　22. Dc型开元通宝（ⅡJC1：215）

Bc型　6枚。"元"字第一笔较长，背下月或"元"字较大，第一笔较长，背上月。标本ⅡJC1：208，元字第一笔较长，背下月。直径2.5、穿宽0.7厘米（图七七一，10）。

Bd型　4枚。"元"字较大，第一笔细长或"元"字较扁，第一笔细长，"通"字"辶"字的三点不连，背上月。标本ⅡT1④：6，直径2.5、穿宽0.7厘米（图七七〇，14）。

Be型　15枚。"元"字较大，第一笔较长，"通"字"辶"字的三点不连或元字较扁，第一笔较长，宝字口部较小。标本ⅡT1④：4，直径2.5、穿宽0.6厘米（图七七〇，8）。

Bf型　1枚。"元"字第一笔较长，字体较小。标本ⅡH32：3，直径2.4、穿宽0.6厘米。

C型　273枚，"元"字第一笔较短。可分六亚型。

Ca型　121枚。"元"字第一笔较短，接外郭，"通"字"辶"字的三点不连。标本ⅡJC1：60，直径2.4、穿宽0.7厘米（图七七〇，11）。

Cb型　23枚。"元"字第一笔较短，离外郭较远，"通"字"辶"字的三点不连或"元"字第一笔较短，字体略小，离外郭略远。标本ⅡJC1：145，直径2.3、穿宽0.6厘米（图七七〇，19）。

Cc型　88枚。"元"字第一笔较短，字体较大，"通"字"辶"字三点不相连。标本ⅡJC1：156，直径2.5、穿宽0.7厘米（图七七〇，17）。

Cd型　7枚。笔体较粗，"元"字较扁，第一笔较短。"通"字或"元"字扁小，第一笔较短。"通"字"辶"字三点不相连。标本ⅡJC1：159，直径2.4、穿宽0.6厘米（图七七〇，7）。

Ce型　1枚。"元"字第一笔较短，背下月。标本ⅡJC1：221，直径2.5、穿宽0.7厘米（图七七一，2）。

Cf型　33枚。"元"字第一笔较短，钱体略小。标本ⅡJC2：107，直径2.4、穿宽0.7厘米（图七七〇，12）。

D型　115枚。背月、背星月、背划痕。可分三亚型。

Da型　109枚。背上月、右背月、右下月、背下月、背斜月。标本ⅡJC1：160，背上月。直径2.6、穿宽0.7厘米（图七七一，1）。标本ⅡJC3：90，背斜月。直径2.5、穿宽0.7厘米（图七七一，4）。

Db型　1枚。背星月。标本ⅡJC1：214，直径2.4、穿宽0.7厘米（图七七一，7）。

Dc型　5枚。背划痕。标本ⅡJC1：215，直径2.5、穿宽0.7厘米（图七七〇，22）。

E型　5枚。"元"字第一笔较长，花穿。标本ⅡJC1：212，直径2.4、穿宽0.7厘米（图七七〇，16）。

F型　19枚。错穿、错背。标本ⅡJC1：218，错背。直径2.5、穿宽0.6厘米（图七七一，5）。

G型　41枚。小钱。可分四个亚型。

Ga型　2枚。小钱，背上月。标本ⅡJC1：222，直径2.3、穿宽0.7厘米（图七七一，14）。

Gb型　11枚。小钱，字迹不清，字间铸星，背月，错穿，错背。标本ⅡJC3：101，小钱，

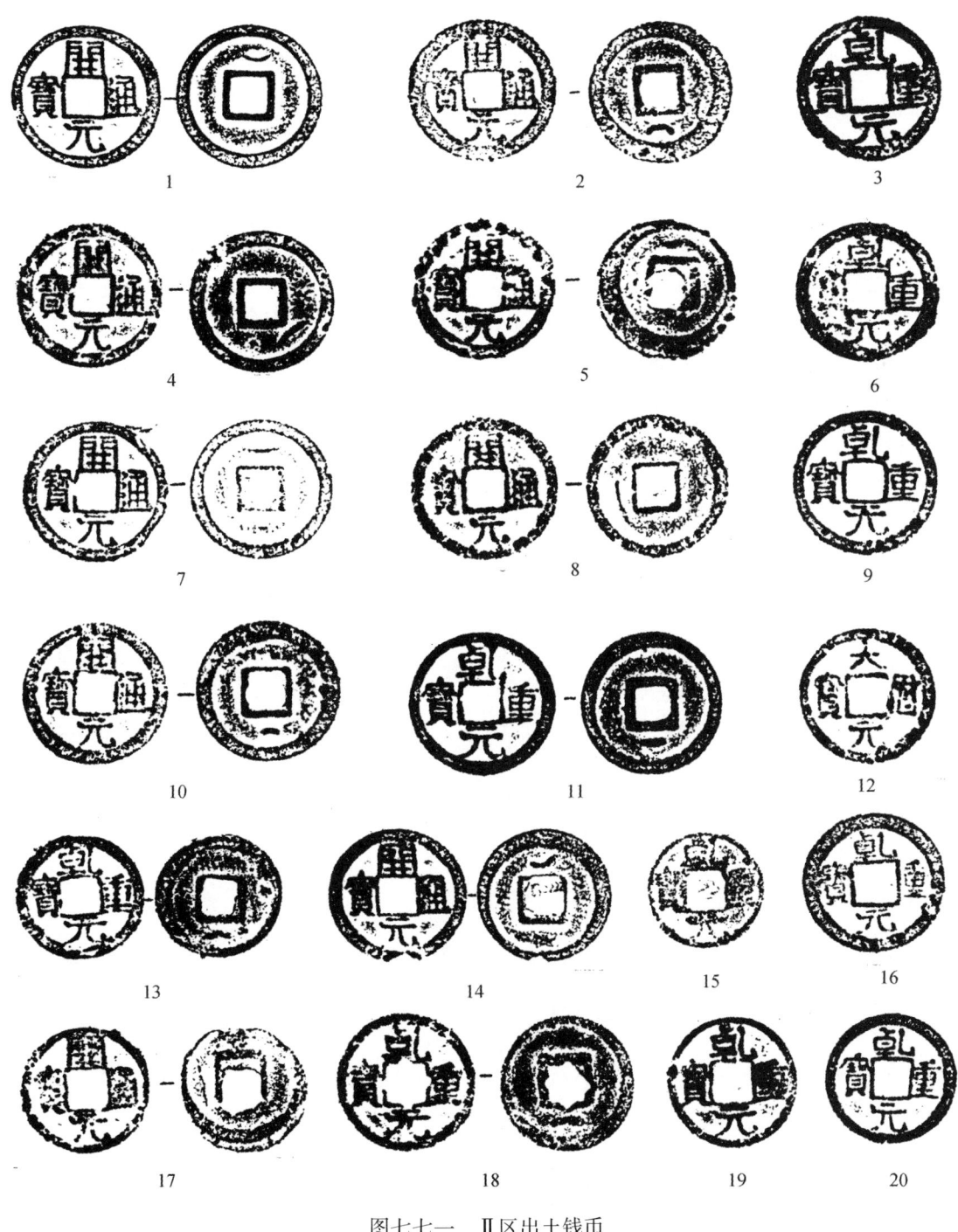

图七七一　Ⅱ区出土钱币

1. Da型开元通宝（ⅡJC1：160）　2. Ce型开元通宝（ⅡJC1：221）　3. Aa型乾元重宝（ⅡJC1：604）
4. Da型开元通宝（ⅡJC3：90）　5. F型开元通宝（ⅡJC1：218）　6. Bb型乾元重宝（ⅡJC1：620）
7. Db型开元通宝（ⅡJC1：214）　8. K型开元通宝（ⅡJC3：99）　9. Ba型乾元重宝（ⅡJC1：621）
10. Bc型开元通宝（ⅡJC1：208）　11. Ac型乾元重宝（ⅡJC1：625）　12. 大历元宝（ⅡJC2：194）
13. Db型乾元重宝（ⅡJC1：636）　14. Ga型开元通宝（ⅡJC1：222）　15. F型开元通宝（ⅡJC2：193）
16. Ca型乾元重宝（ⅡJC1：614）　17. Gb型开元通宝（ⅡJC3：101）　18. E型乾元重宝（ⅡJC3：112）
19. Ab型乾元重宝（ⅡJC1：612）　20. Da型乾元重宝（ⅡJC1：630）

错背。直径2.2、穿宽0.7厘米（图七七一，17）。

Gc型　18枚。小钱，小字，"元"字第一笔较短，字离外郭较远，"通"字"辶"字的三点不连。标本ⅡJC1∶224，直径2.4、穿宽0.7厘米（图七七〇，10）。

Gd型　8枚。小钱，小字，"元"字较扁，"元"字第一笔细长，错背。标本ⅡJC1∶231，小钱，"元"字第一笔细长。直径2.1、穿宽0.6厘米（图七七〇，13）。

Ge型　2枚。小钱，大字。标本ⅡJC3∶100，直径2.4、穿宽0.7厘米（图七七〇，9）。

H型　378枚。字迹不清。

I型　7枚。宽郭。标本ⅡJC1∶165，直径2.5、穿宽0.7厘米（图七七〇，18）。

J型　1枚。"元"字较大。标本ⅡT2②∶27，直径2.6、穿宽0.7厘米。

K型　1枚。瘦字。标本ⅡJC3∶99，直径2.5、穿宽0.7厘米（图七七一，8）。

L型　1枚。榆荚钱。标本ⅡF1∶218，直径2、穿宽0.7厘米。

乾元重宝　79枚。钱文隶书，对读。可分六型。

A型　31枚，大字。可分三亚型。

Aa型　24枚。大字，字体较扁。标本ⅡJC1∶604，直径2.5、穿宽0.6厘米（图七七一，3）。

Ab型　2枚。大字，外郭较窄。标本ⅡJC1∶612，直径2.3、穿宽0.7厘米（图七七一，19）。

Ac型　5枚。大字，外郭较窄，背下月。标本ⅡJC1∶625，直径2.5、穿宽0.6厘米（图七七一，11）。

B型　5枚。字体较大，背下月，背划痕。可分二亚型。

Ba型　4枚。字体较大，背下月。标本ⅡJC1∶621，直径2.5、穿宽0.7厘米（图七七一，9）。

Bb型　1枚。字体较大，背划痕。标本ⅡJC1∶620，直径2.5、穿宽0.7厘米（图七七一，6）。

C型　16枚。字体较小或小字。可分二亚型。

Ca型　14枚。字体较小，郭略宽或宽郭，"乾元"扁平，"重"字瘦长。标本ⅡJC1∶614，字体较小，郭略宽。直径2.4、穿宽0.7厘米（图七七一，16）。

Cb型　2枚。小字，错穿。标本ⅡT3③∶6，小字，错穿。直径2.5、穿宽0.6厘米。标本ⅡH19∶3，错穿。直径2.4、穿宽0.5厘米。

D型　24枚。小钱，小字或大字。可分三亚型。

Da型　15枚。小钱，小字，"元"字第一横较短。标本ⅡJC1∶630，直径2.2、穿宽0.65厘米（图七七一，20）。

Db型　8枚。钱体略小或小钱，大字。标本ⅡJC1∶636，小钱，大字。直径2.1、穿宽0.65厘米（图七七一，13）。

Dc型　1枚。钱体较小，字迹模糊。标本ⅡH13：9，直径2.2、穿宽0.7厘米。

E型　2枚。错穿。标本ⅡJC3：112，直径2.1、穿宽0.6厘米（图七七一，18）。

F型　1枚。榆荚钱。标本ⅡJC2：193，直径2、穿宽0.7厘米（图七七一，15）。

大历元宝　1枚。钱文隶书，旋读。标本ⅡJC2：194，直径2.4、穿宽0.6厘米（图七七一，12）。

字迹不清　343枚。

七、小　　结

通过考古调查、勘探与发掘得知，北城位于和林格尔土城子古城的西北部，是利用中城的南垣、东垣的南半部向西北重新扩建的一座城址。平面南半部近平行四边形，北半部呈梯形的组合，由城垣、城门、瓮城、角楼组成。城垣以东、北、西三面垣体保存较好，残存高1.8~10米。在城垣外侧各置马面，在西垣与北垣的拐角处设有角楼等防御设施。城门东、北、西三面各设一门，外置瓮城，南门位于城址的东南部。经解剖得知，古城的城垣有的地方打破汉代地层建在生土上，在夯层内出土战国至汉代陶片。城内中部偏西有一较大的土丘，呈椭圆形，夯筑而成，高出地面约3米，是一处大型建筑基址，俗称"大煤山"；在其南部约400米处又有一土丘，呈椭圆形，夯筑而成，高出地面约1.5米，也是一处小型建筑基址，俗称"小煤山"；城内东西街道横贯东、西城门，从大煤山南侧通过；南街位于大、小煤山的东侧，北街在大煤山东侧纵贯北门，呈"丁"字形并与东西街道相交；城内地层堆积北部较薄可分3层，南部较厚可分4层；城内出土遗物较为丰富，以瓷器居多，陶器次之；瓷器分属越窑、邢窑和北方窑系产品，以北方窑系产品居多，邢窑次之，越窑极少；陶器分属汉唐遗物，瓷器皆为唐代遗物。

第六节　上土城子村遗址

上土城子村遗址位于古城遗址的南部，面积较大，东至209国道，南至和林格尔县上土城子村北，西至宝贝河（古金河）东岸，北部被古城遗址叠压，面积约20万平方米。

一、地　层　堆　积

2001年10月为了进一步了解土城子古城遗址与周邻地区文化遗存的关系问题，在遗址的东北部，即古城遗址的东南约250米处（第Ⅸ发掘区）发掘5米×5米的探方4个，发掘面积为100平方米（图七七二），清理发掘灰坑4个。

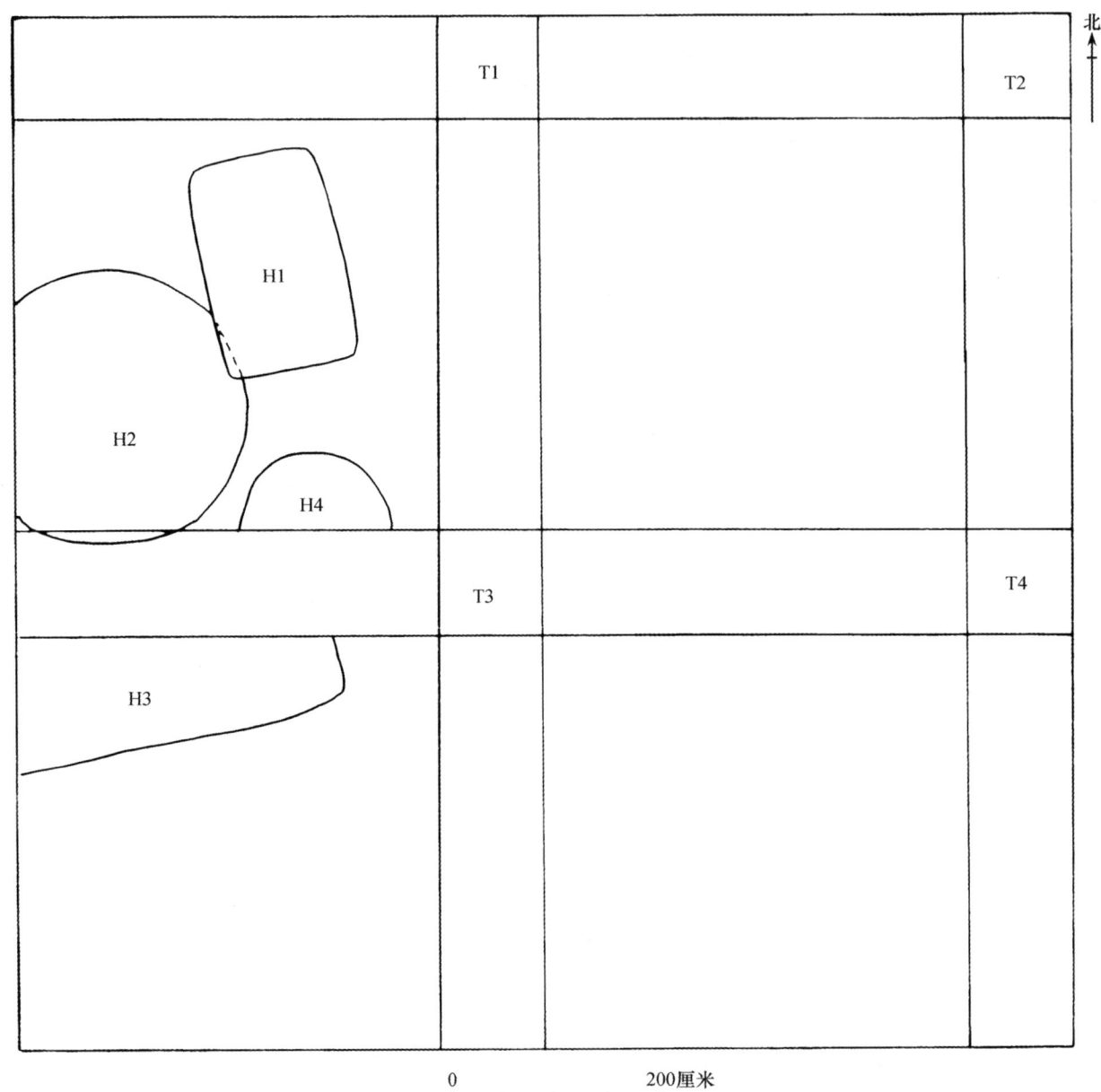

图七七二　第Ⅸ发掘区总平面图

表四二　第Ⅸ发掘区地层、遗迹与遗物对照表

	面积（平方米）	①层			
		遗迹	遗物	遗迹	遗物
ⅨT1	5×5	H1、H2、H4	罐、釜、壶、盆、豆		
ⅨT2	5×5				
ⅨT3	5×5	H3	罐、釜、壶、盆、甑		
ⅨT4	5×5				

该发掘区地层堆积较薄，根据土质、土色与其包含物的不同，堆积层可分2层。现以ⅨT1、ⅨT3的西壁剖面为例介绍如下（图七七三）。

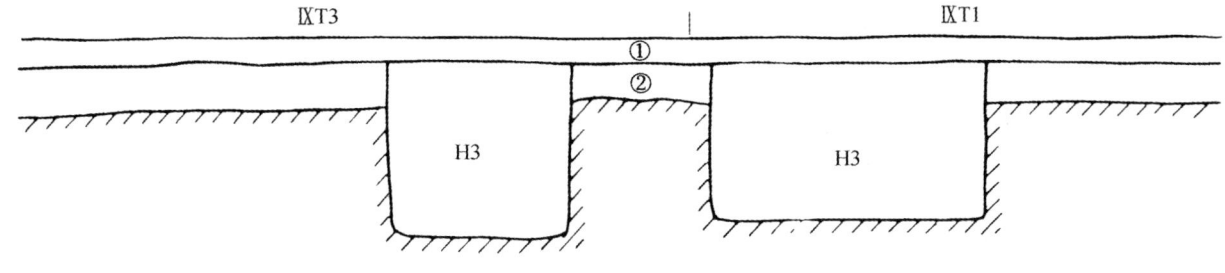

图七七三　ⅨT1、ⅨT3西壁剖面图

第1层：耕土层，黄灰色砂土，土质疏松，含有零散的陶片。厚20～25厘米。ⅨH2～ⅨH4开口于该层下。

第2层：灰褐色土，土质较松软，含有少量的陶片。厚30～40厘米。

第2层下为生土层。

二、遗　　迹

仅灰坑一种，共4个。有圆形、长方形两种。

ⅨH1　位于ⅨT1的中部偏北，开口于第1层下，打破ⅨH2、第2层及生土层。平面呈长方形，直壁，平底。长210、宽130、深50厘米。其内堆积为灰黑色土，土质较松软，含有大量的草木灰、红烧土块和木炭粒，出土较多的陶片等（图七七四）。

出土器物有陶釜、壶、罐、盆、豆等。

釜　3件。形制相同，皆口、腹残片，泥质灰陶。侈口，方唇，弧肩。饰纵向绳纹。标本ⅨH1：7，口径32、残高6.2厘米（图七七五，4）。标本ⅨH1：2，口径30、残高8厘米（图七七五，8）。标本ⅨH1：5，口径32、残高7厘米（图七七五，7）。

壶　1件。标本ⅨH1：4，口、颈残片，泥质灰陶。侈口，圆唇，束颈。饰细绳纹被抹平，若隐若现。口径12、残高6.8厘米（图七七五，3）。

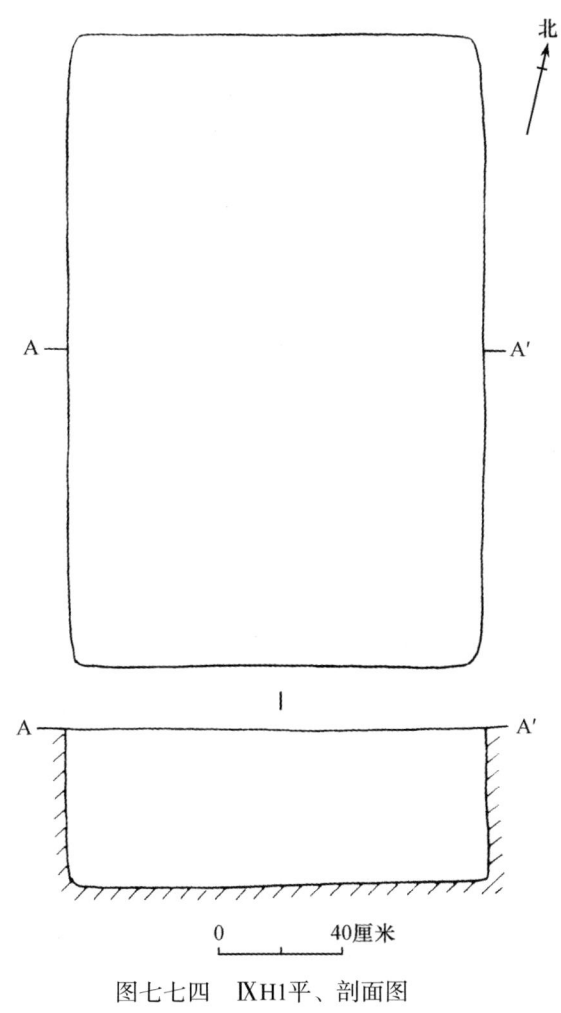

图七七四　ⅨH1平、剖面图

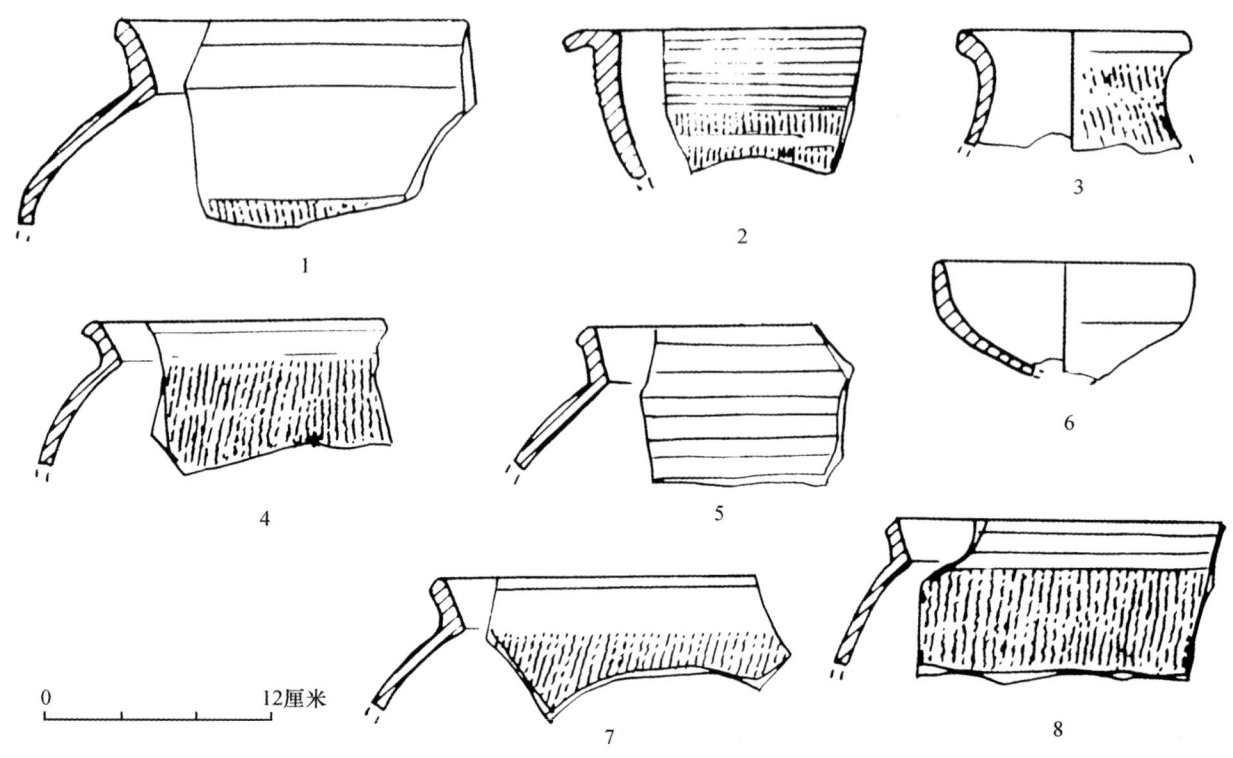

图七七五　ⅨH1出土器物
1、5.陶罐（ⅨH1：1、ⅨH1：3）　2.陶盆（ⅨH1：6）　3.陶壶（ⅨH1：4）
4、7、8.陶釜（ⅨH1：7、ⅨH1：5、ⅨH1：2）　6.陶豆（ⅨH1：8）

罐　2件。标本ⅨH1：1，口、腹残片，泥质灰陶。侈口，方唇，高领，弧肩。肩部素面磨光，腹饰绳纹。口径24、残高11厘米（图七七五，1）。标本ⅨH1：3，口、腹残片，泥质灰陶。侈口，方唇，高领，弧肩。素面磨光。口径20、残高8.2厘米（图七七五，5）。

盆　1件。标本ⅨH1：6，口、腹残片，泥质灰陶。敛口，宽平沿外折，方唇，唇面有凹槽一周，斜弧腹。口外饰弦纹，以下饰弦断绳纹。口径39.4、残高8厘米（图七七五，2）。

豆　1件。标本ⅨH1：8，泥质灰陶。敞口，圆唇，深腹，圈底，以下残。素面磨光。口径13.2、残高6厘米（图七七五，6）。

ⅨH2　位于ⅨT1的西南部，开口于第1层下，距地表深20厘米，被ⅨH1打破，打破第2层及生土层。平面呈圆形（只清理一部分），直壁，平底。直径260、深120厘米。其内堆积为褐色土，土质较松软，出土少量的陶片（图七七六）。

出土器物有陶壶、盆、豆等。

壶　1件。标本ⅨH2：5，口、颈残片，泥质灰陶。侈口，圆唇，束颈。素面抹光。口径11.4、残高5.8厘米（图七七七，6）。

盆　4件。标本ⅨH2：2，口、腹残片，泥质灰陶。微敛口，宽平沿略外折，方唇，弧腹。口外饰弦纹，以下饰弦断绳纹，下腹被抹。口径33.4、残高12.2厘米（图七七七，1）。标本ⅨH2：1，口、腹残片，泥质灰陶。直口微敛，宽折沿，方唇，弧腹。口外饰弦纹，以下饰弦断绳纹。口径37、残高12厘米（图七七七，5）。标本ⅨH2：7，口、腹残片，泥质灰陶。口径35、残高8厘米（图七七七，2）。标本ⅨH2：6，口、腹残片，泥质灰陶。口径43、残高4.4厘米（图七七七，3）。

豆盘　1件。标本ⅨH2：4，泥质灰陶。敞口，圆唇，浅盘，平底，以下残。素面抹光。口径10.6、残高5.2厘米（图七七七，7）。

豆柄　1件。标本ⅨH2：3，泥质灰陶。矮柄，喇叭形底座，座缘略向上翘。素面抹光。口径10.2、残高4.4厘米（图七七七，4）。

ⅨH3　位于ⅨT3的西北部。开口于第1层下，距地表深20厘米，打破第2层及生土层。平面长方形（只清理一部分），坑壁较直留有加工痕迹，平底。清理长300、宽60～130、深140厘米。其内堆积为灰黄色花土，土质较松软，出土少量的陶片（图七七八）。

出土器物有陶釜、壶、盆、甑等。

釜　1件。标本ⅨH3：3，口、肩残片，泥质灰陶。侈口，方唇，弧肩。饰纵向绳纹。口径23、残高5.2厘米（图七七九，5）。

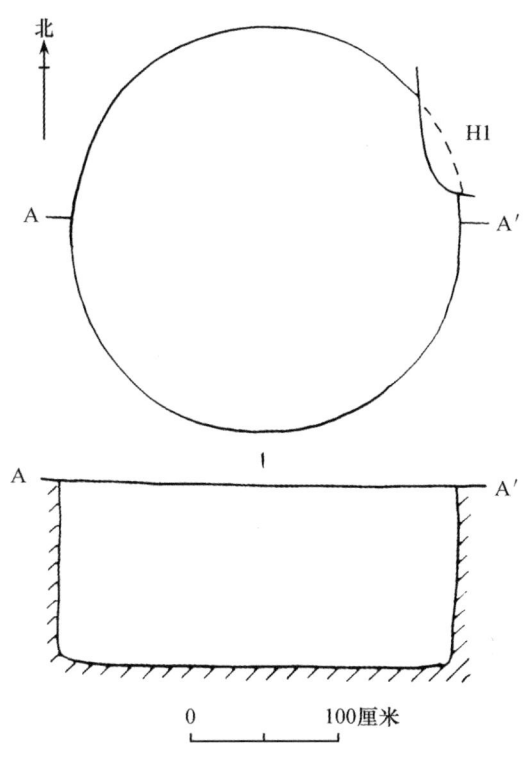

图七七六　ⅨH2平、剖面图

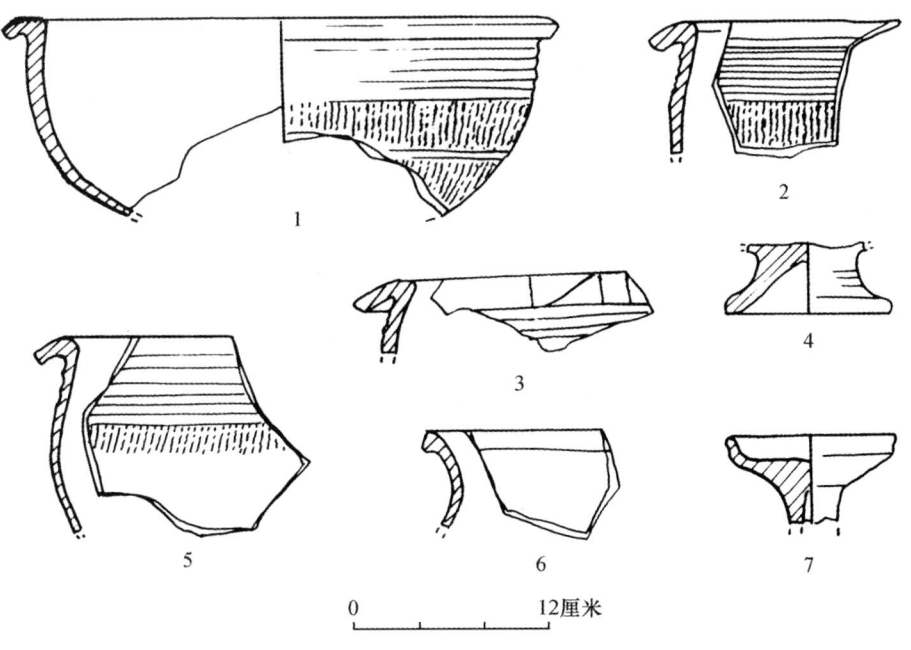

图七七七　ⅨH2出土器物

1～3、5.陶盆（ⅨH2：2、ⅨH2：7、ⅨH2：6、ⅨH2：1）　4.陶豆柄（ⅨH2：3）　6.陶壶（ⅨH2：5）　7.陶豆（ⅨH2：4）

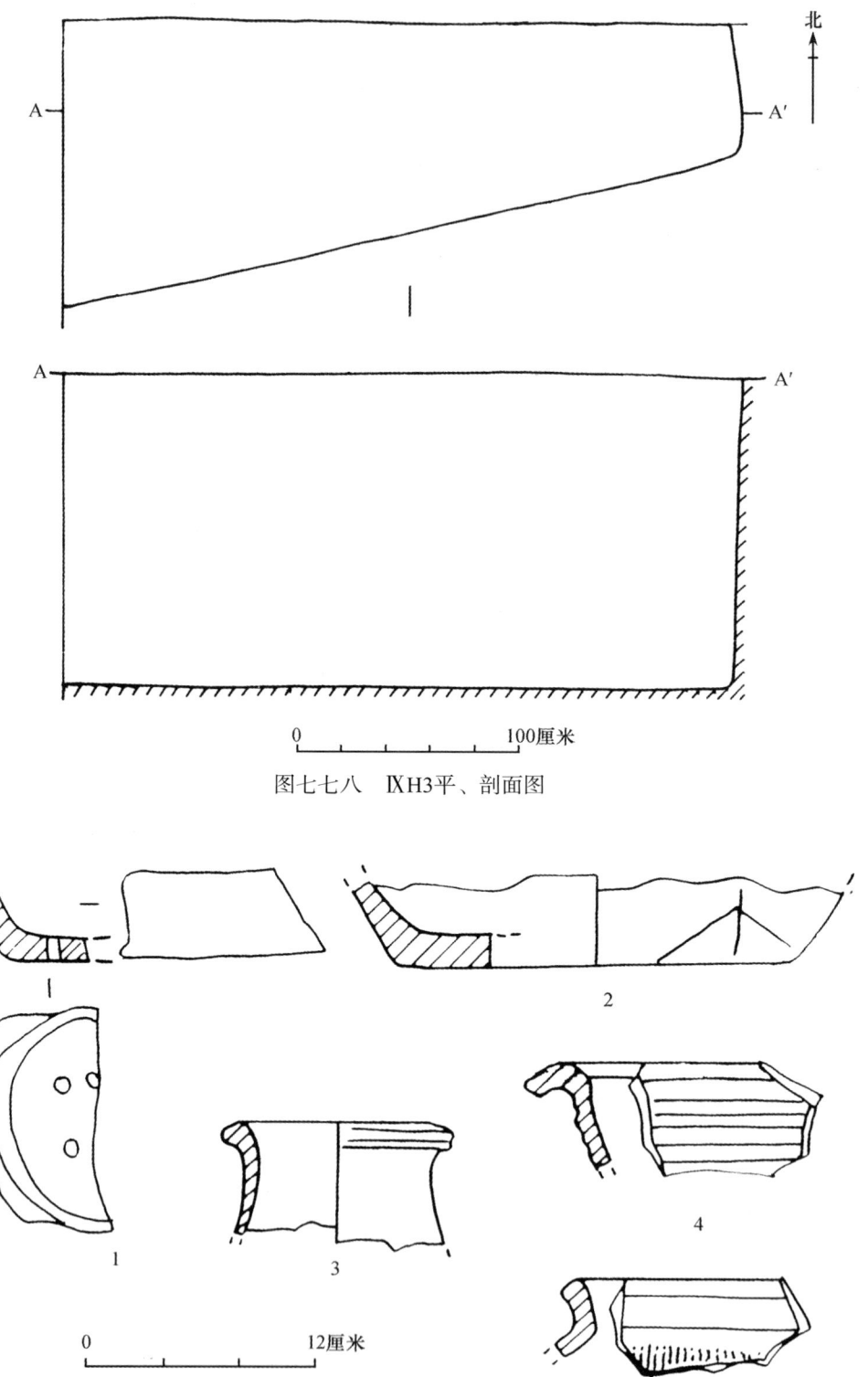

图七七八　ⅨH3平、剖面图

图七七九　ⅨH3出土器物
1. 陶甑（ⅨH3：2）　2. 陶器底（ⅨH3：1）　3. 陶壶（ⅨH3：4）　4. 陶盆（ⅨH3：5）　5. 陶釜（ⅨH3：3）

壶　1件。标本ⅨH3：4，口、颈残片，泥质灰陶。侈口，方唇，唇面有凹槽一周，束颈。素面抹光。口径12、残高6.4厘米（图七七九，3）。

盆　1件。标本ⅨH3：5，口、腹残片，泥质灰陶。敞口，宽折沿，缘边有凹槽一周，方唇，斜弧腹。口外饰弦纹。口径42、残高5.6厘米（图七七九，4）。

甑　1件。标本ⅨH3：2，底残片，泥质灰陶。斜腹，平底镂孔。素面抹光，底部有烟炱。底径19、残高4厘米（图七七九，1）。

器底　1件。标本ⅨH3：1，底残片，泥质灰陶。斜弧腹，平底。素面抹光，下腹近底部阴刻"小"字。底径20、残高4.4厘米（图七七九，2）。

ⅨH4　位于ⅨT1的东南部。开口于第1层下，距地表深20厘米，打破第2层及生土层。平面呈圆形（只清理一部分），直壁，平底。直径150、深度40厘米。其内堆积为灰花土，土质较软，出土有少量的陶片（图七八〇）。

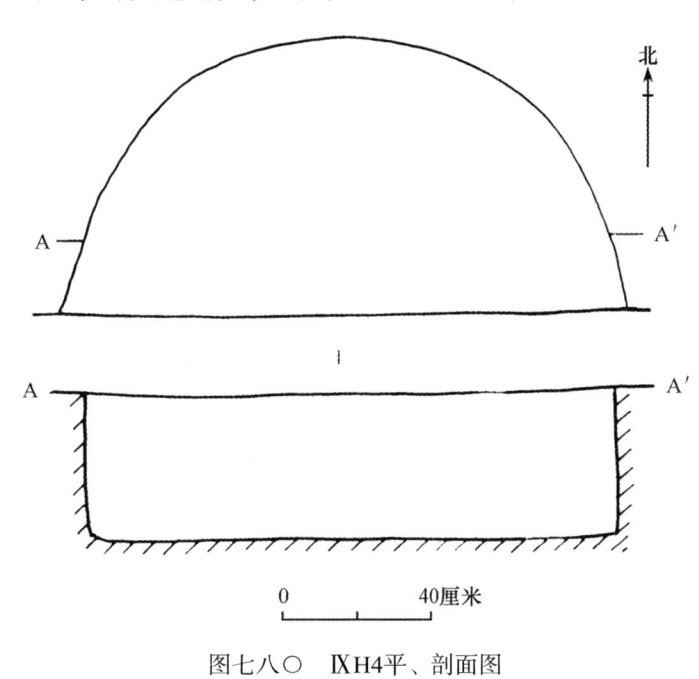

图七八〇　ⅨH4平、剖面图

三、出土器物的初步研究

仅见陶器一种。有陶釜、壶、罐、盆、甑、豆等。

釜　4件。形制相同，皆口、腹残片，泥质灰陶。侈口，方唇，弧肩。饰纵向绳纹。标本ⅨH1：7，口径32、残高6.2厘米（图七八一，10）。

壶　3件。可分二型。

A型　2件。弧颈。标本ⅨH1：4，口、颈残片，泥质灰陶。侈口，圆唇，束颈。饰细绳纹被抹，若隐若现。口径12、残高6.8厘米（图七八一，8）。

B型　1件。细颈。标本ⅨH3：4，口、颈残片，泥质灰陶。侈口，方唇，唇面有凹槽一周，细颈。素面抹光。口径12、残高6.4厘米（图七八一，9）。

罐　2件。可分二式。

Ⅰ式：1件。标本ⅨH1：3，泥质灰陶。侈口，方唇，高领，广肩，以下残。素面磨光。口径20、残高8.2厘米（图七八一，3）。

Ⅱ式：1件。标本ⅨH1：1，泥质灰陶。侈口较甚，方唇，高领，广肩，以下残。肩部磨光，腹饰绳纹。口径24、残高11厘米（图七八一，2）。

器底　1件。标本ⅨH3：1，底部残片，泥质灰陶。斜弧腹，平底。素面抹光，下腹近底部

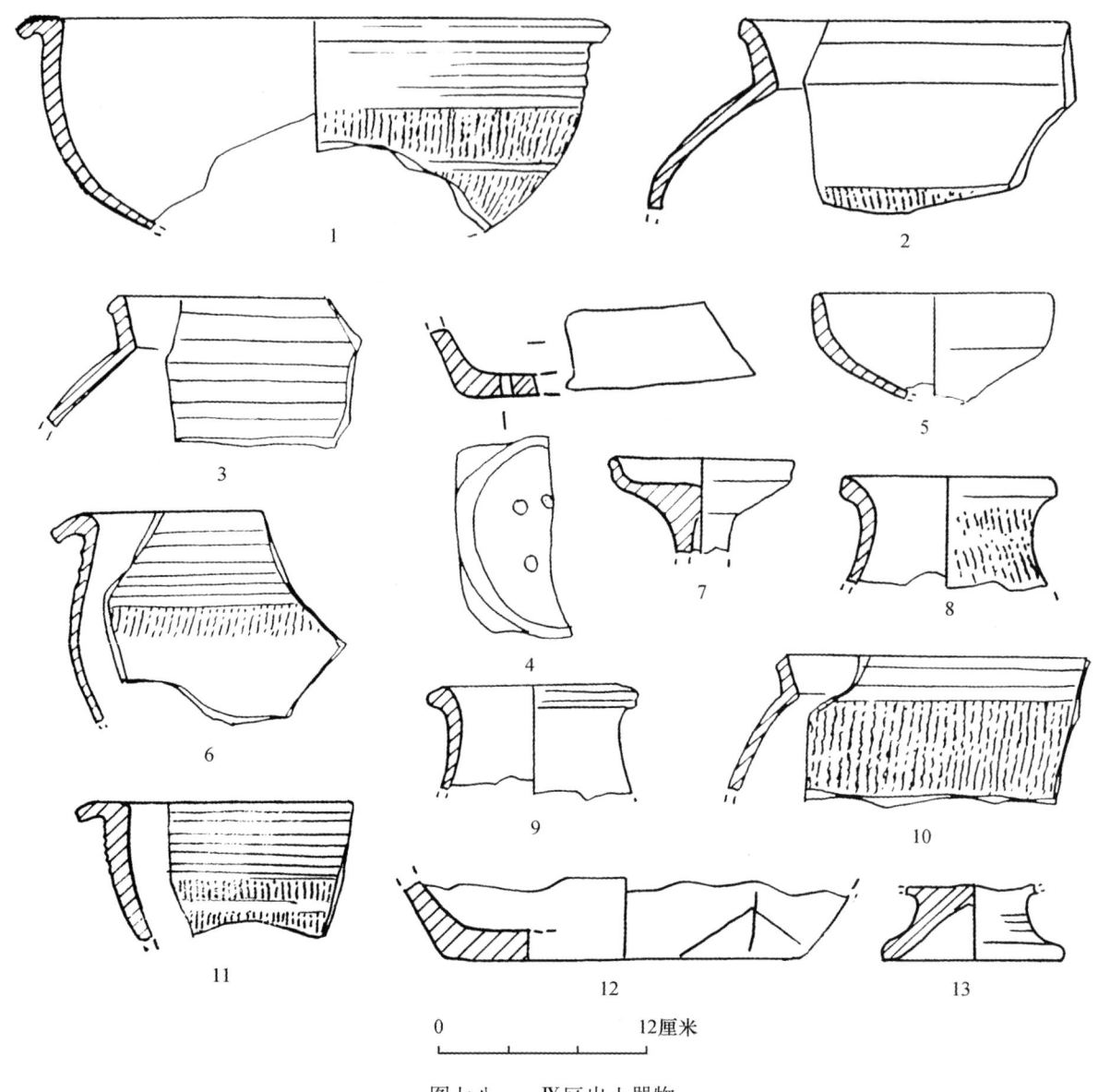

图七八一 Ⅸ区出土器物

1. Ⅲ式陶盆（ⅨH2:2） 2. Ⅱ式陶罐（ⅨH1:1） 3. Ⅰ式陶罐（ⅨH1:3） 4. 陶甑（ⅨH3:2） 5. A型陶豆（ⅨH1:8）
6. Ⅰ式陶盆（ⅨH2:1） 7. B型陶豆（ⅨH2:4） 8. A型陶壶（ⅨH1:4） 9. B型陶壶（ⅨH3:4） 10. 陶釜（ⅨH1:7）
11. Ⅱ式陶盆（ⅨH1:6） 12. 陶罐底（ⅨH3:1） 13. C型陶豆（ⅨH2:3）

阴刻"小"字。底径20、残高4.4厘米（图七八一，12）。

盆 6件。可分三式。

Ⅰ式：3件。标本ⅨH2:1，泥质灰陶。敛口，折沿，方唇，垂腹，以下残。口外饰弦纹，以下饰弦断绳纹。口径37、残高12厘米（图七八一，6）。

Ⅱ式：2件。标本ⅨH1:6，泥质灰陶。微敛口，宽平沿外折，方唇，唇面有凹槽一周，斜弧腹，以下残。口外饰弦纹，以下饰弦断绳纹。口径39.4、残高8厘米（图七八一，11）。

Ⅲ式：1件。标本ⅨH2∶2，泥质灰陶。微敛口，宽平沿略外折，方唇，弧腹，以下残。口外饰弦纹，以下饰弦断绳纹，下腹被抹。口径33.4、残高12.2厘米（图七八一，1）。

甑　1件。标本ⅨH3∶2，底残片，泥质灰陶。斜腹，平底镂孔。素面抹光，底部有烟炱。底径19、残高4厘米（图七八一，4）。

豆　3件。可分三型。

A型　1件。标本ⅨH1∶8，泥质灰陶。敞口，圆唇，深腹，圜底，以下残。素面磨光。口径13.2、残高6厘米（图七八一，5）。

B型　1件。标本ⅨH2∶4，泥质灰陶。敞口，圆唇，浅盘，平底，以下残。素面抹光。口径10.6、残高5.2厘米（图七八一，7）。

C型　1件。标本ⅨH2∶3，泥质灰陶。矮柄，喇叭形底座，座缘略向上翘。素面抹光。口径10.2、残高4.4厘米（图七八一，13）。

四、小　结

上土城子村遗址位于和林格尔土城子古城遗址的南部，东至209国道，南至上土城村北，西至宝贝河（古金河）东岸，北部被古城遗址叠压，面积约20万平方米。该遗址面积较大，地层堆积较薄，出土遗物有釜、壶、罐、盆、甑、豆等。其器形特征、纹饰具有战国至秦汉以来器物的特点，亦有极少部分具有春秋时期的特点。该处主要是土城子古城城垣外围战国至汉代文化堆积，属于汉代及以前当地居民活动的遗存。

第三章　和林格尔土城子古城遗址的分期

第一节　西　　城

　　西城包括第Ⅵ发掘区的第一期城垣、第Ⅺ发掘区TG1的第一期城垣和城壕、第Ⅺ发掘区TG2的第一期城垣和城壕、第Ⅻ发掘区TG1的城垣、第Ⅻ发掘区TG2的城垣和城壕。第Ⅺ发掘区TG1、第Ⅺ发掘区TG2的第一期城垣和城壕的建筑结构与第Ⅻ发掘区TG2的城垣和城壕的建筑结构完全相同，均为两侧取土夯筑而成，然后城壕内用土填实，再经夯打，城垣为土垄式建筑，夯层厚6~8厘米，夯层与城垣的基本相同。城内地层堆积多遭破坏，出土遗物较少，因此，对城址的分期只能参照城外遗址、墓葬出土的同类器进行对比。依据出土遗物的器类型式、纹饰特点，我们把该城址发掘所见的遗存分为两期。第一期遗存的遗迹以第Ⅵ发掘区的第一期城垣、第Ⅺ发掘区TG1的第一期城垣和城壕、第Ⅺ发掘区TG2的第一期城垣和城壕、第Ⅻ发掘区TG1的城垣、第Ⅻ发掘区TG2的城垣和城壕为代表，出土遗物以夹砂陶带耳器单耳罐、鬲等为代表；第二期遗存的遗迹以ⅪH2、ⅫH2、第Ⅻ发掘区TG1内侧的第3层为代表，出土遗物以陶器为主，有釜、罐、盆、钵、筒瓦、板瓦等。根据城垣的解剖与打破关系，再结合出土文物判断，西城属于春秋至战国时期的建筑遗存。

第二节　南　　城

　　南城包括第Ⅶ、第Ⅹ发掘区的城垣、第Ⅺ发掘区TG2的第二期城垣、第Ⅺ发掘区TG3的城垣。第二章第三节对城内发掘所见的文化遗存分为三个阶段。

　　第一阶段文化遗存地层堆积以第Ⅳ发掘区a区的第4层、第Ⅶ发掘区TG1内侧的第5层为代表；遗迹有灰坑、墓葬和瓮棺葬等；出土遗物有陶器、骨器等。出土陶器以鬲、鼎、釜、壶、罐、盆、钵、豆为基本组合（表四三）。

　　第二阶段文化遗存包括第Ⅶ、第Ⅹ发掘区的城垣、第Ⅺ发掘区TG2的第二期城垣和城壕、第Ⅺ发掘TG3的城垣和城壕；地层堆积以第Ⅳ发掘区Ⅳa区、Ⅳb区、Ⅳc区的第2、3层、第Ⅶ发掘区TG1城垣内侧的第2~4层、第Ⅹ发掘区TG1城垣内侧的第2、3层、第Ⅺ发掘区TG3城垣内侧的第2、3层为代表；遗迹有灰坑、水井、壕沟、墓葬、瓮棺葬；出土遗物有陶器、铜器、铁器、石器等。该类遗存出土遗物较为分富，遗迹间的打破关系较多，为文化分期提供了一定的依据。依据地层关系以及文化内涵的差别，可以把南城第二阶段所见的文化遗存分为三期5段（表四四、表四五）。其中，第一期包括第1段、第2段，第二期即第3段，第三期包括第4段、第5段。

　　第一期文化遗存可分为早、晚两个阶段。第1段遗存以ⅣH4、ⅣH8、ⅣH10、ⅣW21、

表四三　第Ⅳ发掘区第一阶段文化遗存器物分期表

分期	鬲	鼎 A	鼎 B	釜 A	釜 B
一	√（图二一一，22）	√（图二一一，21）		√（图二一一，6）	
二			√（图二一一，7）		√（图二一一，2）

分期	罐	釜 C	釜 D	釜 E	釜 F	壶
一	Ⅰ式（图二一一，16）	√（图二一一，3）	√（图二一一，4）	√（图二一一，18）	Ⅰ式（图二一一，19）	
二	Ⅱ式（图二一一，20）				Ⅱ式（图二一一，9）	

分期	盆 A	盆 B	钵 A	钵 B
一	Ⅰ式（图二一一，1）	√（图二一一，8）	√（图二一一，11）	√（图二一一，23）	Ⅰ式（图二一一，5）
二	Ⅱ式（图二一一，12）				Ⅱ式（图二一一，17）

分期	豆 A	豆 B	陶拍	瓦当	骨带钩
一	√（图二一一，13）	√（图二一一，14）	√（图二一一，15）	√（图二一一，24）	
二					√（图二一一，10）

表四四　第Ⅳ发掘区第二阶段文化遗存器物分期表

分期	分段	釜 A	釜 B	釜 C	釜 D	釜 E	釜 F
一	1	Ⅰ式（图二二三，6）	Ⅰ式（图二二三，1）	√（图二二三，4）			
一	2		Ⅱ式（图二二三，5）				
二	3	Ⅱ式（图二二三，10）	Ⅲ式（图二二三，2）			Ⅰ式（图二二三，8）	
二	4	Ⅲ式（图二二三，7）				Ⅱ式（图二二三，9）	√（图二二三，13）
三	5				√（图二二三，11）	Ⅲ式（图二二三，14）	

分期	分段	釜 G	壶 A	壶 B	壶 C	罐 A	罐 B	罐 C
一	1		Ⅰ式（图二二三，2）					
一	2			Ⅰ式（图二二三，13）		√（图二二三，3）		
二	3		Ⅱ式（图二二三，12）		Ⅱ式（图二二三，1）			
二	4	√（图二二三，15）		Ⅲ式（图二二三，15）				
三	5				√（图二二三，14）		√（图二二三，12）	

分期	分段	盆 A	盆 B	盆 C	盆 D	盆 E	盆 Ba	盆 Bb
一	1							
一	2	Ⅰ式（图二二三，7）	√（图二二三，9）	Ⅰ式（图二二三，11）				
二	3	Ⅰ式（图二二三，13）					Ⅰ式（图二二三，4）	Ⅰ式（图二二三，21）
二	4						Ⅱ式（图二二三，8）	
三	5	√（图二二三，14）		√（图二二三，18）	√（图二二三，19）	√（图二二三，20）		

分期	分段	甑 A	甑 B
一	1		
一	2		
二	3	Ⅰ式（图二二三，10）	Ⅱ式（图二二三，6）
二	4	Ⅱ式（图二二三，8）	Ⅲ式（图二二三，5）
三	5	√（图二二三，16）	√（图二二三，17）

第三章　和林格尔土城子古城遗址的分期

表四五　第Ⅳ发掘区第二阶段文化遗存器物分期表

分期	分段	钵 A	钵 B	钵 C	钵 D	钵 E	钵 F
一	1						
二	2	Ⅰ式（图二一四，19）	Ⅰ式（图二一四，18）	Ⅰ式（图二一四，14）	Ⅰ式（图二一四，20）	Ⅰ式（图二一四，4）	Ⅰ式（图二一四，7）
二	3	Ⅱ式（图二一四，8）	Ⅱ式（图二一四，22）	Ⅱ式（图二一四，15）	Ⅱ式（图二一四，9）	Ⅱ式（图二一四，23）	Ⅱ式（图二一四，2）
三	4	Ⅲ式（图二一四，10）	Ⅲ式（图二一四，6）	Ⅲ式（图二一四，12）	Ⅲ式（图二一四，1）	Ⅲ式（图二一四，11）	
三	5	Ⅳ式（图二一四，21）					

分期	分段	钵 G	匣钵 A	匣钵 B	碗 C	碗 E	豆 A
一	1						
二	2					Ⅰ式（图二一四，5）	
二	3		Ⅰ式（图二一五，3）	Ⅰ式（图二一五，2）	Ⅰ式（图二一五，6）	Ⅱ式（图二一五，13）	
三	4	√（图二一五，17）	Ⅱ式（图二一五，4）	Ⅱ式（图二一五，7）	Ⅱ式（图二一五，5）	Ⅲ式（图二一四，3）	
三	5		Ⅲ式（图二一五，1）			Ⅳ式（图二一四，16）	√（图二一五，15）

分期	分段	豆 B	豆 C	豆 D	杯	器盖	盘 A	盘 B	器座 A
一	1								
二	2	Ⅰ式（图二一五，13）	Ⅰ式（图二一五，9）						
二	3	Ⅱ式（图二一五，11）	Ⅱ式（图二一五，14）						
三	4	Ⅲ式（图二一五，12）	Ⅲ式（图二一五，8）	Ⅰ式（图二一六，10）	√（图二一六，14）			√（图二一六，3）	
三	5					√（图二一六，20）	Ⅴ式（图二一六，5）		√（图二一六，4）

分期	分段	器座 B	器盖	陶拍 A	陶拍 B	陶拍 C
一	1					
二	2					
三	3				√（图二一六，10）	
三	4					
三	5	√（图二一六，1）		√（图二一七，10）		√（图二一六，11）

ⅣW25、ⅣW31、ⅣW32等遗迹单位为代表；出土器物以AⅠ式、BⅠ式、BⅡ式、C型釜，AⅠ式壶，A型罐，BⅠ式盆，CⅠ式、DⅠ式钵，BⅠ式豆为基本组合。第2段遗存以3层组为代表；出土器物以AⅠ式、BⅠ式、EⅠ式钵，AⅠ匣钵，BⅡ式、CⅠ式豆为基本组合。

第二期（即第3段）文化遗存以ⅣH3、ⅣH33、ⅣH69、ⅣW6、ⅣW8、ⅣW15、ⅣJ1等遗迹单位为代表；出土器物以AⅡ式、BⅢ式、EⅠ式、G型釜，AⅡ式、B型壶，AⅠ式、CⅠ式、CⅡ式盆，A型、B型甑，AⅡ式、BⅡ式、CⅡ式、FⅠ式钵，CⅠ式匣钵，CⅡ式豆为基本组合。

第三期文化遗存可分为早、晚两个阶段。第4段遗存以第2层组为代表；出土器物以AⅢ式、EⅡ式、F型釜，AⅢ式壶，B型罐，AⅡ式、BⅡ式、BⅢ式、D型盆，AⅢ式、BⅢ式、CⅢ式、DⅡ式、EⅡ式、G型钵，AⅡ式、BⅠ式、CⅡ式匣钵，D型豆为基本组合。第5段遗存以ⅣH31、ⅣH32、ⅣJ2、ⅣG1、ⅣG3等遗迹单位为代表；出土器物以D型、EⅢ式釜，AⅣ式壶，C型罐，AⅢ、BⅣ、CⅢ式、E型盆，AⅣ式、DⅢ式、EⅢ式、FⅡ式钵，AⅢ式、BⅡ式匣钵，A型、BⅢ式、CⅢ式豆，A型、B型、C型瓮为基本组合。

第三阶段文化遗存未发现地层堆积；遗迹以Ⅳa区、Ⅳb区第1层下开口的部分遗迹，仅见灰坑一种，以ⅣH28、ⅣH30、ⅣH59、ⅣH63、ⅣH68、ⅣH72等遗迹单位为代表；出土器物有陶器、铁器。遗物发现较少，但其时代特点非常明显，按照类型学的特点将该类遗存分为早、晚两个阶段（表四六）。早段遗存以H59、H30等遗迹为代表，出土器物以AⅠ式壶、瓶、罐、盆为基本组合；晚段遗存以H28、H63等遗迹为代表，出土器物有AⅡ式壶和B型壶等。陶质分夹砂和泥质两种，以泥质陶居多，夹砂陶只发现一片；泥质陶的陶土多经淘洗，呈细泥陶；陶色有灰陶、灰褐陶和黑陶三种；纹饰有素面抹光、素面磨光、压印纹、几何纹、网格纹、菱形纹、划纹、压光网格暗纹、压光暗条纹等；制法分手制、模制和轮制三种；手制者形体较厚重，部分器物内壁留有泥条盘筑痕迹和手捏之迹；烧制火候较高，色泽较纯。早段遗存的遗物以手制和模制居多，胎体较为厚重；晚段遗存的遗物以模制和轮制为主。根据城垣的解剖与打破关系，再结合出土文物判断，南城主要属于战国至魏晋时期的建筑遗存。

表四六　第Ⅳ发掘区第三阶段文化遗存器物分期表

分期	壶		瓶	罐	
	A	B		A	B
一	Ⅰ式（图二一九，14）		Ⅰ式（图二一九，4） Ⅱ式（图二一九，5）	√（图二一九，7）	√（图二一九，12）
二	Ⅱ式（图二一九，11）	√（图二一九，9）			

分期	罐	盆			瓮
	C	A	B	C	
一	√（图二一九，8）	√（图二一九，15）	√（图二一九，1）	√（图二一九，13）	√（图二一九，3）
二					

分期	陶拍	铁带饰	铁马镫	
			A	B
一	√（图二一九，2）	√（图二一九，6）	√（图二一九，16）	√（图二一九，10）
二				

第三节　中　城

中城包括第Ⅴ发掘区的城垣、第Ⅵ发掘区的第二期城垣、第Ⅺ发掘区TG2的第三期城垣。前一章第四节对城内发掘所见的文化遗存分为七个阶段。

第一阶段文化遗存未发现地层堆积，遗迹亦发现甚少，仅见灰坑一种，以ⅢH31、ⅢH33、ⅢH114等遗迹单位为代表；遗物均零散地分布于晚期遗存内，仅陶器一种，分生活用具和建筑构件两大类。生活用具以釜、壶、罐、盆、钵为基本组合，同时还出土有夹砂陶单耳罐（或单把鬲）残片等；建筑构件以瓦当居多，种类有弦纹瓦当、网格纹瓦当、璜纹瓦当、葵纹瓦当、树纹瓦当、云纹瓦当、云鹿纹瓦当等。

第二阶段文化遗存的地层堆积以第Ⅲ发掘区b区、d区、e区的第4层和f区的第3层、第Ⅴ发掘区TG1城垣内侧的第5层为代表；遗迹有灰坑、水井两种；出土器物有陶器、铜器、铁器、石器等。以陶器居多，铜器和铁器略相等，石器仅发现一件。陶器大体分为生活用具和建筑构件两大类，以生活用具居多。出土陶器以釜、罐、壶、盆、甑、钵、豆为基本组合。

第三阶段文化遗存包括第Ⅴ发掘区的城垣、第Ⅵ发掘区的第二期城垣、第Ⅺ发掘区TG2的第三期城垣；该类遗存未发现地层堆积；遗迹亦发现甚少，以ⅢH105等遗迹单位为代表；遗物均零散地分布于晚期遗存内，从其器形特征、纹饰的特点上看，将该类遗存分为早、晚两个阶段（表四七）。早期阶段的出土器物以壶、A型罐、瓮、盆（H型盆除外）为基本组合。晚期阶段的出土器物以筒瓦、滴水、莲花纹瓦当为基本组合。

第四阶段文化遗存包括第Ⅺ发掘区TG1的第二期城垣，地层堆积以Ⅲa区的第5层，Ⅲb区，Ⅲe区的第3层，Ⅲf区的第2层，第Ⅴ发掘区TG1城垣内侧的第4层，第Ⅵ发掘区TG1城垣内侧的第3层，第Ⅺ发掘区TG2城垣内侧的第3层为代表；遗迹以Ⅲa区第5层下开口的遗迹，Ⅲb区、Ⅲd区、Ⅲe区第3层下开口的部分遗迹以及Ⅲf区第2层下开口的部分遗迹为代表；遗物发现甚少，器类有陶器、瓷器、铁器、石器、骨角器等。陶器大体分为生活用具和建筑构件两大类。

第五阶段文化遗存未发现地层堆积和遗迹，只发现少量的遗物，均零散地分布于晚期遗存内。分生活用具和建筑构件两类。生活用具仅陶器一种，陶质有泥质陶和细泥陶两种，以泥质陶居多，细泥陶较少；陶色以灰陶居多，灰褐陶和黑陶较少；纹饰有篦点纹、压印纹、素面抹光和素面磨光等，以篦点纹居多；分模制和轮制两种，平底器的底部以内凹或内凹较甚居多；烧制火候亦较高。

第六阶段文化遗存未发现地层堆积和遗迹，只发现少量的遗物，均零散地分布于晚期遗存内。分生活用具和建筑构件两类。生活用具仅见瓷器一种。胎质多数细腻，釉色以白釉居多，外壁施釉不及底，圈足露胎，内壁一般施满釉。有蜡泪痕和窑粘现象，内底有支钉疤痕。有少量的印花、剔花和刻花，图案有缠枝牡丹花纹、牡丹纹、荷花萱草纹、弦纹等。有少部分瓷器为芒口、薄胎。极少数瓷器足底部有墨书字款。分属定窑系产品和磁州窑系产品。器类有碗、盘、罐和枕等。

表四七　第Ⅲ发掘区第三阶段文化遗存器物分期表

分期	壶			罐		
	A	B	C	D	A	B
一	√（图五〇六，17）	√（图五〇七，5）	√（图五〇六，8）	√（图五〇七，9）	Ⅰ式（图五〇七，7） Ⅱ式（图五〇六，6）	√（图五〇六，15）
二						

分期	罐		盋			
	C	D	A	B	C	D
一	√（图五〇七，2）	√（图五〇七，3）	√（图五〇六，2）	√（图五〇六，4）	√（图五〇六，9）	√（图五〇六，8）
二						

分期	盆					
	A	Ba	Bb	C	D	E
一	√（图五〇六，12）	√（图五〇六，18）	Ⅰ式（图五〇六，3） Ⅱ式（图五〇六，13）	Ⅰ式（图五〇六，1） Ⅱ式（图五〇六，10）	Ⅰ式（图五〇六，5） Ⅱ式（图五〇六，12）	Ⅰ式（图五〇六，11） Ⅱ式（图五〇七，7）
二						

分期	盆			器盖	筒瓦	
	F	G	H	I	A	B
一	√（图五〇六，10）	√（图五〇七，6）	√（图五〇六，14）	√（图五〇六，4）	√（图五〇七，1）	√（图五〇八，2）
二						

分期	筒瓦	滴水	莲花纹瓦当		莲瓣纹瓦当		
	C	A	Aa	B	Bb	Cc	
一	√（图五〇八，1）	√（图五〇八，9）	√（图五〇七，16）	√（图五〇七，15）	Ⅰ式（图五〇七，17） Ⅱ式（图五〇七，13）		
二	√（图五〇八，3）					√（图五〇七，14）	

第七阶段文化遗存的地层堆积以Ⅲa区的第2~4层，Ⅲb区、Ⅲc区、Ⅲe区的第2层、Ⅲd区的第2、3层，第Ⅴ发掘区TG1城垣内侧的第3层，第Ⅵ发掘区TG1城垣内侧的第2层、第Ⅺ发掘区TG1城垣内侧的第2层，第Ⅺ发掘区TG2城垣内侧的第2层为代表；遗迹以Ⅲa区第2~4层下开口的遗迹，Ⅲb区、Ⅲd区、Ⅲe区第2层下开口的遗迹以及Ⅲd区第3层下开口的部分遗迹为代表。遗迹有建筑台基、房址、灰坑、壕沟等；该类遗存出土遗物较为丰富，完整可复原器300余件。器类有陶器、瓷器、铜器、铁器、石器、骨器等。陶器大体分为生活用具和建筑构件两大类。陶质仅见泥质陶一种，陶土多经淘洗，呈细泥陶；陶色有黑陶、灰陶、灰黑陶和灰褐陶等；纹饰有素面、磨光、暗弦纹、压印纹、指甲纹、泥条附加堆纹等。制法皆为轮制，烧制火候较高。建筑构件有砖、筒瓦、板瓦和瓦当等。瓷器胎质多数较细，釉色以白釉居多，大多白中泛黄，另外还有少量的酱釉、黑釉和油滴釉。外壁大多施釉不及底，圈足露胎，内壁一般施满釉。有蜡泪痕和窑粘现象。大部分内底有支钉疤痕，少部分的内底有涩圈；器内有极少数印花。有部分瓷器的内底、外壁和足底部有墨书字款。根据城垣的解剖与打破关系，再结合出土文物判断，中城主要属于魏晋至隋唐时期的建筑遗存。辽金元时期沿用。

第四节　北　　城

北城包括第Ⅵ发掘区的第三期城垣、第Ⅷ发掘区的城垣、第Ⅺ发掘区TG2的第四期城垣。第二章第五节对城内发掘所见的文化遗存分为两个阶段。

第一阶段遗存的地层堆积以第Ⅱ发掘区的第5层、第Ⅷ发掘区城垣内侧的第4层为代表；未发现遗迹，遗物均零散地分布于晚期遗存内，与晚期遗物相伴出土，分陶器和铜器两种。

第二阶段遗存包括第Ⅵ发掘区的第三期城垣、第Ⅷ发掘区的城垣、第Ⅺ发掘区TG2的第四期城垣；地层堆积以第Ⅰ发掘区的第2、3层，第Ⅱ发掘区的第2~4层，第Ⅷ发掘区的第2、3层为代表；遗迹有房址、灰坑、水井、壕沟、窖藏等；出土遗物较为丰富，完整可复原器750余件，器类有陶器、瓷器、骨器、铜器、铁器、石器、蚌器等，以瓷器居多，陶器次之。陶器的陶质均为泥质陶，陶土多经淘洗，呈细泥陶；陶色有灰陶、灰褐陶、黑陶和红褐陶几种，以灰陶居多，灰褐陶和黑陶略相等，红褐陶数量较少；纹饰有素面、磨光、压光暗弦纹、压光暗环绕纹、滚轮压印纹、泥条附加堆纹等。制法皆为轮制，烧制火候较高。主要器型有罐、壶、瓶、执壶、盆、盂、瓮，为基本组合。瓷器出土数量较多，完整和可复器300余件，分属邢窑、越窑和北方窑系产品。邢窑瓷器出土数量较少，胎体较薄，胎质细洁，釉色白润；器底有平底、玉璧形底和矮圈足之分；有少部分为仿烧瓷器；器类有碗、壶、钵、杯、盏托、瓷玩等。越窑瓷器仅发现两件瓷碗，为秘色瓷器，灰胎细腻，施青釉。北方窑系出土瓷器数量较多，大体可分青瓷、白瓷和黑瓷几类；以白瓷居多，黑瓷次之，青瓷出土数量较少。青瓷的釉色为青中泛黄，个别的呈黄色，碗类器物中部分为外青釉内白釉；白瓷中的白釉多泛灰，施化妆土，另有一部分青灰瓷也归入白瓷中；黑瓷中的黑釉分纯黑、黑中泛黄、黑中泛紫等几种，另有一种酱色、茶叶末釉色也归入黑釉瓷中，碗类器物部分为外黑内白；另外还有一定数量的三彩器、釉陶器和绞釉器等。三彩器的釉色主要有绿、赭、白、黄几种；釉陶器以绿釉为主。个别瓷器的底部有墨画和墨书字款。下面我们依据地层与地层、地层与遗迹的叠压打破关系以及出土遗物的文化内涵等特点，可以把北城（即第Ⅰ、Ⅱ发掘区）发掘所见的文化遗存分为三期七段（表四八~表五五）。其中，第一期包括第1、2段，第二期包括第3~5段，第三期包括第6、7段。

第一期文化遗存可分两个阶段。第1段以第Ⅱ发掘区第4层下开口的遗迹为代表；出土器物中的陶器以BⅠ式罐，EⅠ式小罐，AⅠ式壶，A型、B型瓶，C型执壶，AⅠ式、BaⅠ式、BbⅠ式、CaⅠ式、CbⅠ式、DbⅠ式、EaⅠ式、EbⅠ式、FaⅠ式、FbⅠ式、FdⅠ式、GⅠ式盆，AⅠ式盂，AⅠ式盒，AⅠ式碗，AⅠ式盏等为代表，瓷器以AⅠ式白瓷碗，CaⅠ式、DaⅠ式黑瓷碗，CⅠ式、DⅠ式、EⅠ式黑瓷盏，A型三彩罐等为代表。第2段以第Ⅰ发掘区第3层组、第Ⅱ发掘区第4层组为代表；出土器物中的陶器以AbⅠ式罐，EbⅡ式、GⅡ式盆，AⅡ式、BⅠ式盂，A型、B型、CⅠ式盘，AⅡ式、BⅠ式盏等为代表，瓷器以BⅠ式青瓷碗，AⅡ式白瓷碗，A型、B型黑瓷执壶，AⅠ式黑瓷盏等为代表。

第二期文化遗存可分三个阶段。第3段以Ⅰb区第2层下、第Ⅱ发掘区第3层下开口的遗迹为代表；出土器物中的陶器以CⅠ式罐，C型瓶，AⅡ式、EaⅡ式盆，C型盂，AⅡ式盒等为代表，瓷器以BⅠ式白瓷碗、CbⅠ式粗瓷碗、BⅠ式黑瓷钵、AⅠ式黑瓷壶等为代表。第4段以第Ⅰ发掘区第2层组、第Ⅱ发掘区第3层组为代表；出土器物中的陶器以AaⅠ式、AbⅡ式、BⅡ式罐，FⅠ式壶，AⅢ式、BaⅡ式、BbⅡ式、DbⅡ式盆，AⅢ式、BⅡ式盂，AⅢ式、BⅡ式盏等为代表，瓷器以AⅠ式、BⅡ式青瓷碗，AⅠ式青灰瓷碗，AⅠ式青瓷执壶，AⅢ式白瓷碗，AⅠ式、CaⅠ式粗瓷碗，AⅠ式、BⅡ式黑瓷钵，AⅠ式、BⅠ式、CaⅡ式、CbⅠ式、DaⅡ式黑瓷碗，AⅡ式黑瓷壶等为代表。第5段以第Ⅱ发掘区第2层下开口的遗迹为代表；出土器物中的陶器以AⅠ式、BⅠ式、C型、DⅠ式小罐，E型壶等为代表，瓷器以AaⅠ式邢窑碗、BⅠ式花口碗、越窑碗、AⅠ式研磨盘等为代表。

第三期文化遗存可分为两个阶段。第6段以第Ⅱ发掘区第2层组为代表；出土器物中的陶器以AaⅡ式、AbⅢ式、BⅢ式、FaⅠ式罐，AⅡ式壶，AⅣ式、BaⅢ式、BbⅢ式、BcⅠ式、CbⅡ式、DaⅠ式、DbⅢ式、EaⅢ式、EbⅢ式、FaⅢ式盆，AⅣ式、BⅢ式、DⅠ式盂，AⅠ式钵，CⅠ式盒，CⅡ式盘，AⅣ式、BⅢ式盏，AⅠ式、BⅠ式瓮等为代表，瓷器以AaⅡ式、CⅠ式邢窑碗，BⅡ式花口碗，Ⅰ式盏托，AⅡ式、BⅢ式青瓷碗，AⅡ式、BⅠ式、CⅠ式青灰瓷碗，AⅠ式、BⅠ式、C型、D型白瓷钵，BⅡ式白瓷碗，AⅡ式、BⅡ式、CaⅡ式、CbⅡ式粗瓷碗，AⅡ式、BⅠ式研磨盘，BⅡ式、CaⅢ式、DaⅢ式黑瓷碗，AⅢ式黑瓷壶，DⅢ式、EⅢ式黑瓷盏为代表。第7段以第Ⅰ、Ⅱ发掘区第1层下开口的遗迹为代表；出土器物中的陶器以AaⅢ式、AbⅣ式、BⅣ式、CⅡ式、DⅡ式、FaⅡ式罐，AⅢ式、BⅢ式、C型、D型、FaⅡ式壶，A型、B型执壶，AⅤ式、BaⅣ式、BbⅣ式、BcⅡ式、CaⅠ式、CaⅢ式、DaⅡ式、DaⅢ式、DcⅢ式、EbⅣ式、FaⅣ式、FbⅢ式盆，BⅣ式、DⅡ式盂，AⅡ式、B型、C型钵，B型、CⅡ式、DⅢ式盒，BⅣ式、C型盏，AⅡ式、BⅡ式、C型瓮等为代表，瓷器以Ab型、B型、CⅡ式、D型邢

表四八 第Ⅰ、Ⅱ发掘区第二阶段文化遗存器物分期表

分期	分段	罐				
		Aa	Ab	B	C	D
一	1					
二	2	Ⅰ式（图七四四，9）	Ⅰ式（图七四四，2）	Ⅰ式（图七四四，21）		
二	3				Ⅰ式（图七四四，1）	
二	4	Ⅱ式（图七四四，12）	Ⅱ式（图七四四，5）	Ⅱ式（图七四四，18）		
二	5					
三	6	Ⅲ式（图七四四，6）	Ⅲ式（图七四四，3）	Ⅲ式（图七四四，17）	Ⅱ式（图七四四，4）	Ⅰ式（图七四四，8）
三	7	√（图七四四，10）	Ⅳ式（图七四四，22）	Ⅳ式（图七四四，14）	Ⅲ式（图七四四，13）	Ⅱ式（图七四四，15）

分期	分段	罐			小罐	
		E	Fa	Fb	A	B
一	1			√（图七四四，11）		
二	2					
二	3					
二	4					
二	5				Ⅰ式（图七四六，9）	
三	6		Ⅰ式（图七四四，16）		Ⅱ式（图七四六，8）	Ⅰ式（图七四六，10）
三	7	√（图七四四，10）	Ⅱ式（图七四四，7）		Ⅲ式（图七四六，7）	Ⅱ式（图七四六，11）

分期	分段	小罐			
		C	D	E	F
一	1			Ⅰ式（图七四六，2）	
二	2				
二	3				√（图七四六，1）
二	4				
二	5	√（图七四六，4）	Ⅰ式（图七四六，6）		
三	6				
三	7		Ⅱ式（图七四六，3）	Ⅱ式（图七四六，5）	

续表

分期	分段	双系罐 A	双系罐 B	壶 A	壶 B	壶 C
一	1					
一	2					
二	3					
二	4					
三	5	Ⅰ式（图七四四，20）		Ⅰ式（图七四五，15）		
三	6	Ⅱ式（图七四四，19）		Ⅱ式（图七四五，14） Ⅲ式（图七四五，4）	Ⅰ式（图七四五，3） Ⅱ式（图七四五，5）	Ⅰ式（图七四五，1）
三	7		√（图七四四，18）	Ⅳ式（图七四五，20）	Ⅲ式（图七四五，10）	Ⅱ式（图七四五，9）

分期	分段	壶 D	壶 E	壶 F	瓶 A	瓶 B
一	1					
一	2					
二	3				√（图七四五，6）	√（图七四五，16）
二	4		√（图七四五，7）	Ⅰ式（图七四五，12）		
三	5					
三	6					
三	7	√（图七四五，8）		Ⅱ式（图七四五，19）		

分期	分段	瓶 C	执壶 A	执壶 B	执壶 C
一	1	√（图七四五，2）			
一	2				
二	3				
二	4				
三	5				√（图七四五，13）
三	6		√（图七四五，11）	√（图七四五，17）	
三	7				

表四九　第Ⅰ、Ⅱ发掘区第二阶段文化遗存器物分期表

分期	分段	瓮 A	瓮 B	瓮 C	盆 A	盆 Ba
一	1					
一	2					
二	3				Ⅰ式（图七四八,1）	Ⅰ式（图七四八,12）
二	4				Ⅱ式（图七四八,19）	Ⅱ式（图七四八,2）
二	5				Ⅲ式（图七四八,7）	
三	6	Ⅰ式（图七四七,2）	Ⅰ式（图七四七,5）		Ⅲ式（图七四八,9）	Ⅲ式（图七四八,10）
三	7	Ⅱ式（图七四七,1）	Ⅱ式（图七四七,3）	Ⅴ（图七四七,4）	Ⅱ式（图七四八,6）	Ⅳ式（图七四八,8）

分期	分段	盆 Bb	盆 Bc	盆 Ca	盆 Cb
一	1				
一	2				
二	3				
二	4	Ⅰ式（图七四八,3）		Ⅰ式（图七四八,13）	Ⅰ式（图七四八,16）
二	5	Ⅱ式（图七四八,14）		Ⅱ式（图七四八,17）	
三	6	Ⅲ式（图七四八,4）	Ⅴ（图七四八,18）		Ⅱ式（图七四八,15）
三	7	Ⅳ式（图七四八,5）		Ⅲ式（图七四八,11）	

分期	分段	盆 Da	盆 Db	盆 Dc	盆 Ea
一	1				
一	2				
二	3				
二	4		Ⅰ式（图七四九,11）	Ⅰ式（图七四九,14）	Ⅰ式（图七四九,3）
二	5		Ⅱ式（图七四九,8）		
三	6	Ⅰ式（图七四八,20）	Ⅱ式（图七四九,24）	Ⅱ式（图七四九,18）	Ⅱ式（图七四九,1）
三	7	Ⅱ式（图七四九,22）	Ⅱ式（图七四九,26）	Ⅲ式（图七四九,19）	Ⅲ式（图七四九,2）
三	7	Ⅲ式（图七四九,4）			

续表

分期	分段	Eb	Fa	盆 Fb	Fc	Fd
一	1	I式（图七四九，12）	I式（图七四九，16）	I式（图七四九，6）		I式（图七五〇，21）
	2	II式（图七四九，23）				
	3					
二	4					
	5	III式（图七四九，21）	II式（图七四九，20）	II式（图七四九，17）	I式（图七四九，13）	
	6		III式（图七四九，5）		II式（图七四九，10）	
三	7	IV式（图七四九，15）	IV式（图七四九，25）	III式（图七四九，9）	III式（图七四九，7）	II式（图七五〇，6）

分期	分段	G	H	盆 I	J
一	1	I式（图七五〇，2）			
	2	II式（图七五〇，5）			
	3				
二	4				
	5				
	6				
三	7	√（图七五〇，3）	√（图七五〇，7）	√（图七五〇，1）	√（图七五〇，4）

分期	分段	A	B	盂 C	D	E
一	1	I式（图七五〇，23）				
	2	II式（图七五〇，12）	I式（图七五〇，9）			
	3					
二	4	III式（图七五〇，8）	II式（图七五〇，13）			
	5			√（图七五〇，14）		
	6	II式（图七五〇，10）	II式（图七五〇，11）		I式（图七五〇，16）	
三	7		II式（图七五〇，15）		II式（图七五〇，20）	√（图七五〇，19）

第三章 和林格尔土城子古城遗址的分期

表五○ 第 I、II 发掘区第二阶段文化遗存器物分期表

分期	分段	钵 A	钵 B	钵 C	尊 B	盒 A	盒 B
一	1						
一	2						
二	3						
二	4						
二	5						
三	6	I 式（图七五〇，22）				I 式（图七五一，4）	I 式（图七五一，1）
三	7	II 式（图七五〇，17）	Ⅴ（图五〇，18）	Ⅴ（图七五〇，24）	Ⅴ（图七四七，6）	II 式（图七五一，10）	II 式（图七五一，2）

分期	分段	盒 C	盒 D	碗 A	碗 B	盘 A	盘 B
一	1						
一	2			I 式（图七五一，3）			
二	3						
二	4						
二	5		I 式（图七五一，5）				
三	6	I 式（图七五一，6）	II 式（图七五一，13）		I 式（图七五一，7）		
三	7	II 式（图七五一，15）	III 式（图七五一，11）	II 式（图七五一，9）	II 式（图七五〇，8）	Ⅴ（图七五一，17）	Ⅴ（图七五一，19）

续表

分期	分段	盘 C	盘 D	杯	盏 A	盏 B	盏 C
一	1	I式（图七五一，18）			I式（图七五二，1）		
	2		√（图七五一，20）		II式（图七五二，5）	I式（图七五二，6）	
	3						
二	4			I式（图七五一，16）	III式（图七五二，4）		
	5						
	6	II式（图七五一，14）			IV式（图七五二，7）	II式（图七五二，2）	
三	7			II式（图七五一，12）		III式（图七五二，11）	√（图七五二，3）

分期	分段	扑满 A	扑满 B	器盖 A	器盖 B	陶铃
一	1					
	2					
	3					
二	4					
	5		√（图七四六，12）			
	6			√（图七五二，8）	√（图七五二，18）	
三	7	√（图七四六，13）				√（图七五二，21）

表五一　第 I、II 发掘区第二阶段文化遗存邢窑瓷器分期表

分期	分段	碗 Aa	碗 Ab	碗 B	碗 C	碗 D
一	1					
一	2					
一	3					
二	4					
二	5	I 式（图七五五，7）			I 式（图七五五，3）	
二	6	II 式（图七五五，9）			II 式（图七五五，12）	
三	7		√（图七五五，6）	√（图七五五，16）		√（图七五五，4）

分期	分段	花口碗 A	花口碗 B	花口碗 C	钵	杯
一	1					
一	2					
一	3		I 式（图七五五，11）			
二	4					
二	5		II 式（图七五五，2）			
二	6	√（图七五五，5）			√（图七五五，21）	
三	7			√（图七五五，8）		√（图七五五，17）

分期	分段	盏托	器盖	小壶 A	小壶 B	瓷玩
一	1					
一	2					
一	3					
二	4					
二	5					
二	6	I 式（图七五五，1）		√（图七五五，19）	√（图七五五，22）	
三	7	II 式（图七五五，14）	√（图七五五，18）			√（图七五五，20）

表五二 第 I、II 发掘区第二阶段文化遗存北方窑系瓷器（青瓷）分期表

分期	分段	罐 A	罐 B	执壶 A	执壶 B	钵
一	1					
一	2					
一	3					
二	4			I式(图七五六,3)		
二	5					
二	6				I式(图七五六,6)	I式(图七五六,1)
三	7	√(图七五六,2)	√(图七五六,4)	II式(图七五六,15)	II式(图七五六,16)	II式(图七五六,10)

分期	分段	碗 A	碗 B	盘	器盖
一	1				
一	2		I式(图七五六,7)		
一	3				
二	4	I式(图七五六,13)	II式(图七五六,17)		
二	5				
二	6	II式(图七五六,5)	III式(图七五六,11)		
三	7	III式(图七五六,9)		√(图七五六,12)	√(图七五六,8)

表五三　第Ⅰ、Ⅱ发掘区第二阶段文化遗存北方窑系瓷器（白瓷）分期表

分期	分段	罐	鸡心罐	小罐 A	小罐 B	执壶 A
一	1					
一	2					
一	3	√（图七五七，5）				
二	4			Ⅰ式（图七五七，6）	Ⅰ式（图七五七，3）	
二	5					
三	6					
三	7		√（图七五七，7）	Ⅱ式（图七五七，8）	Ⅱ式（图七五七，17）	√（图七五七，16）

分期	分段	执壶 B	壶	钵 A	钵 B	执壶 C
一	1					
一	2					
一	3					
二	4					
二	5					
三	6	√（图七五七，2）		Ⅰ式（图七五七，9）	Ⅰ式（图七五七，15）	√（图七五七，21）
三	7		√（图七五七，10）	Ⅱ式（图七五七，18）	Ⅱ式（图七五七，11）	√（图七五七，1）

分期	分段	杯 A	杯 B	细瓷碗 A	细瓷碗 B	细瓷碗 C
一	1			Ⅰ式（图七五七，14）		
一	2			Ⅱ式（图七五七，4）		
一	3			Ⅲ式（图七五七，12）		
二	4			Ⅳ式（图七五八，17）	Ⅰ式（图七五七，20）	
二	5					
三	6	Ⅰ式（图七五七，13）			Ⅱ式（图七五七，22）	
三	7	Ⅱ式（图七五八，14）				√（图七五七，1）

续表

分期	分段	粗瓷碗			
		A	B	Ca	Cb
一	1				
一	2				
二	3	I式（图七五八，12）	I式（图七五八，15）	I式（图七五八，23）	I式（图七五八，10）
二	4				
二	5				
三	6	II式（图七五八，11）	II式（图七五八，7）	II式（图七五八，20）	II式（图七五八，18）
三	7	III式（图七五八，24）	III式（图七五八，13）	III式（图七五八，19）	III式（图七五八，16）

分期	分段	研磨盘			盏
		A	Ba	Bb	
一	1				
一	2				
二	3	I式（图七五八，2）			
二	4		I式（图七五八，22）		I式（图七五八，3）
二	5				
三	6	II式（图七五八，1）	II式（图七五八，6）		
三	7			V（图七五八，4）	

分期	分段	瓷玩			
		炉	盏	A	B
一	1				
一	2				
二	3	I式（图七五八，9）			
二	4		V（图七五八，5）		
二	5				
三	6				
三	7	II式（图七五八，8）		V（图七五八，21）	V（图七五八，26）

表五四　第Ⅰ、Ⅱ发掘区第二阶段文化遗存北方窑系瓷器（黑瓷）分期表

分期	分段	壶 Aa	壶 Ab	壶 B	执壶 A	执壶 B
一	1					
一	2	Ⅰ式（图七五九，7）			√（图七五九，1）	√（图七五九，5）
二	3		Ⅰ式（图七五九，13）			
二	4					
二	5					
三	6	Ⅱ式（图七五九，12）				
三	7		Ⅱ式（图七五九，4）	√（图七五九，3）		

分期	分段	钵 A	钵 B	碗 A	碗 B	碗 Ca
一	1					
一	2	Ⅰ式（图七六〇，23）				
二	3		Ⅰ式（图七六〇，26）			
二	4		Ⅱ式（图七六〇，25）	Ⅰ式（图七六〇，3）	Ⅰ式（图七六〇，22）	Ⅰ式（图七六〇，18）
二	5					
三	6	Ⅱ式（图七六〇，27）		Ⅱ式（图七六〇，2）	Ⅱ式（图七六〇，20）	Ⅱ式（图七六〇，15）
三	7				Ⅲ式（图七六〇，8）	Ⅲ式（图七六〇，21）
三	7					Ⅳ式（图七六〇，4）

分期	分段	碗 Cb	碗 Da	碗 Db	碗 E	碗 F
一	1					
一	2					
二	3		Ⅰ式（图七六〇，24）			
二	4	Ⅰ式（图七六〇，16）	Ⅱ式（图七六〇，19）	Ⅰ式（图七六〇，5）	Ⅰ式（图七六〇，12）	Ⅰ式（图七六〇，6）
二	5					
三	6		Ⅲ式（图七六〇，12）	Ⅱ式（图七六〇，10）	√（图七六〇，7）	
三	7	Ⅱ式（图七六〇，9）	Ⅳ式（图七六〇，17）			Ⅱ式（图七六〇，13）

续表

分期	分段	研磨盘 A	研磨盘 B	盏 A	盏 B
一	1				
一	2		√(图六〇, 1)		
二	3			I式(图七六, 10)	I式(图七六, 15)
二	4				
三	5	I式(图七六, 11)			
三	6	II式(图七六, 14)			
三	7			II式(图七六, 7)	II式(图七六, 8)

分期	分段	盏 C	盏 D	盏 E	盏 F
一	1	I式(图七六, 5)	I式(图七六, 2)	I式(图七六, 14)	
一	2				
二	3		II式(图七六, 1)		
二	4			I式(图七六, 9)	
三	5		III式(图七六, 4)	III式(图七六, 3)	
三	6			IV式(图七六, 6)	
三	7	II式(图七六, 11)	IV式(图七六, 12)		√(图七六, 13)

分期	分段	杯 A	杯 B	瓷玩 A	瓷玩 B	瓷玩 C
一	1					
一	2		√(图五九, 2)			
二	3			√(图五九, 11)		
二	4					
三	5					
三	6					
三	7	√(图五九, 9)			√(图五九, 10)	√(图五九, 6)

表五五　第Ⅰ、Ⅱ发掘区第二阶段文化遗存北方窑系三彩器分期表

分期	分段	罐			执壶
		A	B	C	
一	1	√（图七六二，11）			
	2				
二	3				
	4				
	5				
三	6				
	7		√（图七六二，14）	√（图七六二，12）	√（图七六二，1）

分期	分段	碗	炉		器盖
			A	B	
一	1				
	2				
二	3				
	4				
	5				
三	6		√（图七六二，2）		
	7	√（图七六二，17）		√（图七六二，9）	√（图七六二，13）

分期	分段	三彩玩			
		Aa	Ab	B	C
一	1				
	2				
二	3		√（图七六二，19）		
	4				
	5				
三	6				√（图七六二，8）
	7	√（图七六二，15）		√（图七六二，4）	√（图七六二，5）

窑碗，A型、C型花口碗，Ⅱ式盏托，青瓷钵，AⅢ式青瓷碗，AⅢ式、BⅡ式、CⅡ式青灰瓷碗，青瓷盘，AⅡ式、B型青瓷执壶，AⅡ式白瓷钵，AⅣ式白瓷碗，AⅢ式、BⅢ式、CaⅢ式、CbⅢ式粗瓷碗，白瓷杯，白瓷执壶，鸡心罐，三足炉，BaⅡ式、Bb型研磨盘，AⅡ式黑瓷钵，AⅡ式、BⅢ式、CaⅣ式、CbⅡ式、DaⅣ式、Db型、E型、F型黑瓷碗，AⅣ式、B型黑瓷壶，AⅡ式、CⅢ式、DⅣ式、EⅣ式黑瓷盏为代表。根据城垣的解剖与打破关系，再结合出土文物判断，北城主要属于隋唐至五代时期的建筑遗存。

第四章　和林格尔土城子古城遗址的年代与性质

第一节　西城的年代与性质

　　通过考古勘探、发掘得知，城垣建在生黑垆土上，为土垄式建筑；夯层内无包含物，较为纯净。夯层厚6~8厘米。城内出土遗物其器类型式、纹饰特征具有战国至秦代器物的特点，亦有极少部分具有春秋时期的特点。因此，我们推断该城址第一期文化遗存的年代为春秋至战国之际，第二期文化遗存的年代为战国晚期至秦代。

　　关于城址的始建年代与废弃年代：根据其城垣的建筑结构，城内出土遗物的型式特点，并参照城外遗址、墓葬出土遗物的型式特点分析推断。西城规模较小，城垣以东垣保存完整，长310米，其面积与山西省侯马北坞东周古城西城[1]相近；西城城垣建在生黑垆土上，为土垄式建筑，夯层厚6~8厘米，与山西省侯马北坞东周古城[2]、河南省洛阳涧滨东周城址[3]、河南偃师滑城[4]的夯层厚度基本相同，土质较纯，质地坚硬，内无遗物，这说明其建筑年代较早；又据城内、城外出土春秋时期的遗物表明其上限年代，城内出土秦代遗物表明其下限年代。由此推断，和林格尔土城子古城西城为春秋时期所筑，一直沿用至战国晚期到秦代。

　　关于城址的性质：从城址的形制与结构，城内出土器物的质地到城外遗址、墓葬出土器物的形态风格都表现出了春秋时期狄文化特征，这表明该古城是春秋时期"狄族"或"狄国"的城邑。据史料记载，和林格尔土城子地区早在两周至春秋时期为猃狁、北狄（犬戎）居住地，应当是《诗经·出车》中记载的"俨狁于襄"的"襄"地。公元前594年，狄国被晋景公所灭，从此"襄"地属晋国所属。又据《史记·晋世家》载："狄，其国母也……狄伐咎如，得二女，以长女妻重耳……重耳居狄凡十二年而去。"公元前453年，韩、赵、魏三家分晋，晋文公重耳曾避难于此。在20世纪80年代初期，上土城子村民在城外墓地取土时发现一件带铭文的青铜短剑[5]，据李学勤先生考证为"耳铸公剑"，是晋文公重耳所用之物，据此推断应是晋文公重耳在此避难留下的遗物。进入战国时期，这里是林胡活动地区。公元前302年，赵武灵王变俗，穿胡服，习骑射，进行军事改革，北破林胡、楼烦，筑长城，置云中（今托克托县古城村故城）、雁门、代郡。和林格尔土城子地区属赵国云中郡辖地；秦仍为云中郡辖地，综上所述，和林格尔土城子古城西城为春秋时期所筑，应是狄国的"城邑"或"都城"；战国至秦代沿用，属赵国云中郡辖地，是赵国在长城地带屯垦戍边、巩固边防、抵御匈奴南侵的战略要地。

第二节　南城的年代与性质

前文将城内发掘所见的文化遗存分为三个阶段。

第一阶段文化遗存陶器中的陶鬲（ⅣG1∶26）在和林格尔土城子古城遗址[6]第一次发掘、和林格尔土城子古城遗址周边的墓葬[7]、凉城县毛庆沟春秋战国墓地[8]均有出土，其形制基本相同，所代表的时代亦大体相当，应属于春秋晚期到战国之际。罐与卓资山县城卜子古城遗址[9]G1∶12、C∶33（CⅡ式、DⅡ式）陶瓮完全一致；（ⅣG1∶24、ⅣT3②∶4）陶钵与G1∶7、C∶2（BⅠ式、AbⅠ式）陶碗相同；F型（ⅣT19④∶1）釜与托克托县黑水泉遗址[10]H49∶27（AⅠ式）陶釜形制相同；B型（ⅣH33∶8）陶釜与托克托县古城村古城遗址[11]H22∶4（B型）陶釜相同；Ⅰ式（ⅣH8∶3）陶壶与山西侯马乔村墓地[12]M4219∶1（乙DⅡ式）陶罐近似，与西安南郊秦墓[13]M6∶3（B型Ⅲ式）壶近似，Ⅱ式陶壶（ⅣH10∶3）与山西侯马乔村墓地[14]M4199∶2（丙BⅡ式）陶罐近似，与襄阳王坡东周秦汉墓[15]M65∶3（EⅢ式）壶相同，其所代表的年代亦大体相当。另外属于该类遗存的4座墓葬皆无葬具及随葬品，均为小孩墓，除ⅣM3、ⅣM5为仰身直肢葬外，ⅣM4为仰身屈肢葬，ⅣM7为侧身屈肢葬，具有典型的秦文化特征。由此推断，我们把和林格尔土城子古城南城第一阶段文化遗存分为两期，第一期的年代应在春秋晚期到战国之际，第二期的年代应在战国晚期到秦统一前后。

第二阶段文化遗存分为三期。

第一期陶器中的AⅠ式（ⅣW31∶1）釜与托克托县黑水泉遗址[16]ⅡT19②∶1（BⅡ式）釜相同，与托克托县古城村古城遗址[17]H50∶1（BⅠ式）釜近似，AⅠ式、BⅠ式、CⅠ式钵等在内蒙古中南部的同类遗存中均有发现，其形制基本相同，所代表的时代亦大体相当。所以第一期文化遗存的年代应为西汉时期。

第二期陶器中的EⅠ式（ⅣH69∶3）釜与托克托县黑水泉遗址[18]ⅡW1∶3（EⅠ式）釜近似，与托克县古城村古城遗址[19]H56∶7（AⅣ式）釜相同；AⅠ式、CⅠ式、CⅡ式盆在上述同类遗存中均有发现，如CⅡ式（ⅣH33∶4）盆与呼和浩特市榆林镇陶卜齐古城遗址[20]T7070⑦∶1（BⅠ式）盆形制相同；AⅡ式、BⅡ式、CⅡ式钵在上述同类遗存中均有发现，其形制基本相同，所代表的时代亦大体相当。所以第二期文化遗存的年代应为东汉前期。

第三期陶器中的AⅡ式（ⅣT17②∶2）盆与托克托县黑水泉遗址[21]H27∶1（LⅣ式）盆近似，与托克托县古城村古城遗址[22]T2③∶11（BⅢ式）盆基本接近，但应早于托克托县古城村古城遗址[23]T2③∶11；B型（ⅣT25②∶7）罐与洛阳烧沟汉墓[24]M146∶16（Ⅲ①式）罐近似，C型（ⅣG1∶21）瓮与洛阳烧沟汉墓[25]M1004A∶28（Ⅱ②式）瓮的形制基本接近，其所代表的时代亦大体相当。另外该期文化遗存早段的地层中伴出有代魏时期的遗物，在晚段的遗迹中亦伴出有代魏时期的遗迹。因此推断该期文化遗存的年代应为东汉晚期到魏晋时期。

第三阶段文化遗存陶器中的A型壶与察右中旗七郎山墓地[26]ZQM12∶2陶壶近似，与察右前旗呼和乌素墓葬[27]QHC∶2陶壶接近，与呼和浩特市美岱村北魏墓[28]的陶壶接近；又从器物形态的变化分析，这里所出的AⅠ式（ⅣH59：2）壶应早于上述各地所出陶壶；这里所出的B型（ⅣH28：6）陶壶与兴和县叭沟墓地[29]XBM1：1喇叭口陶壶近似；这里所出的B型、C型陶罐在通辽市科尔沁右翼后旗舍根墓群[30]、商都县东大井墓地[31]、兴和县叭沟墓地[32]均有出土，无论其形制特点和制法基本相同，只是陶质发生了变化，可能是受汉文化的影响所致，其所代表的时代亦有早、晚之分；A、B型陶盆在托克托县古城村古城遗址[33]、呼和浩特市武川县二份子北魏古城[34]、包头市西郊哈德门沟古城[35]均有发现，其形制基本相同，所代表的时代亦大体相当。因此推定该类遗存早期阶段的年代应在拓跋鲜卑部入居"匈奴故地"到"建都"前后；晚期阶段的年代应在"建都"后到迁都平城（今山西省大同市东）之间。

关于城址的始建年代与废弃年代：南城是利用西城东垣作为其西垣的北半部向东南重新修筑的一座城址，平面呈梯形，面积约35万平方米。城垣有的地方打破战国地层建在生土上，夯层厚8～15厘米，垣体有穿棍、夹绳、夹板的痕迹与汉长安城[36]的建筑结构相同，其建筑年代亦大体相当；另外，在南垣西段、北垣中段、西垣南段的城垣内包含有少量战国时期的釜、罐、壶、盆、钵、豆、弦纹瓦当、筒瓦等遗物；在南垣西段城垣、第Ⅺ发掘区TG2的第二期城垣压着战国时期的灰坑（ⅦH1～ⅦH4、ⅪH2），灰坑内出土单耳罐、釜、罐、壶、盆、钵、豆、筒瓦等遗物表明城址的上限年代；城内文化遗存分三个阶段，城址的使用阶段为第二、第三阶段；城内出土代魏时期的遗物表明城址的下限年代。由此可知，和林格尔土城子古城南城为西汉早期所筑，一直沿用至东汉晚期到魏晋时期。

关于城址的性质：据史料记载，从西汉初年起，汉便和匈奴接触频繁，西汉王朝在武帝刘彻时，为了防御匈奴的南下，在阴山南建立云中、定襄、五原、朔方、上郡、河西、雁门和代郡。和林格尔土城子古城南城即是西汉设立的定襄郡，郡名就来源于《诗经·出车》中"俨狁于襄"的"襄"，为"安定襄地"之意。郡治就设在成乐县，后"成乐"演变为"盛乐"。《魏书·序纪》载："（力微）三十九年（即公元258年），迁于定襄之盛乐（今和林格尔土城子古城南城）。"可知和林格尔土城子古城开始勃兴的时期为公元3世纪中期。晋建兴三年（公元315年），猗卢自称代王，以盛乐为北都。东晋太元十一年（公元386年），拓跋珪收集拓跋旧部，乘机东山再起，在牛川（今呼和浩特市南）大会诸部，即代王位，建元"登国"，不久迁都盛乐，改称魏王。公元398年（北魏始皇三年，东晋隆安二年），迁都平城（今山西省大同市东）。又据《魏书·地形志》载："（盛乐）并入朔州，后陷，公元532年（永熙元年）改归云州管辖。"综上所述，和林格尔土城子古城南城是汉代的定襄郡，郡治成乐县所在，后为北魏的拓跋猗卢的"北都"盛乐所在地。

第三节 中城的年代与性质

前文将城内发掘所见的文化遗存分为七个阶段。

第一阶段文化遗存陶器中的单耳罐（ⅢH67：4）在和林格尔土城子古城遗址[37]第一次

发掘、和林格尔土城子古城遗址周边的墓葬[38]、凉城县毛庆沟墓地[39]均有出土，其形制基本相同，所代表的时代亦大体相当，应属于春秋晚期到战国之际。这里所出陶器在内蒙古中南部地区的同类遗存中多有发现，如这里出土的陶釜（ⅢH33：96、ⅢH105：25）与托克托县古城村古城遗址[40]T4⑤：1（A型）、H22：2（B型）陶釜相同；A型、B型（ⅢJ4：9、ⅢH71：28）陶罐与卓资山县城卜子古城遗址[41]G1：12、C：33（CⅡ式、DⅡ式）陶瓮完全一致；A型、B型（ⅢH33：103、ⅢH33：100）陶盆与卓资山县城卜子古城遗址[42]C：9、C：12（AⅢ式、AⅣ式）陶盆相同；C型（ⅢH126：31）陶盆与西安南郊秦墓[43]M99甲：9（BⅠ式）盆近似，C型（ⅢH95：3）陶盆与托克托县黑水泉遗址[44]H190：35（LV式）盆相同；A型（ⅢJ3：11）壶与山西侯马乔村墓地[45]M4231：1（乙GⅡ式）陶罐的口部近似，B型（ⅢH50：3）壶与山西侯马乔村墓地[46]M3243：3（丙Ⅲ式）陶罐的口部近似，其所代表的年代亦大体相当。建筑构件以瓦当居多，种类有弦纹瓦当、网格纹瓦当、璜纹瓦当、葵纹瓦当、树纹瓦当、云纹瓦当、云鹿纹瓦当几种，参见《内蒙古出土瓦当》[47]一书。由此推断，该类遗存的年代大体应在春秋战国之际到秦统一前后。

第二阶段文化遗存陶器以釜、罐、壶、盆（甑）钵、豆为基本组合在内蒙古中南部地区多有发现，如包头市麻池古城遗址[48]、呼和浩特市美岱二十家子古城遗址[49]、呼和浩特市榆林镇陶卜齐古城遗址[50]、托克托县古城村古城遗址[51]、托克托县黑水泉遗址[52]、清水河县上城湾汉代古城遗址[53]……其文化面貌和特征基本相同，其所代的年代亦大体相当，应为两汉时期。

第三阶段文化遗存陶器中的AⅡ式（ⅢT24③：4）罐与托克托县古城村古城遗址[54]T2③：7（CⅡ式）矮领罐相同，I型（ⅢT24②：2）陶盆与H39：4（AⅠ式）陶盆近似；D型（ⅢH50：2）陶壶与察右中旗七郎山墓地[55]ZQM9：1陶罐的口部近似，C型（ⅢT20②：19）陶壶与大同南郊北魏墓群[56]M63：1（BⅠ式）陶壶接近。其所代表的时代亦大体相当。因此推定该类遗存年代应为代魏时期，即拓跋鲜卑部入居"匈奴故地"到迁都平城（今山西省大同东）之间。晚期阶段的遗存以筒瓦、滴水、莲花纹瓦当与汉魏洛阳故城[57]内出土的北魏筒瓦、滴水、瓦当基本一致，其时代应该是北魏中晚期。另外，该类遗存出土的H型盆为细泥灰褐陶，垂腹，饰重菱纹，当为两晋时期的遗物；B型、C型陶罐为夹砂红褐陶或泥质灰褐陶，手制，肩、腹饰叶脉纹，内壁留有手捏痕迹等特点，当为北魏早期遗物。综上所述，中城第三段相当于魏晋时期。

第四阶段文化遗存的陶器分生活用具和建筑构件两大类。生活用具类器物在内蒙古中南部地区的同类遗存中多有发现，如这里出土壶、注壶、盆等器物在准格尔旗十二连城[58]、托克托县蒲滩拐古城遗址[59]均有出土；这里出土的筒瓦、莲花纹瓦当、莲花联珠纹方砖与陕西西安唐华清宫汤池遗址、唐长安大明宫[60]出土的筒瓦、莲花纹瓦当、莲花联珠纹方砖有较多的一致性，其应为隋唐时期文化遗存。

第五阶段文化遗存的陶器分生活用具和建筑构件两类。生活用具类器物在和林格尔县土城子古墓[61]、2006年古城周边墓葬[62]第一发掘区均有出土；建筑构件有筒瓦、板瓦、滴水、瓦当与呼和浩特郊区辽代佛寺[63]、辽中京城址[64]、辽上京城址[65]、和林格尔县前瓦窑沟辽、金时代遗址[66]出土的筒瓦、板瓦、滴水、瓦当基本一致，其时代应对应在辽代。

第六阶段文化遗存的陶器分生活用具和建筑构件两类。生活用具仅见瓷器一种。瓷器中的AⅠ式（ⅢH61：17）碗与清水县下城湾古城遗址[67]H16：1（AⅠ式）钵相同，AⅡ式（ⅢH61：40）碗与察哈尔右翼后旗韩元店元代古城遗址[68]H23：1（E型）碗近似；B型（ⅢF1：4）盘与清水县下城湾古城遗址[69]T5④：1（Ⅰ式）侈沿盘相同；A型、E型碗和B型盘在元代集宁路古城遗址[70]均有出土；建筑构件仅见瓦当一种，皆为兽面纹，在清水县下城湾古城遗址[71]、内蒙古托克托城[72]均有出土，其形制基本相同，所代表的时代亦大体相当，其时代大致对应为金代。

第七阶段文化遗存陶器中的AⅡ式（ⅢH61：74）、E型（ⅢT5②：2）罐与元上都城南砧子山南区墓葬[73]M23：1大罐、M30：4小罐近似，AⅡ式（ⅢH61：74）罐与四子王旗城卜子古城及墓葬[74]SZⅡM3：2（B型）罐相同；Ha型（ⅢH61：62）、Hb型（ⅢH61：82）盆与和林格尔县红山口遗址[75]T1007②：2（DⅠ式）、T1506②：1（DⅡ式）盆相同，Ha型（ⅢH61：62）盆与察哈尔右翼后旗韩元店元代古城遗址[76]H7：1盆形制基本相同；瓷器中的瓷盆（ⅢT5②：1）与元上都城南砧子山南区墓葬[77]M32：4白瓷钵相同；A型（ⅢF3：2）、B型（ⅢF3：4）双系罐在元代集宁路古城遗址[78]、元上都城南砧子山南区墓葬[79]、四子王旗城卜子古城及墓葬[80]、包头市燕家梁遗址[81]等均有出土，无论其形制、胎釉都基本相同，为典型的元代磁州窑系产品。故综上推断该类遗存的年代应为元代。

关于城址的始建年代与废弃年代：中城是利用西城的南垣、南城西垣的北半部（原西城的东垣）向西北重新扩建的一座城址，平面呈梯形，面积约40万平方米。城垣有的地方打破汉地层建在生土上，夯层厚10～12厘米，在夯层内出土战国和汉代的釜、壶、盆等遗物。在北垣东段城垣下压着汉代灰坑（ⅤH1），灰坑内出土罐、盆等遗物表明城址的上限年代。又据唐代窑址（ⅢY1）建在东垣内，打破城垣，表明该城址建筑的下限年代。城内文化遗存分七个阶段，城址的使用阶段为第三至第七阶段，城内出土隋唐、辽金元时期的遗物表明城址的下限年代。由此可知，土城子古城中城为东汉晚期魏晋时期所筑，一直沿用至隋唐、辽金元时期。

关于城址的性质：从城址的形制与结构，城内出土建筑构件的质地、形态风格都表现出了鲜卑文化、北魏时期文化的特征，如城内出土北魏时期的建筑构件筒瓦、滴水、莲花纹瓦当等，说明该城址在北魏时期有规格较高建筑物，这表明该古城是魏晋时期北魏的城邑，应当为拓跋珪建元"登国"的盛乐都城。在第Ⅺ发掘区TG1内发掘的第二城垣为唐代遗存，说明该城址在唐代经修缮一直沿用。城内唐代遗存灰坑（ⅢH43）内出土大量的莲花纹方砖，其胎体厚重，造形考究，说明在城址内有规格较高的唐代建筑物。城内出土辽代遗物较少，仅陶器一种，分生活用具和建筑构件两类，生活用具类器物均为残器标本，但在城外的墓葬中可以找到它的同类器。城内出土金元时期的遗存发现较多，遗迹亦较为丰富，有建筑台基、房址、灰坑（窖穴）、壕沟等。在建筑台基上筑有庙址（ⅢF2），房屋基址（ⅢF1）为一进两开的三居室房址，灰坑（窖穴）以Ⅲa区最为集中，其特点是圆形、直壁或斜直壁、平底，绝大部分坑底发现有谷物的朽壳和炭化物。例如在元代灰坑（ⅢH5、ⅢH13）坑口、周壁及底部为麦秸的炭化物，下半部为谷物的朽壳和麦类的炭化物等。据元史记载，元朝建立之后，为了供应驻军及官民的生活需要，在各地山川、江河两岸易耕地区广置屯田军，进行军屯。在漠北有著名的和林、称海、五河田屯军；在漠南有应昌、砂井、净州田屯军；在内蒙古的土默特川平原与浑河流域设有振武（和林格尔县土城子古城中城）屯田军与红城（和林格尔县小红城古城）屯田卫。综上所述，和林格尔土城子古城中城应是北魏的盛乐故城，也是隋代的大利城、唐代的单于大都护府、辽代的振武县、金代的振武镇、元代的振武城所在，自北魏到隋唐、辽金元时期一直都在沿用，这与史料记载的相吻合。

第四节 北城的年代与性质

前文将城内发掘所见的文化遗存分为两个阶段。

第一阶段文化遗存陶器中有盆、钵、豆、云纹瓦当等，其器形特征、纹饰具有汉代同类器的特点。因此，我们推断该城址第一阶段文化遗存的年代为两汉时期。

第二阶段文化遗存分为三期。

第一期陶器中AⅠ式（ⅡJ8∶1）壶与乌审旗郭梁隋唐墓葬[82]M2∶1（Ⅱ式）陶壶近似，B型（ⅡJ8∶4）瓶与乌审旗郭梁隋唐墓葬[83]M1∶2（Ⅰ式）陶壶较为接近，从器物形制上看后者细颈、溜肩、鼓腹等特点具有魏晋时期的遗风，时代应属隋唐之际；而前者颈部略粗，溜肩，鼓腹或圆腹等特点可能晚于后者；又据JC1、JC3内出土"五铢"钱为隋代钱币，其特点为三面无内郭，右边内郭与五字相交呈"凶"字。由此推断第一期遗存的年代为唐代早期（即公元618~684年之间）。

属于第二、三期文化遗存在和林格尔县土城子古城第一次发掘[84]、准格尔旗十二连城[85]、托克托县蒲滩拐古城遗址[86]、乌审旗郭梁隋唐墓葬[87]、唐王逆修墓[88]出土的同类器物基本一致；城内出土的北方窑系瓷器在山西省浑源唐代瓷窑[89]、山西省浑源县界庄唐代瓷窑[90]均能找到它的同类器，同时亦证明了该城址出土北方窑系瓷器应为山西浑源唐代瓷窑和山西浑源县界庄唐代瓷窑的产品，其所代表的时代亦大体相当。另外，瓷器中的花口碗是晚唐流行的器物，窄环形圈足在晚唐出现并流行于晚唐、五代。由此推断第二期文化遗存的年代为唐代中期（即盛唐时期），第三期文化遗存的年代为唐代晚期至五代时期。

关于城址的始建年代与废弃年代：北城是利用中城的南垣、东垣的南半部向西北重新扩建的一座城址，平面形状应是南部近平行四边形，北部呈梯形的组合，其北半部与唐长安城大明宫[91]的北半部相同，表明其建筑年代也相同，大明宫始建于唐太宗贞观八年（公元634年）；城垣土筑夯打而成，夹有战国至汉代陶瓦片和动物骨骼等，夯层厚9~10厘米与唐长安城外郭城"罗城"[92]、隋唐洛阳城[93]、唐代扬州城[94]的夯层相同或基本一致。又据城内文化遗存分两个阶段，城址的使用阶段为第二阶段。城内出土有隋代钱币，表明其上限年代。城内出土五代时期的遗物，表明其下限年代。由此可知，土城子古城北城为唐初所筑，一直沿用至五代。

关于城址的性质：从城址的形制与结构看，在城垣周围设有马面、角楼，城门外置瓮城等，反应出该城具有浓厚的军事防御色彩。据《元和郡县志》称：唐贞观四年（公元630年）平突厥，分其部：左置定襄都督府，右置云中都督府，仍于此置云州及定襄县。唐贞观十四年（公元640年）徙置北恒州（即今山西大同），其年复立突厥阿史那思摩为可汗，建牙帐于故城。麟德元年（公元664年）改云中都护府为单于大都护府。天宝四年（公元745年）置金河县于府内，属关内道。乾元元年（公元758年）置振武军节度使，领都护府及麟、胜二州（麟州位于其西南部，胜州在今托克托县境内）。同书又称：唐武德四年（公元621年），平突厥，于此置云州。贞观二十年（公元646年），改为云州都督府，麟德三年，改为单于大都护府……开元七年隶属东受降城。天宝四年，节度使王忠嗣移于此城内，置县曰"金河"[95]。这是土城子古城隋唐时期城市建置的基本概况。又据《绥远通志稿》记载，古城曾出土过不少碑志。其中有《隋陈郡君残石》《唐振武节度使单于大都护府张惟清德政碑》《唐振武节度使墓碑》《唐故振武节度衙前虞侯游击将军试太常南郡仇府君墓志铭并序》《唐故禅师大德诺诚碣铭》《唐单于府开元寺悉达多禅师碣铭》《唐振武军节度使李玉祥墓志铭》等，对土城子古城城市建置也有所记载。综合史料结合此次发掘所得资料分析推断，土城子古城北城为唐代初期建置，是单于大都护府治所，在"安史之乱"之后由兴盛逐渐走向衰落。

注　释

[1] 山西省考古研究所：《侯马北坞古城勘探发掘简报》，《山晋考古》（第一辑），山西人民出版社，1994年。

[2] 同注[1]。

[3] 考古研究所洛阳发掘队：《河南省洛阳涧滨东周城址发掘报告》，《洛阳考古集成》（夏商周卷），北京图书馆出版社，2005年（原载《考古学报》1959年第2期）。

[4] 中国科学院考古研究所洛阳发掘队：《河南偃师"滑城"考古调查简报（节录）》，《洛阳考古集成》（夏商周卷），北京图书馆出版社，2005年（原载《文物》1964年第1期）。

[5] 现藏于乌兰察布博物馆。

[6] 张郁：《和林格尔县土城子古城试掘记要》，《文物》1961年第9期；内蒙古文物考古研究所：《内蒙古和林格尔县土城子古城发掘报告》，《考古学集刊》（6），中国社会科学院出版社，1989年。

[7] 内蒙古师范大学等：《内蒙古和林格尔土城子（五）——辽、金、清代墓葬发掘报告（1997~2007）》，科学出版社，2022年。

[8] 田广金、郭素新：《毛庆沟墓地》，《鄂尔多斯式青铜器》，文物出版社，1986年。

[9] 内蒙古文物考古研究所、乌兰察布博物馆：《卓资县城卜子古城遗址调查发掘简报》，《内蒙古文物考古文集》（第三辑），科学出版社，2004年。

[10] 内蒙古文物考古研究所、托克托县博物馆：《托克托县黑水泉遗址发掘报告》，《内蒙古文物考古文集》（第三辑），科学出版社，2004年。

[11] 内蒙古文物考古研究所、托克托县博物馆：《托克托县古城村古城遗址发掘报告》，《内蒙古文物考

古文集》（第三辑），科学出版社，2004年。
[12] 山西省考古研究所：《侯马乔村墓地（1959～1996）》，科学出版社，2004年。
[13] 西安市文物保护考古所：《西安南郊秦墓》，陕西人民出版社，2004年。
[14] 同注［12］。
[15] 湖北省文物考古研究所、襄阳市考古队、襄阳区文物管理处：《襄阳王坡东周秦汉墓》，科学出版社，2005年。
[16] 同注［10］。
[17] 同注［11］。
[18] 同注［10］。
[19] 同注［11］。
[20] 内蒙古文物考古研究所：《呼和浩特市榆林镇陶卜齐古城发掘简报》，《内蒙古文物考古文集》（第二辑），中国大百科全书出版社，1997年。
[21] 同注［10］。
[22] 同注［11］。
[23] 同注［11］。
[24] 中国科学院考古研究所：《洛阳烧沟汉墓》，科学出版社，1959年。
[25] 同注［24］。
[26] 内蒙古文物考古研究所：《察右中旗七狼山墓地》，《内蒙古地区鲜卑墓葬的发现与研究》，科学出版社，2004年。
[27] 内蒙古文物考古研究所：《察右前旗呼和乌素墓葬》，《内蒙古地区鲜卑墓葬的发现与研究》，科学出版社，2004年。
[28] 内蒙古文物工作队：《内蒙古呼和浩特美岱村北魏墓》，《文物》1962年第2期。
[29] 内蒙古文物考古研究所：《兴和县叭沟墓地》，《内蒙古地区鲜卑墓葬的发现与研究》，科学出版社，2004年。
[30] 张柏忠：《哲里木盟发现的鲜卑遗存》，《文物》1981年第2期。
[31] 内蒙古文物考古研究所：《商都县东大井墓地》，《内蒙古地区鲜卑墓葬的发现与研究》，科学出版社，2004年。
[32] 同注［29］。
[33] 同注［11］。
[34] 乌兰察布博物馆：《武川县二份子古城调查记》，《内蒙古文物考古文集》（第一辑），中国大百科全书出版社，1994年。
[35] 李逸友：《乌拉特前旗哈德门沟口汉代城堡》，《内蒙古文物资料选辑》，内蒙古人民出版社，1964年；郭建中：《北魏泰常八年长城寻踪》，《内蒙古文物考古》2006年第1期。
[36] 刘庆柱、李毓芳：《20世纪中国文物考古发现与研究丛书》，《汉长安城》，文物出版社，2003年。
[37] 同注［6］。
[38] 同注［7］。
[39] 同注［8］。
[40] 同注［11］。
[41] 同注［9］。

[42] 同注［9］。
[43] 同注［13］。
[44] 同注［10］。
[45] 同注［12］。
[46] 同注［12］。
[47] 内蒙古文物考古研究所：《内蒙古出土瓦当》，文物出版社，2003年。
[48] 李逸友：《内蒙古西部地区的汉代古城》，《内蒙古文物资料选辑》，内蒙古人民出版社，1964年。
[49] 张郁：《呼和浩特市美岱二十家子古城发掘记要》，《文物》1961年第9期；《内蒙古文物资料选辑》，内蒙古人民出版社，1964年。
[50] 同注［20］。
[51] 同注［11］。
[52] 同注［10］。
[53] 李逸友：《清水河县上城湾汉代古城》，《内蒙古文物资料选辑》，内蒙古人民出版社，1964年。
[54] 同注［11］。
[55] 同注［26］。
[56] 山西大学历史文化院、山西省考古研究所、大同市博物馆：《大同南郊北魏墓群》，科学出版社，2006年。
[57] 中国社会科学院考古研究所洛阳汉魏故城工作队：《洛阳汉魏故城北垣一号马面的发掘》，《汉魏洛阳城北魏建春门遗址的发掘》，《北魏洛阳永宁寺西门遗址发掘记要》，《汉魏洛阳故城研究》，科学出版社，2000年。
[58] 李作智：《隋唐胜州榆林城的发现》，《文物》1976年第2期。
[59] 参见托克托县蒲滩拐古城2001年发掘，资料待刊。
[60] 马得志：《1959~1960唐大明宫发掘简报》，《考古》1961年第7期；中国社会科学院考古研究所西安唐城工作队：《唐大明宫含元殿遗址1995~1996年发掘报告》，《考古学报》1997年第3期。
[61] 同注［6］。
[62] 同注［7］。
[63] 内蒙古文物考古研究所：《呼和浩特郊区辽代佛寺发掘记》，《内蒙古文物考古》1991年第1期。
[64] 李逸友：《辽中京城址发掘的重要收获》，《内蒙古文物资料选辑》，内蒙古人民出版社，1964年。
[65] 内蒙古文物考古研究所：《辽上京城址勘查报告》，《内蒙古文物考古文集》（第一辑），中国大百科全书出版社，1994年。张郁：《辽上京城址勘查琐议》，《内蒙古文物考古文集》（第二辑），中国大百科全书出版社，1997年。
[66] 乌兰察布博物馆：《和林格尔县前瓦窑沟辽、金时代遗址》，《内蒙古文物考古文集》（第一辑），中国大百科全书出版社，1994年。
[67] 内蒙古文物考古研究所：《清水县下城湾古城发掘报告》，《万家寨水利枢纽工程考古报告集》，远方出版社，2001年。
[68] 内蒙古文物考古研究所、察哈尔右翼后旗文化管理中心：《察哈尔右翼后旗韩元店元代古城遗址》，《内蒙古文物考古文集》（第三辑），科学出版社，2004年。
[69] 同注［67］。
[70] 参见元代集宁路古城遗址2002~2005年发掘出土的金代遗物，资料待刊。

[71] 同注［67］。
[72] 李逸友：《内蒙古托克托城的考古发现》，《文物参考资料丛刊》（第4集），文物出版社，1981年。
[73] 内蒙古文物考古研究所、锡林郭勒盟文物管理站、多伦县文物管理所：《元上都城南砧子山南区墓葬发掘报告》，《内蒙古文物考古文集》（第一辑），中国大百科全书出版社，1994年。
[74] 内蒙古文物考古研究所、乌兰察布博物馆、四子王旗文物管理所：《四子王旗城卜子古城及墓葬》，《内蒙古文物考古文集》（第二辑），中国大百科全书出版社，1997年。
[75] 内蒙古文物考古研究所、和林格尔县文物保护管理所：《和林格尔县红山口遗址发掘报告》，《内蒙古文物考古文集》（第三辑），科学出版社，2004年。
[76] 同注［68］。
[77] 同注［73］。
[78] 张郁：《元代集宁路遗址清理记要》，《文物》1961年第9期；参见元代集宁路古城遗址2002年～2005年发掘出土的元代遗物，资料待刊。
[79] 同注［73］。
[80] 同注［74］。
[81] 刘幻真：《包头市燕家梁出土元代瓷器调查记》，《内蒙古文物考古》创刊号，1981年；内蒙古自治区文物考古研究所等编：《包头燕家梁遗址发掘报告》（全三册），科学出版社，2010年。
[82] 内蒙古文物考古研究所、鄂尔多斯博物馆：《乌审旗郭梁隋唐墓葬发掘报告》，《内蒙古文物考古文集》（第二辑），中国大百科全书出版社，1997年。
[83] 同注［82］。
[84] 同注［6］。
[85] 同注［58］。
[86] 同注［59］。
[87] 同注［82］。
[88] 张郁：《唐王逆修墓发掘纪要》，《内蒙古文物考古文集》（第二辑），中国大百科全书出版社，1997年。
[89] 冯先铭：《山西浑源古窑址调查》，《中国古代窑址调查发掘报告集》，文物出版社，1984年。
[90] 李知宴：《山西浑源县界庄窑》，《考古》1985年第10期；山西省考古研究所：《山西浑源县界庄唐代瓷窑》，《考古》2002年第4期。
[91] 同注［60］。
[92] 秦浩：《隋大兴唐长安城》，《隋唐考古》，南京大学出版社，1996年。
[93] 秦浩：《隋唐洛阳城》，《隋唐考古》，南京大学出版社，1996年。
[94] 秦浩：《唐代扬州城》，《隋唐考古》，南京大学出版社，1996年。
[95] 《元和郡县志》卷五，单于大都护府。

后 记

和林格尔土城子古城遗址位于内蒙古自治区呼和浩特市和林格尔县盛乐经济园区，现为全国重点文物保护单位，是"十二五"至"十四五"期间国家150处大遗址之一，也是黄河北岸最大的古代城市遗址。古城遗址保存完好，文化内涵深厚，出土文物丰富，历史演进脉络完整，是中原王朝边疆治理体系形成发展的重要实物例证。系统梳理和林格尔土城子古城遗址考古发掘资料，实施黄河文化遗产系统性保护，加强科学的解读与阐释，推出一批标志性研究成果，为建设和林格尔土城子国家考古遗址公园提供资料支撑，这就是我们编纂这部《内蒙古和林格尔土城子（一）——城址发掘报告》的重要意义所在。

本报告是对1997~2001年内蒙古文物考古部门对古城遗址进行考古发掘的详细报道，也是2020年度国家社科基金重大项目"内蒙古和林格尔土城子遗址及周边墓葬考古资料整理与研究"的阶段性成果。这一学术成果的付梓，承载了内蒙古考古人的辛勤和汗水。资料整理由乔金贵、朱家龙、李强、包桂红、郑淑敏、张欣等负责完成。器物绘图由李宁、郝晓菲、张补才完成。拓片由李威、郝晓菲完成。摄影由陈永志、刘刚、刘小放、朱家龙完成。古城遗址的总平面图由王仁旺、冯吉祥等测绘完成。报告的编写体例由发掘领队陈永志拟定，初稿由乔金贵、朱家龙撰写完成，统稿由包桂红、张欣完成，终稿由陈永志审定。在本书的编写过程中，承蒙国家社科基金的支持与帮助，并得到本书编撰委员会各位委员的鼎力相助。另外，和林格尔县人民政府、和林格尔县文化旅游体育局对考古发掘工作给予了大力的支持与帮助，在此一并表示衷心的感谢。

编 者

2022年10月31日

图版一

和林格尔土城子古城全景

图版二

1. 城垣及城门（由南向北）

2. 古城遗址一角（由西南向东北）

和林格尔土城子古城城垣及城门与古城遗址一角

图版三

1. ⅡC区发掘探方（由东向西）

2. ⅡC区发掘现场（由东向西）

北城ⅡC区发掘探方与发掘现场

图版四

1. Ⅳb区发掘探方(由东向西)

2. Ⅳa区2001年发掘探方(由南向北)

南城Ⅳb区发掘探方与Ⅳa区2001年发掘探方

图版五

1. 南城南垣断面（由南向北）

2. 南城西垣南段断面（由西南向东北）

南城南垣断面与南城西垣断面

图版六

1. 南城将台遗迹（由东南向西北）

2. ⅣH4（由南向北）

南城将台遗迹与ⅣH4

图版七

1. ⅣW19（由东向西）

2. ⅣW27（由东向西）

ⅣW19与ⅣW27

图版八

1. 中城东垣马面（由东向西）

2. 中城中部地层堆积情况（由西南向东北）

中城东垣马面与中部地层堆积情况

图版九

1. ⅥTG1发掘情况（由东南向西北）

2. ⅥTG1东壁剖面（由西向东）

ⅥTG1发掘情况与ⅥTG1东壁剖面

图版一〇

1. XITG2北壁剖面（由西南向东北）

2. 中城建筑台基（由西北向东南）

XITG2北壁剖面与中城建筑台基

图版一一

1. ⅢF1局部（由北向南）

2. ⅢF1出土器物情况（由南向北）

ⅢF1局部与ⅢF1出土器物情况

图版一二

1. ⅢF3灶坑内出土器物情况（由南向北）

2. ⅢH5（由西南向东北）

ⅢF3灶坑内出土器物情况与ⅢH5

图版一三

1. ⅢH9（由西南向东北）

2. ⅢY1（由西向东）

ⅢH9与ⅢY1

图版一四

1. 北城东垣南段断面（由南向北）

2. 北城西垣南段断面（由西向东）

北城东垣断面与北城西垣断面

1. 北城北垣（由南向北）

2. 北城东门及瓮城（由东向西）

北城北垣与北城东门及瓮城

图版一六

1. 北城南门（由南向北）

2. 北城西门及瓮城（由西向东）

北城南门与北城西门及瓮城

图版一七

1. 北城北门及瓮城（由南向北）

2. 北城建筑台基（由东向西）

北城北门及瓮城与北城建筑基址

图版一八

1. ⅡJ1（由南向北）

2. ⅡJ7（由东向西）

ⅡJ1与ⅡJ7

图版一九

1. ⅡF1（由东向西）

2. ⅡF1出土器物情况（由东向西）

ⅡF1与ⅡF1出土器物情况

图版二〇

1. ⅡH58（由东向西）

2. ⅡJ3（由北向南）

ⅡH58与ⅡJ3

图版二一

1. A型陶釜（ⅣT4④：2）

2. 骨带钩（ⅣT4②：1）

南城第一阶段遗存出土器物

图版二二

1. 陶釜（ⅣW32∶1）

2. A型陶罐（ⅣW25∶1）

左：铜镞（ⅣT23②∶5）右：铁锸（ⅣT8②∶6）

南城第二阶段遗存出土器物

图版二三

1. CⅢ式陶钵（ⅣT9②:2）

2. A型陶拍（ⅣH32:8）

3. 陶钵外底陶符（ⅣT9②:2）

4. 陶拍拍面（ⅣH32:8）

南城第二阶段遗存出土器物

图版二四

1. Ⅱ式陶瓶（ⅣH59：3）

2. Ⅰ式陶瓶（ⅣH72：1）

3. A型陶盆（ⅣH30：2）

南城第三阶段遗存出土器物

图版二五

1. A型陶罐（ⅣH30∶3）

2. AⅠ式陶壶（ⅣH59∶2）

3. 左：A型铁马蹬（ⅣT25②∶1） 右：铁带饰（ⅣT24②∶3）

南城第三阶段遗存出土器物

图版二六

1. A型树纹瓦当（ⅢH33：42）

2. 葵纹瓦当（ⅢH33：29）

3. A型云鹿纹瓦当（ⅢH33：6）

4. B型云鹿纹瓦当（ⅢH33：69）

中城第一阶段遗存出土器物

图版二七

1. Ab型云纹瓦当（ⅢH33：41）

2. Aa型云纹瓦当（ⅢH33：40）

3. B型云纹瓦当（ⅢH33：62）

4. D型云纹瓦当（ⅢH33：70）

中城第一阶段遗存出土器物

图版二八

1. 莲花纹瓦当（ⅢT17③：2）

2. Aa型莲瓣纹瓦当（ⅢT2⑤：4）

3. B型莲瓣纹瓦当（ⅢT3④：3）

4. 石带饰（ⅢH105：6）

中城第三阶段遗存出土器物

图版二九

1. B型莲蕾纹瓦当（ⅢH23∶3）

2. 兽面纹瓦当（ⅢF1∶2）

中城第四阶段遗存出土器物

图版三〇

1. A型兽面纹瓦当（ⅢF1：19）

2. C型兽面纹瓦当（ⅢT4②：7）

3. B型兽面纹瓦当（ⅢF1：11）

中城第五阶段遗存出土器物

图版三一

1. A型兽面纹瓦当（ⅢH3∶2）

2. B型兽面纹瓦当（ⅢF1∶14）

3. C型兽面纹瓦当（ⅢF1∶15）

中城第六阶段遗存出土器物

图版三二

1. A型瓷罐（ⅢF3：2）

2. B型瓷罐（ⅢH40：1）

3. CⅢ型瓷盘（ⅢH58：16）

4. GⅠ式瓷碗（ⅢH5：7）

中城第七阶段遗存出土器物

图版三三

1. BⅡ式瓷盘（ⅢT1③∶5）

2. 瓷盘外底墨书（ⅢT1③∶5）

3. 陶瓶（ⅢF1∶8）

中城第七阶段遗存出土器物

图版三四

1. 铜壶（ⅢF1∶82）

2. 左：A型铜簪（ⅢH61∶52）
   右：B型铜簪（ⅢH61∶33）

3. 左：铁犁铧（ⅢT20②∶4）
   右：A型铁锸（ⅢT18②∶1）

4. 上：铁剪刀（ⅢF1∶73）
   下：A型铁镰刀（ⅢF3∶3）

中城第七阶段遗存出土器物

图版三五

1. C型陶瓶（ⅡH26∶1）

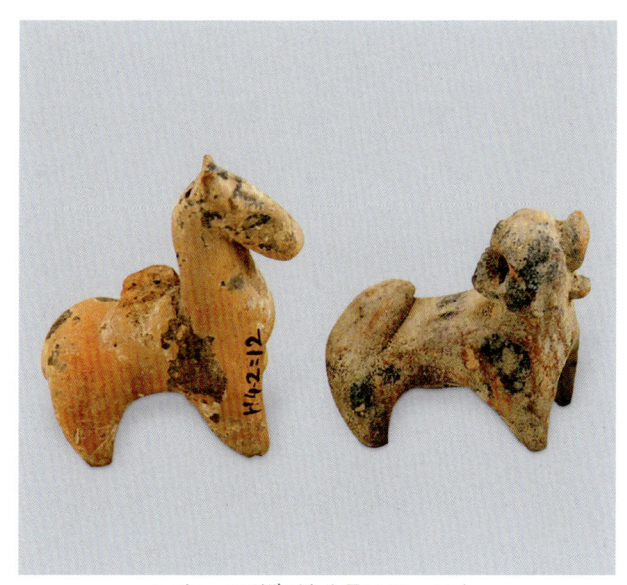

2. 左：C型陶玩（ⅡH42∶12）
   右：A型陶玩（ⅡH64∶1）

3. 莲蕾纹瓦当（ⅡT17②∶1）

北城第二阶段遗存出土器物

图版三六

1. Aa I 式瓷碗（ⅡJ3∶5）

2. A 型瓷花口碗（ⅠH3∶3）

3. 瓷钵（ⅡT10②∶2）

4. 瓷杯（ⅡH1∶1）

北城第二阶段遗存出土器物

图版三七

1. AⅠ式青瓷碗（ⅡT2③:10）

2. 青瓷钵（ⅡJ13:8）

3. 越窑瓷碗（ⅡJ3:13）

北城第二阶段遗存出土器物

图版三八

1. 瓷壶（ⅡJ13：14）

2. B型瓷执壶（ⅡF1：194）

3. 瓷鸡心罐（ⅡF1：192）

4. AⅠ式瓷小罐（ⅡJ8：8）

北城第二阶段遗存出土器物

图版三九

1. AⅡ式瓷碗（ⅡT4④：1）

2. C型瓷碗（ⅡH1：2）

3. 白瓷碗（ⅡJ6：4）

4. A型瓷玩（ⅡJ14：12）

北城第二阶段遗存出土器物

图版四〇

1. AbⅡ式瓷壶（ⅡF1：226）

2. B型瓷壶（ⅡF1：193）

3. AⅠ式瓷钵（ⅡT2③：5）

4. 瓷碗（ⅡJ16：4）

北城第二阶段遗存出土器物

图版四一

1. 三彩执壶（ⅡF1∶19）

2. 左：釉陶玩（ⅡT16②∶3）　中：B型三彩玩（ⅡF1∶209）　右：Aa型三彩玩（ⅡH1∶4）

3. 左：瓷器盖（ⅡC∶8）　中：小瓷壶（ⅡT3②∶9）　右：瓷盅（ⅡF1∶173）

北城第二阶段遗存出土器物

图版四二

1. 上：铁锄（ⅡT17④：5）　下左：AⅠ式铁斧（ⅡT17④：4）
　　下右：B型铁斧（ⅡJ8：7）

2. 上左：铜扳指（ⅡT28②：5）　上中：铜环（ⅡT1②：3）　上右：B型铜饰件
（ⅡT15②：11）　下左：B型铜带扣（ⅡH4：9）　下右：Ab型铜带扣（ⅡF1：225）

3. 上左：铁镞（ⅡH28：2）　上右：铁灯盏（ⅡF1：168）
　　下左：Ⅰ式铁权（ⅡT4④：3）　下右：Ⅱ式铁权（ⅡJ11：6）

北城第二阶段遗存出土器物

图版四三

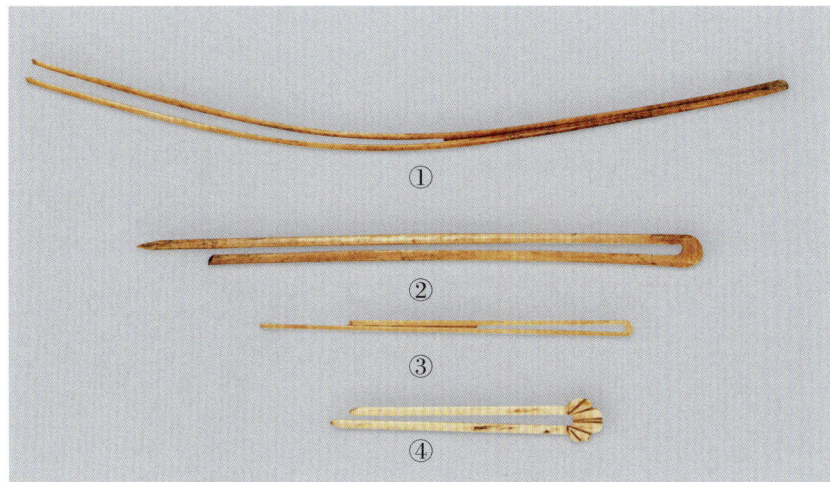

1. ① B型骨钗（ⅡJ16∶6）　② 骨钗（ⅡF1∶230）
③ Aa型骨钗（ⅠH3∶10）　④ D型骨钗（ⅡH4∶11）

2. 左1：石球（ⅡJ4∶3）　左2：石球（ⅡJ3∶7）
右1：石球（ⅡT28②∶4）　右2：石球（ⅡJ2∶12）

3. 左：石器（ⅡT10④∶4）　中：B型磨石（ⅡT10④∶3）
右：A型磨石（ⅡF1∶179）

北城第二阶段遗存出土器物

图版四四

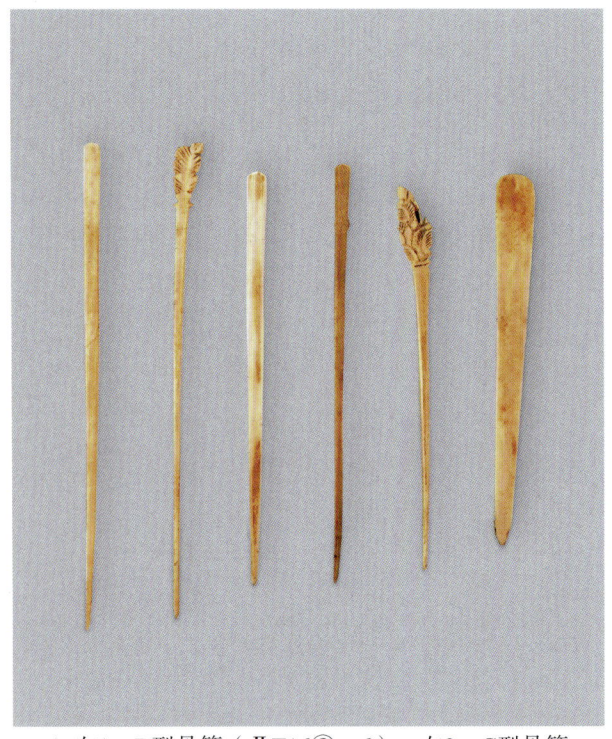

1. 左1：B型骨簪（ⅡT16②：6） 左2：C型骨簪（ⅡT4②：5） 左3：骨簪（ⅡG1：12） 右1：Aa型骨簪（ⅡF1：231） 右2：C型骨簪（ⅡH13：10） 右3：骨簪（ⅡT16②：1）

2. 左1：骨钗坯（ⅡF1：187-1） 左2：B型骨锥（ⅡH7：13） 右1：骨铲（ⅡT1③：2） 右2：A型骨锥（ⅡJ4：8）

3. 左：骨器柄（ⅡF1：198）
   右：筒形骨器（ⅡT11④：5）

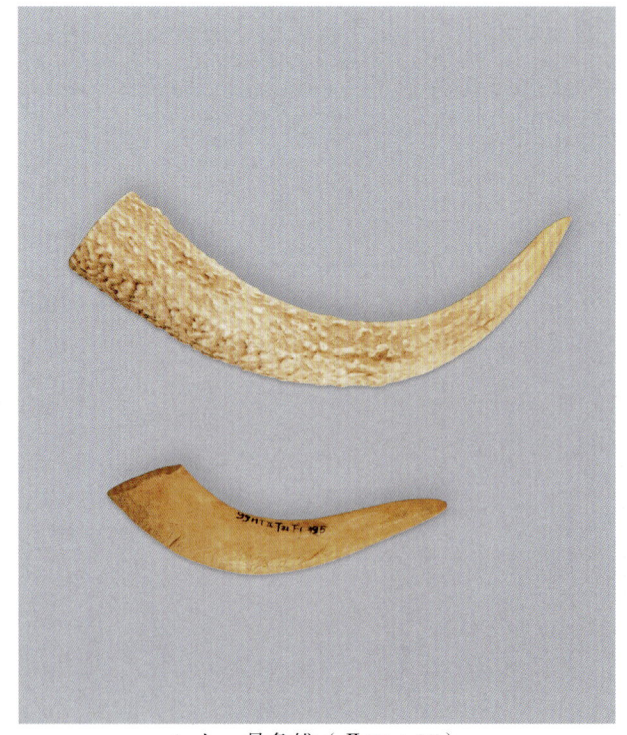

4. 上：骨角锥（ⅡF1：25）
   下：C型骨锥（ⅡF1：195）

北城第二阶段遗存出土器物